专利复审和无效审查决定选编丛书

专利复审和无效审查决定选编

（2005）

电 学（上）

国家知识产权局专利复审委员会 编

知识产权出版社

内容提要

本书汇集了专利复审委员会2005年作出的135个电学专利复审审查决定和60个电学专利无效审查决定及相关审查决定和司法判决（根据法律规定需要保密的除外），比较全面地反映了专利复审委员会的审查工作和人民法院专利行政案件审理工作取得的进展，有利于当事人及广大公众对专利复审委员会的审查工作进行监督。

责任编辑：王　欣　　　　责任校对：韩秀天
封面设计：段维东　　　　责任出版：卢运霞

图书在版编目（CIP）数据

专利复审和无效审查决定选编．2005．电学（上、下）/国家知识产权局专利复审委员会编．—北京：知识产权出版社，2010.1
ISBN 978－7－80247－355－3

Ⅰ．专…　Ⅱ．国…　Ⅲ．电学－专利－判决－法律文书－汇编－中国－2005　Ⅳ．D923.42

中国版本图书馆CIP数据核字（2009）第215011号

专利复审和无效审查决定选编丛书
专利复审和无效审查决定选编（2005）
电　　学（上）
国家知识产权局专利复审委员会　编

出版发行：知识产权出版社
社　　址：北京市海淀区马甸南村1号院　　邮　　编：100088
网　　址：http://www.ipph.cn　　邮　　箱：bjb@cnipr.com
发行电话：010－82000860转8101/8102　　传　　真：010－82005070/82000893
责编电话：010－82000887　82000860转8116　　责编邮箱：wangxin@cnipr.com
印　　刷：知识产权出版社电子制印中心　　经　　销：新华书店及相关销售网点
开　　本：880mm×1230mm　1/16　　总 印 张：61.75
版　　次：2010年1月第1版　　印　　次：2010年1月第1次印刷
总 字 数：1600千字　　总 定 价：130.00元（全二册）
ISBN 978－7－80247－355－3/D·674（2389）

本书编委会

前　　言

适逢《国家知识产权战略纲要》颁布之时，《专利复审和无效审查决定选编（2005）》出版了。

随着经济全球化和我国国民经济的飞速发展，专利制度在经济活动中的作用和地位越来越突出，国民的专利意识也在不断增强。目前，我国专利申请总量超过400万件，每年专利复审与无效宣告请求案件约5000件。作为专利复审和无效宣告请求案件审查的专属机构，专利复审委员会每年都要作出数以千计的审查决定。与之相对应，人民法院每年要作出数百篇司法判决。每一篇审查决定和判决书都凝聚着审查员和审判人员的心血和智慧，通过审查员和审判人员结合具体案情的创造性劳动，生硬的法律条文变得鲜活和丰满，形成一笔宝贵的精神财富和公共资源，并不断有专利代理机构、专利代理人以及审查员希望专利复审委员会能够结集出版专利复审和无效审查决定，作为学习和工作时的重要参考资料。

除根据法律规定需要保密的外，本选编汇集了专利复审委员会2005年作出的所有审查决定，包括针对相应审查决定的司法判决，以便读者了解审查决定的法律状态并对照阅读和分析。本选编按照技术专业领域将分为8卷，共13分册：机械（上、下）、电学（上、下）、通信、医药、化学、材料（上、下）、光电、外观设计（上、中、下）。因此，本选编比较全面地反映了专利复审委员会的审查工作和人民法院专利行政案件审理工作取得的进展。

我们相信，本选编对专利工作者具有一定借鉴和指导作用，也有利于当事人及广大公众对专利复审委员会的审查工作进行监督。本选编将为推动专利复审委员会的发展，促进专利代理业务水平的提高，为《国家知识产权战略纲要》又快又好地实施尽微薄之力。

本书编委会

2008年8月

目　录

复审请求审查决定

复审请求审查决定

001

一种键盘案

复审请求审查决定（第5270号）

决　定　号　第5270号
决　定　日　2004年11月29日
发明创造名称　一种键盘
国际分类号　G06F 3/023
复审请求人　何民山
申　请　号　99211158.7
申　请　日　1999年5月20日
合议组组长　张　度
主　审　员　黄毅斐
参　审　员　石　清

法律依据　专利法实施细则第二条第二款
决定要点

本申请权利要求1~5的技术方案中没有体现出底板电路结构在机械构造或线路构造上的任何改变，其全部技术特征实质上是对键盘上各按键所代表字母符号的重新安排和定义方法，因此权利要求1~5不属于专利法实施细则第二条第二款所规定的实用新型专利的保护客体。

一、案由

本复审请求涉及申请号为99211158.7、名称为“一种键盘”的实用新型专利申请，其申请日为1999年5月20日，申请人为何民山。

申请日提交的权利要求书内容如下：

“1. 一种电子计算机输入键盘，用于输入字母字符，其中对应于字母的键以字母顺序设置，对应于字母的键位于第一行，包括字母A、B、C、D、E、F、G、H、I、J，第二行包括字母K、L、M、N、O、P、Q、R、S，第三行包括字母T、U、V、W、X、Y、Z，该键盘还包括电子计算机功能键和空格键，其中第一行字母字符与空格键距离最远，并且还设有一个用于在以字母顺序设置的字母与传统的QWERTY设置方式间切换的装置。

2. 如权利要求1的键盘，其中在每一行中，字母是从左到右读的顺序。

3. 如权利要求1的键盘，其中在每一行中，字母是从右到左读的顺序。

4. 如权利要求1的键盘，其中三行的中间行中的字母是以与其他两行不同的顺序排列的。

5. 如前述任何一权利要求的键盘，其中所述的切换装置包括电子计算机处理器中的一个软件应用程序。”

国家知识产权局专利局实质审查部门于1999年11月17日发出第一次审查意见通知书，其中指出：权利要求1~4所要求保护的技术方案实质上是对产品的一种平面图案设计，尽管产品的形状构造有局部变化，但是这种变化仅仅是采用所述平面图案设计所要求或所带来的，因而属于中国专利局第27号公告所规定的不授予实用新型专利权的范围。

申请人于2000年6月19日提交了意见陈述书，其中认为：用于键盘的各个键是水平地设置在键盘底板上，键与键之间的位置关系即应理解为结构关系，因此各键的排列关系的差别应理解为结构的差别而非表面图案的差别，因此本申请应不属于第27号公告所规定的不予实用新型保护的范围。申请人在答复第一次审查意见书时未修改申请文件。

国家知识产权局专利局实质审查部门认为本申请经申请人的上述意见陈述后仍然不符合专利法实施细则第二条第二款以及中国专利局第27号公告的规定，于2001年2月17日作出了驳回决定。其具体驳回理由是：本申请的发明点仅在于改变了键盘上字母排列的顺序，而键盘本身的结构没有变化，实际上是一种仅以表面的文字、符号设计为特征的产品，不属于实用新型专利保护范围，也符合中国专利局第27号公告中关于仅以平面图案设计为特征的产品不授予实用新型专利权的规定。

申请人（下称复审请求人）对上述驳回决定不服，于2001年5月28日向专利复审委员会提出复审请求。其复审理由主要是：根据本申请的键盘，由于各个键的排列顺序改变，必然要对其底板上的电路进行改动，或者改变该键盘的驱动程序，对于键盘来说，底板上的电路以及其上的各个键即构成了键盘的主体，键位布局的改变必然伴随着其内部电路的改变，因此本申请对键位布局的改变实质上是键盘结构的根本性变化；由于根据键盘上各键的排列位置的变化很容易想到其内部电路或驱动软件的变化，因此说明书中未对上述变化作出详细说明。申请人在提交复审请求书时未修改申请文件。

经形式审查合格，专利复审委员会于2001年6月28日发出了复审请求受理通知书和前置审查通知书。

在前置审查程序中，原审查部门认为键盘按键名称、功能的确定通常是由软件实现的，不涉及键盘的电路结构或机械结构；如果电路的改动是实现该技术方案的必要技术特征，那么本申请中就不能只字不提电路结构的变化，因此本申请的主题显然不符合专利法实施细则第二条第二款的规定，因而坚持原驳回决定。

专利复审委员会依法成立合议组对本案进行审理，合议组于2003年11月18日发出复审通知书，其中指出：权利要求1~5所限定的键盘与现有技术的计算机键盘相比，并没有改变按键的排列和结构，而仅仅是重新定义了每个按键所代表的英文字母，以使得其上的字母按照从A~Z的英文字母顺序进行排列，并设定了在传统字母顺序设置方式与本申请字母顺序设置方式之间进行切换的装置；由于权利要求1~5所限定的键盘仅仅涉及对各个按键所代表的“符号”——字母的重新安排，而没有体现出对现有键盘的形状、构造或其结合进行了何种技术改进，因此不属于专利法实施细则第二条第二款所规定的实用新型的保护客体，是不能授予专利权的。

复审请求人于2004年1月2日提交了意见陈述书，其中认为：（1）键与字母的配置关系和两种配置关系之间的切换可以通过改变驱动软件或改变底板电路的结构，并增加一个切换装置来实现，而后者可以使键盘的结构产生根本性变化，这样做的好处在于不需要更新现有的键盘驱动程序，并且更易于与现有设备兼容；对于本领域技术人员来说，通过改变底板电路的结构来改变键盘的排列顺序是一种显而易见的实现方法，因此说明书中未对底板电路的结构变化作出详细说明；（2）即使本申请中的键盘是通过改变驱动软件来实现的，也不能将本申请的键盘排除在实用新型的保护客体之外，因为键盘中的键属于键盘的组成部分，键的安排、组织和相互关系是键盘构造的一部分，而且本申请是解决了技术问题并达到了技术效果的新设计；（3）应将字符和键作为一个整体看待，字母、符号排列顺序的改变应被认为是键的排列顺序的改变，因此本申请体现了键盘结构的变化，属于专利法实施细则第二条第二款所规定的实用新型的保护客体。

至此，合议组认为，复审请求人已经充分陈述了意见，可以作出本复审决定。

二、决定的理由

本复审决定依据的是复审请求人申请日提交的原始申请文件。

专利法实施细则第二条第二款规定："专利法所称实用新型是指对产品的形状、构造或者其结合所提出的适于实用的新的技术方案。"

审查指南第一部分第二章第5.3节对产品的构造进行了进一步说明："产品的构造是指产品的各个组成部分的安排、组织和相互关系。产品的构造可以是机械构造，也可以是线路构造。机械构造是指构成产品的零部件的相对位置关系、连接关系和必要的机械配合关系等，线路构造是指构成产品的元器件之间的确定的连接关系。"

本申请权利要求1~5所限定的键盘仅仅涉及对各个按键所代表的"符号"——字母的重新安排，而没有体现出对现有键盘的形状、构造或其结合进行了何种技术改进。此外，虽然如复审请求人所申辩的，本申请键盘上字母、符号的排列顺序发生了变化，可以通过改变底板电路的结构来实现上述改变，并且改变底板电路结构可以使键盘的结构产生根本性的变化，但是在权利要求1~5的技术方案中并没有体现出底板电路结构在机械构造或线路构造上的任何改变。其全部技术特征实质上是对键盘上各按键所代表字母符号的重新安排和定义方法，因此权利要求1~5不属于专利法实施细则第二条第二款所规定的实用新型专利的保护客体。至于请求人申辩的通过改变底板电路的结构可以使键盘的结构产生根本性变化而具有不需要更新现有的键盘驱动程序，并且更易于与现有设备兼容的技术效果在说明书中并无依据。相反，说明书中记载了更为有用的是利用软件方式来实现键与字母的配置关系的改变的内容（见说明书第3页）。

综上所述，复审请求人的复审理由不能成立。

三、决定

驳回该复审请求，维持国家知识产权局专利局实质审查部门于2001年2月17日对本申请所作出的驳回决定。

复审请求人如对本复审决定不服，可依据专利法第四十一条第二款的规定，在收到本决定之日起三个月内向北京市第一中级人民法院起诉。

002

优化轧机轧辊库存的系统与方法案

复审请求审查决定（第5284号）

决　定　号　第5284号
决　定　日　2004年9月23日
发明创造名称　优化轧机轧辊库存的系统与方法
国际分类号　G06F 17/30
复审请求人　摩根建设公司
申　请　号　97109371.7
申　请　日　1997年10月29日
公　开　日　1998年8月12日
合议组组长　黄毅斐
主　审　员　崔哲勇
参　审　员　熊　婷

法律依据　专利法第二十二条第三款
决定要点
权利要求的技术方案与对比文件在所要解决的技术问题、采用的技术手段以及达到的技术效果都存在明显不同，对比文件不能影响权利要求的创造性。

一、案由

本复审请求涉及优先权日为1996年10月29日、申请日为1997年10月29日、公开日为1998年8月12日、名称为“优化轧机轧辊库存的系统与方法”的发明专利申请，其申请号为97109371.7，申请人为摩根建设公司。

在实审过程中，国家知识产权局专利局实质审查部门针对本申请原始文件进行审查，并使用了以下对比文件：

对比文件1：US5375062A，公开日为1994年12月20日。

国家知识产权局专利局实质审查部门于2002年7月5日发出第一次审查意见通知书，指出本申请权利要求1~18不具备创造性，不符合专利法第二十二条第三款的规定。

针对上述审查意见通知书，申请人于2002年11月5日提交了意见陈述书，并同时提交了权利要求书替换页第1~3页。新修改的权利要求书内容如下：

“1. 一种优化轧机中所用的轧辊库存的方法，所述轧机具有多个轧辊机座与导向装置，每个所述轧辊机座与导向装置都采用至少一对轧辊，所述一对轧辊分别用于把预定尺寸的输入产品加工并导成选择尺寸的输出成品，所述方法包括以下步骤：编辑和存储对应于所述库存中各个轧辊数据；确定所述轧机的工作参数，从而生产所述输出成品；把对应于所述各个轧辊的数据与所述工作参数相关联，从而建立所述轧辊机座与导向装置的可能的轧辊组合阵列；和依据所述工作参数、从所述用于轧机的可能的轧辊组合阵列中确定最佳的轧辊系列组。

2. 按照权利要求 1 的方法，其中所述对应于每个轧辊的数据包括轧辊类型，其与每个轧辊的实际尺寸有关，这些尺寸包括：轧辊直径、最初的与废弃的直径、辊身宽度和可能的轧槽数。

3. 按照权利要求 1 的方法，其中所述数据包括历史使用数据，这些数据包括：寿命、所轧制的吨数、轧辊的实际位置、轧辊的实际状况、或者轧辊的制造商与标识符。

4. 按照权利要求 1 的方法，其中所述数据包括与每个轧辊有关的轧槽数据，这些数据包括：轧槽的几何尺寸、轧槽的名称与类型以及与该轧槽相关的轧机的类型。

5. 按照权利要求 1 的方法，其中所述的工作参数包括装置的布局特性参数和轧辊配置。

6. 按照权利要求 5 的方法，其中所述的装置的布局特性参数包括：用于轧机的装置的特殊部件、在装置的一个特殊部件中的机座数与导向装置数以及由装置的每个特殊部件所用的构架类型。

7. 按照权利要求 5 的方法，其中所述的轧辊配置包括：与给定装置的部件所需的轧辊轧槽相关的数据，用来轧制所述选定尺寸的所述输出成品；最大的与所测量的中间机座轧辊直径偏差；输入轧机的产品的热当量输入尺寸；从轧机中输出的成品的热当量输出尺寸；第一与最后轧机座的标识；以及轧辊直径补偿的百分数。

8. 按照权利要求 1 的方法，其中所述相关联的步骤还可以用来：对所述轧辊的库存进行分类；根据所述特殊机座或导向装置合格的轧槽几何尺寸，把每个与特殊机座或导向装置有关的轧辊归类。

9. 按照权利要求 8 的方法，其中所述相关联的步骤还可以用来：以一个预订的轧辊直径偏差，建立用于每个轧辊机座或轧辊导向装置的可能的轧辊组合的所述阵列，其按照平均轧辊直径递减的顺序进行索引。

10. 按照权利要求 9 的方法，其中所述的确定步骤可以用来：计算每个机座或导向装置的公称轧辊直径；辨识具有平均轧辊直径的轧辊，该平均轧辊直径在所述公称直径的所选的限定范围之内。

11. 按照权利要求 10 的方法，其中所述的确定步骤还可以用来：确定用于轧机的所述系列轧辊组，从而接近所述公称轧辊直径。

12. 按照权利要求 11 的方法，其中所述的确定步骤还可以用来：计算在每个机座之间的中间机座轧辊偏差，以及从第一机座到最后机座的实际偏差，所述的总偏差可从所述公称直径算出。

13. 按照权利要求 12 的方法，其中所述的确定步骤还可以用来：对每个机座，以一轧辊直径补偿百分数来计算所述中间机座轧辊偏差，这是通过按照所述的补偿百分数，以一个预订的增量来减少最后机座的轧辊直径来实现的；生成一个新的公称轧辊直径组和每个机座的限定范围。

14. 按照权利要求 13 的方法，其中所述的确定步骤还可以用来：按增量递减最后机座的轧辊直径，直到达到低于任一机座平均轧辊直径的废弃限度为止。

15. 按照权利要求 1 的方法，其中所述的确定步骤还可以用来：消除重复的轧辊系列组。

16. 一种优化轧机中所用的轧辊库存的方法，所述轧机具有多个轧制组，每个轧制组都采用轧辊机座与导向装置的一个预订的组合，每个所述轧辊机座与导向装置都采用至少一对轧辊，所述一对轧辊分别用于把预订尺寸的输入产品加工并导成选择尺寸的输出成品，所述方法包括以下步骤：

编辑和存储对应于所述库存中各个轧辊的数据；确定所述轧机的工作参数，从而生产所述输出成品；把对应于所述各个轧辊的所述数据与所述工作参数相关联，从而建立每个轧制装置的可能的轧辊组合阵列；和依据所述工作参数、从所述用于轧机的可能的轧辊组合阵列中确定最佳的轧辊系列组。”

实质审查部门认为本申请经申请人陈述意见后，新修改的权利要求 1 ~ 16 相对于对比文件 1 不具备创造性，不符合专利法第二十二条第三款的规定，其具体理由为“在计算机协助生产的批量生产加工领域，将批量生产半导体的优化库存的数据组合方法应用于同样需要批量生产、应用数据库检索系统、实现库存数据组合优化而取得最佳方案的轧钢机生产上，是计算机协助生产的生产技术中常用的技术，其只需要通过根据数据库技术改变存储数据以及数据类型、属性即可”，因此于2003 年4 月4 日作出了驳回本专利申请的决定。

申请人（下称复审请求人）对于上述驳回决定不服，于2003 年7 月9 日向专利复审委员会提交了复审请求，并同时提交了权利要求书替换页，将驳回决定所针对文本中的从属权利要求3 的内容加入到了权利要求1 中，并删除了独立权利要求16。复审请求人认为新修改的权利要求书符合专利法第二十二条第三款的规定。其具体复审理由是：（1）对比文件1 仅公开将预定数量的硅圆片收集在一载送装置中而形成一个组，以便在生产工艺中进行加工的方法，该方法仅针对产品本身，并不涉及加工该产品的工具、设备；而权利要求1 的技术方案涉及的是加工设备，它对多个方面进行动态跟踪，与对比文件1 完全不同；（2）本发明目的在于通过对轧辊数据资料的多维跟踪和管理，实现轧辊组合的优化。

复审请求人提交的新修改后的权利要求书如下：

“1. 一种优化轧机中所用的轧辊库存的方法，所述轧机具有多个轧辊机座与导向装置，每个所述轧辊机座与导向装置都采用至少一对轧辊，所述一对轧辊分别用于把预定尺寸的输入产品加工并导成选择尺寸的输出成品，所述方法包括以下步骤：

编辑和存储对应于所述库存中各个轧辊数据，所述数据包括历史使用数据，这些数据包括：寿命、所轧制的吨数、轧辊的实际位置、轧辊的实际状况、或者轧辊的制造商与标识符；

确定所述轧机的工作参数，从而生产所述输出成品；把对应于所述各个轧辊的数据与所述工作参数相关联，从而建立所述轧辊机座与导向装置的可能的轧辊组合阵列；和依据所述工作参数、从所述用于轧机的可能的轧辊组合阵列中确定最佳的轧辊系列组。

2. 按照权利要求1 的方法，其中所述对应于每个轧辊的数据包括轧辊类型，其与每个轧辊的实际尺寸有关，这些尺寸包括：轧辊直径、最初的与废弃的直径、辊身宽度和可能的轧槽数。

3. 按照权利要求1 的方法，其中所述数据包括与每个轧辊有关的轧槽数据，这些数据包括：轧槽的几何尺寸、轧槽的名称与类型以及与该轧槽相关的轧机的类型。

4. 按照权利要求1 的方法，其中所述的工作参数包括装置的布局特性参数和轧辊配置。

5. 按照权利要求4 的方法，其中所述的装置的布局特性参数包括：用于轧机的装置的特殊部件、在装置的一个特殊部件中的机座数与导向装置数，以及由装置的每个特殊部件所用的构架类型。

6. 按照权利要求4 的方法，其中所述的轧辊配置包括：与给定装置的部件所需的轧辊轧槽相关的数据，用来轧制所述选定尺寸的所述输出成品；最大的与所测量的中间机座轧辊直径偏差；输入轧机的产品的热当量输入尺寸；从轧机中输出的成品的热当量输出尺寸：第一与最后轧机座的标识，以及轧辊直径补偿的百分数。

7. 按照权利要求1 的方法，其中所述相关联的步骤还可以用来：对所述轧辊的库存进行分类；根据所述特殊机座或导向装置合格的轧槽几何尺寸，把每个与特殊机座或导向装置有关的轧辊归类。

8. 按照权利要求7 的方法，其中所述相关联的步骤还可以用来：以一个预订的轧辊直径偏差，建立用于每个轧辊机座或轧辊导向装置的可能的轧辊组合的所述阵列，其按照平均轧辊直径递减的顺序进行索引。

9. 按照权利要求8 的方法，其中所述的确定步骤可以用来：计算每个机座或导向装置的公称轧辊直径；辨识具有平均轧辊直径的轧辊，该平均轧辊直径在所述公称直径的所选的限定范围之内。

10. 按照权利要求9 的方法，其中所述的确定步骤还可以用来：确定用于轧机的所述系列轧辊组，从而接近所述公称轧辊直径。

11. 按照权利要求 10 的方法，其中所述的确定步骤还可以用来：计算在每个机座之间的中间机座轧辊偏差，以及从第一机座到最后机座的实际偏差，所述的总偏差可从所述公称直径算出。

12. 按照权利要求 11 的方法，其中所述的确定步骤还可以用来：对每个机座，以一轧辊直径补偿百分数来计算所述中间机座轧辊偏差，这是通过按照所述的补偿百分数，以一个预订的增量来减少最后机座的轧辊直径来实现的；生成一个新的公称轧辊直径组和每个机座的限定范围。

13. 按照权利要求 12 的方法，其中所述的确定步骤还可以用来：按增量递减最后机座的轧辊直径，直到达到低于任一机座平均轧辊直径的废弃限度为止。

14. 按照权利要求 1 的方法，其中所述的确定步骤还可以用来：消除重复的轧辊系列组。”

经形式审查合格，专利复审委员会于 2003 年 8 月 12 日发出受理通知书。

实质审查部门对该复审请求进行了前置审查，仍坚持原驳回决定。

在上述工作的基础上，合议组认为本案事实清楚，可以作出本复审决定。

二、决定的理由

合议组经审查后认为，复审请求人在提交复审请求时提交的权利要求修改文本并未超出原始权利要求书和说明书记载的范围，符合专利法第三十三条的规定。因此，本次复审所针对的文本是复审请求人于申请日提交的说明书第1 ~ 19 页、附图第 1 ~ 23 页、摘要、摘要附图，以及于 2003 年 7 月 9 日提交的权利要求 1 ~ 14 项。

权利要求 1 请求保护一种优化轧机中所用的轧辊库存的方法，其技术方案对库存轧辊的多个方面数据进行动态更新；并将这些数据与工作参数相关联，从而建立可能使用的轧辊组合阵列；最终根据工作参数从该阵列中选择最佳的轧辊组。对比文件 1 公开（见摘要，说明书第 1 ~ 3 栏，附图 4）一种在加工操作中，通过收集预定数目的相同类型或不同类型的目标物而形成组的装置和方法，该方法包括利用加工条件输入部分输入涉及加工条件的数据，存储所输入数据的加工条件文件，和通过收集预定数目的同类型目标物或预定数目的多个类型目标物，利用数据处理单元形成单一组或混合组。根据对比文件 1 中说明书第 1 栏的描述，对比文件 1 的目的是避免不必要的库存，缩减不必要的储存维护费用而降低成本，其中仅通过比较半导体的数量和生产参数来形成相对简单的组，仅针对加工产品的数量形成预定数目的组而并不涉及加工过程的其他方面，这种分组与具体使用情况无关，也与加工产品、加工设备工具的本身情况无关。因此，对比文件 1 中并未公开本发明权利要求 1 的技术方案中需要结合具体工作情况、所涉及的轧辊和轧机的本身情况进行数据动态更新、关联和选择的技术内容，本领域技术人员在阅读对比文件 1 之后也不能得到相关技术启示，对比文件 1 与权利要求 1 的技术方案存在显著的不同。

因此，权利要求 1 的技术方案与对比文件 1 在所解决的技术问题、技术手段和所实现的技术效果方面存在明显的不同，权利要求 1 的技术方案相对于对比文件 1 具有突出的实质性特点和显著的进步，符合专利法第二十二条第三款有关创造性的规定。

在权利要求 1 具备创造性的前提下，其从属权利要求 2 ~ 14 相对于对比文件 1 也同样具有突出的实质性特点和显著的进步，符合专利法第二十二条第三款有关创造性的规定。

三、决定

撤销国家知识产权局专利局实质审查部门于 2003 年 4 月 4 日作出的驳回决定，由原实质审查部门以复审请求人于申请日提交的说明书第 1 ~ 19 页、附图第 1 ~ 23 页、说明书摘要、摘要附图，以及于 2003 年 7 月 9 日提交的权利要求第 1 ~ 14 项的文本为基础继续进行审批程序。

003

全国的顾客识别系统和方法案

复审请求审查决定（第5285号）

决　定　号 第5285号
决　定　日 2004年11月30日
发明创造名称 全国的顾客识别系统和方法
国际分类号 G06F 17/60　G07F 17/32
复审请求人 哈拉营业股份有限公司
申　请　号 97196698.2
申　请　日 1997年5月23日
公　开　日 1999年8月25日
合议组组长 马志远
主　审　员 黄毅斐
参　审　员 熊　婷

法律依据 审查指南第二部分第八章第2.2.（2）节、第6.1.4.2节
决定要点

审查员在以本申请权利要求1~41项属于专利法第二十五条第一款第（二）项规定的不授予专利权的范围为由作出驳回决定之前，并没有将权利要求29~41项（即复审请求人在答复第一次审查意见通知书时新增加的权利要求）也属于专利法第二十五条第一款第（二）项规定的不授予专利权的范围的理由告知复审请求人，并给予复审请求人陈述意见的机会。

一、案由

本复审请求涉及申请号为97196698.2、名称为“全国的顾客识别系统和方法”的发明专利申请，其申请日为1997年5月23日，优先权日为1996年5月24日，进入国家阶段日期为1999年1月25日，申请人为哈拉营业股份有限公司。

在实质审查程序中，实质审查部门针对申请人提交的在国际阶段依据专利合作条约第十九条所作修改的权利要求1~28项的中文译文、1999年5月12日提交的依据专利法实施细则第五十一条的规定主动修改的说明书第1~24页、附图第1~14页，于2002年7月5日发出了第一次审查意见通知书，指出：权利要求1~14、19~25、28的内容是一种娱乐、游戏的规则和方法，而不是一种利用自然规律和自然力的技术方案，属于专利法第二十五条第一款第（二）项所述的智力活动的规则和方法的范围，不能被授予专利权；权利要求15~18、26~27仅是利用现有技术如“计算机系统”和“输入设备”从事娱乐、游戏的规则和活动，仅是指导人们对其表达的信息进行思维、识别、判断和记忆，而不需要采用技术手段或者遵守自然法则，不具备技术特征，因而是一种智力活动的规则和方法，并非专利法意义上的发明，属于专利法第二十五条第一款第（二）项关于不授予专利权的情形。

申请人于2003年1月20日提交了意见陈述书，同时提交了新的权利要求书，在该新的权利要求

书中，除保留原权利要求1～28外，还新增加了权利要求29～41，申请人表示不能同意实质审查部门的意见，认为权利要求1～14、19～25、28没有揭示任何有关游戏的规则，而是阐述了用于确定相对于游乐场的顾客值的技术方案，权利要求15～18、26～27阐述了用于跟踪客户活动的计算机系统，包括输入设备等技术限定，能够完成各种技术功能，以便确定该游乐场的顾客的一个值，以及提供给该顾客的恰当服务级别。

针对申请人2003年1月20日提交的权利要求1～41项以及1999年5月12日提交的说明书第1～24页、附图第1～14页、于1999年1月25日提交的说明书摘要，实质审查部门于2003年7月4日作出了驳回决定。该驳回决定依据的理由是权利要求1～41属于专利法第二十五条第一款第（二）项规定的不授予专利权的范围。

申请人（下称复审请求人）对国家知识产权局专利局实质审查部门作出的上述驳回决定不服，于2003年10月20日向专利复审委员会提出复审请求，同时提交了修改的权利要求1～41项以及说明书第1～24页。其复审理由主要是：本发明所作出的贡献与现有技术相比不完全涉及智力活动的规则和方法，因此不应当被根据专利法第二十五条第一款第（二）项而被驳回。

经形式审查合格，专利复审委员会于2003年11月18日发出了复审请求受理通知书。

在前置审查程序中，原实质审查部门坚持原驳回决定。

专利复审委员会依法成立合议组对本案进行复审，合议组经过审查后认为，本案事实清楚，可以作出复审决定。

二、决定的理由

复审请求人于2003年10月20日提交了权利要求1～41项和说明书第1～24页的修改替换页，经合议组审查，上述修改符合专利法第三十三条和专利法实施细则第六十条的规定，因此本复审决定依据的文本是复审请求人于2003年10月20日提交的权利要求1～41项、说明书第1～24页，以及于1999年5月12日提交的附图第1～14页。

根据审查指南第二部分第八章第2.2.（2）节中对实质审查程序的要求，“审查员在作出驳回决定之前，应当给申请人提供至少一次针对驳回理由和证据陈述意见和/或修改申请文件的机会，即审查员作出驳回决定时，决定中涉及的驳回理由和所依据的证据应当在之前的审查意见通知书中已经告知过申请人”。根据审查指南第二部分第八章第6.1.4.2节的具体规定，“在驳回理由部分，审查员应当详细论述驳回决定所依据的事实、理由和法律根据……而且对于这些事实和理由，已经给了申请人一次发表意见和/或修改申请的机会”。在本发明专利申请的实质审查过程中，审查员在以本申请权利要求1～41项属于专利法第二十五条第一款第（二）项规定的不授予专利权的范围为由作出驳回决定之前，并没有将权利要求29～41项（即复审请求人在答复第一次审查意见通知书时新增加的权利要求）也属于专利法第二十五条第一款第（二）项规定的不授予专利权的范围的理由告知复审请求人，并给予复审请求人陈述意见的机会，因此该驳回决定违反了审查指南中对实质审查程序所规定的听证原则和法定审查程序。

三、决定

撤销国家知识产权局专利局实质审查部门于2003年7月4日作出的针对申请号为97196698.2的发明专利申请的驳回决定，由原实质审查部门在复审请求人于2003年10月20日提交的权利要求1～41项、说明书第1～24页，以及于1999年5月12日提交的附图第1～14页的基础上继续进行审批程序。

004

英汉翻译机器案

复审请求审查决定（第5286号）

决　定　号　第5286号
决　定　日　2004年11月19日
发明创造名称　英汉翻译机器
国际分类号　G06F 17/27
复审请求人　李玉鉴
申　请　号　00109235.9
申　请　日　2000年6月19日
公　开　日　2000年11月8日
合议组组长　石　清
主　审　员　黄毅斐
参　审　员　李韵美

法律依据　专利法第二十五条第一款第(二)项
决定要点

虽然模板翻译规则库的制定属于智力活动的规则和方法，但是权利要求1的方法并不涉及对模板翻译规则库的制定，而是利用该模板翻译规则库将英文文本数据与汉语文本数据进行逐项匹配处理，该数据匹配处理方法不属于智力活动的规则和方法。

一、案由

本复审请求涉及申请号为00109235.9、名称为“英汉翻译机器”的发明专利申请（下称本申请），其申请日为2000年6月19日，申请人为李玉鉴（鑑）。

在实质审查程序中，针对原始申请文件，国家知识产权局专利局实质审查部门于2002年8月2日发出第一次审查意见通知书，其中指出：权利要求1相对于对比文件1（CN1026927C，其授权公告日为1994年12月7日）不具备创造性，权利要求2的保护范围不清楚，不符合专利法实施细则第二十条第一款的规定。

针对第一次审查意见通知书，申请人于2002年8月14日仅提交了权利要求书、说明书、附图以及说明书摘要和摘要附图的修改文本（下称文本1）而未陈述任何意见。其中修改后的权利要求书只有如下一项权利要求：

“1. 一种实现英汉翻译机器的方法，其特征在于采用具有一般终结符和非终结符序列结构的模板匹配替换通用算法，该算法的执行流程是：

（1）输入要翻译的句子；

（2）将句子分解并表示为以源语言中的词汇、标点等为基本单元的信息属性结构，记录‘句子长度变量’ = 基本单元的数目；

（3）对句子中的每个基本单元进行形态分析，并记录它的所有词类代码和每个词类在目标语言中的所有可能含义，并令“规则计数变量”=1；

……

（9）直接将最终翻译结果集中的第一个翻译结果作为在（1）中输入的句子最终翻译结果，或者将最终翻译结果集中的字符串优化排序后，将最可能的字符串作为在（1）中输入的句子最终翻译结果；也可将最终翻译结果集中的部分或所有字符串列举在某个选择框中，由用户去选择在（1）中输入的句子的最终翻译结果。”

针对文本1，实质审查部门于2002年9月27日发出第二次审查意见通知书，其中主要指出：修改后的权利要求1中的输入、词汇划分、构词分析、规则计数、模板构造和匹配规则设计、结果的获取和输出等，实际上为依据编译原理的规则所编写的算法程序本身，由于该发明中对于现有技术的贡献在于该算法程序本身，即属于智力活动的规则和方法的部分，因此权利要求1的发明主题为专利法第二十五条第一款第（二）项规定的不授予专利权的客体。

针对第二次审查意见通知书，申请人于2002年10月8日再次提交了权利要求书、说明书、附图以及说明书摘要和摘要附图的修改文本（下称文本2）而未陈述任何意见。

新修改的权利要求书如下：

“1. 一种实现英汉翻译机器的方法，包括：

将模板翻译规则库装入计算机内存；将模板翻译规则总数写入模板翻译规则总数存储器；模板翻译规则总数存储器由计算机分配的所需内存单元组成，下述步骤中各个变量的相应存储器也由计算机分配的所需内存单元组成；其特征是采用计算机执行具有一般终结符和非终结符序列结构的模板匹配替换步骤，还包括：

（1）从键盘输入或从文件读入要翻译句子；

（2）申请记录一个句子所需的信息属性结构内存空间，在这些内存空间中将句子分解并表示为以源语言中的词汇、标点等为基本单元的信息属性结构，同时在句子长度存储器中记录‘句子长度变量’=基本单元的数目；

（3）对句子中的每个基本单元进行形态分析，在信息属性结构内存空间中记录它的所有词类代码和每个词类在目标语言中的所有可能含义，并在规则计数存储器中记录‘规则计数变量’=1；

（4）如果规则计数变量大于模板翻译规则总数，则进入（8）；否则从模板翻译规则库中取出规则计数存储器所指向的模板翻译规则作为当前规则，然后取出该规则的源语言模板作为当前源语言模板，在源语言模板长度存储器中记录“源语言模板长度变量”=它所包含的终结符和非终结符的总数，如果源语言模板长度变量大于句子长度变量，在规则计数存储器中使规则计数变量增1，返回（4）；否则，在匹配起始位置存储器中记录句子的‘匹配起始位置变量’=1，在匹配终止位置存储器中记录句子的‘匹配终止位置变量’=匹配起始位置变量+源语言模板长度变量-1，然后进入（5）；

（5）在当前匹配位置存储器中记录‘当前匹配位置变量’=匹配起始位置变量，进入（6）；

（6）在句子匹配项存储器中记录‘句子匹配项’=当前匹配位置存储器在句子中所指的项，在模板匹配项存储器中记录‘模板匹配项’=‘当前匹配位置变量-匹配起始位置变量+1’的值在源语言模板中所指的项，判定句子匹配项是否与模板匹配项匹配，判定标准是：a. 如果这两项都是终结符，那么只需通过形态分析看它们在源语言中是否为同一个词汇的不同形态，是则匹配成功，否则匹配失败；b. 如果句子匹配项为终结符，而模板匹配项为非终结符，则看句子匹配项具有的所有可能类型代码中是否存在被模板匹配项所包含的代码，存在则匹配成功，不存在则匹配失败；c. 如果句子匹配项为非终结符，模板匹配项也为非终结符，则当句子匹配项被模板匹配项所包含时，匹配成功，否则匹配失败；d. 如果句子匹配项为非终结符，而模板匹配项为终结符，则匹配失败；如果根据该标准判定结果为匹配成功，那么当当前匹配位置变量 = 匹配终止位置变量时，进入（7），当当前匹配位置变量 < 匹配终止位置变量时，在当前匹配位置存储器中使当前匹配位置变量增 1，返回（6）；否则在匹配起始位置存储器中使匹配起始位置变量增 1，在匹配终止位置存储器中使匹配终止位置变量增 1，如果匹配终止位置变量 ≤ 句子长度变量，则返回（5），否则在规则计数存储器中使规则计数变量增 1，返回（4）；

（7）此时句子中对应于从匹配起始位置变量到匹配终止位置变量的项与当前源语言模板完全匹配，在新的内存空间中记录‘当前源语言模板的类型代码’，以及句子中对应于从匹配起始位置变量到匹配终止位置变量的项与当前源语言模板中非终结符相对应的所有项，将这些项在目标语言中的意义对应代入当前源语言模板的所有目标语言模板，并把得到的结果作为当前源语言模板的类型代码在目标语言中的翻译结果集；然后将句子中对应于从匹配起始位置变量到匹配终止位置变量的所有项用当前源语言模板的类型代码替换，将得到的结果看作新的句子状态，并申请所需的信息属性结构内存空间记录新的句子状态，同时在句子长度存储器中使句子长度变量 = 句子长度变量 - 源语言模板长度变量 +1，显然代码替换后句子对应于匹配起始位置存储器所指的非终结符为当前源语言模板的类型代码；如果句子长度变量 =1，则进入（8）；如果句子长度变量 >1，当匹配终止位置变量不超过句子长度变量时，返回（5），当匹配终止位置变量超过句子长度变量时，在规则计数存储器中使规则计数变量增 1，返回（4）；

（8）将句子的各项在目标语言中的翻译结果集取出，此时翻译结果集的个数恰好与句子长度变量相等，而且如果匹配完全成功，则翻译结果集只有一个，句子长度变量等于 1；将这些翻译结果集中的字符串按顺序连接起来，得到最终翻译结果集，申请记录最终翻译结果集所需的翻译结果内存空间，并在翻译结果内存空间中存储最终翻译结果集，进入（9）；

（9）在显示器上直接将存储在翻译结果内存空间中的第一个翻译结果作为在（1）中输入的句子最终翻译结果，或者将存储在翻译结果内存空间中的部分或所有翻译结果列举在某个选择框中，由用户去选择在（1）中输入的句子的最终翻译结果。”

针对文本 2，实质审查部门于 2002 年 11 月 29 日作出驳回决定，其驳回理由是：权利要求 1 对现有技术的贡献实际上仅仅在于利用语言的语法和特征所编排的规则，以及利用设定的对应匹配规则，通过计算机语言编写出的算法程序（即计算机程序本身），即其对于现有技术的贡献仅在于属于智力活动的规则和方法部分，因此权利要求 1 的主题属于专利法第二十五条第一款第（二）项规定的不授予专利权的客体。

申请人（下称复审请求人）对上述驳回决定不服，于 2002 年 12 月 2 日向专利复审委员会提出了复审请求，其复审理由主要是：本申请的主题实质上是利用计算机程序在公知计算机上对外部输入的英文文本数据进行处理以得到相应的汉语文本数据，属于可给予专利保护的客体。

在前置审查程序中，原实质审查部门认为本申请请求保护的技术方案属于计算机语言规则和语言语法规则，即为智力活动的规则和方法，属于专利法第二十五条第一款第（二）项规定的不予专利保护的客体。

专利复审委员会依法成立合议组对本案进行审理，在对本案进行进一步合议审查的基础上，认为本案事实已经清楚，可以作出复审决定。

二、决定的理由

本复审决定依据的文本是复审请求人于 2002 年 10 月 8 日提交的权利要求书、说明书、附图以及说明书摘要和摘要附图（即驳回决定所依据的文本2）。

根据审查指南第二部分第九章有关涉及计算机程序的发明专利申请审查的若干问题的说明，计算机程序本身是指为了能够得到某种结果而可以由计算机等具有信息处理能力的装置执行的代码化指令序列，或者可被自动转换成代码化指令序列的符号化指令序列或者符号化语句序列。

本申请权利要求1按照方法流程的步骤形式描述了模板匹配替换程序的各个执行步骤，显然这些步骤并不是一种代码化指令序列，也不是符号化指令序列或符号化语句序列，不属于上述审查指南中所定义的“计算机程序本身”，因而本发明申请对现有技术的贡献并不是计算机程序本身。

另外，虽然模板翻译规则库的制定属于智力活动的规则和方法，但是权利要求1的方法并不涉及对模板翻译规则库的制定，而是利用该模板翻译规则库将英文文本数据与汉语文本数据进行逐项匹配处理，该数据匹配处理方法不属于智力活动的规则和方法。因此，由于权利要求1所限定的方法对现有技术的贡献不在于属于智力活动的规则和方法的部分，因而不能依据专利法第二十五条第一款第（二）项拒绝授予其专利权。至于本申请中是否还存在其他不符合专利法及其实施细则的缺陷，留待后续程序继续审查。

三、决定

撤销国家知识产权局专利局实质审查部门于2002年11月29日对00109235.9号发明专利申请作出的驳回决定，由原实质审查部门以驳回决定依据的文本为基础继续进行审批程序。

005

控制半导体设备的方法案

复审请求审查决定（第5287号）

决 定 号 第5287号
决 定 日 2004年11月20日
发明创造名称 控制半导体设备的方法
国际分类号 H01L 21/00 G06F 19/00
复审请求人 三星电子株式会社
申 请 号 98108327.7
申 请 日 1998年5月21日
公 开 日 1999年5月12日
合议组组长 马志远
主 审 员 石 清
参 审 员 崔哲勇

法律依据 专利法第二十六条第三款
决定要点

如果在一件专利申请的说明书所公开的内容的基础上，所属技术领域的技术人员在不付出创造性劳动的情况下就能够再现发明的技术方案，解决其技术问题并达到说明书所述的技术效果，则说明书对发明作出了清楚、完整的说明，符合专利法第二十六条第三款的规定。

一、案由

本复审请求涉及申请号为98108327.7、发明名称为“控制半导体设备的方法”的发明专利申请(下称本申请)，其申请日是1998年5月21日，申请人是三星电子株式会社。

针对本申请，国家知识产权局专利局实质审查部门于2002年11月8日发出第一次审查意见通知书，指出本申请说明书没有清楚、完整地阐明控制半导体设备的方法，使得本领域技术人员不能实现对半导体制造设备的计算机控制，不符合专利法第二十六条第三款的规定。

针对第一次审查意见通知书，申请人于2003年3月24日进行了意见陈述，对说明书中的上述部分的含义进行了解释，并为更好地符合专利法将说明书分成了5大部分，同时提交了说明书全文替换页第1~5页。

国家知识产权局专利局实质审查部门于2003年7月11日以本申请说明书不符合专利法第二十六条第三款的规定为由驳回本申请。驳回决定的具体理由是：本申请的说明书没有清楚、完整地阐明控制半导体设备的方法，使得本领域技术人员不能实现对半导体制造设备的控制。公开不充分具体表现在：“向主机报告以单位批量在半导体设备的一个设备中当前处理的工艺条件”，此“工艺条件”为具体什么条件？“主机中的特殊规则”什么规则是主机中的特殊规则？“采取的适当措施”为具体什么措施？“排除故障操作”如何排除故障操作等。

申请人（下称复审请求人）对驳回决定不服，在规定期限内于2003年10月24日向专利复审委员会提出了复审请求。

复审请求人的主要意见是：关于“向主机报告以单位批量在半导体设备的一个设备中当前处理的工艺条件”中的工艺条件，与说明书背景技术中所进行的工艺条件相同，对于本领域技术人员而言是公知常识；关于“主机中的特殊规则”，说明书第4页第12～13行清楚说明了“该规则是由主机利用统计工艺控制（SPC）进行的控制限制”，统计工艺控制被广泛用于统计地管理制造过程的质量控制；统计工艺控制不是本发明的发明点，本发明仅仅是将统计工艺控制应用到本发明中，它是本领域技术人员利用现有技术（如美国专利5440478）可以实现的，同时说明书第4页第11～27行已公开了“特殊规则”和“控制限制”；关于“采取适当措施”，如说明书第5页第6～8行中及图2所述的根据在先的分析报废产品或执行随后的步骤；关于如何排除故障操作，不是本发明的发明点，其具体方法可以采取任何本领域技术人员公知的方法。因此，本发明符合专利法第二十六条第三款的规定。

经形式审查合格，专利复审委员会受理了该复审请求，并于2003年11月10日发出了受理通知书及前置审查通知书。

在前置审查中，国家知识产权局原实质审查部门坚持原驳回决定。

在此基础上，专利复审委员会成立合议组对此案进行审理。合议组在审阅了全部文件后认为，根据现有文件，可以作出复审决定。

二、决定的理由

1. 审查文本的认定

由于复审请求人提出复审请求时没有提交修改文件，因此以下审理所针对的文本是驳回决定所依据的文本，即复审请求人于2003年3月24日提交的说明书第1～5页，于申请日提交的权利要求1～3项，说明书附图第1～2页以及说明书摘要和摘要附图。

2. 关于专利法第二十六条第三款

专利法第二十六条第三款规定：“说明书应当对发明或者实用新型作出清楚、完整的说明，以所属技术领域的技术人员能够实现为准。”审查指南第二部分第二章进一步明确规定：“所属技术领域的技术人员能够实现，是指所属技术领域的技术人员按照说明书记载的内容，不需要创造性劳动就能够再现该发明或者实用新型的技术方案，解决其技术问题，并产生预期的技术效果。”

本申请涉及一种控制半导体设备的方法，该方法针对现有技术中存在的因主机不能识别互锁设备，导致操作者意外操作互锁设备时可能增加有缺陷的产品和降低工艺可靠性的缺陷，提供了包括如下步骤的技术方案：

（A）向主机报告以单位批量在半导体设备的一个设备中当前进行处理的工艺条件；

（B）确定报告的工艺条件数据是否处于寄存在主机数据库的该工艺的各步骤的最佳工艺条件范围内；

（C）如果确定报告的数据是处于最佳工艺条件的范围内，则确定报告的数据是否满足寄存在主机中的特殊规则；

（D）如果确定报告的数据不处在最佳处理条件的范围内，则保留和分析通过该工艺处理的产品，和采取适宜的措施；

（E）如果确定报告的数据满足特殊规则，则继续进行处理，并且如果确定该报告的数据不满足特殊规则，则同时互锁该设备和主机的跟踪部件，并把互锁信息自动地存入主机，和停止该工艺处理，直到完全排除掉故障操作后，重复地进行上述步骤，直到完成该工艺。

通过阅读说明书文字部分所记载的内容，并结合附图所公开的该方法流程图，本领域技术人员可以理解，在本申请控制半导体设备的方法中，步骤（A）报告给主机的具体工艺条件是由半导体设备所要制造的产品决定的；步骤（D）在确定报告的数据不处在最佳工艺条件范围内时所采取的措施应是视分析产品的结果而确定的需要采取的措施，例如说明书所记载的报废产品等；步骤（E）的排除故障操作则是本领域技术人员根据前面步骤的判断结果以及实际故障情况而进行的。

对于步骤（C）、（E）中所涉及的特殊规则，说明书第3页第2段和第4页第5段进行了“特殊规则是用在统计工艺控制内（SPC）的控制限制”，以及“该规则是由主机利用统计工艺控制（SPC）进行的控制限制”的说明，在说明书第4页第8段，更对于不满足特殊规则的四种主要情况进行了举例说明。根据说明书上述各部分的记载，本领域技术人员可以理解所谓特殊规则所涉及的实际上是用于控制半导体制造过程以便进行质量控制的数据，如统计学数据。如上所述，本申请控制半导体设备的方法所要解决的技术问题是现有技术中主机对于互锁设备的识别问题，而特殊规则在本申请的方法中仅被用作判断是否需要对设备和主机跟踪部件进行互锁的条件，对于该条件的具体设定属于现有技术的内容，可以由本领域技术人员根据现有技术中所使用的统计工艺控制方法来确定，与本申请解决其技术问题并达到其技术效果所采用的技术手段没有直接关系。

基于以上分析，上述步骤（A）的工艺条件、步骤（C）、（E）的特殊规则、步骤（D）采取的措施以及步骤（E）排除故障操作的具体内容的改变并不影响本申请的方法的实施，而且这些具体内容是本领域普通技术人员可以视具体情况，运用其所具有的本领域普通技术知识来确定的。根据本申请说明书所记载的内容，所属技术领域技术人员能够明了本申请的控制半导体设备的方法中的步骤（A）到步骤（D）如何实施，以及当经判断需要互锁半导体设备时，在步骤（E）通过同时互锁设备和主机的跟踪部件，自动地把互锁设备的固有号码输入到主机，即达到能够防止由操作者意外操作互锁设备的技术效果。因此，在本申请说明书目前公开的内容的基础上，所属技术领域的技术人员能够在不付出创造性劳动的情况下再现本发明的技术方案，解决现有技术存在的问题，并达到本发明所述技术效果，因此说明书对发明作出了清楚、完整的说明，符合专利法第二十六条第三款的规定。

三、决定

撤销国家知识产权局专利局实质审查部门于2003年7月11日对98108327.7号发明专利申请作出的驳回决定，由原实质审查部门以驳回决定依据的文本继续进行审批程序。

006

交互式游戏的人格化案

复审请求审查决定（第5321号）

决　定　号　第5321号
决　定　日　2004年12月9日
发明创造名称　交互式游戏的人格化
国际分类号　G06F 19/00　G06F 161/00
复审请求人　皇家菲利浦电子有限公司
申　请　号　96191256.1
申　请　日　1996年8月26日
公　开　日　1997年11月26日
合议组组长　张　度
主　审　员　黄毅斐
参　审　员　钱　芸

法律依据　专利法第二十二条第三款
决定要点

新修改的权利要求1中增加的“能够给用户提供游戏体验的”和“以便在用户与所示游戏装置交互时‘奖赏’所述用户或使所述用户惊奇”的内容只是权利要求1的技术方案所要实现的目的，而并不是对权利要求1技术方案本身的限定，因此新修改的权利要求1相对于对比文件1和2的结合仍不具备创造性。

一、案由

本复审请求涉及国家知识产权局专利局实质审查部门于2002年10月18日驳回的、名称为“交互式游戏的人格化”的发明专利申请（下称本申请），其申请号为96191256.1，申请日为1996年8月26日，优先权日为1995年8月31日，申请人为菲利浦电子有限公司，该公司于1998年10月14日变更为皇家菲利浦电子有限公司。

依据申请人进入中国国家阶段时提交的国际申请文件的文本，国家知识产权局专利局实质审查部门于2002年5月17日发出第一次审查意见通知书。其中主要指出本申请权利要求7、8相对于对比文件1（US5393073A，其公开日为1995年2月28日）和对比文件2（US5005143A，其公开日为1991年4月2日）的结合不具备创造性，不符合专利法第二十二条第三款的规定；权利要求9中的“集”不是本领域的技术术语，其含义对于本领域技术人员来说是不清楚的，而且说明书中也没有详细的解释，因此权利要求9不符合专利法实施细则第二十条第一款的规定。并且权利要求9中的特征“在集之间……用户交互历史”得不到说明书的支持，因此权利要求9也不符合专利法第二十六条第四款的规定；权利要求10不符合专利法实施细则第二十三条第三款的规定。

申请人于2002年9月11日提交了意见陈述书，主要认为：本申请系涉及交互式游戏系统，提供一种根据用户的输入按故事叙述的过程自己进行修改的交互式游戏。对比文件1没有公开保存用户选择的历史和根据该历史锁定或解锁未来分支选择的技术特征，对比文件2与交互式游戏领域无关，而且也未公开这样的分支结构化的叙述，其中的分支路线选择在至少是一个叙述分支点时根据用户历史是被允许还是被拒绝。相反，分支路线选择是由对比文件2的系统预告的，对比文件2所公开的系统和方法需要很长的训练阶段和大量输入，对比文件1和2的结合是采用医学专家系统的互动式游戏，不会指导本发明也不会使本发明更容易，因此权利要求7和8具备新颖性和创造性，将对比文件1与对比文件2结合来评价本申请的创造性也是不适当的。另外，申请人还对权利要求9的引用关系以及说明书进行了修改，并同时提交了权利要求第1~10项和说明书第1~9页的替换页，其中修改后的权利要求7和8内容如下：

"7. 一种交互式游戏装置的控制方法，其中的装置呈现给用户一个分支结构的故事叙述，而用户输入确定哪一个通路被跟在至少一个故事叙述分支点上，其特征在于用户的交互历史被保持，以及在至少一个故事叙述分支点上的分支通路选择是根据用户的历史被允许或禁止。

8. 根据权利要求7的方法，其中能使分支通路选择自动地起动分支通路的选择。"

国家知识产权局专利局实质审查部门认为本申请经申请人的上述意见陈述后，权利要求7和8仍然不符合专利法第二十二条第三款有关创造性的规定，于2002年10月18日作出了驳回决定。

申请人（下称复审请求人）对上述驳回决定不服，于2003年1月27日向专利复审委员会提出复审请求并提交了权利要求书的修改文本。其中删除了驳回决定中未涉及的权利要求1~6而仅保留权利要求7~10，并相应的调整了权利要求7~10的编号，即将原权利要求7~10重新编号为权利要求1~4。复审请求人的复审理由是：如果按照驳回决定中实质审查部门所认为的涉及专家系统的对比文件2与本发明同属于计算机应用领域的观点，则相对于本申请所属领域的技术人员将是在优先权日前有家庭交互娱乐系统和医疗专家系统知识的程序员，而本申请实现的是顶置盒，不是在使用前必须由专家训练的用于诊断疾病的PC。实质审查部门认为的基于用户以前输入的历史自动选择故事叙述分支而为用户提供交互电影的发明与基于其他用户和医生的输入而为用户提供医疗建议的发明相关的观点是错误的。另外，复审请求人还解释了在答复第一次审查意见通知书中说明"对比文件2公开的系统和方法需要很长的训练阶段和大量的投入"是为了说明对比文件2与本申请无关。

在前置审查程序中，国家知识产权局专利局原实质审查部门认为对比文件2与本申请属于同一领域，仍坚持原驳回决定。

专利复审委员会依法成立合议组对本案进行审理。合议组于2003年10月23日向复审请求人发出复审通知书，以原实质审查部门所引用的对比文件1和2为依据详细论述了权利要求书修改文本中的权利要求1和2不具备创造性的理由，并说明了由于对比文件2与本申请同属于利用计算机（通过软件编程）来完成数据处理这一技术领域，为了实现根据用户以往的交互历史来选择分支通路的相同目的，程序员容易想到将对比文件2中所公开的在分支处理时采用的实现手段，即首先保存用户的交互历史，之后根据该历史记录来允许或禁止该分支通路的选择的方法应用到本发明中，因此可以将对比文件1公开的游戏系统与对比文件2中公开的分支处理手段相结合用来评价本申请的创造性。

复审请求人于2003年12月8日针对上述复审通知书提交了意见陈述书以及权利要求第1~4项的替换文本，其中在权利要求1中增加了"能够给用户提供游戏体验的"和"以便在用户与所示游戏装置交互时'奖赏'所述用户或使所述用户惊奇"的限定。复审请求人主要认为：对比文件1中没有任何内容指出未锁（允许）或阻塞（禁止）分支路径选择使得改善游戏的重放值，对比文件2

中没有建议根据存储的先前的用户输入来阻塞和解除阻塞各种故事分支通路以改善重放值和“奖赏”用户；无论单独的对比文件1和2，还是对比文件1和2的组合都没有建议根据存储的用户输入的累计作为一个用户历史，在该结构中阻塞或禁止未来可得到的分支通路，以便“奖赏”用户或使用户惊奇。

新修改的权利要求1内容如下：

“1. 一种能够给用户提供游戏体验的交互式游戏装置的控制方法，其中的装置呈现给用户一个分支结构的故事叙述，而用户输入确定哪一个通路被跟在至少一个故事叙述分支点上，其特征在于用户的交互历史被保持，以及在至少一个故事叙述分支点上的分支通路选择是根据用户的历史被允许或禁止，以便在用户与所示游戏装置交互时‘奖赏’所述用户或使所述用户惊奇。”

至此，合议组认为，本案事实已经清楚，依法作出本决定。

二、决定的理由

复审请求人在答复复审通知书时对权利要求1的修改符合专利法第三十三条的规定，因此本复审决定依据的文本为复审请求人于2003年12月8日答复复审通知书时提交的权利要求第1~4项、2002年9月11日提交的说明书第1~9页以及进入中国国家阶段时提交的国际申请文件文本中的说明书附图第1~13页。

本决定引用的对比文件与在前的实质审查程序中引用的对比文件相同，即：

对比文件1：US5393073A，公开日为1995年2月28日；

对比文件2：US5005143A，公开日为1991年4月2日。

上述对比文件的公开日均早于本申请的优先权日，因此可以作为评判本申请的创造性的现有技术文件。

复审请求人在答复复审通知书时新修改的权利要求1中增加了“能够给用户提供游戏体验的”和“以便在用户与所示游戏装置交互时‘奖赏’所述用户或使所述用户惊奇”的内容，但是上述新增加的内容只是权利要求1的技术方案所要实现的目的，而并不是对权利要求1技术方案本身的限定，即不属于技术特征，不能构成具备创造性的依据。因此，对该新修改的权利要求1的评述仍然适用复审通知书中对原权利要求1的评述，即：新修改的权利要求1的控制方法包括如下技术特征：a. 所述交互式游戏装置呈现给用户一个分支结构的故事叙述，由用户输入确定哪一个通路被跟在至少一个故事叙述分支点上；b. 保持用户的交互历史；以及c. 在至少一个故事叙述分支点上的分支通路选择是根据用户的历史被允许或禁止。对比文件1涉及一种对话视频游戏，其中的游戏系统向用户呈现具有分支结构的场景，在每个场景内都具有几个分支对话序列，由游戏者输入对话短语进入下一场景（参见对比文件1的说明书摘要），对比文件1的上述公开内容对应于该权利要求的特征a；对比文件2涉及一种用于预测专家决定的交互式统计系统及方法，其中公开了通过建立包含问题、参数以及答案的决定树结构，以及建立模拟事件的统计基础，所述交互式统计系统对专家的答案进行记录并统计分析以确定专家在分支节点将采取的解答（参见对比文件2的摘要及说明书第3栏第53行~第4栏第54行，第5栏第15~33行），对比文件2的上述公开内容对应于该权利要求的特征b和c。出于根据用户先前的交互历史而选择分支通路的目的而将对比文件2公开的选择分支通路的方法应用于对比文件1公开的游戏系统中而得到该权利要求所要求保护的技术方案，对于本领域的普通技术人员来说不需付出创造性劳动，因此该权利要求限定的技术方案不具备专利法第二十二条第三款规定的创造性。

权利要求2的附加技术特征是：其中能使分支通路选择自动地起动分支通路的选择。该特征已被对比文件2公开（参见对比文件2的说明书第3栏第53行～第4栏第54行，第5栏第15～33行），其中的交互式统计系统也可以根据专家的历史答案自动回答问题（选择分支），因此权利要求2限定的技术方案同样不具备专利法第二十二条第三款规定的创造性。

三、决定

驳回该复审请求，维持国家知识产权局专利局实质审查部门于2002年10月18日对本申请所作出的驳回决定。

复审请求人如对本复审决定不服，可依据专利法第四十一条第二款的规定，在收到本决定之日起三个月内向北京市第一中级人民法院起诉。

007

动态控制一个网络设备的系统案

复审请求审查决定（第5342号）

决　定　号　第5342号
决　定　日　2004年12月8日
发明创造名称　动态控制一个网络设备的系统
国际分类号　G06F 13/38　G06F 15/17
复审请求人　英特尔公司
申　请　号　98805441.8
申　请　日　1998年3月20日
公　开　日　2000年6月21日
合议组组长　黄毅斐
主　审　员　马志远
参　审　员　张宗任

法律依据　专利法实施细则第二十条第一款
决定要点

在答复复审通知时修改的多项权利要求中的功能性描述属于对计算机程序功能的描述，而不是对产品类型权利要求中技术特征的限定，因此上述权利要求的功能性描述均不符合专利法实施细则第二十条第一款的规定。

一、案由

本复审请求涉及发明名称为“动态控制一个网络设备的系统”、申请号为98805441.8的发明专利申请，其申请日为1998年3月20日，优先权日为1997年3月25日，申请人为英特尔公司。

在该发明专利申请的实质审查阶段，国家知识产权局专利局实质审查部门以该申请进入中国国家阶段时提交的申请文件文本（下称文本1）为审查基础，于2002年5月31日发出了第一次审查意见通知书。通知书中指出，权利要求1~14中的分析器不属于产品结构特征而不符合专利法实施细则第二十条第一款的规定，权利要求15、16的动态控制网络设备的方法相对于对比文件1（CN1143776A）不具备专利法第二十二条第二款所规定的新颖性，权利要求20~23的存储介质在物理特性上没有任何变化，其实质是记录在媒介上的指令，因而属于一种智力活动的规则和方法，不符合专利法第二十五条第一款第（二）项的规定。因此，实质审查部门认为此申请不能被授予专利权。

申请人于2002年12月16日提交了意见陈述书，并对权利要求书和说明书第3页进行了修改（下称文本2），文本2权利要求书中仅仅保留了以动态可控制网络设备为主题的共计14项权利要求，删除了文本1权利要求书中所包含的以动态网络控制方法和存储介质为主题的各项权利要求。

文本2的权利要求1内容为：

“1. 一种动态可控制网络设备，包括一个分析器和一个业务提供器，所述分析器包括响应从所述网络设备接收的一个外部输入中分析出的一个命令用于选择性地调用所述业务提供器的指令。”

原实质审查部门于2003年3月14日作出驳回决定，并认为“权利要求1请求保护一种动态可控制网络设备，属于产品权利要求，应当用产品的结构特征来描述，而权利要求1中的‘分析器包括响应从所述网络设备接收的一个外部输入中分析出的一个命令用于选择性地调用所述业务提供器的指令’不属于产品结构特征，由此造成权利要求1以及其从属权利要求2~14不符合专利法实施细则第二十条第一款的规定”。

申请人（下称复审请求人）对上述驳回决定不服，于2003年6月30日向专利复审委员会提交了复审请求书，并同时提交了再次修改的权利要求书（下称文本3）。此次修改的文本3权利要求书中各项权利要求的内容为：

“1. 一个动态可控制网络设备，包括一个处理器和存储器，其中，所述存储器配置有用于实现一个分析器和业务提供器的指令，所述指令可以由存储器中提取出来用以由所述处理器来执行，该分析器包括响应从所述网络设备接收的一个外部输入中分析出的一个命令用于选择性地调用所述业务提供器的指令。

2. 根据权利要求1的网络设备，其中该外部输入包括一个HTTP一致的消息。

3. 根据权利要求1的网络设备，其中所述网络设备位于一个客户机和一个服务器之间，所述分析器还包括响应从该客户机接收的一个请求中分析出的一个命令选择性地调用所述业务提供器的指令。

4. 根据权利要求1的网络设备，其中所述网络设备位于一个客户机和一个服务器之间，所述分析器还包括响应从该服务器接收的一个数据目标中分析出的一个命令选择性地调用所述业务提供器的指令。

5. 根据权利要求4的网络设备，其中所述业务提供器包括在传送所述数据目标至该客户机之前用于变码所述数据目标的指令。

6. 根据权利要求1的网络设备，其中所述网络设备位于一个客户机和一个第二网络设备之间，所述分析器还包括响应由所述网络设备从该第二网络设备接收的一个数据目标中分析出的一个命令选择性地调用所述业务提供器的指令。

7. 根据权利要求1的网络设备，其中所述业务提供器包括用于重新配置所述网络设备的指令。

8. 根据权利要求7的网络设备，其中所述业务提供器还包括用于设置所述网络设备的一个操作参数的指令。

9. 根据权利要求1的网络设备，其中所述业务提供器还包括用于管理所述网络设备使用的一个日志文件的指令。

10. 根据权利要求1的网络设备，其中所述业务提供器还包括用于从所述网络设备获得状态消息的指令。

11. 根据权利要求1的网络设备，其中所述业务提供器还包括用于重新启动所述网络设备的指令。

12. 根据权利要求1的网络设备，其中所述网络设备还包括一个网络代理。

13. 根据权利要求1的网络设备，其中所述网络设备还包括一个内容服务器。

14. 根据权利要求1的网络设备，其中所述网络设备还包括一个客户机设备。”

专利复审委员会于2003年8月27日发出了受理通知书和前置审查通知书。原实质审查部门在前置审查意见书中指出，文本3的权利要求1~14保护范围不清楚，不符合专利法实施细则第二十条第一款的规定，故坚持原驳回决定。

合议组经过对复审请求人随复审请求所提交权利要求书文本3以及驳回决定所针对的说明书和附图的审查，于2004年8月10日发出了复审通知书，提出了如下复审意见：

专利法实施细则第二十条第一款中规定，权利要求书应当说明发明的技术特征，清楚、简要地表述请求保护的范围。审查指南第二部分第二章第3.1.1节中对该条款中权利要求的类型作出了具体规定："权利要求有两种基本类型，即物的权利要求和活动的权利要求，或者简单地称为产品权利要求和方法权利要求……第一种基本类型的权利要求包括人类技术生产的物（产品、设备）；第二种基本类型的权利要求包括有时间过程要素的活动（方法、用途）……属于物的权利要求有物品、物质、材料、工具、装置、设备等权利要求；属于活动的权利要求有制造方法、使用方法、通讯方法、处理方法以及将产品用于特定用途的方法等权利要求。在类型上区分权利要求的目的是为了确定专利权的范围。"审查指南第二部分第二章第3.2.2节规定："权利要求书应当清楚，一是指每一项权利要求应当清楚，二是指过程权利要求书的所有权利要求作为一个整体也应当清楚……每项权利要求的类型应当清楚……产品权利要求适用于产品发明，可以用产品的结构特征描述……通常对于产品权利要求来说，应当尽量避免使用功能或者效果特征来限定发明。只有在某一技术特征无法用结构特征来限定，或者技术特征用结构限定不如用功能或效果特征来限定更为清楚，而且该功能或者效果能通过说明书中充分规定的实验或者操作直接和肯定地验证的情况下，使用功能或者效果特征限定发明才是允许的。"

文本3的权利要求1～14的主题为"动态可控制网络设备"，属于产品类型权利要求。

根据文本3权利要求1的记载，存储器配置了实现分析器的指令，而这些指令由存储器中提取出来由处理器执行，由此可见所谓"分析器"并不是真正的硬件结构，而是由处理器执行存储在存储器内的指令所完成的功能。而权利要求1中又记载"分析器包括……的指令"，由此容易使人理解为除了存储器存储指令外，还在所述分析器中另外存储了指令。因此，当前权利要求1的技术方案内容不清楚，不符合专利法实施细则第二十条第一款的规定。

在文本3权利要求2中，限定部分仅仅记载了"该外部输入包括一个HTTP一致的消息"，即权利要求2中仅仅描述了权利要求1中外部输入消息的格式，这样使得权利要求2没有以任何附加技术特征对权利要求1的产品进行进一步限定，这将导致权利要求1与权利要求2两技术方案之间的相互关系不清楚，即权利要求书的各个权利要求作为一个整体不清楚。因此，此次修改的权利要求2仍然不符合专利法实施细则第二十条第一款的规定。

权利要求3和4中进一步提出"分析器还包括……的指令"，因此存在与权利要求1相同的问题，也不符合专利法实施细则第二十条第一款的规定。

权利要求5的限定部分记载"所述业务提供器包括在传送所述数据目标至该客户机之前用于变码所述数据目标的指令"，这里的所述业务提供器是被引用的技术特征，这样该权利要求中的附加技术特征部分仅仅包括了"用于变码所述数据目标的指令"，而指令不属于产品的技术特征。可见，权利要求5的限定部分中也没有利用产品的附加技术特征对被引用权利要求4进行进一步限定，使得权利要求5与被引用的权利要求4两技术方案之间关系仍然不清楚，同样不符合专利法第二十条第一款的规定。

权利要求6出现了"分析器包含……的指令"的内容，如同权利要求1中"分析器包含……指令"一样，也不符合专利法实施细则第二十条第一款的规定。

权利要求7～11中都出现了"业务提供器包括……指令"的文字描述，而根据权利要求1的内容，业务提供器本身并非硬件结构，而是由处理器执行存储器中指令所实现，权利要求7～11中的指令应当也仍然存储在存储器中。上述权利要求的描述容易使本领域技术人员对其所表述技术方案的理解产生歧义，这会导致对权利要求保护范围的误解。此外，上述权利要求7～11中也没有体现出对网络设备结构组成或结构组成之间相互连接关系的进一步限定，因此上述权利要求也不符合专利法实施细则第二十条第一款的规定。

权利要求12的限定部分中记载"所述网络设备还包括一个网络代理"，而没有明确指出该网络代理属于一种装置结构还是仅仅为存储器中所存储的指令集，因此权利要求12也没有清楚表明所要求保护的范围，也不符合专利法实施细则第二十条第一款的规定。

复审请求人于2004年9月9日针对复审通知书提交了意见陈述，并再次提交了修改的权利要求书文本（下称文本4）。其中文本4中的13项权利要求内容如下：

"1. 一个动态可控制网络设备，包括一个处理器和存储器，其中所述存储器配置有一个分析器模块和连接到该分析器模块的业务提供器模块，所述两个模块可以由存储器中提取出来用以由所述处理器来执行，该分析器模块用于响应从所述网络设备接收的一个外部输入中分析出的一个命令而选择性地调用所述业务提供器。

2. 根据权利要求1的网络设备，其中所述网络设备位于一个客户机和一个服务器之间，所述分析器还包括响应从该客户机接收的一个请求中分析出的一个命令而选择性地调用所述业务提供器模块的一个模块。

3. 根据权利要求1的网络设备，其中所述网络设备位于一个客户机和一个服务器之间，所述分析器模块还包括响应从该服务器接收的一个数据目标中分析出的一个命令而选择性地调用所述业务提供器模块的一个模块。

4. 根据权利要求3的网络设备，其中所述业务提供器模块包括在传送所述数据目标至该客户机之前用于变码所述数据目标的一个模块。

5. 根据权利要求1的网络设备，其中所述网络设备位于一个客户机和一个第二网络设备之间，所述分析器模块还包括响应由所述网络设备从该第二网络设备接收的一个数据目标中分析出的一个命令而选择性地调用所述业务提供器的一个模块。

6. 根据权利要求1的网络设备，其中所述业务提供器包括用于重新配置所述网络设备的一个模块。

7. 根据权利要求6的网络设备，其中所述业务提供器还包括用于设置所述网络设备的一个操作参数的一个模块。

8. 根据权利要求1的网络设备，其中所述业务提供器模块还包括用于管理所述网络设备使用的一个日志文件的一个模块。

9. 根据权利要求1的网络设备，其中所述业务提供器模块还包括用于从所述网络设备获得状态消息的一个模块。

10. 根据权利要求1的网络设备，其中所述业务提供器模块还包括用于重新启动所述网络设备的一个模块。

11. 根据权利要求1的网络设备，其中所述网络设备还包括一个网络代理服务器。

12. 根据权利要求1的网络设备，其中所述网络设备还包括一个内容服务器。

13. 根据权利要求1的网络设备，其中所述网络设备还包括一个客户机设备。"

至此，合议组认为本案的事实清楚，复审请求人充分陈述了意见，可以对本复审请求作出审查决定。

二、决定的理由

复审请求人于2004年9月9日提交了权利要求书文本4，其中删除了文本3中的权利要求2相对应的内容，并将文本 3 权利要求书中所使用的“指令”一词修改为“模块”。具体修改为：将原权利要求中的“分析器”和“业务提供器”分别修改为“分析器模块”和“业务提供器模块”。经过审查文本 4 的权利要求没有超出原申请文件所记载的范围，可以作为复审决定的基础。

从文本 4 权利要求 1 中记载的“存储器配置有一个分析器模块和连接到该分析器模块的业务提供器模块，所述两个模块可以由存储器中提取出来用以由所述处理器来执行”可推断出，分析器模块和业务提供器模块均属于存储在存储器内并由处理器调用执行的程序模块，即复审请求人所使用的用于替代“指令”一词的“模块”是指程序模块。由此可知，文本 4 权利要求中所记载的全部模块，都属于存储器中所保存的程序模块。而权利要求 1 中所记载的“该分析器模块可以用于响应从所述网络设备接收的一个外部输入中分析出的一个命令而选择性地调用所述业务提供器”，该段文字表述的含义为“分析器模块……调用业务提供器”，由于分析器模块和业务提供器模块均为程序，上述对于程序功能的描述也没有结合设备的结构技术特征进行描述，不属于对产品类型技术特征的限定，不符合专利法实施细则第二十条第一款的规定。

文本 4 的权利要求 2、3、5 分别对应于文本 3 的权利要求 3、4、6，文本 4 权利要求 2、3、5 中除了对网络设备的位置进行进一步限定外，还记载了“所述分析器模块还包括……一个模块”，而除了位置外的限定内容属于对存储器中所保存分析器程序模块的进一步描述。由于前面已经论述到，分析器模块仅仅是存储器中所存储的程序模块，因而有关分析器模块的任何文字描述都属于对存储器中所存储的由处理器执行的模块功能的描述，因此权利要求 2、3、5 中使用另外的程序模块对于分析器模块的进一步限定，也就意味着使用另外的功能性描述对于分析器模块的功能进行进一步限定，而这种限定不是对作为网络设备技术特征的存储器的直接限定。由于这种限定不属于审查指南第二部分第二章第 3.2.2 节所允许的使用功能或效果特征对技术特征进行限定的情况，导致此 3 项权利要求仍然不符合专利法实施细则第二十条第一款的规定。

文本 4 的权利要求 4 对应于文本 3 的权利要求 5，文本 4 权利要求 4 中也记载了“所述业务提供器模块包括在传送所述数据目标至该客户机之前用于变码所述数据目标的一个模块”的文字描述。此种描述属于以功能性描述进一步限定业务提供器模块，由于业务提供器模块自身为存储器中所存储的程序模块，即该业务提供器程序模块本身就是存储器中存储的程序模块的功能，而权利要求 4 利用另外的程序模块对业务提供器程序模块进行限定等同于用功能性描述限定原有的功能性描述，这不属于对作为网络设备技术特征的存储器的直接限定，也不属于审查指南所允许的功能限定方式，因而权利要求 4 也不符合专利法实施细则第二十条第一款的规定。

文本 4 的权利要求 6、7、8、9、10 对应于文本 3 的权利要求 7、8、9、10、11，其中均记载了“所述分析器还包括……一个模块”或“所述分析器模块还包括……一个模块”的文字描述，由于文本 4 的权利要求 6～10 存在与文本 4 权利要求 4 完全相同的问题，因而也不符合专利法实施细则第二十条第一款的规定。

总之，文本 4 中的上述多项权利要求仍然没有克服不符合专利法实施细则第二十条第一款规定的缺陷。

三、决定

维持国家知识产权局专利局实质审查部门于 2003 年 3 月 14 日作出的驳回决定。

复审请求人如果对本复审决定不服，可以依据专利法第四十一条第二款的规定，在收到本复审决定书之日起三个月内向北京市第一中级人民法院起诉。

北京市第一中级人民法院
行政判决书

（2005）一中行初字第526号

原告英特尔公司，美利坚合众国特拉华州威明顿市19801号。

法定代表人大伟·西蒙，专利总顾问。

委托代理人吴玉和，中国专利代理（香港）有限公司专利代理人。

转委托代理人王刚，中国专利代理（香港）有限公司专利代理人。

委托代理人刘杰，中国专利代理（香港）有限公司专利代理人。

被告国家知识产权局专利复审委员会，住所地北京市海淀区蓟门桥西土城路6号。

法定代表人廖涛，副主任。

委托代理人马志远，国家知识产权局专利复审委员会电学申诉处审查员。

委托代理人程强，男，国家知识产权局专利复审委员会行政诉讼处审查员。

原告英特尔公司不服被告中华人民共和国国家知识产权局专利复审委员会作出的第5342号复审请求审查决定，于2005年3月22日，向本院提起行政诉讼。本院受理后，向被告送达了起诉状副本及应诉通知书。本院依法组成合议庭，于2005年10月28日公开开庭审理了本案。原告委托代理人吴玉和的转委托代理人王刚，被告委托代理人程强到庭参加了诉讼，本案现已审理终结。

2004年12月23日，被告依据《中华人民共和国专利法实施细则》（下称《实施细则》）第二十条第一款的规定，作出第5342号复审请求审查决定（下称第5342号决定），维持了中华人民共和国国家知识产权局（下称国知局）针对原告提出的名称为“动态控制一个网络设备的系统”发明专利申请（下称本专利申请）的驳回决定。

被告在法定期限内向本院提交并经当庭质证的证据、依据有：1. 第5342号复审请求审查决定；2. 第98805441.8号发明专利申请文本即，即本专利申请《发明专利申请公开说明书》；3. 原告在进入中国国家阶段所提交的说明书第1、2、4至9页和附图第1至4页，以及2002年12月16日提交的说明书第3页。同时提交《实施细则》第二十条第一款的规定作为其作出第5342号决定的法律依据。

原告诉称，国家知识产权局制定的《审查指南》第二部分第二章第3.2.2节中指出：“产品权利要求适用于产品发明，可以用产品的结构特征来描述”。从中可以看出，并未硬性的规定一定要用产品的结构特征来描述，而且《审查指南》进一步规定：“在某一技术特征无法用结构特征来限定，或者技术特征用结构特征限定不如用功能或者效果特征来限定更为清楚，而且该功能或者效果能通过说明书中充分规定的实验或者操作直接和肯定地验证的情况下，使用功能或者效果特征来限定发明是允许的。”本专利申请的权利要求1的功能已经通过说明书中相应的方法实施例的描述而被直接和肯定地验证。因此，本专利申请的权利要求1正是采用了最适合于计算机网络领域内的权利要求的撰写方式，说明了发明的技术特征，清楚、简要地表述了请求保护的范围，它使得本领域技术人员在参考说明书的公开内容后根据该权利要求的描述完全可以明白和实现所要求保护的技术方案，该权利要求的撰写方式是应当被允许。本专利申请的权利要求2~10中所采用的功能性描述属于《审查指南》所允许的范畴，对于本专利申请所属的计算机网络领域来说，这种从属权利要求的撰写方式也是最适合的方式之一。而第 5342 号决定认为本专利申请权利要求 1 中的技术特征不属于对产品类型技术特征的限定，并把分析器模块和业务提供器模块认定为纯粹的计算机程序以及权利要求 2～10 中的附加技术特征属于对功能性描述进一步限定的认定属于事实不清，并且完全限制在权利要求中使用功能限定缺乏法律依据。原告在庭审中进一步强调，本专利申请中的“模块”是计算机软硬件的综合，不能简单地视为计算机程序或是功能性描述。综上，本专利申请权利要求书符合《专利法实施细则》第二十条第一款的规定，清楚、简要地限定了所要求保护的范围。第 5342 号决定没有事实和法律依据，请求法院撤销第 5342 号决定，责令被告重新审理。原告同时提交以下证据：1. 第 5342 号决定；2. 本专利申请中国公告文本；3. 第一次审查意见通知书；4. 第一次意见陈述书；5. 驳回决定书；6. 复审请求书；7. 复审通知书；8. 复审程序意见陈述书；9. 本专利申请权利要求 1～14（最后文本）。

被告辩称，根据《实施细则》及《审查指南》的有关规定，在产品类型权利要求书中，应当对产品的结构进行限定，如果没有限定产品的结构，则无法确定其要求保护的范围。关于涉及计算机程序程序权利要求撰写是否符合《实施细则》第二十条第一款的规定，在《审查指南》第二部分第九章中具体给出了撰写要求：“如果写成装置权利要求，应当具体描述该装置的各个组成部分及其各组成部分之间的关系，并详细描述该计算机程序的各项功能是由哪些组成部分完成以及如何完成。”而本专利申请的权利要求 1 中仅仅记载了被命名为分析器模块的计算机程序的功能，而没有记载所述“网络设备”中的哪个具体结构组成完成分析器模块程序的功能和如何完成此功能。因此，权利要求 1 对于程序功能的描述没有结合设备的结构技术特征进行描述，不符合《审查指南》规定的撰写要求。文本 4 的权利要求 1 中记载的“分析器模块”、“业务提供器模块”均为存储器中所存储的计算机程序，而并非存储器中的更深层结构组成。对于该事实的认定原告在起诉书中并不否认，5342 号决定按照涉及计算机程序权利要求的撰写规定规范本申请权利要求 1 的撰写，是基于对权利要求 1 实际内容的清楚认定，并不存在认定是不清的问题。权利要求 2 至 10 中均记载了对于“分析器模块”、“业务提供器模块”两个计算机程序功能的描述，也没有对网络设备结构组成进行进一步限定。综上所述，第 5342 号复审决定认定事实清楚、适用法律正确、审理程序合法，审查结论正确，原告的诉讼理由不能成立，请求法院驳回原告请求，维持第 5342 号决定。

经庭审质证，原、被告提交的证据与本案具有关联性，且合法、真实，能够证明本案的基本事实，本院经审查予以采纳。根据上述有效证据及各方当事人在庭审中无争议的陈述，本院确认如下事实：

第 5342 号决定涉及名称为“动态控制一个网络设备的系统”的发明专利申请，申请号为 98805441.8，申请日为 1998 年 3 月 20 日，优先权日为 1997 年 3 月 25 日。申请人为原告英特尔公司。本发明公告摘要为：在一个网络设备（2）中实现一个用于动态控制一个网络设备的系统，该网络设备（2）包括一个分析器（6）和一个业务提供器（8）。该分析器（6）包括响应从该网络设备（2）接受的一个外部输入中分析出的一个命令选择性地调用业务提供器（8）的指令。

在该发明专利申请的实质审查阶段，国知局以该申请进入中国国家阶段时提交的申请文件文本（原告同时提出 23 项权利要求）为审查基础，于 2002 年 5 月 31 日发出了第一次审查意见通知书，认为此申请不符合《中华人民共和国专利法》第二十二条第二款、第二十五条第一款第（二）项、《实施细则》第二十条第一款的规定，不能被授予专利权。

英特尔公司于 2002 年 12 月 16 日提交了意见陈述书，并对权利要求书和说明书进行了修改，修改的权利要求书包括 14 项权利要求。国知局于 2003 年 3 月 14 日作出驳回决定，认为修改后的权利要求1以及其从属权利要求2～14不符合《实施细则》第二十条第一款的规定。

英特尔公司不服，于2003年6月30日向被告提出复审请求，并同时提交了再次修改的权利要求书，其中包括14项权利要求。

被告受理了该复审请求，并于2003年8月27日发出了受理通知书和前置审查通知书。原实质审查阶段审查员在前置审查意见书中指出，原告在复审阶段提交的修改文本的权利要求1至14保护范围不清楚，不符合《实施细则》第二十条第一款的规定，坚持原驳回决定。

被告经过对英特尔公司随复审请求所提交权利要求书文本以及驳回决定所针对的说明书和附图的审查，于2004年8月10日向英特尔公司发出了复审通知书，提出了具体复审意见。

英特尔公司于2004年9月9日针对复审通知书提交了意见陈述，并再次提交了修改的权利要求书文本，包括13项权利要求，其内容如下：

"1. 一个动态可控制网络设备，包括一个处理器和存储器，其中所述存储器配置有一个分析器模块和连接到该分析器模块的业务提供器模块，所述两个模块可以由存储器中提取出来用以由所述处理器来执行，该分析器模块用于响应从所述网络设备接收的一个外部输入中分析出的一个命令而选择性地调用所述业务提供器。

2. 根据权利要求1的网络设备，其中所述网络设备位于一个客户机和一个服务器之间，所述分析器还包括响应从该客户机接收的一个请求中分析出的一个命令而选择性地调用所述业务提供器模块的一个模块。

3. 根据权利要求1的网络设备，其中所述网络设备位于一个客户机和一个服务器之间，所述分析器模块还包括响应从该服务器接收的一个数据目标中分析出的一个命令而选择性地调用所述业务提供器模块的一个模块。

4. 根据权利要求3的网络设备，其中所述业务提供器模块包括在传送所述数据目标至该客户机之前用于变码所述数据目标的一个模块。

5. 根据权利要求1的网络设备，其中所述网络设备位于一个客户机和一个第二网络设备之间，所述分析器模块还包括响应由所述网络设备从该第二网络设备接收的一个数据目标中分析出的一个命令而选择性地调用所述业务提供器的一个模块。

6. 根据权利要求1的网络设备，其中所述业务提供器包括用于重新配置所述网络设备的一个模块。

7. 根据权利要求6的网络设备，其中所述业务提供器还包括用于设置所述网络设备的一个操作参数的一个模块。

8. 根据权利要求1的网络设备，其中所述业务提供器模块还包括用于管理所述网络设备使用的一个日志文件的一个模块。

9. 根据权利要求1的网络设备，其中所述业务提供器模块还包括用于从所述网络设备获得状态消息的一个模块。

10. 根据权利要求1的网络设备，其中所述业务提供器模块还包括用于重新启动所述网络设备的一个模块。

11. 根据权利要求1的网络设备，其中所述网络设备还包括一个网络代理服务器。

12. 根据权利要求1的网络设备，其中所述网络设备还包括一个内容服务器。

13. 根据权利要求1的网络设备，其中所述网络设备还包括一个客户机设备。"

被告经审查认为，英特尔公司提交的最后修改文本的权利要求没有超出原申请文件所记载的范围，可以作为复审决定的基础。

从权利要求1中记载的“存储器配置有一个分析器模块和连接到该分析器模块的业务提供器模块，所述两个模块可以由存储器中提取出来用以由所述处理器来执行”可推断出，分析器模块和业务提供器模块均属于存储在存储器内并由处理器调用执行的程序模块，即复审请求人所使用的用于替代“指令”一词的“模块”是指程序模块。由此可知，文本4权利要求中所记载的全部模块，都属于存储器中所保存的程序模块。而权利要求1中所记载的“该分析器模块可以用于响应从所述网络设备接收的一个外部输入中分析出的一个命令而选择性地调用所述业务提供器”，该段文字表述的含义为“分析器模块……调用业务提供器”，由于分析器模块和业务提供器模块均为程序，上述对于程序功能的描述也没有结合设备的结构技术特征进行描述，不属于对产品类型技术特征的限定。

权利要求2、3、5中除了对网络设备的位置进行进一步限定外，还记载了“所述分析器模块还包括……一个模块”，而除了位置外的限定内容属于对存储器中所保存分析器程序模块的进一步描述。由于前面已经论述到，分析器模块仅仅是存储器中所存储的程序模块，因而有关分析器模块的任何文字描述都属于对存储器中所存储的由处理器执行的模块功能的描述，因此权利要求2、3、5中使用另外的程序模块对于分析器模块的进一步限定，也就意味着使用另外的功能性描述对于分析器模块的功能进行进一步限定，而这种限定不是对作为网络设备技术特征的存储器的直接限定。这种限定不属于审查指南第二部分第二章第3.2.2节所允许的使用功能或效果特征对技术特征进行限定的情况。

权利要求4中也记载了“所述业务提供器模块包括在传送所述数据目标至该客户机之前用于变码所述数据目标的一个模块”的文字描述。此种描述属于以功能性描述进一步限定业务提供器模块，由于业务提供器模块自身为存储器中所存储的程序模块，即该业务提供器程序模块本身就是存储器中存储的程序模块的功能，而权利要求4利用另外的程序模块对业务提供器程序模块进行限定等同于用功能性描述限定原有的功能性描述，这不属于对作为网络设备技术特征的存储器的直接限定，不属于《审查指南》所允许的功能限定方式。权利要求6、7、8、9、10中均记载了“所述分析器还包括……一个模块”或“所述分析器模块还包括……一个模块”的文字描述，存在与权利要求4完全相同的问题。

上述多项权利要求仍然没有克服不符合《实施细则》第二十条第一款规定的缺陷，也不能被授予专利权。综上，被告作出第5374号决定，维持专利局对本专利申请作出的驳回决定。原告不服，诉至本院。

本院认为，《实施细则》第二十条第一款规定：“权利要求书应当说明发明或者实用新型的技术特征，清楚、简要地表述请求保护的范围。”同时，《审查指南》没有规定一定要用产品的结构来描述产品权利要求，在一定情况下，使用功能或者效果特征来限定发明是允许的。本案中，原告认为其发明申请权利要求书，采用了最适合的撰写方式，并已经说明了技术特征及请求保护的范围。但使用这种表述方式所撰写的权利要求书必须能够满足获准发明专利授权的要求，现英特尔公司虽几经修改本专利申请的权利要求书仍未能说明该发明的技术特征，也未能清楚、简要地表述请求保护的范围，因而未能被授予专利权。第5342号决定认定事实清楚，适用法律正确，审查程序合法，本院应予维持。原告的起诉理由缺乏事实及法律依据，其诉讼请求本院不予支持。依照《中华人民共和国行政诉讼法》第五十四条第（一）项的规定，判决如下：

维持被告国家知识产权局专利复审委员会于二〇〇四年十二月八日作出的第5342号复审请求审查决定。

案件受理费1000元，由原告英特尔公司负担（已交纳）。

如不服本判决，英特尔公司可在判决书送达之日起三十日内，国家知识产权局专利复审委员会可在判决书送达之日起十五日内向本院递交上诉状，并按对方当事人的人数提出副本，预交上诉案件受理费1000元，上诉于北京市高级人民法院。

审 判 长 吴 月

审 判 员 刘景文

代理审判员 刘井玉

二〇〇五年十二月二十二日

书 记 员 毛天鹏

008

信号传输方法和信号传输设备案

复审请求审查决定（第5375号）

决　定　号　第5375号
决　定　日　2004年12月10日
发明创造名称　信号传输方法和信号传输设备
国际分类号　H03M 7/32
复审请求人　索尼公司
申　请　号　96123464.4
申　请　日　1996年12月27日
公　开　日　1997年9月17日
合议组组长　石　竞
主　审　员　马红梅
参　审　员　马志远

法律依据　专利法实施细则第二十条第一款
决定要点

复审请求人于2004年8月10日提交的权利要求1～3均已用具体的电路结构替换了原权利要求书中的相位调制器、与相位调制器相连的装置、相位解调器，并描述了各部件之间的连接关系，消除了驳回决定中所指出的不符合专利法实施细则第二十条第一款的规定的缺陷；

虽然一项独立权利要求中包含了效果特征，但如果该效果是可以由该权利要求所记载的技术方案唯一导出的，则该效果特征的存在并不会影响该权利要求保护范围的清楚。

一、案由

本复审请求涉及国家知识产权局专利局实质审查部门于2003年5月9日驳回的、名称为“信号传输方法和信号传输设备”的发明专利申请（下称本申请），其申请号为96123464.4，申请日为1996年12月27日，优先权日为1995年12月28日，申请人为索尼公司。

在1998年10月22日提出实质审查请求时，申请人提交了修改的权利要求书，该权利要求书含有9项权利要求，其中权利要求1、9内容如下：

“1. 信号传输设备，其中从sigma－delta调制器输出的1－比特数字信号被通过传输系统传输，该设备包括：相位调制器，用来对从所述sigma－delta调制器输出的1－比特数字信号进行相位调制，并产生经相位调制的1－比特信号，通过传输系统传输该信号；与相位调制器相连的装置，用于向相位调制器提供一个时钟信号，以便建立等于从sigma－delta调制器输出的1－比特数字信号的传输速率的预设置传输速率；以及相位解调器，用来将从传输系统输出的相位调制1－比特信号解调；其中，可以使通过传输系统传输的1－比特数字信号免于由于电源波动和辐射噪声而失真。”

“9. 信号传输设备，其中从sigma－delta调制器输出的1－比特数字信号被通过传输系统传输，该设备包括：相位调制器，用来对从所述 sigma - delta 调制器输出的 1 - 比特数字信号进行相位调制，并产生经相位调制的 1 - 比特信号，通过传输系统传输该信号；与相位调制器相连的装置，用于向相位调制器提供一个时钟信号，以便建立等于从 sigma - delta 调制器输出的 1 - 比特数字信号的传输速率的预设置传输速率；以及相位解调器，用来将从传输系统输出的相位调制 1 - 比特信号解调，该相位解调器包括时钟自动提取装置，用于从相位调制的 1 - 比特数字信号提取时钟分量，锁定位同步的锁相环，其中，可以使通过传输系统传输的 1 - 比特数字信号免于由于电源波动和辐射噪声而失真。”

在实质审查过程中，国家知识产权局专利局原实质审查部门针对上述修改后的权利要求书、申请日提交的说明书、附图、说明书摘要及摘要附图进行了审查，并于 2002 年 3 月 22 日发出了第一次审查意见通知书，指出权利要求 1 不清楚，因为：（1）其中对“相位调制器”、“与相位调制器相连的装置”、“相位解调器”的描述为纯功能性限定；（2）该权利要求最后一句话不是技术特征，是不必要的描述。权利要求 9 存在着与权利要求 1 相同的缺陷。

针对第一次审查意见通知书，申请人于 2002 年 8 月 6 日进行了答复，其不同意国家知识产权局专利局原实质审查部门的观点，认为权利要求 1、9 是对说明书的多个实施例的恰当概括，因此未做任何修改。

国家知识产权局专利局原实质审查部门于 2003 年 5 月 9 日驳回了该申请，驳回决定依据的是专利法实施细则第二十条第一款的规定。其具体理由是，权利要求 1 不清楚，因为其中对“相位调制器”、“与相位调制器相连的装置”、“相位解调器”的描述仅仅为功能性限定，没有记载装置的结构特征及各个装置间的连接关系。此外，“因此，可以使传输的 1 - 比特数字信号免于由于电源波动和辐射噪音而降低音质”不是技术特征，是不必要的描述。同理，权利要求 9 也不清楚。

申请人（下称复审请求人）不服国家知识产权局专利局实质审查部门作出的上述驳回决定，于 2003 年 7 月 15 日向专利复审委员会提出了复审请求，同时提交了修改的权利要求书，该权利要求书仅包含三项权利要求，其复审理由主要是，复审请求人根据图 1、5、11 所描述的三个实施例修改了独立权利要求，修改后的权利要求采用了国家知识产权局原专利局实质审查部门所要求的结构关系来描述，因而克服了驳回决定所指出的缺陷。

修改后的权利要求书如下：

“1. 信号传输设备，其中从 Σ - Δ 调制器输出的 1 - 比特数字信号被通过传输系统传输，该设备包括：第一锁存器，用来接收从 Σ - Δ 调制器输出的 1 - 比特数字信号，并输出正相输出信号和负相输出信号；开关装置，用来切换第一锁存器所输出的正相输出信号和负相输出信号，并输出相位调制的 1 比特信号；连接于锁存器和开关装置的时钟发生器，用来分别给锁存器和开关装置提供时钟信号，以建立等于从 Σ - Δ 调制器输出的 1 - 比特数字信号传输速率的预先设置的传输速率；用于传输相位调制的 1 比特信号的传输装置；以及

第二锁存器，用来接收从传输装置来的相位调制的 1 比特信号以及从时钟发生器来的时钟信号，并将相位调制的 1 比特信号解调为 1 比特数字信号，其中，可以使通过传输系统传输的 1 - 比特数字信号免于由于电源波动和辐射噪声而失真。

2. 信号传输设备，其中从 Σ - Δ 调制器输出的 1 - 比特数字信号被通过传输系统传输，该设备包括：第一锁存器，用来接收从 Σ - Δ 调制器输出的 1 - 比特数字信号，并输出正相输出信号和负相输出信号；移位寄存器，用来切换第一锁存器所输出的正相输出信号和负相输出信号，并输出相位调制的 1 比特信号；连接于锁存器和移位寄存器的第一时钟发生器，用来分别给锁存器和移位寄存器提供第一时钟信号，以建立等于从 Σ - Δ 调制器输出的 1 - 比特数字信号传输速率的预先设置的传输速率；连接于移位寄存器的第二时钟发生器，用来给移位寄存器提供比第一时钟信号为高的第二时钟信号；

用于传输相位调制的1比特信号的传输装置；以及第二锁存器，用来接收从传输装置来的相位调制的1比特信号以及从时钟发生器来的时钟信号，并将相位调制的1比特信号解调为1比特数字信号，其中，可以使通过传输设备传输的1-比特数字信号免于由于电源波动和辐射噪声而失真。

3. 信号传输设备，包括：用于产生直流偏压的直流偏压发生器；用于把直溜偏压与输入模拟音频信号相加的第一加法器；用于将输入模拟音频信号进行倒相的倒相装置；用于把直流偏压与来自倒相装置的输出信号相加的第二加法器；连接于第一加法器的第一Σ-Δ调制器，用于产生第一1比特数字信号；连接于第二加法器的第二Σ-Δ调制器，用于产生第二1比特数字信号；用于切换第一1比特数字信号与第二1比特数字信号的移位寄存器；连接于移位寄存器的第一时钟发生器，用来给移位寄存器提供第一时钟信号，以建立等于从第一和第二Σ-Δ调制器输出的1比特数字信号传输速率的预先设置的传输速率；连接于移位寄存器的第二时钟发生器，用来给移位寄存器提供比第一时钟信号为高的第二时钟信号；用于传输相位调制的1比特信号的传输装置；以及第二锁存器，用来接收从传输装置来的相位调制的1比特信号以及从时钟发生器来的时钟信号，并将相位调制的1比特信号解调为1比特数字信号，其中，可以使通过传输设备传输的1-比特数字信号免于由于电源波动和辐射噪声而失真。”

专利复审委员会受理了上述复审请求，并发出复审请求受理通知书及前置审查通知书。

在前置审查过程中，审查员坚持原驳回决定。

专利复审委员会依法成立合议组对本案进行复审，针对复审请求人于2003年7月15日提交的权利要求书以及申请日提交的说明书、附图、说明书摘要及摘要附图，于2004年6月18日向复审请求人发出了复审通知书，通知书指出，（1）权利要求1、2中出现的“从Σ-Δ调制器输出的1-比特数字信号被通过传输系统传输”与“用于传输相位调制的1比特信号的传输装置”的限定方式之间存在矛盾；（2）权利要求1~3中出现的“以建立等于从Σ-Δ调制器输出的1-比特数字信号传输速率的预先设置的传输速率”的限定方式易造成误解；（3）权利要求2、3中出现的“用来给移位寄存器提供比第一时钟信号为高的第二时钟信号”的限定方式不清楚；（4）权利要求2、3之倒数第3行中出现的“时钟发生器”的指代意义不明确；（5）权利要求3之倒数第4行出现“第二锁存器”，但之前并未出现过“第一锁存器”，而且根据说明书之实施例3可知，此处也应仅包括一个锁存器。因此，目前的权利要求仍然不符合专利法实施细则第二十条第一款的规定。

2004年6月29日，合议组收到复审请求人提交的对复审通知书的答复意见以及修改的权利要求书，2004年8月10日，合议组再次收到复审请求人提交的经进一步修改的权利要求书，复审请求人按照复审通知书的要求进行了修改。主要修改之处如下：（1）将文本2之权利要求1、2中出现的“其中从Σ-Δ调制器输出的1-比特数字信号被通过传输系统传输”删除；（2）将文本2之权利要求1、2中出现的“以建立等于从Σ-Δ调制器输出的1-比特数字信号传输速率的预先设置的传输速率”改为“所述时钟信号的时钟频率等于从所述Σ-Δ调制器输出的1-比特数字信号的传输速率”；（3）将文本2之权利要求3中出现的“以建立等于从第一和第二Σ-Δ调制器输出的1比特数字信号传输速率的预先设置的传输速率”改为“所述第一时钟信号的时钟频率等于从所述第一和第二Σ-Δ调制器输出的1比特数字信号的传输速率”；（4）将文本2之权利要求2、3中出现的“用来给移位寄存器提供比第一时钟信号为高的第二时钟信号”改为“用来给所述移位寄存器提供第二时钟信号，所述第二时钟信号的时钟频率是所述第一时钟信号的时钟频率的两倍”；（5）将文本2之权利要求2、3倒数第3行中出现的“时钟发生器”改为“第一时钟发生器”；（6）将文本2之权利要求3倒数第4行出现的“第二锁存器”改为“锁存器”。

2004 年 8 月 10 日提交的权利要求书如下：

"1. 信号传输设备，所述信号传输设备包括：第一锁存器，用来接收从 Σ－Δ 调制器输出的 1 比特数字信号，并输出正相输出信号和负相输出信号；开关装置，用来切换第一锁存器所输出的正相输出信号和负相输出信号，并输出相位调制的 1 比特信号；连接于所述第一锁存器和所述开关装置的时钟发生器，用来分别给所述第一锁存器和所述开关装置提供时钟信号，所述时钟信号的时钟频率等于从所述 Σ－Δ 调制器输出的 1－比特数字信号的传输速率；用于传输相位调制的1－比特信号的传输装置；以及

第二锁存器，用来接收从传输装置来的相位调制的 1－比特信号以及从时钟发生器来的时钟信号，并将相位调制的 1 比特信号解调为 1－比特数字信号，其中，可以使通过传输系统传输的 1－比特数字信号免于由于电源波动和辐射噪声而失真。

2. 信号传输设备，所述信号传输设备包括：

第一锁存器，用来接收从 Σ－Δ 调制器输出的 1－比特数字信号，并输出正相输出信号和负相输出信号；

移位寄存器，用来切换第一锁存器所输出的正相输出信号和负相输出信号，并输出相位调制的 1－比特信号；

连接于所述第一锁存器和所述移位寄存器的第一时钟发生器，用来分别给所述第一锁存器和所述移位寄存器提供第一时钟信号，所述时钟信号的时钟频率等于从所述 Σ－Δ 调制器输出的 1－比特数字信号的传输速率；

连接于所述移位寄存器的第二时钟发生器，用来给所述移位寄存器提供第二时钟信号，所述第二时钟信号的时钟频率是所述第一时钟信号的时钟频率的两倍；

用于传输相位调制的 1－比特信号的传输装置；以及

第二锁存器，用来接收从传输装置来的相位调制的 1－比特信号以及从第一时钟发生器来的第一时钟信号，并将相位调制的 1－比特信号解调为 1 比特数字信号，其中，可以使通过传输设备传输的 1－比特数字信号免于由于电源波动和辐射噪声而失真。

3. 信号传输设备，包括：

用于产生直流偏压的直流偏压发生器；

用于把直流偏压与输入模拟音频信号相加的第一加法器；

用于将输入模拟音频信号进行倒相的倒相装置；

用于把直流偏压与来自倒相装置的输出信号相加的第二加法器；

连接于第一加法器的第一 Σ－Δ 调制器，用于产生第一 1 比特数字信号；

连接于第二加法器的第二 Σ－Δ 调制器，用于产生第二 1 比特数字信号；

用于切换第一 1 比特数字信号与第二 1 比特数字信号的移位寄存器；

连接于移位寄存器的第一时钟发生器，用来给移位寄存器提供第一时钟信号，所述第一时钟信号的时钟频率等于从所述第一和第二 Σ－Δ 调制器输出的 1 比特数字信号的传输速率；

连接于移位寄存器的第二时钟发生器，用来给所述移位寄存器提供第二时钟信号，所述第二时钟信号的时钟频率是所述第一时钟信号的时钟频率的两倍；

用于传输相位调制的 1 比特信号的传输装置；以及

锁存器，用来接收从传输装置来的相位调制的 1 比特信号以及从第一时钟发生器来的第一时钟信号，并将相位调制的 1 比特信号解调为 1 比特数字信号，其中，可以使通过传输设备传输的 1－比特数字信号免于由于电源波动和辐射噪声而失真。"

至此，合议组认为，本案的事实已经清楚，可以作出本决定。

二、决定的理由

1. 审查的基础

合议组注意到复审请求人在答复复审通知书时所作的修改并未超出原说明书和权利要求书记载的范围，因此，本复审决定依据的文本为，复审请求人于2004年8月10日提交的权利要求书、申请日提交的说明书、说明书附图、说明书摘要和摘要附图。

2. 关于专利法实施细则第二十条第一款

专利法实施细则第二十条第一款规定："权利要求书应当说明发明或者实用新型的技术特征，清楚、简要地表述请求保护的范围。"

合议组经审查认为：复审请求人于2004年8月10日提交的权利要求书已经消除了驳回决定指出的不符合专利法实施细则第二十条第一款规定的缺陷。具体理由如下：如前所述，国家知识产权局专利局原实质审查部门在驳回决定中指出，权利要求1、9中对"相位调制器"、"与相位调制器相连的装置"、"相位解调器"的描述仅仅为功能性限定，没有记载装置的结构特征及各个装置间的连接关系。为了克服该缺陷，复审申请人按照说明书所记载的三个实施例修改了权利要求书，重新具体限定了3项独立权利要求1~3，该3项独立权利要求均已对上述"相位调制器"、"与相位调制器相连的装置"、"相位解调器"的结构特征及各部件之间的连接关系进行了清楚的限定。具体如下：

(1) 权利要求1中所记载的"第一锁存器"和与第一锁存器相连接的"开关装置"构成上述"相位调制器"、与第一锁存器和开关装置相连的"时钟发生器"对应于上述"与相位调制器相连的装置"、"第二锁存器"对应于上述"相位解调器"。

(2) 权利要求2中所记载的"第一锁存器"和与第一锁存器相连接的"移位寄存器"构成上述"相位调制器"、与第一锁存器和移位寄存器相连的"第一时钟发生器"及与移位寄存器相连接的"第二时钟发生器"构成上述"与相位调制器相连的装置"、"第二锁存器"对应于上述"相位解调器"。

(3) 权利要求3中所记载的"直流偏压发生器"、"第一、第二加法器"、"倒相装置"、"第一、第二$\Sigma-\Delta$调制器"及"移位寄存器"构成上述"相位调制器"、与移位寄存器相连接的"第一、第二时钟发生器"构成上述"与相位调制器相连的装置"、"锁存器"对应于上述"相位解调器"。

此外，国家知识产权局专利局原实质审查部门在驳回决定中还指出，权利要求1、9中出现的限定方式——"因此，可以使传输的1比特数字信号免于由于电源波动和辐射噪音而降低音质"不是技术特征，是不必要的描述，从而导致权利要求1、9不清楚。对此，合议组认为，所属领域普通技术人员能够毫无疑义地推知上述限定方式是由权利要求1、9所记载的技术方案所能唯一导出的一种必然的效果，复审申请人虽未删除，但其并不会使得权利要求1、9所限定的保护范围不清楚。

3. 结论

综上所述，目前的权利要求书已经消除了驳回决定中所指出的不符合专利法实施细则第二十条第一款的规定的缺陷，至于该申请中是否存在审级在后的其他缺陷，留待后继程序继续审查。

三、决定

撤销国家知识产权局专利局实质审查部门于2003年5月9日作出的驳回决定，以复审请求人于2004年8月10日提交的权利要求书、申请日提交的说明书、说明书附图、摘要和摘要附图为基础，由原实质审查部门继续进行审批程序。

009

屏蔽式电子发电机案

复审请求审查决定（第5671号）

决　定　号　第5671号
决　定　日　2005年1月31日
发明创造名称　屏蔽式电子发电机
国际分类号　H02K 1/00、55/00、53/00
复审请求人　陶国庆
申　请　号　01104807.7
申　请　日　2001年2月9日
公　布　日　2002年9月11日
合议组组长　李　隽
主　审　员　高海燕
参　审　员　张美菊

法律依据　专利法第三十八条
决定要点

依据专利法第三十八条规定，发明专利申请经申请人陈述意见或者进行修改后，国务院专利行政部门仍然认为不符合本法规定的，应当予以驳回。即在作出驳回决定之前，审查部门应当将其经实质审查认定申请属于专利法实施细则第五十三条规定的应予驳回情形的理由、证据和法律依据通知申请人，并给申请人至少一次陈述意见和/或修改申请文件的机会。如果申请人在指定的期限内对申请文件进行了修改，则驳回所针对的只能是修改文本，驳回条件只能是修改文本仍然存在足以用已通知过申请人的理由和证据予以驳回的缺陷。

一、案由

本复审请求涉及国家知识产权局专利局实质审查部门于2001年2月9日受理，申请号为01104807.7、名称为“屏蔽式电子发电机”的发明专利申请，发明申请人是陶国庆。

申请人在申请日提交了权利要求1~8项、说明书第1~5页以及说明书摘要；在2001年11月4日提交了修改后的权利要求1~5项；在2002年3月15日提交实质审查请求书，并同时提交了新修改的权利要求1~5项、说明书第1~5页。

应申请人的请求，国家知识产权局专利局原实质审查部门对本申请进行了实质审查，于2003年5月9日发出了第一次审查意见通知书。其中指出申请人在2002年3月15日提交的权利要求书和说明书超出了原说明书和权利要求书记载的范围，如在该权利要求3和4以及说明书的相应部分中增加“在二磁极间用平台凹凸法镀锌或镀铝”，不符合专利法第三十三条的规定，且不能作为审查依据。并依据申请日提交的说明书第1~5页，以及2001年11月4日提交的权利要求1~5项进行审查，指出权利要求1~5不具备专利法第二十二条第三款规定的创造性。

针对第一次审查意见通知书，申请人于2003年8月20日提交了意见陈述书，以及说明书第2、3、4页和权利要求第1~5项的替换页。

原实质审查部门于2003年11月21日作出驳回决定，在驳回决定中指出申请人在答复第一次审查意见通知书时提交的权利要求书及说明书内容超出原说明书和权利要求书记载的范围，如在权利要求2以及说明书相应部分中增加“叫这个磁极的磁力线密度集中在两磁极上边和电枢发生切割磁力线的地方来”，在权利要求3和4以及相应部分增加“在二磁极间用平台凹凸法镀锌或镀铝”等，不符合专利法第三十三条的规定，不能作为审查依据。据此，针对申请日提交的说明书第1~5页，以及2001年11月4日提交的权利要求第1~5项，以该申请权利要求1~5仍然不具备专利法第二十二条第三款规定的创造性为由驳回了该申请。

申请人（下称复审请求人）对上述驳回决定不服，于2003年12月1日向专利复审委员会提出复审请求，认为该申请相对对比文件1具有突出的实质性特点和显著的进步。

在形式审查合格后，专利复审委员会受理了该复审请求，于2003年12月18日向复审请求人发出了复审请求受理通知书和前置审查通知书，在前置审查意见书中，原实质审查部门坚持原驳回意见。

在专利复审委员会受理该复审请求后，复审请求人仍数次提交了补正书、意见陈述书、复审请求书以及申请文件替换页，分别为：复审请求人针对复审请求受理通知书分别于2004年2月19日和2月20日提交了补正书和意见陈述书，以及相应的说明书第2~3页和权利要求书第1页的替换页，并删除原权利要求书第2~3页；于2004年5月18日提交了复审请求书，以及说明书和权利要求书的全文替换页。

在此基础上专利复审委员会依法成立合议组，对本案进行审查。合议组认为，本案事实已经清楚，可以作出审查决定。

二、决定的理由

专利法实施细则第六十条第一款规定：“请求人在提出复审请求或者在对专利复审委员会的复审通知书（注：不是复审请求受理通知书）作出答复时，可以修改专利申请文件。”据此，由于修改时机不符合上述规定，复审请求人针对复审请求受理通知书分别于2004年2月19日和2004年2月20日提交的补正书和意见陈述书以及相应申请文件替换页不予考虑；专利法第四十一条规定：“专利申请人对国务院专利行政部门驳回申请的决定不服的，可以自收到通知之日起三个月内，向专利复审委员会请求复审。”据此，由于已经超出三个月的时限，复审请求人于2004年5月18日提交的复审请求书以及申请文件替换页不予考虑。

专利法第三十八条规定：“发明专利申请经申请人陈述意见或者进行修改后，国务院专利行政部门仍然认为不符合本法规定的，应当予以驳回。”即在作出驳回决定之前，审查部门应当将其经实质审查认定申请属于专利法实施细则第五十三条规定的应予驳回情形的事实、理由、证据和法律依据通知申请人，并给申请人至少一次陈述意见和/或修改申请文件的机会。因此，当申请人在指定的期限内对申请文件进行了修改时，驳回所针对的只能是修改文本，驳回条件只能是修改文本仍然存在足以用已通知过申请人的理由和证据予以驳回的缺陷。

在实质审查过程中，如果申请人在审查意见通知书指定的期限内对申请文件进行了修改，审查部门首先应当以所提交的修改文本为审查文本审查其修改是否符合专利法第三十三条的规定；如果修改符合专利法第三十三条的规定，然后再审查修改后的文本是否存在已通知过申请人的属于专利法实施细则第五十三条规定的应当予以驳回的缺陷；如果修改后的文本仍然存在已通知过申请人的属于专利法实施细则第五十三条规定的应当予以驳回的缺陷时，审查部门才可以针对该修改文本作出驳回决定，而不能直接针对修改之前的文本予以驳回。

在本申请中，原实质审查部门于2003年5月9日发出了第一次审查意见通知书，该通知书针对申请日提交的说明书第1~5页，以及2001年11月4日提交的权利要求1~5项进行审查，指出权利要求1~5不具备专利法第二十二条第三款规定的创造性。申请人于2003年8月20日针对该通知书提交了意见陈述书，以及修改后的说明书第2、3、4页和权利要求1~5项的替换页。此时，审查部门应当以该修改文本为审查文本审查其修改是否符合专利法第三十三条的规定，如果修改不符合专利法第三十三条的规定，就要根据是否已将修改不符合专利法第三十三条的缺陷告知申请人而选择发出审查意见通知书或依据修改不符合专利法第三十三条作出驳回决定。如果修改符合专利法第三十三条的规定，再审查该修改文本是否仍然存在不具备创造性的缺陷，如果修改文本仍然存在不具备创造性的缺陷时，审查部门才能针对该修改文本作出驳回决定。然而，审查部门却认为此次提交的修改文本不符合专利法第三十三条的规定，不能作为审查依据，同时，针对申请日提交的说明书第1~5页，以及2001年11月4日提交的权利要求第1~5项，以该申请权利要求1~5仍然不具备专利法第二十二条第三款规定的创造性为由作出驳回决定。可见，审查部门作出的该驳回决定依据了错误的审查文本，该驳回决定违反了法定程序。

此外，原审查部门指出存在修改超范围缺陷的修改文本不能作为审查依据也是错误的，根据审查指南第二部分第4.1节审查文本的规定，对于符合专利法实施细则第五十一条规定的、可接受的、经修改的申请文件，凡符合下列情形之一者，即使其存在不符合专利法第三十三条的规定，仍应当以此修改文本作为审查文本：（1）权利要求书未作修改；（2）全部或部分权利要求的修改未超出原说明书和原权利要求书的记载范围。只要权利要求的修改不是全部超出原说明书和权利要求书记载的范围，原审查部门就应当以该文件为审查文本。在审查意见通知书中，原审查部门还可以同时对该次修改之前的修改文件进行审查，然而该审查也仅是出于加快审查的目的，其审查意见仅供申请人进一步修改申请文件时参考。

综上所述，审查部门针对错误的审查文本对本申请作出驳回决定，认定事实错误，且违反了法定程序。

基于上述理由，合议组作出下述决定。

三、决定

撤销国家知识产权局专利局实质审查部门于2003年11月21日对01104807.7号申请作出的驳回决定，由原实质审查部门以复审请求人于2003年8月20日提交的权利要求1~5项、说明书第2~4页（答复“一通”时提交的修改文本）以及2002年3月15日提交的说明书第1和第5页为审查文本继续审查程序。

010

建立图形的设备和方法案

复审请求审查决定（第5672号）

决　定　号　第5672号
决　定　日　2005年2月1日
发明创造名称　建立图形的设备和方法
国际分类号　G06T 13/00
复审请求人　富士通株式会社
申　请　号　97109922.7
申　请　日　1997年3月28日
公　开　日　1998年3月4日
合议组组长　黄毅斐
主　审　员　崔哲勇
参　审　员　熊　婷

法律依据　专利法第二十二条第二款、第三款
决定要点

本申请权利要求1的技术方案相对于对比文件1具有实质性特点，因此具备新颖性。

在此基础上，由于本领域技术人员根据对比文件1并不能显而易见地得到权利要求1中所限定的产生图形的方法，因此将对比文件1中公开的产生图形方法应用于对比文件2公开的显示设备中也不能容易地实现权利要求6的技术方案，因此权利要求6的技术方案具有突出的实质性特点和显著的进步，具备创造性。

一、案由

本复审请求涉及中国专利局于1997年3月28日受理、优先权日为1996年8月26日、申请号为97109922.7、名称为“建立图形的设备和方法”的发明专利申请，申请人为富士通株式会社。

在实质审查过程中，国家知识产权局专利局实质审查部门针对本申请原始提交的申请文件进行审查，于2001年4月13日发出第一次审查意见通知书，并引用以下对比文件：

对比文件1：US5169342A，公开日为1992年12月8日；

对比文件2：US5303388A，公开日为1994年4月12日。

实质审查部门在第一次审查意见通知书中指出，权利要求1相对于对比文件1不具备新颖性，不符合专利法第二十二条第二款的规定；权利要求2、3、5相对于对比文件1不具备创造性，权利要求4、6~11相对于对比文件1和2的结合不具备创造性，不符合专利法第二十二条第三款的规定；权利要求12~13属于专利法第二十五条规定的不授予专利权的范围。

针对第一次审查意见通知书，申请人于2001年8月28日提交了意见陈述书以及权利要求书全文替换页，申请人认为修改后的权利要求书已经克服了第一次审查意见通知书中所指出的缺陷。

修改后的权利要求书如下：

“1. 一种图形产生方法，用于在一个显示器上产生图形，包括以下步骤：

选定将要粘贴到一个显示屏幕上的一个图像图案；

把该图像图案移到将要粘贴的一个位置；

进行粘贴操作；以及

当所述图像图案的粘贴操作完成时在所述显示屏幕的该位置处自动显示修正该粘贴图像图案的一个指定的动画。

2. 根据权利要求1的方法，其中所述图像图案是一种动物的脸的一个图画，且所述目的地的动画显示了按照各个动物脸的面部表情改变。

3. 根据权利要求1的方法，其中所述动画图画是以一个粘贴的图像图案的尺寸放大的方式显示的。

4. 根据权利要求1的方法，其中所述动画是通过改变所要粘贴的图像图案的颜色而得到显示的。

5. 根据权利要求1的方法，其中所述动画是通过使用于将要被粘贴的一个图像图案的一条线成波浪状而得到显示的。

6. 用于在一个显示屏幕上产生图画图像的一种图形产生设备，包括：一个存储器，它存储将要被粘贴在该显示屏幕上的多个图像图案的图像图案数据以及当一个图像图案的粘贴完成时将要得到显示的相应的动画信息数据；输入装置，用于输入一个操作者的把一个图像图案粘贴到该显示屏幕上的粘贴命令；图形产生装置，用于根据该操作者的粘贴命令访问所述图像图案数据并当在显示屏幕上完成了所述图像图案的粘贴时根据相应的动画信息数据产生图画图像数据；以及显示控制器，它在所述显示屏幕上显示所述图形产生装置产生的图形显示数据，其中该图形显示数据被自动显示在该图像图案被粘贴到的位置，该图形显示数据是所述图像图案数据的一种修正。

7. 根据权利要求6的设备，其中所述动画信息数据是用于改变图像图案的表现的程序数据。

8. 根据权利要求6的设备，其中所述图像图案形成了一种动物的脸且所述动画信息数据是用于与各种动画的脸对应的面部表情改变的处理数据。

9. 根据权利要求6的设备，其中所述动画信息数据是用于放大所要粘贴的一个图像图案的尺寸的显示处理数据。

10. 根据权利要求6的设备，其中所述动画信息数据是用于改变所要粘贴的一种图像图案的颜色的显示处理数据。

11. 根据权利要求6的设备，其中所述动画信息数据是用于使所要粘贴的一个图像图案线成波浪状的显示处理数据。”

国家知识产权局专利局实质实审部门认为，本申请的上述修改符合专利法第三十三条的规定，但是本申请经上述意见陈述和修改后，修改后的权利要求1相对于对比文件1不具备新颖性，权利要求2、3、5相对于对比文件1不具备创造性，权利要求4、6、7～11相对于对比文件1和2的结合不具备创造性，因此本申请的权利要求不符合专利法第二十二条第二款、第三款的规定，于2003年9月12日作出了驳回本申请的决定。

申请人（下称复审请求人）对上述驳回决定不服，于2003年12月9日向专利复审委员会提出了复审请求。其复审理由主要是：（1）对比文件1和2均没有公开“当所述图像图案的粘贴操作完成时在所述显示屏幕的该位置处自动显示修正该粘贴图像图案的一个指定的动画”；（2）对比文件1和2不能实现“当产生一个图像时，粘贴一个图像图案或绘制一个形状的过程的完成，被明确地通知给一个用户”，本申请的有利之处，不仅在于给用户提供了便利，而且还在于其使得图像产生的工作对于用户来说成为一种享受；（3）对比文件1和2的结合不能实现本发明的特征。

经形式审查合格，专利复审委员会对上述复审请求予以受理，于2004年1月18日发出复审请求受理通知书和前置审查通知书。

国家知识产权局专利局原实质审查部门对该复审请求进行了前置审查，坚持原驳回决定。

专利复审委员会依法成立合议组对本复审请求进行审理，在以上审查工作的基础上，认为本案事实已经清楚，可以作出本复审请求审查决定。

二、决定的理由

1. 文本认定

复审请求人在提交复审请求时并未提交修改文本，因此本复审决定是以驳回决定所针对的文本为基础作出的，即复审请求人于1997年3月28日提交的说明书第1~9页、附图第1~12页、说明书摘要以及2001年8月28日提交的权利要求1~11项。

2. 关于新颖性

本复审决定仍然引用实质审查过程中所引用的对比文件，即对比文件1（US5169342A）和对比文件2（US5303388A）。

本申请涉及建立图形的设备和方法，其目的之一是可以非常容易地识别是否正确地粘贴图像。

权利要求1请求保护一种图形产生方法，用于在一个显示器上产生图形，包括以下步骤：

（a）选定将要粘贴到一个显示屏幕上的一个图像图案；

（b）把该图像图案移到将要粘贴的一个位置；

（c）进行粘贴操作；以及

（d）当所述图像图案的粘贴操作完成时在所述显示屏幕的该位置处自动显示修正该粘贴图像图案的一个指定的动画。

对比文件1公开了一种与语言障碍患者交流的方法，其中描述了以下几种技术方案。技术方案一（说明书第5~7栏、附图5~7），当借助光标选择了工具图标时，光标变为工具图标形状，将该具有工具图标形状的光标移动到所选图像上并激活时，使得显示与该所选图像相关的动画；技术方案二（说明书第12栏第10~31行、附图13e、13f），将多个图标从存取窗口拖拽到短语窗口，当拖拽完成松开鼠标时，相应的在所述短语窗口的文本部分显示与此图标相关的文字说明，当鼠标点击图标时，图标以动画显示。

合议组经过分析后认为：对比文件1公开的技术方案一实质上并不是一种图像粘贴技术方案，其中将具有工具图标形状的光标移动到所选图像上并激活的操作并不是一种粘贴操作，因此与权利要求1所限定的技术方案不具有可比性。

将权利要求1与对比文件1中的技术方案二进行对比可知，技术方案二公开了将图案拖拽粘贴的操作，因此公开了权利要求1中的特征（a）~（c），但是虽然对比文件1的技术方案二中也提到了在拖拽粘贴完成时显示相关的文字说明，当鼠标点击图标时，图标以动画显示，但其中并没有公开在粘贴完成时显示所粘贴图像图案的修正动画，即特征（d）。因此对比文件1的技术方案二中在触发产生动画的时机、所产生动画的形式方面与本权利要求1的技术方案完全不同，本领域技术人员在对比文件1的基础上并不能唯一、直接地得出权利要求1的技术方案。因此权利要求1相对于对比文件1具备新颖性，符合专利法第二十二条第二款的规定。

3. 关于创造性

基于上述对新颖性评价时所作的对比可知，对比文件1的技术方案二在触发产生动画的时机、所产生动画的形式与权利要求1的技术方案完全不同，并未给出关于权利要求1的技术特征（d）的任何技术启示，且该技术手段具有可以明确通知用户粘贴一个图像图案或绘制一个形状的过程的完成的技术效果。在此基础上，该权利要求1的从属权利要求2、3、5相对于对比文件1具有突出的实质性特点和显著的进步，符合专利法第二十二条第三款的规定。

对比文件2公开一种显示和旋转具有多个面的三维图像的方法，其中并未公开任何有关粘贴操作的技术内容。因此对比文件1和2的结合仍然未能给出关于权利要求1中的特征（d）的技术启示，因此权利要求1的从属权利要求4相对于对比文件1和2的结合仍然具有突出的实质性特点和显著的进步，符合专利法第二十二条第三款的规定。

独立权利要求6请求保护一种用于在一个显示屏幕上产生图画图像的一种图形产生设备，包括：一个存储器，它存储将要被粘贴在该显示屏幕上的多个图像图案的图像图案数据以及当一个图像图案的粘贴完成时将要得到显示的相应的动画信息数据；输入装置，用于根据一个操作者的把一个图像图案粘贴到该显示屏幕上的粘贴命令；图形产生装置，用于根据该操作者的粘贴命令访问所述图像图案数据并当在显示屏幕上完成了所述图像图案的粘贴时根据相应的动画信息数据产生图画图像数据；以及显示控制器，它在所述显示屏幕上显示所述图形产生装置产生的图形显示数据，其中该图形显示数据被自动显示在该图像图案被粘贴到的位置，该图形显示数据是所述图像图案数据的一种修正。

对比文件2公开一种显示和旋转具有多个面的三维图像的方法，（参见说明书第2栏68～第3栏第60行，图2）并公开以下特征：一种可以在显示屏上显示图标的设备，它包含随机存储器12、只读存储器13、数据存储设备14、字符输入设备16、显示设备15、处理器11、光标控制设备17、信号发生设备18等。

原实质审查部门在驳回决定中认为对比文件1和2结合可以破坏权利要求6的创造性，但是合议组在经过上述对对比文件1和2的分析之后认为，权利要求6请求保护的是实现权利要求1所述的图形显示方法的装置，对比文件1的技术方案二虽然公开了有关粘贴的技术方案，但并未公开在粘贴操作完成时显示所粘贴图像图案的修正动画，本领域技术人员在对比文件1的基础上也不能得到任何技术启示来实现这一操作。因此，根据对比文件1公开的技术方案不能显而易见地实现权利要求1所述的图形显示方法，进而通过将对比文件1公开的粘贴方法应用于对比文件2公开的显示设备中也不能容易地实现权利要求6的技术方案，达到权利要求6的技术方案的技术效果。因此权利要求6相对于对比文件1和2的结合具备创造性，符合专利法第二十二条第三款的规定。

相应的，权利要求6的从属权利要求7～11相对于对比文件1和2也具备创造性。

综上所述，原实质审查部门针对本申请的驳回决定所依据的理由和证据不充分。

三、决定

撤销国家知识产权局专利局实质审查部门于2003年9月12日作出的对97109922.7号发明专利申请的驳回决定，由原实质审查部门以驳回决定所针对的文本，即复审请求人于1997年3月28日提交的说明书第1～9页、附图第1～12页、说明书摘要、于2001年8月28日提交的权利要求1～11项为基础，继续审批程序。

011

辉光放电开关启动器案

复审请求审查决定（第5674号）

决　定　号　第5674号

决　定　日　2005年2月23日

发明创造名称　辉光放电开关启动器

国际分类号　H01J 61/54　H01J 61/30

复审请求人　皇家菲利浦电子有限公司

申　请　号　97191168.1

申　请　日　1997年7月1日

公　布　日　1998年11月18日

合议组组长　马　昊

主　审　员　刘剑波

参　审　员　马志远

法律依据　专利法第二十二条第三款

决定要点

如果某一技术特征分别在对比文件与该权利要求所要求保护的技术方案中实现的技术效果不同，并且这种不同对本领域技术人员来说是非显而易见的，该权利要求相对于对比文件具备创造性。

一、案由

本复审请求涉及国家知识产权局于1998年4月29日受理，申请号为97191168.1、申请日为1997年7月1日、优先权日为1996年8月30日、名称为"辉光放电开关启动器"的发明专利申请，申请人是皇家菲利浦电子有限公司。

其中权利要求如下：

"1. 一种辉光放电开关启动器，备有放电容器（1），该容器是以气密的方式封闭的并且具有壁（2），有一对导电体（3a、3b）穿过该放电容器的一部分壁（2b），在该放电容器中还有双金属元件（4a），它与导电体（3a、3b）之一（3a）电气相连，该放电容器装有可电离填充物，特征在于，至少导电体穿过的那部分壁（2b）由含至少5%（重量）BaO的玻璃制成。

2. 如权利要求1所要求的辉光放电开关启动器，其特征在于，该玻璃至少含有下表所列的各种成分，其重量百分含量介于该表中所列的极限范围内：

SiO_2	Al_2O_3	Li_2O	Na_2O	K_2O	MgO	CaO	SrO	BaO
60~72	1~5	0.5~1.5	5~9	3~7	1~2	1~3	1~5	7~11

3. 如权利要求 1 或 2 所要求的辉光放电开关启动器，其特征在于，可电离填充物是彭宁混合物。”

在实质审查过程中，国家知识产权局专利局实质审查部门在 2002 年 5 月 10 日发出的第一次审查意见通知书中指出，权利要求 1 ~3 相对于对比文件 1（US4843282，公开日为 1989 年 6 月 27 日）和对比文件 2（CN1088895A，公开日为 1994 年 7 月 6 日）不具备专利法第二十二条第三款规定的创造性。

针对国家知识产权局专利局实质审查部门的第一次审查意见通知书，申请人于 2002 年 11 月 21 日提交了意见陈述书，未对申请文件进行修改。

针对申请人原始提交的国际申请文件的中文译文的权利要求书，国家知识产权局专利局实质审查部门以该申请不符合专利法第二十二条第三款的规定为由，于 2003 年 2 月 21 日作出了驳回该专利申请的决定。驳回决定的主要理由是：对比文件 1 公开了权利要求 1 的大部分技术特征，对比文件 1 与权利要求 1 的区别技术特征仅在于对比文件 1 没有公开穿过构成电极和引线的导体的外壳壁及玻珠是由含有至少 5% 重量的 BaO 的玻璃制成，但该区别技术特征被对比文件 2 所公开，因此本领域技术人员结合对比文件 1 和 2，无须付出创造性的劳动就能够得出权利要求 1 所要求保护的技术方案，并且这种结合没有产生预料不到的技术效果；同时权利要求 2 的附加技术特征被对比文件 2 所公开、权利要求 3 的附加技术特征被对比文件 1 所公开，因此权利要求 1 ~3 相对于对比文件 1 和 2 不具有突出的实质性特点和显著的进步，不具备专利法第二十二条第三款规定的创造性。

申请人（下称复审请求人）对上述驳回决定不服，于 2003 年 6 月 9 日向专利复审委员会提出复审请求，未对申请文件进行修改。请求复审的主要理由是：（1）“辉光放电开关启动器实际上相当于一个放电灯”的结论不正确；（2）对比文件 1 和 2 与本申请要解决的技术问题不同。

在前置审查程序中，国家知识产权局专利局实质审查部门坚持原驳回决定。

专利复审委员会依法成立合议组对本案进行复审，于 2004 年 6 月 14 日发出复审通知书，审查意见主要包括：（1）本领域技术人员可以了解的是，启动器在工作时，在电压作用下其内部分立的导电体间会产生辉光放电，辉光放电导致其内部的双金属元件变形，并使得导电体实现电连接，从而使辉光放电熄灭，以便为放电灯提供工作用的电脉冲。因此在进行辉光放电的阶段，辉光放电开关启动器在外加电压作用下实现放电，此时可视为是一个放电灯。（2）在对比文件 2 中的玻璃组分中加入 7% ~11% 的 BaO，其目的是提高玻璃的电阻数值，同时降低玻璃的软化温度，以使该玻璃能够达到含铅玻璃的电阻和软化温度的属性。而在本申请中，至少穿过导电体部分的玻璃壁包含至少 5% 的 BaO，可以缩短启动器的点火时间。关于在玻璃中加入 BaO 与缩短启动器点火时间之间的关系，说明书中仅给出了一种可能的解释，即“在所述部分容器壁的玻璃中含有的 BaO 具有发射活性”。但本领域技术人员不能从所述的“发射活性”得出与玻璃的电阻和软化温度之间是否存在联系，合议组认为复审请求人应当对所述的“发射活性”与玻璃的电阻和软化温度之间是否存在联系作出说明。

针对上述复审通知书，申请人于 2004 年 7 月 27 日提交了意见陈述书，未对申请文件进行修改。意见陈述的主要内容是：（1）辉光放电开关启动器是用于操作放电灯的一种装置，即是用来启动放电灯的，而不是有放电灯在其中。（2）尽管申请人不完全了解 BaO 性能中增加电阻和降低玻璃软化温度之间的关系，但可以知道它起到发射体的作用，而对比文件 2 没有揭示也没有建议这种关系。（3）本申请的相应欧洲申请已于 2001 年 12 月 5 日被授予专利，即 EP0870318。

在上述工作的基础上，合议组认为本案事实清楚，可以作出如下复审请求审查决定。

二、决定的理由

由于复审请求人在复审阶段未提交修改文本，因此本复审决定依据实质审查驳回决定所依据的文本，即原始提交的国际申请文件的中文译文中的权利要求 1～3 项、说明书第1～5页、说明书附图第 1 页、说明书摘要和说明书摘要附图。

本申请的权利要求 1 限定的是一种辉光放电开关启动器，包括如下技术特征：

（1）辉光放电开关启动器备有放电容器（1），该容器是以气密的方式封闭的并且具有壁（2）；

（2）有一对导电体（3a、3b）穿过该放电容器的一部分壁（2b）；

（3）在该放电容器中还有双金属元件（4a），它与导电体（3a、3b）之一（3a）电气相连；

（4）放电容器装有可电离填充物；

（5）至少导电体穿过的那部分壁（2b）由含至少 5%（重量）BaO 的玻璃制成。

对比文件 1 与权利要求 1 涉及相同的技术领域。对比文件 1 公开了一种辉光放电启动器，并具体公开了以下技术特征（参见其说明书第 3 栏第 31～54 行，附图 1）：该辉光放电启动器具有气密封闭的外壳 12；引线导体 22 和 24 穿过外壳 12 的玻璃珠部分 18；封闭在外壳 12 内的双金属电极 14 和对置电极 16 分别与引线导体 22 和 24 相连接；外壳 12 内封闭有可电离介质填充物。本领域技术人员可以了解，对比文件 1 中的外壳 12、引线导体 22 和 24、玻璃珠部分 18、双金属元件 14、可电离介质填充物分别等同于权利要求 1 中涉及的放电容器（1）的壁（2）、导电体（3a、3b）、壁（2b）、双金属元件（4a）、可电离填充物。由此可见，对比文件 1 公开了权利要求 1 中的技术特征（1）～（4），权利要求 1 同对比文件 1 相比，权利要求 1 中的技术特征（5）为区别技术特征。

对比文件 2 与本申请涉及相近的技术领域，对比文件 2 公开了一种用于电灯玻璃部件的玻璃组合物，并具体公开了以下技术特征（参见其说明书第 2 页第 4 段～第 3 页第 12 行）：玻璃组合物中含有 7%～11% 的 BaO（重量百分比）。合议组注意到，在对比文件 2 中的玻璃组分中加入 7%～11% 的 BaO，其目的是提高玻璃的电阻数值，同时降低玻璃的软化温度，以使该玻璃能够达到含铅玻璃的电阻和软化温度的属性。而在本申请中，至少穿过导电体部分的玻璃壁包含至少 5% 的 BaO 具有发射活性，可以缩短启动器的点火时间。合议组认为，BaO 在对比文件 2 和权利要求 1 中所实现的技术效果并不相同，本领域技术人员不能从对比文件 2 中得到通过提高玻璃的电阻数值、降低玻璃的软化温度来改善玻璃的发射活性的技术启示，同时发射活性与玻璃的电阻和软化温度之间是否存在必然联系也不是本领域技术人员的公知常识，因此在对比文件 1 的基础上，结合对比文件 2 以得到权利要求 1 所要求保护的技术方案对本领域技术人员来说不是显而易见的，权利要求 1 相对于对比文件 1 和 2 具有突出的实质性特点和显著的进步，符合专利法第二十二条第三款有关创造性的规定。

由于权利要求 1 相对于对比文件 1 和 2 具备创造性，因此对权利要求 1 作进一步限定的权利要求 2 和 3 相对于对比文件 1 和 2 也具有突出的实质性特点和显著的进步，符合专利法第二十二条第三款有关创造性的规定。

至于说明书和权利要求书是否还存在其他缺陷，均留待后续程序继续审查。

三、决定

撤销国家知识产权局专利局实质审查部门于 2003 年 2 月 21 日对 97191168.1 号专利申请所作出的驳回决定，以复审请求人原始提交的国际申请文件的中文译文中的权利要求 1～3 项、说明书第 1～5页、说明书附图第 1 页、说明书摘要和说明书摘要附图为基础，由原实质审查部门继续进行审查程序。

012

用于传送数据的装置和方法案

复审请求审查决定（第5678号）

决 定 号 第5678号
决 定 日 2005年2月4日
发明创造名称 用于传送数据的装置和方法
国际分类号 G06F 13/12
复审请求人 夏普公司
申 请 号 00120007.0
申 请 日 2000年5月11日
公 开 日 2000年11月22日
合议组组长 黄毅斐
主 审 员 崔哲勇
参 审 员 左 一

法律依据 专利法第二十六条第三款
决定要点

本申请的说明书已经对信号a、b、c的产生和相互作用原理、数据传送控制电路的工作时序进行了清楚、完整的公开，并且本领域技术人员根据说明书公开的内容可以实现该数据传送控制电路的电路逻辑结构，因此本申请的说明书符合专利法第二十六条第三款的规定。

一、案由

本复审请求涉及申请日为2000年5月11日、公开日为2000年11月22日、名称为“用于传送数据的装置和方法”的发明专利申请，其申请号为00120007.0，申请人为夏普公司。

在实质审查过程中，国家知识产权局专利局实审部门针对本申请的原始文本进行审查，于2002年10月18日发出第一次审查意见通知书，指出本申请说明书不符合专利法第二十六条第三款的规定，具体理由如下：(1) 说明书中缺少“传送控制电路”的内部结构电路图，本领域技术人员不能知道如何根据输入信号a、b、c和反馈信号d、e来产生分别控制数据处理装置、输出缓冲器和数据选择电路的控制信号f、g、h；(2) 说明书中缺少数据传送装置的信号传送时序图；(3) 说明书中缺少对信号a、b、c的作用原理的详细说明，这些信号分别由哪些装置发出、分别在何时发出、三者之间的相互作用关系及时序关系没有明确记载，也未提及信号f、k、l、m；(4) 说明书附图2中步骤S5的说明不清楚。

针对上述审查意见通知书，申请人于2003年4月24日提交了意见陈述书，并同时提交了权利要求书替换页第1~2页、说明书替换页第1~6页、说明书附图第1页替换页、说明书摘要、摘要附图替换页。申请人认为：(1)“传送控制电路”及其信号传送时序都是本领域技术人员根据现有技术和本申请公开内容可以容易实现的，无须对其细节进行描述；(2) 申请人删除了附图中信号f、k、l、 m 标记；（3）说明书中已经对信号 a、b、c 的工作原理进行了详细说明；（4）附图 2 中对步骤 S5 的说明是清楚的。

实质审查部门认为本申请经申请人陈述意见后，修改后的说明书仍然没有对发明作出清楚、完整的说明，不符合专利法第二十六条第三款的规定，因此于 2003 年 8 月 8 日作出了驳回本专利申请的决定，驳回决定的具体理由与第一次审查意见通知书中所指出的意见（1）~（3）相同。

申请人（下称复审请求人）对于上述驳回决定不服，于 2003 年 11 月 18 日向专利复审委员会提出复审请求，其复审理由与答复第一次审查意见通知书时的意见（1）、（3）相同，复审请求人未随复审请求书提交修改文本。

经形式审查，该复审请求符合规定的形式要求，专利复审委员会于 2003 年 12 月 18 日发出受理通知书和前置审查通知书。

实质审查部门对该复审请求进行了前置审查，仍坚持原驳回决定。

在此基础上，专利复审委员会依法成立合议组对本案进行审理。

在上述工作的基础上，合议组认为本案事实清楚，可以作出本复审决定。

二、决定的理由

本次复审所针对的文本是驳回决定所针对的文本，即复审请求人原始提交的说明书附图第 2 页，以及 2003 年 4 月 24 日提交的权利要求 1 ~ 6 项、说明书第 1 ~ 6 页、说明书附图第 1 页、说明书摘要、摘要附图。

合议组在审阅本申请上述文件后认为：

1. 本申请说明书中对信号 a ~ e 和数据传送装置操作的流程进行了说明，具体为：（1）数据传送请求信号 a 是请求从数据处理装置 2 到相应的信道的数据传送的信号，缓冲器使用请求信号 b 用于显示信道的传送请求是否是需要输出缓冲器的信道，信道优先权 c 用于设置相应的信道的优先权以便执行处理，输出缓冲器状态通知信号 d 和数据处理装置状态通知信号 e 分别表示输出缓冲器 1a 和数据处理装置 2 的目前工作状态。

（2）当一个数据传送请求输入到该数据传送装置（S1）时，传送控制电路 1c 判断是否存在未处理的传送请求（S2）。在未处理的传送请求不存在的情况下，操作回到 S1。在存在未处理的数据传送请求的情况下，判断数据处理装置 2 是否在运转（S3）。在该数据处理装置在运转的情况下，数据输出电路不能响应新的传送请求，所以该操作回到 S2。在数据处理装置 2 不运转的情况下，判断输出缓冲器 1a 是否在运转（S4）。在输出缓冲器 1a 不工作的情况下，此刻不执行数据传送，以便从对应于未处理的数据传送请求中选择最高优先权的信道，从数据处理装置 2 开始数据传送到该选择的信道（S5），和该操作回到 S2。此刻，在缓冲器使用对应于该选择信道的请求信号 b 的基础上，选择是使用通过输出缓冲器 1a 的第一路径 A 或者使用没有输出缓冲器介入 1a 的第二路径 B，并且控制输出缓冲器 1a 和数据选择电路 1b 的操作。在输出缓冲器 1a 工作的情况下，虽然从该数据处理装置到输出缓冲器 1a 的传送结束了并且数据处理装置 2 本身不工作，但是从输出缓冲器 1a 到一个信道的数据传送还没有完成。因此随后判断在未处理的传送请求中是否存在不需要输出缓冲器 1a 的传送请求（S6）。在不需要输出缓冲器 1a 传送请求不存在的情况下，该操作回到在这个状态的 S2。在存在不需要输出缓冲器 1a 的传送请求的情况下，从对应于传送请求的信道中选择最高优先权的信道以便开始使用没有输出缓冲器 1a 介入的第二路径 B 从数据处理装置 2 到该信道的数据传送（S7），并且该操作回到 S2。

2. 上述描述中已经清楚表明，信号 a、b 是与数据传送请求本身相关的请求信号，信号 c、d、e 是与信道、输出缓冲器以及数据处理装置的状态相关的信号，在任何多信道数据传输系统中都会涉及这些信号的使用。而且根据说明书中对数据传送装置操作的描述，步骤 S1、S3、S4、S6 分别对应根据数据传送请求信号 a、数据处理装置状态通知信号 e、输出缓冲器状态通知信号 d、缓冲器使用请求信号 b 所执行的操作；步骤 S5、S7 对应根据信道优先权 c 执行的操作，这些步骤间的时序关系清楚地表明了信号 a ~ e 的发生、相互作用时序关系，也表明了数据传送控制电路基于这些信号 a ~ e 产生用于执行相应操作所需的控制信号 f、g、h 的时序关系。

3. 虽然本申请中并未描述传送控制电路的具体电路结构，但是本领域普通技术人员根据上面的描述可以很清楚地知道该传送控制电路在本申请中所起的作用实际上只是根据数据传送请求信号、缓冲器使用请求信号和信道优先权 c 进行逻辑判断，最终选择两条不同的传输路径中的一条进行数据传输，其本身仅是一种简单的逻辑判断选择电路，本领域技术人员根据本申请所公开的内容及现有电路设计常识实现这种电路逻辑完全不需要创造性劳动，因此该数据传送控制的具体电路结构是本领域技术人员根据说明书公开内容可以实现的技术，本领域技术人员无须创造性劳动就能再现本申请数据传送装置的技术方案。

综上所述，本申请的说明书已经对信号 a、b、c 的产生和相互作用原理、数据传送控制电路的工作时序进行了清楚、完整的公开，并且本领域技术人员根据说明书公开的内容可以实现该数据传送控制电路的电路逻辑结构，因此符合专利法第二十六条第三款的规定。至于说明书和权利要求书是否还存在其他缺陷，均留待后续程序继续审查。

三、决定

撤销国家知识产权局专利局实质审查部门于 2003 年 8 月 8 日作出的驳回决定，由原实质审查部门以复审请求人原始提交的说明书附图第 2 页，以及于 2003 年 4 月 24 日提交的权利要求 1 ~ 6 项、说明书第 1 ~ 6 页、说明书附图第 1 页、说明书摘要、摘要附图为基础继续进行审批程序。

013

串行打印机所用的数据压缩和还原的方法和设备案

复审请求审查决定（第5683号）

决　定　号　第5683号
决　定　日　2005年2月24日
发明创造名称　串行打印机所用的数据压缩和还原的方法和设备
国 际 分 类 号　H03M 7/30　B41J 2/07
复 审 请 求 人　惠普公司
申　请　号　96102708.8
申　请　日　1996年2月27日
公　开　日　1996年11月6日
合 议 组 组 长　钱　芸
主　审　员　朱　骥
参　审　员　马志远

法 律 依 据　专利法第二十六条第四款
决 定 要 点

权利要求书应当以说明书为依据是指权利要求中所有的技术方案均应在说明书中有相应的记载，权利要求的范围不得超出说明书记载的内容。本专利权利要求1、8的技术方案在说明书中没有记载，本领域技术人员也不能从说明书中公开的内容直接得到或者概括得出，因而权利要求1、8不符合专利法第二十六条第四款的规定。

一、案由

本复审请求涉及的是申请日为1996年2月27日、申请号为96102708.8、名称为“串行打印机所用的数据压缩和还原的方法和设备”的发明专利申请，申请人是惠普公司。

在实质审查程序中，国家知识产权局实质审查部门于2002年2月22日发出了第一次审查意见通知书，其中指出，权利要求1得不到说明书的支持，不符合专利法第二十六条第四款的规定；权利要求1、5、6不符合专利法实施细则第二十条第一款有关清楚的规定；权利要求6缺乏解决技术问题的必要技术特征，不符合专利法细则第二十一条第二款的规定；权利要求7、9不符合专利法实施细则第二十三条第二款的规定；说明书不符合专利法实施细则第十八条和专利法实施细则第十九条的规定。

申请人于2002年4月26日针对第一次审查意见通知书提交了意见陈述书和权利要求书第1~2页及说明书第1~6页的修改替换页，其中对权利要求1、5、6、7、9进行了修改；2002年5月17日，审查员与代理人进行了电话讨论，其中指出了权利要求书和说明书中存在多处语义不通等问题；2002年5月23日，申请人提交了说明书的修改替换页第1~6页；2002年8月16日，实质审查部门发出第二次审查意见通知书，其中指出，权利要求1、8不符合专利法第二十六条第四款的规定，权利要求 1～3、5～7 不符合专利法实施细则第二十条第一款有关清楚的规定；2002 年 11 月 22 日，申请人提交了针对第二次审查意见通知书的意见陈述书和权利要求书、说明书第 1～6 页的修改替换页，针对第二次审查意见通知书中的意见进行了修改；2003 年 1 月 24 日，实质审查部门发出第三次审查意见通知书，其中指出，权利要求 1、6、8 不符合专利法第二十六条第四款的规定，权利要求 1～4、8 不符合专利法实施细则第二十条第一款有关清楚的规定；2003 年 3 月 28 日，申请人提交了针对第三次审查意见通知书的意见陈述书和权利要求书、说明书第 1～6 页的修改替换页。

2003 年 7 月 11 日，实质审查部门作出驳回决定，其理由是本申请不符合专利法第二十六条第四款的规定。具体理由是：权利要求 1 中的步骤 b 与说明书记载的不一致，因为说明书中对微块的压缩是通过将微块中当前行或列与前一行或列比较而得到，并没有记载权利要求 1 中的通过整个微块与一个或多个第一值比较得出，因此权利要求 1 的技术方案不能得到说明书的支持；权利要求 6 中的对微区整体压缩的内容没有被说明书记载，说明书只记载了对微块进行压缩而没有提到对微区进行压缩，因此权利要求 6 的技术方案不能得到说明书的支持。

驳回决定所依据的权利要求书即申请人于 2003 年 3 月 28 日提交的权利要求书为：

“1. 打印机的一种数据压缩/还原法，该打印机的至少一个打印头装置（10，12，14，16）每横扫纸面一趟产生由 Y 行像素数据组成的打印幅（30），所述方法的特征在于，它包括下列步骤，

（a）提供包括 N 个微区（32，34，36……）的打印幅（30），各微区（32）包括 y 行的像素数据，其中 $y \times N \geqslant Y$；

（b）将所述微区（32）分割成多个微块（38），上述微块（38）由 m 位宽 ×y 行高的像素数据块组成，其中 m 是所述打印头装置（10，12，14，16）横扫所述页面时可打印出的 M 位像素数据的一小部分，然后通过比较每个微块（38）与一个或多个第一值，并且根据所述一个或多个第一值与所述微块（38）的比较结果赋值一个第二值，将所述像素数据微块（38）压缩成被压缩的微块（54）；

（c）对所述打印幅（30）的其余所有微区（34，36……）重复步骤（a）和（b），从而产生位置上相应的微块（54）的组；

（d）还原步骤（b）和（c）中压缩过的所述 N 个像素数据微区（32，34，36……），所述还原过程作用于各所述经压缩、位置上相应的包含一个或多个赋值的第二值的微块（54）的组，重新生成所述 N 个还原过的像素数据微区（32，34，36……）；

（e）将所述经压缩的像素数据从所述 N 个微区（32，34，36……）并行馈送给所述打印头装置（10，12，14，16）。

2. 如权利要求 1 所述的数据压缩/还原法，其特征在于，步骤（b）和步骤（c）在扫描方向压缩所有所述微块（38），在所述扫描方向压缩各微块（38）中的所述像素数据，其中步骤（d）在所述扫描方向还原各个微块（38），但在打印方向还原微区（34），上述打印方向是所述打印头装置（10，12，14，16）打印所述打印幅的方向。

3. 如权利要求 1 所述的数据压缩/还原方法，其特征在于，微块（54）的组中除第一行以外的各行中采用的种子值由彼此毗邻的一行 m 位像素数据组成，所述第一行的所述种子值为设定值。

4. 如权利要求 1 所述的数据压缩/还原法，其特征在于，微块（54）的组的各行都附有附加数据位，表示所述行是否压缩过。

5. 如权利要求 1 所述的数据压缩/还原法，其特征在于，在压缩步骤中采用了恒定的种子值，使还原过程与打印方向无关。

6. 如权利要求 5 所述的数据压缩/还原法，其特征在于，微区（32）中除第一列以外的各列光栅数据的所述种子值由彼此毗邻的一列 y 位光栅数据组成，所述第一列的所述种子值为设定值。

7. 如权利要求5所述的数据压缩/还原法，其特征在于，所述种子值是设定值。

8. 打印机的一种数据压缩/还原法，所述打印机的至少一个打印头装置（10，12，14，16）横扫纸面一趟产生Y行像素数据组成的打印幅（30），所述方法的特征在于，它包括下列步骤：

（a）存储像素数据微区（32），打印幅（30）有N个微区（32，34，36……），各微区（32，34，36……）有y行像素数据，其中y×N≥Y；

（b）将每一行y像素数据与种子值相比较来压缩所述像素数据微区（32），若某列像素数据与所述种子值相同，取消所述列并产生表示这个取消的标志值；

（c）对所述打印幅（30）的其余微区（34，36……）重复步骤（a）和（b）的操作；

（d）通过根据所述种子值将所述标志值转换为像素数据，还原所有在步骤（b）和（c）中压缩的N个像素数据微区（32，34，36……），所述还原过程作用于各所述经压缩、位置上相应的微块（54）的组，重新产生所述由经还原像素数据组成的微区（32，34，36……）；和

（e）将所述一组N个微区（32，34，36……）的所述还原的像素数据并行馈送给所述打印头装置（10，12，14，16）。

9. 如权利要求8所述的数据压缩/还原法，其特征在于，各列像素数据都附有附加数据位表示所述列是否压缩过。”

申请人（下称复审请求人）对上述驳回决定不服，于2003年10月15日向专利复审委员会提出了复审请求。其理由是权利要求1的步骤b在说明书第5页第11~15行中有相关描述，权利要求6的特征“微区（32）中除第一列以外的各列光栅数据的所述种子值由彼此毗邻的一列y位光栅数据组成，所述第一列的所述种子值为设定值”与权利要求6的驳回理由无关。

经形式审查合格，专利复审委员会受理了该复审请求，并于2003年11月11日发出了受理通知书，同时发出了前置审查通知书。

在前置审查中，原审查部门认为说明书第5页第11~15行记载的是“将微块中的每一行/或列与预定种子值的差值进行压缩”，而不是权利要求1中的“通过整个微块与一个或多个第一值比较得出”，并且其中的“一个或多个第一值”在说明书也没有记载。原审查部门不同意复审请求人提出的权利要求6的驳回理由实质上不涉及权利要求6本身的观点。

本案合议组于2004年11月2日发出了复审通知书，其中指出：（1）权利要求1的技术方案得不到说明书的支持，原因有两点：第一，权利要求1中的“第一值”、“第二值”没有被说明书所记载；第二，说明书记载的是“将微块的当前行/列与其紧接的前一行/列或与预定种子值比较”而没有记载权利要求1中的将微块本身进行比较；（2）权利要求1中的“将所述微区（32）分割成多个微块”没有清楚表述这里的微区是一个还是多个，因此权利要求1不符合专利法实施细则第二十条第一款有关清楚的规定；（3）权利要求1、8中的“y×N≥Y”意思表达不清楚，因为从上下文判断此处应为y×N=Y，因此权利要求1、8不符合专利法实施细则第二十条第一款有关清楚的规定；（4）权利要求3中的特征“微块的组中…采用的种子值由彼此毗邻的一行m位像素数据组成”在说明书中没有记载，因此权利要求3的技术方案得不到说说明书的支持，不符合专利法第二十六条第四款的规定；（5）权利要求3、5中的“种子值”意思表述不清楚，导致权利要求3、5不符合专利法实施细则第二十条第一款有关清楚的规定；（6）权利要求6的技术方案与说明书记载的内容不一致，其内容在说明书中没有记载，因此权利要求6不符合专利法第二十六条第四款的规定；（7）权利要求8的技术方案没有被说明书所记载，说明书中记载的是通过压缩微块的方式压缩微区而没有记载直接压缩微区的方式，因此权利要求8不符合专利法第二十六条第四款的规定，其从属权利要求9同样得不到说明书的支持，不符合专利法第二十六条第四款的规定；（8）权利要求1不符合专利法实施细则第

二十条第四款的规定；说明书不符合专利法实施细则第十八条第三款的规定。

复审请求人于2004年12月11日寄交了意见陈述书和权利要求书、说明书第1~6页的修改替换页，其中陈述了修改后的权利要求书和说明书符合专利法及其实施细则规定的具体理由。

修改后的权利要求书为：

“1. 一种打印机的一种数据压缩/还原法，该打印机的至少一个打印头装置（10，12，14，16）每横扫纸面一趟产生由Y行像素数据组成的打印幅（30），所述方法的特征在于，它包括下列步骤，

（a）提供包括N个微区（32，34，36）的打印幅（30），各微区（32）包括y行的像素数据；

（b）将所述N个微区（32，34，36）中的微区（32）分割成多个微块（38），上述微块（38）由m位宽×y行高的像素数据块组成，其中m是所述打印头装置（10，12，14，16）横扫所述页面时可打印出的M位像素数据的一小部分，然后通过将每个微块（38）与一个或多个种子值相比较，并且根据所述一个或多个种子值与所述微块（38）的比较结果赋值一个压缩值，将所述像素数据的微块（38）压缩成被压缩的微块（54）；

（c）对所述打印幅（30）的所述N个微区（32，34，36）的其余所有微区（34，36）重复步骤（a）和（b），从而产生位置上相应的被压缩的微块（54）的组；

（d）还原步骤（b）和（c）中压缩过的所述像素数据的所有所述N个微区（32，34，36），所述还原过程作用于各所述经压缩、位置上相应的包含一个或多个赋值的压缩值的微块（54）的组，以重新生成所述N个还原过的像素数据微区（32，34，36）；

（e）将所述经压缩的像素数据从所述N个微区（32，34，36）并行馈送给所述打印头装置（10，12，14，16）。

2. 如权利要求1所述的数据压缩/还原法，其特征在于，步骤（b）和步骤（c）在扫描方向压缩所有所述微块（38），在所述扫描方向压缩各微块（38）中的所述像素数据，其中步骤（d）在所述扫描方向还原各个微块（38），但在一个打印方向还原一个微区（34），上述打印方向是所述打印头装置（10，12，14，16）打印所述打印幅的方向。

3. 如权利要求1所述的数据压缩/还原法，其特征在于，对微块（32）的第一行的所述还原步骤中采用的一个种子值是一个设定值，且对微块（54）的组中其他各行的所述还原步骤中采用的种子值由相邻的前一行的m位像素数据组成。

4. 如权利要求1所述的数据压缩/还原法，其特征在于，微块（54）的组的各行都附有附加数据位，表示所述行是否压缩过。

5. 如权利要求1所述的数据压缩/还原法，其特征在于，在压缩步骤中采用了恒定的种子值，使还原过程与打印方向无关。

6. 如权利要求5所述的数据压缩/还原法，其特征在于，微块（32）的第一列采用的种子值是一个设定值，各列光栅数据的种子值由相邻的前一列的y位光栅数据组成。

7. 如权利要求5所述的数据压缩/还原法，其特征在于，所述种子值是设定值。

8. 一种打印机的数据压缩/还原法，所述打印机的至少一个打印头装置（10，12，14，16）横扫纸面一趟产生Y行像素数据组成的打印幅（30），所述方法的特征在于，它包括下列步骤，

（a）存储像素数据的微区（32），所述打印幅（30）有N个微区（32，34，36），各微区（32，34，36）有y行像素数据；

（b）将每一行的像素数据与种子值相比较来压缩所述像素数据的微块从而压缩所述微区（32），若某列像素数据与所述种子值相同，取消所述列并产生表示这个取消的标志值；

（c）对所述打印幅（30）的所有其余微区（34，36）重复步骤（a）和（b）；

(d) 通过根据所述种子值将所述标志值转换为像素数据，还原所有在步骤（b）和（c）中压缩的N个像素数据微区（32，34，36），所述还原过程作用于各所述经压缩、位置上相应的微块（54）的组，以重新产生所述由经还原像素数据组成的微区（32，34，36）；和将所述一组N个微区（32，34，36）的所述还原的像素数据并行馈送给所述打印头装置（10，12，14，16）。

9. 如权利要求8所述的数据压缩/还原法，其特征在于，各列像素数据都附有附加数据位以表示所述列是否压缩过。”

本案合议组经合议后，认为本案事实清楚，现依法作出复审决定。

二、决定的理由

1. 审查的基础

本复审决定依据的文本为复审请求人于2004年12月11日提交的权利要求书、说明书第1~6页，本申请的申请日提交的说明书附图第1~4页、说明书摘要、摘要附图。

2. 关于专利法第二十六条第四款

专利法第二十六条第四款规定：“权利要求书应当以说明书为依据，说明要求专利保护的范围。”按照该条款规定，权利要求书应当得到说明书的支持。就是说，每一项权利要求所要求保护的技术方案应当在说明书中充分公开，即权利要求的范围不得超出说明书记载的内容。

权利要求1中的技术特征“然后通过将每个微块（38）与一个或多个种子值相比较，并且根据所述一个或多个种子值与所述微块（38）的比较结果赋值一个压缩值，将所述像素数据的微块（38）压缩成被压缩的微块（54）”在说明书中没有记载，说明书中仅在发明内容的文字部分涉及上述特征，但是在真正反映该权利要求所记载的技术方案的说明书实施例部分并没有记载权利要求1的技术方案。从说明书第4页第4~15行中记载的内容，可知对微块的压缩是将微块的当前行（或列）的内容与其紧接的前一行（或列）比较或者是将微块当前行（或列）的内容与预定种子值比较，说明书并未记载能够将一个微块本身与种子值比较，从说明书记载的内容也无法推导出如何将一个微块本身与种子值比较，目前的权利要求1仍然没有克服驳回决定及复审通知书指出的权利要求1要求保护的技术方案得不到说明书的支持、不符合专利法第二十六条第四款规定的缺陷。

权利要求8要求保护打印机的一种数据压缩/还原法，合议组认为其采用的是直接压缩像素数据微区（32，34，36……）的方式进行数据的压缩/还原，而在说明书中并未涉及直接压缩像素数据微区这样的技术方案而是压缩微块，从说明书记载的内容也无法直接毫无疑义地推导出如何直接压缩像素数据微区而进行数据的压缩/还原，因此权利要求8要求保护的技术方案仍然得不到说明书的支持，不符合专利法第二十六条第四款的规定。复审请求人在意见陈述中认为原始提交的说明书第5页倒数第2段至第6页倒数第2段描述了微区的压缩和还原是通过微块的压缩和还原实现的，复审请求人的这种说法恰恰证明了说明书记载的是“通过压缩和还原微块实现对微区的压缩和还原”，但是权利要求8中的技术方案记载的是直接压缩微区，并没有通过压缩微块实现对微区的压缩这一过程。由于权利要求8得不到说明书的支持，其从属权利要求9的技术方案同样得不到说明书的支持，不符合专利法第二十六条第四款的规定。

三、决定

复审请求不成立，维持国家知识产权局专利局实质审查部门2003年7月11日作出的驳回决定。

复审请求人对本决定不服的，可以根据专利法第四十一条第二款的规定，自收到本决定之日起三个月内向北京市第一中级人民法院起诉。

014

读音符号自动标注的方法案

复审请求审查决定（第5684号）

决　定　号　第5684号
决　定　日　2005年1月19日
发明创造名称　读音符号自动标注的方法
国际分类号　G06F 17/20
复审请求人　英业达股份有限公司
申　请　号　97110364. X
申　请　日　1997年4月15日
公　开　日　1998年10月21日
合议组组长　蒋　彤
主　审　员　何怀燕
参　审　员　熊　婷

法律依据　专利法第二十二条第三款
决定要点

本申请权利要求的技术方案、解决的技术问题和达到的技术效果都与公开了公知原理的对比文件的技术领域、解决的技术问题和达到的技术效果不相同，因此对比文件不足以否定本申请权利要求的创造性，权利要求符合专利法第二十二条第三款的规定。

一、案由

本专利申请复审请求涉及国家知识产权局于1997年4月15日受理、申请号为97110364. X、名称为“读音符号自动标注的方法”的发明专利申请（下称本申请），申请人是英业达股份有限公司。

其公开的独立权利要求如下：

“1. 一种读音符号自动标注的方法，是将一文字的读音符号自动标示于一显示装置上，该方法包含下列步骤：得到该文字的内码；产生该内码位于一索引中的偏移量；依据该偏移量从该索引中读取一读音码；依据该读音码以产生该读音符号；及将该读音符号显示于该显示装置上。”

“22. 一种汉字注音符号自动标注的方法，是将该汉字的注音符号自动标示于一显示装置上，该方法包含下列步骤：由一文字档得到该汉字的内码；判断该汉字之后是否包含一特殊符号，该特殊符号是表示该汉字为一多音汉字；产生该内码位于一索引中的偏移量；依据该偏移量从该索引中读取一注音码，该注音码包含一声母、一介音、一韵母及一音调；当该汉字之后包含该特殊符号，则将该特殊符号后所包含的多数个符号转换为该注音码；依据该注音码以产生该注音符号；及将该注音符号显示于该显示装置上。”

“31. 一种汉字罗马拼音符号自动标注的方法，是将该汉字的罗马拼音符号自动标示于一显示装置上，该方法包含下列步骤：由一文字档得到该汉字的内码；判断该汉字之后是否包含一特殊符号，该特殊符号是表示该汉字为一多音汉字；产生该内码位于一索引中的偏移量；依据该偏移量从该索引中读取一罗马拼音码，该罗马拼音码包含一拼音码、一音调位置号及一音调号；当该汉字之后包含该特殊符号，则将该特殊符号后所包含的多数个符号转换为该罗马拼音码；依据该罗马拼音码以产生该罗马拼音符号；及将该罗马拼音符号显示于该显示装置上。”

在实质审查过程中，国家知识产权局专利局实质审查部门在第一次审查意见通知书中指出，本专利申请权利要求1~22、28~39所请求保护的技术方案不具备专利法第二十二条第三款的规定。具体的说，1994年12月第7次印刷、1992年6月第2版的清华大学计算机系列教材《数据结构（第二版)》（下称对比文件1）公开了一种索引顺序表查找方法，该方法通过静态查找表和索引表进行查找（参见对比文件1第220~231页），而该发明申请权利要求1的技术方案实质上为通过文字内码在拼音码索引中查找读音码，从而产生读音符号进行显示。二者相比区别仅在于将查找的读音符号进行显示，而这种区别是本领域的公知常识。因此，在对比文件1的基础上结合本领域的公知常识，得到权利要求1的技术方案是显而易见的，权利要求1不具备专利法第二十二条第三款规定的创造性。基于相同或相似的理由，权利要求2~22、28~39也不具备专利法第二十二条第三款规定的创造性。

针对上述第一次审查意见通知书，申请人于2000年10月23日提交了意见陈述书而未修改申请文本。该意见陈述中指出，对比文件1公开了一种通过静态查找表和索引表进行查找的方法，但并非唯一的查找方法，即“静态查找表可以有不同的表示方法，在不同的表示方法中，其查找操作的实现方法不同”，而本发明独立权利要求1、22、31所要保护的是一种读音符号自动标注的方法，虽然通过文字内码在拼音码索引中查找，但是由于要达到的目的不同，因而其索引对应表的表示方法不同。这种区别体现在实施方法上与对比文件1公开的方法有明显不同，即在得到文字内码后，建立一对应索引表并产生一汉字内码的索引偏移量，再从索引中取得该汉字的读音码，然后在显示装置上自动显示读音符号。因此本发明独立权利要求1、22、31所要保护的方法在对比文件1中无任何记载和教导，所属领域技术人员从对比文件1的内容中无法获得本发明所述方法，故本发明权利要求1、22、31以及各自的从属权利要求2~21、23~30、32~39都具备专利法规定的创造性。

国家知识产权局专利局实质审查部门于2003年9月12日以该申请不具备专利法第二十二条第三款规定的创造性为理由驳回了该申请。其具体理由与第一次审查意见通知书相同，并且还指出“建立一对应索引表，并产生一汉字内码的索引偏移量”这种对应索引表的构成以及索引偏移量的计算均为人为规定，不是技术特征，本申请未对现有技术作出技术贡献。

申请人（下称复审请求人）对上述驳回决定不服，于2003年12月12日向专利复审委员会提出复审请求。其请求复审的主要理由是：（1）审查员对复审请求人在答复第一次审查意见通知书时陈述的与专利性有重要意义的意见未作评述或只给出简单结论，以及审查员认定“在得到该文字内码后，建立一对应索引表并产生一汉字内码的索引偏移量，再从索引中取得该汉字的读音码”这一技术特征是人为规定而坚持驳回的做法，都不符合专利法及其实施细则和审查指南的要求；（2）审查员在第一次审查意见通知书中将并列的独立权利要求31作为从属权利要求来审查不合理，审查员在第一次审查意见通知书表格中指出权利要求1~39不具备创造性，而正文中没有提及权利要求23~27的专利性问题，这种审查结论对申请人不公平，审查员在第一次审查意见通知书中不应当将权利要求2~21、28~39的特征全部简单地认定为公知常识而不作举证或说明。

在前置审查程序中，原审查部门仍坚持原驳回决定。

专利复审委员会依法成立合议组对本案进行复审。

在上述工作的基础上，合议组认为本案事实清楚，作出如下复审请求审查决定。

二、决定的理由

由于复审请求人未对本申请的文本作相应的修改，本复审请求决定所依据的文本是驳回决定所针对的申请文本为 1997 年 4 月 15 日提交的原始申请文本。

专利法第二十二条第三款规定：创造性，是指同申请日以前已有的技术相比，该发明有突出的实质性特点和显著的进步，该实用新型有实质性特点和进步。

根据本申请权利要求书以及说明书的内容可知，其属于计算机中文显示技术的领域，要解决的技术问题是提供一种文字读音符号自动标注的方法，它将汉字的读音符号自动标示于显示装置上，以便于克服人工键入读音符号的缺陷，并提供了相应的如权利要求 1 的技术方案。

权利要求 1 要求保护一种读音符号自动标注的方法，其包括如下技术特征：

（1）将一文字的读音符号自动标示于一显示装置上；

（2）得到该文字的内码；

（3）产生该内码位于一索引中的偏移量；

（4）依据该偏移量从该索引中读取一读音码；

（5）依据该读音码以产生该读音符号；

（6）将该读音符号显示于该显示装置上。

对比文件 1 是计算机技术的大学教材，其中揭示了一种计算机数据结构公知的索引查找算法。由于并不涉及中文显示的内容，因此并不属于与中文显示有关的技术领域，其解决的问题自然与解决汉字读音符号自动显示以及自动标注读音于显示装置上以便克服人工键入读音符号的缺陷无关。对比文件 1（参见对比文件 1 第 220 ~ 231 页）的内容是关于静态查找表的表示方法和操作方法，并公开了通过静态查找表和索引表进行查找的方法。权利要求 1 与对比文件 1 的区别在于，权利要求 1 的上述特征（1） ~ （6）在对比文件 1 中都没有公开，即对比文件 1 没有披露实现汉字读音符号自动标注显示的方法。同时，对比文件 1 也没有任何关于获得汉字内码、产生偏移量、取得读音码、产生读音符号、显示读音符号等技术手段以及这些技术手段结合形成的技术方案的技术启示。

由于该权利要求 1 的技术方案所属领域、解决的技术问题、采用的技术手段都与对比文件 1 公开的内容存在实质性区别，权利要求 1 的技术方案相对于对比文件 1 是非显而易见的，并且能够带来自动标注读音符号从而避免因人工键入读音符号造成错误或速度较慢的有益效果，即对比文件 1 不能破坏本申请权利要求 1 的创造性，因而本申请权利要求 1 相对于对比文件 1 具有突出的实质性特点和显著的进步，该权利要求 1 相对于对比文件 1 具备专利法第二十二条第三款规定的创造性。基于相同或相似的理由，权利要求 2 ~ 39 也具备创造性。

三、决定

撤销国家知识产权局专利局实质审查部门于 2003 年 9 月 12 日对 97110364. x 号专利申请所作出的驳回决定，以驳回时所依据的复审请求人于 1997 年 4 月 15 日提交的原始申请文本为基础，由原实质审查部门继续进行审查程序。至于该申请是否还存在其他缺陷，由国家知识产权局专利局实质审查部门在后续的审查中一并解决。

015

移动电话机的功率放大器案

复审请求审查决定（第5790号）

决　定　号　第5790号
决　定　日　2005年1月27日
发明创造名称　移动电话机的功率放大器
国际分类号　H03F 1/02　H04B 1/38
复审请求人　三星电子株式会社
申　请　号　00126890.2
申　请　日　2000年8月31日
公　开　日　2001年3月14日
合议组组长　钱　芸
主　审　员　翁晓君
参　审　员　张宗任

法律依据　专利法第二十六条第三款
决定要点

由于功率放大部分的发射功率和晶体管的静态特性之间并不需要存在一定的关系，并且控制表的形成和控制过程也是清楚的，所以说明书已经充分公开了其发明创造的内容，本领域普通技术人员不需要付出创造性的劳动就能够再现该发明的技术方案，实现其发明的目的，达到其预期的效果。

一、案由

本复审请求案涉及申请日为2000年8月31日、公开日为2001年3月14日、发明名称为“移动电话机的功率放大器”，申请号为00126890.2的发明专利申请（下称本申请），申请人为三星电子株式会社。

在对本申请进行实质审查时，国家知识产权局专利局实质审查部门于2003年2月14日发出了第一次审查意见通知书。其中指出，在本申请说明书中并没有详细描述具体采用什么方法来编制控制表，根据说明书记载，编制该控制表是根据功率放大部分的发射功率并参照用作功率放大部分的功率放大器件的晶体管的静态特性测定数据产生的，这就需要在功率放大部分的发射功率和晶体管的静态特性之间存在一定的关系，但在说明书中并没有记载上述关系，从因而无法得出该控制表，导致本申请公开不充分，不符合专利法第二十六条第三款的规定。

申请人于2003年7月30日提交了针对第一次审查意见通知书的意见陈述书及修改的说明书第1~2页和附图第2、5页的替换页。申请人指出每个晶体管的静态特性都不同于其他晶体管，因此可以根据晶体管的静态特性来分别确定栅极电压，并且基于所确定的栅极电压来准备一个控制表。此外，申请人还认为直流偏置电流是基于功率放大器的输出功率来被控制的，因此本申请说明书应该是公开充分的。

国家知识产权局专利局实质审查部门于2003年10月10日驳回了本申请。其理由是本申请说明书中并没有详细描述具体采用什么方法来编制该控制表，根据说明书的记载，编制该控制表是根据功率放大部分的发射功率并参照用作功率放大部分的功率放大器件的晶体管的静态特性测定数据产生的，这就需要在功率放大部分的发射功率和晶体管的静态特性之间存在一定的关系。但说明书中并没有记载上述关系，因而无法得出该控制表；此外，表1～3所示的控制表里的内容都是一些字母代码，申请人既没有具体交代形成控制表的步骤，也没有具体交代该控制表的控制过程，导致所属技术领域的普通技术人员不能实现该发明。因此，本申请不符合专利法第二十六条第三款的规定。

申请人三星电子株式会社（下称复审请求人）对上述驳回决定不服，于2004年1月15日向专利复审委员会提出复审请求。复审请求人认为：（1）控制表仅仅是基于晶体管静态特性，而与最大PAE相对应的直流偏置电流是根据相应的功率放大器的发射功率来从控制表中选取的；（2）直流偏置电流是由功率放大器的输出功率来控制的；（3）本领域普通技术人员完全可以根据具体选定的晶体管的静态特性来编制相应的控制表。

经形式审查合格后，专利复审委员会受理了该复审请求，并于2004年2月23日向复审请求人发出了复审请求受理通知书，同时向原实质审查部门发出了前置审查通知书。

在前置审查意见书中，原实质审查部门认为功率放大部分的发射功率和晶体管的静态特性之间应当存在一定的关系，但说明书中并没有记载，同时说明书中没有具体交代控制表的形成步骤，也没有具体交代该控制过程，这也使得本领域普通技术人员无法明了和实施本申请的技术方案。因此仍坚持原驳回决定。

专利复审委员会依法成立合议组，对本复审请求案进行审查。经审查，合议组认为本案事实已经清楚，依法作出决定。

二、决定的理由

对本无效宣告请求案的审理，以原驳回决定所依据的申请文本为基础。

依据专利法第二十六条第三款规定，说明书应当对发明作出清楚、完整的说明，以所属技术领域的技术人员能够实现为准。说明书应当充分公开其发明创造的内容，使得所属技术领域的技术人员在阅读说明书的内容之后，不需要付出创造性的劳动，就能够再现该发明的技术方案，实现其发明的目的，达到其预期的效果。

本申请要求保护一种移动电话机的功率放大器，该功率放大器能够通过精确控制确定功率放大器的PAE（电源附加效率）的直流偏置电流来延长电池在正常使用状态的使用寿命。

合议组经合议后认为，本领域的技术人员根据本申请说明书中的记载，可以清楚地知道该功率放大器的控制过程如下：

放大器的发射功率是与PAE值相匹配的，即根据当前的发射功率电平来确定最大PAE K的值，具体的是根据功率放大部分的发射功率，参照静态特性测定数据，来控制晶体管的直流偏置电流，并且由直流偏置电流来确定PAE。而且根据本发明的说明书以及本领域普通技术人员所掌握的普通技术知识可知，功率放大部分的发射功率与直流偏置电路有关，而与功率放大器件所采用的晶体管的静态特性无关，所以当直流偏置电路固定时发射功率就固定不变；而同时该晶体管静态特性涉及栅极电压或漏极电压，并且每个晶体管的静态特性都不同于其他晶体管，所以可以根据不同晶体管的静态特性来分别确定不同的栅极电压或漏极电压，因此可以通过分别确定的发射功率和栅极电压或漏极电压，来确定直流偏置电流的大小。并且基于所确定的栅极电压或者漏极电压来准备一个控制表，而根据说明书可知，此控制表其实就是栅极电压或漏极电压与直流偏置电流以及PAE值之间一一对应的关系表格。这个关系表格是本领域普通技术人员根据不同晶体管的静态特性来事先唯一确定的，例如栅极电压 Vg 与某晶体管的静态特性有关，通过改变栅压 Vg，可以确定相应的直流偏置电流 I_k 和 k 值。所以，由晶体管的静态特性来确定直流偏置电流的控制表，根据控制表把直流偏置电流改变为相应的 I_k，则根据控制表的内容选择输出功率的最佳条件，即确定 PAE K 的值，所以是由晶体管各静态特性的数据来选择输出功率最佳条件。因此，本领域的技术人员完全可以清楚地知道本申请中所述的功率放大部分的发射功率和晶体管的静态特性之间并不需要存在一定的关系，并且控制表的形成和控制过程也是清楚的，从而不需要付出创造性的劳动，就能够再现该发明的技术方案，实现其发明的目的，达到其预期的效果。

综上，合议组认为本申请符合专利法第二十六条第三款的规定，原驳回决定的驳回理由不能够成立。

本申请中是否还存在其他的缺陷，有待于后续程序进一步审查。

基于上述理由，合议组作出下述决定。

三、决定

撤销国家知识产权局专利局实质审查部门于 2003 年 10 月 10 日作出的驳回第 00126890.2 号发明专利申请的决定，由原实质审查部门以驳回决定所依据的文本为基础继续进行审查程序。

016

粘合片材案

复审请求审查决定（第5791号）

决　定　号　第5791号
决　定　日　2005年1月31日
发明创造名称　粘合片材
国际分类号　H01L 21/68
复审请求人　琳得科株式会社
申　请　号　99100322.5
申　请　日　1999年1月20日
公　开　日　1999年7月28日
合议组组长　马志远
主　审　员　苏　青
参　审　员　张宗任

法律依据　专利法第二十二条第三款
决定要点

如果对比文件未公开一项权利要求所述技术方案的全部技术特征，也未给出可以得出该技术方案的任何技术启示，所述技术方案存在显著的技术进步，则该项权利要求具备创造性。

一、案由

本复审请求涉及申请日为1999年1月20日、申请号是99100322.5、发明名称为“粘合片材”的发明专利申请（下称本申请），申请人是琳得科株式会社，优先权日是1998年1月21日。

在实质审查程序中，国家知识产权局专利局实质审查部门在第一次审查意见通知书中指出，本申请的权利要求1~3不具备专利法第二十二条第三款规定的创造性。申请人在答复审查意见通知书的意见陈述书中没有对权利要求书和说明书做任何修改，只陈述了权利要求1~3相对于现有技术具备创造性的理由。

经审查，国家知识产权局专利局实质审查部门于2003年7月4日以本申请的权利要求1~3不具备创造性，不符合专利法第二十二条第三款的规定为由，作出了驳回决定。驳回决定所依据的现有技术是：

对比文件1：EP0570728A1，公开日为1993年11月24日。

驳回决定所针对的权利要求书为：

“1. 一种用于半导体晶片加工的粘合片材，所述粘合片材由剥离衬、粘合剂层和基膜组成，它们按上述顺序叠层，该粘合片材具有大的长度，并被折叠成之字形，且每一段的长度相同，使各段都精确地相互叠加在一起。

2. 如权利要求1所述的粘合片材，其中，所述基膜和叠层在基膜下的粘合剂层成形为所需要的形状。

3. 如权利要求1或2所述的粘合片材，其中，所述粘合剂是可照射固化的粘合剂组合物。”

申请人琳得科株式会社（下称复审请求人）不服上述驳回决定，于2003年10月20日向专利复审委员会提出复审请求。复审请求人在复审请求时没有对权利要求书和说明书做任何修改，仅指出权利要求1~3所要求保护的技术方案相对于对比文件1具备创造性，符合专利法第二十二条第三款的规定。

专利复审委员会对复审请求人的复审请求经形式审查，予以受理，并将该复审请求书连同原申请案卷一并送交作出驳回决定的原审查部门进行前置审查。在前置审查意见书中，实质审查部门认为权利要求1~3相对于对比文件1不具备创造性，不符合专利法第二十二条第三款的规定，因而坚持原驳回决定。

针对本复审请求，专利复审委员会依法成立合议组对本复审请求进行了审查，合议组认为本案事实已经清楚，可以作出复审决定。

二、决定的理由

本复审决定所依据的文本是1999年1月20日提交的权利要求1~3项、说明书第1~8页、说明书附图第1页及说明书摘要、摘要附图。

专利法第二十二条第三款规定：创造性，是指同申请日以前已有的技术相比，该发明有突出的实质性特点和显著的进步。

本申请权利要求1要求保护一种用于半导体晶片加工的粘合片材，所述粘合片材由剥离衬、粘合剂层和基膜三层结构组成，它们按上述顺序叠层，该粘合片材具有大的长度，并被折叠成之字形，且每一段的长度相同，使各段都精确地相互叠加在一起。

对比文件1公开了一种折叠的粘合标签，包括底页1、在底页的背面涂有带容易分离覆盖层的自粘合材料7，并被折叠成之字形（参见对比文件1的摘要，说明书第3栏第43至48行，第4栏第14~27行，图1）。

将本申请权利要求1的技术方案和对比文件1公开的内容相比，其区别在于：权利要求1要求保护一种用于半导体晶片加工的粘合片材，由剥离衬、粘合剂层和基膜三层组成；对比文件1公开了一种折叠的粘合标签，包括底页1和自粘合材料7。具体而言，权利要求1中粘合片材通过在剥离衬上涂覆粘合剂层并层压上基膜而形成的。也就是说，粘合剂层和基膜构成的粘合膜可由剥离衬上剥离下来，在折叠状态下相邻页并不粘合在一起；对比文件1中自粘合材料7涂在折叠标签的底页1的一面上，其方式是被牢固的固定在该底页上，不能由该底页上剥离下来，在折叠状态下自粘合材料7将相邻两页粘合在一起，而仅是由于该自粘合材料中的容易分离覆盖层的性质，在折叠位置粘合标签折叠的两页可以分离。由此可见，对比文件1并未公开权利要求1请求保护的技术方案的全部技术特征，同时也并未给出关于该技术方案的任何技术启示，本领域技术人员根据对比文件1不能得到权利要求1的技术方案，因此权利要求1相对于对比文件1具有突出的实质性特点和显著的进步，符合专利法第二十二条第三款的规定，具备创造性。

权利要求2、3作为权利要求1的从属权利要求，对该技术方案进行进一步限定，因此同样具备创造性。

基于上述理由，权利要求1~3相对于对比文件1具有突出的实质性特点和显著的进步，符合专利法第二十二条第三款的规定，具备创造性，复审请求人的复审请求的理由成立。

三、决定

撤销国家知识产权局专利局实质审查部门于2003年7月4日对99100322.5号发明专利申请作出的驳回决定。由国家知识产权局专利局原实质审查部门依据复审请求人于1999年1月20日提交的权利要求1~3项、说明书第1~8页、说明书附图第1页及说明书摘要、摘要附图继续审查程序。

017

薄型电池的制备方法及薄型电池案

复审请求审查决定（第5867号）

决　定　号　第5867号
决　定　日　2005年3月11日
发明创造名称　薄型电池的制备方法及薄型电池
国际分类号　H01M 10/40
复审请求人　三菱电机株式会社　日本电池株式会社
申　请　号　98813824.7
申　请　日　1998年12月28日
公　开　日　2001年2月21日
合议组组长　石　清
主　审　员　樊晓东
参　审　员　熊　婷

法律依据　专利法第三十八条
决定要点

实质审查部门在作出驳回决定之前没有给予申请人对于驳回所依据的事实和理由陈述意见的机会，因此不符合听证原则，违反了法定程序。

一、案由

本复审请求涉及的是国际申请日为1998年12月28日，2000年8月28日进入中国国家阶段的、名称为“薄型电池的制备方法及薄型电池”，申请号为98813824.7的发明专利申请。申请人是三菱电机株式会社和日本电池株式会社。

申请人在进入中国国家阶段时提交的国际申请文件的权利要求书中文译文（下称文本1）的内容如下：

“1. 一种制备薄型电池的方法，其中，电池体由通过隔板对正负极叠层得到的叠层体或将其叠层缠绕得到的卷绕体和分别与正负极接合的多根导线构成，该电池体收存在柔韧外壳中并封口，该方法包括以下工序：把电池体装入外壳中，并向其中注入电解液；以及在低于大气压但不低于电解液蒸汽压的压力下对外壳进行低压封口。

2. 根据权利要求1所述的方法，其中上述注入电解液的工序在低压条件下进行。

3. 根据权利要求1所述的方法，其中在注入电解液和低压封口这两道工序之间还具有预充电的工序。

4. 根据权利要求1所述的方法，其中上述低压封口通过热融化结合进行。

5. 根据权利要求1所述的方法，其中上述低封口在不高于室温的温度下进行。

6. 根据权利要求1所述的方法，其中采用其隔板接合到上述正负极的至少一个的一个表面上的电池体。

7. 一种薄型电池，包括：电池体，其由通过隔板对正负极叠层得到的叠层体或将其叠层缠绕得到的卷绕体和分别与正负极接合的多根导线构成、电解液以及收存电池体的柔韧外壳，其中，上述外壳在低压条件下封口，以维持外壳中的压力低于大气压。”

应申请人于2000年8月28日提出的实质审查请求，国家知识产权局专利局实质审查部门对本申请进行了实质审查，并于2002年12月13日针对原始提交的国际申请文件的中文译文发出了第一次审查意见通知书，并且在第一次审查意见通知书中引用了四篇对比文件：

对比文件1：JP平2-72566A，其公开日为1990年3月12日；

对比文件2：JP昭63-48778A，其公开日为1988年3月1日；

对比文件3：JP平5-54910A，其公开日为1993年3月5日；

对比文件4：JP平6-187975A，其公开日为1994年7月8日。

第一次审查意见通知书指出文本1中的独立权利要求1相对于对比文件1不具备新颖性和创造性；从属权利要求2相对于对比文件1、2不具备创造性；从属权利要求3相对于对比文件1、3不具备创造性；从属权利要求4相对于对比文件1、4不具备创造性；从属权利要求5、6相对于对比文件1不具备创造性，独立权利要求7相对于对比文件1不具备新颖性、创造性。

申请人于2003年4月28日针对第一次审查意见通知书进行了意见陈述，并对权利要求书和说明书进行了修改，其中在权利要求1中把封口的压力进一步限定为不低于电解液蒸汽压的1.5倍，在独立权利要求7中增加了“上述隔板与上述正极和上述负极的至少一个表面接合”的特征。因此申请人认为修改后的权利要求书相对于对比文件1~4具备新颖性、创造性；认为修改后的权利要求书已经克服了审查意见通知书指出的全部缺陷，且修改后的内容没有超出原始申请文件记载的范围。修改后的权利要求书（下称文本2）的内容如下：

“1. 一种制备薄型电池的方法，其中，电池体由通过隔板对正负极叠层得到的叠层体或将其叠层缠绕得到的卷绕体和分别与正负极接合的多根导线构成，该电池体收存在柔韧外壳中并封口，该方法包括以下工序：把电池体装入外壳中，并向其中注入电解液；以及在低于大气压但不低于电解液蒸汽压的1.5倍的压力下对外壳进行低压封口。

2. 根据权利要求1所述的方法，其中上述注入电解液的工序在低压条件下进行。

3. 根据权利要求1所述的方法，其中在注入电解液和低压封口这两道工序之间还具有预充电的工序。

4. 根据权利要求1所述的方法，其中上述低压封口通过热融化结合进行。

5. 根据权利要求1所述的方法，其中上述低封口在不高于室温的温度下进行。

6. 根据权利要求1所述的方法，其中采用其隔板接合到上述正负极的至少一个的一个表面上的电池体。

7. 一种薄型电池，包括：电池体，其由通过隔板对正负极叠层得到的叠层体或将其叠层缠绕得到的卷绕体和分别与正负极接合的多根导线构成、电解液以及收存电池体的柔韧外壳，上述隔板与上述正极和上述负极的至少一个表面接合，其中，上述外壳在低压条件下封口，以维持外壳中的压力低于大气压。”

实质审查部门于2003年7月11日作出了驳回决定。驳回的理由是权利要求1、7相对于对比文件1不具备创造性，权利要求2相对于对比文件1、2不具备创造性，权利要求3相对于对比文件1、3不具备创造性，权利要求4相对于对比文件1、4不具备创造性，权利要求5、6相对于对比文件1不具备创造性。驳回决定所针对的权利要求书为申请人于2003年4月28日提交的文本2。

针对国家知识产权局专利局实质审查部门作出的驳回决定，申请人（下称复审请求人）于2003年10月24日向专利复审委员会提出复审请求，并提交了新的权利要求书和说明书替换页，复审请求人认为新的权利要求已经克服了驳回决定中指出的全部缺陷。

新的权利要求书如下：

“1. 一种制备薄型电池的方法，其中，电池体由通过隔板对正、负极叠层得到的叠层体或将其叠层缠绕得到的卷绕体和分别与正、负极接合的多根导线构成，上述负极包含作为能结合和释放锂离子的负极活性材料的碳素材料，上述电池体收存在柔韧外壳中并封口，该方法包括以下工序：把电池体装入外壳中，并向其中注入电解液；对电池体预充电；以及在低于大气压但不低于电解液蒸汽压的1.5倍的压力下对外壳进行低压封口。

2. 根据权利要求1所述的方法，其中上述注入电解液的工序在低压条件下进行。

3. 根据权利要求1所述的方法，其中上述低压封口通过热融化结合进行。

4. 根据权利要求1所述的方法，其中上述低封口在不高于室温的温度下进行。

5. 根据权利要求1所述的方法，其中采用其隔板接合到上述正负极的至少一个的一个表面上的电池体。

6. 一种薄型电池，包括：电池体，其由通过隔板对正、负极叠层得到的叠层体或将其叠层缠绕得到的卷绕体和分别与正、负极接合的多根导线构成，上述负极包含作为能结合和释放锂离子的负极活性材料的碳素材料；电解液；以及收存电池体的柔韧外壳，上述隔板与上述正极和上述负极的至少一个表面接合，其中，在对上述电池体预充电后，上述外壳在低压条件下封口，以维持外壳中的压力低于大气压。”

专利复审委员会经过形式审查合格，于2003年11月19日发出了复审请求受理通知书和前置审查通知书。

在前置审查阶段，原实质审查部门认为复审请求人随复审请求所提交的权利要求1、6相对于对比文件1和3不具备创造性；权利要求2的附加技术特征被对比文件2公开；权利要求3的附加技术特征被对比文件4公开；权利要求4、5的附加技术特征都是所属领域的普通技术人员很容易想到的，因此权利要求2~5不具备创造性。

至此，合议组认为本案事实已经清楚，可以作出审查决定。

二、决定理由

1. 根据专利法第三十八条的规定，“发明专利申请经申请人陈述意见或者进行修改后，国务院专利行政部门仍然认为不符合本法规定的，应当予以驳回。”审查指南第二部分第八章第6.1.1节对于驳回申请明确规定：“审查员在作出驳回决定之前，应当将其经实质审查认定申请属于专利法实施细则第五十三条规定的应予驳回情形的事实、理由、证据和法律依据通知申请人，并给申请人至少一次陈述意见和/或进行修改申请文件的机会。”同时在审查指南第二部分第八章第6.1.4.2节对于驳回理由也规定应“以令人信服的事实和理由作为驳回的依据，而且对于这些事实和理由，已经给了申请人一次发表意见和/或修改申请的机会”。

在本案中，申请人于2003年4月28日提交的文本2的权利要求1相对于文本1的权利要求1增加了“在低于大气压但不低于电解液蒸汽压的1.5倍的压力下对外壳进行低压封口”；权利要求7相对于文本1的权利要求7增加了“上述隔板与上述正极和上述负极的至少一个表面接合”等实质性特征。本案原实质审查部门在作出驳回决定之前，并未对这些技术特征进行任何评述，同时也没有给予申请人陈述意见的机会，因此上述驳回决定不符合专利法第三十八条的规定，不符合听证原则，违反了法定程序。

2. 合议组注意到复审请求人于2003年10月24日提出复审请求时提交了新的权利要求书和说明书第5页替换页，这表明其已经放弃了原权利要求书。因此，本次复审决定所依据的文本是复审请求人于2003年10月24日提交的权利要求书第1~6项、说明书第5页；2003年4月28日提交的说明书第1~3页；进入中国国家阶段时提交的说明书第4、6、7页、说明书附图第1~3页、说明书摘要、摘要附图。由于本决定仅涉及程序问题，因此合议组不再对其他问题进行审查。

三、决定

撤销国家知识产权局专利局实质审查部门于2003年7月11日对申请号为98813824.7的发明专利申请所作的驳回决定，由原实质审查部门在申请人于2003年10月24日提交的权利要求书第1~6项、说明书第5页；2003年4月28日提交的说明书第1~3页；进入中国国家阶段时提交的说明书第4、6、7页、说明书附图第1~3页、说明书摘要、摘要附图的基础上继续进行审批程序。

018

环形多极节能火花塞及其制造方法案

复审请求审查决定（第5868号）

决 定 号 第5868号
决 定 日 2005年3月14日
发明创造名称 环形多极节能火花塞及其制造方法
国际分类号 H01T 13/20、13/46
复审请求人 杨洪启
申 请 号 99102468.0
申 请 日 1999年3月2日
公 开 日 2000年9月6日
合议组组长 黄毅斐
主 审 员 崔哲勇
参 审 员 熊 婷

法律依据 专利法第二十二条第三款
决定要点

对比文件1并未公开权利要求1技术方案中所限定的有关重要部件的尺寸特征，并且具有该尺寸特征是该技术方案产生有益技术效果的前提条件，因此本申请权利要求1的技术方案相对于对比文件1具有突出的实质性特点和显著的进步，具备创造性。

一、案由

本复审请求涉及国家知识产权局于2003年3月14日驳回、申请号为99102468.0、名称为“环形多极节能火花塞及其制造方法”的发明专利申请，申请人为杨洪启。

其原始申请文件的权利要求书内容如下：

“1. 一种环形多极火花塞，其包括一壳体，一陶磁绝缘体，一位于陶磁绝缘体中的中心电极，一侧电极，一与中心电极相连的接线螺杆和一接线螺帽，其特征在于，所述侧电极包括若干金属圆环，位于火花塞点火端部的绝缘体上，中心电极上连接一六角形金属片，当高压放电时，在圆环和金属片之间，以及圆环和圆环之间产生多点电火花。

2. 如权利要求1所述的环形多极火花塞，其特征在于，所述金属圆环为两个。

3. 如权利要求1所述的环形多极火花塞，其特征在于，所述金属圆环为一个。

4. 如权利要求1所述的环形多极火花塞，其特征在于，所述金属圆环的直径约为1mm。

5. 如权利要求1所述的环形多极火花塞，其特征在于，所述六角形金属片厚度为1mm，对角尺寸为6mm。

6. 如权利要求1所述的环形多极火花塞，其特征在于，从所述六角形金属片到壳体端面之间的点火总间隙为3~5mm。

7. 环形多极火花塞的制造方法，其特征在于，中心电极与六角形的连接方式是用氩气作保护，连接点自熔，自熔时间为Φ2.5.Φ3.5/2.5s，使六角形片端面与碰头端面间的间隙不大于0.2mm；侧电极圆环切口部分的连接是用氩气作保护，连接点自熔，自熔时间为1.15～1.8mm/1.5s，圆环内径与碰头环槽配合间隙不大于0.02mm。”

在实质审查过程中，国家知识产权局专利局实审部门以本申请原始提交的文本为基础进行审查，并引用了以下对比文件：

对比文件1：CN2137826Y，其公开日为1993年7月7日。

实质审查部门于2001年10月26日发出第一次审查意见通知书，指出权利要求1～3相对于对比文件1不具备创造性，权利要求4～7相对于对比文件1和本领域公知常识不具备创造性，不符合专利法第二十二条第三款的规定。

针对第一次审查意见通知书，申请人于2002年3月22日提交了意见陈述书。

国家知识产权局专利局实质审查部门认为，本申请经陈述意见后，权利要求1～3相对于对比文件1仍然不具备创造性，不符合专利法第二十二条第三款的规定，因此于2003年3月14日作出了驳回本申请的决定。

申请人（下称复审请求人）对上述驳回决定不服，于2003年6月10日向专利复审委员会提出了复审请求，其复审理由主要是：（1）本发明权利要求中的中心电极片为六角形，其特征六角形金属片厚度为1mm，对角尺寸为6mm，其形状与对比文件1中形状明显不同，并且对形状及尺寸给以量化限定；（2）本发明导体接力环的形状和截面为金属带切口的圆环，且该带切口圆环直径为1mm，圆环内径与碰头环槽配合间隙不大于0.02mm，对比文件1并未给出这些具体量化限定；（3）本发明权利要求中环形多极火花塞的制造方法在对比文件1中没有公开。

经形式审查合格，专利复审委员会予以受理，并于2003年7月1日发出复审请求受理通知书和前置审查通知书。

国家知识产权局专利局实质审查部门对该复审请求进行了前置审查，仍然坚持原驳回决定。

专利复审委员会依法成立合议组对本案进行审理，于2004年12月8日发出复审通知书，指出权利要求1～4相对于对比文件1不具备创造性，不符合专利法第二十二条第三款的规定。

针对上述复审通知书，复审请求人于2005年1月21日提交意见陈述书及权利要求书替换页和说明书第1、2页替换页。在修改的权利要求书中，复审请求人将原权利要求5和6的附加技术特征补入权利要求1中以形成新的独立权利要求1，并将其他权利要求重新排序。复审请求人认为修改后的权利要求书已经克服了驳回决定和复审通知书中所指出的缺陷，符合有关新颖性和创造性的规定。修改后的独立权利要求1和5如下：

“1. 一种环形多极火花塞，其包括一壳体，一陶磁绝缘体，一位于陶磁绝缘体中的中心电极，一侧电极，一与中心电极相连的接线螺杆和一接线螺帽，所述侧电极包括若干金属圆环，位于火花塞点火端部的绝缘体上，中心电极上连接一六角形金属片，当高压放电时，在圆环和金属片之间，以及圆环和圆环之间产生多点电火花，其特征在于，所述六角形金属片厚度为1mm，对角尺寸为6mm；并且，从所述六角形金属片到壳体端面之间的点火总间隙为3～5mm。”

“5. 环形多极火花塞的制造方法，其特征在于，中心电极与六角形的连接方式是用氩气作保护，连接点自熔，自熔时间为Φ2.5.Φ3.5/2.5s，使六角形片端面与碰头端面间的间隙不大于0.2mm；侧电极圆环切口部分的连接是用氩气作保护，连接点自熔，自熔时间为Φ1.15～1.8mm/1.5s，圆环内径与碰头环槽配合间隙不大于0.02mm。”

在以上审查工作的基础上，合议组认为本案事实已经清楚，可以作出本复审请求审查决定。

二、决定的理由

1. 文本认定

本复审决定是以复审请求人原始提交的说明书附图第1~4页、于2005年1月21日提交的权利要求第1~5项和说明书第1~2页为基础作出的。

2. 关于创造性

权利要求1涉及一种环形多极火花塞，包括以下特征：

a. 一壳体，一陶磁绝缘体，一位于陶磁绝缘体中的中心电极，一侧电极，一与中心电极相连的接线螺杆和一接线螺帽，

b. 所述侧电极包括若干金属圆环，位于火花塞点火端部的绝缘体上，

c. 中心电极上连接一六角形金属片，

d. 当高压放电时，在圆环和金属片之间，以及圆环和圆环之间产生多点电火花，

e. 所述六角形金属片厚度为1mm，对角尺寸为6mm，并且，从所述六角形金属片到壳体端面之间的点火总间隙为3~5mm。

对比文件1（CN2137826Y）公开了一种新型接力式火花塞（见说明书第5页第1、2段），包括接线螺帽1、磁绝缘体2、铜垫圈3、铁壳体4、接线杆5、中心导电杆6、导电玻璃7、放电极片8、导体接力环9，通过中心导电杆6连接放电极片8，在放电极片8与铁壳体4之间的磁绝缘体2上安有一至三道导体接力环9，最上的一道导体接力环9与铁壳体4构成放电回路，在高压作用下产生火花，放电极片8的形状可以是圆片形、星角形、锯齿形、梅花形等多种形状。

将权利要求1与对比文件1比较可知，对比文件1中的铁壳体4、磁绝缘体2分别对应于权利要求1中的壳体和陶磁绝缘体，对比文件1中的放电极片8和导体接力环9分别对应于权利要求1中的中心电极上的金属片和金属圆环，且各部件的安装位置均相互对应。因此，对比文件1已经公开了权利要求1中的特征a、b和d，权利要求1与对比文件1的区别在于还包括特征c和e。

对比文件1的图4b中已经公开五角形放电极片，由于将放电极片制成这些异形的目的均相同，放电极片采用六角形与五角形并无本质的差别，因此对比文件1已经给出了采用权利要求1中特征c的技术手段的技术启示。

但是，对比文件1中并未公开权利要求1中的特征e，也未给出关于特征e中所限定的量化值的任何技术启示。由于在本申请的环形多极火花塞中，金属片的厚度、对角尺寸以及该金属片到壳体端面的距离是实现多点点火的重要技术参数，通过对它们进行合理限定可以实现提高点火可靠性和发动机工作效率、节省燃油等有益的技术效果。因此，权利要求1的技术方案相对于对比文件1具有突出的实质性特点和显著的进步，具备创造性。

在独立权利要求1具备创造性的前提下，引用它的权利要求2~4同样具有突出的实质性特点和显著的进步，符合专利法第二十二条第三款有关创造性的规定。

独立权利要求5涉及一种环形多极火花塞的制造方法，包括以下步骤：（a）中心电极与六角形的连接方式是用氩气作保护，连接点自熔，自熔时间为Φ2.5.Φ3.5/2.5s，使六角形片端面与碰头端面间的间隙不大于0.2mm；（b）侧电极圆环切口部分的连接是用氩气作保护，连接点自熔，自熔时间为Φ1.15~1.8mm/1.5s，圆环内径与碰头环槽配合间隙不大于0.02mm。

对比文件1并未公开任何涉及环形多极火花塞制造方法的技术内容，也未给出任何技术启示，本领域技术人员根据对比文件1不可能在不付出创造性劳动的情况下实现权利要求5的技术方案，权利要求5相对于对比文件1具有突出的实质性特点和显著的进步，符合专利法第二十二条第三款规定的创造性。

综上所述，国家知识产权局专利局原实质审查部门针对本申请所作出的驳回决定中所依据的理由和证据不充分。

三、决定

撤销国家知识产权局专利局实质审查部门于2003年3月14日作出的驳回决定，由原实质审查部门以复审请求人原始提交的说明书附图第1~4页、于2005年1月21日提交的权利要求1~5项和说明书第1~2页为基础继续进行审批程序。

019

中西文字编码智能输入方法及键盘案

复审请求审查决定（第5869号）

决　定　号　第5869号
决　定　日　2005年2月6日
发明创造名称　中西文字编码智能输入方法及键盘
国 际 分 类 号　G06F 3/023
复 审 请 求 人　扶良文
申　请　号　97104351.5
申　请　日　1997年5月27日
公　开　日　1999年3月10日
合 议 组 组 长　蒋　彤
主　审　员　李　卉
参　审　员　熊　婷

法 律 依 据　专利法第二十六条第三款
决 定 要 点

虽然说明书和权利要求的撰写存在不规范的缺陷，但只要本领域技术人员根据说明书上下文的记载能理解和实现本申请的汉字输入法的技术方案，则不能就此认定本申请文本公开不充分。

一、案由

本专利复审请求决定涉及国家知识产权局于1997年5月27日受理、申请号为97104351.5、名称为“中西文字编码智能输入方法及键盘”的发明专利申请，申请人是扶良文。

在实质审查过程中，国家知识产权局专利局实质审查部门在2002年8月2日发出第一次审查意见通知书，指出当前申请文本仅仅描述了汉字输入法的实际操作方法以及计算机键盘相应键位的相关定义，并没有描述为实现这些方法而在计算机中进行的内部处理，即本领域的普通技术人员不能在当前申请文本所公开的内容的基础上实施本申请的发明。因为说明书中叙述了“智能系统”、“全拼双拼兼容互变功能”、“不管操作者怎样考虑，只要他/她一继续击键输入，我们的智能系统立刻就会明白操作者的意图……”等特征，这些智能系统所能够完成或实施的特征并不是本领域普通技术人员可以在不花费创造性劳动即可获得或实现的，其必须使用本申请的键位信息布局数据的自动生成软件，而当前申请文本没有公开这种自动生成软件，因此不符合专利法第二十六条第三款。

针对第一次审查意见通知书，申请人于2004年4月18日提交了意见陈述书，解释了本申请已经充分公开的主观原因和客观原因。其认为中等以上相关专业知识的工程师无须额外帮助可以独立实现本申请的发明，并且提交了《学生计算机世界》的报纸复印件予以证明，其还在意见陈述书中提到提交了“良文输入法”软盘一张，而合议组未在案卷中找到。

国家知识产权局专利局实质审查部门于2003年6月20日驳回了本申请，其理由是本申请不符合专利法第二十六条第三款的规定，其中审查员认为如何对所输入的信息进行智能处理从而达到本申请的发明目的是至关重要的，但从据本申请公开的内容来看所属领域的技术人员不可能基于所公开的内容实施本发明的输入法。

申请人（下称复审请求人）对上述的驳回决定不服，于2003年9月22日向专利复审委员会提出复审请求。复审请求人仍然坚持本专利申请说明书是可以实现的。

经形式审查合格，专利复审委员会受理了该复审请求，并于2003年11月12日发出了受理通知书以及前置审查意见通知书。

在前置审查程序中，国家知识产权局专利局原实质审查部门仍坚持原驳回决定。

专利复审委员会本案合议组对本复审请求案进行了审理。合议组认为本案事实已经清楚，可以作出复审决定。

二、决定的理由

本复审决定是针对国家知识产权局作出驳回决定时依据的申请文本，即复审请求人于1997年5月27日提交的权利要求书1～13项、说明书第1、5～16、18～22、26～32页、说明书附图第1页、说明书摘要、摘要附图以及复审请求人1998年10月26日提交的说明书第2、3、4、17、23、24、25页作出的复审决定。

专利法第二十六条第三款规定，“说明书应当对发明或实用新型作出清楚、完整的说明，以所属技术领域的技术人员能够实现为准；必要的时候，应当有附图。”

合议组仔细阅读了说明书，注意到本申请请求保护的智能输入方法在撰写上确实存在不符合专利法实施细则第十八条第一款第（五）项的规定的缺陷，并且，说明书中的大量描述语句过于主观，也确实不符合专利文献的撰写要求，但是尚不能就此认定该领域技术人员不可能在本申请当前申请文本所公开内容的基础上不花费创造性劳动而实施本申请的输入法。

本申请的“全拼双拼兼容互变的功能”的“智能系统”是通过利用汉语的读音体系特点与键盘键位的布局关系来实现的，在说明书中可以找到实现“全拼双拼兼容互变智能输入法”的具体公开内容。具体来说，（1）对汉字进行编码的编码码元，本申请的双拼汉字智能输入法编码是公知的“双拼”法和“全拼”法的结合，它们是将现代汉语拼音中公知的23个声母和现代汉语中可能构成韵母部分的33个韵母或韵母组合来作为基本的编码码元（详见说明书附图所列出的声母、韵母及韵母的组合）；（2）码元与键盘的相互映射关系，前述（1）中的编码码元分别被映射到计算机的输入键盘上，具体映射关系（也就是字母A～Z的确定对应关系），在说明书附图所示的键位信息图上进行了非常清楚详细的表示，因为其进行了合理的安排，“在键位H上安排的韵母不能与声母Z、S、C拼音，在键位G上安排的韵母不能与声母N拼音。”（说明书第2页第21行）；“……声母g、k、h、zh、ch、sh、r、z、c、s只拼开口呼与合口呼韵母，不拼齐齿呼与撮口呼韵母，声母j、q、x则相反。这种规律严谨、绝无例外的语言基础，为在双拼中采用条件变读来进一步减省字母总数从语音学上提供了物质基础。”（说明书第6页第27行），所以当用户输入的键位通过双拼编码得出的音节不是现代汉语普通话的发音时，就已经可以断定需采用全拼编码来识别了，而“智能”和“兼容”正是通过这一点来实现的；（3）利用所述键盘的汉字输入原则和顺序，参见说明书第6页第31行“一个字母在奇数位则表示声母信息、在偶数位则表示韵母信息；在一类声母后则代表开口呼或合口呼韵母信息，在另一类声母后面则代表齐齿呼或撮口呼韵母信息，这样，同一字母符号，在不同的信息环境里可以表示不同的汉字信息……”可见是将一个汉字拆分成声母和韵母两个键位进行输入的，若声母和韵母的两个键位不可相拼，则转入全拼编码的内容。综上所述，本申请文本是公开充分的，本领域的普通技术人员可以根据现有技术结合说明书的内容将键位的排布以及由输入顺序的不同而得到的互变功能在程序中得以体现，以实现本申请的发明。

另外，申请文本的说明书中还列举了一个字的输入顺序对该种智能方法进行说明，参见说明书第2页第23行所述的“设欲输入‘双’字……只要输入它的汉语拼音 sh，系统立刻就会理解操作者是在用汉语拼音输入声母信息……”因为，在输入 s 后再输入 h，h 键上的韵母 uang 和 iang 与 s 相拼不是现代汉语普通话的音节，所以只可能是与 h 结合变为声母 sh，随后系统“将操作者所输入的全拼信息 sh 变为双拼声母 i，以便告诉操作者若下次要输入声母 sh 时，可双拼声母键 i……而现在已经输入的 sh 则仍是有效的……若操作者把韵母 uang 的双拼键位 h 也忘记了……只需键入汉语拼音韵母 uang，智能系统就会将键入的全拼韵母 uang 变为双拼韵母代码 h，连同刚才键入的声母 sh 的双拼代码 i 一起，在提示行上显示汉语拼音音节 shuang 的双拼形式 ih 和与之对应的汉字同音字来……”，因为，键位 u、a 都是韵母，系统可以判断它们是全拼的韵母组合，随后输入 n 后再输入 g，因为键位 G 上安排的韵母不能与声母 N 相拼，因而系统仍然可以判断出连续的 u、a、n、g 是全拼的韵母组合。可见，系统就是这样利用汉语的读音体系与键盘键位的布局来实现“全拼双拼兼容互变”和“智能”的。

综上所述，尽管该方案在撰写上存在缺陷，但是，本领域技术人员仍然可以从说明书的上述描述中实现本申请所述的汉字输入法的技术方案，也就是说，不能认为该申请不符合专利法第二十六条第三款的规定。至于说明书和权利要求书是否还存在其他形式缺陷，均留待后续程序继续审查。

三、决定

撤销国家知识产权局专利局实质审查部门于2003年6月20日对97104351.5号专利申请所作出的驳回决定，由原实质审查部门根据复审请求人于1997年5月27日提交的权利要求书1~13项、说明书第1、5~16、18~22、26~32页、说明书附图第1页、说明书摘要、摘要附图以及1998年10月26日提交的说明书第2、3、4、17、23、24、25页为审查文本继续审查程序。

020

金属卤化物灯案

复审请求审查决定（第5898号）

决　定　号　第5898号
决　定　日　2005年3月1日
发明创造名称　金属卤化物灯
国际分类号　H01J 61/24、61/30
复审请求人　皇家菲利浦电子有限公司
申　请　号　97190112.0
申　请　日　1997年2月13日
公　开　日　1998年4月29日
合议组组长　石　竞
主　审　员　马红梅
参　审　员　焦景梅

法律依据　专利法第二十二条第三款
决定要点

评价一项权利要求的创造性时，首先应当确定最接近的现有技术，然后将该权利要求的技术方案与该最接近的现有技术比较，找出区别特征，进而考察这些区别特征的引入对本领域普通技术人员来说是否是显而易见的，如果结论是肯定的，则该权利要求中的技术方案不具备创造性。

一、案由

本复审请求涉及于1997年10月27日进入中国国家阶段的、名称为“金属卤化物灯”的PCT发明专利申请（下称该申请），其申请号为97190112.0，申请日为1997年2月13日，优先权日为1996年2月28日，申请人为菲利浦电子有限公司。

申请人于1998年9月1日申请申请人名称著录项目变更，将原申请人名称“菲利浦电子有限公司”变更为“皇家菲利浦电子有限公司”。

国家知识产权局于1998年10月6日签发了著录项目变更通知单，将原申请人名称“菲利浦电子有限公司”变更为“皇家菲利浦电子有限公司”。

在实质审查过程中，国家知识产权局专利局实质审查部门针对原始提交的国际申请的中文译文进行了审查，并于2000年11月10日发出了第一次审查意见通知书，其中引用了一篇对比文件，即对比文件1：GB2137410A公开日为1984年10月3日，并指出权利要求1相对于对比文件1不具备新颖性，从属权利要求2、3相对于对比文件1不具备创造性。

申请人于2001年3月26日针对第一次审查意见通知书进行了答复，其提交了权利要求书全文替换页。此外，在新修改的权利要求书的基础上陈述意见如下：由本申请说明书的内容可知，本发明涉及一个没有任何启动灯丝线圈的低瓦数的灯，而对比文件1中的灯具有一个灯丝线圈，当发生Xe气从放电管中泄漏时，该线圈会因为在外壳中的放电而熔化，由于线圈的熔化，此时该灯是不能够被点燃的。同时，一个并联的电流路径将电路关断，通过这种方式阻止了镇流器的过热和损坏。因此，修改后的权利要求已经具备专利法所规定的专利性。

该新修改的权利要求书如下：

“1. 一带有容积 V_{bu} 的外泡壳的金属卤化灯，其中，放电容器具有容积 V_{ob} 并且设置有一陶瓷壁，该容器含有汞/至少一种卤化物和填充气压为 P_{ob} 的稀有气体，其特征在于，稀有气体的填充气压满足关系式 $V_{ob} \times P_{ob}/V_{bu} \leqslant 6mbar$，其中 P_{ob} 的单位是 mbar，V_{ob} 和 V_{bu} 的单位是 mm^3，并且该灯具有至多为 150W 的功率标称值。

2. 如权利要求 1 所述的灯，其特征在于，稀有气体的填充气压 P_{ob} 限制到一定值，其相应于外泡壳中的气压至多为 4mbar。”

国家知识产权局专利局实质审查部门于 2002 年 8 月 30 日针对申请人于 2001 年 3 月 26 日提交的权利要求书及进入中国国家阶段时提交的说明书、说明书附图、说明书摘要、摘要附图驳回了该申请。驳回决定依据的是专利法第二十二条第三款的规定，其具体理由是：（1）权利要求 1 与对比文件 1 的区别仅在于申请人修改时增加的原从属权利要求 3 的附加技术特征——“该灯具有至多为 150W 的功率标称值”，而本领域普通技术人员在对比文件 1 的基础上，无需付出创造性的劳动就能很容易地将该灯做成至多 150W 的标称功率。因此，权利要求 1 不具备创造性；（2）从属权利要求 2 的附加技术特征虽然没有在对比文件 1 中明确公开，但是本领域普通技术人员在对比文件 1 公开的技术内容的基础上，很容易将氙的气压限制到一定值以使外壳中的气压至多为 4mbar。因此，权利要求 2 不具备创造性；（3）申请人的意见陈述中有很多含义不清楚、前后矛盾的地方，而且也没有给出新修改的权利要求 1 具备创造性的具有说服力的理由。

申请人（下称复审请求人）不服国家知识产权局作出的上述驳回决定，于 2002 年 12 月 16 日向专利复审委员会提出了复审请求，同时修改了权利要求书。其复审理由是，在修改的权利要求书中，技术特征已经被限定在稀有的填充气体。这一点是根据在本申请的具体实施方式中涉及的技术方案进行的，与对比文件中将 Xe 作为点燃气体并且形成至少 90% 的稀有气体填充物不同。另外在对比文件（第 1 页第 10 ~ 11 行）中也解释了 Xe 所产生的电特性是与 Ar 作为点燃气体非常不同的，所以修改之后的权利要求书应该是有新颖性和创造性的。该修改的权利要求书共有 3 项权利要求，具体内容如下：

“1. 一带有容积 V_{bu} 的外泡壳的金属卤化灯，其中，放电容器具有容积 V_{ob} 并且设置有一陶瓷壁，该容器含有汞、至少一种卤化物和填充气压为 P_{ob} 的作为稀有气体的 Ar，其特征在于，Ar 的填充气压满足关系式 $V_{ob} \times P_{ob}/V_{bu} < 6mbar$，其中 P_{ob} 的单位是 mbar，V_{ob} 和 V_{bu} 的单位是 mm^3。

2. 如权利要求 1 所述的灯，其特征在于，Ar 的填充气压 Pob 限制到一定值，其相应于外泡壳中的气压至多为 4mbar。

3. 如权利要求 1 或 2 所述的灯，其特征在于，该灯具有至多为 150W 的功率标称值。”

专利复审委员会受理了上述复审请求，并发出复审请求受理通知书及前置审查通知书。

在前置审查过程中，国家知识产权局专利局原实质审查部门坚持原驳回决定。

专利复审委员会依法成立合议组对本案进行复审，针对复审请求人提出复审请求时修改的文本于 2004 年 7 月 20 日向复审请求人发出了复审通知书，指出权利要求 1 ~ 3 相对于对比文件 1 不具备创造性。理由是：（1）权利要求 1 与对比文件 1 的区别仅在于，权利要求 1 将放电容器中填充的稀有气体具体限定为 Ar，而对比文件 1 中采用的稀有气体为 Xe，但是对于本领域普通技术人员来说，Ar 和 Xe 均为制造金属卤化物灯时经常采用的稀有气体，因此，本领域技术人员在对比文件 1 的启示下根据实际需要选择用 Ar 来代替 Xe 从而得到本申请权利要求 1 的技术方案是显而易见的；（2）从属权利要求 2 的附加技术特征对 Ar 的填充气压进行了具体限定，但是，对于本领域普通技术人员来讲，其根据实际需要从对比文件 1 中所公开的填充气压的可取范围内选择任意值是显而易见的；（3）从属权利要求 3 对灯的功率标称值所进行的具体限定对于本领域普通技术人员来讲也是显而易见的。

2004 年 9 月 3 日，复审请求人仅提交了针对复审通知书的答复意见，而并未对申请文本进行任何修改。复审请求人认为："专利复审委员会合议组关于在灯的制造过程中混入杂质的论证是没有任何价值的，因为本发明根本就不涉及解决灯制作过程中混入杂质的问题，因此，任何基于这种论证所得出的结论对于决定本发明的创造性都是不正确的。就用于启动灯目的的稀有气体的特性而言，所引用的对比文件无疑是与本发明背道而驰的。根据对比文件 1 第 2 页第 54 行 ~ 第 4 页第 65 行的描述，在致使线圈灯丝流过大电流并使之熔化的泄露的情况下，Xe 将会在外泡壳内导致电弧放电。本发明的主要方面在于，在本发明灯的放电容器发生泄露的情况下将不会发生电弧放电，只是在采用稀有气体 Ar 的情况下有辉光放电。在对比文件 1 中甚至还讲到，根据对比文件 1 的教导 Ar 会导致比稀有气体 Xe 更低的点燃电压。由此证明，本发明的结果与本领域技术人员在对比文件 1 教导的基础上所预期的结果是相反的，因此权利要求 1 相对于对比文件 1 具有突出的实质性特点和显著的进步。与合议组的意见相反，所引用的对比文件 1 的教导仅仅是涉及在放电管出现泄露时在线圈灯丝的端子处形成电弧点，由此使灯丝熔断和中断电路。因此对比文件 1 不能给本领域技术人员带来技术启示以得到本发明目前的权利要求 1"。

至此，合议组认为，本案的事实已经清楚，可以作出本决定。

二、决定的理由

1. 审查的基础

合议组注意到复审请求人在提出复审请求时所作的修改文本并未超出原说明书和权利要求书记载的范围，因此，本复审决定依据的文本为复审请求人于 2002 年 12 月 16 日提交的权利要求书及进入中国国家阶段时提交的说明书、说明书附图、说明书摘要及摘要附图。

2. 关于专利法第二十二条第三款

专利法第二十二条第三款规定："创造性，是指同申请日以前已有的技术相比，该发明有突出的实质性特点和显著的进步，该实用新型有实质性特点和进步。"

合议组在评判该发明专利申请的权利要求书时所采用的对比文件与实质审查过程中所引用的对比文件相同（即对比文件 1：GB2137410A，公开日是 1984 年 10 月 3 日）。

权利要求 1 为"一带有容积 Vbu 的外泡壳的金属卤化物灯，其中，放电容器具有容积 V_{ob} 并且设置有一陶瓷壁，该容器含有汞、至少一种卤化物和填充气压为 P_{ob} 的作为稀有气体的 Ar，其特征在于，Ar 的填充气压满足关系式 $V_{ob} \times P_{ob} / V_{bu} < 6\text{mbar}$，其中 P_{ob} 的单位是 mbar，V_{ob} 和 V_{bu} 的单位是 mm^3。"对比文件 1 公开了一种金属蒸汽放电灯，该灯包括外泡壳 10 和具有透明陶瓷壁 18 的内放电管 14，该管内密封有汞、发光添加物以及以 Xe 为主要成分的填充启动气体，该气体的填充气压满足以下关系式：$13.3 \leq P\,(B/A) \leq 665$，其中 A 是外泡壳 10 的容积（$cm^3$），B 是所述内放电管 14 的容积（$cm^3$），P 是填充启动气体 Xe 在室温下的气压（Pa）（见对比文件 1 之说明书第 1 页第 49 行 ~ 第 2 页第 3 行内容，结合附图 1）。若将上述关系式中的 A、B、P 的单位分别换算为 mm^3 和 mbar，则该式变为：$0.133\text{mbar} \leq P\,(B/A) \leq 6.65\text{mbar}$。此外，对比文件 1 之说明书第 5 页第 14 ~ 18 行还指出：密封在内放电管 14 内的所述发光添加物可以为金属卤化物，也就是说，对比文件 1 之实施例的技术方案同样适用于金属卤化物灯。由此可见，权利要求 1 与对比文件 1 的区别仅在于，权利要求 1 将放电容器中填充的稀有气体具体限定为 Ar，而对比文件 1 中采用的稀有气体为 Xe。而所属领域普

通技术人员均知晓，虽然 Ar 和 Xe 本身固然存在不同之处，但是在本发明以及对比文件 1 中所利用到的均是为该领域普通技术人员熟知的惰性气体所共有的特性——作为启动助燃气体，而且事实上，Ar 和 Xe 均为本领域普通技术人员在制造金属卤化物灯时经常采用的作为放电管内充填气体的稀有气体。所以，本领域普通技术人员在对比文件 1 所公开的技术方案的基础上根据实际需要选择用 Ar 来代替 Xe 从而得到权利要求 1 的技术方案是不需要付出创造性劳动的。因此，权利要求 1 相对于对比文件 1 不具有突出的实质性特点和显著的进步，不符合专利法第二十二条第三款的规定，不具备创造性。

在此需要说明的是，复审请求人在答复复审通知书时认为本申请权利要求 1 相对于对比文件 1 具有突出的实质性特点和显著的进步，具备创造性，其理由是对比文件 1 与本发明是背道而驰的，对比文件 1 不能给本领域技术人员带来技术启示以得到本发明目前的权利要求 1。对此，合议组认为，根据审查指南的规定，评价一项权利要求的创造性时，首先应当确定最接近的现有技术，然后将该权利要求的技术方案与该最接近的现有技术比较，找出区别特征，进而考察这些区别特征的引入对本领域普通技术人员来说是否是显而易见的，如果结论是肯定的，则该权利要求中的技术方案不具备创造性。

就本案来讲，通过上述针对对比文件 1 的分析可知，本申请的权利要求 1 与最接近的现有技术——对比文件 1 相比，其区别技术特征仅仅是本申请权利要求 1 的稀有气体为 Ar 而对比文件 1 为 Xe。然而，对于具备基本专业知识和常规试验能力的金属卤化物灯所属领域普通技术人员来讲，在制造金属卤化物灯时，其可以根据实际需要来选用任何一种稀有气体作为放电管的充填气体，而且在实际应用中，该领域技术人员经常使用氩、氖、氙、氖－氩或氪－氩等作为放电管的充填气体，由此可见，该区别技术特征的引入对于本领域普通技术人员来说是显而易见的。因此，复审请求人有关本申请权利要求 1 相对于对比文件 1 具备创造性的主张不能成立。

从属权利要求 2 的附加技术特征为："Ar 的填充气压 P_{ob} 限制到一定值，其相应于外泡壳中的气压至多为 4mbar"。由上述针对权利要求 1 的评述可知，对比文件 1 已经公开了一个填充气压的可取范围：0.133～6.65mbar，因此对于本领域普通技术人员来说，根据实际需要来选择该范围内的任意值是显而易见的。所以，当从属权利要求 2 引用的独立权利要求 1 相对于对比文件 1 不具备创造性时，权利要求 2 也不符合专利法第二十二条第三款的规定，不具备创造性。

从属权利要求 3 的附加技术特征为"该灯具有至多为 150W 的功率标称值"。对于本领域普通技术人员来说，将某种特定类型的灯做成 150W 或其他任意功率值仅仅取决于实际设计需要，而并不需要花费任何创造性的劳动。所以，当从属权利要求 3 引用的权利要求 1、2 相对于对比文件 1 不具备创造性时，权利要求 3 也不符合专利法第二十二条第三款的规定，不具备创造性。

3. 结论

综上所述，权利要求 1～3 不符合专利法第二十二条第三款的规定，不具备创造性，复审请求人的复审理由不能成立。

三、决定

驳回复审请求，维持国家知识产权局专利局实质审查部门于 2002 年 8 月 30 日作出的驳回 97190112.0 号发明专利申请的决定。

复审请求人对本决定不服的，可以根据专利法第四十一条第二款的规定，自收到本决定之日起三个月内向北京市第一中级人民法院起诉。

021

在服务器上预先高速缓存数据的方法和设备案

复审请求审查决定（第6122号）

决　定　号　第6122号
决　定　日　2005年4月12日
发明创造名称　在服务器上预先高速缓存数据的方法和设备
国际分类号　G06F 17/30
复审请求人　国际商业机器公司
申　请　号　98106098.6
申　请　日　1998年3月10日
公　开　日　1998年9月30日
合议组组长　蒋　彤
主　审　员　熊　婷
参　审　员　高　雪

法律依据　专利法实施细则第二十一条第一款
决定要点

权利要求应当简明，是为了避免权利要求之间相同内容的不必要重复，这并不表示权利要求之间不能存在任何重复的词语。

一、案由

本复审请求涉及申请日为1998年3月10日、申请号为98106098.6、优先权日为1997年3月26日、发明名称为“在服务器上预先高速缓存数据的方法和设备”的发明专利申请（下称本申请）申请人为国际商业机器公司。

在实质审查过程中，国家知识产权局专利局实质审查部门于2002年4月12日发出第一次审查意见通知书，其中指出：本申请权利要求1、3~6、8、10、12、14、15、18、19、21、23、24、26、31不符合专利法实施细则第二十条第一款，权利要求15不符合专利法实施细则第二十一条第二款；说明书不符合专利法实施细则第十八条第二款、第三款。

针对实质审查部门的第一次审查意见通知书，申请人于2002年8月2日提交了意见陈述书，同时修改了权利要求书和说明书，并论述了权利要求书和说明书应当被允许的理由。

针对上述意见陈述书及经过修改的权利要求书，实质审查部门于2002年9月27日发出第二次审查意见通知书，其中指出：权利要求1、15、24、29之间缺乏单一性而且得不到说明书的支持，权利要求15缺少必要技术特征，权利要求7、8、14、27、29不清楚，权利要求8~10、12、14、18、19、21、23、27不简明；说明书不符合专利法实施细则第十八条第二款。

针对实审部门的第二次审查意见通知书，申请人于2002年11月22日提交了意见陈述书，申请人认为权利要求1、15、24、29之间具有单一性，权利要求8~10、12、14、18、19、21、23、27简明；同时申请人修改了权利要求7、8、14、27、29不清楚之处，并删除了权利要求15和29的非必要技术特征“以压缩方式”，并对说明书进行了适应性修改。因此，申请人认为新修改的权利要求书和说明书已经克服了第二次审查意见通知书所指出的所有缺陷。其中，新修改的权利要求书中的权利要求1、8~10、12、14、15、18、19、21、23内容如下：

“1. 一种在数据处理系统中向多个用户有效地分配预先高速缓存的数据的方法，包括：从某个系统接受数据请求；确定尚未在所述系统中出现的被请求数据；选择一部分要向所述系统传送的所述被确定的被请求数据，所述选择的根据是用户将访问所述被确定的被请求数据的所述被选择部分的可能性，并且所述被确定的被请求数据的所选择的部分受一个长度的限制；将所述被确定的被请求数据的所述被选择部分传送给所述系统，其中，预先高速缓存数据可被有效地分配到多个用户。”

“8. 权利要求1的方法，其特征在于：所述从某个系统接受数据请求的步骤进一步包括，接受一个要求某个Web站点的数据的请求；所述为了向所述系统传送而选择所述被确定的被请求数据的一部分的步骤进一步包括，为了向所述系统传送，选择尚未出现在所述系统的所述Web站点的一部分所述数据。

9. 权利要求8的方法，其特征在于：所述选择所述Web站点的一部分所述数据的步骤进一步包括：选择尚未出现在所述系统中、并且有可能被某个用户访问的所述Web站点的完整页面，数据超过长度限制的完整页面除外。

10. 权利要求8的方法，其特征在于：所述选择所述Web站点的一部分所述数据的步骤进一步包括：选择尚未出现在所述系统中，并且有可能被某个用户访问的所述Web站点的完整页面，页面大小不超过从一组文件数量、字节数量和时间限制中选择的大小约束值。

12. 权利要求1的方法，其特征在于，所述从某个系统接受数据请求的步骤进一步包括，接受一个对某个Web站点的一个页面的请求；所述确定尚未出现在所述系统的被请求数据的步骤进一步包括，确定尚未出现在所述系统的、与所述Web站点上被请求页面链接的页面；所述选择一部分所述被确定的被请求数据用于向所述系统传送的步骤进一步包括，选择有可能被用户访问的、与所述Web站点上被请求页面链接的页面。

14. 权利要求1的方法，其特征在于：所述从某个系统接受数据请求的步骤进一步包括，接受一个对某个Web站点的至少一个页面的请求；所述确定被请求数据的步骤进一步包括，确定尚未出现在所述系统的、与所述至少一个页面链接的页面的部分；所述选择一部分所述被确定的被请求数据的步骤进一步包括，选择尚未出现在所述系统的、有可能被用户访问的与所述至少一个页面链接的页面的部分；以及所述传送所述被选择的所述被确定的被请求数据部分的步骤进一步包括，将所述被选择的页面的部分传送到所述系统。

15. 一种向多个用户有效地分配预先高速缓存数据的设备，包括：从某个系统接受数据请求的接收装置；确定尚未在所述系统中出现的被请求数据的确定装置；选择一部分要向所述系统传送的所述被确定的被请求数据的选择装置，所述选择的根据是用户将访问所述被确定的被请求数据的所述被选择部分的可能性，并且所述被确定的被请求数据的所选择的部分受一个长度的限制；将所述被确定的被请求数据的所述被选择部分传送给所述系统的传送装置，其中，预先高速缓存数据可被所述设备有效地分配到多个用户。”

“18. 权利要求17的设备，其特征在于：所述接收装置进一步包括接受要求某个Web站点的数据的请求的接收装置；所述选择装置进一步包括选择用于向所述系统传送的、尚未在所述系统中出现的所述Web站点的所述数据的一部分的装置。

19. 权利要求18的设备，其特征在于：所述选择装置进一步包括：选择尚未在所述系统中出现、并且有可能被某个用户访问的所述 Web 站点的页面的选择装置。”

“21. 权利要求 18 的设备，其特征在于：所述接收装置进一步包括，接受要求某个 Web 站点的一个页面的请求的装置；所述确定装置进一步包括，确定尚未出现在所述系统的、与所述 Web 站点上所述被请求页面链接的页面的装置；所述选择装置进一步包括，选择有可能被用户访问的、与所述 Web 站点上被请求页面链接的页面的装置。”

“23. 权利要求 18 的设备，其特征在于：所述接受装置进一步包括，接受一个对某个 Web 站点的至少一个页面的请求的装置；所述确定装置进一步包括，确定尚未在所述系统中出现的、与所述至少一个页面链接的页面的部分的装置；所述选择装置进一步包括，选择尚未在所述系统中出现的、有可能被某个用户访问的与所述至少一个页面链接的页面的部分的装置；以及所述传送装置进一步包括传送所述被确定的被请求数据的所述被选择部分的装置，进一步包括将所述被选择的页面的部分传送到所述系统的装置。”

针对上述权利要求书和说明书，实质审查部门认为权利要求 8 对选择步骤的进一步限定“选择尚未出现在所述系统的……”与其引用的权利要求中对确定步骤的限定重复，权利要求 9、10、12、14、18、19、21、23 也存在类似的缺陷，因此，权利要求 8 ~ 10、12、14、18、19、21、23 不符合实施细则第二十条第一款有关简明的规定；权利要求 37 限定部分“大小约束条件”与前述“大小限制条件”不一致，不符合专利法实施细则第二十条第一款有关简明的规定。实质审查部门于 2003 年 1 月 10 日以本申请不符合专利法实施细则第二十条第一款为由作出了驳回本申请的决定。

申请人（下称复审请求人）对上述驳回决定不服，于 2003 年 4 月 17 日向专利复审委员会提出复审请求，并修改了权利要求，将权利要求 27 中的“大小约束条件”修改为“大小限制条件”。请求人认为：权利要求 8 的技术特征是“选择尚未出现在所述系统的所述 Web 站点的一部分所述数据”，权利要求 8 中增加了新的技术特征“Web 站点”，是对权利要求 1 的进一步限定，而不是重复限定；同样，权利要求 9、10、12、14、18、19、21、23 也增加了新的技术特征“Web 站点”，是对权利要求 1 和 15 的进一步限定。

在前置审查程序中，实质审查部门认为复审请求人提交的修改文本，仅克服了权利要求 27 保护范围不清楚的缺陷，未对不简明的权利要求 8 ~ 10、12、14、18、19、21、23 作出修改；权利要求 8 中“选择尚未出现在所述系统的”与权利要求 1 中确定并选择“尚未在所述系统中出现的”的描述重复，导致权利要求 8 不简明，类似的，权利要求 9、10、12、14、18、19、21、23 也存在与所引用权利要求或这些权利要求本身前述描述中重复的限定，因此权利要求 8 ~ 10、12、14、18、19、21、23 不符合专利法实施细则第二十条第一款有关简明的规定，所以仍坚持原驳回决定。

专利复审委员会依法成立合议组对本案进行复审。

经过仔细研究，合议组认为本案事实清楚，可以作出如下复审请求审查决定。

二、决定的理由

1. 复审决定所依据的文本

复审请求人在复审请求时提交了修改的权利要求书第 5 页，将权利要求 27 中的“大小约束条件”修改为“大小限制条件”。合议组注意到，上述修改文本未超出原说明书和权利要求书记载的范围，符合专利法第三十三条的规定，因此，本复审决定所依据的文本是请求人 1998 年 3 月 10 日提交的说明书附图第 1 ~ 7 页、说明书摘要；2002 年 11 月 22 日提交的权利要求第 1 ~ 23 项、说明书第 1 ~ 16页；2003 年 4 月 17 日提交的权利要求第 24 ~ 28 项。

2. 关于权利要求不简明的问题

专利法实施细则第二十条第一款规定：“权利要求书应当说明发明或者实用新型的技术特征，清楚、简要地表述请求保护的范围。”

“权利要求应当简要”包括两方面的含义：（一）权利要求应当采用构成发明或实用新型技术方案的技术特征来限定其保护范围，除技术特征外，不应包括其他内容；（二）从权利要求的整体撰写来看，各项权利要求之间应当不重复，权利要求的范围应当适当。

权利要求1要求保护一种在数据处理系统中向多个用户有效地分配预先高速缓存的数据的方法，包括以下步骤：

（1）接受步骤：从某个系统接受数据请求；

（2）确定步骤：确定尚未在所述系统中出现的被请求数据；

（3）选择步骤：选择一部分要向所述系统传送的所述被确定的被请求数据，所述选择的根据是用户将访问所述被确定的被请求数据的所述被选择部分的可能性，并且所述被确定的被请求数据的所选择的部分受一个长度的限制；

（4）传送步骤：将所述被确定的被请求数据的所述被选择部分传送给所述系统，其中，预先高速缓存数据可被有效地分配到多个用户。

权利要求8是权利要求1的从属权利要求，其对权利要求1的接受步骤和选择步骤进行了进一步的限定，其中对选择步骤的限定为“为了向所述系统传送，选择尚未出现在所述系统的所述Web站点的一部分所述数据”。

因此，权利要求8的限定部分对权利要求1中所选择的数据进行了“所述Web站点的”的进一步限定，而为了清楚地表述权利要求8的保护范围，在权利要求8中对其引用的权利要求1的选择步骤进行适当的描述，这既不构成上面所述的权利要求之间的重复，也不构成权利要求本身用非技术特征限定。因此，不能认为权利要求8不符合专利法实施细则第二十条第一款有关“简要”的规定。也就是说，权利要求应当简明，是为了避免权利要求之间相同内容的不必要重复，这并不表示权利要求之间不能存在任何重复的词语。例如，当从属权利要求的限定部分对其所引用的权利要求的技术特征进行进一步的限定时，必然要涉及所引用的权利要求的技术特征，因此，为了清楚地表达权利要求所要保护的范围，允许在从属权利要求的限定部分对此技术特征进行适当的重复描述。

所以，从属权利要求8的限定部分是对其所引用的权利要求1中的技术特征所进行的限定，从属权利要求8符合专利法实施细则第二十条第一款有关简明的规定。

基于同样的理由，权利要求9、10、12、14、18、19、21、23也符合专利法实施细则第二十条第一款的规定。

3. 关于权利要求不清楚的问题

复审请求人在提交复审请求时将权利要求27中的“大小约束条件”修改为“大小限制条件”，使之与前述“大小限制条件”一致，从而清楚地限定了权利要求27的保护范围，因此，修改后的权利要求27符合专利法实施细则第二十条第一款有关“清楚”的规定。

综上所述，该申请的修改文本已经克服了驳回决定所指出的缺陷，即该申请符合专利法实施细则第二十条第一款的规定。至于说明书和权利要求书是否还存在其他缺陷，均留待后续程序继续审查。

三、决定

撤销国家知识产权局专利实质审查部门于2003年1月10日对本申请所作出的驳回决定，以复审请求人于1998年3月10日提交的说明书附图第1~7页、说明书摘要，2002年11月22日提交的权利要求第1~23项、说明书第1~16页，2003年4月17日提交的权利要求第24~28项为基础，由原实质审查部门继续进行审查程序。

022

动态随机存取存储器的电容器条案

复审请求审查决定（第6123号）

决　定　号 第6123号
决　定　日 2005年3月28日
发明创造名称 动态随机存取存储器的电容器条
国 际 分 类 号 H01L 21/70　H01L 27/108
复 审 请 求 人 国际商业机器公司　西门子公司
申　请　号 99110456.0
申　请　日 1999年7月14日
公　开　日 2001年1月24日
合 议 组 组 长 马志远
主　审　员 郑　直
参　审　员 张　度

法 律 依 据 专利法第二十二条第三款
决 定 要 点

在评价创造性时不仅要考虑发明技术方案本身，还要考虑发明要解决的问题和所产生的技术效果，从而进行整体判断。本申请技术方案不仅在技术内容上与对比文件有显著差别，而且所要解决的技术问题和产生的技术效果也都不同，因此具备创造性。

一、案由

本复审专利请求涉及申请日为1999年7月14日、公开日为2001年1月24日、发明名称为“动态随机存取存储器的电容器条”的99110456.0号发明专利申请（下称本申请），申请人为国际商业机器公司、西门子公司。

原始提交的权利要求书共有20项权利要求，其中的独立权利要求为：

“1. 一种制作沟槽电容器的方法，它包括下列步骤：在衬底中制作沟槽；用第一导电材料局部地填充所述沟槽；用颈圈材料在所述第一导电材料上镶衬所述沟槽的一部分；将所述颈圈材料腐蚀到所述沟槽顶部以下的条深度；以及用第二导电材料填充所述沟槽，其中位于所述条深度与所述沟槽的所述顶部之间的所述第二导电材料的一部分包含掩埋条。”

“6. 一种制造沟槽电容器和半导体晶体管结构的方法，它包括下列步骤：在衬底中制作沟槽；用第一导电材料局部地填充所述沟槽；用颈圈材料在所述第一导电材料上镶衬所述沟槽的一部分；将所述颈圈材料腐蚀到所述沟槽顶部以下的条深度；用第二导电材料填充所述沟槽，其中位于所述条深度与所述沟槽的所述顶部之间的所述第二导电材料的一部分包含掩埋条；制作具有扩散区的半导体晶体管；以及将所述掩埋条连接到所述半导体晶体管的所述扩散区。”

“11. 一种深沟槽电容器，它包含：具有沟槽的衬底，所述沟槽具有下部区和上部区；位于所述沟槽的所述下部区中的第一导电层；所述沟槽的所述上部区中位于所述第一导电层上的第二导电层，所述第二导电层具有条区和所述条区以下的颈圈区；以及位于所述沟槽与所述第二导电层的所述颈圈区之间的颈圈层；其中所述第二导电层的所述条区包含掩埋条。”

“16. 一种半导体器件，它包含：具有沟槽的衬底，所述沟槽具有下部区和上部区；位于所述沟槽的所述下部区中的第一导电层；所述沟槽的所述上部区中位于所述第一导电层上的第二导电层，所述第二导电层具有条区和所述条区以下的颈圈区；位于所述沟槽与所述第二导电层的所述颈圈区之间的颈圈层；连接于所述第二导电层的所条区的半导体晶体管，其中所述第二导电层的所述条区包含掩埋条。”

应申请人的请求，国家知识产权局专利局实质审查部门对本申请进行了实质审查，于2003年1月24日发出了第一次审查意见通知书。通知书指出本申请的权利要求1~20与对比文件1（EP905784A2）和对比文件2（EP735581A1）的组合相比没有创造性，不符合专利法第二十二条第三款的规定。具体理由如下：对比文件1公开了用第一导电材料填充沟槽，第一导电材料的一部分包括掩埋条的技术方案，对比文件1与本申请权利要求1的区别仅在于对比文件1中没有明确指出填充沟槽的多晶硅分成上下两层，而在对比文件2中恰好公开了用第一及第二种多晶硅填充沟槽从而形成上下两个电极的技术特征，因而对所属技术领域的技术人员来说，在对比文件1的基础上结合对比文件2得出权利要求1请求保护的技术方案是显而易见的，权利要求1不具备创造性。基于与上述同样的理由，权利要求2~20没有创造性，不符合专利法第二十二条第三款的规定。

针对第一次审查意见通知书，申请人于2003年6月6日陈述了意见，但没有对申请文件进行修改。申请人在意见陈述书中指出：本申请的一个重要特征在于“将所述颈圈材料腐蚀到所述沟槽顶部以下的条深度；用第二导电材料填充沟槽，其中位于所述条深度与所述沟槽的所述顶部之间的所述第二导电材料的一部分包含掩埋条”。本发明与常规工艺的不同之处在于颈圈氧化物被过量腐蚀到条深度，并且用第二导电材料完全填充沟槽的其余部分。由于本申请仅需要两个导电层淀积和腐蚀步骤，因此与常规结构相比，制造工艺更加简化并且制造成本也显著降低。而对比文件1的发明目的在于如何在使寄生电流满足器件要求的前提下减小颈圈氧化物的厚度，因此通过在邻近颈圈形成扩散区来增加寄生MOSFET晶体管的阈值电压，对比文件1与本申请的发明目的不同。而且对比文件1中具体公开的沟槽电容器正是通过本申请背景技术部分中的常规工艺形成的。而对比文件2的结构与本申请根本不同，因此本申请相对于对比文件1和对比文件2具备创造性。

实质审查部门于2003年10月10日作出驳回决定，以申请人于申请日提交的权利要求1~20相对于对比文件1和2不具备创造性为由驳回了本申请。实质审查部门认为，从对比文件1的附图2中可以清楚地看到掩埋条和沟槽中填充的多晶硅是一体的，而对比文件2明确表明沟槽分别用第一及第二两种多晶硅在电容器内形成上下两层的结构，这正是本发明所指出的两层淀积工艺步骤，在对比文件1掩埋条和沟槽中的多晶硅相连的启示下结合对比文件2的这种两层结构能够得到本申请所要保护的技术方案，因此权利要求1没有创造性。同样，权利要求2~20也没有创造性，不符合专利法第二十二条第三款的规定。

申请人对上述驳回决定不服，于2004年1月17日向专利复审委员会提出复审请求，同时提交了修改文件，删除了原权利要求书中涉及产品的权利要求11~20。

在形式审查合格后，专利复审委员会受理了该复审请求，于2004年3月8日向申请人（下称复审请求人）发出了复审请求受理通知书，同时请原审查部门对本案进行了前置审查，在前置意见书中，审查部门坚持原驳回意见。

在此基础上专利复审委员会依法成立合议组，对本案进行审查。合议组认为本案事实清楚，可以作出审查决定。

二、决定的理由

合议组以复审请求人于1999年7月14日原始提交的说明书第1～5页，说明书附图第1～3页，说明书摘要以及复审请求人于2004年1月17日向专利复审委员会提交的权利要求1～10项为审查基础，以驳回决定所应用的对比文件1（EP905784A2）和对比文件2（EP735581A1）为依据，对本复审请求继续进行审查。本复审决定所评价的权利要求共有10项，其中独立权利要求为：

“1. 一种制作沟槽电容器的方法，它包括下列步骤：在衬底中制作沟槽；用第一导电材料局部地填充所述沟槽；用颈圈材料在所述第一导电材料上镶衬所述沟槽的一部分；将所述颈圈材料腐蚀到所述沟槽顶部以下的条深度；以及用第二导电材料填充所述沟槽，其中位于所述条深度与所述沟槽的所述顶部之间的所述第二导电材料的一部分包含掩埋条。”

“6. 一种制造沟槽电容器和半导体晶体管结构的方法，它包括下列步骤：在衬底中制作沟槽；用第一导电材料局部地填充所述沟槽；用颈圈材料在所述第一导电材料上镶衬所述沟槽的一部分；将所述颈圈材料腐蚀到所述沟槽顶部以下的条深度；用第二导电材料填充所述沟槽，其中位于所述条深度与所述沟槽的所述顶部之间的所述第二导电材料的一部分包含掩埋条；制作具有扩散区的半导体晶体管；以及将所述掩埋条连接到所述半导体晶体管的所述扩散区。”

在评价创造性时不仅要考虑发明技术方案本身，还要考虑发明要解决的问题和所产生的技术效果，从而进行整体判断。

本申请的发明目的是降低用来制造沟槽电容器与晶体管之间的掩埋条连接的工艺的复杂性和成本，权利要求1所请求保护的技术方案是，在淀积第二多晶硅之前，对颈圈氧化物进行过量腐蚀到沟槽顶部以下的条深度，再用第二导电材料填充沟槽，从而在条深度和沟槽顶部之间的部分形成掩埋条，该掩埋条由第二层导电材料的一部分构成。这样就能够减少腐蚀和填充的次数，提供一种用于制作掩埋条的更为简单的工艺。

对比文件1（EP0905784A2）公开的是一种沟槽电容器，其发明的目的是如何在使寄生电流满足器件要求的前提下减小颈圈氧化物的厚度。其所采用的技术方案是通过在邻近颈圈形成扩散区来增加寄生MOSFET晶体管的阈值电压，从而能够在电容器中使用更薄的颈圈氧化物。对比文件1与本申请的发明目的以及所采用的技术方案是不同的，在对比文件1为了描述扩散区的形成详细记载了沟槽DRAM的制作过程，即在衬底和沟槽的表面上形成介质层，对介质层进行RIE腐蚀，以形成轴环（相当于本申请中的颈圈），淀积第二层多晶，进行CMP，然后选择性的使氮化物和氧化物下凹，凹下的深度应足够在多晶上形成掩埋条。由此可见在对比文件1所公开的技术方案中，进行了三次淀积，两次腐蚀或者剖光，所形成的掩埋条是独立的。在对比文件1中并没有明确描述掩埋条和沟槽中填充的多晶硅是一体的，而且也没有记载对颈圈氧化物进行过量腐蚀，从而由第二层多晶硅的一部分构成掩埋条的技术内容。

对比文件2（EP0735581A1）也公开了一种DRAM沟槽电容器，其中虽然记载了由两种多晶硅在电容器内形成上下两层的沟槽结构，但其中没有有关掩埋条的记载。

由此可见，对比文件1和对比文件2都没有公开本发明在淀积第二多晶硅之前，对颈圈氧化物进行过量腐蚀到沟槽顶部以下的条深度，再用第二导电材料填充沟槽，在条深度和沟槽顶部之间的部分形成掩埋条的技术方案，而且上述的两篇对比文件中也没有记载任何相关的技术启示，本领域的技术人员无法在不付出创造性劳动的情况下，将上述的两篇对比文件结合而得到权利要求1所请求保护的技术方案。因此，合议组认为权利要求1与对比文件1和对比文件2相比具备专利法第二十二条第三款规定的创造性。

在权利要求1具备创造性的前提下，以权利要求1为基础的权利要求2~5也应当具备创造性。

独立权利要求6所请求保护的是一种制造沟槽电容器和半导体晶体管结构的方法，其中描述了在淀积第二多晶硅之前，对颈圈氧化物进行过量腐蚀到沟槽顶部以下的条深度，再用第二导电材料填充沟槽，从而在条深度和沟槽顶部之间的部分形成掩埋条。该掩埋条由第二层导电材料的一部分构成，然后将掩埋条连接到半导体晶体管的扩散区的技术方案。对比文件1中公开的制造方法是：在衬底和沟槽的表面上形成介质层，对介质层进行RIE腐蚀，以形成轴环（相当于本申请中的颈圈），淀积第二层多晶，进行CMP，然后选择性的使氮化物和氧化物下凹，凹下的深度应足够在多晶上形成掩埋条。其中没有公开上述在淀积第二多晶硅之前，对颈圈氧化物进行过量腐蚀到沟槽顶部以下的条深度，再用第二导电材料填充沟槽，从而在条深度和沟槽顶部之间的部分形成掩埋条的内容。而对比文件2中仅是描述了沟槽由两层多晶硅淀积，没有描述掩埋条的制作。因此，对比文件1和对比文件2中都没有公开本申请中的在淀积第二多晶硅之前，对颈圈氧化物进行过量腐蚀到沟槽顶部以下的条深度，再用第二导电材料填充沟槽，从而在条深度和沟槽顶部之间的部分形成掩埋条的技术特征，也没有给出任何的技术提示，因此独立权利要求6与对比文件1和对比文件2相比具备创造性。

在权利要求6具有创造性的前提下，以权利要求6为基础的从属权利要求7~10也应当具备创造性。

三、决定

撤销国家知识产权局专利局实质审查部门于2003年10月10日在实质审查阶段作出的驳回决定，由原实质审查部门在复审请求人于1999年7月14日原始提交的说明书第1~5页，说明书附图第1~3页，说明书摘要以及复审请求人于2004年1月17日向专利复审委员会提交的权利要求1~10项的基础上继续进行审批程序。

023

二极管混频电路案

复审请求审查决定（第6125号）

决　定　号　第6125号
决　定　日　2005年3月28日
发明创造名称　二极管混频电路
国际分类号　H03B 19/16
复审请求人　皇家菲利浦电子有限公司
申　请　号　98123239.6
申　请　日　1998年12月15日
公　开　日　1999年8月4日
合议组组长　钱　芸
主　审　员　翁晓君
参　审　员　崔哲勇

法律依据　专利法第二十六条第三款
决定要点

由于根据本发明说明书中所描述的实施例，可以很清楚地知道“-LO”和“+LO”代表的是信号“LO”的极性，即使用直流电压电平来区分信号的极性，同时也能够明了驱动电路DRIV的四个驱动信号的产生过程。所以，说明书已经充分公开了其发明创造的内容，本领域普通技术人员不需要付出创造性的劳动就能够再现该发明的技术方案，实现其发明的目的，达到其预期的效果。

一、案由

本复审请求涉及申请日为1998年12月15日、公开日为1999年8月4日、发明名称为“二极管混频电路”、申请号为98123239.6的发明专利申请（下称本申请），申请人为皇家菲利浦电子有限公司。

在对本申请进行实质审查时，国家知识产权局专利局实质审查部门于2002年7月5日发出了第一次审查意见通知书。其中指出，在本发明的说明书中没有详细描述驱动电路的组成及四种驱动信号的产生，并且说明书记载含糊不清、前后矛盾，以致所属技术领域的技术人员不能清楚、正确地理解发明，导致本申请说明书公开不充分，不符合专利法第二十六条第三款的规定。

申请人于2002年11月16日提交了针对第一次审查意见通知书的意见陈述书及修改的说明书第4页的替换页。申请人将说明书第4页第6、7行中的“这对应于输入信号RF和输入信号LO的乘积”改为“这相当于输入信号RF被输入信号LO的调制”，并指出“调制”是表示本发明电路执行的“混合”的另一说法，故上述修改不超出原说明书描述的范畴。申请人据此认为这样的修改消除了审查员所说的“含糊不清”和“前后矛盾”。

实质审查部门继续对本申请进行实质审查，并于2003年1月10日发出第二次审查意见通知书，其中指出在说明书中出现的“-LO”不知代表什么含义，因为“LO”代表一个频率信号，不应当有正负之分，而“-LO”在整篇说明书中也没有给予定义；并且在说明书中没有详细描述驱动电路的组成及四种驱动信号的产生，这使得本申请公开不充分，不符合专利法第二十六条第三款的规定。

申请人于2003年4月1日提交了针对第二次审查意见通知书的意见陈述书，其中指出：如说明书第1页最后一段所述，四个驱动信号是要混合/调制的两个输入信号（LO，RF）的组合，这种组合不属于频率范畴，而属于暂态范畴，并且在整个申请中，考虑的是信号（LO，RF）的极性，以便说明二极管是如何依赖信号的极性工作的；图1~3叙述了本发明电路的原理，基本上讲明了驱动电路DRIV的功能和原理，并且图4明确地叙述了这样一个驱动电路DRIV的实施例，所以本领域普通技术人员就能很好地了解如何从驱动电路产生信号DS1/DS2/DS3/DS4。

国家知识产权局专利局实质审查部门于2003年7月11日驳回了本申请，其理由是在说明书中出现的“-LO”不知代表什么含义，因为“LO”代表一个频率信号，不应当有正负之分，而“-LO”在整篇说明书中也没有给予定义；并且在说明书中没有详细描述驱动电路的组成及四种驱动信号的产生。因此，本申请不符合专利法第二十六条第三款的规定。

申请人皇家菲利浦电子有限公司（下称复审请求人）对上述驳回决定不服，于2003年10月21日向专利复审委员会提出复审请求。复审请求人认为：（1）LO和RF两个信号在四个驱动信号中具有不同的符号，并且使用一个驱动电路DRIV来产生四个驱动信号DS1/DS2/DS3/DS4，它们是由所述输入信号（LO，RF）组合而成，然后将这些驱动信号加到一个包括一组二极管的专门的混频电路MIX，从而在输出端上产生所需的混合输出信号，并且在此输出端上将出现其符合与输入信号LO合拍地交替的输入信号RF，这清楚地表明所考虑的是输入信号的暂态方面；（2）输出信号的交替的符号来源于不同二极管的状态变化，这些二极管按照驱动信号的幅度大小而处于导通或截止状态，这再次清楚地表明所考虑的是输入信号的暂态方面；在说明书第1页第27行至第2页第2行和第3页第17~18行说到，每一个驱动信号都由第一输入信号LO和第二输入信号RF组合而成，并且取用相反的信号，执行两个信号的求和或求差，是普通技术人员一般的技能而没有具体的困难，而且说明书关于图4的描述中，还给出了本发明一个具体的实施例以实现一个驱动信号的产生。

经形式审查合格后，专利复审委员会受理了该复审请求，并于2003年11月25日向复审请求人发出了复审请求受理通知书，同时向原实质审查部门发出了前置审查通知书。

在前置审查意见书中，原实质审查部门认为申请人虽然一再强调本申请所考虑的是输入信号的暂态方面，但本申请说明书中并没有给出有关输入信号属于暂态范畴的记载，也没有给出任何证明输入信号属于暂态范畴的描述，这必然导致本领域普通技术人员将其归为常规的频率范畴进行理解。同时，复审请求在整篇说明书中对“-LO”也没有给予定义，以致所属技术领域的技术人员不能够清楚、正确地理解本申请，从而无法再现本申请的技术方案。因此，原实质审查部门仍坚持原驳回决定。

专利复审委员会依法成立合议组，对本复审请求案进行审查。经审查，合议组认为本案事实已经清楚，依法作出决定。

二、决定的理由

1. 审查基础

由于复审请求人在提出复审请求未对申请文件进行修改，因此本决定以原驳回决定所依据的申请文本为基础。

2. 关于专利法第二十六条第三款

专利法第二十六条第三款规定，说明书应当对发明作出清楚、完整的说明，以所属技术领域的技术人员能够实现为准。根据审查指南第二部分第二章第 2.1.3 节的规定，“所属技术领域的技术人员能实现，是指所属技术领域的技术人员按照说明书记载的内容，不需要创造性的劳动，就能够再现该发明或者实用新型的技术方案，解决其技术问题，并且产生预期的技术效果。”

本申请要求保护一种二极管混频电路，其发明目的就是提供一种二极管混频电路，该二极管混频电路能够在不需要变压器的情况下应用于各种不同的场合，并且此二极管混频电路能够实现比较优良的性能。

合议组经合议后认为，本领域的技术人员根据本申请说明书中的记载，可以清楚地知道在说明书中所出现的“-LO”所代表的具体含义，并且也能够明了四种驱动信号的产生过程。其具体理由如下：（1）在本申请的说明书第 1 页第 27 行至第 2 页第 2 行中记载了“所述第一和第二输入信号（LO，RF）在所述第一、第二、第三和第四驱动信号中分别具有如下的符号：+/+，+/-，-/+，和-/-”，并且在说明书第 3 页第 26 行至第 4 页第 1 行中记载了“输入信号 LO 的极性决定了二极管 D1、D2、D3 和 D4 中哪些是导通的以及哪些是不导通的。如果输入信号 LO 是正的，则第一和第三二极管 D1、D3 是导通的，而第二和第四二极管 D2、D4 是不导通的”。根据上述记载，本领域普通技术人员可以很清楚地知道本发明所考虑的是输入信号 LO 的极性，而此信号前的符号“+”或者“-”是表示此信号是属于正极性还是负极性，所以在说明书中出现的“-LO”所代表的含义就是具有负极性的 LO 信号。（2）在本申请的说明书第 3 页第 17~19 行中记载了“每一驱动信号是具有以下符号的第一和第二输入信号 LO、RF 的组合：DS1：+LO+RF，DS2：+LO-RF，DS3：-LO+RF，DS4：-LO-RF”，所以很明显四种驱动信号就是通过输入信号 LO、RF 的正负极性来进行不同组合的四种结果，并且说明书关于图 1 的描述和关于图 4 的描述也已经很清楚地记载了四种不同的驱动信号是如何对驱动电路 DRIV 进行驱动，以便在输出端上输出信号，因此本申请的说明书对于四种驱动信号的产生过程及驱动电路 DRIV 的驱动过程均有清楚的记载。

因此，本领域的技术人员阅读完本申请文件之后完全可以清楚地知道在说明书中所出现的“-LO”所代表的具体含义，并且也能够明了四种驱动信号的产生过程，不需要付出创造性的劳动就能够再现该发明的技术方案，实现其发明的目的，达到其预期的效果。

综上，合议组认为本申请符合专利法第二十六条第三款的规定，原驳回决定的驳回理由不能够成立。

至于本申请中是否还存在其他的缺陷，有待于后续程序进一步审查。

三、决定

撤销国家知识产权局专利局实质审查部门于 2003 年 7 月 11 日作出的驳回第 98123239.6 号发明专利申请的决定，由原实质审查部门以驳回决定所依据的文本为基础继续进行审查程序。

024

用于传输程序的方法和装置案

复审请求审查决定（第6126号）

决 定 号 第6126号
决 定 日 2005年3月18日
发明创造名称 用于传输程序的方法和装置
国 际 分 类 号 G06F 9/445
复 审 请 求 人 西门子公司
申 请 号 98802108.0
申 请 日 1998年1月23日
公 开 日 2000年3月1日
合 议 组 组 长 张 度
主 审 员 黄毅斐
参 审 员 孙治国

法 律 依 据 专利法第二十二条第三款
决 定 要 点

对比文件没有给出本申请区别技术特征的启示，并且该区别技术特征使得本申请技术方案与对比文件相比能够产生有益的技术效果，因此本申请具备创造性。

一、案由

本复审请求涉及国家知识产权局专利局实质审查部门于2003年7月11日驳回的、申请号为98802108.0、名称为“用于传输程序的方法和装置”的发明专利申请（下称本申请），其申请日为1998年1月23日，优先权日为1997年3月27日，申请人为西门子公司。

国家知识产权局专利局实质审查部门依据本申请原始提交的国际申请的中文译文文本于2002年5月10日发出第一次审查意见通知书，主要指出，相对于对比文件1（DE4321381A1），权利要求1不具备新颖性，权利要求2~7不具备创造性。

申请人于2002年9月25日提交了意见陈述书，表示同意上述审查意见，并对原权利要求书进行了修改以克服不具备新颖性和创造性的缺陷。新提交的权利要求书共包括6项权利要求，其中的独立权利要求如下：

“1. 用于将程序传输到电子设备的方法，含有：要传输的程序被存储在插入装置上；在插入装置插入到该电子设备之后，该程序传输到该电子设备，通过一个在该插入装置中的控制装置控制该传输；以及在插入装置上另外含有一个非易失存储器，该非易失存储器记录到电子设备的程序传输的数量，并且如果一定数量的传输被执行，该程序的传输不再被允许。”

“4. 用于传输程序到一个具有已经存在的输入/输出接口的电子设备的插入装置，该插入装置含有：一个插入装置主体，被配置以被插入到电子设备中；一个存储器，用于存储要传输到电子设备的程序并且被设置在所述的插入装置主体上；一个控制器，被设置在所述的插入装置主体上用于控制到电子设备的程序的传输，并且在所述的插入装置主体已经被插入到所述的电子设备之后用于适配到电子设备上的一个已经存在的输入/输出接口的传输；和一个非易失存储器，被连接到所述的控制器并且记录传输程序的数量，如果执行了一定数量的传输，程序的传输不再被允许。”

国家知识产权局专利局实质审查部门认为上述新修改的权利要求书中的各项技术方案已包含在原权利要求书中。由于对比文件1已公开了如下技术：要传输到装置G中的新的软件程序NGSW存储在SIM卡中，在将卡插入装置G的KS接口时，现有软件GSW由数据处理装置PC或SIM卡中的存储器通过SIM卡而被更新成新的软件NGSW。因此，SIM卡的存储器或数据处理装置PC与权利要求1中的控制装置实质相同，而在插入装置中设置记录程序传输数量的非易失存储器也是本领域技术人员容易想到的。另外，由于SIM卡插入到装置G的接口，因此很显然SIM卡具有与装置G的接口相适配的接口，因此仍然认为修改后的权利要求1、4不具备创造性，其相应的从属权利要求2、3、5、6也不具备创造性，实质审查部门于2003年7月11日作出了驳回决定。

申请人（下称复审请求人）对上述驳回决定不服，于2003年10月27日向专利复审委员会提出复审请求，其复审理由是：（1）对比文件1中控制程序GSW的交换和改变的装置是位于装置G中的，而本申请的控制装置则位于插入装置中，能够方便地实现极强的兼容性；（2）本申请的插入装置中存在一个非易失存储器用于控制程序的传输数量，在不同的电子设备中传输不同的数量，因此使本申请的兼容性更强，而对比文件1没有公开程序传输的数量是可控的，因此，权利要求1、4具备创造性。

在前置审查意见中，原实质审查部门坚持原驳回决定。

专利复审委员会依法成立合议组对本案进行审理，在对本案进行进一步合议审查的基础上，认为本案事实已经清楚，可以作出本复审决定。

二、决定的理由

由于复审请求人在请求复审时未对申请文件进行修改，因此本复审决定依据的是驳回决定所针对的文本，即复审请求人于2002年9月25日提交的修改后的权利要求1~6项，进入中国国家阶段时提交的国际申请文件文本中的说明书第1~4页、附图第1~2页、说明书摘要及摘要附图。

合议组所引用的对比文件与实质审查程序中相同，即对比文件1：DE4321381A1。

权利要求1请求保护一种用于将程序传输到电子设备的方法，包括：

a. 要传输的程序被存储在插入装置上；

b. 在插入装置插入到该电子设备之后，该程序传输到该电子设备，通过一个在该插入装置中的控制装置控制该传输；

c. 在插入装置上另外含有一个非易失存储器，该非易失存储器记录到电子设备的程序传输的数量，并且如果一定数量的传输被执行，该程序的传输不再被允许。

对比文件1涉及在装置中更换和变动软件的装置和方法，并具体公开了以下内容（见图1~4及对应的文字说明）：装有被更新的软件GSW的装置G具有卡片接口KS，SIM-A卡与数据处理装置PC连接，用数据处理装置PC完成/挑选新的软件NGSW，或者SIM-A卡可以具有一个存储器M，新软件NGSW是由存储器M挑选的，将SIM-A卡插入接口KS后由装置G内的程序SKP控制软件GSW的更新。

将对比文件1公开的上述内容与权利要求1进行比较可见，二者存在以下两点区别：（1）对比文件1中的数据处理装置PC和存储器M是用于挑选新软件NGSW的，而控制软件GSW的更新的是位于装置G内的程序SKP，也就是说对比文件1没有公开权利要求1特征b中有关将控制装置设置在插入装置内的特征；（2）对比文件1的SIM－A卡上不含有非易失存储器，即没有公开权利要求1的特征c。

对于上述第（2）点区别，合议组认为，为了控制程序的传输数量而设置一个非易失存储器是本领域技术人员所容易想到的。而对于上述第（1）点区别，合议组认为，首先对比文件1明确记载了装置G内程序的更新是由该装置G内的程序SKP控制的（见对比文件1图3、4以及对应的文字说明）；其次，即便将对比文件1的数据处理装置PC理解为权利要求1中的控制装置，该PC也是位于SIM－A卡外的，而这种情形正是本申请所要解决的现有技术中由于更新程序是从PC经串口传送到电子设备而存在的费用较高问题（见本申请说明书第1页第2段），同时本申请中将控制装置设在卡上所获得的效果在于“该传输不是必须由设备进行控制并且该设备不是必须含有附加的硬件或者软件”（见本申请说明书第1页第5段）。通过上述比较可知，对比文件1没有给出关于第（1）点区别的技术启示，该区别特征对于本领域技术人员来说是非显而易见的，该因此权利要求1相对于对比文件1具备创造性。

由于权利要求1的方法具备创造性，因此其从属权利要求2、3以及相应的产品权利要求4～6也同样具备创造性。

三、决定

撤销国家知识产权局专利局实质审查部门于2003年7月11日对98802108.0号专利申请作出的驳回决定，由国家知识产权局专利局原实质审查部门以驳回决定依据的文本继续进行审批程序。

025

电磁装置案

复审请求审查决定（第6127号）

决　定　号　第6127号
决　定　日　2005年4月11日
发明创造名称　电磁装置
国际分类号　H02K 3/40　H01F 27/34
复审请求人　ABB股份有限公司
申　请　号　97196642.7
申　请　日　S1997年5月27日
公　开　日　1999年8月18日
合议组组长　马志远
主　审　员　崔哲勇
参　审　员　高　栋

法律依据　专利法第二十二条第三款
决定要点

由于修改后的独立权利要求1中限定的形成等电位层的高分子材料构成本申请技术方案区别于对比文件1的突出的实质性特点，并且带来使电缆可挠曲的技术效果，因此该权利要求1符合专利法第二十二条第三款关于创造性的规定。

一、案由

本复审请求涉及国际申请日为1997年5月27日、公开日为1999年8月18日、名称为“电磁装置”的发明专利申请，申请号为97196642.7，申请人为瑞典通用电器勃朗勃威力公司。申请人于2002年10月22日提交著录项目变更申报书，将申请人变更为ABB股份有限公司。

在实质审查过程中，国家知识产权局专利局实审部门针对申请人原始提交的国际申请的中文译文中的说明书第1~20页、附图第1~3页，以及国际初步审查报告附件中提交的权利要求1~39项（下称权利要求书文本1）进行审查，于2002年6月28日发出第一次审查意见通知书，并引用了对比文件1（US4853565，公开日1989年8月1日），指出本申请权利要求书文本1中的权利要求1~39不符合专利法第二十二条第三款的规定，权利要求2不符合专利法第三十一条第一款的规定。

针对上述审查意见通知书，申请人于2002年10月16日提交了意见陈述书，并同时提交了修改后的权利要求1~38项（下称权利要求书文本2），在修改后的权利要求中将产生磁场的电路改为高压绕组，并指出该高压绕组是由高压电缆形成。

原实质审查部门认为经申请人陈述意见后，权利要求书文本2中的权利要求1~38项仍然不具备创造性，不符合专利法第二十二条第三款的规定，因此于2003年5月30日作出了驳回本专利申请的决定。

申请人（下称复审请求人）对于上述驳回决定不服，于2003年8月25日向专利复审委员会提出复审请求，并同时提交了修改后的权利要求1～37项（下称权利要求书文本3）。复审请求人将权利要求书文本2中的权利要求1和2中的“该绕组由一个高压电缆形成”修改为权利要求书文本3中的“该绕组由一个可挠曲的高压电缆形成”，其复审理由是：（1）原实质审查部门对对比文件1的理解有误，对比文件1中并未给出任何启示来指导技术人员组合该对比文件图1～4和图6中公开的两种不同类型的绝缘系统的单独特征；（2）对比文件1（图7）确实公开了一种具有半导体内层、接地半导体外层和置于所述层之间的固态绝缘材料的电缆，但对比文件1并没有建议这种电缆可用于形成高压电机绕组。

经形式审查合格，专利复审委员会于2003年9月16日发出受理通知书和前置审查通知书。

在前置审查程序中，原实质审查部门仍坚持原驳回决定。

在此基础上，专利复审委员会成立合议组对本案进行了审理，合议组在审阅了全部文件后于2004年7月7日发出复审通知书，其中指出，由于复审请求人同样认为对比文件1确实公开了一种与本申请权利要求1所限定的电缆结构类似的电缆结构，而且复审请求人认为对比文件1所公开的电缆不能应用于电机绕组的理由主要是基于对比文件1中半导体内层和外层所使用的材料为热解玻璃纤维材料，这种材料僵硬且易碎，容易在形成绕组时断裂，而本申请采用了完全不同于半导体材料的新材料，从而可以形成具有相同结构和功能但是可挠曲的电缆。因此合议组认为权利要求书文本3中的权利要求1所限定的技术方案与对比文件1的区别实质上是基于所用材料的不同，本申请所采用的用于形成等电位层的材料构成其技术方案区别于对比文件1的实质性特点，是实现本发明技术方案和技术效果的必要技术特征，但是本申请目前的权利要求1中仅采用“该绕组由一个可挠曲的高压电缆形成”这样的功能性限定对这种材料区别进行限定，这种限定方式并不能对该区别性的材料特征进行准确和清楚地限定，不符合专利法实施细则第二十条第一款的规定。根据审查指南的有关规定，复审请求人在可以利用结构特征等对技术特征进行限定的情况下，应当尽量避免使用功能或效果特征进行限定，而本申请权利要求1很明显可以避免使用这种功能和效果特征进行限定，而采用利用材料化学成分等特征进行限定的方式，从而避免上述缺陷。

复审请求人于2004年9月22日对复审通知书进行答复，并同时提交了修改后权利要求1～37项（下称权利要求书文本4），其中在权利要求1中加入了以下技术特征“所述内层（3）和外层（5）由一种具有导电性成分的高分子材料形成”。

2004年12月1日，合议组针对该权利要求书文本4中的权利要求2、36、37不符合专利法实施细则第二十一条第二款、权利要求35～37不符合专利法第三十一条、权利要求34、37不符合专利法实施细则第二十条第一款的缺陷发出复审通知书。

复审请求人于2004年12月23日对上述复审通知书进行答复，并同时提交了修改后的权利要求1～35项（下称权利要求书文本5）。

2005年1月31日，合议组针对权利要求书文本5中的权利要求33～35不符合专利法实施细则第二十条第一款的缺陷再次发出复审通知书。

复审请求人于2005年2月26日对上述复审通知书进行答复，并同时提交了修改后的权利要求1～32项（下称权利要求书文本6）。

在上述工作的基础上，合议组认为本案事实清楚，可以作出本复审决定。

二、决定的理由

1. 审查的基础

由于复审请求人于2005年2月26日提交的权利要求书文本6符合专利法第三十条以及专利法实

施细则第六十条的规定，因此，本次复审所针对的文本是复审请求人原始提交的国际申请的中文译文中的说明书第1～20页、附图第1～3页，以及于2005年2月26日提交的权利要求1～32项。其中唯一的独立权利要求1内容具体如下：

"1. 一种电磁装置，该电磁装置包含一个高压绕组，该高压绕组包括至少一个具有一个绝缘系统的导电体，其特征在于该绕组由一个可挠曲的高压电缆形成，并且该绕组电缆的绝缘系统包含一个由固态绝缘材料形成的电绝缘体（4），该绝缘体外部有一外层（5），此外层（5）的导电系数大于绝缘体的导电系数，使得该外层可通过接地或连接至一个较低的电位来使其电位相等，并实质上包围住由外层（5）内部的所述导电体（2）所造成的电场，该绝缘系统包含一个位于绝缘体（4）内部的内层（3），至少一个导电体（2）位于内层（3）的内部，并且该内层所具有的导电系数低于该导电体的导电系数，但足以使该内层的电位相等，并由此使该内层（3）外部电场相等，所述内层（3）和外层（5）由一种具有导电性成分的高分子材料形成。"

2. 关于创造性

合议组认为，对比文件1确实公开了一种与本申请权利要求1所限定的电缆结构类似的电缆结构，但对比文件1并未明确建议这种电缆可用于形成高压电机绕组，也未公开所述内层和外层由一种具有导电性成分的高分子材料形成。由于对比文件1中半导体内层和外层所使用的材料为热解玻璃纤维材料，这种材料具有僵硬且易碎的特性，容易在形成绕组时断裂，而权利要求书文本6中的权利要求1采用完全不同于半导体材料的高分子材料制造内层和外层，从而可以形成虽然具有相同结构但同时具有可挠曲功能的电缆。因此合议组认为权利要求书文本6中的权利要求1与对比文件1的区别实质上是基于所用材料的不同，其所采用的用于形成等电位层的高分子材料构成本申请技术方案区别于对比文件1的突出的实质性特点，并且带来使电缆可挠曲的技术效果，因此权利要求1相对于对比文件1具有突出的实质性特点和显著的进步，符合专利法第二十二条第三款的规定。

相应的，权利要求书文本6中引用独立权利要求1的从属权利要求2～32相对于对比文件1也具备创造性。

三、决定

撤销国家知识产权局专利局实质审查部门于2003年5月30日作出的驳回决定，由原实质审查部门以复审请求人原始提交的国际申请的中文译文中的说明书第1～20页、附图第1～3页，以及于2005年2月26日提交的权利要求1～32项的文本为基础继续进行审批程序。

026

卫生纸案

复审请求审查决定（第6128号）

决　定　号　第6128号
决　定　日　2005年4月4日
发明创造名称　卫生纸
国际分类号　A47K 10/16　D21H 21/14
复审请求人　宇山静雄
申　请　号　00803377.3
申　请　日　2000年2月3日
公　开　日　2002年3月6日
合议组组长　马志远
主　审　员　崔哲勇
参　审　员　左　一

法律依据　专利法第二十二条第三款
决定要点

将某一领域公知公用的材料转用到另一技术领域内，使之解决了长期没有解决的问题并带来预料不到的技术效果，属于具备创造性的转用发明。

一、案由

本复审请求涉及申请日为2000年2月3日、公开日为2002年3月6日、名称为“卫生纸”的发明专利申请，申请号为00803377.3，申请人为宇山静雄。

在实审过程中，国家知识产权局专利局实质审查部门针对申请人原始提交的国际申请的中文译文进行审查，于2003年2月14日发出第一次审查意见通知书，并引用了对比文件1（JP昭64－11639A）和对比文件2（JP平4－187300A），指出本申请权利要求1相对于对比文件1或2不具备新颖性；权利要求3相对于对比文件1不具备新颖性；权利要求2、4～7相对于对比文件1不具备创造性。

针对上述审查意见通知书，申请人于2003年7月1日提交了意见陈述书，并同时提交了权利要求书第1页和说明书第1页和第6页的替换页。

针对上述意见陈述书和修改文本，实质审查部门于2003年8月8日发出第二次审查意见通知书，其中指出修改后的权利要求1～7相对于对比文件1不具备创造性，不符合专利法第二十二条第三款的规定。

针对上述第二次审查意见通知书，申请人于2003年12月23日提交意见陈述书，其中认为：（1）本发明涉及卫生纸，而对比文件1涉及一种吸附材料；（2）对比文件1中的吸附材料用于冰箱、冰柜等用于存储或展示易腐败食物的设备，以从食品中吸附和除去坏味道，或者作为除味剂或抗真菌药物用于衣物；相反，本发明的卫生纸用于在人排泄后清洁人体，并不是为了除去卫生间中的臭味，因此对比文件1的效果与本发明远远不同，从对比文件1中无法预见到本发明的效果。

原实质审查部门认为本申请经申请人陈述意见后，权利要求1~7相对于对比文件1仍然不具备创造性，不符合专利法第二十二条第三款的规定。因此于2004年3月12日作出了驳回本专利申请的决定。

申请人（下称复审请求人）对于上述驳回决定不服，于2004年6月21日向专利复审委员会提出复审请求。其复审理由是：（1）本发明所公开的含有特定组合物的纸完全不同于普通的纸质材料，如果将其用于传统用途之外的用途，则会由于该特定的纸中特定的组合物所具有的功能而获得意想不到的效果；（2）本发明的卫生纸的功能完全不同于对比文件1中直接用于从冰箱中除去坏味道的吸附剂的功能，由于本发明将含有特定组合物的特定的纸应用于与对比文件1完全不同的领域，因此获得了意想不到的效果。

经形式审查，该复审请求符合规定的形式要求，专利复审委员会于2004年7月5日发出受理通知书和前置审查通知书。

实质审查部门对该复审请求进行了前置审查，仍坚持原驳回决定。

在此基础上，专利复审委员会依法成立合议组对本案进行审理。

在审阅本申请案卷之后，合议组认为本案事实清楚，可以作出本复审决定。

二、决定的理由

由于复审请求人提交复审请求时并未提交修改文本，因此，本次复审所针对的文本是驳回决定所针对的文本。其中唯一的独立权利要求1内容如下：

“1. 一种卫生纸，其特征在于，它含有菠萝酶和至少一种选自炉渣、多孔矿石和活性炭的粉末。”

对比文件1公开了一种吸附材料及其制造方法，其中公开了如下技术特征（参见说明书第3页左上段）：在纸质、棉布或非织造物的片材上，附有含菠萝酶的多孔性矿石或活性炭的粉末。同时记载了在多孔性矿石或活性炭粉末上添加菠萝果汁后进行发酵，使菠萝酶保持在基体上，将上述吸附体在水中悬浮，将多孔性片材（纸质等）在悬浮液中浸渍，干燥后得到含有上述吸附体的片材。同时对比文件1记载了将上述纸质片材应用于冷冻库、冰箱、衣柜等各种场合，通过材料中的菠萝酶，达到抑制食品变臭、衣物发霉的效果。

权利要求1与对比文件1的区别在于，对比文件1中公开的是含有菠萝酶和多孔矿石、活性炭的粉末的纸质片材，而本申请涉及卫生纸。

合议组认为，虽然权利要求1请求保护的卫生纸与对比文件1公开的纸质片材同样含有菠萝酶和至少一种选自炉渣、多孔矿石和活性炭的粉末，但权利要求1与对比文件1的技术方案在技术领域、技术方案和技术效果上均存在区别。具体意见为：（1）从技术领域来看，本申请权利要求1涉及一种卫生纸，将包含上述组合物的卫生纸作为污水处理剂使用，而对比文件1涉及一种吸附材料，其应用领域为冰箱或衣物的保鲜和除异味，二者属于差别较大的不同技术领域；（2）从技术方案上来看，权利要求1利用上述组合物中的菠萝酶来减低污水中的盐分和氯化物含量，防止这些化学物质杀死或抑制污水生物处理所用的微生物，最终避免污水产生恶臭，并因此选用卫生纸作为该组合物的载体，而对比文件1公开的技术方案利用上述组合物中的菠萝酶与食品中含有的酰氨基酸进行交换，从而抑制食品的变质、腐败，防止冰箱变臭。另外对比文件1还可用于衣柜等场合中以便防止白霉的发生，并因此选用吸附材料作为载体，因此权利要求1与对比文件1的技术方案中分别利用了菠萝酶的不同化学属性，菠萝酶作为上述组合物中的重要组成部分，在权利要求1和对比文件1的技术方案中发挥了不同的化学作用；（3）从技术效果来看，权利要求1请求保护的卫生纸可以使污水中抑制微生物的化学成分降低，实现从根源上避免污水发臭，而对比文件1公开的吸附材料可以从冰箱、冰柜等设备中的食品中吸附和除去坏味道，或者作为除味剂或抗真菌药物用于衣物。

从上面的比较可以看出，权利要求1请求保护的卫生纸与对比文件1公开的吸附材料不属于同一技术领域，虽然对比文件1公开了附着有相同组合物的纸质材料，但由于复审请求人将该相同组合物与卫生纸结合在一起，实际上是将现有技术中的该组合物转用到了其他完全不同的技术领域，并且克服了污水处理中难以从根本上克服污水变臭的技术难题，产生了预料不到的技术效果。因此这种权利要求1所限定的技术方案实际上是一种转用发明，并且具有突出的实质性特点和显著的进步，符合专利法第二十二条第三款关于创造性的规定。

相应的，从属权利要求2~7相对于对比文件1也具备创造性。

综上所述，原实质审查部门针对本申请的驳回决定所依据的理由和证据不充分。

三、决定

撤销国家知识产权局专利局实质审查部门于2004年3月12日作出的对00803377.3号发明专利申请的驳回决定，由原实质审查部门以驳回决定所针对的文本为基础，继续审批程序。

027

针尖状阴极案

复审请求审查决定（第6130号）

决 定 号 第6130号
决 定 日 2005年4月18日
发明创造名称 针尖状阴极
国际分类号 H01J 1/13
复审请求人 贾德耀
申 请 号 91101753.4
申 请 日 1986年10月4日
公 开 日 1992年2月19日
合议组组长 蒋 彤
主 审 员 张 度
参 审 员 石 清

法律依据 专利法实施细则第二十条第一款、第二十一条第二款
决定要点

独立权利要求应该记载为解决其技术问题所必备的必要技术特征。权利要求书应当清楚地表述请求保护的范围。

一、案由

本复审请求涉及中国专利局于1991年3月16日受理、申请号为91101753.4、名称为“针尖状阴极”的发明专利申请，申请人为贾德耀。

国家知识产权局专利局实质审查部门在针对1993年3月16日提交的权利要求书的第809号复审决定书的基础上对本案经过实质审查后，分别于1999年7月9日和2000年3月24日发出第二次和第三次审查意见通知书，指出权利要求1~3不符合专利法实施细则第二十一条第二款的规定，权利要求4和5不符合专利法实施细则第二十条第一款的规定。随后于2001年2月23日作出了驳回本申请的决定。驳回的依据是本申请经申请人陈述意见后仍然不符合专利法实施细则第二十条和第二十一条的规定。驳回的主要理由是：权利要求1~3缺少达到发明目的的必要技术特征，并具体指出了权利要求1缺少“负电子聚束环和各部件之间的连接关系和相对位置关系”，权利要求2缺少“电容介质和各部件之间的连接关系和相对位置关系”，权利要求3缺少“各部件之间的连接关系和相对位置关系”，因而不符合专利法实施细则第二十一条第二款的规定；权利要求4和5因文字描述不清楚导致保护范围不清楚而不符合专利法实施细则第二十条第一款的规定。导致本申请被驳回的直接原因是申请人没有接受第二次和第三次审查意见通知书中要求修改权利要求书的意见，被国家知识产权局专利局依照专利法第三十八条的规定驳回。

被驳回的权利要求书文本如下：

“1. 一种针尖状阴极，它的结构包括有阴极针尖，本发明技术特征在于还包括有电容介质（14）。

2. 一种针尖状阴极，它的结构包括有阴极针尖，本发明技术特征在于还包括有负电子聚束环（5）。

3. 一种针尖状阴极，它的结构包括有阴极针尖，本发明技术特征在于还包括有电容介质（14），负电子聚束环（5）。

4. 如权利要求1，3所述的一种针尖状阴极所述的电容介质其特征是钛酸钡陶瓷。

5. 如权利要求2所述的一种针尖状阴极所述的负电子聚束环其技术特征是－－－阳极环、－－－负电子聚束环、－－－它们的中心线都一致。”

申请人（下称复审请求人）对上述驳回决定不服，于2001年5月10日向专利复审委员会提出复审请求。

在对复审请求的前置审查中，国家知识产权局专利局原实质审查部门坚持原驳回决定中的意见。

继后，专利复审委员会依法成立合议组对本案进行审查。合议组在认真研究了国家知识产权局专利局实质审查部门的驳回决定和复审请求人的复审请求后，于2005年1月27日发出复审通知书。合议组的主要意见如下：

驳回决定是在中国专利局审查指南公报第4号施行之日1995年2月14日，之后作出的，专利法实施细则第二十条第一款和第二十一条第二款属于可以依据专利法第三十八条驳回的理由，适用于本案，原实质审查部门的驳回决定不存在程序违法问题。独立权利要求1～3要求保护的针尖状阴极都是一种产品，其中应该记载解决其技术问题的必要技术特征，现有权利要求1缺少“负电子聚束环和各部件之间的连接关系和相对位置关系”，权利要求2缺少“电容介质和各部件之间的连接关系和相对位置关系”，权利要求3缺少“各部件之间的连接关系和相对位置关系”。总之，权利要求1～3缺少达到发明目的的必要技术特征，不符合专利法实施细则第二十一条第二款的规定；权利要求4和5因保护范围不清楚和文字描述不清楚而不符合专利法实施细则第二十条第一款的规定。合议组同时建议复审请求人针对国家知识产权局专利局原实质审查部门上述第二次和第三次审查意见通知书中已指出的具体问题对权利要求书作出适当修改，以满足专利法实施细则第二十一条第二款和第二十条第一款的规定。

复审请求人于2005年2月28日递交陈述意见书，没有接受合议组的建议，坚持其复审请求意见。

至此，合议组认为事实已经清楚，复审请求人已充分陈述过意见，可以在此基础上作出复审决定。

二、决定的理由

本决定所依据的文本是复审请求人于1991年8月16日提交的说明书第1～4页，附图第1～3页，1993年3月16日提交的权利要求1～5项和1991年3月16日提交的说明书摘要。

本申请的主题是一种针尖状阴极，独立权利要求1～3要求保护的针尖状阴极都涉及一种产品。按照专利法实施细则第二十一条第二款的规定，在其中应该记载解决其技术问题的必要技术特征。由于复审请求人没有接受合议组的建议，现有权利要求1缺少“负电子聚束环和各部件之间的连接关系和相对位置关系”，权利要求2缺少“电容介质和各部件之间的连接关系和相对位置关系”，权利要求3缺少“各部件之间的连接关系和相对位置关系”。因此，上述权利要求1～3均缺少为解决其技术问题即能够应用于冶金、农业、医疗、生化等领域所必备的必要技术特征，不符合专利法实施细则第二十一条第二款的规定。权利要求4和5仍然存在驳回决定中指出的因“电容介质其特征是钛酸钡陶瓷”和“负电子聚束环其技术特征是阳极环、负电子聚束环、它们的中心线都一致”文字描述不清楚导致保护范围不清楚的问题，不符合专利法实施细则第二十条第一款的规定。

因此，合议组认为，现有权利要求书文本没有克服驳回决定所指出的缺陷，应该维持驳回决定。

三、决定

驳回复审请求，维持国家知识产权局专利局实质审查部门于2001年2月23日作出的驳回91101753.4号发明专利申请的决定有效。

复审请求人对本决定不服的，可以根据专利法第四十一条第二款的规定，自收到本决定之日起三个月内向北京市第一中级人民法院起诉。

028

一种大电流高分辨率双加速极电子枪案

复审请求审查决定（第6162号）

决　定　号　第6162号
决　定　日　2005年3月28日
发明创造名称　一种大电流高分辨率双加速极电子枪
国际分类号　H01J 29/48
复审申请人　北京真美视听技术有限责任公司
申　请　号　00134021.2
申　请　日　2000年12月7日
公　开　日　2001年5月2日
合议组组长　李　隽
主　审　员　高海燕
参　审　员　崔哲勇

法律依据　专利法第二十六条第三款　专利法实施细则第二十条第一款
决定要点

应当结合现有技术，从发明所要解决的技术问题、解决其技术问题所采用的技术方案以及发明所要达到的有益效果上来整体分析说明书是否清楚、完整，是否符合专利法第二十六条第三款的规定；应当结合现有技术，从发明所要解决的技术问题、解决其技术问题采用的技术方案以及发明所要达到的有益效果上来整体分析权利要求的保护范围是否清楚，是否符合专利法实施细则第二十条第一款的规定。

一、案由

本复审请求涉及的是2000年12月7日向国家知识产权局申请的、申请号为00134021.2、名称为“一种大电流高分辨率双加速极电子枪”的发明专利申请，申请人是北京真美视听技术有限责任公司。

申请人在申请日提交了权利要求1项和第2项、说明书第1～3页、说明书附图第1～3页、说明书摘要和摘要附图。申请日提交的权利要求书内容为：

“1. 一种大电流高分辨率双速加极电子枪，包括阴极组件、电子束形成区及聚焦透镜区，其特征在于，位于第一栅调制极G1之后，将加速极G2分成两个电极，第一加速极是中心孔比原G2孔径小的G21电极；第二加速机是中心孔比原G2孔径大的G22电极，按照模拟的电子注轨迹形状的要求，G21和G22可以采用相同电位，也可以采用不同电位。

2. 按照权利要求1所述的双加速极电子枪，其特征在于，所述的两个加速电极，可以采用G21与G22均为开有中心孔的膜片结构，也可采用将G21电极制成开有中心孔的碗状结构。”

应申请人的请求，国家知识产权局专利局原审查部门对本申请进行了实质审查，于2003年1月

17日发出了第一次审查意见通知书。通知书指出：说明书没有对发明作出清楚、完整的说明，本领域技术人员无法根据说明书的内容实现所说的发明，不符合专利法第二十六条第三款的规定，具体为说明书中对电极G21、G22的孔径的限定是与原G2孔径相比较的，但原G2孔径的大小在说明书中没有记载，因此，对电极G21、G22的孔径的限定不清楚。另外，特征“按照模拟的电子注轨迹形状的要求”也不清楚；权利要求1没有清楚简要地表述请求保护的范围，不符合专利法实施细则第二十条第一款的规定，具体为权利要求1中引用了原G2，对电极G21、G22的孔径的限定是与原G2孔径相比较的，但原G2孔径的大小在说明书中没有记载，特征“按照模拟的电子注轨迹形状的要求”也不清楚，主题名称的“速加”含义也不清楚。

针对第一次审查意见通知书，申请人于2003年4月26日提交了意见陈述书，以及说明书第1、2页和权利要求书第1页的替换页。申请人在意见陈述书中指出：加速极G2大小的值是通过计算及电子注模拟实验确定，不同功率、电流大小的电子枪，各有不同的G2孔径数值；“按照模拟电子注轨迹形状的要求”具体指“按照模拟电子注轨迹实验中，在电子注着屏时，束点在屏上密度分布的要求”，并将其补入权利要求书和说明书中的相应位置处；此外，申请人将说明书中的“高度”改为“亮度”，将权利要求1中的“速加”改为“加速”。

原实质审查部门于2003年6月13日针对上述意见陈述书发出了第二次审查意见通知书，通知书指出：“按照模拟的电子注轨迹在着屏时，束点在屏上密度分布的要求”并未记载在原说明书和权利要求书中，也无法从原申请文件导出，因此超出了原申请的范围，不符合专利法第三十三条的规定；由于本发明的技术方案中并不存在G2，G2的位置和结构尺寸也不确定，从而说明书仍然不清楚，不符合专利法第二十六条第三款的规定；权利要求1和2也仍然不清楚，不符合专利法实施细则第二十条第一款的规定。

针对第二次审查意见通知书，申请人于2003年8月11日提交了意见陈述书，以及说明书第2页和权利要求书第1页的替换页。申请人在意见陈述书中指出：“模拟电子注轨迹”为本领域公知技术；G2也是本领域技术人员所公知的。修改后的权利要求书为：

“1. 一种大电流高分辨率双加速极电子枪，包括阴极组件、电子束形成区及聚焦透镜区，其第一栅为调制极G1，第二栅为加速极G2，其特征在于，将原有加速极G2分成置于其前后两个电极，即置于原G2前的第一加速极G21，及置于原G2后的第二加速极G22，选择G21，G22的电位，它们可以采用相同值，也可采用不同值。

2. 按照权利要求1所述的双加速极电子枪，其特征在于，所述分别置于原G2前、后的两个加速极G21及G22，它们的中心孔径以原G2中心孔径为基准进行调节，三者中心孔径的关系是：G21孔径<原G2孔径<G22孔径。

3. 按照权利要求1所述的双加速极电子枪，其特征在于，所述两个加速电极形状，可以采用G21与G22均为开有中心孔的膜片结构，也可采用将G22电极制成开有中心孔的碗状结构。”

针对申请人上述意见陈述以及申请人于2003年4月26日提交的说明书第1页、2003年8月11日提交的说明书第2页、申请日提交的说明书第3页、2003年8月11日提交的权利要求1～3项以及申请日提交的附图第1～3页、说明书摘要和摘要附图，原实质审查部门于2003年10月24日以说明书不符合专利法第二十六条第三款、权利要求1和2不符合专利法实施细则第二十条第一款的规定为由作出驳回决定。在驳回决定中指出：本申请的技术方案中，G21、G22的位置和尺寸与一个该方案中不存在的技术特征G2相关，由此导致G21、G22的位置和尺寸不清楚，因此，说明书没有对发明作出清楚、完整的说明，不符合专利法第二十六条第三款的规定；权利要求1和2通过一个其中并不存在的G2来确定，而G2的结构尺寸相对于权利要求1和2请求保护的技术方案并不是确定的。因此，权利要求 1 和 2 没有清楚、简要地表述请求保护的范围，不符合专利法实施细则第二十条第一款的规定。

申请人（下称复审请求人）对上述驳回决定不服，于 2003 年 12 月 29 日向专利复审委员会提出复审请求，认为驳回理由不充足、不客观。具体理由为：本发明的目的是为了克服在已有技术中，采用单一加速极结构的电子枪，无法获得大电流状态下仍保持高分辨率的这种特性，为此，本发明用两个极片 G21、G22 代替一个 G2，具体尺寸由电子注轨迹模拟实验确定，这种电子枪比传统电子枪相应位置处的透镜力度增大，这样减少了球差效应，也同时减小了电子束进入主透镜区的束张角，使得在大电流下也不会降低清晰度，因此，本发明的核心为采用双加速极来取代单一加速极，即本发明的技术方案不存在 G2，而只有 G21、G22，本发明的说明书和权利要求书清楚、简要地阐述了本发明的这一技术核心，至于"按照模拟的电子注轨迹的要求"是确定电子枪中电极位置与所加电压值的最惯用的手法，是最通常的已知技术。

在形式审查合格后，专利复审委员会受理了该复审请求，于 2004 年 1 月 18 日向复审请求人发出了复审请求受理通知书和前置审查通知书，在前置审查意见书中，原实质审查部门坚持原驳回意见。

复审请求人另于 2004 年 12 月 15 日提交林黛恩在 2000 年 10 月 18 日 ~21 日召开的第六届亚洲国际显示会议上发表的文章，以及陈光耀、马玉坤发表于上述会上的文章，用以证明"G2"以及"电子注轨迹的模拟实验"均为已知技术。复审请求人还于 2004 年 12 月 22 日提交《显像管技术》一书，用以再一次确认 G2 已为本领域技术人员所公知。

在此基础上专利复审委员会依法成立合议组，对本案进行审查。合议组认为，本案事实已经清楚，可以作出审查决定。

二、决定的理由

1. 关于说明书

根据专利法第二十六条第三款规定，说明书应当对发明作出清楚完整的说明，以所属技术领域的技术人员能够实现为准。具体来说，首先，说明书应当清楚地写明发明所要解决的技术问题以及解决其技术问题采用的技术方案，并对照现有技术写明发明的有益效果，上述技术问题、技术方案和有益效果应相互适应；其次，说明书应当完整地记载解决其技术问题所采用的具体技术方案，以所属技术领域的技术人员能够实现为准，即发明所属技术领域的技术人员按照说明书记载的内容，不需要创造性的劳动，就能够再现该发明的技术方案，解决其技术问题，并产生预期的技术效果。因此，应当结合现有技术，从发明所要解决的技术问题、解决其技术问题采用的技术方案以及发明所要达到的有益效果上来整体分析说明书是否符合专利法第二十六条第三款的规定。

本申请为一种大电流高分辨率双加速极电子枪。首先，如说明书所记载，本发明所要解决的技术问题是克服已有技术中，采用单一加速极 G2 的电子枪无法在获得大电流状态下仍保持高分辨率的这种缺陷，为此，本发明所采用的技术方案是将现有单加速极电子枪的加速极 G2 替换为置于其前后的两个电极，即置于原 G2 前的第一加速极 G21，和置于原 G2 后的第二加速极 G22。也就是说，本发明的技术方案中不存在 G2，并且第一加速极 G21 和第二加速极 G22 分别置于现有单加速极电子枪中放置加速极 G2 的位置的前方和后方，即本发明的核心为采用双加速极来取代现有的单一加速极，这样可有较大的自由度调整电子束形成区的最佳电位分布，并易于调整电极膜孔尺寸和两个分离加速极板之间的距离，从而可获得良好聚束的电子枪，提高电子枪大电流下的分辨率，达到本发明所要达到的有益效果。可见，该说明书记载的上述技术问题、技术方案和有益效果之间是相互适应的；其次，具有单加速极 G2 的电子枪是本领域技术人员所公知的，本领域技术人员采用现有技术即可确定现有单加速极电子枪中加速极 G2 的位置、结构尺寸及所加电压。在此基础上，本领域技术人员按照本发明说明书记载的内容，将现有单加速极电子枪中的加速极 G2 替换成双加速极 G21 和 G22，即在电子枪中原放置 G2 的位置的前方放置电极 G21，在电子枪中原放置 G2 的位置的后方放置电极 G22，进而按照现有技术中确定加速极电压的方法来确定该两个加速极的电压即可再现本发明的技术方案，解决其技术问题，并产生预期的技术效果，而不需要付出创造性劳动。由此可见，本发明的说明书已经对本发明作出了清楚完整的说明，符合专利法第二十六条第三款的规定。

原实质审查部门认为本发明说明书不清楚的原因在于本发明的技术方案通过一个该技术方案中并不存在的 G2 来确定，而 G2 的位置及结构尺寸相对于本申请的技术方案并不是确定的。如上所述，从本发明所要解决的技术问题、采用的技术方案和所要达到的技术效果来看，本领域技术人员可以理解，本发明的核心为采用双加速极来取代现有的单一加速极，本发明技术方案中的特征“将原有加速极 G2 分成置于其前后两个电极，即置于原 G2 前的第一加速极 G21，及置于原 G2 后的第二加速极 G22”已经表明本发明的技术方案中不存在 G2，而“置于原 G2 前的第一加速极 G21，及置于原 G2 后的第二加速极 G22”的含义为“置于原放置 G2 的位置前的第一加速极 G21，及置于原放置 G2 的位置后的第二加速极 G22”，本领域技术人员依据现有技术即可确定 G2 的位置及结构尺寸。因此，G2 的位置及结构尺寸对本领域技术人员来说是可以确定的，从而第一加速极 G21 和第二加速极 G22 的位置亦可以确定。因此，本发明说明书的技术方案是清楚的。

2. 关于权利要求 1 和 2

原实质审查部门认为权利要求 1 不清楚的原因在于权利要求 1 通过一个其中并不存在的 G2 来确定，而 G2 的位置及结构尺寸相对于本申请的技术方案并不是确定的。如上所述，从本发明所要解决的技术问题、采用的技术方案和所要达到的技术效果来看，本领域技术人员可以理解，本发明的核心为采用双加速极来取代现有的单一加速极，权利要求 1 中的特征“第二栅为加速极 G2，将原有加速极 G2 分成置于其前后两个电极，即置于原 G2 前的第一加速极 G21，及置于原 G2 后的第二加速极 G22”已经表明本发明的技术方案中不存在 G2，而“置于原 G2 前的第一加速极 G21，及置于原 G2 后的第二加速极 G22”的含义为“置于原放置 G2 的位置前的第一加速极 G21，及置于原放置 G2 的位置后的第二加速极 G22”，由于本领域技术人员依据现有技术可以确定 G2 的位置及结构尺寸，因此，G2 的位置及结构尺寸对本领域技术人员来说是可以确定的，从而第一加速极 G21 和第二加速极 G22 的位置亦可以确定。因此，权利要求 1 的技术方案是清楚的，符合专利法实施细则第二十条第一款的规定。

原实质审查部门认为权利要求 2 不清楚的原因在于权利要求 2 通过一个其中并不存在的 G2 来确定，而 G2 的位置及结构尺寸相对于本申请的技术方案并不是确定的。如上所述，从本发明所要解决的技术问题、采用的技术方案和所要达到的技术效果来看，本领域技术人员可以理解，权利要求 2 中的附加技术特征“分别置于原 G2 前、后的两个加速极 G21 及 G22，它们的中心孔径以原 G2 中心孔径为基准进行调节，三者中心孔径的关系是：G21 孔径 < 原 G2 孔径 < G22 孔径”中，“置于原 G2 前、后的两个加速极 G21 及 G22”的含义为“置于原放置 G2 的位置前、后的两个加速极 G21 及 G22”，而本领域技术人员依据现有技术即可确定 G2 的位置和中心孔径。因此，G2 的位置和中心孔径对本领域技术人员来说是可以确定的，从而第一加速极 G21 和第二加速极 G22 的位置和中心孔径亦可以确定，故权利要求 2 的技术方案是清楚的，符合专利法实施细则第二十条第一款的规定。

综上所述，本发明说明书是清楚完整的，符合专利法第二十六条第三款的规定，权利要求 1 和 2 是清楚的，符合专利法实施细则第二十条第一款的规定。

基于上述理由，合议组作出下述决定。

三、决定

撤销国家知识产权局专利局实质审查部门于2003年10月24日对00134021.2号申请作出的驳回决定，由原实质审查部门以驳回决定依据的文本，即2003年4月26日提交的说明书第1页、2003年8月11日提交的说明书第2页、申请日提交的说明书第3页、2003年8月11日提交的权利要求1~3项、申请日提交的附图第1~3页以及说明书摘要和摘要附图为基础继续进行审查程序。

029

具有相位调节功能的半导体集成电路及使用其的系统案

复审请求审查决定（第6164号）

决 定 号 第6164号
决 定 日 2005年4月22日
发明创造名称 具有相位调节功能的半导体集成电路及使用其的系统
国际分类号 H03L 7/06
复审请求人 恩益禧电子股份有限公司
申 请 号 98102716.4
申 请 日 1998年6月24日
公 开 日 1999年2月17日
合议组组长 黄毅斐
主 审 员 程 华
参 审 员 张 度

法律依据 专利法第二十六条第三款
决定要点

说明书所公开内容的清楚性和完整性应达到使所属领域的技术人员不经创造性劳动就能再现发明的技术方案，解决其技术问题并取得预期技术效果的程度。

说明书必须记载的内容是所属技术领域的技术人员实现发明不可缺少的技术内容，但对于不是发明关键所在的内容在说明书中可以不作说明。可以从原始申请文件中毫无疑义地直接导出的唯一内容也应属于原始公开的范围。

一、案由

本复审请求涉及国家知识产权局于1998年6月24日受理，申请号为98102716.4、优先权日为1997年6月24日、名称为“具有相位调节功能的半导体集成电路及使用其的系统”的发明专利申请，申请人是恩益禧电子股份公司。

在国家知识产权局专利局的实质审查过程中，实质审查部门在第一次审查意见通知书中指出：本申请说明书中给出的技术手段多处记载模糊不清、前后矛盾，对于所属技术领域的技术人员来说，根据说明书记载的内容无法具体实施，因此本申请的说明书不符合专利法第二十六条第三款的规定。

针对实质审查部门的第一次审查意见通知书，申请人于2003年5月12日提交了意见陈述书和说明书第1~7页替换页、说明书附图第1、2页替换页、摘要附图替换页，主要是更正了申请文件中的一些打字错误，并对审查员指出的公开不充分的地方一一作了答复。

国家知识产权局专利局实质审查部门继续审查后，认为本申请仍然不符合专利法第二十六条第三款的规定，于2003年10月10日作出了驳回本申请的决定。驳回决定的主要理由是：本申请说明书所公开的技术方案中，多处记载含糊不清，对于所属技术领域的技术人员来说很难再现该发明。如在说明书的前部分的内容记载了寄存器7中存储设定值，也就是说，在寄存器7中存在多个可选择的数值，但在说明书第6页第30行却将其设定为零，那么除零之外的其他设定值被转移到什么地方，还是被覆盖，在说明书中并没有公开。而且，本领域普通技术人员根据说明书的记载也无法直接、唯一地得出上述内容；说明书第7页第3行中将“寄存器7中的数加一”的步骤不知是何目的。因为在寄存器7中存储的是一个数值，而不是一个指针，所以本领域普通技术人员无法理解上述步骤；说明书第7页第2~3行中记载的“相位可调范围内的所有数据”指的是什么、存储在哪里、怎样确定上述数据；第7页第7行中出现的“中央值”指的是什么，怎样运用该“中央值”，在说明书中也没有相应的记载，这些都使得发明公开不充分。同时驳回决定还针对申请人在意见陈述中强调的三点理由一一作了反驳。

申请人（下称复审请求人）对上述驳回决定不服，于2004年1月19日向专利复审委员会提出复审请求。请求复审的主要理由是：(1) 当转移了设定值时，在存储器的特定区域存储的设定值可以被顺序覆盖也可以不被覆盖，本发明的特征是，寄存器7中存储的设定值在步骤A7中由CPU5转移，并且可以通过改变设定值而改变延迟元件组6的延迟值。(2) 寄存器7中存储的设定值通过加1而增加，延迟元件组6的延迟值可以通过改变设定值而改变。如何改变延迟值的一个例子是改变延迟元件的数目，通过这样的方式，寄存器7中存储的设定值越大，延迟元件的数目越多，结果，可以增加延迟元件组6的延迟值。(3) 当寄存器7的设定值可以从零到最大值n的范围中改变时，“相位可调范围内的所有数据”指零到n的值。这些值存储在寄存器7中。值n通常对应于延迟元件组6的延迟元件数目，其对应可以改变的延迟值数目。(4) 中央值指的是在寄存器7中存储的设定值中的中值，通过使用中央值，即使延迟元件组中包括的延迟元件的延迟发生波动，也可以稳定供应至锁存电路3和4的PLL1的输出信号的相位。通过上述阐述可以看出，说明书对于本发明进行了清楚完整的描述，本领域普通技术人员通过说明书记载的内容，无须通过创造性劳动便可以再现本申请的技术方案。

在前置审查程序中，国家知识产权局专利局原实质审查部门坚持原驳回决定。其主要理由是：虽然复审请求人在复审请求书中对审查员在驳回决定中的疑问进行了解释，但上述解释并不能由本申请的说明书中推出，本领域普通技术人员不通过创造性的劳动，只根据说明书的记载，无法再现本申请的技术方案。

专利复审委员会依法成立合议组对本案进行复审。

合议组在阅读了全部申请文件，并研究了驳回决定和复审请求书时的意见陈述后，认为本案事实清楚，可以作出如下复审请求审查决定。

二、决定理由

本复审决定是以1998年6月24日提交的权利要求1~20项，附图第3、4页和2003年5月12日提交的说明书第1~7页及其附图第1、2页为基础作出的。

根据专利法第二十六条第三款规定，“说明书应当对发明或者实用新型作出清楚、完整的说明，以该领域的技术人员能够实现为准。”也就是说，说明书所公开内容的清楚性和完整性应达到使所属领域的技术人员不经创造性劳动就能再现发明的技术方案，解决其技术问题并取得预期技术效果的程度。说明书必须记载的内容是所属技术领域的技术人员实现发明不可缺少的技术内容，但对于不是发明关键所在的内容可以在说明书中不作说明。可以从原始申请文件中毫无疑义地直接导出的唯一内容也应属于原始公开的范围。

合议组认为：

首先，寄存器7中存储设定值，在步骤A1中寄存器7被设为零，这是对寄存器进行初始化，随着流程从步骤A2向A5进行，寄存器7中的数值逐渐递增，根据说明书的记载可以看出通过不断尝试，采用循环方式，不断对寄存器中的数值进行加一操作调整寄存器7中的数值，直到CPU发现写数据与读数据达到一致时，保持在寄存器中的当前数据就是“设定值”，CPU根据寄存器中的设定值设定延迟元件组的延迟量（参见说明书第6页第10行），即通过改变信号流经的延迟元件的数目，进而达到相位调节的功能。其他设定值被转移到什么地方还是被覆盖并不是本申请的关键所在。

其次，相位可调范围内的所有数据是根据所需的相位调整量以及系统能够进行相位调整的最大量确定的，通常是指由零开始的数据序列，最大值对应于延迟元件组的延迟元件数目，它们存储于寄存器7中，是根据需要的延迟而选择的数据，从对寄存器中的数值循环进行加一操作，从而控制信号流经的延迟元件的数目也可看出这一点。此申请中对延迟元件组的延迟元件数目并未作具体限定，可以根据实际情况的需要确定延迟元件的具体数目，从而用“相位可调范围内的所有数据”这样的表述来限定应该是允许的，也是清楚的。上述对“相位可调范围内的所有数据”的理解和认定是本领域普通技术人员可以从原始申请文件中直接导出的唯一内容，这种可以从原始申请文件中毫无疑义地直接导出的唯一内容也应属于原始公开的范围。

第三，通常寄存器中存储数据的中央值在无特殊说明的情况下均是指寄存器中存储数据从大小上来判断的中值，根据说明书的记载当写数据与读数据彼此一致时，保持在寄存器中的当前数据就是“设定值”，在检测了所有相位可调节范围内的数据后，在写数据与读数据仍未达到一致时，将中央值设置到寄存器7中，意即应用了该“中央值”，这属于一种硬性规定，也是本领域常用的一种处理方式。

综上，合议组认为，参照本申请的电路图和流程图，按照说明书中的描述，本领域普通技术人员无需花费创造性劳动即可再现本发明申请的技术方案，因此原实质审查部门认定本申请不符合专利法第二十六条第三款相关规定的驳回理由缺乏事实依据，是不充分的。

三、决定

撤销国家知识产权局专利局实质审查部门于2003年10月10日作出的驳回本发明专利申请的决定，由原实质审查部门以驳回决定依据的文本继续进行审查程序。

030

用于在运行时间选择编译方式的方法和装置案

复审请求审查决定（第6165号）

决　定　号　第6165号

决　定　日　2005年4月19日

发明创造名称　用于在运行时间选择编译方式的方法和装置

国际分类号　G06F 9/45

复审请求人　太阳微系统有限公司

申　请　号　99126635.8

申　请　日　1999年10月30日

公　开　日　2000年6月7日

合议组组长　黄毅斐

主　审　员　程　华

参　审　员　石　清

法律依据　专利法第二十五条

决定要点

本申请涉及根据特定平台的要求来选择编译方式的方法和系统，克服了现有技术中当扩充指数超过了单或双精度的范围出现上溢或下溢时处理困难、精度低的不足。虽然其中涉及有编译的内容，但其发明点并不在于编译的过程，而在于根据预定的准则在多种编译方式中进行选择，即当满足一定条件时执行特定的操作，其中还涉及确定浮点下溢的产生和下溢的次数或趋势的问题。因此权利要求1～33均不属于专利法第二十五条第一款第二项规定的不授予专利权的范围。

一、案由

本复审请求涉及国家知识产权局于1999年10月30日受理，申请号为99126635.8、名称为"用于在运行时间选择编译方式的方法和装置"的发明专利申请，申请人是太阳微系统有限公司。

在实质审查过程中，国家知识产权局专利局实质审查部门在第一次审查意见通知书中指出：权利要求1～24所要求保护的内容概括起来均涉及了编译的过程。编译是用编译程序把用高级程序设计语言编写的源程序转换成计算机硬件能直接处理的目标程序的过程，相当于是一个把高级语言翻译成机器能识别的语言的过程，这要解决的不是技术问题；在处理的过程中也没有进行特殊的技术处理，因此没有采用技术手段；编译的结果也不属于技术效果。权利要求25、26所请求保护的主题均为计算机程序产品，计算机程序产品的实质在于计算机程序，而就程序本身而言不论它以何种形式出现都属于智力活动的规则和方法；权利要求27～32是与前述方法对应的装置，其实质还是在于前述的方法，因此也不属于专利保护的客体；权利要求33请求保护一种系统，但实质上是请求保护一种存储着由一个或多个处理器执行的一个程序的计算机可读介质，而该计算机可读介质本身的物理特性并没有发生任何变化，究其实质而言是申请人要保护记录在此介质上的程序，而就程序本身而言不论它以何种形式出现都属于智力活动的规则和方法。

针对实质审查部门的第一次审查意见通知书，申请人于2003年3月28日提交了意见陈述书和权利要求书替换页共5页。其中涉及的修改主要有：删除了原权利要求25、26，对保留的权利要求重新进行编号，对保留的并重新编号后的独立权利要求1、7、12、22、25、29、31进行了修改，加入了“由计算机实施的”的限定和“浮点操作”的技术特征。

其中上述7项独立权利要求如下：

“1. 一种由计算机实施的在运行时间确定如何编译与一个计算机程序中的浮点操作相关的字节代码的方法，包括：检索出与可以多种方式编译的所述浮点操作相关的一个字节代码指令；以第一种方式编译所述字节代码指令；在运行时间根据一个预定的准则确定编译所述字节代码指令的第二种方式是所希望的；和以第二种方式重新编译所述字节代码指令。”

“7. 一种由计算机实施的在一个软件程序中产生用于执行浮点操作的不同的本机指令组的方法，包括：以第一种方式编译所述浮点操作以建立第一个本机指令组；在软件程序的运行时间根据一个预定的准则确定以不同的方式编译所述浮点操作是所希望的；和以不同的方式重新编译所述浮点操作以建立第二个本机指令组，据此以第二个本机指令组替代第一个本机指令组。”

“12. 一种由计算机实施的在一个程序中执行一个浮点操作的方法，包括：确定一个浮点操作是否产生一次浮点下溢；检验一个特定的指示器，以确定一个特定浮点操作所导致的下溢次数；和当所述特定的指示器满足预置判定标准时，采用第一种方式编译所述特定的浮点操作，否则采用第二种方式编译所述特定的浮点操作。”

“22. 一种由计算机实施的产生用于检测浮点下溢的指令的方法，包括：确定一个程序中的一个操作是否产生一次浮点下溢；检验一个下溢指示器，以测出导致一次下溢的特定浮点操作的趋势；根据所述导致一次下溢的特定浮点操作的趋势，采用一个陷阱程序对所述特定浮点操作进行编译；和根据所述导致一次下溢的特定浮点操作的趋势，利用联机显式检验对所述浮点操作进行重新编译。”

“25. 一种在运行时间确定如何编译与一个计算机程序中的浮点操作相关的一个字节代码指令的系统，包括：一个字节代码指示器，用于检索与可以多种方式编译的所述浮点操作相关的一个字节代码指令；一个编译模块，用于以第一和第二种方式的其中一种方式对所述字节代码指令进行编译；和一个可选用的编译检测器，用于在运行时间根据一个预定的准则确定编译所述指令的第二种方式是所希望的。”

“29. 一种用于在一程序中执行浮点指令的系统，包括：一个指令鉴别器，用于确定一个浮点指令是否产生一次浮点下溢；一个浮点下溢指示器，用于对一个特定浮点操作所导致的浮点下溢保持计数；和一个编译器，用于当所述特定的浮点下溢指示器满足预置的标准时，采用第一种方式对所述特定浮点操作进行编译，及否则采用第二种方式对所述特定浮点操作进行编译，其中所述浮点下溢指示器被检验，以确定所述特定浮点操作所导致的下溢次数。”

“31. 一种用于在运行时间确定如何对与一个包括指令的计算机程序中的浮点操作相关的代码指令进行编译的系统，包括：一个或多个处理器；和一种存储着由一个或多个处理器执行的一个程序的计算机可读介质，该介质包括：从可以多种方式编译的所述程序中检索一个指令的计算机代码；以第一种方式编译所述指令的计算机代码；在运行时间根据一个预定的准则确定编译所述指令的第二种方式是所希望的方式的计算机代码；和以第二种方式重新编译所述指令的计算机代码。”

在意见陈述书中申请人陈述了修改后的权利要求1~31不属于专利法第二十五条第一款第（二）项所规定的智力活动的规则和方法的理由：修改后的权利要求1~24表述了为了达到一定的技术效果而掌握自然力的技术行为的规范，即由计算机实施的对与浮点操作相关的字节代码进行编译的方法、用于执行浮点操作的不同的本机指令组的方法、执行浮点操作的方法和产生用于检测浮点下溢的指令的方法。其中的各步骤导致一种技术行为，涉及对于自然力的掌握和运用，并由此可以达到所需要的具体的技术效果；同理权利要求25～31也不属于专利法第二十五条第一款第（二）项所规定的智力活动的规则和方法。

实质审查部门于2003年11月7日以该申请属于专利法第二十五条规定的不授予专利权的范围为由驳回了该申请。

申请人（下称复审请求人）对上述驳回决定不服，于2004年1月28日向专利复审委员会提出复审请求。请求复审的主要理由是：在答复第一次审查意见通知书的意见陈述中，复审请求人已经充分和清楚地陈述了本发明的方法和系统与智力活动的规则和方法的区别，并且在根据本发明的实施例中，可以根据特定系统的需要，在运行时间中以多种方式进行浮点操作。在运行时间中，虚拟机判断哪一种方式更为理想，其结果是虚拟机可产生更加适合于特定平台的本机指令。

在前置审查程序中，国家知识产权局专利局原实质审查部门仍坚持原驳回决定。

专利复审委员会依法成立合议组对本案进行复审。

合议组在阅读了全部申请文件，并研究了驳回决定和复审请求时的意见陈述后，认为本案事实清楚，可以作出如下复审请求审查决定。

二、决定理由

本复审决定是以1999年10月30日提交的说明书第1～16页及其附图第1～9页、2003年3月28日提交的权利要求第1～31项为基础作出的。

合议组认为，依据本申请的原始说明书和附图，本申请涉及根据特定平台的要求对程序进行编译的方法。在现有的技术中存在下述问题：当扩充精度（80比特）格式中计算的数值被转换成或存储在单（32比特）或双（64比特）精度格式时会出现问题，例如当自IA－32处理器给出一个扩展精度结果时，需要单或双格式结果的Java语言会出现问题，如果扩充指数超过了单或双精度的范围，则会出现上溢或下溢。在IA－32中，通过硬件处理上溢，但可通过本发明所述的方法来寻址。下溢则更难处理，因为有效位可被移位以缩小指数，然而这种移位损失了有效位的比特数，损失了该结果的精度。本申请想要解决的就是当特定平台变化时所产生的问题，合理地和动态地选择所采用的执行过程。本申请所作的选择是在一个给定体系结构上执行一些给定类型的各可供选择的运算实施之间进行的。浮点下溢问题就是一个具体问题，如在检测和校正浮点下溢的同时，减少所必需的联机代码量并避免使用中断处理来调用子程序去校正该问题的开销，最好是允许一个动态运行时间编译器去执行一个执行过程，还可监控其效率并改变其执行过程。也就是说根据特定系统的需要，在运行时间中，判断选择一种合适的浮点操作方式，从而产生更加适合于特定平台的本机指令。它克服了现有技术中当扩充指数超过了单或双精度的范围而出现上溢或下溢时处理困难、精度低的不足。

权利要求1～6分别请求保护一种由计算机实施的在运行时间确定如何编译与一个计算机程序中的浮点操作相关的字节代码的方法，权利要求7～11分别请求保护一种由计算机实施的在一个软件程序中产生用于执行浮点操作的不同的本机指令组的方法，虽然其中涉及有编译内容，但其技术方案并不在于编译的过程，而是在于根据预定的准则在多种编译方式中进行选择以满足特定的需要。

权利要求12～21分别请求保护一种由计算机实施的在一个程序中执行一个浮点操作的方法，权利要求22～24分别请求保护一种由计算机实施的产生用于检测浮点下溢的指令的方法，上述方法主要是通过确定浮点下溢的产生和下溢的次数或趋势，当满足一定条件时执行特定的操作，虽然这些方法是通过计算机编程实施、完成的，但仅凭此点不能说明它们属于智力活动，因为上述方法并不在于编译本身，而是根据不同的情况（由计数器来决定）确定采用哪种编译方式处理来自浮点指令的下溢的过程。

因此，权利要求1～24均不属于智力活动的规则和方法。

权利要求25～31分别请求保护的是与上述方法相对应或相关的系统，其技术方案在于根据预定的准则在多种编译方式中进行选择以满足特定的需要，而不是编译本身。同理权利要求25～31也不属于智力活动的规则和方法。

综上所述，本申请的发明主题是一个根据特定平台的需求，对与计算机中浮点操作相关的字节代码以更好的方式进行编译处理的技术主题，利用了技术手段，并获得了技术效果，因此原实质审查部门认定本申请不符合专利法第二十五条相关规定的驳回理由缺乏事实依据，是不充分的。

三、决定

撤销国家知识产权局专利局实质审查部门于2003年11月7日作出的驳回本发明专利申请的决定，由原实质审查部门在复审请求人于2003年3月28日提交的权利要求第1～31项及申请日提交的说明书第1～16页及其附图第1～9页的基础上继续进行审查程序。

031

一种调容变压器案

复审请求审查决定（第6166号）

决　定　号　第6166号
决　定　日　2005年4月13日
发明创造名称　一种调容变压器
国际分类号　H01F 29/00　H01F 41/00
复审请求人　张宇菁　翟兆有　大连贵友机电有限公司
申　请　号　99113054.5
申　请　日　1999年6月24日
公　开　日　2001年1月10日
合议组组长　马志远
主　审　员　崔哲勇
参　审　员　张宗任

法律依据　专利法第二十六条第三款
决定要点

本申请公开一种调容变压器的调容方法，其技术方案就是将调容变压器的阻抗压降指标设定为现有技术中设定值的一半，即阻抗压降小于等于2%，其他对变压器具体参数的计算方法与现有变压器设计方法完全相同，因此，本领域普通技术人员按照说明书记载的内容设定变压器指标，并结合本领域常用的设计方法可以实现本申请的技术方案，因此本申请的说明书符合专利法第二十六条第三款的规定。

一、案由

本复审请求涉及申请日为1999年6月24日、公开日为2001年1月10日、名称为"一种调容变压器"的发明专利申请，其申请号为99113054.5，申请人为张宇菁、翟兆有、大连贵友机电有限公司。

在实审过程中，国家知识产权局专利局实质审查部门针对本申请的原始文本进行审查，于2002年12月6日发出第一次审查意见通知书。其中指出本申请说明书不符合专利法第二十六条第三款的规定，其主要理由是：根据说明书的描述，审查员不能充分理解变压器的阻抗压降指标Uk%≤2%及变压器的特性参数值：铁芯直径参数K≤50，铁芯磁通密度Bc≤15KGS，线圈的电流密度Δ=2.0~3.0是通过什么手段来实现的。

针对上述审查通知书，申请人于2003年3月14日提交意见陈述书，并同时提交权利要求书第1页和说明书第1~3页替换页。申请人在意见陈述书中认为：本申请所涉及的调容变压器是油田抽油机专用调容变压器，具有很强的过载能力，其最大特点在于可以使双倍容量下的负载长时间运行，不会造成变压器温升超标。

实质审查部门认为本申请经申请人陈述意见后，修改后的说明书仍然没有对发明作出清楚、完整的说明，不符合专利法第二十六条第三款的规定。因此于2003年4月25日作出了驳回本专利申请的决定，驳回决定的具体理由与第一次审查意见通知书中所指出的意见相同。另外驳回决定中同时指出，本申请请求保护一种调容变压器产品，但在说明书中并未对调容变压器的具体结构特征作任何描述，也未给出实施说明书所述各个指标的技术手段。

申请人（下称复审请求人）对于上述驳回决定不服，于2003年7月30日向专利复审委员会提出复审请求，并同时提交了说明书摘要第1页、权利要求书第1页和说明书第1～3页的替换页，其复审理由为：（1）本申请所要求保护的产品是一种调容变压器，其技术内容最核心的是阻抗压降Uk为1.8%～2.2%，而选择铁芯直径参数K=48～52、磁通密度选择Bc=14.8～15.2KGS、电流密度Δ=2.0～3.0是制造本调容变压器的具体技术手段；（2）在限定变压器指标后，变压器的具体结构特征可以根据用户的需求进行理论设计，其具体结构也可以千差万别，在说明书中，申请人没有必要对变压器的具体结构进行限定；具体设计和制造变压器所需要的技术手段属于常规技术手段；（3）复审请求人在意见陈述中举出一个设计实例作为具体说明。另外，复审请求人还提交了《变压器设计手册》第10～11页、第15～18页复印件（沈阳变压器研究所，1985年9月出版），用于证明设计变压器所需的技术手段是公知的。

经形式审查，该复审请求符合专利法及其实施细则规定的形式要求，专利复审委员会于2003年9月17日发出复审请求受理通知书和前置审查通知书。

实质审查部门对该复审请求进行了前置审查，仍坚持原驳回决定。

在此基础上，专利复审委员会依法成立合议组对本案进行审理，于2004年12月24日发出复审通知书，其中指出：（1）本发明说明书中仅公开选择铁芯直径参数K=48～52、磁通密度选择Bc=14.8～15.2KGS、电流密度Δ=2.0～3.0作为实现Uk≤2%的具体技术手段，虽然复审请求人在复审请求书中举出一个设计实例进行说明，但该设计实例是在将额定容量、一次电压、二次电压、相数、接线方式、冷却方式、性能指标等设定为特定数值的情况下作出的，也就是说最终得到的具有该压降阻抗的变压器不但与复审请求人所述的铁芯直径参数、磁通密度、电流密度相关，还与其他多项条件相关，合议组根据该设计实例并不能确定在上述多项条件取值变化的情况下所得到的阻抗压降是否仍然能够保持小于等于2%，即该阻抗压降是否仅由复审请求人所述的铁芯直径参数、磁通密度、电流密度这四个参数决定。（2）说明书中并未公开选择铁芯直径参数、磁通密度、电流密度的上述具体参数数值的科学推导过程，虽然说明书中以油浸自冷变压器为例对选择电流密度参数数值进行了说明，但合议组不能确定该电流密度参数对其他类型变压器是否同样适用，同样不能确定这些参数选择对所有变压器热稳定性、动稳定性等性能的影响。（3）复审请求人在意见陈述中认为在确定阻抗压降≤2%的情况下，利用现有公知技术可以根据具体情况和设计要求确定变压器的具体结构。对此合议组认为即使复审请求人能够对上述问题（1）、（2）进行合理的解释，但纵观本发明申请说明书，其中并未描述任何变压器的具体结构特征，其实质仅公开一种实现阻抗压降≤2%的方法。因此本申请请求保护一种调容变压器是不适当的。

专利复审委员会在2005年2月18日收到复审请求人于2005年2月1日针对上述复审通知书作出的意见陈述书以及说明书第1～3页、权利要求书第1页以及说明书摘要第1页的替换页，复审请求人将本申请名称变更为“一种调容变压器的调容方法”，并重申在阻抗电压确定的情况下，通过调整如K、Bc、Δ1、Δ2等有关参数来保证计算出的阻抗是标准规定值的一半，这是每个变压器设计员都能做到的。

在上述工作的基础上，合议组认为本案事实清楚，可以作出本复审决定。

二、决定的理由

由于复审请求人于2005年2月1日提交的修改文本符合专利法第三十三条和专利法实施细则第六十条的规定。因此，本次复审所针对的文本是复审请求人原始提交的说明书附图第1页，以及2005年2月1日提交的权利要求第1~2项、说明书第1~3页、说明书摘要。

根据专利法第二十六条第三款的规定，说明书应当对发明作出清楚、完整的说明，以所属技术领域的技术人员能够实现为准。根据审查指南第二部分第二章第2.1.3节规定，所属技术领域的技术人员能够实现，是指“所属技术领域的技术人员按照说明书记载的内容，不需要创造性的劳动，就能够再现该发明或者实用新型的技术方案，解决其技术问题，并且产生预期的技术效果。”

本申请说明书中描述了一种调容变压器的调容方法，该方法利用降低阻抗电压调整变压器的容量，将阻抗电压参数Uk选定为1.8%~2.2%，并以该阻抗电压参数的上述选定值为前提，在实施例中确定了铁芯直径参数K、铁芯磁通密度Bc和电流密度Δ的取值范围。另外，说明书实施例中还针对油浸自冷变压器的具体情况对变压器的动稳定性和热稳定性进行演算，演算结果均符合油浸自冷变压器工作标准。

在此情况下，合议组认为：本申请说明书中所设定的阻抗压降是变压器的设计指标之一，将变压器的阻抗压降控制在1.8%~2.2%的范围内并不与变压器设计原理相违背，这在技术上是可以实现的，并且原实质审查部门对此也并未提出异议。另外说明书中设定的变压器的特性参数值：铁芯直径参数$K \leq 50$，铁芯磁通密度$Bc \leq 15KGS$，线圈的电流密度$\Delta = 2.0 \sim 3.0$均为变压器设计中需要根据具体情况设定的经验值，说明书实施例中对它们的取值范围并未超出本领域常用的经验值范围。

因此，判断本申请说明书是否公开充分主要集中在根据设定的变压器指标和铁芯直径参数K、铁芯磁通密度Bc和电流密度Δ的取值，本领域技术人员是否可以依据现有的变压器设计原理，实现设计并制造出阻抗压降为1.8%~2.2%的变压器。

对此，合议组认为，现有变压器设计方法通常是根据变压器的使用要求对变压器的额定容量、一次电压、二次电压、相数、接线方式、冷却方式、损耗、阻抗压降、铁芯直径参数、铁芯磁通密度、线圈电流密度等工作指标和性能参数指标进行设定，然后通过理论计算来得出变压器结构方面的具体参数，包括例如铁芯直径、线圈匝数、一次和二次线圈的结构参数、线圈半径、线圈损耗等，并且通过不断调整有关结构参数，最终可以设计出符合所设定指标的变压器。这种设计方法是本领域技术人员常用的和容易实现的。因此，在本申请将变压器的阻抗压降、铁芯直径参数、铁芯磁通密度、线圈电流密度等指标进行设定，且这些设定值符合变压器设计理论的情况下，通过上述常用设计方法设计出符合上述指标的变压器对于本领域技术人员来说应当是可以实现的，并不需要付出创造性劳动。另外，说明书实施例中还针对油浸自冷变压器的具体情况对变压器的动稳定性和热稳定性进行演算，演算结果均符合油浸自冷变压器工作标准。

基于上面的分析，合议组认为本申请公开了一种调容变压器的调容方法，其技术方案就是将调容变压器的阻抗压降指标设定为现有技术中设定值的一半，即阻抗压降小于等于2%，其他对变压器具体参数的计算方法与现有变压器设计方法完全相同。因此，本领域普通技术人员按照说明书记载的内容设定变压器指标，并结合本领域常用的设计方法，完全可以不需要创造性的劳动，就能够再现本申请的技术方案，解决其技术问题，并且产生预期的技术效果。

因此，本申请说明书符合专利法第二十六条第三款的规定。至于说明书和权利要求书是否还存在其他缺陷，均留待后续程序继续审查。

三、决定

撤销国家知识产权局专利局实质审查部门于2003年4月25日作出的驳回决定，由原实质审查部门以复审请求人原始提交的说明书附图第1页、摘要附图，以及2005年2月1日提交的权利要求第1～2项、说明书第1～3页、说明书摘要为基础继续进行审批程序。

032

压电谐振器案

复审请求审查决定（第6227号）

决　　定　　号　第6227号
决　　定　　日　2004年8月13日
发明创造名称　压电谐振器
国 际 分 类 号　H03H 9/15
复 审 请 求 人　ETA草图制造公司
专　　利　　号　96123480.6
申　　请　　日　1996年12月27日
公　　开　　日　1997年10月1日
合议组组长　石　清
主　　审　　员　林　俐
参　　审　　员　黄毅斐

法 律 依 据　专利法第二十二条第二款
决 定 要 点

复审请求人在复审程序修改了权利要求，新的独立权利要求所限定的技术方案相对于现有技术存在明显不同，符合专利法第二十二条第二款的规定，克服了原驳回决定所指出的新颖性缺陷。

一、案由

本复审请求涉及的是中国专利局于1996年12月27日受理的、申请号为96123480.6、发明名称为“压电谐振器”的发明专利申请，申请人为ETA草图制造公司（下称复审请求人），该申请的优先权日为1995年12月28日。

在实质审查程序中，国家知识产权局专利局实质审查部门在第一次审查意见通知书中指出该申请的权利要求1、2和引用权利要求1、2的权利要求4~10不具备新颖性，以及权利要求3和引用权利要求3的权利要求4~10不具备创造性，不符合专利法第二十二条第二款、第三款的规定。申请人在答复审查意见通知书的意见陈述书中陈述了本专利申请的权利要求1~10相对于现有技术具有新颖性、创造性的理由，并未对权利要求书进行修改。经审查，国家知识产权局专利局实质审查部门于2002年4月26日以该申请的权利要求1、2和引用权利要求1、2的权利要求4~10不具备新颖性、权利要求3和引用权利要求3的权利要求4~10不具备创造性，不符合专利法第二十二条第二款、第三款的规定为由，作出了驳回决定。

驳回决定所针对的权利要求书为：

“1. 一种压电谐振器，包括带有电极（7）的振动件（2）和包含所述振动件的细长的密封外壳（1），并且包括金属帽（9）、固定有金属帽（9）的座（10）和穿过所述座并且其内端（11a）电连接到振动件的所述电极的耦合导体（11），其特征在于，所述金属帽（9）是由矩形平行六面体形的部分构成，在其纵轴方向有一个圆柱形的轴向盲孔（14）。

2. 如权利要求1的谐振器，其特征在于，所述矩形平行六面体形的所述部分具有一个大致方形的部分。

3. 如权利要求1或2的谐振器，其特征在于，所述帽（9）是由铜－镍－芯合金制成。

4. 如前述任一权利要求的谐振器，其特征在于，所述帽（9）拧到所述座（10）上。

5. 如权利要求4的谐振器，其特征在于，所述座（10）包括电绝缘材料的其中穿过所述导体（11）的中央圆柱形的部分（15），金属环（16）围绕着所述中央圆柱形部分，并且至少一个金属层（17）覆盖在所述环的外表面上且能够弹性变形，当所述帽（9）拧到所述座（10）上时，所述金属层受压以保证所述外壳（1）的密封。

6. 如权利要求5的谐振器，其特征在于，所述金属层（17）本身覆盖有薄的金层（18）。

7. 如权利要求5或6的谐振器，其特征在于，所述中央圆柱形部分（15）是由玻璃制成。

8. 如前述任一权利要求的谐振器，其特征在于，耦合导体（11）的内端（11a）固定到振动件（2）上并且将后者支撑在所述外壳（1）中。

9. 如权利要求8的谐振器，其特征在于，通过导电粘合材料将连接导体（11）的内端（11a）固定到振动件（2）上。

10. 如前述任一权利要求的谐振器，其特征在于，所述振动件（2）包括石英谐振叉（3），其叉条（5）支撑所述电极（7）。”

针对上述权利要求的驳回决定所依据的现有技术为对比文件1（US5265316A，公开日为1993年11月30日）和对比文件2（JP02166910A，公开日为1990年6月27日）。复审请求人不服该驳回决定，于2002年7月18日向专利复审委员会提出复审请求，复审请求人还同时提交了新的权利要求书，其中仅对驳回决定所依据的文本中的权利要求1进行了修改。

修改后的权利要求1为：

“1. 一种压电谐振器，包括带有电极（7）的振动件（2）和包含所述振动件的细长的密封外壳（1），并且包括金属帽（9）、固定有金属帽（9）的座（10）和穿过所述座并且其内端（11a）电连接到振动件的所述电极的耦合导体（11），其特征在于，所述金属帽（9）由单一的一个矩形平行六面体形构成，在其纵轴方向有一个圆柱形的轴向盲孔（14）。”

复审请求人认为，对比文件1并未公开权利要求1的全部技术特征，该申请的权利要求1所要求保护的技术方案相对于对比文件1具备新颖性，符合专利法第二十二条第二款的规定。复审请求人还对权利要求1进行了修改，排除了第二外壳的可能性。

专利复审委员会对复审请求人的复审请求经形式审查，于2002年8月13日予以受理，并将该复审请求书连同原申请案卷一并送交作出驳回决定的原实质审查部门进行前置审查，该审查部门在前置审查意见书中认为：权利要求1和对比文件1存在区别，但权利要求1所要求保护的压电谐振器相对于对比文件1仍不具备创造性，尽管复审请求人在提交复审请求时对权利要求1进行了修改，但修改后的权利要求1并未排除具有第二外壳的可能；请求人未对权利要求2～10做任何修改，当修改后的权利要求1不具备创造性时，权利要求2～10也不具备创造性，因而坚持驳回原决定。

专利复审委员会组成合议组对该复审请求进行了审查，认为复审请求人于2002年7月18日提交的权利要求书修改文本符合专利法第三十三条的规定。因此，本复审决定是以驳回决定所依据的说明书及说明书附图文本和复审请求人于2002年7月18日提交的权利要求书修改文本为基础，引用与驳回决定中相同的对比文件1（US5265316A，公开日为1993年11月30日）和对比文件2（JP02166910A，公开日为1990年6月27日），对该申请的新颖性、创造性进行审查的。

合议组认真研究了复审请求人所陈述的理由，并对作出驳回决定所涉及的理由进行了审查，认为事实已经清楚，可以作出复审决定。

二、决定理由

专利法第二十二条第二款规定：新颖性，是指申请日以前没有同样的发明或者实用新型在国内外出版物上公开发表过、在国内公开使用过或者以其他方式为公众所知，也没有同样的发明或者实用新型由他人向国务院专利行政部门提出过申请并且记载在申请日以后公布的专利申请文件中。

在本案中，对比文件1（US5265316A，公开日为1993年11月30日）和对比文件2（JP02166910A，公开日为1990年6月27日），均是在本案的优先权日以前的公开出版物，属已有技术。

复审请求人提交的新修改的权利要求1为：

“1. 一种压电谐振器，包括带有电极（7）的振动件（2）和包含所述振动件的细长的密封外壳（1），并且包括金属帽（9）、固定有金属帽（9）的座（10）和穿过所述座并且其内端（11a）电连接到振动件的所述电极的耦合导体（11），其特征在于，所述金属帽（9）由单一的一个矩形平行六面体形构成，在其纵轴方向有一个圆柱形的轴向盲孔（14）”。

对比文件1是一种压封型压电谐振器的制造方法，具体公开了以下技术特征：压电谐振器包括一个被封装在由座和帽构成的密封壳中的振动件和穿过座的两耦合导体，密封壳外套有一围绕的由金属或树脂制成的矩形外套，矩形外套的轴向有一个矩形的通孔，矩形外套内的密封外壳的纵轴方向具有一个圆柱形的轴向盲孔（参见该对比文件说明书第5栏第10～22行，附图1、附图10～11），将修改后的权利要求1与对比文件1比较，对比文件1仅公开了权利要求1的部分技术特征，对比文件1并未公开权利要求1的“所述金属帽（9）由单一的一个矩形平行六面体形构成，在其纵轴方向有一个圆柱形的轴向盲孔”技术特征，权利要求1所要求保护的技术方案相对于对比文件1具有明显的不同，因此，新修改的权利要求1相对于对比文件1具备新颖性。

在新修改的权利要求1具备新颖性的情况下，其从属权利要求2、4～10也具备新颖性。在驳回决定中，对于权利要求1、2的驳回理由是该两项权利要求缺乏新颖性，而没有涉及对权利要求1、2的创造性的评价。根据审查指南第四部分第二章第6.1节的规定，关于权利要求1、2的创造性的审查不是本复审程序的审查范围，对于修改后的权利要求1、2是否具备创造性的审查应由后续程序继续审理。

由于复审请求人对权利要求1进行了修改，而驳回决定中对于其从属权利要求3～10的创造性的评述是在权利要求1、2不具备新颖性的基础上进行的，在修改后的权利要求1、2具备新颖性的前提下，原驳回决定认为从属权利要求3～10不具备创造性所依据的基础已不存在。因此，修改后的权利要求3～10是否具备创造性的审查应由后续程序继续审理。

综上所述，合议组认为该专利申请的权利要求1、2、4～10符合专利法第二十二条第二款的规定，具备新颖性，复审请求人的复审请求理由成立。

三、决定

撤销国家知识产权局专利局实质审查部门于2002年4月26日作出的对于96123480.6专利申请的驳回决定，以复审请求人于2002年7月18日提交的权利要求书修改文本和1996年12月27日提交的说明书及说明书附图为基础，发回原实质审查部门继续审批程序的审理。

033

曲轴连杆法利用磁能案

复审请求审查决定（第6245号）

决　定　号　第6245号
决　定　日　2005年5月10日
发明创造名称　曲轴连杆法利用磁能
国际分类号　H02N 11/00
复审请求人　谢呈合
申　请　号　01108833.8
申　请　日　2001年3月7日
公　开　日　2001年9月26日
合议组组长　于　萍
主　审　员　詹靖康
参　审　员　高　栋

法律依据　专利法第二十二条第四款
决定要点

本申请试图利用永磁体以自身的能量推动其自身不停地运动而产生动力，属于永动机；对其进行具体分析可知为了保持该装置不断运动，需要外界不断输入能量，可见其声称的技术效果无法实现，因此不符合专利法第二十二条第四款的规定，不具备实用性。

一、案由

本复审请求涉及申请号为01108833.8、名称为“曲轴连杆法利用磁能”的发明专利申请，其申请日为2001年3月7日，公开日为2001年9月26日，申请人为谢呈合。

国家知识产权局专利局实质审查部门以本申请不符合专利法第二十二条第四款的规定为理由，于2003年10月24日作出了驳回该专利申请的决定。在驳回决定中审查员指出该铁片抽插、磁体的运动以及曲轴连杆的运动存在能量的损耗，如果外界不输入能量，该铁片是不能保持永恒不断的运动的。

驳回决定所针对的权利要求1的内容如下：

“1. 曲轴连杆法利用磁能与《利用磁能量的新方法》及《利用磁能量的新方法的改进方法》的共同点是用两相同（或相当于相同）的永磁体同极相向，并支撑在支架上，中间插一铁片，促使永磁体以自身的能量推动其自身不停地运动而产生动力，而本方法的特征是用两相同永磁体②磁通量最大、磁感线最密的正面同磁极相向，中间插上一平面稍大于两相同永磁体②平面的软铁片⑤，或者其他易磁化的材料，两磁体②平面由曲轴⑧连杆⑥控制在与软铁片⑤平面即平行距离又相等，最接近而又不接触的位置，由软铁片⑤的抽插，曲轴⑧连杆⑥的控制，使两相同永磁体②在相斥力的作用下不停地运动，从而不断产生所需要利用的动力。”

申请人（下称复审请求人）不服上述驳回决定，于2003年12月2日向专利复审委员会提出复审请求，其主要观点如下：铁片平行于两磁体平面，不断抽插时并没有磁场阻力；磁体对铁片的抽与插的作用力的合力等于零；由于永磁体自身相斥力很大，减去非磁场状态下抽插铁片所需的力再减去机械损耗等所需的力还有相当的一部分力输出。

经形式审查合格后，专利复审委员会受理了上述请求。在前置审查程序中，原实质审查部门仍然坚持原驳回决定。

专利复审委员会依法组成合议组对本案进行了审理。合议组在仔细审阅了全部案卷后认为本发明技术方案中存在多个问题，针对这些问题以及复审请求人在复审请求意见陈述书中提出的理由，合议组于2005年2月18日发出了复审通知书，其中指出：（1）整个系统中存在着各种摩擦力、阻力。例如曲轴转动时的摩擦、滑轮与支架的摩擦、空气阻力，这些摩擦力、阻力都在消耗能量。（2）铁片在抽插时需要外力做功。

磁力的计算公式是 $\vec{F}=\iint_{s}\vec{p}\,d\vec{s}$，

其中F是磁引（斥）力，s是物体的任意表面，p是作用在s表面的应力。

$$\vec{P}=\frac{1}{\mu_0}(\vec{n}\cdot\vec{B})\vec{B}-\frac{1}{2\mu_0}\cdot B^2\vec{n},$$

其中 $\bar{n}$ 是沿积分表面s法线方向的单位矢量，μ_0 是磁导率。$\vec{B}$ 是磁感应强度矢量。

在铁片的抽插过程中的某一个时刻，一个永磁体A对铁片的作用力可分解为沿抽插方向（下称X方向）的力 F_{AX} 和与之垂直的方向（下称Y方向）的力 F_{AY}。根据上述公式，F_{AX} 和 F_{AY} 均不为零。与永磁体A相对称设置的永磁体B对铁片产生的力可同样分解为 F_{BX} 和 F_{BY}，由于永磁体A、B的性质完全相同，位置对于铁片来说完全对称，因此 F_{AY}、F_{BY} 的大小相等，方向相反，相互抵消；F_{AX} 和 F_{BX} 则是大小相等，方向相同。因此，此时两块永磁体对铁片作用力的合力为 $F_{AX}+F_{BX}$（以下将其称为 F_X）且 F_X 的值不为零，可见申请人在复审请求书中所称的“不存在磁场阻力”、“只需输入在非磁场状态下的抽插力，就可以完成铁片抽插过程”的观点是不成立的。

抽出、插入铁片所做的功W等于作用于铁片上的力 F_X 与铁片运动过的距离S的乘积，如上所述由于S及 F_X 均不等于零，故W不等于零。另外需要说明的是，虽然在插入铁片时，磁场对铁片的作用力与铁片的运动方向一致，是动力。但是由于抽出铁片与插入铁片两个动作不是同时进行，插入铁片时铁片所受的动力不可能与抽出铁片时的铁片受到的阻力同时作用于铁片，也不可能抵消该阻力。由于抽出铁片时有磁场阻力的存在，这一过程必然要有外力做功。而在将软铁片插入时，尽管磁场对铁片的作用力与铁片运动方向一致，但是为了控制铁片刚好位于两个永磁体之间，仍然需要一定的外力控制铁片的运动，所以，铁片插入过程中也需要外力做功。因此，申请人在复审请求中所称的“铁片的抽插‘一拉一反弹’，像弹簧，合力为零”的观点也是不正确的。

也就是说，如果没有外力对铁片做功，该系统就无法运转，更无法输出能量。

在复审请求书中，申请人在多处都将“力”和“功”的概念混淆。实际上，申请人无法用事实或定量的计算来证明整个装置所产生的能量减去所消耗的能量还有能量输出。永磁体相排斥的运动实际上只是磁场势能与动能的相互转换，在这个过程中没有额外的能量产生。

磁场回路积分公式为：

$$\oint H\times dl=0$$

这个公式表明，在磁场中，将一个单位磁荷经历一个闭合回路，磁场做功为零，磁荷的能量没有增加也没有减少。

更进一步说，在两块永磁体排斥的情况下，它们不可能自动接近，需要外力做功使它们逐渐接近。这时外力所做的功就成为这两块永磁体之间的排斥势能。反过来说，任意两个永磁体之间的相互吸引产生的运动也只是磁势能转化为了动能。实际上，整个机构在没有能量不断输入的情况下，不可能不断输出能量。

可见，申请人也无法证明其所声称的效果，而实质上，本装置仅能起到的效果是转化和传输能量，而无法创造新的能量。而且，由于系统运动过程中的摩擦力等阻力的存在，该系统要消耗部分能量。

本申请不符合能量守恒定律，不可能实现，因此不符合专利法第二十二条第四款的规定，不能被授予专利权。

2003 年 3 月 25 日，复审请求人提交了意见陈述书，其中认为：（1）整个系统中存在各种摩擦力、阻力，但是只要配置得当，摩擦力可以很小，而且在真空状态下是没有空气阻力的。（2）两磁体对铁片的作用力合力为零；抽插铁片过程中的合力为零。（3）复审请求人给出测试数据，认为两磁体相斥力减去摩擦阻力，还有相当部分力输出。

合议组认为，本案事实已经清楚，可以依法作出复审决定。

二、决定的理由

专利法第二十二条第四款规定："实用性是指该发明或者实用新型能够制造或者使用，并且能够产生积极效果。"

根据说明书的记载，本申请的技术方案是："先用两相同的方形（或其他形）永磁体，两边装上小滑轮，连同连杆曲轴一起由滑轮和轴承支撑在支架上，使两相同永磁体磁通量最大，磁力线最密的正面同极相向，中间平行插入一平面稍大于两永磁体平面的软铁片，或其他易磁化的材料，使两永磁体平面与软铁片平面保持在既平行而距离又相等，最接近而又不接触的位置，曲轴一端装上飞轮。这时，快速抽出软铁片，两同极相向的永磁体在相斥力的作用下同时向相反方向移动，通过连杆推动曲轴转到 180 度，同时也产生了所需要利用的动力，当又快速将软铁片插回两永磁体中间，曲轴借助飞轮的惯性冲过上止点绕过 180 度转到 360 度，又回到原来的位置，当曲轴借助飞轮的惯性冲过下止点时，如果又把软铁片抽出，两永磁体又同时移开，这样周而复始，两永磁体就不停地运动，从而不断产生所需要利用的动力。支架、连杆用非磁性材料制作。"复审请求人在复审请求书和复审意见陈述书中声称能量守恒定律对本发明是不适用的；本发明可以不停地运动，不断输出能量。

合议组认为这种效果是无法实现的。首先，整个系统中存在各种摩擦力、阻力，复审请求人在复审意见陈述书中对此也予以承认；其次，铁片在抽插时需要外力对其做功，案由部分对此已做具体的力学分析，此处不再赘述。最后，本装置仅能起到的效果是转化和传输能量，而无法创造新的能量。

复审请求人在意见陈述书中对铁片进行了力学分析，认为两磁体作用于铁片上的合力为零。实际上，复审请求人图示中的铁片恰好处于非常特殊的时刻和位置，此时铁片插入动作完成、抽出动作还未开始，处于一完全对称的位置，在这一位置的铁片上的合力确实为零；只要铁片一旦偏移此对称位置，也就是说，在铁片的抽插过程中，磁体作用于其上的合力就不为零。为了将铁片抽出或插入，根据牛顿定律，必然要向铁片施加一个力；抽出或插入铁片需经过一段位移，力与位移的乘积就是在这个过程中外力所做的功，变力所做的功可通过积分计算；在这里，力与位移都不为零，它们的乘积——功，也不为零。

复审请求人实际上也承认抽出铁片和插入铁片需要外力的作用（参见复审意见陈述书第 2 页第 12 行），但混淆了力与功的概念。力是一矢量，功不是矢量，复审请求人的观点"抽出铁片的力与插入铁片的力大小相等，方向相反……抽插铁片过程中的合力为零"是错误的。由于抽出铁片的力与插入铁片的力在不同的时刻作用于铁片上，故形成合力之说无从谈起；而这又恰恰说明在抽插铁片的过程中需要外力做功。复审请求人给出的试验数据是在没有考虑外力做功的情况下得出的，根据这些数据所作出的结论是错误的。复审请求人举出的例证“磁浮垫长时间做功能量不消耗”说明复审请求人对功的概念理解有错误，$W=F\times S$，磁浮垫在工作过程中不会产生位移，当然也不会做功。

综上所述，本案合议组认为本申请违反了能量守恒定律，在没有外力对铁片做功的情况下该系统无法运转，更无法输出能量，可见本申请声称的效果不可能实现，因此本申请不具备专利法第二十二条第四款规定的实用性，不能被授予专利权。

三、决定

驳回复审请求，维持国家知识产权局专利局实质审查部门于2003年10月24日作出的驳回01108833.8号发明专利申请的决定。

复审请求人对本决定不服的，可以根据专利法第四十一条第二款的规定，自收到本决定之日起三个月内向北京市第一中级人民法院起诉。

北京市第一中级人民法院行政判决书

(2006) 一中行初字第664号

原告谢呈合，男，汉族，1956年4月1日出生，住广东省雷州市英利镇新建路59号。

被告国家知识产权局专利复审委员会，住所地北京市海淀区北四环西路9号银谷大厦10~12层。

法定代表人廖涛，副主任。

委托代理人詹靖康，国家知识产权局专利复审委员会审查员。

委托代理人杜微科，国家知识产权局专利复审委员会审查员。

原告谢呈合不服被告国家知识产权局专利复审委员会（下称专利复审委）作出的第6245号复申请求审查决定（下称6245号决定），向本院提起行政诉讼。本院于2006年5月23日受理后，依法组成合议庭，于2006年8月8日公开开庭进行了审理。原告谢呈合，被告专利复审委的委托代理人詹靖康、杜微科到庭参加了诉讼。本案现已审理终结。

2005年5月10日，专利复审委作出6245号决定，认为申请号为01108833.8、名称为“曲轴连杆法利用磁能”的发明专利申请（下称本申请）不具备实用性，依照《中华人民共和国专利法》（下称专利法）第二十二条第四款的规定，决定维持国家知识产权局（下称国知局）于2003年10月24日对本申请作出的驳回决定（下称驳回决定）。其具体理由如下：

根据说明书的记载，本申请的技术方案是：“先用两相同的方形（或其他形）永磁体，两边装上小滑轮，连同连杆曲轴一起由滑轮和轴承支撑在支架上，使两相同永磁体磁通量最大，磁力线最密的正面同极相向，中间平行插入一平面稍大于两永磁体平面的软铁片，或其他易磁化的材料，使两永磁体平面与软铁片平面保持在既平行而距离又相等，最接近而又不接触的位置，曲轴一端装上飞轮。这时，快速抽出软铁片，两同极相向的永磁体在相斥力的作用下同时向相反方向移动，通过连杆推动曲轴转到180度，同时也产生了所需要利用的动力，当又快速将软铁片插回两永磁体中间，曲轴借助飞轮的惯性冲过上止点绕过180度转到360度，又回到原来的位置，当曲轴借助飞轮的惯性冲过下止点时，如果又把软铁片抽出，两永磁体又同时移开，这样周而复始，两永磁体就不停地运动，从而不断产生所需要利用的动力。支架、连杆用非磁性材料制作。”谢呈合在复审请求书和复审意见陈述书中声称能量守恒定律对本发明是不适用的；本发明可以不停地运动，不断输出能量。

专利复审委认为这种效果是无法实现的。首先，整个系统中存在各种摩擦力、阻力，谢呈合在复审意见陈述书中对此也予以承认；其次，铁片在抽插时需要外力对其做功；最后，本装置仅能起到的效果是转化和传输能量，而无法创造新的能量。

本申请图示中的铁片恰好处于插入动作完成、抽出动作还未开始的特殊时刻和位置，在这一完全对称位置的铁片上的合力确实为零；只要铁片一旦偏移此对称位置，合力就不为零。为了将铁片抽出或插入，必然要向铁片施加一个力；抽出或插入铁片需经过一段位移，力与位移的乘积也不为零。

谢呈合实际上也承认抽出铁片和插入铁片需要外力的作用，但混淆了力与功的概念。谢呈合给出的试验数据是在没有考虑外力做功的情况下得出的，根据这些数据所作出的结论是错误的。

综上所述，专利复审委认为本申请违反了能量守恒定律，在没有外力对铁片做功的情况下该系统无法运转，更无法输出能量，可见本申请声称的效果不可能实现，因此本申请不具备专利法第二十二条第四款规定的实用性，不能被授予专利权。

原告谢呈合诉称，因为其于2001年3月7日申请的“曲轴连杆法利用磁能”发明专利被国知局驳回，遂于2003年12月2日向专利复审委提出复审请求。专利复审委以要控制好铁片刚好位于两磁体中间需要外力、要使两磁体接近和铁片插入过程需要外力做功、抽插铁片过程总功不为零为由认为本申请不具有实用性，依据专利法第二十二条第四款作出复审决定驳回复审请求，维持国知局的决定，这是不正确的，同时也违反了专利法第二十一条第一款的规定。本申请的技术方案既不需要输入能量，又能不停地运动而输出能量，永磁体还能保留较强的磁性不易消失。显然，这些客观事实及自然现象并不支持能量守恒定律，但主观应服从客观，虽然本申请确系永动机，不受能量守恒定律的约束，但仍具有实用性。故被告认为本申请不具有实用性与事实不符，所以6245号决定错误，请求法院依法予以撤销。

被告专利复审委辩称，6245号决定中已经详细指出整个系统中存在各种摩擦力、阻力，谢呈合在复审意见陈述书中对此也予以承认；铁片在抽插时需要外力做功，本申请仅能起到转化和传输能量的效果，无法创造新的能量。本申请违反了能量守恒定律，其声称的效果不可能实现，因此本申请不具备专利法第二十二条第四款规定的实用性，不能被授予专利权。综上所述，请求法院驳回谢呈合的诉讼请求，维持6245号决定。

经审理查明：

本申请申请号为01108833.8、名称为“曲轴连杆法利用磁能”，申请日为2001年3月7日，公开日为2001年9月26日，申请人为谢呈合。谢呈合于2001年12月27日向国知局提交了包括说明书第1~2页、权利要求第1~2项的申请文件替换页，其经过替换的权利要求1内容如下：曲轴连杆法利用磁能与《利用磁能量的新方法》及《利用磁能量的新方法的改进方法》的共同点是用两相同（或相当于相同）的永磁体同极相向，并支撑在支架上，中间插一铁片，促使永磁体以自身的能量推动其自身不停地运动而产生动力，而本方法的特征是用两相同永磁体磁通量最大、磁感线最密的正面同磁极相向，中间插上一平面稍大于两相同永磁体平面的软铁片，或者其他易磁化的材料，两磁体平面由曲轴连杆控制在与软铁片平面即平行距离又相等，最接近而又不接触的位置，由软铁片的抽插，曲轴连杆的控制，使两相同永磁体在相斥力的作用下不停地运动，从而不断产生所需要利用的动力。

针对经过上述文件替换的本申请，国知局以不符合专利法第二十二条第四款的规定为理由，于2003年10月24日作出驳回本申请的决定，并在驳回决定中指出铁片抽插、磁体运动以及曲轴连杆运动存在能量损耗，如果外界不输入能量，不能保持永恒不断的运动。

谢呈合不服驳回决定，于2003年12月2日向专利复审委提出复审请求，其中认为：铁片平行于两磁体平面，不断抽插时并没有磁场阻力；磁体对铁片抽插的作用力合力为零；由于永磁体自身相斥力很大，减去非磁场状态下抽插铁片所需的力再减去机械损耗等所需的力还有相当的一部分力输出。

经形式审查合格，专利复审委受理了上述请求。在前置审查程序中，原审查部门仍然坚持驳回决定。专利复审委依法组成合议组进行审理，并在针对本发明技术方案中存在的问题以及谢呈合在复审请求意见陈述书中提出的理由，于2005年2月18日发出了复审通知书，其中指出：整个系统中存在着的各种摩擦力、阻力都在消耗能量；铁片在抽插时需要外力做功，否则系统就无法运转，更无法输出能量，专利复审委并基于磁力计算公式对此进行了分析说明；在复审请求书中，谢呈合将“力”和“功”的概念混淆，无法用事实或定量计算来证明整个装置所产生的能量减去所消耗的能量还有能量输出。永磁体相斥运动实际上只是磁场势能与动能的相互转换，在此过程中没有额外能量产生，专利复审委并基于磁场回路积分公式对此进行了分析说明。在两块永磁体排斥的情况下，需要外力做功使它们逐渐接近。这时外力所做的功就成为这两块永磁体之间的排斥势能；任意两个永磁体之间的相互吸引产生的运动也只是磁势能转化为了动能。整个机构在没有能量不断输入的情况下，不可能不断输出能量。可见，谢呈合无法证明其所声称的效果，本装置仅能起到转化和传输能量效果，无法创造新的能量。而且，由于系统运动过程中的摩擦力等阻力的存在，该系统要消耗部分能量。本申请不符合能量守恒定律，不可能实现，因此不符合专利法第二十二条第四款的规定，不能被授予专利权。

2003年3月25日，谢呈合提交了意见陈述书，其中认为：整个系统中存在各种摩擦力、阻力，但如配置得当；摩擦力很小且在真空状态下无空气阻力；两磁体对铁片的作用力合力及抽插铁片过程中合力均为零；谢呈合给出测试数据，认为两磁体相斥力减去摩擦阻力，还有部分力输出。

2005年5月10日，专利复审委作出6245号决定，并于2005年5月19日发文。谢呈合不服，曾分别于2005年8月2日、8月27日、11月10日向本院寄交起诉材料，但均因缺少形式要件被作退件处理。

此外，谢呈合在庭审中没有指出专利复审委除对于本申请实用性认定以外，还有哪些不客观、不公正、不准确、不及时的依法处理本申请相关事宜的具体行政行为。

专利复审委在法定期限内向本院提交了谢呈合于2001年3月7日向国知局提供的本申请公开说明书及其之后替换的申请文件，国知局的驳回决定，复审请求书、通知书、意见陈述书用以证明6245号决定合法。经庭审质证，谢呈合对上述证据的真实性未提出异议，本院予以确认，可以作为认定本案事实的依据。

本院认为，专利法第二十二条第四款规定的发明的实用性是指该发明能够制造或者使用，并且能够产生积极效果。《审查指南》第二部分第五章第3.2.2节中明确指出那些违背能量守恒定律的发明或者实用新型专利申请的主题，必然是不具备实用性的。本申请在其说明书中描述，两个永磁体中间铁片的抽插只需消耗微小的能量，周而复始，两永磁体就不停运动，从而不断产生所需利用的动力；而且，谢呈合自认本申请的技术方案既不需要输入能量，又能不停地运动而输出能量，亦自认本申请系永动机、违背能量守恒定律。故本院认为本申请的主题违背了能量守恒定律，从而必然是不具备实用性的。6245号决定关于本申请不具备实用性的认定是正确的。此外，谢呈合还主张专利复审委作出6245号决定违反专利法第二十一条第一款的规定，但鉴于其未指出专利复审委除对于本申请实用性认定以外，还有哪些不客观、不公正、不准确、不及时的依法处理本申请相关事宜的具体行政行为。因此，谢呈合的上述主张本院不予支持。

综上，专利复审委作出的6245号决定，审查程序合法，认定事实清楚，适用法律正确，本院应予维持。谢呈合的诉讼理由没有事实及法律依据，其要求撤销6245号决定的诉讼请求本院不予支持。据此，依照《中华人民共和国行政诉讼法》第五十四条第（一）项的规定，本院判决如下：

维持国家知识产权局专利复审委员会作出的第6245号复审请求审查决定。

案件受理费1000元，由原告谢呈合负担（已交纳）。

如不服本判决，双方当事人可在本判决书送达之日起十五日内，向本院提交上诉状及其副本并交纳上诉案件受理费1000元，上诉于北京市高级人民法院。

审 判 长 张晓霞
代理审判员 姜庶伟
陪 审 员 陈 源
二〇〇六年十月二十日
书 记 员 瞿文伟

北京市高级人民法院行政判决书

（2007）高行终字第7号

上诉人（原审原告）谢呈合，男，汉族，1956年4月1日出生，住广东省雷州市英利镇新建路59号。

被上诉人（原审被告）国家知识产权局专利复审委员会，住所地北京市海淀区北四环西路9号银谷大厦10～12层。

法定代表人廖涛，副主任。

委托代理人詹靖康，国家知识产权局专利复审委员会专利复审委员会审查员。

委托代理人杜微科，国家知识产权局专利复审委员会专利复审委员会审查员。

上诉人谢呈合因专利行政诉讼一案，不服北京市第一中级人民法院作出的（2006）一中行初字第664号行政判决，向本院提起上诉。本院2007年1月4日受理后，依法组成合议庭审理了本案，现已审理终结。

北京市第一中级人民法院查明：2001年3月7日，谢呈合向国家知识产权局（简称国知局）提出名称为“曲轴连杆法利用磁能”的专利申请（简称本申请），申请号为01108833.8，公开日为2001年9月26日。谢呈合于2001年12月27日向国知局提交了包括说明书第1～2页、权利要求第1－2项的申请文件替换页，其经过替换的权利要求1内容如下：曲轴连杆法利用磁能与《利用磁能量的新方法》及《利用磁能量的新方法的改进方法》的共同点是用两相同（或相当于相同）的永磁体同极相向，并支撑在支架上，中间插一铁片，促使永磁体以自身的能量推动其自身不停地运动而产生动力，而本方法的特征是用两相同永磁体磁通量最大、磁感线最密的正面同磁极相向，中间插上一平面稍大于两相同永磁体平面的软铁片，或者其他易磁化的材料，两磁体平面由曲轴连杆控制在与软铁片平面即平行距离又相等，最接近而又不接触的位置，由软铁片的抽插，曲轴连杆的控制，使两相同永磁体在相斥力的作用下不停地运动，从而不断产生所需要利用的动力。

针对经过上述文件替换的本申请，国知局以不符合《中华人民共和国专利法》（下称专利法）第二十二条第四款的规定为理由，于2003年10月24日作出驳回本申请的决定，并在驳回决定中指出铁片抽插、磁体运动以及曲轴连杆运动存在能量损耗，如果外界不输入能量，则不能保持永恒不断地运动。

谢呈合不服驳回决定，于2003年12月2日向国家知识产权局专利复审委员会（下称专利复审委）提出复审请求，认为：铁片平行于两磁体平面，不断抽插时并没有磁场阻力；磁体对铁片抽插的作用力合力为零；由于永磁体自身相斥力很大，减去非磁场状态下抽插铁片所需的力再减去机械损耗等所需的力还有相当的一部分力输出。

2005 年 5 月 10 日，专利复审委作出第 6245 号复审请求审查决定（下称 6245 号决定），认为本申请不具备实用性，依照专利法第二十二条第四款的规定，决定维持国知局对本申请作出的驳回决定。其具体理由如下：

根据说明书的记载，本申请的技术方案是“先用两相同的方形（或其他形）永磁体，两边装上小滑轮，连同连杆曲轴一起由滑轮和轴承支撑在支架上，使两相同永磁体磁通量最大，磁力线最密的正面同极相向，中间平行插入一平面稍大于两永磁体平面的软铁片，或其他易磁化的材料，使两永磁体平面与软铁片平面保持在既平行而距离又相等，最接近而又不接触的位置，曲轴一端装上飞轮。这时，快速抽出软铁片，两同极相向的永磁体在相斥力的作用下同时向相反方向移动，通过连杆推动曲轴转到 180 度，同时也产生了所需要利用的动力，当又快速将软铁片插回两永磁体中间，曲轴借助飞轮的惯性冲过上止点绕过 180 度转到 360 度，又回到原来的位置，当曲轴借助飞轮的惯性冲过下止点时，如果又把软铁片抽出，两永磁体又同时移开，这样周而复始，两永磁体就不停地运动，从而不断产生所需要利用的动力。支架、连杆用非磁性材料制作”。

谢呈合在复审请求书和复审意见陈述书中声称能量守恒定律对本发明是不适用的；本发明可以不停地运动，不断输出能量。

专利复审委认为这种效果是无法实现的。首先，整个系统中存在各种摩擦力、阻力，谢呈合在复审意见陈述书中对此也予以承认；其次，铁片在抽插时需要外力对其做功；最后，本装置仅能起到的效果是转化和传输能量，而无法创造新的能量。

本申请图示中的铁片恰好处于插入动作完成、抽出动作还未开始的特殊时刻和位置，在这一完全对称位置的铁片上的合力确实为零；只要铁片一旦偏移此对称位置，合力就不为零。为了将铁片抽出或插入，必然要向铁片施加一个力；抽出或插入铁片需经过一段位移，力与位移的乘积也不为零。

谢呈合实际上也承认抽出铁片和插入铁片需要外力的作用，但混淆了力与功的概念。谢呈合给出的试验数据是在没有考虑外力做功的情况下得出的，根据这些数据所作出的结论是错误的。

综上所述，专利复审委认为本申请违反了能量守恒定律，在没有外力对铁片做功的情况下该系统无法运转，更无法输出能量，本申请声称的效果不可能实现，因此本申请不具备专利法第二十二条第四款规定的实用性，不能被授予专利权。

谢呈合不服，向北京市第一中级人民法院提起诉讼，主张虽然本申请确系永动机，不受能量守恒定律的约束，但仍具备实用性，请求撤销 6245 号决定。

上述事实，有谢呈合于 2001 年 3 月 7 日向国知局提供的本申请公开说明书及其之后替换的申请文件，国知局的驳回决定，复审请求书、通知书、意见陈述书，6245 号决定及当事人陈述等证据在案佐证。

北京市第一中级人民法院认为：

本申请在其说明书中描述，两不永磁体中间铁片的抽插只需消耗微小的能量，周而复始，两永磁体就不停运动，从而不断产生所需利用的动力。而且，谢呈合自认本申请的技术方案既不需要输入能量，又能不停地运动而输出能量，亦自认本申请系永动机、违背能量守恒定律。故本申请的主题违背了能量守恒定律，从而必然不具备实用性，6245 号决定关于本申请不具备实用性的认定是正确的。北京市第一中级人民法院依照《中华人民共和国行政诉讼法》第五十四条第（一）项的规定，判决维持 6245 号决定。

谢呈合不服原审判决，向本院提起上诉，请求撤销原审判决及专利复审委作出的 6245 号决定。

其主要理由是：

本申请具备实用性。一方面，抽插铁片过程不要外力，一方面，使两磁体接近也不要外力。系统中就只有磁体排斥势能是推动系统运动的动力，也就是说，只要磁体排斥势能做功就可以推动系统不停地运动而输出能量。本发明遵从了力的概念，牛顿运动定律、功能原理等自然规律，是不支持能量守恒定律的。

专利复审委服从原审判决。

经审理查明，原审法院查明事实属实，本院予以确认。

本院认为，专利法第二十二条第四款规定，发明的实用性是指该发明能够制造或者使用，并且能够产生积极效果。本申请在其说明书中描述，两个永磁体中间铁片的抽插只需消耗微小的能量，周而复始，两永磁体就不停运动，从而不断产生所需利用的动力，且谢呈合自认本申请的技术方案既不需要输入能量，又能不停地运动而输出能量，还自认本申请系永动机、不支持能量守恒定律。但是，因本申请系统中实际上存在各种摩擦力、阻力，铁片在抽插时需要外力对其做功，磁体运动以及曲轴连杆运动中存在能量损耗，如果外界不输入能量，则不能保持永恒不断地运动。因此，本申请违背能量守恒定律，必然是不具备实用性的，故原审判决关于本申请不具备实用性的认定是正确的。

综上，原审判决认定事实清楚，适用法律正确，本院应予维持。谢呈合的上诉主张与法律规定相悖，对其上诉请求本院不予支持。依照《中华人民共和国行政诉讼法》第六十一条第（一）项的规定，本院判决如下：

驳回上诉，维持原判。

一审案件受理费 1000 元，由谢呈合负担（已交纳）。

本判决为终审判决。

审 判 长　张 冰

代理审判员　李燕蓉

代理审判员　焦 彦

二〇〇七年 月二十七日

书 记 员　迟雅娜

034

阴极射线管及其吸气剂支架案

复审请求审查决定（第6247号）

决　定　号 第6247号
决　定　日 2005年5月10日
发明创造名称 阴极射线管及其吸气剂支架
国际分类号 H01J 29/94
复审请求人 索尼公司
专利申请号 99125842.8
申　请　日 1999年11月26日
公　开　日 2000年6月7日
合议组组长 石　清
主　审　员 樊晓东
参　审　员 张汉国

法律依据 专利法第三十八条
决定要点

实质审查部门在作出驳回决定之前没有给予申请人对于驳回所依据的事实和理由陈述意见的机会，因此不符合听证原则，违反了法定程序，应予以撤销。

一、案由

本复审请求涉及的是申请号为99125842.8、申请日为1999年11月26日、名称为“阴极射线管及其吸气剂支架”的发明专利申请，申请人是索尼公司。

申请人在申请时提交的权利要求书（下称文本1）的内容如下：

“1. 一种在漏斗形体内表面上具有吸气剂的阴极射线管，其包括：一吸气剂支架，包括：

—在支架一端固定到阴极射线管的内侧上的安装部分；

—位于支架另一端的吸气剂夹持架，用于夹持吸气剂；

—弹簧部分，用于连接所述安装部分和所述吸气剂夹持架，

其特征在于，在所述弹簧部分上备有与所述漏斗形体内表面接触的端钮支架部分，端钮支架部分的位置与所述吸气剂夹持架的位置纵向间隔开。

2. 一种阴极射线管的吸气剂支架。包括：

—在支架一端固定到阴极射线管的内侧上的安装部分；

—位于支架另一端的吸气剂夹持架，用于夹持吸气剂；

—弹簧部分，用于连接所述安装部分和所述吸气剂夹持架，

其特征在于，在所述弹簧部分上备有与所述漏斗形体内表面接触的端钮支架部分，端钮支架部分的位置与所述吸气剂夹持架的位置纵向间隔开。

3. 一种阴极射线管的吸气剂支架，包括：

—在支架一端固定到阴极射线管的内侧上的安装部分；

—位于支架另一端的吸气剂夹持架，用于夹持吸气剂；

—弹簧部分，用于连接所述安装部分和所述吸气剂夹持架，

其特征在于，在所述弹簧部分上备有用作与漏斗形玻璃体接触支点的端钮支架部分，该端钮支架部分的位置为从吸气剂夹持架和吸气剂外周向安装部分一侧偏移3mm或更多。

4. 根据权利要求2或3中所述的阴极射线管吸气剂支架，其特征在于，要固定到所述阴极射线管内侧的安装部分具有要压入配合到阳极按钮上的结构。

5. 根据权利要求2或3中所述的阴极射线管吸气剂支架，其特征在于，要固定到所述阴极射线管内侧的安装部分具有要安装到内磁屏蔽上的结构。

6. 根据权利要求2或3中所述的阴极射线管吸气剂支架，其特征在于，要固定到所述阴极射线管内侧的安装部分具有要焊接到框架上的结构。

7. 根据权利要求2或3中所述的阴极射线管吸气剂支架，其特征在于，要固定到所述阴极射线管内侧的安装部分具有要焊接到电子枪上的结构。

8. 一种平面显示设备的吸气剂支架，包括：

—在支架一端固定到阴极射线管的内侧上的安装部分；

—位于支架另一端的吸气剂夹持架，用于夹持吸气剂；

—弹簧部分，用于连接所述安装部分和所述吸气剂夹持架，其特征在于，在所述弹簧部分上备有与显示屏玻璃接触的端钮支架部分，端钮支架部分的位置与所述吸气剂夹持架的位置纵向间隔开。”

应申请人于2001年2月26日提出的实质审查请求，国家知识产权局专利局实质审查部门对本申请进行了实质审查，并于2002年11月8日针对原始申请文件发出了第一次审查意见通知书，且在第一次审查意见通知书中引用了四篇对比文件：

对比文件1：CN 1061106A，其公开日为1992年5月13日；

对比文件2：US 4061945，其公开日为1977年12月6日；

对比文件3：US 3961221，其公开日为1976年6月1日；

对比文件4：CN 1133486A，其公开日为1996年10月16日。

第一次审查意见通知书指出，文本1中的独立权利要求1、2相对于对比文件1不具备新颖性；独立权利要求3相对于对比文件1不具备创造性；从属权利要求4~7相对于对比文件1不具备创造性；独立权利要求8相对于对比文件1不具备创造性。另外指出对比文件2、3、4公开的内容也能使权利要求1~8不具备新颖性或创造性。

申请人于2003年3月24日针对第一次审查意见通知书进行了意见陈述，并对权利要求书进行了修改，其中：(1) 使修改后的独立权利要求1包含原权利要求1的前序部分和原权利要求3的特征部分的内容等；(2) 使修改后的独立权利要求2包括原权利要求2的前序部分和原权利要求3的特征部分内容等；(3) 使修改后的独立权利要求3包含原权利要求8的技术方案，但将文本1中的“固定到阴极射线管”改为“固定到平面显示设备”；(4) 修改后的从属权利要求4、5引用独立权利要求3。在意见陈述书中申请人认为修改后的权利要求书相对于所引用的对比文件1~4具备新颖性、创造性，认为修改后的权利要求书已经克服了审查意见通知书指出的全部缺陷。

修改后的权利要求书（下称文本2）的内容如下：

“1. 一种在漏斗形体内表面上具有吸气剂的阴极射线管，其包括：

—吸气剂支架，包括：

—在支架一端固定到阴极射线管的内侧上的安装部分；

—位于支架另一端的吸气剂夹持架，用于夹持吸气剂；

—弹簧部分，用于连接所述安装部分和所述吸气剂夹持架，

其特征在于，在所述弹簧部分上备有用作与漏斗形玻璃体接触支点的端钮支架部分，该端钮支架部分的位置为从吸气剂夹持架和吸气剂外周向安装部分一侧偏移3mm或更多；从而，防止了吸气剂闪蒸时吸气剂放热和加热用高频使端钮支架部分发热造成的漏斗形玻璃体上的细小裂纹，而且可防止由传导到端钮支架部分的热和弹簧压力造成的支架变形。

2. 一种阴极射线管的吸气剂支架，包括：

—在支架一端固定到阴极射线管的内侧上的安装部分；

—位于支架另一端的吸气剂夹持架，用于夹持吸气剂；

—弹簧部分，用于连接所述安装部分和所述吸气剂夹持架，

其特征在于，在所述弹簧部分上备有用作与漏斗形玻璃体接触支点的端钮支架部分，该端钮支架部分的位置为从吸气剂夹持架和吸气剂外周向安装部分一侧偏移3mm或更多；从而，防止了吸气剂闪蒸时吸气剂放热和加热用高频使端钮支架部分发热造成的漏斗形玻璃体上的细小裂纹，而且可防止由传导到端钮支架部分的热和弹簧压力造成的支架变形。

3. 一种平面显示设备的吸气剂支架，包括：

—在支架一端固定到平面显示设备的内侧上的安装部分；

—位于支架另一端的吸气剂夹持架，用于夹持吸气剂；

—弹簧部分，用于连接所述安装部分和所述吸气剂夹持架，

其特征在于，在所述弹簧部分上备有与显示屏玻璃接触的端钮支架部分，端钮支架部分的位置与所述吸气剂夹持架的位置纵向间隔开。

4. 根据权利要求3的吸气剂支架，其特征在于，所述平面显示设备包括一前显示屏，一后面板和多个侧壁，所述侧壁提供一邻近所述后面板覆盖所述吸气剂的真空空间。

5. 根据权利要求4的吸气剂支架，其特征在于，所述吸气剂支架安装在所述平面显示设备的一侧壁上。"

实质审查部门于2003年6月6日作出了驳回决定，驳回的理由是独立权利要求1~3相对于对比文件1不具备创造性，从属权利要求4、5相对于对比文件1不具备创造性。驳回决定所针对的权利要求书为申请人于2003年3月24日提交的文本2。

针对国家知识产权局专利局实质审查部门作出的驳回决定，申请人（下称复审请求人）于2003年9月20日向专利复审委员会提出复审请求，并提交了新的权利要求书（下称文本3）。复审请求人认为新修改的权利要求1~3相对于所引用的对比文件1~4具有突出的特点和显著的技术进步，具备专利法规定的新颖性和创造性，克服了驳回决定中指出的全部缺陷。

新的权利要求书如下：

"1. 一种在漏斗形体内表面上具有吸气剂的阴极射线管，其包括：

—吸气剂支架，包括：

—在支架一端固定到阴极射线管的内侧上的安装部分；

—位于支架另一端的吸气剂夹持架，用于夹持吸气剂；

—弹簧部分，用于连接所述安装部分和所述吸气剂夹持架，

其特征在于，在所述弹簧部分上位于所述安装部分一侧且与所述吸气剂夹持架的位置间隔开的一位置处设置带有多个接触支点的端钮支架部分。

2. 一种阴极射线管的吸气剂支架，包括：

—在支架一端固定到阴极射线管的内侧上的安装部分；

—位于支架另一端的吸气剂夹持架，用于夹持吸气剂；

—弹簧部分，用于连接所述安装部分和所述吸气剂夹持架，

其特征在于，在所述弹簧部分上位于所述安装部分一侧且与所述吸气剂夹持架的位置间隔开的一位置处设置带有多个接触支点的端钮支架部分。

3. 一种阴极射线管的吸气剂支架，包括：

—在支架一端固定到阴极射线管的内侧上的安装部分；

—位于支架另一端的吸气剂夹持架，用于夹持吸气剂；

—弹簧部分，用于连接所述安装部分和所述吸气剂夹持架，

其特征在于，在所述弹簧部分上备有用作与漏斗形玻璃体接触的多个接触支点的端钮支架部分，该端钮支架部分的位置为从吸气剂夹持架和吸气剂外周向安装部分一侧偏移3mm或更多；从而，防止了吸气剂闪蒸时吸气剂放热和加热用高频使端钮支架部分发热造成的漏斗形玻璃体上的细小裂纹，而且可防止由传导到端钮支架部分的热和弹簧压力造成的支架变形。"

专利复审委员会经过形式审查合格，于2003年11月12日发出了复审请求受理通知书和前置审查通知书。

在前置审查阶段，原实质审查部门认为请求人随复审请求所提交的权利要求1~3中加入的"带有多个接触支点的端钮支架部分"，即"端钮支架部分具有多个接触支点"这一技术特征在原始权利要求书中没有记载，也不能由原始说明书的记载唯一导出，因此权利要求1~3中加入上述特征，超出原权利要求书和说明书的记载范围，不符合专利法第三十三条的规定；"用两个或多个接触支点与漏斗形玻璃体接触，使漏斗形玻璃体获得稳定的支持和接触"这是本领域的公知常识，对所属领域的普通技术人员来说是显而易见的，因此把上述特征加入权利要求1~3中不足以证明权利要求1~3具备创造性。

至此，合议组认为本案事实已经清楚，可以依法作出审查决定。

二、决定理由

1. 根据专利法第三十八条的规定，"发明专利申请经申请人陈述意见或者进行修改后，国务院专利行政部门仍然认为不符合本法规定的，应当予以驳回"。审查指南第二部分第八章第6.1.1节对于驳回申请明确规定："审查员在作出驳回决定之前，应当将其经实质审查认定申请属于专利法实施细则第五十三条规定的应予驳回情形的事实、理由、证据和法律依据通知申请人，并给申请人至少一次陈述意见和/或进行修改申请文件的机会。"同时在第6.1.4.2节对于驳回理由也规定应"以令人信服的事实和理由作为驳回的依据，而且对于这些事实和理由，已经给了申请人一次发表意见和/或修改申请的机会"。

在本案中，申请人于2003年3月24日提交的文本2的权利要求1相对于文本1的权利要求1增加了"该端钮支架部分的位置为从吸气剂夹持架和吸气剂外周向安装部分一侧偏移3mm或更多，从而，防止了吸气剂闪蒸时吸气剂放热和加热用高频使端钮支架部分发热造成的漏斗形玻璃体上的细小裂纹，而且可防止由传导到端钮支架部分的热和弹簧压力造成的支架变形"的内容；权利要求2相对于文本1的权利要求3增加了"从而，防止了吸气剂闪蒸时吸气剂放热和加热用高频使端钮支架部分发热造成的漏斗形玻璃体上的细小裂纹，而且可防止由传导到端钮支架部分的热和弹簧压力造成的支架变形"的内容；权利要求3包括原权利要求8的技术方案，但将"固定到阴极射线管"改为"固定到平面显示设备"；同时修改后的从属权利要求4、5引用独立权利要求3。但原实质审查部门

在对本案作出驳回决定之前，并未对这些新加入的技术特征和修改的权利要求的技术方案进行任何评述，同时也没有给予申请人陈述意见的机会，因此上述驳回决定不符合专利法第三十八条的规定，不符合听证原则，违反了法定程序。

2. 合议组注意到复审请求人于提出复审请求时提交了新的权利要求书，这表明其已经放弃了原权利要求书，因此，本次复审决定所依据的文本是复审请求人于2003年9月20日提交的权利要求书以及驳回决定所针对的说明书和附图。由于本决定仅涉及程序问题，合议组不再对其他问题进行审查，因此，尽管本决定以上述文本作为后续程序的审查文本，但并不意味着该文本不存在其他问题，例如修改超范围等问题。

三、决定

撤销国家知识产权局专利局实质审查部门于2003年6月6日对申请号为99125842.8的发明专利申请所作的驳回决定，由原实质审查部门以复审请求人在复审请求时提交的权利要求书和驳回决定所针对的说明书和附图继续进行审批程序。

035

数字内容流通方法以及系统案

复审请求审查决定（第6249号）

决　定　号　第6249号
决　定　日　2005年4月20日
发明创造名称　数字内容流通方法以及系统
国际分类号　G06F 17/60
复审请求人　株式会社日立制作所
申　请　号　99127083.5
申　请　日　1999年12月28日
公　开　日　2000年7月5日
合议组组长　黄毅斐
主　审　员　孙治国
参　审　员　熊　婷

法律依据　专利法第二十五条
决定要点

如果一项申请对现有技术的贡献仅在于利用公知的计算机网络所进行的数字图书营销方法，而该方法是智力活动的规则和方法，则该申请属于专利法第二十五条第一款第（二）项所规定的不授予专利权的范围。

一、案由

本复审请求涉及申请号为99127083.5、名称为“数字内容流通方法以及系统”的发明专利申请，其申请日是1999年12月28日，优先权日为1998年12月28日，申请人是株式会社日立制作所。

在实质审查过程中，国家知识产权局专利局实质审查部门于2003年1月3日发出第一次审查意见通知书，其中指出权利要求1~20的内容属于专利法第二十五条第一款第（二）项规定的不授予专利权的范围。

针对实质审查部门的第一次审查意见通知书，申请人于2003年5月19日提交了意见陈述书和权利要求书（下称文本1）、说明书第1~5页的修改替换页。其中对权利要求的修改主要有：删除原权利要求1~8、15~20，并且对其他权利要求的形式缺陷进行了修改。修改后的权利要求书仅包括发明主题为“数字内容流通系统”的6项权利要求。

文本1中的权利要求1~6的内容如下：

“1. 一种数字内容流通系统，用于经由网络使数字内容流通，其特征在于，包括以下部分：分配控制处理部分，指示根据分配计划表进行数字内容的分配；分配处理部分，根据上述被指示的分配计划表分配数字内容；销售处理部分，销售从上述被分配的数字内容中选择出的特定的数字内容。

2. 一种数字内容流通系统，用于经由网络使数字内容流通，其特征在于，包括以下部分：选择处理部分，受理由顾客选择出的特定的数字内容的识别信息；分配要求处理部分，发送由顾客选择出的数字内容的分配要求；要求时分配处理部分，分配进行了分配要求处理的数字内容；销售处理部分，销售上述被分配的数字内容。

3. 一种数字内容流通系统，用于经由网络使数字内容流通，其特征在于，包括以下部分：销售信息收集处理部分，收集已销售的数字内容的销售信息；许可费处理部分，根据收集到的销售信息计算各数字内容的许可费支付给该数字内容的内容持有者。

4. 一种数字内容流通系统，用于经由网络使数字内容流通，其特征在于，包括以下部分：分配控制处理部分，指示分配管理装置根据分配计划表进行数字内容的分配；分配处理部分，根据由存储管理装置指示的分配计划表向销售装置分配数字内容；销售处理部分，销售从被分配管理装置分配的数字内容中选择出的特定的数字内容。

5. 一种数字内容流通系统，用于经由网络使数字内容流通，其特征在于，包括以下部分：选择处理部分，受理由顾客选择出的特定的数字内容的识别信息；分配要求处理部分，将由顾客选择出的数字内容的分配要求发送到分配管理装置；分配要求中继处理部分，在存储管理装置中中继来自销售装置的分配要求，将根据分配要求从存储管理装置发送来的数字内容分配到销售装置；要求时分配处理部分，接收从分配管理装置中继的分配要求将根据分配要求得到的数字内容发送到分配管理装置；销售处理部分，销售从分配管理装置分配的数字内容。

6. 一种数字内容流通系统，用于经由网络使数字内容流通，其特征在于，包括以下部分：销售信息收集处理部分，收集在销售装置中已销售的数字内容的销售信息发送到分配管理装置；销售信息中继处理部分，将从销售装置发送来的销售信息中继到存储管理装置；许可处理部分，根据被分配管理装置中继的销售信息计算各数字内容的许可费支付给该数字内容的内容持有者。”

2003 年 7 月 11 日，实质审查部门以本申请的上述文本 1 的权利要求 1～6 属于专利法第二十五条第一款第（二）项不授予专利权的范围为由驳回了本申请。其主要驳回理由如下：本申请没有对硬件系统本身进行任何结构或功能上的改进，所使用的也是目前通用的计算机和网络系统，因此其实质上仍然是一种利用了公知的计算机和网络系统进行网上销售数字图书内容的方法，即用户通过付费在网上能够购买图书资料，供应商将相应的图书资料信息提供给用户，其实质是一种销售方法，属于专利法第二十五条第一款第（二）项不授予专利权的范围。

申请人（下称复审请求人）对上述驳回决定不服，于 2003 年 10 月 24 日向专利复审委员会提出复审请求，同时还提交了权利要求书的修改替换页（下称文本 2），其中将文本 1 的权利要求 1 删除，将权利要求 2 和 3 修改为权利要求 4（新的权利要求 1）的从属权利要求，将权利要求 6 修改为权利要求 5 的从属权利要求。

复审请求人的复审理由主要是：存储管理装置 120 具有分配控制处理部分 411，用于制作在向销售装置分配数字内容时使用的分配计划表，并且指示分配管理装置 130 基于该分配计划表进行分配；分配管理装置 130 具有分配处理部分 511，根据存储管理装置 120 所指示的分配计划表向销售装置 140 分配数字内容；销售装置 140 具有销售处理部分 612，销售从分配管理装置 130 所分配的数字内容中所选择的特定的数字内容；以上各部分均采用了技术手段。并且如说明书第 4 页第 3 段所描述的那样，本发明可以高速地进行数字内容的流通；虽然新的权利要求 1 中的所有技术特征可以用公知的软件或者硬件的方式来实现，但是对于每个技术特征来说，现有技术中没有一个已有的软件或者硬件或者其组合已经实现了该技术特征。新的权利要求 1 的各技术特征分别具有区别于现有技术的功能，而它们的总和构成了能够进行高速数字内容流通的技术方案。公知的计算机或者网络中没有具有上述构成的已有结构，不能进行分配计划表的制作、指示根据分配计划表进行数字内容的分配以及根据指示进行分配的数字内容的销售。本发明新的权利要求1、4是一种进行新的信息传送并且采用了技术手段的技术方案，而不是智力活动的规则。

文本2的权利要求1～5的内容如下：

"1. 一种数字内容流通系统，用于经由网络使数字内容流通，其特征在于，包括以下部分：分配控制处理部分，指示分配管理装置根据分配计划表进行数字内容的分配；分配处理部分，根据由存储管理装置指示的分配计划表向销售装置分配数字内容；销售处理部分，销售从被分配管理装置分配的数字内容中选择出的特定的数字内容。

2. 权利要求1所述的数字内容流通系统，其特征在于，还包括以下部分：选择处理部分，受理由顾客选择出的特定的数字内容的识别信息；分配要求处理部分，发送由顾客选择出的数字内容的分配要求；要求时分配处理部分，分配进行了分配要求处理的数字内容；上述销售处理部分，销售上述被分配的数字内容。

3. 权利要求1所述的数字内容流通系统，其特征在于，还包括以下部分：销售信息收集处理部分，收集已销售的数字内容的销售信息；许可费处理部分，根据上述收集到的销售信息计算各数字内容的许可费支付给该数字内容的内容持有者。

4. 一种数字内容流通系统，用于经由网络使数字内容流通，其特征在于，包括以下部分：选择处理部分，受理由顾客选择出的特定的数字内容的识别信息；分配要求处理部分，将由顾客选择出的数字内容的分配要求发送到分配管理装置；分配要求中继处理部分，在存储管理装置中中继来自销售装置的分配要求，将根据分配要求从存储管理装置发送的数字内容分配到销售装置；要求时分配处理部分，接收从分配管理装置中继的分配要求，将根据分配要求得到的数字内容发送到分配管理装置；销售处理部分，销售从分配管理装置分配的数字内容。

5. 权利要求4所述的数字内容流通系统，其特征在于，还包括以下部分：销售信息收集处理部分，收集在销售装置中已销售的数字内容的销售信息，发送到分配管理装置；销售信息中继处理部分，将从销售装置发送的销售信息中继到存储管理装置；许可处理部分，根据被分配管理装置中继的销售信息计算各数字内容的许可费，支付给该数字内容的内容持有者。"

经形式审查合格，专利复审委员会受理了上述复审请求，并于2003年11月17日发出了复审请求受理通知书和前置审查通知书。

在前置审查程序中，原实质审查部门坚持原驳回决定。

专利复审委员会依法成立合议组对本案进行复审，于2005年2月3日发出了复审通知书，在其中指出本申请对现有技术的贡献仅在于利用公知的计算机网络所进行的数字图书营销方法，而该方法是智力活动的规则和方法，因此本申请属于专利法第二十五条第一款第（二）项所规定的不授予专利权的范围。

复审请求人于2005年3月18日提交了对上述复审通知书的答复意见，复审请求人表示其坚持在复审请求中的意见。

合议组在对本案进行进一步合议审查的基础上，认为本案事实清楚，可以作出如下复审请求审查决定。

二、决定的理由

复审请求人提出复审请求时提交的文本2符合专利法实施细则第六十条的规定，并且复审请求人在答复复审通知书时表示另外撰写了一套权利要求作为分案申请另行提出，而未再修改文本2。因此本复审决定所依据的文本是本申请于2003年10月24日提交的权利要求第1～5项（即文本2），于2003年5月19日提交的说明书第1～5页，申请日提交的说明书第6～16页、附图第1～14页、说明书摘要及摘要附图。

合议组仔细审查了原实质审查部门作出的驳回决定、前置审查意见以及复审请求人提交的复审请求书和修改的权利要求书（即文本2）以及复审请求人答复复审通知书的意见，认为本申请的权利要求1~5属于专利法第二十五条第一款第（二）项所规定的不授予专利权的范围。

具体理由如下：

1. 权利要求1请求保护一种数字内容流通系统，其中包括三个部分：分配控制处理部分、分配处理部分、销售处理部分。在权利要求1中并没有对其中的三个组成部分的结构特征进行描述，而是使用了功能性的语言对其进行了限定。分析权利要求1后可以得出，所述“分配控制处理部分”用于指示分配管理装置进行数字内容的分配，即启动或停止分配数字内容；所述“分配处理部分”则将数字内容通过公知的计算机网络提供给销售装置；所述“销售处理部分”则将用户选择的特定数字内容提供给用户。可见，上述三个装置分别完成的功能是本领域中公知装置本身所具有的功能，而上述三个装置组合后的方案也没有带来任何意想不到的效果。因此，权利要求1所要求保护的系统并没有对现有技术中公知的硬件系统本身的组成结构作出任何改进。

从权利要求1的功能性描述中可以看出，所述的数字内容流通系统是在网络上进行销售数字图书内容的一种系统，即用户通过付费而完成在网络上购买数字图书，服务提供商把用户所选择购买的数字图书资料提供给用户，其本质上是一种利用公知的计算机网络而进行营销的方法，并没有对上述公知的硬件系统本身的组成结构有任何的改进。权利要求2~5所要求保护的系统在本质上与权利要求1相同，它们虽然都采用了技术手段（即借助于计算机和网络），但是并没有解决任何技术问题，也没有取得任何技术效果。它们对现有技术的贡献仅在于利用公知的计算机网络所进行的数字图书营销方法，而该方法属于智力活动的规则和方法。因此，根据审查指南第二部分第一章第3.2节第（2）项（i）部分的规定，本申请的权利要求1~5属于专利法第二十五条第一款第（二）项所规定的不授予专利权的范围。

2. 从本申请说明书第8页第2段、第9页第2段、第10页第1段以及说明书附图中可以看出，存储管理装置120中的分配控制处理部分411、分配管理装置130中的分配处理部分511、销售装置140中的销售处理部分612实质上都是存储在存储设备中的计算机程序，即上述三个部分并不是对现有硬件装置的组成结构的改进，而仅仅是为通过网络进行销售数字图书而设计的计算机程序。其所要解决的问题是如何通过网络和计算机实现数字图书的销售，但这并不是技术问题，也没有取得任何技术效果。因此，复审请求人的复审理由是没有说服力的。

综上所述，合议组认为原驳回决定认定事实清楚，适用法律正确，复审请求人的复审理由不成立。

三、决定

维持国家知识产权局专利局实质审查部门于2003年7月11日对99127083.5号发明专利申请所作出的驳回决定。

复审请求人对本决定不服的，可以根据专利法第四十一条第二款的规定，自收到本决定之日起三个月内向北京市第一中级人民法院起诉。

036

电源装置及电子设备案

复审请求审查决定（第6287号）

决 定 号 第6287号
决 定 日 2005年5月11日
发明创造名称 电源装置及电子设备
国际分类号 H02J 7/00
复审请求人 株式会社理光
申 请 号 00104050.2
申 请 日 2000年3月14日
公 开 日 2000年9月20日
合议组组长 张 度
主 审 员 李 卉
参 审 员 熊 婷

法律依据 专利法第二十二条第三款
决定要点

对比文件与本专利申请的发明目的不同、技术解决方案不同，由于本领域普通技术人员从该对比文件中得不出本专利申请所述的技术方案，或者说该对比文件并未给出实现本发明的有关启示，故不能简单的认定本专利申请不具备创造性。

一、案由

本复审请求涉及国家知识产权局于2000年3月14日受理的发明专利申请，其申请号为00104050.2、发明名称为“电源装置及电子设备”，其申请人是株式会社理光。

在实质审查过程中，国家知识产权局专利局实质审查部门在2002年9月27日发出第一次审查意见通知书，其中指出：权利要求1和4不具备创造性，不符合专利法第二十二条三款的规定。其中引用了一篇对比文件JP8－126214A（下称对比文件1）；并且权利要求2～3和5限定的内容分别是对电源装置所具有的功能限定，不符合专利法实施细则第二十一条第三款的规定。

第一次审查意见通知书所针对的权利要求是：

“1. 一种电源装置，其特征在于，设有将来自商用电源的电力变换以供给电子设备内负荷的变换器以及蓄积来自该变换器的电力的可充电电池，上述变换器和电池并联到上述负荷上，同时，上述负荷的电力消耗量大时，从上述变换器向上述负荷供给电力，上述负荷的电力消耗量小时，从上述电池向上述负荷供给电力。

2. 根据权利要求1中所述的电源装置，其特征在于，具有下列功能：监视蓄积在上述电池中的电力残量，当该残量低于所定量时，从上述变换器向上述负荷供给电力。

3. 根据权利要求1或2中所述的电源装置，其特征在于，具有当从上述商用电源得不到电力场合从上述电池向上述负荷供给电力的功能。

4. 一种电子设备，设有用于从商用电源得到电力的电源装置；其特征在于，上述电源装置设有将来自商用电源的电力变换以供给电子设备内负荷的变换器以及蓄积来自该变换器的电力的可充电电池，上述变换器和电池并联到上述负荷上，同时，上述负荷的电力消耗量大时，从上述变换器向上述负荷供给电力，上述负荷的电力消耗量小时，从上述电池向上述负荷供给电力。

5. 根据权利要求4中所述的电子设备，其特征在于，上述电子设备在省能模式时产生表示处于待机中的所定信号，上述电源装置具有检测上述所定信号的功能，在检知上述所定信号期间，从上述电池向上述负荷供给电力。”

针对第一次审查意见通知书，申请人于2003年2月10日提交了意见陈述书，其认为本申请与对比文件1技术领域和发明目的明显不同，两者的技术方案也有所不同，因而其是具备创造性的。

国家知识产权局专利局实质审查部门在2003年8月8日驳回了本申请，其理由是申请人陈述的意见是不能接受的，权利要求1和4不具备专利法第二十二条第三款规定的创造性。

申请人（下称复审请求人）对上述的驳回决定不服，于2003年11月20日向专利复审委员会提出复审请求。复审请求人仍然坚持本专利权利要求是具备创造性的，并且提交了权利要求书的修改替换页。

修改后的权利要求书如下：

“1. 一种电源装置，其特征在于，设有将来自商用电源的电力变换以供给电子设备内负荷的变换器，蓄积来自该变换器的电力的可充电电池，以及电源控制电路，上述变换器和电池并联到上述负荷上，同时，上述电源控制电路进行控制，当上述负荷的电力消耗量大时，从上述变换器向上述负荷供给电力，上述负荷的电力消耗量小时，从上述电池向上述负荷供给电力。

2. 根据权利要求1中所述的电源装置，其特征在于，上述电源控制电路设有电池容量监视电路，监视蓄积在上述电池中的电力残量，当该残量低于所定量时，从上述变换器向上述负荷供给电力。

3. 根据权利要求1或2中所述的电源装置，其特征在于，上述电源控制电路设有充放电切换电路，当从上述商用电源得不到电力场合，从上述电池向上述负荷供给电力。

4. 一种电子设备，设有用于从商用电源得到电力的电源装置；其特征在于，上述电源装置设有将来自商用电源的电力变换以供给电子设备内负荷的变换器，蓄积来自该变换器的电力的可充电电池，以及电源控制电路，上述变换器和电池并联到上述负荷上，同时，上述电源控制电路进行控制，当上述负荷的电力消耗量大时，从上述变换器向上述负荷供给电力，上述负荷的电力消耗量小时，从上述电池向上述负荷供给电力。

5. 根据权利要求4中所述的电子设备，其特征在于，上述电子设备在省能模式时产生表示处于待机中的所定信号，上述电源装置控制电路进行控制，检测上述所定信号，在检知上述所定信号期间，从上述电池向上述负荷供给电力。”

经形式审查合格，专利复审委员会受理了该复审请求，并于2003年12月3日发出了受理通知书以及前置审查通知书。

在前置审查程序中，国家知识产权局专利局原审查部门仍坚持原驳回决定。

专利复审委员会本案合议组对本复审请求案进行了审理。合议组认为本案事实已经清楚，可以作出复审决定。

二、决定的理由

合议组审查了复审请求人于复审请求时提交的权利要求替换页，上述修改文本未超出原说明书和权利要求书记载的范围，符合专利法第三十三条的规定。因此本复审决定依据的文本为2000年3月14日提交的说明书第1~5页、附图1页和说明书摘要，以及2003年11月20日复审请求时提交的权利要求1~5项。

合议组评价本申请的权利要求所引用的对比文件与实质审查过程中所引用的对比文件相同，即对比文件1：JP8－126214A（公开日为1996年5月17日），该对比文件属于专利法第二十二条规定的现有技术。

本申请涉及电源装置及电子设备，要解决的技术问题是提供一种在待机时降低电力消耗电源电路技术。权利要求1请求保护一种电源装置，特征包括：

(a) 将来自商用电源的电力变换以供给电子设备内负荷的变换器；

(b) 蓄积来自变换器的电力的可充电电池；

(c) 变换器和电池并联在上述的负荷上；

(d) 电源控制电路，进行如下控制：当上述负荷的电力消耗量大时，从上述变换器向上述负荷供给电力，上述负荷的电力消耗量小时，从上述电池向上述负荷供给电力。

对比文件1公开了一种用于测量蓄电池容量的方法和电路，要解决的技术问题是，提供一种在测量中即使发生电压下降或停电问题等也能够继续供电，而快速地进行测量电池容量的电路。并具体公开了该电源装置包括：一个与电源连接的变换器2、一个蓄电池3和一个负载4，变换器与蓄电池并列到负载上。当变换器的输出电压为常值时，由该变换器给负载供电，并给蓄电池充电；当变换器的输出电压下降时，由蓄电池给负载供电（参见对比文件1第4栏第10行至第5栏第23行，图1）。输出电压经电阻22、23分压后，在误差放大器19上与基准电压21相比较。将误差放大器19的输出与振荡器20的锯齿波等在比较器18中相比较，根据脉冲信号，驱动变换器14内部的开关元件（参见对比文件1第6栏第23行至第7栏第29行，图5）。

将本申请权利要求1的技术方案与对比文件所公开的内容相比：(1) 两者属于相近似的技术领域，本申请是一种在待机时降低电力消耗的电源电路技术（本申请第1页第1~2行）；对比文件1则是直交流变换装置与备份蓄电池构成的不间断供电系统中的容量测定方法电路（见对比文件1第2栏第2~7行），它们之间的发明目的不同，本申请的目的是降低电能消耗，节约能源，对比文件1的目的是测量蓄电池容量，并在测量过程中保证向负载供电。(2) 技术方案有所不同，对比文件1中公开了权利要求1中的特征 (a)、(b)、(c)，却没有具体公开特征 (d) 的功能特征，对比文件1中虽然具有由电阻、放大器、比较器振荡器等组成的电源控制电路，但是它们所实现的控制功能却有明显的不同。对比文件1的电源控制电路，由对比文件的说明书和附图5可以看出，是用于根据变换器的输出电压（即原电源电压经变换器变换后的电压）来控制是否由电池对负载进行供电的；本申请的电源控制电路则是根据负载的电力消耗大小来控制电池对负载进行供电的。两者进行控制所依据的条件不同，其中，根据变换器所输出电压进行控制，考虑到的是对负载的不间断供电，防止电压的降低和停电等造成损失；而根据负载的大小进行控制则与所提供电源的稳定性无关，是用于节省电能消耗的。本领域普通技术人员已知对比文件1中依据变换器所输出电压进行控制，用以防止电源电压的变动。在这样的基础上，联想到改变控制条件，根据负载的大小进行控制进而用于节电，不具有显而易见性。所以对比文件1不能破坏权利要求1的创造性。

权利要求4请求保护的是一种电子设备，除了主题名称外，其余特征均是相同的，根据上述理由，对比文件1也不能破坏权利要求4的创造性。

综上所述，独立权利要求1和4相对于对比文件1具备创造性，驳回决定中理由不够充分，复审请求人的复审理由成立。

三、决定

撤销国家知识产权局专利局实质审查部门于2003年8月8日对00104050.2号专利申请所作出的驳回决定，由原实质审查部门根据复审请求人于2000年3月14日提交的说明书第1~5页、附图1页和说明书摘要，以及2003年11月20日提出复审请求时提交的权利要求1~5项为审查文本继续审查程序。

037

封闭系统虚拟邮资计费器案

复审请求审查决定（第6290号）

决　定　号　第6290号
决　定　日　2005年5月13日
发明创造名称　封闭系统虚拟邮资计费器
国际分类号　G06F 17/60
复审请求人　皮特尼鲍斯股份有限公司
专利申请号　98125520.5
申　请　日　1998年12月18日
公　开　日　1999年6月23日
合议组组长　石　清
主　审　员　朱芳芳
参　审　员　张　度

法律依据　专利法第二十二条第三款
决定要点

如果一项权利要求的技术方案同现有技术相比具有区别技术特征，同时该区别技术特征的存在使得该项技术方案具有区别于现有技术的有益效果，并且该区别技术特征不能从现有技术中容易地导出，则该项权利要求具备创造性。

一、案由

本复审请求涉及申请日为1998年12月18日、公开日为1999年6月23日、发明名称为“封闭系统虚拟邮资计费器”的发明专利申请，其申请号为98125520.5，申请人为皮特尼鲍斯股份有限公司。

针对本申请的原始申请文本，国家知识产权局专利局实质审查部门于2002年9月20日发出第一次审查意见通知书，指出权利要求1~16相对于对比文件1（US5319562A，其公开日为1994年6月7日）不具备创造性，并指出该申请不具备授予专利权的前景。

申请人于2003年1月24日答复第一次审查意见通知书时对权利要求和说明书进行了修改，其中在修改后的权利要求9中加入了“安全协同处理器”这一技术特征，并对说明书的各组成部分添加了小标题并修改与本发明有关的专利申请的申请号，同时陈述了关于权利要求1~16具备创造性的理由。

国家知识产权局专利局实质审查部门于2003年11月7日以权利要求1~8和16不符合专利法第二十二条第三款的有关规定对该申请作出了驳回决定，驳回决定针对的文本是：2003年1月24日提交的权利要求1~16项、说明书第1~6页，以及申请日提交的原始申请文件中的说明书附图1~3页、说明书摘要和摘要附图。其主要驳回理由是：（1）对比文件1与权利要求1所要求保护的技术方案的区别仅在于将发送请求的装置设置在打印机上从而实现发送请求和打印数据以及用户账号是由用户输入而不是一单个用户账户数据库，并认为这一区别特征对于本领域的普通技术人员来说是显而易见的，由此认定权利要求1不具备创造性；(2) 权利要求2~8的附加技术特征也已经在对比文件1中公开，因此认定权利要求2~8也不具备创造性；(3) 对比文件1与权利要求16的区别仅在于将发送请求的装置设置在打印机上从而实现发送请求和打印数据以及数据中心的数据库包括用户账户信息，并认为这一区别特征对于本领域的普通技术人员来说是显而易见的，从而认定权利要求16不具备创造性。此外，驳回决定中还指出，由于权利要求9中加入了"安全协同处理器"，在"第一次审查意见通知书"中未对该方案进行评述过，因此不作为驳回的基础，但权利要求9~15也不具备创造性。

申请人（下称复审请求人）对驳回决定不服，在规定期限内于2004年2月16日向专利复审委员会提出了复审请求，同时提交了修改的权利要求书。其中独立权利要求内容如下：

"1. 一种在一邮件上作出邮资凭证的方法，包括以下步骤：将来自一打印机模块的对于邮戳数据的请求传送到一远程数据中心，所述请求包括由打印机模块打印的一定数量邮戳的邮资值；在所述远程数据中心验证打印机模块已获准请求邮资值；在所述远程数据中心检索存储在一数据库中的用户账户数据；根据用户账户数据中的信息认证对于邮戳数据的请求；在所述远程数据中心对一定数量的邮戳对应的邮资值计账；为各个邮戳产生一唯一的标识符；传送来自所述远程数据中心的所请求的邮戳数据，包括各邮戳的邮资值和唯一的标识符；以及在打印机模块处打印邮戳。"

"9. 一种邮资计费系统，包括：

一打印机模块，具有一用户接口和一处理器；

一远离所述打印机模块的数据中心；所述数据中心包括一处理器、安全协同处理器和一数据库，所述数据库包括用户账户信息；

用于在所述打印机模块和数据中心之间建立通信的装置，其中，所述打印机模块可从数据中心请求邮戳数据，包括数字标记，当所请求的邮戳数据从数据中心收到时，所述打印机在邮件上打印邮戳，包括如数字标记。"

"16. 一种事物认证系统，包括：

一打印机模块，包括一用户接口和一处理器；

一远离所述打印机模块的数据中心；所述数据中心包括一处理器和一数据库，所述数据库包括用户账户信息；

用于在打印机模块和数据中心之间建立通信的装置，其中，打印机模块可从数据中心请求事务认证数据，包括数字标记，以及当收到来自数据中心的数据时打印机在文件上打印事务凭证。"

在复审请求书中，复审请求人指出本发明申请与对比文件1的区别：(1) 对比文件1中，生成邮资有关的所用功能都是在PC11a中（图1）进行的。PC11a位于终端用户位置上，相反，本发明利用一远程数据中心来生成标识数据；(2) 对比文件1中没有揭示来自打印模块（或其他类型的模块，包括终端用户计算机）的请求以输送到远程数据中心用于生成标识数据，包括用于选择数量标识的邮资数据，如数字记号，对比文件1是由PC11a生成标识并且将该标识输送打印机11b进行打印的；(3) 对比文件1中所有用于付费的基金都存在终端用户处的PC11a中，或者是磁盘或者是硬盘（记忆块）上。相反，本发明不必要基金存在用户位置而是存在数据中心，从而减少未经许可可更改记账账户的危险。

经形式审查合格，专利复审委员会受理了该复审请求，并于2004年3月15日发出了复审请求受理通知书及前置审查通知书。

在前置审查程序中，原审查部门仍坚持原驳回决定。

在此基础上，专利复审委员会成立合议组对本案进行了审理。合议组在审阅了全部文件后认为，本案事实已经清楚，可以作出审查决定。

二、决定的理由

（一）关于审查文本的认定和该决定中引用的对比文献

2004年2月16日，复审请求人在提交复审请求书的同时提交了权利要求书的全文替换页，其修改内容没有超出原始申请文件的公开范围，符合专利法第三十三条的规定。因此，以下审理以复审请求人于2004年2月16日提交的权利要求书、于2003年1月24日提交的说明书以及申请日提交的说明书附图、说明书摘要和摘要附图作为审查的基础，并在该决定中引用原审查部门在实质审查程序中所引用的对比文件1作为最相关的现有技术，即US5319562A，其公开日为1994年6月7日。

（二）关于专利法二十二条第三款

专利法第二十二条第三款中规定："创造性，是指同申请日以前已有的技术相比，该发明有突出的实质性特点和显著的进步。"

判断一项发明是否具备创造性，需将其与最相关的现有技术进行比较，经比较后认定该发明与该最相关的现有技术之间有区别时，若没有证据能证明该区别也属于现在技术，也没有证据能证明将该区别与所述的最相关的现有技术相结合是显而易见的，则该发明具备创造性。

1. 关于权利要求1的创造性

对比文件1（说明书摘要，图1）中公开了一种在邮件上打印邮资凭证的方法，并具体公开了下述技术特征：终端用户的个人计算机（下称PC机）（相当于该申请的打印机模块），其从邮局购买邮资；该终端用户的PC机包括：与邮局的计算机（相当于该申请的远程数据中心）通信的调制解调器、用于存储邮资使用和剩余邮资信息的安全非易失性存储器、包括用于与邮局通信以购买邮资和用于更新安全非易失性存储器的内容的程序的邮资计量控制程序；该终端用户的PC机还包括打印机和指示打印机在信封和标签上打印地址和邮资的邮资打印程序；该邮资打印程序对每一个被打印的信封和标签指派一个唯一的序列号（相当于该申请的标识符）；每个终端用户的PC机中的邮资计量控制程序允许邮局服务器通过终端用户PC机从安全非易失性存储器收集关于已购买的邮资和已用于邮件的邮资的查账信息。将权利要求1与对比文件1相比可知，其区别特征在于：将来自打印机模块的对于邮戳数据的请求传送到远程数据中心；在远程数据中心验证打印机模块已获准的请求邮资值；在所述远程数据中心检索存储在一数据库中的用户账户数据；根据用户账户数据中的信息认证对于邮戳数据的请求；在所述远程数据中心对一定数量的邮戳对应的邮资值记账；传送来自所述远程数据中心的所请求的邮戳数据。

而对比文件1中，虽然终端用户的计算机与邮局的计算机相互通信，但仅是通过相互通信来向邮局购买邮资以及邮局服务器从终端用户计算机的安全非易失性存储器中收集关于邮资的查账信息，在需要打印邮资凭证时，用户进入PC机数据库中的地址，获得一认证过的CASS ZIP + 4，用户请求打印一信封、标签或传单，当选择邮资应用选项时，提示用户信件的页数或包裹重量。PC机中的程序将根据重量、目的地和地区计算所需的邮资，然后打印信封、标签或传单，完成邮资标志。剩余的邮资登记文件（在PC机或记忆块上的编码文件）减小了最近一次事务的数量，并且刚完成的事务将被投递到一记录中（对比文件1中第16栏第35行至第17栏第35行）。因此，对比文件1中所有与声称邮资有关的功能都在PC机中进行，并未由远程的邮局计算机来实现验证邮戳数据请求、检索用户账户数据、对邮资值记账、产生邮戳的唯一标识符以及将邮戳数据发送到打印机模块中的功能。

上述区别主要是由于本发明将用户账户数据存储在远程数据中心带来的，而对比文件1中是在终端用户的PC机中建立数据库。原实质审查部门认为将用户账户数据存储在远程数据中心对于本领域的普通技术人员来说是显而易见的，但原审查部门没有提供相应的证据来支持上述意见。也就是说，原实质审查部门没有提供这样的现有技术：它教导了或启示了本领域的普通技术人员，可以使对比文件1所公开的系统中的存储在终端用户计算机中的有关于用户账户信息的邮资使用和剩余邮资信息脱离终端用户计算机而存储在远程邮局中的计算机（相当于该本发明申请中的远程数据中心）中，并教导或启示本领普通技术人员通过上述存储有用户账户数据的远程数据中心来实现权利要求1所要求保护的一种在一邮件上作出邮资凭证的方法。因此权利要求1请求保护的方法相对于对比文件1来说并不是显而易见的。

此外，上述区别使得本发明不必将资金存在用户地址上，从而可以减小计账差额被非法更改的危险。而对比文件1中恰恰存在用户终端计算机中所存储的剩余邮资信息被非法更改的危险。因此，权利要求1请求保护的方法与对比文件1相比具有有益的技术效果。

综上所述，权利要求1相对于对比文件1具有突出的实质性特点和显著的进步，因此权利要求1具备专利法第二十二条第三款规定的创造性。

2. 权利要求9、16与对比文件1的区别之处均在于：远程数据包括一个存储用户账户信息的数据库。基于与权利要求1相同的理由，权利要求9、16相对于对比文件1具有突出的实质性特点和显著的进步，因此权利要求9、16具备专利法第二十二条第三款规定的创造性。

3. 权利要求2~8是权利要求1的从属权利要求，权利要求10~15是权利要求9的从属权利要求，鉴于权利要求1和9具备创造性，则对其作进一步限定的从属权利要求同样也应具备创造性。因此，权利要求2~8、10~15符合专利法第二十二条第三款的规定。

基于上述理由，合议组作出下述决定。

三、决定

撤销国家知识产权局专利局实质审查部门于2003年11月7日作出的驳回决定，由原实质审查部门以复审请求人于2004年2月16日提交的权利要求1~16项、2003年1月24日提交的说明书第1~6页以及申请日提交的说明书附图第1~3页、说明书摘要、摘要附图为基础，继续审查程序。

038

主从式多处理器系统中的通信接口案

复审请求审查决定（第6294号）

决　定　号　第6294号
决　定　日　2005年4月28日
发明创造名称　主从式多处理器系统中的通信接口
国际分类号　G06F 15/163
复审请求人　上海贝尔有限公司
申　请　号　99116854.2
申　请　日　1999年9月9日
公　开　日　2001年3月21日
合议组组长　黄毅斐
主　审　员　崔哲勇
参　审　员　张宗任

法律依据　专利法实施细则第二十条第一款
决定要点
修改后的权利要求已经对技术方案进行了清楚的限定，克服了驳回决定指出的缺陷。

一、案由

本复审请求涉及申请日为1999年9月9日、公开日为2001年3月21日、名称为“主从式多处理器系统中的通信接口”的发明专利申请，其申请号为99116854.2，申请人为上海贝尔有限公司。

在实审过程中，国家知识产权局专利局实审部门针对本申请的原始文本进行审查，于2003年2月14日发出第一次审查意见通知书。通知书指出权利要求1不符合专利法实施细则第二十条第一款的规定。主要理由为：权利要求1没有清楚地描述所述读写控制单元进行访问的操作，从而造成本领域普通技术人员很难根据权利要求1的描述清楚地理解其所要保护的技术方案。

针对上述审查意见通知书，申请人于2003年6月11日提交了意见陈述书，并同时提交了权利要求书和说明书的替换文本。申请人认为权利要求1中对地址译码单元和多选一单元的描述已经清楚地说明了所述读写控制单元对其访问的操作。

实质审查部门认为本申请经申请人陈述意见后，修改后的权利要求1仍然没有清楚地描述所述读写控制单元进行访问的操作，不符合专利法实施细则第二十条第一款的规定，因此于2003年9月12日作出了驳回本专利申请的决定。

申请人（下称复审请求人）对于上述驳回决定不服，于2003年12月23日向专利复审委员会提出复审请求，其复审理由与答复第一次审查意见通知书时的意见相同。同时，复审请求人随复审请求书提交了权利要求书的修改替换页。

修改后的权利要求书具体内容为：

"1. 一种主从式多处理器系统中的通信接口，它连接在主处理器和多个从处理器之间，其特征在于，所述的从处理器具有宿主机接口，该宿主机接口包括地址寄存器和数据寄存器，所述的通信接口的一端接主处理器的存储器扩展口，另一端接各从处理器的宿主机接口，该通信接口包括读写控制单元、地址译码单元、多选一单元和中断就绪单元，其中：读写控制单元，从主处理器获取地址和数据信息，按宿主机接口访问要求向地址译码单元和多选一单元给出访问顺序，即首先把从处理器中的目的地址给宿主机接口的地址寄存器，然后读写宿主机接口的数据寄存器的数据，并在主处理器和某个从处理器进行通信时，读写控制单元从主处理器获取地址和数据信息，直接通过数据总线与从处理器进行地址和数据交换；地址译码单元，从读写控制单元获取地址信息，把各从处理器宿主机接口的寄存器地址映射到主处理器的相应的地址段上；多选一单元，从地址译码单元获取使能信号，然后从读写控制单元获取低位地址信息，同时从主处理器获取数据有效信号，向多个从处理器输出数据有效信号；

中断就绪单元，从多个从处理器中选择相应的就绪信号、中断信号路由给主处理器。"

经形式审查，该复审请求符合规定的形式要求，专利复审委员会于 2004 年 2 月 9 日发出复审请求受理通知书和前置审查通知书。

实质审查部门对该复审请求进行了前置审查，仍坚持原驳回决定。

在此基础上，专利复审委员会依法成立合议组对本案进行审理。

专利复审委员会于 2005 年 2 月 1 日发出复审通知书，指出本申请说明书中对该技术方案的说明存在多处不清楚，不符合专利法第二十六条第三款的规定。具体理由为：（1）说明书中所述的"读写控制单元 3，从主处理器 1 获取地址和数据信息，按 HPI 口 21 访问要求向地址译码单元和多选一单元给出访问顺序，即首先把从处理器 2 中的目的地址给 HPIA，然后读写 HPID 的数据"没有清楚地说明读写控制单元 3、地址译码单元 6 和多选一单元 5 的功能作用以及它们的工作流程关系；（2）本申请中地址总线和数据总线各自的功能以及它们之间的关系不清楚；（3）多选一单元的作用不清楚。

专利复审委员会于 2005 年 3 月 10 日收到复审请求人针对上述复审通知书的意见陈述书以及说明书、权利要求书、说明书摘要的替换文本。复审请求人认为：（1）说明书中"读写控制单元 3，从主处理器 1 获取地址和数据信息，按 HPI 口 21 访问要求向地址译码单元和多选一单元给出访问顺序，即首先把从处理器 2 中的目的地址给 HPIA，然后读写 HPID 的数据"所要表述的内容是"读写控制单元 3 从主处理器 1 获得地址和数据信息的输入，分别把地址信息和低位地址信息输出到地址译码单元和多选一单元，由地址译码单元和多选一单元决定所要访问的从处理器并按 HPI 口 21 的访问时序要求给出访问顺序"，即首先把要访问的从处理器 2 中的目的地址给 HPIA，然后读写 HPID 的数据。基于这种解释，复审请求人将权利要求 1 中的相应内容修改为"读写控制单元，从主处理器获取地址和数据信息，按从处理器的宿主机接口访问时序要求对通过地址译码单元和多选一单元来选中的要访问的从处理器给出访问顺序，即首先把从处理器中的目的地址给宿主机接口的地址寄存器，然后读写宿主机接口的数据寄存器的数据"。（2）从处理器的 HPI 口没有地址总线，主处理器要通过 HPI 口访问从处理器的存储器地址时，必须首先把要访问的从处理器的存储器地址通过数据总线写到 HPIA 寄存器，然后再把数据写到 HPID 寄存器，读写控制单元的地址总线只是被译码和多选一单元用来根据不同的地址（从处理器 HPI 口的寄存器在主处理器地址空间的地址映射）选择不同的从处理器。（3）多选一单元利用来自读写控制单元的低位地址信息，同时从主处理器 1 获取数据有效信号，向选定的从处理器输出数据有效信号；（4）修改后的说明书清楚、完整地公开了本发明的技术方案，符合专利法第二十六条第三款的规定，同时修改后的权利要求 1 也符合实施细则第二十条第一款的规定。

修改后的权利要求 1 为：

“1. 一种主从式多处理器系统中的通信接口，它连接在主处理器和多个从处理器之间，其特征在于，所述的从处理器具有宿主机接口，该宿主机接口包括地址寄存器和数据寄存器，所述的通信接口的一端接主处理器的存储器扩展口，另一端接各从处理器的宿主机接口，该通信接口包括读写控制单元、地址译码单元、多选一单元和中断就绪单元，其中：读写控制单元，从主处理器获取地址和数据信息，按从处理器的宿主机接口访问时序要求对通过地址译码单元和多选一单元来选中的要访问的从处理器给出访问顺序，即首先把从处理器中的目的地址给宿主机接口的地址寄存器，然后读写宿主机接口的数据寄存器的数据，并在主处理器和某个从处理器进行通信时，读写控制单元从主处理器获取地址和数据信息，直接通过数据总线与从处理器进行地址和数据交换；地址译码单元，从读写控制单元获取地址信息，把各从处理器宿主机接口的寄存器地址映射到主处理器的相应的地址段上；多选一单元，从地址译码单元获取使能信号，然后从读写控制单元获取低位地址信息，同时从主处理器获取数据有效信号，向一选中的从处理器输出该数据有效信号；中断就绪单元，从多个从处理器中选择相应的就绪信号、中断信号路由给主处理器。”

在上述工作的基础上，合议组认为本案事实清楚，可以作出本复审决定。

二、决定的理由

复审请求人在 2005 年 3 月 10 日提交的意见陈述书中对本申请的技术方案进行了说明和解释，同时基于这些解释对申请文件进行了相应的修改。合议组认为复审请求人在意见陈述书中对本申请技术方案的解释与本领域技术人员根据本申请原始公开的内容对本申请技术方案的理解相一致，其对说明书文字部分和权利要求书的相应修改都是本领域技术人员根据本申请原始公开内容可以唯一确定的技术内容。因此上述修改并未超出本申请原始公开的范围，符合专利法第三十三条的规定。

本复审所针对的文本是复审请求人原始提交的说明书附图第 1 页、摘要附图，以及 2005 年 3 月 10 日提交的权利要求 1、说明书第 1 ~3 页、说明书摘要。

合议组在审阅本申请上述文件后认为：权利要求 1 中明确了主从式多处理器系统中的通信接口的各组成部分，并对该通信接口中包括的读写控制单元、地址译码单元、多选一单元和中断就绪单元的功能以及它们之间的信号流关系和连接关系进行了清楚的限定，因此权利要求 1 的技术方案是清楚且唯一的，符合专利法实施细则第二十条第一款的规定。

至于说明书和权利要求书是否还存在其他缺陷，均留待后续程序继续审查。

三、决定

撤销国家知识产权局专利局实质审查部门于 2003 年 9 月 12 日对申请号为 99116854. 2 的发明专利申请所作出的驳回决定，由原实质审查部门以复审请求人原始提交的说明书附图第 1 页、摘要附图，以及 2005 年 3 月 10 日提交的权利要求 1、说明书第 1 ~3 页、说明书摘要为基础继续进行审批程序。

039

在高低拓扑区域上形成布线层的方法和集成电路案

复审请求审查决定（第6296号）

决　定　号　第6296号

决　定　日　2005年4月25日

发明创造名称　在高低拓扑区域上形成布线层的方法和集成电路

国际分类号　H01L 21/768、21/28

复审请求人　三星电子株式会社

专利申请号　99120355.0

申　请　日　1999年9月22日

公　开　日　2000年3月29日

合议组组长　石　清

主　审　员　崔哲勇

参　审　员　张美菊

法律依据　专利法第二十二条第三款

决定要点

修改后权利要求的技术方案与对比文件相比是一种技术构思不同的技术方案，并且能够达到所预期的技术效果，因此权利要求的技术方案相对于对比文件具有突出的实质性特点和显著的进步，具备专利法第二十二条第三款规定创造性。

一、案由

本复审请求涉及国家知识产权局专利局于1999年9月22日受理、申请号为99120355.0、名称为“在高低拓扑区域上形成布线层的方法和集成电路”的发明专利申请，申请人为三星电子株式会社。

在实质审查过程中，国家知识产权局专利局实质审查部门针对原始申请的文本进行审查，并引用以下对比文件：

对比文件1：CN1129356A，其公开日为1996年8月21日。

实质审查部门于2002年8月23日发出第一次审查意见通知书，指出权利要求1～21不符合专利法第二十二条第三款的规定，权利要求2～5、9～12、16～19不符合专利法第二十六条第四款的规定，权利要求8、15不符合专利法实施细则第二十条第一款的规定。

针对第一次审查意见通知书，申请人于2003年1月7日提交了意见陈述书以及权利要求书、说明书以及说明书摘要的替换页。

修改后的权利要求书如下：

“1. 一种在具有高低拓扑区域的集成电路上形成布线层的方法，该方法包括以下步骤：在该低拓扑区域，而非该高拓扑区域上，形成一下布线层，从而在低拓扑区域的该下布线层减小了低拓扑区域和高拓扑区域之间的高低差异；接着至少在该下布线层上形成一绝缘层；然后在上述在低拓扑区域，而非高拓扑区域上形成一下布线层的步骤中已经减小了高低差异的该低拓扑区域和该高拓扑区域上形成一上布线层。

2. 如权利要求1所述的方法，其中该集成电路为一存储集成电路，其中该高拓扑区域包括一存储单元阵列区域，该低拓扑区域包括一周边电路区域，该下布线层包括第一水平高度金属布线层，该上布线层包括一在该高拓扑区域的金属布线层以及一在该低拓扑区域的金属布线层。

3. 如权利要求1所述的方法，其中该集成电路为一动态随机存取存储集成电路，该高拓扑区域包括一具有多个电容器于其中的动态随机存取存储单元阵列，该低拓扑区域包括一动态随机存取存储周边电路区域，其中该下布线层包括一第一水平高度金属布线层，且该上布线层包括一在该高拓扑区域的金属布线层和一在该低拓扑区域的金属布线层。

4. 如权利要求1所述的方法，其中该集成电路为一合并存储和逻辑集成电路，其中该高拓扑区域包括一存储单元阵列区域，该低拓扑区域包括一逻辑电路区域，其中该下布线层包括一第一水平高度金属布线层，该上布线层包括一在该高拓扑区域中的金属布线层和一在该低拓扑区域中的金属布线层。

5. 如权利要求1所述的方法，其中该集成电路为一合并动态随机存取存储和逻辑集成电路，该高拓扑区域包括一具有多个电容器于其中的动态随机存取存储单元阵列，该低拓扑区域包括一逻辑电路区域，该下布线层包括一第一水平高度金属布线层，该上布线层包括一在该高拓扑区域金属布线层和一在该低拓扑区域的金属布线层。

6. 如权利要求1所述的方法，其中在该低拓扑区域和该高拓扑区域形成一上布线层的步骤，包括有在该电连接到该下布线层的绝缘层上形成至少一导电插头的步骤。

7. 如权利要求1所述的方法，其中该下布线层和该上布线层两者均包括金属。

8. 一种集成电路形成的方法，包括以下步骤：在一集成电路基底中形成多个有源和隔离区域；在该集成电路基底上形成多个导电和绝缘层，以便在该集成电路基底上界定出高和低拓扑区域；在该低拓扑区域而非该高拓扑区域上形成一下布线层，从而在低拓扑区域的该下布线层减小了低拓扑区域和高拓扑区域之间的高低差异；然后至少在该下布线层上形成一绝缘层；接着在上述在低拓扑区域、而非高拓扑区域上形成一下布线层的步骤中已经减小了高低差异的该低拓扑区域和该高拓扑区域上形成一上布线层。

9. 如权利要求8所述的方法，其中该集成电路为一存储集成电路，其中该高拓扑区域包括一存储单元阵列区域，该低拓扑区域包括一周边电路区域，该下布线层包括第一水平高度金属布线层，该下布线层包括一在该高拓扑区域的金属布线层以及一在该低拓扑区域的金属布线层。

10. 如权利要求8所述的方法，其中该集成电路为一动态随机存取存储集成电路，该高拓扑区域包括一具有多个电容器于其中的动态随机存取存储单元阵列，该低拓扑区域包括一动态随机存取存储周边电路区域，其中该下布线层包括一第一水平高度金属布线层，且该上布线层包括一在该高拓扑区域的金属布线层和一在该低拓扑区域的金属布线层。

11. 如权利要求8所述的方法，其中该集成电路为一合并存储和逻辑集成电路，其中该高拓扑区域包括一存储单元阵列区域，该低拓扑区域包括一逻辑电路区域，其中该下布线层包括一第一水平高度金属布线层，该上布线层包括一在该高拓扑区域中的金属布线层和一在该低拓扑区域中的金属布线层。

12. 如权利要求8所述的方法，其中该集成电路为一合并动态随机存取存储和逻辑集成电路，该高拓扑区域包括一具有多个电容器于其中的动态随机存取存储单元阵列，该低拓扑区域包括一逻辑电路区域，该下布线层包括一第一水平高度金属布线层，该上布线层包括一在该高拓扑区域的金属布线层和一在该低拓扑区域的金属布线层。

13. 如权利要求8所述的方法，其中在该低拓扑区域和该高拓扑区域形成一上布线层的步骤，包括有在该电连接到该下布线层的绝缘层上形成至少一导电插头的步骤。

14. 如权利要求8所述的方法，其中该下布线层和该上布线层两者均包括金属。

15. 一种集成电路，包括：一集成电路基底；多个有源区域和绝缘区域，其在该集成电路基底上；多个导电和绝缘层，其在该集成电路基底上，该集成电路基底界定有高和低拓扑区域于该集成电路基底；一下布线层，其在该低拓扑区域上，但不在该高拓扑区域上；一上布线层，其在该低拓扑区域和该高拓扑区域上；及一绝缘层，其在该下布线层和该上层布线层之间。

16. 如权利要求15所述的集成电路，其中该集成电路为一存储集成电路，其中该高拓扑区域包括一存储单元阵列区域，该低拓扑区域包括一周边电路区域，该下布线层包括第一水平高度金属布线层，该上布线层包括一在该高拓扑区域的金属布线层以及一在该低拓扑区域的金属布线层。

17. 如权利要求15所述的集成电路，其中该集成电路为一动态随机存取存储集成电路，该高拓扑区域包括一具有多个电容器于其中的动态随机存取存储单元阵列，该低拓扑区域包括一动态随机存取存储周边电路区域，其中该下布线层包括一第一水平高度金属布线层，且该上布线层包括一在该高拓扑区域的金属布线层和一在该低拓扑区域的金属布线层。

18. 如权利要求15所述的集成电路，其中该集成电路为一合并存储和逻辑集成电路，其中该高拓扑区域包括一存储单元阵列区域，该低拓扑区域包括一逻辑电路区域，其中该下布线层包括一第一水平高度金属布线层，该上布线层包括一在该高拓扑区域中的金属布线层和一在该低拓扑区域中的金属布线层。

19. 如权利要求15所述的集成电路，其中该集成电路为一合并动态随机存取存储和逻辑集成电路，该高拓扑区域包括一具有多个电容器于其中的动态随机存取存储单元阵列，该低拓扑区域包括一逻辑电路区域，该下布线层包括一第一水平高度金属布线层，该上布线层包括一在该高拓扑区域的金属布线层和一在该低拓扑区域的金属布线层。

20. 如权利要求15所述的集成电路，其还包括至少一在该绝缘层上的导电插头，该绝缘层将该上布线层电连接到该下布线层。

21. 如权利要求15的集成电路，其中该下布线层和该上布线层两者均包括金属。”

国家知识产权局专利局实质审查部门认为，本申请的修改符合专利法第三十三条的规定，并克服了第一次审查意见通知书中指出的有关专利法第二十六条第四款和专利法实施细则第二十条第一款的缺陷，但是本申请经陈述意见和修改后，新修改的权利要求1~21相对于对比文件1仍不具备创造性，不符合专利法第二十二条第三款的规定，于2003年4月25日据此作出了驳回本申请的驳回决定。

申请人（下称复审请求人）对上述驳回决定不服，于2003年7月25日向专利复审委员会提出了复审请求，其复审理由是：（1）本发明的主要目的在于提供一种在具有高低拓扑区域的集成电路上形成布线层的方法和集成电路，以便使下布线层和上布线层可以具有高密度，对比文件1的目的是采用层间绝缘层的平面化工艺，从而可以改进形成布线导体的后续工艺中的聚集边界，二者的目的根本不同；（2）对比文件1中下布线层9a、9b不能起到减小高低拓扑区域的拓扑差的作用。

经形式审查合格，专利复审委员会予以受理，于2003年9月5日发出复审请求受理通知书和前置审查通知书。

国家知识产权局专利局原实质审查部门对该复审请求进行了前置审查，并认为：（1）本发明的目的是使具有高低拓扑区域的集成电路的上布线层和下布线层形成具有高密度，该目的是通过减小高低拓扑区域的拓扑差，从而使半导体器件平面化来实现的；对比文件1的目的是提供一种采用层间绝缘膜的平面化工艺的技术效果，从而在形成布线导体的后续曝光工艺中的聚焦边界可以改进，该目的同样是通过减小高低拓扑区域之间的拓扑差，从而使半导体器件平面化来实现的；（2）对比文件1中第一布线导体9b由钨构成仅是一个举例，并没有排除采用其他金属的可能，而且该布线层客观上具有减小高低拓扑区域之间高程差的作用；（3）关于权利要求1与对比文件1的区别，复审请求人的理由不成立。

专利复审委员会依法成立合议组对本案进行审理，于2004年10月14日发出复审通知书，指出权利要求1~21相对于对比文件1不具备创造性。

专利复审委员会于2004年11月29日收到复审请求人针对上述复审通知书的意见陈述书，其中认为：（1）合议组对本发明与对比文件1的理解不正确，对比文件1中的下布线层9a，9b应当对应本专利中的电极112，对比文件1的第三布线13对应于本发明的第一布线128，对比文件1所获得的器件具有非均匀表面，而本发明所获得的器件具有均匀表面；（2）对比文件1所取得的技术效果与本发明取得的效果不能比较，其效果很小；（3）对比文件1没有公开本申请权利要求1的特征"在该低的拓扑区域，而非该高拓扑区域上，形成一下布线层"，类似地，权利要求8、15也具有该区别技术特征；（4）如果合议组将维持驳回决定，请求给予复审请求人口头审理的机会。

本案合议组接受复审请求人的口审请求，于2005年3月30日发出口审通知书，定于2005年4月6日进行口头审理。

口头审理于2005年4月6日如期举行，在口审中，复审请求人放弃其上述意见陈述书中第（1）点意见，并表示在口审之后对权利要求书进行修改，合议组同意复审请求人在口审后七日内提交权利要求书修改文本，逾期不提交，合议组将根据现有文本作出复审决定。

专利复审委员会于2005年4月15日收到复审请求人提交的意见陈述书和权利要求书第1~4页和说明书第4、5A、5B页的替换页。

修改后的独立权利要求1、8、15分别如下：

"1. 一种在具有高低拓扑区域的集成电路上形成布线层的方法，该方法包括以下步骤：

在该低拓扑区域，而非该高拓扑区域上形成一下布线层，从而在低拓扑区域和高拓扑区域之间的高低差异超过1um的情况下，仅仅通过在低拓扑区域的该下布线层减小了该高低差异以满足光蚀期间足够的光刻边界，使得该低拓扑区域中的下布线层间距能够满足纯逻辑电路的设计规则；接着至少在该下布线层上形成一绝缘层；然后在上述在低拓扑区域，而非高拓扑区域上形成一下布线层的步骤中已经减小了高低差异的该低拓扑区域和该高拓扑区域上形成一上布线层。"

"8. 一种集成电路形成的方法，包括以下步骤：在一集成电路基底中形成多个有源和隔离区域；在该集成电路基底上形成多个导电和绝缘层，以便在该集成电路基底上界定出高和低拓扑区域；在该低拓扑区域而非该高拓扑区域上形成一下布线层，从而在低拓扑区域和高拓扑区域之间的高低差异超过1um的情况下，仅仅通过在低拓扑区域的该下布线层减小了该高低差异以满足光蚀期间足够的光刻边界，使得该低拓扑区域中的下布线层间距能够满足纯逻辑电路的设计规则；然后至少在该下布线层上形成一绝缘层；接着在上述在低拓扑区域，而非高拓扑区域上形成一下布线层的步骤中已经减小了高低差异的该低拓扑区域和该高拓扑区域上形成一上布线层。"

"15. 一种集成电路，包括：一集成电路基底；多个有源区域和绝缘区域，其在该集成电路基底上；多个导电和绝缘层，其在该集成电路基底上，该集成电路基底界定有高和低拓扑区域于该集成电路基底；一下布线层，其在该低拓扑区域上，但不在该高拓扑区域上；一上布线层，其在该低拓扑区域和该高拓扑区域上；及一绝缘层，其在该下布线层和该上层布线层之间，其中在低拓扑区域和高拓扑区域之间的高低差异超过1um的情况下，仅仅通过在低拓扑区域的该下布线层减小了该高低差异以满足光蚀期间足够的光刻边界，使得该低拓扑区域中的下布线层间距能够满足纯逻辑电路的设计规则。”

在以上审查工作的基础上，合议组认为本案事实已经清楚，可以作出复审请求审查决定。

二、决定的理由

1. 文本认定

由于专利复审委员会于2005年4月15日收到的复审请求人提交的权利要求书和说明书修改替换页符合专利法第三十三条和专利法实施细则第六十条的规定，因此本复审决定是以复审请求人于1999年9月22日提交的说明书附图第1～3页、摘要附图，2003年1月7日提交的说明书第1～3页、第6～10页、说明书摘要以及2005年4月15日提交的说明书第4、5A、5B和权利要求1～21项为基础作出的。

2. 关于创造性

合议组仍然采用实质审查中引用的对比文件：CN1129356A（下称对比文件1）对本申请进行评述。

权利要求1请求保护一种在具有高低拓扑区域的集成电路上形成布线层的方法，对比文件1公开了一种在集成电路上形成布线层的方法，并具体公开了以下技术特征（见对比文件1说明书第12页第2段，第16页第3段至第6段，附图10、21～24）：集成电路包括具有高程差的外围电路区和存储单元制作区3c′（相当于权利要求1中的高低拓扑区域），在存储器制作区3c′处形成一个凹下区，在低的外围电路区上，而没有在高的存储单元制作区上，形成第一布线层9a，9b（相当于权利要求1中的下布线层）；在低的外围电路区和高的存储单元制作区上，形成一绝缘层12d；对绝缘层12d的表面部分执行整平工艺，然后整个绝缘层12d的表面上形成一由例如Al或Al-Si-Cu合金构成的第二布线导体13（相当于权利要求1中的上布线层）。

权利要求1要求保护的在具有高低拓扑区域的集成电路上形成布线层的方法与对比文件1公开的在集成电路上形成布线层的方法相比，其区别在于如下限定：在低拓扑区域和高拓扑区域之间的高低差异超过1um的情况下，仅仅通过在低拓扑区域的该下布线层减小了该高低差异以满足光蚀期间足够的光刻边界，使得该低拓扑区域中的下布线层间距能够满足纯逻辑电路的设计规则。

合议组认为，对比文件1中的第一布线层9a，9b虽然客观上能够减少高低拓扑区域之间的高低差异，但是对比文件1中的第一布线层9a，9b的主要作用为布线，并不能显著减少高低拓扑区域之间的高低差异，对比文件1中实现减小低的外围电路区和高的存储单元区之间的高度差主要是通过形成在高的存储单元区的衬底上的凹下区以及对隔离膜进行化学机械整平来实现的，与本申请权利要求1中所限定的仅仅通过该下布线层减小该高度差异的技术方案完全不同，权利要求1相对于对比文件1并非显而易见。另外，权利要求1的技术方案与对比文件1相比是一种技术构思不同的技术方案，并且能够达到预期的技术效果，因此权利要求1的技术方案相对于对比文件1具有突出的实质性特点和显著的进步，具备专利法第二十二条第三款规定创造性。

独立权利要求8、15分别请求保护一种集成电路形成的方法和一种集成电路，其中均明确限定了其技术方案是仅仅通过在低拓扑区域的该下布线层减小了该高低差异以满足光蚀期间足够的光刻边界，使得该低拓扑区域中的下布线层间距能够满足纯逻辑电路的设计规则。基于上面对权利要求1的评述，由于对比文件1中实现减小低的外围电路区和高的存储单元区之间的高度差主要是通过形成在高的存储单元区的衬底上的凹下区以及对隔离膜进行化学机械整平来实现的，与本权利要求8、15中所限定的仅仅通过该下布线层减小该高度差异的技术方案完全不同，因此权利要求8、15相对于对比文件1并非显而易见。另外，权利要求8和15的技术方案与对比文件1相比是一种技术构思不同的技术方案，并且能够达到预期的技术效果，因此权利要求8和15的技术方案相对于对比文件1具有突出的实质性特点和显著的进步，具备专利法第二十二条第三款规定创造性。

在独立权利要求1、8和15相对于对比文件1具备创造性的情况下，引用它们的从属权利要求2～7、9～14、16～21相对于对比文件1也具备创造性。

三、决定

撤销国家知识产权局专利局实质审查部门于2003年4月25日作出的驳回决定，由原实质审查部门以复审请求人于1999年9月22日提交的说明书附图第1～3页、摘要附图，2003年1月7日提交的说明书第1～3页、第6～10页、说明书摘要以及2005年4月15日提交的说明书第4、5A、5B和权利要求1～21项的文本为基础继续进行审批程序。

040

在个人数字助理机上提供邮件地址目录的方法案

复审请求审查决定（第6301号）

决　定　号　第6301号
决　定　日　2005年4月18日
发明创造名称　在个人数字助理机上提供邮件地址目录的方法
国际分类号　G06F 17/21
复审请求人　英华达（南京）科技有限公司
申　请　号　00137772.8
申　请　日　2000年12月28日
公　布　日　2001年6月13日
合议组组长　蒋　彤
主　审　员　张宗任
参　审　员　熊　婷

法律依据　专利法第二十六条第三款
决定要点

对于一件发明专利申请，如果说明书没有清楚记载解决所述技术问题的技术方案，本领域普通技术人员根据该申请说明书记载也无法实现其发明，那么该申请公开不充分。

一、案由

本复审请求涉及国家知识产权局专利局于2000年12月28日受理、申请号为00137772.8、名称为“在个人数字助理机上提供邮件地址目录的方法”的发明专利申请（下称本申请），申请人是英业达集团（南京）电子技术有限公司，2004年11月12日变更为英华达（南京）科技有限公司。

在实质审查过程中，国家知识产权局专利局实质审查部门针对本申请的原始申请文件进行了实质审查，于2002年11月22日发出了第一次审查意见通知书，其中指出：说明书仅仅公开了令使用者在助理机上进行发送邮件时，可以通过一个群组的方式进行发送这一设想，但在具体技术手段的描述中，仅仅给出了如何在个人助理机上创建和编辑邮件电子地址目录的步骤，并没有公开如何使使用者可以通过群组方式发送邮件，对本领域技术人员来说，根据说明书公开的内容，不能再现该发明的技术方案，解决其技术问题，并产生预期的技术效果，因此本申请说明书记载不符合专利法第二十六条第三款的规定。

针对上述第一次审查意见通知书，申请人于2003年4月4日进行了答复。其中主要指出：本发明的构思分成两部分：（1）说明书中给出了在个人助理机上创建和编辑邮件地址群组的方法和流程；（2）利用已建立的地址群组，批量发送邮件，利用已有技术可以实现。对本领域技术人员来说，根据说明书公开的内容，结合已有技术，能够再现本发明的技术方案，本申请符合专利法第二十六条第三款的规定。申请人没有修改申请文件。

国家知识产权局专利局实质审查部门继续审查后，认为本申请仍然不符合专利法第二十六条第三款的规定，于2003年6月6日作出了驳回本申请的决定，具体理由与第一次审查意见相同。

申请人（下称复审请求人）对驳回决定不服，于2003年9月22日向专利复审委员会提出复审请求。复审请求人在复审请求书中针对说明书是否公开充分的问题提出的主要意见是：（1）利用已建立的地址群组，批量发送邮件的方法与传统的已经使用的批量发送邮件的方法是相似的，属于现有技术；（2）本发明背景技术部分已经记载了现有批量发送邮件的方法，本申请是在此基础上的改进，据此是能够再现本发明的技术方案的。

经形式审查合格，专利复审委员会予以受理，于2003年11月12日发出复审请求受理通知书，并同时要求实质审查部门作出前置审查意见。

在前置审查程序中，国家知识产权局专利局原实质审查部门坚持驳回决定。

专利复审委员会依法成立合议组对本复审请求进行审理。合议组研究了国家知识产权局专利局实质审查部门作出的驳回决定和复审请求人提交的复审请求书以及前置审查意见书后，于2004年9月28日发出复审通知书，提出如下审查意见：

1. 复审请求人在提交复审请求书时未提交修改文本，因此审查文本与驳回决定所依据的文本一样，即2000年12月28日提交的权利要求1～5项，说明书第1～3页，附图第1～2页，说明书摘要及摘要附图。

2. 本申请涉及一种在个人数字助理机上提供邮件地址目录的方法，本申请要解决的技术问题是现有数字助理机上邮件群发需要逐一选择邮件地址所导致的繁琐及容易遗漏的问题，针对该问题说明书具体实施方式部分主要记载了“该方法是在个人数字助理机1中创建一使用者所需的邮件地址目录的功能接口”，从而提供邮件群发功能；助理机的基本结构构成，和“通过前述该助理机1（PDA）上各组件间的功能接口配合，以提供邮件地址目录”；使用者创建使用该助理机（PDA）邮件地址目录的具体实现步骤。

3. 可以看出针对本申请所要解决的问题，说明书首先应该记载清楚如何在个人数字助理机上实现这种个人数字助理机上根本不存在的邮件地址目录，例如是否需要改变现有地址管理方式，如何由一些地址构成一个地址目录，在数字处理机上各组件如何接口来提供邮件地址目录等让邮件地址目录在个人数字助理机上存在的各个步骤。而说明书对于在个人数字助理机上实现这种邮件地址目录仅仅记载了上面所说的创建一个功能接口，和依靠助理机上各组件间的功能接口配合，以提供邮件地址目录，以及在实现步骤中仅涉及判断是否需要新建邮件地址目录，这种概括性描述并不是针对本发明所预期要解决的技术问题的具体解决方案，所以本申请说明书没有充分公开本发明，不符合专利法第二十六条第三款的规定。

复审请求人于2004年11月15日提交了意见陈述书，其中指出：为反映本申请的内容，将发明名称以及权利要求的主题修改为“在个人数字助理机上向多个地址发送邮件的方法”；在数字助理机上建立一个目录，是一种常规的手段，本领域普通技术人员根据现有普通目录的建立方法就可以建立本申请的邮件地址目录，因此可以实现本发明。并同时提交了说明书摘要替换页1页、说明书替换页3页和权利要求书的替换页2页。

由于复审请求人仅声明修改发明名称，但却没有提交相应的著录项目变更申请，因此在本复审程序中仍采用原始申请的发明名称。

在上述工作的基础上，合议组认为本案事实清楚，可以作出本复审请求审查决定。

二、决定的理由

复审请求人在2004年11月15日提交意见陈述书时同时提交了修改文本，经审查其修改符合专利法第三十三条和专利法实施细则第六十条的规定。因此本复审决定所依据的文本是 2004 年 11 月 15 日提交的说明书第 1～3 页、权利要求 1～5 项、说明书摘要，2000 年 12 月 28 日提交的附图第 1～2 页、摘要附图。

本申请涉及一种在个人数字助理机上向多个地址发送邮件的方法，本申请要解决的技术问题是现在发送信件时必须反复执行一个一个地将地址输入收信人一栏的操作的问题，针对该问题说明书具体实施方式部分主要记载了“该方法是在个人数字助理机 1 中创建一使用者所需的邮件地址目录的功能接口”，并且中央处理单元根据该邮件地址目录，确定群组中的邮件地址，从而发送信件；并简单记载了包括中央处理单元、输入组件、显示组件、控制电路和存储器等的助理机的基本结构构成，同时指出“通过前述该助理机 1（PDA）上各组件间的功能接口配合，以提供邮件地址目录”；最后给出了一个使用者创建该助理机 1（PDA）邮件地址目录的具体实现步骤，该实现步骤是基于助理机上可以随意创建邮件地址目录的条件下实现的。

可以看出，针对本申请所要解决的技术问题，说明书中仅仅指出通过助理机上各组件间的功能接口配合来提供邮件地址目录，而所谓的创建邮件地址目录的具体实现步骤也仅仅是使用者使用邮件地址目录的操作方法，针对本申请背景技术部分所指出的缺陷和本申请要提供向多个地址发送邮件的方法。说明书中并没有记载如何在个人数字助理机上实现这种个人数字助理机上根本不存在的邮件地址目录的方案，这是实现本发明目的所必需的前提和克服背景技术缺陷所必然涉及的内容，即本申请对现有技术所作出贡献之处。也就是说，本申请说明书中没有记载解决其所述技术问题的具体技术方案，导致本申请没有被充分公开，因而不符合专利法第二十六条第三款的规定。

关于复审请求人所指出的在数字助理机上建立一个目录是一种常规的手段，本领域普通技术人员根据现有普通目录的建立方法就可以建立本申请的邮件地址目录，因此可以实现本发明的辩解理由。合议组认为，实际上，根据说明书记载现有邮件地址没有目录，如果把邮件地址的集合看作普通目录，那么这种普通目录的邮件地址也不能用于群发邮件，必须一个一个地输入地址，所以即使利用现有技术建立的邮件地址目录，也是一种普通目录，同样不能用于群发功能，所以要实现一种能够群发的地址目录，通常需要改变现有地址管理方式，以及改变现有地址的存储方式或存储位置，这些都需要本领域普通技术人员付出创造性努力来解决。所以说明书应记载在数字处理机上各组件如何接口来提供邮件地址目录等使邮件地址目录在个人数字助理机上可以存在的各个步骤，而不是仅仅简单记载各组件相互配合就能使本领域普通技术人员实现本发明的这种地址目录。因此本领域普通技术人员根据说明书记载无法实现本发明。

三、决定

维持国家知识产权局专利局实质审查部门于 2003 年 6 月 6 日对申请号为 00137772.8 的发明专利申请所作出的驳回决定。

复审请求人对本决定不服的，可以根据专利法第四十一条第二款的规定，自收到本决定之日起三个月内向北京市第一中级人民法院起诉。

041

读卡器的具有双重探测触点的连接器案

复审请求审查决定（第6408号）

决　定　号　第6408号
决　定　日　2005年6月2日
发明创造名称　读卡器的具有双重探测触点的连接器
国际分类号　G06K 7/04
复审请求人　法玛通国际连接器公司
申　请　号　98109375.2
申　请　日　1998年5月29日
公　开　日　1999年1月6日
合议组组长　张　度
主　审　员　马志远
参　审　员　张宗任

法律依据　专利法实施细则第二十一条第二款
决定要点

产品类型权利要求中不仅应当包括产品的结构组成，还应当包含各个结构之间的连接关系。本专利中第一、第二导电片与卡片之间的相互位置关系是实现双重探测的必要技术特征，因此应当记载在独立权利要求中。

一、案由

本专利复审请求涉及国家知识产权局于2003年6月13日驳回的、申请号为98109375.2、优先权日为1997年5月30日、名称为“读卡器的具有双重探测触点的连接器”的发明专利申请（下称本申请），申请人为法玛通国际连接器公司。

在对本申请的实质审查阶段中，国家知识产权局专利局实质审查部门以申请人原始提交的申请文件（下称文本1）为审查基础，于2002年11月22日发出第一次审查意见通知书。该通知书指出：(1) 文本1的权利要求1缺少必要技术特征，不符合专利法实施细则第二十一条第二款的规定；(2) 文本1的权利要求1部分技术特征得不到说明书支持，不符合专利法第二十六条第四款的规定；(3) 文本1中从属权利要求8存在多项从属权利要求引用在先的多项从属权利要求的问题，导致不符合专利法实施细则第二十三条第二款规定。

申请人针对第一次审查意见通知书的问题，于2003年4月7日提交了意见陈述书，并且对权利要求书进行了修改（下称文本2）。申请人认为修改后的权利要求书符合专利法及其实施细则的规定。

国家知识产权局专利局实质审查部门于2003年6月13日针对本申请作出了驳回决定，并在驳回决定指出：(1) 文本2的权利要求1由于没有描述“两个导电片”与“卡片”之间的相互位置关系而不符合专利法实施细则第二十一条第二款的规定；(2) 文本2的权利要求1中关于支撑面的形状使用了功能性语言进行了概括性描述，说明书不足以支持权利要求1中的上述概括性描述，并且权利要求1中限定了至少两个导电片而说明书中仅仅包括两个或三个导电片的技术方案，并没有体现四个或四个以上导电片的技术方案，这些都使得该权利要求1不符合专利法第二十六条第四款的规定。文本2权利要求1的具体内容如下：

"1. 用于微电路读卡器的连接器，至少包括两个导电片（1，2），其中第一片（1）上有一个支撑面（3），其形状可在卡片进入读卡器时被卡片（4）的一部分压紧，使该片（1）相对第二片（2）移动，以建立或者断开这两个片（1，2）之间的接触，并探测卡片的行程终点，其特征在于，第一片（1）的支撑面（3）的形状可使卡片（4）略微越过行程终点位置，第二片（2）上有一个支撑面（5），其形状可在卡片（4）越过行程终点位置时被卡片压紧，使第二片（2）向一个位置移动，在该位置上它不再与第一片（1）接触，或者与第一片（1）接触。"

申请人（下称复审请求人）对上述驳回决定不服，于2003年9月16日提出了复审请求，并同时提交了修改的权利要求书（文本3）。复审请求人认为新修改的权利要求可以克服实质审查部门在驳回决定中所指出的缺陷。文本3的权利要求1和6的具体内容如下：

"1. 用于读卡器的连接器，它包括一个第一导电片（1）和一个第二导电片（2），每个导电片限定一个支撑面（3，5），其特征在于，第一片（1）和第二片（2）基本是共面的，第一片（1）和第二片（2）基本平行于卡片（4）的移动方向（D）进行延伸，每个支撑面（3，5）限定一个凸起形状，一个支撑面（3）相对另一个支撑面（5）沿卡片（4）的移动方向（D）错开。"

"6. 用于读卡器的连接器，其特征在于，它包括三个基本平行的片（11，12，13），并且相对卡片（4）进入读卡器的一个导入面彼此分开，第一片（11）在其端部附近有一个形成凸起的弯折部分（14），通过端部（15）加长，当卡片（4）进入时，可与第二片（12）接触，第二片（12）在其端部附近有一个形成凸起的弯折部分（16），沿卡片的移动方向相对第一片（11）的弯折部分（14）错开，并通过端部（17）加长，当卡片（4）越过行程终点位置时，可与第三片（13）的端部（18）接触，第三片（13）在其整个长度上呈直线状。"

专利复审委员会于2003年10月21日发出复审受理通知书，并通知原实质审查部门对本复审请求进行前置审查。

在前置审查过程中，原实质审查部门认为，申请人提交的权利要求修改文本（文本3），在权利要求1中增加了两个导电片与卡片之间的相对位置关系，但同时又缺少了当卡片略微越过行程终点位置时，两个卡片的位置及所处的状态，以及此时两个导电片与卡片三者之间的相对位置关系，这样该文本3的权利要求仍然不符合专利法实施细则第二十一条第二款的规定。原实质审查部门因此坚持驳回决定意见。

专利复审委员会依法成立合议组，对本复审请求进行审查。

鉴于复审请求人在提出复审请求时，提交了权利要求书修改文本（文本3），合议组经过审查认为，该文本3的内容没有超出原始提交的申请文件的记载范畴，符合专利法第三十条的规定，可以作为复审阶段的审查基础。

合议组于2005年1月18日发出复审通知书，该通知书指出，文本3的权利要求1删除了使用功能性语言对导电片形状进行的描述，修改为直接描述导电片的具体结构形状和与卡片之间的位置关系，并且删除了"至少两个导电片"的描述，已经克服了驳回决定中所指出的不符合专利法第二十六条第四款规定的缺陷。但是，文本3的权利要求1中仅仅描述了第一、第二导电片的形状和两者延伸方向相对于卡片的移动方向，而没有进一步描述在该卡片处于行程终点和略微超越行程终点两个状态下，该第一、第二导电片与卡片之间和两导电片相互之间的连接关系技术特征，而这些技术特征正是实现本发明的目的“行程终点的探测和越过行程终点探测”所不可缺少的结构技术特征。因此，文本3的权利要求1仍然不符合专利法实施细则第二十一条第二款的规定。事实上，复审请求人在文本3的权利要求6对于三个导电片的技术方案的描述中，已经记载了卡片在行程终点和越过行程终点两状态下，卡片与三个导电片和各个导电片之间的连接关系技术特征，复审请求人可以参照权利要求6的相应内容，对权利要求1进行补充性修改。

合议组在此复审通知书中建议复审请求人按照说明书中对于两片导电片技术方案的记载，在权利要求1中补充卡片位于行程终点和超越行程终点两状态下本发明连接器内各个组成部分相互之间的连接关系技术特征，以便使该权利要求符合专利法实施细则第二十一条第二款的规定。

复审请求人在指定期限内对复审通知书进行了答复，并同时提交了依照复审通知书意见进一步修改的权利要求书（文本4）。文本4中权利要求1的内容为：“用于读卡器的连接器，它包括一个第一导电片（1）和一个第二导电片（2），每个导电片限定一个支撑面（3，5），其特征在于，第一片（1）和第二片（2）基本是共面的，第一片（1）和第二片（2）基本平行于卡片（4）的移动方向（D）进行延伸，每个支撑面（3，5）限定一个凸起形状，一个支撑面（3）相对另一个支撑面（5）沿卡片（4）的移动方向（D）错开，卡片由一个部分（6，7）延长，当卡片（4）越过行程终点位置时，所述部分能够与第二片（2）接触。”

至此，合议组认为，本案事实已经清楚，在上述审查基础上可以作出复审决定。

二、决定的理由

1. 复审决定所依据的申请文件文本

文本4的权利要求书为复审请求人在答复复审通知书时提交的权利要求书修改文本，该文本4的权利要求书中按照复审通知书的要求对权利要求1进行了补充，所补充内容在原始提交的说明书中有记载。该文本4权利要求书符合专利法第三十三条和专利法实施细则第六十条的规定，可以成为审查的基础。因此本复审决定所针对的申请文件文本为1998年5月29日提交的说明书第1~4页、附图第1~2页、说明书摘要和摘要附图以及2005年3月2日提交的权利要求1~7项。

2. 权利要求1是否克服了驳回决定所指出的缺陷

驳回决定的具体理由为权利要求1不符合专利法第二十六条第四款和专利法实施细则第二十一条第二款的规定。

第一，文本4与驳回决定所针对的文本2权利要求书相比，文本4的权利要求1中删除了“至少包括两个导电片”和“第一片上有一个支撑面，其形状可在卡片进入读卡器时被卡片的一部分压紧”，将权利要求1的相应内容修改为“它包括一个第一导电片和一个第二导电片”、“每个支撑面限定一个凸起形状”、“一个支撑面相对另一个支撑面沿卡片移动方向错开”。这样，文本4的权利要求1中仅仅包含两个导电片，与说明书描述一致，并且对支撑面形状进行了直接描述，而避免使用功能性的上位概括。经过上述修改，文本4的权利要求1已经克服了功能性描述和技术方案内容超出说明书记载的问题，已经克服了不符合专利法第二十六条第四款规定的缺陷。

第二，文本4与驳回决定所针对的文本2权利要求书相比，文本4的权利要求1中补充了卡片、导电片相互位置关系的技术特征，具体地说补充了“卡片由一个部分（6，7）延长，当卡片（4）越过行程终点位置时，所述部分能够与第二片（2）接触”的技术内容。由此在权利要求1中限定了卡片与导电片之间连接关系，使得该权利要求1技术方案可以实现双重检测的目的，克服了驳回决定指出的不符合专利法实施细则第二十一条第二款规定的缺陷。

综上所述，复审请求人在答复复审通知书时所提交的文本4的权利要求书已经克服了驳回决定所指出的全部缺陷，按照审查指南的有关规定，属于应当撤销驳回决定，发回原审查部门继续审查的情形。

三、决定

撤销国家知识产权局专利局实质审查部门于2003年6月13日作出的针对申请号为98109375.2的发明专利申请的驳回决定，由原实质审查部门在复审请求人于1998年5月29日提交的说明书第1~4页、附图第1~2页、说明书摘要和摘要附图以及2005年3月2日提交的权利要求1~7项基础上，对本专利申请继续进行审查。

042

电子收款机系统案

复审请求审查决定（第6444号）

决 定 号 第6444号
决 定 日 2005年6月8日
发明创造名称 电子收款机系统
国 际 分 类 号 G06F 17/60　G07G 1/12
复 审 请 求 人 日本电气英富醍公司
申 请 号 00109527.7
申 请 日 2000年6月29日
公 开 日 2001年1月10日
合 议 组 组 长 黄毅斐
主 审 员 马志远
参 审 员 苏 青

法 律 依 据 专利法第二十五条第一款
决 定 要 点

本申请的各项权利要求所记载的内容，仅仅涉及将电子收款机系统应用于特定的商业活动，其解决的问题为商业问题，产生的效果为商业上的效果。因此，上述权利要求属于专利法第二十五条第一款规定的不授予专利权的范围。

一、案由

本复审请求涉及国家知识产权局专利局实质审查部门于2003年4月18日驳回的、申请号为00109527.7、申请日为2000年6月29日、名称为“电子收款机系统”的发明专利申请（下称本申请），申请人为日本电气株式会社。该申请人于2001年10月16日提出著录项目变更请求，将申请人变更为“日本电气英富醍公司”，该请求已经于2002年1月9日由初审及流程管理部批准生效。

在本申请的实质审查阶段中，国家知识产权局专利局实质审查部门以申请人原始提交的申请文件（下称文本1）为审查基础，于2002年10月25日发出第一次审查意见通知书。该通知书指出，文本1的权利要求1~6属于专利法第二十五条第一款第（二）项规定的智力活动规则和方法，不能授予专利权。

申请人针对第一次审查意见通知书，于2003年3月10日提交了意见陈述书，申请人认为本申请的说明书中描述了本申请电子收款机系统所采用的技术手段，并且产生了技术效果，以及权利要求1中限定了例如条形码生成设备、电子收款机以及其组成部分“条形码读取装置、条形码生成（输出）装置、条形码识别装置、价格输出装置”等技术内容。申请人还对说明书进行了文字调整，更正了说明书中的打字错误，为此提交了说明书第1、3页的修改替换页。

国家知识产权局专利局实质审查部门于2003年4月18日针对本申请作出了驳回决定，并在驳回决定中，实质审查部门指出，本申请利用电子收款机系统提供简单、正确地处理商品打折信息的服务，要解决的不是技术问题，期望获得的效果也并非技术效果，故本申请属于专利法第二十五条规定的不授予专利权的范围。

申请人（下称复审请求人）对上述驳回决定不服，于2003年8月4日提出了复审请求，并认为由于本申请所要求保护的系统有具体的硬件结构，这些具体的硬件结构在说明书附图1、3及相应的文字内容中有描述，权利要求1中对电子收款机系统的组成、各个组成之间的关系有清楚明确的限定。系统包括条形码生成设备和电子收款机设备，条形码生成设备包括条形码读取装置、数据输入装置、条形码生成和输出装置，电子收款机设备包括条形码读取和识别装置、数据计算装置和输出装置，该系统解决了“如何正确处理在POS中以不同条形码表示的信息”的技术问题。复审请求人还认为本申请产生了能简单处理包括普通商品信息和打折信息的不同信息以及能够给普通商品信息添加上打折信息的技术效果。因此，复审请求人认为本申请属于专利法规定的授予专利权的范围。复审请求人在提出复审请求时，没有对申请文件进行修改。

专利复审委员会于2003年9月23日发出复审请求受理通知书，并成立合议组对本复审请求进行审理。在前置审查过程中，原实质审查部门认为，权利要求1~6属于涉及计算机程序的发明撰写为产品权利要求的情形，它们的硬件结构没有发生任何变化，权利要求1~6利用电子收款机系统提供简单、正确地处理商品打折信息的服务，要解决的不是技术问题，期望产生能够简单地处理普通商品信息和打折信息以及给普通商品信息添加打折信息从而完成打折处理的效果，此类效果亦非技术效果，虽然采用了电子收款机等技术手段，但是这些技术手段是公知的，本申请实质为一种利用计算机程序处理商品打折信息的商业方法。因此坚持原驳回决定意见。

合议组经过对驳回决定以及其所依据的申请文件、复审请求书、前置审查意见书的审查，于2005年2月1日发出复审通知书指出，本申请的主题为电子收款机系统，但是其中的条形码生成设备和电子收款机设备均属于现有技术，本申请对现有技术的贡献仅仅在于该现有技术的电子收款机系统除了用于普通商品信息处理外，还被用于处理打折商品的打折信息。而实际上，普通商品信息和打折商品的打折信息都是由条形码生成设备产生的具有人为约定含义的符号，上述两信息无论是使用一种通用的标准条形码表示或使用不同的特定条形码表示，都属于“信息表述的方法”，而该系统处理打折信息无非是在计算价格时在计算价格的程序中增加一个与折扣率相乘的计算指令，这也属于“计算机的语言及计算规则”，这些都属于专利法第二十五条所规定不授予专利权的内容，并且实现上述功能并不需要对于现有技术的电子收款机系统的结构进行任何改进。至于说明书中所述“当结账完成后，单件商品的价格能被顾客直接查看到……为了对顾客标明实际所提供的打折服务，POS设备的价格输出装置既显示打折前的价格，也显示打折后的价格”的效果，明显属于商业上的效果，在结账单据上打印多种价格与打印一种价格相比，在技术效果方面是相同的。从本申请发明内容最后部分来看，申请人所追求的效果为“为更明确地向顾客标明打折服务的内容……价格输出装置优选地能在商品结账后输出有打折前价格和打折后价格的单据……于是能维护在顾客中的信誉”，可见申请人已经承认所产生的效果为维护商业信誉的商业效果，而非技术效果。

总之，本申请的电子收款机系统既没有在现有技术的电子收款机系统基础上进行任何产品结构方面的改进，也没有在技术上形成新的技术效果。因此，本申请仍然被认为属于专利法第二十五条第一款规定的智力活动范围。

复审请求人在答复复审通知书时，随意见陈述书提交了修改的权利要求1~4项和说明书第1~12页（下称文本2）。复审请求人在意见陈述书中主要提出，由于对权利要求1技术方案进行修改，具体限定了POS系统中条形码生成设备和POS设备的具体硬件结构以及各个部件之间的关系，以及明确了条形码生成设备和POS设备中各自的CPU的作用，因此本申请的POS系统扩展了现有POS系统的功能。在文本2权利要求书与文本1相比，文本2的权利要求1中增加了条形码生成设备的更进一步结构技术特征，例如操作面板部分、显示部分、中央处理器、存储部分，也增加了电子收款机设备结构技术特征，例如键盘、显示部分、存储部分、打印部分。上述增加的结构技术特征在文本1的说明书和说明书附图中均有明确记载，该文本2权利要求的修改内容符合专利法第三十三条的规定。

至此，合议组认为本案事实已经清楚，可以作出复审决定。

二、决定的理由

本复审决定所依据的申请文件为原始提交的说明书和说明书附图（文本1）、答复复审通知书时提交的权利要求书（文本2），其中文本2权利要求的具体内容如下：

“1. 电子收款机系统，其包括条形码生成设备和电子收款机设备，所述条形码生成设备包括能够读取条形码的条形码输入部分、能够打印条形码的打印部分、能够输入商品的价格信息的操作面板部分、显示部分、中央处理器和存储部分，所述电子收款机设备包括键盘、能够读取条形码的条形码输入部分、显示部分、中央处理器、存储部分和能够打印商品信息及价格等的打印部分，所述电子收款机设备的所述条形码输入部分读取由所述条形码生成设备生成的条形码并且所述中央处理器执行结账处理，所述电子收款机系统的特征在于：所述条形码生成设备根据通过所述条形码输入部分读取商品的条形码而获得的打折前的价格信息和使用所述操作面板部分输入的期望打折金额信息，利用所述条形码生成设备的所述中央处理器执行预定标准的编码，并且利用所述条形码生成设备的所述打印部分生成具有这样一种格式的条形码，这种格式的条形码包括商品的打折前的价格信息以及打折金额信息，以及所述电子收款机设备利用所述电子收款机设备的所述条形码输入部分读取由所述条形码生成设备生成的条形码，利用所述电子收款机设备的所述中央处理器识别所述电子收款机设备的所述条形码输入部分读取的条形码信息是否是包括打折前的价格信息和打折金额信息的格式，并且当读取的条形码信息被识别为是包括打折前的价格信息和打折金额信息的格式时，利用所述电子收款机设备的所述中央处理器根据打折金额信息执行结账处理，在所述电子收款机设备的所述显示部分上显示打折前的价格和打折后的价格，并且利用所述电子收款机设备的所述打印部分在递交给顾客的单据上打印打折前的价格及打折后的价格。

2. 权利要求1所述电子收款机系统，其中所述条形码生成设备的所述打印部分在所述条形码生成设备的所述中央处理器的控制下生成标准不同于商品条形码的普通标准的条形码，并且所述电子收款机设备的所述条形码输入部分能够读取标准不同于商品条形码的普通标准的条形码。

3. 权利要求2所述电子收款机系统，其中所述条形码生成设备的所述打印部分在商品的普通条形码信息上附加打折金额信息，来生成标准不同于商品条形码的普通标准的条形码。

4. 权利要求3所述电子收款机系统，其中所述条形码生成设备的所述条形码输入部分读取JAN标准的条形码，JAN标准是商品的普通条形码，并且所述条形码生成设备的所述打印部分在所述条形码生成设备的所述中央处理器的控制下形成CODE128标准的条形码，并且所述电子收款机设备的所述条形码输入部分能读取CODE128标准的条形码。”

审查指南第二部分第一章第3.2节规定：“如果一项发明对于现有技术的贡献仅仅在于属于智力活动的规则和方法的部分，则应当将该发明视为智力活动的规则和方法，不授予专利权。”

本申请文本1的各项权利要求如复审通知书所述均属于智力活动的规则和方法，在此不再重复论述。文本2权利要求与文本1相比，在权利要求1中增加了条形码生成设备中结构技术特征，例如操作面板部分、显示部分、中央处理器、存储部分，还增加了电子收款机设备中结构技术特征，例如键盘、显示部分、存储部分、打印部分。但是，由于上述条形码生成设备中包含操作面板部分、显示部分、中央处理器、存储部分和电子收款机设备中结构技术特征包括键盘、显示部分、存储部分、打印部分均属于公知的常规结构。因此，文本2权利要求1对于现有技术的贡献仍然仅在于利用公知的电子收款机系统处理代表打折信息的条形码并对价格进行一个打折计算后在收款单据上打印打折前和打折后的价格。实际上，本申请所要解决的问题“破坏在顾客中的信誉”、“顾客不知道打折金额”、“得到顾客高度信任”等本身就不属于技术问题，而且本申请最终达到的发明目的“对顾客明确标明打折服务”、“维护在顾客中信誉”也都是商业上的效果而非技术效果。文本2权利要求1中的各项结构技术特征所执行的有关打折信息输入、打印打折信息条形码、读取打折条形码、计算打折价格、打印输出打折价格的收款单据等功能均没有超出常规电子收款机系统所应具备的技术功能。总之，文本2权利要求1仍然属于专利法第二十五条第一款规定的不授予专利权的范围。

权利要求2中的附加技术特征是电子收款机系统的条形码生成设备生成、打印非标准的条形码和电子收款机条形码输入部分读取非标准条形码。实际上，条形码的标准或非标准属于信息表达方式的不同，并不对现有技术的条形码生成设备和现有技术电子收款机的条形码输入部分提供技术性贡献，因此文本2权利要求2仍然属于专利法第二十五条第一款规定的不授予专利权的范围。

权利要求3中的附加技术特征是电子收款机系统的条形码生成设备打印部分在普通条形码上附加打折金额信息并生成非标准的条形码。但是，以非标准条形码表示附加的打折金额信息属于信息表达方式的不同，并不对现有技术的条形码生成设备的打印部分提供技术性贡献，因此文本2权利要求3仍然属于专利法第二十五条第一款规定的不授予专利权的范围。

权利要求4中的附加技术特征是电子收款机系统的条形码生成设备的条形码输入部分读取JAN标准条形码，并且条形码生成设备的打印部分形成CODE128标准的条形码并且电子收款机的条形码输入部分能够读取CODE128标准的条形码。但是，条形码的标准或非标准属于信息表达方式的不同，条形码生成设备的条形码输入部分读取标准条形码、打印部分形成非标准条形码，然后由电子收款机的条形码输入部分读取非标准条形码，均不对现有技术的条形码生成设备和现有技术电子收款机提供技术性贡献。因此文本2权利要求4仍然属于专利法第二十五条第一款规定的不授予专利权的范围。

三、决定

维持国家知识产权局专利局实质审查部门于2003年4月18日作出的驳回决定。

复审请求人对本复审决定不服，可以按照专利法第四十一条第二款规定，于收到本复审决定之日起三个月内向北京市第一中级人民法院起诉。

043

结构化方法案

复审请求审查决定（第6449号）

决 定 号 第6449号
决 定 日 2005年6月10日
发明创造名称 结构化方法
国际分类号 H01L 21/302、21/30、21/82
复审请求人 西门子公司
申 请 号 98116749.7
申 请 日 1998年7月31日
公 开 日 1999年2月10日
合议组组长 石 清
主 审 员 马志远
参 审 员 崔哲勇

法律依据 专利法第二十二条第三款
决定要点

权利要求1中大部分工艺步骤已在对比文件1中公开，二者的区别仅仅在于权利要求1技术方案中以化学抛光法去除待结构化层材料的再沉积物，而对比文件1中运用旋转刷方法去除该再沉积物。而化学抛光法为半导体工艺中常用平整合去除沉积物的方法，本领域技术人员容易以该常规方法替代对比文件1的旋转刷方法，从而构成与权利要求1技术方案相同的工艺方法，因此权利要求1不具备创造性。

一、案由

本复审请求涉及国家知识产权局于1998年7月31日受理、申请号为98116749.7、优先权日为1997年8月1日、名称为"结构化方法"的发明专利申请（下称本申请），申请人为西门子公司。

在对本申请的实质审查阶段中，国家知识产权局专利局实审部门在2002年11月15日发出第一次审查意见通知书，其中引用的对比文件1为1997年7月31日公开的日本专利文献JP平9－199679A。

实质审查部门认为：（1）权利要求1中大部分技术特征被对比文件1公开，区别性技术特征为本领域惯用技术手段，权利要求1不符合专利法第二十二条第三款规定的创造性要求；（2）权利要求2的附加技术特征也被对比文件1公开，权利要求2也不具备创造性；（3）权利要求3与权利要求1技术方案内容实质相同，也不具备创造性，不符合专利法第二十二条第三款的创造性要求；（4）权利要求4～6的附加技术特征均为本领域惯用技术手段，该3项权利要求无创造性；（5）权利要求7、9、10的附加技术特征显而易见，不具备创造性；（6）权利要求8附加技术特征被对比文件1公开，不具备创造性；（7）权利要求11～13的附加技术特征为本领域惯用技术手段，也不具备创造性；

(8) 权利要求 14 的附加技术特征为常用技术手段，也没有创造性。

申请人针对第一次审查意见通知书的问题，于 2003 年 3 月 31 日提交了意见陈述书，其认为，对比文件 1 中消除相应于本申请“再沉积物”的“兔耳 31”所使用的方法为旋转刷 32 的洗刷，而权利要求 1 中使用的是更强劲的机械抛光或化学机械抛光方法，既清除有害的再沉积物又不会造成对晶片上已形成结构的损坏或破坏。因此，对比文件 1 不能破坏权利要求 1 的新颖性和创造性。

国家知识产权局专利局实质审查部门于 2003 年 5 月 9 日作出了驳回决定。在驳回决定中，实质审查部门所使用的驳回理由与第一次审查意见通知书中的理由完全相同，实质审查部门坚持认为：机械抛光或化学机械抛光都属于本领域技术人员常用的消除沉积物的方法，致使权利要求 1 不具备创造性，其他权利要求也不具备创造性。

驳回决定所涉及的独立权利要求 1、3 的内容如下：

“1. 用于结构化至少一层待结构化薄层的方法具有如下步骤：在待结构化薄层上覆盖一掩膜，在使用掩膜的条件下，将待结构化薄层结构化，去除掩膜，此时待结构化薄层的材料的再沉积物被遗留，和待结构化薄层的材料的再沉积物，通过机械抛光或化学机械抛光被去除。”

“3. 用于结构化至少一层待结构化薄层的方法具有如下步骤：在待结构化薄层上覆盖一掩膜，在使用掩膜的条件下，将待结构化薄层结构化，该掩膜及待结构化薄层的材料的再沉积物通过化学机械抛光被去除。”

申请人（下称复审请求人）对上述驳回决定不服，于 2003 年 8 月 2 日提出了复审请求。复审请求人强调，对比文件 1 中的“旋转刷”清洗方法与机械抛光有根本差别，权利要求 1 的技术方案突破了清除再沉积物必须非常小心的普通思想，应当被认为具备创造性。

专利复审委员会于 2003 年 9 月 23 日发出复审受理通知书和前置审查通知书。

在前置审查过程中，原实质审查部门认为：权利要求 1 中的机械抛光为本领域技术人员常用的技术手段，权利要求 1 仍然不具备创造性。实质审查部门坚持驳回意见。

在此基础上，专利复审委员会成立合议组对本复审请求进行审理。鉴于复审请求人在提出复审请求时，没有提交对申请文件的新修改文本，因此本复审请求所针对的文本为原始提交的申请文件文本，该文本也是驳回决定所依据的申请文件文本（下称文本 1）。合议组认为，驳回决定所依据的对比文件 1 符合专利法第二十二条第二款所规定的现有技术范围，可以用于评价本申请的新颖性和创造性。

合议组于 2004 年 11 月 8 日发出复审通知书，其中指出：权利要求 1、2 与对比文件 1 相比不具备创造性；权利要求 4～14 在引用权利要求 1、2 的情况下不具备创造性；说明书中对应权利要求 3 技术方案的内容存在不清楚完整之处而不符合专利法第二十六条第三款的规定；权利要求书中的各项从属权利要求存在多处不符合专利法实施细则第二十三条第二款规定之处。

复审请求人于 2005 年 2 月 17 日对复审通知书进行答复，并提交了权利要求书和说明书的修改替换页（下称文本 2）。复审请求人在意见陈述中提出，在现有技术文献中并没有将化学机械抛光方法用于去除再沉积物的技术启示，而对比文件 1 给出的技术启示是不能使用化学机械抛光方法去除再沉积物。因此，权利要求 1 的技术方案相对于对比文件 1 具备创造性。请求人所提交的文本 2 权利要求书与文本 1 权利要求书相比，其技术方案内容没有实质性区别，其修改没有超出原始申请文件的记载范围，可以作为复审审查基础。文本 2 包括共计 32 项权利要求，其中权利要求 1 和权利要求 17 为独立权利要求，权利要求 2～16 和权利要求 18～32 分别从属于权利要求 1 和 17。

其中权利要求 1、17 以及权利要求 2～16 的内容如下：

“1. 用于结构化至少一层待结构化薄层的方法具有如下步骤：在待结构化薄层上覆盖一掩膜，在使用掩膜的条件下，将待结构化薄层结构化，去除掩膜，此时待结构化薄层的材料的再沉积物被遗留，和待结构化薄层的材料的再沉积物，通过机械抛光或化学机械抛光被去除。

2. 根据权利要求 1 的方法，其特征在于，该掩膜是一种光刻胶掩膜，此掩膜优先通过灰化去除。

3. 根据权利要求 1 或 2 的方法，其特征在于，在去除沉积物之后进行“洗涤机”清洁处理。

4. 根据权利要求 2 的方法，其特征在于，清洁处理经声波作用予以增强。

5. 根据权利要求 1 或 2 的方法，其特征在于，在去除再沉积物之后进行湿化学法清洁处理。

6. 根据权利要求 5 的方法，其特征在于，清洁处理经声波作用予以增强。

7. 根据权利要求 1 或 2 的方法，其特征在于，该结构化薄层含有铜、铁、钴、镍、一种 4d 或 5d 过渡金属、尤其一种铂族金属。

8. 根据权利要求 1 或 2 的方法，其特征在于，该待结构化薄层含有一铁电材料、一高介电常数的介电材料、一种钙肽矿或者这些材料的前级材料。

9. 根据权利要求 8 的方法，其特征在于，该待结构化的薄层含有锶铋钽酸盐（SBT，Sr，$Bi_2Ta_2O_9$），锶铋铌酸盐·钽酸盐（SBNT，$SrBi_2Ta_{2-x}NbxO_9$，x = 0 – 2），铅锆酸盐·钛酸盐（PZT，Pb（Zr，Ti）O_3）或衍生物或钡锶钛酸盐（BST，$BaxSr_{1-x}TiO_3$，X = 0 – 1），铅镧钛酸盐（PLT，（Pb，La）TiO_3），铅镧锆酸盐·钛酸盐（PLZT，（Pb，La）（Zr，Ti）O_3）或衍生物。

10. 根据权利要求 7 的方法，其特征在于，该待结构化薄层含有铂、金、银、铱、钯、钌、铼或其氧化物。

11. 根据权利要求 7 的方法，其特征在于，在干法刻蚀待结构化薄层期间，使用一种混合气体，这种气体不含反应气体。

12. 根据上述权利要求 1 或 2 的方法，其特征在于，在干法刻蚀待结构化薄层期间，使用一种混合气体，这种气体除含有惰性气体和氮气外，仅还含氧气。

13. 根据上述权利要求 1 或 2 的方法，其特征在于，在干法刻蚀待结构化薄层期间，使用一种惰性气体。

14. 根据权利要求 13 的方法，其特征在于，所述惰性气体是氩气。

15. 根据上述权利要求 1 或 2 的方法，其特征在于，该掩膜含有硅、一种硅氧化物特别是 SiO_2、一种金属特别是铝或钨、一种金属氮化物、或者一种金属硅化物。

16. 根据权利要求 15 的方法，其特征在于，所述金属氮化物是钛氮化物，特别是 TiNx $0.8 < x < 1.2$。

17. 用于结构化至少一层待结构化薄层的方法具有如下步骤：在待结构化薄层上覆盖一掩膜，在使用掩膜的条件下，将待结构化薄层结构化，该掩膜及待结构化薄层的材料的再沉积物通过化学机械抛光去除。”

至此，合议组认为本复审请求案事实已经清楚，复审请求人已经充分表达了自己的意见，可以作出复审决定。

二、决定的理由

将复审请求人答复复审通知书时提交的文本 2 权利要求 1 ~ 16 与文本 1 权利要求 1 ~ 14 相比，其技术方案内容没有实质性改变，因此其中文本 2 的权利要求 1 ~ 16 与对比文件 1 相比，仍然不具备创造性。具体理由如下：

（1）文本 2 权利要求 1 不具备创造性

文本 2 权利要求 1 内容与文本 1 权利要求 1 相同。

对比文件 1 说明书第 37 段中记载的铁电体电容器部分 4 通过下层的 Pt 电容器电极 41 和上层电容

器电极 43 中间夹心 PZT 膜 42 所组成，如图 2（a）所示。图 3 详细表示了形成铁电体电容器部分 4 的加工过程。贵金属 Pt 保护膜 61 在 PZT 膜 42 上生长形成大约 500Å 的厚度，贵金属保护膜 61、PZT 膜 42 和下层电容器电极膜 41 通过利用光刻胶掩膜 28 的 Ar 离子腐蚀被共同加工形成。同时，以 Pt 为主要成分的侧壁沉积膜 30 形成在光刻胶掩膜 28 的每一侧壁。当使用氧等离子剥离方法去除光刻胶掩膜时，侧壁沉积膜 31 保留下来成为兔耳形状。该兔耳状侧壁沉积膜 31 用旋转刷 32 擦洗掉。此时，由于上述贵金属保护膜 61 是形成在 PZT 膜 42 表面上，旋转刷擦洗时不直接接触 PZT 膜 42。因此，PZT 膜 42 表面不会形成任何瑕疵损伤。接着，通过溅射法沉积厚度约 1000Å 的 Pt 膜和厚度约 500Å 的 TiN 膜（未图示），随后形成光刻胶图形 28 作为蚀刻掩膜（图 3d）。此时，形成在 Pt 膜上的 TiN 膜在曝光时起防反射膜的作用，同时起到防止氢元素扩散引起铁电体膜性能变差的氢扩散保护屏障的作用。接着，以 Ar 离子腐蚀法和利用贵金属 Pt 保护膜 61 形成上层电容器电极 43。上层电容器电极 43 的宽度小于下层电容器电极 41。上层电容器电极 43 加工后，包含 Pt 为主要成分的侧壁沉积膜保留在光刻胶图形掩膜 28 的侧壁上，当通过利用氧等离子体灰化法去除光刻胶图形 28 时，兔耳状侧壁沉积膜 31 被保留。如图 3F 所示，兔耳状侧壁沉积膜 31 通过旋转刷 32 擦洗方法去除，由此形成铁电体电容器 4，该电容器由 Pt 下层电容器电极 41 和上层电容器电极 43 夹心 PZT 膜 42 组成。为图示简洁，图中省略了在 PZT 膜上形成的贵金属保护膜 61。

从对比文件 1 说明书的第 37 段中可以看出，为了形成结构化电容器三层 41、42、43 结构，使用了光刻胶层 28 和贵金属保护层 61，而在通过蚀刻方法形成结构化的电容器 4，去掉光刻胶 28 后，剩余了兔耳状侧壁 31，通过旋转刷擦洗方式去掉侧壁 31。因此，对比文件 1 中公开了本申请权利要求 1 中的“在待结构化薄层上覆盖一掩膜”、“在使用掩膜条件下将待结构化薄层结构化”、“去除掩膜，此时待结构化薄层材料的再沉积物被遗留”、“待结构化薄层材料的再沉积物……被去除”的方法步骤。对比文件 1 说明书第 37 段所描述的电容加工步骤与权利要求 1 技术方案的唯一区别在于，对于“再沉积物”权利要求 1 方案采用机械抛光或化学机械抛光方法去除，而对比文件 1 说明书第 37 段中采用“旋转刷擦洗”方法去除。在集成电路的加工工艺中采用化学机械抛光（CMP）方法为常规手段，尤其是对集成电路生产过程中平整化处理所采用的主要技术手段，对比文件 1 中也明确记载了利用 CMP 方法进行平整化处理的内容，致使本领域技术人员容易想到使用常规的化学机械抛光方法对“兔耳”进行清除。由于化学机械抛光法为集成电路生产工艺中的常规手段，因此以该常规手段替代对比文件 1 中的“旋转刷擦洗”而形成对比文件 1 的技术方案对于本领域人员来说不需要进行创造性劳动，由此认定权利要求 1 技术方案与对比文件 1 相比不具备创造性。

复审请求人根据对比文件 1 第 22 节有关 PZT 正面会受到旋转刷 32 的磨削而劣化的记载，并推断出本领域技术人员必须非常小心地用旋转刷进行侧壁沉积物清除，由此得出“机械式抛光肯定太粗糙而不适用于清除侧壁结构”的结论。但是，结合对比文件 1 的图 3（e）（f）可以看出，对比文件 1 是通过增加贵金属保护膜 61 从而在结构上避免了旋转刷与 PZT 层直接接触，复审请求人所述对比文件 1 消除兔耳不适合使用机械式抛光的结论不能成立。

复审请求人在答复复审通知书时提出，对比文件 1 给出的技术偏见是抛光方法用于使表面平整而旋转方法才用于去除再沉积物，而旋转刷的方法不能用于去除再沉积物，因为旋转刷擦洗方法的刷子应该是柔软的，自然不能有效地破碎耳状侧壁沉积物。合议组认为，对比文件 1 已经明确记载了使用旋转刷清除侧壁沉积物的技术手段，可见该对比文件 1 所披露的刷子并非复审请求人所称的柔软并且无法清除再沉积物，请求人主张的技术偏见在对比文件 1 中并不存在。复审请求人在答复复审通知书时还提出所述的抛光法能够增加构造过程中的参数窗，以此方法可独立于再沉积物的量而选择构造想要构造的层的厚度，这与本发明的去除再沉积物的发明目的没有直接关系，并不能成为使用抛光法去除再沉积物具有创造性的理由。另外，从对比文件1的内容分析，为了使用旋转刷去除再沉积物时不伤害已经形成的PZT层结构，在PZT层上专门设置了贵金属保护膜层，由此可以推断对比文件1中的旋转刷也是一种强有力的去除沉积物的方法，该旋转刷方法与化学机械抛光方法属于具有同样清除效力的技术手段。由于对比文件1中已经提及将化学机械抛光法用于工艺中的平整步骤，本领域技术人员由此可以容易地想到利用化学机械抛光法替代同样具有强清除力的旋转刷方法进行再沉积物清除。总之，复审请求人在答复复审通知书时的意见陈述，不足以表明文本2权利要求1与对比文件1相比具备创造性。

（2）文本2权利要求2不具备创造性

文本2权利要求2与文本1权利要求2相同，其附加技术特征为“该掩膜是一种光刻胶掩膜，此掩膜优先通过灰化去除”，在对比文件1说明书的第37段中记载了对于光刻胶通过利用氧等离子体的灰化法去除的步骤，因此在文本2权利要求1不具备创造性前提下，文本2权利要求2与对比文件1相比也不具备创造性。

（3）文本2权利要求3不具备创造性

文本2权利要求3与文本1权利要求4相同，文本2权利要求3引用权利要求1或2，其中的附加技术特征为“去除再沉积物后进行洗涤机清洁处理”，而用洗涤机对半导体芯片进行清洁处理为公知的常规手段，在文本2权利要求1、2相对于对比文件1不具备创造性前提下，文本2权利要求3所表示技术方案也不具备创造性。

（4）文本2权利要求4不具备创造性

文本2权利要求4与文本1权利要求6相同，文本2权利要求4引用权利要求3，其中的附加技术特征为“清洁处理经声波作用予以增强”，而清洁处理中使用超声波为公知的常规手段，在文本2权利要求3相对于对比文件1不具备创造性前提下，文本2权利要求4所表示技术方案也不具备创造性。

（5）文本2权利要求5不具备创造性

文本2权利要求5与文本1权利要求5相同，文本2权利要求5引用权利要求1或2，其中的附加技术特征为“去除再沉积物后进行湿化学法清洁处理”，而使用湿化学法进行清除处理也为公知的常规手段，在文本2权利要求1或2相对于对比文件1不具备创造性前提下，文本2权利要求5所表示技术方案也不具备创造性。

（6）文本2权利要求6不具备创造性

文本2权利要求6与文本1权利要求6相同，文本2权利要求6引用权利要求5，其中的附加技术特征为“清洁处理经声波作用予以增强”，而这些清洗步骤中施加超声波是的常规清洗手段。因此，在权利要求5不具备创造性前提下，权利要求6所表示技术方案也不具备创造性。

（7）文本2权利要求7不具备创造性

文本2的权利要求7等同于文本1的权利要求7，此权利要求7引用了权利要求1或2，其中的附加技术特征进一步限定了待结构化薄层含有各种金属，而这些金属属于集成电路加工中常用的金属材料，因此在权利要求1、2不具备创造性前提下，文本2权利要求7也不具备创造性。

（8）文本2权利要求8不具备创造性

文本2权利要求8等同于文本1权利要求8，该权利要求8引用了权利要求1或2，该权项中进一步限定结构化薄层的成分含有铁电材料、高介电常数的介电材料、钙钛矿等。而对比文件1的电容器中的上、下电极均使用铁电体电极、中间夹心钛酸盐（PZT），而铁电体也就是高介电常数的材料。因此权利要求8的附加技术特征也在对比文件1中所公开，在权利要求1、2相对于对比文件1不具备创造性前提下，文本2权利要求8的技术方案也不具备创造性。

(9) 文本2权利要求9不具备创造性

文本2的权利要求9等同于文本1的权利要求9，权利要求9引用了权利要求8，其中的附加技术特征进一步限定了待结构化薄层含有各种化学成分，而这些成分也属于集成电路加工中常用的材料，因此在权利要求8不具备创造性前提下，文本2权利要求9也不具备创造性。

(10) 文本2权利要求10不具备创造性

文本2的权利要求10等同于文本1的权利要求10，此权利要求10引用了权利要求7，其中的附加技术特征进一步限定了待结构化薄层含有各种金属或金属氧化物，而这些金属和氧化物属于集成电路加工中常用的材料，因此在权利要求7不具备创造性前提下，文本2权利要求10也不具备创造性。

(11) 文本2权利要求11不具备创造性

文本2的权利要求11等同于文本1的权利要求11，此权利要求11引用了权利要求1或2，其中的附加技术特征进一步限定了蚀刻法所使用的气体，而这些气体都属于蚀刻加工技术中的公知常识，因此在权利要求1、2不具备创造性前提下，文本2权利要求11也不具备创造性。

(12) 文本2权利要求12不具备创造性

文本2的权利要求12等同于文本1的权利要求12，此权利要求12引用了权利要求1或2，其中的附加技术特征进一步限定了蚀刻法所使用的气体包含惰性气体、氮气和氧气，而这些气体也都属于蚀刻加工技术中的公知常识，因此在权利要求1、2不具备创造性前提下，文本2权利要求12也不具备创造性。

(13) 文本2权利要求13不具备创造性

文本2的权利要求13附加技术特征等同于文本1的权利要求13的部分附加技术特征，此权利要求13引用了权利要求1或2，其中的附加技术特征进一步限定了蚀刻法所使用的气体为惰性气体，而蚀刻中使用惰性气体也都属于蚀刻加工技术中的公知常识，因此在权利要求1、2不具备创造性前提下，文本2权利要求13也不具备创造性。

(14) 文本2权利要求14不具备创造性

文本2的权利要求14附加技术特征等同于文本1的权利要求13的部分附加技术特征，此权利要求14引用了权利要求13，其中的附加技术特征进一步限定了蚀刻法所使用的惰性气体为氩气，而蚀刻中使用氩气也都属于蚀刻加工技术中的公知常识，因此在权利要求13不具备创造性前提下，文本2权利要求14也不具备创造性。

(15) 文本2权利要求15不具备创造性

文本2的权利要求15附加技术特征等同于文本1的权利要求14的部分附加技术特征，此权利要求15引用了权利要求1或2，其中的附加技术特征进一步限定掩膜的成分，而这些掩膜成分也为掩膜常用成分。因此，在权利要求1、2不具备创造性前提下，文本2权利要求15的技术方案也不具备创造性。

(16) 文本2权利要求16不具备创造性

文本2的权利要求16附加技术特征等同于文本1的权利要求14的部分附加技术特征，此权利要求16引用了权利要求15，其中的附加技术特征进一步限定掩膜中的金属氮化物是钛氮化物，而在对比文件1中已经提及了光刻时采用TiN膜作为反射保护膜。在权利要求15不具备创造性前提下，文本2权利要求16的技术方案也不具备创造性。

综上所述，文本2的权利要求1～16仍然不能克服驳回决定所指出的缺陷，按照审查指南规定属于维持驳回决定的情形。

三、决定

维持国家知识产权局专利局实质审查部门于2003年5月9日对98116749.7号发明专利申请作出的驳回决定。

复审请求人对本复审决定不服，可以按照专利法第四十一条第二款规定，于收到本复审决定之日起三个月内向北京市第一中级人民法院起诉。

044

具有负阻特性的晶闸管跨接器触发电路案

复审请求审查决定（第6492号）

决 定 号 第6492号
决 定 日 2005年6月9日
发明创造名称 具有负阻特性的晶闸管跨接器触发电路
国 际 分 类 号 H02H 9/04
复 审 请 求 人 广州擎天电器控制实业有限公司
申 请 号 99117130.6
申 请 日 1999年10月11日
公 开 日 2001年4月18日
合 议 组 组 长 马 昊
主 审 员 张 度
参 审 员 黄毅斐

法 律 依 据 专利法实施细则第五十三条
决 定 要 点

驳回理由不属于审查指南中规定适用于驳回的情况，本案权利要求书所存在的问题属于一般形式缺陷，原审查部门驳回不当，应予撤销。

一、案由

本复审决定涉及国家知识产权局专利局于1999年10月11日受理、申请号为99117130.6、名称为“具有负阻特性的晶闸管跨接器触发电路”的发明专利申请，申请人为广州擎天电器控制实业有限公司。

国家知识产权局专利局实审部门经过实质审查后，于2002年6月14日作出了驳回本申请的决定。其理由是权利要求1~3不符合专利法实施细则第二十条第四款的规定，经修改后仍然不符合该规定予以驳回。

该驳回决定涉及的权利要求是申请人于2002年2月22日提交的权利要求1~3，其内容如下：

“1. 一种晶闸管跨接器触发电路，包括电压检测回路和电流驱动回路，其特征在于：电阻（R_1）与电阻（R_2）串联组成电压检测回路（ABD），跨接在被监视的过电压两端（AO），分压电阻（R_2）上的电压（UBO）即为检测电压，电阻（R_2）上的两端（BO）即是电流驱动回路的输入端；电流驱动回路（BGKO）由稳压管（V_1）、光电隔离器（V_2）、电阻（R_4、R_5）、二极管（D_1、D_2、D_3）组成，光电隔离器（V_2）的三极管并接于稳压管（V1）的两端，而光电隔离器（V_2）的发光管串在驱动电流回路中，一端与稳压管（V1）连接，另一端与二极管（D_3）相接，二极管（D_3）的另一端与晶闸管（SCR）控制极（G）相连，构成驱动电流回路。

2. 根据权利要求1所述的触发电路，其特征在于用以箝位限流的串联二极管（D_1、D_2）并联于光电隔离器（V_2）发光管两端，用以泄漏的电阻（R_4）并接于光电隔离器（V2）发光管两端，用以防反压的二极管（D_3）串联在光电隔离器（V2）发光管和晶闸管（SCR）的控制极（G）极之间。

3. 根据权利要求2所述的晶闸管跨接器触发电路，其特征在于光电隔离器（V_2）采用达林顿光电隔离器。”

申请人（下称复审请求人）对上述驳回决定不服，于2002年9月16日向专利复审委员会提出复审请求。其中认为，驳回理由是本申请不符合专利法实施细则第二十条第四款的规定，不属于审查指南中规定的各种驳回情形中任何一种，即驳回决定适用法律法规错误。请求人随复审请求递交了说明书和权利要求书修改文本，其中的权利要求书如下：

“1. 一种晶闸管跨接器触发电路，包括电压检测回路和电流驱动回路，其特征在于电阻 R_1 与电阻 R_2 串联组成电压检测回路，跨接在被监视的过电压两端（AO）；分压电阻 R_2 上的电压 U_{BO} 即为检测电压，BO即是电流驱动回路的输入端；电流驱动回路由稳压管 V_1、光电隔离器 V_2、电阻 R_4、R_5、二极管 D_1、D_2、D_3 组成。光电隔离器 V_2 的三极管并接于稳压管 V_1 两端，而光电隔离器 V_2 的发光管串在驱动电流回路中，一端与稳压管 V_1 相连，另一端与二极管 D_3 相接，二极管 D_3 的另一端与晶闸管SCR控制极相连，构成驱动电流回路。

2. 根据权利要求1所述的晶闸管跨接器触发电路，其特征在于用以箝位限流的串联二极管 D_1、D_2 并联于光电隔离器 V_2 发光管两端，用以泄漏的 R_4 并接于光电隔离器 V_2 发光管两端；用以防反压的二极管 D_3 串联在光电隔离器 V_2 发光管和晶闸管SCR的控制极G极之间。

3. 根据权利要求2所述的晶闸管跨接器触发电路，其特征在于光电隔离器 V_2 采用达林顿光电隔离器。”

在对复审请求的前置审查中，国家知识产权局专利局原实审部门坚持原驳回决定中的意见。

至此，合议组认为案情已经清楚，可以作出复审请求审查决定。

二、决定的理由

合议组认为，驳回理由不属于审查指南中规定适用于驳回的情况，本案权利要求书所存在的问题属于一般形式缺陷，原审查部门驳回适用法律条款不当，应予撤销。另一方面，修改后的权利要求书客观上已经克服了驳回决定所指不符合专利法实施细则第二十条第四款规定的缺陷。

综上所述，合议组认为，相对复审请求人于2002年9月16日提出复审请求时提交的权利要求书修改文本，原驳回决定提出的理由已不再成立，应撤销原驳回决定。至于本申请是否存在其他不符合专利法及其实施细则的规定之处，留待后续审查程序中解决。

三、决定

撤销国家知识产权局专利局实质审查部门于2002年6月14日对99117130.6号发明专利申请作出的驳回决定。以复审请求人于2002年9月16日提交的权利要求1～3、说明书第1～3页以及1999年10月11日提交的附图第1～3页和摘要为基础由原实质审查部门继续后续审批程序。

045

强化磁铁案

复审请求审查决定（第6493号）

决　定　号　第6493号
决　定　日　2005年3月31日
发明创造名称　强化磁铁
国际分类号　A61N 2/08　H01F 7/02
复审请求人　日本生命株式会社
申　请　号　97116181. X
申　请　日　1997年8月14日
公　开　日　1999年2月24日
合议组组长　马志远
主　审　员　张　度
参　审　员　高　雪

法律依据　专利法第二十二条第三款
决定要点

权利要求1的技术方案相对于对比文件1在结构上具有明显的区别特征，其预期技术效果也会优于对比文件1的永磁装置，依据对比文件1认定权利要求1不具备创造性的理由不充分。

一、案由

本复审请求涉及国家知识产权局专利局于1997年8月14日受理的名称为“强化磁铁”的97116181. X号发明专利申请，申请人为日本生命株式会社（下称复审请求人）。

在实质审查阶段，国家知识产权局专利局实质审查部门于2002年6月28日发出第一次审查意见通知书，引用对比文件1（CN1036906A）结合公知常识认为权利要求1不具备创造性，权利要求2也属于公知常识。复审请求人于2003年3月25日提交意见陈述书，陈述其认为本申请具备创造性的理由。对此，实质审查部门认为本申请经陈述意见后仍不具备创造性，不符合专利法第二十二条第三款的规定，于2003年8月8日作出了驳回决定。

驳回决定所依据的权利要求书文本如下：

“1. 一种强力磁铁，其特征在于，设有正方形的磁性材料基板，在所述磁性材料基板的各个角部设有磁铁原料，通过对该磁铁原料进行磁化以使相邻的磁极互为异极。

2. 如权利要求1所述的强化磁铁，其特征在于，在所述磁铁原料的上面形成有凹陷部分。”

复审请求人对驳回决定不服，于2003年11月21日向专利复审委员会提出复审请求。其主要理由是“正方形的磁性材料基板”和“磁性基板的各个角部设有磁铁原料”的结构特征不是公知常识，也没有被对比文件公开。

在前置审查阶段，原审查部门以复审请求人未对申请文件做任何修改为由坚持原驳回决定。

专利复审委员会依法成立合议组对本案进行复审。合议组经研究后认为本案案情已经清楚，可以作出复审请求审查决定。

二、决定的理由

本申请的发明目的是通过拉开 NS 两极的距离来强化磁场作用。其权利要求 1 所要求保护的是一种强力磁铁，具有“正方形的磁性材料基板”和“磁性基板的各个角部设有磁铁原料”的结构特征，并且通过对磁铁原料进行磁化使相邻的磁极互为异极。

驳回决定所依据的对比文件 1 为 1989 年 11 月 8 日公开的 CN1036906A 号发明专利申请公开说明书，属于专利法第二十二条规定的现有技术文件。在对比文件 1 中公开了一种磁疗装置，具有处在一个四边形平面上四个顶点并且磁性交错的四个磁极，如对比文件 1 说明书第 4 页第 4 段所述，固定磁极的外壳部件是塑料或编织套，其作用仅是用来将磁极固定在所需要的四极位置上。

合议组研究本申请与对比文件 1 的区别后认为，权利要求 1 的技术方案不仅仅是四个独立磁体分布在四边形的四个角上，还有一个正方形的磁性材料基板将四个磁体组合成一个强化磁铁，由于磁性材料基板的磁化特性不同于仅仅起到位置固定作用的塑料或编织物，四个磁体组合而成的一个强化磁铁的磁化特性也不会与对比文件 1 中的永磁装置 10 相同。由此可以预见权利要求 1 的技术方案具有优于对比文件 1 的技术效果。

根据上述分析对比可以看出，权利要求 1 的技术方案相对于对比文件 1 在结构上具有明显的区别特征，其预期技术效果也会优于对比文件 1 的永磁装置，依据对比文件 1 认定权利要求 1 不具备创造性的理由不充分。在权利要求 1 具备创造性的基础上，其从属权利要求 2 也具备创造性。

综上所述，合议组认为，驳回决定中认定本申请不具备创造性的理由不充分，应撤销驳回决定。至于本申请是否存在其他不符合专利法及其实施细则之处，留待后续审查程序中解决。

三、决定

撤销国家知识产权局专利局实质审查部门于 2003 年 8 月 8 日对 97116181. X 号发明专利申请作出的驳回决定，以原始申请文本为基础由原实质审查部门继续后续审查程序。

046

手持终端设备案

复审请求审查决定（第6495号）

决　定　号　第6495号
决　定　日　2005年6月9日
发明创造名称　手持终端设备
国际分类号　H01H 21/22
复审请求人　松下电器产业株式会社
申　请　号　00102641.0
申　请　日　2000年2月24日
公　开　日　2000年9月6日
合议组组长　石　清
主　审　员　黄毅斐
参　审　员　李韵美

法律依据　专利法第二十二条第三款
决定要点

对比文件与本申请的发明目的虽然相同，但是采用的技术手段完全不同，没有给出本申请技术方案的任何启示，因此不能影响本申请的创造性。

一、案由

1. 本复审请求涉及国家知识产权局专利局实质审查部门于2003年9月26日驳回的、名称为“手持终端设备”的发明专利申请（下称本申请），其申请号为00102641.0，申请日为2000年2月24日，优先权日为1999年2月26日，申请人为松下电器产业株式会社。

申请日提交的权利要求书如下：

“1. 一种手持终端设备，包括：

—壳体，在其一前部表面上具有一凹下的弯曲部分；以及

—多向输入操作件，从此凹下的弯曲部分的一底面伸出，

其中多向输入操作件的高度小于凹下的弯曲部分的深度。

2. 按照权利要求1所述的手持终端设备，

其中多向输入操作件的顶部放置在包括凹下的弯曲部分两端在内的一平面之下。

3. 按照权利要求1所述的手持终端设备，

其中一凹下部分和一上凸部分二者之中的一个设置在多向输入操作件的一抠拉表面的一上端处。

4. 按照权利要求1所述的手持终端设备，其中一弯曲表面制成在多向输入操作件的一上部表面的两侧边缘上，而此上部表面的宽度设定为一预订数值。

5. 按照权利要求1所述的手持终端设备，其中多向输入操作件制成像是一个金字塔，具有一带

有 n 个顶点的多边形作为其底面，以便形成一具有 n 个触点的多向输入操作开关。”

国家知识产权局专利局实质审查部门针对本申请原始提交的申请文件进行审查后，于 2003 年 2 月 14 日发出第一次审查意见通知书，指出权利要求 1 ~ 5 相对于对比文件 1（US4733024，公开日为 1988 年 3 月 22 日）和对比文件 2（US4029915，公开日为 1977 年 6 月 14 日）的结合不具备创造性，不符合专利法第二十二条第三款的规定。

申请人于 2003 年 6 月 17 日提交了意见陈述书，其认为，对比文件 1 中的小型电子设备的按键表面 7a 与壳体 1 的上表面平齐，因此不具有能够防止误触操作的优点；壳体 1 的上表面为平表面，而非弯曲表面，因此按键位置与权利要求 1 不同；通过使用一多向输入操作件，权利要求 1 的装置可以变得更紧凑；对比文件 1 和 2 没有给出权利要求 1 的技术方案的启示，因此权利要求 1 及其从属权利要求 2 ~ 5 相对于对比文件 1 和 2 具备创造性。

国家知识产权局专利局实质审查部门针对申请人的上述意见陈述认为：对比文件 1 中“按键表面 7a 与壳体 1 的上表面平齐”只是附图中所示，附图所起到的是示意性作用，对比文件 1 的发明目的也是为了防止误触操作，所以采取了将操作件隐藏在壳体表面以下的措施，在这一点上与本申请要解决的技术问题、采用的技术手段和达到的技术效果是相同的；由于权利要求 1 中没有指明壳体 1 的上表面是弯曲表面，因此如对比文件 1 的这种结构包括在权利要求 1 所要保护的范围之内，另外即便权利要求 1 指明壳体 1 的上表面是弯曲表面，其与对比文件 1 在这种结构外形上的简单差异也不能给权利要求 1 的技术方案带来实质性特点和显著进步，根据对比文件 1 的启示对壳体上表面按需要作出适当变形是基于常识就能实现的；对比文件 2 中已经公开了将多向输入操作件应用于电子设备，因此将这样的多向输入操作件应用到对比文件 1 的手持终端设备中不需付出创造性劳动。国家知识产权局专利局实质审查部门由此认为本申请经申请人的上述意见陈述后权利要求 1 ~ 5 仍然不符合专利法第二十二条第三款的规定，于 2003 年 9 月 26 日作出了驳回决定。

申请人（下称复审请求人）不服国家知识产权局专利局实质审查部门作出的上述驳回决定，于 2003 年 12 月 16 日向专利复审委员会提出了复审请求，同时对原权利要求 1 进行了澄清性修改，其余权利要求保持不变。

修改后的权利要求 1 如下：

“1. 一种手持终端设备，包括：

一壳体，在其一前部表面上具有一凹下的弯曲部分；以及

一多向输入操作件，从此凹下的弯曲部分的一底面伸出超过所述前部表面，

其中多向输入操作件从凹下的弯曲部分的底面的高度小于从凹下的弯曲部分的底面算起的凹下部分的深度。”

复审请求人的复审理由主要是：对比文件 1 的按钮 7 不是突出在前部表面之上，因此其没有公开“一多向输入操作件，从此凹下的弯曲部分的一底面伸出超过所述前部表面”的特征；对比文件 1 的按钮的高度与弯曲部分的深度一致，因此其没有公开“多向输入操作件从凹下的弯曲部分的底面的高度小于从凹下的弯曲部分的底面算起的凹下部分的深度”的特征，因此权利要求 1 及其从属权利要求相对于对比文件 1 和 2 的结合具备创造性。

在前置审查程序中，国家知识产权局专利局原实质审查部门认为修改后的权利要求 1 及其从属权利要求仍然不具备创造性，因此坚持原驳回决定。

专利复审委员会依法成立合议组对本案进行审理，于 2005 年 3 月 7 日向复审请求人发出了复审通知书，主要指出：根据本申请说明书第 2 页第 2 段的记载，“多向输入操作件的顶部放置在一包括凹下的弯曲部分两端在内的平面以下”的技术特征（即从属权利要求 2 的附加技术特征）是实现本

发明目的的必要技术特征，由于权利要求1中缺少此必要技术特征，因此不符合专利法实施细则第二十一条第二款的规定。

复审请求人于2005年4月18日提交了答复意见，表示将从属权利要求2并入权利要求1中，并提交了权利要求书的替换文本，其中除将权利要求1和2进行合并外，还对其余权利要求的编号进行了相应修改。

至此，合议组认为，本案的事实已经清楚，可以依法作出本复审决定。

二、决定的理由

在复审请求人随答复复审通知书提交的权利要求书替换文本中，对权利要求书的修改仅涉及按照复审通知书的意见将记载本申请必要技术特征的从属权利要求2的内容并入权利要求1中，并相应修改其余权利要求的编号，上述修改符合专利法实施细则第六十条的规定，同时也没有超出原始申请文件记载的范围，符合专利法第三十三条的规定。因此本复审决定依据的文本为复审请求人随答复复审通知书提交的权利要求书替换文本的权利要求第1～4项，以及申请日提交的说明书第1～5页、附图第1～4页。

由于复审请求人在随答复复审通知书提交的权利要求书替换文本的权利要求1中，已按照复审意见补入了实现本申请发明目的的必要技术特征“多向输入操作件的顶部放置在一包括凹下的弯曲部分两端在内的平面以下”，因此该替换文本已克服复审通知书所指出的不符合实施细则第二十一条第二款的规定的缺陷。

本申请的发明目的在于“提供一种手持终端设备，包括一多向输入操作开关钮，能够轻易地和确定地操作而无须即使手持终端设备做得较小也要加大按键输入操作部分的地盘，以及其次，能够防止误触操作”。为此，本申请所提供的权利要求1的手持终端设备包括如下技术特征：

a. 一壳体，在其一前部表面上具有一凹下的弯曲部分；

b. 一多向输入操作件，从此凹下的弯曲部分的一底面伸出超过所述前部表面；

c. 多向输入操作件从凹下的弯曲部分的底面的高度小于从凹下的弯曲部分的底面算起的凹下部分的深度；

d. 多向输入操作件的顶部放置在包括凹下的弯曲部分两端在内的一平面之下。

对比文件1涉及一种用作为小型电子设备的电源开关的按键开关，其中虽然公开了电子临床体温计包括壳体1’，在壳体1’和开关7上形成凹进部分的特征（见对比文件1说明书第2栏第52～60行，相应于权利要求1的特征a)，但是并没有公开权利要求1的特征b～d和给出与此有关的任何技术启示，理由如下：对比文件1与本申请的目的虽然都包括了防止误触操作，但是所采用的技术手段完全不同。对比文件1中表示现有技术的图8以及表示其发明实施例的图1、5等显示的按键开关7的表面7a均与壳体表面接近齐平，其改进点在于对触点7b进行改进，以便使只有在特定方向按下按键开关表面时才能打开或关断开关，从而实现防止误触操作（见对比文件1说明书第1栏第63行～第2栏第6行)，在对比文件1中按键开关7的表面7a并未超出壳体表面，因而不存在当按键开关7朝下放置时引起误触操作的问题，而本申请权利要求1通过在壳体前部表面上设置一凹下的弯曲部分，并使双向操作件伸出此弯曲部分的高度小于凹下深度，同时其顶部放置在包括凹下的弯曲部分两端在内的一平面之下，这样即使壳体朝下放置也能实现防止误触操作的效果。因此，对比文件1没有给出权利要求1技术方案的任何启示。在此情形下，即便结合对比文件2所采用的多向输入操作件，仍然没有公开和给出权利要求1中有关多向输入操作件与壳体弯曲部分之间的位置关系的任何技术启示。因此权利要求1的技术方案相对于对比文件1和2的结合具有突出的实质性特点，并具有显著的进步，符合专利法第二十二条第三款有关创造性的规定。

在权利要求1具备创造性的前提下，其从属权利要求2~4也都具备创造性。

综上所述，本申请符合专利法第二十二条第三款有关创造性的规定，复审请求人的复审理由成立。

三、决定

撤销国家知识产权局专利局实质审查部门于2003年9月26日作出的驳回决定，以复审请求人于2005年4月18日提交的权利要求第1~4项，申请日提交的说明书第1~5页、附图第1~4页为基础，由原实质审查部门继续进行审批程序。

047

表示和识别手写的装置和方法及其基本表案

复审请求审查决定（第6497号）

决　定　号　第6497号
决　定　日　2005年6月13日
发明创造名称　表示和识别手写的装置和方法及其基本表
国际分类号　G06K 9/00
复审请求人　摩托罗拉公司
申　请　号　97122701.2
申　请　日　1997年10月17日
公　开　日　1998年7月22日
合议组组长　钱　芸
主　审　员　黄毅斐
参　审　员　石　清

法律依据　专利法实施细则第二十条第一款
决定要点

复审请求人在复审程序中修改的权利要求书已经克服了驳回决定所指出的缺陷，因此可以在此基础上撤销原驳回决定。

一、案由

本复审请求涉及国家知识产权局专利局实质审查部门于2002年11月15日驳回的、名称为“表示和识别手写的装置和方法及其基本表”的发明专利申请（下称本申请），其申请号为97122701.2，申请日为1997年10月17日，优先权日为1996年10月17日，申请人为摩托罗拉公司。

国家知识产权局专利局实质审查部门针对本申请原始提交的权利要求第1~10项、说明书第1~13页以及1998年3月27日提交的附图第1~9页进行审查后，于2002年2月8日发出第一次审查意见通知书，其中指出权利要求1、2不具备创造性，权利要求5、6、8、9不符合专利法实施细则第二十条第一款的规定；权利要求10缺少必要技术特征，不符合专利法实施细则第二十一条第二款的规定。

申请人于2002年6月24日对第一次审查意见通知书进行答复，表示对申请文件进行了修改，并提交了权利要求书第1、2页和说明书第1、2、6、7的修改替换页。

国家知识产权局专利局实质审查部门于2002年7月19日发出第二次审查意见通知书，主要指出权利要求1修改超范围，同时权利要求1~10也不符合专利法实施细则第二十条第一款的规定。

申请人于2002年10月8日对第二次审查意见通知书进行答复，表示依据说明书再次修改了申请文件，并提交了权利要求书、说明书和说明书摘要的全文替换页，其中新修改的权利要求书（下称文本1）如下：

“1. 一种手写识别的方法，包括以下步骤：

接收包含一个或多个基本表符号的笔输入；

确定基本表符号所包含的线的部分的最大个数；

在笔输入的弯曲程度超过设定的阈值的地方将笔输入分段为笔画；

将笔画分组为笔画子结构，笔画子结构是比笔画更小的单元；以及

计算输入笔画子结构与笔画子结构的预定集的成员之间的距离的大小。

2. 权利要求1的方法，其中所述计算的步骤包括计算输入笔画子结构与原始笔画子结构的成员之间的距离大小，所述原始笔画子结构是具有人为设定的意思或没有意义的一组包括两个到四个直线笔画的笔画。

3. 权利要求1的方法，还包括存储一个模板集，每个模板集包含从笔画子结构的预订集选出的笔画子结构。

4. 权利要求3的方法，还包括建立输入笔画子结构与模板的笔画子结构之间的距离的大小的步骤。

5. 权利要求3的方法，其中每个模板的笔画子结构根据笔画子结构的预订集被量化。

6. 权利要求4的方法，其中上述建立距离的大小的步骤还包括：从一板板集中选取诸模板中的选出的子集，所选出的诸模板的子集的各个模板与不包括在选出的诸模板的子集的其余的那些模板的笔画子结构相比相互之间更加接近。

7. 权利要求6的方法，还包括使用模板的选出的子集来识别笔画输入。

8. 权利要求7的方法，还包括计算诸模板的选出的子集的每个模板与笔画输入之间的距离大小从而建立至少一个与笔画输入接近匹配的模板。

9. 权利要求7的方法，其中计算距离大小的步骤包括建立一个粗略的距离计算的步骤和建立一个精细的距离计算的步骤。

10. 权利要求7的方法，还包括以下步骤：打开选出的诸模板的子集的各个模板从而打开数据，并且使笔画输入与打开数据匹配。”

国家知识产权局专利局实质审查部门认为本申请经申请人的上述意见陈述和修改后，文本1的权利要求1~3、5、6、9、10中仍然存在限定方式不清的问题而导致上述权利要求的保护范围不清楚，不符合专利法实施细则第二十条第一款的规定，因而于2002年11月15日作出了驳回决定。

申请人（下称复审请求人）不服国家知识产权局专利局实质审查部门作出的上述驳回决定，于2003年2月21日向专利复审委员会提出复审请求复审请求人对文本1的权利要求1、2进行了修改，并删除了权利要求3，将权利要求4~10依次重新编号为权利要求3~9，并相应修改各权利要求间的引用关系，同时认为权利要求5、6、9、10（对应于修改后的权利要求4、5、8、9）记载的特征在说明书的有关段落已有说明。

复审请求人随复审请求提交的修改的权利要求书（下称文本2）中的权利要求1、2内容如下：

“1. 一种手写识别的方法，包括以下步骤：

接收包含一个或多个基本表符号的笔输入；

确定基本表符号所包含的线的部分的最大个数；

在笔输入的弯曲程度超过设定的阈值的地方将笔输入分段为笔画；

将笔划分组为笔画子结构，笔画子结构是比字母符号更小的单元；以及

计算输入笔画子结构与笔画子结构的预订集的成员之间的距离的大小。

2. 权利要求1的方法，其中所述计算的步骤包括计算输入笔画子结构与原始笔画子结构的成员

之间的距离大小，所述原始笔画子结构是具有人为设定的意思或没有意义的一组笔画子结构的预订的集。”

在前置审查程序中，国家知识产权局专利局原实质审查部门认为文本2的权利要求1、4、5、9仍然不符合专利法实施细则第二十条第一款的规定，因此坚持原驳回决定。

专利复审委员会依法成立合议组对本案进行审理，于2003年10月10日向复审请求人发出了复审通知书，指出，文本2的权利要求1中“确定基本表符号所包含的线的部分的最大个数”限定不清楚，权利要求4所引用的权利要求1中未提及“模板”，因此该权利要求中所述“其中每个模板”含义不清，权利要求5中所述“从一模板集中选取诸模板中的选出的子集”一句含义不清，因此上述3项权利要求不符合专利法实施细则第二十条第一款的规定。

复审请求人于2003年11月25日提交了答复意见，表示对权利要求书进行了再次修改，并同时提交了权利要求书的修改替换文本（下称文本3）。

文本3内容如下：

“1. 一种手写识别的方法，包括以下步骤：

接收包含一个或多个基本表符号的笔输入；

确定一个基本表符号可能具有的线段数的最大数目；

在笔输入中，弯曲程度超过设定的阈值的位置处将笔输入分段为笔画；

将笔画分组为笔画子结构，笔画子结构是比字母符号更小的单元；以及

计算输入笔画子结构与笔画子结构的预订集合的成员之间的距离的大小。

2. 权利要求1的方法，其中所述计算的步骤包括计算输入笔画子结构与原始笔画子结构的成员之间的距离大小，所述原始笔画子结构是具有人为设定的意思或没有意义的一组笔画子结构的预订的集。

3. 权利要求1的方法，还包括存储一组模板，每个模板包括笔画子结构，建立输入笔画子结构与模板的笔画子结构之间的距离的大小的步骤。

4. 权利要求1的方法，其中进一步包括存储一组模板，每个模板包括笔画子结构，该笔画子结构根据笔画子结构的预订集合而被量化。

5. 权利要求3的方法，其中上述建立距离的大小的步骤还包括：从一模板集合中选取一个模板的子集，所选出的模板的子集中的各个模板与不包括在选出的模板的子集的其余的那些模板的笔画子结构相比相互之间更加接近。

6. 权利要求5的方法，还包括使用所选择的模板的子集来识别笔画输入。

7. 权利要求6的方法，还包括计算所选择的模板的子集的每个模板与笔画输入之间的距离大小从而建立至少一个与笔画输入接近匹配的模板。

8. 权利要求6的方法，其中计算距离大小的步骤包括建立一个粗略的距离计算的步骤和建立一个精细的距离计算的步骤。

9. 权利要求6的方法，还包括以下步骤：打开所选择的模板的子集的各个模板从而打开数据，并且使笔画输入与打开数据匹配。”

至此，合议组认为，本案的事实已经清楚，依法作出本复审决定。

二、决定的理由

复审请求人在随答复复审通知书提交的文本3中，按照复审通知书的意见对文本2所存在的不清楚之处进行了进一步限定，上述修改符合专利法实施细则第60条的规定，因此本复审决定依据的文本为，复审请求人随答复复审通知书提交的权利要求第1～9项（即文本3），以及2002年10月8日

提交的说明书第 1 ~ 13 页、1998 年 3 月 27 日提交的附图第 1 ~ 9 页。

在文本 3 中，复审请求人已对驳回决定指出的存在限定不清楚的特征，即权利要求 1（即文本 1 的权利要求 1）中的“包含的线的部分的最大个数”、“笔画子结构”，权利要求 2（即文本 1 的权利要求 2）中的“原始笔画子结构”的定义进行了澄清性限定，并对权利要求 4（即文本 1 的权利要求 5）、5（即文本 1 的权利要求 6）和 9（即文本 1 的权利要求 10）的限定方式和其中所存储的模板内容进行了修改。另外，权利要求 1、8（即文本 1 的权利要求 1、9）中出现的技术用语“基本表符号”、“粗略的距离计算的步骤”和“精细的距离计算的步骤”由于在原始说明书中有明确的说明，因此其含义是清楚的，因而不会造成对权利要求的保护范围限定不清楚。

综上所述，复审请求人随答复复审通知书提交的文本 3 已经克服了驳回决定指出的不符合专利法实施细则第二十条第一款的规定的缺陷。

三、决定

撤销国家知识产权局专利局实质审查部门于 2002 年 11 月 15 日作出的驳回决定，以复审请求人于 2003 年 11 月 25 日提交的权利要求第 1 ~ 9 项，以及 2002 年 10 月 8 日提交的说明书第 1 ~ 13 页、1998 年 3 月 27 日提交的附图第 1 ~ 9 页为基础，由原实质审查部门继续进行审批程序。

048

半导体器件的金属接触结构及其形成方法案

复审请求审查决定（第6500号）

决　定　号　第6500号

决　定　日　2005年6月15日

发明创造名称　半导体器件的金属接触结构及其形成方法

国际分类号　H01L27/10 H01L21/74

复审请求人　现代电子产业株式会社

申　请　号　97113819.2

申　请　日　1997年6月23日

公　开　日　1998年1月21日

合议组组长　张　度

主　审　员　马志远

参　审　员　高　栋

法律依据　专利法第二十二条第三款

决定要点

本申请技术方案在简化金属接触结构和相应的简化工艺步骤的同时，可以防止尖峰效应的发生，而对比文件1、2中均使用单独的阻挡层防止尖峰效应。本申请相对于对比文件1、2及其结合具备专利法第二十二条第三款所规定的创造性。

一、案由

本复审请求涉及申请号为97113819.2、名称为“半导体器件的金属接触结构及其形成方法”的发明专利申请，申请日为1997年6月23日，优先权日为1996年6月29日，申请人为现代电子产业株式会社。

在本发明专利申请的实质审查阶段，国家知识产权局专利局实质审查部门于2002年4月19日发出第一次审查意见通知书，所依据的审查文本为原始提交的申请文件（下称文本1）。其中权利要求书共包括权利要求7项，权利要求1~3主题为“半导体器件的金属接触结构”，权利要求4~7的主题为“制造半导体器件接触结构的方法”。第一次审查意见通知书指出：权利要求1~3与对比文件1、2相比不具备创造性，权利要求4~6与对比文件1、2相比不具备创造性，权利要求1~6都不符合专利法第二十二条第三款的规定，权利要求7未以说明书为依据，不符合专利法第二十六条第四款的规定。对比文件1为1989年1月24日公开的美国专利文献US4800177号，对比文件2为1985年9月3日公开的美国专利文献US453834号，此两篇对比文件的公开日期均早于本申请的优先权日。

申请人在答复第一次审查意见通知书时对权利要求书、说明书（下称文本2）进行修改，删除了以“半导体器件的金属接触结构”为主题的原权利要求1~3，保留并修改了以“制造半导体器件接触结构的方法”为主题的原权利要求4～7，并在此基础上对所保留各项权利要求重新进行了编号，并且还在方法权利要求中增加了第一竖直接触孔上下宽度相同、第一和第二掩膜宽度相同、第二接触孔上下宽度相同的内容，并认为对比文件1、2均没有公开以方法为主题的独立权利要求的技术方案，因此该权利要求1的技术方案具备创造性；申请人还将未得到说明书支持的原权利要求7附加技术特征补充到说明书实施例部分中。

国家知识产权局专利局实质审查部门于2002年11月22日发出了第二次审查意见通知书，认为对权利要求书和说明书实施例的上述两部分修改超出了原始申请文件的记载范围，因此不符合专利法第三十三条的规定。

申请人于2003年4月7日对第二次审查意见通知书进行答复，再次修改了权利要求书和说明书（下称文本3）。权利要求书恢复了以“金属接触结构”为主题的权利要求1～3，将原始权利要求7的第二导电膜材料特征修改为第一导电膜材料特征，这样与说明书内容相符合。说明书修改后，从实施例中删除了“导电层28也可以为掺杂的多晶硅层”的内容。

国家知识产权局专利局实质审查部门于2003年7月11日作出了驳回决定，理由为文本3的权利要求1～7与对比文件1、2相比均不具备创造性，因而不符合专利法第二十二条第三款的规定。

申请人（下称复审请求人）对上述驳回决定不服，于2003年10月20日提交复审请求书。复审请求人认为独立权利要求1和独立权利要求4与对比文件1、2相比均具备创造性，其从属权利要求2～3和从属权利要求5～7也相应具备创造性。经过初步审查，专利复审委员会于2003年10月20日受理本复审请求。在前置审查阶段，原实质审查部门仍然坚持驳回决定。

专利复审委员会依法组成合议组对本复审请求进行审理。合议组研究了驳回决定和复审请求人提交的复审请求书后，以2003年4月7日提交的权利要求第1～7项和说明书第1～5页、1997年6月23日提交附图第1～8页、2002年9月2日提交的说明书摘要、1997年6月23日提交的摘要附图为审查基础，并于2004年10月15日发出复审通知书。合议组在通知书中指出：

第一，图1G表示现有技术利用金属阻挡层17防止金属层18的金属材料对于接触区之下的节过度渗透，但是在针对该图1G的描述中没有具体指明接触区下的节应当是图中与金属层18接触的哪个层，即该金属阻挡层17是为了防止11、12、14各层哪个层中出现“接合尖峰”（junction spiking）现象，是否接触区下的节仅仅指图1G中的层11与金属阻挡层17接触的部分。

第二，说明书中对于图2和图3G的描述存在类似图1G描述的问题，说明书中没有明确表示需要与金属层28电连接的接触区下的节分布在哪个层上，即没有说明图2和图3G的结构防止了层21、22、24中的哪个层中可能由于金属材料过度扩散所产生的接合尖峰现象。

第三，根据说明书发明目的部分的描述，本发明的目的在于引入层间的虚设导电膜、减少金属互连的有效接触孔深度、省略了绝缘层湿蚀刻和沉积金属阻挡层两个步骤。

从说明书图3A至图3D和相关文字描述可以看出在半导体基片上加工虚设导电膜23A的加工步骤。但是，根据说明书对3E至图3G的加工步骤中，首先形成了第二接触孔27，而该第二接触孔27实际上与图3F中填充了一层虚设导电膜23A的第一接触孔26相互贯通，从图3G和图2中也可以看出第一接触孔26与第二接触孔27相互贯通。这样，按照说明书第5页第2自然段的描述“干蚀刻步骤之后去除光致抗蚀剂图形25，接触孔27形成以后，一导电层28……沉积在绝缘层24上和接触孔27的整个表面上。在这一步骤，虚设导电图形23A与金属层28接触”。按照对说明书该段的理解，在图3F的结构基础上去除光致抗蚀剂图形25，然后进行金属层28的沉积步骤。这样，由于表面覆盖了虚设导电膜23A的第一接触孔26与第二接触孔27为贯通结构，当进行金属层28的沉积工艺时，该金属层28除了覆盖第二接触孔27的侧壁和绝缘层24的上表面外，还应当覆盖整个接触孔26内的虚设导电膜23A的表面，即金属层28应当覆盖整个第一接触孔26和第二接触孔27，而不应当形成如图3G和图2所示的金属层28仅仅覆盖第二接触孔27内表面而不覆盖第一接触孔26内虚设导电层23A整个暴露表面的结构。由此可见，说明书没有清楚地表明本发明的第二个目的“减少金属互连的有效接触孔深度”是如何实现的，即说明书不符合专利法第二十六条第三款的规定。

复审请求人于2004年11月30日针对上述复审通知书提交的意见陈述，但未按照复审通知书的要求提交对工艺步骤的补充说明。

专利复审委员会于2005年1月5日再次发出复审通知书，要求复审请求人完整地描述所采用的工艺步骤，并具体说明加工过程中所采用掩膜的结构。

复审请求人于2005年5月7日对第二次复审通知书进行了答复，同时提交了补充的工艺步骤图示说明，并提出请求举行口头审理以便更进一步详细解释工艺步骤的细节。

专利复审委员会于2005年5月17日发出口头审理通知书，定于2005年6月2日举行口头审理。口头审理如期举行，复审请求人在口头审理中进一步结合答复第二次复审通知书时提交的补充工艺步骤图示解释了本申请的加工工艺和中间步骤的产品结构，并对本申请的背景技术和发明要点进行了说明。

专利复审委员会本案合议组认为，通过复审请求人对说明书中工艺步骤的进一步解释，本领域技术人员可以按照说明书的教导并结合常规的技术手段以实现本发明的金属接触结构，说明书符合专利法第二十六条第三款的规定。

至此，本案事实已经清楚，可以作出复审决定。

二、决定的理由

本复审决定所依据的申请文件文本为复审请求人于2003年4月7日提交的说明书第1~5页和权利要求第1~7项、于2002年9月2日提交的说明书摘要、于申请日原始提交的附图第1~8页和摘要附图。驳回决定所引用的对比文件1、2符合专利法第二十二条所规定的现有技术范围，可以作为评价本申请创造性的依据。

专利复审委员会本案合议组经过对驳回决定所依据的文本3权利要求书和说明书的审查，认为本申请的主要目的在于，第一，通过省略金属阻挡层而减少相关的加工步骤；第二，以省略金属阻挡层的简单结构仍然能够实现防止金属铝的第二导电层中铝离子扩散到第一导电层引起的尖峰效应。

文本3权利要求书的内容如下：

“1. 一种半导体器件的金属接触结构，包括：

一个第一导电层；

一个布置在上述第一导电层上的第一绝缘层；

一个连接至上述第一导电层的第一接触孔；其中上述第一接触孔形成于上述第一绝缘层内；

形成于上述第一接触孔内的虚设导电图形，其中，上述虚设导电图形通过上述第一接触孔与上述第一导电层接触，且上述虚设导电图形覆盖上述第一接触孔的整个表面和侧壁，并部分覆盖在上述第一绝缘层上；

一个布置在上述第一绝缘层上的第二绝缘层；

一个第二接触孔，其中，该第二接触孔形成于上述第二绝缘层内，且第一接触孔和第二接触基本上形成一个贯通孔；和

一个布置于上述第二绝缘层上和上述第二接触孔的整个表面上的第二导电层，其通过上述第二接

触孔与上述虚设导电图形接触。

2. 根据权利要求 1 所述的半导体器件的金属接触结构，其中，所述第一导电层为半导体基片上的掺杂扩散层或掺杂多晶硅膜。

3. 根据权利要求 1 所述的半导体器件的金属接触结构，其中，上述金属接触结构用于集成电路中心单元区的字线的金属接触或半导体存储芯片周边电路的金属接触。

4. 一种制造半导体器件的接触结构的方法，其步骤包括：

在一个基片上制备一个第一导电层；在上述基片上形成一个第一绝缘层；

在上述第一绝缘层的特定部位开一个第一接触孔；

在上述第一绝缘层和上述第一接触孔的整个表面上沉积一虚设导电膜；

对上述虚设导电膜构图，以形成虚设导电图形，其中，该虚设导电图形覆盖上述第一接触孔的全部表面和侧壁并重叠于第一绝缘层的一部分；

在上述第一绝缘层和上述虚设导电图形之上形成一第二绝缘层；

蚀刻上述第二绝缘层，以形成一个第二接触孔，其中上述第一接触孔和第二接触孔基本上形成一个贯通孔；和

沉积一个第二导电层在所述第二绝缘层上和所述第二接触孔的整个表面上，使得所述第二导电层通过上述第二接触孔与上述虚设导电图形接触。

5. 根据权利要求 4 所述的方法，其中，上述第一导电层是半导体存储器件的一条字线。

6. 根据权利要求 4 所述的方法，其中上述第一绝缘层和第二绝缘层是由二氧化硅或氮化硅膜构成的电介质层。

7. 根据权利要求 5 所述的方法，其中，上述第二导电膜是多晶硅层。”

对比文件 1 图 3 所示的技术方案中，虽然在半导体集电极区 18、基极区 20、射极区 26 上也如同本申请一样设置了多晶硅层 24a、24b，但是仍然在多晶硅层上设置了加厚的硅化铂层 38a、38b、38c 和钛钨保护层 32a、32b、32c，以防止金属铝层向半导体电极区渗透产生的尖峰效应。因此，该对比文件 1 并没有省略含金属的阻挡层，其无法达到由于省略金属阻挡层而简化导线层工艺步骤的技术效果。对比文件 2 图 2 和图 3 所示技术方案中，为了防止金属铝 20、42 与多晶硅 18a 合金化过程中引起的尖峰效应，在多晶硅 18a 层之下也设置了过渡金属硅化物层 30，因此对比文件 2 也需要单独的阻挡层防止铝离子向半导体区 11 扩散形成尖峰效应，单独阻挡层的设置自然也需要相应的工艺步骤。

文本 3 权利要求 1 所示技术方案中仅仅包含第一导电层、第一和第二绝缘层、虚设导电图形、第二导电层以及各层之间的相互位置关系，其中并没有防止第二导电层向第一导电层扩散的阻挡层。该权利要求 1 的金属接触结构相对于对比文件 1、2 的结构简化，并且可以防止尖峰效应，应当被认为具备创造性。文本 3 权利要求 2、3 以权利要求 1 为基础，在权利要求 1 具备创造性的前提下，也应当被认为具备创造性。

文本 3 权利要求 4 在基片上制备第一导电层、第一和第二绝缘层、在两绝缘层上开孔、形成虚设导电图形、形成第二导电层的步骤等。该权利要求 4 中不包括任何有关形成阻挡层步骤，该技术方案相对于对比文件 1、2 的导线制备工艺更简单，并且仍然能够防止发生尖峰效应，应当被认为具备创造性。权利要求 5 ~ 7 以权利要求 4 为基础，在权利要求 4 具备创造性的前提下，也应当被认为具备创造性。

总之，上述对比文件 1 和 2 均没有提出既能够通过省略含金属阻挡层而简化接触结构和相应工艺步骤、而又能够有效防止尖峰效应的技术方案，也没有给出任何技术启示使得本领域技术人员结合对

比文件 1、2 以实现本申请的技术方案。本申请相对于对比文件 1、2 及其结合具备专利法第二十二条第三款所规定的创造性。

三、决定

撤销国家知识产权局专利局实质审查部门于 2003 年 7 月 11 日针对本申请所作出的驳回决定。

以复审请求人于 2003 年 4 月 7 日提交的说明书第 1 ~ 5 页和权利要求第 1 ~ 7 项、于 2002 年 9 月 2 日提交的说明书摘要、申请日原始提交的说明书附图第 1 ~ 8 页和摘要附图为基础，由原实质审查部门继续进行审批程序。

049

二次密码支付系统案

复审请求审查决定（第6501号）

决 定 号 第6501号
决 定 日 2005年6月19日
发明创造名称 二次密码支付系统
国际分类号 G06F 17/60
复审请求人 邵 通
专利申请号 00106215.8
申 请 日 2000年4月21日
公 开 日 2001年11月7日
合议组组长 蒋 彤
主 审 员 马志远
参 审 员 张美菊

法律依据 专利法第二十五条第一款
决定要点

将本申请与现有技术进行比较，由于本申请与现有技术的区别之处仅仅体现为商业活动的规则和方法上的差异，因此本申请属于专利法第二十五条第一款第（二）项规定的不授予专利权的内容。

一、案由

本复审请求涉及发明名称为“二次密码支付系统”、申请号为00106215.8、申请日为2000年4月21日的发明专利申请（下称本申请），申请人为邵通。

在本申请的实质审查阶段，国家知识产权局专利局实质审查部门以申请人原始提交的申请文件（下称文本1）为审查基础，于2002年10月11日发出第一次审查意见通知书。该通知书指出：文本1的权利要求1~7的主题为一种二次密码支付系统，在银行转账和密码支付等现有技术的基础上认为规定一个预扣资金库以实现经济管理，并没有采用技术手段，也未解决技术问题和产生技术效果，实质上是一种经济管理的制度，属于专利法第二十五条第一款第（二）项规定的智力活动规则和方法，不能授予专利权。

文本1的权利要求书内容如下：

“1. 一种二次密码支付系统，包括银行方面的：客户数据库，用于存储银行客户的资金信息；银行通信装置，用于从付款人或收款人处接收付款信息，所述付款信息包括收款人账号和由付款人先后两次提供的支付密码；密码验证装置，用于对银行通信装置接收的付款人支付密码进行验证；预扣资金库；第一次预扣装置，用于当密码验证装置确认付款人的第一次支付密码正确时，将付款人的资金和收款人的账号登记在预扣资金库中从而完成对付款人的资金的预扣；数字签名装置，用于对所述的预扣资金和收款人的账号进行数字签名，并将该数字签名通过银行通信装置返回给收款人；第二次支付装置，用于当密码验证装置确认付款人的第二次支付密码正确时，将所述预扣的资金实际支付到收款人的账号上。

2. 根据权利要求1的二次密码支付系统，其中还包括收款人通信装置，收款人通过该通信装置向银行通信装置提供所述付款信息。

3. 根据权利要求1的二次密码支付系统，其中还包括付款人通信装置，付款人通过该通信装置向银行通信装置提供所述付款信息。

4. 根据权利要求1至3中任一项的二次密码支付系统，其中所述银行通信装置接收的付款信息还包括付款人账号，所述第一次预扣装置从付款人账号上预扣资金。

5. 根据权利要求1至3中任一项的二次密码支付系统，其中所述付款人的第一次支付密码为由银行签名的数字现金，所述第一次预扣装置直接预扣该数字现金。

6. 根据权利要求1至3中任一项的二次密码支付系统，其中所述付款人的第二次支付密码为付款人的第一次支付密码的付款人数字签名。

7. 根据权利要求5的二次密码支付系统，其中所述付款人的第二次支付密码为由银行签名的数字现金的数字签名。”

申请人针对第一次审查意见通知书所指出的问题，于2003年2月25日提交了意见陈述书，申请人认为权利要求的主题为二次密码支付系统，其中包含了客户数据库、银行通信装置、密码验证装置、预扣资金库、第一次预扣装置、数字签名装置和第二次支付装置，该系统涉及计算机软硬件相结合的装置，其发明目的、采用的技术方案和实现的功能均与技术相关。

国家知识产权局专利局实质审查部门于2003年5月9日针对本申请作出了驳回决定。驳回决定指出，本申请请求保护的系统中，客户数据库、银行通信装置、密码验证装置、预扣资金库、第一次预扣装置、数字签名装置和第二次支付装置是公知的银行支付系统的组成部分，在硬件结构上没有发生任何变化，本申请对于现有技术的贡献仅仅在于将付款人向银行付款的操作分两次进行，这属于人为规定的经济管理方法，其效果仅仅是上述人为规定所达到的效果，不是技术手段达到的技术效果，属于智力活动的规则和方法，这些都使得该权利要求1~7不符合专利法第二十五条第一款的规定。

申请人（下称复审请求人）对上述驳回决定不服，于2003年8月25日提出了复审请求，并认为由于本申请所要求保护的系统中包括了客户数据库、银行通信装置、密码验证装置、预扣资金库、第一次预扣装置、数字签名装置和第二次支付装置等技术特征，因此本申请方案整体上不属于智力活动的规则和方法。其对现有技术的贡献也不仅仅在于其中的方法本身，而是以该方法为出发点，利用技术手段解决了技术问题并且达到了技术效果，不应当排除可专利性。

专利复审委员会经过形式审查，于2003年9月16日发出复审请求受理通知书，并启动前置审查程序。在前置审查中，原实质审查部门仍然认为权利要求1~7技术方案中的网络设备、计算机装置等都是本领域公知公用的装置设备，其硬件组成没有发生任何变化，在技术方面没有任何改进手段、没有解决技术问题和达到技术效果，因此坚持原驳回决定意见。

专利复审委员会依法成立合议组对本复审请求进行审理。合议组经过对申请文件、驳回决定和复审请求人的复审意见进行审查，于2005年3月10日发出复审通知书。通知书指出，本申请所要求保护的二次密码支付系统中，客户数据库、银行通信装置、密码验证装置、预扣资金库、第一次预扣装置、数字签名装置和第二次支付装置均由现有技术的普通计算机主机、终端和通信网络实现，本申请的发明人并没有对上述常规计算机、终端和通信网络进行任何技术上的改进，也就是说在进行商业实践的过程中没有解决技术问题，而仅仅将上述技术设备应用于银行的支付活动中，所产生的效果也仅仅与银行的交易规则有关，而与技术设备本身没有任何关系。实际上，复审请求人在本申请的权利要求书中也没有记载与解决技术问题有关的任何对于计算机、终端和网络设备进行改进的技术内容，并且复审请求人在实质审查阶段答复第一次审查意见通知书时，已经明确承认“本申请技术方案中所采用的预扣资金库既可以采用软件实现，也可以采用固件实现，但不论何种形式，其实现均涉及计算机数据库、密码技术、数字签名及相关的软件技术（所采用的具体技术可视具体情况而定，这对于本领域技术人员而言都是易于实现的）”，从复审请求人的上述意见陈述中可以看出，尽管本申请的系统涉及了计算机数据库等技术，但是这些所涉及的技术对于本领域技术人员而言都是容易实现的，这等于承认了这些所涉及的技术都属于本领域公知的常规技术手段，将这些常规技术手段应用到银行的支付活动中时，并不需要进行创造性的技术改造，也就是说没有解决技术问题。因此，可以认定本申请的内容仅仅是将本领域技术人员公知的常规技术手段应用到银行支付活动中，并且在银行支付活动中使用了新的支付活动规则，而银行的交易活动属于专利法第二十五条范畴内的商业实施和经济管理的方法及制度。由此可见，本申请确实属于审查指南第二部分第一章第3.2节所规定的“发明对于现有技术的贡献仅仅在于属于智力活动的规则和方法的部分”的情形，本申请属于专利法第二十五条第一款规定的范畴。同时，由于本申请内容不是对现有技术作出的有关新的技术改进，也不符合专利法实施细则第二条第一款的规定，致使本申请不具有授权前景。

复审请求人于2005年4月25日提交了针对复审通知书的意见陈述，没有对权利要求书进行修改。复审请求人在此次意见陈述中仍然坚持本申请具有可专利性。

至此，本复审请求案事实清楚，可以作出审查决定。

二、决定的理由

本复审决定的审查基础为驳回决定所依据的申请文件文本，即复审请求人在提出本申请时原始提交的说明书第1~6页、权利要求第1~7项、说明书附图第1页和说明书摘要及摘要附图，此审查文本也是驳回决定所依据的文本1。

根据文本1权利要求书的内容，本申请的二次密码支付系统作为专利法所规定的产品权利要求，其技术方案中包括在银行一端的结构技术特征，即客户数据库、银行通信装置、密码验证装置、预扣资金库、第一次预扣装置、数字签名装置、第二次支付装置，还包括在客户一端包括收款人通信装置、付款人通信装置。但是，根据本申请说明书实施例的内容，上述收款人通信装置2和/或付款人通信装置1是通过电话线或网络例如因特网与银行进行通信的电话或计算机终端，上述银行方面的通信装置3A是通过电话线或网络例如因特网进行通信的电话或计算机终端，根据说明书内容，银行方面的其他装置例如密码验证装置、客户数据库、第二次支付装置、第一次预扣装置、预扣资金库等均为实现常规计算机所能够完成的数据处理功能的现有装置。实际上，复审请求人在实质审查阶段答复第一次审查意见通知书时表示的意见“所述系统是涉及计算机软硬件相结合的装置……预扣资金库……不论采用何种形式，其实现均涉及计算机数据库、密码技术、数字签名的技术……这对于本领域技术人员而言都是易于实现的”。因此，合议组认为本申请各项权利要求的方案，仅仅为常规银行计算机系统的一种商业应用，其中并不涉及对技术问题的解决，也没有包含对该常规计算机系统的任何技术改进，自然就不可能具有解决常规计算机系统之技术问题的技术效果。上述各个技术方案对现有技术的贡献仅仅在于使用了商业活动的新规则，即在交易付款中先预先扣除再正式付款，这种商业规则的改变并不针对特定的技术问题，也不产生技术方面的效果。总之，本申请的上述各项权利要求1~7仍然属于专利法第二十五条第一款所规定的不授予专利权的内容。

三、决定

维持国家知识产权局专利局实质审查部门于2003年5月9日针对本申请所作出的驳回决定。复审请求人对本复审决定不服，可以按照专利法第四十一条第二款规定，于收到本复审决定之日起三个月内向北京市第一中级人民法院起诉。

050

带有塑料封装的半导体器件案

复审请求审查决定（第6502号）

决 定 号 第6502号
决 定 日 2005年6月17日
发明创造名称 带有塑料封装的半导体器件
国际分类号 H01L 23/28、21/56
复审请求人 西门子公司
申 请 号 96108017.5
申 请 日 1996年3月15日
公 开 日 1996年12月18日
合议组组长 马志远
主 审 员 张 度
参 审 员 高 栋

法律依据 专利法第三十三条，第二十二条第二款、第三款
决定要点

对权利要求书的修改在排除驳回决定所指出缺陷的同时必须满足专利法第三十三条的规定，不得超出原说明书和权利要求书公开的范围。本案中，权利要求书修改文本克服了原申请文件中存在的缺陷。

一、案由

本复审决定涉及国家知识产权局专利局于1996年3月15日受理、优先权日为1995年3月15日、申请号为96108017.5，名称为“带有塑料封装的半导体器件”的发明专利申请，申请人为西门子公司。

国家知识产权局专利局实审部门经过实质审查后，于2003年5月30日作出了驳回该申请的决定。驳回的理由是该申请不符合专利法第二十二条第二款、第三款的规定。

驳回决定引用的对比文件如下：

对比文件1：US5164815，公开日为1992年11月17日；

对比文件2：DE4305296，公开日为1994年8月25日。

该驳回决定涉及的是申请日提交的权利要求书（下称文本1），其内容如下：

“1. 半导体器件，在该器件中塑料封装与带有至少一接触金属的半导体基片邻接，其特征在于，至少在未被接触金属（3）覆盖的半导体基片（2）表面的自由部分区域上具有刻痕，因而形成半导体基片（2）与塑料封装（8）间的微型啮合。

2. 按照权利要求1的半导体器件，其特征在于，接触金属（3）含有铝。

3. 按照权利要求1或2的半导体器件，其特征在于，接触金属（3）由铝基合金制成。

4. 用于制造按照权利要求1至3中的任何一项的半导体器件的方法，其特征在于下述方法步骤：

（a）制成半导体基片（2）；

（b）制成接触金属（3、4）；

（c）在半导体基片（2）表面制备微齿结构（5）；

（d）将具有接触金属（3、4）和微齿结构（5）的半导体基片（2）安装在结构支架上；

（e）将一根或多根焊接或焊接在接触金属（3）和结构支架的指形连接端子（1、7）上；

（f）用塑料对半导体基片（2）、接触金属（3、4）、连接线、指形连接端子（1、7）的部分区域和至少结构支架的部分区域进行封装，该封装应使塑料渗透到微齿结构（5）内、充满该微齿结构，并接着硬化。"

申请人（下称复审请求人）对上述驳回决定不服，于2003年8月23日向专利复审委员会提出复审请求。

请求人随复审请求提交了修改的权利要求书（下称文本2）如下：

"1. 半导体器件，在该器件中由环氧树脂构成的塑料封装与带有至少一接触金属涂层的半导体基片邻接，其特征在于，至少在未被接触金属涂层（3）覆盖的半导体基片（2）表面的自由部分区域上具有粗糙面，因而形成半导体基片（2）与塑料封装（8）间的微型啮合。

2. 半导体元件，在该器件中塑料封装与带有至少一接触金属涂层的半导体基片邻接，其特征在于，至少在未被接触金属涂层（3）覆盖的接触金属涂层一侧的半导体基片（2）表面的自由部分区域上具有粗糙面，因而形成半导体基片（2）与塑料封装（8）间的微型啮合。

3. 按照权利要求1或2的半导体器件，其特征在于，各侧均形成粗糙面。

4. 按照权利要求1至3中的之一的半导体器件，其特征在于，接触金属涂层（3）具有铝。

5. 按照权利要求1至4之一的半导体器件，其特征在于，接触金属涂层（3）由铝基合金构成。

6. 按照权利要求1至5之一的半导体器件，其特征在于：半导体基片（2）是发光和/或接收光的半导体基片。

7. 用于制造按照权利要求1至6中的任何一项的半导体器件的方法，其特征在于下述方法步骤：

（a）制成半导体基片（2）；

（b）制成接触金属涂层（3、4）；

（c）在半导体基片（2）表面制备微齿结构（5）；

（d）将具有接触金属涂层（3、4）和微齿结构（5）的半导体基片（2）安装在结构支架上；

（e）将一根或多根端子板接在接触金属涂层（3）和结构支架的指形连接端子（1、7）上；

（f）用塑料对半导体基片（2）、接触金属涂层（3、4）、连接线、指形连接端子（1、7）的部分区域和至少结构支架的部分区域进行封装，该封装应使塑料渗透到微齿结构（5）内、充满该微齿结构，并接着硬化。"

在对复审请求的前置审查中，国家知识产权局专利局原实质审查部门认为修改后的权利要求书超出了原说明书和权利要求书公开的范围，不符合专利法第三十三条的规定。

专利复审委员会依法成立合议组对本案进行复审。

合议组于2005年3月11日发出复审通知书，指出权利要求书不符合专利法第三十三条和专利法实施细则第六十条的规定。

复审请求人于2005年4月15日提交意见陈述书和权利要求书全文替换页（文本3），将复审通知书中指出修改超范围的“接触金属涂层”改回“接触金属”，并删除了文本2中的从属权利要求3和6。

文本3的权利要求书如下：

“1. 半导体器件，在该器件中由环氧树脂构成的塑料封装与带有至少一接触金属涂层的半导体基片邻接，其特征在于，至少在未被接触金属（3）覆盖的半导体基片（2）表面的自由部分区域上具有粗糙面，因而形成半导体基片（2）与塑料封装（8）间的微型啮合。

2. 半导体元件，在该器件中塑料封装与带有至少一接触金属的半导体基片邻接，其特征在于，至少在未被接触金属（3）覆盖的接触金属一侧的半导体基片（2）表面的自由部分区域上具有粗糙面，因而形成半导体基片（2）与塑料封装（8）间的微型啮合。

3. 按照权利要求1或2的半导体器件，其特征在于，接触金属（3）具有铝。

4. 按照权利要求1或2的半导体器件，其特征在于，接触金属（3）由铝基合金构成。

5. 用于制造按照权利要求1至4中的任何一项的半导体器件的方法，其特征在于下述方法步骤：

（a）制成半导体基片（2）；

（b）制成接触金属（3、4）；

（c）在半导体基片（2）表面制备微齿结构（5）；

（d）将具有接触金属（3、4）和微齿结构（5）的半导体基片（2）安装在结构支架上；

（e）将一根或多根端子板接在接触金属（3）和结构支架的指形连接端子（1、7）上；

（f）用塑料对半导体基片（2）、接触金属（3、4）、连接线、指形连接端子（1、7）的部分区域和至少结构支架的部分区域进行封装，该封装应使塑料渗透到微齿结构（5）内、充满该微齿结构，并接着硬化。”

至此，合议组经研究认为本案事实已清楚，可以作出复审决定。

二、决定的理由

1. 审查文本

复审请求人在答复复审通知书时提交的权利要求书文本3是为消除驳回决定和复审通知书指出的缺陷所作出的相应修改，符合专利法实施细则第六十条的规定，且没有超出原说明书和权利要求书公开的范围，符合专利法第三十三条的规定。合议组接受上述文本作为复审和后续审查程序的依据。

2. 对比文件

本复审决定引用的对比文件与实质审查阶段引用的对比文件相同，即US5164815（对比文件D1）和DE4305296（对比文件D2）。

3. 专利法第二十二条第二款、第三款

复审请求人于2005年4月15日提交的经修改的权利要求书将原独立权利要求1修改为两个独立权利要求1和2。其中权利要求1中具体限定了“由环氧树脂构成塑料封装”，权利要求2中具体限定了“在未被接触金属（3）覆盖的接触金属一侧的半导体基片（2）表面的自由部分区域上具有粗糙面”，在与其相应的方法独立权利要求5中也包含这些特征。由于对比文件D1和D2都没有公开这些技术特征，上述修改已经克服了原驳回决定中指出原权利要求1和4不具备新颖性的缺陷。鉴于驳回决定没有涉及独立权利要求的创造性问题，在新的独立权利要求具备新颖性的条件下，从属权利要求3和4具备新颖性和创造性。

综上所述，合议组认为，相对复审请求人于2005年4月15日在提出复审请求时提交的权利要求书文本3，原驳回决定的理由已不适用，应撤销原驳回决定。至于本申请是否存在其他不符合专利法及其实施细则之处，留待后续审查程序中解决。

三、决定

撤销国家知识产权局专利局实质审查部门于2003年5月30日对96108017.5号发明专利申请作出的驳回决定。以复审请求人于2005年4月15日提交的权利要求1~5项，1996年3月15日提交的说明书摘要及摘要附图、说明书第1~4页和附图第1页为基础由原实质审查部门继续后续审查程序。

051

藉前置光——电转换元件驱动的绝缘栅双极晶体管案

复审请求审查决定（第6503号）

决　定　号　第6503号
决　定　日　2005年3月31日
发明创造名称　藉前置光——电转换元件驱动的绝缘栅双极晶体管
国际分类号　H01L 29/739
复审请求人　杨泰和
申　请　号　97102646.7
申　请　日　1997年2月20日
公　开　日　1998年8月26日
合议组组长　马志远
主　审　员　苏　青
参　审　员　高　雪

法律依据　专利法第二十六条第三款
决定要点

本发明涉及一种藉前置光——电转换元件驱动的绝缘栅双极晶体管。当本领域普通技术人员按照说明书记载的内容，不需付出创造性劳动，结合现有技术能实现本发明的技术方案、解决所述技术问题并产生预期的技术效果时，就应当认为本发明的技术方案已被充分公开。

一、案由

本复审请求涉及申请日为1997年2月20日，申请号是97102646.7，发明名称为“藉前置光——电转换元件驱动的绝缘栅双极晶体管”的发明专利申请（下称本申请），申请人是杨泰和。

在实质审查过程中，国家知识产权局专利局实质审查部门以原始申请文件为基础进行审查。实质审查部门于2002年11月15日发出的第一次审查意见通知书指出，本申请要解决的技术问题是提供一种能够在12V以下正常工作的绝缘栅双极晶体管，说明书中仅仅对于该藉前置光——电转换元件驱动的绝缘栅双极晶体管的各组成部分进行了说明，对于该藉前置光——电转换元件驱动的绝缘栅双极晶体管的工作原理缺少具体详细的描述和说明。并且，说明书中对于绝缘栅双极晶体管的描述中出现了非技术用语“单组单极性”、“桥式模组结构”，使得本领域的技术人员无法理解，更无法再现该发明的技术内容。所以该申请的说明书虽然给出了解决技术问题的技术方案，但对于本领域的技术人员来说，该技术方案是不清楚的，是不能够实现的，所以该申请的说明书不符合专利法第二十六条第三款的规定。

针对第一次审查意见通知书，申请人于2003年3月24日提交了意见陈述书以及权利要求书和说明书全文替换页，修改了权利要求书和说明书中的技术术语的表述，同时删去权利要求1中表示举例的表述，同时指出，本发明的主题涉及一种绝缘栅双极晶体管，它的工作原理是本领域的公知技术，本领域的技术人员根据说明书和权利要求书中公开的技术方案是可以实施本发明，从而实现本发明的目的的，因此本申请的说明书符合专利法第二十六条第三款的规定。

国家知识产权局专利局实质审查部门继续审查后，认为本申请仍然不符合专利法第二十六条第三款的规定，于2003年7月11日作出了驳回本申请的决定。驳回决定的主要理由是：修改后的说明书对于该藉前置光—电转换元件驱动的绝缘栅双极晶体管的工作原理缺少具体详细的描述和说明，而且该申请要解决的技术问题是提供一种能够在12V以下正常工作的绝缘栅双极晶体管，但在说明书并未提供关于在12V以下正常工作的绝缘栅双极晶体管的技术方案，而是给出关于该绝缘栅双极晶体管的前置驱动电路的技术方案，所以对于本领域的技术人员来说，该申请的说明书虽然给出了解决技术问题的技术方案，但该技术方案是不清楚的，并且采用该技术方案也并不能解决该技术问题，而且该申请的权利要求书中也未记载清楚可解决技术问题的技术方案，所以该申请的说明书不符合专利法第二十六条第三款的规定。

申请人杨泰和（下称复审请求人）不服上述驳回决定，于2003年10月16日向专利复审委员会提出复审请求。复审请求的理由主要是：说明书对发明方案的描述是以所属领域的技术人员为基础的，因此没有详细介绍本领域的一些基本常识，只对发明的要点进行描述，与现有技术相比，本发明的方案中通过光能转电能的元件来维持高驱动电压，确实可保障IGBT在低热状态，从而避免被烧毁。因此说明书对技术方案的描述是清楚和完整的，本领域的技术人员从说明书的教导可以实现权利要求书的技术方案，符合专利法第二十六条第三款规定。

专利复审委员会对复审请求人的复审请求经形式审查，予以受理，并使该复审请求进入前置审查阶段。在前置审查阶段，国家知识产权局专利局原实质审查部门坚持驳回决定。其主要理由是：该申请要解决的技术问题是提供一种能够在12V以下正常工作的绝缘栅双极晶体管，但在说明书中并未提供关于在12V以下正常工作的绝缘栅双极晶体管的技术方案。而是给出关于该绝缘栅双极晶体管的前置驱动电路的技术方案。所以对于本领域的技术人员来说，该申请的说明书虽然给出了解决技术问题的技术方案，但采用该技术方案也不能解决该技术问题，而且该申请的权利要求书中也未记载可解决技术问题的技术方案，所以该申请的说明书不符合专利法第二十六条第三款的规定，因而坚持原驳回决定。

针对本复审请求，专利复审委员会依法成立合议组对本复审请求进行了审查，合议组认为本案事实已经清楚，可以作出复审决定。

二、决定的理由

复审请求人在提出复审请求时没有提交修改文本，因此本复审决定所依据的文本是驳回决定所依据的文本，即复审请求人2003年3月24日提交的权利要求书第1~6项，说明书第1~2页，1997年2月20日提交的说明书附图第1页、说明书摘要、摘要附图。

专利法第二十六条第三款规定："说明书应当对发明或者实用新型作出清楚、完整的说明，以所属技术领域的技术人员能够实现为准；必要的时候，应当有附图。摘要应当简要说明发明或者实用新型的技术要点。"

本申请涉及一种藉前置光—电转换元件驱动的绝缘栅双极晶体管。本申请要解决的技术问题是：提供一种绝缘栅双极晶体管，它即使在低于12V的工作电压下也能正常工作。本申请给出的解决所述技术问题的技术方案是：由能匹配低压电能信号的电—光发光元件及与其耦合的光—电转换元件以产生高电压微电流信号，供输往绝缘栅双极晶体管的栅极与发射极，以驱动绝缘栅双极晶体管，进而确保以低压信号源驱动的绝缘栅双极晶体管能正常动作。

基于说明书中的相关记载，合议组认为：本申请与现有技术的不同点在于，现有技术中绝缘栅双极晶体管中驱动双极晶体管电能被动地受控于电压，现有技术中绝缘栅双极晶体管具有高输入阻抗特性，耗电流非常小，但须以8V以上直流电压才能驱动，因此低压使用受限；本发明的绝缘栅双极晶体管驱动双极晶体管电能由主动元件（光电池）所产生受控于光，藉内置高电压低电流以之光电池及发光管共同构成驱动电路，而发光体可由灯泡或发光二极管构成，其电压可自行选择，故可使绝缘栅双极晶体管的工作电压进一步获得降低。

本申请的技术方案在绝缘栅双极晶体管的栅极与发射极间并联设置能于正常受光状态产生高电压微电流的光—电转换元件，以及设置与光—电转换元件耦合的低压电—光发光元件，在低压电—光发光元件发光时供对光—电元件激励，以产生相对的微电流高电压驱动电能信号以驱动绝缘栅双极晶体管。

由此可见，本申请的藉前置光—电转换元件驱动的绝缘栅双极晶体管借助低压电—光发光元件，及与于正常受光状态能产生高电压微流的光—电元件耦合，进而构成绝缘栅双极晶体管的前置驱动电路以产生相对的微电流高电压驱动电能信号以驱动绝缘栅双极晶体管，使绝缘栅双极晶体管于输入低压驱动信号源亦能作良好操控及运作，从而使得绝缘栅双极晶体管在低于12V的控制信号源电压下也能正常工作。因此，通过上述技术方案能够解决上述技术问题，并产生预期的技术效果。所以本申请说明书清楚、完整地说明了绝缘栅双极晶体管通过低压电—光发光元件及光—电元件耦合构成的前置驱动电路，使得绝缘栅双极晶体管在低于12V的控制信号源电压下也能正常工作。绝缘栅双极晶体管的工作原理不是本发明的发明点，因此不必在说明书中详细描述。

综上所述，本领域普通技术人员根据说明书记载和相关现有技术，不需要创造性劳动就能够再现本发明的技术方案，解决其技术问题并能产生预期的技术效果，因此本申请符合专利法第二十六条第三款有关说明书应当充分公开的规定。

基于上述理由，说明书符合专利法第二十六条第三款的规定，复审请求人的复审请求理由成立。至于说明书和权利要求书是否还存在其他缺陷，均留待后续程序继续审查。

三、决定

驳回决定认为本申请不符合专利法第二十六条第三款的理由不充分，复审请求人提出的复审请求理由成立，因此撤销国家知识产权局专利局实质审查部门于2003年7月11日对97102646.7号发明专利申请作出的驳回决定。

由国家知识产权局专利局原实质审查部门依据2003年3月24日提交的权利要求书第1~6项，说明书第1~2页，1997年2月20日提交的说明书附图第1页、说明书摘要、摘要附图继续审查程序。

052

游戏装置、游戏音乐输出方法、游戏程序配送装置及其方法案

复审请求审查决定（第6504号）

决 定 号 第6504号

决 定 日 2005年6月17日

发明创造名称 游戏装置、游戏音乐输出方法、游戏程序配送装置及其方法

国际分类号 G06F 17/60

复审请求人 科乐美股份有限公司 株式会社KCE东京

申 请 号 01102663.4

申 请 日 2001年2月27日

公 开 日 2001年9月19日

合议组组长 张 度

主 审 员 马志远

参 审 员 樊晓东

法律依据 专利法第二十二条第三款

决定要点

权利要求13所记载的输出游戏音乐的技术方案，与对比文件所公开的技术方案相比，不具备专利法第二十二条第三款规定的创造性；复审请求人在答复复审通知书所提交的权利要求13修改文本中所补充的内容属于已经在复审通知书中评价过的技术内容，该补充内容仍然不能使得该权利要求具备创造性。

一、案由

本复审请求涉及国家知识产权局专利局于2003年11月7日驳回的、申请号为01102663.4、申请日为2001年2月27日、名称为“游戏装置、游戏音乐输出方法、游戏程序配送装置及其方法”的发明专利申请（下称本申请），申请人为科乐美股份有限公司和株式会社KCE东京（下称申请人）。

该申请人于2001年6月4日提交补正书，将原发明名称“游戏装置、游戏音乐输出方法、信息存储介质、游戏程序配送装置及其方法”变更为现在的发明名称，该补正已于2001年6月22日由初审及流程管理部批准生效。

在本发明专利申请的实质审查阶段，国家知识产权局专利局实质审查部门针对原始提交的说明书和权利要求书（下称文本1），于2002年12月27日发出第一次审查意见通知书。此通知书指出：权利要求1~15、19~24不符合专利法第二十二条第三款的规定，权利要求16~18不符合专利法第二十五条的规定，权利要求1、7、8、10、11、21、22不符合专利法第二十六条第四款的规定。

申请人于2003年5月9日提交了针对第一次审查意见通知书进行的意见陈述，并提交修改的权

利要求书替换页（下称文本2），文本2的权利要求书包括权利要求共22项。

国家知识产权局专利局实质审查部门于2003年7月4日针对文本2权利要求书内容发出了第二次审查意见通知书。通知书指出，权利要求16～18不符合专利法第二十五条第一款的规定，权利要求1～12、21～24不符合专利法第二十六条第四款的规定，权利要求1～12、14、15、19～24不符合专利法实施细则第二十条第一款的规定，权利要求13不符合专利法实施细则第二十一条第二款的规定。此外权利要求15还不符合专利法第二十二条第三款的规定。

申请人于2003年9月19日提交了针对第二次审查意见通知书进行的意见陈述，并提交修改的权利要求书替换页和说明书替换页（下称文本3），文本3的权利要求书包括权利要求共17项。

国家知识产权局专利局实质审查部门于2003年11月7日作出驳回决定，此驳回决定所针对的申请文件为2003年9月19日提交的权利要求第1～17项、说明书第1～18页，2001年2月7日提交的说明书附图第1～8页、说明书摘要及摘要附图。该驳回决定中指出，申请人于2003年9月19日对第二次审查意见通知书答复时所附的经修改的文本3权利要求书中，第一、权利要求1～12没有以说明书为依据，不符合专利法第二十六条第四款的规定。具体理由为：说明书中仅仅记载了CPU在执行不同的步骤时，可完成时刻监视、时序控制的功能，说明书中是一个部件在执行不同的步骤时可完成上述功能，从说明书该实施例并不能概括出权利要求1中所述的可分别完成上述功能的时刻监视装置和时序控制装置这样两个不同的装置，权利要求2～12存在类似问题；第二、对比文件1、3结合破坏了权利要求13的创造性；第三，权利要求14～17没有以说明书为依据，不符合专利法第二十六条第四款的规定。

申请人（下称复审请求人）对该驳回决定不服，于2004年2月9日提出复审请求，并同时提交了修改的完整的权利要求书替换页和说明书部分替换页（下称文本4），此次修改后的文本4的权利要求共计17项，其中权利要求13、15、16的内容为：

“13. 一种游戏音乐输出方法，含有至少输出包含玩游戏时演奏的适合做游戏音乐的主体及后续不适合做游戏音乐的终曲的第1原始音乐中的主体的第1原始音乐输出步骤和至少输出包含玩游戏时演奏的适合做游戏音乐的主体及先演奏不适合作游戏音乐的序曲的第2原始音乐中的主体的第2原始音乐输出步骤，其特征在于，还含有对应所述第2原始音乐所存储的、在第1输出始音乐和第2原始音乐之间可以保持游戏者的紧张感的音乐的连接音乐输出步骤，对在上述第1原始音乐的输出中的在第1原始音乐的主体的结束时刻的到来进行监视的主体结束时刻监视步骤，对在上述连接音乐的输出中的在第2原始音乐的开始时刻的到来进行监视的原始音乐开始时刻监视步骤，对在上述第2原始音乐的输出开始后的在第2原始音乐的主体的开始时刻的到来进行监视的主体开始时刻监视步骤，上述连接音乐输出步骤，对应上述第1原始音乐的主体的上述结束时刻到来开始演奏，而对应上述第2原始音乐的主体的上述开始时刻到来停止演奏，上述第2原始音乐输出步骤对应上述第2原始音乐的开始时刻的到来开始演奏。”

“15. 一种游戏装置，是游戏者合着游戏音乐操作控制器，其特征在于含有用于设定包括游戏人数及难易程度的游戏条件的输入机构，存储所设定的上述游戏条件的游戏条件存储机构，存储在每个原始音乐中的该原始音乐的音响数据、对应优生优育的连接音乐的音响数据、在该原始音乐的主体的开始时刻以及结束时刻和在该连接音乐中的原始音乐的开始时刻的存储机构，在上述存储机构所存储的至少把依次包含序曲、主体及终曲的原始音乐中的主体作为上述游戏音乐的一部分输出，并且输出在上述存储机构所存储的连接音乐的音乐输出机构，一边连续再生基于多个原始音乐的上述游戏音乐一边依照所存储的上述游戏条件使游戏进行的游戏进行机构；上述游戏进行机构进行决定处理、监视处理和控制处理，所述决定处理，决定接着要输出的原始音乐；所述监视处理，根据在上述存储机构所存储的内容监视正在输出的原始音乐中的主体的结束时刻的到来、在上述连接音乐的输出中的后续的原始音乐的上述开始时刻的到来以及在上述原始音乐的输出开始后的上述后续原始音乐的主体的开始时刻的到来；所述控制处理，控制上述音乐输出机构使得对应正在输出中的原始音乐的主体输出结束时刻到来开始上述连接音乐的输出，对应上述后续的原始音乐的开始时刻的到来开始后续的原始音乐的输出，并且对应上述后续原始音乐的主体的开始时刻的到来停止上述连接音乐的输出。”

“16. 根据权利要求 15 所述的游戏装置，其特征在于还含有通过上述游戏条件存储机构显示满足于所存储的上述游戏条件的用于引导游戏者照着游戏音乐所应操作控制器的时序的时序引导图像的时序引导图像显示机构。”

经过初步审查，专利复审委员会于 2004 年 3 月 2 日发出受理通知书，受理该复审请求并且开始前置审查。在前置审查阶段，原实质审查部门仍然坚持原驳回决定。

专利复审委员会依法组成合议组对本复审请求进行审理。合议组研究了国家知识产权局专利局实质审查部门作出的驳回决定和复审请求人提交的复审请求以及随复审请求书提交的权利要求书的修改替换文本（下称文本 4），提出复审意见。

合议组所提出的复审意见针对复审请求人于 2004 年 2 月 9 日提出复审请求时所提交的文本 4 权利要求书第 1 至 17 项和说明书第 2 ~ 8 页、于 2003 年 9 月 19 日提交的说明书第 1、9 ~ 18 页、申请日提交原始申请说明书附图第 1 ~ 8 页、说明书摘要和摘要附图。合议组于 2005 年 4 月 27 日发出复审通知书，此复审通知书指出：

第一方面，文本 4 权利要求 13 不具有专利法第二十二条第三款所规定的创造性。

权利要求 13 的游戏音乐输出方法，对现有技术的贡献主要在于在输出第一原始音乐的主体部分和第二原始音乐的主体部分之间，插入一个连接音乐，当然为了使得连接音乐与第一、第二原始音乐主体连续播放，就需要监测第一原始音乐主体的结束时刻和第二原始音乐主体的开始时刻，而连接音乐播放的开始、停止时刻也自然分别对应第一原始音乐主体的结束和第二原始音乐主体的开始。

对比文件 3 的发明目的在于使两段卡拉 OK 乐曲自然地平滑过渡，其中（说明书第 10 页第 3、4 自然段和图 7（C））所记载的将两段音乐连接的一种方式为：图 7（C）为展示桥接模式的示意图。在桥接中，根据前一乐曲与后一乐曲的节奏与和弦自动生成中间音乐句或桥接片断，并将其插入或嵌入两首乐曲之间的过渡间隔中。两首音乐在间接过渡模式中是通过桥接片断间接地互相连接的。桥接片断是由在 CPU 中实现的编辑器装置自动生成的。从对比文件 3 可以看出，为了将两段乐曲平滑连接，在过渡间隔中插入了一段被称为桥接片断的音乐，该桥接片断是由 CPU 自动产生的。

对比文件 3 中的桥接片断与权利要求 13 技术方案中的连接音乐所起的作用完全相同，本领域技术人员为了将对比文件 3 技术方案中的桥接片断与前、后两首音乐平滑连接，自然就需要监测前一首音乐的结束时刻和后一首音乐的开始时刻，而桥接片断的播放的开始、停止时间也当然分别为前一首音乐的结束时刻和后一首音乐的开始时刻。

对比文件 3 技术方案与权利要求 13 方法的区别在于，权利要求 13 技术方案中的连接音乐是在播放之前被存储在游戏装置中，而对比文件 3 的技术方案中的桥接片断是由 CPU 临时生成的，并非预先存储的。但是，对比文件 3 中的在前首音乐与后首音乐都是存储在卡拉 OK 设备中，因此如果需要将桥接片断也如同普通音乐一样存储在设备中对于本领域技术人员是容易实现并且不需要克服任何技术障碍的。因此上述区别特征不足以使权利要求 13 的技术方案相对于对比文件 3 的现有技术具备创造性。

第二方面，权利要求 15 不符合专利法第二十六条第四款的规定。文本 4 权利要求 15 的游戏装置包括了几个具体结构组成，例如输入机构、游戏条件存储机构、存储机构、音乐输出机构、游戏进行机构。但是，根据说明书图 1 所表示的本申请游戏装置的技术方案，游戏装置仅仅包括：（1）CPU14，用于对整个游戏装置进行控制；（2）扬声器 22，用于输出游戏音乐；（3）CD - ROM25，用于存储游戏程序和游戏音乐；（4）ROM28，存储游戏装置的操作系统程序；（5）监视器 18，用于显示游戏画面及所有控制信息。因此，权利要求 15 中的游戏条件存储机构和游戏进行机构在说明书中均没有表述，根据说明书内容也不可能无歧义地推断出图 1 所示技术方案中具有权利要求 15 中所记载的上述两结构，因此权利要求 15 没有以说明书为依据，仍然没有克服驳回决定所指出的缺陷，不符合专利法第二十六条第四款的规定。权利要求 16、17 以权利要求 15 为基础，自然也不能被接受。

而且，文本 4 的权利要求 16 的游戏装置在权利要求 15 技术方案基础上又增加了一个时序引导图像显示机构。而说明书技术方案中除了显示整个游戏图像和全部控制信息的监视器 18 之外，并没有其他的图像显示机构，因此权利要求 16 也没有以说明书为依据，不符合专利法第二十六条第四款的规定。

复审请求人于 2005 年 5 月 19 日提交了针对复审意见进行的意见陈述，并提交了修改的权利要求书替换文本（下称文本 5）。复审请求人认为权利要求 13 具备创造性，符合专利法第二十二条第三款的规定。在文本 5 权利要求书中包括权利要求总计 17 项，其中权利要求 13 的具体内容为：

“13. 一种游戏音乐输出方法，是使用具有在玩游戏时所演奏的每个原始音乐中存储该原始音乐的音响数据、对应该原始音乐的连接音乐的音响数据、在该原始音乐中的主体的开始时刻及结束时刻以及在该连接音乐中的原始音乐的开始时刻的存储机构，并且与所述原始音乐相合拍地玩游戏的游戏装置的游戏音乐输出方法，含有至少输出包含玩游戏时演奏的适合做游戏音乐的主体及后续不适合做游戏音乐的终曲的第 1 原始音乐中的主体的第 1 原始音乐输出步骤，至少输出包含玩游戏时演奏的适合做游戏音乐的主体及先演奏不适合做游戏音乐的序曲的第 2 原始音乐中的主体的第 2 原始音乐输出步骤和对应所述第 2 原始音乐所存储的、在第 1 输出原始音乐和第 2 原始音乐之间可以保持游戏者的紧张感的音乐的连接音乐输出步骤，并且还含有：对在上述第 1 原始音乐的输出中的在第 1 原始音乐的主体的结束时刻的到来进行监视的主体结束时刻监视步骤，对在上述连接音乐的输出中的在第 2 原始音乐的开始时刻的到来进行监视的原始音乐开始时刻监视步骤，对在上述第 2 原始音乐的输出开始后的在第 2 原始音乐的主体的开始时刻的到来进行监视的主体开始时刻监视步骤，上述连接音乐输出步骤，对应上述第 1 原始音乐的主体的上述结束时刻到来开始演奏，而对应上述第 2 原始音乐的主体的上述开始时刻到来停止演奏，上述第 2 原始音乐输出步骤对应上述第 2 原始音乐的开始时刻的到来开始演奏。”

至此，本复审请求的事实已经清楚，可以作出复审决定。

二、决定的理由

本复审决定所依据的申请文件文本为：复审请求人于 2005 年 5 月 19 日提交的权利要求第 1 ~ 17 项，于 2004 年 2 月 9 日提交的说明书第 2 ~ 8 页、于 2003 年 9 月 19 日提交的说明书第 1、9 ~ 18 页、申请日提交原始申请说明书附图第 1 ~ 8 页、说明书摘要和摘要附图。

复审请求人于 2005 年 5 月 19 日提交的文本 5 权利要求内容没有超出原始提交申请文件的记载范围，可以作为审查基础。将文本 5 的权利要求 13 与文本 4 的权利要求 13 相比可以发现，文本 5 的权利要求 13 中增加了“是使用具有在玩游戏时所演奏的每个原始音乐中存储该原始音乐的音响数据、对应该原始音乐的连接音乐的音响数据、在该原始音乐中的主体的开始时刻及结束时刻以及在该连接音乐中的原始音乐的开始时刻的存储机构，并且与所述原始音乐相合拍地玩游戏的游戏装置的游戏音乐输出方法”的内容，文本 5 权利要求 13 的其余内容均与文本 4 中权利要求 13 相同。

从文本 5 增加的内容和复审请求人与文本 5 同时提交的意见陈述书中修改说明第 1 点可以看出，

复审请求人的意图是“把涉及权利要求1所述游戏装置中的存储机构作为实现本发明的游戏音乐输出方法所用的游戏装置的技术特征补充到权利要求13中”、“修改后的权利要求13实质上是利用权利要求1所述游戏装置进行游戏时的游戏音乐输出方法”。

合议组在针对文本4权利要求13进行创造性评价时已经指出：“对比文件3技术方案与权利要求13方法的区别在于，权利要求13技术方案中的连接音乐是在播放之前被存储在游戏装置中，而对比文件3的技术方案中的桥接片断是由CPU临时生成的，并非预先存储的。但是，对比文件3中的在前首音乐与后首音乐都是存储在卡拉OK设备中，因此如果需要将桥接片断也如同普通音乐一样存储在设备中对于本领域技术人员是容易实现并且不需要克服任何技术障碍的。因此上述区别特征不足以使权利要求13的技术方案相对于对比文件3的现有技术具备创造性。”也就是说，合议组在评价文本4权利要求13的创造性时，已经考虑到了本发明使用存储装置存储连接音乐，而对比文件3使用CPU生成过渡音乐片段的区别，此区别并不能使得文本4权利要求13与对比文件3相比具备创造性。而复审请求人在文本5权利要求13中增加了“使用……存储装置”的方法内容已经在复审通知书中评价过，而其余内容与文本4相同，在此不再重复评述，因此文本5该权利要求13仍然不具备创造性。总之，文本5权利要求13在文本4权利要求13内容基础上补充的内容，仍然不能使文本5权利要求13具备专利法第二十二条第三款所规定的创造性。

本申请在复审阶段仍然没有克服驳回决定所指出的缺陷，属于审查指南规定的维持实质审查部门所作出驳回决定的情形。

三、决定

维持国家知识产权局专利局实质审查部门于2003年11月7日作出的驳回决定。

复审请求人对本复审决定不服，可以按照专利法第四十一条第二款规定，于收到本复审决定之日起三个月内向北京市第一中级人民法院起诉。

053

内容提供装置和方法以及记录介质案

复审请求审查决定（第6544号）

决　定　号　第6544号
决　定　日　2005年6月21日
发明创造名称　内容提供装置和方法以及记录介质
国际分类号　G06F 17/40　G06F 19/00　H04N 7/50
复审请求人　索尼公司
申　请　号　01117301.7
申　请　日　2001年3月13日
公　开　日　2001年11月14日
合议组组长　马志远
主　审　员　郑　直
参　审　员　聂春艳

法律依据　专利法第二十二条第三款
决定要点

尽管对比文件中的转换装置与权利要求中的转换装置的控制信号不同，但是在权利要求中并没有记载由于控制信号的不同而必须采用何种与现有技术不同的转换装置，因此合议组认为对比文件已经公开了权利要求中的硬件结构，权利要求不具备创造性。

一、案由

本复审请求涉及名称为“内容提供装置和方法以及记录介质”的01117301.7号发明专利申请（下称本申请），申请人为索尼公司（下称申请人），申请日为2001年3月13日，优先权日为2000年3月13日和2000年5月19日，公开日为2001年11月14日。

本申请原始提交的权利要求书（下称文本1）的独立权利要求为：

“1. 一种内容提供装置，用于根据其他装置的请求向另一个装置提供内容，该装置包括：

第一获取装置，用于获取与所述其他装置的功能的有关第一信息；

第二获取装置，用于获取与内容有关的第二信息，第二信息对应于由所述第一获取装置获得的第一信息；

第三获取装置，用于获取内容；

转换装置，用于根据所述第二获取装置获取的第二信息转换所述第三获取装置获取的内容；和

提供装置，用于把所述转换装置转换的内容提供到所述其他装置。”

“5. 一种用于内容提供装置的内容提供方法，该内容提供装置用于根据其他装置的请求向另一个装置提供内容，该方法包括：

第一获取步骤，用于获取与所述其他装置的功能有关的第一信息；

第二获取步骤，用于获取与内容有关的第二信息，第二信息对应于在所述第一获取步骤中获取的第一信息；

第三获取步骤，用于获取内容；

转换步骤，用于根据在所述第二获取步骤中获取的第二信息转换在所述第三获取步骤中获取的内容；

提供步骤，用于将在所述转换步骤中转换的内容提供到所述其他装置。

6. 一种其上记录有程序的记录介质，该程序用于内容提供装置，内容提供装置根据所述其他装置的请求向另一个装置提供内容，该程序包括：

第一获取步骤，用于获取与所述其他装置的功能有关的第一信息；

第二获取步骤，用于获取与内容有关的第二信息，第二信息对应于在所述第一获取步骤中获取的第一信息；

第三获取步骤，用于获取内容；

转换步骤，用于根据在所述第二获取步骤中获取的第二信息转换在所述第三获取步骤中获取的内容；

提供步骤，用于把在转换步骤中转换的内容提供到其他装置。

7. 一种信号产生装置，用于根据内容产生与内容有关的内容－信息信号，该信号产生装置包括：

一编码难度分析电路，用于分析内容的编码难度并把结果作为内容－信息信号输出；和

一存储器，用于存储内容和内容－信息信号。”

“16. 一种信号产生方法，用于根据内容产生与内容有关的内容－信息信号，该方法包括：

一个编码难度分析步骤，用于分析内容的编码难度并把结果作为内容－信息信号输出；和 一个存储步骤，在存储器中存储内容和内容－信息信号。

17. 一种转换装置，用于把内容转换成预定格式的内容，该装置包括：存储器，用于存储内容和与内容有关的内容－信息信号；第一获取装置，获取用于读取内容的终端上的信息；转换装置，根据内容－信息信号把内容转换成适合于所述终端的格式；其中该内容－信息信号包括编码难度信息，编码难度信息表示内容的编码难度；和所述转换装置根据编码难度信息转换内容。”

“25. 一种转换方法，用于把内容转换成预定格式的内容，该方法包括：存储步骤，用于把内容和与内容有关的内容－信息信号存储在存储器内；获取步骤，获取用于读取内容的终端上的信息；转换步骤，根据内容－信息信号把内容转换成适合于所述终端的格式；其中该内容－信息信号包括编码难度信息，编码难度信息表示内容的编码难度；和 在所述转换步骤中，根据编码难度信息转换内容。

26. 一种读取终端，用于把内容转换成预定格式并读取该内容，该读取终端包括：

一个存储器，用于存储内容和与内容有关的内容－信息信号；

一个转换装置，根据内容－信息信号把内容转换成适合于所述读取终端的格式；

一个读取装置，读转换的内容；

其中内容－信息信号包括编码难度信息，编码难度信息表示内容的编码难度；以及所述转换装置根据编码难度信息转换内容。

27. 一种用于读取终端的读取方法，该读取终端把内容转换成预定格式并读取该内容，该读取方法包括：

一个存储步骤，用于把内容和与内容有关的内容－信息信号存储在存储器内；

一个转换步骤，根据内容－信息信号把内容转换成适合于所述读取终端的格式；

一个读取步骤，读转换的内容；

其中内容－信息信号包括编码难度信息，编码难度信息表示内容的编码难度；以及

在所述转换步骤中，根据编码难度信息转换内容。”

国家知识产权局专利局实质审查部门于2003年5月9日发出了第一次审查意见通知书，指出文本1中的权利要求7，16与权利要求1，5，17，25～27之间没有单一性，并且仅针对文本1中的权利要求书中的权利要求1～6，以及17～27进行实质审查，其中指出，权利要求1～5没有以说明书为依据，不符合专利法第二十六条第四款的规定；权利要求17～27与对比文件1（CN1230723A）和对比文件2（CN1237311A）所公开的技术方案相比没有创造性，不符合专利法第二十二条第三款的规定。

申请人于2003年9月24日提交了意见陈述书，并提交了权利要求书的修改文本（下称文本2），其中删除了文本1中的权利要求1～16，并将文本1中的权利要求17－27修改为文本2中的权利要求1～11，在文本2的权利要求1中加入了区别技术特征“所述内容和所述内容－信息信号预先记录在所述内容服务器中”，在文本2的权利要求10中加入了区别技术特征“所述内容和所述内容－信息信号预先记录在所述内容服务器中”和“第二存储器，用于存储适合于所述读取终端的格式”，并对文本1中的权利要求25，27进行了相应的修改作为文本2的权利要求9和权利要求11。申请人认为在对比文件1中没有公开修改后的权利要求1中的“所述内容和所述内容－信息信号预先记录在所述内容服务器中”，因此文本2的权利要求1具备创造性。

原实质审查部门于2003年11月7日作出驳回决定，以申请人于2003年9月24日提交的文本2的权利要求1～11与对比文件1和对比文件2相比没有创造性为由驳回了本申请。

申请人（下称复审请求人）于2004年2月23日提交了复审请求，并且提交了权利要求书的修改替换页（下称文本3），在文本3的权利要求1和9～11中分别加入了区别技术特征“所述内容－信息信号包括与来自内容服务器的该内容相关的语义信息和物理信息”，并且陈述了文本3的权利要求1～11具备创造性的理由，复审请求人认为在对比文件1和2中均没有公开“所述内容－信息信号包括与来自内容服务器的该内容相关的语义信息和物理信息”这一区别特征。

经形式审查合格后，专利复审委员会受理了该复审请求，并于2004年3月2日发出了复审请求受理通知书，同时向国家知识产权局专利局实质审查部门发出前置审查通知书。

国家知识产权局专利局原审查部门对复审请求进行了前置审查，坚持原驳回决定。

针对该复审请求，专利复审委员会组成合议组对本复审请求进行了审理，并于2005年3月29日发出了复审通知书。复审通知书指出：文本3的权利要求1～8以及权利要求10与对比文件1相比没有创造性，不符合专利法第二十二条第三款的规定。尽管权利要求中的转换装置是根据编码难度信息等内容－信息信号以及接收装置所能接收的数据格式进行数据的转换，而对比文件1中是根据源装置能够提供的数据格式以及目标装置可以接收的数据格式进行数据转换，但是申请文件中并没有记载由于进行转换所依据的信息内容的不同，所述装置的硬件结构上有何实质上的改变，因此合议组认为权利要求1～8、10没有创造性。

2005年5月13日，复审请求人针对上述复审通知书提交了意见陈述书和权利要求书的修改替换页（下称文本4），对权利要求书中的一些用语进行了修改。复审请求人在意见陈述书中重申权利要求1中包含的“所述内容－信息信号包括与来自内容服务器的该内容相关的语义信息和物理信息”，以及“转换单元，用于根据内容－信息信号和所述输出单元输出的所述信息，把所述内容转换成适合于所述终端的格式”的技术特征在对比文件1中并没有公开，因而权利要求1中的转换单元和对比文件1中的转换装置的功能是不同的，因此权利要求1具备创造性。同理，权利要求2～8，10也具备创造性。

经过上述审查程序，合议组认为，本案事实已经清楚，可以作出复审决定。

二、决定的理由

复审请求人在答复复审通知书时对权利要求书的修改符合专利法第三十三条以及专利法实施细则第六十的规定，因此合议组以请求人于2005年5月13日提交的文本4的权利要求第1~11项，2001年3月13日提交的说明书第1~19页，说明书附图第1~8、10~20页，2001年6月28日提交的说明书附图第9页以及2001年3月13日提交的说明书摘要和摘要附图为审查基础，以驳回决定所引用的对比文件1（即CN1230723A）为依据对本复审请求继续进行审查。

本复审决定所针对的是文本4的11项权利要求，其中权利要求1~8和权利要求10为：

“1. 一种转换设备，用于把内容转换成预定格式的内容，该设备包括：

存储器，用于存储内容和内容－信息信号，所述内容－信息信号包括与来自内容服务器的该内容相关的语义信息和物理信息；

输出单元，用于输出包括适合于终端的格式的信息；

转换单元，用于根据内容－信息信号和所述输出单元输出的所述信息，把所述内容转换成适合于所述终端的格式；

其中该内容－信息信号包括编码难度信息，编码难度信息表示内容的编码难度；和所述转换单元根据编码难度信息转换所述内容。

2. 根据权利要求1的转换设备，其中编码难度信息包括表示内容的运动位移补偿难度的信息。

3. 根据权利要求1的转换设备，其中编码难度信息包括表示内容的帧间相关的参数。

4. 根据权利要求1的转换设备，其中编码难度信息包括表示关于内容的运动位移补偿的运动搜索范围。

5. 根据权利要求1的转换设备，其中编码难度信息包括表示空间域内的内容压缩难度的信息。

6. 根据权利要求1的转换设备，其中编码难度信息包括表示当内容的每一个帧被内部编码时的内部编码难度。

7. 根据权利要求1的转换设备，其中编码难度信息包括段装置中的编码难度信息，通过分割内容获得段。

8. 根据权利要求1的转换设备，其中编码难度信息包括标准化的编码难度信息。”

“10. 一种读取终端，用于把内容转换成预定格式的内容并读取该内容，该读取终端包括：

第一存储器，用于存储内容和内容－信息信号，所述内容－信息信号包括与来自内容服务器的内容相关的语义信息和物理信息；

第二存储器，用于存储适合于所述读取终端的格式；

转换单元，根据内容－信息信号把内容转换成适合于所述读取终端的格式；以及

读取单元，读取经转换的内容；

其中内容－信息信号包括编码难度信息，编码难度信息表示内容的编码难度；以及

所述转换单元根据编码难度信息转换内容。”

合议组认为：尽管复审请求人在答复复审通知书时将文本4的权利要求1中的获取装置改为输出装置，但是其完成的仍然是获取适合于终端的数据格式信息，并将其提供给转换单元的功能，这种改变没有实质性的变化，文本4的权利要求1仍然没有创造性，不符合专利法第二十二条第三款的规定。具体为：对比文件1公开了一种电子装置（参见说明书附图1及其相应的文字说明），并具体公开了以下技术特征：保存装置（13，23），用于保存源装置能够提供的内容以及源装置能够传送的数据格式信息；控制器（35），获得源装置传送的数据格式信息和目标装置能够接收的数据格式信息；

以及数据转换装置（34），根据控制器所获取的信息进行数据转换，并将转换后的数据传送给目标装置。可见，对比文件1已经公开了权利要求1所请求保护的转换设备的各个组成结构以及每个结构之间的连接关系，这两个技术方案的区别仅在于对比文件1中的数据转换装置（34）根据源装置能够提供的数据格式以及目标装置可以接收的数据格式进行数据转换，而权利要求1中的转换单元根据编码难度信息等内容－信息信号以及接收装置可以接收的数据格式进行转换，即只是进行转换所依据的信息内容不同。复审请求人在意见陈述书中也指出权利要求1与对比文件1的区别在于“所述内容－信息信号包括与来自内容服务器的该内容相关的语义信息和物理信息”以及“转换单元，用于根据内容－信息信号和所述输出单元输出的所述信息，把所述内容转换成适合于所述终端的格式”，但是复审请求人并未在权利要求书中记载由于转换信号的不同，需要对转换单元的硬件结构作怎样的改变。因此合议组认为上述区别对于设备本身没有任何实质上的改变，对于本领域的技术人员来说，在对比文件1所公开的技术方案的启示下，只要对处理信号稍加改动就能够实现期待的转换，这并不需要付出创造性的劳动，也没有带来突出的实质性特点和显著的进步，因此权利要求1没有创造性。

文本4的权利要求书中的从属权利要求2～8的附加技术特征都是对编码难度信息的描述，没有对设备本身进行任何限定，因此在权利要求1没有创造性的前提下，从属权利要求2～8也没有创造性，不符合专利法第二十二条第三款的规定。

文本4的权利要求书中的权利要求10请求保护一种读取装置，对比文件1公开了一种电子设备，并具体公开了以下技术特征（参见说明书附图1及其相应的文字说明）：保存装置（13，23），用于保存源装置能够提供的内容以及源装置能够传送的数据格式信息；控制器（35），获得源装置传送的数据格式信息和目标装置能够接收的数据格式信息；转换装置（34），根据控制器所获取的信息进行数据转换；以及目标装置（2），接收并读取转换后的数据。由此可见，权利要求10所请求保护的技术方案与对比文件1所公开的技术方案的区别仅在于进行转换的信息内容不同，这种不同没有带来硬件结构上的实质变化，因此基于与评述权利要求1同样的理由，权利要求10没有创造性。

基于上述理由，文本4的权利要求书中的权利要求1～8，权利要求10仍然不符合专利法第二十二条第三款的规定，因此合议组作出如下决定。

三、决定

驳回复审请求，维持国家知识产权局专利局实质审查部门于2003年11月7日作出的驳回01117301.7号发明专利申请的决定。

复审请求人如对本决定不服，可以依据专利法第四十一条第二款的规定自收到本决定之日起三个月内向北京市第一中级人民法院起诉。

054

开关电源案

复审请求审查决定（第6549号）

决　定　号　第6549号
决　定　日　2005年6月8日
发明创造名称　开关电源
国际分类号　H03J 5/24　H02M 3/28
复审请求人　船井电机株式会社
申　请　号　00122276.7
申　请　日　2000年7月27日
公　开　日　2001年1月31日
合议组组长　马　昊
主　审　员　张宗任
参　审　员　石　清

法律依据　专利法第二十二条第三款
决定要点

如果一项独立权利要求与一对比文件的区别技术特征，被相同技术领域的另一篇对比文件公开或属于本领域的公知常识，则认为现有技术存在采用上述区别技术特征的技术启示，该独立权利要求所要保护的技术方案对本领域技术人员来说是显而易见的，不具备创造性。

一、案由

本复审请求涉及国家知识产权局专利局实质审查部门于2000年7月27日受理，申请号为00122276.7、名称为“开关电源”的发明专利申请（下称本申请），申请人是船井电机株式会社。

在实质审查过程中，国家知识产权局专利局实质审查部门针对本发明专利申请原始申请文件进行了实质审查，并引用了下述两个对比文件：US5886885A，公开日为1999年3月23日（下称对比文件1）；CN1180955A，公开日为1998年5月6日（下称对比文件2）。

实质审查部门于2002年6月28日发出第一次审查意见通知书，其中指出，权利要求1、3和6相对于对比文件1不具备新颖性，权利要求2的附加技术特征已被对比文件2公开，所以权利要求2不具备创造性，权利要求4和5相对于对比文件1不具备创造性，权利要求7表述不清楚，并且在说明书中也没有相应记载，不符合专利法第二十六条第四款和专利法实施细则第二十条第一款的规定。

针对上述第一次审查意见通知，申请人于2002年11月13日提交了意见陈述书，提出以下意见：对比文件1中的电阻并非是可有可无的，权利要求1具有实质性特点，实现了“无需使用产生电压降的串联电阻就能稳定输出电压”的目的，具有显著的进步，因此权利要求1具备创造性。申请人还对权利要求进行了修改，其中将权利要求2的附加技术特征补入权利要求1中，并认为权利要求1新增加的技术特征在对比文件2中也没有记载。申请人同时提交了权利要求书替换页（共1页）。

权利要求书经修改的文本如下：

"1. 一种开关电源，它包括：感应线圈，其第一端子连接到DC电源，开关元件，它连接到所述感应线圈的第二端子，整流平滑电路，它连接到所述感应线圈的所述第二端子，以及齐纳二极管，它连接到所述整流平滑电路的输出端，辅助线圈，它磁耦合到所述感应线圈，其中利用所述开关元件接通或断开流过所述感应线圈的电流，以便获得升压的DC输出，以及朝所述整流平滑电路看过去的在所述感应线圈侧的内阻被用作串联电阻，该串联电阻用以产生所述齐纳二极管吸收电压波动以便稳定DC输出电压所需的电压降，以及其中所述辅助线圈的输出被输入到所述开关元件、以便执行所述开关元件中的开关操作。

2. 按照权利要求1的开关电源，其特征在于：所述整流平滑电路包括τ形平滑电路。

3. 按照权利要求2的开关电源，其特征在于：所述整流平滑电路还包含一个电阻。

4. 按照权利要求3的开关电源，其特征在于：所述电阻引起5伏左右的交流电压。

5. 按照权利要求1的开关电源，其特征在于：所述DC输出被输入到用于产生向调谐电路提供的调谐电压的调谐电压发生电路。

6. 按照权利要求5的开关电源，其特征在于：

当所述DC输入负载为空载时，流过所述齐纳二极管的电流值被设置为小于流过所述调谐电压发生电路的最大电流值的两倍，并且当流过所述调谐电压发生电路的电流最大时，流过所述齐纳二极管的电流值被设置为大于0。"

经审查，国家知识产权局专利局实质审查部门于2003年1月3日作出了驳回本申请的决定，其具体理由是：权利要求1~3、5~6与对比文件1和2的结合相比不具备专利法二十二条第三款规定的创造性，权利要求4中记载的附加技术特征在说明书中没有记载而且表述不清楚不符合专利法第二十六条第四款的规定和专利法实施细则第二十条第一款的规定，依据专利法的规定予以驳回。

申请人（下称复审请求人）对上述驳回决定不服，于2003年4月25日向专利复审委员会提出复审请求，复审请求的主要理由是：（1）对比文件2中的副线圈（111）所产生的电压"Vi2"被输入到一个比较器（244）并仅仅用来与电压"Ve"相比较，这与本发明中辅助线圈被用于执行晶体管Q1的开关操作的功能并不相同；（2）由于不能从对比文件2得到技术启示，权利要求1相对于对比文件1具备创造性，从而其从属权利要求2~6相对于对比文件1也具备创造性；（3）权利要求1的方案具有"无需使用产生电压降的串联电阻就能稳定输出电压"的优点；（4）权利要求4的附加技术特征对应于说明书中记载的"最好在二极管D1和电阻R3之间的点上施加大约5伏的交流电压"，因此得到了说明书支持。同时复审请求人没有修改申请文件。

经形式审查，本复审请求符合规定的形式要求，专利复审委员会予以受理，并于2003年5月30日向复审请求人发出复审请求受理通知书，并同时要求原实质审查部门在规定期限内作出前置审查意见。

在前置审查程序中，国家知识产权局专利局原实质审查部门坚持驳回决定。

专利复审委员会依法成立合议组对本案进行复审，合议组研究了国家知识产权局专利局实质审查部门作出的驳回决定和复审请求人提交的复审请求书以及前置审查意见书后，于2004年3月16日向复审请求人发出了复审通知书，提出如下审查意见：

1. 权利要求1所要保护的技术方案与对比文件1公开的内容相比，其区别在于权利要求1中的（a）"辅助线圈，它磁耦合到所述感应线圈"，（b）"朝所述整流平滑电路看过去的在所述感应线圈侧的内阻被用作串联电阻，该串联电阻用以产生所述齐纳二极管吸收电压波动以便稳定DC输出电压所需的电压降"，（c）"以及其中，所述辅助线圈的输出被输入到所述开关元件、以便执行所述开关元件中的开关操作”未被对比文件1公开。

对比文件2中的第一扼流线圈（11）相当于本申请权利要求1中的电感线圈，复位检测绕组（111）相当于本申请权利要求1中的辅助线圈，可见对比文件2公开了特征（a）；对普通技术人员来说，感应线圈都有一个内阻，或者还有一个附加电阻，这些电阻同样都用于稳定电压，产生所述齐纳二极管吸收电压波动以便稳定DC输出电压所需的电压降，这是显而易见的公知常识，即上述（b）特征为本领域公知常识；从对比文件2附图8可以看出虚线框14b和12构成的是一种开关电路，对比文件2中的复位检测绕组（111）与权利要求1中的辅助线圈都为实现开关操作提供控制信号，使用开关电路或开关元件作为控制开关都是本领域的常用技术手段，并且对比文件1和2公开的内容属于相同的技术领域，所以在对比文件1的基础上，对比文件2公开的内容足以使本领域普通技术人员领悟到（c）特征，即用辅助线圈控制开关元件的启示。

可见根据对比文件1公开的内容结合上述公知常识及从对比文件2获得的启示，本领域普通技术人员能够不花费创造性劳动得到权利要求1所要求保护的技术方案，因此权利要求1不具有突出的实质性特点和显著的进步，不具备专利法第二十二条第三款规定的创造性。

2. 权利要求2和3的附加技术特征已经被对比文件1公开，由于权利要求2引用的权利要求1所要保护的技术方案不具备创造性，所以权利要求2所要保护的技术方案也不符合专利法第二十二条第三款有关创造性的规定。在权利要求2不具备创造性的基础上，权利要求3也不具备创造性，不符合专利法第二十二条第三款的规定。（**说明：**权利要求2中记载的“τ型”，根据说明书中定义，本领域通常称为π型）。

3. 从属权利要求4的附加特征是：“所述电阻引起5伏左右的交流电压”，该特征在说明书中没有记载，因此该权利要求没有以说明书为依据，不符合专利法第二十六条第四款的规定。而且“引起5伏左右的电压”描述不清楚，导致了该权利要求的不清楚，不符合专利法实施细则第二十条第一款的规定。

4. 从属权利要求5的附加技术特征记载的仅是所述开关电源的一个用途，而且所使用的调谐电压发生电路也是现有的调谐电压发生电路，根据对比文件1或2公开的开关电源，把其应用到调谐电压发生电路中，不需要本领域普通技术人员花费创造性劳动，这种应用结合也没有带来任何意想不到的技术效果，由于其引用的权利要求1所要保护的技术方案不具备创造性。因而权利要求5所要保护的技术方案也不具有突出的实质性特点和显著的进步，不符合专利法第二十二条第三款规定的创造性。

5. 从属权利要求6的附加技术特征是：“当所述DC输入负载为空载时，流过所述齐纳二极管的电流值被设置为小于流过所述调谐电压发生电路的最大电流值的两倍，并且当流过所述调谐电压发生电路的电流最大时，流过所述齐纳二极管的电流值被设置为大于0”，设定选择齐纳二极管的工作条件，是为了保证所述齐纳二极管工作在稳压区，是本领域常用的技术手段，由于其引用权利要求5所要保护的技术方案不具备创造性，因此该权利要求所要保护的技术方案也不符合专利法第二十二条第三款的规定。

专利复审委员会收到复审请求人于2004年6月24日提交的意见陈述书，提出如下意见：复审请求人认为权利要求1所要保护的技术方案与对比文件1公开的内容相比，其区别在于权利要求1中的（a）“辅助线圈，它磁耦合到所述感应线圈”、（b）“朝所述整流平滑电路看过去的在所述感应线圈侧的内阻被用作串联电阻，该串联电阻用以产生所述齐纳二极管吸收电压波动以便稳定DC输出电压所需的电压降”、（c）“以及其中，所述辅助线圈的输出被输入到所述开关元件、以便执行所述开关元件中的开关操作”未被对比文件1公开；但是（1）对比文件2公开的开关与复位检测绕组111没有直接连接，导致本申请权利要求 1 中“利用所述开关元件接通或断开流过所述感应线圈的电流，以便获得升压的 DC 输出”没有被对比文件 2 公开；（2）本申请权利要求 1 中的辅助线圈 L2 属于间歇振荡电路的一部分，而对比文件 2 则不是，因此没有公开区别特征（a）；（3）本申请权利要求 1 中所述内阻并非来自于实际电感中所含电阻，对比文件 2 也没有给出教导，所以权利要求 1 与对比文件 1 的区别技术特征（b）并非显而易见。复审请求人同时提交了权利要求书替换页 1 页，其中仅对权利要求 4 进行了修改，其余未作修改。

合议组经过审查后认为，本案事实清楚，可以作出本复审请求审查决定。

二、决定的理由

复审请求人针对复审通知书，于 2004 年 6 月 24 日提交了权利要求书修改文本，该修改仅是把权利要求 4 的附加技术特征修改成与说明书记载一致的内容，符合专利法第三十三条的规定和专利法实施细则第六十条的规定。因此本复审以 2000 年 7 月 27 日提交的说明书第 1 ~ 8 页，附图第 1 ~ 2 页，说明书摘要及摘要附图，2004 年 6 月 24 日提交的权利要求 1 ~ 6 项为基础进行审查。合议组评判该专利申请的权利要求书时所采用的对比文件与实质审查过程中所引用的对比文件相同，即

对比文件 1：US5886885A；对比文件 2：CN1180955A。

“1. 权利要求 1 要求保护一种开关电源，它包括：

感应线圈，其第一端子连接到 DC 电源，

开关元件，它连接到所述感应线圈的第二端子，

整流平滑电路，它连接到所述感应线圈的所述第二端子，以及

齐纳二极管，它连接到所述整流平滑电路的输出端，

辅助线圈，它磁耦合到所述感应线圈，其中

利用所述开关元件接通或断开流过所述感应线圈的电流，以便获得升压的 DC 输出，以及

朝所述整流平滑电路看过去的在所述感应线圈侧的内阻被用作串联电阻，该串联电阻用以产生所述齐纳二极管吸收电压波动以便稳定 DC 输出电压所需的电压降，以及

其中，所述辅助线圈的输出被输入到所述开关元件、以便执行所述开关元件中的开关操作。”

对比文件 1 公开了一种直流电源单元和使用这种直流电源的信息处理装置，并具体公开了以下内容（参见对比文件 1 说明书第 1 栏第 25 ~ 49 行、第 4 栏第 8 ~ 28 行、第 6 栏第 22 ~ 50 行及附图 4 和 8）：直流升压电源单元包括，一端连接到整流电源直流输出端的电感线圈（3），电感线圈另一端连接开关晶体管（5）的源极和整流二极管（4）的阳极；整流二极管（4）的阴极连接电容（7）的一端，电容（7）用于平滑输出（即与所述整流二极管（4）等组成整流平滑电路）；利用开关二极管的通断流过电感线圈（3）的电流获得升压的直流电流输出；整流二极管（4）的输出端连接有齐纳二极管（25，也称稳压二极管）。

将权利要求 1 所要保护的技术方案与对比文件 1 公开的内容相比，它们属于相同的技术领域，对比文件 1 中的开关晶体管就是一种开关元件，其区别在于权利要求 1 中的（a）“辅助线圈，它磁耦合到所述感应线圈”；（b）“朝所述整流平滑电路看过去的在所述感应线圈侧的内阻被用作串联电阻，该串联电阻用以产生所述齐纳二极管吸收电压波动以便稳定 DC 输出电压所需的电压降”；（c）“以及其中，所述辅助线圈的输出被输入到所述开关元件、以便执行所述开关元件中的开关操作”未被对比文件 1 公开。

对比文件 2 公开了一种开关变换器电路及其控制方法，具体公开了以下特征（参见对比文件 2 说明书第 6 ~ 7 页、第 11 页第 15 ~ 20 行、第 15 页第 3 行 ~ 第 16 页第 5 行和附图 8、13）：一种开关电源电路有共绕在一个磁心上的第一扼流线圈（11）和复位检测绕组（111），第一扼流线圈一端连接

到电源的直流输出端，另一端连接开关元件的一端和整流二极管（13）的阳极，整流二极管的阴极连接电容（2）的一端，开关元件的第一控制驱动器（14b）连接到与第一扼流线圈（11）耦合的复位检测绕组（111）的一端，由复位检测绕组的输出控制开关动作。

对比文件2与本申请属于相同的技术领域，对比文件2中的第一扼流线圈（11）相当于本申请权利要求1中的电感线圈，复位检测绕组（111）相当于本申请权利要求1中的辅助线圈，可见对比文件2公开了区别特征（a）；对普通技术人员来说，感应线圈都有一个内阻，或者还有一个附加电阻，这些电阻同样都用于稳定电压，产生所述齐纳二极管吸收电压波动以便稳定DC输出电压所需的电压降，这是显而易见的公知常识，即上述（b）区别特征为本领域公知常识；从对比文件2附图8可以看出虚线框14b和12构成的是一种开关电路，对比文件2中的复位检测绕组（11）与权利要求1中的辅助线圈都为实现开关操作提供控制信号，使用开关电路或开关元件作为控制开关都是本领域的常用技术手段，所以在对比文件1的基础上，对比文件2公开的内容足以使本领域普通技术人员领悟到（c）区别特征，即采用辅助线圈控制开关元件或开关电路的技术启示。

可见根据对比文件1公开的内容结合上述公知常识及从对比文件2获得的启示，本领域普通技术人员能够不花费创造性劳动得到本权利要求所要求保护的技术方案。因此权利要求1不具有突出的实质性特点和显著的进步，不具备专利法第二十二条第三款规定的创造性。

针对复审请求人的意见，合议组认为：（1）复审请求人确认权利要求1与对比文件1的区别在于（a）~（c）三点，而复审请求人指出对比文件2没有公开“利用所述开关元件接通或断开流过所述感应线圈的电流，以便获得升压的DC输出”含义不清楚，因为该特征已经被对比文件1所揭示；（2）区别特征（a）指的是“辅助线圈，它磁耦合到所述感应线圈”，该特征已经被对比文件2公开，本领域普通技术人员能够从对比文件2得到在开关电源中使用辅助线圈控制开关的启示；复审请求人指出对比文件2中的复位检测绕组111不构成间歇振荡电路的一部分，与本申请不同，但这一点在权利要求中并没有明确记载；（3）本领域普通技术人员熟知稳压管前端不管是电阻还是其他电路，其阻性部分都具有吸收压降的作用，这是本领域的公知常识，在权利要求1所限定的结构特征和结构关系已经被对比文件1和2公开的情况下，即使权利要求1的结构相对于对比文件1省去了一个电阻，也不具有突出的实质性特点。

从属权利要求2的附加技术特征是：“所述整流平滑电路包括τ型平滑电路”，对比文件1中已经公开了：电容（7）用于平滑输出（即与电阻（27）、电容（26）等明显组成了一种π型整流平滑电路）（参见对比文件1附图4），所以权利要求2的附加技术特征已经被对比文件1公开，由于其引用的权利要求1所要保护的技术方案不具备创造性，所以该权利要求所要保护的技术方案也不符合专利法第二十二条第三款有关创造性的规定。（**说明**：权利要求2中记载的“τ型”，根据说明书中定义，本领域通常称为π型）

从属权利要求3的附加技术特征是：“所述整流平滑电路还包含一个电阻”，对比文件1中已经公开：电容（7）用于平滑输出（即与电阻（27）、电容（26）等明显组成了一种π型整流平滑电路）（参见对比文件1附图4），所以权利要求3的附加技术特征已经被对比文件1公开，由于其引用的权利要求2要求保护的技术方案不具备创造性，所以该权利要求所要保护的技术方案也不符合专利法第二十二条第三款有关创造性的规定。

从属权利要求5的附加技术特征是：所述DC输出被输入到用于产生向调谐电路提供的调谐电压的调谐电压发生电路，该特征记载的仅是所述开关电源的一个用途，而且所使用的调谐电压发生电路也是现有的调谐电压发生电路，根据对比文件1或2公开的开关电源，把其应用到调谐电压发生电路中，不需要本领域普通技术人员花费创造性劳动，这种应用结合也没有带来任何意想不到的技术效果，由于其引用的权利要求1所要保护的技术方案不具备创造性，因而权利要求5所要保护的技术方案不具有突出的实质性特点和显著的进步，不符合专利法第二十二条第三款的规定。

从属权利要求6的附加技术特征是："当所述DC输入负载为空载时，流过所述齐纳二极管的电流值被设置为小于流过所述调谐电压发生电路的最大电流值的两倍，并且当流过所述调谐电压发生电路的电流最大时，流过所述齐纳二极管的电流值被设置为大于0"，设定选择齐纳二极管的工作条件，是为了保证所述齐纳二极管工作在稳压区，是本领域常用的技术手段，由于其引用权利要求5所要保护的技术方案不具备创造性，因此该权利要求所要保护的技术方案也不符合专利法第二十二条第三款的规定。

综上所述，本申请权利要求1、2、3、5和6不符合专利法第二十二条第三款的规定。

三、决定

驳回本复审请求，维持国家知识产权局专利局实质审查部门于2003年1月3日对00122276.7号发明专利申请所作出的驳回决定。

复审请求人对本决定不服的，可以根据专利法第四十一条第二款的规定，自收到本决定之日起三个月内向北京市第一中级人民法院起诉。

055

用于烧结磁心的方法案

复审请求审查决定（第6552号）

决　定　号　第6552号
决　定　日　2005年6月14日
发明创造名称　用于烧结磁心的方法
国际分类号　H01F 41/02　H01F 3/00
复审请求人　株式会社村田制作所
申　请　号　00100023.3
申　请　日　2000年1月4日
公　开　日　2000年7月12日
合议组组长　张　度
主　审　员　张宗任
参　审　员　张美菊

法律依据　专利法第二十二条第三款
决定要点

针对复审通知书意见提交的修改文本直接删除了存在不符合专利法规定的各权利要求，克服了驳回决定和复审通知书所指出的缺陷。

一、案由

本复审请求涉及申请日为2000年1月4日、申请号为00100023.3、名称为“用于烧结磁心的方法”的发明专利申请（下称“本申请”），申请人是株式会社村田制作所，优先权日为1999年1月6日。

在实质审查过程中，国家知识产权局专利局实质审查部门针对本发明专利原始申请文件进行了实质审查，并引用了下述对比文件：JP1-112716A，公开日为1989年5月1日（下称对比文件1）。

实质审查部门于2002年9月13日发出第一次审查意见通知书，其中指出：权利要求1~20相对于对比文件1不具备创造性，不符合专利法第二十二条第三款的规定；权利要求1和19不简要，不符合专利法实施细则第二十条第一款的规定。

针对上述第一次审查意见通知，申请人于2002年12月25日提交了意见陈述书，并提交了权利要求书替换页共2页，说明书替换页共5页。其中在意见陈述书中指出：（1）对比文件1没有公开修改后的权利要求1的技术特征，而且修改后的权利要求1和对比文件1记载的制造的磁心不同，所要解决的技术问题不同，技术方案不同，技术效果也不同，因而权利要求1具备创造性；（2）修改后的权利要求2~18是对权利要求1的进一步限定，因此也具备创造性。

2003年1月13日经过电话讨论，申请人同意将权利要求5功能性的限定技术特征加入权利要求1中，并在权利要求1中限定扁平管状压块烧结后形成磁心，删除权利要求9、10、15和16中存在的术语“基本上”。

申请人于2003年1月21日提交了权利要求书替换页共2页，说明书替换页共4页。其中对权利要求所做的修改与电话讨论意见一致，并对说明书进行了相应的修改。

国家知识产权局专利局实质审查部门继续进行审查，于2003年4月11日发出第二次审查意见通知书。其中指出：权利要求1中增加的技术特征都是本领域的公知常识，在对比文件1的基础上，本领域普通技术人员很容易得到权利要求1的技术方案，权利要求1不符合专利法第二十二条第三款的规定，从属于权利要求1的权利要求第2~17页没有增加实质性内容，都不符合专利法第二十二条第三款的规定。

申请人于2003年6月20日提交了意见陈述书，同时提交了权利要求书替换页共3页，说明书替换页共4页。其中在意见陈述书中指出：（1）将原权利要求5并入权利要求1，将原权利要求13并入权利要求1形成第二独立权利要求，将原部分从属权利要求同时作为第二独立权利要求的从属权利要求；（2）修改后的独立权利要求1和12具有突出的实质性特点，取得了有益的技术效果，具备创造性。

国家知识产权局专利局实质审查部门认为，修改后的权利要求1~11不具备创造性，仍然不符合专利法第二十二条第三款的规定，并于2003年7月25日作出了驳回本申请的决定。

申请人（下称复审请求人）对上述驳回决定不服，于2003年10月24日向专利复审委员会提出复审请求，复审请求的主要理由是：（1）相对于对比文件1中的“通过烧结调整磁铁的内孔，使其与插入物的形状相同”，本发明权利要求1是“控制磁芯在某一方向（特别是受自重重力影响的垂直方向上）的变形”；（2）对比文件1是“有意地抑制收缩率地不均”，而权利要求1是避免因烧结时的软化而造成磁芯顶壁的下陷；（3）对比文件1中插入物的目的是为了限定烧结后磁铁内孔的形状，且插入物形状必须与孔一致，而权利要求1中，插入磁芯内孔的是平板，起到支撑和保持磁芯形状的作用，插入物的形状是一端到另一端逐渐变细。并同时提交了权利要求书替换页3页，说明书替换页6页，但都没有进行修改。

经形式审查合格，专利复审委员会受理了复审请求人的复审请求，并于2003年11月24日向复审请求人发出复审请求受理通知书，同时要求原实质审查部门在规定期限内作出前置审查意见。

在前置审查程序中，国家知识产权局专利局原实质审查部门坚持驳回决定。

专利复审委员会依法成立合议组，合议组研究了国家知识产权局专利局实质审查部门作出的驳回决定和复审请求人提交的复审请求书以及前置审查意见书后，于2005年4月13日发出复审通知书，其中提出了以下审查意见：

1. 复审请求人虽然提交了权利要求书和说明书替换页，但并没有作出修改，因此新提交的文本符合专利法第三十三条和专利法实施细则第六十条的规定。本复审的审查基础是：2003年10月24日提交的说明书第1~6页，权利要求第1~26项，2000年1月4日提交的附图第1~4页、说明书摘要及摘要附图。合议组评价本申请的权利要求时所采用的对比文件与实质审查过程中所引用的对比文件相同（即对比文件1：JP1-112716A）。

2. 权利要求1要求保护一种用于烧结磁心的方法：“其中所述磁芯用作噪声抑制元件，其特征在于，它包括如下步骤：提供一个由磁性材料制成并具有一个通孔的扁平管状压块，该扁平管状压块具有其长边长度大于其短边长度的外部尺寸；提供一个在扁平管状压块的烧结温度下可保持其形状的支撑板，该支撑板成板状并在插入该扁平管状压块的通孔的方向上逐渐变细，且其厚度等于或大于将被插入所述通孔内的扁平电缆的尺寸，该支撑板设置在该扁平管状压块的通孔中，从而支撑板可防止磁心通孔的短边尺寸小于支撑板的厚度；把支撑板插入该扁平管状压块的通孔中；在烧结炉内烧结该扁平管状压块，同时该扁平管状压块的轴线水平放置且支撑板位于该扁平管状压块的通孔中；以及所述扁平管状压块烧结后形成磁心”。

对比文件1公开了一种烧结磁心的方法，并具体公开了以下内容：用磁性材料制成环形磁心，用一个支撑件插入环形磁心的内部，支撑件位于磁心的内部并支撑磁心，烧结磁心，使磁心内部形成需要的形状，如长方形或椭圆形，支撑件在烧结时保持其形状不变（见对比文件1全文）。

可见对比文件1公开的磁心即权利要求1中的扁平管状压块，支撑件就相当于权利要求1中的支撑板，支撑件插入环形磁心的内部也就是支撑件插入磁心的通孔中，同样在插入时烧结，所以权利要求1中的烧结方法与对比文件1公开内容的区别在于：（1）扁平管状压块的形状（长边长度大于其短边长度的外部尺寸）；（2）支撑板的形状（逐渐变细，且其厚度等于或大于将被插入所述通孔内的扁平电缆的尺寸）；（3）烧结时扁平管状压块轴线水平放置。对于区别点（1），根据需要把压块作出各种形状，是本领域普通技术人员根据需要所必然考虑的，如果做成矩形，那么就是扁平的压块，长边长度大于其短边长度的外部尺寸是必然的，这是对比文件1中公开的环形磁心的简单置换；对于区别点（2），本领域普通技术人员根据对比文件1中公开的支撑件插入环形磁心的内部，把磁心烧结成需要的形状，必然想到支撑件只是一个工具，烧结后要取出，那么就容易想到方便于支撑件的进出磁心把支撑件做成逐渐变细的形状，所以支撑板做成一些实用的形状也是很容易想到的；本发明要解决的问题是防止烧结时扁平管状压块21倾斜和变形，那么烧结时扁平管状压块也是必然的，否则不能起到有效的支撑作用，同样对比文件1中也采用支撑件支撑，也必须要求磁心和支撑件水平放置，对于本领域普通技术人员来说是很容易想到的，并且对比文件1的支撑件是为了得到支撑件形状的内容，因此也起到了防止倾斜和变形的作用，所以本领域普通技术人员根据对比文件1公开的内容能够明确得出上述区别点（3），在对比文件1的基础上结合现有技术能够容易想到上述区别点（1）和（2），因此上述几个区别点不具备突出实质性特点和显著的进步，也没有产生意想不到的技术效果，权利要求1不具备创造性，不符合专利法第二十二条第三款的规定。

3. 从属权利要求2~4的附加技术特征限定的是支撑板的制造材料，这些材料是本领域普通技术人员常用的材料，只要其在烧结温度下保持形状即可，也没有产生意想不到的技术效果，在所引用的权利要求1不具备创造性的情况下，权利要求2~4所要保护的技术方案也不符合专利法第二十二条第三款的规定。

4. 从属权利要求5限定了“支撑板具有比该扁平管状压块的长度足够长的长度”，方便放入和取出和成形，这是本领域普通技术人员所容易想到的，也没有产生意想不到的技术效果，所以在其引用的权利要求1所要保护的技术方案不具备创造性的情况下，该权利要求要求保护的技术方案也不符合专利法第二十二条第三款的规定。

5. 从属权利要求6限定了“把管状压块放入其中分布有高纯度氧化铝粉末的烧结容器中，使得该压块的轴线方向正好在烧结步骤前水平放置”，高纯度氧化铝粉末是在烧结磁心时常采用材料，这是在对比文件1的基础上本领域普通技术人员所容易想到的，另外使得该压块的轴线方向正好在烧结步骤前水平放置是前面所述水平放置的必须前提，不能在烧制过程中移动放置，所以在其引用的权利要求1所要保护的技术方案不具备创造性的情况下，该权利要求要求保护的技术方案也不符合专利法第二十二条第三款的规定。

6. 从属权利要求7、8、10和11进一步限定了以下技术特征：“支撑板具有基本上恒定的厚度”、“支撑板具有基本上矩形平板形状”、“支撑板具有从该支撑板的第一端到第二端连续减少的厚度”和“支撑板具有从该支撑板的第一端到第二端逐步减少的厚度”，支撑板的形状需要根据烧结磁芯的内孔的形状和孔的尺寸来设置，为了方便取出支撑板，其设计成连续减小、逐步减小的厚度也是容易想到的。所以支撑板具有一定的恒定厚度和矩形形状并没有突出实质性特点和显著的进步，所以在其引用的权利要求1所要保护的技术方案不具备创造性的情况下，上述权利要求要求保护的技术方案也不符合专利法第二十二条第三款的规定。

7. 从属权利要求9进一步限定了“插入步骤包括把该支撑板插入至少两个扁平管状压块的通孔中”，本领域普通技术人员知道根据磁芯和支撑板的长短形状为了提高生产效率可以选择穿插几个，并没有产生意想不到的技术效果，所以在其引用的权利要求1所要保护的技术方案不具备创造性的情况下，上述权利要求要求保护的技术方案也不符合专利法第二十二条第三款的规定。

复审请求人于2005年4月27日提交了意见陈述书，同时提交了权利要求书替换页共2页。其中在意见陈述书中指出对权利要求的修改是删除了原权利要求1~11，对剩余的权利要求重新编号，所以克服了不具备创造性的缺陷。

合议组经过审查后认为，本案事实清楚，可以作出本复审请求审查决定。

二、决定的理由

本复审决定所依据的文本为2003年10月24日提交的说明书第1~6页，2005年4月27日提交的权利要求第1~15项，2000年1月4日提交的附图第1~4页、说明书摘要及摘要附图。

复审请求人直接删除了驳回决定和复审通知书中所指出的存在缺陷的权利要求1~11，克服了驳回决定和复审通知书中所指出的缺陷。

由于驳回决定和复审通知书中所指出的缺陷已不存在，合议组作出以下决定。

三、决定

撤销国家知识产权局专利局实质审查部门于2003年7月25日对00100023.3号发明专利申请所作出的驳回决定，并以复审请求人2003年10月24日提交的说明书第1~6页，2005年4月27日提交的权利要求1~15项，2000年1月4日提交的附图第1~4页、说明书摘要及摘要附图为基础，由原实质审查部门继续进行审批程序。

056

稀土类磁性粉末，其永久磁铁及其制造方法案

复审请求审查决定（第6554号）

决 定 号 第6554号
决 定 日 2005年6月3日
发明创造名称 稀土类磁性粉末，其永久磁铁及其制造方法
国际分类号 H01F 1/053 H01F 1/06
复审请求人 精工爱普生株式会社
申 请 号 94117927.3
申 请 日 1994年11月11日
公 布 日 1995年11月15日
合议组组长 张 度
主 审 员 张宗任
参 审 员 高 栋

法律依据 专利法第二十六条第三款、第四款
决定要点

说明书给出了所要解决的问题以及想要获得的结果，即所要实现的产品，但说明书仅给出了具体采用一定比例材料混合得到所述产品，而没有记载如何根据材料特性参数利用何种计算方法得到具有优良特性的产品，也没有给出采用试验手段的实验数据，致使本领域普通技术人员无法根据说明书记载再现本发明所谓的“技术方案”。

一、案由

本复审请求涉及申请日为1994年11月11日、申请号为94117927.3、名称为“稀土类磁性粉末，其永久磁铁及其制造方法”的发明专利申请，申请人是雅考埃普森株式会社，后变更为精工爱普生株式会社。

在实质审查过程中，国家知识产权局专利局实质审查部门针对本申请的原始申请文件进行了实质审查，于2001年4月27日发出了第一次审查意见通知书。其中指出：（1）说明书中没有任何具体事实表明能够根据两种不同的磁性粉末各自的剩余磁通密度Br和矫顽力Hc的相互关系，来确定混合磁性粉末的组成，导致本领域普通技术人员无法根据说明书公开的内容来实现该申请所提出混合磁性粉末的技术方案，进而混合磁性粉末组成的制造方法，混合磁性粉末制造粘结磁铁、烧结磁铁同样也不清楚，不符合专利法第二十六条第三款的规定，（2）基于说明书公开不充分，权利要求1~40均不能得到说明书的支持，不符合专利法第二十六条第四款的规定。

针对上述第一次审查意见通知书，申请人于2001年9月12日进行了答复，其中主要意见是，根据制备的粘结磁铁的剩余磁通密度、粘结磁铁中的混合粉末所占的体积率，就可以计算出混合粉末自身的剩余磁通密度，根据混合粉末自身的剩余磁通密度、比重、重量比，就可以计算出磁铁A和B

的剩余磁通密度。申请人同时提交了权利要求书替换页，其中所做修改仅是删除了原权利要求36~40。

国家知识产权局专利局原实质审查部门继续审查后，认为本申请仍然不符合专利法第二十六条第三、第四款的规定，于2003年1月10日作出了驳回本申请的决定。其中在驳回决定中主要指出：整个说明书均未完整涉及被混合的两种磁性粉末的剩余磁通密度Br本身及其相互关系、两种磁性粉末矫顽力Hc本身及其相互关系，全部实施例没有一个是根据被混合磁性粉末的Br和Hc关系来实现的，因此对于说明书声称的根据两种粉末的Br和Hc的关系确定混合磁性粉末的组成，从而使磁相互作用发生效力、实现比简单混合更高的磁特性，本领域普通技术人员无法根据说明书公开的内容来实现本申请提出的混合磁性粉末以及由该混合磁性粉末制成的磁铁的技术方案，所以本申请说明书不符合专利法第二十六条第三款的规定，由于上述原因，权利要求1~35均得不到说明书支持，不符合专利法第二十六条第四款的规定。同时指出申请人在意见陈述书中陈述的计算方法属于一种反向的推算，理由不充分。

申请人（下称复审请求人）对上述驳回决定不服，于2003年4月25日提出复审请求。其复审请求的理由为：（1）剩余磁通密度和矫顽力及其相互关系属于材料本身的固有性质，测定参数以及确定其相互关系不是本领域技术人员能力以外的内容；（2）说明书中详细描述了材料的制造方法，本领域技术人员在说明书公开的基础上可容易地重复得到所述的磁性粉末；（3）在本申请中对发明的技术方案进行了完整清楚的描述，本领域技术人员完全可以重复进行验证；（4）在说明书满足专利法第二十六条第三款的前提下，权利要求显然能够得到说明书的支持。复审请求人同时提交了权利要求书替换页，其中所做修改仅仅是把权利要求2中特征补入到权利要求1中。

经形式审查合格，专利复审委员会受理了该复审请求，并于2003年5月21日发出复审请求受理通知书，以及前置审查通知书。

在前置审查程序中，国家知识产权局专利局原实质审查部门坚持驳回决定。

专利复审委员会依法成立合议组，合议组研究了国家知识产权局专利局作出的驳回决定和复审请求人提交的复审请求书以及前置审查意见后，于2004年9月9日发出复审通知书，其中提出了以下审查意见：

1. 复审请求人在提交复审请求书时提交了权利要求书的修改文本，仅仅把权利要求2中的特征补充到权利要求1中，符合专利法第三十三条的规定，因此本次复审是以2003年4月25日提交的权利要求1~34，1994年11月11日提交的说明书第1~36页、附图第1~7页、说明书摘要及摘要附图为基础进行审理的。

2. 根据说明书中记载的本申请的发明目的，结合给出的技术方案和技术效果，可以得知应给出多组实施例或试验数据，来证明或验证本申请最关键的试验结论：根据 $BrA > BrB$，$HcA < HcB$ 的关系来构成磁性粉末，所以说根据磁性粉末的剩余磁通密度、矫顽力特性的混合处理是实施例所需要重点记载的内容。而实际上在实施例中仅记载了分别制备两种磁性粉末，然后按比重混合、压缩成形、硬化处理等类似处理来制成磁铁，仅某些实施例提及了剩余磁通密度或矫顽力，但大部分仅是两种粉末混合后所得粉末的参数值，而仅在实施例1中提到了两种粉末的矫顽力值，但说明书中没有一个实施例完整的论述或能明确从中推导出两种混合粉末各自的剩余磁通密度和矫顽力及它们各自的大小关系，以及怎样准确地获得具有这些参数关系的粉末，从而根据它们的关系制备混合磁性粉末，进而"得到具有比只简单地将2种磁性粉末合并的磁特性更高性能的磁性粉末"。也就是说，说明书没有针对所要实现目的及概括的技术方案给出使本领域普通技术人员能够实现的实施例，因此说明书不符合专利法第二十六条第三款的规定。

3. 复审请求人强调“如果能制备出材料，测定上述参数，并确定它们的相互关系不是本领域技术人员能力以外的内容”，剩余磁通密度和矫顽力及其相互关系“属于材料本身的固有性质”。但本申请所要解决的技术问题就是根据参数关系混合后得到更优良的这种特性，那么说明书必须记载形成混合后优良特性的前提，也就说如何得到这种参数关系，以及为什么这种参数关系的磁性粉末混合后能得到优良的特性，如何计算这种参数关系应该有一种计算过程，如何试验得到这种参数关系应该有一些试验数据，复审请求人不能仅给出一个要求解决的问题，然后指出用两个参数关系式来解决所提出的问题。实施例也仅记载一些相关的磁性粉末混合方法，避而不谈参数关系问题，使得本领域普通技术人员需要付出创造性劳动根据说明书记载的内容直接唯一地得出这种不等关系的结论或者解决方案。

4. 独立权利要求 1 记载的不等式关系同说明书技术方案部分记载的一样，由于说明书实施例中没有清楚记载上述不等式关系，所以上述关系特征得不到说明书的实质支持。另外，进一步限定的矫顽力之间的换算关系，同说明书发明内容部分记载的一样，说明书实施例部分也没有清楚记载该换算等式的实现，本领域普通技术人员无法从说明书记载的内容直接唯一地推导出这种换算关系式。也就是说，权利要求 1 中记载的内容仅仅在说明书的发明内容部分有相同的记载，这仅仅是形式上的支持，说明书具体实施方式并没有就技术方案的实现作出具体清楚的记载，即权利要求 1 记载的技术方案实质上得不到说明书的支持，因此权利要求 1 不符合专利法第二十六条第四款的规定。基于此，权利要求 1 的所有从属权利要求 2 ~ 34 所要保护的技术方案也都不符合专利法第二十六条第四款的规定。

针对上述复审通知书，复审请求人于 2004 年 12 月 24 日提交了意见陈述书。其中指出：（1）剩余磁通密度和矫顽磁力属于材料本身的固有性质，如果能够制备出材料，测定上述参数，并确定它们的相互关系不是本领域技术人员能力以外的内容；（2）根据制备的粘结磁铁的剩余磁通密度、粘结磁铁中的混合粉末所占的体积率，就可以计算出混合粉末自身的剩余磁通密度，根据混合粉末自身的剩余磁通密度、比重、重量比，就可以计算出磁铁 A 和 B 的剩余磁通密度。复审请求人同时提交了权利要求书替换页，其中所做修改仅是修改了权利要求的引用关系。

在上述工作的基础上，合议组认为本案事实清楚，可以作出本复审请求审查决定。

二、决定的理由

复审请求人在请求复审时提交了权利要求书替换页，其中仅修改了权利要求的引用关系，符合专利法第三十三条及其专利法实施细则第六十条的规定。因此本复审决定所依据的文本是 2004 年 12 月 24 日提交的权利要求第 1 ~ 34 项，1994 年 11 月 11 日提交的说明书第 1 ~ 36 页、附图第 1 ~ 7 页、说明书摘要及摘要附图。

1. 关于专利法第二十六条第三款

本申请的发明目的是为了解决“（1）如果增加饱和磁化，则矫顽磁力会降低，结果使最大能积（BH）max 降低。（2）如果增加矫顽磁力，则会使饱和磁化减小。（3）将两种特性不同的粉末混合来提高磁特性，仅呈现出两者之和的形式，却得不到超过它的特性。（4）由两相构成的磁性粉末（弹性磁铁），很难得到各向异性”的问题，进而提供一种磁性粉末和磁铁及其制造方法。本申请的技术方案为提供具有以下特征的磁性粉末：它是由含磁性粉末 A（剩余磁通密度 BrA、矫顽磁力 HcA）和磁性粉末 B（剩余磁通密度 BrB、矫顽磁力 HcB）的两种以上的混合粉末组成，各剩余磁通密度和矫顽磁力具有 BrA > BrB，HcA < HcB 的关系，以及利用这种粉末制成的磁铁。本申请的技术效果是“得到具有比只简单地将两种磁性粉末合并的磁特性更高性能的磁性粉末”。

本申请的具体实施方式主要记载了按一定比例的材料在一定条件下得到一种磁性粉末，并类似构成另一种磁性粉末，然后把两种磁性粉末按一定比例混合处理得到粘结磁铁实施例，通过改变每种磁性粉末的制备条件或材料比例，或者改变两种磁性粉末的混合比例，用类似方法来构成其他实施例或对比例，再分别分析混合粉末的磁特性。其中仅有部分实施例提到了磁性粉末的剩余磁通或矫顽磁力，但是没有一个实施例完整按照磁性粉末的剩余磁通和矫顽磁力的大小关系来配置两种磁性粉末，然后混合成一种磁特性更高的混合粉末，进而再制备粘结磁铁。

根据说明书中记载的本申请的发明目的，结合给出的技术方案和技术效果，在本说明书的实施例中应给出多组实施例或试验数据，来证明或验证本申请最关键的试验结论：根据 BrA > BrB，HcA < HcB 的关系来构成磁性粉末，所以说根据磁性粉末的剩余磁通密度、矫顽磁力特性的混合处理是实施例所需要重点记载的内容。

而实际上在实施例中仅记载了分别制备两种磁性粉末，然后按比重混合、压缩成形、硬化处理等类似处理来制成磁铁，仅某些实施例提及了剩余磁通密度或矫顽磁力，但大部分仅是两种粉末混合后所得粉末的参数值，而仅在实施例 1 中提到了两种粉末的矫顽磁力值，但说明书中没有一个实施例完整的论述或能明确从中推导出两种混合粉末各自的剩余磁通密度和矫顽磁力及它们各自的大小关系，以及怎样准确地获得具有这些参数关系的粉末，从而根据它们之间的关系制备混合磁性粉末，进而“得到具有比只简单地将两种磁性粉末合并的磁特性更高性能的磁性粉末”。也就是说，说明书没有针对所要实现目的及概括的技术方案给出使本领域普通技术人员能够实现的实施例，因此说明书不符合专利法第二十六条第三款的规定。

复审请求人强调剩余磁通密度和及其相互关系属于材料本身的固有性质，如果能够制备出材料，测定上述参数、并确定它们的相互关系不是本领域技术人员能力以外的内容，剩余磁通密度和矫顽磁力及其相互关系“属于材料本身的固有性质”，但本申请所要解决的技术问题就是根据参数关系混合后得到更优良的这种特性，那么说明书应记载根据何种条件形成混合后优良特性。也就说如何得到这种参数关系，以及为什么这种参数关系的磁性粉末混合后能得到优良的特性应当进行记载。如何计算这种参数关系应该有一种计算过程，如何试验得到这种参数关系应该有一些试验数据，复审请求人不能仅给出一个要求解决的问题，然后指出用两个参数关系式来解决所提出的问题。实施例也仅记载一些相关的磁性粉末混合方法，从而避而不谈参数关系问题，根据说明书记载的内容，使得本领域普通技术人员需要付出创造性劳动才能得出这种不等关系的结论或者说解决方案；同时复审请求人还指出根据制备的粘结磁铁的剩余磁通密度、粘结磁铁中的混合粉末所占的体积率，就可以利用公式计算出混合粉末自身的剩余磁通密度，根据混合粉末自身的剩余磁通密度、比重、重量比，就可以利用公式计算出磁铁 A 和 B 的剩余磁通密度，复审请求人的这种陈述是一种根据所得结果反推材料构成的过程，而不是根据各磁性粉末的特性按何种计算方法或实验手段得到具有优良特性的混合粉末，进而制备成具有优良特性的磁铁，并且这种反向推导过程在说明书未记载，也不能由其公开的内容直接推导出来，因此说明书对此公开不充分。

2. 关于专利法第二十六条第四款

专利法第二十六条第四款规定：“权利要求书应当以说明书为依据，说明要求专利保护的范围。”

权利要求 1 要求保护一种磁性粉末，其包含以下技术特征：“它由包含磁性粉末 A（剩余磁通密度 BrA、矫顽磁力 HcA）和磁性粉末 B（剩余磁通密度 BrB、矫顽磁力 HcB）的两种以上的混合粉末组成，各剩余磁通密度和矫顽磁力之间具有 BrA > BrB ，HcA < HcB 的关系。其中，各矫顽磁力具有 HcA = yHcB，其中 0. 1 < y 的关系。”

可见权利要求 1 记载的不等式关系同说明书技术方案部分记载的一样，由于说明书实施例中没有清楚记载上述不等式关系，所以上述关系特征得不到说明书的实质支持。另外，进一步限定的矫顽磁力之间的换算关系，同说明书发明内容部分记载的一样，说明书实施例部分也没有清楚记载该换算等式的实现，本领域普通技术人员无法从说明书记载的内容直接推导出这种换算关系式。也就是说，权利要求 1 中记载的内容仅仅在说明书的发明内容部分有记载，这仅仅是形式上的支持，说明书具体实施方式并没有就技术方案的实现作出具体清楚的记载，即权利要求 1 记载的技术方案实质上得不到说明书的支持，因此权利要求 1 不符合专利法第二十六条第四款的规定。权利要求 1 的从属权利要求 2～34所要保护的技术方案也都不符合专利法第二十六条第四款的规定。

综上所述，本申请并没有清楚完整地记载发明的技术方案，致使本领域普通技术人员不能再现本发明，因此本申请说明书不符合专利法第二十六条第三款的规定，全部权利要求 1～34 不符合专利法第二十六条第四款的规定。

三、决定

驳回本复审请求，维持国家知识产权局专利局实质审查部门于 2003 年 1 月 10 日对申请号为 94117927.3 的发明专利申请所作出的驳回决定。

复审请求人对本决定不服的，可以根据专利法第四十一条第二款的规定，自收到本决定之日起三个月内向北京市第一中级人民法院起诉。

057

在半导体器件中形成接触的方法及半导体器件案

复审请求审查决定（第6555号）

决 定 号 第6555号

决 定 日 2005年5月26日

发明创造名称 在半导体器件中形成接触的方法及半导体器件

国际分类号 H01L 21/31　H01L 21/3205　H01L 21/768

复审请求人 三星电子株式会社

申 请 号 98123102.0

申 请 日 1998年12月1日

公 布 日 1999年6月23日

合议组组长 张 度

主 审 员 张宗任

参 审 员 黄毅斐

法律依据 专利法第二十二条第三款

决定要点

本专利权利要求与对比文件1的区别，一部分被对比文件2公开，另一部分属于本领域公知常识，对比文件2给出了在对比文件1公开的技术方案的基础上得到本专利权利要求技术方案的技术启示，所以本专利权利要求所要保护的技术方案不具备突出的实质性特点和显著的进步，不具备创造性。

一、案由

本复审请求涉及申请日为1998年12月1日、优先权日为1997年12月4日、申请号为98123102.0、名称为“在半导体器件中形成接触的方法及半导体器件”的发明专利申请（下称本申请），申请人是三星电子株式会社。

在实质审查过程中，国家知识产权局专利局实质审查部门针对本申请原始申请文件进行了实质审查，并引用了下述对比文件：

US4710897A，公开日为1987年12月1日（下称对比文件1）；

US5475240A，公开日为1995年12月12日（下称对比文件2）。

实质审查部门于2002年4月5日发出第一次审查意见通知书，其中主要指出，权利要求1~8相对于对比文件1和2不具备创造性，不符合专利法第二十二条第三款的规定。

针对上述第一次审查意见通知书，申请人于2002年10月18日提交了意见陈述书。其中指出：(1) 与对比文件1相比，权利要求1和5所述的技术方案的区别在于欧姆接触由金属硅化物层构成，而不是对比文件1所公开的钨。所述技术方案相比对比文件1的优点是金属硅化物更不容易与硅衬底反应，并且本申请的接触孔填充有多晶硅，多晶硅层具有良好的台阶覆盖；(2) 与对比文件2相比，权利要求1和5所述的技术方案的区别在于在两种杂质区中形成金属硅化物层，使本申请的技术方案能够获得N^+型杂质区和P^+型杂质区的欧姆接触，而不管掺杂硅晶硅层的导电类型。同时申请人提交了权利要求书和说明书的替换页。修改后的权利要求书文本如下：

“1. 在半导体器件中形成接触的方法，包括以下步骤：在具有第一和第二杂质区的半导体衬底上形成层间绝缘层，其中所述第一和第二杂质区分别地为n^+型和p^+型，或相反；选择腐蚀所述层间绝缘层，从而在对应所述第一和第二杂质区的部分上形成至少两个接触孔；在所述接触孔的底部上形成欧姆接触层，其中所述欧姆接触层为金属硅化物层；用掺杂多晶硅层同时填满所述接触孔。

2. 如权利要求1的方法，其中所述硅化物层包括下面中的一种：硅化钛层、硅化钴层和硅化钨层。

3. 如权利要求1的方法，其中所述掺杂多晶硅是n^+型多晶硅和p^+型多晶硅中的一种。

4. 如权利要求1的方法，其中所述掺杂多晶硅具有约为10^{21}原子/cm^3的浓度。

5. 一种具有半导体衬底的半导体器件，包括：

形成在所述半导体衬底上并具有彼此不同的导电类型的第一和第二杂质区；

形成在半导体衬底上的层间绝缘层；

通过选择腐蚀层间绝缘层，在对应所述第一和第二杂质区的部分上形成的接触孔；

形成在所述接触孔的底部上的欧姆接触层，所述欧姆接触层为金属硅化物层；

同时填充在接触孔中的掺杂多晶硅层。”

国家知识产权局专利局实质审查部门认为，修改后的权利要求1~5相对于对比文件1和2仍然不符合专利法第二十二条第三款的规定，并于2002年12月6日作出了驳回本申请的决定。

申请人（下称复审请求人）对上述驳回决定不服，于2003年2月28日向专利复审委员会提出复审请求。复审请求的主要理由是：使用掺杂的多晶硅作为接触孔的填充材料，以及互连两个不同导电类型的扩散区时，获得了好的台阶覆盖、不会产生隆起现象、防止在不同导电类型的掺杂的多晶硅和杂质区之间形成p-n结；对比文件1没有教导使用金属硅化物作为欧姆接触层；对比文件2公开的方法仅仅在n^+扩散区上形成硅化钛层，没有教导在两个扩散区上形成金属硅化物层，并且使用任何导电类型的掺杂的多晶硅来填充接触孔；本领域技术人员结合对比文件1和2公开的内容，不能得到权利要求1和5所要保护的技术方案，因此权利要求1和5相对于现有技术具备创造性；进而权利要求1的从属权利要求2~4也具备创造性。同时没有对申请文件进行修改。

经形式审查，本复审请求符合规定的形式要求，专利复审委员会予以受理，并于2003年3月17日向复审请求人发出复审请求受理通知书，并同时要求原实质审查部门在规定期限内作出前置审查意见。

在前置审查程序中，国家知识产权局专利局原实质审查部门坚持驳回决定。

专利复审委员会依法成立合议组对本案进行复审，于2004年2月25日发出复审通知书。其中主要指出本申请权利要求1~5相对于对比文件1和2不符合专利法第二十二条第三款的规定。另外指出：（1）复审请求人主要陈述了所要保护方案的目的或有益效果，对比文件1结合对比文件2所得到的技术方案也能获得同样的有益效果；（2）对比文件1公开了使用一种例如n型导电类型的多晶硅互联层形成于CVD-SiO_2层上，即用掺杂（n型导电类型就是一种掺杂类型）多晶硅层填充接触孔（CVD-SiO_2层上就有两个接触孔），另外权利要求1中并没有指出使用何种类型的掺杂多晶硅来填充接触孔，对比文件1公开的是一种下位概念；对比文件2教导了在p^+硅栓层110与n^+型源/漏极区7之间形成耐熔金属硅化物层100，即欧姆接触层。对比文件1和2属于相同的技术领域，所以本领域普通技术人员在对比文件1的基础上，将能从对比文件2获得尝试使用金属硅化物或硅化钛作为欧姆接触层的启示。虽然对比文件2仅记载了在n^+扩散区上形成硅化钛层作为欧姆接触层，但欧姆接触层仅在n^+扩散区和p^+扩散区上形成，所以普通技术人员获得使用这种新材料的启示，必然会想到在p^+扩散区上也尝试使用。也就是说普通技术人员在对比文件1的基础上结合对比文件2得到权利要求1所要保护的技术方案不需要花费创造性劳动，因此权利要求1所要保护的技术方案不具备创造性；（3）虽然对比文件1中没有指出欧姆接触层是金属硅化物材料构成的，但对比文件2公开了在n^+型源/漏极区上形成硅化钛层，对比文件1和2属于相同技术领域，本领域普通技术人员很容易从对比文件2中获得使用硅化钛等金属硅化物来构成欧姆接触层的启示，即使用这种材料的启示，而不是仅仅拘泥于对比文件2中在n+型源/漏区上使用，这种使用不需要本领域普通技术人员付出创造性劳动，仅仅是更换新材料，而在其他结构上没有相关改进，所以不具备创造性。

针对复审通知书，复审请求人于2004年3月26日提交了意见陈述书，其中主要提出以下意见：（1）对比文件1（US4710897A）中，使用钨作为欧姆接触层，会形成阻挡载流子迁移的能垒，需要阻挡层以防止金属扩散到半导体中，而权利要求1的方案中，使用金属硅化物作为欧姆接触层，不存在上述问题；（2）对比文件2（US5475240A）中，硅化钛作为欧姆接触层仅形成在n型杂质区，而权利要求1的方案中，n区和p区上同时形成相同材料的金属硅化物层；（3）权利要求1相对对比文件1和2具备创造性，因此从属权利要求2和3也具备创造性。复审请求人同时提交了权利要求书替换页，其中对权利要求1进行了修改，保留了原权利要求2和4，删除了权利要求3和5。

专利复审委员会本案合议组继续对本案进行审理，于2004年8月13日发出复审通知书，再次提出如下意见：

1. 权利要求1要求保护一种在半导体器件中形成互连的方法，包括如下步骤：（a）在具有n型杂质区和p型杂质区的半导体衬底上形成层间绝缘层；（b）选择腐蚀所述层间绝缘层，从而形成多个贯穿层间绝缘层的接触孔，以暴露出n型杂质区部分和p型杂质区部分；（c）在由接触孔暴露出来的n型杂质区部分和p型杂质区部分形成多个欧姆接触层，所述多个欧姆接触层包括金属硅化物，形成在n型杂质区上的金属硅化物的材料与形成在p型杂质区上的金属硅化物的材料相同；（d）用掺杂多晶硅层同时填充所述多个形成有欧姆接触层的接触孔，掺杂多晶硅层由n型杂质掺杂的多晶硅或者p型杂质掺杂的多晶硅构成。

对比文件1公开了一种制造半导体存储器的方法，并具体公开了以下内容（参见对比文件1说明书第15栏的第38行~第16栏第5行及附图13）：在半导体衬底上形成n^+扩散区和p^+扩散区，CVD-SiO_2层126a覆盖包括氧化膜的整个表面，作为层间绝缘层；在层间绝缘层上形成分别对应于n^+扩散区和p^+扩散区的两个接触孔130a和130b，使用一种例如n型导电类型的多晶硅互联层形成于CVD-SiO_2层上，并通过埋置于接触孔的高熔点金属与n^+扩散区和p^+扩散区进行接触。

可见对比文件1公开了权利要求1中记载的特征（a）；形成的两个接触孔都暴露出n型杂质区部分和p型杂质区部分，对比文件1公开了权利要求1中记载的特征（b）中"形成多个贯穿层间绝缘层的接触孔，以暴露出n型杂质区部分和p型杂质区部分"；通过高熔点金属进行的接触即在接触孔底部形成欧姆接触层，对比文件1公开了权利要求1中记载的特征（c）中的"在由接触孔暴露出来的n型杂质区部分和p型杂质区部分形成多个欧姆接触层"；n型导电类型的多晶硅就是一种掺杂了n型导电材料的多晶硅，在埋于接触孔的高熔点金属上面填充的就是掺杂多晶硅层，对比文件1公开了权利要求1中记载的特征（d）；权利要求1所要求保护的技术方案与对比文件1公开的内容相比，其区别仅在于特征（b）中记载的形成接触孔的方式，即"选择腐蚀所述层间绝缘层"，特征（c）中记载的"所述多个欧姆接触层包括金属硅化物，形成在n型杂质区上的金属硅化物的材料与形成在p型杂质区上的金属硅化物的材料相同"。

对比文件2公开了一种制造半导体互联层的连接结构的方法，具体公开了以下特征（参见对比文件2说明书第7栏第17~52行，第10栏第24~52行，附图2、13~16）：在具有n^+型源/漏极区（即n^+型扩散区）的半导体衬底上形成绝缘层（即层间绝缘层），选择腐蚀所述绝缘层（即腐蚀所述层间绝缘层），从而在对应n^+型源/漏极区的部分上形成接触孔，在n^+型源/漏极区上形成硅化钛层（即在接触孔的底部形成金属硅化物欧姆接触层），使用p^+型硅栓塞填充接触孔。

可见对比文件2公开了特征（b）中的“选择腐蚀所述层间绝缘层”；对比文件2公开的方案中仅在n区形成的欧姆接触层包含金属硅化物，虽然权利要求1的方案中是在n区和p区上形成的欧姆接触层都包含相同的金属硅化物，但对比文件1和2属于相同的技术领域，把对比文件2方案中采用硅化钛作为在n区和p区上形成欧姆接触层的材料，这样就构成了权利要求1所要保护的方案，该区别特征在对比文件2中所起的作用与在权利要求1中所起的作用相同，所以这种结合也具有明显可预见性的有益效果，因此在对比文件1的基础上，对比文件2给出了一种明显的技术启示，即通过腐蚀所述层间绝缘层，形成对应于n^+扩散区和p^+扩散区的两个接触孔，并使用金属硅化物作为欧姆接触层；对比文件2给出了将上述区别特征应用到对比文件1中以得到权利要求1所要保护的技术方案的技术启示，即对本领域的普通技术人员来说得到权利要求1所要保护的技术方案是显而易见的，没有产生意想不到的技术效果，因此权利要求1所要求保护的技术方案相对于对比文件1和对比文件2的结合不具备突出的实质性特点和显著的进步，不符合专利法第二十二条第三款有关创造性的规定。

针对复审请求人在意见陈述书中的意见，合议组认为：因为对比文件1中采用钨作为欧姆接触层，存在的缺点是钨会扩散到半导体中，而对比文件2明显给出了用硅化钛作为欧姆接触层的启示，因此根据对比文件2的这一启示，在对比文件1中同样使用硅化钛作为欧姆接触层，这对本领域普通技术人员来说是容易想到的，也没有产生意想不到的技术效果，所以权利要求1不具有突出实质性特点和显著的进步，因而仍然不具备创造性。

2. 从属权利要求2附加了以下技术特征：“所述硅化物层包括下面的一种：硅化钛层、硅化钴层和硅化钨层”。对比文件2中（见说明书第7栏第17~52行，第10栏第24~52行，附图2、13~16）已经公开了：硅化物是硅化钛等，使用p^+型硅填充接触孔。由于该权利要求2引用的权利要求1所要保护的技术方案不具备创造性，权利要求2所要保护的技术方案也就不具有突出的实质性特点和显著的进步，所以权利要求2也不符合专利法第二十二条第三款有关创造性的规定。

3. 从属权利要求3附加了技术特征：“所述掺杂多晶硅具有约为10^{21}原子/cm^3的浓度”。在制造上述器件过程中，为了得到不同技术效果，本领域普通技术人员必然会考虑对掺杂多晶硅的浓度进行调整，所以本领域普通技术人员也会考虑采用上述浓度的掺杂多晶硅，由于该权利要求所引用的权利要求1要求保护的技术方案不具备创造性，该权利要求所要保护的技术方案也就不具有突出的实质性特点和显著的进步，所以该权利要求要求保护的方案也不符合专利法第二十二条第三款有关创造性的规定。

针对复审通知书，复审请求人于2004年9月24日提交了意见陈述书，其中主要提出以下意见：（1）原始申请文件说明书第3页第7~8和第13~16行分别记载了在权利要求1中增加的两个特征“将离子注入n型杂质区和p型杂质区中的至少一个杂质区，以稳定接触电阻和结漏电流”，和“涂敷稀释的氢氟酸以去除暴露出的n型杂质区和p型杂质区上的自然氧化物”，以及权利要求2中增加的特征“形成欧姆接触层包括以下步骤：在所得到的结构的整个表面上淀积金属层；对具有金属层的半导体衬底进行退火通过淀积的金属层与半导体衬底之间的反应以形成金属硅化物层；以及去除在层间绝缘层上的未反应的金属层”；（2）在对比文件1和2中没有公开权利要求1中增加的所述两个特征，该两个特征能够实现“稳定接触电阻和结漏电流”的技术效果，因此权利要求1的技术方案具有突出的实质性特点和显著的进步，具备创造性。复审请求人同时提交了权利要求书替换页。

修改后的权利要求书如下：

“1. 在半导体器件中形成互连的方法，包括以下步骤：

在具有 n 型杂质区和 p 型杂质区的半导体衬底上形成层间绝缘层；

选择腐蚀所述层间绝缘层，从而形成多个贯穿层间绝缘层的接触孔，以暴露出 n 型杂质区部分和 p 型杂质区部分；

将离子注入 n 型杂质区和 p 型杂质区中的至少一个杂质区，以稳定接触电阻和结漏电流；

涂敷稀释的氢氟酸以去除暴露出的 n 型杂质区和 p 型杂质区上的自然氧化物；

在由接触孔暴露出来的 n 型杂质区部分和 p 型杂质区部分形成多个欧姆接触层，所述多个欧姆接触层包括金属硅化物，形成在 n 型杂质区上的金属硅化物的材料与形成在 p 型杂质区上的金属硅化物的材料相同；

用掺杂多晶硅层同时填充所述多个形成有欧姆接触层的接触孔，掺杂多晶硅层由 n 型杂质掺杂的多晶硅或者 p 型杂质掺杂的多晶硅构成。

2. 如权利要求 1 的方法，其中，形成欧姆接触层包括以下步骤：在所得到的结构的整个表面上淀积金属层；对具有金属层的半导体衬底进行退火通过淀积的金属层与半导体衬底之间的反应以形成金属硅化物层；以及去除在层间绝缘层上的未反应的金属层。所述硅化物层包括下面中的一种：硅化钛层、硅化钴层和硅化钨层。

3. 如权利要求 1 的方法，其中所述掺杂多晶硅具有约为 10^{21} 原子/cm^3 的浓度。”

合议组经过审查后认为，本案事实清楚，可以作出本复审请求审查决定。

二、决定的理由

由于复审请求人于 2004 年 9 月 24 日提交了修改后的权利要求书，所作修改仅是结合说明书记载和现有技术在权利要求 1 中增加了两个步骤，以及在权利要求 2 中增加了常规的硅化处理步骤。上述修改未超出原始说明书记载的内容，因此本复审决定所依据的文本为 2004 年 9 月 24 日提交的权利要求 1 ~3，申请日提交的附图第 1 ~2 页、说明书摘要及其附图，2002 年 10 月 18 日提交的说明书第 1 ~4 页。

合议组评价本申请的权利要求所引用的对比文件与实质审查过程中所引用的对比文件相同（即，对比文件 1：US4710897A；对比文件 2：US5475240A），该两篇对比文件属于专利法第二十二条规定的现有技术范畴。

本申请涉及一种在半导体器件中形成互连的方法，本申请要解决的技术问题是使用例如硅化钨或硅化钛的金属作为接触孔填充材料，很难获得好的台阶覆盖，另外，如果在下道工序中发生热堆积，必然会产生金属层 20 的隆起现象等问题。

（1）权利要求 1 要求保护一种在半导体器件中形成互连的方法，包括如下步骤：（a）在具有 n 型杂质区和 p 型杂质区的半导体衬底上形成层间绝缘层；（b）选择腐蚀所述层间绝缘层，从而形成多个贯穿层间绝缘层的接触孔，以暴露出 n 型杂质区部分和 p 型杂质区部分；（c）将离子注入 n 型杂质区和 p 型杂质区中的至少一个杂质区，以稳定接触电阻和结漏电流；（d）涂敷稀释的氢氟酸以去除暴露出的 n 型杂质区和 p 型杂质区上的自然氧化物；（e）在由接触孔暴露出来的 n 型杂质区部分和 p 型杂质区部分形成多个欧姆接触层，所述多个欧姆接触层包括金属硅化物，形成在 n 型杂质区上的金属硅化物的材料与形成在 p 型杂质区上的金属硅化物的材料相同；（f）用掺杂多晶硅层同时填充所述多个形成有欧姆接触层的接触孔，掺杂多晶硅层由 n 型杂质掺杂的多晶硅或者 p 型杂质掺杂的多晶硅构成。

对比文件1公开了一种制造半导体存储器的方法，并具体公开了以下内容（参见对比文件1说明书第15栏第38行～第16栏第5行及附图13）：在半导体衬底上形成n^+扩散区和p^+扩散区，CVD－SiO_2层126a覆盖包括氧化膜的整个表面，作为层间绝缘层；在层间绝缘层上形成分别对应于n^+扩散区和p^+扩散区的两个接触孔130a和130b，使用一种例如n型导电类型的多晶硅互联层形成于CVD－SiO_2层上，并通过埋置于接触孔的高熔点金属与n^+扩散区和p^+扩散区进行接触。

可见对比文件1公开了形成层间绝缘层，即公开了权利要求1中记载的特征（a）；结合附图13可知形成的两个接触孔都暴露出n型杂质区部分和p型杂质区部分，对比文件1公开了权利要求1中记载的特征（b）中“形成多个贯穿层间绝缘层的接触孔，以暴露出n型杂质区部分和p型杂质区部分”；通过高熔点金属进行的接触即在接触孔底部形成欧姆接触层，对比文件1公开了权利要求1中记载的特征（e）中的“在由接触孔暴露出来的n型杂质区部分和p型杂质区部分形成多个欧姆接触层”；n型导电类型的多晶硅就是一种掺杂了n型导电材料的多晶硅，在埋于接触孔的高熔点金属上面填充的就是掺杂多晶硅层，对比文件1公开了权利要求1中记载的特征（f）。所以权利要求1所要求保护的技术方案与对比文件1公开的内容相比，其区别仅在于特征（c）、（d），以及特征（b）中记载的形成接触孔的方式，即“选择腐蚀所述层间绝缘层”，特征（e）中记载的“所述多个欧姆接触层包括金属硅化物，形成在n型杂质区上的金属硅化物的材料与形成在p型杂质区上的金属硅化物的材料相同”。

其中对于上述区别技术特征，合议组认为：本领域普通技术人员知悉为稳定接触电阻和结漏电流，可以将离子注入n型杂质区和p型杂质区中的一个杂质区或两个区；其次涂敷稀释的氢氟酸以去除暴露出的n型杂质区和p型杂质区上的自然氧化物，属于本领域常用的技术手段；特征（c）和特征（d）都属于本领域的公知常识。

对比文件2公开了一种制造半导体互联层的连接结构的方法，具体公开了以下特征（参见对比文件2说明书第7栏第17～52行，第10栏第24～52行，附图2、13～16）：在具有n^+型源/漏极区（即n^+型扩散区）的半导体衬底上形成绝缘层（即层间绝缘层），选择腐蚀所述绝缘层（即腐蚀所述层间绝缘层），从而在对应n^+型源/漏极区的部分上形成接触孔，在n^+型源/漏极区上形成硅化钛层（即在接触孔的底部形成金属硅化物欧姆接触层），使用p^+型硅栓塞填充接触孔。

可见对比文件2公开了特征（b）中的“选择腐蚀所述层间绝缘层”。对比文件2公开的方案中仅在n区形成的欧姆接触层包含硅化钛，虽然权利要求1的方案中是在n区和p区上形成的欧姆接触层都包含相同的金属硅化物，但对比文件2与本专利属于相同的技术领域，对比文件2的技术方案中在n区形成包含硅化钛的欧姆接触层所起的作用与权利要求1中n区和p区形成包含硅化物的欧姆接触层所起的作用是相同的，所以在对比文件1的基础上结合对比文件2采用的这种形成具有硅化钛欧姆接触层的技术手段具有明显可预见性的有益效果。因此在对比文件1的基础上，由于对比文件2给出了一种明显的技术启示，即通过腐蚀所述层间绝缘层，形成对应于n^+扩散区和p^+扩散区的两个接触孔，并使用金属硅化物作为欧姆接触层，即对本领域的普通技术人员来说得到权利要求1所要保护的技术方案是显而易见的，没有产生意想不到的技术效果，因此权利要求1所要求保护的技术方案相对于对比文件1和对比文件2的结合不具有突出的实质性特点和显著的进步，不符合专利法第二十二条第三款有关创造性的规定。

（2）从属权利要求2附加了以下技术特征：“形成欧姆接触层包括以下步骤：在所得到的结构的整个表面上淀积金属层；对具有金属层的半导体衬底进行退火通过淀积的金属层与半导体衬底之间的反应以形成金属硅化物层；以及去除在层间绝缘层上的未反应的金属层，所述硅化物层包括下面中的一种：硅化钛层、硅化钴层和硅化钨层”。

首先在所得到的结构的整个表面上淀积金属层、对具有金属层的半导体衬底进行退火通过淀积的金属层与半导体衬底之间的反应以形成金属硅化物层以及去除在层间绝缘层上的未反应的金属层，本领域普通技术人员知悉所述步骤是常用的硅化处理步骤，正如本申请说明书中记载一样，硅化钛层是利用公知的硅化处理形成的。另外对比文件2中（见说明书第7栏第17～52行，第10栏第24～52行，附图2、13～16）已经公开了：硅化物是硅化钛等，使用 p^+ 型硅填充接触孔。由于该权利要求2引用的权利要求1所要保护的技术方案不具备创造性，权利要求2所要保护的技术方案也就不具有突出的实质性特点和显著的进步，所以权利要求2也不符合专利法第二十二条第三款有关创造性的规定。

（3）从属权利要求3附加了技术特征："所述掺杂多晶硅具有约为 10^{21} 原子/cm^3 的浓度"。在制造上述器件过程中，为了得到不同技术效果，本领域普通技术人员必然会考虑对掺杂多晶硅的浓度进行调整，所以本领域普通技术人员也会考虑采用上述浓度的掺杂多晶硅。且采用这种浓度也没有带来意想不到的技术效果，由于该权利要求所引用的权利要求1要求保护的技术方案不具备创造性，该权利要求所要保护的技术方案也就不具有突出的实质性特点和显著的进步，所以该权利要求要求保护的方案也不符合专利法第二十二条第三款有关创造性的规定。

综上所述，本申请权利要求1～3不符合专利法第二十二条第三款的规定，不具备创造性。

三、决定

驳回本复审请求，维持国家知识产权局专利局实质审查部门于2002年12月6日对98123102.0号发明专利申请所作出的驳回决定。

复审请求人对本决定不服，可以根据专利法第四十一条第二款的规定，自收到本决定之日起三个月内向北京市第一中级人民法院起诉。

058

相似字选取和文件检索的方法和系统案

复审请求审查决定（第6559号）

决　定　号　第6559号
决　定　日　2005年6月20日
发明创造名称　相似字选取和文件检索的方法和系统
申　请　号　00122279.1
国际分类号　G06F 17/30
复审请求人　松下电器产业株式会社
申　请　日　2000年7月28日
公　开　日　2001年2月7日
合议组组长　黄毅斐
主　审　员　程　华
参　审　员　张美菊

法律依据　专利法第二十六条第四款
决定要点

按照专利法第二十六条第四款的规定，权利要求书应当得到说明书的支持。这种支持不仅是在表述形式上，更重要的是应当在实质上（相关实施例）得到说明书的支持。也就是说，每一项权利要求所要求保护的技术方案应当是所属技术领域的技术人员能够从说明书中公开的内容直接得到或者概括得出的技术方案，并且权利要求的范围不得超出说明书记载的内容。独立权利要求11、12中构成系统的各个装置的具体构成及连接关系在说明书中均未记载，因此权利要求11、12得不到说明书的支持。即使复审请求人在装置权利要求11和12中的各个装置后增加了相应的附图标记，但由于附图标记不得解释为对权利要求的限制，这样修改也不能使权利要求11、12得到说明书的支持。

一、案由

本复审请求涉及国家知识产权局于2003年10月24日驳回的、名称为“相似字选取和文件检索的方法和系统”的发明专利申请（下称本申请），其申请号为00122279.1，申请日为2000年7月28日，优先权日为1999年7月30日，申请人为松下电器产业株式会社。

在针对原始申请文件进行审查的基础上，国家知识产权局专利局实质审查部门于2002年8月30日发出了第一次审查意见通知书，主要指出：权利要求1相对于对比文件1（EP0862122A2）不具备专利法第二十二条第三款规定的创造性；在权利要求1不具备创造性的情况下，权利要求2~4、6、8、9之间不具有单一性，不符合专利法第三十一条第一款的规定；权利要求10不符合专利法实施细则第二十条第一款的规定。

针对实质审查部门的第一次审查意见通知书，申请人于2003年1月14日提交了意见陈述书和修改的说明书第1~14页、权利要求第1~14项。修改后的权利要求1、2、11、12如下：

“1. 一种从文件的文件数据库选取给定字母序列的相似字的方法，相似字的出现模式和给定序列的出现模式相似，所述方法包括下列步骤：

准备特征矢量表，它包含所述文件数据库中每个字的第一特征矢量；

通过检索相应于所述给定序列的所述文件数据库，得到有关所述给定序列的统计信息；

从所述统计信息，计算相应于所述给定序列的第二特征矢量；

计算所述第二特征矢量与每个所述第一特征矢量之间的相似度；以及

选择产生的相似度高于预定值的这种字。

2. 如权利要求 1 所述的方法，其特征在于所述给定字母序列是打算在检索中使用的一个给定查询。”

“11. 一种从文件的文件数据库选取给定查询的相似字的系统，相似字的出现模式和给定查询的查询模式相似，所述系统包括：

准备包含所述文件数据库中每个字的一个第一特征矢量的特征矢量表的装置；

通过检索相应于所述给定查询的所述文件数据库得到有关所述给定查询的统计信息的装置；

从所述统计信息计算相应于所述给定查询的第二特征矢量的装置；

计算所述第二特征矢量与每个所述第一特征矢量之间的相似度的装置；以及

选择产生相似度高于预定值的这些字的装置。

12. 在包括第一文件数据库和检索器的文件检索系统中，一种扩展给定查询以将经扩展的查询提供给检索器的系统，所述系统包括：

从文件的第二文件数据库选取所述给定查询的相似字或者所述给定查询中的查询字的装置，所述相似字的出现模式与所述给定查询或所述查询字的出现模式是相似的；及

利用所述给定查询的所述相似字或所述给定查询的所述查询字的装置，其中选取所述相似字的所述装置包括：

准备包含所述第二文件数据库中每个字的第一特征矢量的特征矢量表的装置；

通过检索相应于所述查询或所述查询字的所述第二文件数据库得到有关所述查询或所述查询字的统计信息的装置；

从所述统计信息计算相应于所述查询或所述查询字的第二特征矢量的装置；

计算所述第二特征矢量与每个所述第一特征矢量之间的相似度的装置；及

选择产生相似度高于预定值的这种字作为所述相似字的装置。”

申请人在意见陈述书中主要论述了修改后的权利要求 1、11 相对于对比文件 1 具备新颖性和创造性的理由；且认为由于独立权利要求 1 具备新颖性和创造性，因此其他独立权利要求与独立权利要求 1 具有共同的特定技术特征，具有单一性；权利要求 10 实质是一种方法，符合专利法实施细则第二十条第一款的规定。

国家知识产权局专利局实质审查部门继续审查后，于 2003 年 5 月 9 日发出了第二次审查意见通知书。其中指出：修改后的权利要求 1、2、11 相对于对比文件 1 仍不具备专利法第二十二条第三款规定的创造性；在权利要求不具备创造性的情况下，权利要求 2 ~ 10、12 ~ 14 不符合专利法第三十一条第一款的规定。

申请人于 2003 年 7 月 15 日再次提交了意见陈述书，论述了权利要求 1、2、11 具备创造性，以及权利要求 2 ~ 10、12 ~ 14 符合专利法第三十一条第一款的规定的理由。

实质审查部门于 2003 年 10 月 24 日以权利要求 1、2、11 不具备专利法第二十二条第三款规定的创造性为由驳回了本申请。主要理由是：（1）权利要求 1 的技术方案与对比文件 1 的区别在于①通

过检索相应于所述给定查询的所述文件数据库得到有关所述给定信息的统计信息，并通过所述统计信息计算给定查询的特征矢量；②并且给定查询特征矢量最后要求选择相似度高于预定值的字，这些技术特征是本领域中常用的技术手段。因此，权利要求1相对应对比文件1不具备专利法第二十二条第三款规定的创造性。(2) 权利要求2将给定字母序列限定为给定查询，对比文件1中的给定字母序列即为给定查询，当其引用的权利要求1不具备创造性时，权利要求2也不具备专利法第二十二条第三款规定的创造性。(3) 权利要求11为对应于方法权利要求1的装置权利要求，二者的技术特征一一对应，基于评述权利要求1的理由，权利要求11相对于对比文件1也不具备专利法第二十二条第三款规定的创造性。(4) 如第1项所述，通过对在文件中出现的频率进行统计计算确定特征向量是公知技术，这在对比文件1的背景技术这就已经进行了描述，申请人陈述的权利要求1具备创造性的理由不能被接受。

申请人（下称复审请求人）对上述驳回决定不服，于2004年2月6日向专利复审委员会提出复审请求。请求复审的主要理由是：本发明申请的技术特征在于（1）源语言并不具有特征矢量表；（2）对相应于源语言的文件DB的索引进行检索，由此获得项目频率，并且动态地在检索结果的基础上进一步获取对应于检索式的特征矢量；（3）对于任意字母序列均可获得项目频率。上述这些特征不能由对比文件1实现，也就是说，相对于对比文件1，本申请独立权利要求1所请求保护的技术方案对于本领域技术人员而言并非显而易见；同样本申请的其他权利要求的技术方案也具备创造性，并符合单一性的要求。

在前置审查程序中，国家知识产权局专利局原审查部门坚持原驳回决定。

专利复审委员会依法成立合议组对本案进行审查，于2005年4月20日发出了复审通知书，审查意见主要包括：（1）权利要求1涉及一种从文件的文件数据库选取给定字母序列的相似字的方法，对比文件1公开了一种可以同时执行关键字检索和语义检索的检索装置，权利要求1与对比文件1的区别在于第二特征矢量是通过给定序列的统计信息计算得到的，以及选择产生的相似度高于预定值的字，但通过设置预定值或门限值来进行筛选是本领域中常用的一种技术手段，并且在对比文件1的基础上得到矢量生成装置生成请求文本矢量是根据给定序列的统计信息得到的这对本领域的普通技术人员来说是显而易见的。因此权利要求1不符合专利法第二十二条第三款有关创造性的规定；针对本申请说明书中记载的另一具体实施例：其中给定查询项目的特征矢量是通过逆文件频率和项目频率计算得到的，正如复审请求人在说明书中所述关于项目频率＊逆文件频率计算已是本领域中公知的，同时复审请求人也提到日本专利Hei（08）－249354，其中记载有可以获得数据库中每个文件中的查询项目的出现频率（即项目频率）和包含查询项目的文件数（通过文件数可以得到逆文件频率）之类的统计信息的索引表。因此即使复审请求人将统计信息的具体内容和特征矢量的计算方式引入到权利要求1中，在对比文件1的基础上得到本申请说明书具体实施例中所记载的技术方案对本领域的普通技术人员来说也是显而易见的。因此，该实施例的技术方案不具有突出的实质性特点和显著的进步，不符合专利法第二十二条第三款有关创造性的规定；（2）权利要求2对权利要求1作了进一步的限定，对比文件1中的请求目标检索的请求文本就相当于本申请中的给定查询。因此在其引用的权利要求1不具备创造性的情况下，权利要求2也不符合专利法第二十二条第三款有关创造性的规定；（3）独立权利要求11、12分别请求保护的是一种系统，而构成系统的各个装置的具体构成及连接关系在说明书中均未记载，因此装置权利要求11、12得不到说明书的支持，不符合专利法第二十六条第四款的规定。

复审请求人于2005年6月6日对上述复审通知书作出答复，提交了意见陈述书和权利要求的修改替换页。其中修改后的权利要求1包括以下技术特征："相似于一个任意字的多个字的每个字的出现频率与该任意字在每个文件中的出现频率相似”、“文件数据库的多个字的每个字的第一特征矢量是从该字在每个文件中的出现频率得到的”、“给定字母序列的出现频率是通过从每个文件检索所述给定序列得到的”以及“相应于给定序列的第二特征矢量是从有关给定序列在所述文件中的所述出现频率得到的”；相应的装置权利要求11也包括了同样的特征；并在装置权利要求11和12中的各个装置后增加了图1中所示的附图标记。复审请求人认为：对比文件1并未揭示修改后独立权利要求1、11的特征，也未给出这方面的启示，因此修改后的权利要求1、11相对于对比文件1具有突出的实质性特点和显著的进步，符合专利法第二十二条第三款有关创造性的规定；在权利要求1具备创造性的前提下，引用权利要求1的权利要求2也具备创造性；权利要求11和12中各个装置的具体构成及连接关系是本领域技术人员能够从图1以及说明书中的相应描述的内容中得到的，符合审查指南的有关规定，是能够得到说明书的支持的。

2005年6月6日提交的权利要求11、12内容如下：

“11. 一种相似字选取系统，所述系统包括：准备具有多个文件的文件数据库的装置（33），使得相似于一个任意字的多个字的每个字的出现频率与该任意字在每个文件中的出现频率相似，每一个所述字由预定字母序的列组成；从该字在每个文件中的出现频率，得到文件数据库的每个字的第一特征矢量的装置（20）；准备特征矢量表的装置（20），特征矢量表包含对应于所述文件数据库中诸字的诸第一特征矢量；接收一个给定字母序列的装置（31）；通过从每个所述文件检索所述给定序列，得到有关所述给定字母序列的出现频率的装置（20），其中所述检索具有检索任何字母序列的出现频率的能力；从有关给定序列在所述文件中的所述出现频率，得到相应于所述给定序列的第二特征矢量的装置（20）；计算所述第二特征矢量与第一特征矢量表的每个所述第一特征矢量之间的相似度的装置（20）；选择产生的相似度高于预定值的这种字的装置（20）；以及输出所选的字作为与给定字母序列相似的字的装置（40，12）。

12. 一种在包括第一文件数据库和检索器的文件检索系统中扩展给定字母序列以将经扩展的字母序列提供给检索器的系统，所述系统包括：根据权利要求11所限定的方法，从文件的第二文件数据库选取所述给定字母序列的相似字的装置（20）；及利用所述给定字母序列的所述相似字的装置（14）。”

二、决定的理由

复审请求人在答复复审通知书时提交了新修改的权利要求1~14项，经审查，上述修改符合专利法第三十三条和专利法实施细则第六十条的规定。因此，本复审决定依据的文本是：2005年6月6日提交的权利要求1~14项、2003年1月14日提交的说明书第1~14页和申请日提交的附图第1~10页。

专利法第二十六条第四款规定，“权利要求书应当以说明书为依据，说明要求专利保护的范围”。按照该条款规定，权利要求书应当得到说明书的支持，这种支持不仅是在表述形式上，更重要的是应当在实质上（相关实施例）得到说明书的支持，也就是说，每一项权利要求所要求保护的技术方案应当是所属技术领域的技术人员能够从说明书中公开的内容直接得到或者概括得出的技术方案，并且权利要求的范围不得超出说明书记载的内容。

独立权利要求11、12分别请求保护的是一种系统，而构成系统的实现各个功能的各种装置的具体构成及连接关系在说明书中特别是在复审请求人强调的附图1及说明书的相应描述中均未记载，本领域的技术人员也无法从说明书记载的内容概括得出权利要求11、12所要请求保护的技术方案。因此装置权利要求11、12得不到说明书的支持，不符合专利法第二十六条第四款的规定。

专利法实施细则第二十条第四款明确规定：“附图标记不得解释为对权利要求的限制。”也就是说，即使复审请求人在装置权利要求 11 和 12 中的各个装置后增加了图 1 中所示的附图标记，这样做也不能使权利要求 11、12 中的各个装置得到说明书的支持。同时，权利要求 11 中的多个装置均是分开来撰写的，各自完成的功能也不相同，应该将其认定为不同的装置，而复审请求人却用同一附图标记来表示功能不同的多个装置，并且附图标记 20 在原始申请文件中指代的仅是“处理器和存储器”，而与权利要求 11 中记载的多个装置是不同的，权利要求 12 中用附图标记 14 标记“利用所述给定字母序列的所述相似字的装置”，而在原始申请文件中附图标记 14 标记“用户”，也就更加说明了权利要求 11、12 所述的技术方案在说明书中没有记载，得不到说明书的支持。

综上所述，复审请求人在答复复审通知书时所提交的修改文本依然没有克服复审通知书所指出的不符合专利法第二十六条第四款的缺陷。

根据以上事实和理由，本案合议组作出如下审查决定。

三、决定

维持国家知识产权局专利局实质审查部门于 2003 年 10 月 24 日对 00122279.1 号发明专利申请作出的驳回决定。

复审请求人对本决定不服的，可以根据专利法第四十一条第二款的规定，自收到本决定之日起三个月内向北京市第一中级人民法院起诉。

059

经改进的电气配件格板或安装板案

复审请求审查决定（第6610号）

决　　定　　号　第6610号
决　　定　　日　2005年6月15日
发明创造名称　经改进的电气配件格板或安装板
国 际 分 类 号　H01H 9/02、9/00　H01R 13/46、13/00
复 审 请 求 人　杰拉德工业有限公司
申　　请　　号　00129737.6
申　　请　　日　2000年10月8日
公　　开　　日　2001年4月25日
合 议 组 组 长　张跃平
主　　审　　员　孙克良
参　　审　　员　石　清

法 律 依 据　专利法第二十二条第三款
决 定 要 点

仅用两篇专利文献是不能够证明某一技术特征属于常用技术手段的，常用技术手段应该是公知的教科书或工具书披露的解决该技术问题的技术手段，或本领域解决该技术问题的惯用手段。

现有技术中的两篇对比文件的结合必须存在技术启示，而存在技术启示的情况是“所述区别特征为另一篇对比文件中披露的相关技术手段，该技术手段在该对比文件中所起的作用与该区别特征在要求保护的发明中为解决重新确定的技术问题所起的作用相同”。

一、案由

本复审请求案涉及申请日为2000年10月8日、优先权日为1999年10月8日、公开日为2001年4月25日、发明名称为“经改进的电气配件格板或安装板”的00129737.6号发明专利申请（下称本申请），申请人为杰拉德工业有限公司。

国家知识产权局专利局实质审查部门对本申请进行了实质审查，于2003年4月11日发出了第一次审查意见通知书。其中指出权利要求1～10相对于对比文件1（GB2286298A，公开日为1995年8月9日）不具备创造性，不符合专利法第二十二条第三款的规定；权利要求11～14相对于对比文件1和对比文件2（CN2287753Y，公开日为1998年8月12日）不具备创造性，不符合专利法第二十二条第三款的规定。

申请人于2003年8月25日陈述了意见并修改了权利要求书和说明书。其中将权利要求2的附加技术特征补入独立权利要求1，原权利要求3～14对应于修改后的权利要求2～13。

针对复审请求人于申请日提交的说明书附图、说明书摘要和摘要附图及2003年8月25日提交的权利要求书和说明书，国家知识产权局专利局实质审查部门于2003年11月7日驳回了本申请，驳回的理由为权利要求 1 ~ 13 不符合专利法第二十二条第三款的规定。

被驳回的权利要求中包括 13 项权利要求，具体如下：

“1. 一种安装电气配件的安装板，该安装板包括 ：

一个通常为平面状的和矩形的前壁；

一对延伸穿过前壁的螺纹容纳安装孔，此安装孔位于平分前壁的纵轴上，并靠近分别相对的前壁边缘；

一对细长槽，每个细长槽与相应的安装孔向内间隔开，并从平分前壁的纵轴朝着前壁各相对的纵向边缘向外横向延伸；以及

一个位于前壁内的安装面板，由上述孔至少部分限定在相对侧，本面板适合容纳电气配件，其中，紧固螺纹件经过安装孔进入安装表面，不会导致面板相对于前壁周围指向安装表面方向有任何明显的挠曲。

2. 如权利要求 1 所述的安装板，其特征在于所述槽邻近它们各自的安装孔。

3. 如权利要求 2 所述的安装板，其特征在于所述槽延伸跨过安装板横向宽度的主要部分。

4. 如权利要求 3 所述的安装板，其特征在于所述槽是基本平行的。

5. 如权利要求 4 所述的安装板，其特征在于所述面板限定了容纳电气配件的开口。

6. 如权利要求 1 到 6 中任何一项所述的安装板，其特征在于所述安装孔中的每一个由从安装板向后延伸的带孔的凸台限定。

7. 如权利要求 5 或 6 所述的安装板，其特征在于所述安装板包括位于面板后面的加强肋。

8. 如权利要求 7 所述的安装板，其特征在于所述加强肋围绕开口矩形布置，四个臂从矩形的四个角分别沿着对角线向外延伸。

9. 如权利要求 5 ~ 8 中任何一项所述的安装板，其特征在于所述开口由从面板向前突起的升高凸缘围成。

10. 如权利要求 1 所述的安装板，其特征在于安装板由塑料材料整体成型，该安装板还包括：一个从前壁悬垂并围绕其周围边界延伸的侧壁；四个延伸穿过前壁的容纳螺纹件的安装角孔，每个位于邻近前壁相应的角部位置。

11. 如权利要求 10 所述的安装板，其特征在于所述槽邻近它们各自的安装孔。

12. 如权利要求 11 所述的安装板，其特征在于所述槽延伸跨过安装板横向宽度的主要部分。

13. 如权利要求 12 所述的安装板，其特征在于所述槽是基本平行的。”

在驳回决定中，审查员在评述独立权利要求 1 时指出：独立权利要求 1 请求保护一种安装电气配件的安装板，对比文件 1 也公开了一种用来安装电气元件的隔板，其（参见说明书第 5 页第 3 段至第 6 页第 2 段，附图 6 ~ 11）披露了如下技术特征：用来安装电气元件的隔板 2，其包括一个矩形的平面的前表面，一个平分前表面的纵轴上有两个延伸穿过前表面的固定孔 13，且该两个固定孔 13 分别靠近两个横向相对的前表面的边缘，一个位于前表面的安装面板 5，用于容纳电气配件。独立权利要求 1 与对比文件 1 相比，区别在于：有一对细长槽，每个细长槽与相应的安装孔向内间隔开，并从平分前壁的纵轴朝着前壁各相对的纵向边缘向外横向延伸。这个区别特征所起的作用就是使得当紧固螺纹件经过安装孔进入安装表面时，不会导致安装面板相对于前壁周围指向安装表面方向有任何明显的挠曲，即采用开槽的方式消除在安装面板内产生的应力，而采用开槽的方式消除应力属于常用的消除应力的技术手段之一，如：对比文件 3，即中国专利申请 CN1037453A 的说明书第 15 至 19 页以及说明书摘要中公开的采用凹槽或裂缝来消除应力；对比文件 4，即中国实用新型专利 CN2274666Y 中公开的卸力缝 2 等。由此可见，在对比文件 1 的基础上，本领域普通技术人员很容易得出独立权利要求

1 请求保护的技术方案。因此，独立权利要求 1 相对于对比文件 1 不具有突出的实质性特点和显著的进步，即不具备创造性，不符合专利法第二十二条第三款的规定。

申请人（下称复审请求人）对上述驳回决定不服，于2004 年2 月20 日向专利复审委员会提出复审请求，未修改申请文件。请求复审的主要理由是："采用开槽方式消除应力"仅仅是对现有技术中存在的各种同类的消除应力方法的高度概括，不应认为这种总括性的方案能够轻易地在各种领域的各种具体情况下应用。

经形式审查合格后，专利复审委员会受理了该复审请求，于2004 年3 月15 日向复审请求人发出了复审请求受理通知书和前置审查通知书。

原审查部门对本案进行了前置审查，原审查部门认为权利要求 1 ~ 13 所记载的技术方案仍不具备创造性，因此，坚持驳回决定。专利复审委员会依法成立合议组对本案进行审查。经审查，合议组认为本案事实清楚，可以作出审查决定。

二、决定的理由

复审请求人在提出复审请求时未修改专利申请文件，因此合议组仍将驳回决定所针对的文本，即申请日提交的说明书附图、说明书摘要和摘要附图及 2003 年 8 月 25 日提交的权利要求书和说明书作为复审决定所依据的文本。

将本申请的权利要求 1 与对比文件 1 相比，其区别仅在于"一对细长槽，每个细长槽与相应的安装孔向内间隔开，并从平分前壁的纵轴朝着前壁各相对的纵向边缘向外横向延伸"。该区别特征所起的作用是"紧固螺纹件经过安装孔进入安装表面，不会导致面板相对于前壁周围指向安装表面方向有任何明显的挠曲"。但原实质审查部门在驳回决定中指出："采用开槽的方式消除应力属于常用的消除应力的技术手段之一"。为了支持这一结论，审查员列举了两篇专利文献。然而，合议组认为，仅用两篇专利文献是不足以证明"采用开槽的方式消除应力属于常用的消除应力的技术手段之一"的，根据审查指南第二部分第四章第 3. 2. 1. 1 节，常用技术手段应该是公知的教科书或工具书披露的解决该技术问题的技术手段，或本领域解决该技术问题的惯用手段。因此原实质审查部门所认定的"采用开槽的方式消除应力属于常用的消除应力的技术手段"是缺乏事实依据的。因此如果审查员不能提供证据来证明其区别特征为常用技术手段，则权利要求 1 相对于对比文件 1 具备创造性。

另外，合议组还认为（注：对比文件 2 在第一次审查意见通知书中评述原独立权利要求 11 时被引用，但修改后已删除该权利要求，故驳回决定中未引用对比文件 2）：对比文件 3 中应力是由于卫生巾在折叠时产生的，而采用凹槽的目的是使卫生巾保持折叠状态；对比文件 4 中应力的产生是由于竹材的纤维管束排列致密度由竹青到竹黄逐渐稀疏，物理性能随之变化，因此而产生弯曲变形。而本申请的应力产生原因是由于面板的两端被固定时由螺纹件安装位置传递到安装板中心区域的力造成的。因而开槽的方式也就不同。本申请要开通孔才能解决应力的传递，从而避免弯曲变形；而对比文件 4 只需在底部开有横向卸力缝从而使长纤维变成短纤维即可达到目的。由此可见，本申请与对比文件 3 和 4 的弯曲应力产生的原因不同，所以本申请的槽所解决的技术问题及所起的作用与对比文件 3 和 4 中的槽所起的作用也就不同。而根据审查指南第二部分第四章第 3. 2. 1. 1 节，现有技术中的两篇对比文件的结合必须存在技术启示，而存在技术启示的情况是："所述区别特征为另一篇对比文件中披露的相关技术手段，该技术手段在该对比文件中所起的作用与该区别特征在要求保护的发明中为解决重新确定的技术问题所起在作用相同"。所以，本领域的技术人员不能得到技术启示将对比文件 3 或对比文件 4 的槽应用到对比文件 1 中，所以即使将对比文件 1 与对比文件 3 和/或对比文件 4 结合也不能破坏权利要求 1 的创造性。

在独立权利要求 1 具备创造性的基础上，直接或间接引用它的从属权利要求 2 ~ 13 也相对于对比文件1、3、4具备创造性。

鉴于原驳回决定理由不充分，原驳回决定应予撤销。

基于上述理由，合议组作出下述决定。

三、决定

撤销国家知识产权局专利局实质审查部门于2003年11月7日作出的驳回00129737.6号申请的决定，由原实质审查部门以驳回决定所针对的文本为基础继续审查。

060

制造半导体器件的装置及制造半导体器件电容器的方法案

复审请求审查决定（第6616号）

决　定　号　第6616号
决　定　日　2005年6月21日
发明创造名称　制造半导体器件的装置及制造半导体器件电容器的方法
国际分类号　H01L 21/28
复审请求人　三星电子株式会社
申　请　号　98123103.9
申　请　日　1998年12月1日
公　开　日　1999年9月8日
合议组组长　于　萍
主　审　员　詹靖康
参　审　员　樊晓东

法律依据　专利法实施细则第二十一条第二款
决定要点

利用扫描电子显微镜进行充电只是本申请的一个实施方式，本领域普通技术人员可以根据说明书所记载的对这种充电的要求，根据现有技术作出选择，采用除扫描电子显微镜以外其他合适的装置来实现充电步骤。权利要求1记载的技术方案足以能解决其技术问题，达到发明目的，并且与背景技术中的其他技术方案相区别，故该权利要求1符合专利法实施细则第二十一条第二款的规定。

一、案由

本专利复审请求涉及申请号为98123103.9、名称为“制造半导体器件的装置及制造半导体器件电容器的方法”的发明专利申请，其申请日为1998年12月1日，申请人为三星电子株式会社。其公开时的权利要求1内容为：

“1. 制造半导体器件的电容器的方法，包括以下步骤：

（a）在形成于半导体衬底上的特定结构上形成半导体器件电容器的下电极；

（b）在下电极的暴露表面上形成半球形晶粒（HSG）膜；

（c）稳定所述HSG膜，以防止由于随后的清洗步骤期间HSG膜的磨损造成的HSG表面积的减小；

（d）清洗稳定化了的HSG膜。”

国家知识产权局专利局实质审查部门依法对该专利申请进行了实质审查，于2002年6月28日发出第一次审查意见通知书。通知书指出本申请说明书部分对稳定HSG膜的方案未作出清除完整的说明，致使本领域技术人员无法实现，不符合专利法第二十六条第三款的规定；权利要求 1，6~9、14、15 没有对如何稳定 HSG 膜给出具体描述，因而得不到说明书的支持，不符合专利法第二十六条第四款的规定；权利要求 2、12、14 缺少必要技术特征，不符合专利法实施细则第二十一条第二款的规定。

2002 年 11 月 13 日，申请人针对上述审查意见通知书提交了意见陈述书和权利要求书替换页。申请人删除了权利要求 2、5~9、13、15；修改了权利要求 1、12、14。申请人在权利要求 1 的步骤（c）中加入了特征“所述的稳定包括对 HSG 膜表面进行5~20分钟的电子充电”。申请人还认为，由于 SEM 设备本身是一种公知设备，相对于处理时间而言，设备所产生的电子的加速电压，灯丝电流这些条件是非必要的，因此没有加入这些特征。修改后的权利要求 1 为：

“1. 制造半导体器件的电容器的方法，包括以下步骤：

（a）在形成于半导体衬底上的特定结构上形成半导体器件电容器的下电极；

（b）在下电极的暴露表面上形成半球形晶粒（HSG）膜；

（c）在随后的处理过程之前稳定所述的 HSG 膜，以形成稳定的 HSG 膜；所述的稳定包括对 HSG 膜表面进行5~20分钟的电子充电，以防止由于随后的清洗步骤期间 HSG 膜的磨损造成的 HSG 膜表面积的减小；

（d）清洗稳定化了的 HSG 膜。”

国家知识产权局专利局实质审查部门于 2003 年 1 月 17 日发出第二次审查意见通知书，指出本申请修改后的独立权利要求 1 仍然缺少必要技术特征“利用扫描电子显微镜设备对 HSG 膜表面进行5~20分钟的电子充电”；修改后的权利要求 7 中第一处理室和第二处理室均包括电子充电装置，超出了原说明书和权利要求书的记载范围，不符合专利法第三十三条的规定。

2003 年 5 月 28 日，申请人针对第二次审查意见通知书提交了意见陈述书和权利要求书替换页。申请人修改了权利要求 7。申请人认为电子充电的具体过程和工艺条件并不是本发明解决技术问题的必要条件，对 HSG 膜进行充电的步骤并不仅仅局限于使用扫描电子显微镜设备，利用电子显微镜进行充电只是实现本发明的优选方式。

经过上述审查程序后，国家知识产权局专利局原实审查部门以本申请权利要求 1 不符合专利法实施细则第二十一条第二款的规定为理由，于 2003 年 8 月 15 日作出了驳回该专利申请的决定。该驳回决定中指出，不是在任何条件下，以任何方式对 HSG 膜表面进行 5~20 分钟的电子充电都可以实现稳定 HSG 膜的目的，而是需要利用扫描电子显微镜设备，这是解决本发明所要解决技术问题的必要技术特征；本申请中利用扫描电子显微设备并不是以优选方式，而是以唯一方式公开的。权利要求 1 不符合专利法实施细则第二十一条第二款的规定，依据专利法第三十八条予以驳回。

三星电子株式会社（下称复审请求人）不服上述驳回决定，于 2003 年 11 月 25 日向专利复审委员会提出复审请求，复审请求人坚持认为电子充电的具体过程和工艺条件并不是解决本发明要解决的技术问题的必要技术特征，进行权利要求 1 所述的对 HSG 膜进行充电的步骤并不仅仅局限于使用扫描电子显微镜设备和具体的处理条件。专利复审委员会受理了上述请求。原实质审查部门对该复审请求作出前置审查意见，仍然坚持原驳回决定。

合议组对本案进行了审查，认为事实清楚，可以作出决定。

二、决定的理由

根据专利法实施细则第二十一条第二款的规定，独立权利要求应当从整体上反映发明或者实用新型的技术方案，记载解决技术问题的必要技术特征。必要技术特征是指“发明或者实用新型为解决其技术问题所不可缺少的技术特征，其总和是以构成发明或者实用新型的技术方案使之区别于背景技术中所述的其他技术方案。”

本申请涉及一种制造半导体器件的装置及由其制造半导体器件电容器的方法，要解决的技术问题是：在现有技术中，在制造半导体电容器的过程中，通过形成在电容器的下电极上形成半球形硅晶粒（HSG）来增加电容的表面积。但是，由于不稳定的晶相结构，HSG 膜的表面在后续的清洗过程中被磨损。为了解决上述问题，本申请的技术方案通过对 HSG 膜表面进行 5 ~ 20 分钟的电子充电，稳定 HSG 膜，防止清洗对 HSG 膜造成的磨损。本申请的发明点就在于增加的这一步骤。对 HSG 膜进行充电的步骤并不局限于使用扫描电子显微镜设备。说明书第 6 页第 6 ~ 9 行记载，包括电子发射装置用于对 HSG 膜表面进行电子充电的处理室，所说的电子充电装置的结构基本上与扫描电子显微镜（SEM）设备一样，也可以用 SEM。

本领域普通技术人员可以根据说明书所记载的对这种充电的要求，根据现有技术作出选择，采用合适的装置来实现该步骤。利用电子显微镜进行充电只是本申请的一个实施方式。本领域技术人员根据权利要求 1 记载的技术方案能够实施该技术方案，也就是说，权利要求 1 记载的技术方案足以能解决其技术问题，达到发明目的并且与背景技术中的其他技术方案相区别。因此本申请权利要求 1 符合专利法实施细则第二十一条第二款的规定。

三、决定

撤销知识产权局专利局实质审查部门于 2003 年 8 月 15 日作出的驳回决定。以复审请求人原始提交的说明书、附图以及 2003 年 5 月 28 日提交的权利要求书修改文本为基础，由原实质审查部门继续进行审查程序。

061

汉字阴阳双极编码输入系统单手录入键盘案

复审请求审查决定（第6623号）

决　定　号　第6623号

决　定　日　2005年1月17日

发明创造名称　汉字阴阳双极编码输入系统单手录入键盘

国际分类号　G06F 3/023

复审请求人　陈劲松

申　请　号　96103706.7

申　请　日　1992年12月31日

公　开　日　1997年12月3日

合议组组长　石　竞

主　审　员　马红梅

参　审　员　熊　婷

法律依据　专利法第二十六条第三款

决定要点

驳回决定以请求人放弃的申请文本为依据，因此导致审查违反法定程序；

对于由汉字编码方法与该编码方法所使用的特定键盘相结合而构成的计算机汉字输入方法的发明专利申请，在说明书及权利要求书中应当描述该汉字输入方法的技术特征。必要时，还应当描述该输入方法所使用键盘的技术特征，包括该键盘中对各键位的定义以及各键位在该键盘中的位置等。

一、案由

本复审请求涉及的是国家知识产权局专利局于1996年3月24日受理的、名称为“汉字阴阳双极编码输入系统单手录入键盘”、申请号为96103706.7的发明专利申请，申请人是陈劲松，该申请是申请人于1992年12月31日向国家知识产权局专利局提出的申请号为92111818.X的发明专利申请的分案申请。

1998年2月4日，申请人提交了补正书，称其内容为“原案申请文件”，其中包括权利要求书、说明书和其附图。

在实质审查过程中，国家知识产权局专利局原实质审查部门在1999年10月22日发出的第一次审查意见通知书中，指出，“申请人于1998年2月4日提交了权利要求书和说明书的补正文本。上述补正文本增加了大量实质性技术内容，根据专利法第三十三条，这是不允许的。以下审查是以公开的原始文本为基础的。该申请提出一项独立权利要求，但除了罗列一些表意符号之外毫无技术内容。问题还在于说明书也没有任何技术内容，这个输入法是如何输入的，没有任何描述，该发明的技术方案没有公开。根据专利法第二十六条第三款，该专利申请难有授权前景”。

申请人于2000年3月6日针对第一次审查意见通知书进行了答复，其提交了意见陈述书、附件

1——国家知识产权局针对本申请原案 92111818·X 发出的第一次审查意见通知书、附件 2——涉及本申请原案 92111818·X 的会晤记录、附件 3——阴阳码使用手册、说明书、附图替换页。申请人陈述意见如下：其于 1998 年 2 月 4 日提交的补正文本并非本案的权利要求书和说明书的补正文本，而是本案的原案申请文件副本，且已在补正书上注明了补正的是“原申请文件”。此外，本分案申请的汉字输入规则与原案的形码、声形码、声韵形码是相同的，其技术细节都在原案说明书中披露过。由于审查员在审查意见中提出的本案说明书技术内容披露不够，为此，申请人要求以原案说明书原文补正替换本分案说明书。

国家知识产权局专利局原实质审查部门于 2000 年 12 月 29 日针对申请人于 1996 年 3 月 24 日提交的权利要求书、说明书、附图及说明书摘要驳回了该申请。驳回决定依据的是专利法第二十六条第三款的规定，其具体理由是：该申请提出一项独立权利要求，但除了罗列一些表意符号之外毫无技术内容可言。问题还在于，说明书没有任何技术内容的记载，并且，这个输入法是如何输入的，没有任何描述。总之，该发明的技术方案没有公开。作为一个键盘装置的权利要求，既没有装置结构的技术特征，也没有使用操作方法；作为 92111818. X 的分案申请，如果该 92111818. X 的申请文件中有关该分案的技术内容完整，也是可以补救的，但是该原始申请文件也仅仅描述了数字符号代表笔画和声韵母的分配；至于该所谓小键盘如何使用则根本没有描述；既然所提及的各种输入方案能用单手键盘输入，首先应该描述清楚，在一键多码的情况下，如何取码操作输入；另外，字根码排列在何处，如果没有字根码，那就不是“所提及的各种输入方案能用单手键盘输入”；如果笔画码和声韵码是叠加在一起的，那么，声形输入和形形输入，是否也应该有转换键，从另一个角度说，该键盘适用的输入方案是什么。综上所述，该申请文本没有描述作为键盘的最基本的技术内容，只是列出一些表意符号，因此，该发明的技术方案没有公开。

申请人（下称复审请求人）不服国家知识产权局专利局实质审查部门作出的上述驳回决定，于 2001 年 4 月 15 日向专利复审委员会提出了复审请求。其复审理由主要是：（1）国家知识产权局专利局原实质审查部门发出的第一次审查意见通知书所针对的审查文本有误，而且在出现此偏差的情况下其并未给予申请人再次陈述意见的机会而直接作出驳回决定，复审请求人认为原实质审查部门的该行为是不妥的；（2）复审请求人陈述了本发明的部分原理，并认为本专利申请公开充分。

专利复审委员会受理了上述复审请求，并发出复审请求受理通知书及前置审查通知书。

在前置审查过程中，国家知识产权局专利局原实质审查部门坚持原驳回决定。

2002 年 6 月 21 日，复审请求人提交了补充陈述意见并修改了权利要求书和说明书，复审请求人主要意见如下：（1）国家知识产权局专利局原实质审查部门在驳回决定中指出：“说明书也没有任何技术内容，这个输入法是如何输入的，没有任何描述，该发明的技术方案没有公开”，而事实上，在本分案说明书的第 3 页第 3 段已经指明：“本发明的内容在于……使专利申请 92111818. X（分案前）所提及的各种输入方案能用单手键盘输入”。因此，该输入法是按照原案（92111818. X）所提及的各种输入方案进行输入的；（2）原实质审查部门在驳回决定中指出：“作为一个键盘装置的权利要求，既没有装置结构的技术特征，也没有使用操作方法”。而事实上，权利要求书中已经说明了“使用操作方法”为“根据该申请（92111818. X）提出的阴阳形码、声形码、声韵形码三个编码规则……进行输入”；（3）原实质审查部门在驳回决定中还认为：“该原始申请文件也仅仅描述了数字符号代表笔画和声韵母的分配。至于该所谓小键盘如何使用则根本没有描述”，而事实上，原案小键盘内容和大键盘内容的描述是一样的，都是融在整个技术方案中进行陈述的，而且在解释输入规则时，都只描述到将汉字拆成相应的码元为止，而并没有将其对应按键，这些都是因为形码、声形码、声韵形码规则的陈述既是在描述大键盘方案，也是在描述小键盘方案，对于将码元对应的键盘这一部分，文中交给了附图；（4）原实质审查部门在驳回决定中指出："既然所提及的各种输入方案能用单手键盘输入。首先应该描述清楚，在一键多码的情况下，如何取码操作输入"，复审请求人认为，从事编码专业的中级技术人员，在看到了本发明的编码规则以及各码元在键盘中的位置后，都会知道把汉字通过编码规则拆成码元，然后通过码元在键盘中的位置找到按键进行输入的；（5）原实质审查部门在驳回决定中指出："另外，字根码排列在何处？如果没有字根码，那就不是'所提及的各种输入方案能用单手键盘输入'"。复审请求人认为，小键盘上没标字根码，自然是不要用户输入字根码，而直接按规则输入笔画码元就可以了，因此这并不影响小键盘输入汉字；（6）原实质审查部门在驳回决定中指出："如果笔画码和声韵形码是叠加在一起的，那么，声形输入和形形输入，是否也应该有转换键？从另一个角度说，该键盘适用的输入方案是什么"。对此，复审请求人认为：所述声形码、声韵形码和形码三个单手键输入法可能单独分成三个独立的输入法软件发行，也可能将三个输入法放在一个软件中发行，但它们之间的相互切换都可以用操作系统指定的输入法切换键进行切换，并不需要再设计一个切换键。

专利复审委员会依法成立合议组对本案进行复审，并于2004年5月25日向复审请求人发出复审口头审理通知书，定于2004年7月5日下午2时举行口头审理。

2004年6月16日，复审请求人寄交了口头审理回执，表示因工作原因无法参加口头审理，此外，复审请求人还就本案是否充分公开书面陈述了意见。

2004年10月22日，复审请求人再次寄交了权利要求书替换页，该权利要求书内容如下：

"1. 一种输入汉字用的单手键盘及其输入汉字的方法，其特征在于，根据发明专利汉字阴阳双极输入法提出的阴阳形码、阴阳声形码、阴阳声韵形码三个编码规则，可以利用17键的单手数字键盘进行输入，各编码规则所使用的码元在计算机单手键盘上的具体定位如下：

（1）笔画键盘：笔画码元的定位，各键代表的码元如下

Numloc - -11	/ - -12	* - -13 14	— - -15
7 - -21 22 23 24	8 - -55 52	9 - -25	+ - -35
4 - -31	5 - -32	6 - -33 34	
1 - -41	2 - -53 54	3 - -43 44 42	Enter - -45
0 - -51			

其中12345分别代表单笔画的横、竖、撇、捺、折

（2）声母键盘：声母码元的定位

Numlock - -b	/ - -p	* - -m	— - -f r
7 - -d g	8 - -t k	9 - -n h	+ - -l
4 - -z zh	5 - -c ch	6 - -s sh	
1 - -j	2 - -q	3 - -x	Enter - -w a o e
0 - -y			

（3）韵母键盘：韵母码元的定位，其中Numlock还代表零声母

Numlock - -ua ian	/ - -ui iao	* - -uan ei	— - -ao iong
7 - -a iu	8 - -o er ong	9 - -e in	+ - -ang iang
4 - -i uai	5 - -u üe	6 - -ü eng	
1 - -ia ai	2 - -ing uang	3 - -ie un	Enter - -an üan
0 - -en uo	. - -ün ou		

（4）本键盘在输入阴阳形码时，按照阴阳形码的规则将汉字拆成码元，然后将码元直接对应笔

画键盘即可输入：

阴阳形码独体字取头5笔画输入，合体字分成阴部、阳部两半后，每部各取头4笔画，每2笔画一键，对只剩下的单笔画，按传统方法分别用数字键‘12345’代表横、竖、撇、捺、折；

（5）本键盘在输入阴阳声形码时，按照阴阳声形码的规则将汉字拆成声母码元和笔画码元，然后将声母码元对应声母键盘、将笔画码元对应笔画键盘即可输入：

阴阳声形码首键先输入该字的声母，然后独体字取头4笔画输入，合体字分成阴部、阳部两半后，阴部各取头2笔画，阳部取头4笔画；

（6）阴阳声韵形码输入时，按照阴阳声韵形码的规则将汉字拆成声母码元、韵母码元、笔画码元，然后将声母码元对应声母键盘、韵母码元对应韵母键盘、笔画码元对应笔画键盘即可输入：

阴阳声韵形码首键输入声母、次键输入韵母，然后独体字取头2笔画输入，合体字分成阴部、阳部后，每部各取头2笔画；

2. 如权利要求1所述的单手键盘及其输入汉字的方法，其特征在于，可以应用于任何17键的单手键盘输入场合。”

至此，合议组认为，本案的事实已经清楚，可以作出本决定。

二、决定的理由

1. 实质审查程序中所依据的文本

申请人于1996年3月24日提交了本分案申请文本，此外，于1998年2月4日根据专利法实施细则第四十四条提交了补正书，并称其内容为“原案申请文件”。而在第一次审查意见通知书中，原实质审查部门首先将申请人于1998年2月4日提交的原案申请文件误认为是本分案申请的补正文本，且认为该补正文本因增加了大量实质性技术内容而不予接受，然后原实质审查部门退回到公开的原始文本为基础进行了审查。由此可见，虽然第一次审查意见通知书最终是以原始分案文本为审查基础的，但是原审查部门起初是将申请人于1998年2月4日提交的原案申请文件认定为本分案申请的修改文本的，而该认定是有误的。

申请人于2000年3月6日针对第一次审查意见通知书进行了答复，同时以原案说明书替换本分案说明书并提交了说明书及说明书附图的替换页。而在驳回决定中，原审查部门未评述此说明书修改文本是否予以接受而据以作出决定的却是分案申请文本，即：1996年3月24日提交的权利要求书、说明书、说明书附图及说明书摘要。显然，该驳回决定所依据的文本也是有误的。也就是说，驳回决定以复审请求人放弃的申请文本为依据，属于审查指南第四部分第二章第七节规定的审查违反法定程序的情形。

2. 复审审查的基础

（1）复审请求人于2004年10月22日提交的权利要求书的修改之处为：

（1-1）将分案申请文本之权利要求1中的“计算机汉字阴阳双极编码的输入系统（专利申请号92111818.X）的单手录入键盘，其特征在于，根据该申请提出的阴阳形码、声形码、声韵形码三个的编码规则，利用经过重新定义的计算机101键盘中的单手键盘或键位与其相似的17键键盘进行输入，编码各元素在单手键盘的定义如下”改为“一种输入汉字用的单手键盘及其输入汉字的方法，其特征在于，根据发明专利汉字阴阳双极输入法提出的阴阳形码、阴阳声形码、阴阳声韵形码三个编码规则，可以利用17键的单手数字键盘进行输入，各编码规则所使用的码元在计算机单手键盘上的具体定位如下”；

（1-2）将分案申请文本之权利要求1中的“（‘--’前面是键名，‘--’后面的12345分别表示横竖撇捺折）”删除，并在删除处增加“笔画码元的定位，各键代表的码元如下”，此外，在该权利要求之第（1）部分末尾加入“其中12345分别代表单笔画的横、竖、撇、捺、折”；

（1－3）将分案申请文本之权利要求1中的“（Φ表示零声母）”删除，并在删除处增加“声母码元的定位”；

（1－4）将分案申请文本之权利要求1中的“．—断码”删除；

（1－5）在分案申请文本之权利要求1的第（3）部分中加入“韵母码元的定位，其中Numlock还代表零声母”。

（2）复审请求人于2002年6月21日提交的说明书的修改之处为：

（2－1）在分案申请文本之说明书第3页第3、4自然段之间加入下述内容：“原案92111818.X披露了阴阳形码、声形码、声韵形码三个编码方法，披露的内容节录如下……以上为本案的原案披露的三种具体的输入方法”（见2002年6月21日提交的说明书之第3页第4段～第5页之第2段内容）；

（2－2）将分案申请文本之说明书第3页中出现的“具体的笔画盘，声母盘、韵母盘的键位安排见图1、图2、图3”改为“原案根据形码、声形码、声韵形码三个编码方案中的码元，设计了笔画组合、声母、韵母对应英文键盘的位置，分别见原案说明书图1、图2、图3。在输入汉字时，对照相应的编码规则，拆成码元后，按对应的键盘图取得按键即可。原案中有实例可以具体参照。原案中也相应的设计了笔画组合、声母、韵母对应单手数字键盘的位置，分别见原案说明书图4、图5、图6。其作用和用法与原案说明书图1、图2、图3相同，图4和图1同为笔画盘、图5和图2同为声母盘、图6和图3同为韵母盘。当拆分出来的码元是笔画元素时，就按照笔画盘对应按键；当拆分出来的码元是声母元素时，就按照声母盘对应按键；当拆分出来的码元是韵母元素时，就按照韵母盘对应按键。本说明书附图的图1、图2、图3即取自原案说明书的图4、图5、图6，分别为本编码单手数字键上的笔画盘、声母盘、韵母盘。”

（2－3）在分案申请文本之说明书第4页的“附图说明”之前加入下述内容：

“实施实例编码表：（其中12345分别代表横竖撇捺折笔画）

本表取自原案例表的前半部分，省去了原案对应大键盘编码的部分。

……

然后分别对照声母键盘、韵母键盘、笔画键盘进行输入。”（见2002年6月21日提交的说明书之第7页第1段～第4段内容）；

（3）请求人于2000年3月6日提交的说明书附图的修改之处为：

（3－1）将分案申请文本之附图1、2、3重新命名为图4、5、6，并增加附图1～3。

合议组经查证认为：

上述（1－1）、（1－2）、（1－3）、（1－4）所述的修改仅仅为一些语句的表达形式及所处位置上的调整以及部分文字的删除，其符合专利法、专利法实施细则及审查指南中有关申请文件修改的规定，是允许的。

上述（1－5）所增加的内容“其中Numlock还代表零声母”在分案申请文本中虽未记载，但是其可由本分案的原案之原始申请文本的说明书第7页第2～3行的内容直接、毫无疑义地导出，因此，该修改也是允许的。在此需要说明的是，判断某分案的各修改文本是否超范围是以该分案的原案之原始申请文本为基准的。

上述（2－1）所述增加的内容在本分案的原案之原始说明书第5页第19行至第6页倒数第2行中有记载。因此，该修改也未超出原案申请文本记载的范围。

上述（2－2）所述增加的内容属于对原案之原始说明书公开的内容的适当概括以及对原案与本分案之间的相互关系的适当说明，其可以由原案之原始说明书的内容直接、毫无疑义地导出。

上述（2－3）所述增加的内容可以由原案之原始说明书第8页所记载的实施实例编码表直接、毫无疑义地导出。

上述（3－1）所述增加的附图1～3即为原案的附图1～3，因此该修改也是允许的。

综上所述，复审请求人于2004年10月22日提交的新修改的权利要求书、2002年6月21日提交的新修改的说明书及2000年3月6日提交的附图替换页均并未超出原案说明书和权利要求书记载的范围，因此，本复审决定依据的文本为：复审请求人于2004年10月22日提交的权利要求书、2002年6月21日提交的说明书、2000年3月6日提交的附图以及申请日提交的说明书摘要和摘要附图。

3. 关于专利法第二十六条第三款

专利法第二十六条第三款规定：说明书应当对发明或者实用新型作出清楚、完整的说明，以所属技术领域的技术人员能够实现为准；必要的时候，应当有附图。摘要应当简要说明发明或者实用新型的技术要点。

审查指南第二部分第九章第4节规定：对于这种由汉字编码方法与该编码方法所使用的特定键盘相结合而构成的计算机汉字输入方法的发明专利申请，在说明书及权利要求书中应当描述该汉字输入方法的技术特征，必要时，还应当描述该输入方法所使用键盘的技术特征，包括该键盘中对各键位的定义以及各键位在该键盘中的位置等。

就本案而言，复审请求人于2002年6月21日提交的说明书第3页倒数第9行至第5页最后一行中具体讲述了阴阳形码、阴阳声形码、阴阳声韵形码这三种输入方法的编码码元以及具体的编码规则，此外，复审请求人于2000年3月6日提交的附图4、5、6中也已明确地指示出了上述各种输入方法的编码码元与小键盘相应键位的对应关系。由此可见，本案说明书已经清楚地说明了所述三种编码方法与小键盘结合的输入方法，也就是说，本案说明书的公开是充分的，符合专利法第二十六条第三款的规定。

4. 结论

综上所述，本申请说明书公开充分，符合专利法第二十六条第三款的规定。至于本申请中是否存在其他缺陷，还有待进一步审查。

三、决定

撤销国家知识产权局专利局实质审查部门于2000年12月29日作出的驳回决定，由原实质审查部门在复审请求人2004年10月22日提交的权利要求书、2002年6月21日提交的说明书、2000年3月6日提交的说明书附图及申请日提交的说明书摘要和摘要附图的基础上继续进行审查程序。

062

电视游戏中进展状态的备用方法案

复审请求审查决定（第6624号）

决　定　号　第6624号
决　定　日　2005年4月15日
发明创造名称　电视游戏中进展状态的备用方法
国际分类号　G11C 17/02　A63F 9/22
复审请求人　赫德森索夫特株式会社
申　请　号　96121482.1
申　请　日　1996年12月20日
公　开　日　1997年9月10日
合议组组长　石　竞
主　审　员　马红梅
参　审　员　熊　婷

法律依据　专利法第二十五条第一款
决定要点

本发明采用了技术手段，即对数据的存储方式进行改变，解决了技术问题并取得了技术效果，即当游戏被重新启动时游戏的特征状态相对于该状态被保存时发生了变化。所以，本发明不属于智力活动的规则和方法。

一、案由

本复审请求涉及国家知识产权局专利局于1996年12月20日受理的、名称为“电视游戏中进展状态的备用方法”的发明专利申请（下称本申请），其申请号为96121482.1，申请人为赫德森索夫特株式会社。

1997年2月22日，申请人提交了说明书附图及摘要附图的正式图替换页。

在实质审查过程中，国家知识产权局专利局原实质审查部门在2002年9月6日发出的第一次审查意见通知书中指出：权利要求1～6实质上涉及游戏过程的控制和管理方法，其解决的不是技术问题，所获得的也不是技术效果，因此属于智力活动的规则和方法，属于专利法第二十五条第一款第（二）项所列举的情况。

针对实质审查部门的第一次审查意见通知书，申请人于2003年1月6日提交了意见陈述书及修改的权利要求书（下称文本1）。申请人认为：本发明针对的是在实时的电视游戏中如何进行备用同时保持真实性的技术问题，也就是说，本发明的贡献是在常规电视游戏中采用的备用方法基础上的改进，突破了原有的局限性，由此带来了本发明的有益效果。此外，申请人指出，本发明在欧洲和美国都获得授权，而且欧洲专利法对智力活动规则和方法的要求和中国专利法的要求相似，因此该点可作为本发明应当获得授权的佐证。

文本1之独立权利要求1、5内容如下：

“1. 一种进行电视游戏的方法，所述游戏备有由游戏者操作的一个特征和另一个特征，该方法包括以下步骤：

在第一时间，备用游戏的第一进展状态，所述第一进展状态包括所述一个特征的第一状态和所述另一个特征的第一状态；

在第一时间之后的第二时间，备用游戏的第二进展状态，所述第二进展状态包括所述一个特征的第二状态和所述另一个特征的第二状态；以及

从第一时间重新开始游戏的进展，以使所述一个特征具有在第一时间所备用的第一状态，而所述另一个特征具有在第二时间备用的第二状态。”

“5. 一种插入到电视游戏机主体以便进行电视游戏的游戏盒，所述游戏备有由游戏者操作的一个特征和另一个特征，它包括：用来存储操作程序的ROM；游戏的备用进行状态的非易失性存储器。其中，所述操作程序是这样的构成：当电视游戏机对其执行时使该电视游戏机进行以下步骤：

在第一时间，备用游戏的第一进展状态，所述第一进展状态包括所述一个特征的第一状态和所述另一个特征的第一状态；

在第一时间之后的第二时间，备用游戏的第二进展状态，所述第二进展状态包括所述一个特征的第二状态和所述另一个特征的第二状态；以及

从第一时间重新开始游戏的进展，以使所述一个特征具有在第一时间所备用的第一状态，而所述另一个特征具有在第二时间备用的第二状态。”

国家知识产权局专利局实质审查部门于2003年7月11日驳回了本申请，驳回决定依据的是专利法第二十五条第一款。其具体理由是：修改后的权利要求1~4请求保护一种进行电视游戏的方法，而权利要求5~10请求保护一种插入到电视游戏机主体以便进行电视游戏的游戏盒，但是它们的实质都是请求保护进行电视游戏的方法或者操作程序，而该方法是在游戏过程中在第一时间和第二时间分别存储两个特征的第一和第二状态，然后从第一时间开始游戏时恢复到所存储的两个特征的相应状态。这实质上就是游戏过程的控制和管理方法，因此属于智力活动的规则和方法，即属于专利法第二十五条第一款第（二）项规定的情况。

申请人（下称复审请求人）不服国家知识产权局专利局作出的上述驳回决定，于2003年10月10日向专利复审委员会提出了复审请求，同时提交了修改的权利要求书（下称文本2）。其复审理由主要是：本发明的主题的特征是由电池提供备用电源的可写存储器，在所述存储器中存储了一个公用项；仅在游戏者使用电视游戏机进行游戏的时候，所述公用项随实时时钟的实时而改变。因此，本发明的技术效果是当游戏被重新启动的时候游戏的状态变化。这种游戏状态的改变是通过技术手段实现的。在此基础上，复审请求人删除了原权利要求1~4，并以新的装置权利要求代替原权利要求1~4，修改后的权利要求1~4和原权利要求5~10的主题也不同于智力活动的规则和方法。因此，权利要求1~10并不属于专利法第二十五条第一款所指的智力活动的规则和方法。其中文本2的内容如下：

“1. 一种电视游戏机，包括：设置在所述电视游戏机的主体或一个外部存储设备内的实时时钟；和由电池提供备用电源的可写存储器，在所述存储器中存储了一个公用项和一些独立项；其中仅在游戏者使用电视游戏机进行游戏的时候，所述公用项随实时时钟的实时而改变。

2. 如权利要求1所述的电视游戏机，其中在游戏重新启动的时候，将公用项和一个所述独立项一起读取。

3. 如权利要求1所述的电视游戏机，其中所述外部存储设备是插入到电视游戏机的主体中的游戏盒。

4. 如权利要求3所述的电视游戏机，其中所述可写存储器设置在所述游戏盒中。

5. 一种插入到电视游戏机主体以便进行电视游戏的游戏盒，所述游戏备有由游戏者操作的一个特征和另一个特征，它包括：用来存储操作程序的ROM；游戏的备用进行状态的非易失性存储器；其中，所述操作程序是这样的构成：当电视游戏机对其执行时使该电视游戏机进行以下步骤：

在第一时间，备用游戏的第一进展状态，所述第一进展状态包括所述一个特征的第一状态和所述另一个特征的第一状态；

在第一时间之后的第二时间，备用游戏的第二进展状态，所述第二进展状态包括所述一个特征的第二状态和所述另一个特征的第二状态；以及

从第一时间重新开始游戏的进展，以使所述一个特征具有在第一时间所备用的第一状态，而所述另一个特征具有在第二时间备用的第二状态。

6. 根据权利要求5所述的游戏盒，它还包括一个实时时钟；

其中，所述操作程序进一步被这样的构成：按实时时钟所测到的实时改变所述另一个特征的状态。

7. 根据权利要求5所述的游戏盒，其中，所述操作程序进一步被这样的构成：按设置在电视游戏机主体内的实时时钟所测到的实时改变所述另一个特征的状态。

8. 根据权利要求5所述的游戏盒，其中，所述操作程序进一步被构成执行以下步骤：

备用第一进展状态的步骤包括：将所述另一个特征的第一状态写入公用文件，而将所述一个特征的第一状态写入多个独立文件中的一个文件；

备用第二进展状态的步骤包括：将所述另一个特征的第二状态写入公用文件，而将所述一个特征的第二状态写入多个独立文件中的另一个文件；以及

重新开始游戏进展的步骤包括：从所述多个独立文件中的一个文件读取所述一个特征的第一状态，并从所述公用文件读取所述另一个特征的第二状态。

9. 根据权利要求8所述的游戏盒，它还包括一个实时时钟；

其中，所述操作程序进一步被这样的构成：按实时时钟所测到的实时改变所述另一个特征的状态。

10. 根据权利要求8所述的游戏盒，其中，所述操作程序进一步被这样的构成：按设置在电视游戏机主体内的实时时钟所测到的实时改变所述另一个特征的状态。”

在前置审查过程中，实质审查部门坚持原驳回决定。

专利复审委员会依法成立合议组对本案进行复审。至此，合议组认为，本案的事实已经清楚，可以作出本决定。

二、决定的理由

1. 复审审查的基础

合议组注意到复审请求人于2003年10月10日提交的权利要求书、1997年2月22日提交的说明书附图均未超出原始说明书和权利要求书记载的范围，因此，本复审决定依据的文本为：复审请求人于2003年10月10日提交的权利要求书、申请日提交的说明书、说明书摘要，1997年2月22日提交的说明书附图和摘要附图。

2. 关于专利法第二十五条第一款

专利法第二十五条第一款规定，对下列各项，不授予专利权：（一）科学发现；（二）智力活动的规则和方法；（三）疾病的诊断和治疗方法；（四）动物和植物品种；（五）用原子核变换方法获得的物质。

合议组经审查认为：审查指南第二部分第一章第3.2节指出："智力活动，是指人的思维运动，它源于人的思维，经过推理、分析和判断产生出抽象的结果，或者必须经过人的思维运动作为媒介才能间接作用于自然产生结果，它仅是指导人们对信息进行思维、识别、判断和记忆的规则和方法，其没有采用技术手段或者利用自然法则，也未解决技术问题和产生技术效果。"

从本案的说明书来看，该申请是将进展状态的备用文件分为两部分（公用项数据和独立项数据）存储。当每次进行新的进展状态的存储时，系统都会用该新的进展状态的公用项数据去覆盖之前存储的公用文件，而与此同时新生成一个包含该新进展状态的独立项数据的独立文件，通过上述操作就可以使得当游戏者从一已经保留过的进展状态重新开始游戏时，该游戏的实际进展状态不完全相同于该进展状态被保存时的情形。由此可见，本发明采用了技术手段，即对数据的存储方式进行改变，解决了技术问题并取得了技术效果，即当游戏被重新启动时游戏的特征状态相对于该状态被保存时发生了变化。所以，本发明不属于智力活动的规则和方法，属于专利法规定的可保护的客体。

此外，从文本2的权利要求书本身的内容来看，其中的权利要求1～4请求保护一种电视游戏机，权利要求5～10请求保护一种插入到电视游戏机主体以便进行电视游戏的游戏盒，其无论从主题形式上还是实质内容上均不属于游戏过程的控制和管理方法。

3. 结论

综上所述，文本2并不存在驳回决定中所指出的属于专利法第二十五条第一款第（二）项所列举的情形的缺陷，至于该申请中是否存在其他缺陷，留待后继程序继续审查。

三、决定

撤销国家知识产权局专利局实质审查部门于2003年7月11日作出的驳回决定，以复审请求人于2003年10月10日提交的权利要求书、申请日提交的说明书、说明书摘要，1997年2月22日提交的说明书附图和摘要附图为基础，由原实质审查部门继续进行审批程序。

063

阻止环氧树脂渗出的试剂和方法案

复审请求审查决定（第6625号）

决　定　号　第6625号
决　定　日　2005年5月24日
发明创造名称　阻止环氧树脂渗出的试剂和方法
国际分类号　H01L 21/52
复审请求人　株式会社日矿材料
申　请　号　98802475.6
申　请　日　1998年12月25日
公　开　日　2000年3月15日
合议组组长　石　竞
主　审　员　马红梅
参　审　员　高　栋

法律依据　专利法第二十六条第四款
决定要点

在权利要求1~12的技术方案中包含了未在说明书实施例中明确记载或所属领域技术人员通过阅读说明书能毫无疑义得到的，且属于请求人推测的而无足够实验数据和材料证明其技术效果的内容的情况下，该权利要求不能得到说明书的支持。

一、案由

本复审请求涉及于1999年8月12日进入中国国家阶段的、名称为“阻止环氧树脂渗出的试剂和方法”的PCT发明专利申请（下称本申请），其申请号为98802475.6，申请日为1998年12月25日，优先权日为1997年12月26日，申请人为株式会社日本能源。

在实质审查过程中，国家知识产权局专利局原实质审查部门针对原始提交的国际申请的中文译文进行了审查，并于2002年7月5日发出了第一次审查意见通知书。其中指出：（1）权利要求1~3、5未得到说明书的支持，不符合专利法第二十六条第四款的规定，因为，权利要求1~3、5中的“该试剂含有至少一种有机化合物”，在说明书中只给出了“在防止环氧树脂渗出的试剂中有机化合物浓度为1g/L”的实施例，而且说明书中也提到了“如果有机化合物的浓度太低，则不能获得防止环氧树脂渗出的效果”。因此，权利要求1~3、5的概括不适当；另外，权利要求5中的“该溶液含有防止环氧树脂渗出的试剂”也未得到说明书的支持；（2）权利要求3、4的主题类型不清楚，不符合专利法实施细则第二十条第一款的规定。

申请人于2002年11月15日针对第一次审查意见通知书进行了答复，其提交了权利要求书全文替换页、说明书第1、4页替换页。同时陈述意见如下：（1）申请人在权利要求1、2、5中对“防止环氧树脂渗出的试剂”所含的“至少一种有机化合物”的量作了进一步限定，相应的，“防止环氧树脂渗出的试剂”在溶液中的量也得到了限定，而“至少一种有机化合物”及其在“防止环氧树脂渗出的试剂”的量才是达到本发明效果的关键因素；(2) 删除权利要求3和4。

2003年1月3日，原实质审查部门针对上述修改后的文本发出了第二次审查意见通知书，其中指出：(1) 权利要求1~3得不到说明书的支持，因为：①申请人将权利要求1~3中有机化合物的含量限定到0.1mg/L~100g/L，但说明书中只给出了防止环氧树脂渗出的试剂、防脱色溶液和密封处理液中有机化合物含量为1g/L的实施例；②权利要求1、2中的“具有苯环的羧酸或硫醇、具有巯基或羟基的羧酸、不饱和多醇、分子中含有硫原子的含氮杂环化合物、和它们的衍生物”，在说明书中只给出了含有巯基乙酸、硫代巴比土酸、丁炔二醇的实施例；③权利要求3中的“该溶液含有防止环氧树脂渗出的试剂，该试剂含有至少一种0.1mg/L~100g/L的有机化合物”与说明书中所述的“通过向防脱色处理或密封处理的试剂中加入上述有机化合物”不一致；④权利要求3中所述的“具有苯环的羧酸或硫醇、具有巯基或羟基的羧酸、不饱和多醇或分子中含有硫原子的含氮杂环化合物、和它们的衍生物”，说明书中只给出了在防脱色处理液中含有1g/L的亚油酸、十六烷硫醇或月桂酸的实施例，在密封处理液中含有1g/L丁酸或油酸的实施例；(2) 权利要求3所保护的主题不清楚，不符合专利法实施细则第二十条第一款的规定。

申请人于2003年3月14日针对第二次审查意见通知书进行了答复，其提交了权利要求书全文替换页，并陈述意见如下：(1) 实施方式仅仅是为了让本领域技术人员容易理解本发明的实施例，因此，没有合理的理由将用作防止环氧树脂渗出试剂的有机化合物限定为实施方式中所描述的那些物质，况且，权利要求应得到整个说明书的支持，而不是仅仅限于得到实施例的支持；同理，“1g/L”也仅仅是实施例的数据，结合实施例及其前序部分的描述，本领域技术人员是能够实施“0.1mg/L~100g/L”的技术方案的。(2) 根据本发明的防止环氧树脂渗出的试剂并没有妨碍以苯并三唑作为其主要组分的防脱色溶液的功能或效果，这是一个在现有技术中未发现的很有意义的效果，因此，在新修改的权利要求2、5、8、11中澄清了这个问题；(3) 根据本发明的防止环氧树脂渗出的试剂并没有妨碍以三乙醇胺作为其主要组分的密封处理溶液的功能或效果，在新修改的权利要求3、6、9、12中澄清了这个问题；(4) 权利要求9~12描述了作为防止环氧树脂渗出的试剂的具体材料，该材料在原始说明书中公开了；(5) 删除了原权利要求3。

新修改的权利要求1、4、7、10如下：

“1. 一种在半导体制造工艺的芯片焊接步骤中防止环氧树脂渗出的试剂，其特征在于该试剂含有至少一种0.1mg/L~100g/L的有机化合物，该有机化合物选自于直链中具有三个或多个碳原子的羧酸或硫醇、具有苯环的羧酸或硫醇、含有巯基或羟基的羧酸、不饱和多醇、分子中含有硫原子的含氮杂环化合物、和它们的衍生物。”

“4. 一种防止环氧树脂渗出的方法，其特征在于将布线基材浸入在半导体制造工艺的芯片焊接步骤中用于防止环氧树脂渗出的试剂中，该试剂含有至少一种0.1mg/L~100g/L的有机化合物，该有机化合物选自于直链中具有三个或多个碳原子的羧酸或硫醇、具有苯环的羧酸或硫醇、含有巯基或羟基的羧酸、不饱和多醇、分子中含有硫原子的含氮杂环化合物、和它们的衍生物，或用防环氧树脂渗出的试剂涂喷到布线基材上。”

“7. 一种在半导体制造工艺的芯片焊接步骤中防止环氧树脂渗出的试剂，其特征在于该试剂含有至少一种0.1mg/L~100g/L的有机化合物，该有机化合物选自己酸、丁酸、庚酸、壬酸、癸酸、十一烷酸、月桂酸、十三烷酸、十四烷酸、十五烷酸、十六烷酸、十七烷酸、十八烷酸、十九烷酸、二十二烷酸、油酸、芥酸、亚油酸、和亚麻酸、戊硫醇、辛硫醇、癸硫醇、十六烷基硫醇、硝基苯甲酸、苄硫醇、巯基乙酸、粘酸、丁炔二醇或丁烯二醇。”

“10. 一种防止环氧树脂渗出的方法，其特征在于将布线基材浸入在半导体制造工艺的芯片焊接步骤中用于防止环氧树脂渗出的试剂中，该试剂含有至少一种 0.1mg/L ~ 100g/L 的有机化合物，该有机化合物选自己酸、丁酸、庚酸、壬酸、癸酸、十一烷酸、月桂酸、十三烷酸、十四烷酸、十五烷酸、十六烷酸、十七烷酸、十八烷酸、十九烷酸、二十二烷酸、油酸、芥酸、亚油酸、和亚麻酸、戊硫醇、辛硫醇、癸硫醇、十六烷基硫醇、硝基苯甲酸、苄硫醇、巯基乙酸、粘酸、丁炔二醇或丁烯二醇。”

国家知识产权局专利局原实质审查部门于 2003 年 4 月 11 日针对申请人于 2003 年 3 月 14 日提交的权利要求书、2002 年 11 月 15 日提交的说明书第 1、4 页、进入中国国家阶段时提交的说明书第 2 ~ 3、5 ~ 14 页、说明书摘要驳回了本申请，驳回决定所依据的是专利法第二十六条第四款，其具体理由是：权利要求 1、4、7、10 中的“0.1mg/L ~ 100g/L”，在说明书中只给出了有机化合物含量为 1g/L 的实施例，而 0.1mg/L 与 1g/L 相差 10000 倍，100g/L 与 1g/L 相差 100 倍，仅由“1g/L”的实施例，本领域普通技术人员不能够得出试剂中的有机物为与“1g/L”相差如此大的一个含量时也能够实现本发明。因此，权利要求 1、4、7、10 得不到说明书的支持，不符合专利法第二十六条第四款的规定。

申请人（下称复审请求人）不服国家知识产权局专利局实质审查部门作出的上述驳回决定，于 2003 年 8 月 4 日向专利复审委员会提出了复审请求，同时修改了权利要求书，其复审理由是：驳回决定中认为实施例的 1g/L 与权利要求 1、4、7、10 中的 0.1mg/L 和 100g/L 的差距很大，复审请求人已将所述范围限定为“10mg/L ~ 10g/L”，该范围显然能够得到说明书的支持，例如见说明书第 3 页。复审请求人认为，本领域技术人员由实施例结合技术方案是可以得出该范围能够实施的，本申请人的发明目的在于给出了一种新的试剂，该试剂中含有特定的成分，鉴于复审请求人对特定成分的贡献性，要求过度的限定含量范围对于复审请求人是不公平的。

该新修改的权利要求书如下：

“1. 一种在半导体制造工艺的芯片焊接步骤中防止环氧树脂渗出的试剂，其特征在于该试剂含有至少一种 10mg/L ~ 10g/L 的有机化合物，该有机化合物选自于直链中具有三个或多个碳原子的羧酸或硫醇、具有苯环的羧酸或硫醇、含有巯基或羟基的羧酸、不饱和多醇、分子中含有硫原子的含氮杂环化合物和它们的衍生物。

2. 根据权利要求 1 的防止环氧树脂渗出的试剂，其特征在于该试剂含有以苯并三唑作为其主要组分的防脱色溶液。

3. 根据权利要求 1 的防止环氧树脂渗出的试剂，其特征在于该试剂含有以三乙醇胺作为其主要组分的密封处理溶液。

4. 一种防止环氧树脂渗出的方法，其特征在于将布线基材浸入在半导体制造工艺的芯片焊接步骤中用于防止环氧树脂渗出的试剂中，该试剂含有至少一种 10mg/L ~ 10g/L 的有机化合物，该有机化合物选自于直链中具有三个或多个碳原子的羧酸或硫醇、具有苯环的羧酸或硫醇、含有巯基或羟基的羧酸、不饱和多醇、分子中含有硫原子的含氮杂环化合物和它们的衍生物，或用防环氧树脂渗出的试剂涂喷到布线基材上。

5. 根据权利要求 4 的防止环氧树脂渗出的方法，其特征在于该试剂含有以苯并三唑作为其主要组分的防脱色溶液。

6. 根据权利要求 4 的防止环氧树脂渗出的方法，其特征在于该试剂含有以三乙醇胺作为其主要组分的密封处理溶液。

7. 一种在半导体制造工艺的芯片焊接步骤中防止环氧树脂渗出的试剂，其特征在于该试剂含有至少一种 10mg/L ~ 10g/L 的有机化合物，该有机化合物选自己酸、丁酸、庚酸、壬酸、癸酸、十一烷酸、月桂酸、十三烷酸、十四烷酸、十五烷酸、十六烷酸、十七烷酸、十八烷酸、十九烷酸、二十二烷酸、油酸、芥酸、亚油酸、和亚麻酸、戊硫醇、辛硫醇、癸硫醇、十六烷基硫醇、硝基苯甲酸、苄硫醇、巯基乙酸、粘酸、丁炔二醇或丁烯二醇。

8. 根据权利要求 7 的防止环氧树脂渗出的试剂，其特征在于该试剂含有以苯并三唑作为其主要组分的防脱色溶液。

9. 根据权利要求 7 的防止环氧树脂渗出的试剂，其特征在于该试剂含有以三乙醇胺作为其主要组分的密封处理溶液。

10. 一种防止环氧树脂渗出的方法，其特征在于将布线基材浸入在半导体制造工艺的芯片焊接步骤中用于防止环氧树脂渗出的试剂中，该试剂含有至少一种 10mg/L ~ 10g/L 的有机化合物，该有机化合物选自己酸、丁酸、庚酸、壬酸、癸酸、十一烷酸、月桂酸、十三烷酸、十四烷酸、十五烷酸、十六烷酸、十七烷酸、十八烷酸、十九烷酸、二十二烷酸、油酸、芥酸、亚油酸、和亚麻酸、戊硫醇、辛硫醇、癸硫醇、十六烷基硫醇、硝基苯甲酸、苄硫醇、巯基乙酸、粘酸、丁炔二醇或丁烯二醇。

11. 根据权利要求 10 的防止环氧树脂渗出的方法，其特征在于该试剂含有以苯并三唑作为其主要组分的防脱色溶液。

12. 根据权利要求 10 的防止环氧树脂渗出的方法，其特征在于该试剂含有以三乙醇胺作为其主要组分的密封处理溶液。"

在前置审查过程中，国家知识产权局专利局原实质审查部门坚持原驳回决定，认为修改后的权利要求 1、4、7、10 依然不符合专利法第二十六条第四款的规定。

复审请求人于 2004 年 2 月 11 日申请申请人名称著录项目变更：将原申请人名称“株式会社日本能源”变更为“株式会社日矿材料”。

国家知识产权局专利局于 2004 年 8 月 13 日签发了著录项目变更通知单，将原申请人名称“株式会社日本能源”变更为“株式会社日矿材料”。

专利复审委员会依法成立合议组对本案进行复审，针对复审请求人提出复审请求时修改的文本于 2004 年 9 月 2 日发出了复审通知书，指出：权利要求 1 ~ 12 实质上未得到说明书的支持，不符合专利法第二十六条第四款的规定，具体理由为：（1）权利要求 1 ~ 12 中对所述有机化合物的种类概括得不到说明书的支持；（2）权利要求 1 ~ 12 中所述的该防止环氧树脂渗出的试剂含有至少一种选自于所述六大类的有机化合物的限定方式得不到说明书的支持；（3）复审请求人缩小后的数值范围“10mg/L ~ 10g/L”实质上仍得不到说明书的支持。

2004 年 12 月 17 日，复审请求人仅提交了针对复审通知书的答复意见，而并未对申请文本进行任何修改。复审请求人认为：（1）在说明书中清楚地说明了本发明公开的有机化合物具有防止环氧树脂渗出功能的理由。换言之，在镀敷表面上形成具有大约 1 至几个分子厚度的有机化合物涂层，结果使得镀敷表面与环氧树脂的接触角增加。所有具有上述效果的有机化合物均将具有防止环氧树脂渗出的功能。虽然在实施例中仅引用了有限数量的有机化合物，但本领域技术人员可以通过参考说明书的公开内容很容易地选择具有防止环氧树脂渗出功能的有机化合物，应该从说明书的全文来理解本发明；（2）根据本发明，同时使用多个有机化合物也将与有机化合物独立使用一样产生同样的防止环氧树脂渗出的效果，本领域技术人员通过参考说明书中记载的有机化合物的用于防止环氧树脂渗出功能的形成机理，可以很容易地利用这一点，因此，关于将“至少一种”改变为仅仅是“一种”的观点是不合理的；（3）说明书中清楚地说明了关于有机化合物加入量限定的优选范围及其理由，因此，本领域技术人员通过参考说明书可以很容易地选择并确定有机化合物的优选加入量，因此，关于“将加入量限定为1g/L”的观点是不合适的；（4）本发明对应的PCT申请的国际检索报告引用的所有文件均为A级，本发明的专利性得到了认可；并且在没有将本发明限定在实施例的情况下已经得到日本、韩国和中国台湾的专利授权。因此，复审请求人认为本发明在中国同样具有专利性。

至此，合议组认为，本案的事实已经清楚，可以作出本决定。

二、决定的理由

1. 审查的基础

合议组注意到，复审请求人在提交复审请求书时所做的修改并未超出原说明书和权利要求书记载的范围。因此，本复审决定依据的文本为复审请求人于2003年8月4日提交的权利要求书、进入中国国家阶段时提交的说明书摘要及说明书第2~3、5~14页、2002年11月15日提交的说明书第1、4页。

2. 关于专利法第二十六条第四款

专利法第二十六条第四款规定：“权利要求书应当以说明书为依据，说明要求专利保护的范围。”《审查指南》第二部分第二章第3.2.1节指出，权利要求通常由公开的一个或多个实施例概括而成。如果权利要求的概括包括了申请人推测的内容，而其效果又难于确定和评价，应当认为这种概括超出了该申请原始公开的范围。

合议组认为：权利要求1~12实质上未得到说明书的支持，不符合专利法第二十六条第四款的规定，具体理由如下：

（1）权利要求1~12中对防止环氧树脂渗出的试剂中包含的有机化合物的种类概括得不到说明书的支持，例如，上述权利要求中指出该有机化合物可以选择“具有苯环的羧酸或硫醇”，但是说明书的实施例中却未涉及任何一种属于该大类的有机化合物，因此，“具有苯环的羧酸或硫醇”的试剂是否能同样起到阻止环氧树脂渗出的作用，所属技术领域的技术人员根据说明书的内容是难以预知的；此外，上述权利要求对其他五大类有机化合物的概括也都是过宽的，例如上述权利要求中指出该有机化合物可以选择“具有巯基或羟基的羧酸”，但是说明书实施例中仅给出了属于该大类的一种有机化合物——巯基乙酸，因此，包含除巯基乙酸之外的其他“具有巯基或羟基的羧酸”的试剂是否能同样起到阻止环氧树脂渗出的作用，所属技术领域的技术人员根据说明书的内容也是难以预知的；综上所述，权利要求1~12中对所述有机化合物的概括包含了复审请求人推测的内容，而其效果是难于确定和评价的。

（2）权利要求1~12中指出：该防止环氧树脂渗出的试剂含有至少一种选自于所述六大类的有机化合物，这意味着该试剂既可以只包含单纯的一种所述有机化合物，也可以是两种或两种以上的所述有机化合物的任意种组合。然而在说明书的各实施例中的防环氧树脂渗出试剂中均只包含一种有机化合物，因此本领域普通技术人员根据说明书的内容难以确定包含任意两种或两种以上的所述有机化合物的试剂是否能同样起到阻止环氧树脂渗出的作用，所以，权利要求1~12中使用“至少一种”的概括包含了复审请求人推测的内容，而其效果是难于确定和评价的。

（3）复审请求人缩小后的数值范围“10 mg/L~10 g/L”实质上仍得不到说明书的支持，因为说明书只给出了“1g/L”的实施例，此外并没有给出“10 mg/L~10 g/L”两端值附近的实施例，而本领域普通技术人员根据说明书记载的内容也不能够确定是否选择“10 mg/L~10 g/L”之间的任一数值均可以解决本申请所提出的阻止环氧树脂渗出的技术问题，因此，权利要求1~12中对所述数值范围的概括同样包含了复审请求人推测的内容，而其效果是难于确定和评价的。

此外，尽管复审请求人在答复复审通知书时声称本领域技术人员可以通过参考说明书公开的内容很容易地概括得出权利要求的技术方案，但并未给出足以支持其主张的理由和证据。因此，合议组认为：在权利要求1～12的技术方案中包含了未在说明书实施例中明确记载或所属领域技术人员通过阅读说明书能毫无疑义得到的，且属于请求人推测的而无足够实验数据和材料证明其技术效果的内容的情况下，该权利要求不能得到说明书的支持。

3. 结论

综上所述，权利要求1～12不符合专利法第二十六条第四款的规定，复审请求人的复审理由不能成立。

三、决定

驳回复审请求，维持国家知识产权局专利局实质审查部门于2003年4月11日作出的驳回98802475.6号发明专利申请的决定。

复审请求人对本决定不服的，可以根据专利法第四十一条第二款的规定，自收到本决定之日起三个月内向北京市第一中级人民法院起诉。

064

显示指针快速重定位方法案

复审请求审查决定（第6731号）

决　定　号　第6731号
决　定　日　2005年6月30日
发明创造名称　显示指针快速重定位方法
国际分类号　G06F 3/14
复审请求人　国际商业机器公司
申　请　号　96121313.2
申　请　日　1996年11月12日
公　开　日　1997年9月17日
合议组组长　张　度
主　审　员　张　琳
参　审　员　崔哲勇

法律依据　专利法第二十二条第二款、第三款
决定要点

对比文件2隐含公开了权利要求1、5~7保护的技术方案，其发明目的、技术效果均相同，因此权利要求1、5~7不具备新颖性，权利要求2~4、8不具有突出的实质性特点和显著的进步，因此不具备创造性。

一、案由

本复审请求涉及国家知识产权局专利局于1996年11月12日受理、申请号为96121313.2、名称为“显示指针快速重定位方法”的发明专利申请，申请人为国际商业机器公司。

在实质审查过程中，国家知识产权局专利局实质审查部门针对本发明专利申请原始公开权利要求1~15、说明书第1~4页、附图第1~3页、说明书摘要和摘要附图进行审查，并引用了如下对比文件：

对比文件1：US5375199A，其公开日为1994年12月20日。

实质审查部门根据上述对比文件，于2002年4月12日发出第一次审查意见通知书，其中指出本申请权利要求1、2、4~7、15不具备专利法第二十二条第二款规定的新颖性，权利要求3不具备专利法第二十二条第三款规定的创造性，权利要求8~14属于专利法第二十五条规定的不授予专利权的范围。

针对上述审查意见通知书，申请人于2002年8月20日提交了意见陈述书，并同时提交了权利要求书的替换页。

新修改的权利要求书内容如下：

“1. 一种在显示屏上快速定位显示指针的方法，该方法包括如下步骤：

（a）根据图标的已知显示屏位置，建立显示指针在至少一些图标之间移动的最希望顺序；以及

（b）当激活一个输入激励时，自动地根据显示指针移动的最希望顺序重定位显示指针。

2. 如权利要求1所述的方法，其特征在于图标的已知显示屏位置是通过如下步骤确定的：确定在显示屏上沿 x 方向和 y 方向的图标像素位置；以及存储像素位置作为图标的已知位置。

3. 如权利要求1所述的方法，其特征在于输入激励是通过响应计算机鼠标的同时按双键功能来激活的。

4. 如权利要求1所述的方法，其特征在于输入激励是通过响应计算机鼠标的单功能键激活的。

5. 如权利要求1所述的方法，其特征在于所述的预定顺序是通过如下步骤建立的：提示用户选择至少是一些图标；将这些选择的至少一些图标按照用户选择的顺序存储。

6. 如权利要求5所述的方法，其特征在于还包括提示用户从显示屏上显示的当前窗口中选择至少一些图标。

7. 如权利要求5所述的方法，其特征在于还包括提示用户从显示屏上显示的若干应用小图形中选择至少一些图标。

8. 一个计算机系统，包括：

一个显示屏；

一个输入装置；

一个中央处理单元，包括：

一个在操作上与输入装置相耦合的输入装置驱动器；

一个在操作上与输入装置驱动器相耦合的输入装置解释模块；

一个操作上与输入装置解释模块相耦合的显示屏监视模块；

一个在操作上与显示屏监视模块及显示屏相耦合的显示屏驱动器；

其特征在于，所述计算机系统还包括：

第一装置，用于根据图标的已知显示屏位置，建立显示指针在至少一些图标之间移动的最希望顺序；以及

第二装置，用于在输入激励被激活之时，根据显示指针移动的最希望顺序，对显示屏上的显示指针自动地重定位。”

国家知识产权局专利局实审部门经过补充检索，于2003年3月28日发出第二次通知书，其中引用对比文件2“AUTOMATED MOUSE POINTER MOVEMENT FUNCTION”作为最接近的现有技术，该第二次审查意见通知书中指出权利要求1、5~7不具备专利法第二十二条第二款规定的新颖性，权利要求2~4、8不具备专利法第二十二条第三款规定的创造性。

针对上述审查意见通知书，申请人于2003年6月12日提交了意见陈述书，其认为对比文件2没有公开用户选择指针所指的对象的顺序的内容，没有公布确定对象的顺序的技术特征。权利要求1的技术特征在本申请说明书得到了具体的说明，对比文件1没有公布和说明书的这些内容的相当的内容，因此权利要求1~8具备创造性。

2003年8月8日，国家知识产权局专利局实质审查部门经过审查，认为申请人陈述理由不成立，以权利要求1、5~7不具备专利法二十二条第二款规定的新颖性，权利要求2~4、8不具备专利法第二十二条第三款规定的创造性为理由，将本申请驳回。

申请人（下称复审请求人）对上述驳回决定不服，于2003年11月24日向专利复审委员会提出了复审请求，没有提交修改文本，坚持认为本申请权利要求的技术方案具备创造性。其复审理由为：（1）“根据图标的已知显示屏位置，建立显示指针在至少一些图标之间移动的最希望顺序”是权利要

求1的一个主要特征；（2）对比文件2没有公布用户选择对象，审查员没有评述权利要求1的主要特征；（3）对比文件2没有披露或建议权利要求1的上述技术特征。

经形式审查合格，专利复审委员会予以受理，于2004年3月29日发出复审请求受理通知书。

国家知识产权局专利局实质审查部门对本复审请求进行了前置审查，并坚持认为对比文件2公布了权利要求1的全部特征，因此仍坚持原驳回决定。

在此基础上，专利复审委员会依法成立合议组对本案进行审理。

合议组于2005年4月4日发出复审通知书，以对比文件2作为最接近的现有技术，指出权利要求1、5~7不具备专利法二十二条第二款规定的新颖性，权利要求2~4、8不具备专利法第二十二条第三款规定的创造性。

2005年5月16日复审请求人提交了对复审通知书的意见陈述，认为由“对比文件2的技术方案公开了用户可以对鼠标从已知显示屏位置移动到图标或移动到窗口已执行相应的操作进行设定”并不能理所当然得得出结论“而这种移动的设定必然包括对移动顺序的设定”；原因在于，对比文件2仅仅公开激活鼠标从当前位置跳至下一个桌面目标，并未公开目标之间的顺序设定；已有技术对于移动顺序是靠输入来实时确定的，未启示本领域技术人员对鼠标指针在图标之间的移动顺序进行预先设定，因此权利要求1~8具备创造性。

至此，合议组认为，本案事实已经清楚，可以作出如下决定。

二、决定的理由

决定所依据的文本是实质审查驳回所依据的文本，即2002年8月20日提交的权利要求第1~8项；1996年11月12日提交的说明书第2、第4页，2002年8月20日提交的说明书第1、第3页；1996年11月12日提交的说明书附图第1、第3页，2002年8月20日提交的说明书附图第2页。

本决定使用对比文件2“AUTOMATED MOUSE POINTER MOVEMENT FUNCTION”，作为证据。

本申请独立权利要求1为：“一种在显示屏上快速定位显示指针的方法，该方法包括如下步骤：（a）根据图标的已知显示屏位置，建立显示指针在至少一些图标之间移动的最希望顺序；以及（b）当激活一个输入激励时，自动地根据显示指针移动的最希望顺序重定位显示指针”。

对比文件2公开了一种在显示屏上快速定位显示指针的方法，进一步公开了允许终端用户配置的选项包括（参见说明书第1页第24行至第2页第40行）：（1）激活鼠标从当前位置跳至下一个桌面目标，若目标是图标则显示下拉菜单，用户可以选择菜单项目或发起另一个鼠标移动操作，若目标是窗口，则激活窗口或发起另一个鼠标移动操作。（2）（a）指针定位在上次在此目标时候相同的位置（b）指针定位在目标的方位；（3）是否打开/恢复鼠标触及的图标；（4）是否显示下拉菜单；（5）是否激活目标窗口。

根据对比文件2第2页倒数第3段的说明，当设定了这些选项时，用户可以实现通过激活使鼠标从一个目标跳到另一个目标。由此可见，对比文件2的技术方案公开了用户可以对鼠标从已知显示屏位置移动到图标或移动到窗口以及执行相应的操作进行设定，而这种移动的设定必然包括对移动顺序的设定，因此对比文件2隐含公开了“建立显示指针在至少一些图标之间移动的最希望的顺序”，同时对比文件2公开了当激活一个输入激励时，自动地根据上述设定重新定位显示指针，因此对比文件2公开了权利要求1保护的技术方案，其发明目的、技术效果均相同，因此权利要求1相对于对比文件2不具备新颖性，不符合专利法第二十二条第二款规定。

独立权利要求8请求保护一种计算机系统，对比文件2公开了一种自动鼠标指针移动的方法，并且隐含公开了实现该方法的装置，包括以下技术特征“显示屏、输入装置、中央处理单元（包括输入装置驱动器、输入装置解释模块、显示屏监视模块、显示屏驱动器）”。权利要求8所要求保护的技术方案与对比文件2的区别仅仅是“建立显示指针顺序的第一装置和对显示指针重定位的第二装置”，对比文件2（说明书第1页第37行到第2页第12行、第2页第30~34行）中用专门的文件和存储器来分别实现上述两装置的功能。这种替代是所属技术领域中的常用手段，其效果实质上相同，在该对比文件的基础上经过替换得出该权利要求所要求保护的技术方案，对所属技术领域的技术人员来说是显而易见的。因此权利要求8相对于对比文件2不具有突出的实质性特点和显著的进步，因而不具备专利法第二十二条第三款规定的创造性。

从属权利要求2~4进一步限定了确定位置的步骤、激励方法，对于本领领域技术人员来说，通过存储图标像素位置来定位，以及通过单击或双击来激活属于计算机领域经常使用的方法，权利要求2~4相对于对比文件2不具有突出的实质性特点和显著的进步，因而不具备专利法第二十二条第三款规定的创造性。

从属权利要求5~7对权利要求1作进一步限定。对比文件2说明书第2页第3~35行公开了通过用户设置、存储设置和激活使鼠标按顺序从一个目标跳到下一个目标，并且公开了用户可以选择目标窗口下拉菜单中的项目。因此权利要求5~7相对于对比文件2不符合专利法第二十二条第二款新颖性的规定。

三、决定

驳回本复审请求，维持国家知识产权局专利局实质审查部门于2003年8月8日作出的驳回决定。

复审请求人如对本决定不服的，可根据专利法第四十一条第二款的规定可以在收到本决定之日起的三个月内向北京市第一中级人民法院起诉。

065

磁力发动机案

复审请求审查决定（第6735号）

决　定　号　第6735号
决　定　日　2005年8月5日
发明创造名称　磁力发动机
国际分类号　H02N 11/00
复审请求人　孙志远
申　请　号　99102530. X
申　请　日　1999年2月7日
公　开　日　2000年8月16日
合议组组长　马志远
主　审　员　周雷鸣
参　审　员　高　雪

法律依据　专利法第二十二条第四款
决定要点

一个技术发明必须符合一定的基本科学原理，而且应当具有可重复的规律性，具有普遍性和可检验性，经得起按照最基本的科学方法进行的测试和鉴定。如果请求人基于对自然科学知识的认识的不断探索和深化，认为人类已经长期获得公认的能量守恒定律具有缺陷，则必须以证据充分支持的事实为依据。

一、案由

本专利申请复审请求涉及申请号为99102530. X、名称为“磁力发动机”的发明专利申请（下称本申请），其申请日为1999年2月7日，申请人为孙志远。

本申请原始公开的权利要求如下：

“1. 磁力发动机，系采用本人研究的‘对应能量场组合机械可获得冷能源’的理论设计构成。介于本发明的特殊性，在此特提出利用永磁体形成的能量场通过对应配备选形磁体，经机械组合构成方式获取冷能源的专属权。

2. 磁力发动机包括有，通过杠杆、曲轴、齿轮传动使磁块与弧形磁片间形成定隙无追关系，在不规则的环形磁场中摆动产生驱动力。

3. 同极对应配异极对应的场衔接方式，形成侧磁场效应等量抵消的消除阻力磁效应的方法。

4. 基轮的磁基与杠杆的不同角度设位配备，为空间的利用与匀速运转提供的最佳方式。”

申请人于1999年5月7日提交修改文本，其中包括说明书第3页、说明书附图第1～6页。

在实质审查过程中，专利局实质审查部门在2002年12月6日发出第一次审查意见通知书，其中指出，本申请的权利要求1～4不符合专利法第二十二条第四款的规定。

针对第一次审查意见通知书，申请人于2003年3月12日提交了意见陈述书及附件，并认为，摆幅终端会停止的现象在本申请中不会出现，附件从认识的角度对传统的学术观念进行了剖析和纠正。

国家知识产权局专利局实质审查部门于2003年5月9日以权利要求1～4不符合专利法第二十二条第四款的规定为由驳回了本申请。

申请人（下称复审请求人）对驳回决定不服，于2003年7月16日向专利复审委员会提交了复审请求，但未修改申请文件，请求人的复审理由是，驳回决定中仅用传统的、请求人认为是错误的、永久运动与能量守恒相悖观念来否定本申请有失严谨与倡明。

专利复审委员会于2003年8月14日发出了复审请求受理通知书和前置审查通知书。

在前置审查程序中，国家知识产权局专利局实质审查部门仍坚持原驳回决定。

在此基础上，专利复审委员会依法成立合议组对本案进行复审，并于2005年7月6日发出了复审通知书。合议组认为驳回决定指出本申请记载的内容违背了能量守恒定律因而不具备实用性的结论是正确的，本领域一般技术人员采用本申请说明书的仅依靠机器内特殊排列的永磁体的技术手段，并不能实现其所说的“在其做功过程中，既不消耗燃料，也不消耗其他能源材料，充磁可以采用自身产出的能量。由兹构成人类梦寐以求的最理想的能源”的目的，即本申请不满足专利法第二十二条第四款规定的实用性要求。同时指出，如果复审请求人基于对自然科学知识的认识的不断探索和深化，要否定人类已经长期获得公认的这一自然科学定律，则必须以证据充分支持的事实为依据，如果复审请求人对其否定能量守恒定律的主张不能提供经本领域专家委员会测试和鉴定的相关鉴定证据，本案合议组拟作出维持对本申请的驳回决定的复审决定。

复审请求人针对复审通知书陈述了自己的意见，其主要观点是：（1）永久运动与能量守恒相悖是一种认识方法导致的错误，所以能量守恒不能用于对永久运动的否定；（2）磁体互动不存在磁耗；（3）应当运用常规的机械原理与机械结构产生的力学参数的计算去验证，无相应的力学验算结果，仅用能量守恒来否定本申请，产生怀疑。

至此，本案事实已经清楚，合议组经过合议，作出如下决定。

二、决定的理由

1. 依据文本

本复审决定依据的文本是驳回决定所依据的文本，即1999年2月7日提交的说明书第1、第2、第4～6页、权利要求1～4项、说明书摘要及摘要附图和1999年5月7日提交的说明书第3页、说明书附图第1～6页。

2. 关于本申请实用性问题

本申请说明书中记载了一种磁力发动机，磁力发动机的基轮和附磁基座均带有永磁材料，而且永磁数量和位置角度按圆周等分对应，利用永磁材料固有的磁能和永磁特殊的排列方式形成动力磁场区域，在侧场磁力引斥相抵且只有垂直引斥力的情况下，在该区域产生的垂直互斥力作为机器的动力带动杠杆运动，并且利用杠杆的位移产生的机械能使传动带动基轮产生转动，将磁能转换成动能，同时基轮进入新的动力磁场区域。重复上述过程，基轮将周而复始地自行持续周转下去。

本申请说明书声称：“本发明的任务是提供一种不需要消耗燃料的磁力发动机。动力源来自永磁材料的恒磁场。在其做功过程中，既不消耗燃料，也不消耗其他能源材料，充磁可以采用自身产出的能量。由兹构成人类梦寐以求的最理想的能源。”

合议组认为，本申请不满足专利法第二十二条第四款规定的实用性要求，具体理由如下：

根据本领域一般技术人员的常识可知，在永磁体周围建立的磁场是一种静止的保守场，它同地球的引力场一样，只能作为能量转换的媒介，不能向外界提供动力，即永磁能不会成为持续的动力源。

例如，电动机是以其耦合磁场作为媒介进行能量转换，把输入的电能转换成机械能输出的。也就是说，只有当转子相对于定子处于任何一个位置时产生的多个斥力矢量和表现的结果为正向斥力时，才能出现转子转动所需的持续的动力矩。然而从本申请说明书和权利要求书所给出的整体技术内容看，磁力发动机依靠恒定磁场中磁力推动外部部件（转轴）用于转变能量，却强调最初附磁基座和附磁体基轮处于恒定磁场中磁力不平衡的位置上，在不再需要任何外力的情况下利用永磁固有的互相作用力就可以自动形成动力磁场，持续磁力发动机的运转，输出动力时不损耗任何能量。也就是说，磁力发动机的外部部件由可旋转的位置旋转一周后恢复到初始位置的过程中，磁力发动机的总体能量维持不变，同时向外界输出了能量。磁力发动机重复上述过程，可以完成周而复始运动的同时不断地向外界输出能量。

众所周知，人类在长期征服自然的斗争中，发明了各种动力机械，这些动力机械都需要从自然力、燃料或者电力等持续的供给能量转化为机械能，这些能量的转换服从热力学第一定律即能量守恒与转换定律。能量守恒定律是自然科学中最重要、最普遍的定律。能量守恒定律告诉我们，机器所做的功必定是由某一种或数种能量转化来的，机器只能转换能量，不能创造能量。能量不能自行消灭和创生，宇宙中总的能量不变。而本发明的机器—磁力发动机，仅依靠机器内特殊排列的永磁体储存的能量，在不消耗外来能量的情况下就能维持持续运转和输出动力，这实际上是一种要求输出大于输入的能够永久自动运转的机器。

针对复审请求人在复审意见陈述书中的陈述，本案合议组认为，一个技术发明必须符合一定的基本科学原理，而且应当具有可重复的规律性，具有普遍性和可检验性，经得起按照最基本的科学方法进行的测试和鉴定。如果复审请求人基于对自然科学知识的认识的不断探索和深化，要否定人类已经长期获得公认的自然科学定律，则必须以证据充分支持的事实为依据。但是复审请求人对其否定能量守恒定律的主张又未能提供经该领域专家委员会测试和鉴定的必要鉴定证据，因此，本领域一般技术人员采用本申请说明书的仅依靠机器内特殊排列的永磁体的技术手段，并不能实现其所说的“在其做功过程中，既不消耗燃料，也不消耗其他能源材料，充磁可以采用自身产出的能量。由兹构成人类梦寐以求的最理想的能源”的目的，即该申请不满足专利法第二十二条第四款规定的实用性要求。

综上所述，本案合议组认为，驳回决定指出本申请记载的内容违背了能量守恒定律从而不具备实用性的结论是正确的，复审请求人的复审请求理由不能成立。

三、决定

维持国家知识产权专利局实质审查部门于2003年5月9日对99102530.X号发明专利申请作出的驳回决定。

复审请求人如对本决定不服，可根据专利法第四十一条第二款规定，自收到本通知之日起三个月内向北京市第一中级人民法院起诉。

066

启动电路及方法案

复审请求审查决定（第6737号）

决　定　号　第6737号
决　定　日　2005年8月5日
发明创造名称　启动电路及方法
国际分类号　H02P 1/18
复审请求人　台达电子工业股份有限公司
申　请　号　98123823.8
申　请　日　1998年10月29日
公　布　日　2000年7月12日
合议组组长　张　度
主　审　员　周雷鸣
参　审　员　孙克良

法律依据　专利法第二十六条第四款 法二十八条
决定要点

权利要求书应当以说明书为依据，是指权利要求应当得到说明书的支持。权利要求通常由公开的一个或者多个实施例概括而成。而对于概括是否适当的判断，应当以说明书的全部内容为基础，而不是仅限于具体实施例部分的内容，并且还要参照相关的现有技术。

在作出驳回决定时，驳回决定中涉及的驳回理由应当在之前的审查意见通知书中已经告知过申请人，否则不符合听证原则。

一、案由

本复审请求涉及国家知识产权局专利局实质审查部门于2004年1月9日驳回的、名称为“启动电路及方法”的发明专利申请（下称本申请），其申请号为98123823.8，申请日为1998年10月29日，申请人为台达电子工业股份有限公司。

本申请原始公开的权利要求如下：

“1. 一种启动电路，其特征在于，它使用多段启动方法，以消减一电感性电路在启动时输出的瞬间峰值电流，它包含：

一比较电路，电连接至该电感性电路，用以输入该电感性电路的一回授信号，因而应该回授信号与一设定信号比较的结果以产生一控制信号；以及

一控制电路，电连接至该比较电路及该电感性电路，由该控制信号控制该电感性电路，分段启动该电感性电路，以消减该瞬间峰值电流。

2. 如权利要求1所述的启动电路，其特征在于，该电感性电路系为一直流电动机。

3. 如权利要求2所述的启动电路，其特征在于，其中该回授信号系为一该直流电动机输出之周

期性信号。

4. 如权利要求3所述的启动电路，其特征在于，该周期性信号系为一方波信号，该方波信号可系具一频率，而该频率与该直流电动机输出的一速度成正比。

5. 如权利要求2所述的启动电路，其特征在于，该瞬间峰值电流为一该直流电动机的启动电流之瞬间峰值电流。

6. 如权利要求1所述的启动电路，其特征在于，该比较电路包含：

一电压转换电路，它电连接该电感性电路，用以将该电感性电路输出的回授信号转换为一第四信号；以及

一触发电路，它电连接该电压转换电路，用以在该第四信号大于该设定信号时，改变该控制信号，以使该控制电路分段启动该电感性电路。

7. 如权利要求6所述的启动电路，其特征在于，该回授信号具一频率。

8. 如权利要求7所述的启动电路，其特征在于，该电感性电路系为一直流电动机，该直流电动机输出该回授信号，而该回授信号的频率系与该直流电动机的一速度成正比，而该直流电动机的速度启动于一低速度，而在该触发电路改变该控制信号时，该直流电动机之速度改变为一高速度，其中该触发电路为一比较器。

9. 如权利要求7所述的启动电路，其特征在于，该电压转换电路为一频率电压转换电路，用以将该回授信号的频率转换为该第四信号。

10. 如权利要求9所述的启动电路，其特征在于，该频率电压转换电路包含：

一第一低通滤波器，用以滤除该回授信号的频率之一高频成分，以产生一第一信号；

一第一比较器，它电连接至该第一低通滤波器，使该第一信号与一第一参考信号比较，以输出一第二信号；

一第二比较器，它电连接至该第一比较器，用以使该第二信号与一第二参考信号比较，使该第二信号反相以输出一第三信号；以及

一第二低通滤波器，它电连接至该第二比较器，用以滤除该第三信号之一高频成分，以输出该第四信号。

11. 如权利要求10所述的启动电路，其特征在于，该第一信号大于该第一参考信号时，输出的该第二信号为一具周期性的信号；如该第一信号小于该第一参考信号时，输出的该第二信号为一固定电位，且其中该固定电位为一低电位。

12. 如权利要求1所述的启动电路，其特征在于，该控制电路为一电流控制电路，该电流控制电路包含：

一电子开关，用以因该控制信号的改变而使该电感性电路的一电流变大；以及

一限流装置，系电连接该电子开关，以于启动该电感性电路时，限制该电感性电路之电流。

13. 如权利要求12所述的启动电路，其特征在于，该电子开关为一晶体管，以于该控制信号为一高电位时动作，使该电感电路的电流变大，其中该电感性电路为一直流电动机。

14. 如权利要求12所述的启动电路，其特征在于，该限流装置为一电阻器，在该电感性电路启动时，限制该电感性电路的电流，而该电感性电路为一直流电动机。

15. 一种启动方法，以多段启动一电感性电路，其特征在于，因该电感性电路的一回授信号，增加该电感性电路的一电流，以多段启动电感性电路。

16. 如权利要求15的启动方法，其特征在于，该电感性电路为一电动机，其中该电动机为一直流电动机，而该直流电动机的该回授信号为一具一频率对应于该直流电动机的一转速的方波信号。

17. 如权利要求 16 所述的启动方法，其特征在于，该方波信号的该频率更由一频率电压转换电路，以转换为一等效该直流电动机转速之电位，而该等效于该直流电动机转速的电位用以与一对应于该直流电动机之一设定转速的参考电位比较，而在大于该参考电位时，增加该直流电动机的该电流。

18. 如权利要求 17 所述的启动方法，其特征在于，增加该直流电动机的该电流是用以提升该直流电动机的该转速，而该等效该直流电动机转速的电位更用以与多个对应于该直流电动机的各设定转速的参考电位比较，而在每次大于该等参考电位时，增加该直流电动机的该电流一次，以提升至该直流电动机全速运转为止。”

在实质审查过程中，国家知识产权局专利局实质审查部门在 2003 年 3 月 21 日发出的第一次审查意见通知书中指出，本申请的说明书不符合专利法第二十六条第三款的规定。

针对第一次审查意见通知书，申请人于 2003 年 7 月 24 日提交了意见陈述书及附件，并指出，说明书中记载的技术方案清楚、完整，所属领域的技术人员能够实现。

实质审查部门在 2003 年 9 月 1 日发出的第二次审查意见通知书中指出：权利要求 1 不符合专利法第二十六条第四款的规定；权利要求 15 不符合专利法实施细则第二十一条第二款的规定。

针对第二次审查意见通知书，申请人于 2003 年 11 月 10 日提交了意见陈述书及新的权利要求书，并指出，权利要求 1 ~ 14 的技术方案在说明书中充分公开，修改后的权利要求 15 记载了解决问题的必要技术特征。其中新的权利要求书的内容如下：

“1. 一种启动电路，其特征在于，它使用多段启动方法，以消减一电感性电路在启动时输出的瞬间峰值电流，它包含：

一比较电路，电连接至该电感性电路，用以输入该电感性电路的一回授信号，因而应该回授信号与一设定信号比较的结果以产生一控制信号；以及

一控制电路，电连接至该比较电路及该电感性电路，由该控制信号控制该电感性电路，分段启动该电感性电路，以消减该瞬间峰值电流。

2. 如权利要求 1 所述的启动电路，其特征在于，该电感性电路系为一直流电动机。

3. 如权利要求 2 所述的启动电路，其特征在于，其中该回授信号系为一该直流电动机输出之周期性信号。

4. 如权利要求 3 所述的启动电路，其特征在于，该周期性信号系为一方波信号，该方波信号可系具一频率，而该频率与该直流电动机输出的一速度成正比。

5. 如权利要求 2 所述的启动电路，其特征在于，该瞬间峰值电流为一该直流电动机的启动电流之瞬间峰值电流。

6. 如权利要求 1 所述的启动电路，其特征在于，该比较电路包含：

一电压转换电路，它电连接该电感性电路，用以将该电感性电路输出的回授信号转换为一第四信号；以及

一触发电路，它电连接该电压转换电路，用以在该第四信号大于该设定信号时，改变该控制信号，以使该控制电路分段启动该电感性电路。

7. 如权利要求 6 所述的启动电路，其特征在于，该回授信号具一频率。

8. 如权利要求 7 所述的启动电路，其特征在于，该电感性电路系为一直流电动机，该直流电动机输出该回授信号，而该回授信号的频率系与该直流电动机的一速度成正比，而该直流电动机的速度启动于一低速度，而在该触发电路改变该控制信号时，该直流电动机之速度改变为一高速度，其中该触发电路为一比较器。

9. 如权利要求 7 所述的启动电路，其特征在于，该电压转换电路为一频率电压转换电路，用以

将该回授信号的频率转换为该第四信号。

10. 如权利要求9所述的启动电路，其特征在于，该频率电压转换电路包含：

一第一低通滤波器，用以滤除该回授信号的频率之一高频成分，以产生一第一信号；

一第一比较器，它电连接至该第一低通滤波器，使该第一信号与一第一参考信号比较，以输出一第二信号；

一第二比较器，它电连接至该第一比较器，用以使该第二信号与一第二参考信号比较，使该第二信号反相以输出一第三信号；以及

一第二低通滤波器，它电连接至该第二比较器，用以滤除该第三信号之一高频成分，以输出该第四信号。

11. 如权利要求10所述的启动电路，其特征在于，该第一信号大于该第一参考信号时，输出的该第二信号为一具周期性的信号；如该第一信号小于该第一参考信号时，输出的该第二信号为一固定电位，且其中该固定电位为一低电位。

12. 如权利要求1所述的启动电路，其特征在于，该控制电路为一电流控制电路，该电流控制电路包含：一电子开关，用以因该控制信号的改变而使该电感性电路的一电流变大；以及一限流装置，系电连接该电子开关，以于启动该电感性电路时，限制该电感性电路之电流。

13. 如权利要求12所述的启动电路，其特征在于，该电子开关为一晶体管，以于该控制信号为一高电位时动作，使该电感电路的电流变大，其中该电感性电路为一直流电动机。

14. 如权利要求12所述的启动电路，其特征在于，该限流装置为一电阻器，在该电感性电路启动时，限制该电感性电路的电流，而该电感性电路为一直流电动机。

15. 一种如权利要求1所说启动电路的启动方法，以多段启动所说电感性电路，其特征在于，因该电感性电路的一回授信号，增加该电感性电路的一电流，以多段启动电感性电路。

16. 如权利要求15的启动方法，其特征在于，该电感性电路为一电动机，其中该电动机为一直流电动机，而该直流电动机的该回授信号为一具一频率对应于该直流电动机的一转速的方波信号。

17. 如权利要求16所述的启动方法，其特征在于，该方波信号的该频率更由一频率电压转换电路，以转换为一等效该直流电动机转速之电位，而该等效于该直流电动机转速的电位用以与一对应于该直流电动机之一设定转速的参考电位比较，而在大于该参考电位时，增加该直流电动机的该电流。

18. 如权利要求17所述的启动方法，其特征在于，增加该直流电动机的该电流是用以提升该直流电动机的该转速，而该等效该直流电动机转速的电位更用以与多个对应于该直流电动机的各设定转速的参考电位比较，而在每次大于该等参考电位时，增加该直流电动机的该电流一次，以提升至该直流电动机全速运转为止。”

国家知识产权局专利局实质审查部门于2004年1月9日以权利要求1不符合专利法第二十六条第四款的规定为由驳回了本申请，同时指出独立权利要求15不符合专利法实施细则第二十条第一款的规定。

申请人（下称复审请求人）对该驳回决定不服，于2004年5月9日向专利复审委员会提交了复审请求，但未修改申请文件。复审请求人的复审理由是，权利要求1中所述的启动电路在说明书中通过实施例作了描述，本领域的技术人员将权利要求中“比较电路”、“控制电路”以其他多种形式的电路配置方式实施的诸般变化，没有脱离权利要求1所述的范围。

专利复审委员会于2004年5月31日发出了复审请求受理通知书和前置审查通知书。

在前置审查程序中，国家知识产权局专利局实质审查部门仍坚持原驳回决定。其理由是，所属领域的技术人员不能从说明书所公开的内容直接得到或者由其所公开的实施例概括得出如权利要求1所

要求保护的技术方案。

在此基础上，专利复审委员会依法成立合议组对本案进行复审。

经审查，合议组认为本案事实清楚，可以作出本复审请求审查决定。

二、决定的理由

1. 依据文本

由于复审请求人在提交复审请求时没有修改申请文件，因此，本复审决定依据的文本是驳回决定所依据的文本，即1998年10月29日提交的说明书第1~5页、附图第1~4页、说明书摘要及其附图，2003年11月10日提交的权利要求第1~18项。

2. 关于权利要求1以说明书为依据的问题

合议组认为，本申请权利要求1所限定的技术方案得到了说明书的支持，符合专利法第二十六条第四款的规定，具体理由如下：

（1）专利法第二十六条第四款规定，权利要求书应当以说明书为依据，说明要求专利保护的范围。权利要求书应当以说明书为依据，是指权利要求应当得到说明书的支持。权利要求通常由公开的一个或者多个实施例概括而成。对于概括是否适当的判断，应当以说明书的全部内容为基础，而不是仅限于具体实施例部分的内容，并且还要参照相关的现有技术。

本申请的发明目的是使电机启动的瞬间峰值能消减到最小，所采用的手段主要表现为，控制电路根据比较电路比较电感电路的回授信号与设定信号后产生的控制信号分段启动电感电路，权利要求1限定的启动电路结构包含这种技术特征。而对于驳回决定中指出的“比较电路仅说明为‘电连接至该电感性电路，用以输入该电感性电路的一回授信号，因而应该回授信号与一设定信号比较的结果以产生一控制信号’，这样的说明得不到说明书支持或未以说明书为依据。根据说明书，为消减所说电感性电路在启动时所产生的冲击电流，所说比较电路的有关构成应有如下这样一些技术特征。该比较电路有频率电压转换电路和触发电路……除此之外，对有关所说比较电路的构成在说明书中并没有其他方式的说明。为实现所说多段启动以消减所说电感性电路启动时产生冲击电流的目的，所属领域的技术人员，根据现有说明书的教导，在所说启动电路中，除由上述相关技术特征所限定的得到所说回授信号并构成所说比较电路以控制所说电感性电路启动电流这样的方式外，难以看出应如何采用其他的方式才能满足要求。为此在该权利要求中要相应补入权利要求6、7、9和10的有关内容”的意见，合议组认为：“比较电路”和“回授信号”的概括是否适当，应当以说明书的全部内容为基础，而不是仅限于具体实施例（实施方式）部分的内容，并且还要参照相关的现有技术。首先，对于“比较电路”，虽然实施例中采用了频率电压转换电路和触发电路，但从说明书中可以明确地知道，该比较电路电连接至直流电动机（电感性电路），用以输入电动机的一回授信号（反馈信号）与一设定信号比较的结果产生一控制信号，并且在现有技术中，利用电动机回授信号与设定信号比较以产生控制信号的比较电路是电机控制中常用电路；对于“回授信号”，实质上是控制电机中的“反馈信号”，虽然实施例中仅仅采用频率与直流电动机的速度成正比的回授信号，但是在现有技术中，输入直流电动机的各种反馈信号也是在电动机闭环控制系统中常用的信号。例如，电流负反馈的闭环控制系统或速度负反馈的闭环控制系统中的反馈信号。因此，权利要求书中的“比较电路”和“回授信号”不只是局限于说明书中公开的内容，本领域的普通技术人员在现有技术的基础上也可以选择其他的已知比较电路和反馈信号，只要所述其他的比较电路和反馈信号满足实现本发明目的所需的电路和信号要求即可。

另外，合议组还认为，本申请之发明目的和技术效果的实现是源于控制电路根据比较电路比较电感电路的反馈信号与设定信号后产生的控制信号分段启动电感电路，而不是基于在现有技术基础上对各种比较电路和信号进行的选择。因此，对于本申请是否符合权利要求书应当以说明书为依据之规定的审查，主要是审查本申请说明书实施例部分和其他部分构成的说明书的全部内容及现有技术是否支持权利要求 1 对启动电路之技术方案的限定。从本申请说明书及其附图以及现有技术中可以明确认定权利要求 1 对启动电路的结构之技术方案的限定得到了说明书的支持。

根据以上分析，合议组认为，权利要求书能够得到说明书的支持，本申请符合专利法第二十六条第四款的规定。因此，复审请求人提出的复审请求的理由成立。但应当指出的是，本申请中使用了非常用技术术语“回授信号”等，其中“回授信号”应当改为“反馈信号”，对此复审请求人应当在继续的审批程序中对文本进行一致和全面的校改。

3. 关于权利要求 15 的问题

在实质审查过程中，作出驳回决定之前，应当给申请人提供至少一次针对驳回理由和证据陈述意见和/或修改申请文件的机会。驳回决定针对的权利要求 15 是申请人在答复第二次审查意见通知书时提交的新的权利要求，但是在作出驳回决定时，驳回决定中有关权利要求 15 的驳回理由在之前的审查意见通知书中没有告知申请人，因此在驳回决定中以权利要求 15 作为驳回理由不符合实质审查中的听证原则。

根据上述事实和理由，本案合议组作出如下决定。

三、决定

撤销国家知识产权局专利局实质审查部门于 2004 年 1 月 9 日对本申请作出的驳回决定，由原实质审查部门依据驳回决定所针对的文本继续进行审批程序。

067

佩戴式计算机案

复审请求审查决定（第6738号）

决　定　号　第6738号
决　定　日　2005年8月9日
发明创造名称　佩戴式计算机
国际分类号　G06F 15/00
复审请求人　齐伯瑙特有限公司
申　请　号　97104547.X
申　请　日　1997年3月17日
公　开　日　1998年2月25日
合议组组长　张荣彦
主　审　员　龙　安
参　审　员　黄毅斐

法律依据　专利法第二十二条第三款
决定要点
对比文件1、2并未公开该申请权利要求1的全部技术特征，二者无法结合评述权利要求1的创造性。

一、案由

该复审请求涉及申请日为1997年3月17日、优先权日为1996年8月15日、申请号为97104547.X、名称为“佩戴式计算机”的发明专利申请，其申请人为齐伯瑙特有限公司。

申请人于申请日提交的申请文件（下称文本1）中，权利要求书包括2项独立权利要求、15项从属权利要求。

申请人于2000年3月10日对比下内容进行了主动修改（下称文本2）：权利要求第1～18项、说明书第2、3、3a、7页，形成文本工。

2002年4月12日，国家知识产权局专利局实质审查部门针对文本2、文本1中的说明书第1、4～6页及附图第1～8页，发出第一次审查意见通知书。其中指出：权利要求1～3、5～7相对于对比文件1（US 5285398 A，公开日为1994年2月8日）和对比文件2（US 5218514 A，公开日为1993年6月8日）的结合而言不具备创造性；权利要求4、8相对于对比文件1和2并结合公知常识来讲，缺乏创造性；权利要求9与权利要求1、权利要求10～17与权利要求2～8实质相同，亦不具备创造性；权利要求18相对于对比文件1和2的结合没有创造性。

2002年8月27日，申请人针对第一次审查意见通知书，提交了意见陈述书以及修改的权利要求第1～18项、说明书第7页（下称文本3）。申请人在意见陈述书中指出，新权利要求1相对于对比文件1和2具备创造性，其从属权利要求2～8及权利要求9～17、18亦具备创造性。

2002 年 12 月 20 日，国家知识产权局专利局实质审查部门针对文本 3 、文本 2 中的说明书第 2、3、3a 页、文本 1 中的说明书第 1、4 ~6 页及附图第 1 ~8 页发出第二次审查意见通知书中指出：权利要求 1 中增加的技术特征（即，“双手自由工作装置”及其组合构造的部件）超出原申请文本的范围，故权利要求 1 及其从属权利要求 2 ~8 不符合专利法第三十三条的规定。权利要求 1 ~18 依然不具备创造性。

2003 年 2 月 28 日，申请人针对第二次审查意见通知书提交了意见陈述书。其中指出，所作修改未超出原始申请文本范围；本申请与对比文件 1、2 存在诸多区别；无论以对比文件 1，还是以对比文件 2 作为最接近的现有技术，都没有给出结合另一篇对比文件的教导以得到本发明的技术方案。因此，权利要求 1 ~18 具备创造性。

2003 年 11 月 14 日，国家知识产权局专利局实质审查部门针对文本 3（审查员同意申请人答复第二次审查意见通知书时陈述的文本 3 的权利要求书的修改未超范围的理由，并接受了该文本）、文本 2 中的说明书第 2、3、3a 页、文本 1 中的说明书第 1、4 ~6 页及附图第 1 ~8 页，作出驳回决定。

驳回决定所针对的文本 3 的权利要求书中，独立权利要求 1、9、18 分别为：

“1. 一种可移动体佩式计算机，包括：一个单一计算机壳体；双手自由工作装置；用来将所述计算机壳体连接到使用者的装置；所述计算机壳体有一个前面部分和一个后面部分；用来将所述单一计算机壳体佩戴到使用者的左侧或右侧的装置，而所述前面部分和后面部分总是位于所述同一方向；用来将所述计算机从一个体佩式可移动计算机转换成一个独立式计算机的装置，所述单一计算机壳体为一种坚固紧凑式计算机壳体，它包括一个基本上容纳了通用计算机的所有部件的单一部分，所述双手自由工作装置选自下面的一个组：音频工作装置、眼追踪工作装置、脑电图工作装置和其组合。”

“9. 一个移动式腰佩计算机，包括：一个计算机壳体，用来将所述计算机壳体与使用者相连接的装置，所述计算机壳体具有一个前面部分和后面部分装置，该前面部分和后面部分装置用来将所述计算机壳体穿戴到使用者腰部的右侧或左侧，从而所述前面部分和后面部分总是指向同一方向，用来使所述移动式腰佩计算机适合用作为传统计算机的装置，所述计算机壳体基本上包括除了监视器以外的所有传统计算机的部件。”

“18. 一个移动式用户支持的计算机结构，包括：一个计算机壳体、通信装置和使所述结构被用户支持的装置，所述计算机壳体具有一个前面部分和后面部分装置，该前面部分和后面部分装置用来将所述计算机壳体支持在使用者的右侧或左侧，从而所述前面部分和后面部分总是指向同一方向，用来使所述移动式计算机适合用作为传统计算机的装置，所述计算机壳体基本上包括监视器在内的所有传统计算机的部件。”

国家知识产权局专利局实质审查部门的驳回理由为：

1. 对比文件 1 公开了如下技术特征：该体佩式计算机利用带子，可以穿戴在身上（包括左、右侧）、头部或系在使用者腰部（相当于权利要求 1 所述的用来将所述计算机连接到使用者的装置，并可佩戴到用户左、右侧）；其构造在带子上的计算机本体部分，朝向外面的部分和贴在身体的部分是固定于同一个方向不变的（相当于权利要求 1 所述的计算机前面部分和后面部分，且两部分总位于同一方向）；佩戴在身体上而使得双手空闲出来的装置（相当于权利要求 1 所述的双手自由工作装置）。

权利要求 1 与对比文件 1 的区别为：（1）权利要求 1 中的体佩式计算机的机体是放在一个单一的坚固紧凑壳体中；（2）该壳体上有把该计算机由体佩式转化为独立式的装置。

所述区别技术特征（1）由涉及增强散热功能的紧凑结构的计算机的对比文件 2 公开；区别技术特征（2）为硬件机械结构适应不同使用环境而进行转换时常用的技术手段。

由于对比文件 1 和 2 均为计算机硬件结构领域，且对比文件 1 的背景技术中的内容给出了以对比文件 1 为基础，结合对比文件 2 及常规技术手段以解决计算机部件能紧凑结合的问题的启示，因此权利要求 1 相对于对比文件 1 和 2 而言不具有突出的实质性特点和显著的进步，缺乏创造性。

2. 权利要求 2 ~ 3、5 ~ 7 相对于对比文件 1、2 的结合而言，权利要求 4、8 相对于对比文件 1 和 2 并结合公知常识来讲，亦不具备创造性。

3. 根据对权利要求 1 的评述可知，权利要求 9 相对于对比文件 1 和 2 也不具备创造性；参见对权利要求 2 ~ 9 的评述，权利要求 10 ~ 17 均不具备创造性。

4. 权利要求 18 相对于对比文件 1 和 2 结合常规技术来讲，缺乏创造性。

申请人（下称复审请求人）对上述驳回决定不服，于 2004 年 3 月 1 日向专利复审委员会提出复审请求，其复审理由为：

对比文件 1 未公开坚固的、单独的壳体，其在从用户右侧换到用户左侧时不具有“前面部分和后面部分总是指向相同方向”的特征，其挠性计算机不能转化为独立式计算机。对比文件 1 不同于本发明，当然也没有对本发明提供启示。对比文件 2 是一种非佩戴的非移动计算机，其风扇叶片、风扇罩和电机太重并发出热量以至完全不便于佩戴。人们没有理由会从对比文件 1 的挠性计算机得到新权利要求 1 ~ 8 所要求的计算机，也没有理由把对比文件 1 的挠性计算机与对比文件 2 笨重的 IBM Model 25 进行结合，并且这种结合无法得到新权利要求 1 ~ 8 的技术方案，因为对比文件 1、2 没有新权利要求 1 ~ 18 中的所述组件。

针对“对比文件 1 给出结合对比文件 2 的启示”的问题，复审请求人指出：根据对比文件 1 的教导，“单独的坚固计算机壳体”被视为是现有技术的不足，该对比文件的技术方案就是用“挠性的多壳体”替代“单独的坚固计算机壳体”。

针对“使佩戴式计算机转化为独立式计算机的装置能否结合到对比文件 1 中的计算机”的问题，复审请求人指出：对比文件 1 中的“挠性的计算机”不适合作为独立式计算机，本领域技术人员没有理由将所述装置结合到对比文件 1 的技术方案中。

复审请求人随复审请求书提交了再次修改的权利要求书（下称文本 4），包括 2 项独立权利要求、6 项从属权利要求，其中，独立权利要求 1、8 分别为：

“1. 一种可移动躯体佩带式计算机，包括：单独的坚固计算机壳体；计算机工作装置；用来连接头戴显示器的装置；用来将所述计算机壳体系到用户的躯体上的装置；所述单独的坚固计算机壳体有一个前面部分和一个后面部分，用来将所述计算机壳体佩戴到用户躯体的左侧或右侧的装置，由此，所述前面部分和所述后面部分总是指向同一方向，系到所述壳体的底部以使所述可移动躯体佩戴式计算机适合作传统的独立式计算机的装置；所述单独的计算机壳体基本上包括传统计算机除监视器外的所有组件，所述计算机壳体在其后面部分具有外围连接器装置；所述外围连接器装置具有用来连接电缆的装置，所述电缆总是从所述后面部分延伸到所述头戴显示器或其他显示器装置。其中，所述计算机壳体具有躯体连接装置，所述躯体连接装置适合贴近所述用户，所述躯体连接装置还包括将所述可移动躯体佩戴式计算机转化为独立式计算机的装置。”

“8. 一种可移动腰佩计算机，包括：计算机壳体；工作装置；用来连接头戴显示器的装置；用来将所述计算机壳体系到用户腰部的装置；所述计算机壳体具有一个前面部分和后面部分，所述后面部分包括外围出口，所述外围出口具有用来接受电缆以连接所述头戴显示器和其他所需外部功能的装置；用来将所述计算机壳体佩戴到用户腰部的右侧或左侧部分的装置，由此，所述前面部分和所述后面部分总是位于同一方向，其中，在用户腰部的所述右侧或左侧佩戴时，所述电缆总是从所述计算机壳体的所述后面部分延伸，提升支架连接到所述壳体，所述提升支架还作为皮带圈，所述皮带圈位于所述壳体的较低部分，所述提升支架处在向下位置时将所述可移动腰佩计算机转化为独立式计算机，并且，所述工作装置选自音频工作装置、鼠标工作装置及其组合的组中。”

经形式审查合格，专利复审委员会受理了该复审请求，于 2004 年 3 月 29 日发出复审请求受理通知书和前置审查通知书。

在前置审查程序中，国家知识产权局专利局原实质审查部门坚持原驳回决定。

在此基础上，专利复审委员会依法成立合议组，对此案进行审理。合议组研究了复审请求人随复审请求书一起提交的权利要求第 1 ~ 8 项（文本 4）、随答复“第一次审查意见通知书”的意见陈述书一起提交（文本 3）的说明书第 7 页、2000 年 3 月 10 日提交的（文本 2）说明书第 2、3、3a 页，申请日提交的（文本 1）说明书第 1、4 ~ 6 页。附图第 1 ~ 8 页后，认为此案事实清楚，可以作出复审决定。

二、决定理由

文本 4 符合专利法第三十三条及专利法实施细则第六十条的规定，可被接受。因此，本决定所依据的文本为：文本 4 中的权利要求第 1 ~ 8 项、文本 3 中的说明书第 7 页、文本 2 中的说明书第 2、3、3a 页、文本 1 中的说明书第 1、4 ~ 6 页，附图第 1 ~ 8 页。

1. 关于权利要求 1 的创造性

对比文件 1（说明书第 6 栏、第 7 栏 第 26 ~ 45 行，图 6、7）公开了如下技术特征：总线终端模块 100、微处理器模块 200、RAM – I/O 模块 300、海量存储器 400、电池模块 500 通过电路002a – 002f 相连（相应于权利要求 1 中的“计算机工作装置”）。

对比文件 1 还公开了以下技术特征，但与权利要求 1 的技术方案中的相应技术特征有区别：

（1）各模块被粘在负载皮带 004 上（说明书第 6 栏、第 7 栏 第 26 ~ 45 行，图 6、7），所述皮带用于系到用户身上，权利要求 1 中的“用来将所述计算机壳体系到用户的躯体上的装置”是用于将“所述计算机壳体”系到用户躯体，而不是如对比文件 1 中的将各模块固定于人体上。

（2）可变形、体佩式计算机包括如下部件：总线终端模块 100、微处理器模块 200、RAM – I/O 模块 300、海量存储器 400、电池模块 500（说明书第 6 栏、第 7 栏 第 26 ~ 45 行，图 6、7），而权利要求 1 是“壳体”包括传统计算机除监视器外的所有组件。

（3）腰带下侧的输入/出端口 326、327 用于连接外围设备（说明书摘要、图 5），权利要求 1 中的“外围设备连接装置”设在“计算机壳体的后面部分”，二者连接外围设备的接口位置不同。

对比文件 2（图 1 ~ 6）公开了一种增强散热功能的紧凑型传统计算机（相应于权利要求 1 中的“单独的坚固计算机壳体”）。

权利要求 1 与对比文件 1、2 相比，还存在如下区别技术特征：用来连接头戴显示器的装置；所述单独的坚固计算机壳体有一个前面部分和一个后面部分；用来将所述计算机壳体佩戴到用户躯体的左侧或右侧的装置，由此，所述前面部分和所述后面部分总是指向同一方向，系到所述壳体的底部以使所述可移动躯体佩戴式计算机适合作传统的独立式计算机的装置；所述外围连接器装置具有用来连接电缆的装置，所述电缆总是从所述后面部分延伸到所述头戴显示器或其他显示器装置。由此可见，对比文件 1 和 2 并未覆盖该权利要求 1 的全部技术特征，它们也未对在“佩戴式计算机”中采用上述区别技术特征给出任何启示，而这些区别技术特征的引入对佩戴式计算机的使用带来了一定的技术效果。因此，权利要求 1 相对于对比文件 1 和 2 的结合而言，具备创造性。

2. 关于权利要求 2 ~ 7 的创造性

权利要求 2 ~ 7 是权利要求 1 的从属权利要求，在权利要求 1 具备创造性的基础上，上述各项权利要求同样具备创造性。

3. 关于权利要求 8 的创造性

对比文件 1（说明书第 6 栏、第 7 栏第 26 ~ 45 行，图 6、7）公开了如下技术特征：总线终端模块 100、微处理器模块 200、RAM－I/O 模块 300、海量存储器 400、电池模块 500 通过电路 002a－002f 相连（相应于权利要求 8 中的“工作装置”）。

对比文件 1 还公开了以下技术特征，但与权利要求 8 的技术方案中的相应技术特征有区别：

(1) 各模块被粘在负载皮带 004 上（说明书第 6 栏、第 7 栏第 26 行～第 45 行，图 6、7），所述皮带用于系到用户身上，权利要求 8 中的装置是用于将“所述计算机壳体”系到用户腰部，而不是如对比文件 1 中的将各模块固定于人体上。

(2) 腰带下侧的输入/出端口 326、327 用于连接外围设备（说明书摘要、图 5），权利要求 8 的“外围设备连接装置”设在“计算机壳体的后面部分”，二者连接外围设备的位置不同。

对比文件 2（图 1 ~ 6）公开了：一种增强散热功能的紧凑型传统计算机（相应于权利要求 8 中的“计算机壳体”）。

权利要求 8 与对比文件 1、2 相比，还存在如下区别技术特征：用来连接头戴显示器的装置；所述计算机壳体具有一个前面部分和后面部分，所述后面部分包括外围出口，所述外围出口具有用来接受电缆以连接所述头戴显示器和其他所需外部功能的装置；用来将所述计算机壳体佩戴到用户腰部的右侧或左侧部分的装置，由此，所述前面部分和所述后面部分总是位于同一方向，在用户腰部的所述右侧或左侧佩戴时，所述电缆总是从所述计算机壳体的所述后面部分延伸，提升支架连接到所述壳体，所述提升支架还作为皮带圈，所述皮带圈位于所述壳体的较低部分，所述提升支架处在向下位置时将所述可移动腰佩计算机转化为独立式计算机。并且，所述工作装置选自音频工作装置、鼠标工作装置及其组合的组中。

基于以上对权利要求 1 所评述的同样理由，权利要求 8 相对于对比文件 1 和 2 的结合而言，具备创造性。

综上，权利要求 1 ~ 8 相对于对比文件 1 和 2 的结合来讲，均具备专利法第二十二条第三款所规定的创造性。

三、决定

撤销国家知识产权局专利局实质审查部门对该发明专利申请作出的驳回决定。以复审请求人于 2004 年 3 月 1 日提交的权利要求第 1 ~ 8 项、2002 年 8 月 27 日提交的说明书第 7 页、2000 年 3 月 10 日提交的说明书第 2、3、3a 页、申请日提交的说明书第 1、4 ~ 6 页，附图第 1 ~ 8 页为基础，由原实质审查部门继续进行审批程序。

068

用于移动式计算机的可拆卸元件结构案

复审请求审查决定（第 6762 号）

决　定　号　第 6762 号

决　定　日　2005 年 8 月 11 日

发明创造名称　用于移动式计算机的可拆卸元件结构

国际分类号　G06F 1/16

复审请求人　齐伯瑙特有限公司

申　请　号　01139497.8

申　请　日　2001 年 11 月 27 日

公　开　日　2002 年 7 月 31 日

合议组组长　张　度

主　审　员　龙　安

参　审　员　詹靖康

法律依据　专利法第二十二条第三款

决定要点

现有技术未披露权利要求 1 的所有技术特征，所述技术特征使得权利要求 1 的技术方案具有有益的技术效果，故该权利要求具备创造性。

一、案由

本复审请求涉及申请日为 2001 年 11 月 27 日、优先权日为 2000 年 12 月 27 日、申请号为 01139497.8 、名称为“用于移动式计算机的可拆卸元件结构”的发明专利申请，其申请人为齐伯瑙特有限公司。

申请人于申请日提交的申请文件（ 文本 1 ）中，权利要求书由 2 项独立权利要求、12 项从属权利要求组成。

2003 年 5 月 9 日，国家知识产权局专利局实质审查部门针对文本 1 发出第一次审查意见通知书。其中指出权利要求 1 ~ 14 项相对于对比文件 1（ US6167413A ）、对比文件 2（ WO9843145A ）的结合而言，缺乏创造性。

2003 年 9 月 10 日，申请人向国家知识产权局专利局实质审查部门提交意见陈述书，陈述其申请相对于对比文件 1、2 具备创造性的理由。同时提交修改文本（文本 2）：即新修改的权利要求1 ~ 14 项。

2003 年 11 月 14 日，国家知识产权局专利局实质审查部门针对文本 2 中的权利要求第 1 ~ 14 项、文本 1 的说明书第1 ~ 6 页、附图第 1 ~ 2 页、说明书摘要及其附图各 1 页，作出驳回决定。

驳回决定所针对的文本 2 的权利要求书中，独立权利要求 1、8 分别为：

“1. 一种用于容纳每个和所有的可拆卸计算机元件的单一计算机机盒，所说的机盒包含多个空格，每个空格具有可拆卸地安装每个计算机元件的装置；所说的机盒具有一个监视器，语音启动装置，一个电源和在其外面的一部分上的用于附加所要求的外围设备的外围设备端口，以及任选地用于连接到一个外部电源的一个外部电源入口，所说的空格互相电连接，并与所说的端口和所说的任选外部电源的电连接；所说的机盒具有用于固定到用户身体上的装置。”

“8. 一种用于容纳多个计算机元件的单一计算机机盒；所说的机盒包括一个主要部分和一个可移动的附加盖或罩，多个空格在所说的主要部分中，每个空格具有可拆卸地安装每个计算机元件的装置；所说的机盒具有一个监视器、语音启动装置、一个电源和在其外面的一部分上的用于附加所要求的外围设备的外围设备端口，以及任选地用于连接到一个外部电源的一个外部电源入口，所说的空格互相电连接，并与所说的端口和所说的任选外部电源电连接，所说的机盒具有用于固定到用户身体上的装置。”

国家知识产权局专利局实质审查部门的驳回理由为：

1. 对比文件 1 公开了一种可穿戴计算机，其中包括：一个机盒；机盒至少包括两个空格，用来放置可穿戴计算机的各单元，各单元在空格中是稳固的（相应于用于容纳可拆卸计算机元件的单一计算机机盒，包含多个空格，每个空格具有可移出地安装计算机元件的装置）；可穿戴计算机还包括内部电源和除内部电源以外的外接电源、监视器等设备；肩带或腰带用来将机盒固定在用户身体上。

对比文件 2 公开了一种可穿戴计算机容纳装置并具体公开：可穿戴计算机的各元件之间是互相电连接的，所述元件可以是麦克风（用来语音输入，其作用相应于语音启动装置）等设备。

对比文件 2 给出将其公开的内容应用到对比文件 1 从而得到权利要求 1 请求保护的技术方案的技术启示：可穿戴计算机各元件之间互相电连接，因此用于放置各元件的空格间必然也是电连接，进而各种端口与外部电源亦应电连接。故权利要求 1 相对于对比文件 1、2 的结合而言，缺乏创造性。

2. 权利要求 2 ~ 4、6 的附加技术特征由对比文件 1 公开，权利要求 5、7 的附加技术特征由对比文件 2 公开。因此，所述权利要求在其引用的权利要求不具备创造性的情况下，相对于对比文件 1 和 2 的结合而言，亦不具备创造性。

3. 权利要求 8 与权利要求 1 相比增加的技术特征已由对比文件 1 公开（对其他技术特征的评述同对权利要求 1 的评述意见），因此该权利要求亦不具备创造性。参见对权利要求 2 ~ 7 的评述，其从属权利要求 9 ~ 14 同样缺乏创造性。

基于上述理由，权利要求 1 ~ 14 没有突出的实质性特点和显著的进步，不符合专利法第二十二条第三款创造性的规定。

申请人（下称复审请求人）对上述驳回决定不服，于 2004 年 3 月 1 日向专利复审委员会提出复审请求，并陈述复审理由如下：对比文件 1 与本发明所请求保护的计算机机盒间并无相似性可言，后者中的机盒包含多个相互之间独立的计算机子模块，用户可据自己的需求而将相应的计算机子模块放到计算机机盒的格子中。前者公开的盒子包括两个元件，即计算机和显示器，其并不能允许用户打开计算机，也不允许用户有选择地拆卸或添加元件。对比文件 2 同样不能解决上述问题，因此本发明具备创造性。

复审请求人同时提交了修改后的权利要求书，其中独立权利要求 1、8 分别为：

“1. 一种用于容纳每个和所有的可拆卸式计算机元件的单一计算机机盒，所说的机盒包含多个空格，每个空格具有可拆卸地安装每个计算机元件的装置；所说的机盒具有一个监视器，语音启动装置，一个电源，并且所说的机盒在其外面的一部分上具有用于连接到所要求的外围设备的外围设备端口，以及还具有任选地用于连接到一个外部电源的一个外部电源入口，所说的空格互相电连接，并与所说的端口和所说的任选外部电源的电连接，所说的机盒具有用于固定到用户身体上的装置。”

“8. 一种用于容纳多个计算机元件的单一计算机机盒，所说的机盒包括一个主要部分和一个可移动地连接着的盖或罩，多个空格在所说的主要部分，每个空格均具有可拆卸地安装每个计算机元件的装置；所说的机盒具有一个监视器、语音启动装置、一个电源并且在其外面的一部分上具有用于连接所要求的外围设备的外围设备端口，以及具有任选地用于连接到一个外部电源的一个外部电源入口，所说的空格互相电连接，并与所说的端口和所说的任选外部电源电连接，所说的机盒具有用于固定到用户身体上的装置。”

经形式审查合格，专利复审委员会受理了该复审请求，于 2004 年 3 月 22 日发出复审请求受理通知书和前置审查通知书。

在前置审查程序中，国家知识产权局专利局原审查部门坚持原驳回决定。

在此基础上，专利复审委员会成立依法合议组，对此案进行审理。合议组研究了文本 3 的权利要求书、文本 1 的说明书及附图后，认为此案事实清楚，可以作出复审决定。

二、决定理由

文本 3 符合专利法第三十三条及专利法实施细则第六十条的规定，可被接受。因此，本决定所依据的文本为：2004 年 3 月 1 日提交的权利要求第 1 ~ 14 项、2001 年 11 月 27 日提交的说明书第 1 ~ 6页、附图第 1 ~ 2 页。

1. 关于权利要求 1 的创造性

对比文件 1（US6167413A）涉及一种可穿戴计算机单元，其（第 2 栏第 38 ~ 59 行，第 3 栏第 2 ~ 18 行、第60 ~ 63行、图 1、2、4、5A、5B、12 A、12 B）公开了如下技术特征：

(1) 可穿戴计算机单元 24 中包含音频模块 32（相应于“语音启动装置”）；

(2) 计算机单元 24 具有内部电池（相应于“一个电源”）；

(3) 具有连接辅助单元 200 的接口，及连接帽式显示器 120 的接口（相应于“外围设备端口”）；

(4) 连接辅助单元 200 时，其给计算机单元 24 供电（相应于“一个外部电源入口”）；

(5) 可将计算机单元 24 佩戴在身上的皮带或肩带（相应于“固定到用户身体上的装置”）。

对比文件 2（WO9843145A）涉及一种便携式、可穿戴计算机，其（第 3 页第 13 ~ 21 行）公开了：可穿戴计算机各元件之间互相电连接。

对比文件 1 与本申请权利要求 1 中的方案属相同技术领域，且其比对比文件 2 公开的技术特征多。因此，合议组将对比文件 1 确定为最接近的现有技术。

权利要求 1（下称“前者”）的技术方案与对比文件 1（下称“后者”）的技术方案相比，还存在如下区别：（1）前者的监视器安装在机盒上，后者（第 9 栏第 2 ~ 14 行，图 5A、5B）的显示器安装在帽子的帽檐部分（二者显示器的安放位置不同）；（2）前者机盒中包括了多个空格，每个空格分别放置一个计算机元件，后者（第 3 栏第 8 ~ 18 行）的可穿戴计算机系统至少包括两个间隔，第一间隔内包含可穿戴计算机单元 24，即第一间隔内放置计算机的所有元件（两者空格中放置的元件个数不同）。（3）前者中，所说的空格互相电连接，并与所说的端口和所说的任选外部电源电连接，后者并没有前述连接关系。

上述（1）、（2）的内容并未由对比文件 2 公开，且对于本领域普通技术人员而言，并非常用技术手段。（3）的内容与对比文件 2 所公开的内容有本质区别：权利要求 1 中的电连接是指放置各个计算机元件的空格相互电连接，并与外围设备端口、外部电源电连接，而对比文件 2 的技术方案中的电连接，是指计算机中各部件（显示器和/或电池）相连接。

由上分析可知，所述权利要求 1 中的单一计算机机盒包含多个空格，每个空格具有可拆卸地安装每个计算机元件的装置。对比文件 1 中的机盒至少包括两个间隔，其中一个间隔内放置计算机的所有基本元件。另外二者包含的显示器位置明显不同。可见，权利要求 1 与对比文件 1 有关盒子的概念及其相关概念完全不同。对比文件 2 中的相关内容与权利要求 1 的相应连接关系亦有着实质性区别。可见，对比文件 1 和 2 并未覆盖权利要求 1 的全部技术特征。

因此，权利要求 1 相对于两篇对比文件的结合而言，具有突出的实质性特点和显著的进步，符合专利法第二十二条第三款规定的创造性。

2. 关于权利要求 2 ~ 7 的创造性

权利要求 2 ~ 7 是权利要求 1 的从属权利要求，在权利要求 1 具备创造性的基础上，所述各项权利要求同样具备创造性。

3. 关于权利要求 8 的创造性

对比文件 1 涉及一种可穿戴计算机单元，其（第 2 栏第 38 ~ 59 行，第 3 栏第 2 ~ 18 行、第 60 ~ 63 行、图 1、2、4、5A、5B、12 A、12 B）公开了如下技术特征：

(1) 可穿戴计算机单元 24 中包含音频模块 32（相应于"语音启动装置"）；(2) 计算机单元 24 具有内部电池（相应于"一个电源"）；(3) 具有连接辅助单元 200 的接口，及连接帽式显示器 120 的接口（相应于"外围设备端口"）；(4) 连接辅助单元 200 时，其给计算机单元 24 供电（相应于"一个外部电源入口"）；(5) 可将计算机单元 24 佩戴在身上的皮带或肩带（相应于"固定到用户身体上的装置"）。

对比文件 2 涉及一种便携式、可穿戴计算机，其（第 3 页 第 13 ~ 21 行）公开了：可穿戴计算机各元件之间互相电连接。

对比文件 1 与本申请权利要求 8 中的方案属相同技术领域，且其比对比文件 2 公开的技术特征多，因此，合议组将对比文件 1 确定为最接近的现有技术。

权利要求 8（下称"前者"）的技术方案与对比文件 1（下称"后者"）的技术方案相比，还存在如下区别：

（1）前者中的机盒包括一个可移动地连接着的盖或罩，后者（图 4）中，计算机单元 24 置于一个壳体内。（2）前者的监视器安装在机盒上，后者（第 9 栏 第 2 ~ 14 行，图 5A、5B）的显示器安装在帽子的帽檐部分（二者显示器的安放位置不同）；（3）前者机盒中包括了多个空格，每个空格分别放置一个计算机元件，后者（第 3 栏第 8 ~ 18 行）的可穿戴计算机系统至少包括两个间隔，第一间隔内包含可穿戴计算机单元 24，即第一间隔内放置计算机的所有元件（两者空格放置的元件个数不同）；（4）前者中，所说的空格互相电连接，并与所说的端口和所说的任选外部电源电连接，而后者并无这样的连接关系。

上述（1）~（3）的内容并未由对比文件 2 公开，且对于本领域普通技术人员而言也非常用技术手段。（4）的内容与对比文件 2 所公开的内容有本质区别：权利要求 1 中的电连接是指放置各个计算机元件的空格相互电连接，并与外围设备端口、外部电源电连接，对比文件 2 的技术方案中的电连接是指，计算机中各部件（显示器和/或电池）相连接。

由上分析可知，所述权利要求 8 中的单一计算机机盒包含多个空格，每个空格具有可拆卸地安装每个计算机元件的装置。而对比文件 1 中的机盒至少包括两个间隔，其中一个间隔内放置计算机的所有基本元件。另外二者包含的显示器位置明显不同，且对比文件 1 中也没有如权利要求 8 所述的"可移动地连接着的盖或罩"。可见，权利要求 8 与对比文件 1 有关盒子的概念及其相关概念并不相同。对比文件 2 中的相关内容与权利要求 8 的相应连接关系亦有着实质性区别。对比文件 1 和 2 并没有覆盖权利要求 8 的全部技术特征。

因此，权利要求 8 相对于两篇对比文件的结合来讲，具有突出的实质性特点和显著的进步，符合专利法第二十二条第三款规定的创造性。

4. 关于权利要求 9 ~ 14 的创造性

权利要求 9 ~ 14 是权利要求 8 的从属权利要求，在权利要求 8 具备创造性的基础上，各项权利要求也具备创造性。

综上，权利要求 1 ~ 14 相对于对比文件 1、2 的结合来讲均具备专利法第二十二条第三款所规定的创造性。

三、决定

撤销国家知识产权局专利局实质审查部门对该发明专利申请作出的驳回决定，以复审请求人于 2004 年 3 月 1 日随复审请求书一起提交的权利要求书（权利要求第 1 ~ 14 项）、申请日提交的说明书第 1 ~6 页、附图第 1 ~2 页为基础，由原实质审查部门继续进行审批审查。

069

一种计算机输入系统案

复审请求审查决定（第6789号）

决　定　号　第6789号
决　定　日　2005年8月30日
发明创造名称　一种计算机输入系统
国际分类号　G06F 3/02　G06F 3/00　G06K 11/00
复审请求人　许　旻
申　请　号　01120163.0
申　请　日　2001年7月9日
公　开　日　2001年11月21日
合议组组长　石　竞
主　审　员　张　鹏
参　审　员　孙克良

法律依据　专利法第二十二条第三款
决定要点

在评述创造性时，应当将权利要求和对比文件进行全面的对比，找到所有区别技术特征；若现有技术中没有给出使得本领域的普通技术人员显而易见地得到本申请权利要求中要求保护的技术方案的启示，则该权利要求要求保护的技术方案具备创造性。

一、案由

本复审请求案涉及申请日为2001年7月9日、公开日为2001年11月21日、发明名称为“一种计算机输入系统”的01120163.0号发明专利申请（下称本申请），申请人为许旻（下称复审请求人）。

国家知识产权局专利局实质审查部门对本申请进行了实质审查，于2003年3月28日发出了第一次审查意见通知书。其中主要指出：权利要求1~3相对于对比文件1（CN1262750A，公开日2000年8月9日）不具备创造性，不符合专利法第二十二条第三款的规定；权利要求4不符合专利法实施细则第二条第一款的规定。

复审请求人于2003年7月31日陈述了意见，并修改了权利要求。

修改后的权利要求书如下：

“1. 一种计算机的输入系统，由感应器和感应信息处理系统组成，其特征在于：

（1）感应器感应并采集使用者与感应器感应面的完整接触或感应信息，包括所有接触点或感应点的坐标、接触强度、接触时间等感应信息，并通过信号转换装置将之转换成感应数据传送给感应信息处理系统；

（2）感应信息处理系统将感应器感应面上的点与显示器屏幕上的点建立映射关系，并将使用者手与感应器感应面的接触点或感应点在显示器屏幕上表现出来；感应信息处理系统通过判别使用者在感应面上的主接触与副接触、主接触的变化、接触与按动等动作，确定屏幕上光标的位置、鼠标的指向点、跳鼠动作和计算机系统要执行的其他操作。

2. 如权利要求1所述的计算机输入系统，其特征在于：该计算机输入系统有多种工作模式，包括键盘式的敲击输入、书写板式的画写输入以及传统鼠标的点击和拖动等输入方式，通过硬件或软件的设置在各工作模式间快速切换。”

复审请求人认为修改后的权利要求1具备创造性。其主要理由是：对比文件1中的技术方案是“安装到用户相应手指上的一个相应传感子系统”，以手套手指用于虚拟打字；而本申请中操作者的手与感应元件相分离，所进行的操作是徒手的。本申请的感应器与对比文件1的感应器结构不同，除了必要的感应原件之外，还包含一定的图像处理系统。本申请的感应信息处理系统与对比文件1的感应信息处理系统功能不同，本申请的感应信息处理系统将感应面上的点和显示器屏幕建立映射关系，对比文件1中的感应信息处理系统只是将手所接触的键符反应在屏幕上。

针对复审请求人答复第一次审查意见通知书时提交的权利要求1~2项，2002年3月8日提交的说明书第2~3页以及申请日提交的说明书第1、4~6页、说明书附图、说明书摘要及摘要附图，国家知识产权局专利局实质审查部门于2003年12月5日驳回了本申请，驳回的理由为本申请的权利要求1~2不符合专利法第二十二条第三款的规定。

在驳回决定中，专利局实质审查部门评述权利要求1时指出，对比文件1公开了一种以手套手指用于虚拟打字的多个压力传感器组成的信息处理系统，具体公开了如下技术特征：安装到用户相应手指上的一个传感子系统（权利要求4、附图1）；一处理设备（附图标记128）（相当于权利要求1中的感应信息处理系统），一显示器（附图标记130）；当用户手指按压一个物体时，传感子系统在不同位置产生不同的刺激。处理设备处理由该手套产生的信号，检验状态，确定所指的按键，输出驱动显示器的信号显示对应于所刺激位置的字母数字字符。权利要求1要求保护的技术方案和对比文件1相比，其区别在于：权利要求1明确提出感应信息还包括所有接触点的坐标或感应点的坐标、接触强度、接触时间等，且感应处理系统是通过判别主接触和附接触、主接触的变化、接触与按动等动作来确定计算机系统要执行的其他操作。对比文件1中公开了感应信息包括位置信息和接触时间，并且信息处理系统可以模拟与鼠标或者轨迹球的交互，因此本领域普通技术人员在上述启示之下可以想到上述区别技术特征。并且权利要求1中的感应信息系统和对比文件1中的处理设备功能完全相同，因此该权利要求相对于对比文件1而言，不具有突出的实质性特点和显著的进步，不符合专利法第二十二条第三款有关创造性的规定。

审查员在评述权利要求2时指出：对比文件1公开了键盘式敲击输入（说明书第1页第16~18行，第2页第10~20行）、传统鼠标的点击和拖动（说明书第2页第21行~28行）。在上述内容的提示下，很容易想到可以实现书写板式的画写输入。因此权利要求2也不具有突出的实质性特点和显著的进步，不符合专利法第二十二条第三款有关创造性的规定。

复审请求人对上述驳回决定不服，于2004年3月4日向专利复审委员会提出复审请求。其复审请求的主要理由是：（1）本申请中的感应器感应面上的点与显示器屏幕上的点建立映射关系，并将手与感应器感应面上的接触点或感应点在显示器屏幕上表现出来。而对比文件1中信息的感应装置是带传感器的手套，手套的运动位置与屏幕显示的内容没有位置上的映射关系，不具备本发明中的“感应器感应面上的点与显示器屏幕上的点的映射关系”；（2）权利要求1中感应信息系统和对比文件1中的处理设备处理方法和处理结果不同，对比文件1处理压力信号或者邻近信号，通过嵌入在手套中的传感器完成，而本发明徒手操作；（3）本发明在屏幕上适时显示手的映射关系的对应位置，对比文件 1 的处理结果是产生虚拟的字符或模拟鼠标；（4）对比文件 1 实现画写工作比较牵强，书写范围和画写自由度都受到限制；（5）本发明将采集的信息适时显示在屏幕上，对比文件 1 只是采集接触的通断信息。

经形式审查合格后，专利复审委员会受理了该复审请求，于 2004 年 5 月 31 日向请求人发出了复审请求受理通知书，并由原审查部门对本案进行了前置审查。原审查部门在前置审查意见中认为申请人提交的复审请求没有克服原驳回决定指出的缺陷，坚持原驳回决定。

专利复审委员会依法成立合议组对本案进行审查。经审查，合议组认为本案事实清楚，可以作出审查决定。

二、决定的理由

本决定所依据的文本与驳回决定所依据的文本相同，即复审请求人于 2003 年 7 月 31 日提交的权利要求 1 ~2 项，2002 年 3 月 8 日提交的说明书第 2 ~3 页以及申请日提交的说明书第 1、第 4 ~6 页、说明书附图、说明书摘要及摘要附图。

实质审查部门在驳回决定中指出，权利要求 1 要求保护的技术方案和对比文件 1 相比，其区别在于："权利要求 1 明确提出感应信息还包括所有接触点的坐标或感应点的坐标、接触强度、接触时间等，且感应处理系统是通过判别主接触和附接触、主接触的变化、接触与按动等动作来确定计算机系统要执行的其他操作"。对此合议组认为，权利要求 1 要求保护的技术方案和和对比文件 1 相比，其区别在于：（1）保护主题实质上不同；（2）权利要求 1 中，感应器感应面得到的感应信息包括接触点或感应点的坐标、接触强度、接触时间等，对比文件 1 中所公开的感应器采集的感应信息包括接触位置和接触时间；（3）权利要求 1 中的感应信息处理系统将感应面上的点与显示器屏幕上的点建立映射关系，使用者手与感应面的接触点或感应点在显示屏上显示出来；（4）权利要求 1 中，感应处理系统是通过判别主接触和附接触、主接触的变化、接触与按动等动作来确定计算机系统要执行的其他操作。

对于上述第（1）项区别技术特征，合议组认为：权利要求 1 的保护主题是一种由感应器和感应信息处理系统组成的计算机的输入系统，对比文件 1 的保护主题实质上是一种手套手指上的多个压力传感器。二者实质上并不相同。

对于上述第（2）项区别技术特征，合议组认为：对比文件 1 所公开的感应器采集的感应信息没有包括接触强度，并且对比文件 1 中所公开的感应器采集的接触位置与权利要求 1 中的坐标信息有所不同。首先，感应器对于位置信息和接触时间的感应和对于接触强度的感应有一定的区别。对比文件 1 公开的系统由分布在各个手指上的多个传感器组成，主要是通过接触的位置判断所要输入的字符，通过接触的时间判断是键盘操作或者鼠标轨迹球操作。本申请的系统包括同一的传感器，该传感器获取接触强度信息是为了区别接触点和敲击点，从而结合持续时间区别接触和按动的操作。合议组认为，对比文件 1 没有给出感应器感应面得到的感应信息包括接触强度的技术启示，本领域技术人员不经过创造性劳动无法根据对比文件 1 得知通过感应器获取接触强度的信息。其次，对比文件 1 中传感子系统获取一个手指上的设备不同位置检测到的刺激，获取位置信息。合议组认为，对比文件 1 中的上述位置是指在手指上的设备中被激活的传感器的位置，与本申请权利要求 1 中的接触点或者感应点的坐标并不相同。

对于上述第（3）项区别技术特征，合议组认为：本申请中的感应器感应面上的点与显示器屏幕上的点建立映射关系，并将手与感应器感应面上的接触点或感应点在显示器屏幕上表现出来；对比文件 1 中手套的一个特定手指上的一个特定的敏感位置对应于一个数字字母键盘上的唯一一个按键，并根据按键将对应的字母数字字符加以显示。在对比文件 1 中，如对比文件 1 第 3 页第 30 行至第 4 页第 1 行所述，处理设备根据各个手指上的传感子系统检测到的刺激，在显示器上显示对应于所刺激位置的字母数字字符。如对比文件 1 第 4 页第 1 ~ 3 行所述，“手套的一个特定手指上的一个特定的敏感位置对应于一个数字字母键盘的唯一按键”。因此，“手套的一个特定手指上的一个特定的敏感位置”相当于权利要求 1 中的“感应器感应面的感应点”，“手套的一个特定手指上的一个特定的敏感位置”与显示器屏幕上的点不具有映射关系。而在本申请中，感应器感应面上的点与显示器屏幕上的点建立映射关系。并且，本申请中将使用者的手与感应面的接触点或感应点在显示屏上显示出来，而对比文件 1 中是将对应的字母数字字符输出（如对比文件 1 第 4 页第 19 行至第 21 行所述）。因此，合议组认为：对比文件 1 没有给出将感应器感应面上的点与显示器屏幕上的点建立映射关系并相应显示的技术启示。

对于上述第（4）项区别技术特征，合议组认为：本申请中感应信息系统所处理的感应信息内容比对比文件 1 更为丰富，而且得到的效果并不相同。本申请中感应信息系统判别使用者在感应面上的主接触与副接触、主接触的变化、接触与按动等动作，而对比文件 1 中的处理设备只是根据手套产生的信号确定按键。本申请得到的是将感应面的接触点或感应点在显示屏上显示，而对比文件 1 中的处理设备得到的是用户点击的字符或者鼠标操作。

另外，合议组认为，对比文件 1 中的技术方案中以手套手指用于虚拟打字；而本申请中操作者的手与感应元件相分离，所进行的操作是徒手的。本申请要求保护的技术方案和对比文件 1 中公开的技术方案所采用的操作方式不同。

综上所述，合议组认为，对比文件 1 没有给出有关上述区别技术特征的技术启示，在对比文件 1 的基础上得出权利要求 1 所要求保护的技术方案，对本领域的普通技术人员来说是非显而易见的，权利要求 1 所要求保护的技术方案相对于对比文件 1 具有突出的实质性特点和显著的进步，因此独立权利要求 1 相对于对比文件 1 具备创造性。在独立权利要求 1 相对于对比文件 1 具备创造性的基础上，从属权利要求 2 相对于对比文件 1 也具备创造性。

鉴于原驳回决定对区别技术特征的认定和评价存在错误，因此原实质审查部门基于对比文件 1 评述权利要求 1 ~ 2 不具备创造性的理由缺乏根据，合议组决定撤销其驳回决定。

基于上述理由，合议组作出下述决定。

三、决定

撤销国家知识产权局专利局实质审查部门于 2003 年 12 月 5 日作出的驳回 01120163.0 号申请的决定，由原实质审查部门以驳回决定依据的文本为基础继续审查。

070

压盖电灯案

复审请求审查决定（第6831号）

决　定　号　第6831号
决　定　日　2005年9月13日
发明创造名称　压盖电灯
国际分类号　H01J 5/56
复审请求人　皇家菲利浦电子有限公司
申　请　号　00801016.1
申　请　日　2000年5月17日
公　开　日　2001年8月29日
合议组组长　马志远
主　审　员　朱芳芳
参　审　员　张　霞

法律依据　专利法第二十九条第一款、第二十二条第二款
决定要点

一般来说，核实优先权是指核查申请人要求的优先权是否能依照专利法第二十九条的规定成立。为此，核实优先权应当核实：（1）作为要求优先权基础的在先申请是否涉及与要求优先权的在后申请相同的主题；（2）该在先申请是否是记载了同一主题的首次申请；（3）在后申请的申请日是否在在先申请的申请日起十二个月内。

一、案由

本复审请求涉及申请日为2000年5月17日、优先权日为1999年6月1日、公开日为2001年8月29日、发明名称为“压盖电灯”的发明专利申请，其申请号为00801016.1，申请人为皇家菲利浦电子有限公司。

在实质审查程序中，针对本申请原始提交的国际申请的中文译文，国家知识产权局专利局实质审查部门于2003年5月9日发出第一次审查意见通知书。其中指出：（1）本申请要求于1999年6月1日申请的欧洲专利申请EP99201732.7非本申请的首次申请，因此其优先权不成立；（2）并引用1999年10月14日公开的国际专利申请WO99/52128A作为对比文件1，评价了权利要求1~11的新颖性。

针对第一次审查意见通知书，申请人于2003年9月23日提交了意见陈述书和权利要求书与说明书的修改文本，其中将原权利要求2的附加技术特征“该弹性中间体（15）在基本轴向方向上是围绕外壳（11）可位移”加入原权利要求1并作了适当的文字修改从而构成新修改的权利要求1，同时将原权利要求2~11进行重新编号，对说明书的各组成部分添加了小标题并作了适当的文字修改。申请人的主要陈述意见如下：

本申请中，绕外壳 11 的弹性中间部分 15 的轴向移动可通过弹性中间部分 15 设置有一个内部尺寸大于外壳的外直径，弹性中间部分 15 是通过梁 19 连接到外壳 11，从而出现在一个轴向力时沿绕外壳 11 的轴 5 的轴向方向的一个移动，本申请的最大优点在于灯的形状是从模具中自己脱出，因此模具可免去移动部分，因而灯可以较简单和比较便宜的方式制造；而对比文件 1 中没有公开该特征，从而不能达到上述优点，由于该申请要求的优先权 EP99201732.7 也未要求优先权，即不可说非首次申请，而且本发明的优先权申请是于 1999 年 6 月 1 日申请的，即在 WO99/52128 于 1999 年 10 月 14 日公开前申请，故在本发明的优先权申请（即 EP99201732.7 申请）日之前 WO99/52128 没有公开本发明，因此以在后公开的申请作为本申请专利性的对比文件不符合专利法的规定。

国家知识产权局专利局实质审查部门于 2003 年 11 月 28 日以本申请不符合专利法第二十二条第二款的规定，作出驳回决定。驳回决定针对的文本是 2003 年 9 月 23 日提交的权利要求第 1 ~ 9 项、说明书第 1 ~ 6 页，以及进入中国国家阶段时提交的说明书附图第 1 ~ 3 页、说明书摘要和摘要附图。其主要驳回理由是：（1）本申请所要求的在先申请 EP99201732.7 非同一申请人对相同主题的首次申请，因此本申请的优先权不成立；（2）对比文件 1 披露了弹性中间部分 15 具有比外壳外直径大的尺寸（见附图 3），弹性中间部分 15 通过梁 19 连接到外壳 11，并可以绕外壳 11 的轴 5 的轴向方向移动，对比文件 1 同样实现了本申请所要实现的使模具免去移动部分从而以较简单和便宜的方式制造灯的目的，故坚持认为本申请的权利要求 1 ~ 9 相对于对比文件 1 没有新颖性。

申请人（下称复审请求人）对驳回决定不服，在规定期限内于 2004 年 3 月 13 日向专利复审委员会提出了复审请求，同时提交了新修改的权利要求书。

其中独立权利要求 1 的内容如下：

“1. 压盖电灯，它设有：密封的透光灯泡（1），它有轴线（5）并其中设有中心（4）和连接到从灯泡（1）伸到外部的电流导体（6）的电气元件（2）；连接到灯泡（1）的灯盖（10），灯盖（10）包括外壳（11）；所述的外壳（11）设有：连接到电流导体（6）的接触件（14）；至少一个基准装置（12）；至少一个锁紧装置（9），用于锁紧灯泡（1）与灯盖（10）之间的连接；和 至少一个偶联装置（17），其特征是，偶联装置（17）和外壳（11）构成一个整体，它们共享一个整体的弹性中间部分（15）；该弹性中间体（15）可以在基本轴向方向上围绕外壳（11）位移。”

复审请求人主要的复审理由如下：据对比文件 1 的图 3 中所示，弹性中间部分 15 的外径与外壳 11 具有相同的径向尺寸（相同外径），也可以参考对比文件 1 的图 1。因此，对比文件 1 在对外壳 11 相对于弹性中间部分 15 沿轴向上施加一个压力时，弹性中间部分 15 不是围绕外壳 11 位移，而是外壳邻接在弹性中间部分 15 上。

经形式审查合格，专利复审委员会受理了该复审请求，并于 2004 年 4 月 12 日发出了复审请求受理通知书及前置审查通知书。

在前置审查程序中，原审查部门仍坚持原驳回决定。在此基础上，专利复审委员会成立合议组对本案进行了审理。合议组在审阅了全部文件后认为，本案事实已经清楚，可以依法作出审查决定。

二、决定的理由

1. 关于审查文本的认定

2004 年 3 月 13 日，复审请求人在提交复审请求书的同时提交了权利要求书的全文替换页。其修改内容没有超出原始申请文件的公开范围，符合专利法第三十三条和专利法实施细则第六十条的规定。因此，以下审理以复审请求人于 2004 年 3 月 13 日提交的权利要求 1 ~ 10 项、2003 年 9 月 23 日提交的说明书第 1 ~ 6 页以及进入中国国家阶段时提交的国际申请文件的文本中的说明书附图第1 ~ 3

页、说明书摘要和摘要附图作为审查的基础。

2. 关于本申请的优先权

专利法第二十九条第一款规定："申请人自发明或者实用新型在外国第一次提出专利申请之日起十二个月内，或者自外观设计在外国第一次提出专利申请之日起六个月内又在中国就相同主题提出专利申请的，依照该外国同中国签订的协议或者共同参加的国际条约，或者依照相互承认优先权的原则，可以享有优先权"。

审查指南第二部分第八章第4.6.2节中规定："审查员应当在初审部门审查的基础上核实：(1)作为要求优先权的基础的在先申请是否涉及与要求优先权的在后申请相同的主题；(2)该在先申请是否是记载了同一主题的首次申请；(3)在后申请的申请日是否在在先申请的申请日起十二个月内"。并在最后一段规定："在某些情况下，应当对上述第(2)项进行核实。例如，一件申请A以申请人的另一件在先申请B为基础要求优先权，在对申请A进行检索时审查员找到了该申请人的又一件在申请A的申请日和优先权日之间公开的专利申请文件或专利文件C，文件C中已公开了申请A的主题，且文件C的申请日早于申请A的优先权日，即早于申请B的申请日，因此可以确定在先申请B并不是该申请人提出的记载了申请A的相同主题的首次申请，因此申请A不能要求以在先申请B的申请日为优先权日"。

对于本发明专利申请(称为申请A)来说，其要求作为优先权基础的在先申请为欧洲专利申请EP99201732.7(称为在先申请B)，该在先申请B的申请日为1999年6月1日。实质审查部门认为专利申请文件WO99/52128(称为专利申请文件C)与本申请A的申请人为同一人，其申请日为1999年3月22日，早于本申请的优先权日，且认为其已经公开了本申请A的主题。因此，本申请A不能要求在先申请B的申请日为优先权日。

然而，合议组通过审查发现，本申请的权利要求1中的"该弹性中间体(15)可以在基本轴向的方向上围绕外壳(11)位移"这一技术特征并未在实质审查部门所引用的专利申请文件WO99/52128中以文字形式明确记载公开，且从专利申请文件WO99/52128中所记载的全部内容(包括附图)中无法推导出弹性中间部分15具有比外壳11的外直径大的尺寸，因此亦无法推导出弹性中间部分15可在基本轴向的方向上围绕外壳11位移。因此，专利申请文件WO99/52128没有公开本申请的权利要求1所要求保护的技术方案，即没有公开与本发明专利申请相同的主题。合议组据此认定专利申请文件WO99/52128不是涉及与本发明申请相同主题的申请。与此同时，合议组通过对欧洲专利申请EP99201732.7审查，核实了该欧洲专利申请EP99201732.7记载了与本申请中的权利要求1相同的技术方案，且在实质审查程序中，没有任何其他证据能够证明在该欧洲专利申请EP99201732.7的申请日之前，本发明专利申请的申请人还申请过涉及与本发明专利申请相同主题的专利申请。因此，合议组认定欧洲专利申请EP99201732.7为本发明专利申请的首次申请。

综上所述，本发明专利申请要求以在先申请的欧洲专利申请EP99201732.7的申请日1999年6月1日作为其优先权日是符合专利法第二十九条第一款的有关规定的，本发明专利申请可以享受国外优先权。

3. 关于新颖性

由于本申请可以享受国外优先权，因此驳回决定中所认定的对比文件1(WO99/52128)由于其公开日(1999年10月14日)在本申请的优先权日(1999年6月1日)之后，从而不能作为评价本专利申请新颖性的现有技术，由此在对比文件1的基础上认定本专利申请不具备新颖性也是错误的。

基于上述理由，合议组作出下述决定。

三、决定

撤销国家知识产权局专利局实质审查部门于2003年11月28日作出的驳回决定，由原实质审查部门以复审请求人于2004年3月13日提交的权利要求1～10项、2003年9月23日提交的说明书第1～6页以及进入中国国家阶段时提交的国际申请文件的文本中的说明书附图第1～3页、说明书摘要和摘要附图作为审查的基础，继续审查程序。

071

产生短时同步延迟信号的电路及使用该电路的倍频电路案

复审请求审查决定（第6884号）

决　定　号　第6884号
决　定　日　2005年9月7日
发明创造名称　产生短时同步延迟信号的电路及使用该电路的倍频电路
国际分类号　H03K 19/00　H01L 27/04
复审请求人　恩益禧电子股份有限公司
申　请　号　98101710.X
申　请　日　1998年4月21日
公　开　日　1998年11月4日
合议组组长　马　昊
主　审　员　张　霞
参　审　员　黄毅斐

法律依据　专利法第三十八条
决定要点

审查员在作出驳回决定之前，应当将其经实质审查认定的应予驳回所涉及的事实、理由、证据和法律依据通知申请人，并给申请人至少一次陈述意见和/或进行修改的机会，即在作出对当事人不利的行政决定时必须满足听证原则。

一、案由

本复审请求涉及申请日为1998年4月21日、优先权日为1997年4月25日、发明名称为"产生短时同步延迟信号的电路及使用该电路的倍频电路"、申请号为98101710.X的发明专利申请，申请人为恩益禧电子股份有限公司。

该申请申请日提交的权利要求书为：

"1. 一种同步延迟电路，其特征在于包括：

—第一延迟部分，用于将基准信号的第一脉冲延迟一预定延迟时间，所述基准信号包括所述第一脉冲和其后续的一第二脉冲；和

—第二延迟部分，用于从所述基准信号中产生n个（n是大于0的整数）延迟后的信号，其中所述n个延迟后的信号中的第一延迟后信号将所述预定延迟时间作为一第一延迟时间，而所述n个延迟信号中的第m个延迟后信号（m是正整数且m≤n）具有所述预定延迟时间m倍的延迟时间，其作为第m个延迟时间。

2. 根据权利要求1的一种同步延迟电路，其中所述第一延迟部分包括：

一延迟电路序列，用于将所述基准信号的所述第一脉冲延迟；和

一检测电路，用于检测一个与所述预定延迟时间相应的所述延迟电路的位置，和其中所述第二延迟部分用所述检测到的位置从所述基准信号中产生 n 个延迟后的信号。

3. 根据权利要求 1 的一种同步延迟电路，其中所述检测电路包括一数据保持电路序列，其中与所述预定延迟时间相应的所述数据保持电路之一被设置以指示所述检测到的位置。

4. 根据权利要求 2 的一种同步延迟电路，其中所述第二延迟部分包括至少一个延迟电路序列，并用一个延迟时间由所述至少一个序列中与检测到的位置相应的一个所述延迟电路和该延迟电路后续的所述延迟电路产生所述 n 个信号。

5. 根据权利要求 4 的一种同步延迟电路，其特征在于，对应于所述序列中所述检测到位置的延迟电路数目是至少一个序列中所述一个延迟电路和所述后续延迟电路总数的 n 倍。

6. 根据权利要求 4 的一种同步延迟电路，其特征在于，对应于所述序列中所述检测到位置的延迟电路的数目可以是所述至少一个序列中所述一个延迟电路和所述后续延迟电路的总数的 2n 倍。

7. 根据权利要求 1 到 6 中任何一个的一种同步延迟电路，其特征在于所述第二延迟部分可通过从所述基准信号中产生一第一延迟信号和从第（m－1）个延迟信号中产生一第 m 个延迟信号来产生所述 n 个延迟信号。

8. 根据权利要求 1 到 6 中任何一个的一种同步延迟电路，其中所述第一延迟部分特征在于包括：

一第一延迟电路序列，用于将所述基准信号的所述第一脉冲延迟；和

一检测电路，用于检测与所述预定延迟时间相应的所述延迟电路之一的位置，和

其中 n 是 3，和

其中所述第二延迟部分特征在于包括：

一第二延迟电路序列，用于根据所述检测到的位置将所述基准信号的所述第二脉冲延迟以产生所述第一延迟信号，其具有所述预定延迟时间，作为相对于所述基准信号的所述第一延迟时间；

一第三延迟电路序列，用于根据所述检测到的位置将所述第一延迟信号延迟所述预定的延迟时间，以产生所述第二信号，其具有预定延迟时间两倍的延迟时间，作为相对于基准信号的第二延迟时间；和

一第四延迟电路序列，用于根据所述检测到的位置将所述第二延迟信号延迟所述预定的延迟时间，以产生所述第二信号，其具有所述预定延迟时间三倍的延迟时间，作为相对于所述基准信号的所述第三延迟时间，所述第一到第三延迟信号和所述基准信号被并行输出。

9. 根据权利要求 1 到 6 中任何一个的一种同步延迟电路，其中所述第一延迟部分特征在于包括：

一第一延迟电路序列，用于将所述基准信号的所述第一脉冲延迟；

一检测电路，用于检测与所述预定延迟时间相应的所述延迟电路之一的位置，和

一第一单触发振荡器，用于从所述基准信号的所述第二脉冲产生一第一单触发脉冲，和

其中 n 是 3，和

其中所述第二延迟部分特征在于包括：

一选择器，用于根据一选择器控制信号选择作为被选信号的第一单触发脉冲和第二单触发脉冲之一，

一第二延迟电路序列，用于将所述被选择的信号延迟预定的延迟时间以产生一延迟后的信号；

一计数器，用于对所述延迟信号的产生数目计数，并将所述选择器控制信号输出到所述选择器，以便所述选择器在计数值为 0 时选择所述第一单触发脉冲，在计数值不为 0 时选择所述第二单触发脉冲；

一第二单触发振荡器，用于响应由所述第二延迟电路序列对所述延迟后信号的产生而产生第二单

触发脉冲，以便所述第一到第三延迟信号顺序产生以分别具有第一到第三延迟时间；和

一多路复用器，用于通过所述第一单触发脉冲然后通过三个第二单触发脉冲作为所述第一到第三延迟信号以产生一个基本信号。

10. 根据权利要求 1 到 6 中任何一个的一种同步延迟电路，其中所述第一延迟部分特征在于包括：

一第一延迟电路序列，其包括一第一输入延迟电路和一第一输出延迟电路，以由所述第一输入延迟电路接收所述基准信号的所述第一脉冲来延迟所述第一脉冲，并在延迟后的第一脉冲溢出时从所述第一输出延迟电路输出延迟后的第一脉冲到所述第一输入延迟电路；

一第一计数器，用于对溢出数目计数；

一检测电路，用于检测与所述预定延迟时间相应的延迟电路之一的位置；和

一第一单触发振荡器，用于从所述基准信号的所述第二脉冲产生一第一单触发脉冲，和

其中 n 为 3，和

其中所述第二延迟部分包括：

一选择器，用于根据一选择器控制信号选择作为被选信号的所述第一单触发脉冲和第二单触发脉冲之一；

一第二延迟电路序列，包括一第二输入延迟电路和一第二输出延迟电路，由所述第二输入延迟电路接收所述被选择的信号以将所述被选择的信号延迟预定的延迟时间，并在延迟后的被选择信号溢出时从所述第二输出延迟电路输出延迟后的被选择信号到所述第二输入延迟电路，以便所选择的信号延迟所述预定的延迟时间；

一第二计数器，用于对溢出数目计数，并根据所述第二计数器的溢出计数和所述第一计数器的溢出计数使所述第二输出延迟电路的延迟后的被选择信号输入到所述第二输入延迟电路；

一第三计数器，用于对所述第二输出延迟电路来的所述延迟信号的产生数目计数，并将所述选择器控制信号输出给所述选择器，以便所述选择器在计数值为 0 时选择所述第一单触发脉冲，在计数值不为 0 时选择所述第二单触发脉冲；

一第二单触发振荡器，用于响应由所述第二延迟电路序列对每个所述延迟信号的产生而产生所述第二单触发脉冲，以便所述第一到第三延迟信号顺序产生以分别具有所述第一到第三延迟时间；和

一多路复用器，用于通过所述第一单触发脉冲然后通过三个第二单触发脉冲作为所述第一到第三延迟信号以产生一个基本信号。

11. 一种倍频电路，其特征在于包括：

一根据权利要求 1 到 6 中任何一个的一种同步延迟电路；和

一从所述基准信号和所述 n 个延迟信号产生倍频信号的信号产生部分。

12. 一种倍频电路，其特征在于包括：

一根据权利要求 8 的同步延迟电路；

一第一计算电路，用于计算所述基准信号和所述第一延迟信号的异或值，以产生一第一计算信号；

一第二计算电路，用于计算所述第二延迟信号和所述第三延迟信号的异或值，以产生一第二计算信号；和

一第三计算电路，用于计算所述第一计算信号和所述第二计算信号的异或值，以产生所述倍频信号。

13. 一种倍频电路，其特征在于包括：

—根据权利要求 9 的同步延迟电路；和

—触发器电路，用于对所述基本信号计数，以产生所述倍频信号。

14. 一种倍频电路，其特征在于包括：

—根据权利要求 10 的同步延迟电路；和

—触发器电路，用于对所述基本信号计数，以产生所述倍频信号。”

在实质审查过程中，国家知识产权局专利局原实质审查部门于 2002 年 2 月 22 日发出第一次审查意见通知书。通知书中引用了两篇对比文件：

1. US5422835A，公开日为 1995 年 6 月 6 日；

2. EP07622621A1，公开日为 1997 年 3 月 12 日。

审查意见通知书中指出，权利要求 1~4、7 相对于对比文件 1 不具备专利法第二十二条第二款规定的新颖性；权利要求 5、6 中存在不清楚之处，不符合专利法实施细则第二十条第一款的规定；权利要求 8、11、12 相对于对比文件 1 和 2 不具备专利法第二十二条第三款规定的创造性；权利要求 13、14 不符合专利法实施细则第二十二条第一款的规定；说明书中存在不清楚之处，不符合专利法实施细则第十八条第三款的规定；说明书附图中缺少部分附图标记，不符合专利法实施细则第十九条第三款的规定。

针对上述审查意见通知书，申请人于 2002 年 7 月 9 日提交了意见陈述书以及权利要求 1~6 项、说明书第 1~11 页和说明书附图第 3、4 页的修改替换页，并在意见陈述书中陈述了新提交的修改文件克服了审查意见通知书中指出的各项缺陷的理由。

审查员基于上述修改文本和申请日提交的附图第 1、2 页继续进行审查，于 2002 年 8 月 23 日发出了第二次审查意见通知书，通知书中指出：修改后的权利要求 1、2 和 4~6 超出了原说明书和权利要求书记载的范围，不符合专利法第三十三条的规定；权利要求 5、6 中部分特征不清楚，不符合专利法实施细则第二十条第一款的规定；说明书的修改超出了原申请文件的记载范围，不符合专利法第三十三条的规定。

针对第二次审查意见通知书，申请人于 2003 年 1 月 7 日提交了意见陈述书以及权利要求 1~6 项、说明书第 1~14 页和说明书附图第 1~4 页的修改替换页，并在意见陈述书中陈述了新提交的修改文件克服了第二次审查意见通知书中指出的各项缺陷的理由。

针对申请人于 2003 年 1 月 7 日提交的权利要求 1~6 项和说明书第 1~14 页、2002 年 7 月 9 日提交的说明书附图第 3、4 页以及申请日提交的说明书附图第 1、2 页、说明书摘要和摘要附图，实质审查部门于 2003 年 2 月 14 日作出了驳回决定，驳回决定的理由是：权利要求 1、2、4~6 中的修改的部分内容超出了原始申请文件的记载范围，不符合专利法第三十三条的规定。

申请人（下称复审请求人）对上述驳回决定不服，于 2003 年 6 月 2 日向专利复审委员会提出了复审请求，并分别于 2003 年 6 月 2 日提交了修改的权利要求 1~6 项、2003 年 6 月 11 日提交了再次修改的权利要求 1~4 项、说明书第 1~10 页以及说明书摘要，对权利要求 1~4 中用词不一致和表述不清之处进行了修改，删除了原权利要求 5、6，其提出的复审理由主要是：复审请求人针对驳回决定中的问题修改了权利要求书，因此已经克服了驳回决定所指出的缺陷。修改后的权利要求书是：

“1. 一种同步延迟电路，其特征在于包括：

第一延迟部分（101，105），用于延迟基准信号（106），并且，当所述基准信号（106）被延迟了预定延迟时间时，产生输出信号；和

第二延迟部分（102-104），用于根据所述基准信号（106）产生 n 个时钟信号（107-109），所

述 n 是大于 0 的整数，其中所述 n 个时钟信号（107－109）中的第二时钟信号（107）具有相对于所述基准信号的第一延迟时间，而所述 n 个时钟信号中的第 m 个时钟信号（108，109）具有相对于所述基准信号的第 m 延迟时间，所述 m 是正整数且 m≤n；

其中，所述第二延迟部分（102－104）具有多个不同的输入位置，并且其中的一个输入位置被设置为根据来自所述第一延迟部分的所述输出信号接收所述基准信号（106）。

2. 根据权利要求 1 所述的同步延迟电路，其中，所述第一延迟部分（101，105）包括：延迟电路序列（101），用于延迟所述基准信号（106）；和 数据保持电路序列（105），用于检测与所述预定延迟时间相应的位置。

3. 根据权利要求 2 所述的同步延迟电路，其中数据保持电路序列（105）中的数据保持电路之一被设置以产生输出信号。

4. 根据权利要求 2 所述的同步延迟电路，其中，所述第二延迟部分（102－104）包括至少一个延迟电路序列（102），该序列中的一个延迟电路是与被设置以接收所述基准信号（106）的输入位置相对应的输入延迟电路，并且所述序列利用所述输入延迟电路和该输入延迟电路后续的所述延迟电路来产生所述第二时钟信号（107）。”

原实质审查部门对该复审请求进行了前置审查，认为请求人 2003 年 6 月 11 日提交的修改文本已经克服了驳回决定中所指出的缺陷，同意在此基础上撤销驳回决定。

专利复审委员会遂于 2003 年 9 月 22 日依法撤销国家知识产权局专利局实质审查部门于 2003 年 2 月 14 日作出的驳回决定，由原实质审查部继续进行审批程序。

针对复审请求人于 2003 年 6 月 11 日提交的权利要求书第 1～4 项、说明书第 1～10 页和说明书摘要以及 2002 年 7 月 9 日提交的说明书附图第 3、4 页和申请日提交的说明书附图第 1、2 页和摘要附图，原实质审查部门于 2003 年 10 月 31 日再次作出了驳回决定，驳回决定的理由是：权利要求 1 相对于对比文件 1 不具备专利法第二十二条第二款所规定的新颖性；权利要求 2～4 的附加技术特征也已经被对比文件 1 公开，因此也不具备专利法第二十二条第二款规定的新颖性。

复审请求人对上述驳回决定不服，于 2004 年 2 月 16 日再次向专利复审委员会提出了复审请求，同时提交了新修改的说明书第 1～10 页、权利要求 1～4 项和说明书摘要，其提出的复审理由主要是，驳回决定违反了审查指南第二部分第八章第 2.2 节（2）有关听证原则的规定，原实质审查部门在复审委员会于 2003 年 9 月 22 日撤销了于 2003 年 2 月 14 日以修改超范围为理由作出的驳回决定后，在未给复审请求人提供至少一次针对再次驳回的理由和证据陈述意见和/或修改申请文件的机会的情况下，又于 2003 年 10 月 31 日以新修改的权利要求 1～4 不具备新颖性为由再次作出驳回决定。虽然第一次审查意见通知书中涉及申请日提交的权利要求 1～4 不具备新颖性，但是经过复审后的权利要求 1～4 已经重新作了修改，并且与原始提交的权利要求 1～4 并不完全相同，撤销驳回决定应当意味着重新按照有关听证原则的规定进行审查；复审请求人已经再次修改了权利要求 1，修改后的权利要求 1 及其从属权利要求 2～4 相对于对比文件 1、2 具备新颖性和创造性。

经形式审查，该复审请求符合有关规定，专利复审委员会予以受理。

原实质审查部门对本复审请求作出了前置审查，并认为：新修改的权利要求 1 中的内容超出了原始申请所公开的范围，不符合专利法第三十三条的规定，因而不能被接受；此外，即使复审请求人再对权利要求书进行修改，权利要求 1～4 的内容也被对比文件 1 所覆盖，不具备新颖性或创造性，因此坚持原驳回决定。

专利复审委员会依法成立合议组对本案进行审理，合议组在审阅了全部文件后认为，复审请求人于 2003 年 1 月 7 日在答复第二次审查意见通知书时在提交权利要求书和说明书的修改替换页的同时也提交了说明书附图第1~4页的修改替换页，并且所述说明书附图的修改并未超出原申请文件所记载的范围，因此，原实质审查部门作出驳回决定所针对的文本应为复审请求人于2003年6月11日提交的新的权利要求书、说明书和说明书摘要，以及2003年1月7日提交的说明书附图第1~4页和申请日提交的摘要附图。

在上述工作的基础上，合议组认为本案事实已经清楚，依法作出本决定。

二、决定的理由

专利法第三十八条规定：发明专利申请经申请人陈述意见或者进行修改后，国务院专利行政部门仍然认为不符合本法规定的，应当予以驳回。同时，审查指南第二部分第八章第6.1.1节中关于驳回申请的条件中规定：审查员在作出驳回决定之前，应当将其经实质审查认定申请属于专利法实施细则第五十三条规定的应予驳回情形的事实、理由、证据和法律依据通知申请人，并给申请人至少一次陈述意见和/或进行修改申请文件的机会。

即国务院专利行政部门在作出驳回决定之前，应当给申请人就驳回所依据的事实、理由等陈述意见和/或修改申请文件的机会。也就是说，行政机关在作出一个不利于当事人的行政决定时应当满足听证原则，给当事人陈述意见和/或修改的机会，只有在程序上合法，方可保证实体的合法。

在实质审查过程中，原实质审查部门仅在针对本申请原始权利要求书的第一次审查意见通知书中指出了权利要求1~4相对于对比文件1不具备专利法第二十二条第二款规定的新颖性，而请求人于2003年6月11日随复审请求书提交的新修改的权利要求1~4中，权利要求1中的特征，特别是特征“所述第二延迟部分（102-104）具有多个不同的输入位置，并且其中的一个输入位置被设置为根据来自所述第一延迟部分的所述输出信号接收所述基准信号（106）”并未记载在第一次审查意见通知书所针对的原始权利要求书中，并且，其从属权利要求2~4也不同于原始权利要求书，因此新修改的权利要求1~4并不是对原始权利要求书中技术特征的重新组合。原实质审查部门在认为上述新修改的权利要求1~4已经克服了修改超范围的缺陷而同意撤销2003年2月14日作出的驳回决定之后，又直接以上述新修改的权利要求1~4不具备新颖性为由驳回该申请时，没有将认为包含上述技术特征的修改后权利要求1~4的新的技术方案仍不具备新颖性时所依据的事实和理由告知复审请求人，并没有给予复审请求人陈述意见和/或修改申请文件的机会，因此，该驳回决定没有满足听证原则，不符合专利法第三十八条的要求。

三、决定

撤销国家知识产权局专利局实质审查部门于2003年10月31日作出的驳回决定，由原实质审查部门在复审请求人于2003年6月11日提交的权利要求1~4项、说明书第1~10页和说明书摘要，以及于2003年1月7日提交的说明书附图第1~4页和申请日提交的摘要附图的基础上继续进行审批程序。

072

产品译码网络防伪方法及系统案

复审请求审查决定（第6886号）

决 定 号 第6886号
决 定 日 2005年8月12日
发明创造名称 产品译码网络防伪方法及系统
国际分类号 G06F 17/60、17/30
复审请求人 深圳市华美龙防伪系统有限公司
申 请 号 99105975.1
申 请 日 1999年4月26日
公 开 日 1999年12月22日
合议组组长 马志远
主 审 员 李 卉
参 审 员 高海燕

法律依据 专利法实施细则第二条第一款
决定要点

由于修改后的权利要求1~3包含了网络防伪系统的控制方法的技术手段，解决了进行网络防伪的技术问题，产生了技术效果，因而构成技术方案，因而经修改的权利要求已满足专利法实施细则第二条第一款的有关规定。

一、案由

本专利复审请求决定涉及国家知识产权局于1999年4月26日受理、申请号为99105975.1、名称为“产品译码网络防伪方法及系统”的发明专利申请，其申请人是深圳市华美龙防伪系统有限公司。

在实质审查过程中，国家知识产权局专利局实质审查部门在2003年2月14日发出第一次审查意见通知书，指出：权利要求1~11没有记载具体的技术方案，没有采用技术手段，也未解决技术问题和产生技术效果，因而不符合专利法实施细则第二条第一款的规定。第一次审查意见通知书所针对的权利要求书（文本1）是：

“1. 产品译码网络防伪方法，其特征在于：该方法包含编码管理、查询网络和中心管理三个步骤构成。

2. 根据权利要求1所述的产品译码网络防伪方法，其特征在于，其流程是：

（1）用户拨通防伪网声讯电话，根据语音提示，通过电话键盘输入产品上的防伪编码，并通过语音交互核对用户输入是否正确；

（2）用户输入完成后，查询系统将对数据和语音通道进行第一级的检查，如正确，系统将根据用户拨入号码、声讯台代码和语音通道号生成指定格式的查询指令，并将指令送往接口应用处理；

（3）接口应用的标准处理是对数据进行CRC校验并将校验码附加到数据尾部，然后根据X.25

通讯协议将数据打包传送到指定分组端口；

（4）查询网络系统的可变语音文件的维护由中心交换网络系统操作员通过 FTP 方式进行，以保证企业入网数据的及时同步；

（5）中心交换网对应声讯台分组端口接收到查询请求指令并经 CRC 校验正确后，检查数据是否正确映射到企业端口及用户拨入号码是否已登记到黑名单中，如正确，查询指令将通过 X. 25 发往相应企业分组端口；

（6）企业数据库系统接收指令并经 CRC 校验正确后，由特定算法控制加密该指令中产品数据并与产品及用户数据库中密文数据进行核对，将结果数据回送给企业接口应用处理；

（7）结果数据经原查询路径传递到声讯台语音处理过程，以语音答复用户。

3. 根据权利要求 1 所述的产品译码网络防伪方法，其特征在于，所述的编码管理是：

（1）具有自动加密和译码解密功能的专用计算机系统，与生产厂家生产线上编码机等输出设备连接，使用特定算法为每一产品单位生成一个编码；

（2）每一件产品的编码依据特定算法隐含厂家、产品系列及生产日期等信息，且以密文形式存储于专用计算机系统中；

（3）根据产品批量、包装、大小等特征，采用适应于商家查询的多级制特殊编码；

（4）专用计算机系统使用公用数据、语音网络与专用、通用终端相连。

4. 根据权利要求 2 的所述的产品译码网络防伪方法，其特征在于：其编码生成方法是根据硬件和系统特定信息、精确时间及预设定的随机数长度，控制生成伪随机的数字串。算法过程如下：

（1）根据 N 位精确日期时间（us 级）和操作员随意键入 N 位键值来确定种子值 1；

（2）光标（鼠标）指向启动生成程序菜单时系统开始以 1/1000 秒速度产生 N 位伪随机数；

（3）按下 Enter 键（或鼠标左键）时系统停止伪随机数生成，并设定停止时的伪随机数与此时 5 位精确时间（xxx. xx 秒）的乘积为种子值 2；

（4）以种子值 2 生成当日随机编码。

5. 根据权利要求 2 的所述的产品译码网络防伪方法，其特征在于，其数据存储方法是使用 72bit 密钥通过替换和易位加密编码，该密钥是随机产生的，且系统自行不透明管理，系统在需要时自动对编码加密解密，任何人均无法通过数据库操作浏览到数据明文。

6. 根据权利要求 1 的所述的产品译码网络防伪方法，其特征在于，其查询网络是：

（1）提供语音和多媒体方式的查询服务；

（2）建立正确查询路径，实现路由和数据安全传输。

7. 根据权利要求 1 的产品译码网络防伪方法，其特征在于，其中心管理是：

（1）具备厂家入网登记与授权、数据安全控制与管理功能；

（2）实现对网络的性能监测、升级维护与安全监控；

（3）登记、跟踪非法查询指令和查询终端。

8. 产品译码网络防伪系统，其特征在于，该系统由三个子系统构成：（一）编码管理系统；（二）查询网络系统；（三）中心管理系统 。

9. 根据权利要求 8 所述的产品译码网络防伪系统，其特征在于：

中心管理系统是由主机（小型机如：IBMAS/400）、服务器（PC SERVER）、控制终端及多台工作站和路由、交换机等网络设备构成，采用 100M 交换式以太网结构，并通过高速 DDN 接入 CHINAPAC（中国公用分组交换网）。主机负责实现对全网的监控、流量分析与控制、网络安全检查，及与维护数据/控制指令的交换、数据检查、非法操作的纪跟踪与控制、数据安全分析等工作，具有强大的并行处理能力和海量存储能力；服务器采用高档 PC，用于企业数据的登记与维护及信息发布；控制终 X. 25 的专用连接设备。

10. 根据权利要求 8 所述的产品译码网络防伪系统，其特征在于：查询系统是由分布的广域范围的子网构成，每一子网主要由语音服务器和接口终端构成，语音服务器通过数百条中继线路连入电话网（PSTN），用户使用查询终端（个人 PC）或电话拨入。接口终端为智能分组终端，负责查询网的传输控制，其由 PC 和有关设备（DTE/DCE）组成，连入 X. 25 网，以 PVC（永久虚电路）方式与中心管理系统交换数据。

11. 根据权利要求 8 所述的产品译码网络防伪系统，其特征在于：数码管理系统主要由编码系统/数据库和查询指令处理机组成，编码系统/数据库含高容错数据服务器、工作站、编码终端和喷码设备；查询指令处理机是处理用户查询的接口设备，以 X. 25 的 PVC 方式连接到中心管理系统。”

针对第一次审查意见通知书，申请人于 2003 年 9 月 1 日提交了意见陈述书，并提交了权利要求书的修改替换页，认为新的权利要求克服了第一次审查意见通知书中所指出的问题。提交的修改后的权利要求书（文本 2）如下：

“1. 一种产品译码网络防伪系统，该系统由三个子系统构成：编码管理系统；查询网络系统；中心管理系统 ；其特征在于：中心管理系统是由主机、服务器、控制终端及多台工作站和路由、交换机等网络设备构成，采用 100M 交换式以太网结构，并通过高速数字数据网接入中国公用分组交换网；其中，主机负责实现对全网的监控、流量分析与控制、网络安全检查，及与维护数据/控制指令的交换、数据检查、非法操作的纪跟踪与控制、数据安全分析等工作，具有强大的并行处理能力和海量存储能力；服务器采用高档 PC，用于企业数据的登记与维护及信息发布；控制终 X. 25 的专用连接设备；上述查询系统是由分布的广域范围的子网构成，每一子网主要由语音服务器和接口终端构成，语音服务器通过数百条中继线路连入电话网，用户使用查询终端（个人 PC）或电话拨入。接口终端为智能分组终端，负责查询网的传输控制，其由 PC 和有关设备（DTE/DCE）组成，连入 X. 25 网，以 PVC（永久虚电路）方式与中心管理系统交换数据；上述数码管理系统主要由编码系统/数据库和查询指令处理机组成，编码系统/数据库含高容错数据服务器、工作站、编码终端和喷码设备；查询指令处理机是处理用户查询的接口设备，以 X. 25 的 PVC 方式连接到中心管理系统。

2. 一种用于上述权利要求 1 系统的产品译码网络防伪方法，该方法包含编码管理、查询网络和中心管理三个步骤构成；其特征在于，所述的编码管理是：

（1）具有自动加密和译码解密功能的专用计算机系统，与生产厂家生产线上编码机等输出设备连接，使用特定算法为每一产品单位生成一个编码；

（2）每一件产品的编码依据特定算法隐含厂家、产品系列及生产日期等信息，且以密文形式存储于专用计算机系统中；

（3）根据产品批量、包装、大小等特征，采用适应于商家查询的多级制特殊编码；

（4）专用计算机系统使用公用数据、语音网络与专用、通用终端相连。

所述的编码生成方法是根据硬件和系统特定信息、精确时间及预设定的随机数长度，控制生成伪随机的数字串，算法过程如下：

①根据 N 位精确日期时间（us 级）和操作员随意键入 N 位键值来确定种子值 1；

②光标（鼠标）指向启动生成程序菜单时系统开始以 1/1000 秒速度产生 N 位伪随机数；

③按下 Enter 键（或鼠标左键）时系统停止伪随机数生成，并设定停止时的伪随机数与此时 5 位精确时间（xxx. xx 秒）的乘积为种子值 2；

④以种子值 2 生成当日随机编码。

3. 一种如权利要求2的所述的方法，其特征在于：其数据存储方法是使用72bit密钥通过替换和易位加密编码，该密钥是随机产生的，且系统自行不透明管理，系统在需要时自动对编码加密解密，任何人均无法通过数据库操作浏览到数据明文。

4. 一种如权利要求2所述的方法，其特征在于，其查询网络是：

（1）提供语音和多媒体方式的查询服务；

（2）建立正确查询路径，实现路由和数据安全传输。

5. 一种如权利要求2所述的方法，其特征在于，其中心管理是：

（1）具备厂家入网登记与授权、数据安全控制与管理功能；

（2）实现对网络的性能监测、升级维护与安全监控；

（3）登记、跟踪非法查询指令和查询终端。”

国家知识产权局专利局原实质审查部门于2003年10月10日驳回了本申请，其理由是：尽管申请人对权利要求书进行了修改，但其修改仅仅是涉及对原权利要求的组合，没有采用技术手段或利用自然法则，也未解决技术问题和产生技术效果，因而不构成技术方案，不符合专利法实施细则第二条第一款的规定。

申请人（下称复审请求人）对上述的驳回决定不服，于2004年1月18日向专利复审委员会提出复审请求，同时提交了权利要求书的替换页、说明书第1~8页的替换页和说明书摘要的替换页，申请人认为本申请是符合专利法实施细则第二条第一款的规定的。复审请求所提交的权利要求书（文本3）如下：

“1. 产品译码网络防伪系统的控制方法，其特征在于：该方法包含编码管理、查询网络和中心管理三个步骤构成。

2. 根据权利要求1所述的产品译码网络防伪系统的控制方法，其特征在于，其流程是：

（1）用户拨通防伪网声讯电话，根据语音提示，通过电话键盘输入产品上的防伪编码，并通过语音交互核对用户输入是否正确；

（2）用户输入完成后，查询系统将对数据和语音通道进行第一级的检查，如正确，系统将根据用户拨入号码、声讯台代码和语音通道号生成指定格式的查询指令，并将指令送往接口应用处理；

（3）接口应用的标准处理是对数据进行CRC校验并将校验码附加到数据尾部，然后根据X.25通讯协议将数据打包传送到指定分组端口；

（4）查询网络系统的可变语音文件的维护由中心交换网络系统操作员通过FTP方式进行，以保证企业入网数据的及时同步；

（5）中心交换网对应声讯台分组端口接收到查询请求指令并经CRC校验正确后，检查数据是否正确映射到企业端口及用户拨入号码是否已登记到黑名单中，如正确，查询指令将通过X.25发往相应企业分组端口；

（6）企业数据库系统接收指令并经CRC校验正确后，由特定算法控制加密该指令中产品数据并与产品及用户数据库中密文数据进行核对，将结果数据回送给企业接口应用处理；

（7）结果数据经原查询路径传递到声讯台语音处理过程，以语音答复用户。

3. 根据权利要求1所述的产品译码网络防伪系统的控制方法，其特征在于，所述的编码管理是：

（1）具有自动加密和译码解密功能的专用计算机系统，与生产厂家生产线上编码机等输出设备连接，使用特定算法为每一产品单位生成一个编码；

（2）每一件产品的编码依据特定算法隐含厂家、产品系列及生产日期等信，且以密文形式存储于专用计算机系统中；

（3）根据产品批量、包装、大小等特征，采用适应于商家查询的多级制特殊编码；

（4）专用计算机系统使用公用数据、语音网络与专用、通用终端相连。

4. 根据权利要求2的所述的产品译码网络防伪系统的控制方法，其特征在于：其编码生成方法是根据硬件和系统特定信息、精确时间及预设定的随机数长度，控制生成伪随机的数字串。算法过程如下：（1）根据N位精确日期时间（us级）和操作员随意键入N位键值来确定种子值1；（2）光标（鼠标）指向启动生成程序菜单时系统开始以1/1000秒速度产生N位伪随机数；（3）按下Enter键（或鼠标左键）时系统停止伪随机数生成，并设定停止时的伪随机数与此时5位精确时间（xxx. xx秒）的乘积为种子值2；（4）以种子值2生成当日随机编码。

5. 根据权利要求2的所述的产品译码网络防伪系统的控制方法，其特征在于：其数据存储方法是使用72bit密钥通过替换和易位加密编码，该密钥是随机产生的，且系统自行不透明管理，系统在需要时自动对编码加密解密，任何人均无法通过数据库操作浏览到数据明文。

6. 根据权利要求1的所述的产品译码网络防伪系统的控制方法，其特征在于，其查询网络是：

（1）提供语音和多媒体方式的查询服务；

（2）建立正确查询路径，实现路由和数据安全传输。

7. 根据权利要求1的产品译码网络防伪系统的控制方法，其特征在于，其中心管理是：

（1）具备厂家入网登记与授权、数据安全控制与管理功能；

（2）实现对网络的性能监测、升级维护与安全监控；

（3）登记、跟踪非法查询指令和查询终端。

8. 产品译码网络防伪系统，其特征在于：该系统由三个子系统构成：（一）编码管理系统；（二）查询网络系统；（三）中心管理系统。

9. 根据权利要求8所述的产品译码网络防伪系统，其特征在于：中心管理系统是由主机（小型机如：IBMAS/400）、服务器（PCSERVER）、控制终端及多台工作站和路由、交换机等网络设备构成，采用100M交换式以太网结构，并通过高速DDN接入CHINAPAC（中国公用分组交换网）。主机负责实现对全网的监控、流量分析与控制、网络安全检查，及与维护数据/控制指令的交换、数据检查、非法操作的纪跟踪与控制、数据安全分析等工作，具有强大的并行处理能力和海量存储能力；服务器采用高档PC，用于企业数据的登记与维护及信息发布；控制终X. 25的专用连接设备。

10. 根据权利要求8所述的产品译码网络防伪系统，其特征在于：查询系统是由分布的广域范围的子网构成，每一子网主要由语音服务器和接口终端构成，语音服务器通过数百条中继线路连入电话网（PSTN），用户使用查询终端（个人PC）或电话拨入。接口终端为智能分组终端，负责查询网的传输控制，其由PC和有关设备（DTE/DCE）组成，连入X. 25网，以PVC（永久虚电路）方式与中心管理系统交换数据。

11. 根据权利要求8所述的产品译码网络防伪系统，其特征在于：数码管理系统主要由编码系统/数据库和查询指令处理机组成，编码系统/数据库含高容错数据服务器、工作站、编码终端和喷码设备；查询指令处理机是处理用户查询的接口设备，以X. 25的PVC方式连接到中心管理系统。”

经形式审查合格，专利复审委员会受理了该复审请求，并于2004年2月17日发出了受理通知书以及前置审查通知书。

在前置审查程序中，国家知识产权局专利局原实质审查部门仍坚持原驳回决定。

专利复审委员会依法成立合议组对本复审请求案进行了合议，于2005年5月26日发出复审通知书，其中指出：权利要求1不符合专利法实施细则第二条第一款的规定，申请人若将权利要求2补入权利要求1就可以克服上述的缺陷。权利要求3、6、7以及权利要求8～10都不构成技术方案，不符合专利法实施细则第二条一款的规定，是没有授权前景的。

复审请求人于2005年6月30日在答复复审通知书时递交了修改后的权利要求书、说明书摘要以及说明书第1、3、5页。所递交的修改后的权利要求书（文本4）如下：

“1. 产品译码网络防伪系统的控制方法，其特征在于：该方法包含编码管理、查询网络和中心管理三个步骤构成。其流程为：

（1）用户拨通防伪网声讯电话，根据语音提示，通过电话键盘输入产品上的防伪编码，并通过语音交互核对用户输入是否正确；

（2）用户输入完成后，查询系统将对数据和语音通道进行第一级的检查，如正确，系统将根据用户拨入号码、声讯台代码和语音通道号生成指定格式的查询指令，并将指令送往接口应用处理；

（3）接口应用的标准处理是对数据进行CRC校验并将校验码附加到数据尾部，然后根据X. 25通讯协议将数据打包传送到指定分组端口；

（4）查询网络系统的可变语音文件的维护由中心交换网络系统操作员通过FTP方式进行，以保证企业入网数据的及时同步；

（5）中心交换网对应声讯台分组端口接收到查询请求指令并经CRC校验正确后，检查数据是否正确映射到企业端口及用户拨入号码是否已登记到黑名单中，如正确，查询指令将通过X. 25发往相应企业分组端口；

（6）企业数据库系统接收指令并经CRC校验正确后，由特定算法控制加密该指令中产品数据并与产品及用户数据库中密文数据进行核对，将结果数据回送给企业接口应用处理；

（7）结果数据经原查询路径传递到声讯台语音处理过程，以语音答复用户。

2. 根据权利要求1的所述的产品译码网络防伪系统的控制方法，其特征在于：其编码生成方法是根据硬件和系统特定信息、精确时间及预设定的随机数长度，控制生成伪随机的数字串，算法过程如下：

（1）根据N位精确日期时间（us级）和操作员随意键入N位键值来确定种子值1；

（2）光标（鼠标）指向启动生成程序菜单时系统开始以1/1000秒速度产生N位伪随机数；

（3）按下Enter键（或鼠标左键）时系统停止伪随机数生成，并设定停止时的伪随机数与此时5位精确时间（xxx. xx秒）的乘积为种子值2；

（4）以种子值2生成当日随机编码。

3. 根据权利要求1的所述的产品译码网络防伪系统的控制方法，其特征在于：其数据存储方法是使用72bit密钥通过替换和易位加密编码，该密钥是随机产生的，且系统自行不透明管理，系统在需要时自动对编码加密解密，任何人均无法通过数据库操作浏览到数据明文。”

在上述工作的基础上，合议组认为本案事实清楚，可以作出本复审请求审查决定。

二、决定的理由

合议组审查了复审请求人于2005年6月30日提交的权利要求替换页，上述修改文本未超出原说明书和权利要求书记载的范围，符合专利法第三十三条的规定。因此本复审决定依据的文本为复审请求人2005年6月30日提交的权利要求1~11、说明书第1、3、5页和说明书摘要；2004年1月18日提交的说明书第2、4、6~8页，以及申请日所提交的说明书附图第1~8页。

驳回决定涉及的主要理由是：权利要求1~11没有采用技术手段或利用自然法则，也未解决技术问题和产生技术效果，因而不构成技术方案、不符合专利法实施细则第二条第一款的规定。复审通知书根据驳回决定陈述的理由以及审查部门的前置意见，指出权利要求1、3、6、7以及权利要求8~10都不构成技术方案，不符合专利法实施细则第二条第一款的规定，是没有授权前景的，并给出了相应修改建议。

对于复审请求人于2005年6月30日答复上述复审通知书时提交的经修改的权利要求书，合议组认为，修改后的权利要求1~3分别记载了系统将用户输入的数据进行处理而得到结果数据，从而进行网络防伪的方法；产品译码网络防伪系统的控制方法中的控制生成伪随机串的方法；以及数据存储方法的加密方式。其中的独立权利要求的步骤是以用户输入的数据在系统中的处理为主线，以时间顺序记载系统对所输入的数据处理的过程，而其从属权利要求则分别对处理过程中的方式进行了进一步的限定，由此，修改后的权利要求1~3包含了网络防伪系统的控制方法的技术手段，解决了进行网络防伪的技术问题，产生了对产品防伪进行验证的技术效果，因而构成技术方案，从而经修改的权利要求已满足专利法实施细则第二条第一款的有关规定。

综上所述，该申请的修改文本已经克服了驳回决定所指出的缺陷，即该申请符合专利法实施细则第二条第一款的规定。至于权利要求3存在保护范围不清楚的问题；后提交的说明书页码1、3、5与复审请求时所提交的第2、4页不连贯的缺陷，或是说明书和权利要求书是否还存在其他形式的缺陷等，均留待后续程序继续审查。

三、决定

撤销国家知识产权局专利局实质审查部门于2003年10月10日对99105975.1号发明专利申请所作出的驳回决定，以复审请求人于2005年6月30日提交的权利要求1~3项、说明书第1、3、5页和说明书摘要；2004年1月18日提交的说明书第2、第4、第6~8页，以及申请日所提交的说明书附图第1~12页为基础，由原实质审查部门继续进行审查程序。

073

用于网络的移动数据储存装置案

复审请求审查决定（第6961号）

决 定 号 第6961号
决 定 日 2005年9月16日
发明创造名称 用于网络的移动数据储存装置
国际分类号 G06F 15/16
复审请求人 威达电股份有限公司
申 请 号 02102467.7
申 请 日 2002年1月22日
公 开 日 2003年8月6日
合议组组长 张 度
主 审 员 詹靖康
参 审 员 龙 安

法律依据 专利法第二十六条第三款
决定要点

说明书应当对发明作出清楚、完整的说明，以所属技术领域的技术人员能够实现为准。所属技术领域的技术人员能够实现，是指所属技术领域的技术人员按照说明书记载的内容，不需要创造性的劳动，就能够再现该发明的技术方案，解决其技术问题，并且产生预期的技术效果。

一、案由

本专利复审请求涉及申请号为02102467.7、名称为"用于网络的移动数据储存装置"的发明专利申请，其申请日为2002年1月22日，申请人为威达电股份有限公司。

国家知识产权局专利局原实质审查部门依法对该专利申请进行了实质审查，于2004年4月23日发出第一次审查意见通知书，其中指出：本申请的说明书未对发明作出清楚、完整的说明，致使所属技术领域的技术人员不能实现该发明，不符合专利法第二十六条第三款的规定。

2004年9月8日，申请人针对上述审查意见通知书提交了意见陈述书和权利要求书、说明书替换页。申请人在意见陈述书中指出，说明书已清楚描述了处理器、网络接口、储存媒体、窗口式操作系统、传输媒介等移动数据储存装置各个部件之间的连接关系和工作原理，至于各个部件的具体电路结构则是本领域公知常识，本申请说明书不存在不清楚不完整之处。

经过上述审查程序，国家知识产权局专利局原实质审查部门以本申请不符合专利法第二十六条第三款的规定为理由，于2005年1月14日作出了驳回该专利申请的决定。驳回决定中指出，本发明的移动数据储存装置缺少内存、总线等部件而不具备运行窗口式操作系统的最小硬件配置；也没有具体解释和说明窗口式操作系统如何仅在CPU上运行来控制该移动储存装置。

申请人（下称复审请求人）不服上述驳回决定，于2005年4月29日向专利复审委员会提出复审请求。复审请求人认为本申请说明书的内容是清楚、完整的，符合专利法第二十六条第三款的规定。

原实质审查部门对该复审请求作出前置审查意见，仍然坚持原驳回决定。

专利复审委员会依法组成合议组，对此案进行了审理，合议组在仔细审阅了全部案卷后，认为此案事实清楚，可以作出复审决定。

二、决定的理由

1. 文本认定

本复审决定是以复审请求人于2002年1月22日提交的说明书摘要、摘要附图、说明书第1、3、4页、说明书附图第1、2页，于2004年9月8日提交的权利要求1~5项、说明书第2页为基础作出的。

2. 关于说明书公开不充分的问题

依据专利法第二十六条第三款规定，说明书应当对发明作出清楚、完整的说明，以使所属技术领域的技术人员能够实现为准。所属技术领域的技术人员能够实现，是指所属技术领域的技术人员按照说明书记载的内容，不需要创造性的劳动，就能够再现该发明的技术方案，解决其技术问题，并且产生预期的技术效果。

驳回决定中指出，本申请说明书中的移动数据储存装置不具备运行窗口式操作系统的最小硬件配置，同时说明书也没有解释和说明窗口式操作系统如何仅在CPU上运行来控制移动数据储存装置。合议组认为，运行窗口式操作系统的最小配置、必要的部件对本领域技术人员来说都属于公知常识；CPU如何通过操作系统控制数据储存装置对本领域技术人员来说也属于现有技术；网络接口以及网络协议也可采用公知的标准或公知的技术。以上内容并非必须记载在说明书中。

同时合议组还认为，本申请的说明书及附图对技术方案中的各个部件相互间的逻辑连接关系作出了清楚完整的限定。诸如CPU、储存器、网络接口等部件都属于现有技术，虽然说明书中未记载其相互间的具体电路连接关系及控制关系，但这对本领域普通技术人员实施该技术方案没有影响。

综上所述，合议组认为本申请的说明书对技术方案作出了清楚、完整的说明，所属技术领域的技术人员按照说明书记载的内容，不需要付出创造性劳动，就能够再现所述技术方案，因此本申请的说明书符合专利法第二十六条第三款的规定。

三、决定

撤销国家知识产权局专利局实质审查部门于2005年1月14日作出的驳回决定。以复审请求人2002年1月22日提交的说明书摘要、摘要附图、说明书第1、第3、第4页、说明书附图第1、第2页，2004年9月8日提交的权利要求第1~5项、说明书第2页为基础，由原实质审查部门继续进行审查程序。

074

无标识全动态认证方法案

复审请求审查决定（第6972号）

决　定　号　第6972号
决　定　日　2005年8月15日
发明创造名称　无标识全动态认证方法
国际分类号　G06K 9/00　H04L 9/00
复审请求人　慈孟夫
申　请　号　01141721.8
申　请　日　2001年9月14日
公　开　日　2002年4月17日
合议组组长　张美菊
主　审　员　张　琳
参　审　员　翁晓君

法律依据　专利法第二十六条第三款
决定要点

本申请说明书仅仅记载了利用动态加密的方式对用户身份进行认证的一种设想，而没有给出任何能够具体实现动态认证的技术手段，所属技术领域的技术人员不能根据说明书的记载实现本申请的技术方案，因此本申请说明书公开不充分，不符合专利法第二十六条第三款的规定。

一、案由

本复审请求涉及申请日为2001年9月14日，公开日为2002年4月17日，申请号为01141721.8、发明名称为“无标识全动态认证方法”的发明专利申请（下称本申请），申请人为慈孟夫。

在实质审查过程中，国家知识产权局专利局实质审查部门针对本申请2001年9月14日提交的权利要求第1～2项、附图第1页、说明书摘要和摘要附图，2001年12月4日提交的说明书第1～2页进行了实质审查，并引用了如下对比文件：

对比文件1：CN1197338A，其公开日为1998年10月28日。

原实质审查部门于2003年4月4日发出第一次审查意见通知书，指出本申请权利要求1、2相对于对比文件1不具备专利法第二十二条第三款规定的创造性。

针对上述审查意见通知书，申请人于2003年8月18日提交了意见陈述书。认为本申请和对比文件1技术领域不同，且对比文件1的技术内容不可行，因此本申请具备新颖性和创造性。

实质审查部门于2003年11月21日以本申请权利要求1、2相对于对比文件1不具备专利法第二十二条第三款规定的创造性为由驳回了本申请。

申请人（下称复审请求人）对上述驳回决定不服，于2004年2月11日专利复审委员会提出了复审请求。其复审理由为：（1）对比文件 1 虽然与本发明同属信息安全领域却是不同分支的不同应用主题；（2）本发明的使用不是用来信息隐藏而是防伪；（3）本发明对标识采用动态加密具备新颖性；（4）本申请要求保护的是无标识全动态认证这一全新的认证机制；（5）无标识全动态认证在安全认证上具有突出的实质性特点和显著的进步，因此权利要求 1、2 具备创造性。

经形式审查合格，专利复审委员会受理了该复审请求，并于 2004 年 3 月 30 日发出复审请求受理通知书，同时向原实质审查部门发出了前置审查通知书。

国家知识产权局专利局原实质审查部门在前置审查意见书中，仍坚持原驳回决定。

在此基础上，专利复审委员会依法成立合议组对本案进行审理。

合议组于 2005 年 6 月 16 日发出复审通知书，指出本申请说明书中动态加密的方法、过程公开不充分，解密的方法、过程公开不充分，因此本申请说明书不符合专利法第二十六条第三款的规定。

复审请求人于 2005 年 7 月 26 日提交了意见陈述书，认为本专业技术人员熟知 RSA 公钥加密及 RSA 双因素动态口令认证，根据本发明给出的方案任何动态加密只要对用户名及其口令或动态口令进行加密都能实现本发明目的。

至此，合议组认为本案事实已经清楚，依法作出本复审请求审查决定。

二、决定的理由

1. 审查基础

本复审决定所依据的文本是实质审查驳回所依据的文本，即复审请求 2001 年 9 月 14 日提交的权利要求第 1、2 项、附图第 1 页、说明书摘要和摘要附图，2001 年 12 月 4 日提交的说明书第 1 ~ 2 页。

2. 关于专利法第二十六条第三款

专利法第二十六条第三款规定了“说明书应当对发明或实用新型作出清楚、完整的说明，以所属技术领域的技术人员能够实现为准”。合议组认为，本申请说明书仅仅记载了利用动态加密的方式对用户的身份进行认证的一种设想，而没有给出任何能够具体实现动态认证的技术手段，所属技术领域的技术人员不能根据说明书的记载实现本申请的技术方案，因此本申请说明书公开不充分，不符合专利法第二十六条第三款的规定。具体表现在：

（1）“动态加密”方法、过程公开不充分。本申请说明书具体实施方式中没有充分公开动态加密的方法和过程，没有充分公开对加密对象应用什么样的加密技术使得每一次认证都会发生怎样的变化，现有技术中的动态加密技术涉及不同的加密对象、不同的加密算法、不同的加密条件、不同的传送方式以及对应不同的解密方式等，来达到使攻击者不易预测加密过程的目的。本说明书仅仅通过“动态加密”来描述一个没有任何规律的、任何人不可预测的随机加密过程，本领域技术人员无法通过说明书来实现这样不明确的动态加密过程。同样理由，对于说明书中所提到的使用不同的密钥来得到不同的加密结果的方案，说明书也没有充分公开其怎样选择不同的密钥来加密的技术方案，本领域技术人员无法通过说明书来实现这样不明确的动态加密过程。

（2）“解密”方法、过程公开不充分。说明书所述“服务器……可采用与用户终端相同的加密算法体系进行解密”，即包含服务器可使用与加密方法相同的和使用与加密方法不相同的两种解密方法。说明书没有充分公开服务器解密过程中如何获得不可预测的、没有规律的“动态加密”方法来进行解密，也没有公开使用怎样的不同于加密方法的解密方法如何进行解密，本领域技术人员无法通过说明书来实现这样不明确的解密过程。

（3）复审请求人的复审意见陈述书陈述，将用户名及 RSA 双因素动态口令采用 RSA 公钥加密便能实现无标识全动态认证，对同一明文进行加密，密文是动态的。而合议组认为，在本申请中的动态认证含义是加密算法或者密钥是动态的，使得认证标识码和认证码每次进行不同方法的动态加密，而获得不同的加密结果，因此意见陈述书中的动态加密和本申请的动态加密含义不同，同时，复审请求人在意见陈述书中也没有陈述说明书中其他动态加密（如使用不同密钥）及其认证的方式已经充分公开的理由。即仍然没有说明本申请说明书公开了怎样的动态加密认证过程，没有充分说明本申请技术方案公开充分的理由。

因此，本申请说明书公开不充分，不符合专利法第二十六条第三款的规定。

三、决定

驳回复审请求，维持国家知识产权局专利局实质审查部门于2003年11月21日作出的驳回决定。

复审请求人如对本决定不服的，可以根据专利法第四十一条第二款的规定，自收到本决定之日起的三个月内向北京市第一中级人民法院起诉。

075

控制访问存储广告的选择性呼叫接收机的特征案

复审请求审查决定（第6975号）

决 定 号 第6975号
决 定 日 2005年9月28日
发明创造名称 控制访问存储广告的选择性呼叫接收机的特征
国际分类号 G06K 5/00
复审请求人 摩托罗拉公司
申 请 号 99803809.1
申 请 日 1999年2月16日
公 开 日 2001年4月25日
合议组组长 马 昊
主 审 员 范玉霞
参 审 员 詹靖康

法律依据 专利法第二十六条第三款
决定要点

说明书记载的内容包括所属技术领域的技术人员从现有技术中无法得出的而且对于实现发明又是不可缺少的那些技术内容。对于所属技术领域的技术人员可以从现有技术中直接得出的技术内容，在说明书中可以不作记载。

一、案由

本复审请求涉及申请号为99803809.1、发明名称为“控制访问存储广告的选择性呼叫接收机的特征”的发明专利申请（下称本申请），其申请日为1999年2月16日，优先权日为1998年3月9日，进入中国国家阶段日期是2000年9月8日，申请人是摩托罗拉公司。其依据PCT第三十四条修改的权利要求书包括独立权利要求1、7和从属权利要求2~6、8。

国家知识产权局专利局实质审查部门依法对本申请进行了实质审查，并于2003年4月11日发出第一次审查意见通知书。通知书指出说明书没有充分公开本发明，不符合专利法第二十六条第三款的规定。具体理由是：说明书仅仅记载了“将第二保留存储器部分分配给存储器的第一部分”而未记载如何分配，使得本领域技术人员根据说明书不能推导出实现该方案的方法。

申请人针对第一次审查意见通知书，于2003年10月27日提交了意见陈述书。其中认为存储器的分配技术是本领域普通技术人员公知的技术，并提交了美国专利US5226145（公开日为1993年7月6日）的扉页和《计算机技术百科全书》的第1332~1336页的复印页作为参考证明。同时，申请人修改了权利要求书，将独立权利要求1和7中的“一种选择性呼叫接收机”修改为“在一种选择性呼叫接收机中”。

国家知识产权局专利局实质审查部门于2004年1月2日以本申请不符合专利法第二十六条第三

款的规定为由对本申请作出了驳回决定。具体理由是：（1）现有技术中的存储器分配是在未分配的存储器资源中进行资源分配的，而本申请的分配指的是将第二保留存储器部分分配给存储器的第一部分，存储器的第一部分存储呼入的消息，存储器的第二部分存储附加的消息如广告，可见在进行分配的存储器的两个部分都是已经分配的，而非现有技术中的针对未分配的存储器资源进行分配；（2）说明书中也未清楚地说明如何确定当前存储器的使用量以及如何估计被分配但未被使用的存储器的量。

申请人（下称复审请求人）对上述驳回决定不服，于2004年4月9日向专利复审委员会提出了复审请求，但没有修改申请文件。其复审请求的理由是：（1）本申请中的第二存储器部分不代表已分配存储器，即使第二存储器的一部分先前已经被分配也不妨碍其被再分配给保留存储器，使其可再次用于以后的使用或分配；（2）用于各消息的存储器的总量在至少一种情况下对应于存储在存储器中的各消息的长度的总和（以及与各消息相关的相应开销），至少在一个实施例中存储器的各段的大小是已知的，并且其可与已知的存储器第一部分的大小相加来确定已分配的存储器总量。从已分配的存储器总量中减去用于存储消息的存储器的量即可确定已分配但未被使用的存储器的量。

经形式审查合格，专利复审委员会受理了该复审请求，并于2004年5月11日发出了受理通知书和前置审查通知书。

在前置审查中，国家知识产权局专利局实质审查部门坚持原驳回决定，具体理由与第一次审查意见通知书中的理由相同。

专利复审委员会成立合议组对本复审请求进行审理。

经审查，合议组认为本案事实清楚，现作出本复审请求审查决定。

二、决定的理由

鉴于复审请求人在提出复审请求时，没有提交新修改文本，因此本复审请求所针对的文本为驳回决定所依据的申请文件文本，即2003年10月27日提交的权利要求第1~8项、2000年9月8日提交的说明书第1~6页、说明书附图第1~4页、说明书摘要及摘要附图。

专利法第二十六条第三款规定：“说明书应当对发明或者实用新型作出清楚、完整的说明，以所述技术领域的技术人员能够实现为准。”也就是说，说明书所公开内容的清楚性和完整性应达到所属技术领域的技术人员不经创造性劳动就能再现发明的技术方案，解决技术问题并取得预期技术效果的程度。这里所说的“所属技术领域的技术人员”是获得发明所属技术领域所有的现有技术并具有该技术领域中普通技术人员所具有的一般知识和能力的一种假想的人。正因为如此，说明书记载的内容包括所属技术领域的技术人员从现有技术中无法得出的而且对于实现发明又是不可缺少的那些技术内容。而对于所属技术领域的技术人员可以从现有技术中直接得出的技术内容，可以在说明书中简单说明或不作说明。

本申请的说明书清楚记载了现有技术、发明目的、实现发明目的的技术方案、具体实施例和发明所能产生的技术效果，具体理由：本申请涉及一种控制访问存储广告的选择性呼叫接收机（下称SCR）的方法。在背景技术中，呼入消息的存储空间是固定大小的，SCR用户通常只阅读其中的个人消息，而很少阅读其中的广告消息。本申请提供一种控制存储空间大小的方法，使得SCR用户每阅读一条短信，SCR就暂时增加可用内存空间的数量，从而成功地激励SCR用户阅读接收到的广告消息。

本申请给出的技术方案是：将SCR的存储器分为两部分，第一消息存储器和第二保留存储器；第一消息存储器用于存储接收到的消息（包括个人消息和广告消息），第二保留存储器分成多个段；当用户阅读一条广告消息时，将第二保留存储器的一个段分配给第一消息存储器并持续预定的时间周期从而暂时增大第一消息存储器的大小，预定周期期满后，将该段回到第二保留存储器从而减小第一消息存储器的大小；并从返回到第二保留存储器的该段中删除存储在其中的消息。

说明书记载了SCR的组成部件以及各部件之间的连接关系，其中（参见其说明书第3页第5～7行）处理器18还包括RAM（随机存取存储器）44，它由消息存储器46、保留存储器48和程序存储器50组成，保留存储器48分成多个段52，并举例说明了（参见其说明书第3页第20～23行）128Kb的内存的具体分配方式。当SCR检测到用户正在阅读存储在该SCR内存中的一条广告时，在步骤82（参见其说明书第5页第6～11行）询问是否有存储器段52处于保留状态，即还未被分配，如果回答是肯定的，在步骤84，保留存储器的一个段52分配给消息存储器，对于该段52，保留段定时器开始计时。如果已分配给消息存储器的段52的保留段定时器期满（参见其说明书第5页第22～25行），那么确定是否有消息存储在同一段52。如果回答是否定的，在步骤98，该段从消息存储器移出并返回到保留存储器。由此可见，说明书已经明确记载了存储器的划分方式，以及在什么条件下将第二保留存储器分配给第一消息存储器，和在什么条件下将划分到第一消息存储器的段返回给第二保留存储器。本领域技术人员根据说明书的上述记载，可以利用编程手段对存储器进行如上控制而不需要花费创造性劳动。而且，上述方案实现了对存储器的消息存储空间的容量控制，即实现在一定条件下暂时增大和减小来分配存储消息的空间容量，解决了现有技术中存储空间为固定大小，用户无法对存储空间进行控制的问题。而且本申请将该条件设置为用户阅读广告消息，即当用户阅读广告消息则扩大消息存储器的容量，从而实现了激励用户阅读广告的目的。

说明书第3页第19～20行记载了：SCR的内存分为两部分，第一部分（消息存储器）存储呼入消息；第二部分（保留存储器）留作备用，可能用于分配给消息存储器；说明书第4页第16～17行记载了：已暂时分配到消息存储器的存储器段52现在存储了一条消息，且要马上重新分配到保留存储器（使存储在此的消息丢失）。可见，保留存储器是保留备用而没有存储内容或者曾经暂时存储内容但到期则删除，即保留存储器是未分配的存储器资源而不是已经分配的存储器资源。而且，存储器的分配技术属于本领域的公知技术，请求人提交的参考资料（US5226145的扉页和《计算机技术百科全书》第332～1336页的复印页）也对此作出了证明。

驳回决定中所涉及的理由还包括“说明书中也未清楚地说明如何确定当前存储器的使用量以及如何估计被分配但未被使用的存储器的量”，合议组认为如何确定存储器的使用量和已分配但未被使用的量是本领域的公知常识。当前存储器使用量在至少一种情况下对应于存储在存储器中的各消息的长度的总和（以及与各消息相关的相应开销），存储器的使用量对应于存储器中所存储的数据总量，这对于本领域普通技术人员来说是熟知的，例如计算机硬盘、软盘、光盘等存储器通常可以在计算机中显示出已用空间（存储器的使用量）和可用空间。而且本申请中，保留存储器是分段的，在具体实施时每段的大小必定有一个确定的值，与消息存储器的大小相加即可得到所分配的存储器总量，而从所分配的存储器总量中减去使用量则可以得到已分配但未使用的存储器的大小。本领域技术人员根据自己所应具备的基本技能和公知的技术，运用本申请的接收机中的硬件进行简单运算即可以得到上述数据。

综上所述，合议组认为，本申请说明书已经充分公开了实现本申请发明目的的技术方案，本领域普通技术人员无需花费创造性劳动即可再现本申请所述技术方案，因此本申请符合专利法第二十六条第三款的规定。

三、决定

撤销国家知识产权局专利局实质审查部门于2004年1月2日对本发明专利申请所作出的驳回决定，在驳回决定所依据文本的基础上，由原实质审查部门继续进行审查程序。

076

简化键盘输入的装置及方法案

复审请求审查决定（第7045号）

决　定　号　第7045号
决　定　日　2005年10月8日
发明创造名称　简化键盘输入的装置及方法
国际分类号　G06F 3/023
复审请求人　摩托罗拉公司
申　请　号　98123660. X
申　请　日　1998年10月29日
公　开　日　1999年6月2日
合议组组长　黄毅斐
主　审　员　郑　直
参　审　员　高海燕

法律依据　专利法第二十二条第三款
决定要点

对比文件已经公开了权利要求所包括的硬件结构，与本申请的区别仅在于存储器中所存储内容的不同，但是由于权利要求中并没有记载由于存储内容的不同而导致其硬件结构、连接关系以及信号流向与对比文件的区别，因此权利要求与对比文件相比没有创造性。

一、案由

本复审请求涉及申请日为1998年10月29日，公开日为1999年6月2日，优先权日为1997年10月29日，发明名称为“简化键盘输入的装置及方法”的98123660. X号发明专利申请（下称本申请），申请人为摩托罗拉公司。

原始提交的权利要求书（下称文本1）共有10项权利要求，其中独立权利要求有：

“1. 在至少一个键与多个符号有关的简化的键盘上简化键盘输入的方法，包括以下步骤：

接收一个键的第一次键按压；

得到与这个第一次键按压相关的有效规则；

用有效规则确定与此键有关的符号显示顺序；以及

根据显示顺序显示与此键有关的第一个符号。”

“7. 简化键盘输入装置，包括：

一个微处理器；

一个连接到微处理器上的至少有一个键与多个符号有关的简化的键盘；

一个连接到微处理器上的显示器；

一个连接到微处理器上的随机存取存储器；以及

一个连接到微处理器上的只读存储器，此存储器有：

一个字典存储器；及

一个有效规则存储器。”

应申请人的请求，国家知识产权局专利局实质审查部门对本申请进行了实质审查，并于2002年12月6日发出了第一次审查意见通知书。通知书指出权利要求1~6与对比文件1（CN1085672A，公开日为1994年4月20日）相比没有创造性，不符合专利法第二十二条第三款的规定；权利要求7~10与对比文件2（CN1156274A，公开日为1997年8月6日）相比没有创造性，不符合专利法第二十二条第三款的规定。

申请人于2003年4月11日提交了意见陈述书，认为权利要求1~6与对比文件1相比具备创造性，符合专利法第二十二条第三款的规定；权利要求7~10与对比文件2相比具备创造性，符合专利法第二十二条第三款的规定。

知识产权局专利局原实质审查部门于2003年12月26日作出了驳回决定，以权利要求1~6与对比文件1相比没有创造性，权利要求7~10与对比文件2相比没有创造性，不符合专利法第二十二条第三款的规定为由驳回了本申请。实质审查部门在驳回决定中指出：对比文件1公开了一种在简化键盘上进行输入的方法，该方法首先输入声母，屏幕显示高频字；然后按空格键或数字键选择最高频字；再输入韵母，屏幕显示声调汉字；最后用声调键输入声调，屏幕显示相应的汉字，打入选中汉字前的序号，最终选择所需的汉字。尽管对比文件1在语言描述和实施方式上与权利要求1~6中记载的略有不同，但是这种不同对于本领域的技术人员来说是不需要付出创造性的劳动的，因此权利要求1~6与对比文件1相比没有创造性。对比文件2公开了一种键盘输入装置，其中具有键盘、处理器、液晶显示器、只读存储器和随机存储器，其中只读存储器固化有控制程序、字模数据，随机存储器间设有接口，对比文件2与权利要求7的区别在于对比文件2没有公开有效规则存储器，但是对比文件2要完成特定的输入模式，当然要具有有效的规则，并且很容易想到将相应的规则存储在存储器当中，因此权利要求7与对比文件2相比没有创造性，不符合专利法第二十二条第三款的规定。进而，权利要求8~10也没有创造性，不符合专利法第二十二条第三款的规定。

申请人（下称复审请求人）对上述驳回决定不服，于2004年3月29日向专利复审委员会提出复审请求，并提交权利要求的修改替换页（下称文本2）。复审请求人认为对比文件1中的输入方法和显示顺序与本申请的权利要求1~6不同，对比文件1只是响应键压或字符输入同时显示常用的几个符号，没有公开符号按照显示顺序显示，因此权利要求1~6与对比文件1相比具备创造性；对比文件2没有公开用于确定与键联系的符号的显示顺序的有效规则存储器，因此权利要求7~10与对比文件2相比具备创造性。

在形式审查合格以后，专利复审委员会受理了该复审请求，并于2004年6月11日向复审请求人发出了复审请求受理通知书，同时请原审查部门进行前置审查。

原实质复审部门在前置意见中坚持原驳回决定。

在此基础上，专利复审委员会依法成立合议组，对本案进行审查。

合议组于2005年6月15日发出了复审通知书，其中指出文本2的权利要求7~10与对比文件2相比没有创造性，不符合专利法第二十二条第三款的规定。具体意见是：权利要求7请求保护一种简化键盘输入装置，对比文件2公开的也是一种键盘输入装置，并具体公开了以下技术特征（参见说明书附图2及其相应的文字说明）：输入键盘6、微处理器7、液晶显示器8，连接到微处理器7的随机访问存储器11以及只读存储器10，并且在只读存储器中固化有控制程序、字模数据（相当于权利要求7中的字典存储器）、语音数据等。对比文件2与权利要求7的区别仅在于对比文件2中没有明确记载在只读存储器 10 中存在一个有效规则存储器，用于存储确定与键有关的符号显示顺序的有效规则。但是在对比文件 2 中，只读存储器 10 固化有控制程序，用于控制输入键与显示字符之间的关系，尽管控制程序与有效规则的内容可能不尽相同，但是用于存储它们的存储器在硬件结构上是完全相同的，并没有因为存储内容的改变而带来结构上的变化，而且对于本领域的技术人员来说，在已知的存储设备中存储不同的控制程序以实现不同的控制手段是不需要付出创造性的劳动就能够实现的，因此权利要求 7 没有创造性，其从属权利要求 8～10 也没有创造性，不符合专利法第二十二条第三款的规定。

复审请求人于 2005 年 7 月 22 日提交了意见陈述。复审请求人认为对比文件 2 没有公开有效规则存储器，虽然在对比文件 2 的只读存储器中固化有控制程序用于控制输入键与显示字符之间的关系，但是这种控制程序的功能是在三次按键即输入汉字的声母、韵母和声调之后才显示字符，而本申请中的控制程序用于确定与键有关的符号的显示顺序的规则，二者的功能不同，而且现有技术中也没有公开有效规则存储器，因此权利要求 7～10 具备创造性。

至此，合议组认为本案事实清楚，可以作出审查决定。

二、决定的理由

本决定所依据的文本是复审请求人于 2004 年 3 月 29 日随复审请求书提交的权利要求第 1～10 项（文本 2）、申请日提交的说明书第 1～7 页、说明书附图第 1～3 页、说明书摘要以及摘要附图。本决定所引用的对比文件是实质审查过程中所引用的对比文件 2：CN1156274A。本复审决定所评价的权利要求书（文本 2）共有 10 项权利要求，其中权利要求 7～10 为：

“7. 简化键盘输入装置，包括：

一个微处理器；

一个连接到微处理器上的至少有一个键与多个符号有关的简化的键盘；

一个连接到微处理器上的显示器；

一个连接到微处理器上的随机存取存储器；以及

一个连接到微处理器上的只读存储器，此存储器有：

一个字典存储器；及

一个有效规则存储器，用于存储确定与键有关的符号显示顺序的有效规则。

8. 根据权利要求 7 的装置，其中所述字典存储器包括：

一个将字符与语音音节联系起来的表。

9. 根据权利要求 7 的装置，其中所述有效规则存储器包括：

一个将有效符号与至少一个键中的每一个键联系起来的表。

10. 根据权利要求 9 的装置，其中所述表指示每个有效符号出现的频率。”

权利要求 7 请求保护一种简化键盘输入装置，对比文件 2 公开的也是一种键盘输入装置，并具体公开了以下技术特征（参见说明书附图 2 及其相应的文字说明）：输入键盘 6、微处理器 7、液晶显示器 8，连接到微处理器 7 的随机访问存储器 11 以及只读存储器 10、并且在只读存储器中固化有控制程序、字模数据（相当于权利要求 7 中的字典存储器）、语音数据等。对比文件 2 与权利要求 7 的区别仅在于对比文件 2 中没有明确记载在只读存储器 10 中存在一个有效规则存储器，用于存储确定与键有关的符号显示顺序的有效规则。但是在对比文件 2 中，只读存储器 10 固化有控制程序，该控制程序用于控制输入键与显示字符之间的关系，尽管控制程序与有效规则的内容可能不尽相同，但是用于存储它们的存储器在硬件结构上是完全相同的，并没有因为存储内容的改变而带来结构上的变化。因此权利要求 7 没有创造性，不符合专利法第二十二条第三款的规定。

复审请求人认为，对比文件2中的控制程序与有效规则存储器中存储的有效规则不同。对此，合议组认为：实质上，对比文件2中的控制程序与本权利要求中的有效规则都是为了控制输入键与显示字符之间的关系，只是具体的控制方式不完全相同。但如上所述，在一个存储器中存储哪种控制程序对于存储器的结构本身不要求作出任何实质性的改变，况且权利要求7中也并没有体现出本申请中的有效规则与对比文件2中的控制程序的不同之处，更没有记载由于本申请中的有效规则与对比文件2中的控制程序的不同而导致本申请在硬件结构、连接关系以及信号流向上存在哪些不同。因此请求人的上述理由不成立，权利要求7没有创造性，不符合专利法第二十二条第三款的规定。

从属权利要求8的附加技术特征已经被对比文件2所公开（参见说明书附图2及其相应的文字说明），在其所引用的权利要求没有创造性的情况下，权利要求8也没有创造性，不符合专利法第二十二条第三款的规定。

从属权利要求9的附加技术特征是在有效规则存储器中存储一个将有效符号与输入键相联系的表。在对比文件2的只读存储器中也存储了每个显示符号与输入键之间的联系（参见说明书附图2及其相应的文字说明），因此权利要求9的附加技术特征已经被对比文件2所公开，在其所引用的权利要求没有创造性的情况下，权利要求9也没有创造性，不符合专利法第二十二条第三款的规定。

从属权利要求10的附加技术特征是所述表指示每个有效符号出现的频率，对比文件2也是根据频率来确定字符显示的（参见说明书附图2及其相应的文字说明），因此权利要求10的附加技术特征已经被对比文件2所公开，在其所引用的权利要求没有创造性的情况下，权利要求10也没有创造性，不符合专利法第二十二条第三款的规定。

三、决定

驳回复审请求，维持国家知识产权局专利局实质审查部门于2003年12月26日作出的驳回98123660.X号发明专利申请的决定。

复审请求人如对本决定不服，可以依据专利法第四十一条第二款的规定自收到本决定之日起三个月内向北京市第一中级人民法院起诉。

077

传送并接收节目号的多媒体系统及其方法案

复审请求审查决定（第7046号）

决　定　号　第7046号
决　定　日　2005年10月8日
发明创造名称　传送并接收节目号的多媒体系统及其方法
国际分类号　G06F 15/00
复审请求人　三星电子株式会社
申　请　号　97118638.3
申　请　日　1997年9月22日
公　开　日　1998年10月21日
合议组组长　马志远
主　审　员　郑　直
参　审　员　黄毅斐

法律依据　专利法第二十二条第三款
决定要点

在评价创造性时不仅要考虑发明技术方案本身，还要考虑发明要解决的技术问题以及所产生的技术效果，从而进行整体判断。本申请技术方案在技术内容上与对比文件存在显著区别，其解决的技术问题以及产生的技术效果也都不同，因此具备创造性。

一、案由

本复审请求涉及申请日为1997年9月22日、公开日为1998年10月21日、优先权日为1997年4月14日、发明名称为“传送并接收节目号的多媒体系统及其方法”的97118638.3号发明专利申请（下称本申请），申请人为三星电子株式会社。

原始提交的权利要求书（文本1）共有30项权利要求，其中的独立权利要求为：

“1. 一个多媒体系统，包括：一个输入装置，用于输入一个或多个所需节目的节目号；具有一个第一数字接口的一个接收器，用于使节目号转变为命令，并经由第一数字接口以异步传送模式传送该命令；和 具有一个第二数字接口的一个记录/重放装置，用于译码从接收器传送的命令，并相应于通过对接收的命令译码得到的节目号记录/重放被接收的传输流。”

“3. 一个多媒体系统，具有至少用于接收传输流的一个接收器和用于记录/重放该传输流的一个记录/重放装置，其中接收器包括：

一个第一信号处理器，用于分析接收的传输流的节目说明信息（PSI），并根据分析的PSI对所需节目的视频信号和音频信号译码；

一个输入装置，用于输入一个或多个所需节目的节目号；

一个第一数字接口，用于将输入装置输入的节目号转变为一个命令，传送该命令，并用于传送从

第一信号处理器输出的传输流，并且，

其中的记录/重放装置包括：

一个第二数字接口，用于译码经由第一数字接口传送的节目号命令，并接收经由第一数字接口传送的传输流；

一个第二信号处理器，用于根据节目号从第二数字接口接收的传输流中取出所需节目，在记录模式中将取出的结果记录在记录媒体上，并在重放模式中将重放的传输流输出到第二数字接口。”

“22. 一种在具有用于接收传输流的数据接口的一个接收器和具有用于在/从记录媒体记录/重放该传输流的数字接口的一个记录/重放装置之间传送和接收节目号的方法，该方法包括以下步骤：

（A）输入要被记录的所需节目的节目号；和

（B）转变成相应于输入的节目号的一个命令，以便从接收器向记录/重放装置传送该节目号命令。”

“26. 一种在具有用于接收传输流的数字接口的一个接收器和具有用于在记录媒体上记录该传输流的数字接口的一个记录装置之间传送节目号的方法，该方法包括以下步骤：

（A）输入要被记录的所需节目的节目号；

（B）传送一个用于查询是否允许记录节目的命令；

（C）从记录装置接收一个允许记录节目的响应；

（D）传送一个执行记录相应于在步骤（A）输入的节目号的节目的命令；和

（E）从记录装置接收一个通知允许记录相应于节目号的节目的响应。”

“30. 一种通过具有用于接收传输流的数字接口的一个接收器和具有用于重放在记录媒体上记录的节目的传输流的数字接口的一个重放装置接收节目号的方法，该方法包括以下步骤：

（A）在重放模式中查询是否允许传送相应于记录在记录媒体上的节目的节目号；

（B）从重放装置中接收一个允许重放节目的响应；

（C）传送一个请求在记录媒体上记录的节目的节目号的命令；和

（D）从重放装置接收一个在记录媒体上记录的节目的节目号。”

应申请人的请求，国家知识产权局专利局实质审查部门对本申请进行了实质审查，于 2002 年 8 月 2 日发出了第一次审查意见通知书，其中引用了三篇对比文件：

对比文件 1：EP0749244A2，公开日为 1996 年 12 月 18 日；

对比文件 2：IEEE TRANSACTIONS ON CONSUMER ELECTRONICS vol. 41，no. 3 “1394 HIGH PERFORMANCE SERIAL BUS：THE DIGITAL INTERFACE FOR ATV”，公开日为 1995 年 12 月 31 日；

对比文件 3：EP0735776A2，公开日为 1996 年 10 月 2 日。

国家知识产权局专利局实质审查部门在第一次审查意见通知书中指出，本申请的权利要求 1，2 与对比文件 1 和对比文件 2 相比没有创造性，不符合专利法第二十二条第三款的规定；权利要求 3 ~ 30 与对比文件 1、对比文件 2 和对比文件 3 相比没有创造性，不符合专利法第二十二条第三款的规定。

针对第一次审查意见通知书，申请人于 2002 年 12 月 17 日提交了意见陈述，并且提交了权利要求书、说明书以及说明书摘要的修改替换页（即文本 2）。其中修改了权利要求 1 ~ 30，并且增加了权利要求 31 ~ 67。申请人在意见陈述中指出修改后的权利要求 1 的特征在于将利用异步传输模式传输节目号的命令用于 AV/CCTS，也就是说，本申请是通过产生一个传输所要节目的节目号的控制命令，以使得可以通过一个设备控制各种数字 A/V 设备。而对比文件 1 和对比文件 2 中均没有公开产生或者接收用于将多节目 MPEG 传输流中所要节目的节目号从接收器传输到记录/重放装置的控制命令的技术特征。因此修改后的权利要求1与对比文件1和对比文件2相比具有实质性区别。对比文件3的技术方案与本发明修改后的权利要求的技术方案相去甚远，对比文件1~3以及它们的组合不影响本申请权利要求的创造性。

原实质审查部门于2003年11月14日以申请人于2002年12月17日提交的权利要求1~67没有创造性为由驳回了本申请。

申请人对上述驳回决定不服，于2004年2月23日向专利复审委员会提出复审请求，同时提交了权利要求书和说明书的修改文件（下称文本3），文本3对权利要求1~30作了进一步的修改，并且删除了权利要求31~67。

在形式审查合格以后，专利复审委员会受理了该复审请求，于2004年3月8日向申请人（下称复审请求人）发出了复审请求受理通知书，同时请原审查部门对本案进行了前置审查，在前置意见中，原审查部门坚持原驳回意见。在此基础上专利复审委员会依法成立合议组，对本案进行审查。

本案合议组于2005年5月26日发出了复审通知书，指出文本3的权利要求1~21与对比文件1和对比文件2相比没有创造性，不符合专利法第二十二条第三款的规定。

复审请求人于2005年7月11日提交了意见陈述，并且提交了权利要求书的修改替换页（文本4），其中删除了权利要求1~21，并对原权利要求22、26和30作了叙述方式的修改。

至此，合议组认为本案事实清楚，可以作出审查决定。

二、决定的理由

本决定所依据的文本是复审请求人于2005年7月11日向专利复审委员会提交的权利要求第1~9项（文本4），2004年2月23日提交的说明书第1~11页（文本3），2002年12月17日提交的说明书摘要（文本2）以及1997年9月22日原始提交的说明书附图第1~7页以及说明书摘要附图。所引用的对比文件是实质审查阶段所引用的对比文件1（EP0749244A2），对比文件2（“1394 HIGH PERFORMANCE SERIAL BUS：THE DIGITAL INTERFACE ATV”）以及对比文件3（EP0735776A2）。

本复审决定所评价的权利要求（文本4）共有9项，其中独立权利要求为：

“1. 一种在具有用于接收多节目传输流的数据接口的接收器和具有用于在/从记录媒体记录/重放该多节目传输流的数字接口的记录/重放装置之间传送和接收节目号的方法，该方法包括以下步骤：

（A）提供要被记录的所需节目的节目号；

（B）产生对应于所提供的节目号的一个节目号控制命令，以便从接收器向记录/重放装置传送该节目号控制命令；和

（C）从所述接收器的数字接口传送节目号控制命令和所接收到的多节目传输流到记录/重放装置的数字接口。”

“5. 一种在具有用于接收多节目传输流的数字接口的接收器和具有用于在记录媒体上记录该多节目传输流的数字接口的记录装置之间传送节目号的方法，该方法包括以下步骤：

（A）提供要被记录的所需节目的节目号；

（B）传送一个用于查询是否允许记录节目的命令；

（C）从记录装置接收一个允许记录节目的响应；

（D）传送一个执行记录相应于在步骤（A）输入的节目号的节目的命令；和

（E）从记录装置接收一个通知允许记录相应于节目号的节目的响应，

其中，所接收到的多节目传输流在接收器的数字接口和记录装置的数字接口之间传送。”

“9. 一种通过具有用于接收多节目传输流的数字接口的接收器和具有用于重放在记录媒体上记录的多节目传输流的数字接口的重放装置接收节目号的方法，该方法包括以下步骤：

（A）在重放模式中查询是否允许传送相应于记录在记录媒体上的节目的节目号；

（B）从重放装置中接收一个允许重放节目的响应；

（C）传送一个请求在记录媒体上记录的节目的节目号的命令；和

（D）从重放装置接收一个在记录媒体上记录的节目的节目号，

其中，所接收到的多节目传输流重放装置的数字接口和在接收器的数字接口之间传送。”

在评价权利要求时，不仅要考虑技术方案本身，还要考虑发明要解决的问题和所产生的技术效果，从而进行整体评价。在使用多篇对比文件结合评价一项权利要求的创造性时，要注意对比文件当中是否存在采用该权利要求技术方案的启示。

在本申请的多媒体系统中，节目号以命令的形式在 IEEE1394 数字接口中异步传送和接收，从而使各种数字 A/V 设备可以由一个设备控制，由此实现一个户内网络。

权利要求 1 请求保护一种在接收器和记录/重放装置的数字接口之间传送和接收节目号的方法，其中将所提供的所需节目号转换成节目号控制命令传输。

对比文件 1 公开的是一种广播接收机，传输控制单元以及记录/重放装置。其所要解决的技术问题在于在重放设备重放节目的同时，记录设备记录多节目传输流中的其他节目作为备份。因此其所采用的技术方案是在接收机中安装两个节目选择器，一个用于传输，一个用于解码，用于传输的节目选择器将选定的多节目传输流通过 IEEE1394 串行总线从接收器的数字接口传输到记录/重放设备的数字接口。虽然在对比文件 1 所公开的技术方案中存在两个数字接口，并且连接两个数字接口的也是 IEEE1394 串行总线，但是对比文件 1 只是将暂时不重放的多节目流通过串行总线传输到记录装置进行记录，并不涉及根据输入的节目号生成控制命令，并将转换的控制命令与多节目传输流共同传输，对比文件 1 的串行总线上传输的是多节目传输流，而不是像权利要求 1 中所述的那样将节目号转换成的控制命令与其节目传输流一起传送。

对比文件 2 公开的是一种通用的 IEEE1394 串行总线。其中仅描述了节目内容以及控制命令可以在其上传输，没有记载将节目号转换成命令进行传输的技术特征。

对比文件 3 仅描述了一种解码多节目传输流的解码器，用于解码多路压缩的图像、声音以及数据，其中不涉及节目内容在两个数字设备之间的传输。

对比文件 1、对比文件 2 和对比文件 3 中都没有公开将输入的节目号转换成控制命令进行异步传输，从而实现利用一个控制设备来控制多个数字终端的技术方案以及给出相应的技术启示，因此权利要求 1 与对比文件 1、对比文件 2 和对比文件 3 相比具备创造性。

权利要求 2 ~4 直接或间接地引用权利要求 1，在权利要求 1 具备创造性的前提下，以权利要求 1 为基础的权利要求 2 ~4 也应当具备创造性。

权利要求 5 请求保护一种在接收器和记录装置之间传输节目号的方法，其中提供一个节目号，查询是否允许记录该节目，如果允许记录，将节目号转换成命令进行传送。对比文件 1、对比文件 2 和对比文件 3 中均没有公开对节目号进行查询，从而确定是否允许记录，并且在允许记录的情况下，将节目号转换成命令传送的技术方案，也没有给出相应的技术启示。因此权利要求 5 与对比文件 1、对比文件 2 和对比文件 3 相比具备创造性。

权利要求 6 ~8 直接或间接地引用权利要求 5，在权利要求 5 具备创造性的前提下，以权利要求 5 为基础的权利要求 6 ~8 也应当具备创造性。

权利要求 9 请求保护一种在接收器与重放设备之间接收节目号的方法，其中在重放模式下查询是否允许传送重放请求的节目号，在允许重放的情况下将节目号转换成命令进行传送。对比文件 1、对比文件 2 和对比文件 3 中均没有公开对节目号进行查询从而确定是否允许重放，并且在允许重放的情况下将节目号转换成命令传送的技术方案，也没有给出相应的技术启示，因此权利要求 9 与对比文件 1、对比文件 2 和对比文件 3 相比具备创造性。

三、决定

撤销国家知识产权局专利局实质审查部门于 2003 年 11 月 14 日在实质审查阶段作出的驳回决定，由原实质审查部门以复审请求人于 2005 年 7 月 11 日向专利复审委员会提交的权利要求第 1 ~ 9 项，2004 年 2 月 23 日提交的说明书第 1 ~ 11 页，2002 年 12 月 17 日提交的说明书摘要以及 1997 年 9 月 22 日原始提交的说明书附图第 1 ~ 7 页以及说明书摘要附图为基础继续进行审批程序。

078

有机电解液以及使用该有机电解液的锂二次电池案

复审请求审查决定（第7050号）

决　定　号　第7050号
决　定　日　2005年9月22日
发明创造名称　有机电解液以及使用该有机电解液的锂二次电池
国际分类号　H01M 10/40
复审请求人　三星SDI株式会社
申　请　号　02147922.4
申　请　日　2002年10月30日
公　开　日　2003年5月7日
合议组组长　崔哲勇
主　审　员　孙克良
参　审　员　骆素芳

法律依据　专利法第二十二条第三款
决定要点

如果组合发明的各技术特征，在功能上彼此相互支持，并取得了新的技术效果，或者说组合后的技术效果比每个特征效果的总合更优越，这种组合就具有突出的实质性特点和显著的进步，发明具备创造性。

一、案由

本复审请求案涉及申请日为2002年10月30日、优先权日为2001年10月31日、公开日为2003年5月7日、发明名称为“有机电解液以及使用该有机电解液的锂二次电池”、申请号为02147922.4的发明专利申请（下称本申请），申请人为三星SDI株式会社。

国家知识产权局专利局实质审查部门对本申请进行了实质审查，并于2004年5月21日发出了第一次审查意见通知书。其中指出权利要求1～14相对于对比文件1和对比文件2不具备创造性，不符合专利法第二十二条第三款的规定。通知书中引用了两篇对比文件：

对比文件1：Electrochemical control of a Li metal anode interface：improvement of Li cyclability by inorganic additives compatible with electrolytes，J. Electroanal. Chem.，lshikawa et al.，473，279～284，1999

对比文件2：Modification of the lithlum metal surface by nonionic polyether surfactants，J. Electrochem. Soc.，Naoi et al.，147，813～819，2000

申请人于2004年10月8日陈述了意见，但未修改申请文件。

针对请求人于申请日提交的申请文件，国家知识产权局专利局实质审查部门于2004年6月11日驳回了本申请，驳回的理由为权利要求1～14不符合专利法第二十二条第三款的规定。

被驳回的权利要求书中包括14项权利要求，具体如下：

“1. 一种用于锂二次电池的有机电解液，包括具有能够吸附在锂金属上的氧化乙烯链的聚合物吸附剂、能够与锂反应形成锂合金的物质、锂盐和有机溶剂。

2. 权利要求1的有机电解液，其中该吸附剂为选自聚氧化乙烯、聚乙二醇单甲醚、聚乙二醇二甲醚、聚乙二醇单甲基丙烯酸酯和聚乙二醇二甲基丙烯酸酯中的一种或多种的混合物。

3. 权利要求2的有机电解液，其中该聚合物吸附剂的加入量为0.1～1重量份，按使用的整个有机电解液的用量为100重量份计。

4. 权利要求2的有机电解液，其中所述聚乙二醇二甲醚的量为0.2～1重量份，按使用的整个有机电解液的用量为100重量份计。

5. 权利要求2的有机电解液，其中该聚合物吸收剂的重均分子量为200～2000。

6. 权利要求2的有机电解液，其中所述聚乙二醇二甲醚的重均分子量为1000～2000。

7. 权利要求1的有机电解液，其中所述能够与锂反应形成锂合金的物质为选自碘化铝、磷酸铝、硫酸铝、三氟甲磺酸铝、碘化镁、氯化镁、溴化镁、高氯酸镁、六氟磷酸镁和三氟甲磺酸镁中的一种或多种的混合物。

8. 权利要求7的有机电解液，其中该能够与锂反应形成锂合金的物质的量为0.01～0.3重量份，按整个有机电解液的用量为100重量份计。

9. 权利要求7的有机电解液，其中所述碘化铝的量为0.05～0.3重量份，按整个有机电解液的用量为100重量份计。

10. 权利要求1～9中任一项的有机电解液，其中所述聚乙二醇二甲醚的加入量为0.29重量份，所述碘化铝的加入量为0.17重量份，按整个有机电解液的用量为100重量份计。

11. 权利要求1的有机电解液，其中所述锂盐为至少一种选自LiPF6、LiBF4、LiClO4、$Li(CF_3SO_2)_2$、$LiN(CF_3SO_2)_2$、$LiSbF_6$或$LiAsF_6$的化合物。

12. 权利要求1的有机电解液，其中该锂盐的浓度为0.4～1.5M。

13. 权利要求1的有机电解液，其中所述有机溶剂为选自碳酸亚乙酯、碳酸亚丙酯、碳酸二甲酯、碳酸二乙酯、丙酮、乙腈、N－甲基－2－吡咯烷酮（MNP）的至少一种以及它们的混合物。

14. 一种锂二次电池，该电池采用权利要求1～13中任一项的有机电解液。”

在驳回决定中，原实质审查部门在评述独立权利要求1时指出：权利要求1仅仅是将对比文件1和2的技术方案简单叠加，在对比文件1的基础上结合对比文件2得到权利要求1的技术方案对本领域技术人员来说是显而易见的，因此权利要求1不具有突出的实质性特点和显著的进步，不符合专利法第二十二条第三款有关创造性的规定。另外，直接或间接引用权利要求1的权利要求2～14也不具备创造性。

申请人（下称复审请求人）对上述驳回决定不服，于2005年3月17日向专利复审委员会提出复审请求，并修改了申请文件（将从属权利要求3、5、7的附加技术特征并入权利要求1，并增加新的独立权利要求6）。

修改后的权利要求书内容如下：

“1. 一种用于锂二次电池的有机电解液，包括具有能够吸附在锂金属上的氧化乙烯链的聚合物吸附剂；能够与锂反应形成锂合金的物质，其为选自碘化铝、磷酸铝、硫酸铝、三氟甲磺酸铝、碘化镁、氯化镁、溴化镁、高氯酸镁、六氟磷酸镁和三氟甲磺酸镁中的一种或多种的混合物；锂盐；及有机溶剂，其中所述聚合物吸收剂的重均分子论为200～2000，且该聚合物吸附剂的加入量为0.1～1重量份，按使用的整个有机电解液的用量为100重量份计。

2. 权利要求 1 的有机电解液，其中该吸附剂为选自聚氧化乙烯、聚乙二醇单甲醚、聚乙二醇二甲醚、聚乙二醇单甲基丙烯酸酯和聚乙二醇二甲基丙烯酸酯中的一种或多种的混合物。

3. 权利要求 2 的有机电解液，其中所述聚乙二醇二甲醚的量为 0.2 ~ 1 重量份，按使用的整个有机电解液的用量为 100 重量份计。

4. 权利要求 2 的有机电解液，其中该聚合物吸收剂的重均分子量为 1000 ~ 2000。

5. 权利要求 1 的有机电解液，其中该能够与锂反应形成锂合金的物质的量为 0.01 ~ 0.3 重量份，按整个有机电解液的用量为 100 重量份计。

6. 一种用于锂二次电池的有机电解液，包括具有能够吸附在锂金属上的氧化乙烯链的聚合物吸附剂；能够与锂反应形成锂合金的物质，其为选自碘化铝、磷酸铝、硫酸铝、三氟甲磺酸铝、碘化镁、氯化镁、溴化镁、高氯酸镁、六氟磷酸镁和三氟甲磺酸镁中的一种或多种的混合物；锂盐；及有机溶剂，其中所述聚合物吸收剂的重均分子量为 200 ~ 2000，且所述能够与锂反应形成锂合金的物质的量为 0.01 ~ 0.3 重量份，按使用的整个有机电解液的用量为 100 重量份计。

7. 权利要求 1 或 6 的有机电解液，其中所述碘化铝的量为 0.05 ~ 0.3 重量份，按整个有机电解液的用量为 100 重量份计。

8. 权利要求 2 的有机电解液，其中所述聚乙二醇二甲醚的加入量为 0.29 重量份，所述碘化铝的加入量为 0.17 重量份，按整个有机电解液的用量为 100 重量份计。

9. 权利要求 1 或 6 的有机电解液，其中所述锂盐为至少一种选自 $LiPF_6$、$LiBF_4$、$LiClO_4$、$Li(CF_3SO_2)_2$、$LiN(CF_3SO_2)_2$、$LiSbF_6$ 或 $LiAsF_6$ 的化合物。

10. 权利要求 1 或 6 的有机电解液，其中该锂盐的浓度为 0.4 ~ 1.5M。

11. 权利要求 1 或 6 的有机电解液，其中所述有机溶剂为选自碳酸亚乙酯、碳酸亚丙酯、碳酸二甲酯、碳酸二乙酯、丙酮、乙腈、N－甲基－2－吡咯烷酮（MNP）的至少一种以及它们的混合物。

14. 一种锂二次电池，该电池采用权利要求 1 或 6 的有机电解液。"

复审请求人请求复审的主要理由是：仅通过简单的重复试验，本领域的技术人员无法将具有能够吸附在锂金属上的氧化乙烯链的聚合物吸附剂与能够与锂反应形成锂合金的物质以一定的比例结合起来，进而得到本发明的大幅度改善电池循环寿命特性的电解液。也就是说，本发明的各技术特征彼此相互支持并取得了比每个技术特征的效果的"总和"更优越的意想不到效果。因此修改后的权利要求相对于对比文件 1、2 具备创造性。

经形式审查合格后，专利复审委员会受理了该复审请求，于 2005 年 4 月 28 日向复审请求人发出了复审请求受理通知书和前置审查通知书。

原审查部门对本案进行了前置审查，原审查部门在前置意见中指出：（1）复审请求人未陈述两种物质如何协同作用，即缺少必需要素；（2）复审请求人只表明本申请具有更好的技术效果，但未能表明本申请具有预料不到的技术效果。因此修改后的权利要求 1 ~ 14 所记载的技术方案仍不具备创造性，坚持驳回决定。专利复审委员会依法成立合议组对本案进行审查。

经审查，合议组认为本案事实清楚，可以作出审查决定。

二、决定的理由

1. 审查文本

复审请求人在提出复审请求时对申请文件所作的修改符合专利法三十三条以及专利法实施细则第六十条第一款的规定，因此合议组将 2005 年 3 月 17 日提交的权利要求第 1 ~ 14 项、申请日提交的说明书第 1 ~ 11 页、附图第 1 ~ 5 页、说明书摘要及摘要附图作为复审决定所依据的文本。

2. 关于创造性

组合发明，是指将某些技术方案进行组合，构成一项新的技术解决方案，以解决现有技术客观存在的技术问题。如果组合发明的各技术特征在功能上彼此相互支持，并取得了新的技术效果，或者说组合后的技术效果比每个特征效果的总合更优越，那么这种组合具有突出的实质性特点和显著的进步，发明具备创造性。

就本案而言，权利要求 1 限定了一种既包含聚合物吸附剂又包含能够与锂反应形成锂合金的物质，从说明书相关的实施例 1～5 中可以看出，所得电池的循环效率为 91.6%～98.4%，而在只采用聚合物吸附剂（对比文件 2 的技术方案）或能够与锂反应形成锂合金的物质（对比文件 1 的方案）的对比例 1 和 2 中，所得电池的循环效率分别为 78% 和 83%。因此，权利要求 1 的技术方案确实大幅地提高了电池的循环效率，实现了比对比文件 1 和 2 之技术方案更好的技术效果。

此外，对比文件 1 的说明书摘要中指出，如果将 AlI_3 加到含有 $LiPF_6$ 的混合电解液中，则会降低充放电循环效率。而且，其中的图 2 还表明，当 AlI_3 的浓度为 600ppm、500ppm 和 250ppm 时，最大的循环效率也不超过 80%，且在 20 次循环之后的效率低于 10%。相反，在本申请的实施例 1 中，虽然电解液包含 1.15M 的 $LiPF_6$ 和 500ppm 的 AlI_3，其循环效率却达到了 92.2%。这说明上述两种物质并不是简单地发挥各自的作用，而是在功能上彼此相互支持。

鉴于权利要求 1 所记载的两种物质在功能上相互支持，并且其组合取得了新的技术效果，因此权利要求 1 相对于对比文件 1、2 具有突出的实质性特点和显著的进步，因而具备创造性。

在独立权利要求 1 具备创造性的基础上，直接或间接引用它的从属权利要求 2～5 也相对于对比文件 1、2 具备创造性。

基于同样的原因，独立权利要求 6 及其从属权利要求 7～11 也相对于对比文件 1、2 具备创造性。

由于权利要求 14（请求人的笔误，实际应为权利要求 12）要求保护一种采用权利要求 1 或 6 的有机电解液的锂二次电池，因此当权利要求 1 或 6 相对于对比文件 1 和 2 具备创造性时，权利要求 14 也具备创造性。

对于原实质审查部门的前置意见，合议组认为，（1）尽管本申请未说明两种物质如何协同作用，但这不影响本领域技术人员再现本发明，因此协同作用的原理不是实现本发明的必需要素；（2）组合发明的效果并不一定必须是“预料不到”的才具备创造性。根据审查指南的规定，具有预料不到的效果只是创造性判断的辅助判断基准之一。

鉴于原驳回决定理由不充分，原驳回决定应予撤销。

基于上述理由，合议组作出下述决定。

三、决定

撤销国家知识产权局专利局实质审查部门于 2004 年 12 月 3 日作出的驳回 02147922.4 号申请的决定，由原实质审查部门以复审请求人于 2005 年 3 月 17 日提交的权利要求第 1～14 项、申请日提交的说明书第 1～11 页、附图第 1～5 页、说明书摘要及摘要附图为基础继续审查。

079

宴会厅预订管理系统案

复审请求审查决定（第7051号）

决　定　号　第7051号
决　定　日　2005年9月29日
发明创造名称　宴会厅预订管理系统
国际分类号　G06F 19/00
复审请求人　富士通株式会社
申　请　号　96122479.7
申　请　日　1996年10月15日
公　开　日　1997年7月30日
合议组组长　黄毅斐
主　审　员　李　卉
参　审　员　崔哲勇

法律依据　专利法第二十五条第一款
决定要点

由于本申请对现有技术的贡献仅在于属于专利法第二十五条第一款第（二）项规定的智力活动规则的分区规则，因此本申请不能被授予专利权。

一、案由

本复审请求涉及国家知识产权局专利局于1996年10月15日受理、申请号为96122479.7、名称为“宴会厅预订管理系统”的发明专利申请，其申请人是富士通株式会社。

在实质审查过程中，国家知识产权局专利局实质审查部门于2001年11月16日发出第一次审查意见通知书中指出：权利要求1~6仅是指导人们对其表达的信息进行思维、识别、判断和记忆，而不需要采用技术手段或者遵守自然法则，属于专利法第二十五条一款第（二）项规定的不予授权的客体。第一次审查意见通知书所针对的权利要求书内容如下：

“1. 一种宴会厅预订管理系统，用于对能够分成多个区的宴会厅的预订进行管理，用其中一个区或几个区的组合区作一个宴会区，所述宴会厅预订管理系统包括：管理表，用于登记每个宴会区的一些冲突区，所述诸冲突区在宴会区正在使用时是不能使用的；预订管理表，用于登记每个宴会区的预订信息；空余确定装置，用于通过查阅所述预订管理表，确定是否任一宴会区在所选日期尚未被预订；冲突区检测装置，用于通过查阅所述管理表，在所述空余确定装置确定该任意宴会区尚未被预订时，检测所述任意宴会区正在使用时不能使用的冲突区；和预订装置，用于把指示所述任意宴会区和所述冲突区将在所选日期使用的预订信息，写入所述预订管理表。

2. 根据权利要求1所述的宴会厅预订管理系统，其中所述的预订管理表包括多个按照日期的预订管理表。

3. 根据权利要求1所述的宴会厅预订管理系统，还包括：管理信息输入装置，用于在变更宴会厅的分区模式时，对涉及新宴会区和在所述新宴会区正在使用时不能使用的冲突区的信息进行输入；和管理表生成装置，用于根据由管理信息输入装置输入的信息，生成一个新的管理表。

4. 根据权利要求1所述的宴会厅预订管理系统，其中所述的预订管理表对识别使用任意宴会区的用途的用途识别信息，进行登记，用作任意宴会区的预订信息；它还对业已预订的并且在宴会区正在使用时禁止使用其冲突区的宴会区的数目进行登记，用作各冲突区的预订信息。

5. 根据权利要求2所述的宴会厅预定管理系统，其中所述预订装置在所述预定管理表没有相应于所述选择日期的预订管理表时，生成一个新的预订管理表；并且写入一种识别使用该任意宴会区的用途的用途识别信息，把它用作所述任意宴会区的预订信息；和写入初始值‘1’，把它用作所述冲突区的预订信息。

6. 根据权利要求4所述的宴会厅预订管理系统，其中，当取消一个宴会区的预订时，所述预订装置通过查阅所述管理表而检测该宴会区的诸冲突区，从所述预订管理表中擦除所述宴会区的用途识别信息，并且把所述冲突区的预订信息减1。”

针对第一次审查意见通知书，申请人于2002年4月1日提交了意见陈述书，并提交了权利要求书的修改替换页，认为新的权利要求克服了第一次审查意见通知书中所指出的问题。

国家知识产权局专利局实质审查部门于2003年9月12日驳回了本申请。其理由是，尽管申请人在权利要求中加入了“存储器”这一硬件装置，但存储器属于公知设备，因此新的权利要求1～7仍然属于专利法第二十五条第一款第（二）项规定的不予授权的客体。

申请人（下称复审请求人）对上述驳回决定不服，于2003年12月29日向专利复审委员会提出复审请求，同时提交了权利要求书的修改替换页。复审请求人认为本申请不属于智力活动的规则和方法，其主要理由是，本申请解决了技术问题，采用了硬件、软件或其组合的方式来实现，并且可以简化现有的宴会厅预订中的信息处理过程。

随复审请求所提交的权利要求书内容如下：

“1. 一种宴会厅预订管理系统，用于对能够分成多个区的宴会厅的预订进行管理，用其中一个区或几个区的组合区作一个宴会区，所述宴会厅预订管理系统包括：在存储器中建立的管理表，用于登记一个宴会区的一些冲突区，所述诸冲突区在宴会区正在使用时是不能使用的；在存储器中建立的预订管理表，用于登记每个宴会区的预订信息；空余确定装置，用于接受用户指定的宴会区和日期的输入，以及通过参考所述预订管理表，确定是否宴会区的信息在所选日期已被登记；冲突区检测装置，用于在所述空余确定装置确定预订信息尚未被登记时，通过参考所述管理表检测所述任意宴会区正在使用时不能使用的冲突区；和预订装置，用于根据由所述冲突区检测装置辨别出的冲突区的信息和宴会区的信息进行登记。

2. 根据权利要求1所述的宴会厅预订管理系统，其中所述的预订管理表包括多个按照日期的预订管理表。

3. 根据权利要求1所述的宴会厅预订管理系统，还包括：管理信息输入装置，用于在变更宴会厅的分区模式时，对涉及新宴会区和在所述新宴会区正在使用时不能使用的冲突区的信息进行输入；和管理表生成装置，用于根据由管理信息输入装置输入的适于登记的新宴会区和冲突区的新信息，生成一个新的管理表。

4. 根据权利要求1所述的宴会厅预订管理系统，其中所述的预订管理表对识别使用任意宴会区的用途的用途识别信息进行登记，用作任意宴会区的预订信息；它还对业已预订的并且在宴会区正在使用时禁止使用其冲突区的宴会区的数目进行登记，用作各冲突区的预订信息。

5. 根据权利要求 2 所述的宴会厅预订管理系统，其中在宴会区和日期的输入被接受时，如果所述预订管理表没有相应于所述选择日期的预订管理表，则所述预订装置生成一个新的预订管理表；并且写入识别使用该所选宴会区的用途的用途识别信息，作为具有所述选定宴会区和所述选定日期的信息的所述选定宴会区的预订信息。

6. 根据权利要求 4 所述的宴会厅预订管理系统，其中，当取消一个宴会区的预订的信息被接受时，所述预订装置，通过参考所述管理表而检测彼此对应的宴会区的信息和冲突区的信息，从所述预订管理表中擦除所述宴会区的用途识别信息，并且把所述冲突区的预订信息递减。

7. 一个宴会厅预订管理装置，用于对能够分成多个区的宴会厅的预订进行管理，用其中一个区或几个区的组合区作一个宴会区，所述宴会厅预订管理装置包括：在存储器中建立的管理表，用于登记一个宴会区的冲突区，冲突区在宴会区正在使用时是不能使用的；在存储器中建立的预订管理表，用于登记每个宴会区的预订信息；空余确定装置，用于接受用户指定的宴会区和日期的输入，并通过参考所述预订管理表，确定宴会区的信息在所选日期是否已登记；冲突区检测装置，用于在所述空余确定装置确定预订信息尚未登记时，通过参考所述管理表检测所述宴会区正在使用时不能使用的冲突区；以及预订装置，用于根据用所述冲突区检测装置辨别出的冲突区的信息和宴会区的信息，将在指定日期使用宴会区以及冲突区的预订信息登记到所述预订管理表中。”

经形式审查合格，专利复审委员会受理了该复审请求，并于 2004 年 1 月 29 日发出了受理通知书以及前置审查通知书。

在前置审查程序中，国家知识产权局专利局原实质审查部门仍坚持原驳回决定。

专利复审委员会依法成立合议组对本复审请求案进行了合议审查，于 2005 年 7 月 7 日发出复审通知书。通知书主要指出：本申请的实质在于将原本人工处理的人为规定的分区规则改为由计算机实现自动化处理，对现有计算机技术的贡献仅在于人为规定的分区规则，并未解决技术问题、产生技术效果，因而属于专利法第二十五条第一款规定的智力活动规则内容，不能被授予专利权。

复审请求人于 2005 年 8 月 22 日在答复复审通知书时进行了进一步的意见陈述，认为本申请的计算机处理是标准化的，可以解决使程序本身所在的系统变得简单和易用这样一种“技术问题”，因而不属于智力活动的规则和方法，是可以获得专利保护的客体。

在上述工作的基础上，合议组认为本案事实清楚，可以作出本复审请求审查决定。

二、决定的理由

本复审决定依据的文本为本申请于 2003 年 12 月 29 日提交的权利要求第 1 ~ 7 项；申请日提交的说明书第 1 ~ 13 页，说明书附图第 1 ~ 17 页以及说明书摘要和摘要附图。

专利法第二十五条规定，“智力活动的规则和方法不授予专利权”。对于智力活动，审查指南中给予了明确规定：“智力活动，是指人的思维运动，它源于人的思维，经过推理、分析和判断产生出抽象的结果，或者必须经过人的思维运动作为媒介才能间接地作用于自然产生结果，它仅是指导人们对信息进行思维、识别、判断和记忆的规则和方法，由于其没有采用技术手段或者利用自然法则，也未解决技术问题和产生技术效果，因而不构成技术方案。”

在本申请权利要求 1 ~ 7 中保护了一种对宴会厅或会议厅的预订和利用进行管理的系统/装置，其实质是将原本人工处理的人为规定的分区规则改进为由计算机实现自动化处理，“系统本身变得简单和易用”正是通过计算机的自动化处理所实现的，其对现有计算机技术的贡献仅在于人为规定的分区规则，该规则属于专利法第二十五条第一款所规定的智力活动规则内容。其中所说的智力活动规则并不是指该系统在运行的过程中会随着人的思维和主观意念而改变，或是计算机的处理不是标准化的，而是指对宴会厅预订等的管理本身是一种智力活动规则。对宴会厅的预订管理属于规则管理方式，是人们对日常行为的一种规定，是指导人们对信息进行思维、识别、判断和记忆的规则和方法。本发明所解决的问题和达到的效果，如说明书中的记载，在于“给出一个预订/空余管理系统，提供一种能够处理规则分区模式与不规则分区模式的技术，以便减少宴会厅提供者的工作负荷和提高服务质量”，即并未解决技术问题、产生技术效果，而仅仅是对宴会厅的预订和利用进行管理而提高管理效率的非技术效果。因而，本发明权利要求1～7的实质属于智力活动的规则和方法，不能被授予专利权。

综上所述，本申请的权利要求1～7属于专利法第二十五条第一款第（二）项规定的智力活动规则和方法的情形，不能被授予专利权。复审请求人的复审理由不能成立。

三、决定

维持国家知识产权局专利局实质审查部门于2003年9月12日对96122479.7号专利申请所作出的驳回决定。

复审请求人对本决定不服的，可以根据专利法第四十一条第二款的规定，自收到本决定之日起三个月内向北京市第一中级人民法院起诉。

080

具有禁用装置的非接触集成电路卡案

复审请求审查决定（第7052号）

决 定 号 第7052号
决 定 日 2005年9月20日
发明创造名称 具有禁用装置的非接触集成电路卡
国际分类号 G06K 19/077
复审请求人 格姆普拉斯公司
申 请 号 99804823.2
申 请 日 1999年3月26日
公 开 日 2001年5月23日
合议组组长 熊 婷
主 审 员 张 琳
参 审 员 苏 青

法律依据 专利法第二十二条第三款、第二十六条第四款
决定要点

请求人删除了驳回决定和复审通知书指出的不符合专利法及其实施细则相关规定的权利要求，由此克服了驳回决定和复审通知书所指出的全部缺陷。

一、案由

本复审请求涉及1999年3月26日申请、并于2000年9月30日进入中国国家阶段的PCT发明专利申请，其申请号为99804823.2，优先权日为1998年3月30日，名称为“具有禁用装置的非接触集成电路卡”，申请人为格姆普拉斯有限公司（2001年1月17日变更为格姆普拉斯公司）。

在实质审查过程中，国家知识产权局专利局实质审查部门于2003年6月13日针对原始提交的国际申请的中文译文（下称文本1）发出的第一次审查意见通知书中指出：权利要求1~11相对于对比文件1（US5337063 A，公开日为1994年8月9日）和公知常识不具备专利法第二十二条第三款规定的创造性；权利要求1、4、5不符合专利法实施细则第二十条第一款的规定。

针对第一次审查意见通知书，申请人于2003年10月28日提交了意见陈述书以及修改的权利要求书（下称文本2），申请人修改了权利要求1、4、5不清楚的地方，并陈述了对比文件1没有描述权利要求1的位于卡体上的折断区，因此权利要求1具备创造性。

针对上述修改后的申请文件（文本2），国家知识产权局专利局原审查部门于2003年12月12日作出了驳回决定。其驳回理由是：文本2的权利要求9~11相对于对比文件1和公知常识不具有突出的实质性特点和显著的进步，不符合专利法第二十二条第三款规定的创造性。

申请人（下称复审请求人）对该驳回决定不服，于2004年3月29日向专利复审委员会提交了复审请求书以及修改的权利要求书（下称文本3），其中增加了权利要求2，并相应修改了其他权利要

求的序号，其复审请求的主要理由是对比文件 1 剩余的调节图形不具有阻止卡功能的作用，而本发明的目的在于防止非授权卡使用者使用该卡，从而向卡使用者保证该卡以前未被使用过。

在前置审查程序中，国家知识产权局专利局原实质审查部门指出文本 3 权利要求 10～12 相对于对比文件 1 和公知常识仍然不具备创造性。

专利复审委员会依法成立合议组对本案进行复审，并于 2005 年 6 月 22 日发出复审通知书。审查意见主要包括：(1) 复审请求人在复审请求时主动增加了与驳回理由无关的权利要求 2，根据专利法实施细则第六十条第一款的规定，该修改文本（文本 3）不予接受。(2) 针对文本 2，指出权利要求 9～11 没有得到说明书的支持，不符合专利法第二十六条第四款规定，并且即使通过修改克服了上述缺陷，也会因不符合专利法实施细则第十三条第一款的规定而没有授权前景。

复审请求人于 2005 年 8 月 8 日针对上述复审通知书提交了意见陈述书和修改的权利要求书（下称文本 4）。复审请求人删除了文本 3 的权利要求 2、10～12，修改了权利要求 1 中不清楚的附图标记。

修改后的权利要求书内容为：

"1. 一种非接触型的集成电路卡，片状形式的卡体（12）载有集成电路和天线（14），集成电路通过该天线可以远程地与接收端进行通信，位于该卡体（12）平面中的天线以具有多匝的导体（16）的线圈的形式产生。其特征在于，提供至少连接该天线（14）的两匝的至少一个导电连接桥路（24），以减小其电感，并且连接桥路（24）部分地位于卡体（12）的折断区（26）中，当该卡第一次被使用时，折断区要被折断，以折断连接桥路（24）。

2. 根据权利要求 1 所述的集成电路卡，其特征在于，天线（14）通过两端（18，20）连接到集成电路，并且在被折断之前，该连接桥路（24）连接到这两端（18，20）。

3. 根据上述任何一项权利要求所述的集成电路卡，其特征在于，连接桥路（24）把天线（14）的内匝（17）连接到外匝（15）。

4. 根据权利要求 1 所述的集成电路卡，其特征在于，该卡（10）具有多个分别连接到线圈的两个相继匝的连接桥路（30）。

5. 根据权利要求 4 所述的集成电路卡，其特征在于，该卡具有多个折断区（32），其中每个折断区要使至少一个连接桥路（30）折断。

6. 根据上述任何一项权利要求所述的集成电路卡，其特征在于，连接桥路（30）与线圈同时产生。

7. 根据权利要求 1 至 5 中的任何一项所述的集成电路卡，其特征在于，连接桥路（24）以附着线圈的元件形式产生。

8. 根据权利要求 7 所述的集成电路卡，其特征在于，连接桥路（22）跨过线圈的匝，并且提供置于连接桥路（24）和该匝之间的绝缘体（22）。"

在上述工作的基础上，合议组认为本案事实清楚，可以作出以下复审请求审查决定。

二、决定的理由

驳回决定指出文本 2 权利要求 9～11 不符合专利法第二十二条第三款规定；复审请求人在复审请求时提交的修改文本 3 增加了权利要求 2，并顺延了之后的权利要求序号，对文本 2 权利要求 9～11 没有实质性修改。复审委员会发出复审通知书指出，文本 3 新增加的权利要求 2 不符合专利法实施细则第六十条第一款规定，修改文本不予接受，仅针对文本 2 进行审查，并指出权利要求 9～11（即文本 3 的权利要求第 10～12 项）不符合专利法第二十六条第四款的规定；复审请求人答复复审通知书时提交修改文本 4，删除了文本 3 的权利要求第 2、10～12 项，即删除了复审通知书指出的不符合专利法第二十六条第四款规定的权利要求（即驳回决定指出的不符合专利法第二十二条第三款规定的权利要求）和复审通知书指出的不允许增加的权利要求，由此克服了驳回决定和复审通知书所指出的全部缺陷。

三、决定

撤销国家知识产权局专利局于2003年12月12日作出的驳回申请号为99804823.2发明专利申请的决定。由原实质审查部门针对复审请求人于2005年8月8日提交的权利要求第1~8项、进入中国国家阶段时提交的国际申请文件中的说明书第1~6页、说明书附图第1~4页、说明书摘要以及摘要附图继续进行审批程序。

081

一种研究和发明永动机的基本方法案

复审请求审查决定（第7123号）

决　定　号 第7123号
决　定　日 2005年9月9日
发明创造名称 一种研究和发明永动机的基本方法
复审请求人 李扬远
申　请　号 03128036.6
申　请　日 2003年5月23日
合议组组长 崔哲勇
主　审　员 周雷鸣
参　审　员 龙　安

法律依据 专利法实施细则第十八条第三款
决定要点

“永动机”一词是所属领域的技术人员熟知的技术名词，发明名称中使用“永动机”一词，符合专利法实施细则第十八条第三款的规定。

一、案由

本复审请求涉及国家知识产权局专利局实质审查部门于2004年12月10日驳回的、名称为“一种研究和发明永动机的基本方法”的发明专利申请（下称本申请），其申请号为03128036.6，申请日为2003年5月23日，申请人为李扬远。

在初步审查过程中，国家知识产权局专利局初步审查部门于2003年7月25日发出的补正通知书中指出，请求书中发明创造名称中含有宣传用语。

申请人于2003年9月4日对上述补正通知书进行了答复，其中指出“永动机”一词为宣传用语没有足够的证据。

国家知识产权局专利局于2003年10月17日发出审查业务专业便函，建议使用的发明名称为“一种研究和发明磁能等潜能发动机的基本方法”。

申请人于2003年10月17日答复了上述便函，坚持使用“一种研究和发明永动机的基本方法”这一发明名称，并提交了中国青年出版社出版、丁守谦编著的《有永动机吗?》一书的封面复印件。

国家知识产权局专利局于2004年1月2日发出补正通知书指出，申请人于2003年10月17日提交的补正不合格。

申请人于2004年1月20日提交了意见陈述书，指出，“永动机”一词作为宣传用语的法律依据不足，继续坚持原发明创造名称。

国家知识产权局专利局于2004年3月26日发出补正通知书，其中指出，申请人于2004年1月20日的补正不合格。

申请人于2004年4月7日提交了补正书，但并未修改发明名称。

国家知识产权局专利局于2004年5月21日发出的补正通知书中指出，申请人于2004年4月7日提交的补正文件不合格。

申请人于2004年6月25日提交了补正书，仍未修改发明名称。

国家知识产权局专利局初步审查部门于2004年12月10日作出驳回决定，其中指出申请人补正不合格，根据专利法实施细则第四十四条第二款规定，驳回本申请。

申请人（下称复审请求人）对该驳回决定不服，于2004年12月16日向专利复审委员会提交了复审请求书，其复审理由：“永动机”为宣传用语没有法律依据。

经形式审查合格，专利复审委员会受理了该复审请求，于2005年1月20日发出了复审请求受理通知书和前置审查通知书。

在前置审查程序中，国家知识产权局专利局初步审查部门坚持原驳回决定。

在此基础上，专利复审委员会依法成立合议组对本案进行审理。

经审查，合议组认为本案事实清楚，可以作出复审决定。

二、决定的理由

1. 依据文本

本复审决定依据的文本是驳回决定所依据的文本，即2003年5月23日提交的说明书摘要、说明书第1、2页、权利要求书第1页。

2. 该发明名称是否属于专利法实施细则第十八条第三款规定的宣传用语

专利法实施细则第十八条第三款规定：“发明或实用新型说明书应当用词规范、语句清楚，并不得使用‘如权利要求……所述的……’一类的引用语，也不得使用商业性宣传用语。”

审查指南第一部分第一章第4.6节具体规定：“在说明书中，不得使用与技术无关的词句，也不得使用商业性宣传用语以及贬低或诽谤他人或他人产品的词句，但是客观地指出背景技术所存在的技术问题不应当认为是贬低行为。”

合议组认为，“永动机”是按照能量守恒定律根本不可能有的可以连续无限期地做功而不从外部能源吸取能量的机器，并且在辞海中明确地记载了“永动机”一词的具体含义是“不可能实现的空想发动机”。也就是说，“永动机”一词是自然科学名词，其所指的是具有“永动”性能的机器，也是所属领域的技术人员熟知的技术名词，具有确定的技术含义，而非宣传用语。因此，本申请的发明名称“一种研究和发明永动机的基本方法”，符合专利法实施细则第十八条第三款的规定。

综上所述，国家知识产权局专利局初步审查部门作出的驳回理由不能得到支持。

三、决定

撤销国家知识产权局专利局初步审查部门于2004年12月10日对本申请作出的驳回决定，由原初步审查部门依据2003年5月23日提交的说明书摘要、权利要求书和说明书继续进行审批程序。

082

包括灯丝轴向安装在其中的管形玻璃灯泡的白炽灯案

复审请求审查决定（第7124号）

决　定　号　第7124号
决　定　日　2005年10月11日
发明创造名称　包括灯丝轴向安装在其中的管形玻璃灯泡的白炽灯
国 际 分 类 号　H01K 1/16
复 审 请 求 人　皇家菲利浦电子有限公司
申　请　号　00122723.8
申　请　日　2000年6月24日
公　开　日　2001年2月21日
合议组组长　马志远
主　审　员　黄毅斐
参　审　员　龙　安

法 律 依 据　专利法第二十二条第三款
决 定 要 点

本申请提供了一种与对比文件的技术构思不同的技术方案，且对比文件中未公开和给出有关本申请与对比文件技术方案之间的区别技术特征的启示，因此本申请的技术方案具备创造性。

一、案由

本复审请求涉及申请日为2000年6月24日、优先权日为1999年6月28日、申请号为00122723.8、名称为“包括灯丝轴向安装在其中的管形玻璃灯泡的白炽灯”的发明专利申请，其申请人为皇家菲利浦电子有限公司。

国家知识产权局专利局实质审查部门经过实质审查后，于2004年1月9日以该申请不符合专利法第二十二条第三款的规定为由驳回了该申请。驳回决定的主要理由是：对比文件1（EP0438254A2，公开日为1991年7月24日）公开了一种环形加热灯，并具体披露了以下技术特征：灯丝2轴向安装在环形管状灯泡内，灯泡每端借助围绕一金属箔设置的挤压部分气密密封，电连接到灯丝的外部电流引线和内部电流引线固定到所述金属箔上；一钨金属片1直接连接到灯丝端部，灯泡在该钨金属片处被大曲率弯曲。对所属技术领域的技术人员来说，由对比文件1所披露的上述技术内容（将灯泡在金属箔处大曲率弯曲）得到权利要求1的技术方案（在第二平板箔处被肘状弯曲的白炽灯）是显而易见的，因此权利要求1的技术方案相对于对比文件1不具备创造性，其从属权利要求2、3的附加技术特征也已被对比文件1所公开，因此也不具备创造性。

上述驳回决定所针对的权利要求书如下：

“1. 一种白炽灯，包括管形灯泡，其中灯丝轴向安装在灯泡内，所述灯泡的每端借助围绕金属箔设置的挤压部分气密密封，电连接到灯丝的外部电流引线和内部电流引线固定到金属箔上，其特征在于，在灯丝和内部电流引线之间，一个中间平板箔直接连接到灯丝的一个端部，灯泡在所述第二平板箔的水平被弯成肘状。

2. 根据权利要求1的白炽灯，其特征在于在灯的每个端处均包括中间平板箔和肘状弯曲部。

3. 根据权利要求1的白炽灯，其特征在于螺旋形灯丝用其匝数之一焊接到中间平板箔上。”

申请人（下称复审请求人）对上述驳回决定不服，于2004年4月21日向专利复审委员会提出复审请求，其复审理由主要是：权利要求1的灯与对比文件1的图1、图2所示灯的区别在于：上述两图的灯不包括任何中间平板箔，用于直接连接于灯丝的一端并在灯丝的一端与内部电流引线之间。从对比文件1的图1和图2开始，本技术领域的技术人员会尝试解决灯丝的对准问题，但是对比文件1未提出利用中间平板箔来解决灯丝对准问题，其图3提出的解决方案是：内部电流引线与灯丝的连接通过一个螺旋线，其具有在端部处的螺旋盘绕区段，来接合灯丝，因此本技术领域的技术人员不可能显而易见地获得该申请的中间平板箔，因而权利要求1及其从属权利要求2、3相对于对比文件1均具备创造性。

在前置审查程序中，原实质审查部门的审查员坚持原驳回决定。

专利复审委员会依法成立合议组对本案进行审理，在对其进行合议审查的基础上，认为本案事实已经清楚，可以作出本复审决定。

二、决定的理由

本复审决定依据的文本为驳回决定所针对的文本。

合议组在评述该申请的创造性时引用的对比文件为实质审查程序中引用的对比文件1：EP0438254A2。

权利要求1请求保护一种白炽灯，其包括以下技术特征：

a. 管形灯泡，其中灯丝轴向安装在灯泡内；

b. 灯泡的每端借助围绕金属箔设置的挤压部分气密密封，电连接到灯丝的外部电流引线和内部电流引线固定到金属箔上；

c. 在灯丝和内部电流引线之间，一个中间平板箔直接连接到灯丝的一个端部，灯泡在所述第二平板箔的水平被弯成肘状。

对比文件1涉及一种环形加热灯，其中的图1、2表示该对比文件的背景技术，图3表示该对比文件提供的改进技术方案。其中：

图1所示的灯包括以下技术特征（见图1及说明书第1栏第19~28行）：灯丝2轴向安装在环形灯泡内（对应特征a）；灯泡两端围绕金属箔设置的挤压部分气密密封，电连接到灯丝的外部电流引线和内部电流引线（图示的钨插塞1）固定到金属箔上（对应特征b）。另外，从图1可见，灯丝2与钨插塞1直接相连，二者之间并不存在如权利要求1特征c中所限定的、处于“灯丝和内部电流引线之间”的“一个中间平板箔”。

图2所示灯（见图2及说明书第1栏第29~40行）的结构与上述图1所示灯基本相同，不同之处在于将图1中的灯丝2在其螺旋终止处3拉伸而直接焊接到金属箔上以实现连续性。显然，其中也不存在如权利要求1特征c中所限定的、处于“灯丝和内部电流引线之间”的“一个中间平板箔”。

另外，尽管图3所示的灯（见图3及说明书第2栏）通过在灯丝与内部电流引线（图示的直导线8）之间提供一螺旋线6，且螺旋线6的锥形缠绕部分接合于灯丝柱面5内或是缠绕在其外部来解决灯丝对准问题，但是对比文件1中并没有公开或启示采用权利要求1特征c中限定的“中间平板箔”来解决灯丝对准问题。

综上所述，由于本申请权利要求1提供了一种与对比文件1的技术构思不同的技术方案，且对比文件1没有公开或启示采用具有本申请权利要求1特征c的结构来解决灯泡弯曲时的灯丝对准问题，因此权利要求1的技术方案相对于对比文件1而言具有突出的实质性特点和显著的进步，符合专利法第二十二条第三款有关创造性的规定。

在权利要求1具有创造性的前提下，其从属权利要求2、3也具备创造性。

三、决定

撤销国家知识产权局专利局实质审查部门于2004年1月9日对00122723.8号专利申请作出的驳回决定，由原实质审查部门以驳回决定依据的文本为基础，继续进行审批程序。

083

阴极射线管及显示图像的方法案

复审请求审查决定（第7125号）

决　　定　　号　第7125号

决　　定　　日　2005年9月30日

发明创造名称　阴极射线管及显示图像的方法

国 际 分 类 号　H01J 31/12　H04Q 9/00

复 审 请 求 人　索尼公司

申　　请　　号　01111644.7

申　　请　　日　2001年2月9日

公　　开　　日　2001年8月22日

合 议 组 组 长　石　清

主　　审　　员　马志远

参　　审　　员　李　卉

法 律 依 据　专利法第二十二条第三款

决 定 要 点

在复审阶段提交的文本3的权利要求1中"第二图像显示单元中提供的另一荧光体按照将被显示的另一图像形成"的技术特征在对比文件1~4中均没有予以披露，且上述对比文件也未给出相关的技术启示，该技术特征所产生的技术效果也并非上述对比文件所代表的现有技术所能够达到的。因此，认定文本3的权利要求1具备专利法第二十二条第三款所规定的创造性。

一、案由

本专利复审请求涉及国家知识产权局专利局于2001年2月9日受理、申请号为01111644.7、名称为"阴极射线管及显示图像的方法"的发明专利申请（下称本申请），申请人为索尼公司。

在对本专利申请的实质审查阶段中，国家知识产权局专利局实质审查部门于2003年1月31日发出第一次审查意见通知书。通知书认为原始申请文件（下称文本1）的权利要求1~8与被引用的对比文件1（US3890541，1975年6月17日公开）、对比文件2（US5418075A，1995年5月23日公开）和对比文件3（CN2319977Y，1999年5月19日公开）的公开技术内容相比不符合专利法第二十二条第三款的创造性要求。

申请人于2003年6月3日提交了针对第一次审查意见通知书的意见陈述书和修改的权利要求书和说明书（下称文本2）。

实质审查部门于2003年7月18日作出补充检索报告，发出第二次审查意见通知书，提出根据补充检索到的对比文件4（FR24871201A1，1982年1月22日公开），文本2权利要求1~6相对于对比文件1、2、3和4的技术内容不具备创造性。

申请人于2003年9月22日针对第二次审查意见通知书进行了答复，此次答复没有提交进一步修改的申请文件。

国家知识产权局专利局实质审查部门于2003年11月7日发出了驳回决定。具体驳回理由为：(1) 文本2的权利要求1相对于对比文件1和4的技术内容不具备创造性；(2) 权利要求2相对于对比文件1、4的内容不具备创造性；权利要求3相对于对比文件1、2、4的内容不具备创造性；权利要求4相对于对比文件1、4的内容不具备创造性；权利要求5相对于对比文件1、3、4的内容不具备创造性；权利要求6相对于对比文件1、3、4的内容不具备创造性。

申请人（下称复审请求人）对上述驳回决定不服，于2004年1月20日向专利复审委员会提出了复审请求，并提交新的权利要求书和说明书修改文本（下称文本3）。复审请求人认为文本3的权利要求1符合创造性要求。专利复审委员会于2004年2月25日发出复审请求补正通知书，复审请求人于2004年3月1日提交了补正后的复审意见陈述书，专利复审委员会随后于2004年4月7日受理此复审请求，并成立合议组对本复审请求进行审理。

在前置审查过程中，原实质审查部门认为文本3的权利要求1相当于文本2权利要求1、2、6的结合，因而坚持驳回意见。

合议组依法对驳回决定、复审请求、申请文件中文本3权利要求书、文本2说明书和文本1说明书附图以及对比文件1～4进行审查。

二、决定的理由

文本3权利要求1内容为：

"1. 一种以单色显示主图像的扁平阴极射线管，包括：用于发射电子束的电子枪；第一图像显示单元，其中包括依据电子束的入射发射单色光的荧光体，同时通过单色发射荧光体的发射显示主图像；以及第二图像显示单元，其中包括另一荧光体，此荧光体在与具有单色发射荧光体的区域不同的区域、依据电子束的入射发射与所述单色发射荧光体不同的颜色，用以通过另一荧光体的发射，以不同于主图像显示的颜色显示另一图像；其特征在于，在第二图像显示单元中提供的另一荧光体按照将被显示的另一图像形成；在第二图像显示单元中提供的另一荧光体包括多种颜色的荧光体，上述荧光体以彼此不同的颜色发射；在一个包括正门对讲电话的系统中，该正门对讲电话包括：包括图像获取设备的辅助设备、包括可以显示由图像获取设备取得的图像的显示单元的主设备、与正门对讲电话连接用于安全监测的外围设备，阴极射线管用在正门对讲电话的主设备的显示单元；以及由图像获取设备取得的图像在第一显示单元作为主图像显示，同时根据来自外围设备的监测信号，在第二图像显示单元显示不同于主图像的另一图像。"

对比文件1的图1、6、7、8所示技术方案中，两束电子束分别扫描在设置于同一板两侧的两个荧光体上，形成颜色不同的两个图像。对比文件2中记载了荧光屏的形成方法。对比文件3的图1、2公开了可视对讲门铃的总体结构，其中并没有包括显示器内部荧光体的布局和结构。对比文件4的图1、2公开了一种飞机用多彩色信息显示器的CRT，图1为CRT荧光屏，图2为图1荧光屏显示的图像，图1中许多不同色彩化合物每个覆盖屏幕的不同区域，一种化合物形成背景显示，而其他每种化合物覆盖屏幕的特定面积，当显像管电子枪扫描时每种化合物提供唯一的单色图像，而且每个区域具有的预定尺寸。从对比文件4图1、2所示技术方案中可以看出，其中荧光屏不同区域由于覆盖不同颜色的化合物而在电子束扫描下发出不同的色彩，但是对比文件4中并没有文字记载不同化合物覆盖的区域形状与所要显示的图形一致，图1中不同颜色化合物的覆盖区域S1～S7均为规则的矩形区域，图2表示图1中不同颜色各个覆盖区在电子束扫描时所显示出不同颜色的指示图像S10～S17，指示图像S10～S17为数字和刻度而并非简单的矩形图像。可见S10～S17的图像并不是覆盖区S1～S7自身的矩形形状。

由此可见，上述对比文件1～4均没有公开文本3权利要求1中在单色显示主图像的条件下“在第二图像显示单元中提供的另一荧光体按照将被显示的另一图像形成”这一技术特征，并且也没有其他证据材料能够表明上述技术特征属于本领域公知的技术手段。这样，本领域技术人员根据上述四篇对比文件所能够给出的技术启示，无法不经过创造性劳动就获得文本3权利要求1所代表的技术方案。而根据本申请文本3说明书第13页第4段的记载，上述技术特征能够达到在单色显示由图像获取设备取得的图像的阴极射线管中使得“图符的颜色显示是可能的，因此在利用正门对讲电话1作为安全系统的情况下，警报效果能够改善”，“图符的形状可以直接地形成在荧光屏上，因此甚至具有复杂形状的图符都能够高精度地显示”，从而能够以低成本获得彩色现实的技术效果，而这些技术效果是对比文件1～4技术方案所无法达到的。因此，合议组认定文本3的权利要求1相对于对比文件1～4所代表的现有技术具备专利法第二十二条第三款所规定的创造性。

三、决定

撤销国家知识产权局专利局实质审查部门于2003年11月7日对本申请作出的驳回决定，由原实质审查部门在复审请求人于2004年1月20日提交的说明书第1～14页、权利要求第1项、于申请日原始提交的附图第1～13页和说明书摘要及摘要附图的基础上，继续进行审批程序。

084

内装打印机的鼠标装置案

复审请求审查决定（第7126号）

决 定 号 第7126号
决 定 日 2005年11月3日
发明创造名称 内装打印机的鼠标装置
国际分类号 G06F 3/033 G06K 11/18
复审请求人 卡西欧计算机株式会社
申 请 号 01115731.3
申 请 日 2001年5月31日
公 开 日 2001年12月12日
合议组组长 张 度
主 审 员 熊 婷
参 审 员 詹靖康

法律依据 专利法第二十二条第三款
决定要点

评价权利要求的创造性时应针对各个技术特征构成的技术方案整体考虑，在考虑各个技术特征是否已被现有技术公开的同时，还应考虑是否存在技术启示将这些现有技术进行结合从而获得本申请权利要求所要求保护的技术方案。

一、案由

本复审请求涉及申请日为2001年5月31日、申请号为01115731.3、发明名称为“内装打印机的鼠标装置”的发明专利申请，申请人为卡西欧计算机株式会社。

在实质审查过程中，国家知识产权局专利局实质审查部门于2003年3月28日发出了第一次审查意见通知书，其中指出本申请权利要求1不符合专利法实施细则第二十一条第二款的规定，权利要求2~11不符合专利法第二十二条第三款的规定；其中所引用的对比文件如下：

对比文件1：US5311208A，公开日为1994年5月10日；

对比文件2：CN1136999A，公开日为1996年12月4日。

针对第一次审查意见通知书，申请人于2003年10月13日提交了意见陈述书以及权利要求书的修改文本，其中将原权利要求1、11删除。申请人在意见陈述书中指出：新修改的权利要求1~9符合专利法第二十二条第三款有关创造性的规定。

新修改的权利要求1~9如下：

“1. 一种用作计算机装置（60）输入装置的鼠标装置，包括：

设置在鼠标装置（10）的壳体（11）内的打印机装置（18），用于根据从前述计算机（60）接收的打印信息，在记录纸（21，121）上进行打印，该打印机装置（18）包括：

装填有记录纸（21，121）的记录纸装填部（20）；

输送装填到记录纸装填部（20）内的记录纸（21，121）的输送机构（23）；

在由前述输送机构（23）所输送的记录纸（21，121）上进行打印的打印头（24）；以及

将由前述打印头（24）打印过的记录纸（21，121）借助前述输送机构（23）排出到前述壳体（11）之外的排出口（25）。

2. 如权利要求1所述的鼠标装置，其特征为，前述排出口（25）基本上垂直地设置在壳体（11）上，以便将前述记录纸（21，121）基本上垂直地排出到上述壳体（11）之外。

3. 如权利要求1所述的鼠标装置，其特征为，前述排出口（25）设置在前述壳体（11）的侧部位置，当操作前述鼠标装置（10）时，把握前述壳体（11）的手指不会妨碍记录纸（21，121）的排出。

4. 如权利要求1所述的鼠标装置，其特征为，在前述记录纸装填部（20）上形成可装填记录纸（21，121）的开口部（16a）以及覆盖该开口部（16a）的可开闭的盖构件（14）。

5. 如权利要求4所述的鼠标装置，其特征为，设置有打印头移动机构（42，44，44a），与前述盖构件（14）连动，将前述打印头（24）移动到打印位置和非打印位置。

6. 如权利要求4所述的鼠标装置，其特征为，在前述盖构件（14）上配置可从外部观察装填到前述记录纸装填部（20）内的记录纸（21，121）的窗（14a）。

7. 如权利要求1所述的鼠标装置，其特征为，前述记录纸（21，121）为带状卷筒纸（21）。

8. 如权利要求1所述的鼠标装置，其特征为，前述记录纸（21，121）为长方形的剪切纸（121）。

9. 如权利要求1所述的鼠标装置，其特征为，前述打印头（24）由热打印头（24）构成，前述记录纸（21，121）为通过前述热打印头（24）所发的热而显色的热敏纸。”

实质审查部门以新修改的权利要求1~9不符合专利法第二十二条第三款的规定为由，于2004年9月24日作出了驳回该专利申请的决定。其中针对权利要求1的驳回理由主要是：对比文件1（US5311208A）已经公开了一种具有打印功能的鼠标，并具体公开了该鼠标装置中设置一打印头，利用鼠标功能对显示在计算机装置的显示器画面上的数据的任意部分进行范围指定，根据从计算机装置输出的打印信息对前述指定范围的数据进行打印。而对于一般的打印装置来说，其包括有打印头，有用于存放记录纸的部分，有用于传送记录纸的部分，有打印纸输出口等组件是公知的技术，例如对比文件2所公开的打印装置。由于对比文件1和2所公开的技术方案与本申请属于同一技术领域，故而对于本领域技术人员来说，可以根据上述公知的打印装置的结构和功能得出将记录纸装入现有的具有打印功能的鼠标装置中的启示。而由此得到的本申请权利要求1所请求保护的技术方案没有突出的实质性特点和显著的进步，不具备专利法第二十二条第三款所规定的创造性。

申请人（下称复审请求人）对上述驳回决定不服，于2005年1月4日向专利复审委员会提出复审请求，复审请求人未提交修改文件。其复审理由主要如下：

对比文件1所公开的鼠标装置包括设置壳体的下表面上的一打印头，该打印头可在外部打印纸上移动，同时在打印纸上打印自一计算机接收的打印信息；而本发明的权利要求1的鼠标包括在装载于鼠标壳体内的记录纸上进行打印的打印机单元，其在结构、操作、效果和优点等诸方面均与对比文件1不同；对比文件2公开了一种用于传真机中的打印机，其并未公开甚至建议将打印机结合在鼠标壳体中，对比文件1也没有公开甚至建议将对比文件2的打印机单元结合在鼠标装置的壳体内，本领域普通技术人员也不可能基于对比文件1和2想到将对比文件1的鼠标装置和与计算机的鼠标或输入装

置完全不同的通信装置相组合，从而提供如本发明权利要求1所述的鼠标装置，因此权利要求1相对于对比文件1和2具备创造性。因而，从属权利要求2~9也应具备创造性。

在前置审查程序中，实质审查部门仍坚持原驳回决定。

专利复审委员会依法成立合议组对本案进行审理。

至此，合议组认为本案事实清楚，可以作出本复审请求审查决定。

二、决定的理由

1. 复审决定所依据的文本

复审请求人在提出复审请求时未提交修改文本，因此，本复审决定所依据的文本是驳回文本，即复审请求人于申请日提交的说明书第1~18页、附图第1~9页、说明书摘要及摘要附图，于2003年10月13日提交的权利要求第1~9项。

2. 关于创造性

创造性，是指同申请日以前已有的技术相比，该发明有突出的实质性特点和显著的进步，该实用新型具有实质性特点和进步。

合议组评判本申请的权利要求书时所采用的对比文件与实质审查过程中所引用的对比文件相同，即对比文件1（US5311208A）和对比文件2（CN1136999A）。

（1）关于权利要求1

权利要求1要求保护一种用作计算机装置（60）输入装置的鼠标装置，包括如下技术特征：

a. 设置在鼠标装置（10）的壳体（11）内的打印机装置（18），用于根据从前述计算机装置（60）接收的打印信息，在记录纸（21，121）上进行打印；

b. 该打印机装置（18）包括：装填有记录纸（21，121）的记录纸装填部（20）；

c. 输送装填到记录纸装填部（20）内的记录纸（21，121）的输送机构（23）；

d. 在由前述输送机构（23）所输送的记录纸（21，121）上进行打印的打印头（24）；以及

e. 将由前述打印头（24）打印过的记录纸（21，121）借助前述输送机构（23）排出到前述壳体（11）之外的排出口（25）。

对比文件1（参见说明书摘要、说明书第1栏第5~12行、第1栏第64行~第2栏第5行）公开了一种集成了打印头的鼠标，鼠标的移动可通过计算机屏幕上的光标体现出来，打印头能够打印计算机屏幕上已被光标略过的数据。其一个目的是提供具有打印功能的计算机鼠标。其另一个目的是提供一个鼠标，能选取计算机屏幕上需要打印的区域，然后按下鼠标上的打印键，鼠标内的打印头能够将所屏幕上选择的部分打印到鼠标所通过的记录介质上。

对比文件2（参见说明书摘要，说明书第1页）公开了一种改进记录纸退卷方式的打印装置，用于具有打印功能的设备如传真机上，其包括有涉及记录纸卷的机构。

对比文件1涉及鼠标装置，其发明目的是实现具有打印功能的鼠标，对比文件1仅公开了权利要求1的技术特征a，权利要求1与对比文件1的区别在于涉及记录纸的部分，即对比文件1未公开权利要求1中的技术特征b、c、d和e。正因为存在上述区别技术特征，相对于对比文件1所公开的需要在外部记录纸上移动打印的鼠标，权利要求1所要求保护的鼠标能够很漂亮地打印在其尺寸可以安装在鼠标装置内、作为备忘录等保存十分合适的大小的记录纸上。

对比文件2的发明目的是改进记录纸退卷方式，以使打印后的记录纸具有良好的外观，同时也防止记录纸卡纸现象。对比文件2公开了记录纸卷机构，也就是说，对比文件2公开了权利要求1的技术特征b~e；但对比文件2所公开的记录纸卷机构用于诸如传真机上的打印装置中，而权利要求1中具有涉及记录纸的部分的打印装置用于计算机鼠标内。

基于以上对对比文件1和2的分析可以看出，对比文件1和2的发明目的与本发明不同，对比文件2所公开的是与对比文件1和本申请权利要求1完全不同的装置，对比文件1中未给出在鼠标中装载打印纸的技术启示，对比文件2未给出将其打印纸卷机构用于鼠标中的技术启示。因此，在对比文件1和2所公开的现有技术中均不存在一种可以识别的技术启示，以引导本领域普通技术人员将对比文件1和2所公开的技术特征结合从而获得本申请所欲达到的发明目的。也就是说，本领域普通技术人员在不付出创造性劳动的前提下无法结合对比文件1和2从而获得权利要求1所要求保护的技术方案。

综上所述，尽管对比文件1和2已经覆盖了权利要求1的所有技术特征，但是，对比文件1和2均未给出将对比文件2所述的记录纸卷机构装入对比文件1所述的具有打印功能的鼠标装置中的启示，而且权利要求1相对于对比文件1和2具有其技术效果。因此，权利要求1相对于对比文件1和2的结合具有突出的实质性特点和显著的进步，权利要求1具备专利法第二十二条第三款所规定的创造性。

（2）关于权利要求2~9

在权利要求1相对于对比文件1和2的结合具备创造性的情况下，直接或间接从属于权利要求1的权利要求2~9相对于对比文件1和2的结合也具备专利法第二十二条第三款所规定的创造性。

三、决定

撤销国家知识产权局专利局实质审查部门于2004年9月24日对申请号为01115731.3的发明专利申请所作出的驳回决定，并以复审请求人于申请日提交的说明书第1~18页、附图第1~9页、说明书摘要及摘要附图，2003年10月13日提交的权利要求第1~9项为基础，由原实质审查部门继续进行审批程序。

085

晶片组态设定的检测方法案

复审请求审查决定（第7127号）

决　定　号　第7127号
决　定　日　2005年10月18日
发明创造名称　晶片组态设定的检测方法
国际分类号　H01L 21/66　G01R 31/00
复审请求人　威盛电子股份有限公司
申　请　号　02127238.7
申　请　日　2002年7月31日
公　开　日　2003年2月19日
合议组组长　黄　颖
主　审　员　骆素芳
参　审　员　黄毅斐

法律依据　专利法第二十六条第三款
决定要点

在判定说明书是否满足专利法第二十六条第三款规定时，应当注意以下两点：第一，确定本领域普通技术人员所应有的技术水平；第二，分析发明的本质，并判断本领域技术人员在理解发明本质的前提下，能否经过常规设计范围内的努力实施发明并实现发明所欲达到的目的。

一、案由

本复审请求涉及申请号为02127238.7、发明名称为“晶片组态设定的检测方法”的发明专利申请（下称本申请），其申请日是2002年7月31日，申请人是威盛电子股份有限公司。

在实质审查过程中，国家知识产权局专利局实质审查部门依据2004年6月22日提交的权利要求第1~9项、说明书第1~7页、说明书摘要以及申请日提交的附图第1~4页、摘要附图，于2004年9月10日以说明书不符合专利法第二十六条第三款的规定为由驳回了本申请。

驳回决定的主要理由是：本发明要解决的技术问题是提供一种高效率的晶片检测方法，但是说明书中只给出了对解决该技术问题的技术方案的概括性描述。发明内容中提出在BIOS中加入组态检测程序，但在具体实施方式及其相应附图中的描述，都是对发明内容的简单重复，并不是一种具体的实施，例如没有以某些特定的晶片为例给出详细的检测流程。即本申请的说明书对技术方案仅给出一个框架，对于技术方案必不可少的步骤没有说明如何实施。可见，说明书中给出的技术手段含糊不清，本领域的技术人员无法实施，因此不符合专利法第二十六条第三款的规定。

申请人（下称复审请求人）对该驳回决定不服，于2004年12月14日向专利复审委员会提出了复审请求，并同时提交了用以支持其复审理由的5份证据。

证据1：本申请文件；

证据2：《奔腾 II/III 处理器系统结构》，张昆藏编著，电子工业出版社，第12～18页，2000年6月出版；

证据3：《高性能个人计算机硬件结构及接口》，马鸣锦、赵秋霞等编著，国防工业出版社，第76～111页，2001年5月出版；

证据4：《芯片组的规格说明书》，Intel Corporation，第42～153页，1997年4月出版；

证据5：《KT333 北桥芯片组的规格说明书》，威盛电子股份有限公司，第18～50页。

请求人陈述的理由主要是：（1）本发明采用的技术方案是在公知的 BIOS 启动步骤中加入一晶片组态设定的检测步骤。（2）说明书具体实施方式部分是否重复发明内容并不是公开不充分的必要条件。（3）本发明属于"一点就破"，在原 BIOS 中增入一晶片组态设定的检测步骤就可实现本发明目的。（4）用证据2～5证明晶片组态的数据都是可以获得的，本领域的普通技术人员可以根据规格说明书中记载的内容对晶片进行组态设定检测，不需要给出审查员所指的具体实施例，本领域普通技术人员也能实施。（5）晶片组态设定的检测对于本领域属于公知公用的技术，将它载入 BIOS，具体步骤与离线测试大同小异。

经形式审查合格，专利复审委员会受理了该复审请求，并于2005年1月18日发出了受理通知书和前置审查通知书。

在前置审查意见书中，国家知识产权局专利局原实质审查部门坚持原驳回决定。

在此基础上，专利复审委员会依法成立合议组对此案进行审理。合议组在审阅了本申请全部文件后认为，本案事实已清楚，可以作出本复审请求审查决定。

二、决定的理由

专利法第二十六条第三款规定："说明书应当对发明或者实用新型作出清楚、完整的说明，以所属技术领域的技术人员能够实现为准"。这里的完整是指说明书包括了理解、再现发明所需的全部技术内容，凡是所属领域的技术人员不能从现有技术中直接、唯一地得出的有关内容，均应在说明书中描述，而那些可以从现有技术中直接得出的有关内容则可以简单描述甚至省略。在判定说明书是否满足专利法第二十六条第三款规定时，应当注意以下两点：第一，确定本领域普通技术人员所应有的技术水平。第二，分析发明的本质，并判断本领域技术人员在理解发明本质的前提下，能否经过常规设计范围内的努力实施发明并实现发明所欲达到的目的。

本申请涉及一种晶片组态设定的检测方法。在说明书的背景技术部分，描述了传统技术：在晶片制作完成被安装在主机板上后，系统开机经过自我测试（POST），接着载入到基本输入输出系统（BIOS）中，随即对晶片进行初始化动作，在读取晶片组态空间中的资料及设定晶片的初始值后，即可载入作业系统进行正常的开机流程。在上述流程中，由于在晶片正常运作之前没有进行组态设定检测，从而容易因组态设定错误发生问题，且产生问题根源无从追查的困境。

本申请是在上述传统技术的基础上针对其存在的上述问题提出的改进发明。其改进在于：将晶片组态设定检测步骤加入到 BIOS 程序中，在晶片正式运行前，在加载初始值之前，进行组态设定检测。这样，可以在晶片实际运作之前进行检测程序，从而可测得晶片真正运作情形，尽早发现组态的设定是否正确。

合议组认为，首先，根据说明书对传统技术的说明可以认定，BIOS 启动步骤是本领域的已有技术。同时，本领域的普通技术人员可以根据晶片的规格说明书中记载的晶片组态数据的内容对晶片进行组态设定检测，即晶片组态设定的检测步骤也是本领域的已有技术；第二，本发明的本质在于将晶片组态设定检测步骤加入到 BIOS 程序中。在已知的 BIOS 程序中，增加一晶片组态设定检测步骤，这是本领域的普通技术人员能够在常规设计范围内实施的。

本申请的说明书中虽然没有以某些特定的晶片为例给出详细的检测流程，但是本申请的发明本质并不在于对晶片的检测流程进行改进，而是将晶片组态设定检测加到BIOS中。BIOS和晶片组态设定检测的具体步骤和内容都是可以从现有技术中直接得出的内容，对于可以从现有技术中直接得出的有关内容可以简单描述甚至省略。因此，以某些特定的晶片为例的详细的检测流程并不是理解和再现本发明所必不可少的内容。

综上所述，本申请不存在驳回决定中所指出的不符合专利法第二十六条第三款的规定的缺陷。至于说明书和权利要求书中是否还存在不能被授予专利权的其他缺陷，由原审查部门在后续程序中继续审查。

三、决定

撤销国家知识产权局专利局实质审查部门于2004年9月10日作出的驳回决定，由原实质审查部门以驳回决定依据的文本为基础继续进行审批程序。

086

电子发射器件、电子源及使用这种器件的图像形成装置及其制造方法案

复审请求审查决定（第7133号）

决 定 号 第7133号
决 定 日 2005年11月2日
发明创造名称 电子发射器件、电子源及使用这种器件的图像形成装置及其制造方法
国际分类号 H01J 31/12
复审请求人 佳能株式会社
申 请 号 95115321.8
申 请 日 1995年8月2日
公 开 日 1996年5月22日
合议组组长 黄毅斐
主 审 员 聂春艳
参 审 员 苏 青

法律依据 专利法第二十二条第三款
决定要点

如果权利要求所述技术方案与对比文件所公开的技术方案的区别特征或为本领域技术人员的公知常识，或已由对比文件给出相关技术启示，则该权利要求相对于对比文件和本领域技术人员的公知常识不具备创造性。

一、案由

本复审请求涉及中国专利局于1995年8月2日受理的、申请号为95115321.8、名称为“电子发射器件、电子源及使用这种器件的图像形成装置及其制造方法”的发明专利申请，其申请人是佳能株式会社。申请人要求享有其于1994年8月2日在日本提出的申请号为181286/94和181287/94的专利申请以及1995年7月21日在日本提出的申请号为185451/95的专利申请的优先权。

2002年6月28日，国家知识产权局专利局实质审查部门以本申请权利要求1相对于对比文件1（US5285129A）不具备新颖性，权利要求21、24不符合专利法第二十六条第四款的规定为由，作出了驳回本申请的决定。驳回决定还指出，权利要求26不清楚，权利要求30不具备新颖性，权利要求1与权利要求34~36之间不具备单一性。驳回决定所针对的文本是申请人于申请日提交的说明书、说明书附图、说明书摘要、摘要附图，以及2000年12月1日提交的权利要求书。

申请人（下称复审请求人）不服上述驳回决定，于2002年10月14日向专利复审委员会请求复审，同时提交权利要求书全文替换页。其复审理由为：（1）修改后的权利要求书删除了原权利要求21~26、34~36，从而克服了相应的问题；（2）将原权利要求1、30、33修改为新的权利要求1、

24、27，分别在其中加入了特征“所述导电膜的厚度不大于所述对电极的厚度”，并认为本申请中的导电膜是设置于电极之间而非电极上的，将对比文件1中的电极对应于本申请中的电极和导电膜两个部件是不合理的。而且，本申请除了一对电极之外，还提供厚度小于电极的导电膜，二者是本申请的必要技术特征，本申请还设有比导电膜熔点高的金属或金属氧化物表面膜以克服小厚度导电膜所带来的会退化的问题，因此新的权利要求1、24、27相对于对比文件1具备新颖性和创造性。

在本复审请求的前置审查中，原实质审查部门认为权利要求1中新增的特征“所述导电膜的厚度不大于所述对电极的厚度”并未将电极和导电膜分开，而且即使复审请求人将上述特征修改为“所述导电膜的厚度小于所述对电极的厚度”以使权利要求1与对比文件1公开的技术方案不同，权利要求1相对于对比文件1也不具备创造性，因此坚持原驳回决定。

专利复审委员会本案合议组经合议审查后，于2005年3月30日向复审请求人发出复审通知书，该通知书所针对的文本是复审请求人于申请日提交的说明书、说明书附图、说明书摘要、摘要附图及提出复审请求时提交的权利要求书。合议组在通知书中指出，本申请的复审理由不能成立。具体理由是：对比文件1中的电极可以同时对应本申请中的电极和导电膜，比导电膜熔点高的金属或金属氧化物涂敷膜这一技术特征已被对比文件1公开。另外，本领域技术人员很容易想到将导电膜的厚度设为不大于电极的厚度，而为了使得二者的厚度不同，自然需要将电极和导电膜分开，并且从本申请说明书的记载看不出单纯将电极和导电膜分开带来了什么特别的技术效果。本申请说明书所述良好的电子发射性能是小厚度的导电膜所带来的技术效果。因此，虽然修改后的权利要求1相对于对比文件1具备了新颖性，但相对于对比文件1和本领域技术人员的公知常识不具备创造性，不符合专利法第二十二条第三款的规定。基于与评述权利要求1同样的理由，权利要求24和权利要求27也相对于对比文件1和本领域技术人员的公知常识不具备创造性。

2005年7月14日，复审请求人提交意见陈述书，同时修改权利要求书，删除了权利要求24～29，将权利要求1中的技术特征“在所述缝隙中形成比所述缝隙窄的间隙”修改为“所述涂敷膜在沿所述缝隙延伸的方向上具有一间隙，该间隙形成在所述缝隙中、比所述缝隙窄”，并对权利要求书作了一些文字上的修改。复审请求人认为，对比文件1并未公开或暗示上述修改后的技术特征，因此修改后的权利要求1具有突出的实质性特点，具备创造性。

至此，合议组认为，复审请求人已充分发表了意见，可以作出本复审请求审查决定。

二、决定的理由

1. 原实质审查部门认为驳回决定所针对的权利要求1相对于对比文件1不具备新颖性，经复审请求人在提出复审请求时对权利要求书进行修改后，原实质审查部门认为将导电膜的厚度限定为不大于电极的厚度并未将电极和导电膜分开，而且即便复审请求人进一步将导电膜的厚度限定为小于电极的厚度，权利要求1仍将相对于对比文件1不具备创造性。合议组经审查后认为，经过复审请求人在提出复审请求时对权利要求书的修改，权利要求1相对于对比文件1具备了新颖性，但相对于对比文件1和本领域技术人员的公知常识不具备创造性，又由于权利要求24实质上与权利要求1相同，权利要求27所述技术方案则包含在权利要求24的技术方案之内，因此权利要求24和27也相对于对比文件1和本领域技术人员的公知常识不具备创造性。

由于原实质审查部门在前置审查中引入本申请权利要求1不具备创造性的理由是由于复审请求人在请求复审时修改了权利要求书而引起的，根据审查指南的规定，这种情况下原实质审查部门可以提出新的驳回理由。另外，合议组考虑到在这种情况下如果以本申请已具备了新颖性为由撤销原驳回决定，则原实质审查部门将以本申请不具备创造性为由驳回本申请。此时如果复审请求人再次请求复审，合议组也将以本申请不具备创造性为由维持驳回决定，这显然是复审请求人不愿意看到的情形，也有违程序经济原则。

因此，综合考虑本案情况及本申请的授权前景，合议组认为本案应发出复审通知书，指出本申请权利要求1、24、27相对于对比文件1和本领域技术人员的公知常识不具备创造性。

2. 复审请求人在答复复审通知书时对权利要求书进行了修改。经合议组审查，该修改未超出原申请文件的记载范围，符合专利法第三十三条和专利法实施细则第六十条的规定，因此是可以允许的。故本复审决定所依据的文本是复审请求人于申请日提交的说明书、说明书附图、说明书摘要、摘要附图，以及2005年7月14日提交的权利要求书。

3. 复审请求人2005年7月14日提交的权利要求1如下：

“1. 一种电子发射器件，包括：一对电极；设置在所述电极之间的导电膜，所述导电膜具有包括缝隙的电子发射区；以及设置在所述缝隙中并与所述导电膜相连的涂敷膜，所述涂敷膜在沿所述缝隙延伸的方向上具有一间隙，该间隙形成在所述缝隙中、比所述缝隙窄，所述涂敷膜由熔点高于所述导电膜熔点的材料构成，其中具有较高熔点的所述材料是金属或金属氧化物，其中，所述导电膜的厚度不大于所述一对电极的厚度。”

对比文件1（参见其附图6及相关文字描述）也公开了一种电子发射器件，且其公开日为1994年2月8日，早于本申请的优先权日，因此可以作为现有技术评价本申请的创造性。该对比文件公开了以下技术特征：一对电极2和3，电极之间是电子发射缝隙5，涂敷膜4设置在电子发射缝隙中并与电极相连，涂敷膜有多个，并在电子发射缝隙中形成多个比所述缝隙窄的间隙。从该对比文件的实施例1可知，其中涂敷膜所采用的材料为MgO，电极所采用的材料为Ni，而MgO的熔点是高于Ni的，即对比文件1中涂敷膜的熔点是高于电极的熔点的，并且涂敷膜为金属氧化物。该对比文件还指出涂敷膜可采用金属材料，其中例如W的熔点是高于三个实施例中电极材料Ni的熔点的。

可见，权利要求1所述技术方案与对比文件1所公开的技术方案的区别在于：（1）权利要求1所述技术方案还包括设置在电极之间的导电膜，相应的，电子发射缝隙是位于导电膜之间的，涂敷膜也是与导电膜相连的，并且与涂敷膜的熔点进行对比的是导电膜的熔点而不是电极的熔点；（2）对比文件1中的涂敷膜有多个，因此“间隙”是不连续的多个间隙，而不是在沿电子发射缝隙延伸的方向上具有单个间隙；（3）对比文件1中没有公开导电膜的厚度不大于电极的厚度这一技术特征。

关于上述区别特征（1），实际上是对比文件1中的电极是否可以同时对应本申请中的电极和导电膜的问题。根据本申请说明书第6页和第7页的记载，电极可采用“任何惯用的导电材料”，导电膜可采用的材料之一为金属，且二者可以采用相同的材料，如Pd、Pt、Au、Ti、Cu、Cr。从实施例部分来看，二者均为一层薄膜，即二者可以由用同种金属材料形成的薄膜制成，二者在材料和形态上可以并无区别，而对比文件1中作为电极的镍膜之间直接形成了电子发射区。可见，对比文件1中的电极同时也发挥着导电膜的作用，实际上是将本申请中的电极和导电膜合二为一后形成的电极（或导电膜）。

关于区别特征（2），在对比文件1已经公开了图6所示的多个涂敷膜、并且其中涂敷膜的熔点高于电极（导电膜）的熔点的情况下，本领域技术人员很容易想到对比文件1中的涂敷膜能够防止与其相连的导电膜（电极）的退化，并且为了更好地避免导电膜的退化从而使得电子发射器件的发射性能更为稳定而将多个涂敷膜做成沿电子发射缝隙延伸的方向成一整体的、覆盖整个导电膜边沿的涂敷膜，从而所述间隙由多个间隙变成了沿电子发射缝隙延伸的单个间隙。即对比文件1给出了与区别特征（2）相关的技术启示。

关于区别特征（3），对比文件1的确没有公开，但是复审请求人在其复审请求中有如下阐述，“当导电膜厚度太小，其电阻就大，这会降低施加的有效电压，因此，希望加大膜厚，但是导电膜是由缝隙发射电子的，为了发射电子，小厚度对于产生大的发射电流是有利的。鉴于此情况，本发明除一对电极外，还提供厚度小于电极的导电膜”。这段叙述在说明书中并无记载，复审请求人是将其作为本领域技术人员的公知常识进行阐述的，事实上这也的确是本领域技术人员的公知常识，即本领域技术人员很容易想到将导电膜的厚度设为不大于电极的厚度。而为了将导电膜的厚度设为不大于电极的厚度，自然需要将电极和导电膜分开，此时区别特征（1）将不复存在。另外，从本申请说明书的记载看不出单纯将电极和导电膜分开带来了什么特别的技术效果，本申请说明书所述良好和稳定的电子发射性能是通过设置厚度不大于电极厚度的导电膜和沿电子发射缝隙延伸的熔点高于导电膜的熔点的涂敷膜而带来的技术效果。而关于这两个技术手段，前者为本领域技术人员的公知常识，后者则已由对比文件1给出相关技术启示。

因此，虽然权利要求1相对于对比文件1具备新颖性，但是，本领域技术人员在对比文件1所公开的内容的基础上，结合本领域技术人员的公知常识即可容易地得到权利要求1所述技术方案，且其结合也未带来意想不到的技术效果，故权利要求1相对于对比文件1和本领域技术人员的公知常识不具备创造性，不符合专利法第二十二条第三款的规定。

综上，经复审请求人陈述意见后，本申请权利要求1仍相对于对比文件1和本领域技术人员的公知常识不具备创造性，复审请求人的复审理由不能成立。

三、决定

驳回复审请求，维持国家知识产权局专利局实质审查部门于2002年6月28日作出的驳回95115321.8号发明专利申请的决定。

复审请求人如对本决定不服，可根据专利法第四十一条第二款的规定，在收到本决定之日起三个月内向北京市第一中级人民法院起诉。

087

使用源极偏压执行非挥发性内存单元写入动作的方法案

复审请求审查决定（第7134号）

决　定　号　第7134号
决　定　日　2005年10月13日
发明创造名称　使用源极偏压执行非挥发性内存单元写入动作的方法
国际分类号　G11C 7/00　H01L 21/8239
复审请求人　华邦电子股份有限公司
申　请　号　01110482.1
申　请　日　2001年4月12日
公　开　日　2002年11月20日
合议组组长　焦景梅
主　审　员　骆素芳
参　审　员　杜　宇

法律依据　专利法第二十六条第三款
决定要点

说明书应当对发明作出清楚、完整的说明，以所属技术领域的技术人员能够实现为准。这里的清楚是指说明书对发明的目的、技术方案和效果的描述是清楚的和相互适应的；这里的完整是指说明书包括了理解、再现发明所需的全部技术内容。凡是所属领域的技术人员不能从现有技术中直接得出的有关内容，均应在说明书中描述，而那些可以从现有技术中直接得出的有关内容则可以简单描述甚至省略。

一、案由

本复审请求涉及申请号为01110482.1、发明名称为“使用源极偏压执行非挥发性内存单元写入动作的方法”的发明专利申请（下称本申请），其申请日是2001年4月12日，申请人是华邦电子股份有限公司。

经实质审查，国家知识产权局专利局实质审查部门依据2004年2月5日提交的权利要求第1～6项、说明书第2～3页，以及申请日提交的权利要求第7～8项、说明书第1、4～5页、附图第1～2页、说明书摘要和摘要附图，于2004年10月15日以申请不符合专利法第二十六条第三款的规定为由驳回了本申请。

驳回决定理由主要是：说明书没有记载如何结合具体结构特征实现基体电压值的改变，不符合专利法第二十六条第三款的规定。本申请不具备授予专利权的前景。

申请人（下称复审请求人）对该驳回决定不服，于2005年1月21日向专利复审委员会提出了复审请求。复审请求人还提交了修改文本，包括权利要求第1~4项，说明书第2、3页的替换页以及说明书摘要替换页。复审请求人的理由主要是：修改后的权利要求已明确揭示写入动作包含施加四种电压在四个电极上。因为基体的写入和读取电压大致相同，不需要浪费时间充放其内部的寄生电容，所以具有写入模式与读取模式快速切换的优点。此外，基体写入电压的值设为零，省去额外偏压电路，简化了电路的复杂性。因此，根据权利要求和说明书的描述，清楚、完整的说明了本发明。根据这些说明，本领域普通技术人员能够实施本发明的技术方案，所以本申请符合专利法第二十六条第三款的规定。

经形式审查合格，专利复审委员会受理了该复审请求，并于2005年3月1日发出了受理通知书和前置审查通知书。

在前置审查中，国家知识产权局专利局原实质审查部门坚持原驳回决定。理由是复审申请人的修改无法改变原始公开不充分的缺陷。

在此基础上，专利复审委员会成立合议组对此案进行审理。合议组在审阅了全部文件后认为，根据现有文件，可以作出本复审决定。

二、决定的理由

1. 关于审查所针对的文本

复审请求人于2005年1月21日提出复审请求时提交了修改文本，包括权利要求第1~4项，说明书第2、3页的替换页以及说明书摘要替换页。经审查，上述修改符合专利法第三十三条和专利法实施细则第六十条的规定。因此，本复审决定所针对的文本是：2005年1月21日权利要求第1~4项、说明书第2、第3页、说明书摘要，以及申请日2001年4月12日提交的说明书第1、第4、第5页、附图第1~2页、摘要附图。

2. 关于专利法第二十六条第三款

专利法第二十六条第三款规定："说明书应当对发明或者实用新型作出清楚、完整的说明，以所属技术领域的技术人员能够实现为准。"这里的清楚是指说明书对发明的目的、技术方案和效果的描述是清楚的和相互适应的；这里的完整是指说明书包括了理解、再现发明所需的全部技术内容。凡是所属领域的技术人员不能从现有技术中直接得出的有关内容，均应在说明书中描述，而那些可以从现有技术中直接得出的有关内容则可以简单描述甚至省略。

在判定说明书是否满足专利法第二十六条第三款规定时，应当注意以下两点：第一，确定本领域普通技术人员所应有的技术水平。第二，分析发明的本质，并判断本领域技术人员在理解发明本质的前提下，能否经过常规设计范围内的劳动实施发明并实现发明所预达到的目的。

本申请涉及一种使用源极偏压执行非挥发性内存单元写入动作的方法。在说明书的背景技术中，申请人描述了写入、读取时各电极上施加的电压为：

	漏极偏压	栅极偏压	源极偏压	基体偏压
写入	Vdp = 3.3V	Vgp = 5V	Vsp = 0V	Vbp = −2 ~ −3V
读取	Vdr = 1.2 ~ 1.5V	Vgr = 3.3V	Vsr = 0V	Vbr = 0V

在现有技术中，Vbp与Vbr有2~3V的电压差，在写入和读取的切换时必须对源极S与P井区PW间的寄生电容C_1和P井区PW与P型基底P_{SUB}间的寄生电容充电C_2，需要很长的充电时间，致使写入和读取的切换速度非常慢。

本申请是在上述现有技术的基础上针对上述问题提出的改进。其改进在于改变基体写入电压值，使改变后的该基体写入电压值与该基体读取电压值相等或是差值减小。例如，各电压值为：

	漏极偏压	栅极偏压	源极偏压	基体偏压
写入	Vdp = 5.3 ~ 6.3V	Vgp = 7 ~ 8V	Vsp = 2 ~ 3V	Vbp = 0V
读取	Vdr = 1.2 ~ 1.5V	Vgr = 3.3V	Vsr = 0V	Vbr = 0V

由于 Vbp 与 Vbr 相同，在写入与读取间切换时，仅需对源极 S 与 P 井区 PW 间的寄生电容 C_1 充电，C_1 的电容值远小于 P 井区 PW 与 P 型基底 P_{SUB} 间的寄生电容充电 C_2，从而减小切换时需要充电的寄生电容，提高写入与读取的切换速度。

合议组认为，根据说明书对技术方案的说明可以判断，本申请的内存单元是现有技术的内存单元，它的具体结构与现有技术的内存单元相同，是本领域的普通技术人员可以从现有技术中直接获得的。本申请的说明书中没有记载如何结合具体结构特征实现基体电压值的改变，但是本申请的发明本质并不在于对内存单元具体结构的改进，而是在于改变基体写入电压值，使改变后的该基体写入电压值与该基体读取电压值相等或是差值减小。改变基体写入电压值通常是通过分压器执行的，包括改变分压电源、调整分压电阻等，这是本领域的普通技术人员能够在常规设计范围内实施的，是可以从现有技术中直接得出的内容。对于可以从现有技术中直接得出的有关内容在说明书中可以省略。因此，“如何结合具体结构特征实现基体电压值的改变”的内容并不是说明书中必不可少的。

综上所述，本申请不存在驳回决定中所指出的不符合专利法第二十六条第三款的规定的问题，至于说明书和权利要求书中是否还存在其他缺陷，均留待后续程序继续审查。

三、决定

撤销国家知识产权局专利局实质审查部门于 2004 年 10 月 15 日对 01110482.1 号发明专利申请作出的驳回决定，由原实质审查部门在复审请求人于 2005 年 1 月 21 日提交的修改文本的基础上（即 2005 年 1 月 21 日权利要求第 1 ~ 4 项、说明书第 2、3 页、说明书摘要，以及申请日提交的说明书第 1、4、5 页、附图第 1 ~ 2 页、摘要附图）继续进行审批程序。

088

电子电路案

复审请求审查决定（第7135号）

决　定　号　第7135号
决　定　日　2005年9月14日
发明创造名称　电子电路
国际分类号　H01L 29/786、27/092、27/12
复审请求人　株式会社半导体能源研究所
申　请　号　99107129.8
申　请　日　1993年12月9日
公　开　日　1999年12月29日
合议组组长　张美菊
主　审　员　骆素芳
参　审　员　樊晓东

法律依据　专利法第二十六条第四款
决定要点

对于某一记载在权利要求书及说明书中的技术特征，当该技术特征的实现过程是本领域的普通技术人员通过常规的实验、利用本领域的常规技术手段能够以各种适当的方式实现，则如何实现该技术特征的有关内容则可以简单描述甚至省略。当上述的有关内容被省略时，不应当认为该技术特征不能得到说明书实质上的支持。

一、案由

本复审请求涉及申请号为99107129.8、发明名称为“电子电路”的发明专利申请（下称本申请）。本申请是申请号为93121131.X的发明专利申请的分案申请，其申请日是1993年12月9日，分案提交日是1999年5月25日，申请人是株式会社半导体能源研究所。

国家知识产权局专利局实质审查部门于2003年1月10日发出的第一次审查意见通知书，其中指出权利要求1、2、7、16、17、22和3~6、8~15、18~21、23~25分别不具备专利法第二十二条第二款规定的新颖性和第三款规定的创造性。

申请人针对上述审查意见提交了意见陈述书并修改了权利要求书，即在原独立权利要求1~4、7、23中增加了“所述较高导电区由浓度为$1\times10^{19}\sim1\times10^{21}/cm^3$的磷、砷和硼构成”，并删除了原权利要求5、12、20。

国家知识产权局专利局实质审查部门于2003年9月12日发出的第二次审查意见通知书，其中指出权利要求1~6、20不符合专利法第二十六条第四款的规定。理由是其中记载的“所述较高导电区由浓度为$1\times10^{19}\sim1\times10^{21}/cm^3$的磷、砷和硼构成”不能得到说明书实质上的支持。

申请人针对上述审查意见陈述了意见，但未对权利要求书和说明书进行修改。

2004年1月9日，国家知识产权局专利局实质审查部门依据本申请的分案提交日提交的说明书第1~15页、附图第1~8页、说明书摘要和摘要附图，以及2003年7月23日提交的权利要求第1~22项，以权利要求1~6、20不符合专利法第二十六条第四款为由驳回了本申请。

驳回决定所针对的权利要求1~6、20内容如下：

“1. 一种半导体器件，包括：

一半导体层，具有沟道区、微量掺杂区和导电性能比所述微量掺杂区更高的较高导电区；和

一栅电极，邻近所述沟道区配置，栅电极与沟道区之间有栅绝缘膜；

其特征在于，所述微量掺杂区有一个与所述栅电极重叠的区域和一个与所述栅电极不重叠的区域；

所述较高导电区设在所述微量掺杂区对着所述沟道区的一面；且所述较高导电区由浓度为$1\times10^{19}\sim1\times10^{21}/cm^3$的磷、砷和硼构成。

2. 一种半导体器件，包括：

一半导体层，具有沟道区、微量掺杂区和导电性能比所述微量掺杂区更高的较高导电区；和

一栅电极，邻近所述沟道区配置，栅电极与沟道区之间有栅绝缘膜；

其特征在于，所述微量掺杂区有一个与所述沟道区接触且与所述栅电极重叠的区域；所述较高导电区设在所述微量掺杂区对着所述沟道区的一面；且所述较高导电区由浓度为$1\times10^{19}\sim1\times10^{21}/cm^3$的磷、砷和硼构成。

3. 一种半导体器件，包括：

一驱动器，由一个n沟道晶体管和一个p沟道晶体管组成，两晶体管形成CMOS结构；

其特征在于，所述n沟道晶体管包括，一半导体层，具有沟道区、微量掺杂区和导电性能比所述微量掺杂区更高的较高导电区；和一栅电极，邻近所述沟道区配置，栅电极与沟道区之间有栅绝缘膜；所述微量掺杂区有一个与所述栅电极重叠的区域和一个与所述栅电极不重叠的区域；所述较高导电区设在所述微量掺杂区对着所述沟道区的一面；且所述较高导电区由浓度为$1\times10^{19}\sim1\times10^{21}/cm^3$的磷、砷和硼构成。

4. 一种半导体器件，包括：

一种导体层，具有沟道区、微量掺杂区和导电性能比所述微量掺杂区更高的较高导电区；

一栅电极，邻近所述沟道区配置，栅电极与沟道区之间有栅绝缘膜；和

一电极，与所述较高导电区成电阻性接触；

其特征在于，所述微量掺杂区有一个与所述栅电极重叠的区域和一个与所述栅电极不重叠的区域；

所述较高导电区设在所述微量掺杂区对着所述沟道区的一面；且

所述较高导电区由浓度为$1\times10^{19}\sim1\times10^{21}/cm^3$的磷、砷和硼构成。

5. 一种半导体器件，包括：

一半导体层，具有沟道区、微量掺杂区和导电性能比所述微量掺杂区更高的较高导电区；

一栅电极，邻近所述沟道区配置，栅电极与沟道区之间有栅绝缘膜；和

一电极，有与所述较高导电区接触的一层，该层包含选自钛、镍、钼、钨、铂和钯一组中的一种材料；

其特征在于，所述微量掺杂区有一个与所述栅电极重叠的区域和一个与所述栅电极不重叠的区域；

所述较高导电区设在所述微量掺杂区对着所述沟道区的一面；且所述较高导电区由浓度为

$1 \times 10^{19} \sim 1 \times 10^{21}/cm^3$ 的磷、砷和硼构成。

6. 一种半导体器件，包括：

一半导体层，具有沟道区、微量掺杂区和导电性能比所述微量掺杂区更高的较高导电区；和

一栅电极，邻近所述沟道区配置，栅电极与沟道区之间有栅绝缘膜；

其特征在于，所述较高导电区设在所述微量掺杂区对着所述沟道区的一面；

所述较高导电区由浓度为 $1 \times 10^{19} \sim 1 \times 10^{21}/cm^3$ 的磷、砷和硼构成；且

所述微量掺杂区沿所述沟道区的沟长方向延伸到所述栅电极的边缘以外。”

“20. 一种半导体器件，包括：

一半导体层，具有沟道区、微量掺杂区和导电性能比所述微量掺杂区更高的较高导电区；

一栅电极，邻近所述沟道区配置，栅电极与沟道区之间有栅绝缘膜；和

一电极，包括第一层、第二层和第三层，第一层包含钛，第二层包含铝，设在所述第一层上，第三层包含钛，设在所述第二层上；

其特征在于，所述第一层与所述较高导电区接触；

所述微量掺杂区有一个与所述栅电极重叠的区域和一个与所述栅电极不重叠的区域；所述较高导电区设在所述微量掺杂区对着所述沟道区的一面；且所述较高导电区由浓度为 $1 \times 10^{19} \sim 1 \times 10^{21}/cm^3$ 的磷、砷和硼构成。”

驳回决定的主要理由是：权利要求 1 ~ 6、20 中增加的技术特征“所述较高导电区由浓度为 $1 \times 10^{19} \sim 1 \times 10^{21}/cm^3$ 的磷、砷和硼构成”实质上得不到说明述的支持。说明书只记载了掺杂剂量和最终的掺杂浓度，而没有给出相应的加速电压和栅氧化膜的厚度，因此上述技术特征只是形式上得到了说明书的支持，而实质上得不到说明书的支持，因此权利要求 1 ~ 6、20 不符合专利法第二十六条第四款的规定。

申请人（下称复审请求人）对该驳回决定不服，于2004 年 4 月 15 日向专利复审委员会提出了复审请求，复审请求人陈述的主要意见是：审查员也承认在说明书第 3 页第 15 行记载了“可以加到半导体层中的元素是磷、硼、砷”和第 9 页倒数第 4 行 ~ 倒数第 2 行记载了“……使掺杂浓度为 $1 \times 10^{19} \sim 1 \times 10^{21}/cm^3$”，这实际上承认了上述特征是受到说明书实质上支持的；审查员的真正意思是要求在独立权利要求中补充相应的加速电压和栅氧化膜的限定。复审请求人认为，目前的权利要求是产品权利要求，没有必要给出非结构性特征的“加速电压”，而“栅氧化膜的厚度”与加速电压、掺杂浓度等因素有关，并不需要限制在某一范围，因此只需给出限制条件（使掺杂浓度为 $1 \times 10^{19} \sim 1 \times 10^{21}/cm^3$），本领域的普通技术人员根据权利要求的限制条件，无须创造性劳动就可选取合适的加速电压和确定栅氧化膜的厚度。复审请求人同时提交了相应的美国专利 US - 6031290。

经形式审查合格，专利复审委员会受理了该复审请求，并于 2004 年 5 月 17 日发出了受理通知书和前置审查通知书。

在前置审查意见书中，国家知识产权局专利局原实质审查部门坚持原驳回决定。

在此基础上，专利复审委员会依法成立合议组对此案进行审理。合议组在审阅了本申请全部文件后认为，本案事实已清楚，可以作出本复审请求审查决定。

二、决定的理由

专利法第二十六条第四款规定：“权利要求书应当以说明书为依据，说明要求专利保护的范围。”审查指南中规定：“权利要求应当以说明书为依据，是指权利要求应当得到说明书的支持。权利要求书不仅应当在表述形式上得到说明书的支持，而且应当在实质上得到说明书的支持。”

对于某一记载在权利要求书及说明书中的技术特征，当该技术特征的实现过程是本领域的普通技

术人员通过常规的实验、利用本领域的常规技术手段能够以各种适当方式实现，则如何实现该技术特征的有关内容则可以简单描述甚至省略。当上述的有关内容被省略时，不应当认为该技术特征不能得到说明书实质上的支持。

驳回决定所针对的权利要求1~6、20中包括“所述较高导电区由浓度为$1\times10^{19}\sim1\times10^{21}/cm^3$的磷、砷和硼构成”。本申请说明书第3页第15行记载了“可以加到半导体层中的元素是磷、硼、砷”和第9页倒数第4行至倒数第2行记载了“掺杂剂量、加速电压和栅氧化膜厚度被如此设置，使掺杂剂量是$0.8\sim4\times10^{15}/cm^2$，使掺杂浓度为$1\times10^{19}\sim1\times10^{21}/cm^3$”的技术内容。

虽然说明书的各实施例中均没有完整地给出栅氧化膜厚度、掺杂剂量和加速电压等条件的取值，但是在“使掺杂浓度为$1\times10^{19}\sim1\times10^{21}/cm^3$”的限制条件下，本领域的普通技术人员可以通过常规的实验，选取适当的掺杂剂量、加速电压、栅氧化膜厚度等条件，无需创造性的劳动得到上述掺杂浓度。在说明书中或权利要求书中明确地给出加速电压和栅氧化膜厚度等条件的取值并不是必须的。因此，包含了技术特征“所述较高导电区由浓度为$1\times10^{19}\sim1\times10^{21}/cm^3$的磷、砷和硼构成”的权利要求1~6、20能够得到说明书实质上的支持，符合专利法第二十六条第四款的规定。

综上所述，本申请的权利要求1~6、20不存在驳回决定中所指出的不符合专利法第二十六条第四款的规定的问题，至于说明书和权利要求书中是否还存在其他缺陷，均留待后续程序继续审查。

三、决定

撤销国家知识产权局专利局实质审查部门于2004年1月9日作出的驳回决定，由原实质审查部门以驳回决定依据的文本为基础继续进行审批程序。

089

发送和接收表示3－维虚拟空间的数据流的装置和方法案

复审请求审查决定（第7139号）

决 定 号 第7139号
决 定 日 2005年10月31日
发明创造名称 发送和接收表示3－维虚拟空间的数据流的装置和方法
国 际 分 类 号 G06T 17/00
复 审 请 求 人 松下电器产业株式会社
申 请 号 98117912.6
申 请 日 1998年7月31日
公 开 日 1999年6月2日
合 议 组 组 长 张 度
主 审 员 张 琳
参 审 员 郑 直

法 律 依 据 专利法实施细则第二十条第一款
决 定 要 点

权利要求已经克服了驳回决定以及复审通知书中指出的所有不清楚的缺陷，在此基础上撤销驳回决定。

一、案由

本复审请求涉及1998年7月31日申请并于1999年6月2日公开的发明专利申请，其要求以1997年7月31日在日本提交的申请号为205857/97的申请为优先权，本专利申请号为98117912.6，名称为“发送和接收表示3－维虚拟空间的数据流的装置和方法”，申请人为松下电器产业株式会社。

在实质审查过程中，国家知识产权局专利局原实质审查部门于2003年1月3日针对申请人于1998年7月31日提交的权利要求第1～19项、说明书第1～15页、说明书摘要，1999年1月22日提交的说明书附图第1～15页、说明书摘要附图（下称文本1）发出第一次审查意见通知书，其中指出：权利要求2～8、10～16不符合专利法第二十六条第四款的规定；权利要求2～8、10～19不符合专利法实施细则第二十条至第二十三条的规定。

针对第一次审查意见通知书，申请人于2003年5月17日提交了意见陈述书以及修改的权利要求书替换页、说明书第1～4页的替换页、说明书附图第8、第13页的替换页（下称文本2）。申请人根据第一次审查意见通知书的要求修改了不清楚的权利要求，陈述了权利要求得到说明书支持的理由，并且对说明书进行了适应性修改。

原实质审查部门于2003年6月27日发出第二次审查意见通知书指出，修改后的权利要求2～16

不符合专利法第二十六条第四款的规定，权利要求1~16不符合专利法实施细则第二十条第一款的规定。

针对第二次审查意见通知书，申请人于2003年10月20日提交了意见陈述书以及修改的权利要求书替换页（下称文本3）。申请人根据第二次审查意见通知书的要求修改了不清楚的权利要求，陈述了权利要求得到书明书支持的理由。

国家知识产权局专利局原审查部门于2003年12月5日对本案作出了驳回决定。其驳回理由是：权利要求1、3~9、11~16不符合专利法实施细则第二十条第一款的规定。

申请人（下称复审请求人）对该驳回决定不服，于2004年3月20日向专利复审委员会提交了复审请求书以及权利要求书的修改替换页（下称文本4）。修改了不清楚的权利要求，陈述了权利要求技术特征清楚的理由。

专利复审委员会于2004年4月12日发出复审请求受理通知书和前置审查通知书。

在前置审查程序中，国家知识产权局专利局原审查部门坚持驳回决定。

专利复审委员会依法成立合议组对本案进行复审，并在2005年8月18日发出针对文本4的复审通知书中指出：权利要求3~8、11~16不符合专利法实施细则第二十条第一款的规定。

复审请求人于2005年9月21日提交了意见陈述书和修改的权利要求书替换页（下称文本5）。申请人删除了文本4的权利要求3~8以及11~16，对剩余权利要求重新编号和调整引用关系形成了文本5的权利要求第1~4项。

在上述工作的基础上，合议组经仔细查阅案卷，认为本案事实已经清楚，可以作出本复审请求审查决定。

二、决定的理由

关于清楚的问题

专利法实施细则第二十条第一款规定："权利要求书应当说明发明或者实用新型的技术特征，清楚、简要地表述请求保护的范围。"

实质审查部门在驳回决定中指出文本3的权利要求1、9中"接收通过传输装置从发送单元发送的数据流（DS1），以便识别接收的数据流的种类与格式"和"在实时的基础上根据需要接收数据流（Sm1，Sa1），以便对识别出的数据流分别进行这些数据流所需的恢复处理"，技术特征中数据流以及数据流之间关系不清楚，导致保护范围不清楚，不符合专利法实施细则第二十条第一款的规定。同时指出权利要求3~8、11~16不符合专利法实施细则第二十条第一款的规定。

申请人将文本3的权利要求1、9中"多个数据流（Ss1，Sm1，Sa1；DS1）的形状数据流（Ss）、运动数据流（Sm）和运动数据流（Sm）同步的音频数据流（Sa）"改为"多个编码数据流（DS1）的形状数据流（Ss）、运动数据流（Sm1）和与运动数据流（Sm1）同步的音频数据流（Sa）……所述多个编码数据流（DS1）包括一个编码形状数据流（Ss1）、编码运动数据流（Sm1）和一个编码音频数据流（Sa1）中的至少一个"；将"接收数据流（Sm1，Sa1）"改为"所述编码运动数据流（Sm1）和编码音频数据流（Sa1）"；将"数据流（DS1）"改为"编码数据流（DS1）"；将"数据流（Sm1）"改为"编码运动数据流（Sm1）"；将"音频流（Sa1）"改为"编码音频数据流（Sa1）"。上述这些修改均清楚限定了权利要求1中的各个数据流，使得数据流处理过程的技术方案清楚，克服了审查员指出的数据流关系不清楚的问题。因此权利要求1、9符合专利法实施细则第二十条第一款的规定。

合议组在针对文本4的复审通知书中指出权利要求3~8、11~16中技术特征不清楚，不符合专利法实施细则第二十条第一款的规定，复审请求人在答复复审通知时删除了上述权利要求，由此克服了复审通知书指出的缺陷。

至此，文本5中的权利要求已经克服了驳回决定以及复审通知书所指出的全部缺陷，在此基础上撤销驳回决定。

三、决定

撤销国家知识产权局专利局实质审查部门于2003年12月5日作出的驳回98117912.6号发明专利申请的决定。由原实质审查部门在复审请求人1998年7月31日提交的说明书摘要、说明书第5~15页，1999年1月22日提交的摘要附图、说明书附图第1~7、第9~12、第14~15页，2003年5月17日提交的说明书第1~4页、说明书附图第8、第13页，2005年9月21日提交的权利要求第1~4项基础上继续进行审批程序。

090

比赛处理方法案

复审请求审查决定（第7141号）

决　定　号　第7141号
决　定　日　2005年11月2日
发明创造名称　比赛处理方法
国际分类号　G06F 19/00，//G06F 155:00、161:00　A63F 13/00
复审请求人　科乐美大阪电脑娱乐股份有限公司
申　请　号　00121970.7
申　请　日　2000年7月27日
公　开　日　2001年4月18日
合议组组长　崔哲勇
主　审　员　张　琳
参　审　员　高海燕

法律依据　专利法第二十五条
决定要点

权利要求1~11所限定的技术方案与现有技术中公知产品装置的区别实质上是游戏的控制方法，而游戏的控制方法属于智力活动的规则和方法，属于专利法第二十五条第一款第（二）项不授予专利权的范围的情况。

一、案由

本复审请求涉及2000年7月27日申请，申请号为00121970.7，名称为“比赛处理方法”，申请人科乐美大阪电脑娱乐股份有限公司。

在实质审查过程中，国家知识产权局专利局原实质审查部门在2003年3月28日针对原始申请文本（下称文本1）发出的第一次审查意见通知书中指出：权要求1~8要求保护的主要内容都是利用一个或多个新的计算机程序对游戏的处理过程进行控制，上述计算机程序属于智力活动的规则和方法，属于专利法第二十五条规定的不授予专利权的范围；权利要求9~13不符合专利法第二十二条规定的创造性。

针对第一次审查意见通知书，申请人于2003年10月13日提交了意见陈述书以及修改的权利要求第1~9项、说明书第1~11页、说明书摘要（下称文本2）。申请人陈述了（1）权利要求1~8不属于智力活动的规则和方法，因为其不是人们智力比赛的方法，而是使计算机等游戏系统效能更高的方法；（2）权利要求9具备创造性，其定义了本发明比赛用计算机装置的结构组成，不是单纯存储程序的装置，所以不应将其看为是仅仅记录在载体上的计算机程序。

原实质审查部门于2003年12月19日针对文本2作出了驳回决定，其中指出：（1）权利要求1~8属于专利法第二十五条规定的不授予专利权的范围，比赛处理方法是计算机等对游戏机的过程管理或控制的方法，其实质上要求保护的是利用公知的设备控制对比赛进行处理的方法。该方法的目的和实施方法所获得的效果是对游戏机的过程管理，都不是技术性的，因此不属于专利法保护的客体；（2）修改后的装置权利要求9仅仅是在公知的设备上运行进行比赛处理的方法，而该比赛处理方法属于非技术特征，不能对装置的创造性作出任何贡献，因此权利要求9没有创造性。

申请人（下称复审请求人）对该驳回决定不服，于2004年4月5日向专利复审委员会提交了复审请求书以及修改的权利要求第1~11项、说明书第1~11页、说明书摘要（下称文本3）。权利要求涉及的修改主要是：将文本2权利要求1~3的主题由方法改为计算机装置、将权利要求4~8的主题改为系统，新增加权利要求4、5。复审请求人陈述的理由主要有：（1）本发明解决的是技术问题，即操纵杆或者控制杆等不能完成游戏任务，也就是游戏机中“指针”不被显示在显示装置上，而采用本发明构成的计算机装置，“指针”在显示装置上显示，使计算机等游戏系统效能更高。本发明装置具有权利要求中所定义的新功能，而这些功能是产品固有的，不是游戏操纵者可任意改变的，因此它们是具有新功能的新产品，是应当受专利法保护的；（2）新权利要求1~11定义了本发明比赛用计算机装置的结构组成及系统，其结构特征是明显的，不是单纯存储程序的装置，所以不应将其看为是仅仅记录在载体上的计算机程序。因而，权利要求1~11具备创造性。

在形式审查合格后，专利复审委员会受理了本复审请求，于2004年4月27日发出复审请求受理通知书和前置审查通知书。

在前置审查意见书中，国家知识产权局专利局原审查部门仍坚持原驳回意见。

在此基础上，专利复审委员会依法成立合议组对本案进行复审，并于2005年6月14日发出复审通知书。审查意见主要包括：权利要求1~11所涉及的物理装置均利用的是现有技术中的计算机装置和计算机网络系统，并没有对现有的装置进行物理上的改进。本申请权利要求与现有技术的区别仅仅在于执行了游戏控制程序，即对现有技术的贡献仅仅在于游戏的控制方法，属于专利法第二十五条第一款第（二）项不授予专利权的范围。本申请说明书没有记载解决复审请求人声称的“（游戏机）指针在显示装置上显示”的问题。本申请实质上保护的是游戏的控制、执行过程，因此本申请解决的不是技术问题、所获得的效果不是技术效果，本申请不属于可给予专利保护的客体。

针对复审通知书，复审请求人于2005年7月29日提交了意见陈述书和著录项目申报书以及修改的权利要求第1~11项、说明书第1~11页（下称文本4）。其陈述的主要意见是：（1）复审请求人不能同意本申请“对现有技术的贡献仅仅在于游戏的控制方法”的提法，控制方法应当是对游戏机或计算机内部的控制方法，而绝非是对游戏的控制。（2）对游戏机或计算机的控制方法，使计算机系统产生新功能、新效果，装置控制方法与计算机的结合、构成的游戏用计算机系统不属于专利法第二十五条规定的不授予专利权的范围，本申请中提到的各装置都具有如权利要求定义的新功能，因此本申请用计算机是具有新功能的新产品，符合专利法第二十二条规定。复审请求人将发明名称改为“一种比赛用计算机装置及利用网络的比赛系统”，修改了文本3权利要求1、3的最后一段，对说明书内容进行适应性修改。修改后的权利要求书为：

“1. 一种比赛用计算机装置，连接有指点器和规定的显示装置，该指点器通过操纵者的一次操作，即可输入指针的位移方向和位移量，而且能按操作的定时来接受信号的输入，该比赛用计算机装置的特征在于包括：

程序执行装置，按不定周期出现在任意位置上的目标图像的定位点，通过上述指点器，与操纵者所操纵的上述指针的动作连动地显示在所述显示装置上，同时，能按照通过该指点器接收的信号的输入定时，来进行对上述目标图像的动作，根据进行动作时的定位点和目标图像的重合情况来判断该动作的成功程度，而且根据动作次数和上述成功程度的统计值，改变上述定位点的大小；

比赛结果处理装置，对应一定动作次数的上述成功程度，取得赋予操纵者的比赛价值。

2. 如权利要求1所述的比赛用计算机，其特征在于：通过上述指点器使指针实时地显示在由操纵者操纵的位置上，使上述定位点跟踪已显示的指针的动作。

3. 一种比赛用计算机装置，连接有指点器和规定的显示装置，该指点器通过操纵者的一次操作，即可输入指针的位移方向和位移量，而且能按操作的定时来接受信号的输入，该比赛用计算机装置包括：

程序执行装置，用于在所述的显示装置的画面上，从第2选手的背后的视点来显示按任意速度和轨道发出飞翔物的第1选手以及捕捉被发出的飞翔物的第2选手，而且从第1选手按任意速度和轨道飞来的飞翔体的捕捉点，通过上述指点器与操纵者所操纵的上述指针的动作相连动地进行显示，同时通过该指点器使第2选手按接收的信号的输入定时来捕捉飞翔物，根据该捕捉时的捕捉点和飞翔物的重合情况，判断该捕捉的成功程度，以及根据捕捉次数或上述成功程度的统计值，改变上述捕捉点的大小；和

比赛结果处理装置，用于根据对应一定捕捉次数的上述成功程度，取得赋予操纵者的比赛价值。

4. 如权利要求3所述的比赛用计算机装置，其特征在于：通过上述指点器使指针实时地显示在由操纵者操纵的位置上，使上述定位点跟踪已显示的指针的动作。

5. 如权利要求3所述的比赛用计算机，其特征在于：第1选手是投球手；第2选手是击球手；上述飞翔物是由上述投球手投出的球，在决定了在上述捕捉点应当捕捉球的位置后，由击球手按上述输入定时用挥动的球棒来捕捉该球，以此取得击球效果。

6. 一种利用网络的比赛系统，它通过多台计算机装置和服务器装置来实现，并且这二者分别具有规定的比赛程序的执行装置，该计算机装置与指点器和规定的显示装置相连接，该指点器通过操纵者的一次操作即可同时输入指针的位移方向和位移量，而且能按操作的定时来接收信号的输入；该服务器装置与各计算机装置之间通过网络来进行双方通信，该比赛系统的特征在于：

从服务器装置向多台计算机装置中的某一台分配上述比赛用程序；

取得了上述比赛用程序的计算机装置，执行该比赛用程序，在所述显示装置的画面上，从第2选手的背后的视点来显示以任意速度发出飞翔物的第1选手以及捕捉已发出的飞翔物的第2选手，从第1选手按任意轨道飞来的飞翔物的捕捉点，通过上述指点器与操纵者所操纵的上述指针的运动相连动地进行显示，同时，使第2选手按照通过该指点器接收的信号的输入定时来捕捉飞翔物，根据该捕捉时的捕捉点和飞翔物的重合情况，判断该捕捉的成功程度，把该判断结果和操纵者的识别信息一起发送到服务器装置内；

已取得了上述成功程度的判断结果的服务器装置，按照对各计算机装置进行操作的每个操作员，分别合计其相对于捕捉次数的成功程度，同时，根据合计结果而生成一种赋予各操作者的比赛价值。

7. 如权利要求6所述的比赛系统，其特征在于：通过上述指点器在操纵者操纵的位置上实时地显示出指针，上述捕捉点跟踪被显示的指针的运动。

8. 如权利要求6所述的比赛系统，其特征在于：第1选手是投球手；第2选手是击球手；上述飞翔物是由上述投球手投出的球，在决定了在上述捕捉点应当捕捉球的位置后，由击球手按上述输入定时用挥动的球棒来捕捉该球，以此取得击球效果。

9. 如权利要求6所述的比赛系统，其特征在于：上述服务器装置把上述每个操纵者的合计结果记录到规定的存储区内，当各操纵者通过原计算机装置以外的其他计算机装置来查询时，进行处理，即从该存储区内反映出对该操纵者的合计结果。

10. 如权利要求6所述的比赛系统，其特征在于：由上述服务器装置来使上述计算机装置进行以

下处理：

在上述显示装置的画面上显示出以操纵者看不见的状态填写了许多项目的页画面；

根据操纵者在取得了规定的项目后所进行的操作，提高第2选手捕捉的成功程度。

11. 一种比赛用计算机装置，其特征在于包括：

指点器，它能通过操纵者的一次操纵，同时输入指针的位移方向和位移量，并且能按操作的定时来接收信号的输入；

规定的显示装置；

程序取得装置，它从联网的服务器装置中取得规定的比赛用程序，展开到自己的存储区内；

程序执行装置，它执行从上述存储区内读出的比赛用程序，在所述显示装置的画面上从第2选手的背后的视点来显示出按任意速度发出飞翔物的第1选手以及捕捉被发出的飞翔物的第2选手，从第1选手按任意轨道飞来的飞翔物的捕捉点，通过上述指点器来和操纵者所操纵的上述指针的运动连动地进行显示，同时，使第2选手按照通过该指点器接收的信号的输入定时来进行捕捉，根据该捕捉时的捕捉点与飞翔物的重合情况，判断该击球的成功程度；以及

比赛结果处理装置，它把已判断的成功程度和操纵者的识别信息一起发送到上述服务器装置内，同时，从该服务器装置中取得一种比赛价值，该比赛价值是根据对一定捕捉次数的成功程度的合计结果而生成的。”

在上述工作的基础上，合议组认为本案事实清楚，依据复审请求人于2000年7月27日提交的说明书附图第1~6页、说明书摘要附图，2004年4月5日提交的说明书摘要，2005年7月29日提交的权利要求第1~11项、说明书第1~11页作出本复审请求审查决定。

二、决定的理由

专利法第二十五条第一款规定：“对下列各项，不授予专利权：（一）科学发现；（二）智力活动的规则和方法；（三）疾病的诊断和治疗方法；（四）动物和植物品种；（五）用原子核变换方法获得的物质。”

文本4的权利要求书相对于文本3的权利要求书没有实质性修改，合议组仍然认为，本申请属于专利法第二十五条第一款第（二）项不授予专利权的情况。

权利要求1~5、11要求保护一种比赛用计算机装置，其中，指点器实质上为现有技术中的鼠标定位装置，程序执行装置、比赛结果处理装置、程序取得装置实质上为现有计算机中的CPU处理器，即计算机装置为现有技术中的计算机，显示装置为现有计算机的显示器。权利要求6~10要求保护一种比赛系统，涉及多个计算机装置和服务器，其中，多个计算机装置中的指点器实质上为现有技术中的鼠标定位装置，程序执行装置、比赛结果处理装置、程序取得装置实质上为现有计算机中的CPU处理器，即计算机装置为现有技术中的计算机，显示装置为现有计算机的显示器，服务器为现有技术中连接多个计算机的服务器。由此可以看出，权利要求1~11所涉及的物理装置均利用的是现有技术中的计算机装置和计算机网络系统，并没有对现有的装置进行结构上的改进。本申请权利要求与现有技术的区别仅仅在于，执行了游戏控制的程序，即对现有技术的贡献仅仅在于游戏的控制方法，复审请求人陈述的本申请的装置具有的新功能实质上也都是游戏的控制方法所带来的功能，而游戏的控制方法属于智力活动的规则和方法，属于专利法第二十五条第一款第（二）项不授予专利权的情况，权利要求1~11没有授权前景。

对于复审请求人在复审请求中就“本发明解决的是技术问题，即操纵杆或控制杆等不能完成游戏任务，也就是游戏机中指针不被显示在显示装置上……实现起来很困难。采用本发明构成的计算机装置，指针在显示装置上显示，使计算机等游戏系统效能更高”（复审请求第1页第4、第5段）的

意见陈述，合议组认为，本申请的权利要求、说明书“具体实施方式”部分、附图1～7，公开的是含有鼠标的个人计算机在游戏中的游戏控制、执行过程，并不涉及“解决在专用于游戏的游戏机不显示指针”的问题，没有记载任何如何在游戏机中实现指针显示的具体技术方案，只是在说明书“发明内容”部分概念性描述了其最后达到的效果，由此可见，权利要求和说明书没有记载解决复审请求人声称的“（游戏机）指针在显示装置上显示”技术问题的具体技术方案。因此，对于复审请求人“本发明解决的是技术问题”的理由不予支持。如上所述，本申请实质上保护的是游戏的控制、执行过程，因此本申请解决的不是技术问题、所获得的效果不是技术效果，本申请不属于可给予专利保护的客体。

针对复审请求人对复审通知书的意见陈述，（1）复审请求人认为本申请控制方法应当是对游戏机或计算机内部的控制方法，而绝非是对游戏的控制，使计算机系统等产生新功能、新效果，例如本权利要求1、3中“根据动作次数和上述成功程度的统计值，使上述定位点的大小发生变化”，这就反映了计算机系统内部控制得到了改进。合议组认为，本申请控制方法部分的限定均是围绕游戏的过程来进行控制、判断和处理，属于计算机执行的程序，并不是对游戏用计算机本身的装置性能如传输速度、处理速度进行控制。另外，如上面评述的，申请人在说明书中没有记载任何关于如何在游戏机中实现指针显示的具体技术方案，只是在说明书“发明内容”部分概念性描述了其最后达到的效果，由此可见，权利要求和说明书没有记载解决复审请求人声称的“（游戏机）指针在显示装置上显示”技术问题的具体技术方案。（2）复审请求人认为本发明中提到的各装置都具有如权利要求定义的新功能，因此本发明用计算机是具有新功能的新产品。如上面评述的，请求人对装置的限定均是围绕游戏过程控制来限定的，其功能并不是对装置产品本身性能的改进，实质上是对游戏控制所取得的结果，而游戏的控制方法属于智力活动的规则和方法，属于专利法第二十五条第一款第（二）项不授予专利权的情况，权利要求1～11不能被接受。

三、决定

驳回复审请求，维持国家知识产权局专利局实质审查部门于2003年12月19日作出的驳回00121970.7号发明专利申请的决定。

复审请求人如对本决定不服，可根据专利法第四十一条第二款的规定，在收到本决定之日起三个月内向北京市第一中级人民法院起诉。

091

多孔碱性锌/氧化锰电池案

复审请求审查决定（第7142号）

决　定　号　第7142号
决　定　日　2005年11月4日
发明创造名称　多孔碱性锌/氧化锰电池
国际分类号　H01M 4/26　H01M 4/42　H01M 4/50
复审请求人　杜拉塞尔公司
申　请　号　98812839. X
申　请　日　1998年12月14日
公　开　日　2001年2月28日
合议组组长　张　度
主　审　员　张　琳
参　审　员　马志远

法律依据　专利法第二十二条第三款
决定要点

对比文件没有公开权利要求的技术特征，也没有给出将该特征应用到最接近现有技术的启示，因此权利要求保护的技术方案具备创造性。

一、案由

本专利申请复审请求涉及1998年12月14日提交申请、于2000年6月30日进入中国国家阶段、2001年2月28日公开的PCT发明专利申请，其要求以1997年12月31日在美国提交的（申请号为09/002012）申请与1998年4月3日在美国提交的（申请号为09/054939）申请为优先权，本申请的申请号为98812839. X，发明名称为“多孔碱性锌/氧化锰电池”，申请人为杜拉塞尔公司。

在实质审查过程中，国家知识产权局专利局原实质审查部门于2003年1月10日针对原始提交的国际申请文件的中文译文（下称文本1）发出的第一次审查意见通知书中指出，权利要求1~26与对比文件1（US5626988 A）、对比文件2（JP昭5679854 A）相比不符合专利法第二十二条第三款规定的创造性。

对第一次审查意见通知书，申请人于2003年7月24日提交了意见陈述书。其中认为对比文件1、2的结合没有公开文本1独立权利要求1、11、19中阳极和阴极孔隙率的范围，而本发明的上述范围是得到本发明的以高效放电率进行高能输出这样的意想不到性能特征的关键点。因此独立权利要求及其从属权利要求具备创造性。

国家知识产权局专利局原审查部门于2003年10月24日对本案作出了驳回决定。其驳回理由是，权利要求1~26相对于对比文件1、2的结合不具备创造性。

申请人（下称复审请求人）对该驳回决定不服，于2004年2月9日向专利复审委员会提交了复审请求书以及权利要求书的修改替换页（文本2），并陈述了对比文件1、2没有建议本发明中具有权利要求所述的孔隙率范围的使用，因此修改的权利要求1~15具备创造性。

专利复审委员会经过形式审查，于2004年3月1日发出复审请求受理通知书，同时通知原实质审查部门进行前置审查。在前置审查程序中，实质审查部门坚持驳回决定。

专利复审委员会依法成立合议组对本案进行复审，并于2005年8月10日发出复审通知书，其中指出文本2权利要求1~5、8~13相对于对比文件1、2不符合专利法第二十二条第三款有关创造性的规定。

复审请求人于2005年9月21日针对上述复审通知书提交了意见陈述书和权利要求书替换页（文本3），涉及的修改主要是，将文本2的从属权利要求7、14分别补充到独立权利要求中，删除了权利要求中"约"字，形成文本3权利要求1~13。

在上述工作的基础上，合议组认为本案事实清楚，可以作出本复审请求审查决定。

二、决定的理由

关于创造性

专利法第二十二条第三款规定："创造性，是指同申请日以前已有的技术相比，该发明由突出的实质性特点和显著的进步，该实用新型有实质性特点和进步。"

复审请求人在答复复审通知书时提交的文本3权利要求书中，独立权利要求1、7分别为：

"1. 一种电化学电池，包括：阴极；包括锌颗粒的阳极；设在阴极和阳极之间的隔板，其中阴极的孔隙率为24%至28%，阳极的孔隙率为每立方厘米的阳极体积有2.15~2.3克锌颗粒；以及电解溶液，其中阴极包括二氧化锰，二氧化锰与电解溶液的重量比为2.2~2.9。"

"7. 一种电化学电池，包括：阴极；包括锌颗粒的阳极；设在阴极和阳极之间的隔板，其中阴极的孔隙率约为26%，阳极的孔隙率为每立方厘米的阳极体积约有2.1~2.35克锌颗粒；以及电解溶液，其中阴极包括二氧化锰，二氧化锰与电解溶液的重量比为2.2~2.9。"

以上独立权利要求含有技术特征"电解溶液，其中阴极包括二氧化锰，二氧化锰与电解溶液的重量比为2.2~2.9"。审查员在驳回决定中针对含有该技术特征的权利要求（文本1权利要求9、25）进行评述时指出"对电极活性物质与电解溶液的重量比所作出的限定对于本领域技术人员来说是显而易见的，也是通过有限次试验就能够得到的"。据此，合议组认为文本3的独立权利要求1、7中对电解溶液进行上述重量比的数值限定，在对比文件1、2中没有公开，本领域技术人员不能在前述阴、阳极孔隙率数值限定下显而易见地确定电解溶液中2.2~2.9的重量比的数值范围，对比文件也没有给出进行试验以确定其范围的启示。因此独立权利要求1、7以及其从属权利要求相对于对比文件1、2的结合具有突出的实质性特点和显著的进步，符合专利法第二十条第三款创造性的规定，克服了驳回决定和复审通知书指出的缺陷。

三、决定

撤销国家知识产权局专利局实质审查部门于2003年10月24日作出的驳回98812839.X号发明专利申请的决定。请原实质审查部门针对复审请求人于2000年6月30日提交的说明书1~12页、说明书附图第1页、说明书摘要、摘要附图、2005年9月21日提交的权利要求第1~13项的基础上继续进行审批程序。

092

薄膜晶体管及其制造方法和使用该薄膜晶体管的电路和液晶显示装置案

复审请求审查决定（第7143号）

决　定　号 第7143号
决　定　日 2005年10月31日
发明创造名称 薄膜晶体管及其制造方法和使用该薄膜晶体管的电路和液晶显示装置
国际分类号 H01L 29/78　H01L 21/311
复审请求人 精工爱普生株式会社
申　请　号 97190821.4
申　请　日 1997年6月27日
公　开　日 1998年10月21日
合议组组长 张　度
主　审　员 张　琳
参　审　员 黄毅斐

法律依据 专利法第二十二条第三款
决定要点

权利要求1~3相对于对比文件不具有突出的实质性特点和显著的进步，不符合专利法第二十二条第三款规定的创造性。

一、案由

本专利申请复审请求涉及1997年6月27日申请并于1998年3月2日进入中国国家阶段、1998年10月21日公开、要求以1996年6月28日在日本提交的申请号为170464/96、1996年7月23日在日本提交的申请号为211904/96的专利申请为优先权的发明专利PCT申请，其申请号为97190821.4，名称为“薄膜晶体管及其制造方法和使用该薄膜晶体管的电路和液晶显示装置”，申请人为精工爱普生株式会社。

在实质审查过程中，国家知识产权局专利局实质审查部门于2002年11月15日针对原始提交的国际申请的中文译文（下称文本1）发出第一次审查意见通知书中指出：权利要求9、12、16、23、33不符合专利法第三十一条第一款的规定；权利要求1、2不符合专利法实施细则第二十条第一款的规定。

针对第一次审查意见通知书，申请人于2003年3月17日提交了意见陈述书以及修改的权利要求第1~10项（下称文本2）。涉及的修改为：删除了文本1的权利要求1~11、16~23、30~33，对剩余权利要求重新编号形成文本2的权利要求书。

实质审查部门于2003年6月27日针对文本2发出第二次审查意见通知书，引用了三篇对比文件，分别是对比文件1（JP平794744）、对比文件2（JP平6123896）、对比文件3（CN1086045 A）。通知书中指出权利要求1相对于对比文件1不符合专利法第二十二条第二款有关新颖性的规定；权利要求2、3相对于对比文件1和对比文件2的结合不符合专利法第二十二条第三款有关创造性的规定；权利要求4相对于对比文件1、2、3的结合不符合专利法第二十二条第三款有关创造性的规定、权利要求5～10相对于对比文件1、2、3以及公知常识的结合不符合专利法第二十二条第三款有关创造性的规定。

针对第二次审查意见通知书，申请人于2003年8月14日提交了意见陈述书以及修改的权利要求第1～9项（下称文本3）。涉及的修改主要是将文本2权利要求3附加于权利要求1形成文本3的独立权利要求。申请人陈述了对比文件1对非单晶硅薄膜的最外的边之间的尺寸没有任何记载；对比文件2没有公开具有多个沟道区域的构成本身，没有记载非单晶硅薄膜的最外的边之间的尺寸 W_2；对比文件3没有记载以上区别，因此修改后的权利要求1～9具备创造性。

国家知识产权局专利局实质审查部门于2003年11月7日对本案作出了驳回决定。其驳回理由是：权利要求1、2相对于对比文件1、2的结合不符合专利法第二十二条第三款的规定；权利要求3相对于对比文件1、2、3的结合不符合专利法第二十二条第三款有关创造性的规定；权利要求4～9相对于对比文件1、2、3以及公知常识的结合不符合专利法第二十二条第三款有关创造性的规定。

申请人（下称复审请求人）对该驳回决定不服，于2004年2月2日向专利复审委员会提交了复审请求书以及权利要求书的修改替换页（下称文本4），其中涉及的修改主要是将文本3权利要求2附加到权利要求1形成文本4的独立权利要求。复审请求理由主要为：对比文件2中关于300～400μm之间的宽度只是指出了一个单沟道区的沟道宽度，而本发明的宽度是指沟道区和它们之间的空间的总宽度，因此对比文件2中关于300～400μm之间的宽度不适用于本发明；对比文件1的装置好像与本发明相似，但没有讲述它的尺寸以及在宽度和长度之间取得平衡，本发明公开并提出权利要求的沟道阵列的最佳宽度、沟道长度以及它们之间的平衡，因此本申请权利要求具备创造性。

在前置审查程序中，国家知识产权局专利局原审查部门坚持原驳回决定。

专利复审委员会依法成立合议组针对复审请求人于2004年2月2日提交的符合专利法第三十三条规定的权利要求第1～8项、进入中国国家阶段时提交的国际申请文本说明书第1～23页、说明书附图第1～33页、说明书摘要、摘要附图进行复审，并于2005年8月8日发出复审通知书。审查意见主要包括：权利要求1～8不符合专利法第二十二条第三款有关创造性的规定，并且复审对复审请求人在复审请求理由中认为的“本申请要求沟道最佳宽度和长度之间的平衡”的理由不予支持。

复审请求人于2005年9月21日针对上述复审通知书作出了意见陈述、提交了修改的权利要求书（下称文本5）。涉及的修改主要是修改了文本4权利要求1、2、4，并删除了文本4权利要求3、5～8以形成文本5新的权利要求书。复审请求人在意见陈述书中主要作出以下两点陈述：（1）对比文件1、2记载的均不是本申请的与像素连接的开关用薄膜晶体管；（2）本申请为排列多个半导体层一体形成晶体管，多个半导体层不是在一个半导体层上形成沟道，而是各个半导体层完全分离，这与对比文件1、2均不同，因此权利要求1～3具备创造性。

文本5权利要求书内容如下：

“1. 一种具有薄膜晶体管的有源矩阵基板，所述薄膜晶体管包括：与一个栅电极交叉地形成在基板上的多个非单晶硅薄膜；在所述各非单晶硅薄膜上形成的沟道区；以及第一区和第二区，所述第一区和第二区在所述非单晶硅薄膜上分开形成，以便夹持所述沟道区；所述多个非单晶硅薄膜的第一区被连接到第一共同的电极，所述第二区被连接到第二共同的电极，所述第一共同的电极和所述第二共同的电极中的任一个被连接到像素电极，所述各非单晶硅薄膜的沟道宽度是10μm或10μm以下，所述多个非单晶硅薄膜的最外的边之间的尺寸是50μm或50μm以上。

2. 如权利要求1所述的有源矩阵基板，其中所述沟道区的长度是4μm或4μm以下。

3. 一种具有如权利要求1或2中所述的有源矩阵基板的液晶显示装置。”

在上述工作的基础上，合议组认为本案事实清楚，可以作出本复审请求审查决定。

二、决定的理由

1. 关于审查文本

本复审决定针对符合专利法第三十三条、专利法实施细则第六十条第一款规定的请求人于1998年3月2日提交的说明书第1~23页、说明书附图第1~33页、说明书摘要、摘要附图、2005年9月21日提交的权利要求第1~3项作出。

2. 关于创造性

专利法第二十二条第三款规定：“创造性，是指同申请日以前已有的技术相比，该发明有突出的实质性特点和显著的进步，该实用新型有实质性特点和进步。”经审查，权利要求1~3不符合专利法第二十二条第三款有关创造性的规定，理由如下。

（1）权利要求1请求保护一种具有薄膜晶体管的有源矩阵基板，对比文件1公开了一种MIS晶体管，并且具体公开了（见说明书第［0001］~［0114］段以及附图1）以下技术特征：MIS晶体管具有一个绝缘基板400（其整体为有源矩阵基板）、一个栅极402、一个含有多个平行沟槽410的非晶硅层401（相当于多个非单晶硅薄膜）。其中非晶硅层401位于绝缘基板400上并与栅电极交叉，在非晶硅层401中形成多个沟道区、多个N型源区和多个N型漏区，各源区和漏区以夹住沟道区的方式被分离地形成，所有的N型源区被连接到一个共同的源极405，所有的N型漏区被连接到一个共同的漏极404。权利要求1和对比文件1的区别仅在于：第一，权利要求1限定了“多个非单晶硅薄膜的最外边间的尺寸是50μm或者50μm以上”。对比文件1第［0096］、第［0105］段以及附图1给出了多个沟道宽度为3μm薄膜晶体管并联的结构的启示，在对比文件2说明书第［0017］段以及附图2中公开了与本申请同样结构方式的40个沟道宽度为8μm薄膜晶体管并联的技术方案。因此，对比文件2中的40个非单晶硅薄膜的最外边间的尺寸必定大于50μm，即对比文件2公开了此技术特征；第二，权利要求1限定了“所述第一共同的电极和所述第二共同的电极中的任一个被连接到像素电极”，这一技术特征的应用实质上对应文本4权利要求7的应用，而这种薄膜晶体管用在液晶显示装置中的应用正如复审通知书评述过的，在对比文件1、2中已经公开。并且，本申请晶体管在像素部中的应用也属于本领域常用的技术手段。本申请说明书第23页最后一段中指出“在液晶显示装置中，不限于将本发明的薄膜晶体管应用于像素晶体管或模拟开关，可应用于各种的电路构成要素”，也可以看出这种晶体管的应用非常广泛，在液晶显示器中作为像素晶体管的应用是容易想到的。由此可见，本领域技术人员在对比文件1的基础上结合对比文件2得到权利要求1保护的技术方案是显而易见的，权利要求1的技术方案也没有取得预料不到的技术效果。因此，权利要求1相对于对比文件1和2来说不具有突出的实质性特点和显著的进步，不符合专利法第二十二条第三款有关创造性的规定。

（2）从属权利要求2的附加技术特征为“其中所述沟道区的长度是4μm或4μm以下”，上述技术特征已经被对比文件3所公开（参见说明书摘要、说明书第2页第7行、权利要求2）：制造出的晶体管的沟道长度为1μm，在4μm以下。因此，权利要求2相对于对比文件1、2、3的结合不具备专利法第二十二条第三款规定的创造性。

（3）权利要求3要求保护的技术方案以权利要求1、2为主体，实质上都是进一步要求保护具有权利要求1、2晶体管的基板的应用，对比文件1、2中相应具有薄膜晶体管的矩阵基板应用在液晶显示装置上，因此权利要求3相对于对比文件1、2、3没有突出的实质性特点和显著的进步，不具备专利法第二十二条第三款规定的创造性。

3. 有关复审请求人在答复复审通知书的陈述意见

复审请求人在答复复审通知书时指出，(1) 对比文件1、2记载的均不是本申请的与像素连接的开关用薄膜晶体管。合议组认为，如上述对权利要求1~3的创造性评述意见，已经评述过将所述薄膜晶体管用作液晶显示用的晶体管是容易想到的，没有突出的实质性特点和显著的进步。(2) 本申请为排列多个半导体层一体形成晶体管，多个半导体层不是在一个半导体层上形成沟道，而是各个半导体层完全分离，这与对比文件1、2均不同。合议组认为，本申请的晶体管的形成和现有技术（包括对比文件1、2、3）中的形成一样，均是“在基板上被设置的半导体薄膜岛，将杂质有选择地导入该半导体薄膜岛中而被形成的源层和漏层；以及通过绝缘膜与所述半导体薄膜岛相对地被设置的栅电极层”（说明书第3页第20~22行），并且对比文件1、2的晶体管的第1、2区也是在非单晶硅薄膜上分开来夹持沟道区。因此，合议组对复审请求人答复复审通知书的陈述理由不予支持，权利要求1~3相对于对比文件1、2、3仍然不具备创造性。

三、决定

驳回复审请求，维持国家知识产权局专利局实质审查部门于2003年11月7日作出的驳回97190821.4号发明专利申请的决定。

复审请求人如对本决定不服，可根据专利法第四十一条第二款的规定，在收到本决定之日起三个月内向北京市第一中级人民法院起诉。

093

静电场可逆原理发电案

复审请求审查决定（第7148号）

决　定　号　第7148号
决　定　日　2005年11月8日
发明创造名称　静电场可逆原理发电
国际分类号　H02N 3/00
复审请求人　王　杰
申　请　号　01126087.4
申　请　日　2001年8月21日
公　开　日　2002年2月13日
合议组组长　石　清
主　审　员　朱芳芳
参　审　员　郑　直

法律依据　专利法第二十二条第四款
决定要点

具备实用性的发明或者实用新型专利申请应当符合自然规律并且应当能够产生预期的积极效果；违背自然规律的发明或者实用新型专利申请是不能实施的，不具备实用性。

一、案由

本复审请求涉及国家知识产权局专利局于2001年8月21日受理的、申请号为01126087.4的发明专利申请，其发明名称为“静电场可逆原理发电”，申请人为王杰。其原始申请的公开文本（下称原始文本）的权利要求书中的独立权利要求1内容如下：

“1. 由热电转换系统、发电系统共同组成内系统（7），由真空容器（8）、热源（9）、热媒（10）共同组成外系统，其特征是，内系统（7）被外系统所包围彼此隔离，但存在电联系即真空容器（8）与A电极（1）均保持相同电位即零电位，热媒（10）只能从A电极（1）进入，由K电极（4）输出，热电转换系统是由电源U_{AB}连接平行板A电极（1）、B电极（2）并与通过A、B电极的一维束（D>0）构成电回路，发电系统由负载R_L（6）将平行板J电极（3）、K电极（4）连接起来并与通过J、K电极的一维束（D<0）构成电回路，发电系统之后要求带电粒子的末速度V_K符合$mV_K^2/2<3KT_0/2$传热关系。”

申请人于2001年12月10日提交实质审查请求书的同时提交了新的修改文本，即权利要求第1~8项、说明书全文替换页第1~9页以及说明书附图第1~3页。

针对申请人于2001年12月10日提交的权利要求第1~8项、说明书全文替换页第1~9页、说明书附图第1~3页和申请人于申请日提交的说明书摘要，国家知识产权局专利局实质审查部门于

2003 年 6 月 27 日发出第一次审查意见通知书，其中指出本申请说明书不符合专利法第二十六条第三款的有关规定。

针对第一次审查意见通知书，申请人于 2003 年 7 月 25 日提交了意见陈述书，同时提交了新的修改文本（下称文本 1），即权利要求第 1 ~6 项、说明书全文替换页第 1 ~5 页、说明书附图第2 ~3页。

2003 年 10 月 10 日，国家知识产权局专利局实质审查部门发出第二次审查意见通知书，指出本申请的技术方案不具备专利法第二十二条第四款规定的实用性。具体评述意见如下：（1）电子枪需要经电流加热到一定温度才能发射出热电子，所以本申请所述的技术方案的最终能量源还是来自已存在的电能。本申请所述的“静电场可逆原理发电”实质上是一个“从电能到电能”的，并且非常复杂的转化过程，从产品产业化的角度看，本申请的技术方案不能产生任何积极效果；（2）由附图 2 可以看出，I1 单元内的基板 J 和 K 与 I2 单元中的两块极板电连接，上述 4 块极板构成一个孤立的系统，该系统不能产生能量，也即该系统不是能量源。假如按照申请人所述“电子至少可以一直穿越这 4 块极板”，根据物质守恒原理，电子穿越前后该系统没有与外界发生任何物质交换或能量传递。从这 4 块极板上是不会对外界有任何输出的。由此，附图 2 所示的实施例存在原理上的错误。

针对第二次审查意见通知书，申请人于 2003 年 10 月 29 日提交了意见陈述书，并提交了新的修改文本（下称文本 2），即权利要求第 1 ~6 项、说明书替换页第 1 ~6 页以及附图第 3 页。其主要陈述意见如下：（1）电子枪只是电子源，并非热源，电子枪向真空容器发射电子数量是有限的；（2）阐述本发明能量转换原理，可以将电子的微观动能 E_h（J） $= 1/2mV_h^2$ 转换成电能 eU_h，即用微观功来发电。

国家知识产权局专利局实质审查部门于 2004 年 1 月 9 日依据本申请请求保护的技术方案不符合专利法第二十二条第四款的有关实用性的规定，对本申请作出驳回决定。

驳回针对的文本是：2001 年 12 月 10 日提交的附图第 1 页、2003 年 7 月 25 日提交的附图第 2 页、2003 年 10 月 29 日提交的权利要求 1 ~6 项、说明书第 1 ~6 页、附图第 3 页以及 2001 年 8 月 21 日提交的说明书摘要。

其主要驳回理由是：（1）“当某一电子进入 φ_0 孔时，便意味着它已经脱离了平衡态，其带电性 e（C）立即显现”不正确，因为单独的电子的带电性在任何情况下都是显现出来的；（2）“其能量形式也由 $E_h = 3/2KT_0$ 转变为 E_h（J） $= 1/2mV_h^2 = eU_h$”不正确，因为，式 E_h（J） $= 1/2mV_h^2$ 是动能表达式，表明微观电子的真实能量取决于其质量 m 和速度 v，而式 $E_h = 3/2KT_0$ 是宏观状态下根据测量温度计算出的平均电子能量，仅仅是一种宏观表达方式，丝毫不能表现出微观条件下电子的真实物理状态。宏观的热能与微观的动能之间不存在所谓的“能量转换”，直接将两式的物理意义相等是不正确的；（3）“E_h（J） $= 1/2mV_h^2 = eU_h$”中的 U_h 属于无中生有，没有任何意义。

申请人（下称复审请求人）对上述驳回决定不服，于 2004 年 2 月 16 日向专利复审委员会提出了复审请求并提交了权利要求第 1 ~6 项、说明书第 1 ~6 页以及说明书附图第 1 ~2 页（下称文本 3）。其主要的复审理由为：（1）论证 $1/2mV_h^2 = 3/2KT_0$ 成立；（2）阐述本发明的工作原理，其中具体阐明了首先由电子枪向真空容器中发射电子，电子与外界环境达到热平衡之后按照本发明的工作原理进行能量转换从而发电。

经形式审查合格，专利复审委员会受理了该复审请求，并于 2004 年 3 月 16 日发出了复审请求受理通知书及前置审查通知书。

在前置审查程序中，原审查部门仍坚持原驳回决定。

专利复审委员会依法成立合议组对本案进行复审。合议组在仔细阅读了本申请的原始文本、提交实审请求时提交的修改文本、文本 1 ~3 以及国家知识产权局专利局实质审查部门作出的驳回决定和请求人的复审请求理由后，于2005年9月20日发出复审通知书。通知书认为在审查该申请的实用性之前，需首先对其修改是否符合专利法第三十三条的规定进行审查。经审查，合议组认为文本1~3中存在大量的超范围修改之处，不符合专利法第三十三条的有关规定；同时认为该申请所要求保护的技术方案不具备实用性，不符合专利法第二十二条第四款的有关规定。

针对上述复审通知书，复审请求人分别于2005年10月1日提交说明书第1~9页、权利要求第1~9项、说明书附图第1~3页、说明书摘要第1页；于2005年10月6日提交说明书第3页。其中新修改的独立权利要求1内容如下：

"1. 由热电转换系统、发电系统共同组成内系统（7），由真空容器（8）、热源（9）、热媒（10）共同组成外系统，其特征是：内系统（7）被外系统包围彼此隔离，但存在电联系即真空容器（8）与A电极（1）均保持相同电位即零电位，热媒（10）只能从A电极（1）进入，由K电极（4）输出，热电转换系统是由电源U_{AB}连接平行板A电极（1）、B电极（2）并与通过A、B电极的一维束（$D>0$）构成电回路，发电系统由负载R_L（6）将平行板J电极（3）、K电极（4）连接起来并与通过J、K电极的一维束（$D<0$）构成电回路，发电系统之后要求带电粒子的末速度V_K符合$mV_K^2/2<3KT_0/2$传热关系"。

但复审请求人未针对复审通知书中所指出的该申请请求保护的技术方案不具备专利法第二十二条第四款有关实用性的规定这一实质性缺陷进行意见陈述。

合议组在审阅了全部文件后认为，本案事实已经清楚，可以作出本复审请求的审查决定。

二、决定的理由

1. 关于审查文本的认定

经合议组审查，复审请求人针对复审通知书于2005年10月1日提交说明书第1~9页、权利要求第1~9项、说明书附图第1~3页、说明书摘要第1页以及于2005年10月6日提交说明书第3页没有超出原始公开范围。因此，本次复审决定以复审请求人于2005年10月1日提交说明书第1~2、4~9页、权利要求第1~9项、说明书附图第1~3页、说明书摘要第1页以及于2005年10月6日提交说明书第3页作为审查的基础。

2. 关于专利法二十二条第四款

专利法第二十二条第四款规定："实用性，是指发明或者实用新型申请的主题必须能够在产业上制造或者使用，并且能够产生积极效果。"

具备实用性的发明或者实用新型专利申请应当符合自然规律并且应当能够产生预期的积极效果；违背自然规律的发明或者实用新型专利申请是不能实施的，不具备实用性。

本发明申请要求保护一种静电场可逆原理发电装置，根据说明书的记载，该静电场可逆原理发电装置的发电原理为：采用电子做热媒，在真空容器中放置由其上设置有同轴膜孔φ_1的A、B、C、D四个平行板组成的发电单元，其中在A、B板之间施加有电压U_{AB}，在J、K板之间连接有负载，φ_1的直径小到电子只能一个接一个地穿过膜孔φ_1，从而在电场E_{AB}方向上形成一维束，对电子加速，加速后的电子穿过J、K板时，形成发电回路，然后从K板穿出的电子与真空容器壁碰撞，以从外界（温度为T_0）获得热能以达到平衡态，然后周而复始地重复上述过程，以此达到将热能转变为电能的目的。

（1）首先，该申请说明书中记载了"当φ_1小到一定程度时，热电子只能一个接一个地由平衡态进入电场E_{AB}并且在电场方向上一维顺序排列即一维束"。但是这仅仅是一种假设和构想，在该领域现有技术水平下，无法实现将膜孔的尺寸制作成小至只能允许一个电子穿过，即无法实现膜孔的直径与电子直径相当，且整个申请文件中都没有记载所属技术领域的技术人员能够实现膜孔的直径与电子直径相当的技术手段，从而无法实现在电场 E_{AB} 方向上形成一维电子束。因此该申请请求保护的技术方案不具备实用性；

（2）说明书中记载了“平衡条件下，电子气体温度与热源温度相同，此时热电子对任意平面的碰撞频度 Ξ（$/s \cdot m^2$）都是相等的”，因此，电子穿过膜孔 φ_1 的几率是与膜孔面积成正比的，膜孔面积越小，穿过膜孔 φ_1 的几率越小。当在真空容器中引入发电单元时，即当引入施加有电压 U_{AB} 的 A、B 平行板时，大量电子必然会在电场力 $F_{AB}=eE_{AB}$ 的作用下，与施加正向电压的 B 板发生碰撞，从而发生电源 U_{AB} 放电现象，即大量电子在 B 板上消耗掉，这将会最终导致真空容器中的热媒完全被耗损掉。从而电子无法实现周而复始地重复本发明的发电过程，即本发明申请的发电装置无法对外源源不断地输出电量，因此该申请请求保护的方案缺乏有益效果，因而不具备实用性；

（3）此外，复审请求人在复审请求时，再次阐述该发明申请的工作原理，其中指出电子由电子枪产生，并具体记载了“真空容器中的每一个电子的平均能量为 $E_h(J)=3/2kT_k$（T_k – 电子枪阴极温度 K），但随着时间的增加，电子与真空容器壁频繁碰撞交换能量（假设真空容器壁具有良好的导热性能），电子能量逐渐降低，最终真空空间与外界环境温度 T_0（K）相同，电子能量也为 $E_h(J)=3/2kT_0$。此时，可以确定真空容器已趋向热平衡态即本发明热系统”。

由此可知，电子枪在进入真空容器时，电子枪赋予电子的能量为 $E_h(J)'=3/2kT_k$，经过和外界交换热量达到热平衡时的能量为 $E_h(J)=3/2kT_0$，在此过程期间存在能量的损耗 $\Delta E_h(J)=3/2k(T_k-T_0)$，这也意味着该发明申请中所声称的在平衡态下的电子的热能来源于电子枪赋予其的能量。本领域人员可知，电子枪需要花费一定的电能来发射电子，由于实际生活中，能量转换必定存在能量损耗，因此电子枪发射电子所需的能量必然大于 $E_h(J)=3/2kT_k$，那么在计算发电系统的净电功输出 $\Delta A(J)$ 时，除减去电场力做功之外，还应该减去电子枪发射电子所需的能量，即至少减去电子枪赋予电子的能量 E_h'，说明书中记载“发电系统总电功输出 $A=(E-E_k)X\eta_e=(A_e+E_h-E_k)X\eta_e$，$\eta_e$ 为发电回路的转换效率”，因此

$$\Delta A=A-A_e-E_h'$$

$$=(\eta_e A_e-A_e)+(E_h-E_h'-E_k)X\eta_e \tag{1}$$

而非说明书中所记载的“$\Delta A=A-A_e=(\eta_e A_e-A_e)+(E_h-E_k)X\eta_e$”。

由式（1）可以看出，因为 $\eta_e<1$，所以 $(\eta_e A_e-A_e)<0$；同时，由于 $E_h<E_h'$，所以 $(E_h-E_h'-E_k)X\eta_e<0$，因此电场力做功的损失无法从热变电部分 $(E_h-E_h'-E_k)X\eta_e$ 中得到补偿以达到完全复制，即不可能保持 A_e 在系统中循环不止并且其总量始终不变，因此该申请的发电系统并没有摒弃熵，且在热力学系统中也不可能摒弃熵。因此，该申请所记载的“A_e 在系统中循环不止并且其总量始终不变，这是系统摒弃熵的结果”违背了“能量守恒”的自然法则，致使该发明申请所要求保护的技术方案不可能实现，因此不具备实用性。

综上所述，该申请所要求保护的技术方案不具备实用性，不符合专利法第二十二条第四款的有关规定。

基于上述理由，合议组作出下述决定。

三、决定

驳回复审请求人的复审请求，维持国家知识产权局专利局实质审查部门于 2004 年 1 月 9 日对 01126087.4 号发明专利申请作出的驳回决定。

复审请求人如对本复审决定不服的，可根据专利法第四十一条第二款的规定，在收到本决定之日起三个月内向北京市第一中级人民法院起诉。

094

手动式磁卡读出器及磁性数据读取方法案

复审请求审查决定（第7178号）

决　定　号　第7178号
决　定　日　2005年11月7日
发明创造名称　手动式磁卡读出器及磁性数据读取方法
国际分类号　G06K 7/00
复审请求人　株式会社三协精机制作所
申　请　号　02143946.X
申　请　日　2002年9月26日
公　开　日　2003年4月16日
合议组组长　张美菊
主　审　员　熊　婷
参　审　员　周雷鸣

法律依据　专利法第三十八条
决定要点
原审查部门作出驳回决定之前没有给予申请人对于驳回所依据的事实和理由陈述意见的机会，因此不符合听证原则，违反了法定程序。

一、案由

本复审请求涉及申请日为2002年9月26日、申请号为02143946.X、发明名称为“手动式磁卡读出器及磁性数据读取方法”的发明专利申请（下称本申请），申请人为株式会社三协精机制作所。

本申请公开时的权利要求书内容如下：

“1. 一种手动式磁卡读出器，使有磁性条纹的卡片从卡片插入口插入到卡片为止，然后拔出所述卡片，其特征在于，包括

读取记录在所述磁性条纹中的磁性数据的磁头，

编辑所述磁性数据的数据编辑部，和

保存所述卡片插入时的数据的读取保存用缓冲器，

在所述插入时可读取所述磁性数据并保存在所述读取保存用缓冲器中，而且在所述拔出时也能读取所述磁性数据。

2. 一种磁性数据读取方法，利用手动式磁卡读出器使有磁性条纹的卡片从卡片插入口插入到卡片为止，然后拔出所述卡片，读取所述卡片的磁性数据，其特征在于，所述方法包括在所述卡片插入时读取并保存所述磁性数据，而且在所述卡片拔出时也读取所述磁性数据，如果在所述拔出时能读取所述磁性数据，就把该磁性数据作为读入数据使用，如果在所述拔出时不能读取所述磁性数据，就把所述插入时的磁性数据作为读取数据。”

在实质审查过程中，国家知识产权局专利局实质审查部门于2003年12月5日发出了第一次审查意见通知书，其中指出权利要求1相对于对比文件1（CN1032250A，公开日为1989年4月5日）不符合专利法第二十二条第三款有关创造性的规定，权利要求2相对于对比文件1不符合专利法第二十二条第二款有关新颖性的规定。

针对第一次审查意见通知书，申请人于2004年4月20日提交了意见陈述书以及权利要求书和说明书的全文替换页。其中将技术特征“所述读取保存用缓冲器中保存的插入时的磁性数据补完拔出时的缺损数据”补入权利要求1和2中，同时对说明书的发明内容部分做了适应性修改，申请人在意见陈述书中具体陈述了新修改的权利要求1具备创造性、权利要求2具备新颖性的理由。

新修改的权利要求书内容如下：

“1. 一种手动式磁卡读出器，使有磁性条纹的卡片从卡片插入口插入到卡片为止，然后拔出所述卡片，其特征在于，包括

读取记录在所述磁性条纹中的磁性数据的磁头，

编辑所述磁性数据的数据编辑部，和

保存所述卡片插入时的数据的读取保存用缓冲器，

在所述插入时可读取所述磁性数据并保存在所述读取保存用缓冲器中，而且在所述拔出时也能读取所述磁性数据，

所述读取保存用缓冲器中保存的插入时的磁性数据补完拔出时的缺损数据。

2. 一种磁性数据读取方法，利用手动式磁卡读出器使有磁性条纹的卡片从卡片插入口插入到卡片为止，然后拔出所述卡片，读取所述卡片的磁性数据，其特征在于，所述方法包括：在所述卡片插入时读取并保存所述磁性数据，而且在所述卡片拔出时也读取所述磁性数据，如果在所述拔出时能读取所述磁性数据，就把该磁性数据作为读入数据使用，如果在所述拔出时不能读取所述磁性数据，就由所述读取保存用缓冲器保存的插入时的磁性数据补完拔出时的缺损数据。”

国家知识产权局专利局实质审查部门以新修改的权利要求1和2分别不符合专利法第二十二条第三款和第二款的规定为由，于2005年1月7日作出了驳回该专利申请的决定。驳回理由主要是，申请人将技术特征“所述读取保存用缓冲器中保存的插入时的磁性数据补完拔出时的缺损数据”补入权利要求1和2，成为新的权利要求，但是该技术特征从对比文件1公开的内容中可以得到启示，因此修改后的权利要求1和2仍旧不符合专利法第二十二条的规定。

申请人（下称复审请求人）对上述驳回决定不服，于2005年4月21日向专利复审委员会提出复审请求，复审请求人未提交修改文本。其复审理由如下：（1）对比文件1的技术方案是在读取卡插入时和卡拔出时两次都读取卡中的数据，这样就可以获得两次正确读取卡中数据的机会；这与本发明“所述读取读取保存用缓冲器中保存的插入时的磁性数据补完拔出时的缺损数据”存在本质上的区别；（2）在对比文件1的情况中，万一卡拔出时的磁性数据也存在缺损数据部分时，就无法正确地读取数据了，此时必须要再一次插入卡；在本发明中，“所述读取读取保存用缓冲器中保存的插入时的磁性数据补完拔出时的缺损数据”，因此即使卡拔出时的磁性数据存在缺损数据部分也不会造成无法正确读取数据的结果。本发明中，只要卡插入时和卡拔出时缺损的数据部分没有重叠的部分，即使两次数据的读取都不完整仍然可能将缺损的数据部分补充完整，这样可获得相当高的数据读取成功率；（3）对比文件1中没有涉及任何有关数据修补的内容，本领域普通技术人员无法在不付出创造性劳动的基础上从中获得“所述读取读取保存用缓冲器中保存的插入时的磁性数据补完拔出时的缺损数据”的技术方案。

在前置审查程序中，国家知识产权局专利局实质审查部门仍坚持原驳回决定。

专利复审委员会依法成立合议组对本案进行复审。

至此，合议组认为本案事实清楚，可以作出本复审请求审查决定。

二、决定的理由

专利法第三十八条规定："发明专利申请经申请人陈述意见或者进行修改后，国务院专利行政部门仍然认为不符合本法规定的，应当予以驳回。"审查指南第二部分第八章第6.1.1节对于驳回申请明确规定："审查员在作出驳回决定之前，应当将其经实质审查认定申请属于专利法实施细则第五十三条规定的应予驳回情形的事实、理由、证据和法律依据通知申请人，并给申请人至少一次陈述意见和/或进行修改申请文件的机会。"同时审查指南第6.1.4.2节对于驳回理由也规定应"以令人信服的事实和理由作为驳回的依据，而且对于这些事实和理由，已经给了申请人一次发表意见和/或修改申请的机会"。

在本案中，复审请求人在答复第一次审查意见通知书时提交了修改的权利要求书，在权利要求1和2中新增了实质性特征"所述读取保存用缓冲器中保存的插入时的磁性数据补完拔出时的缺损数据"。由于该技术特征的增加已经使所提交的权利要求1和2与第一次审查意见通知书所针对的权利要求1和2的技术方案的范围在实质上发生了改变，但原审查部门在作出驳回决定之前，并未对此技术特征进行任何评述，同时也没有给予申请人陈述意见的机会，而是直接在驳回决定中认为上述技术特征可以从对比文件1中得到启示。因此，上述驳回决定不符合专利法第三十八条的规定，不符合听证原则，违反了法定程序。

由于本决定仅涉及程序问题，合议组不再对其他问题进行审查。

三、决定

撤销国家知识产权局专利局实质审查部门于2005年1月7日对申请号为02143946.X的发明专利申请所作出的驳回决定，以复审请求人于申请日提交的说明书附图第1~3页、说明书摘要及摘要附图，2004年4月20日提交的权利要求第1~2项、说明书第1~7页为基础，由原实质审查部门继续进行审批程序。

095

聚合物电解质电池及其制造方法案

复审请求审查决定（第7186号）

决　定　号　第7186号
决　定　日　2005年10月24日
发明创造名称　聚合物电解质电池及其制造方法
国 际 分 类 号　H01M 10/40　H01M 2/02
复 审 请 求 人　索尼株式会社
申　请　号　01803929.4
申　请　日　2001年11月21日
公　开　日　2003年2月5日
合 议 组 组 长　黄毅斐
主　审　员　孙克良
参　审　员　龙　安

法 律 依 据　专利法第二十二条第三款
决 定 要 点
专利申请文件经复审请求人的修改，已克服了驳回决定指出的缺陷，因此在新文本的基础上撤销驳回决定。

一、案由

本复审请求涉及申请号为01803929.4、申请日为2001年11月21日、优先权日为2000年11月21日、名称为“聚合物电解质电池及其制造方法”的发明专利申请，申请人为索尼株式会社。

国家知识产权局专利局实质审查部门于2004年6月11日发出了第一次审查意见通知书，其中主要指出权利要求1~8相对于对比文件1和2而言不具备创造性，不符合专利法第二十二条第三款的规定。

申请人于2004年10月10日提交了意见陈述书，同时提交了权利要求书的修改替换页（主要是将从属权利要求4、8、13、18的附加技术特征分别补入独立权利要求1、5、9、14中）。

针对申请人于2004年10月10日提交的权利要求第1~14项，以及进入中国国家阶段时提交的说明书第1~19页、附图第1~9页、说明书摘要及其附图，国家知识产权局专利局实质审查部门于2004年11月12日作出了驳回决定。驳回的具体理由是：权利要求1~6相对于对比文件1和2而言不具备创造性，不符合专利法第二十二条第三款的规定。

申请人（下称复审请求人）对上述驳回决定不服，于2005年1月31日向专利复审委员会提出复审请求，并提交了权利要求书的修改替换页（将权利要求2删除）。

经形式审查合格后，专利复审委员会受理了该复审请求，于2005年3月1日发出了复审请求受理通知书和前置审查通知书。

原实质审查部门对本案进行了前置审查，认为其修改仅将原从属权利要求2删除，并不能克服驳回决定指出的本申请权利要求1、3~6（即新权利要求1~5）不具备创造性的缺陷，因此坚持驳回决定。

复审请求人于2005年2月28日再次修改了权利要求书，以2004年10月10日答复第一次审查意见通知书时提交的权利要求书替换页为基础，将其中的产品权利要求1~6删除而保留方法权利要求7~14，形成新的权利要求1~8。

专利复审委员会依法成立合议组对本案进行审查。经审查，合议组认为本案事实清楚，可以作出复审决定。

二、决定的理由

虽然复审请求人在提出复审请求后又再次提交了权利要求书的修改文本，但是此次修改是将驳回决定指出的不具备创造性的产品权利要求1~6删除而仅保留方法权利要求，以克服驳回决定指出的缺陷，因此合议组认为可以接受该修改文本。所以，合议组以2005年2月28日提交的权利要求第1~8项，以及本申请进入中国国家阶段时提交的说明书第1~19页、附图第1~9页、说明书摘要及其附图，作为复审决定所依据的文本。

由于上述修改后的权利要求书中已经将涉及产品的原权利要求1~6删除，因此已经完全克服了驳回决定中所指出的原权利要求1~6不具备创造性的缺陷。

基于上述理由，合议组作出下述决定。

三、决定

撤销国家知识产权局专利局实质审查部门于2004年11月12日作出的驳回01803929.4号申请的决定，由原实质审查部门以复审请求人于2005年2月28日提交的权利要求第1~8项，以及本申请进入中国国家阶段时提交的说明书第1~19页、附图第1~9页、说明书摘要及其附图为基础，继续审批程序。

096

电介质陶瓷粉末、陶瓷生片和层压陶瓷电容器及其制造方法案

复审请求审查决定（第7188号）

决 定 号 第7188号

决 定 日 2005年10月20日

发明创造名称 电介质陶瓷粉末、陶瓷生片和层压陶瓷电容器及其制造方法

国际分类号 H01G 4/12 H01G 4/30

复审请求人 太阳诱电株式会社

申 请 号 01111667.6

申 请 日 2001年2月1日

公 开 日 2001年9月12日

合议组组长 张美菊

主 审 员 孙克良

参 审 员 李韵美

法律依据 专利法第二十二条第二款

决定要点

如果权利要求中的部分特征未被对比文件公开，也不是对比文件中隐含的且无歧义地推定出的内容，则该权利要求相对于对比文件具备新颖性。

一、案由

本复审请求涉及申请日为2001年2月1日、优先权日为2000年2月3日、公开日为2001年9月12日、发明名称为“电介质陶瓷粉末、陶瓷生片和层压陶瓷电容器及其制造方法”的01111667.6号发明专利申请（下称本申请），申请人为太阳诱电株式会社。

国家知识产权局专利局实质审查部门于2003年12月26日发出了第一次审查意见通知书，其中指出权利要求1～8相对于对比文件1不具备新颖性，不符合专利法第二十二条第二款的规定。

申请人于2004年5月10日提交了意见陈述书，并修改了权利要求，即将原权利要求进行合并而形成新的独立权利要求1～4，并根据说明书实施例公开的内容将平均粒径进一步限定为0.4μm或以上，并在意见陈述书中认为修改后的权利要求1～4具备新颖性和创造性。

针对修改后的申请文件，国家知识产权局专利局实质审查部门于2004年6月18日发出了第二次审查意见通知书，其中指出权利要求1～4相对于对比文件1不具备新颖性，不符合专利法第二十二条第二款的规定。

申请人于2004年11月1日提交了意见陈述书，并修改了权利要求。所做的主要修改是将权利要求1删除，并对权利要求2～4做了撰写形式上的修改。

修改后的权利要求1、2内容如下：

“1. 一种陶瓷生片，用于形成层压陶瓷电容器的电介质，其特征在于，所述的陶瓷生片以电介质陶瓷粉末作为原料来形成，构成所述电介质陶瓷粉末的最初颗粒的最大粒径在1μm以下，并且上述最初颗粒的最大粒径为平均粒径的3倍以下，其中平均粒径是对于采用扫描电子显微镜观测测定的n个最初颗粒的粒径D_i以下式求出的平均粒径，其中n为300以上的自然数，$D_i \leqslant D_{i+1}$，i为满足$1 \leqslant i < n$的任意自然数

$$平均粒径=\begin{cases} D_a \cdots \left| f(a) - 0.5 \right| \leqslant \left| f(a+1) - 0.5 \right| 的场合 \\ D_{a+1} \cdots \left| f(a) - 0.5 \right| \leqslant \left| f(a+1) - 0.5 \right| 的场合 \end{cases}$$

其中a满足$f(a) \leqslant 0.5 < f(a+1)$，函数$f(x)$定义为$f(x) = \left(\sum_{i=1}^{x} D_i^3\right) / \left(\sum_{j=1}^{n} D_j^3\right)$而且上述平均颗粒为0.4μm或以上。

2. 一种层压陶瓷电容器，由层压形成导体的多个陶瓷生片制得，其特征在于，所述的陶瓷生片由电介质陶瓷粉末作为原料来形成，构成所述电介质陶瓷粉末的最初颗粒的最大粒径在1μm以下，并且上述最初颗粒的最大粒径为平均粒径的3倍以下，其中平均粒径是对于采用扫描电子显微镜观测测定的n个最初颗粒的粒径D_i以下式求出的平均粒径，其中n为300以上的自然数，$D_i \leqslant D_{i+1}$，i为满足$1 \leqslant i < n$的任意自然数

$$平均粒径=\begin{cases} D_a \cdots \left| f(a) - 0.5 \right| \leqslant \left| f(a+1) - 0.5 \right| 的场合 \\ D_{a+1} \cdots \left| f(a) - 0.5 \right| \leqslant \left| f(a+1) - 0.5 \right| 的场合 \end{cases}$$

其中a满足$f(a) \leqslant 0.5 < f(a+1)$，函数$f(x)$定义为$f(x) = \left(\sum_{i=1}^{x} D_i^3\right) / \left(\sum_{j=1}^{n} D_j^3\right)$而且上述平均颗粒为0.4μm或以上。”

针对申请人于2004年11月1日提交的权利要求第1~3项、申请日提交的说明书第1~6页、附图第1~2页、说明书摘要及摘要附图，国家知识产权局专利局实质审查部门于2004年12月10日作出了驳回决定。具体理由是：权利要求1~2相对于对比文件1不具备新颖性，不符合专利法第二十二条第二款的规定。

在驳回决定中，审查员指出：

1. 权利要求1请求保护一种陶瓷生片，而对比文件1（参见说明书第3页第3栏第【0018】段~第7页第11栏第【0059】段，附图1）也公开了一种陶瓷生片，并具体披露如下技术措施：所述陶瓷生片以电介质陶瓷粉末作为原料来形成，构成上述粉末的最初颗粒的最大粒径为1μm以下，其最初颗粒的平均粒径为0.4μm以上，上述最大粒径（1μm）为平均粒径（0.4μm）的3倍（1.2μm）以下（参见说明书第5页表2）。虽然对比文件1没有限定其平均粒径的具体计算方法，但对于陶瓷颗粒这样一个随机样本而言，本领域技术人员明了，利用电子显微镜采用本技术领域公知的包括本申请的平均粒径算法在内的任何合理平均粒径计算方法所获得的结果之间相差甚微，即按照权利要求1所确定的平均粒径计算方法所得到的陶瓷生片，必然会包含对比文件1所公开的陶瓷生片，因此对比文件1已经全部公开了权利要求1的技术特征，且对比文件1与权利要求1的所属技术领域相同，二者所解决的技术问题和所取得的技术效果也一样，因此，权利要求1不具备专利法第二十二条第二款所规定的新颖性。

2. 权利要求2请求保护一种层压陶瓷电容器，对比文件1（参见说明书第3页第3栏第【0018】段至第7页第11栏第【0059】段，附图1）也具体公开了一种层压陶瓷电容器，其通过层压形成导体的多个陶瓷生片制得，上述陶瓷生片由电介质陶瓷粉末作为原料来形成，构成上述电介质陶瓷粉末

的最初颗粒的最大粒径为1μm以下，其最初颗粒的平均粒径为0.4μm以上，上述最大粒径（1μm）为平均粒径（0.4μm）的3倍（1.2μm）以下（参见说明书第5页表2）。虽然对比文件1没有限定其平均粒径的具体计算方法，但对于陶瓷颗粒这样一个随机样本而言，本领域技术人员均知晓，利用电子显微镜采用本技术领域公知的包括本申请的平均粒径算法在内的任何合理平均粒径计算方法所获得的结果之间相差甚微，即按照权利要求1所确定的平均粒径计算方法所得到的陶瓷生片，必然会包含对比文件1所公开的陶瓷生片。因此对比文件1公开了权利要求2的全部技术特征，且对比文件1与权利要求2的所属技术领域相同，其所解决的技术问题和所取得的技术效果也一样，则权利要求2都不具备专利法第二十二条第二款规定的新颖性。

申请人（下称复审请求人）对上述驳回决定不服，于2005年3月11日向专利复审委员会提出复审请求，并修改了申请文件。其修改主要是将权利要求1~3中的“构成所述电介质陶瓷粉末的最初颗粒”修改为“构成所述电介质陶瓷粉末的 $BaTiO_3$ 的最初颗粒”。复审请求人在复审请求书中认为对比文件1所用的陶瓷粉末都是由两种以上组成不同的颗粒构成的，完全没有公开本发明所用的单一组成的颗粒，所以新权利要求1相对于对比文件1具备新颖性。

经形式审查合格后，专利复审委员会受理了该复审请求，于2005年4月18日向复审请求人发出了复审请求受理通知书和前置审查通知书。

原审查部门对修改后的文本进行了前置审查，认为修改后的权利要求1~2仍不具备新颖性，因此坚持驳回决定。专利复审委员会依法成立合议组对本案进行审查。

经审查，合议组认为本案事实清楚，可以作出审查决定。

二、决定的理由

复审请求人在提出复审请求时对申请文件所做的修改符合专利法第三十三条和专利法实施细则第六十条的规定，因此合议组将以2005年3月11日提交的权利要求第1~3项、申请日提交的说明书第1~6页、附图第1~2页、说明书摘要及摘要附图作为复审决定所依据的文本。

在权利要求的新颖性审查中，对于权利要求技术方案中的技术特征，如果对比文件未公开该技术特征，该技术特征也不是本领域中惯用手段的直接置换，并且本领域的普通技术人员也不能从对比文件公开的内容中毫无疑义地导出该技术特征，那么该权利要求相对于该对比文件具备新颖性。

在本申请中，权利要求1、2中分别包括了平均粒径的计算公式：

$$\text{平均粒径}\begin{cases} D_a \cdots \left|f(a)-0.5\right| \leqslant \left|f(a+1)-0.5\right| \text{的场合} \\ D_{a+1} \cdots \left|f(a)-0.5\right| \leqslant \left|f(a+1)-0.5\right| \text{的场合} \end{cases}$$

在对比文件1中虽然公开了最初平均颗粒为0.4μm或以上，但是并未公开平均粒径的计算方法。

驳回决定在评述权利要求1、2时认为：“虽然对比文件1没有限定其平均粒径的具体计算方法，但对于陶瓷颗粒这样一个随机样本而言，本领域技术人员均知晓，利用电子显微镜采用本技术领域公知的包括本申请的平均粒径算法在内的任何合理平均粒径计算方法所获得的结果之间相差甚微，即按照权利要求1所确定的平均粒径计算方法所得到的陶瓷生片，必然会包含对比文件1所公开的陶瓷生片，因此对比文件1公开了权利要求1、2的全部技术特征”。但是合议组认为，对比文件1中并未涉及平均粒径的计算公式，即权利要求中记载的计算平均粒径的方法即没有在对比文件1中公开，由于平均粒径的计算方法并不唯一，所以权利要求1、2中的计算方法不是对比文件1中隐含的、且可无歧义地推定出的技术内容，因此对比文件1没有公开权利要求1、2的全部技术特征，从而权利要求1、2相对于对比文件1具备新颖性。

基于上述理由，权利要求1、2相对于对比文件1符合专利法第二十二条第二款的规定，复审请求人的复审请求成立。

三、决定

撤销国家知识产权局专利局实质审查部门于2004年12月10日作出的驳回01111667.6号申请的决定，由原审查部门以复审请求人于2005年3月11日提交的权利要求第1~3项、申请日提交的说明书第1~6页、附图第1~2页、说明书摘要及摘要附图为基础继续审查。

097

磁单极体稳恒直流发电机案

复审请求审查决定（第7192号）

决　定　号　第7192号
决　定　日　2005年11月7日
发明创造名称　磁单极体稳恒直流发电机
国际分类号　H02K 31/00
复审请求人　王龙安
申　请　号　99116828.3
申　请　日　1999年9月1日
公　开　日　2000年10月18日
合议组组长　张　度
主　审　员　李　卉
参　审　员　熊　婷

法律依据　专利法第二十二条第四款
决定要点

本申请所述的电磁体组成的磁单极体所产生的磁力线并非是封闭的，本申请的“磁单极球体”在本质上违背了“安培环路定律”这一自然规律。因此，本申请的技术方案不具备实用性，不符合专利法第二十二条第四款的规定，

一、案由

本复审请求涉及国家知识产权局专利局于1999年9月1日受理、申请号为99116828.3、名称为“磁单极体稳恒直流发电机”的发明专利申请，其申请人是王龙安。

在实质审查过程中，国家知识产权局专利局实质审查部门以该申请不符合专利法第二十二条第四款的规定为由发出审查意见通知书，并于2003年12月5日作出了驳回该专利申请的决定。驳回决定的主要理由是，本申请所述的由电磁体组成的磁单极体所产生的磁力线并非是封闭的，因而在本质上违背了“安培环路定律”这一自然规律。

申请人（下称复审请求人）对上述驳回决定不服，于2004年1月8日向专利复审委员会提出复审请求，同时提交了权利要求书和说明书的修改替换页。复审请求人认为本申请是磁单极体不适用于“安培环路定律”，因而是具备专利法第二十二条第四款所规定的实用性的。

经形式审查合格，专利复审委员会受理了该复审请求，并于2004年2月23日发出了受理通知书以及前置审查通知书。

在前置审查程序中，国家知识产权局专利局原实质审查部门仍坚持原驳回决定。

专利复审委员会依法成立合议组对本复审请求案进行了合议审查，于2005年8月26日发出复审通知书。其中主要指出：复审请求人于2004年1月8日所提交的权利要求书和说明书均超出了原说

明书和权利要求书所记载的范围，不符合专利法第三十三条的规定。并且，合议组在原始申请文件的权利要求第1~3项、说明书第1页、附图第2页以及复审请求人于2000年5月15日提交的说明书第2页和附图第1页的基础上进行审查，认为本申请的内容不具备专利法第二十二条第四款规定的实用性，不能被授予专利权。

复审请求人于2005年10月10日在答复复审通知书时提交了权利要求书和说明书的全文修改替换页，并进行了进一步的意见陈述，认为本申请并未违背"安培环路定律"，而是在组合时磁力线没有了空间回路通道，发生了改变，因而本申请具备实用性。

在上述工作的基础上，合议组认为本案事实清楚，可以作出本复审请求审查决定。

二、决定的理由

经合议组审查，复审请求人于2005年10月10日所提交的权利要求书和说明书的修改替换页并未超出本申请原始公开内容的范围，符合专利法第三十三条的规定。由此，本复审决定依据的文本为本申请于2005年10月10日提交的权利要求第1~2项，说明书第1、第2页，复审请求人于2000年5月15日提交的附图第1页、说明书摘要和摘要附图以及申请日提交的附图第2页。

专利法第二十二条第四款规定："实用性，是指发明或者实用新型能够制造或者使用，并且能够产生积极效果"。能够制造或者使用，是指符合自然法则、具有技术特征的任何可实施的技术方案。能够产生积极效果，是指发明或者实用新型专利申请在提出申请之日，其产生的经济、技术和社会的效果是所属技术领域的技术人员可以预料的。这些效果应当是积极和有益的。

1. 本申请的说明书不具备实用性，不符合专利法第二十二条第四款的规定

如说明书所记载的，本申请提供了一种"合成磁单极体的方法"和一种"磁单极体恒稳直流发电机"，通过将电磁铁串联组成圆形球体的方法能够人工制造单独存在的N极和S极的磁单极体，并且发电机通过使用该磁单极体，使得导体始终处于垂直切割磁力线状态，不需要换向器，直接发出稳恒的直流电。本申请的主要技术方案是使用若干块三角体曲面的电磁铁同级向外组装结合成一个球体，从而构成磁单极体。

本申请技术方案的实质在于：所述的表面呈N极或S极的磁单极球体，当球体表面呈N极时，所述磁单极球体表面磁力线都从磁单极球体的N极向四周散射，不存在从N极指向S极的磁力线，当磁单极球体表面呈S极时，所述磁单极球体表面磁力线都从四周指向磁单极球体表面S极，不存在从本体的N极指向表面的S极的磁力线。也就是说，本申请所述的电磁体组成的磁单极体所产生的磁力线并非是封闭的。

根据安培环路定律可知"由电流所产生的磁场的磁力线是闭合的"，由此，本申请的"磁单极球体"在本质上违背了"安培环路定律"这一自然规律。同时，合议组认为，本申请是通过具有两极的磁铁来组成所声称的"磁单极体"。仅通过说明书所述的将电磁铁加工成三角体曲面，再将其组合成一个球体，外面用铁皮包起来的方式并不能是使所述的电磁铁的磁力线成为非封闭的，因而电磁体的磁场会依然连续。因此本申请的技术方案不具备实用性，不符合专利法第二十二条第四款的规定，不能被授予专利权。

2. 本申请权利要求1、2不具备实用性，不符合专利法第二十二条第四款的规定

权利要求1、2所要求保护的技术方案分别是依据本申请的说明书的"磁单极体稳恒直流发电机"和"磁单极体的设计制造方法"。权利要求1和2所记载的技术方案的实质是，具有所述的表面呈N极或S极的磁单极球体，当球体表面呈N极时，所述磁单极球体表面磁力线都从磁单极球体的N极向四周散射，不存在从N极指向S极的磁力线，当磁单极球体表面呈S极时，所述磁单极球体表面磁力线都从四周指向磁单极球体表面S极，不存在从本体的N极指向表面的S极的磁力线。根据

安培环路定律可知“由电流所产生的磁场的磁力线是闭合的”，由此，权利要求1、2所述的“磁单极球体”在本质上违背了“安培环路定律”这一自然规律。因此权利要求1、2的技术方案不具备实用性，不符合专利法第二十二条第四款的规定，不能被授予专利权。

综上所述，本申请不符合专利法第二十二条第四款有关实用性的规定，不能被授予专利权。复审请求人的复审理由不能成立。

三、决定

维持国家知识产权局专利局实质审查部门于2003年12月5日对99116828.3号专利申请所作出的驳回决定。

复审请求人对本决定不服的，可以根据专利法第四十一条第二款的规定，自收到本决定之日起三个月内向北京市第一中级人民法院起诉。

098

中文断词编排方法案

复审请求审查决定（第7237号）

决 定 号 第7237号
决 定 日 2005年11月7日
发明创造名称 中文断词编排方法
国际分类号 G06F 3/023
复审请求人 石胜文
申 请 号 01109140.1
申 请 日 2001年3月12日
公 开 日 2001年9月12日
合议组组长 石 清
主 审 员 张美菊
参 审 员 焦景梅

法律依据 专利法第二十五条第一款第（二）项
决定要点

本申请解决的并不是生产、科研、实验中所遇到的技术问题，权利要求的内容仅涉及在输入文稿过程中间或者之后，依照原稿所做的断词标记在词与词之间加入断词符，再将这样编排后的文稿输出到记录载体上，这是一种对记录到记录载体上的文稿的编排方式的一种人为的规定。在实施该方法的过程中，没有采用任何技术手段，并且离不开人的思维和判断等智力活动，也没有产生任何技术上的效果。因此本申请权利要求所要求保护的内容属于专利法第二十五条第一款第（二）项规定的不能被授予专利权的智力活动的规则和方法的范围。

一、案由

本复审请求涉及国家知识产权局专利局于2001年3月12日受理、申请号为01109140.1、名称为“中文断词编排方法”的发明专利申请（下称本申请），申请人是石胜文。

在本申请进入实质审查阶段后，申请人于2002年1月7日提交了说明书、说明书摘要和权利要求书的全文替换页。

在实质审查过程中，国家知识产权局专利局实质审查部门于2002年11月29日发出第一次审查意见通知书，其中指出：申请人2002年1月7日对申请文件的修改增加了多字词的取词方法，在原说明书中没有记载，不符合专利法第三十三条的规定，因此修改文本不予接受；原始文本和修改文本的技术方案都涉及一种“中文断词编排方法”，其内容是一种人为的规定和规则，没有采用技术手段或利用自然法则，既不符合专利法实施细则第二条第一款的规定，又属于专利法第二十五条第一款第（二）项所述的智力活动的规则和方法的范围，因此不能被授予专利权。

针对第一次审查意见通知书，申请人于2003年1月14日提交了意见陈述书。在意见陈述书中，申请人指出，本申请要解决的问题是如何准确快速地获取信息，为了解决该问题，本申请采用了在中文词之间加入断词符这一技术手段，其依据的是一种客观的视觉效果（属于自然法则），从而方便人们阅读信息及准确地获取信息，减少了阅读中的歧义性，其技术效果是明显的。本申请不属于智力活动的规则和方法，而是一个完整的技术方案。

国家知识产权局专利局实质审查部门于2003年3月7日针对原始申请的文本对本申请作出驳回决定，驳回决定中指出，权利要求1的内容是一种人为规定的规则，它仅是指导人们对信息进行思维、识别、判断和记忆的规则和方法，没有采用技术手段或利用自然法则，也没有解决技术问题和产生技术效果，因此不构成技术方案，既不符合专利法实施细则第二条第一款的规定，又属于专利法第二十五条第一款第（二）项所述的智力活动的规则和方法的范围；权利要求2~6的附加技术特征也是智力活动的规则和方法，也属于专利法第二十五条第一款第（二）项所述的智力活动的规则和方法的范围；申请人所指的“技术手段”依据的客观的视觉效果是自然法则，这一客观的视觉效果仅仅是采用在词与词之间加入断词符这一方法后产生的视觉效果，并不能说明“技术手段”其本身是采用或者利用自然法则，因而申请人陈述的理由不能成立。

驳回决定所针对的权利要求书内容如下：

“1. 一种中文断词编排方法，其步骤如下：

依照稿件，顺序录入或置入每个汉字和字符，形成文稿；

于上述过程进行中或过程结束后，依照稿件中所做的断词标记，在文稿的每个中文词和其他中文字词之间加入断词符；

将经如上加入断词符编排后的文稿输出到记录载体上。

2. 如权利要求1所述的中文断词编排方法，其特征在于，所述断词符为空格。

3. 如权利要求1所述的中文断词编排方法，其特征在于，所述断词符为‘凵’形符号。

4. 如权利要求1所述的中文断词编排方法，其特征在于，对于不连续的多字词，在其断续部分加入一对前后呼应的断词符。

5. 如权利要求4所述的中文断词编排方法，其特征在于，所述一对断词符为‘→’、‘←’。

6. 如权利要求4所述的中文断词编排方法，其特征在于，所述一对断词符为‘…’、‘…’。”

申请人（下称复审请求人）对国家知识产权局专利局实质审查部门的驳回决定不服，于2003年6月23日向专利复审委员会提出复审请求。在请求书中，复审请求人认为：（1）复审请求人同意对原始申请文本进行审查；（2）视觉特性属于客观规律或自然法则，在一串文字中加入非文字符号可提高视觉敏感性；本申请利用了视觉敏感性这个客观规律，并产生了提高视觉敏感性的有益效果。

经形式审查合格，专利复审委员会受理了此复审请求，并于2003年7月14日发出复审请求受理通知书和前置审查通知书。

在前置审查程序中，国家知识产权局专利局原实质审查部门仍然坚持原驳回决定。

在上述工作的基础上，专利复审委员会依法成立合议组对本案进行复审，于2004年6月4日依据申请日提交的说明书摘要、说明书第1~3页和权利要求第1~6项发出复审通知书。复审通知书指出，（1）权利要求1要求保护一种中文断词编排方法，其所要解决的问题不是技术问题，并且其内容涉及一种对记录到记录载体上的文稿的编排方式的一种人为的规定，其仅是指导人们在录入或置入汉字字符时，根据词语、句子的语义在词之间加入分隔符以消除歧义的方法，在实施该方法的过程中离不开人的思维和判断等智力活动，没有产生任何技术上的效果。因此权利要求1属于专利法第二十五条第一款第（二）项所述的智力活动的规则和方法的范围；（2）权利要求2~6的内容也是一种人为地选择和规定，同样属于专利法第二十五条第一款第（二）项所述的智力活动的规则和方法的范围；（3）复审请求人的复审理由不成立。

复审请求人于2004年7月2日提交了意见陈述书，其中指出，（1）解决出版物的质量问题是技术问题，解决出版物中的词语辨识、词语歧义的问题也是技术问题；在本发明的实施过程中，并不需要进行其他思维和判断等智力活动，因此加入断词符是一种技术手段；（2）申请人所述的敏感性是指视觉上的敏感性；现有编排方法的缺陷不是因为对词语的理解和感受而引起的，而是由于不易区别某几个词是由哪几个字组成的，因此本发明的技术效果不是通过对词语的理解和感受而获得的。

至此，合议组认为本案事实清楚，可以在此基础上作出复审请求审查决定。

二、决定的理由

本复审决定依据的文本为原驳回决定所依据的文本，即申请日提交的说明书摘要、说明书第1~3页和权利要求第1~6项。

（1）权利要求1要求保护一种中文断词编排方法。根据说明书所述，本申请所要解决的问题是提供一种不容易产生阅读歧义、可提高阅读效率、也便于外国人学习交流的中文断词编排方法，其解决的并不是生产、科研、实验中所遇到的技术问题。其内容涉及在输入文稿过程中间或者之后，依照原稿所做的断词标记在词与词之间加入断词符，再将这样编排后的文稿输出到记录载体上，这是一种对记录到记录载体上的文稿的编排方式的一种人为的规定，其仅是指导人们在录入或置入汉字字符时，根据文稿上标记以及词语、句子的语义在词之间加入分隔符以消除歧义的方法。在实施该方法的过程中，没有采用任何技术手段，实施者要根据文稿的标记进行判断、思维，并根据该判断、思维的结果，人为地在文档中加入不同的断词符，在此过程中离不开人的思维和判断等智力活动，该方法没有产生任何技术上的效果。因此权利要求1所要求保护的内容属于专利法第二十五条第一款第（二）项规定的不能被授予专利权的智力活动的规则和方法的范围。

由权利要求2~6的内容可知，权利要求2~6所要求保护的内容为断词符所采用的符号以及对于不连续的多字词所采用的断词符的方式，也是一种人为地选择和规定，同样属于专利法第二十五条第一款第（二）项规定的不能被授予专利权的智力活动的规则和方法的范围。

（2）对于复审请求人在意见陈述中的意见，合议组认为，①本申请的现有技术中出现问题的原因在于中文字的多种组合以及词义的多变性，人类思维会根据其本人对中文文字的理解和认识而对显示的中文文字产生不同的理解。为此，本申请是一种基于人类视觉、思维针对不同显示方式具有不同思维反应而提供的中文断词编排方法，其解决的并不是生产、科研、实验中所遇到的技术问题。由于中文字义、词义、语义的多样性，实施权利要求的方法的实施者要根据稿件上的断词标记插入如权利要求2~6所示的不同的断词符，在确定插入何种断词符时就要根据人的思维和判断而进行选择。因此插入断词符也依赖人类的思维判断，其不能被认为是一种技术手段；②对于文字符号，如果其本身不具有任何意义，无论在其间加入何种断词符来增加视觉敏感性，对于观看者来说其也不具有任何意义，因此，在文字之间增加断词符而增加中文文字的视觉敏感性还是要基于对字、词的含义理解。对于复审请求人的“现有编排方法的缺陷是由于不易区别某几个词是由哪几个字组成而产生的，因此本发明的技术效果不是通过对词语的理解和感受获得的”观点，合议组认为，不易区别某几个词是由哪几个字组成的原因在于不同字的组合会出现不同含义的词语，这还是由于人类思维对不同字组成的词语的理解和对字的组合的敏感度的不同而造成的，“使人们阅读信息、准确获取信息、减少阅读歧义”并不是本申请的断词编排方法所获得的技术效果。

因此复审请求人所陈述的观点合议组不能接受。

(3) 综上所述，本申请权利要求 1 ~6 仍然具有驳回决定所指出的属于专利法第二十五条第一款第（二）项规定的不能被授予专利权的智力活动的规则和方法的范围的缺陷。

三、决定

维持国家知识产权局专利局实质审查部门于 2003 年 3 月 7 日对 01109140.1 号发明专利申请所作出的驳回决定。

复审请求人对本决定不服的，可以根据专利法第四十一条第二款的规定，自收到本决定之日起三个月内向北京市第一中级人民法院起诉。

099

适用于电子装置的执行效能调整方法与装置案

复审请求审查决定（第7238号）

决　定　号　第7238号
决　定　日　2005年11月4日
发明创造名称　适用于电子装置的执行效能调整方法与装置
国际分类号　G06F 11/26
复审请求人　华邦电子股份有限公司
申　请　号　02108557.9
申　请　日　2002年3月28日
公　开　日　2003年10月15日
合议组组长　熊　婷
主　审　员　张美菊
参　审　员　骆素芳

法律依据　专利法第二十六条第三款
决定要点

如果所属技术领域技术人员根据说明书的记载，结合所属技术领域的公知常识再现本申请的技术方案是不需要付出创造性劳动的，那么本申请的说明书就是清楚、完整的，符合专利法第二十六条第三款的规定。

一、案由

本专利申请复审请求涉及申请号为02108557.9的发明专利申请，其申请日为2002年3月28日，名称为“适用于电子装置的执行效能调整方法与装置”，申请人是华邦电子股份有限公司。

在实质审查过程中，国家知识产权局专利局原实质审查部门在2004年5月14日发出的第一次审查意见通知书中指出，说明书中公开的内容是系统根据提供的Regedit.exe文件中的CPU工作负载数值调整系统的工作效能，而该内容仅仅给出了任务和设想，并未给出任何使所属技术领域工作人员能够实施的技术手段，没有公开如果检测工作负载数值；而关于怎样根据检测结果以改变各个电路内部处理速度进而实现调整执行效能的目的，同样仅给出了“可用纯硬件、纯软件或者硬件加上软件控制的方式来实现”的内容，而并未公开软件的实现步骤、流程或硬件结构。因此本领域技术人员不能根据说明书公开的内容实现其发明目的，说明书不符合专利法第二十六条第三款的规定。

针对第一次审查意见通知书，申请人于2004年9月15日提交了意见陈述书。其中认为，本申请所采用的工作负载数值读取器、工作负载数值检测器、频率控制调整器及电压控制调整器的具体结构属于现有技术，而本申请仅是采用了该现有技术的组合，说明书原始公开的内容已能使本领域技术人员实现本申请的目的和技术方案。申请人同时说明了上述各装置的工作原理和结构。

国家知识产权局专利局原审查部门依旧坚持原审查意见，并于2004年12月10日对本申请作出了驳回决定。针对申请人的意见陈述，原审查部门在其驳回理由中认为，本申请中个人电脑中用改变时脉产生器所产生的外频信号来改变各个电路内部的处理速度的频率控制调整器的结构并非本领域的现有技术，不能根据说明书的记载得到申请人所陈述的该频率控制调整器的结构或者实现该功能的其他技术方案。同样工作负载数值读出器、工作负载数值检测器、电压控制调节器的硬件结构或软件的流程也不是本领域的现有技术，因此申请人陈述意见不能被接受。

申请人（下称复审请求人）对该驳回决定不服，于2005年2月25日向专利复审委员会提交了复审请求书。复审请求人在请求书中陈述，本发明所采用的频率控制调整器、工作负载数值读出器、工作负载数值检测器及电压控制调节器的实现流程已经记载在说明书的相关描述中，本领域的技术人员看过这些记载后，必能根据说明书的记载实现本发明的技术。

在前置审查程序中，国家知识产权局专利局原审查部门仍坚持原驳回决定。

专利复审委员会依法成立合议组，对本案进行了复审。

在上述工作的基础上，合议组经合议认为本案事实清楚，可以作出本复审请求审查决定。

二、决定的理由

1. 关于审查所依据的文本

复审请求人在提出复审请求时没有修改本申请的申请文件，因此本复审请求审查决定所依据的文本为驳回所依据的文本，即申请日提交的权利要求第1～23项、说明书第1～11页、说明书附图第1～6页、说明书摘要、摘要附图。

2. 关于专利法第二十六条第三款

根据专利法第二十六条第三款规定，说明书应当对发明或者实用新型作出清楚、完整的说明，以所属技术领域的技术人员能够实现为准。

所属技术领域的技术人员能够实现，是指所属技术领域的技术人员按照说明书记载的内容，不需要创造性的劳动，就能够再现该发明或者实用新型的技术方案，解决其技术问题，并且产生预期的技术效果。

如果所属技术领域技术人员根据说明书的记载，并结合其技术领域的公知常识再现本申请的技术方案是不需要付出创造性劳动的，那么本申请的说明书就是清楚、完整的，符合专利法第二十六条第三款的规定。

本申请涉及一种适用于电子装置的执行效能调整方法与装置。根据说明书的记载，其所要解决的技术问题是，针对现有技术以固定频率执行任务会造成信息产品整体资源浪费，增加不必要的耗电量，甚至会减少其寿命的缺点，提出了一种可以不同执行速度来处理各种复杂程度不同的软件的执行效能调整方法。为了解决这个技术问题，本申请所采用的方案是，在电子装置运作时，读取作业系统对中央处理单元所检测得到的一工作负载数值，相应于该工作负载数值的大小而对该中央处理单元的工作频率与工作电压进行调整。

对于检测中央处理单元的工作负载数值的步骤，在本申请说明书第9页第2段以及第10页第2段记载的内容表明，在本申请中可直接采用视窗操作系统提供的Regedit. exe回传的工作负载数值，或者本申请说明书第10页第3段记载了可用工作负载数值检测器53取代视窗操作系统提供的Regedit. exe执行档的工作。视窗操作系统是使用非常普遍的个人电脑操作系统，其中用Regedit. exe执行档检测中央处理器的工作负载数值对于本领域的普通技术人员来说是公知的，因此根据Regedit. exe执行档的工作原理，本领域的普通技术人员不需要付出创造性的劳动就可以实现可以检测CPU工作负载数值并读出其数值的工作负载数值检测器53。

对于频率控制调整器和电压控制调整器，根据本申请说明书第9页第3段、第10页第1、第2段的记载，本领域的普通技术人员可以理解，工作负载数值读取器获得的工作负载传送到频率控制调整器与电压控制调整器，利用建表和查表的方式，获得工作负载数值对应的适当工作频率与工作电压。根据从表格中获得的工作电压值，电压控制调整器中断原来的工作电压，并根据工作负载值重新发出五位元并列数字信号，从而使脉冲宽度调变调整集成电路发出适合的工作电压；根据从表格中获得的工作频率值，频率控制调整器定义外频信号频率一寄存器内的数值，便可调整时脉产生器所产生的外频信号频率。上述内容已经说明了电压和时脉调整的流程，虽然在说明书中并没有具体公开如何产生新的寄存器参数和五位元并列数字信号，并且没有记载脉冲宽度调变调整集成电路如何根据新的五位元并列数字信号产生工作电压，以及如何根据新参数产生外频信号频率。但是合议组认为，调整时脉产生器的时钟脉冲频率以及改变工作电压产生装置所产生的工作电压对于本领域的普通技术人员来说是公知的和基本的技术手段。本领域的技术人员根据说明书公开的内容再结合这些公知的技术手段可以不需要创造性的劳动实现工作电压和工作频率的调整。

3. 综上所述，本申请中的工作负载数值读出器、工作负载数值检测器、电压控制调节器对于本领域的普通技术人员来说都是无需付出创造性劳动就可以实现的，因此本申请说明书已经充分公开了能够解决其发明目的的适用于电子装置的执行效能调整方法与装置，不具有驳回决定所指出的专利法第二十六条第三款的缺陷，因此，合议组可以依法作出本复审请求审查决定。

三、决定

撤销国家知识产权局专利局实质审查部门于 2004 年 12 月 10 日对 02108557.9 号发明专利申请所作出的驳回决定，以驳回决定所依据的文本，即申请日提交的权利要求第 1 ~ 23 项、说明书第 1 ~ 11 页、说明书附图第 1 ~ 6 页、说明书摘要、摘要附图为基础，由原实质审查部门继续进行审查程序。

100

半导体器件及其制造方法案

复审请求审查决定（第7239号）

决 定 号 第7239号
决 定 日 2005年11月7日
发明创造名称 半导体器件及其制造方法
国际分类号 H01L 27/108、21/8242
复审请求人 三菱电机株式会社
申 请 号 98104033.0
申 请 日 1998年1月27日
公 开 日 1998年11月25日
合议组组长 张 度
主 审 员 张美菊
参 审 员 石 清

法律依据 专利法第二十二条第二款
决定要点

如果一项由他人在申请日前向国家知识产权局专利局提出申请、并在申请日后（含申请日）公布的发明专利申请并没有公开本申请权利要求技术方案的全部技术特征，并且也不能从该在后公开的申请文件中唯一地推导出未公开的技术特征，同时不能认定该区别为所属技术领域的惯用手段的直接置换，则不能认为该在后公开的申请文件与本申请是同样的发明，其不能构成本申请的抵触申请。

一、案由

本专利申请复审请求涉及申请号为98104033.0的发明专利申请，其申请日为1998年1月27日，优先权日为1997年5月15日，名称为“半导体器件及其制造方法”，申请人是三菱电机株式会社。

在实质审查过程中，国家知识产权局专利局原实质审查部门在2002年5月17日发出的第一次审查意见通知书中指出，对比文件1（CN1199247A）是一篇由他人（冲电气工业株式会社）在1997年12月16日向中国专利局提出的发明专利申请文件，其优先权日为1997年5月8日，公开日为1998年11月18日，该文件公开了本申请权利要求1~5的全部技术特征，因此构成了权利要求1~5的抵触申请，故本申请权利要求1~5不具备新颖性；对比文件2（US5602051A）公开了权利要求6的技术方案，因此本申请权利要求6同样不具备新颖性。

针对第一次审查意见通知书，申请人于2002年9月26日提交了意见陈述书以及权利要求书、说明书的修改替换页。申请人在意见陈述书中陈述了：(1) 权利要求1中的技术特征“位线用的开口，在位于所述第1层间绝缘膜和所述第1刻蚀中止层的所述第1源/漏区上的区域中形成；第1电容器用的开口，在位于所述第1层间绝缘膜和所述第1刻蚀中止层的所述第2源/漏区上的区域中形成”能使形成与位线用的开口有相同的宽高比的第一电容器成为可能，而对比文件1中没有公开这些特征，因此权利要求1具备新颖性。同时这些技术特征也带来了显著的技术效果，具备创造性，从属于权利要求1的权利要求2~5也具备新颖性和创造性；（2）对比文件1没有公开关于栓电极的特征，因此权利要求3具备新颖性；（3）修改后的权利要求4中增加了将电极表面粗糙化的特征，该特征没有在对比文件1中公开，因此权利要求4具备新颖性；（4）权利要求5中的“通过使用刻蚀中止层，以各向同性刻蚀形式凹部，并且在所述凹部埋入导电体而得到屏蔽位线噪声的效果”的特征不是常规技术手段，权利要求5具备新颖性。

国家知识产权局专利局原审查部门于2002年12月27日对本申请作出了驳回决定。其驳回理由是：（1）对比文件1公开了本申请权利要求1~4的全部技术特征，并且权利要求5与对比文件1的区别为一种惯用手段的直接置换，因此对比文件1构成了权利要求1~5的抵触申请，本申请权利要求1~5不具备新颖性；对比文件2（US5602051A）公开了权利要求6的技术方案，因此权利要求6不具备新颖性；（2）对比文件中虽然没有出现栓电极这一术语，但电极43的下半部分相当于权利要求中的栓电极，对比文件1实质上已经公开了关于栓电极的技术特征，申请人的其他陈述意见已经在权利要求的评述中提及，因此申请人陈述意见不能被接受。

申请人（下称复审请求人）对该驳回决定不服，于2003年4月8日向专利复审委员会提交了复审请求书以及权利要求书的修改替换页。其中涉及的修改主要是：权利要求1和2按照栓电极、第1绝缘膜、位线的顺序描述，在权利要求1和2中添加了“第1绝缘膜”，并在新的权利要求1~6中将原“第1绝缘膜”改为“第2绝缘膜”，删除原权利要求6，新的权利要求6对应于修改后的权利要求1和2。复审请求人在请求书陈述：（1）本发明中绝缘膜14介于第1层间绝缘膜11和位线16a之间，该绝缘膜14覆盖栓电极13的上表面的一部分而形成。根据该结构，即使是位线图形发生错位也能够防止栓电极和位线之间发生短路；（2）本发明中介于位线16a和电容器下部电极24a之间的绝缘膜17a、20a是TEOS氧化膜，而对比文件1中是Si_3N_4膜，这在降低位线布线寄生电容上存在差异。

此次修改的独立权利要求1、2内容如下：

“1. 一种半导体器件，其特征在于，包括：

一对第1和第2源/漏区，在半导体区域的主表面上隔开一定的间隔而形成，以便夹住沟道区；

在所述沟道区上形成的栅电极；

由在所述栅电极上形成的绝缘膜构成的第1刻蚀中止层；

在所述第1刻蚀中止层上形成的第1层间绝缘膜；

位线用的开口，在位于所述第1层间绝缘膜和所述第1刻蚀中止层的所述第1源/漏区上的区域中形成；

第1电容器用的开口，在位于所述第1层间绝缘膜和所述第1刻蚀中止层的所述第2源/漏区上的区域中形成；

其特征在于还包括，栓电极，经所述第1电容器用的开口与所述第2源/漏区连接，同时充填所述第1电容器用开口，该栓电极的上表面的平面面积大于底面的平面面积；

第1绝缘膜，在所述第1层间绝缘膜上及与所述栓电极的所述第1层间绝缘膜毗邻的区域上形成；

位线，形成于所述第1绝缘膜上且经所述位线用开口与所述第1源/漏区连接；

电容器下部电极，与所述栓电极的上表面进行导电连接，经第2绝缘膜覆盖所述位线的上表面和侧面。

2. 一种半导体器件，包括：

一对第1和第2源/漏区，在半导体区域的主表面上隔开一定的间隔而形成，以便夹住沟道区；

在所述沟道区上形成的栅电极；

由在所述栅电极上形成的绝缘膜构成的第1刻蚀中止层；

在所述第1蚀刻中止层上形成的第1层间绝缘膜；

位线用开口，在位于所述第1层间绝缘膜和所述第1蚀刻中止层的所述第1源/漏区上的区域中形成；

第1电容器用开口，在位于所述第1层间绝缘膜和所述第1蚀刻中止层的所述第2源/漏区上的区域中形成；

其特征在于还包括，栓电极，经所述第1电容器用的开口与所述第2源/漏区连接，同时充填所述第1电容器用开口，该栓电极的上表面的平面面积大于底面的平面面积；

第1绝缘膜，在所述第1层间绝缘膜上及与所述栓电极的所述第1层间绝缘膜毗邻的区域上形成；

位线，形成于所述第1绝缘膜上且经所述位线用开口与所述第1源/漏区连接；

导电层，具有与所述栓电极的上表面进行导电连接的在垂直方向上延伸的电容器接触点部分、与所述电容器接触点部分的上部形成为一体的在水平方向延伸的电容器下部电极，形成所述导电层的电容器接触点部分，使其经第2绝缘膜覆盖所述位线上表面和侧面。”

经形式审查合格，专利复审委员会于2003年5月23日向复审请求人发出复审请求受理通知书，并同时发出了前置审查通知书。

在前置审查程序中，国家知识产权局专利局原审查部门仍坚持原驳回决定，坚持认定权利要求1~5中没有记载“第1绝缘膜覆盖栓电极的上表面的一部分”和“第2绝缘膜是TEOS氧化摸”，所以并不能解决申请人所述的短路和寄生电容的技术问题；即使记载了上述特征，权利要求1~5也不具备新颖性，因为对比文件1中的层间绝缘膜36相当于本申请中的第1层间绝缘膜和第1绝缘膜，并且层间绝缘膜36和Si_3N_4保护层38、39防止了位线37与电极43之间的短路，至于第一绝缘膜覆盖栓电极的上表面的一部分以及第2绝缘膜采用TEOS氧化膜在本领域中为惯用手段的直接置换。

在上述工作的基础上，合议组认为本案事实清楚，可以作出本复审请求审查决定。

二、决定的理由

1. 审查所依据的文本

复审请求人在提出复审请求时对权利要求的修改符合专利法第三十三条以及专利法实施细则第六十条第一款的规定，因此本复审请求审查决定所依据的文本为：2003年4月8日提交的权利要求1~6，2002年9月26日提交的说明书第1~23页，原始申请日提交的说明书附图第1~36页、说明书摘要、摘要附图。

2. 新颖性

专利法第二十二条第二款规定：“新颖性，是指在申请日以前没有同样的发明或者实用新型在国内外出版物上公开发表过、在国内公开使用过或者以其他方式为公众所知，也没有同样的发明或者实用新型由他人向国务院专利行政部门提出过申请并且记载在申请日以后公布的专利申请文件中。”

如果一项由他人在申请日前向专利局提出申请、并在申请日后（含申请日）公布的发明专利申请并没有公开本申请权利要求技术方案的全部技术特征，并且也不能从该在后公开的申请文件中唯一地推导出未公开的技术特征，同时不能认定该区别为所属技术领域的惯用手段的直接置换，则不能认为该在后公开的申请文件与本申请是同样的发明，其不能构成本申请的抵触申请。

权利要求1要求保护一种半导体器件，其技术方案包括：“一对第1和第2源/漏区，在半导体区域的主表面上隔开一定的间隔而形成，以便夹住沟道区；在所述沟道区上形成的栅电极；由在所述栅电极上形成的绝缘膜构成的第1刻蚀中止层；在所述第1刻蚀中止层上形成的第1层间绝缘膜；位线用的开口，在位于所述第1层间绝缘膜和所述第1刻蚀中止层的所述第1源/漏区上的区域中形成；第1电容器用的开口，在位于所述第1层间绝缘膜和所述第1刻蚀中止层的所述第2源/漏区上的区域中形成；其特征在于还包括，栓电极，经所述第1电容器用的开口与所述第2源/漏区连接，同时充填所述第1电容器用开口，该栓电极的上表面的平面面积大于底面的平面面积；第1绝缘膜，在所述第1层间绝缘膜上及与所述栓电极的所述第1层间绝缘膜毗邻的区域上形成；位线，形成于所述第1绝缘膜上且经所述位线用开口与所述第1源/漏区连接；电容器下部电极，与所述栓电极的上表面进行导电连接，经第2绝缘膜覆盖所述位线的上表面和侧面。”

权利要求2是与权利要求1并列的独立权利要求，其技术方案将权利要求1的技术特征“电容器下部电极，与所述栓电极的上表面进行导电连接，经第2绝缘膜覆盖所述位线的上表面和侧面”替换为“导电层，具有与所述栓电极的上表面进行导电连接的在垂直方向上延伸的电容器接触点部分、与所述电容器接触点部分的上部形成为一体的在水平方向延伸的电容器下部电极，形成所述导电层的电容器接触点部分，使其经第2绝缘膜覆盖所述位线的上表面和侧面”。

对比文件1（CN1199247A）是一篇由他人在1997年12月16日向国家知识产权局专利局提出的发明专利申请，其公开日为1998年11月18日，在本申请的申请日之后，其公开了一种半导体器件，并具体公开了以下内容（参见对比文件1说明书第8页第6段至第10页第2段以及附图26、27）：在半导体的主表面上隔一定间隔行形成的一对源/漏区，在其间形成沟道区，在沟道区上形成电极33（相当于栅电极），在电极33上依次形成有 Si_3N_4 膜34（相当于第一蚀刻中止层）和层间膜36（相当于第1层间绝缘膜），在源/漏区48上方的区域中形成位线37，在源/漏区41上方形成电容器下电极43，电容器下电极43与区域41连接并且下部的横截面大于上部的横截面，下电极43经膜38、39（相当于第2绝缘膜）覆盖位线37的部分上表面和侧面。对于本领域的普通技术人员来说，为了形成位线和下电极，必然要在形成位线和下电极的地方形成位线用开口和下电极用开口，因此对比文件1也必然公开了上述位线用开口和下电极用开口。

在权利要求1和2中均包括了技术特征“第1绝缘膜，在所述第1层间绝缘膜上及与所述栓电极的所述第1层间绝缘膜毗邻的区域上形成”，虽然该技术特征对于该第1绝缘的覆盖区域的表述不清楚，但是可以从字面上知道，该第1绝缘膜并不仅仅位于第1层间绝缘膜上，其还形成在栓电极的有些部位上。根据本申请的说明书文字以及附图所示，该第一绝缘膜还形成在所述栓电极的与所述第1层间绝缘膜毗邻的区域上；而在对比文件1中，层间膜36上并没有形成另一层绝缘膜（本申请的第1绝缘膜），其上直接形成了位线，并且层间膜36并没有覆盖下电极43下部的一部分表面。因此也不能从对比文件1所公开的内容唯一地推导出层间膜36由两层绝缘膜（一层相当于层间绝缘膜，其上的一层相当于第1绝缘膜）组成，对比文件1并没有公开权利要求1、2中的第1绝缘膜，也不能得出第1绝缘膜覆盖栓电极的一部分是本领域的惯用手段的直接置换的结论。对比文件1并没有公开独立权利要求1、2的全部技术特征，不能构成本申请权利要求1、2的抵触申请，独立权利要求1、2相对于对比文件1具备新颖性。

由于独立权利要求2相对于对比文件1具备新颖性，其从属权利要求3~5也相对于对比文件1具备新颖性。

3. 综上所述，本申请权利要求1~5相对于对比文件1具备新颖性，鉴于复审请求人已经删除了驳回决定中所指出的不具备新颖性的原权利要求6，因此复审请求人在提出复审请求时所提交的权利要求书已经克服了驳回决定中所指出的缺陷，合议组可以依法作出本复审请求审查决定。

三、决定

撤销国家知识产权局专利局实质审查部门于2002年12月27日对98104033.0号发明专利申请所作出的驳回决定，并以复审请求人于2003年4月8日提交的权利要求第1~6项，2002年9月26日提交的说明书第1~23页，原始申请日提交的说明书附图第1~36页、说明书摘要、摘要附图为基础，由原实质审查部门继续进行审查程序。

101

集成银行核心业务的方法和系统案

复审请求审查决定（第7240号）

决　定　号　第7240号
决　定　日　2005年11月17日
发明创造名称　集成银行核心业务的方法和系统
国际分类号　G06F 17/60
复审请求人　国际商业机器中国有限公司
申　请　号　99111784.0
申　请　日　1999年8月11日
公　开　日　2001年2月21日
合议组组长　马志远
主　审　员　张美菊
参　审　员　焦景梅

法律依据　专利法第二十五条第一款第（二）项
决定要点

权利要求1~9所要求保护的集成银行核心业务的系统是一个用于开发银行业务软件系统的软件产品，而不是专利法意义上的产品、设备，其实质是软件程序员设计该集成银行核心业务系统的开发软件程序，属于专利法第二十五条第一款第（二）项规定的不授予专利权的范围。

权利要求10的内容是指导软件程序员设计、实现该集成银行核心业务系统的软件程序的步骤，是一种人为的规定，属于专利法第二十五条第一款第（二）项规定的智力活动的范围。

一、案由

本专利申请复审请求涉及国家知识产权局专利局于1999年8月11日受理、申请号为99111784.0、名称为“集成银行核心业务的方法和系统”的发明专利申请，申请人是国际商业机器中国有限公司。

在实质审查过程中，国家知识产权局专利局实质审查部门在2002年4月29日发出的第一次审查意见通知书中指出：原始申请文件（下称文本1）的权利要求1~10请求保护一种系统，仅仅给出了实现银行业务的管理方法，这种管理方法属于专利法第二十五条第一款第（二）项规定的不能授予专利权的内容。

针对国家知识产权局专利局实质审查部门发出的第一次审查意见通知书，申请人于2002年9月16日提交了意见陈述书和权利要求的修改替换页（下称文本2）。申请人认为，本申请权利要求1的各特征之间进行程序调用和组合，提供了一个实现银行业务开发的计算机化环境，不是单纯的银行业务管理方法，而是属于计算机领域的集成开发系统，其能够解决如何在计算机领域中对数据进行高效处理的问题，采用了特征，能够实现技术效果，不能因为其应用领域就否定其技术性。修改后的权利要求书为：

“1. 一种集成银行核心业务的系统，其特征在于包括：

用于提供应用业务开发环境的业务平台，在该业务平台中集成了对于各种银行核心业务来说是公用的处理部分，该业务平台包含为各种银行核心业务共享数据建立的核心业务共享数据资料库，以便对客户情况、业务情况进行分析，为系统提供综合的客户、业务情况；

基本业务规则库，包括可执行的多个基本业务，每个基本业务是能够独立地完成一种完整的业务操作的最小单位；

共同函数库，包括可被多个所述基本业务调用的多个公共函数程序，和

应用业务子系统，包括所述基本业务的组合。

2. 根据权利要求 1 的集成银行核心业务的系统，其特征在于所述银行核心业务包括活期存款、定期存款、贷款、结算、信用卡/储蓄卡、会计、电子汇划、清算、账簿等业务中的至少一项业务。

3. 根据权利要求 1 的集成银行核心业务的系统，其特征在于所述业务平台包括连线交易主控模块、数据库界面模块、连线批处理主控模块、连线报表模块、外部接口模块以及模拟测试模块中的至少一个模块。

4. 根据权利要求 1 的集成银行核心业务的系统，其特征在于所述业务平台包括会计处理、冲正处理、24 小时运行模式中的至少一个处理。

5. 根据权利要求 4 的集成银行核心业务的系统，其特征在于所述会计处理是采用“会计服务器”的方式来进行会计记账的，让各个交易或基本业务在进行记账时，通过固定的界面来处理其会计分录产生和记账。

6. 根据权利要求 1 的集成银行核心业务的系统，其特征在于所述银行核心业务系统基于所述基本业务规则实现业务的统一连动和全面自动转账。

7. 根据权利要求 1 的集成银行核心业务的系统，其特征在于还包括用于建立系统所使用的数据格式及内存表格的生成器。

8. 根据权利要求 7 的集成银行核心业务的系统，其特征在于所述生成器包括以数据字典为输入源的生成器、会计处理表生成器、数据库访问引擎和 Copybook 生成器、文件访问引擎生成器以及报表生成器中的至少一个生成器。

9. 根据权利要求 1 的集成银行核心业务的系统，其特征在于还包括程序模板。

10. 一种集成银行核心业务的方法，其特征在于包括以下步骤：

建立用于提供应用业务开发环境的业务平台，在该业务平台中集成了对于各种银行核心业务来说是公用的处理部分，该业务平台包含为各种银行核心业务共享数据建立的核心业务共享数据资料库，以便对客户情况、业务情况进行分析，为系统提供综合的客户、业务情况；

建立基本业务规则库，该基本业务规则库包括可执行的多个基本业务，每个基本业务是能够独立地完成一种完整的业务操作的最小单位；

建立共同函数库，该共同函数库包括可被多个所述基本业务调用的多个公共函数程序，和

建立应用业务子系统，该应用业务子系统包括所述基本业务的组合。”

国家知识产权局专利局原实质审查部门坚持原审查意见，于 2003 年 2 月 14 日以文本 2 的权利要求 1～10 仍然属于专利法第二十五条第一款第（二）项规定的不授予专利权的范围为理由驳回了该申请。

申请人（下称复审请求人）对上述驳回决定不服，于 2003 年 6 月 2 日向专利复审委员会提交了复审请求书，其复审理由是，权利要求 1 是一个“集成银行核心业务的系统”，它提供了一个实现银

行业务开发的计算机环境，属于计算机领域的集成开发系统。不能因为由于根据本发明所开发的程序能够对银行业务进行管理，而认为本发明就是对银行核心业务进行管理的方法。本申请权利要求1～9是装置的权利要求，而专利法第二十五条第一款第（二）项规定的不授予专利权的客体的是“智力活动的规则和方法”，并不涉及装置的权利要求。审查员的驳回决定不区分装置权利要求和方法权利要求，将本发明的“集成银行核心业务的系统”认为是“银行核心业务系统”，并断言“其实质上是一种实现并管理银行业务的方法”，属于专利法第二十五条第一款第（二）项所规定的范畴，这是不能令人信服的。

经形式审查合格，专利复审委员会受理了该复审请求，并于2003年7月1日发出了受理通知书及前置审查通知书。

在前置审查程序中，国家知识产权局专利局原实质审查部门仍坚持原驳回决定。

在此基础上，专利复审委员会依法成立合议组对本案进行复审。

合议组于2004年5月25日以申请日提交的文本1的说明书第1～33页、说明书附图第1～19页，说明书摘要、说明书摘要附图、2002年9月16日提交的文本2的权利要求1～10项为审查所依据的文本，发出了复审通知书。其中主要指出：（1）权利要求1～9所要求保护的集成银行核心业务的系统是一个软件产品，而不是专利法所指的产品、设备，因此权利要求1～9所要求保护的是一种计算机程序，属于专利法第二十五条第一款第（二）项规定的不授予专利权的范围；（2）权利要求10要求保护的方案实质上是软件程序员设计该集成银行核心业务系统的软件程序的步骤，是一种人为的规定，属于专利法第二十五条第一款第（二）项规定的智力活动的范围。

复审请求人于2004年7月9日提交了意见陈述书，其中认为：（1）权利要求1～9要求保护的是一种具体领域（银行）的计算机应用开发系统，其实际上是以公知的计算机系统作为基础结构的，但是其并不是本发明的对象，因此在权利要求中没有明确表达，本发明不是源程序、目标程序或者它们的载体，也不是计算机可执行的指令序列或者语句序列，不是专利法所指的计算机程序；（2）权利要求10的步骤显然不是直接构成“代码化指令序列”、“符号化指令序列”或“符号化语句序列”的步骤，复审通知书中关于权利要求10属于智力活动的范围的结论没有依据。

经审查，合议组认为本案事实清楚，可以作出复审请求审查决定。

二、决定的理由

1. 关于审查所依据的文本

由于复审请求人在本申请的复审阶段未提交任何修改文本，所以本复审决定依据的文本为驳回决定依据的文本，即申请日提交的文本1的说明书第1～33页、说明书附图第1～19页、说明书摘要、说明书摘要附图，2002年9月16日提交的文本2的权利要求第1～10项。

权利要求1～9分别要求保护“一种集成银行核心业务的系统”，根据说明书的记载，本申请所针对的问题是，现有的基于计算机和网络的银行产品和服务自成一体，重复开发，造成了资源的浪费，无法为系统提供综合的客户和业务信息。本申请就是针对这样的问题而提出的，其独立于具体的业务的架构模块，还可为开发各种新兴银行业务提供一个灵活而且功能强大的平台，并且复审请求人也承认本申请权利要求1～9是具体领域（银行）的计算机应用开发系统，因此可以认定本申请权利要求1～9是用于集成开发银行系统的产品。虽然从权利要求的主题上看其所要求保护的是一种产品，但是从权利要求的内容来看，其中仅仅记载了该系统包括业务平台、基本业务规则库、共同函数库、应用业务子系统、业务平台所包括的各个模块、各种处理和生成器等内容，而并没有记载该系统与计算机系统的硬件结构相结合的任何手段；其中的业务平台虽然可以具有银行业务、软件以及软件、硬件的结合的含义，但由于其没有给出与硬件相结合的任何手段，并且权利要求1记载了该业务平台是用于提供应用业务开发环境的业务平台，因此其仅仅是一个用于银行业务软件系统集成开发的软件平台。该业务平台中所包括的公用处理部分、核心业务共享数据资料库也仅仅是为银行利用该开发平台开发属于银行系统时可以直接使用的公共编程资源，而基本业务规则库、共同函数库、应用业务子系统、各个模块、各种处理和生成器，则是在开发软件系统时可根据银行的不同业务需要直接选择使用的数据库和子程序。因此权利要求1~9所要求保护的集成银行核心业务的系统是一个用于开发银行业务软件系统的软件产品，而不是专利法所指的产品、设备，因此权利要求1~9所要求保护的实质上是一种计算机程序，属于专利法第二十五条第一款第（二）项规定的不授予专利权的范围。

权利要求10要求保护一种集成银行核心业务的方法，其方案中没有涉及于计算机硬件结构相结合的手段。其方案虽然不是直接构成“代码化指令序列”、“符号化指令序列”或“符号化语句序列”的步骤，但其中的各个步骤仅仅是设计、形成权利要求1的集成银行核心业务的软件系统的步骤。其实质上是指导软件程序员设计、实现该集成银行核心业务系统的软件程序的步骤，是一种人为的规定，属于专利法第二十五条第一款第（二）项规定的智力活动的范围。

复审请求人的意见陈述不能被合议组接受。

综上所述，本申请属于专利法第二十五条第一款第（二）项规定的智力活动的范围，不能被授予专利权。

三、决定

维持国家知识产权局专利局实质审查部门于2003年2月14日对99111784.0号发明专利申请所作出的驳回决定。

复审请求人对本决定不服的，可以根据专利法第四十一条第二款的规定，自收到本决定之日起三个月内向北京市第一中级人民法院起诉。

102

计算机系统案

复审请求审查决定（第7245号）

决 定 号 第7245号
决 定 日 2005年10月27日
发明创造名称 计算机系统
国际分类号 G06F 1/16
复审请求人 三星电子株式会社
申 请 号 01118824.3
申 请 日 2001年6月18日
公 开 日 2002年6月19日
合议组组长 熊 婷
主 审 员 詹靖康
参 审 员 周雷鸣

法律依据 专利法第二十二条第三款
决定要点

对比文件所公开的技术方案所解决的技术问题及其技术效果与本申请不同，对比文件不具有获得本申请所要求保护的结构的技术启示。本领域技术人员仅根据对比文件所公开的内容不付出创造性的劳动无法得到本申请权利要求的技术方案。

一、案由

本专利复审请求涉及申请号为01118824.3、名称为“计算机系统”的发明专利申请，其申请日为2001年6月18日，申请人为三星电子株式会社。

其公开时的权利要求为：

“1. 一种计算机系统，包括：显示单元；主机，显示单元支撑并连接在其上；以及在主机的一侧上设置的用于支撑主机的底座，其中底座包括支撑主机的支撑板，和镶嵌成型到支撑板中以有力地支撑所述支撑板的加强板。

2. 根据权利要求1的计算机系统，其中在加强板中提供多个通孔，当成型支撑板时，通过这些通孔将支撑板连接到加强板。

3. 根据权利要求1的计算机系统，其中支撑板由塑料制成。

4. 根据权利要求1的计算机系统，其中加强板由金属制成。

5. 根据权利要求4的计算机系统，其中在支撑板中提供多个狭缝。

6. 根据权利要求3的计算机系统，其中加强板由金属制成。

7. 根据权利要求6的计算机系统，其中在支撑板中提供多个狭缝。

8. 根据权利要求1的计算机系统，还包括一个可拆除地安装到支撑板外表面的装饰盖。”

国家知识产权局专利局原实质审查部门依法对该专利申请进行了实质审查，于2004年1月2日发出第一次审查意见通知书，其中指出本申请的权利要求1~8相对于对比文件1（WO 0017736A1，公开日为2000年3月3日）不具备创造性，不符合专利法第二十二条第三款的规定。

2005年5月12日，申请人针对上述审查意见通知书提交了意见陈述书，申请人认为本申请权利要求1的技术方案与对比文件公开的内容存在区别，本申请权利要求1~8相对于对比文件1具备创造性，符合专利法第二十二条第三款的规定。

经过上述审查程序后，国家知识产权局专利局原实质审查部门以本申请不符合专利法第二十二条第三款的规定为理由，于2004年8月6日作出了驳回该专利申请的决定。其驳回理由是权利要求1的全部特征都被对比文件1公开，不具备创造性，权利要求2~8的附加技术特征对于本领域技术人员来说都属于公知技术或常用手段，在独立权利要求1不具备创造性的情况下，从属权利要求2~8也不具备专利法第二十二条第三款规定的创造性。

申请人（下称复审请求人）不服上述驳回决定，于2004年11月11日向专利复审委员会提出复审请求。复审请求人认为本申请权利要求与对比文件1公开的内容技术领域不同，所解决的技术问题不同，采用的技术手段不同，因而本申请权利要求1~8相对于对比文件1具备创造性。

原实质审查部门对该复审请求作出前置审查意见，仍然坚持原驳回决定。

专利复审委员会依法组成合议组对该复审请求案进行了审理。本案合议组在仔细审阅了全部案卷后，现作出如下审查决定。

二、决定的理由

1. 文本认定

本复审决定是以复审请求人原始提交的权利要求第1~8项、说明书摘要、摘要附图、说明书第1~5页、说明书附图第1~5页为基础作出的。

2. 关于创造性

根据专利法第二十二条第三款的规定，创造性是指同申请日以前已有的技术相比，该发明有突出的实质性特点和显著的进步。

本申请涉及一种具有改进底座结构的计算机系统。在权利要求1的技术方案中，计算机系统包括显示单元、主机，显示单元支撑连接在主机上，主机的一侧设有用于支撑主机的底座，底座包括支承主机的支撑板和镶嵌成型到支撑板中以有力地支撑所述支撑板的加强板。对比文件1公开了一种便携式电脑的安置并定位的装置，该便携式电脑的安置并定位的装置具有一个支撑平面34（相当于权利要求1中的支撑板）和一个基板38（相当于权利要求1中的加强板），支撑平面34和基板38由铰链装置连接在一起，它们的相对位置可以通过立柱——棘齿定位装置或者角度调节旋钮来调节。该装置上放置的电脑具有主机和显示单元。

将权利要求1与对比文件1比较可知，它们的区别在于前者的支撑板和加强板是镶嵌成型的，它们固定紧密，固定紧密相对位置不易改变；后者的支撑平面和基板由铰链连接在一起，相互之间可以方便地任意转动。可见，两者在结构上存在较大差异，本申请权利要求1的技术方案相对于对比文件1所披露的内容来说具有突出的实质性特点。

本申请的目的和要解决的技术问题是提供一种具有利用简单的生产过程生产的小型、坚固的底座的计算机系统。对比文件1的发明目的是使便携式电脑的使用符合人体工学原理，减少使用者的疲劳，同时增强电脑的散热性能。在对比文件1的技术方案中支撑面同基板通过铰链连接，本申请权利要求1中支撑板与加强板镶嵌成型连接。两者的连接目的、连接方式、达到的效果均不相同，本领域普通技术人员不能从对比文件1所公开的结构获得将支撑板和加强板镶嵌成型连接的技术启示从而得出权利要求1所要求保护的技术方案。本申请权利要求1的技术方案使支撑板和加强板结合牢固，整个底座结构较坚固，因而具有显著的进步。

综上所述，本申请权利要求1相对于对比文件1具有突出的实质性特点和显著的进步，符合专利法第二十二条第三款关于创造性的规定。

在独立权利要求1相对于对比文件1具备创造性的情况下，其从属权利要求2~8也具备创造性。

三、决定

撤销国家知识产权局专利局实质审查部门于2004年8月6日作出的驳回决定。以复审请求人原始提交的权利要求1~8项、说明书摘要、摘要附图、说明书第1~5页、说明书附图第1~5页为基础，由原实质审查部门继续进行审查程序。

103

磁动力机案

复审请求审查决定（第7289号）

决　定　号　第7289号
决　定　日　2005年11月14日
发明创造名称　磁动力机
国际分类号　H02N 11/00
复审请求人　吕为民
申　请　号　00118515.2
申　请　日　2000年6月8日
公　开　日　2001年4月18日
合议组组长　李　隽
主　审　员　高海燕
参　审　员　高　栋

法律依据　专利法第二十二条第四款
决定要点

不能够在产业上制造或者使用的装置不具备实用性。违背自然规律的发明或者实用新型专利申请也是不能实施的，因此也不具备实用性。

一、案由

本复审请求涉及的是申请日为2000年6月8日、申请号为00118515.2、名称为“磁动力机”的发明专利申请（下称本申请），申请人是吕为民。

本申请公开的权利要求书为：

“我发明的是磁动力机，技术特征是，利用铁磁质在它的临界温度以上就变为了普通的顺磁体，于是就和永磁体几乎无吸引力了。是铁磁质时，就有吸引力，这样就使得机器转动产生能量。在机器的转动中，钆只是对热量进行了传递，机器产生的能量不是由任何形式的能量转变来的，是磁动力机本身创生出来的，打破了能量守恒定律。要求保护范围：确认我是打破能量守恒定律的磁动力机的发明者。”

国家知识产权局专利局原实质审查部门经过实质审查，于2003年6月6日发出了第一次审查意见通知书，其中指出，本申请的磁动力机是利用热能使铁磁性钆磁性消失而转变为弹簧的弹性势能，它本身不能产生能量，只是能量从一种形式转变为另一种形式，因此权利要求书不具备实用性。

针对第一次审查意见通知书，申请人于2003年8月14日提交了意见陈述书，申请人在意见陈述书中坚持认为本申请的磁动力机具备实用性，符合专利法第二十二条第四款的规定。

针对申请人上述意见陈述，原实质审查部门于2003年10月24日以本申请不符合专利法第二十二条第四款规定的实用性为由作出了驳回决定。在驳回决定中原实质审查部门坚持认为本申请权利要求不符合专利法第二十二条第四款关于实用性的规定。

申请人（下称复审请求人）对上述驳回决定不服，于2003年11月19日向专利复审委员会提出复审请求。

在形式审查合格后，专利复审委员会受理了本复审请求，于2003年12月18日发出复审请求受理通知书和前置审查通知书。

原实质审查部门作出前置审查意见书，其在前置审查意见书中坚持原驳回决定。

在此基础上专利复审委员会依法成立合议组，对本案进行审查。合议组于2005年8月1日发出复审通知书，该复审通知书以驳回决定依据的文本为审查文本。复审通知书指出，该申请的磁动力机无法持续做功，因此，其不能够在产业上制造或者使用，即其不能够在产业上实施，且其也违背能量守恒的自然规律，因而也不具备实用性。

针对复审通知书，复审请求人分别于2005年8月16日和2005年10月31日提交了意见陈述书，在上述意见陈述书中，复审请求人仍然坚持认为磁动力机能创生能量，打破能量守恒定律，具备实用性。

在此基础上，合议组认为，本案事实已经清楚，可以作出审查决定。

二、决定的理由

专利法第二十二条第四款规定的实用性是指“该发明或者实用新型能够制造或者使用，并且能够产生积极效果”。审查指南第二部分第五章第3.2.2节规定：“具有实用性的发明或者实用新型专利申请应当符合自然规律。违背自然规律的发明或者实用新型专利申请是不能实施的，因此，不具备实用性”。那些违背能量守恒定律的发明专利申请的主题，如永动机，必然是不具备实用性的。

根据说明书所述，该申请的磁动力机的每一个工作周期均包括三个阶段：第一阶段，在永磁体的磁场吸引力的作用下，铁磁质钆从图一位置（下称为位置1）运动到图二位置（下称为位置2，也即平衡位置），其间压缩弹簧，并带动飞轮做功（下称为输出功）；第二阶段，在位置2，钆正好对准聚光镜以吸收光能，并从铁磁体变为顺磁体，磁场吸引力消失；第三阶段，在弹簧弹力的作用下，钆从位置2运动到位置1。因此，说明书所述的磁动力机得以持续工作并输出功的关键在于：在每一个工作周期的第三阶段，钆必须能够返回到位置1，如此，在下一个工作周期的第一阶段，钆才能到达并停止在位置2以对准聚光镜吸收光能，即钆要能够在位置1与2之间来回振荡。

以下在不记入任何损耗的情况下，对该磁动力机第一个工作周期的三个工作阶段进行具体分析：

首先，在第一阶段，吸引力做的功＝弹簧的弹性势能＋输出功，钆由位置1运动到位置2；其次，在位置2，钆停止下来以吸收光能，即位置2必然为钆受力平衡的位置，也就是钆处于静止状态的位置；最后，在第三阶段，弹簧的弹性势能转变为动能，即弹力做功，钆由位置2向位置1运动。由上述第一阶段可知，由于有输出功的存在，弹力做的功必然小于吸引力做的功，那么在没有任何能量输入的情况下，钆将无法返回位置1，要使钆再次返回位置1，必然要输入一个与第一阶段输出功等量的功。合议组也注意到说明书第1页第16行提到了“弹簧的推力要调整好”，然而可以看到，正是由于有输出功的存在，无论起始对弹簧的推力如何调整，钆在第三阶段均不能返回位置1，而是在未到达位置1的某一受力平衡位置（下称位置3）停下来。即在没有外部能量输入的情况下，在该磁动力机工作的第一个周期的第三阶段，钆是不可能返回到位置1的。

接下来，当钆由于充磁再次受到吸引力而从位置3向位置2运动时，同样也压缩弹簧，并带动飞轮做功以输出功，假设钆所受各力没有变化，那么由于从位置3到位置2的距离小于从位置1到位置2的距离，在吸引力不变的情况下，假设钆能从位置3运动到位置2，那么其从位置3运动到位置2时吸引力所做的功必小于其从位置1运动到位置2时所做的功，从而弹簧的弹性势能必然小于其在第一个工作周期的第一工作阶段的弹性势能，导致钆在未到位置2时即会停下来，即此时钆的平衡位置发生了变化，由于聚光镜仅对应平衡位置2，所以在新的平衡位置钆接收不到光能，也不能变为顺磁体，该磁动力机即会停止工作。由此可见，钆无法在位置1和位置2之间来回振荡，从而该磁动力机也无法持续做功。因此，其不能够在产业上制造或者使用，即其不能够在产业上实施，且其也违背能量守恒的自然规律，因而也不具备实用性。

此外，合议组认为复审请求人于2005年8月16日和2005年10月31日的意见陈述仅仅是坚持了其在本申请文件中声称的打破能量守恒定律的观点，复审请求人并没有证据证明其发明的磁动力机已经在实践中实施，并实现其可以创生能量和永动的发明目的，因此，复审请求人认为本申请权利要求1具有实用性的观点不能得到支持。

基于上述理由，合议组作出本决定。

三、决定

维持国家知识产权局专利局实质审查部门于2003年10月24日对00118515.2号申请作出的驳回决定。

复审请求人对本决定不服的，可以根据专利法第四十六条第二款的规定，自收到本决定之日起三个月内向北京市第一中级人民法院起诉。

北京市第一中级人民法院
行政判决书

（2006）一中行初字第101号

原告吕为民，男，汉族，1940年8月15日出生，农民，户籍所在地河北省安平县南王庄乡角北村。

被告国家知识产权局专利复审委员会，住所地北京市海淀区北四环西路9号银谷大厦。

法定代表人廖涛，副主任。

委托代理人高海燕，国家知识产权局专利复审委员会审查员。

委托代理人耿博，国家知识产权局专利复审委员会审查员。

原告吕为民不服被告国家知识产权局专利复审委员会作出的第7289号复审请求审查决定（下称第7289号决定），于2005年12月27日，向本院提起行政诉讼。本院受理后，向被告送达了起诉状副本及应诉通知书。本院依法组成合议庭，于2006年2月22日公开开庭审理了本案。原告吕为民，被告委托代理人高海燕、耿博到庭参加了诉讼，本案现已审理终结。

2005年11月14日，被告依据《中华人民共和国专利法》（下称《专利法》）第二十二条第四款的规定，作出第7289号决定，维持了国家知识产权局（下称国知局）针对原告提出的名称为“磁动力机”发明专利申请（下称本申请）的驳回决定。

被告在法定期限内向本院提交并经当庭质证的证据、依据有：1. 第7289号复审请求审查决定；2. 第00118515. 2号发明专利申请文本，即本专利申请《发明专利申请公开说明书》及附图；同时提交《专利法》第二十二条第四款的规定作为其作出第7289号决定的法律依据。

原告诉称，本专利申请利用了两个不可逆转的交叉，发明的本磁动力机，机器的原理没有违背任何自然规律。磁动力机在转动中能创生出能量，这是一个新的发明和发现；打破了能量守恒定律和违背能量守恒定律概念是不同的，前者是科学发展的成果，后者是不科学的做法，不能偷换概念；在复审决定中抛开了最关键的问题是：钆在位置 2 吸收了光能，使它的温度升高到它的临界温度以上后，它的铁磁性消失，由铁磁质变为了普通的顺磁体。钆变为顺磁体后和永磁体就没有吸引力了，这时才使弹力做功，使钆由位置 2 运动到位置 1。因不需要用能量来克服永磁体和钆的吸引力，所以用较少能量就能使钆回到位置 1，不需要输入与输出功等量的功，弹簧的弹性势能就足够了，输出功就是磁动力机创生出的能量。若没有热量供给，使铁磁质变不成顺磁体，若物体之间没有温度差，不能使铁磁质和顺磁铁之间互变，磁动力机就不能转动，不能永动的机器不能称为永动机。本人发明的磁动力机是能够制造和使用的，并能创生出能量，是有实用性的；世界上没有人发明成功磁动力机，它具有新颖性；它能创生出能量，具有创造性，是应授予专利权的。被告如果能指出本磁动力机机器转动的任何一个环节违背了自然规律，我就承认自己的发明不对。第 7289 号决定的驳回理由是错误的，也就等于没有驳回理由，就要授予专利权。综上所述，请求法院判决撤销第 7289 号决定，判决被告依法授予原告专利权；判决被告赔偿授权失误造成的经济损失（原告在庭审中明确表示撤回此项诉讼请求）。原告向法庭提交本专利申请的《发明专利申请公开说明书》及附图。

被告辩称，本申请是不具有实用性的，其具体理由见第 7289 号复审请求审查决定。第 7289 号审查决定认定事实清楚、适用法律正确、审理程序合法，原告的诉讼理由不能成立，请求法院驳回原告的诉讼请求，维持第 7289 号复审请求审查决定。

经庭审质证，原、被告提交的证据与本案具有关联性，且合法、真实，能够证明本案的基本事实，本院经审查予以采纳。根据上述有效证据及各方当事人在庭审中无争议的陈述，本院确认如下事实：

第 7289 号决定涉及名称为“磁动力机”的发明专利申请，申请号为 00118515.2，申请日为 2000 年 6 月 8 日，申请人为原告吕为民。本发明公告摘要为：“我发明的是磁动力机，技术特征是：利用铁磁质在它的临界温度以上就变为了普通的顺磁体，于是就和永磁体几乎无吸引力了。是铁磁质时，就有吸引力，这样就使得机器转动产生能量。在机器的转动中，钆只是对热量进行了传递，机器产生的能量不是由任何形式的能量转变来的，是磁动力机本身创生出来的，打破了能量守恒定律。要求保护范围：确认我是打破能量守恒定律的磁动力机的发明者。”国知局经过实质审查，于 2003 年 6 月 6 日发出了第一次审查意见通知书，其中指出：本申请的磁动力机是利用热能使铁磁性钆磁性消失而转变为弹簧的弹性势能，它本身不能产生能量，只是能量从一种形式转变为另一种形式，因此权利要求书不具备实用性。针对第一次审查意见通知书，吕为民于 2003 年 8 月 14 日提交了意见陈述书，坚持认为本申请的磁动力机具备实用性，符合专利法第二十二条第四款的规定。针对吕为民上述意见陈述，国知局于 2003 年 10 月 24 日以本申请不符合《专利法》第二十二条第四款规定的实用性为由作出了驳回决定。

吕为民对上述驳回决定不服，于 2003 年 11 月 19 日向被告提出复审请求。

被告受理复审请求后，于 2003 年 12 月 18 日发出复审请求受理通知书和前置审查通知书。国知局作出前置审查意见书坚持原驳回决定。

在此基础上，被告以驳回决定依据的文本为审查文本，在 2005 年 8 月 1 日发出复审通知书中指出：本申请的磁动力机无法持续做功，因此，其不能够在产业上制造或者使用，即其不能够在产业上实施，且其也违背能量守恒的自然规律，因而也不具备实用性。

针对复审通知书，吕为民分别于 2005 年 8 月 16 日和 2005 年 10 月 31 日提交了意见陈述书，仍然坚持认为磁动力机能创生能量，打破能量守恒定律，具备实用性。

被告认为，根据说明书所述，该申请的磁动力机的每一个工作周期均包括三个阶段：第一阶段，在永磁体的磁场吸引力的作用下，铁磁质钆从图位置（下称为位置1）运动到图二位置（下称为位置2，也即平衡位置），其间压缩弹簧，并带动飞轮做功（下称为输出功）；第二阶段，在位置2，钆正好对准聚光镜以吸收光能，并从铁磁体变为顺磁体，磁场吸引力消失；第三阶段，在弹簧弹力的作用下，钆从位置2运功到位置1。因此，说明书所述的磁动力机得以持续工作并输出功的关键在于：在每一个工作周期的第三阶段，钆必须能够返回到位罩1，如此，在下一个工作周期的第一阶段，钆才能到达并停止在位置2以对准聚光镜吸收光能，即钆要能够在位置1与2之间来回振荡。

以下在不记入任何损耗的情况下，对该磁动力机第一个工作周期的三个工作阶段进行具体分析：

首先，在第一阶段，吸引力做的功 = 弹簧的弹性势能 + 输出功，钆由位置1运动到位置2；其次，在位置2，钆停止下来以吸收光能，即位置2必然为钆受力平衡的位置，也就是钆处于静止状态的位置；最后，在第三阶段，弹簧的弹性势能转变为动能，即弹力做功，钆由位置2向位置1运动。由上述第一阶段可知，由于有输出功的存在，弹力做的功必然小于吸引力做的功，那么在没有任何能量输入的情况下，钆将无法返回位置1，要使钆再次返回位置1，必然要输入一个与第一阶段输出功等量的功。被告也注意到说明书第1页第16行提到了“弹簧的推力要调整好”，然而可以看到，正是由于有输出功的存在，无论起始对弹簧的推力如何调整，钆在第三阶段均不能返回位置1，而是在未到达位置1的某一受力平衡位置（下称位置3）停下来。即，在没有外部能量输入的情况下，在该磁动力机工作的第一个周期的第三阶段，钆是不可能返回到位置1的。

接下来，当钆由于充磁再次受到吸引力而从位置3向位置2运动时，同样也压缩弹簧，并带动飞轮做功以输出功，假设钆所受各力没有变化，那么由于从位置3到位置2的距离小于从位置1到位置2的距离，在吸引力不变的情况下，假设钆能从位置3运动到位置2，那么其从位置3运动到位置2时吸引力所做的功必小于其从位置1运动到位置2时所做的功，从而弹簧的弹性势能必然小于其在第一个工作周期的第一工作阶段的弹性势能，导致钆在未到位置2时即会停下来，即此时钆的平衡位置发生了变化，由于聚光镜仅对应平衡位置2，所以在新的平衡位置钆接收不到光能，也不能变为顺磁体，该磁动力机即会停止工作。由此可见，钆无法在位置1和位置2之间来回振荡，从而该磁动力机也无法持续做功，因此，其不能够在产业上制造或者使用，即其不能够在产业上实施，且其也违背能量守恒的自然规律，因而也不具备实用性。

被告同时认为，吕为民于2005年8月16日和2005年10月31日的意见陈述仅仅是坚持了其在本申请文件中声称的打破能量守恒定律的观点，并没有证据证明其发明的磁动力机已经在实践中实施，并实现其可以创生能量和永动的发明目的。因此，吕为民认为本申请权利要求1具有实用性的观点不能得到支持。综上，被告作出第7289号决定，维持专利局对本专利申请作出的驳回决定。原告不服，诉至本院。

本院认为，《专利法》第二十二条第四款规定，实用性是指该发明或者实用新型能够制造或者使用，并且能够产生积极效果。《审查指南》第二部分第五章第3.2.2节规定具有实用性的发明或者实用新型专利申请应当符合自然规律。违背自然规律的发明或者实用新型专利申请是不能实施的，因此不具备实用性。那些违背能量守恒定律的发明专利申请的主题，如永动机，必然是不具备实用性的。本案中，原告吕为民申请的磁动力机无法持续做功，不能够在产业上制造或者使用，即其不能够在产业上实施，且其也违背能量守恒的自然规律，也不具备实用性，因而未能被授予专利权，原告要求确认其是打破能量守恒定律的磁动力机的发明者的权利要求不能获得支持。第7289号决定认定事实清楚，适用法律正确，审查程序合法，所做决定并无不妥，本院应予维持。原告在起诉中所持其打破了能量守恒定律，其发明的磁动力机是能够制造和使用的，并能创生出能量，是有实用性的，应当授予专利权等观点，缺乏事实及法律依据，其诉讼请求本院不予支持。依照《中华人民共和国行政诉讼法》第五十四条第（一）项的规定，判决如下：

维持被告国家知识产权局专利复审委员会于二〇〇五年十一月十四日作出的第7289号复审请求审查决定。

案件受理费1000元，由原告吕为民负担（已交纳）。

如不服本判决，可在判决书送达之日起十五日内向本院递交上诉状，并按对方当事人的人数提出副本，预交上诉案件受理费1000元，上诉于北京市高级人民法院。

审　判　长　吴　月
审　判　员　刘景文
代理审判员　何君慧
二〇〇六年三月二十七日
书　记　员　毛天鹏

北京市高级人民法院
行政判决书

（2006）高行终字第266号

上诉人（一审原告）吕为民，男，汉族，1940年8月15日出生，农民，户籍所在地河北省安平县南王庄乡角北村。

被上诉人（一审被告）国家知识产权局专利复审委员会，住所地北京市海淀区北四环西路9号银谷大厦。

法定代表人廖涛，副主任。

委托代理人高海燕，国家知识产权局专利复审委员会审查员。

委托代理人杜微科，国家知识产权局专利复审委员会审查员。

上诉人吕为民因专利行政复审一案，不服北京市第一中级人民法院（2006）一中行初字第101号行政判决，向本院提起上诉。本院依法组成合议庭，公开开庭审理了本案。上诉人吕为民、被上诉人中华人民共和国国家知识产权局专利复审委员会（下称专利复审委员会）的委托代理人高海燕、杜微科到庭参加了诉讼。本案现已审理终结。

北京市第一中级人民法院经审理认为，吕为民向中华人民共和国国家知识产权局（下称国家知识产权局）申请的磁动力机无法持续做功，不能够在产业上实施，且其违背能量守恒的自然规律，故不具备实用性。遂判决维持了专利复审委员会作出的第7289号决定。

吕为民对一审判决不服，提起上诉。吕为民认为其所发明的磁动力机的原理及转动的各个环节都没有违背自然规律，是具有创造性的。因此，请求二审法院撤销一审法院判决；撤销专利复审委员会作出的第7289号复审请求审查决定；赔偿其经济损失。

被上诉人专利复审委员会答辩称，一审法院判决认定事实清楚、适用法律正确，审判程序合法，上诉人的诉讼理由不能成立，请求二审法院维持一审判决。

本院经审理查明，吕为民于2000年6月8日向国家知识产权局提出名称为“磁动力机”的发明专利申请，申请号为00118515.2。本申请公开的权利要求书为：“我发明的是磁动力机，技术特征是：利用铁磁质在它的临界温度以上就变为了普通的顺磁体，于是就和永磁体几乎无吸引力了。是铁磁质时，就有吸引力，这样就使得机器转动产生能量。在机器的转动中，钆只是对热量进行了传递，机器产生的能量不是由任何形式的能量转变来的，是磁动力机本身创生出来的，打破了能量守恒定律。要求保护范围：确认我是打破能量守恒定律的磁动力机的发明者。”

国家知识产权局经过实质审查，于2003年6月6日发出了第一次审查意见通知书，其中指出：本申请的磁动力机是利用热能使铁磁性钆磁性消失而转变为弹簧的弹性势能，它本身不能产生能量，只是能量从一种形式转变为另一种形式，因此权利要求书不具备实用性。针对该审查意见通知书，吕为民于2003年8月14日提交了意见陈述书，坚持认为本申请的磁动力机具备实用性，符合《中华人民共和国专利法》（下称《专利法》）第二十二条第四款的规定。

2003年10月24日，国家知识产权局以本申请不符合《专利法》第二十二条第四款有关实用性的规定为由，针对吕为民的申请作出了驳回决定。

吕为民对驳回决定不服，于2003年11月19日向专利复审委员会提出了复申请求。

专利复审委员会依法受理了吕为民提出的复审请求，并发出复审请求受理通知书和前置审查通知书。国家知识产权局作出前置审查意见书，坚持原驳回决定的意见。

2005年8月1日专利复审委员会向吕为民发出的复审通知书中指出：本申请的磁动力机无法持续做功，因此，其不能够在产业上制造或者使用，即其不能够在产业上实施，且其也违背能量守恒的自然规律，因而也不具备实用性。吕为民分别于2005年8月16日和2005年10月31日提交了意见陈述书，仍然坚持认为磁动力机能创生能量，打破能量守恒定律，具备实用性。

专利复审委员会认为，根据吕为民提交的说明书所述，该申请的磁动力机的每一个工作周期均包括三个阶段：第一阶段：在永磁体的磁场吸引力的作用下，铁磁质钆从图一位置（下称为位置1）运动到图二位置（下称为位置2，也即平衡位置），其间压缩弹簧，并带动飞轮做功（下称为输出功）；第二阶段：在位置2，钆正好对准聚光镜以吸收光能，并从铁磁体变为顺磁体，磁场吸引力消失；第三阶段，在弹簧弹力的作用下，钆从位置2运动到位置1。因此，说明书所述的磁动力机得以持续工作并输出功的关键在于：在每一个工作周期的第三阶段，钆必须能够返回到位置1，这样，在下一个工作周期的第一阶段，钆才能到达并停止在位置2以对准聚光镜吸收光能，即钆要能够在位置1与2之间来回振荡。

以下在不记入任何损耗的情况下，对该磁动力机第一个工作周期的三个工作阶段进行具体分析：

首先，在第一阶段，吸引力做的功 = 弹簧的弹性势能 + 输出功，钆由位置1运动到位置2；其次，在位置2，钆停止下来以吸收光能，即位置2必然为钆受力平衡的位置，也就是钆处于静止状态的位置；最后，在第三阶段，弹簧的弹性势能转变为动能，即弹力做功，钆由位置2向位置1运动。由上述第一阶段可知，由于有输出功的存在，弹力做的功必然小于吸引力做的功，那么在没有任何能量输入的情况下，钆将无法返回位置1，要使钆再次返回位置1，必然要输入一个与第一阶段输出功等量的功。

专利复审委员会认为，虽然说明书第1页第16行提到了“弹簧的推力要调整好”，然而可以看到，正是由于有输出功的存在，无论起始对弹簧的推力如何调整，钆在第三阶段均不能返回位置1，而是在未到达位置1的某一受力平衡位置（以下简称位置3）停下来。即，在没有外部能量输入的情况下，在该磁动力机工作的第一个周期的第三阶段，钆是不可能返回到位置1的。

当钆由于充磁再次受到吸引力而从位置3向位置2运动时，同样也压缩弹簧，并带动飞轮做功以输出功，假设钆所受各力没有变化，那么由于从位置3到位置2的距离小于从位置1到位置2的距离，在吸引力不变的情况下，假设钆能从位置3运动到位置2，那么其从位置3运动到位置2时吸引力所做的功必小于其从位置1运动到位置2时所做的功，从而弹簧的弹性势能必然小于其在第一个工作周期的第一工作阶段的弹性势能，导致钆在未到位置2时即会停下来，即此时钆的平衡位置发生了变化，由于聚光镜仅对应平衡位置2，所以在新的平衡位置钆接收不到光能，也不能变为顺磁体，该磁动力机即会停止工作。由此可见，钆无法在位置1和位置2之间来回振荡，从而该磁动力机也无法持续做功，因此，其不能够在产业上制造或者使用，即其不能够在产业上实施，且其也违背能量守恒的自然规律，因而也不具备实用性。

专利复审委员会还认为，吕为民于2005年8月16日和2005年10月31日的意见陈述仅仅是坚持了其在本申请文件中声称的打破能量守恒定律的观点，并没有证据证明其发明的磁动力机已经在实践中实施，并实现其可以创生能量和永动的发明目的，因此，吕为民认为本申请权利要求1具备实用性的观点不能得到支持。

根据以上理由，专利复审委员会于2005年11月14日作出第7289号复审请求审查决定，维持专利局对本专利申请作出的驳回决定。

吕为民对复审决定不服，于2005年12月27日，向北京市第一中级人民法院提起行政诉讼，请求撤销专利复审委员会作出的第7289号复审请求审查决定。

本案一审期间，专利复审委员会向一审法院提交的证据有：第7289号复审请求审查决定；第00118515.2号发明专利申请《发明专利申请公开说明书》及附图；

本案一审期间，吕为民向一审法院提交了第00118515.2号发明专利申请《发明专利申请公开说明书》及附图。

前述证据均已随案移送本院。经本院审查核实，一审法院对上述证据的审查认定无误，本院不持异议。

本院认为：《专利法》第二十二条第四款规定，实用性是指该发明或者实用新型能够制造或者使用，并且能够产生积极效果。《审查指南》第二部分第五章第3.2.2节规定具有实用性的发明或者实用新型专利申请应当符合自然规律。违背自然规律的发明或者实用新型专利申请是不能实施的，因此不具备实用性。本案中，吕为民向国家知识产权局提出磁动力机发明申请，要求确认其是打破能量守恒定律的磁动力机的发明者，但是，吕为民并没有提交相关的试验成功的证据，在这种情况下，国家知识产权局根据能量守恒定律，以该申请不符合《专利法》第二十二条第四款的规定为由，驳回其申请是正确的。专利复审委员会在详细论证了吕为民的专利申请不具有实用性的理由后，决定维持国家知识产权局的驳回决定是正确的。

综上，一审法院判决维持专利复审委员会作出的第7289号复审请求审查决定书，认定事实清楚，适用法律正确，审判程序合法。依据《中华人民共和国行政诉讼法》第六十一条第（一）项的规定，判决如下：

驳回上诉，维持一审判决。

本案二审案件受理费1000元由上诉人吕为民承担（已交纳）。

本判决为终审判决。

审 判 长 景 滔
代理审判员 任全胜
代理审判员 朱海宏
二〇〇六年八月一日
书 记 员 王 芳

104

用于数据压缩或解压的小波滤波器案

复审请求审查决定（第7294号）

决　定　号　第7294号
决　定　日　2005年11月25日
发明创造名称　用于数据压缩或解压的小波滤波器
国际分类号　H03M 7/30
复审请求人　王国秋
申　请　号　00113587.2
申　请　日　2000年8月1日
公　开　日　2002年2月20日
合议组组长　张　度
主　审　员　左　一
参　审　员　高　雪

法律依据　专利法第二十六条第三款
决定要点

修改后的说明书不再要求保护小波滤波器，从而克服了驳回决定所指出的有关缺陷。修改后的说明书清楚描述了数据压缩或解压的小波变换方法的操作步骤，并给出小波变换的几组技术参数，本领域技术人员根据这些内容即可实现小波变换方法。因此，本申请的说明书不存在不符合专利法第二十六条第三款的问题。

一、案由

本复审请求涉及申请日为2000年8月1日、公开日为2002年2月20日、名称为“用于数据压缩或解压的小波滤波器”的专利申请，申请号为00113587.2，申请人为王国秋。

在实审过程中，国家知识产权局专利局实质审查部门针对本申请人的原始文本（下称文本1）进行审查，并于2003年3月7日发出第一次审查意见通知书。其中指出本申请说明书不符合专利法第二十六条第三款的规定。具体理由为：本发明请求保护的是一种用于数据压缩或解压的小波滤波器，但在说明书中并没有对小波滤波器的结构特征进行描述，也没有具体构成小波滤波器的实施例。本领域的技术人员按照说明书中记载的内容并不能实现发明。

针对上述审查意见通知书，申请人于2003年5月16日提交了意见陈述书。申请人认为本申请说明书完全公开了小波滤波器特征技术。理由为：（1）在本申请的背景技术中介绍了基于小波变换的压缩技术及其数据压缩和解压过程；（2）小波滤波器不是指一硬件设备，而是一种用于数字信号压缩处理的从空间域导频率域的变换技术，它可以用软件或集成电路芯片实现，其本身没有具体的物理结构特征，但它是数据压缩编码最重要、最核心的技术，怎样选择其技术参数是实现其核心技术的关键；（3）实际上，在基于小波变换的数据压缩技术领域里，小波滤波器是由几组技术参数构成，只要知道了小波滤波器的那几组技术参数，就能知道怎样由小波滤波器来实现小波变换相应的软件或芯片，实现的程式是通用的，也是公开的；（4）本申请提供了进行小波变换矩阵包括两个由数列｛hi｝和｛gi｝生成的变换矩阵以及两个由数列｛$\tilde{hi}$｝和｛$\tilde{gi}$｝生成的反变换矩阵，同时还对其参数 m 的选定给出了两个实施例。

原实质审查部门认为本申请经申请人陈述意见后仍然不符合专利法第二十六条第三款的规定，于 2003 年 8 月 8 日作出驳回决定，该驳回决定所针对的文本是文本 1。驳回的理由是，本申请的说明书中仅记载了数据压缩或解压的方法，并没有对要求保护的用于数据压缩或解压的小波滤波器的结构特征进行描述，且从说明书中也推导不出该小波滤波器的结构特征，本领域的技术人员按照说明书记载的内容并不能实现申请所请求保护的用于数据压缩或解压的小波滤波器。

申请人（下称复审请求人）对上述驳回决定不服，于 2003 年 11 月 3 日向专利复审委员会提出复审请求并提交了新修改的说明书摘要、权利要求第 1 ~ 4 项和说明书第 1 ~ 5 页（下称文本 2）。

修改后权利要求书内容如下：

“1. 一种用于数据压缩的小波正变换方法，它是利用一组小波数字滤波器对需压缩数据之数据矩阵 P 进行小波变换，进行小波变换的正变换矩阵由滤波器对｛h_i｝和｛g_i｝循环生成，其特征在于，

$$h_i = \left\{\frac{1}{32}m\frac{8m^2-6m+3}{2m+1},\ -\frac{1}{32}\frac{16m^3-20m^2+12m-3}{2m+1},\ \frac{1}{8}\frac{2m-3}{2m+1},\ \frac{1}{32}\frac{16m^3-20m^2+28m+5}{2m+1},\right.$$

$$-\frac{1}{16}\frac{8m^3-6m^2-5m-20}{2m+1},\ \frac{1}{32}\frac{16m^3-20m^2+28m+5}{2m+1}\ \frac{1}{8}\frac{2m-3}{2m+1},\ -\frac{1}{32}\frac{16m^3-20m^2+12m-3}{2m+1},$$

$$\left.\frac{1}{32}m\frac{8m^2-6m+3}{2m+1}\right\},$$

$$g_i = \left\{\frac{m}{16},\ \frac{-2m+1}{16},\ \frac{-m-4}{16},\ \frac{2m+3}{8},\ \frac{-m-4}{16},\ \frac{-2m+1}{16},\ \frac{m}{16}\right\},$$

其中，1≥m≥0.5。

2. 一种用于数据解压的小波反变换方法，它是利用一组小波数字滤波器对需解压数据之数据矩阵 Q 进行小波反变换，进行小波反变换的变换矩阵由滤波器｛$\tilde{h}_i$｝和｛$\tilde{g}_i$｝循环生成，其特征在于，

$$\tilde{h}_i = \left\{-\frac{m}{16},\ \frac{-2m+1}{16},\ \frac{m+4}{16},\ \frac{2m+3}{8},\ \frac{m+4}{16},\ \frac{-2m+1}{16},\ -\frac{m}{16}\right\},$$

$$\tilde{g}_i = \left\{\frac{1}{32}m\frac{8m^2-6m+3}{2m+1},\ \frac{1}{32}\frac{16m^3-20m^2+12m-3}{2m+1},\ \frac{1}{8}\frac{2m-3}{2m+1},\ -\frac{1}{32}\frac{16m^3-20m^2+28m+5}{2m+1},\right.$$

$$-\frac{1}{16}\frac{8m^3-6m^2-5m-20}{2m+1},\ -\frac{1}{32}\frac{16m^3-20m^2+28m+5}{2m+1}\ \frac{1}{8}\frac{2m-3}{2m+1},\ -\frac{1}{32}\frac{16m^3-20m^2+12m-3}{2m+1},$$

$$\left.\frac{1}{32}m\frac{8m^2-6m+3}{2m+1}\right\},$$

其中，1≥m≥0.5。

3. 根据权利要求 1 或 2 所述的用于数据压缩或解压的小波变换方法，其特征在于｛h_i｝，｛g_i｝和｛$\tilde{h}_i$｝和｛$\tilde{g}_i$｝中之参数 m = 1/2，则：

h_i = ｛1/64，0，−1/8，1/4，23/32，1/4，−1/8，0，1/64｝

g_i = ｛1/32，0，−9/32，1/2，−9/32，0，1/32｝

$\tilde{h}_i$ = ｛−1/32，0，9/32，1/2，9/32，0，−1/32｝

$\tilde{g}_i$ = ｛1/64，0，−1/8，−1/4，23/32，−1/4，−1/8，0，1/64｝

4. 根据权利要求1或2所述的用于数据压缩或解压的小波变换方法，其特征在于 $\{h_i\}$，$\{g_i\}$ 和 $\{\tilde{h}_i\}$ 和 $\{\tilde{g}_i\}$ 中之参数 m = 3/4，则，

$h_i = \{9/32, -3/16, -12/16, 43/16, 190/32, 43/16, -12/16, -3/16, 9/32\}/10$

$g_i = \{3/64, -1/32, -19/64, 9/16, -19/64, -1/32, 3/64\}$

$\tilde{h}_i = \{-3/64, -1/32, 19/64, 9/16, 19/64, -1/32, -3/64\}$

$\tilde{g}_i = \{9/32, 3/16, -12/16, -43/16, 190/32, -43/16, -12/16, 3/16, 9/32\}/10$ ”

请求复审的主要理由是：原申请文本中已清楚记载了利用小波滤波器对需压缩和解压之数据进行小波正变换与小波反变换的方法，驳回决定中也确认说明书中记载了这种方法。因此复审请求人在复审中修改该申请的保护主题为“一种用于数据压缩或解压的小波变换方法”，从而克服原驳回决定的缺陷。

经形式审查，该复审请求符合规定的形式要求，专利复审委员会于2003年12月1日发出受理通知书和前置审查通知书。

实质审查部门对该复审请求进行了前置审查，认为虽然申请人将保护主题改为“一种用于数据压缩或解压的小波变换方法”，但在说明书中同样没有实现该方法的具体步骤，所属领域的技术人员按照说明书记载的内容并不能实现该发明。因此仍然公开不充分，不符合专利法第二十六条第三款的规定。

在此基础上，专利复审委员会依法成立合议组对本案进行审查。

在上述工作的基础上，合议组认为本案事实清楚，可以作出本复审决定。

二、决定的理由

经合议组核实，文本2与文本1相比没有超出原始公开范围，且修改符合专利法实施细则第六十条关于“修改应当仅限于消除驳回决定指出的缺陷”的规定，可以作为复审阶段的依据。

合议组认真研究了国家知识产权局专利局实质审查部门的驳回决定以及复审请求人的复审请求，提出如下审查意见。

申请人在文本2的说明书中已经将保护主题修改为小波变换方法，从而克服了驳回决定所指出的“没有对要求保护的用于数据压缩或解压的小波滤波器的结构特征进行描述”问题。

小波变换是一项比较成熟的技术，其具体实现的程式已经是通用的或者说公知的，不同的小波变换的区别主要在于所选用的参数和算法不同，因为参数和算法的好坏直接影响到小波变换的效果好坏。也就是说，本领域技术人员只要根据小波变换的那几组技术参数就能知道怎样由小波滤波器来实现小波变换相应的软件或芯片。本发明中公开了小波变换矩阵包括两个由数列 {hi} 和 {gi} 生成的变换矩阵以及两个由数列 $\{\tilde{h}_i\}$ 和 $\{\tilde{g}_i\}$ 生成的反变换矩阵，同时还对其参数 m 的选定给出了两个实施例（参见说明书发明内容部分和具体实施方式部分）。并且在说明书背景技术中公开了基于小波变换的压缩技术及其数据压缩和解压过程（参见说明书第1页第18~24行）。本领域技术人员将上述矩阵应用到常规公知的小波变换的数据压缩和解压过程中即可实现小波变换方法而完全不需要付出创造性劳动，因此该小波变换方法是本领域技术人员根据说明书公开内容可以实现的。

综上所述，本申请的说明书已经对用于数据压缩或解压的小波变换方法进行了清楚、完整的公开，并且本领技术人员根据说明书公开的内容可以实现数据压缩或解压的小波变换方法，因此符合专利法第二十六条第三款的规定。至于说明书和权利要求书是否存在其他缺陷，均留待后续程序继续审查。

三、决定

撤销国家知识产权局专利局实质审查部门于2003年8月8日作出的驳回决定，由原实质审查部门以复审请求人于2003年11月3日向专利复审委员会提出复审请求时提交的新修改的说明书摘要、权利要求1～4和说明书第1～5页为基础继续进行审批程序。

105

综合型互助式发电机组案

复审请求审查决定（第7295号）

决　定　号　第7295号
决　定　日　2005年11月6日
发明创造名称　综合型互助式发电机组
国际分类号　H02K 53/00、7/116
复审请求人　王家齐
申　请　号　02229908.4
申　请　日　2002年3月26日
合议组组长　张　度
主　审　员　左　一
参　审　员　高　栋

法律依据　专利法实施细则第二条第二款
决定要点

本申请发电机组系在切断电动机A和B电源的情况下，只接受该发电机组系统自身发出的电能，而不接受其他任何外界能源，还能向外源源不断地发送电能，这违背了能量守恒定律，不能产生积极的技术效果，故不是适于实用的技术方案。

一、案由

本复审请求涉及申请日为2002年3月26日、名称为“综合型互助式发电机组”的实用新型专利申请，申请号为02229908.4，申请人为王家齐（下称复审请求人）。

在初审过程中，国家知识产权局专利局初审部门针对本申请的原始申请文本进行审查，于2003年3月21日发出审查意见通知书。其中指出本实用新型申请违背自然规律，不符合专利法实施细则第二条第二款的规定。

针对上述审查意见通知书，复审请求人于2003年4月2日提交了意见陈述书，认为本实用新型综合型互助式发电机组与动量守恒定律和机械能守恒定律没有任何违反和抵触。

原初审部门认为本申请经申请人陈述意见后仍然不符合专利法实施细则第二条第二款的规定，于2003年6月6日作出驳回决定。该驳回决定所针对的文本是原始申请文本。

其驳回理由是：在切断外界电源后，在没有其他任何能量供给的情况下，靠自身的这组系统发电，违背了能量守恒定律。

复审请求人对上述驳回决定不服，于2003年6月26日向专利复审委员会提出复审请求。该请求复审的主要理由是：在切断外界电源后，该系统将其输出的电能截流一部分向该系统内输送，以及切断外界输电源后，发电机还在转动，还在发电，A和B电动机在得到电后也还在转动，怎能说没有任何其他能量供给了呢？为什么用两个同型号、同功率同转速的电动机，就是来解决切断外界电源该系统就停止转动的问题。

经形式审查，该复审请求符合规定的形式要求，专利复审委员会于2003年11月20日发出受理通知书和前置审查通知书。

在前置审查程序中，原审查部门坚持原驳回决定。

在此基础上，专利复审委员会依法成立合议组对本案进行复审，于2005年3月9日发出复审通知书，合议组在审查本申请说明书和复审请求人的全部复审请求理由后指出，本申请违背了能量守恒和转换定律，不符合专利法实施细则第二条第二款的规定。

具体理由是：本实用新型申请的目的在于“提出一种发电机组，它不仅能发电，还能节约大量能源，使能源用之长久（参见说明书第2页第3~4行）”。其系统运作如下，“将外界电能输入本发电机组，全压起动电动机A和B，带动减速箱和发电机运转，实现运转发电正常后，逐步按次序切断输入电源，迅速接通自身发电机发出的电能，使电动机A和B带动减速箱和发电机继续运转，减去电动机A和B的消耗加留有充分余地的电能，把剩余的电能输给其他动力机械和需要电的地方，**不用任何能源**，（参见说明书第2页第16行至第3页第5行）”。由此可见，将电动机和发电机组构成的综合型互助式发电机组作为一个整体系统，当切断该系统的外界电源后，该系统采用自身发出的电作为它的动力来源，此时，发电机组系统不接受外界的任何其他能源供给。由于能量守恒定律揭示了“能量不能产生增值，只能从一种形式转化为另一种形式”，因此上述发电机组系统在切断外界能源的情况下不可能维持不断运转的状态，必将渐渐停止运转。因此，复审请求人所述的“本实用新型起动时只需要电能，起动后不用任何燃料，节约能源（参见说明书第5页第2~3行）”显然不符合能量守恒定律的要求。

针对上述审查意见通知书，复审请求人于2005年5月28日提交了意见陈述书以及修改的权利要求书第1~2页、说明书第3~4页。复审请求人在意见陈述中坚持认为该实用新型申请没有违背能量转换和守恒定律，修改后的权利要求书内容如下：

“一、独立权利要求：

本实用新型其特征是，由四大部件组成，有两台上型高转速电动机带动减速箱，由减速箱再带动驱动低转速发电机。

借用外界电源电能起动本实用新型两台电动机A和B带动减速箱和发电机运转发电的，运转发电正常后，首先切断电动机A的外界电源（此时电动机B正带动减速箱和发电机运转发电，本机组不会停止运转发电）。迅速接通本机组自身发出的电能带着减速箱及发电机继续运转发电，再切断电动机B的外界电源，接通机组本身发出的电能，继续带着减速箱及发电机运转发电。由于减速箱的作用使电动机高转速降低到发电机需求的低转速，同时又加大了大9.7倍力矩，能够毫不费力地带动发电机运转发电，并向外界输送电能。

二、从属权利要求：

（1）根据权利要求一所述的本实用新型其特征是，起连接纽带作用的减速箱。

（2）根据权利要求一所述的本实用新型其特征是，切断电动机A和B的分电开关。

（3）根据权利要求一所述的本实用新型其特征是，组合的方式方法。”

在上述工作的基础上，合议组认为本案事实清楚，可以作出如下复审请求审查决定。

二、决定的理由

合议组审查了复审请求人于2005年5月28日提交的权利要求书第1~2页、说明书第3~4页，其与原始申请文本相比没有超范围，符合专利法第三十三条的规定。因此本复审决定依据的文本为2005年5月28日提交的权利要求书第1~2页、说明书第3~4页，以及申请日提交的说明书第1~2

页、第5~10页，附图第1~2页。

针对上述文本，合议组提出如下审查意见。

专利法实施细则第二条第二款规定："专利法所称实用新型，是指对产品的形状、构造或者其结合以及色彩与形状、图案的结合所提出的适于实用的新的技术方案。"

本实用新型申请的目的在于"提出一种发电机组，它不仅能发电，还能节约大量能源，使能源用之长久（参见说明书第2页第3~4行）"。其系统运作如下，"将外界电能输入本发电机组，全压起动电动机A和B，带动减速箱和发电机运转，实现运转发电正常后，将电动机A的外界电源切断，迅速接通本机组自身发出的电能，继续带动本机组运转发电，再将电动机B的外界电源切断，迅速接通本机组自身发出的电能，继续带着本机组运输发电（参见说明书第2页第16行~第3页第7行）"。由此可见，将电动机A和B、发电机和减速箱四大部件组成的综合型互助式发电机组作为一个整体系统，当切断电动机A和B的电源之后，该系统的唯一能量来源是系统自身发出的电能，也就是说该系统不再外界接受非自身电能之外的任何外界其他能源供给，完全采用自身发出的电能作为系统的动力来源。由于能量守恒定律揭示了"能量不能产生增值，只能从一种形式转化为另一种形式"，因此上述发电机组系统在切断外界能源的情况下不可能维持不断运转的状态，必将渐渐停止运转。自然界还不存在永动机。因此合议组认为，复审请求人所述的"本实用新型起动时只需要电能，起动后不用任何燃料，节约能源（参见说明书第5页第2~3行）"显然不符合能量守恒定律。由于该实用新型请求保护的实质是一种永动机，其工作原理违反能量守恒定律，因此不能使用并产生积极效果，故不是适于实用的技术方案。

综上所述，本案合议组认为，本申请违背了能量守恒定律，不是对产品的形状构造或者其结合所提出的适于实用的新的技术方案，不符合专利法实施细则第二条第二款的规定。

三、决定

维持国家知识产权局专利局初步审查部门于2003年6月6日对申请号为02229908.4的实用新型申请所作出的驳回决定。当事人对本决定不服的，可以根据专利法第四十一条第二款的规定，自收到本决定之日起三个月内向北京市第一中级人民法院起诉。

106

引线框架及其电镀方法案

复审请求审查决定（第7302号）

决　定　号　第7302号

决　定　日　2005年10月8日

发明创造名称　引线框架及其电镀方法

国际分类号　H01L 23/48

复审请求人　三星航空产业株式会社

申　请　号　00101997.X

申　请　日　2000年2月4日

公　开　日　2001年4月11日

合议组组长　黄毅斐

主　审　员　樊晓东

参　审　员　周雷鸣

法律依据　专利法第二十二条第二、第三款

决定要点

如果独立权利要求的区别技术特征在对比文件中从未公开，也不能从中无歧义推导出，那么不能认为对比文件已经隐含公开了该技术内容，因此该权利要求应该具备新颖性。

一、案由

本复审请求涉及国家知识产权局专利局实质审查部门于2004年9月10日驳回的、申请号为00101997.X、名称为“引线框架及其电镀方法”的发明专利申请（下称本申请），其申请日是2000年2月4日，优先权日是1999年10月1日，申请人是三星航空产业株式会社。

国家知识产权局专利局实质审查部门对本申请进行实质审查后，于2003年8月8日发出第一次审查意见通知书。其中指出本申请权利要求1~2相对于对比文件1（US 5801436A，公开日1998年9月1日）不具备创造性；权利要求3相对于对比文件1不具备新颖性；权利要求4相对于对比文件2（JP 11-260981A，公开日1999年9月24日）不具备新颖性；权利要求5~7相对于对比文件3（CN 1103204A，公开日1995年5月31）不具备创造性。因此不能被授予专利权。

申请人于2003年12月2日提交了意见陈述书和修改后的权利要求书。申请人在意见陈述书中指出，修改后的权利要求书与本申请相应的美国授权专利申请的权利要求书完全相同，修改后的权利要求书已经克服了审查意见通知书所指出的缺陷。修改后的权利要求书内容如下：

“1. 一种用于半导体封装的引线框架，包括，

一个金属衬底；

一个在该金属衬底上的镍或镍合金的保护层；

一个在该保护层上的钯的中间层；

一个在该中间层上的外镀层，该外镀层包括在所述中间层上聚集的钯颗粒和在该聚集的钯颗粒之间的空隙中聚集的金颗粒。

2. 权利要求1所述的引线框架，其中，所述聚集的钯颗粒是在所述中间层上的钯点。

3. 一种用于半导体封装的引线框架，包括，

一个金属衬底；

一个在该金属衬底上的镍或镍合金的保护层；

一个在该保护层上的钯的中间层；

一个在该中间层上的金或金合金电镀区，该中间层的表面部分露出。

4. 权利要求3所述的引线框架，其中，所述电镀区的厚度为0.03微英寸或以下。

5. 权利要求3所述的引线框架，其中，所述金合金是金钯合金或金银合金。

6. 一种用于半导体封装的引线框架，包括，

一个金属衬底；

一个在该金属衬底上的镍或镍合金的保护层；

一个在该保护层上的外镀层，该外镀层包括在所述保护层上聚集的钯颗粒和在该聚集的钯颗粒之间的空隙中聚集的金颗粒。

7. 权利要求6所述的引线框架，其中，聚集的钯颗粒是在所述保护层上的钯点。"

实质审查部门在继续审查的基础上，于2004年1月30日发出了第二次审查意见通知书。通知书中指出，权利要求1相对于对比文件1而言不具备专利法第二十二条第二款规定的新颖性；权利要求2相对于对比文件1而言不具备专利法第二十二条第三款规定的创造性；权利要求3~5相对于对比文件3而言不具备专利法第二十二条第三款规定的创造性；权利要求6相对于对比文件2而言不具备专利法第二十二条第二款规定的新颖性；权利要求7相对于对比文件2而言不具备专利法第二十二条第三款规定的创造性。

申请人于2004年4月2日针对第二次审查意见通知书提交了意见陈述书。申请人在意见陈述书中论述了权利要求1~7相对于对比文件1、2、3而言具备新颖性和创造性的理由：（1）本申请引线框架的最外层由钯颗粒和金颗粒组成，中间层的一些部分对外暴露。由于钯和钯合金相对于用于封装的环氧树脂具有更好的粘结特性，所以通过使由钯和钯合金组成的中间层与环氧树脂材料接触就更有利于封装引线框架和半导体芯片。（2）对比文件1中的钯——金扩散层或钯——金混合层不同于本申请中仅由钯或钯合金组成的中间层，并且该对比文件中的钯——金扩散层并不对外暴露。（3）对比文件3中的最外层仅由金组成，并且不对外暴露。（4）对比文件2中的最外层金——钯合金层是通过其本身镀上金——钯合金形成的，并不是如本申请中通过交替镀上金和钯形成的。

国家知识产权局专利局实质审查部门认为本申请经申请人的上述意见陈述后，权利要求1、6仍然不符合专利法第二十二条第二款的规定；权利要求2、7仍然不符合专利法第二十二条第三款的规定，于2004年9月10日作出了驳回决定。

申请人（下称复审请求人）对上述驳回决定不服，于2004年12月17日向专利复审委员会提出复审请求。其复审理由主要是，权利要求1~7实质上与相应的美国授权专利（US6496386）相同，没有证据说明对比文件1（美国专利US5801436A）隐含公开了本申请权利要求1所叙述的外镀层，权利要求1所述的每个组成部分并不相当于对比文件1的各个组成部分。

形式审查合格后，专利复审委员会受理了该复审请求，并于2005年1月5日向复审请求人发出

复审请求受理通知书和前置审查通知书。

针对复审请求人的复审请求，原实质审查部门在前置审查程序中坚持了原驳回决定。

专利复审委员会依法组成合议组，对本案进行审理，合议组在认真研究了国家知识产权局专利局实质审查部门作出的驳回决定、复审请求人提交的意见陈述书后，认为本案事实已经清楚，可以作出本复审请求审查决定。

二、决定的理由

本复审决定依据驳回决定针对的文本，即申请日提交的说明书第1~9页、附图第1~5页、说明书摘要及摘要附图，2003年12月2日提交的权利要求第1~7项。

驳回决定中认为权利要求1不具备新颖性的依据是对比文件1，其中公开了下述技术特征（说明书第2栏第35行至第8栏第22行，附图1）：在引线框材料10上形成Ni镀层12，Ni镀层12上形成Pd镀层13，在Pd镀层13上形成Pd-Au扩散层14，以及在Pd-Au扩散层14上形成Pd-Au混合层作为最外层，并且，认为最外层的组成结构隐含公开了“该外镀层包括在所述中间层上聚集的钯颗粒和在该聚集的钯颗粒之间的空隙中聚集的金颗粒”的内容，因此认定权利要求1不具备新颖性。

合议组经审查后认为：（1）对比文件1公开了金属衬底上形成Ni镀层12，但是没有公开权利要求1中的Ni镀层是Ni或Ni合金层；（2）对比文件1中是在Pd镀层13上形成Pd-Au扩散层14，以及在Pd-Au扩散层14上形成Pd-Au混合层作为最外层，而权利要求1中是在钯的中间层上形成外镀层。另外，权利要求1的外镀层包括在所述中间层上聚集的钯颗粒和在该聚集的钯颗粒之间的空隙中聚集的金颗粒，如果对比文件1中的Pd镀层13相当于权利要求1中的中间层，那么权利要求1的外镀层与对比文件1的Pd-Au扩散层14和Pd-Au混合层相比明显不同，且从对比文件1的描述并不能无歧义地推导出“该外镀层包括在所述中间层上聚集的钯颗粒和在该聚集的钯颗粒之间的空隙中聚集的金颗粒”。因此，审查员认为对比文件1披露了权利要求1的全部技术特征的意见不能成立，从而使得对权利要求1不具备新颖性的评述也不能成立。

驳回决定中对权利要求2的评述均是基于对比文件1已经隐含公开“该外镀层包括在所述中间层上聚集的钯颗粒和在该聚集的钯颗粒之间的空隙中聚集的金颗粒”这一内容，而得出权利要求2的附加技术特征对于本领域的技术人员来说属于公知常识。由于上述认定不能成立，因此对权利要求2不具备创造性的评述也不能成立。

驳回决定中认为权利要求6不具备新颖性的依据是对比文件2，对比文件2公开了下述技术特征（说明书第2页第0008~第4页第0022行，附图1）：半导体引线框包括在金属衬底1a上形成保护层Ni层6，在该层上形成Pd和Au层7作为最外层，因此认为对比文件2披露了权利要求6的全部技术特征，且该对比文件2所披露的技术方案所属的技术领域与本申请的技术领域相同，并且为了解决提高引线的可焊性及焊线连接强度的问题可以产生相同的技术效果。因此权利要求6相对于对比文件2而言不具备专利法第二十二条第二款规定的新颖性。

合议组经审查后认为：（1）对比文件2公开了金属衬底1a上形成保护层Ni层6，但是没有公开权利要求1中的Ni镀层是Ni或Ni合金层；（2）对比文件2中公开了形成Pd和Au合金层7作为最外层，即通过在Ni层6上形成Pd和Au合金层而形成的，而权利要求6的外镀层是通过交替地镀上金和钯形成的，包括在所述中间层上聚集的钯颗粒和在该聚集的钯颗粒之间的空隙中聚集的金颗粒，因此权利要求6中的外镀层与对比文件2的Pd和Au合金层7相比明显不同。据此，审查员认为对比文件2披露了权利要求6的全部技术特征的意见不能成立，从而使得对权利要求6不具备新颖性的评述也不能成立。

驳回决定中对权利要求7的评述均是基于对比文件2已经隐含公开“该外镀层包括在所述中间层上聚集的钯颗粒和在该聚集的钯颗粒之间的空隙中聚集的金颗粒”这一内容，而得出权利要求7的附加技术特征对于本领域的技术人员来说属于公知常识，由于上述认定不能成立，因此对权利要求7不具备创造性的评述也不能成立。

三、决定

撤销国家知识产权局专利局实质审查部门于2004年9月10日作出的驳回决定，在驳回决定所依据文本的基础上，由原实质审查部门继续进行后续审批程序。

107

白色发光二极管的制造方法案

复审请求审查决定（第7304号）

决　定　号　第7304号
决　定　日　2005年11月22日
发明创造名称　白色发光二极管的制造方法
国际分类号　H01L 33/00　C09K 11/77
复审请求人　诠兴开发科技股份有限公司
申　请　号　02102076.0
申　请　日　2002年1月21日
公　开　日　2003年8月6日
合议组组长　张美菊
主　审　员　樊晓东
参　审　员　李韵美

法律依据　专利法第二十二条第三款
决定要点

在使用多篇对比文件评述一项权利要求的创造性时，首先应将该权利要求的技术方案与最接近现有技术中的技术方案进行对比，找出区别特征。如果这些区别特征未被其余的对比文件所覆盖，而且这些区别特征的引入对本领域的技术人员来讲是非显而易见的，则这些对比文件的结合不能破坏该权利要求的创造性。

一、案由

本复审请求涉及的是国家知识产权局专利局实质审查部门于2004年8月6日驳回的、申请号为02102076.0、名称为“白色发光二极管的制造方法”的发明专利申请，其申请日是2002年1月21日、申请人为诠兴开发科技股份有限公司。

国家知识产权局专利局实质审查部门对本申请进行实质审查后，于2004年3月12日发出第一次审查意见通知书。其中指出，独立权利要求1所要求保护的技术方案相对于对比文件1不具备新颖性或相对于对比文件1和2不具备创造性；从属权利要求2～3相对于对比文件1和2不具备创造性；从属权利要求4相对于对比文件1～4不具备创造性。第一次审查意见通知书中引用的对比文件如下：

对比文件1：公告号CN 2310925Y，公告日1999年3月17日；

对比文件2：公告号CN 2346025Y，公告日1999年10月27日；

对比文件3：公告号CN 1063283C，公告日2001年3月14日；

对比文件4：公开号CN 1190115A，公开日1998年8月12日。

针对第一次审查意见通知书，申请人于2004年6月1日提交了意见陈述书。申请人指出，本申请的主要特点是利用紫光晶粒添加红、蓝、绿荧光粉制白光二极管的方法，其主要目的是一种制造方法，不是“将晶粒连接电极”或“发光二极管由封装基板构成，且发光晶粒固定于封装基板上”，与对比文件1和2所主要强调一种结构不同。申请人还强调了本申请与对比文件3、4的不同之处，进而认为本申请具备新颖性、创造性。

国家知识产权局专利局实质审查部门于2004年8月6日以本申请不符合专利法第二十二条第三款的规定为由驳回了本申请，具体理由为，独立权利要求1～3所要求保护的技术方案相对于对比文件1结合2不具备专利法第二十二条第三款所规定的创造性；权利要求4所要求保护的技术方案相对于对比文件1～4不具备专利法第二十二条第三款所规定的创造性。

申请人（下称复审请求人）对上述驳回决定不服，于2004年12月6日向专利复审委员会提出了复审请求书和新修改的权利要求书替换页，其中对权利要求2作了修改，将紫光范围为波长390～410nm改为紫光范围为波长大于390小于等于410nm。

修改后的权利要求书的内容如下：

“1. 一种白光发光二极管的制造方法，由封装基板或支架，紫光发光二极管（LED）晶粒及一具有红、蓝、绿三基色混合的荧光粉所组成，将紫光LED晶粒固定于封装基板或支架上，且连接电极并将具有红、蓝、绿三基色混合的荧光粉，以涂覆或点胶方式直接或间接涂在紫光LED晶粒表面上，利用紫光LED晶粒产生的紫光，激发在其表面的荧光粉层，使产生红、蓝、绿三波长混合的白光。

2. 如权利要求1所述的白光发光二极管的制造方法，其特征在于，其中紫光LED晶粒所产生的紫光范围为波长大于390小于等于410nm。

3. 如权利要求1所述的白光发光二极管的制造方法，其特征在于，其中封装基板可为印刷电路板（PCB）或陶瓷基板或硅基板或金属基板。

4. 如权利要求1所述的白光发光二极管的制造方法，其特征在于，其中具有红、蓝、绿三色混合的荧光粉，其中，红色荧光粉为Y_2O_2S：Eu，Gd；绿色荧光粉为ZnS：Cu，Al或$Ca_2MgSi_2O_7$：Cl；蓝色荧光粉为$BaMgAl_{10}O_{17}$：Eu或（Sr、Ca、BaMg）$_{10}$（PO_4）$_6$$Cl_2$：Eu”。

复审请求人请求复审的主要理由是：（1）本申请请求保护的是制作方法，而对比文件1是在于结构的“实用新型”专利，两者不同；（2）紫光晶粒激发红、蓝、绿荧光粉发出白光是有创造性的；（3）使用紫光390nm～410nm的波长添加红、蓝、绿色荧光粉产生三波长白光是有独创性的；（4）权利要求4中的荧光粉组分不是公知常识；（5）将“LED晶粒固定在基板上”本来就是制作发光二极管的步骤之一，而实质审查部门以此步骤将本申请驳回，而不考虑对比文件（98231621.6）是一个具有显示功能的发光二极管“结构”的“实用新型专利”，而本申请为一种白光LED的“制作方法”，两者截然不同，因此驳回理由是不充分的。

形式审查合格后，专利复审委员会受理了该复审请求，于2004年12月6日发出复审请求受理通知书，同时将本案送至原实质审查部门进行前置审查。

原审查部门在前置审查意见书中认为：（1）请求人没有对权利要求1～4作出实质性修改，依然不具备专利法第二十二条第三款所规定的创造性；（2）紫光LED是本领域技术人员在制作发白光二极管时所经常采用的发光晶粒（如在2000年12月《发光学报》第21卷第4期上发表的《白光LED的最新进展》一文中已经提到了利用紫光LED来制作白光LED），紫光LED和紫外光LED之间的相互替换并不具备创造性，因而坚持原驳回决定。

针对该复审请求，专利复审委员会组成合议组，对本案进行审理。

经审查，合议组于2005年8月19日向请求人发出了复审通知书，提出如下复审意见，本申请权利要求1～3相对于对比文件1不具备创造性，不具备专利法第二十二条第三款所规定的创造性。

针对上述复审通知书，复审请求人于2005年9月20日提交了修改的权利要求书，修改后的权利

要求书内容如下：

"1. 一种白光发光二极管的制造方法，包含一种紫光 LED 晶粒及一可受此 LED 晶粒发光所能激发的包含红色、绿色、蓝色混合荧光粉，该含红色、绿色、蓝色混合荧光粉吸收上述紫光 LED 晶粒所发出紫光，激发出红色、绿色、蓝色波长光，再与原来紫光 LED 晶粒所发出的紫光混合，即可产生白光 LED，上述红色、绿色、蓝色荧光粉为：红色荧光粉为 Y_2O_2S：Eu，Gd；绿色荧光粉为 ZnS：Cu，Al 或 $Ca_2MgSi_2O_7$：Cl；蓝色荧光粉为 $BaMgAl_{10}O_{17}$：Eu 或（Sr、Ca、BaMg）$_{10}$（PO_4）$_6Cl_2$：Eu。

2. 如权利要求 1 所述的白光发光二极管的制造方法，其特征在于，其中紫光 LED 晶粒所产生的紫光范围为波长为 390nm ~410nm。"

在上述工作的基础上，合议组认为本案事实清楚，可以作出本复审请求审查决定。

二、决定理由

1. 文本认定

复审请求人在答复复审通知书时提交了修改的权利要求书全文，合议组注意到上述修改文本删除了原权利要求 1、3，新的权利要求 1 是在原权利要求 4 的基础上修改而成，其中将原权利要求 4 的引用部分的技术特征"由封装基板或支架，紫光发光二极管（LED）晶粒及一具有红、蓝、绿三基色混合的荧光粉所组成，将紫光 LED 晶粒固定于封装基板或支架上，且连接电极并将具有红、蓝、绿三基色混合的荧光粉，以涂覆或点胶方式直接或间接涂在紫光 LED 晶粒表面上，利用紫光 LED 晶粒产生的紫光，激发在其表面的荧光粉层，使产生红、蓝、绿三波长混合的白光"修改为"包含一种紫光 LED 晶粒及一可受此 LED 晶粒发光所能激发的包含红色、绿色、蓝色混合荧光粉，该含红色、绿色、蓝色混合荧光粉吸收上述紫光 LED 晶粒所发出紫光，激发出红色、绿色、蓝色波长光，再与原来紫光 LED 晶粒所发出的紫光混合，即可产生白光 LED"；新的权利要求 2 对应于原权利要求 2。

上述修改未超出原说明书和权利要求书记载的范围，符合专利法第三十三条的规定，并同时克服了复审通知书指出的权利要求 1 ~3 不具备新颖性的缺陷。因此，本复审决定所依据的文本是复审请求人 2005 年 9 月 20 日提交的权利要求第 1 ~2 项、申请日提交的说明书第 1 ~3 页、附图第 1 ~3 页、说明书摘要及摘要附图。

2. 关于创造性

专利法第二十二条第三款规定："创造性，是指同申请日以前已有的技术相比，该发明有突出的实质性特点和显著的进步，该实用新型具有实质性特点和进步。"

权利要求 1 要求保护一种白光发光二极管的制造方法，包含一种紫光 LED 晶粒及一可受此 LED 晶粒发光所能激发的包含红色、绿色、蓝色混合荧光粉，该含红色、绿色、蓝色混合荧光粉吸收上述紫光 LED 晶粒所发出紫光，激发出红色、绿色、蓝色波长光，再与原来紫光 LED 晶粒所发出的紫光混合，即可产生白光 LED。上述红色、绿色、蓝色荧光粉为：红色荧光粉为 Y_2O_2S：Eu，Gd；绿色荧光粉为 ZnS：Cu，Al 或 $Ca_2MgSi_2O_7$：Cl；蓝色荧光粉为 $BaMgAl_{10}O_{17}$：Eu 或（Sr、Ca、BaMg）$_{10}$（PO_4）$_6Cl_2$：Eu。

对比文件 1 公开一种发光二极管的新结构，公开了（参见其说明书第 2 页，附图 1 ~4）在紫外光晶粒 1 周围包覆荧光粉 3，使紫外光激发其表面周围的荧光粉，从而发出白色光。但是对比文件 1 仅笼统地说明荧光粉可以采用红色、蓝色及绿色三色混合，得到三波长的白色光，而没有公开权利要求 1 的荧光粉的具体成分。因此，本申请权利要求 1 与对比文件 1 相比其区别在于，对比文件 1 没有公开权利要求 1 的荧光粉，以及权利要求 1 中采用的是紫光 LED，而对比文件 1 采用的是紫外光晶粒。

对比文件 2 公开一种发光二极管显示装置，主要公开了（参见其说明书第 2 页）该装置的结构，即该装置包括 LED 晶粒、基板或导电支架，但是没有公开本申请权利要求 1 的荧光粉的具体成分。

对比文件 3 公开了一种彩色显像管的荧光膜的结构（参见其说明书第 1 页最后一段～第 2 页第一段），其中在三色荧光膜中分别采用红、蓝、绿三色荧光粉，绿色荧光粉包括，ZnS: Cu，Al、ZnS: Au、Al [(Zn、Cd) S: Cu、Al] 等；蓝色荧光粉包括 ZnS: Ag、ZnS: Ag、Al 等；红色荧光粉包括 Y_2O_2S: Eu、Y_2O_3: Eu 等。由此可见，对比文件 1 公开了本申请权利要求 1 中的红色荧光粉 Y_2O_2S: Eu，Gd；绿色荧光粉为 ZnS: Cu Al，但是没有公开绿色荧光粉 $Ca_2MgSi_2O_7$: Cl 和蓝色荧光粉 $BaMgAl_{10}O_{17}$: Eu 或 (Sr、Ca、BaMg)$_{10}$ $(PO_4)_6Cl_2$: Eu。

对比文件 4 公开了一种蓝色荧光粉制造方法，具体公开了该蓝色荧光粉的化学表达式为（参见其权利要求 1）：$BaMgAl_{14}O_{23}$: Eu，该化学表达式与本申请权利要求 1 中的 $BaMgAl_{10}O_{17}$: Eu 近似。

由此可见，对比文件 2～4 仍没有公开权利要求 1 与对比文件 1 的上述区别技术特征，因此即使将对比文件 1～4 结合，仍不能涵盖本申请权利要求 1 的全部技术方案。另外，尽管对比文件 3 中公开了红色荧光粉 Y_2O_2S: Eu 及绿色荧光粉 ZnS: Cu，Al，但是对比文件 3 中上述荧光粉是用于彩色显像管的荧光膜，与本申请的用途不同；而对比文件 4 所公开的蓝色荧光粉的化学表达式与本案权利要求 1 的蓝色荧光粉的分子式不同。按本领域的普通技术人员所理解，荧光材料组成物及比例含量不同，经烧结后会产生不同的结晶相，因此即使稍微改变其元素的组成比例，可能也会因产生吸收波长改变而无法有效地发出荧光效果。况且，对比文件 2～4 中并没有关于紫光激发上述红、蓝、绿荧光粉而得到白光的技术启示。因此，所属领域的普通技术人员在不付出创造性劳动的情况下，在对比文件 1～4 的基础上是得不到本申请权利要求 1 的技术方案的，从而使得本申请权利要求 1 相对于对比文件 1～4 的结合具有突出的实质性特点和显著的进步，具备专利法第二十二条第三款所规定的创造性。

由于权利要求 1 相对于对比文件 1～4 具备创造性，权利要求 2 相对于对比文件 1～4 也具备创造性。复审请求人对权利要求书的修改克服了复审通知书所指出的缺陷，并且也不具有驳回决定所指出的缺陷，因此可以作出复审请求审查决定。至于本申请权利要求书和说明书所存在的其他缺陷，留待后续程序继续审查。

三、决定

撤销国家知识产权局专利局实质审查部门于 2004 年 8 月 6 日对 02102076.0 号发明专利申请作出的驳回决定，由原实质审查部门在复审请求人于 2005 年 9 月 20 日提交的权利要求第 1～2 项、申请日提交的说明书第 1～3 页、附图第 1～3 页、说明书摘要及摘要附图的基础上，继续进行后续审批程序。

108

改进有限资源利用的方法和装置案

复审请求审查决定（第7313号）

决　定　号　第7313号
决　定　日　2005年11月22日
发明创造名称　改进有限资源利用的方法和装置
国际分类号　G06F 17/00
复审请求人　自由度半导体公司
申　请　号　96105891.9
申　请　日　1996年5月14日
公　开　日　1997年2月26日
合议组组长　石　清
主　审　员　张美菊
参　审　员　高　雪

法律依据　专利法第三十三条　专利法实施细则第二十条第一款、第二十一条第二款
决定要点

复审请求人对权利要求书的修改已经克服了驳回决定和复审通知书中所指出的本申请不符合专利法第三十三条、专利法实施细则第二十条第一款、第二十一条第二款的规定的缺陷，合议组可以依法作出复审请求审查决定。

一、案由

本复审请求审查决定涉及国家知识产权局专利局实质审查部门于1996年5月14日受理、申请号为96105891.9、名称为“改进有限资源利用的方法和装置”的发明专利申请，申请人是摩托罗拉公司。

在实质审查过程中，国家知识产权局专利局原实质审查部门于2002年1月18日发出第一次审查意见通知书。其中指出，权利要求1缺少解决其技术问题的必要技术特征，不符合专利法实施细则第二十一条第二款的规定；权利要求7从属于权利要求5，其附加技术与权利要求5中的技术特征逻辑关系混乱，造成了权利要求7保护范围的不清楚，不符合专利法实施细则第二十条第一款的规定；权利要求1、7~10中的PRA、RUI及PMU不符合专利法实施细则第二十条第四款的规定；说明书不符合专利法实施细则第十八条的规定。

针对第一次审查意见通知书，申请人于2002年4月29日提交了意见陈述书以及权利要求书、说明书第1~3页、说明书附图5的替换页。其中涉及的修改主要是，删除了原权利要求1~4、7、8，保留原权利要求5、6、9、10并将其重新编号为6~9，重新撰写新权利要求1~5，在说明书中补加了小标题，将附图5方框515中的“指述符”改为“描述符”。

国家知识产权局专利局原实质审查部门于2002年9月27日发出第二次审查意见通知书。其中指

出，权利要求1、2、8、9的装置中的处理器、存储器都没有用它们本身的结构特征来限定，造成了权利要求的类型和保护范围的不清楚，不符合专利法实施细则第二十条第一款的规定；权利要求3中的步骤“结束以所述的第一处理器利用程度的执行”、权利要求8中的“……每个任务需要用于执行的预定的处理器利用程序”描述不清，权利要求4的语句中缺少逗号，权利要求5中的“第一数量”与其所引用的权利要求3中的“第一预定数量”不一致，这造成了权利要求3~5、8的不清楚，不符合专利法实施细则第二十条第一款的规定；权利要求1、3、6、8、9在表述形式上得不到说明书的支持，不符合专利法第二十六条第四款的规定；权利要求7不符合专利法实施细则第二十条第二款的规定。

针对第二次审查意见通知书，申请人于2002年12月23日提交了意见陈述书以及权利要求书替换页、说明书第2页的替换页第2、2a、2b、2c页。其中涉及的修改主要是：删除位于权利要求5、6之间的权利要求7；在权利要求1~5、7~9中增加了处理器和存储器的技术特征；在说明书中增加了修改后的独立权利要求的内容。申请人在意见陈述书中认为存储器和处理器的类型对本发明并不重要，本发明只关注“向处理器提供完成特定任务所需数量的时钟脉冲”，存储器只是便于存储必要的控制信息的装置。

国家知识产权局专利局原实质审查部门依旧认为权利要求1、2、8、9的类型以及保护范围不清楚，权利要求3、5、8不符合专利法实施细则第二十条第一款的规定，并据此于2003年2月14日作出了驳回本发明专利申请的驳回决定。

申请人（下称复审请求人）对上述驳回决定不服，于2003年5月14日向专利复审委员会提出复审请求，同时提交了权利要求书和说明书第2、2a、2b、2c页的替换页第2、2a页。其中所涉及的修改主要是：针对驳回理由重新撰写了权利要求，根据独立权利要求1、3、7的内容适应性地修改了本案说明书的发明内容部分。

经形式审查合格，专利复审委员会受理了该复审请求，并于2003年6月9日发出了受理通知书及前置审查通知书。

在前置审查程序中，国家知识产权局专利局原实质审查部门认为，权利要求1、2为新撰写的装置权利要求，其不是针对驳回决定中权利要求1、2、8、9的类型及保护范围不清楚所作的修改，因而不符合专利法实施细则第六十条第一款的规定；权利要求3的装置权利要求中不具有集成电路存储器和集成电路处理器，仅仅保留了功率管理单元，这样的技术方案超出了原始说明书和权利要求书记载的范围，不符合专利法第三十三条的规定；从属权利要求4~6也因此不符合专利法第三十三条的规定。

专利复审委员会组成合议组，对本复审请求案进行了审理。

2004年7月21日复审请求人提交了著录项目变更申报书，要求将申请人由“摩托罗拉公司”变更为“自由度半导体公司”，申请人地址由“美国伊利诺伊州”变更为“美国得克萨斯”，并同时提交了转让合同和委托书。国家知识产权局于2004年9月17日发出手续合格通知书，准予对申请人和申请人地址进行变更。由此本复审请求的复审请求人也变更为自由度半导体公司。

专利复审委员会本案合议组于2005年9月1日以申请日提交的说明书第4~7页、说明书附图第1~3页、说明书摘要、说明书摘要附图，2002年4月29日提交的说明书第1、3页、说明书附图第4页，2003年5月14日提交的权利要求第1~8项、说明书第2、2a页为审查所依据的文本发出复审通知书。其中指出：（1）权利要求1~2的技术方案中的各个装置在原始公开的说明书和权利要求书中均没有记载，不符合专利法第三十三条的规定；（2）权利要求3的技术方案中没有记载存储了任务描述符的存储器，不符合专利法实施细则第二十一条第二款的规定；（3）权利要求4中的“一个任务描述符”并不是装置的结构特征，用其限制装置，造成了权利要求4装置结构的不清楚，不符合专利法实施细则第二十条第一款的规定。

2005年10月11日复审请求人提交了意见陈述书和权利要求以及说明书的替换页，复审请求人在意见陈述书中指出对权利要求书和说明书的主要修改是：（1）删除权利要求1和2；（2）将权利要求4和5并入权利要求3中，并重新编号为权利要求1；（3）将权利要求6~8依次编号为权利要求2~4；（4）用修改后的权利要求1~4替换说明书第2、2a页“发明内容”部分的相关内容。此次修改后的权利要求1~4为：

“1. 一种用于改进集成电路处理器利用率的装置，其特征在于，该装置包括：

所述的集成电路处理器用于执行一个任务，所述的集成电路处理器需要一个预定数量的时钟脉冲来执行所述的任务；

一个功率管理单元，与所述的集成电路处理器相耦连，该功率管理单元用于提供所述的集成电路处理器为了执行所述任务所需的所述预定数量的时钟脉冲；和

一个集成电路存储器，与所述的集成电路处理器相耦连，该集成电路存储器用于存储一个任务描述符，该任务描述符与所述的任务相对应，由所述的功率管理单元使用来提供为了执行所述任务的所述预定数量的时钟脉冲。

2. 根据权利要求1所述的装置，其特征在于，所述的装置包含在一个便携式电子装置之中。

3. 一种用以在便携式电子装置的数据处理系统中改进处理器利用率的方法，其中所述的处理器只在接收到时钟脉冲时才被应用，其特征在于，该方法包括以下步骤：

（a）确定所述处理器执行一个任务所需的时钟脉冲数量；和

（b）然后，在执行所述任务时，只将所述步骤（a）确定数量的时钟脉冲发送给所述的处理器，以只在执行所述任务时才应用所述处理器。

4. 根据权利要求3所述的方法，其中多个时钟脉冲由所述的处理器周期性地接收，所述的时钟脉冲数量限定所述处理器利用率的量值，其中所述的步骤（a）包括以下步骤：

（a1）确定所述处理器执行所述任务周期性地需要的时钟脉冲数量；

（a2）利用由步骤（a1）所确定的时钟脉冲数量来确定所述处理器利用率的量值，其特征在于，所述的步骤（b）包括以下步骤：

（b1）随后在执行所述任务时只将步骤（a1）所确定数量的时钟脉冲周期性地发送给所述的处理器，以将所述处理器利用率的量值限制在由步骤（a2）所确定的所述处理器利用率的量值上。”

在上述工作的基础上，合议组认为本案事实清楚，可以作出本复审请求审查决定。

二、决定的理由

1. 审查所依据的文本

复审请求人在答复复审通知书时对权利要求的修改符合专利法第三十三条以及专利法实施细则第六十条第一款的规定。因此本复审请求审查决定所依据的文本是：申请日提交的说明书第4~7页、说明书附图第1~3页、说明书摘要、说明书摘要附图，2002年4月29日提交的说明书第1、3页、说明书附图第4页，2005年10月11日提交的权利要求1~4项、说明书第2、2a页。

2. 关于专利法第三十三条

复审请求人在答复复审通知书的时候删除了复审通知书中所指出的修改超范围的权利要求1、2，从而克服了复审通知书中所指出的权利要求1、2不符合专利法第三十三条的规定的问题。

3. 关于专利法实施细则第二十条第一款

驳回决定中指出其所针对的权利要求1~3、5、8、9不符合专利法实施细则第二十条第一款的规

定，复审请求人在提出复审请求时删除了权利要求1~3、5、8、9以及权利要求3的从属权利要求。因此复审请求人在提出复审请求时对权利要求的修改已经克服和驳回决定所指出的本申请不符合专利法实施细则第二十条第一款的缺陷。

复审通知书指出：权利要求4中的“一个任务描述符”并不是装置的结构特征，用其限制装置，造成了权利要求4装置结构的不清楚，不符合专利法实施细则第二十条第一款的规定。复审请求人在答复复审通知书时删除了权利要求4，并将“一个任务描述符号”作为集成电路存储器中存储的内容限定了权利要求1的装置，因此复审请求人在答复复审通知书时对权利要求4的删除克服了复审通知书所指出的权利要求4不符合专利法实施细则第二十条第一款的规定的缺陷。

4. 关于专利法实施细则第二十一第二款

复审通知书指出：权利要求1的技术方案中没有记载存储了任务描述符的存储器，不符合专利法实施细则第二十一条第二款的规定。

复审请求人在答复复审通知书时将从属于权利要求3的权利要求4中所限定一个任务描述符以及权利要求5所限定的集成电路存储器的内容添加到权利要求3中，并将其作为新的独立权利要求1，这种修改克服了复审通知书中所指出的权利要求3不符合专利法实施细则第二十一条第二款的规定的缺陷。

5. 对于原实质审查部门在前置审查意见书中的前置意见

合议组认为，复审请求人在提交复审请求时删除了由于功能性限定导致权利要求不清楚的权利要求1、2、8、9，并且删除了存在其他不清楚缺陷的权利要求3、5以及权利要求3的从属权利要求，同时针对保留的方法权利要求撰写了非功能性限定的装置权利要求，这样的修改符合专利法实施细则第六十条第一款的规定。

复审请求人在针对复审通知书进行修改的时候在其权利要求3中增加了集成电路存储器的内容，并且其技术方案中原来就具有集成电路处理器的内容。因此，修改后的权利要求也不存在前置审查通知书中所指出的权利要求3不符合专利法第三十三条的规定的缺陷。

6. 综上所述，复审请求人对权利要求书的修改已经克服了驳回决定和复审通知书中所指出的本申请不符合专利法第三十三条、专利法实施细则第二十条第一款和第二十一条第二款的规定的缺陷。

三、决定

撤销国家知识产权局专利局实质审查部门于2003年2月14日对96105891.9号发明专利申请所作出的驳回决定，以复审请求人于申请日提交的说明书第4~7页、说明书附图第1~3页、说明书摘要、说明书摘要附图，2002年4月29日提交的说明书第1、3页、说明书附图第4页，2005年10月11日提交的权利要求第1~4项、说明书第2、2a页为基础，由原实质审查部门继续进行审查程序。

109

笔记本计算机的散热模块案

复审请求审查决定（第7325号）

决　定　号　第7325号
决　定　日　2005年11月2日
发明创造名称　笔记本计算机的散热模块
国际分类号　G06F 1/20
复审请求人　纬创资通股份有限公司
申　请　号　01140870.7
申　请　日　2001年9月25日
公　开　日　2003年4月16日
合议组组长　崔哲勇
主　审　员　詹靖康
参　审　员　孙治国

法律依据　专利法第二十二条第三款
决定要点

本申请独立权利要求的技术方案相对于对比文件1所披露的内容来说不具有显而易见性。对比文件1相对于本申请来说未给出结构改进的技术启示。本领域技术人员根据对比文件1所公开的内容不付出创造性的劳动无法得到本申请权利要求1的技术方案。

一、案由

本专利复审请求涉及申请号为01140870.7、名称为“笔记本计算机的散热模块”的发明专利申请，其申请日为2001年9月25日，申请人为纬创资通股份有限公司。

其公开时的权利要求如下：

“1. 一种笔记本计算机的散热模块，用以降低该笔记本计算机内一芯片的表面温度，该散热模块包括：

一风扇，配置于该笔记本计算机内并包括有一第一出风口以及一第二出风口，该第一出风口以及该第二出风口用以将该风扇吸入的空气排出；

一第一散热器，配置于该第一出风口处，该第一散热器的底部用以与该芯片接触并进行热交换；

一第二散热器，配置于该第二出风口处，以及

一导热结构，与该第一散热器以及该第二散热器并联耦接，用以将热由该第一散热器处传递至该第二散热器处。

2. 如权利要求1所述的散热模块，其中该导热结构以导热系数高的材料制成。

3. 如权利要求1所述的散热模块，其中该导热结构是一导热管（heat pipe）。

4. 如权利要求1所述的散热模块，其中该各散热器配置有多个鳍片（fin）。

5. 如权利要求 1 所述的散热模块，其中该芯片是中央处理器（CPU）。

6. 一种散热模块，用以降低一计算机内一芯片的表面温度，该散热模块包括：

一风扇，配置于该计算机内并包括有一第一出风口以及一第二出风口，该第一出风口以及该第二出风口用以将该风扇吸入的空气排出；

一第一散热器，配置于该第一出风口处，该第一散热器的底部用以与该芯片接触并进行热交换；

一第二散热器，配置于该第二出风口处；以及

一导热结构，与该第一散热器以及该第二散热器并联耦接，用以将热由该第一散热器处传递至该第二散热器处。

7. 如权利要求 6 所述的散热模块，其中该导热结构是以导热系数高的材料制成。

8. 如权利要求 6 所述的散热模块，其中该导热结构是一导热管。

9. 如权利要求 6 所述的散热模块，其中该各散热器配置有多个鳍片。

10. 如权利要求 6 所述的散热模块，其中该芯片是中央处理器。

11. 如权利要求 6 所述的散热模块，其中该计算机是一笔记本计算机。”

国家知识产权局专利局原实质审查部门依法对该专利申请进行了实质审查，于 2004 年 10 月 29 日发出第一次审查意见通知书。其中指出，本申请的权利要求 1～11 相对于对比文件 1（CN2387579Y）不具备创造性，不符合专利法第二十二条第三款的规定。

2005 年 3 月 7 日，申请人针对上述审查意见通知书提交了意见陈述书，并提交了说明书第 1～5 页和权利要求书的替换页。

修改后的权利要求如下：

“1. 一种笔记本计算机的散热模块，用以降低该笔记本计算机内一芯片的表面温度，该散热模块包括：

一风扇，配置于该笔记本计算机内并包括有一第一出风口以及一第二出风口，该第一出风口以及该第二出风口用以将该风扇吸入的空气排出；

一第一散热器，配置于该第一出风口处，该第一散热器的底部用以与该芯片接触并进行热交换；

一第二散热器，配置于该第二出风口处，以及

一导热管，与该第一散热器以及该第二散热器并联耦接，用以将热由该第一散热器处传递至该第二散热器处。

2. 如权利要求 1 所述的散热模块，其中该导热结构以导热系数高的材料制成。

3. 如权利要求 1 所述的散热模块，其中该各散热器配置有多个鳍片（fin）。

4. 如权利要求 1 所述的散热模块，其中该芯片是中央处理器（CPU）。

5. 一种散热模块，用以降低一计算机内一芯片的表面温度，该散热模块包括：

一风扇，配置于该计算机内并包括有一第一出风口以及一第二出风口，该第一出风口以及该第二出风口用以将该风扇吸入的空气排出；

一第一散热器，配置于该第一出风口处，该第一散热器的底部用以与该芯片接触并进行热交换；

一第二散热器，配置于该第二出风口处；以及

一导热管，与该第一散热器以及该第二散热器并联耦接，用以将热由该第一散热器处传递至该第二散热器处。

6. 如权利要求 5 所述的散热模块，其中该导热结构是以导热系数高的材料制成。

7. 如权利要求 5 所述的散热模块，其中该各散热器配置有多个鳍片。

8. 如权利要求 5 所述的散热模块，其中该芯片是中央处理器。

9. 如权利要求5所述的散热模块，其中该计算机是一笔记本计算机。”

申请人指出，对比文件1中的散热器是单一结构，其中发热芯片设于整个散热装置的底部，本申请则是将散热器分为第一散热器和第二散热器，发热芯片设于第一散热片的底部，它们的结构不同。此外，对比文件1并未给予本发明既能提高散热效率又可缩小散热装置体积的技术启示，所以本申请新的权利要求1具有突出的实质性特点和显著的进步，具备创造性。

经过上述审查程序后，国家知识产权局专利局原实质审查部门以本申请不符合专利法第二十二条第三款的规定为理由，于2005年4月8日作出了驳回该专利申请的决定。驳回决定中指出，权利要求1的技术方案与对比文件1相比，区别在于：（1）权利要求1中第一散热器底部与发热芯片接触而对比文件1中则是整个中央鳍片的底部与CPU相接触；（2）权利要求1中采用导热管连接第一、二散热器。上述区别对于本领域普通技术人员来说都是无须付出创造性劳动即可获得或实现的，因此权利要求1相对于对比文件1不具备创造性，权利要求2~9同样不具备创造性。

申请人（下称复审请求人）不服上述驳回决定，于2005年6月1日向专利复审委员会提出复审请求。复审请求人认为本申请权利要求1~9相对于对比文件1具备创造性。

原审查部门对该复审请求作出前置审查意见，仍然坚持原驳回决定。

专利复审委员会依法组成合议组对该复审请求案进行了审理。本案合议组在仔细审阅了全部案卷后，现作出如下审查决定。

二、决定的理由

1. 文本认定

本复审决定是以复审请求人原始提交的说明书摘要、摘要附图和说明书附图以及2005年3月7日提交的权利要求书第1~9项、说明书第1~5页为基础作出的。

2. 关于创造性

根据专利法第二十二条第三款的规定，“创造性是指同申请日以前已有的技术相比，该发明具有突出的实质性特点和显著的进步。”

本申请涉及一种笔记本计算机的散热模块，要解决的技术问题是，尽量在不增加散热器体积的前提下，有效提高散热器的效能。为了解决上述问题，本申请的技术方案通过增加风扇的出风口以及置于出风口处的散热器，来增加散热器的热交换面积以及风扇的风量、风压，从而提高散热效果。

本申请权利要求1的散热模块包括：一风扇，配置于该笔记本计算机内并包括有一第一出风口以及一第二出风口，该第一出风口以及该第二出风口用以将该风扇吸入的空气排出；一第一散热器，配置于该第一出风口处，该第一散热器的底部用以与该芯片接触并进行热交换；一第二散热器，配置于该第二出风口处，以及一导热管，与该第一散热器以及该第二散热器并联耦接，用以将热由该第一散热器处传递至该第二散热器处。

对比文件1公开了一种中央处理器散热装置，其较佳实施例披露了以下特征：具有风扇1、散热片2，散热片的出风口25在四边设置，每个出风口都有若干导流鳍片设置于散热片2上，散热片2的底侧边缘贴合中央处理器的上表面。

将权利要求1与对比文件1所公开的技术方案比较可知，它们的区别在于：（1）权利要求1具有两个散热器而对比文件1只有一个散热片；（2）权利要求1具有导热管而对比文件1中没有；（3）权利要求1中的芯片位于两个散热器中一个的下方而对比文件1中的发热芯片位于整个散热片下方。可见，权利要求1与对比文件1的技术方案在结构上存在较大差异，对比文件1相对于本申请来说不具有结构改进的技术启示，权利要求1的技术方案相对于对比文件1所披露的内容来说不具有显而易见性。

合议组认为，本申请权利要求1的技术方案在不增加厚度的情况下增加了散热面积，提高了散热效率，因而具有显著的进步。此外，对比文件1的技术方案要解决的问题是使散热装置稳定且形成特定风向的风流作用，与本申请的发明目的不同。

综上所述，权利要求1相对于对比文件1具有突出的实质性特点和显著的进步，符合专利法第二十二条第三款关于创造性的规定。

在独立权利要求1相对于对比文件1具备创造性的情况下，其从属权利要求2~9也具备创造性。

三、决定

撤销国家知识产权局专利局实质审查部门于2005年4月8日作出的驳回决定，并以复审请求人原始提交的说明书摘要、摘要附图和说明书附图以及2005年3月7日提交的权利要求书第1~9项、说明书第1~5页为基础，由原实质审查部门继续进行审查程序。

110

改良型悬吊拉式开关案

复审请求审查决定（第7326号）

决　定　号　第7326号
决　定　日　2005年11月14日
发明创造名称　改良型悬吊拉式开关
国际分类号　H01H 17/08
复审请求人　魏荣宗
申　请　号　01118293.8
申　请　日　2001年5月28日
公　开　日　2003年1月1日
合议组组长　张美菊
主　审　员　杜　宇
参　审　员　詹靖康

法律依据　专利法第二十二条第三款
决定要点

对比文件1和2公开的技术方案与本申请技术方案存在实质性不同，并且对比文件1和2对本申请权利要求1的区别技术特征没有给出任何启示，而该区别技术特征使权利要求1的技术方案产生了有益效果，因此本申请权利要求1的技术方案相对于对比文件1和2具有突出的实质性特点和显著的进步，具备创造性。

一、案由

本复审请求案涉及申请日为2001年5月28日、发明名称为“改良型悬吊拉式开关”的01118293.8号发明专利申请（下称本申请），申请人为魏荣宗。

在实质审查过程中，国家知识产权局专利局实质审查部门以申请日提交的原始申请文件为基础进行审查，并引用了以下对比文件：

对比文件1：CN 86210457U，其公开日为1988年6月15日；

对比文件2：CN 2131195Y，其公开日为1993年4月28日。

国家知识产权局专利局实质审查部门于2003年9月12日发出第一次审查意见通知书，其中指出权利要求1、3、4相对于对比文件1和本领域公知常识不具备创造性，不符合专利法第二十二条第三款的规定；权利要求2相对于对比文件1和2的结合不具备创造性，不符合专利法第二十二条第三款的规定。

针对第一次审查意见通知书，申请人于2004年1月3日提交了意见陈述书以及权利要求书的替换页。申请人在意见陈述书中认为，本申请与对比文件1结构内容不同，操作方式及控制原理也不同，二者不可相提并论；对比文件2也与本申请没有相近似之处，本申请创造性明确，符合专利要件。新修改的权利要求书如下：

“1. 一种改良型悬吊拉式开关，包括一悬拉线，其特征在于：一静电感应装置的静电感应端导接于一导体悬拉线一端，使悬拉线成为具有静电感应效果的操控触摸端，在悬拉线末端设有一碰触体，碰触体内部悬设一接触体，并且碰触体与接触体之间绝缘隔离，又碰触体或接触体其中之一接地，另一个与悬拉线导接，在悬拉线或碰触体受到碰触，接触体与碰触体则会发生接触而产生静电触控。

2. 如权利要求1所述的改良型悬吊拉式开关，其特征在于：悬拉线上涂设有荧光物或发光物或装设灯。

3. 如权利要求1所述的改良型悬吊拉式开关，其特征在于：悬拉线与静电感应控制装置之间，导接有一具导电效果的缓冲装置。"

国家知识产权局专利局实质审查部门认为，本申请的修改符合专利法第三十三条的规定，但是本申请经陈述意见和修改后，新修改的权利要求1~3相对于对比文件1和对比文件2仍然不具备创造性，不符合专利法第二十二条第三款的规定。因此于2004年12月10日作出了驳回本申请的决定。

驳回决定指出：对比文件1公开了在楼梯走廊等场所电器用半自动开关，并具体公开了实现感应式开关的电路；对比文件2公开了一种具有外部为绝缘外壳内部为导电体的感应结构，权利要求1与对比文件1相比区别在于权利要求1的感应部件为可以进行静电感应的拉绳，这对于本领域普通技术人员来说，在已知对比文件1的基础上是很容易想到的。此外，悬垂物的结构在本质上与对比文件2所公开的感应结构是相同的，因此对于本领域普通技术人员来说，将对比文件1和2相结合很容易就能得出权利要求1所述的技术方案，无须付出创造性的劳动，故权利要求1不符合专利法第二十二条第三款关于创造性的规定；在权利要求1不具备创造性的情况下，权利要求2和3的附加技术特征都是经常在生产实践中采用的技术手段，是公知常识，权利要求2和3同样不符合专利法第二十二条第三款关于创造性的规定。

申请人（下称复审请求人）对上述驳回决定不服，于2005年2月21日向专利复审委员会提出了复审请求，其复审理由主要是：(1) 与本申请背景技术所述的现有技术相比，对比文件1"楼梯走廊等场所电器用半自动开关"所公开的现有技术并不是本申请最接近的现有技术；(2) 即使将对比文件1公开的感应式自动开关作为本申请的最接近的现有技术，本申请技术方案也具备创造性，本领域普通技术员不容易想到在对比文件1公开的具有感应器的无触点自动开关上加装一拉绳以得到本申请的技术方案。

经形式审查合格，专利复审委员会予以受理，于2005年3月8日发出复审请求受理通知书和前置审查通知书。

国家知识产权局实质审查部门对该复审请求进行了前置审查，仍然坚持原驳回决定。

在以上审查工作的基础上，合议组认为本案事实已经清楚，可以作出本复审请求审查决定。

二、决定的理由

1. 本决定所依据的文本

本复审决定是以驳回决定所依据的文本作出的。具体文本为：申请日提交的说明书第1~5页、附图第1~6页；以及于2004年1月3日提交的权利要求1~3项。

2. 关于本申请的创造性

本申请涉及一种悬吊拉绳式开关，具有以下特征：一种改良型悬吊拉式开关，包括一悬拉线，一静电感应装置的静电感应端导接于一导体悬拉线一端，使悬拉线成为具有静电感应效果的操控触摸端，在悬拉线末端设有一碰触体，碰触体内部悬设一接触体，并且碰触体与接触体之间绝缘隔离，又碰触体或接触体其中之一接地，另一个与悬拉线导接，在悬拉线或碰触体受到碰触，接触体与碰触体则会发生接触而产生静电触控。

对比文件1（CN86210457U）公开了一种感应式自动开关（参见说明书第4、第5页，附图13），感应器49感应到有人接近发出电信号，于是延时电路50，门电路51和无触点开关52完成自动开关的作用。

对比文件2（CN2131195Y）公开了一种滚动接触开关（参加说明书第4、第5页，附图1、2），其具有外部为绝缘外壳内部为导电体的结构，导电体为封装于绝缘外壳内部的滚珠和二导电接触板，当滚珠落入二导电接触板的某一个上的凹窝时，电路中断；当开关倾斜时，滚珠靠重力作用夹卡于二导电接触板的中间，电路接通。

将权利要求1的技术方案与对比文件1公开的上述技术内容进行对比可知，对比文件1仅公开了感应开关具有感应器以及无触点开关，没有公开感应器的具体结构，也没有权利要求1的以下技术特征“导体悬拉线、该导体悬拉线一端导接一静电感应装置的静电感应端、悬拉线末端具有一个碰触体，碰触体内部设有一接触体以及它们之间的连接关系”。而且权利要求1与对比文件1的目的不同，前者的目的是提供一种令开关操作更为容易、方便的悬吊拉式开关；而后者的目的是提供一种当人们离开后可以延时或自动切断电源的自动开关。对比文件1公开的开关不需要悬拉线即可完成开关的功能，如果添加悬拉线反而不能实现自动开关的目的，对比文件1没有给出任何可以进行上述设置的技术启示，从而本领域普通技术员不容易想到在对比文件1中的无触点自动开关上添加导体悬拉线，将其改造成具有触点的悬拉式非自动开关。虽然对比文件2公开了通过使物体接触而导通电路的开关，但是对比文件2与权利要求1只是利用了相同的通过使物体的移动来导通电路的原理，但是其各自实现该原理的结构不同，并且对比文件2中也没有给出启示其可以用于悬拉式开关。对比文件1公开的是无触点的感应开关，对比文件2公开的是一种滚动接触开关，对比文件1没有给出有触点开关可以应用到其上的技术启示。因此，对于本领域普通技术人员来说，对比文件1和2的结合是非显而易见的，并且即使对比文件1和2相结合，由于对比文件1和2中都没有给出其技术方案可用于悬拉式开关的启示，因此根据对比文件1和2，本领域普通技术员得到与权利要求1类似的关于悬拉式开关的技术方案也是需要付出创造性的劳动的。因此权利要求1相对于对比文件1和2具有突出的实质性特点和显著的进步，符合专利法第二十二条第三款关于创造性的规定。

在独立权利要求1相对于对比文件1和2的结合具备创造性的前提下，引用它的权利要求2、3同样相对于对比文件1和2具有突出的实质性特点和显著的进步，同样符合专利法第二十二条第三款关于创造性的规定。

综上所述，本申请相对于对比文件1和2符合专利法第二十二条第三款的规定，至于本申请中是否仍存在其他不符合专利法和专利法实施细则规定的问题，留待原审查部门在后续程序中继续审查。

三、决定

撤销国家知识产权局专利局实质审查部门于2004年12月10日对申请号为01118293.8的发明专利申请作出的驳回决定，由原实质审查部门以驳回决定所针对的文本：申请日提交的说明书第1~5页、附图第1~6页；以及于2004年1月3日提交的权利要求1~3项为基础继续进行审查。

111

超导能源输出机案

复审请求审查决定（第7330号）

决　定　号　第7330号

决　定　日　2005年11月23日

发明创造名称　超导能源输出机

国际分类号　H01F 6/00

复审请求人　高　步

申　请　号　00101769.1

申　请　日　2000年2月5日

公　开　日　2000年8月23日

合议组组长　张美菊

主　审　员　孙克良

参　审　员　周雷鸣

法律依据　专利法第三十三条

决定要点

如果在修改时增加的内容致使所属领域的技术人员看到的信息与原申请公开的信息不同，而且又不能从原申请公开的信息中直接地、毫无疑义地导出，那么这种修改是不允许的。

一、案由

本复审请求涉及申请日为2000年2月5日、公开日为2000年8月23日、发明名称为“超导能源输出机”的00101769.1号发明专利申请（下称本申请），申请人为高步。

国家知识产权局专利局实质审查部门于2003年4月11日发出了第一次审查意见通知书，指出权利要求1~4违背了能量守恒定律而不具备实用性，不符合专利法第二十二条第四款的规定。

申请人于2003年8月11日提交了意见陈述书，并对申请文件进行了全面修改，其中主要增加了如下新内容：权利要求1的第1~4行、权利要求2的第1~5行、权利要求3的第1~4行、权利要求4的第1~3行，说明书附图3~5，说明书部分第1页第5~33行，第2页第1~4行、第6~14行、第22~26行、第35~38行，第3页第8~9行、第12~14行、第16~18行、第28~34行，第4页第7~12行、第24~31行，第5页第8~12行、第21~24行、第32~38行。

针对申请人修改的权利要求，国家知识产权局实质审查部门于2003年9月26日发出了第二次审查意见通知书，指出申请人对申请文件的上述修改不符合专利法第三十三条的规定，权利要求1~4不具备实用性，不符合专利法第二十二条第四款的规定。

申请人于2004年11月25日提交了意见陈述书，并修改了说明书第6页。

针对请求人于2003年8月11日提交的权利要求1~4项，说明书第1~5页和附图第1~6页以及说明书摘要及其附图及2003年11月25日提交的说明书第6页，国家知识产权局专利局实质审查部门于2004年10月15日驳回了本申请。驳回决定中的驳回理由是：独立权利要求1~4违反“能量守恒定律”的自然法则，因而不符合专利法第二十二条第四款有关实用性的规定；2003年8月11日提交的权利要求1~4及说明书的修改超范围，不符合专利法第三十三条的规定。

申请人（下称复审请求人）对上述驳回决定不服，于2005年1月15日向专利复审委员会提出复审请求，未修改申请文件。其主要理由是：超导无阻闭合回路线圈反复吸引任何铁芯或磁体后能量不会减少。本申请只要给超导储能线圈输入一焦耳电能，就可对外界输出一焦耳电能，一焦耳机械能，并且本申请没有违反能量守恒定律。

经形式审查合格后，专利复审委员会受理了该复审请求，于2004年3月4日发出了复审请求受理通知书及前置审查通知书，请原实质审查部门对本案进行了前置审查。

原实质审查部门在前置审查意见中认为本申请仍不具备专利法第二十二条第四款规定的实用性。

专利复审委员会依法成立合议组对本案进行审查。并于2005年9月14日发出复审通知书，指出：（1）2003年8月11日提交的独立权利要求1~4、说明书第1~5页，2003年11月25日提交的说明书第6页中对权利要求书及说明书的修改不符合专利法第三十三条的规定；（2）原始申请文件的权利要求1~4不符合专利法第二十二条第四款的规定。

复审请求人于2005年10月22日提交了意见陈述书，其主要内容是：新的物质及理论的诞生，证实能量守恒定律是错误的。但是复审请求人并没有针对专利法第三十三条的复审意见进行意见陈述。

经审查，合议组认为本案事实清楚，可以作出审查决定。

二、决定的理由

1. 关于文本

本决定所依据的文本与驳回决定依据的文本相同，即2003年8月11日提交的权利要求1~4项，说明书第1~5页和附图第1~6页以及说明书摘要及其附图及2003年11月25日提交的说明书第6页。

2. 关于专利法第三十三条

根据专利法第三十三条的规定，申请人可以对其专利申请文件进行修改，但是，对发明和实用新型专利申请文件的修改不得超出原说明书和权利要求书记载的范围。

复审请求人于2003年8月11日提交的申请文件替换页中对下述内容进行了修改：说明书摘要，权利要求1的第1~4行、权利要求2的第1~5行、权利要求3的第1~4行、权利要求4的第1~3行，说明书附图3~5，说明书部分第1页第5~33行，第2页第1~4行、第6~14行、第22~26行、第35~38行，第3页第8~9行、第12~14行、第16~18行、第28~34行，第4页第7~12行、第24~31行，第5页第8~12行、第21~24行、第32~38行。其中修改增加非本申请背景技术和现有技术的内容以及增加了涉及能源输出机的结构、连接关系、工作过程等内容，这些内容在原权利要求书和说明书中既没有记载，也不能从原申请文件公开的内容直接、毫无疑义地导出。而且，复审请求人于2003年11月25日提交的说明书第6页第8~16行涉及能量储存释放过程的内容为修改所增加的内容，其在原权利要求书和说明书中即没有记载，也不能从原申请文件公开的内容直接、毫无疑义地导出。因此，上述修改超出了原权利要求书和说明书记载的范围，不符合专利法第三十三条的规定。

综上所述，本申请的权利要求书和说明书依然具有复审通知书和驳回决定中指出的缺陷，不符合专利法第三十三条的规定。

基于上述理由，合议组作出下述决定。

三、决定

维持国家知识产权局专利局实质审查部门于2004年10月15日作出的驳回00101769.1号发明专利申请的决定。

复审请求人对本决定不服的，可以根据专利法第四十一条第二款的规定，自收到本决定之日起三个月内向北京市第一中级人民法院起诉。

北京市第一中级人民法院
行政判决书

（2006）一中行初字第384号

原告高步，男，满族，1967年12月13日出生，无业，住辽宁省鞍山市千山区二台子二台子委02组。

被告国家知识产权局专利复审委员会，住所地北京市海淀区北四环西路9号银谷大厦。

法定代表人廖涛，副主任。

委托代理人孙克良，男，国家知识产权局专利复审委员会材料申诉处审查员。

委托代理人郭健国，男，国家知识产权局专利复审委员会行政诉讼处审查员。

原告高步不服被告国家知识产权局专利复审委员会作出的第7330号复审请求审查决定（下称复审决定），于2006年3月2日向本院提起行政诉讼。本院受理后，依法组成合议庭，于2006年5月24日公开开庭审理了本案。原告高步、被告的委托代理人孙克良和郭健国到庭参加了诉讼。本案现已审理终结。

被告于2005年11月23日针对原告提出的复审请求作出了复审决定，依据《中华人民共和国专利法》（下称《专利法》）第三十三条的规定，维持了中华人民共和国国家知识产权局（下称知产局）2004年10月15日发出的驳回00101769.1号发明专利申请（下称本申请）的驳回决定（下称驳回决定）。被告在法定举证期限内向本院提交了下列证据，用以证明复审决定正确：

1. 申请的公开文本；2. 原告于2003年8月11日提交的修改草稿；3. 原告于2003年8月11日提交的整个申请文件的修改替换页；4. 原告于2003年11月25日提交的说明书第6页的修改替换页。

原告诉称，原告修改本申请后所增加的内容均为现有技术，没有超出原权利要求书和说明书记载的范围，符合《专利法》第三十三条的规定。据此，原告请求法院撤销复审决定。原告向本院提交了下列证据：

1. 鞍山现代工程技术研究院的诺贝尔物理奖推荐书；2. 超导能源输出机研讨论证会会议纪要；3. 突破能量守恒定律理论材料；4. 00101727.6号专利申请文本；5. 原告书写的99101155.4号专利申请的补正情况说明；6. 99101155.4号专利申请材料；7. 200510095922.6号专利申请受理通知书及申请文件。

被告辩称，原告对专利申请文件的修改超出了原权利要求书和说明书记载的范围，不符合《专利法》第三十三条的规定。复审决定认定事实清楚、适用法律正确、审理程序合法，原告的诉讼理由不能成立，故请法院驳回原告请求，维持复审决定。

经庭审质证，本院对当事人提交的证据认证如下：被告提交的证据1～4与本案具有关联性且真实、合法，能够证明本案相关情况，本院予以确认。原告提交的证据均与本案没有关联性，本院不予确认。

经审理查明，本案涉及申请日为2000年2月5日、公开日为2000年8月23日、发明名称为“超导能源输出机”的00101769.1号发明专利申请（即本申请），申请人为原告高步。

该申请公开时的权利要求书为：

“1. 一种超导能源输出机，其特征在于超导能源输出机第一种使用方法中超导板（7）（9）中间一条是凹弧形的也可以是平板的，超导板（7）（9）一端两面接有超导体储能线圈（8）（10），超导板（7）超导板（9）也可以只用其中一个超导板。三个相半波整流线圈（4）（5）（6）可装在杜瓦瓶（11）内或外匀可，装在杜瓦瓶，（11）内线圈（4）（5）（6）使用超导体，在超导板（7）与超导板（9）中间有三个超导体三个相半波整流线圈（4）（5）（6），内有永磁体（1）（2）（3），永磁体（1）（2）（3）可由多片永磁片并联组成，永磁体（1）（2）（3）可装在杜瓦瓶（11）内或外匀可。本发明可由多个这样超导能源输出机串联组成，其个数是正整数即N=1……N1、N2、N3。永磁体（1）（2）（3）也可以用超导体闭合回路冻结磁场线圈。超导体储能线圈（8）（10）内装有上下移动铁芯（12）（13）与连杆（14）（15）曲轴（16）相互连接转动。

2. 一种超导能源输出机，其特征在于超导能源输出机第二种使用方法中有超导体储能线圈（8）或（10）和另一个超导能源输出机其中一个超导储能线圈与超导储能线圈（3）（5）串联构成闭合回路，铁芯（2）（4）为定子，在定子另一面另有一对和超导储能线圈（3）（5）一样另两个超导能源输出机的超导体储能线圈磁场相反，转子（1）是用永磁铁。

3. 一种超导能源输出机，其特征在于超导能源输出机第三种使用方法中可用各种磁通泵法或用送电法将电能存储在超导储能线圈内，在将存储电能输出外界，超导储能线圈内磁场一停一送第一种使用方法中铁芯上下运动或用第二种使用方法中转子对外界输出机械能。

4. 一种超导能源输出机，其特征在于第四种使用方法中在于第一种使用方法中超导体储能线圈（8）（10）在超导线圈内只是超导体储能线圈（8）（10）内，输出机械能上下移动铁芯（12）（13），换成能量输出线圈（12）（13），内有铁芯（14）（15），永磁体（1）（2）（3）磁场与三个相半皮整流线圈（4）（5）（6）磁场叠加一次进到超导储能线圈（8）（10）的闭合回路内，超导储能线圈（8）（10）的闭合回路内产生磁场同时切割能量输出线圈（12）（13）对外界输出一次电能。”

知产局专利局实质审查部门于2003年4月11日发出了第一次审查意见通知书，指出权利要求1~4违背了能量守恒定律而不具备实用性，不符合《专利法》第二十二条第四款的规定。

原告于2003年8月11日提交了意见陈述书，并对申请文件进行了全面修改，其中主要增加了如下新内容：权利要求1的第1~4行、权利要求2的第1~5行、权利要求3的第1~4行、权利要求4的第1~3行，说明书附图3~5，说明书部分第1页第5~33行，第2页第1~4行、第6~4行、第22~26行、第35~38行，第3页第8~9行、第12~14行、第16~18行、第28~34行，第4页第7~12行、第24~31行，第5页第8~12行、第21~24行、第32~38行。

其中修改后的权利要求书为：

“1. 一种超导能源输出机，包括机械能输出部分、电源部分、超导储能线圈、释能部分、机械能输出部分在超导储能线圈内上下移动，电源部分和超导储能线圈连接，超导储能线圈还和释能部分连接，其特征在于机械能输出部分：上下移动铁芯（12）（13）与连杆（14）（15）、曲轴（16）相互连接转动，上下移动铁芯（12）（13）装在超导储能线圈（8）（10）内上下移动，超导储能线圈（8）（10）与超导板（7）（9）两端连接，超导板（7）（9）中间一条是凹弧形的，也可以是平板的，超导板也可以只用其中一个超导板。在超导板（7）（9）中间有三个超导体三相半波整流线圈（4）（5）（6），超导体三相半波整流线圈（4）（5）（6）内有永磁体（1）（2）（3），永磁体（1）

（2）（3）也可以用超导体闭合回路冻结磁场线圈，超导体三相半波整流线圈（4）（5）（6）用普通导线制成。可放在杜瓦瓶（11）内或外，永磁体（1）（2）（3）可放在杜瓦瓶（11）内或外。

2. 一种超导能源输出机，包括转子机械能输出部分、电源部分，超导储能线圈、定子超导储能线圈、释能部分，转子机械能输出部分在定子超导储能线圈上面接触转动，电源部分和超导储能线圈、定子超导储能线圈连接，超导储能线圈和定子超导储能线圈串联，超导储能线圈还和释能部分连接，其特征在于转子机械能输出部分，转子（30）在定子超导储能线圈（26）（42）与（27）（41）中间转动，转子（30）是用永磁体制成，定子超导储能线圈（26）（27）与（41）（42）内有定子铁芯（28）（29）（43）（44），超导储能线圈（24）（25）（37）（38）与超导板（47）（48）（39）（40）两端连接，在超导板（48）（39）与（47）（40）中间有超导体三相半波整流线圈（20）（21）（22）（34）（35）（36），在超导体三相半波整流线圈（20）（21）（22）（34）（35）（36）也可以用超导体闭合回路冻结磁通线圈，超导体三相半波整流线圈（20）（21）（22）（34）（35）（36），用普通导线制成，可放在杜瓦瓶（23）（45）内或外，永磁体（17）（18）（19）（31）（32）（33）可放在杜瓦瓶（23）（45）内或外。

3. 一种超导能源输出机，包括机械能输出部分、电源部分、超导储能线圈、释能部分，机械能输出部分在超导储能线圈内上下移动，电源部分和超导储能线圈部分连接，超导储能线圈还和释能部分连接，其特征在于机械能输出部分，上下移动铁芯（47）（48）与连杆（49）（50）、曲轴（51）相互连接转动，上下移动铁芯（47）（48）在超导储能线圈（52）（53）内上下运动，超导储能线圈（52）（53）与磁通泵电源（46）连接，超导储能线圈（52）（53）装在杜瓦瓶（54）内。

4. 一种超导能源输出机，包括能量输出部分、电源部分、超导储能线圈、释能部分，能量输出部分固定在超导储能线圈内，电源部分和超导储能线圈连接，超导储能线圈还和释能部分连接，其特征在于能量输出线圈：能量输出线圈（57）（58）装在超导储能线圈（61）（62）内，在能量输出线圈（57）（58）内有铁芯（63）（64），超导储能线圈（61）（62）与超导板（59）（60）两端连接，在超导板中间有超导体三相半波整流线圈（65）（66）（67），在超导体三相半波整流线圈（65）（66）（67）内有永磁体（68）（69）（70），永磁体（68）（69）（70）也可以用超导闭合回路冻结磁通线圈。超导体三相半波整流线圈（65）（66）（67）用普通导线制成，可放在杜瓦瓶（55）内或外，永磁体（68）（69）（70）可放在杜瓦瓶（55）内或外。”

针对原告修改的权利要求，知产局实质审查部门于2003年9月26日发出了第二次审查意见通知书，指出原告对申请文件的上述修改不符合《专利法》第三十三条的规定，权利要求1～4不具备实用性，不符合《专利法》第二十二条第四款的规定。

原告于2003年11月25日提交了意见陈述书，并修改了说明书第6页。

针对原告于2003年8月11日提交的权利要求1～4项，说明书第1～5页和附图第1～6页以及说明书摘要及其附图及2003年11月25日提交的说明书第6页，知产局于2004年10月15日驳回了本申请。驳回理由是：独立权利要求1～4违反“能量守恒定律”的自然法则，因而不符合专利法第二十二条第四款有关实用性的规定；2003年8月11日提交的权利要求1～4及说明书的修改超范围，不符合《专利法》第三十三条的规定。

原告对上述驳回决定不服，于2005年1月15日向被告提出复审请求。其主要理由是：超导无阻闭合回路线圈反复吸引任何铁芯或磁体后能量不会减少。本申请只要给超导储能线圈输入一焦耳电能，就可对外界输出一焦耳电能，一焦耳机械能，并且本申请没有违反能量守恒定律。

经形式审查合格后，被告受理了该复审请求，于2004年3月4日发出了复审请求受理通知书及前置审查通知书，请原实质审查部门对本案进行了前置审查。

原实质审查部门在前置审查意见中认为本申请仍不具备《专利法》第二十二条第四款规定的实用性。

被告依法成立合议组对本案进行审查。并于2005年9月14日发出复审通知书，指出：（1）2003年8月11日提交的独立权利要求1~4、说明书第1~5页，2003年11月25日提交的说明书第6页中对权利要求书及说明书的修改不符合《专利法》第三十三条的规定；（2）原始申请文件的权利要求1~4不符合《专利法》第二十二条第四款的规定。

原告于2005年10月22日提交了意见陈述书，其主要内容是：新的物质及理论的诞生，证实能量守恒定律是错误的。

经审查，被告认为本案事实清楚，可以作出审查决定。

被告决定的理由如下：

1. 关于文本

本决定所依据的文本与驳回决定依据的文本相同，即2003年8月11日提交的权利要求1~4项，说明书第1~5页和附图第1~6页以及说明书摘要及其附图及2003年11月25日提交的说明书第6页。

2. 关于《专利法》第三十三条

根据《专利法》第三十三条的规定，申请人可以对其专利申请文件进行修改，但是，对发明和实用新型专利申请文件的修改不得超出原说明书和权利要求书记载的范围。

原告于2003年8月11日提交的申请文件替换页中对下述内容进行了修改：说明书摘要，权利要求1的第1~4行、权利要求2的第1~5行、权利要求3的第1~4行、权利要求4的第1~3行，说明书附图3~5，说明书部分第1页第5~33行，第2页第1~4行、第6~14行、第22~26行、第35~38行，第3页第8~9行、第12~14行、第16~18行、第28~34行，第4页第7~12行、第24~31行，第5页第8~12行、第21~24行、第32~38行，其中修改增加非本申请背景技术和现有技术的内容以及增加了涉及能源输出机的结构、连接关系、工作过程等内容，这些内容在原权利要求书和说明书中既没有记载，也不能从原申请文件公开的内容直接、毫无疑义地导出。而且，原告于2003年11月25日提交的说明书第6页第8~16行涉及能量储存释放过程的内容为修改所增加的内容，其在原权利要求书和说明书中既没有记载，也不能从原申请文件公开的内容直接、毫无疑义地导出。因此，上述修改超出了原权利要求书和说明书记载的范围，不符合《专利法》第三十三条的规定。综上所述，本申请的权利要求书和说明书依然具有复审通知书和驳回决定中指出的缺陷，不符合《专利法》第三十三条的规定。据此，被告作出前述复审决定。原告不服，诉至本院。

本院认为，根据《专利法》第三十三条的规定，申请人可以对其专利申请文件进行修改，但是，对发明和实用新型专利申请文件的修改不得超出原说明书和权利要求书记载的范围。在原告对本申请权利要求书和说明书的修改中，包括了大量在原权利要求书和说明书中没有记载，同时也不能从原申请文件公开的内容中直接、毫无疑义地导出的内容。原告对本申请的上述修改超出了原权利要求书和说明书记载的范围，不符合《专利法》第三十三条的规定。因此，复审决定维持知产局的驳回决定正确，本院应予支持。原告的诉讼请求缺乏事实和法律依据，本院不予支持。据此，依照《中华人民共和国行政诉讼法》第五十六条第（四）项之规定，判决如下：

驳回原告高步的诉讼请求。

案件受理费1000元，由原告高步负担（已交纳）。

如不服本判决，可在本判决书送达之日起十五日内，向本院递交上诉状，并按对方当事人人数提出副本，上诉于北京市高级人民法院。上诉人在接到人民法院预交诉讼费用通知后七日内未预交又不提出缓交申请的，按自动撤回上诉处理。

审 判 长 强刚华
代理审判员 梁 菲
代理审判员 贾志刚
二〇〇六年六月二十二日
书 记 员 张 莹

北京市高级人民法院
行政判决书

（2006）高行终字第488号

上诉人（一审原告）高步，男，满族，1967年12月13日出生，无业，住辽宁省鞍山市千山区二台子二台子委02组。

被上诉人（一审被告）国家知识产权局专利复审委员会，住所地北京市海淀区北四环西路9号银谷大厦。

法定代表人廖涛，副主任。

委托代理人周雷鸣，男，国家知识产权局专利复审委员会审查员。

委托代理人张鹏，男，国家知识产权局专利复审委员会审查员。

上诉人高步因专利复审决定不服北京市第一中级人民法院（2006）一中行初字第384号行政判决，向本院提起上诉。本院受理后依法组成合议庭，公开开庭审理了本案。上诉人高步，被上诉人国家知识产权局专利复审委员会（下称专利复审委）的委托代理人周雷鸣、张鹏到庭参加了诉讼。本案现已审理终结。

专利复审委于2005年11月23日针对高步提出的复审请求作出第7330号复审请求审查决定（下称第7330号决定），决定维持国家知识产权局（下称知产局）2004年10月15日驳回高步00101769.1号发明专利申请的驳回决定（下称驳回决定）。高步不服第7330号决定，向北京市第一中级人民法院提起行政诉讼。

北京市第一中级人民法院经审查认为，根据《中华人民共和国专利法》（下称《专利法》）第三十三条的规定，申请人可以对其专利申请文件进行修改，但是，对发明和实用新型专利申请文件的修改不得超出原说明书和权利要求书记载的范围。高步在对其申请专利的权利要求书和说明书的修改中，包括了大量在原权利要求书和说明书中没有记载，同时也不能从原申请文件公开的内容中直接、毫无疑义地导出的内容。高步对本申请的上述修改超出了原权利要求书和说明书记载的范围，不符合《专利法》第三十三条的规定。第7330号决定正确，应予支持。高步的诉讼请求缺乏事实和法律依据，不予支持。据此，依照《中华人民共和国行政诉讼法》第五十六条第（四）项之规定，判决驳回了高步的诉讼请求。

高步不服一审判决提起上诉。高步认为，其超导能源输出机的成功发明，以铁的事实和确凿的证据，有力地证明了能量守恒定律和质量守恒定律从确立那天起就是错误的。且该技术属于人类特大科技创新项目，可产生巨大的社会效益、经济效益和环境效益，决定着国家前途和命运。该技术权利要求1的上部分是现有技术，是以公开的超导能源输出机99101155.4的专利修改文件抄录下来的，权利要求1及说明书是从0010727.6上复印下来的，而下端只增加了一个铁棒。而99101155.4补正后合格，而0010727.6是在修改连接合格。

在本申请的审查期间，审查员并未告知其超出申请文件部分的修改将导致原申请文本作废，仅告知这种修改是不允许的，且《专利法》也无此规定。因此，要求撤销一审判决和第7330号决定。

专利复审委答辩认为，高步在修改文本中增加了非本申请背景技术和现有技术的内容以及增加了涉及能源输出机的结构、连接关系、工作过程等内容，2003年11月25日提交的说明书第6页第8~16行涉及能量储存释放过程的内容为修改所增加的内容，这些内容在原权利要求书和说明书中既没有记载，也不能从原公开的申请文本的内容直接、毫无疑义地导出。因此，上述修改超出了原权利要求书和说明书记载的范围，不符合《专利法》第三十三条的规定。故一审判决及被诉决定认定事实清楚，适用法律正确，程序合法。请求驳回上诉，维持一审判决和被诉决定。

经审理查明，本案申请专利系由上诉人高步于2000年2月5日申请的“超导能源输出机”的发明专利申请，申请号为00101769.1，公开日为2000年8月23日。被公开的权利要求书为：

“1. 一种超导能源输出机，其特征在于超导能源输出机第一种使用方法中超导板（7）（9）中间一条是凹弧形的也可以是平板的，超导板（7）（9）一端两面接有超导体储能线圈（8）（10），超导板（7）超导板（9）也可以只用其中一个超导板。三个相半波整流线圈（4）（5）（6）可装在杜瓦瓶（11）内或外均可，装在杜瓦瓶，（11）内线圈（4）（5）（6）使用超导体，在超导板（7）与超导板（9）中间有三个超导体三个相半波整流线圈（4）（5）（6），内有水磁体（1）（2）（3），永磁体（1）（2）（3）可由多片永磁片并联组成，永磁体（1）（2）（3）可装在杜瓦瓶（11）内或外均可。本发明可由多个这样超导能源输出机串联组成，其个数是正整数即N=1……N1、N2、N3。永磁体（1）（2）（3）也可以用超导体闭合回路冻结磁场线圈。超导体储能线圈（8）（10）内装有上下移动铁芯（12）（13）与连杆（14）（15）曲轴（16）相互连接转动。

2. 一种超导能源输出机，其特征在于超导能源输出机第二种使用方法中有超导体储能线圈（8）或（10）和另一个超导能源输出机其中一个超导储能线圈与超导储能线圈（3）（5）串联构成闭合回路，铁芯（2）（4）为定子。在定子另一面另有一对和超导储能线圈（3）（5）一样另两个超导能源输出机的超导体储能线圈磁场相反。转子（1）是用永磁铁。

3. 一种超导能源输出机，其特征在于超导能源输出机第三种使用方法中可用各种磁通泵法或用送电法将电能存储在超导储能线圈内，在将存储电能输出外界，超导储能线圈内磁场一停一送第一种使用方法中铁芯上下运动或用第二种使用方法中转子对外界输出机械能。

4. 一种超导能源输出机，其特征在于第四种使用方法中在于第一种使用方法中超导体储能线圈（8）（10）在超导线圈内只是超导体储能线圈（8）（10）内，输出机械能上下移动铁芯（12）（13），换成能量输出线圈（12）（13），内有铁芯（14）（15）。永磁体（1）（2）（3）磁场与三个相半波整流线圈（4）（5）（6）磁场叠加一次进到超导储能线圈（8）（10）的闭合回路内，超导储能线圈（8）（10）的闭合回路内产生磁场同时切割能量输出线圈（12）（13）对外界输出一次电能。”

知产局实质审查部门于2003年4月11日发出了第一次审查意见通知书，指出权利要求1~4违背了能量守恒定律而不具备实用性，不符合《专利法》第二十二条第四款的规定。

高步于2003年8月11日提交了意见陈述书，并对申请文件进行王全面修改，其中主要增加了如下新内容：权利要求1的第1~4行、权利要求2的第1~5行、权利要求3的第1~4行、权利要求4的第1~3行，说明书附图3~5，说明书部分第1页第5~33行，第2页第1~4行、第6~14行、第22~26行、第35~38行，第3页第8~9行、第12~14行、第16~18行、第28~34行，第4页第

7～12行、第24～31行，第5页第8～12行、第21～24行、第32～38行。

针对高步修改的权利要求，知产局实质审查部门于2003年9月26日发出了第二次审查意见通知书，指出高步对申请文件的上述修改不符合《专利法》第三十三条的规定，权利要求1～4不具备实用性，不符合《专利法》第二十二条第四款的规定。高步于2003年11月25日提交了意见陈述书，并修改了说明书第6页。

就高步于2003年8月11日提交的权利要求书，知产局认为独立权利要求1～4因违反“能量守恒定律”的自然法则，因而不符合《专利法》第二十二条第四款有关实用性的规定；2003年8月11日提交的权利要求1～4及说明书的修改超范围，不符合《专利法》第三十三条的规定。于2004年10月15日驳回了本申请。

高步对上述驳回决定不服，于2005年1月15日向专利复审委提出复审请求。高步认为，超导无阻闭合回路线圈反复吸引任何铁芯或磁体后能量不会减少。本申请只要给超导储能线圈输入一焦耳电能，就可对外界输出一焦耳电能，一焦耳机械能，并且本申请突破了能量守恒定律。

专利复审委受理了该复审请求，并请原审查部门对本案进行了前置审查。原审查部门坚持认为本申请仍不具备《专利法》第二十二条第四款规定的实用性。

专利复审委依法成立合议组对本案进行审查，并于2005年9月14日发出复审通知书，指出：(1) 2003年8月11日提交的独立权利要求1～4、说明书第1～5页，2003年11月25日提交的说明书第6页中对权利要求书及说明书的修改不符合《专刊法》第三十三条的规定；(2) 原始申请文件的权利要求1～4不符合《专利法》第二十二条第四款的规定。高步于2005年10月22日提交了意见陈述书，认为新的物质及理论的诞生，证实能量守恒定律是错误的。

经审查，专利复审委确定复审期间的审查文本为2003年8月11可提交的权利要求第1～4项，说明书第1～5页和附图第1～6页以及摘要及其附图及2003年11月25日提交的说明书第6页。

专利复审委认为，高步于2003年8月11日提交的申请文件替换页中对下述内容进行了修改：说明书摘要，权利要求1的第1～4行、权利要求2的第1～5行、权利要求3的第1～4行、权利要求4的第1～3行，说明书附图3～5，说明书部分第1页第5～33行，第2页第1～4行、第6～14行、第22～26行、第35～38行，第3页第8～9行、第12～14行、第16～18行、第28～34行，第4页第7～12行、第24～31行，第5页第8～12行、第21～24行、第32～38行，其修改增加了非本申请背景技术和现有技术的内容，增加了涉及能源输出机的结构、连接关系、工作过程等内容，这些内容在原权利要求书和说明书中既没有记载，也不能从原申请文件公开的内容直接、毫无疑义地导出。而且，高步于2003年11月25日提交的说明书第6页第8～16行涉及能量储存释放过程的内容为修改所增加的内容，其在原权利要求书和说明书中既没有记载，也不能从原申请文件公开的内容直接，毫无疑义地导出。因此，上述修改超出了原权利要求书和说明书记载的范围，不符合《专利法》第三十三条的规定。

综上，本申请的权利要求书和说明书依然具有复审通知书和驳回决定中指出的缺陷，不符合《专利法》第三十三条的规定。2005年11月23日专利复审委作出了第7330号决定，维持了知产局对高步00101769.1号发明专利申请的驳回决定。

本院庭审中，高步承认第7330号决定关于其在2003年8月11日提交的权利要求书对原申请文本进行了修改并增加相关技术内容的确认，但称该增加内容源于99101155.4号专利的申请文本，该申请文本业经补正审查合格，故增加的技术内容为现有技术。

一审法院审理期间，专利复审委在法定期限内提交了：

1. 本申请的公开文本；

2. 高步于2003年8月11日提交的修改草稿；

3. 高步于2003年8月11日提交的整个申请文件的修改替换页；

4. 高步于2003年11月25日提交的说明书第6页的修改替换页。

高步提交了以下证据：

1. 鞍山现代工程技术研究院的诺贝尔物理奖推荐书；

2. 超导能源输出机研讨论证会会议纪要；

3. 突破能量守恒定律理论材料；

4. 00101727.6号专利申请文本；

5. 高步书写的99101155.4号专利申请的补正情况说明；

6. 99101155.4号专利申请材料；

7. 200510095922.6号专利申请受理通知书及申请文件。

上述证据材料已随案移送本院。经本院审查，专利复审委提交证据的期限和证据来源符合法律规定，内容真实，能够反映第7330号决定确认的事实，一审法院予以采信正确；高步提交的证据虽内容真实，但不能反映第7330号决定确认的事实，与本案的审查并无关联，一审法院不予采信符合相关证据规则，本院予以认可。

本院认为，关于我国《专利法》对专利申请文本的修改不能超出已经公开的原申请文本的规定，一审判决和第7330号决定已有清楚表述，本院予以认可，不再赘述。就高步的上诉理由及请求，本院有如下意见：

高步关于其专利申请文本进行的修改为现有技术，不属于新的技术特征的主张。根据《专利法》第三十三条的规定，申请人对其发明和实用新型专利申请文本的修改，不得超出原说明书和权利要求书记载的范围。即对已经公开的申请文本的修改，禁止对原有技术内容的增加，无论其增加的是现有技术，还是新的技术特征，均属禁止增加的范围。高步的上述主张系其对《专利法》第三十三条的理解不正确。

关于修改的申请文本超出已经公开的申请文本应予驳回申请的法律依据问题。《专利法》第三十八条、《中华人民共和国专利法实施细则》第五十三条已有明确规定，专利复审委决定维持知产局驳回高步第00101769.1号专利申请的决定，法律依据充分。

高步关于该发明专利突破“能量守恒定律”、“属于人类特大科技创新项目，可产生巨大的社会效益、经济效益和环境效益，决定着国家前途和命运”的主张，因第7330号决定并未涉及对其专利申请是否具备新颖性、创造性、实用性的确认，故该项主张不属于本案的审查范围，本院不予评价。

综上，第7330号决定确认事实的依据充分，适用法律正确，审查程序符合规定；一审法院判决维持符合《中华人民共和国行政诉讼法》第五十四条第（一）项的规定；高步的上诉理由不能成立，本院不予支持。依据《中华人民共和国行政诉讼法》第六十一条第（一）项的规定，判决如下：

驳回上诉，维持一审判决。

二审案件受理费人民币1000元由上诉人高步负担（已交纳）。

本判决为终审判决。

审 判 长 郭 宜
审 判 员 张学磊
代理审判员 朱海宏
二〇〇六年 月一日
书 记 员 程钰玮

112

可变长编码及可变长译码方法和装置案

复审请求审查决定（第7332号）

决　定　号　第7332号
决　定　日　2005年11月29日
发明创造名称　可变长编码及可变长译码方法和装置
国际分类号　H03M 7/40
复审请求人　三星电子株式会社
申　请　号　97101046.3
申　请　日　1997年1月24日
公　开　日　1997年10月22日
合议组组长　徐媛媛
主　审　员　朱明雅
参　审　员　孙克良

法律依据　专利法第二十六条第三款
决定要点

如果说明书明确写明了发明所要解决的技术问题、解决技术问题采用的技术方案以及有益效果，那么应当认为说明书的主题是明确的。

如果原说明书中虽对某种技术认定为“已有技术”，但仍记载了这些“已有技术”的具体实施方案，并且所属领域技术人员根据这些记载能够实现发明所要保护的技术方案，那么应当认为说明书对这种技术方案的记载是清楚、完整的。

一、案由

本复审请求涉及国家知识产权局专利局实质审查部门1997年10月22日公开的、名称为“可变长编码及可变长译码方法和装置”的发明专利申请（下称本申请），其申请号是97101046.3，申请人为三星电子株式会社。

经实质审查，国家知识产权局专利局实质审查部门针对申请人2003年8月12日提交的权利要求1~60项、说明书第1~9页、说明书摘要，申请日提交的说明书附图第1~10页以及摘要附图，于2004年10月29日驳回了本申请，驳回的理由为：本申请的说明书公开不充分，不符合专利法第二十六条第三款的规定。

实质审查部门在驳回决定中指出：本申请的说明书没有明确反映本申请是针对对象进行编码的，也没有详细描述具体采用什么方法来根据多种对象进行扫描和编码处理，以至于所属技术领域的技术人员不能确切地理解本申请所要求保护的主题，同时也不能具体实现针对对象的各个扫描过程及编码处理过程。此外，由原说明书对图3D-3G的附图说明可以得出对多种对象的数字数据分割、扫描模式及编码处理为现有技术而非本申请发明点的结论。可见，本申请的说明书没有明确写明发明要解决的技术问题、技术方案和有益效果，故本申请的说明书公开不充分，不符合专利法第二十六条第三款的规定。

申请人（下称复审请求人）对上述驳回决定不服，于2005年1月31日向专利复审委员会提出复审请求，同时提交了说明书第2页的替换页。

复审请求人复审请求的理由是：在原始公开的说明书中，附图说明错误地描述了“图3D至3G是说明根据多种对象的数据数据分割、扫描模式及编码处理的已有方法的另一实施例”，而图3D至3G描述的内容应当是本发明实施例的内容；在原始公开的说明书第4页第24行~第5页第24行，第7页第6行至第8页第23行，明确了“以上用可变长编码器/译码器例示和说明了本发明”，而此前的内容（说明书第8页第12~15行）清楚地说明了图3D-3H的内容是本发明实施例的内容，不是现有技术；原权利要求20也可以用于进一步理解本发明，故本申请的说明书符合专利法第二十六条第三款的规定。

经形式审查合格后，专利复审委员会受理了该复审请求，并于2005年3月4日向复审请求人发出了复审请求受理通知书，同时依法成立合议组对本案进行审查。

在上述工作的基础上，合议组认为本案事实已经清楚，可以作出审查决定。

二、决定的理由

1. 关于审查文本的认定

复审请求人在提出复审请求时修改了说明书，将说明书第2页附图说明的“图3D至3G是说明根据多种对象的数字数据分割、扫描模式及编码处理的已有方法的另一实施图”中的“已有方法”修改为“本发明”。

合议组认为，本发明提供一种对图像内的对象被分割成段的数字数据进行编码和译码的方法，通过求得数据段的变换系数，选择适合于所述对象的数据段分布特性的扫描模式，对所求得的数据进行扫描、编码，最后输出上述已编码数据。实现本发明所述技术方案的第一步就是要求得数据段的变换系数，图3D至3G说明的就是如何根据多种对象求得数据段的变换系数的过程，即便求得数据段的变换系数方法是已有技术，但由于该方法是构成本发明技术方案的一部分，所以也是本发明可采用方法的步骤之一。因此，上述修改是可以从原说明书记载的内容中直接导出的，即修改后的说明书符合专利法第三十三条和专利法实施细则第六十条的规定，可以被接受。鉴于此，本复审决定以复审请求人2003年8月12日提交的权利要求1~60项、说明书第1、第3~9页、说明书摘要，2005年1月31日提交的说明书第2页，申请日提交的说明书附图第1~10页以及摘要附图作为审查基础。

2. 关于专利法第二十六条第三款

专利法第二十六条第三款规定，说明书应当对发明作出清楚、完整的说明，以所属技术领域的技术人员能够实现为准；必要的时候应当有附图，说明书摘要应当简要说明发明的技术要点。说明书的内容清楚包括主题明确和用词准确两个方面的含义，其中主题明确是指说明书应当写明发明所要解决的技术问题以及解决技术问题采用的技术方案，并且对照现有技术写明发明的有益效果；所属领域的技术人员能够实现，是指所属领域的技术人员按照说明书记载的内容，不需要创造性的劳动，就能够再现该发明的技术方案，解决其技术问题，并且产生预期的技术效果。

从本申请的说明书第1页所披露的内容可知，本发明是为了进一步压缩传送数据、提高编码和译码系统中数据的传送效率而提出的一种编码和译码的方法和装置。进一步说，本发明是通过采用适合各段数据分布特性的扫描模式对段数据编码，从而达到压缩数据量、提高传送效率的目的。而修改后的说明书第2页第1行至第11行明确写明了针对图像内的对象被分割成段的数字数据进行编码和译码的方法以及该方法包括的基本步骤。由此可见，本发明所要解决的技术问题、所采用的技术方案以及预期达到的技术效果都是明确的，本领域的技术人员能够确切理解本发明所要保护的主题就是针对图像内的对象被分割成段的数字数据进行编码和译码的方法。因此，本发明的主题是明确的。

通过阅读本申请的说明书可知，本申请的说明书具体记载了本发明所要保护的技术方案：说明书第5页第3行~第31行以及图3D、3E、3F、3H，描述了通过对数据段内中像素值的选择设定，选择段数据变换系数的实现过程；说明书第6页第18行至第8页第5行以及附图5，描述了对不同的扫描模式进行可变长编码，之后将可变长编码后代码的长度进行累加，选择长度累计最小的扫描模式作为适合于图像内对象的段数据分布特性的扫描模式的具体实现方法；说明书第8页第2行~第5行，描述了输出或存储已经编码数据的实现方法；说明书第8页第6行~第14行以及附图6，描述了可变长译码器的实现方法。通过上述描述，本领域的技术人员不需要创造性的劳动，应当就能再现本发明的技术方案，即所属领域技术人员根据说明书的记载能够实现本发明所述的技术方案。

综上所述，合议组认为，本申请的说明书是清楚、完整的，本领域技术人员根据说明书的记载，无须创造性劳动就能实现本申请所要保护的技术方案，本申请的说明书公开充分，符合专利法第二十六条第三款的规定。

三、决定

撤销国家知识产权局专利局实质审查部门于2004年10月29日作出的驳回决定，由原实质审查部门在复审请求人于2003年8月12日提交的权利要求1~60项、说明书第1、第3~9页、说明书摘要，2005年1月31日提交的说明书第2页，申请日提交的说明书附图第1~10页以及摘要附图的文本基础上继续审批程序。

113

蓄电式充电器案

复审请求审查决定（第7408号）

决　定　号　第7408号
决　定　日　2005年11月30日
发明创造名称　蓄电式充电器
国际分类号　H02J 7/00
复审请求人　朱孔兴
申　请　号　03222681.0
申　请　日　2003年6月10日
合议组组长　熊　婷
主　审　员　周雷鸣
参　审　员　樊晓东

法律依据　专利法实施细则第二条第二款
决定要点

实用新型的技术方案在申请日以前已经公开，或者是已知技术的等效变换或简单组合，则该实用新型的技术方案明显不是新的技术方案。

一、案由

本专利申请复审请求涉及申请号为03222681.0、名称为“蓄电式电器”的实用新型专利申请（下称本申请），其申请日为2003年6月10日，申请人为朱孔兴。

在国家知识产权局专利局的初步审查程序中，审查部门在2004年4月2日发出的审查意见通知书中指出：本申请的说明书不符合专利法第二十六条第三款的规定。

针对上述审查意见通知书，申请人于2004年4月8日提交了意见陈述书，并认为：本申请说明书中的充电控制电路不是现有技术，本申请符合专利法第二十六条第三款的规定。

国家知识产权局专利局审查部门在2004年7月30日发出的审查意见通知书中指出：本申请不符合专利法实施细则第二条第二款的规定。

申请人于2004年8月6日提交了意见陈述书，其中认为，本申请完全符合专利法实施细则第二条第二款的规定。

国家知识产权局专利局原审查部门于2004年10月29日以本申请不符合专利法实施细则第二条第二款的规定为由驳回了本申请，驳回的主要理由是：本申请的内容已经被国家知识产权局专利局于2001年9月12日公布的专利号为00258204.X的专利文件公开，因此本申请不是新的技术方案，不符合专利法实施细则第二条第二款的规定。其中，驳回决定所针对的本申请原始申请的权利要求如下：

“1. 一种蓄电式充电器，包括壳体及设于其中的充电控制电路，充电控制电路的输出端连接充电触片，其特征为：壳体（1）中还设置有蓄电池（2）连接充电控制电路（3）的输出端构成应急充电电源装置。

2. 根据权利要求1所述的蓄电式充电器，其特征为：蓄电池（2）为贴片式。”

申请人（下称复审请求人）对驳回决定不服，于2005年2月3日向专利复审委员会提交了复审请求，但未修改申请文件。复审请求人的复审理由是：驳回决定中使用的对比文件为检索得出，超出了实用新型初步审查程序的要求。

形式审查合格后，专利复审委员会于2005年5月8日发出了复审请求受理通知书和前置审查通知书，同时将本案送至原实质审查部门进行前置审查。

在前置审查程序中，国家知识产权局专利局原审查部门仍坚持原驳回决定。

在此基础上，专利复审委员会依法成立合议组对本案进行复审，并于2005年9月16日发出了复审通知书，认为驳回决定指出在本申请的申请日以前，在中国专利公报上公开了有相同内容的在先申请00258204. X，本申请不满足专利法实施细则第二条第二款的规定。

复审请求人针对复审通知书陈述了自己的意见，其主要观点是：审查中引入的对比文件是检索得出，超出了实用新型初步审查程序的要求。

至此，本案事实已经清楚，合议组经过合议，作出如下决定。

二、决定的理由

1. 复审决定所依据的文本

本复审决定依据的文本是驳回决定所依据的文本，即2003年6月10日提交的说明书第1页、权利要求1、2项、说明书附图第1页和说明书摘要及摘要附图。

2. 关于专利法实施细则第二条第二款

专利法所称的实用新型，是指“对产品的形状、构造或者其结合所提出的适于实用的新的技术方案”。审查指南第一部分第二章5.6新的技术方案明确规定：“明显不是新的技术方案是指，要求保护的实用新型在申请日（享有优先权的，指优先权日）以前已经公开，或者是已知技术的等效变换或简单组合，即不经检索便可得出以下结论的……（2）在中国专利公报上公开了有相同内容的在先申请；（3）出版物上已经公开了相同的内容……”。

在本申请以前的中国专利公报上公开了专利号为00258204. X的专利（下称该专利，该专利申请日为2000年10月20日，授权公告日为2001年9月12日），该专利公开了一种手机充电器，其中充电器由外壳及设置在外壳内的充电电路（对应于本申请的充电控制电路）及备用充电电池（对应于本申请的蓄电池）、输入插头、与手机电池连接的输出插头（对应于本申请的充电触片）组成，在对手机电池进行充电的同时，也对备用充电电池进行充电，在无外电源的情况下，使用备用充电电池对手机进行充电；同时，从该专利的说明书附图1中可以得出，充电电池为贴片状。

将本申请所请求保护的技术方案与该专利所公开的内容相比可以得出，本申请和该专利所不同的仅仅是文字描述方式上略有差别，其技术方案实质上是相同的，且两者同属于充电器领域，并能产生相同的技术效果，即在无外电源时由充电器中的蓄电池对外供电。也就是说，该专利完全公开了本申请所请求保护的技术方案。因此，本申请请求保护的技术方案明显不是新的技术方案，因此不符合专利法实施细则第二条第二款的有关规定。

针对复审请求人在复审意见陈述书中的陈述，本案合议组认为，对于本申请来说，在本申请的申请日之前的中国专利公报中已经公开了有相同内容的专利号为00258204. X的在先专利申请。因此，复审请求人在复审请求书中的上述陈述不能成立。

综上所述，合议组认为本申请请求保护的技术方案不符合专利法实施细则第二条第二款的规定，复审请求人的复审请求理由不能成立。

三、决定

维持国家知识产权局专利局实质审查部门于2004年10月29日对03222681.0号实用新型专利申请作出的驳回决定。

复审请求人如对本决定不服，可根据专利法第四十一条第二款在收到本通知之日起三个月内向北京市第一中级人民法院起诉。

114

跨平台预警系统及方法案

复审请求审查决定（第7427号）

决　定　号　第7427号
决　定　日　2005年9月20日
发明创造名称　跨平台预警系统及方法
国际分类号　G06F 11/32
复审请求人　英业达股份有限公司
申　请　号　01134411.3
申　请　日　2001年10月31日
公　开　日　2003年5月7日
合议组组长　熊　婷
主　审　员　孙治国
参　审　员　杜　宇

法律依据　专利法第二十二条第二款、第三款
决定要点

权利要求的技术方案与对比文件相比，二者解决的技术问题、采用的技术方案、产生的技术效果均不同，而且无法从对比文件中直接、唯一地推导出二者的区别技术特征，而且对比文件中也没有给出任何技术启示可以将区别技术特征应用到对比文件中以解决本申请中存在的技术问题。因此，该权利要求符合专利法第二十二条第二款所规定的新颖性、第二十二条第三款所规定的创造性。

一、案由

本复审请求涉及申请号为01134411.3、名称为“跨平台预警系统及方法”的发明专利申请，其申请日是2001年10月31日，申请人是英业达股份有限公司。

本申请于2003年5月7日公开，其公开文本中的权利要求书（下称文本1）如下：

“1. 一种跨平台预警方法，其可搭配至一服务器群组，用以在该服务器群组中的任何一台服务器发生系统异常状况时，发出一预警信息；

此跨平台预警方法至少包含以下步骤：

(1) 检测该服务器群组中的各台服务器是否发生系统异常状况；并在检测到一系统异常状况时产生一系统异常状况显示文件；

(2) 将该系统异常状况显示文件传送至一预警信息数据库；其中该预警信息数据库用以储存一组预设的预警信息及这些预设的预警信息与系统异常状况显示文件的对应关系；

(3) 从该预警信息数据库中，取出该系统异常状况显示文件所对应的预警信息；以及

(4) 将该预警信息通过一网络系统而传送至一群预设的工作平台。

2. 根据权利要求1所述的方法，其特征在于：在步骤（2）中，该系统异常状况显示文件是藉由

FTP 文件传输协议而传送至该预警信息数据库。

3. 根据权利要求 1 所述的方法，其特征在于：在步骤（4）中，该预警信息是以电子邮件方式通过该网络系统而传送至该群预设的工作平台。

4. 一种跨平台预警系统，其可搭配至一服务器群组，用以在该服务器群组中的任何一台服务器发生异常状况时，发出一预警信息；

此跨平台预警系统至少包含以下功能模块：

（a）多个系统检测模块，其分别设置于该服务器群组中的各台服务器中，用以检测各台服务器是否发生系统异常状况；并可在检测到一系统异常状况时，产生一系统异常状况显示文件；

（b）一预警信息数据库，其用以储存一组预设的预警信息及这些预设的预警信息与系统异常状况显示文件的对应关系，且其可在接收到这些系统检测模块所产生的系统异常状况显示文件时，输出该系统异常状况显示文件所对应的预警信息；以及

（c）一预警信息发送模块，其可将该预警信息数据库所输出的预警信息通过一网络系统而传送至一群预设的工作平台。

5. 根据权利要求 4 所述的跨平台预警系统，其特征在于：这些系统检测模块将其所产生的系统异常状况显示文件藉由 FTP 文件传输协议而传送至该预警信息数据库。

6. 根据权利要求 4 所述的跨平台预警系统，其特征在于：该预警信息发送模块为一电子邮件服务器，其可将预警信息以电子邮件方式通过该网络系统而传送至该群预设的工作平台。

7. 一种跨平台预警系统，其可搭配至一服务器群组，用以在该服务器群组中的任何一台服务器发生异常状况时，发出一预警信息；

此跨平台预警系统至少包含以下功能模块：

（a）多个系统检测模块，其分别设置于该服务器群组中的各台服务器中，用以检测各台服务器是否发生系统异常状况；并可在检测到一系统异常状况时产生一系统异常状况显示文件；

（b）一预警信息数据库，其用以储存一组预设的预警信息及这些预设的预警信息与系统异常状况显示文件的对应关系，且其可在接收到这些系统检测模块所产生的系统异常状况显示文件时，输出该系统异常状况显示文件所对应的预警信息；以及

（c）一电子邮件服务器，其可将该预警信息数据库所输出的预警信息以电子邮件方式通过一网络系统而传送至一群预设的工作平台。

8. 根据权利要求 7 所述的跨平台预警系统，其特征在于：这些系统检测模块将其所产生的系统异常状况显示文件藉由 FTP 文件传输协议而传送至该预警信息数据库。”

在实质审查过程中，国家知识产权局专利局实质审查部门于 2003 年 12 月 26 日发出第一次审查意见通知书，其中指出权利要求 1、4 相对于对比文件 1（GB2175424A）不符合专利法第二十二条第二款的规定，权利要求 2～3、5～8 相对于对比文件 1 不符合专利法第二十二条第三款的规定。

针对国家知识产权局专利局实质审查部门的第一次审查意见通知书，申请人于 2004 年 5 月 10 日提交了意见陈述书，并且具体陈述了权利要求 1～8 符合专利法第二十二条的理由。

2004 年 12 月 10 日，国家知识产权局专利局实质审查部门以本申请的上述文本 1 的权利要求 1－8 不符合专利法第二十二条的规定为由驳回了本申请。其驳回理由主要是：（1）对比文件 1 公开了一种警报系统的改进装置和方法，并具体公开了以下的技术特征：警报系统包括串接的各个独立单元，在设备之间传输信号，每一独立单元连接检测装置以检测每个单元设备，当发生异常状况时，警报产生装置产生一警报信号传给各个单元。每个单元包括显示装置及用于存储预警信息的数据库（参见该对比文件的权利要求 1～7 及说明书第 3 页第 40 行）。由此可见，对比文件 1 已经公开了权利要求 1

的全部技术特征，且该对比文件1所公开的技术方案与权利要求1所要求保护的技术方案属于同一技术领域，并能产生相同的技术效果，因此权利要求1不具备新颖性，不符合专利法第二十二条第二款的规定。（2）权利要求2、3的附加技术特征是本领域的公知常识，因此当其引用的权利要求1不具备新颖性时，权利要求2、3不具有突出的实质性特点和显著的进步，因而不具备专利法第二十二条第三款所规定的创造性。（3）权利要求4～6是与权利要求1～3相对应的装置权利要求，权利要求4～6的驳回理由可参见权利要求1～3的驳回理由。（4）权利要求7请求保护一种跨平台预警系统。对比文件1公开了一种警报系统的改进装置和方法，并具体公开了以下的技术特征：警报系统包括串接的各个独立单元，在设备之间传输信号，每一独立单元连接检测装置以检测每个单元设备，当发生异常状况时，警报产生装置产生一警报信号传给各个单元。每个单元包括显示装置及用于存储预警信息的数据库（参见该对比文件的全文权利要求1～7及说明书第3页第40行）。该权利要求所要求保护的技术方案与该对比文件所公开的技术内容相比，其区别仅在于"电子邮件传送数据"，然而这种区别是一种公知常识。在该对比文件的基础上结合上述公知常识以获得该权利要求所要求保护的技术方案，对所属技术领域的技术人员来说是显而易见的，因此该权利要求不具有突出的实质性特点和显著的进步，因而不具备创造性，不符合专利法第二十二条第三款的规定。（5）权利要求8的附加技术特征是本领域的公知常识，没有带来预料不到的技术效果，对所属技术领域的技术人员来说是显而易见的，当其引用的权利要求7不具备创造性时，权利要求8不具有突出的实质性特点和显著的进步，因而不具备专利法第二十二条第三款所规定的创造性。

申请人（下称复审请求人）对上述驳回决定不服，于2005年3月22日向专利复审委员会提出复审请求，并且具体陈述了权利要求1～8符合专利法第二十二条的理由。复审请求人从所要解决的技术问题、解决该问题所采用的技术手段、所达到的技术效果三个方面将本发明与对比文件1进行了对比，指出：（1）本申请要解决的问题是不同平台之间服务器发生异常时无法统一将错误状况记录文件转达给系统管理人员的问题；而对比文件要解决的问题是当紧急状况发生时，一般警报系统大多与公安机关或者保安单位联络而缓不济急的问题，故与本申请要解决的技术问题并不相同。（2）本申请的技术特征是在各服务器上分别设置系统检测模块，并将该系统检测模块串联在一起以使系统管理人员可同时收到各服务器的预警信息以采取必要的维护及防护工作；而对比文件的技术特征是将各警报系统串联在一起，而使警报系统发出警报信号时，可将其紧急状况通报给其他警报系统以提供紧急救援，故与本发明的技术特征并不相同。（3）本申请所达到的效果是使系统管理人员不必逐台检视各服务器即可知道何处发生系统异常；而对比文件所要达到的效果是将紧急状况通知邻居以提供及时的救援，故与本发明所要达到的效果不同。

经形式审查合格，专利复审委员会受理了上述复审请求，并于2005年5月12日发出了复审请求受理通知书和前置审查通知书。

在前置审查程序中，原实质审查部门坚持原驳回决定。

至此，合议组经过合议后认为本案事实已经清楚，可以据此作出本决定。

二、决定的理由

1. 复审决定所依据的文本

复审请求人在提出复审请求时没有对申请文件进行修改。因此，此次复审决定依据的文本是原驳回决定所依据的文本，即复审请求人于申请日提交的权利要求书第1～8项、说明书第1～7页、说明书附图第1～7页、说明书摘要和摘要附图。

2. 关于专利法第二十二条第二款

合议组在本决定中评判本专利申请的权利要求书时所采用的对比文件与实质审查过程中所引用的

对比文件相同（即对比文件1，GB2175424A，公开日为1986年11月26日）。

首先，本申请要解决的问题是不同平台之间服务器发生异常时无法统一将错误状况纪录文件转达给系统管理人员的问题；而对比文件1要解决的问题是当紧急状况发生时，一般警报系统大多与公安机关或者保安单位联络而缓不济急的问题，故与本申请要解决的技术问题并不相同。

其次，对比文件1公开了如下的技术特征（参见该对比文件的全文权利要求1~7及说明书第3页第40行）："警报系统包括串接的各个独立单元，设备之间传输信号，每一单元连接以检测装置检测每个单元设备，当发生异常状况时，警报产生装置产生一警报信号传给各个单元。每个单元包括显示装置，用于存储预警信息的数据库。"由此可见，对比文件1中已经公开了权利要求1中的技术特征（1）、（4）。但是，由于本申请与对比文件1所要解决的技术问题的不同，因此对比文件1中并没有公开权利要求1的下列技术特征："（2）将该系统异常状况显示文件传送至一预警信息数据库；其中该预警信息数据库用以储存一组预设的预警信息及这些预设的预警信息与系统异常状况显示文件的对应关系；（3）从该预警信息数据库中，取出该系统异常状况显示文件所对应的预警信息"。即为了解决不同服务器发生异常时所产生的错误状况记录文件或者警示文件的格式不同，无法统一转达给系统管理人员的技术问题，本申请采用了区别于对比文件1的如下技术手段："本申请所针对的是服务器群组，在检测到一个系统异常状况时产生一个系统异常状况显示文件；将异常状况显示文件传送到预警信息数据库，找到与所述的异常状况显示文件相对应的预警信息，把该预警信息发送到预设的工作平台。"而且，上述技术特征也无法从对比文件1中直接、唯一地推导出。

最后，本申请所达到的效果是使系统管理人员不必逐台检视各服务器即可知道何处发生系统异常；而对比文件1所要达到的效果是将紧急状况通知邻居以提供及时的救援，故与本发明所要达到的效果不同。

因此，原实质审查部门使用对比文件1评述本申请权利要求1不符合专利法第二十二条第二款所规定的新颖性，其理由是不充分的。

此外，对比文件1（参见该对比文件的全文权利要求1~7及说明书第3页第40行）中也已经公开了权利要求4中的技术特征（a）、（c）。由此可见，权利要求4与对比文件1的区别技术特征在于：权利要求4采用了一预警信息数据库，其用以储存一组预设的预警信息及这些预设的预警信息与系统异常状况显示文件的对应关系，且其可在接收到这些系统检测模块所产生的系统异常状况显示文件时，输出该系统异常状况显示文件所对应的预警信息。该技术特征无法从对比文件1中直接、唯一地推导出。因此，原实质审查部门使用对比文件1评述本申请权利要求4不符合专利法第二十二条第二款所规定的新颖性，其理由是不充分的。

3. 关于专利法第二十二条第三款

对比文件1（参见该对比文件的全文权利要求1~7及说明书第3页第40行）中也已经公开了权利要求7中的技术特征（a）。由此可见，权利要求7与对比文件1的区别技术特征在于：（1）权利要求7采用了一预警信息数据库，其用以储存一组预设的预警信息及这些预设的预警信息与系统异常状况显示文件的对应关系，且其可在接收到这些系统检测模块所产生的系统异常状况显示文件时，输出该系统异常状况显示文件所对应的预警信息。（2）权利要求7明确采用了电子邮件服务器将该预警信息数据库所输出的预警信息以电子邮件方式通过一网络系统而传送至一群预设的工作平台。

由于本申请权利要求1、4与对比文件1存在前述的区别技术特征，以及本申请权利要求7与对比文件1存在前述的区别技术特征（1）、（2），而且对比文件1中也没有给出任何技术启示，即对比文件1中并没有给出将前述区别技术特征应用到对比文件1中以解决不同服务器发生异常时所产生的错误状况记录文件或者警示文件的格式不同，无法统一转达给系统管理人员的技术问题的启示。因此，权利要求1、4、7所要求保护的技术方案对于本领域的普通技术人员来说并不是显而易见的。权利要求1、4、7相对于对比文件1具备创造性，符合专利法第二十二条第三款的规定。由此可见，权利要求1、4、7的从属权利要求2～3、5～6、8也具备创造性，符合专利法第二十二条第三款的规定。

综上所述，合议组认为原实质审查部门使用对比文件1评述本申请权利要求2～3、4～8不符合专利法第二十二条第三款的规定，其理由是不充分的。

至于说明书和权利要求书是否还存在其他缺陷，均留待后续程序继续审查。

三、决定

撤销国家知识产权局专利局实质审查部门于2004年12月10日对申请号为01134411.3的发明专利申请作出的驳回决定，由原实质审查部门以复审请求人于申请日提交的权利要求书第1～8项、说明书第1～7页、说明书附图第1～7页、说明书摘要和摘要附图为基础，继续审批程序。

115

输入装置及触摸区域注册方法案

复审请求审查决定（第7434号）

决　定　号　第7434号
决　定　日　2005年12月5日
发明创造名称　输入装置及触摸区域注册方法
国 际 分 类 号　G06F 3/02　G06K 11/06
复 审 请 求 人　夏普公司
申　请　号　03136826.3
申　请　日　2003年5月19日
公　开　日　2003年12月10日
合 议 组 组 长　张美菊
主　审　员　孙治国
参　审　员　孙克良

法 律 依 据　专利法第二十六条第三款
决 定 要 点

说明书中已经给出了注册按压区域的方法，而按压区域周围的区域是需要根据使用者的具体情况而定的，由于使用者千差万别，因此作为本发明的说明书不可能给出一个确定的尺寸，但这并不意味着其尺寸是不确定的，在实际的具体应用本发明的过程中完全可以根据需要而确定其尺寸。本申请符合专利法第二十六条第三款的规定。

一、案由

本复审请求案涉及申请号为03136826.3、名称为“输入装置及触摸区域注册方法”的发明专利申请，其申请日是2003年5月19日，优先权日为2002年5月20日，申请人是夏普公司。

在实质审查过程中，国家知识产权局专利局实质审查部门于2004年7月2日发出第一次审查意见通知书。其中指出，本申请说明书公开不充分，不符合专利法第二十六条第三款的规定。公开不充分具体表现在：（1）该发明所要解决的技术问题是，即使在操作者看不到触摸面板的情况下也能通过好的可操作性来定义或注册触摸区域。根据说明书的记载，其解决方法是通过操作者按压触摸面板，从而将按压区域和该按压区域周围的区域注册为触摸区域。可见，确定按压区域和该按压区域周围的区域是完成注册触摸区域的关键。但在说明书中没有给出“按压区域周围的区域”的具体定义，使得本领域技术人员无法明白“按压区域周围的区域”的具体范围，从而无法确定“按压区域周围的区域”；（2）在说明书中只公开了确定按压区域的方法，却没有给出确定按压区域周围区域的方法，而本领域技术人员根据说明书的记载也不能直接导出按压区域周围区域的确定方法，从而无法确定“按压区域周围的区域”；（3）说明书中给出了注册触摸区域后如何完成打印或复印功能的操作流程，但并没有给出“按压区域周围的区域”与这些操作之间的具体关系，使得本领域技术人员无法明白如何通过“按压区域周围的区域”来实现这些操作。

针对上述审查意见通知书，申请人于 2004 年 11 月 15 日提交了意见陈述书，其中认为：

首先，本领域技术人员应该明白，在实际操作中，不可能，也没有必要，要求用户每次都精确地以相同的压力分布按压在相同的区域上，所以在注册触摸区域时，应当将所按压的区域周围的一定范围视为触摸区域的一部分；其次，图 8 中用实粗线示出了五个手指的矩形触摸区域 3a～3e，每个触摸区域包含重心所在的部分和该部分周围的部分（参见说明书第 8 页第 2～3 行对步骤 S53 的描述），本领域技术人员应该明白，完全可以以彼此相邻的矩形区域之外的其他方式定义这些触摸区域；第三，本领域技术人员应该明白“按压区域周围的区域”是什么含义，“按压区域周围的区域”就是所确定的各个“按压区域”周围的适当区域，完全没有必要具体地限定“按压区域周围的区域”的大小和形状，其可大可小，可以彼此相邻，也可以彼此分离；第四，根据上面对“按压区域周围的区域”的解释，说明书中已经描述了如何确定“按压区域”，所以没有必要进一步描述如何确定“按压区域周围的区域”；第五，由于“按压区域周围的区域”是“触摸区域”的一部分，说明书中已描述了如何通过所注册的“触摸区域”来执行打印或复印操作，所以没有必要描述如何通过“按压区域周围的区域”来执行打印或复印操作。

2005 年 2 月 18 日，实质审查部门以本申请不符合专利法第二十六条第三款的规定为由驳回了本申请。驳回理由是：（1）该发明所要解决的技术问题是，即使在操作者看不到触摸面板的情况下也能通过好的可操作性来定义或注册触摸区域。根据说明书的记载，其解决方法是：通过操作者按压触摸面板，从而将按压区域和该按压区域周围的区域注册为触摸区域。可见，确定按压区域和该按压区域周围的区域是完成注册触摸区域的关键。但在说明书中没有给出“按压区域周围的区域”的具体定义，使得本领域技术人员无法明白“按压区域周围的区域”的具体范围，从而无法确定“按压区域周围的区域”；（2）在说明书中没有给出确定按压区域周围区域的方法，而本领域技术人员根据说明书的记载也不能直接导出按压区域周围区域的确定方法，从而无法确定“按压区域周围的区域”。

申请人（下称复审请求人）对上述驳回决定不服，于 2005 年 5 月 18 日向专利复审委员会提出复审请求，具体陈述了其复审理由：本申请的说明书已经清楚完整的说明了本申请。本申请涉及一种触摸区域注册方法及具有触摸区域注册功能的输入装置。即，本申请的所要求保护的是对按压区域及其周围的区域的注册，而不是对按压区域周围的区域的定义。说明书附图 8 中用实粗线矩形框示出了五个手指的矩形触摸区域 3a～3e，每个触摸区域包含重心所在的部分和该部分周围的部分（参见说明书第 8 页第 2～3 行对步骤 S53 的描述）。其中重心所在的部分（黑色部分）即所谓“按压区域”，而粗实线矩形框中除了黑色部分之外的部分即所谓“按压区域周围的区域”。可见，附图 8 中已经作为示例而示出了“按压区域周围的区域”，并且在说明书中对其进行了相应的描述。根据说明书及其附图中的描述和示例，本领域技术人员应该明白如何确定按压区域周围的适当的区域，以实现本发明的目的。即，要确定“按压区域周围的区域”其实很简单，例如，可通过设定该区域边沿到重心的尺寸等方法来确定。事实上，按压区域周围的区域的范围根据用户而改变，例如，对于手比较粗大的男人和手比较纤小的女人可以确定不同的范围。

经形式审查合格，专利复审委员会受理了上述复审请求，并于 2005 年 6 月 22 日发出了复审请求受理通知书和前置审查通知书。

在前置审查程序中，原实质审查部门坚持原驳回决定。

专利复审委员会依法成立合议组对本案进行复审，在对本案进行进一步合议审查的基础上，认为本案事实清楚，可以作出如下复审请求审查决定。

二、决定的理由

本复审决定所依据的文本为：申请日提交的权利要求第1～9项、说明书第1～12页、附图第1～9页、说明书摘要和摘要附图。

本申请涉及一种触摸区域注册方法及具有触摸区域注册功能的输入装置，其目的是提供一种输入装置，使其能够即使在操作者看不到触摸面板的情况下也能通过好的可操作性来定义或注册触摸区域。本申请的另一个目的是提供一种在触摸面板上注册这样的触摸区域的注册方法。为了实现发明目的，首先需要通过操作者按压触摸面板，处理器将按压区域和该按压区域周围的区域注册为触摸区域。

合议组认为：（1）说明书第9页第17行至第10页第6行以及附图5～8中已经给出了注册按压区域的方法，具体方法是：当用户的整个手掌区域按压触摸面板3时，控制器4读入压力T（x，y）数据，然后将各个压力数据T（x，y）二进制化，并划分出图7所示的五个手指尖按压的区域与其他区域，然后控制器4确定位于五个手指中每一个所按压部分的重心位置（Xn，Yn），之后设置或注册出在图8用实粗线示出的五个手指的矩形触摸区域3a～3e，每个触摸区域包在含重心的部分（相当于权利要求中的“按压区域”）和该部分周围的部分（相当于权利要求的“按压区域周围的区域”）。从图8中可以看出“按压区域周围的区域”是不相互交叉的，是基于手指的位置，该区域为实粗线所示的触摸区域中除了重心部分之外的其他区域，因此，“按压区域周围的区域”的范围在本申请中的定义是清楚的；虽然在说明书中没有给出确定“按压区域周围区域”的方法，但是本领域的普通技术人员根据说明书的记载可以理解，“按压区域周围的区域”是需要根据使用者个体的具体情况而定的，由于使用者千差万别，因此作为本申请的说明书不可能给出一个确定的尺寸，但这并不意味着其尺寸是不可确定的，在具体应用本发明的过程中完全可以根据需要而确定其尺寸。并且说明书中已经公开了如何确定“按压区域”的方法，在确定了“按压区域”的情况下，本领域的普通技术人员也完全可以根据需要恰当地选择、确定“按压区域周围的区域”。

综上所述，合议组认为本申请不存在驳回决定中所指出的不符合专利法第二十六条第三款的缺陷，复审请求人的复审理由成立。至于说明书和权利要求书是否还存在其他缺陷，均留待后续程序继续审查。

三、决定

撤销国家知识产权局专利局实质审查部门于2005年2月18日对03136826.3号发明专利申请所作出的驳回决定，以申请日提交的权利要求第1～9项、说明书第1～12页、附图第1～9页、说明书摘要和摘要附图为基础，由原实质审查部门继续进行审批程序。

116

磁动机案

复审请求审查决定（第7439号）

决　定　号　第7439号
决　定　日　2005年12月1日
发明创造名称　磁动机
国际分类号　H02N 11/00
复审请求人　董新武
申　请　号　02138310.3
申　请　日　2002年9月23日
公　布　日　2003年4月16日
合议组组长　张美菊
主　审　员　周雷鸣
参　审　员　樊晓东

法律依据　专利法第二十二条第四款
决定要点

对于本申请的磁动机，仅依靠内部排列的特殊形状的永磁体，在不消耗外来能量的情况下就能维持持续运转和输出动力，这实际上是一种要求输出功率大于输入功率的能够永久自动运转的机器，显然不符合能量守恒定律。

一、案由

本专利申请复审请求涉及申请号为02138310.3、名称为“磁动机”的发明专利申请（下称本申请），其申请日为2002年9月23日，申请人为董新武。

在实质审查过程中，国家知识产权局专利局实质审查部门在2004年11月5日发出的第一次审查意见通知书中指出：本申请的说明书和权利要求1～6都不符合专利法第二十二条第四款的规定；独立权利要求1和7不具有单一性，不符合专利法第三十一条第一款的规定。

针对第一次审查意见通知书，申请人于2004年12月20日提交了意见陈述书及说明书摘要和说明书第2、3页的替换页，并认为：本申请的磁动机不违反能量守恒定律，同时权利要求1和7属于一个总的发明构思，具有单一性。

申请人于2004年12月22日提交了说明书第6页的替换页，并于2005年1月2日提交了意见陈述第2页的替换页。

国家知识产权局专利局实质审查部门于2005年3月11日以本申请说明书和权利要求1～6违反能量守恒定律不符合专利法第二十二条第四款的规定以及权利要求1和7不具有单一性，不符合专利法第三十一条第一款的规定为由驳回了本申请。

申请人（下称复审请求人）对驳回决定不服，于2005年3月25日向专利复审委员会提交了复审请求，并修改了说明书第1、2、3页和权利要求书，复审请求人的复审理由是：本申请的磁动机利用强磁钕铁硼材料在特定强磁场下定向整体成形定磁环、动磁环，通过动磁环的阿基米德螺旋线状的结构设计使运转中没有平衡点，巧妙地消除运转中“死点”，使“磁动机”旋转不停，本申请的说明书和权利要求1~6符合能量守恒定律，并且符合专利法第二十二条第四款的规定；特定充磁方法的专用充磁器夹具和特定充磁的定磁环、动磁环产品属于一个发明构思。其中权利要求书的内容是：

“1. 一种磁动机，其特征在于是由定磁环（1）、动磁环（2）、轴（3）、轴承（13）、轴承座（4）、轴承盖（5）、外罩（6）、外盖（7）、定衬套（8）、动衬套（9）、动垫片（10）、垫片（11）和紧固螺母（12）所构成。

2. 根据权利要求1所述磁动机，其特征在于定磁环（1）用两片定衬套（8）合拢卡往后置于轴承座（4）内；动磁环（2）通过动衬套（9）卡在轴（3）上，其动磁环（2）在轴（3）上两端套上动垫片（10），尾端还装上垫片（11）和紧固螺母（12）固紧动磁环（2）；动磁环（2）连同组装好的轴（3）通过轴承座（4）和轴承盖（5）中的一对轴承（13）固定的轴承座（4）和轴承盖（5）中的定磁环（1）中心，并可以自由转动。

3. 根据权利要求1或2所述磁动机，其特征在于定磁环（1）的内圆和外圆为标准圆形状，以钕铁硼类强永磁材料在定向磁场中成形整体制成，充磁后磁力线径向偏心偏角均匀辐射分布，其偏心3~6mm，偏角15°~30°。

4. 根据权利要求1或2所述磁动机，其特征在于A动磁环（2）外圆为阿基米德螺旋线状，内圆为标准圆形状，以钕铁硼类强永磁材料在定向磁场中成形整体制成，充磁后磁力线径向偏心偏角均匀辐射分布，其偏心3~6mm，偏角15°~30°。

5. 根据权利要求1或2所述磁动机，其特征在于B动磁环（2）外圆为标准圆形状，内圆为阿基米德螺旋线状，以钕铁硼类强永磁材料在定向磁场中成形整体制成，充磁后磁力线径向偏心偏角均匀辐射分布，其偏心3~6mm，偏角15°~30°。

6. 根据权利要求1或2所述磁动机，其特征在于定磁环（1）和A、B动磁环（2）相对面均为同极S极或N极，定磁环（1）和A、B动磁环（2）的最小运转间隙控制在0.2~0.3mm。

7. 一种磁动机专用充磁器夹具，其特征在于对磁动机定磁环（1）和动磁环（2）的充磁方法，所采用专用充磁器夹具是由刀形的矽钢片（1）、线包（2）、芯棒（3）、外屏圆筒（4）、内屏圆筒（5）、导向环（6）、垫套（7）、外导磁环1（8）、外导磁环2（9）、内导磁芯套（12）和圆筒杯盖（13）所构成。

8. 根据权利要求7所述磁动机专用充磁器夹具，其特征在于对定磁环（1）和动磁环（2）充磁的专用充磁器夹具构成，它是由若干片刀形矽钢片（1）围绕芯棒（3）径向偏心偏角均匀辐射分布围组成圆盘状铁芯，线包（2）装入铁芯内；铁芯的里端口和外端口与装在芯棒（3）上的内导磁芯套（12）、外导磁环1（8）、外导磁环2（9）和被磁化制品（定磁环或动磁环），构成径向偏心偏角均匀辐射分布的‘封闭合的磁力线回路’。

9. 根据权利要求7或8所述磁动机专用充磁器夹具，其特征在于对定磁环（1）、动磁环（2）充磁的专用充磁器夹具所用刀形矽钢片是半个E字形矽钢片，形似U字形状，长边一边厚一边薄，刀口薄到近于零。

10. 根据权利要求7或8所述磁动机专用充磁器夹具，其特征在于专用充磁器夹具对定磁环（1）、动磁环（2）的充磁方法，单个使用即‘单充’，双个上、下合用即‘对充’，‘对充’的磁性能优于‘单充’，通电后即可产生径向偏心偏角均匀辐射分布的强磁通，其偏心3~6mm，偏角15°~30°，完成对定磁环（1）、动磁环（2）制品定向成形和充磁。”

专利复审委员会于2005年5月30日发出了复审请求受理通知书和前置审查通知书。

在前置审查程序中，国家知识产权局专利局实质审查部门仍坚持原驳回决定。

在此基础上，专利复审委员会依法成立合议组对本案进行复审，并于2005年9月29日发出了复审通知书，认为驳回决定指出本申请记载的内容违背了能量守恒定律因而不具备实用性的结论是正确的，本领域一般技术人员采用本申请说明书记载的磁动机违反了能量守恒定律，本申请不满足专利法第二十二条第四款规定的实用性要求。同时指出，如果复审请求人基于对自然科学知识的认识的不断探索和深化，要否定人类已经长期获得公认的这一自然科学定律，则必须以证据充分支持的事实为依据，如果复审请求人对其否定能量守恒定律的主张不能提供经本领域专家委员会测试和鉴定的相关鉴定证据，本案合议组拟作出维持对本申请的驳回决定的复审决定。

复审请求人针对复审通知书陈述了自己的意见，其主要观点是：磁动机运转中消耗掉的功率只是事先预给的补偿功率部分，设计给的保底功率部分并未动用，也就是说“输出大于输入”是不存在的，没有违反能量守恒定律。

至此，本案事实已经清楚，合议组经过合议，作出如下决定。

二、决定的理由

1. 依据文本

本复审决定依据的文本是2005年3月25日提交的权利要求第1~10项、说明书第1~3页，2002年12月16日提交的说明书附图3、5~19，2003年6月1日提交的说明书第4、5、7~11页、说明书附图1、2、4和说明书摘要附图，2004年12月22日提交的说明书第6页，2004年12月20日提交的说明书摘要。

2. 关于本申请实用性问题

本申请的权利要求1~6所反映的技术主题是磁动机，该磁动机由定磁环、动磁环、轴、轴承、轴承座、轴承盖、外罩、外盖、定衬套、动衬套、动垫片、垫片和紧固螺母构成。根据说明书和权利要求1~6，其中定磁环为标准环状，动磁环制成外圆为阿基米德螺旋线状、内圆为标准圆形状或者动磁环制成内圆为阿基米德螺旋线状、外圆为标准圆形状，定磁环、动磁环的磁通径向偏心角均匀辐射分布且相对面均为同极，产生径向偏心偏角的不均匀斥力和不均匀旋转磁场形成的外力矩作用，使动磁环带动轴循环旋转，为配套机械提供永磁动力。

合议组认为，本申请权利要求1~6不满足专利法第二十二条第四款规定的实用性要求，具体理由如下：

根据本领域一般技术人员的常识可知，在永磁体周围建立的磁场是一种静止的保守场，它同地球的引力场一样，只能作为能量转换的媒介，不会成为持续的动力源。例如，电动机是以其耦合磁场作为媒介进行能量转换，把输入的电能转换成机械能输出的。也就是说，只有当转子相对于定子处于任何一个位置时产生的多个斥力矢量和表现的结果为正向斥力时，才能出现转子转动所需的持续的动力矩。然而从本申请说明书（及其附图）和权利要求1~6所给出的整体技术内容看，磁动机仅仅依靠标准环状磁体（相当于电机的定子）形成的恒定磁场中磁力带动轴旋转用于输出能量，即阿基米德螺旋线形状的磁体（相当于电机的转子）始终处于标准环状磁体（相当于电机的定子）产生的恒定磁场中磁力不平衡的位置上，在不再需要任何外力的情况下利用永磁间固有的互相作用力就可以自动形成动力磁场，维持磁动机循环旋转。合议组认为，能量守恒定律是自然界的基本规律，即作为物质运动的一般能量既不能创生也不能消灭，只能从一种形式转换成另一种形式。对于本申请的磁动机，由于永磁体周围的磁场是一种静止的保守场，不能够成为持续的动力源，仅依靠内部排列的特殊形状的永磁体，在不消耗外来能量的情况下就能维持持续运转和输出动力，这实际上是一种要求输出功率大于输入功率的能够永久自动运转的机器，显然不符合能量守恒定律，因此本申请是不能实施的，不具备实用性。

关于复审请求人的理由，本案合议组认为，一个技术发明必须符合一定的基本科学原理，而且应当具有可重复的规律性，具有普遍性和可检验性，经得起按照最基本的科学方法进行的测试和鉴定。虽然复审请求人在意见陈述书中列举了磁悬浮列车利用磁能驱动并具有实用性来证明本申请也具备实用性，但合议组认为磁悬浮列车是一种非常复杂的机器，其运行时能量转换也非常复杂，与本申请在结构、原理上存在巨大差异，不能与本申请相提并论，不能作为本申请具备实用性的理由。复审请求人对“利用定向整体成形定磁环、动磁环，使‘磁动机’旋转不停”的磁动机的主张未能提供经该领域权威专家委员会测试和鉴定的必要的鉴定证据，合议组根据现有的基本物理理论，依然认为本申请不符合能量守恒定律。因此，合议组认为本领域一般技术人员采用本申请记载的仅依靠机器内排列的特殊形状的永磁体的技术手段，并不能实现有效运转的带动配套机械设备运转的磁动机。

综上所述，本案合议组认为，本申请不符合专利法第二十二条第四款的规定，复审请求人的复审请求理由不能成立。

三、决定

维持国家知识产权局专利局实质审查部门于 2005 年 3 月 11 日对 02138310. 3 号发明专利申请作出的驳回决定。

复审请求人如对本决定不服，可根据专利法第四十一条第二款的规定，在收到本通知之日起三个月内向北京市第一中级人民法院起诉。

117

微动开关案

复审请求审查决定（第7440号）

决　定　号　第7440号
决　定　日　2005年12月2日
发明创造名称　微动开关
国际分类号　H01H 21/28
复审请求人　株式会社鹭宫制作所
申　请　号　98800896.3
申　请　日　1998年6月19日
公　开　日　1999年10月6日
合议组组长　崔哲勇
主　审　员　周雷鸣
参　审　员　孙克良

法律依据　专利法第二十二条第三款
决定要点

权利要求所述技术方案与现有技术公开的技术方案之间存在区别技术特征，现有技术没有给出得出所述技术方案的任何技术启示，本领域的技术人员需要付出创造性的劳动才能得出该权利要求所述的技术方案，且该技术方案具有有益效果，则该权利要求具备创造性。

一、案由

本复审请求涉及名称为“微动开关”的发明专利申请（下称本申请），其申请号为98800896.3，国际申请日为1998年6月19日，优先权日为1997年6月30日和1998年6月9日，申请人为株式会社鹭宫制作所。

本申请原始公开的权利要求内容如下（下称文本1）：

“1.一种微动开关，具有固定接点部件、可动接点部件和快动机构，通过利用上述快动机构的上述可动接点部件的机械位移，实现上述可动接点部件与上述固定接点部件接触及分离，其特征在于：利用银—碳烧结金属构成上述固定接点部件和上述可动接点部件中的任何一方，利用银—金属氧化物系列合金构成另一方。

2.按权利要求1所述的微动开关，其特征在于：构成上述一方的接点部件的银—碳烧结金属利用平均粒径小的碳粉末烧结成可以进行塑性加工的烧结金属，该接点部件直接与接点支持板进行铆接结合。

3.按权利要求2所述的微动开关，其特征在于：上述银—碳烧结金属是将平均粒径1μm以下的碳粉末0.01～0.5重量%添加分散到银粉末中烧结而成的。

4.按权利要求1所述的微动开关，其特征在于：具有内装上述固定接点部件和上述可动接点部件的开关盒和固定在上述开关盒上的固定接点侧端子部件和可动接点侧端子部件，上述固定接点固定在上述固定接点侧端子部件上，上述可动接点部件与上述可动接点侧端子部件导电连接，固定在从上述开关盒单臂支持的具有弹性的可动接点支持板的自由端侧上，上述快动机构利用将一端固定在上述开关盒上的板簧，和与上述板簧的自由端侧及上述可动接点支持板的自由端侧渡桥式嵌合的U字形的快动弹簧构成。”

在实质审查过程中，国家知识产权局专利局实质审查部门在2002年6月7日发出的第一次审查意见通知书中指出：本申请的权利要求1~4（文本1）不符合专利法第二十二条第三款的规定。

针对第一次审查意见通知书，申请人于2002年10月22日提交了意见陈述书及权利要求书（下称文本2）和说明书第2、3页的替换页并指出：权利要求书（文本2）得到原始公开的申请文件的支持，且文本2中权利要求1和2相对于对比文件1和2具备创造性。

实质审查部门在2003年12月12日发出的第二次审查意见通知书中指出：文本2中权利要求1、2相对于对比文件1、2和3不具备创造性，不符合专利法第二十二条第三款的规定。

针对第二次审查意见通知书，申请人于2004年2月26日提交了意见陈述书及权利要求书（下称文本3）和说明书第2、3页的替换页，并指出：文本3中权利要求1、2的修改没有超出原始公开的范围，文本3中权利要求1、2具备创造性。

其中文本3中部分权利要求1、2的内容如下：

“1. 一种微动开关，包括：固定接点部件、可动接点部件和快动机构，通过由所述快动机构产生的所述可动接点部件的机械位移实现上述可动部件与上述固定接点部件接触及分离，其特征在于：还包括内装有上述固定接点部件和上述可动接点部件的开关盒，以及固定在所述开关盒上的固定接点侧端子部件和可动接点侧端子部件，所述固定接点固定在所述固定接点侧端子部件上，所述可动接点部件与所述可动接点侧端子部件导电连接、固定在由所述开关盒单臂支持的具有弹性的可动接点支持板的自由端侧上，所述快动机构由将一端固定在所述开关盒上的板簧，以及与所述板簧的自由端侧及所述可动接点支持板的自由端侧渡桥式嵌合的U字形的快动弹簧构成；

所述固定接点部件和所述可动接点部件之一由银—碳烧结金属构成，而另一接点部件由 $Ag-SnO_2$ 系列合金构成；

构成上述一种接点部件的银—碳烧结金属由平均粒径小的碳粉末烧结成可以进行塑性加工的烧结金属，该接点部件直接铆接结合在接点支持板上；以及

所述银—碳烧结金属是将平均粒径1μm以下的碳粉末按0.01~0.5重量%分散添加到银粉末中烧结而成的。

2. 按权利要求1所述的微动开关，其特征在于还包括：接点间隔调整螺钉，能够调整所述固定接点部件和所述可动接点部件之间的接点间隔。”

国家知识产权局专利局实质审查部门于2004年12月10日以权利要求1、2不符合专利法第二十二条第三款的规定为由驳回了本申请。

申请人（下称复审请求人）对该驳回决定不服，于2005年3月21日向专利复审委员会提交了复审请求，但未对申请文件进行修改，复审请求人的复审理由主要是：

（1）本申请文本3中权利要求1的微动开关具有与对比文件1、2、3不同的结构，实现与对比文件1、2、3不同的目的和效果；（2）权利要求2的附加技术特征在对比文件1、2、3中没有公开；（3）因此，权利要求1、2具备创造性。

专利复审委员会于2004年4月18日发出了复审请求受理通知书和前置审查通知书。

在前置审查程序中，国家知识产权局专利局实质审查部门仍坚持原驳回决定，其主要理由是：文

本 3 中权利要求 1 的技术方案中所述机构基本上被公开，是对比文件 1～3 的简单组合，对本领域的技术人员来说是很容易实现的。

在此基础上，专利复审委员会依法成立合议组对本案进行复审。

经审查，合议组认为本案事实清楚，可以作出本复审请求审查决定。

二、决定的理由

1. 依据文本

由于复审请求人在提交复审请求时没有修改申请文件，因此本复审决定依据的文本是驳回决定所依据的文本，即进入中国国家阶段时提交的说明书第 1、第 4～7 页、说明书附图和说明书摘要及摘要附图，2004 年 2 月 26 日提交的说明书第 2、第 3 页和权利要求 1、2 项（文本 3）。

2. 关于文本 3 中权利要求 1、2 的创造性问题

合议组认为，本申请独立权利要求 1、2（文本 3）所限定的技术方案与对比文件 1、2、3 相比符合专利法第二十二条第三款有关创造性的规定，具体理由如下：

（1）对比文件 1（JP56－107639U）涉及微动开关，从说明书及其附图中可以知道，开关盒 10 内装有固定接点部件 11 和可动接点部件 20；固定在开关盒 10 的固定接点侧端子部件 12、14 和可动接点侧端子部件 15；固定接点固定在固定接点侧端子部件上，固定接点与可动接点侧端子部件导电连接，固定在从开关盒单臂支持的具有弹性的可动接点支持板 22 的自由端侧上；快动机构由一端固定在开关盒上的板状部件 18，和与板状部件 22 的自由端侧及可动接点支持板的自由端侧渡桥式嵌合的 U 字形的快动弹簧 19 构成；通过利用与快动机构连接的可动接点部件 20 的机械位移，实现可动接点部件 20 与固定接点部件 11 接触及分离。

对比文件 2（JP59－123108A）公开了一个接点为 Ag－WC 系列烧结金属、另一接点为 $Ag-SnO_2$ 系列合金的断路器。

对比文件 3（JP6－228678A）中公开了：把平均粒径在 1μm 以下的 0.01～0.5 重量% 的碳粉均匀分散到银粉末中制成烧结金属，同时用于开关的两个接点。

将对比文件 1、2、3 分别与本申请相比可以知道，对比文件 1 与本申请领域最接近，并且公开了文本 3 中权利要求 1 的技术特征最多，因此，将对比文件 1 作为最接近的对比文件。其中，文本 3 中权利要求 1 和对比文件 1 的区别在于：（1）固定接点部件和可动接点部件之一由银—碳烧结金属构成、另一接点部件由 $Ag-SnO_2$ 系列合金构成；（2）构成一种接点部件的银—碳烧结金属由平均粒径小的碳粉末烧结成可以进行塑性加工的烧结金属，银—碳烧结金属是将平均粒径 1μm 以下的碳粉末按 0.01～0.5 重量% 分散添加到银粉末中烧结而成的；（3）接点部件直接铆接结在接点支持板上；（4）使用板簧连接 U 字形的快动弹簧和可动接点侧端子。

对比文件 2 公开的断路器中一个接点为 Ag－WC 系列烧结金属、另一接点为 $Ag-SnO_2$ 系列合金，对比文件 3 中公开了：用于开关中的两个接点都使用把平均粒径在 1μm 以下的 0.01～0.5 重量% 的碳粉均匀分散到银粉末中制成的银—碳烧结金属，另外“接点部件直接铆接结在接点支持板上”是所属领域的公知常识；但是，对比文件 1、2、3 和公知常识中都没有公开区别技术特征（1）和（4）。

在驳回决定中审查员认为，利用对比文件 3 给出的制造银—碳烧结合金的方法启示，本领域的普通技术人员很容易想到将对比文件 2 中 Ag－WC 系列烧结合金构成的接点设置成将平均粒径在 1μm 以下的碳粉末 0.01～0.5 重量（百分比）添加分散到银粉末中烧结而成的银—碳烧金属接点。对此，合议组认为，对比文件 2 和对比文件 3 中都没有给出将开关接点的两种不同材料“银—碳烧结金属和 $Ag-SnO_2$ 系列合金”的组合应用到开关的两个接点、以解决充分确保耐熔敷性和耐电弧消耗性以及

充分降低接点接触电阻、提高电气寿命的问题的技术启示，所属领域的技术人员不经创造性劳动无法得到开关中两接点使用银—碳烧结金属和 Ag－SnO_2 系列合金的组合这样的技术方案，即银—碳烧结金属和 Ag－SnO_2 系列合金的组合应用到开关的两个接点是非显而易见的。由于上述区别特征（1）中开关接点的两种不同材料“银—碳烧结金属和 Ag－SnO_2 系列合金”的组合，实现了充分确保耐熔敷性和耐电弧消耗性以及充分降低接点接触电阻、提高电气寿命的技术效果，上述区别特征（4）实现了不需要辅助接点支撑部件、可以实现接点部件的小型化和提高电气寿命的技术效果；因而，文本 3 的权利要求 1 的技术方案相对于对比文件 1、2 和 3 的结合具有突出的实质性特点和显著进步，符合专利法实施细则第二十二条第三款的规定。

权利要求 2 是权利要求 1 的从属权利要求，在权利要求 1 具备创造性的条件下权利要求 2 也具备专利法第二十二条第三款规定的创造性。

综上所述，驳回决定的理由不充分，应予撤销。

三、决定

撤销国家知识产权局专利局实质审查部门于 2004 年 12 月 10 日对本申请作出的驳回决定，依据驳回决定所针对的文本，由原实质审查部门继续进行审批程序。

118

花卉树桩插花艺术集美组栽盆花案

复审请求审查决定（第7453号）

决　定　号　第7453号
决　定　日　2005年12月6日
发明创造名称　花卉树桩插花艺术集美组栽盆花
国际分类号　B44C 5/06　A01G 5/00
复审请求人　郑培奎
申　请　号　00102973.8
申　请　日　2000年3月13日
公　开　日　2001年9月19日
合议组组长　高　栋
主　审　员　李韵美
参　审　员　詹靖康

法律依据　专利法实施细则第二条第一款
决定要点

专利法实施细则第二条第一款的规定，专利法所称发明，是指对产品、方法或者其改进所提出的新的技术方案。本申请的目的在于获得美感，没有采用技术手段或者利用自然法则，也未解决技术问题和产生技术效果，因此构不成技术方案。

一、案由

本复审请求涉及申请日为2000年3月13日、申请号是00102973.8、发明名称为“花卉树桩插花艺术集美组栽盆花”的发明专利申请（下称本申请），申请人是郑培奎。

在实质审查程序中，国家知识产权局专利局实质审查部门发出的第一次审查意见通知书中指出本申请的权利要求1～3不符合专利法第二十二条第三款的规定。申请人在答复第一次审查意见通知书的意见陈述书中认为，本申请到目前为止，国内外尚属首例，应该属发明创新的范畴。

国家知识产权局专利局实质审查部门于2003年3月28日发出了第二次审查意见通知书，进行了补充检索，坚持认为权利要求1～3不具备创造性。

申请人于2003年5月20提交了针对第二次审查意见通知书的意见陈述书，没有对申请文本进行修改。申请人认为本申请是国内外至今尚未有过的全新的园林栽培艺术品类，是具有充分创造性的一项发明。

国家知识产权局专利局实质审查部门于2004年4月19日以该申请的权利要求1～3不符合专利法第二十二条第三款的规定为由，作出了驳回决定。驳回决定所引用的对比文件是：

对比文件1：《江西林业科技》1998年第6期《竹类盆景的制作》中的第36、第37、第38、第40页，公开日期为1998年6月。

驳回决定所针对的权利要求书为：

“1. 花卉树桩插花艺术集美组栽盆花，由木本花卉、草本花卉、经过保鲜处理的插花、人工培育制作的盆景树桩、制作盆景用的山石、花盆组成。其特征是草本花卉、木本花卉、人工培育制作的盆景树桩、制作盆景用的山石，根据整体艺术需要，两种以上有选择地栽植在同一个花盆内。

2. 按权项（1）的要求，其特征是同科两个品种以上的花卉栽植在同一花盆内。

3. 按照权项（1）、（2）的要求，其特征是草本和木本花卉，经过保鲜处理的插花组合栽植在同一个花盆内。”

申请人郑培奎（下称复审请求人）不服上述驳回决定，于2004年8月27日向专利复审委员会提出复审请求。复审请求人认为：没有人将插花艺术与花卉盆景艺术集为一身、融为一体；插花与盆景合一没有出现过；插花与花卉合一的也没有过；三者合一更没有出现过。

经形式审查合格，专利复审委员会受理了该复审请求，并于2004年10月21日发出复审请求受理通知书和前置审查通知书。

在前置审查意见书中，国家知识产权局专利局实质审查部门认为复审请求人在复审请求的意见陈述中没有充分的理由和证据证明本发明具备创造性，因而坚持原驳回决定。

在此基础上，专利复审委员会依法成立合议组对本案进行审理。合议组于2005年9月13日发出复审通知书中指出，本申请没有采用技术手段或利用自然法则，未解决技术问题或获得技术效果，因此不构成技术方案，不符合专利法实施细则第二条第一款的规定。

复审请求人于2005年10月11日提交了意见陈述书。其中认为把草本花卉、木本花卉、插花、树桩、山石这些互补相干的、独自成立的品种，由沿袭的、传统的，简单不变且各自为战的栽植方式进行了“改进”，这个改进的过程，是使用技术手段，变自然法则为一种新生事物。这种新的方法的运用，达到了一种新的效果。本申请完全符合专利法实施细则第二条第一款的规定。

合议组认为本案事实已经清楚，可以依法作出复审决定。

二、决定的理由

本复审决定所依据的文本是作出驳回决定时所依据的文本。

专利法实施细则第二条第一款的规定，“专利法所称发明，是指对产品、方法或者其改进所提出的新的技术方案。”权利要求1请求保护一种盆花，由木本花卉、草本花卉、经过保鲜处理的插花、人工培育制作的盆景树桩、制作盆景用的山石、花盆组成。其特征是草本花卉、木本花卉、人工培育制作的盆景树桩、制作盆景用的山石，根据整体艺术需要，两种以上有选择地栽植在同一个花盆内。根据说明书中的记载，本申请的发明目的是为了解决目前花卉、盆景和插花各自发展的现状，克服上述不足，将花卉、盆景、插花融为一体，将三种艺术之长之美，最大限度的集为一身。本发明为花市提供一种艺术佳作——花卉树桩插花艺术集美组栽盆花。其艺术得到了升华，令人心旷神怡，实有鹤立鸡群之感。由此可见，本申请的目的在于获得美感。本申请的方案没有采用技术手段或者利用自然法则，也未解决技术问题和产生技术效果，因而不构成技术方案，不符合专利法实施细则第二条第一款的规定，不属于专利法意义上的发明，不能获得专利权。

权利要求2和3是从属权利要求，附加的特征分别是将同科两个品种以上的花卉栽植在同一花盆内，和将草本、木本、经过保鲜处理的插花组合栽植在同一个花盆内。与权利要求1同理，这些进一步限定的特征仍不能使权利要求2和3符合专利法实施细则第二条第一款的规定。

正如复审请求人在意见陈述中描述的，本申请是具有艺术标准和创作原则的并且这种组合栽培是一种独特的艺术形式，也就是说，本申请是一种艺术创作行为，应当属于艺术创作领域，而不属于工业产权中的专利权的保护范畴。

综上所述，合议组认为，将各种花卉、插花、树桩、山石等插到花盆中不构成专利法意义上的技术方案，其所获得的效果也仅仅是艺术上的美感。因此，权利要求 1～3 不符合专利法实施细则第二条第一款的规定。

三、决定

维持国家知识产权局专利局实质审查部门于 2004 年 4 月 19 日作出的驳回该发明专利申请的决定。

复审请求人对本决定不服的，可以根据专利法第四十一条第二款的规定，自收到通知之日起三个月内向北京市第一中级人民法院起诉。

119

半导体存储器装置案

复审请求审查决定（第7461号）

决　定　号 第7461号
决　定　日 2005年12月8日
发明创造名称 半导体存储器装置
国际分类号 G11C 11/401、11/406、11/4063
复审请求人 富士通株式会社
专利申请号 02103564.4
申　请　日 2002年2月7日
公　开　日 2002年11月27日
合议组组长 张美菊
主　审　员 朱芳芳
参　审　员 杜　宇

法律依据 专利法第二十二条第三款
决定要点

如果一项权利要求的技术方案同现有技术相比所具有的区别技术特征不能从现有技术中容易地导出，并且该区别技术特征使得该技术方案与现有技术相比具有更加有益的技术效果，则该项权利要求具备创造性。

一、案由

本复审请求涉及申请号为02103564.4、申请日为2002年2月7日、公开日为2002年11月27日、发明名称为“半导体存储器装置”的发明专利申请，其申请人为富士通株式会社，其原始申请文件中共有9项权利要求，其中有3项独立权利要求，具体内容如下：

“1. 一种能同时读取数据和刷新数据的半导体存储器装置，包括：

用于接收从外部电路输入的数据的数据输入电路；

用于从所述数据输入电路输入的数据中产生奇偶校验数据的奇偶校验生成电路；

用于存储从所述数据输入电路输入的数据和从所述奇偶校验生成电路产生的奇偶校验数据的存储器；

用于刷新所述存储器的刷新电路；

用于从所述存储器读取数据的读取电路；

当所述读取电路读取数据时，通过从其他正常读出的数据和相应的奇偶校验数据恢复被所述刷新电路刷新的数据的恢复电路；

用于输出由所述读取电路读取的数据和输出由所述恢复电路恢复的数据的数据输出电路；和

用于直接读取和输出存储在所述存储器中的奇偶校验数据的奇偶校验输出电路。”

“3. 一种能同时读取数据和刷新数据的半导体存储器装置，包括：

用于接收从外部电路输入的数据的数据输入电路；

用于从所述数据输入电路输入的数据中产生奇偶校验数据的奇偶校验生成电路；

用于存储从所述数据输入电路输入的数据和从所述奇偶校验电路产生的奇偶校验数据的存储器；

用于刷新所述存储器的刷新电路；

用于从所述存储器读取数据的读取电路；

当所述读取电路读取数据时，通过从其他正常读出的数据和相应的奇偶校验数据恢复被所述刷新电路刷新的数据的恢复电路；

用于输出由所述读取电路读取的数据和输出被所述恢复电路恢复的数据的数据输出电路；

用于在存储所述奇偶校验数据的存储器的一个区域内直接写入从外部电路提供的所需数据的写入电路。”

“6. 一种能同时读取数据和刷新数据的半导体存储器装置，包括：

用于接收从外部电路输入的数据的数据输入电路；

用于从所述数据输入电路输入的数据中产生奇偶校验数据的奇偶校验生成电路；

用于存储从所述数据输入电路输入的数据和从所述奇偶校验电路产生的奇偶校验数据的存储器；

用于刷新所述存储器的刷新电路；

用于从所述存储器读取数据的读取电路；

当所述读取电路读取数据时，通过从其他正常读出的数据和相应的奇偶校验数据恢复被所述刷新电路刷新的数据的恢复电路；

用于输出由所述读取电路读取的数据和输出被所述恢复电路恢复的数据的数据输出电路；和

用于根据外部电路的请求来控制所述刷新电路刷新指定区域的控制电路。”

针对上述公开文本，国家知识产权局专利局实质审查部门于2004年6月18日发出第一次审查意见通知书，指出权利要求1~9不具备专利法第二十二条第三款规定的创造性，并指出本申请不具备授予专利权的前景，其中，在此次通知书中引用下述对比文件：

对比文件1：US4766573A，公开日为1988年8月23日；

对比文件2：US5297102A，公开日为1994年3月22日。

针对第一次审查意见通知书，申请人于2004年10月26日提交意见陈述书，申请人认为对比文件1和2没有公开本申请权利要求1、3、6所限定的“恢复电路”，其主要理由如下：（1）对比文件1中的误差校正电路没有实现本发明奇偶校验生成电路和恢复电路的功能，即没有当访问控制电路读取数据时，通过从其他正常读出的数据和相应的奇偶校验数据恢复被刷新控制电路刷新的数据的恢复电路；（2）对比文件2仅公开了位于半导体芯片10上的用于输入和输出8位数据和1位奇偶位的数据输入输出终端。

国家知识产权局专利局实质审查部门于2004年12月10日以权利要求1~9不符合专利法第二十二条第三款的有关规定为由对本申请作出了驳回决定，驳回针对的文本是：申请日提交的原始申请文件中的说明书第1~19页、权利要求第1~9项、说明书附图第1~16页、说明书摘要和摘要附图。其对权利要求1的主要驳回理由是：（1）对比文件1公开了“当访问控制电路从特定单元中读取数据而该特定单元处于刷新状态时，该特定单元中的数据无法被读出，省略了1位（该特定单元中的位）的数据被并行读出，然后将该数据输入给误差校正电路，而且误差校正电路将省略了1位的数据校正为原始数量的位，从而实现了刷新和读取同时进行的目的”，其中省略了1位的数据即为其他正常读出的数据，而校正为原始数量的位即为恢复被刷新的数据；（2）对比文件1中公开了误差校正电路将来自访问控制电路的8位数据转换为12位数据，就已经包含了校验位，因此公开了校验生成电路和恢复电路；（3）对比文件2中公开了一种包括连接到输入/输出缓冲器的输入/输出终端的用于存储数据和奇偶位的半导体存储器设备，将对比文件1和对比文件2结合可以得到数据输入和输出电路。

申请人（下称复审请求人）对上述驳回决定不服，于2005年3月10日向专利复审委员会提出复审请求，并修改了权利要求，重新提交了权利要求书全文替换页，共9项权利要求，其中有3项独立权利要求，具体内容如下：

“1. 一种能同时读取数据和刷新数据的半导体存储器装置，包括：

用于接收从外部电路输入的数据的数据输入电路；

用于从所述数据输入电路输入的数据中产生奇偶校验数据的奇偶校验生成电路；

用于存储从所述数据输入电路输入的数据和从所述奇偶校验生成电路产生的奇偶校验数据的存储器；

用于刷新所述存储器的刷新电路；

用于从所述存储器读取数据的读取电路；

当所述读取电路读取数据时，通过从其他正常读出的数据和相应的奇偶校验数据恢复被所述刷新电路刷新的数据的恢复电路；

用于输出由所述读取电路读取的数据和输出由所述恢复电路恢复的数据的数据输出电路；和

用于直接读取和输出存储在所述存储器中的奇偶校验数据的奇偶校验输出电路。”

“3. 一种能同时读取数据和刷新数据的半导体存储器装置，包括：

用于接收从外部电路输入的数据的数据输入电路；

用于从所述数据输入电路输入的数据中产生奇偶校验数据的奇偶校验生成电路；

用于存储从所述数据输入电路输入的数据和从所述奇偶校验生成电路产生的奇偶校验数据的存储器；

用于刷新所述存储器的刷新电路；

用于从所述存储器读取数据的读取电路；

当所述读取电路读取数据时，通过从其他正常读出的数据和相应的奇偶校验数据恢复被所述刷新电路刷新的数据的恢复电路；

用于输出由所述读取电路读取的数据和输出被所述恢复电路恢复的数据的数据输出电路；

用于在存储所述奇偶校验数据的存储器的一个区域内直接写入从外部电路提供的所需数据的写入电路。”

“6. 一种能同时读取数据和刷新数据的半导体存储器装置，包括：

用于接收从外部电路输入的数据的数据输入电路；

用于从所述数据输入电路输入的数据中产生奇偶校验数据的奇偶校验生成电路；

用于存储从所述数据输入电路输入的数据和从所述奇偶校验生成电路产生的奇偶校验数据的存储器；

用于刷新所述存储器的刷新电路；

用于从所述存储器读取数据的读取电路；

当所述读取电路读取数据时，通过从其他正常读出的数据和相应的奇偶校验数据恢复被所述刷新电路刷新的数据的恢复电路；

用于输出由所述读取电路读取的数据和输出被所述恢复电路恢复的数据的数据输出电路；和

用于根据外部电路的请求来控制所述刷新电路刷新指定区域的控制电路。”

复审请求人坚持认为对比文件1中的误差校正电路没有实现本申请权利要求1、3、6所限定的“奇偶校验生成电路”和“恢复电路”的功能，对比文件2也没有公开“奇偶校验生成电路”和“恢复电路”，其主要理由为：（1）对比文件1仅公开通过省略被刷新的数据而将其余（11位）数据转换为8位数据，随后再在8位数据中重写对应于上述被刷新的特定模块地址的数据，最后将被重写的8位数据转换位12位数据，因此对比文件1并未公开或暗示本申请的用于直接读取和输出存储在存储器中的奇偶校验数据的奇偶校验生成电路；（2）对比文件1在恢复数据时是重写所述特定模块地址的数据，而没有公开或暗示“通过正常读出的数据和相应的奇偶校验数据恢复被刷新数据的恢复电路”；（3）对比文件2仅公开位于半导体芯片10上的、用于输入和输出8位数据和1位奇偶位的数据输入和输出终端DQ1－DQ9。

经形式审查合格，专利复审委员会受理了该复审请求，并于2005年5月19日发出了复审请求受理通知书及前置审查通知书。

在前置审查程序中，原审查部门仍坚持原驳回决定。

在此基础上，专利复审委员会成立合议组对本案进行了审理。合议组在审阅了本申请的全部文件后认为，本案事实已经清楚，可以作出审查决定。

二、决定的理由

（一）关于审查文本的认定

2005年3月10日，复审请求人在提交复审请求书的同时提交了权利要求书的全文替换页，其修改内容仅限于对权利要求个别文字的修改，因此没有超出原始申请文件的公开范围，符合专利法第三十三条和专利法实施细则第六十条的规定。因此，本复审决定所依据的文本是：请求人于2005年3月10日提交的权利要求第1～9项、申请日提交的说明书第1～19页、说明书附图第1～16页、说明书摘要以及摘要附图。

（二）关于专利法二十二条第三款

根据专利法第二十二条第三款规定，发明专利申请的创造性是指：“同申请日以前已有的技术相比，该发明有突出的实质性特点和显著的进步”。

如果一项权利要求的技术方案同现有技术相比所具有的区别技术特征不能从现有技术中容易地导出，并且该区别技术特征使得该技术方案与现有技术相比具有更加有益的技术效果，则该项权利要求具备创造性。

在本复审决定中引用原实质审查部门在驳回决定中所引用的对比文件1和对比文件2作为现有技术，即：

对比文件1：US4766573A，公开日为1988年8月23日；

对比文件2：US5297102A，公开日为1994年3月22日。

其中，对比文件1作为最接近的现有技术。

1. 关于独立权利要求1、3、6的创造性

权利要求1请求保护一种能同时读取数据和刷新数据的半导体存储器装置。对比文件1中（说明书第3栏第66行至第8栏第19行以及附图2、3）公开了一种半导体存储器装置，并具体公开了如下特征。该半导体装置包括：输入输出I/O（参见附图2）（相当于本申请中的数据输入电路和数据输出电路），12个单元块100－111，用于存储通过访问控制电路3（相当于本申请中的读取电路）由外部输入或向外部输出的8位数据，每个单元块包括预定的存储器单元阵列（相当于本申请中的存储器）、字译码器、列译码器等；刷新控制电路2（相当于本申请的刷新电路）用于顺序地刷新所述单

元块；访问控制电路3用于访问所述单元块；误差校正电路（ECC）5，位于访问控制电路和所述单元块之间，对于每个被选择的存储单元，经由该ECC电路5向被选择的存储单元写入或从被选择的存储单元中读取预定数据，多个选择电路400－411，分别对应于12个单元块100－111，有选择地将来自刷新控制电路2的列地址和来自访问控制电路3的列地址提供给单元块中的列译码器，并且当所述刷新控制电路2选择一个预定的单元块时，来自访问控制电路3对所述预定单元块的访问就被禁止，并且当所述访问控制电路3访问预定单元块时刷新控制电路2对预定单元块的刷新也被禁止，此外，对比文件1中具体公开了ECC电路5的工作原理如下：当特定单元模块（例如模块100）处于刷新状态时，如果存取控制电路3读取每个单元模块中的特定存储器单元，则针对刷新状态下的单元模块100的存取操作将被禁止，也不再执行针对单元模块100的操作。因而向ECC电路5输出其他单元模块的11位数据。随后ECC电路5校正错误并再现校正后的8位数据。即使有1个单元模块处于刷新状态，也可将11位数据（代码）（即省略1位数据后）转换为8为校正数据，然后将8位校正数据输出至1/8解码器6一侧，而对应于上述特定模块地址的1位数据可从外部进行选择和读取。当从外部输入上述特定单元模块地址的1位数据时，首先从存取控制电路3向1/8解码器6发送特定的模块地址信号，并输出写数据。由此重写保存于1/8解码器6中的8位数据之中相应于特定模块地址的数据。这样，利用ECC电路5将已被重写的8位数据转换为12位数据并重新写入各相应的单元模块中。对比文件1中的误差校正电路与本申请的奇偶校验生成电路和恢复电路的工作原理是不同的。因此不能认为对比文件1中的误差校正电路实现了本申请的奇偶校验生成电路和恢复电路的功能。

独立权利要求1请求保护的技术方案与对比文件1中公开的半导体存储器装置相比，具有下述区别技术特征：（1）独立权利要求1中的“用于从所述数据输入电路输入的数据中产生奇偶校验数据的奇偶校验生成电路”不同于对比文件中的“误差校正电路”，前者产生奇偶校验数据，而后者不产生校验数据，而仅是对省略1位的数据进行校正；（2）独立权利要求1将“从数据输入电路输入的数据”和“奇偶校验数据”都存储在存储器中，而对比文件1中是将由ECC 5转换成的12位数据存储在单元块中的存储阵列中；（3）独立权利要求1中的“当所述读取电路读取数据时，通过从其他正常读出的数据和相应的奇偶校验数据恢复被所述刷新电路刷新的数据的恢复电路”不同于对比文件1中的误差校正电路，前者通过正常读出的数据和奇偶校验数据来恢复被刷新的数据，后者是通过省略被刷新的数据而对剩余的11位数据校正错误校正错误并再现校正后的8位数据；（4）对比文件1中没有公开权利要求1中的“用于直接读取和输出存储在所述存储器中的奇偶校验数据的奇偶校验输出电路”。

对比文件2公开了一种用于存储数据和奇偶位的半导体存储器设备，其中公开了如下技术特征（参见说明书第4栏第54行~59行）：数据输入/输出终端DQ1－DQ9置于半导体芯片10上，用于输入和输出8位数据和1位奇偶位，数据输入/输出终端DQ6－DQ9连接到数据输入/输出缓冲器13，数据输入/输出终端DQ1－DQ5连接到数据输入/输出缓冲器14。虽然对比文件2中公开了用于输入和输出1位奇偶位的输入输出终端（相当于本申请中的奇偶校验输出电路），但也未公开本申请中的“用于从所述数据输入电路输入的数据中产生奇偶校验数据的奇偶校验生成电路”和“当所述读取电路读取数据时，通过从其他正常读出的数据和相应的奇偶校验数据恢复被所述刷新电路刷新的数据的恢复电路”。

本申请实际所要解决的技术问题为：提供一种能够同时读取数据和刷新数据并且能够易于执行操作检查的半导体存储器装置，以克服现有技术中的DRAM在刷新存储单元时暂时禁止从外部电路存取的缺点，并且通过直接对奇偶校验数据存取，有利于检验是否正常生成奇偶校验数据，由此可以容易确定数据恢复功能是否正常。而独立权利要求1正是通过上述区别特征，特别是区别技术特征

（1）和（3），通过利用本申请中的恢复电路对由奇偶校验生成电路产生的奇偶校验数据和其他正常读取的数据进行恢复来恢复被刷新的数据，从而实现同时读取数据和刷新数据的目的，而对比文件1和2以及它们的组合都没有公开上述技术特征，并且也没有给出利用奇偶校验生成电路和恢复电路实现同时读取数据和刷新数据的启示。因此，独立权利要求1与对比文件1和2相比，具有显著的区别技术特征，同时这些区别技术特征的存在使得该项技术方案具有区别于现有技术的有益效果，因此，独立权利要求1相对于对比文件1和2具有突出的实质性特点和显著的进步，从而具备专利法第二十二条第三款规定的创造性。

独立权利要求3和独立权利要求6也分别请求保护一种能同时读取数据和刷新数据的半导体存储器装置，将其请求保护的技术方案分别与对比文件1和2对比，也具有上述区别技术特征（1）和（3）。因此基于与权利要求1相同的理由，独立权利要求3和6相对于对比文件1和2具有突出的实质性特点和显著的进步，从而具备专利法第二十二条第三款规定的创造性。

2. 关于从属权利要求2、4~5、7~9的创造性

权利要求2是独立权利要求1的从属权利要求，权利要求4~5是独立权利要求3的从属权利要求，权利要求7~9是独立权利要求6的从属权利要求，由于独立权利要求1、3、6具备创造性，则对它们分别作进一步限定的从属权利要求2、4~5、7~9同样也应具备创造性。

基于上述理由，合议组作出下述决定。

三、决定

撤销国家知识产权局专利局实质审查部门于2004年12月10日对申请号为02103564.4号发明专利申请作出的驳回决定，由原审查部门以2005年3月10日提交的权利要求第1~9项、申请日提交的说明书第1~19页、附图第1~16页、说明书摘要以及摘要附图为基础，继续进行审批程序。

120

电能机案

复审请求审查决定（第7496号）

决 定 号 第7496号
决 定 日 2005年12月6日
发明创造名称 电能机
国 际 分 类 号 H02K 53/00
复 审 请 求 人 彭炎应
申 请 号 00117308.1
申 请 日 2000年7月29日
公 开 日 2002年2月20日
合 议 组 组 长 崔哲勇
主 审 员 周雷鸣
参 审 员 樊晓东

法 律 依 据 专利法第二十二条第四款
决 定 要 点

如果一部机器或机构，在向其输入初始能量后，就无须外界能量而能够不停的运转下去，且在运转过程中所产生的能量大于其输入的能量，则违反了能量守恒定律，从而不符合专利法第二十二条第四款规定的实用性。

一、案由

本专利申请复审请求涉及申请号为00117308.1、名称为“电能机”的发明专利申请（下称本申请），其申请日为2000年7月29日，申请人为彭炎应。

在实质审查过程中，国家知识产权局专利局实质审查部门在2003年7月4日发出的第一次审查意见通知书中指出：本申请的说明书和权利要求1、2都不符合专利法第二十二条第四款的规定。

针对第一次审查意见通知书，申请人于2003年11月8日提交了意见陈述书，并认为本申请的电能机具备实用性。

国家知识产权局专利局初审及流程管理部门针对上述意见陈述书于2003年12月12日发出了对审查意见通知书答复的补正通知书。

申请人于2004年2月21日提交了意见陈述书，并认为本申请的电能机不违反能量守恒定律，具备实用性。

针对2004年2月21日提交的意见陈述书，申请人于2004年3月24日提交了补正书，其中主要内容是，修改该意见陈述书中的错别字。

国家知识产权局专利局实质审查部门于2004年7月9日以本申请说明书和权利要求1、2不符合专利法第二十二条第四款规定为由驳回了本申请。

申请人（下称复审请求人）对驳回决定不服，于2004年10月22日向专利复审委员会提交了复审请求，但未修改申请文件，其复审的主要理由是杠杆或加速机可以实现力或速度的放大，同样能够实现能量的放大。

专利复审委员会以上述复审请求未使用国务院专利行政部门统一制定的表格为由，于2004年12月14日发出了复审请求补正通知书。

复审请求人于2005年1月24日向专利复审委员会提交了新的复审请求书及附件，重申其复审理由为：杠杆或加速机可以实现力或速度的放大，同样能够实现能量的放大。

专利复审委员会于2005年4月28日发出了复审请求受理通知书和前置审查通知书。

在前置审查程序中，国家知识产权局专利局实质审查部门仍坚持原驳回决定。

在此基础上，专利复审委员会依法成立合议组对本案进行复审，并于2005年9月15日发出了复审通知书，认为驳回决定指出本申请记载的内容违背了能量守恒定律因而不具备实用性的结论是正确的，本申请不满足专利法第二十二条第四款规定的实用性要求。同时指出，一个技术发明必须符合一定的基本科学原理，具有普遍性和可检验性，经得起按照最基本的科学方法进行的测试和鉴定，杠杆和加速机都是机器，机器只能转换能量，不能创造能量，因此复审请求人的复审理由不成立。

复审请求人于2005年11月7日针对复审通知书陈述了自己的意见，其主要观点是：电能机是用比电动机大数倍功率的发电机发电，杠杆把电动机的动力放大，产生巨大动力，就可以带动大功率的发电机发电，使大功率的发电机发出非常多的电能来满足电能机自身消耗的同时还有大量的能量输出，在不消耗外来电能的情况下就能维持持续运转和输出电能，实现输出大于输入的能够永久自动运转的效果。

至此，本案事实已经清楚，合议组经过合议，作出如下决定。

二、决定的理由

1. 依据文本

本复审决定依据的文本是2001年3月2日提交的权利要求第1~2项、说明书第1~5页、说明书附图第1页和说明书摘要附图，以及2002年6月6日提交的说明书摘要。

2. 关于本申请实用性问题

专利法第二十二条第四款规定的实用性是指该发明或者实用新型能够制造或者使用，并且能够产生积极效果。

本申请的权利要求书、说明书及其附图所反映的整体技术主题是电能机，该电能机具有发电机、电动机、杠杆大轮、加速器、皮带、链条变电开关、电压表等机械部件；其原理是：由外来电源提供原始启动电能，启动电能机的电动机，电动机带动杠杆大轮把动力扩大数倍，用链条将动力传递给加速器，加速器加速转速后带动发电机工作，发电机发出的电能返还给电动机作动力，再带动发电机发电，如此实现电能机不断地环回发电；能够解决日渐短缺的能源问题。

众所周知，人类在长期征服自然的斗争中，发明了各种动力机械，这些动力机械都需要从自然力、燃料或者电力等持续的供给能量转化为机械能，这些能量的转换是服从热力学第一定律即能量守恒与转换定律的。能量守恒定律是自然科学中最重要、最普遍的定律。能量守恒定律告诉我们，机器所做的功必定是由某一种或数种能量转化来的，机器只能转换能量，不能创造能量。

合议组认为，本申请的电能机，仅依靠机器内部部件，在外来电源提供原始启动电能后，不消耗外来能量的情况下就能维持持续运转和输出电能，这实际上是一种要求输出大于输入的能够永久自动运转的机器。本申请向电能机输入电能后向外界输出电能的过程中，包含了电动机将电能变成动能输出的过程，皮带轮、杠杆大轮、链条和加速器传输动能的过程，以及发电机和电压表工作过程等，这些过程中必然消耗大量的能量，使得电能机输入电能必然小于输出电能，无法实现电能机不断地环回发电的积极效果。由于本申请的技术主题不可能实现，因此不可能产生专利法要求的积极效果，故本申请不符合专利法第二十二条第四款的规定，不具备实用性。

关于复审请求人的理由，本案合议组认为，一个技术发明必须符合一定的基本科学原理，具有普遍性和可检验性，经得起按照最基本的科学方法进行的测试和鉴定，杠杆和加速机都是机器，机器只能转换能量，不能创造能量，本领域一般技术人员采用本申请记载的技术手段，并不能实现电能机断地环回发电，解决日渐短缺的能源问题。

综上所述，本案合议组认为，驳回决定指出本申请不具备实用性的结论是正确的。

三、决定

维持国家知识产权局专利局实质审查部门于2004年7月9日对00117308.1号发明专利申请作出的驳回决定。

复审请求人如对本决定不服，可根据专利法第四十一条第二款规定，在收到本通知之日起三个月内向北京市第一中级人民法院起诉。

121

薄膜电晶体液晶显示器的背光模组案

复审请求审查决定（第7513号）

决　定　号　第7513号
决　定　日　2005年12月8日
发明创造名称　薄膜电晶体液晶显示器的背光模组
国际分类号　G06F 3/14
复审请求人　友达光电股份有限公司
申　请　号　02105314.6
申　请　日　2002年2月22日
公　开　日　2003年9月3日
合议组组长　马　昊
主　审　员　李韵美
参　审　员　詹靖康

法律依据　专利法第二十二条第三款
决定要点

复审请求人根据说明书中记载的技术方案，将新的特征增加到独立权利要求中，构成了新的技术方案，具备创造性，从而克服了复审通知书和驳回决定中指出的缺陷。

一、案由

本复审请求涉及申请日为2002年2月22日、申请号是02105314.6、发明名称为“薄膜电晶体液晶显示器的背光模组”的发明专利申请（下称本申请），申请人是友达光电股份有限公司。

在实质审查程序中，国家知识产权局专利局实质审查部门于2004年2月13日发出了第一次审查意见通知书，在该通知书中指出本申请的权利要求1～10相对于对比文件1和2不具备创造性，不符合专利法第二十二条第三款的规定。

申请人于2004年5月26日提交了答复第一次审查意见通知书的意见陈述书，同时对权利要求书、说明书、说明书摘要进行了修改并提交了修改替换页，在该意见陈述书中陈述了修改后的权利要求1～8具备创造性。

2004年5月28日，申请人提交了对上述意见陈述书的补正书，将当事人由补正前的李金萍和唐廼元，补正为友达光电股份有限公司。

2004年7月28日提交了补正书和文本修改替换页，修改文本替换页包括：权利要求第1～8项、说明书第1～11页、说明书摘要1页。

经审查，国家知识产权局专利局实质审查部门在2004年10月1日针对上述修改文本，以本申请的权利要求第1～8项不符合专利法第二十二条第三款的规定为由，作出了驳回决定。驳回决定所依据的对比文件是：

对比文件1：US5467208A，公开日为1995年11月14日；

对比文件2：CN1127365A，公开日为1996年7月24日。

驳回决定所针对的权利要求书为：

“1. 一种薄膜电晶体液晶显示器的背光模组，其特征在于，它至少包含：

一灯管，可提供一光线；

一导光板，具有一导光板上表面与一导光板侧端，所述光线是沿着所述导光板内部进行多次反射，并由所述导光板上表面射出，所述灯管是位于所述导光板侧端，且以端面照明的方式使光线射入所述导光板；

一光学薄膜，位于所述导光板上，可使由所述导光板射出的光线均匀分布；

一粘胶层，位于所述导光板与所述光学薄膜之间，是用以将所述导光板与所述光学薄膜间的空隙填满，所述粘胶层掺杂有多个透光微粒，具有散射光线的功能，可以减少光线在所述导光板与所述光学薄膜间产生多次反射。

2. 如权利要求1所述的背光模组，其特征在于，粘胶层、所述导光板及所述光学薄膜的折射系数范围皆在1.4～1.6之间，具有散射的功能，可防止光线在所述导光板与所述光学薄膜间产生多次反射。

3. 如权利要求1所述的背光模组，其特征在于，所述光学薄膜可选择一上扩散片、一增光片、一下扩散片或其任意组合组成。

4. 如权利要求3所述的背光模组，其特征在于，所述增光片可由棱镜片、偏光片或其任意组合组成。

5. 如权利要求1所述的背光模组，其特征在于，更包括一反射罩，所述反射罩位于所述灯管外侧，所述反射罩具有一开口，所述灯管的光线经由所述反射罩反射后集中由所述开口射出，进入所述导光板。

6. 如权利要求1所述的背光模组，其特征在于，更包括一反射板，装设于所述导光板下侧，以便把由所述导光板下表面射出的光线反射回所述导光板中。

7. 一种薄膜电晶体液晶显示器的背光模组，其特征在于，所述背光模组至少包含：

一灯管，可提供一光线；

一导光板，具有一导光板上表面，所述光线是沿着所述导光板内部进行多次反射，并由所述导光板上表面射出，所述灯管位于所述导光板下方，且以平面照明的方式使光线射入所述导光板；

一光学薄膜，位于所述导光板上，可使由所述导光板射出的光线均匀分布；以及

一粘胶层，位于所述导光板与所述光学薄膜之间，系用以将所述导光板与所述光学薄膜间的空隙填满，以减少光线在所述导光板与所述光学薄膜间产生多次反射。

8. 如权利要求7所述的背光模组，其特征在于，所述粘胶层、所述导光板与所述光学薄膜的折射系数范围皆在1.4～1.6之间，具有散射光线的功能，可防止光线在所述导光板与所述光学薄膜间产生多次反射。”

申请人友达光电股份有限公司（下称复审请求人）不服上述驳回决定，于2005年1月6日向专利复审委员会提出复审请求。在复审请求的理由部分，复审请求人称根据原始说明书第8页第7～9行的内容修改了各项独立权利要求，增加了“其中为了防止牛顿环等干涉条纹，在光学薄膜底部会制作凸出的微粒，以产生粗糙化的下表面”的限定特征，并且认为修改后的独立权利要求保护的技术方案具备创造性，符合专利法第二十二条第三款的规定。但是复审请求人并未提交所称的修改文本。

专利复审委员会对复审请求人的复审请求经形式审查，于2005年1月31日发出了复审请求受理通知书和前置审查通知书，并将该复审请求书连同原申请案卷一并送交作出驳回决定的原审查部门进行前置审查，在前置审查意见书中，国家知识产权局专利局实质审查部门认为申请人在复审理由中提到了对权利要求书增加限定特征，但由于复审请求人没有提交相应的文本，因此不予接受；即使复审请求人加入上述限制条件，利用制造“凸出的颗粒来产生粗糙表面以用来防止牛顿环等干涉条纹”属于本领域的公知常识，本申请仍然不符合专利法第二十二条第三款的规定，因而坚持原驳回决定。

针对本复审请求，专利复审委员会依法成立合议组对本复审请求进行审理。合议组于2005年9月28日发出了复审通知书，该复审通知书针对的文本为驳回决定针对的文本，在该复审通知书中指出，权利要求第1～8项相对于对比文件1和对比文件2不具备创造性。

复审请求人于2005年10月21日提交了针对复审通知书的答复复审意见，同时提交了说明书摘要、权利要求书、说明书修改替换页。在该答复复审意见中，复审请求人称，由于没有在提出复审请求的同时递交修改文本，以致复审委员会以没有修改的申请文件为审查基础，继续作出本申请的权利要求第1～8项不具备创造性的结论，现特提交修改的申请文件，并详细陈述了修改后的权利要求第1～8项具备创造性的理由。修改后的权利要求书如下：

“1. 一种薄膜电晶体液晶显示器的背光模组，其特征在于，它至少包含：

一灯管，可提供一光线；

一导光板，具有一导光板上表面与一导光板侧端，该光线是沿着该导光板内部进行多次反射，并由该导光板上表面射出，该灯管是位于该导光板侧端，且以端面照明的方式使光线射入该导光板；

一光学薄膜，位于该导光板上，可使由该导光板射出的光线均匀分布，其中为了防止产生牛顿环等干涉条纹，在该光学薄膜底部会制作突凸出的微粒，以产生粗糙化的下表面；

一粘胶层，位于该导光板与该光学薄膜之间，是用以将该导光板与该光学薄膜间的空隙填满，该粘胶层掺杂有多个透光微粒，具有散射光线的功能，以减少光线在该导光板与该光学薄膜间产生多次反射。

2. 如权利要求1所述的背光模组，其特征在于，该粘胶层、该导光板及该光学薄膜的折射系数范围皆在1.4～1.6之间，具有散射光线的功能，可防止光线在该导光板与该光学薄膜间产生多次反射。

3. 如权利要求1所述的背光模组，其特征在于，该光学薄膜可选择一上扩散片、一增光片、一下扩散片或其任意组合组成。

4. 如权利要求3所述的背光模组，其特征在于，该增光片可由棱镜片、偏光片或其任意组合组成。

5. 如权利要求1所述的背光模组，其特征在于，更包括一反射罩，该反射罩位于该灯管外侧，该反射罩具有一开口，该灯管的光线经由该反射罩反射后集中由该开口射出，进入该导光板。

6. 如权利要求1所述的背光模组，其特征在于，更包括一反射板，装设于该导光板下侧，以便把由该导光板下表面射出的光线反射回该导光板中。

7. 一种薄膜电晶体液晶显示器的背光模组，其特征在于，该背光模组至少包含：

一灯管，可提供一光线；

一导光板，具有一导光板上表面，该光线是沿着该导光板内部进行多次反射，并由该导光板上表面射出，该灯管位于该导光板下方，且以平面照明的方式使光线射入该导光板；

一光学薄膜，位于该导光板上，可使由该导光板射出的光线均匀分布，其中为了防止产生牛顿环等干涉条纹，在该光学薄膜底部会制作突凸出的微粒，以产生粗糙化的下表面；以及一粘胶层，位于该导光板与该光学薄膜之间，是用以将所述的导光板与该光学薄膜间的空隙填满，该粘胶层掺杂有多个透光微粒，具有散射光线的功能，以减少光线在该导光板与该光学薄膜间产生多次反射。

8. 如权利要求7所述的背光模组，其特征在于，该粘胶层、该导光板与该光学薄膜的折射系数范围皆在1.4~1.6之间，具有散射光线的功能，可防止光线在该导光板与该光学薄膜间产生多次反射。”

至此，合议组认为本案事实已经清楚，可以作出复审决定。

二、决定的理由

合议组注意到，复审请求人根据说明书中记载的技术方案，将新的特征增加到独立权利要求中，构成了新的技术方案。当引用权利要求1的权利要求3所限定的技术特征为“光学薄膜为上扩散片、增光片、下扩散片”时，其技术方案能够从说明书的第1和3实施例中直接明确地导出；当引用权利要求1的权利要求3所限定的技术特征为“其他任意组合”时，根据说明书中公开的内容，所属领域的技术人员也能够根据常识进行简单的组合得到上述技术方案。因此，复审请求人在请求复审时提交的修改文本符合专利法第三十三条和专利法实施细则第六十条的有关规定，合议组予以接受。

下面针对该修改后的权利要求书进行评述。本复审决定所依据的文本是：2005年10月21日提交的权利要求第1~8项、说明书第1~11页、说明书摘要及2002年2月22日提交的说明书附图第1~2页、摘要附图。

本决定引用的对比文件与驳回决定相同即，

对比文件1：US5467208A，公开日为1995年11月14日；

对比文件2：CN1127365A，公开日为1996年7月24日。

权利要求1请求保护一种薄膜电晶体液晶显示器的背光模组，该技术方案共有四个技术特征：(1) 一灯管，可提供一光线；(2) 一导光板，具有一导光板上表面与一导光板侧端，该光线是沿着该导光板内部进行多次反射，并由该导光板上表面射出，该灯管是位于该导光板侧端，且以端面照明的方式使光线射入该导光板；(3) 一光学薄膜，位于该导光板上，可使由该导光板射出的光线均匀分布，其中为了防止产生牛顿环等干涉条纹，在该光学薄膜底部会制作突凸出的微粒，以产生粗糙化的下表面；(4) 一粘胶层，位于该导光板与该光学薄膜之间，是用以将该导光板与该光学薄膜间的空隙填满，该粘胶层掺杂有多个透光微粒，具有散射光线的功能，可以减少光线在该导光板与该光学薄膜间产生多次反射。

对比文件1（US5467208A）公开了一种液晶显示器，说明书第9栏第4~7行中描述了如下内容：有扩散板33、导光板34和荧光灯36。参考图9中的图示，扩散板位于导光板上表面上方，导光板一侧有荧光灯，射入到导光板的光线在扩散板33中被漫射为均匀散射光线并射入液晶板中（说明书第9栏第19~23行）。合议组认为，荧光灯与导光板则与权利要求1相同。权利要求1与对比文件1的区别在于：(1) 对比文件1没有公开一个掺杂有多个透光颗粒的粘胶层；(2) 对比文件1没有公开为了防止产生牛顿环等干涉条纹，在该光学薄膜底部会制作突凸出的微粒，以产生粗糙化的下表面的光学薄膜。

对比文件2（CN1127365A）公开了液晶显示器的制作方法，在说明书第5页第8自然段至第6页第2自然段中结合附图1进行了如下说明，液晶显示器包括一个透光液晶板1、一个定向背光2及漫射装置，该液晶板1包括玻璃板3和3a，定向背光2包括光源6和两层棱镜片7和8，光源6是一个沿无特定方向发射光的平面荧光管。漫射层9由分散在该液晶板1的正面与极化板4之间的整个间隙中的一些透明精细颗粒9a构成。填料10也是透明的，填满那些透明精细颗粒9a之间的空隙具有与构成该液晶板1的正面的玻璃板3的折射率不同的折射率，而该透明填料10却具有与该玻璃板3的折射率接近的折射率。可见对比文件2公开了在液晶板与极化板4之间存在的透明精细颗粒和填料。合议组认为，权利要求1与对比文件2的区别在于：（1）在权利要求1的技术方案中是在导光板和光学薄膜之间有粘胶层，而对比文件2中是在极化板和玻璃板之间，位置不同；（2）对比文件2中没有公开为了防止产生牛顿环等干涉条纹，在该光学薄膜底部会制作突凸出的微粒，以产生粗糙化的下表面的光学薄膜。

可见，对比文件1和对比文件2都没有公开为了防止产生牛顿环等干涉条纹，在该光学薄膜底部会制作突凸出的微粒，以产生粗糙化的下表面的光学薄膜这一特征，它们的光学薄膜的具体结构是有区别的。即使将对比文件1和对比文件2结合，也不能涵盖权利要求1的全部技术特征，并且对比文件1和对比文件2中均没有给出采用这种光学薄膜底部制作突凸出的微粒，以产生粗糙化的下表面的光学薄膜，从而达到防止产生牛顿环等干涉条纹的技术启示以获得权利要求1请求保护的技术方案。

因此，权利要求1相对于对比文件1和对比文件2及其结合具备创造性，符合专利法第二十二条第三款的规定。

由于权利要求1具备创造性，其从属权利要求第2~6项也具备创造性，符合专利法第二十二条第三款的规定。

权利要求7请求保护的技术方案与权利要求1请求保护的技术方案的区别在于灯管的位置，权利要求7中灯管位于导光板下方。对比文件1的图10中的灯管36也是位于导光板下方，权利要求7与对比文件1和对比文件2的区别可参见对权利要求1的评价。权利要求7相对于对比文件1和对比文件2具备创造性，符合专利法第二十二条第三款的规定。

由于权利要求7具备创造性，其从属权利要求8也具备创造性，符合专利法第二十二条第三款的规定。

基于上述理由，权利要求第1~8项符合专利法第二十二条第三款的规定。复审请求人在答复复审通知书时提交的权利要求书克服了复审通知书和驳回决定中指出的缺陷。

三、决定

撤销国家知识产权局专利局实质审查部门于2004年10月1日对02105314.6号发明专利申请作出的驳回决定。

由国家知识产权局专利局原实质审查部门以复审请求人于2005年10月21日提交的权利要求第1~8项、说明书第1~11页、说明书摘要及2002年2月22日提交的说明书附图第1~2页、说明书摘要附图继续审查程序。

专利复审和无效审查决定选编丛书

专利复审和无效审查决定选编

(2005)

电　学（下）

国家知识产权局专利复审委员会　编

知识产权出版社

内容提要

本书汇集了专利复审委员会2005年作出的135个电学专利复审审查决定和60个电学专利无效审查决定及相关审查决定和司法判决（根据法律规定需要保密的除外），比较全面地反映了专利复审委员会的审查工作和人民法院专利行政案件审理工作取得的进展，有利于当事人及广大公众对专利复审委员会的审查工作进行监督。

责任编辑：王　欣　　　　**责任校对**：董志英

封面设计：段维东　　　　**责任出版**：卢运霞

图书在版编目（CIP）数据

专利复审和无效审查决定选编.2005. 电学（上、下）/国家知识产权局专利复审委员会编. —北京：知识产权出版社，2010.1

ISBN 978-7-80247-355-3

Ⅰ.专…　Ⅱ.国…　Ⅲ.电学-专利-判决-法律文书-汇编-中国-2005　Ⅳ.D923.42

中国版本图书馆CIP数据核字（2009）第215011号

专利复审和无效审查决定选编丛书

专利复审和无效审查决定选编（2005）

电　学（下）

国家知识产权局专利复审委员会　编

出版发行：知识产权出版社

社　址：北京市海淀区马甸南村1号院　　　邮　编：100088

网　址：http://www.ipph.cn　　　邮　箱：bjb@cnipr.com

发行电话：010-82000860转8101/8102　　　传　真：010-82005070/82000893

责编电话：010-82000887　82000860转8116　　　责编邮箱：wangxin@cnipr.com

印　刷：知识产权出版社电子制印中心　　　经　销：新华书店及相关销售网点

开　本：880mm×1230mm　1/16　　　总印张：61.75

版　次：2010年1月第1版　　　印　次：2010年1月第1次印刷

总字数：1600千字　　　总定价：130.00元（全二册）

ISBN 978-7-80247-355-3/D·674（2389）

本书编委会

目　录

无效宣告请求审查决定

122

手持控制器案

复审请求审查决定（第7519号）

决　定　号　第7519号
决　定　日　2005年12月8日
发明创造名称　手持控制器
国际分类号　G06F 3/00　G06F 3/033　H04B 1/20
复审请求人　诺基亚移动电话有限公司
申　请　号　99813099.0
申　请　日　1999年11月8日
公　开　日　2001年12月5日
合议组组长　张美菊
主　审　员　李韵美
参　审　员　龙　安

法律依据　专利法第二十二条
决定要点

独立权利要求1、17、34与对比文件1存在区别技术特征，所要解决的技术问题和技术方案均有不同，具备新颖性；而对比文件1没有给出相应的技术启示将区别技术特征应用到对比文件1中，解决改变设备的功能以满足用户喜好、降低用户适应设备的需要的技术问题，因此，权利要求1、17、34具备创造性，其从属权利要求权利也具备创造性；并且相应的权利要求40也具备创造性。

一、案由

本复审请求涉及申请日为1999年11月8日、申请号是99813099.0、优先权日是1998年11月9日、发明名称为“手持控制器”的发明专利申请（下称本申请），申请人是诺基亚移动电话有限公司。

在实质审查程序中，国家知识产权局专利局实质审查部门于2003年8月8日发出了第一次审查意见通知书，其中引用了一篇对比文件，即对比文件1：US5410326A，公开日为1995年4月25日。在该通知书中指出本申请的权利要求1、18、38相对于对比文件1不符合专利法第二十二条第二款的规定；权利要求2~16、19~35、39~43、45~47相对于对比文件1不符合专利法第二十二条第三款的规定；权利要求17、36、44不符合专利法实施细则第二十条第一款的规定；权利要求37属于专利法第二十五条第一款第（二）项规定的不能被授予专利权的范围。

申请人于2004年2月23日提交了针对第一次审查意见通知书的意见陈述书，对权利要求书进行了修改，同时提交了其修改替换页。申请人陈述了修改后的权利要求1~40相对于对比文件1具备新颖性和创造性的理由。申请人认为，本发明的目的就是通过减少用户适应每一个设备的负担来使电子设备对于用户来说更容易操作。对比文件1没有公开“控制装置被安排成根据传送的控制信息通过改变由设备提供的至少一个功能来配置该设备。”对比文件1公开了遥控设备可以以多种不同方式被编程，但是它没有公开遥控可以再编程或者它的工作方式可以改变。在本发明的实施例中，不是改变本发明的手持控制器的功能，而是该手持控制器能够通过传送控制信息至其他设备上来改变该其他设备的功能。对比文件1公开了提供具有多个预先存在功能的多个设备，但是没有公开通过从手持控制器传送控制信息至这些设备上来配置这些设备。

经审查，国家知识产权局专利局实质审查部门在2004年12月10日以本申请的权利要求1、17、34相对于对比文件1不符合专利法第二十二条第二款的规定，权利要求2~16、18~33、35~40相对于对比文件1不符合专利法第二十二条第三款的规定为由，作出了驳回决定。

驳回决定所针对的独立权利要求1、17、34、40内容如下：

“1. 一种系统，用于从手持控制器（2）将用于改变设备对用户控制的响应的控制信息传递至系统以配置多个设备中的任何一个的功能，其中手持控制器（2）包括：

接收配置每个设备的控制信息的输入；

用来保存和获取配置所述多个设备中的每一个的控制信息的存储器电路（6）；以及

给设备（102）传送获取的用于该设备的控制信息的输出（4）；

其中每个所述设备（102）包括：一个用户接口（106），用户由它控制该设备，与手持控制器的输出无线连接来传送从其中获取的控制信息的装置，以及根据已传送的控制信息通过改变该设备对用户控制的响应而改变该设备所提供的至少一个功能来配置该设备的控制装置（114）。”

“17. 一种手持控制器（2），用于保存多个设备（102）的控制信息并通过传送用于改变设备对用户控制的响应的控制信息至所述多个设备中的任何一个来配置该设备的功能，它包含：

输入装置（4），用来无线连接所述多个设备（102）中的任何一个来接收来自那里的用于配置所述多个设备（102）中的另一个的控制信息；

存储器电路（10，6），用来保存配置一个特殊设备（102）及至少该特殊设备的标识一起的控制信息，并用来获取与每个特殊设备有关的控制信息；以及

输出装置（4），用来无线连接所述多个设备（102）中的任何一个并传送接收到的与该设备有关的、用于改变设备对用户控制的响应的控制信息至该设备上。”

“34. 一种电子设备（102），包含：处理器装置（114）；用户接口装置（106），它由处理器装置（114）控制，通过它用户与设备（102）交互；接收用于改变设备对用户控制的响应的控制信息的输入装置（104）；和保存接收到的控制信息的存储器（120），其中处理器装置（114）用来读取保存在存储器（114）中的控制信息并据此通过改变至少一个设备（102）提供的功能而改变该设备对用户控制的响应来配置该设备。”

“40. 一种改变多个设备中任何一个的功能的方法，包含步骤：

在手持控制器中，为所述多个设备的其中一个或每一个保存用于改变设备对用户控制的响应的控制信息，该设备或多个设备的每一个设备的控制信息与手持控制器中的至少那个设备有关，并在传送控制信息至其上时用来自动该控制设备的功能；

物理传送手持控制器至所述多个设备中的其中一个或者所述一个设备的第一个；

在手持控制器和第一个设备之间建立一个无线通信链接；

确认第一个设备；

经过无线通信链接，将与第一个确认的设备有关的保存的控制信息从手持控制器传送至该第一个设备；和

通过改变设备提供的至少一个功能而改变设备对用户控制的响应，改变第一个设备的功能以响应

被传送的控制信息。”

申请人（下称复审请求人）不服上述驳回决定，于2005年3月21日向专利复审委员会提出复审请求。复审请求人认为：和对比文件1相比，权利要求1具备新颖性和创造性；和对比文件1相比，权利要求17具备新颖性和创造性；基于上述理由，权利要求34和40也具备新颖性和创造性，由此，相应的各从属权利要求也具备创造性。

经形式审查合格，专利复审委员会于2005年4月20日发出了复审请求受理通知书及前置审查通知书，并将该复审请求书连同原申请案卷一并送交作出驳回决定的原实质审查部门进行前置审查。

在前置审查意见书中，原实质审查部门认为权利要求1仍不符合专利法第二十二条第二款的规定，因而坚持原驳回决定。

针对本复审请求，专利复审委员会依法成立合议组对本复审请求进行了审查，合议组认为本案事实已经清楚，可以作出复审决定。

二、决定的理由

1. 本复审决定所依据的文本是：2004年2月23日提交的权利要求第1~40项、国际初步审查报告附件的中文译文中说明书第1页、第1a页及原始提出的国际申请文件的译文中的说明书第2~11页、说明书附图第1~6页、说明书摘要、摘要附图。

2. 关于权利要求1相对于对比文件1的新颖性和创造性

权利要求1请求保护一种系统，用于从手持控制器将用于改变设备对用户控制的响应的控制信息传递至系统以配置多个设备中的任何一个的功能，其中手持控制器包括：接收配置每个设备的控制信息的输入，用来保存和获取配置所述多个设备中的每一个的控制信息的存储器电路，以及给设备传送获取的用于该设备的控制信息的输出；其中每个所述设备包括：一个用户接口，用户由它控制该设备，与手持控制器的输出无线连接来传送从其中获取的控制信息的装置，以及根据已传送的控制信息通过改变该设备对用户控制的响应而改变该设备所提供的至少一个功能来配置该设备的控制装置。

对比文件1公开了一种可编程远程控制器（相当于本申请的手持控制器），该控制器5包括用于接收数据的三个输入端口（说明书第7栏第45行）（相当于本申请的手持控制器的输入）、将远程控制命令传输给被控制设备的红外输出端口29（说明书第7栏第55行）（相当于本申请的手持控制器的输出）、微处理器单元89接收特定格式的数据并存储在RAM90（说明书第13栏第55~57行）（相当于本申请的手持控制器中的存储电路）中，用于操作多个远程受控设备的红外代码被传输到远程控制器，并保存在存储器中（说明书第8栏第7~14行）；对比文件1中还公开了该可编程远程控制器不仅可以用于控制频道选择和电缆电视转换器的功能，还可以控制VCR、立体声、CD播放器或其他远程控制装置（相当于本申请中的包括用户接口、获取控制信息的装置和配置该设备的控制装置的设备）。在对比文件1中，设备5可以在双向链接30、31上链接到电缆转换器6或者电话接口25用于解接收编程信息（说明书第12栏第22~26行），设备5的只读存储器91中具有操作系统以使微处理器89能够建立和电缆转换器6的通信，并且还具有大量的操作系统指令以便当从电缆转换器6接收到操作系统的余下部分时将它下载到RAM61中（说明书第12栏第38~44行）。

合议组认为，尽管对比文件1也公开了一种手持设备，并且该手持设备中也包含输入、输出、存储单元；被远程控制的设备（如说明书中公开的VCR、立体声、CD播放器等）也必然包含控制其本身的用户接口和根据从手持设备接收控制信息对其进行控制的信息的装置。但是，对比文件1没有公开其中的被远程控制的设备（如说明书中公开的VCR、立体声、CD播放器等）具有根据已传送的控制信息通过改变该设备对用户控制的响应而改变该设备所提供的至少一个功能来配置该设备的控制装置，并且在对比文件1中的远程控制器中的输入端口和RAM90所接收和存储的信息为控制远程被控装置的信息，而本申请中是改变该设备的至少一个功能的信息。因此，权利要求1与对比文件1存在区别技术特征，符合专利法第二十二条第二款的规定，具备新颖性。

此外，对比文件1中的手持设备和被远程控制的设备与权利要求1请求保护的技术方案中的相应部分所执行的操作和实现的功能是完全不同的，对比文件1中的手持设备是将用于控制多个设备之一的红外代码下载到遥控设备，这些红外代码仅仅是能够使被控制设备执行从制造时其已经具有的功能，与权利要求1中用于改变设备对用户控制的响应而改变一个功能来配置该设备的控制信息的手持设备不同，不能达到将信息传递至系统以配置多个设备中的任何一个的功能。同时，对比文件1中被远程控制的设备也不会因手持设备发出的信息，而进行改变其自身功能的相应操作，所述的被远程控制的设备的功能自始至终都不发生变化，从而不能达到通过控制信息改变被远程控制的设备的功能的效果，进而达到适合用户的喜好降低用户适应设备的需要的效果。并且，对比文件1中也没有给出相应的技术启示，可以使本领域的技术人员想到将上述区别技术特征应用到权利要求1请求保护的技术方案中。因此，权利要求1与对比文件1相比具备创造性，符合专利法第二十二条第三款的规定。

3. 关于权利要求2~16相对于对比文件1的创造性

由于权利要求1相对于对比文件1具备创造性，其从属权利要求2~16相对于对比文件1也具备创造性，符合专利法第二十二条第三款规定。

4. 关于权利要求17相对于对比文件1的新颖性和创造性

权利要求17请求保护一种手持控制器，用于保存多个设备的控制信息并通过传送用于改变设备对用户控制的响应的控制信息至所述多个设备中的任何一个来配置该设备的功能，它包含：输入装置，用来无线连接所述多个设备中的任何一个来接收来自那里的用于配置所述多个设备中的另一个的控制信息；存储器电路，用来保存配置一个特殊设备及至少该特殊设备的标识一起的控制信息，并用来获取与每个特殊设备有关的控制信息；以及输出装置，用来无线连接所述多个设备中的任何一个并传送接收到的与该设备有关的、用于改变设备对用户控制的响应的控制信息至该设备上。

合议组认为，权利要求17实际上请求保护的是权利要求1的系统中的手持控制器，并详细限定了输入、输出、存储单元操作的信息。参照上述对比文件1公开内容，合议组认为，尽管对比文件1也公开了一种手持设备，并且手持设备中也包含输入、输出、存储单元，但是，对比文件1中的手持设备和被远程控制的设备与权利要求1请求保护的技术方案中的相应部分所执行的操作和实现的功能是完全不同的，对比文件1中的手持设备是将用于控制多个设备之一的红外代码下载到手持设备，这些红外代码仅仅是能够使被控制设备执行从制造时其已经具有的功能，与权利要求1中用于改变设备对用户控制的响应的控制信息的手持设备不同，不能达到将信息传递至系统以配置多个设备中的任何一个的功能。同时，对比文件1中被远程控制的设备也不会因手持设备发出的信息，而进行改变其自身功能的相应操作。因此，权利要求17的手持控制器与对比文件1中公开的远程控制器的功能是不同的，存在区别技术特征，符合专利法第二十二条第二款的规定，具备新颖性。

此外，对比文件1中也没有给出相应的技术启示，使本领域的技术人员想到将上述区别内容应用到权利要求1请求保护的技术方案中，获得能够通过用户发出的控制信息改变被远程控制的设备的技术方案，也就不能获得适合用户的喜好，降低用户适应设备的需要的技术效果。因此，权利要求17符合专利法第二十二条第三款的规定，具备创造性。

5. 关于权利要求18~33相对于对比文件1的创造性

由于权利要求1相对于对比文件1具备创造性，其从属权利要求18~33相对于对比文件1也具备创造性，符合专利法第二十二条第三款规定。

6. 关于权利要求 34 相对于对比文件 1 的新颖性和创造性

权利要求 34 请求保护一种电子设备，包含：处理器装置；用户接口装置，它由处理器装置控制，通过它用户与设备交互；接收用于改变设备对用户控制的响应的控制信息的输入装置；和保存接收到的控制信息的存储器，其中处理器装置用来读取保存在存储器中的控制信息并据此通过改变至少一个设备提供的功能而改变该设备对用户控制的响应来配置该设备。

合议组认为，权利要求 34 实际上请求保护的是权利要求 1 的系统中的受手持控制器控制的设备，并详细限定了输入、输出、存储单元操作的信息，并将其中的处理器装置限定为用来读取保存在存储器中的控制信息并据此通过改变至少一个设备提供的功能而改变该设备对用户控制的响应来配置该设备的处理器装置。参照上述对比文件 1 公开内容，合议组认为，尽管对比文件 1 也公开了受一种手持控制器控制的设备，并且该设备（如说明书中公开的 VCR、立体声、CD 播放器等）也必然包含根据从手持设备接收控制信息对其进行控制的信息的用户接口，但是对比文件 1 公开的设备（如说明书中公开的 VCR、立体声、CD 播放器等）中不包括用来读取保存在存储器中的控制信息并据此通过改变至少一个设备提供的功能而改变该设备对用户控制的响应来配置该设备的处理器装置。因此，权利要求 34 与对比文件 1 存在区别技术特征，符合专利法第二十二条第二款的规定，具备新颖性。

此外，对比文件 1 中也没有给出相应的技术启示，使本领域的技术人员容易想到将上述区别技术特征应用到权利要求 1 请求保护的技术方案中，使得所述的被远程控制的设备的功能能够发生变化，从而能达到通过控制信息改变受远程控制的设备的功能，适应用户喜好，降低用户适应设备的需要的技术效果。因此，权利要求符合专利法第二十二条第三款的规定，具备创造性。

7. 关于权利要求 35 ~ 39 相对于对比文件 1 的创造性

由于权利要求 34 相对于对比文件 1 具备创造性，其从属权利要求 35 ~ 39 相对于对比文件 1 也具备创造性，符合专利法第二十二条第三款规定。

8. 关于权利要求 40 相对于对比文件 1 的创造性

权利要求 40 请求保护一种改变多个设备中任何一个的功能的方法，包含步骤：在手持控制器中，为所述多个设备的其中一个或每一个保存用于改变设备对用户控制的响应的控制信息，该设备或多个设备的每一个设备的控制信息与手持控制器中的至少那个设备有关，并在传送控制信息至其上时用来自动控制设备的功能；物理传送手持控制器至所述多个设备中的其中一个或者所述一个设备的第一个；在手持控制器和第一个设备之间建立一个无线通信链接；确认第一个设备；经过无线通信链接，将与第一个确认的设备有关的保存的控制信息从手持控制器传送至该第一个设备；和通过改变设备提供的至少一个功能而改变设备对用户控制的响应，改变第一个设备的功能以响应被传送的控制信息。

合议组认为，权利要求 40 实际上请求保护的是与权利要求 1 的系统相对应的方法权利要求。参照上述对比文件 1 公开内容以及对权利要求 1 新颖性和创造性的评述，合议组认为，权利要求 40 与对比文件 1 存在所述的区别技术特征，该区别技术特征能够使受手持设备控制的设备根据已传送的控制信息通过改变该被控制设备对用户控制的响应而改变该设备所提供的至少一个功能，从而实现对该设备功能的配置，即可以对设备能够完成的功能进行配置，对其进行设定，并且这种设定是通过其技术方案中的手持设备完成的。而对比文件 1 没有给出相应的技术启示将上述区别技术特征应用到对比文件 1 中，解决改变设备的功能，满足用户喜好，降低用户适应设备的需要的技术问题，因此权利要求 40 相对于对比文件 1 具备创造性，符合专利法第二十二条第三款的规定。

综上所述，权利要求 1、17、34 相对于对比文件 1 具备新颖性、权利要求 2 ~ 26、18 ~ 33、35 ~ 40相对于对比文件 1 具备创造性。

三、决定

撤销国家知识产权局专利局实质审查部门于 2004 年 12 月 10 日对 99813099.0 号发明专利申请作出的驳回决定。

由国家知识产权局原实质审查部门以复审请求人于 2004 年 2 月 23 日提交的权利要求 1 ~ 40 项、国际初步审查报告附件的中文译文中说明书第 1 页、第 1a 页及原始提出国际申请文件的译文中提交的说明书第 2 ~ 11 页、说明书附图第 1 ~ 6 页、说明书摘要、说明书摘要附图为基础，继续审查程序。

123

磁体用急冷合金的制造方法案

复审请求审查决定（第7536号）

决 定 号 第7536号

决 定 日 2005年12月6日

发明创造名称 磁体用急冷合金的制造方法

国际分类号 H01F 4/147 C22C 38/00 B22F 9/08 B22D 11/06

复审请求人 株式会社新王磁材

申 请 号 03122188.2

申 请 日 2003年4月24日

公 开 日 2004年2月11日

合议组组长 崔哲勇

主 审 员 孙克良

参 审 员 杜 宇

法律依据 专利法第二十二条第二款

决定要点

判断技术手段A和技术手段B属于惯用手段的直接替换应当满足以下两个基本条件：（1）所述技术手段A和B应当是为了解决相同的技术问题，能够达到相同的技术效果；（2）所述技术手段A和B在所属技术领域中的应用应当是公知的。

一、案由

本复审请求涉及申请日为2003年4月24日、公开日为2004年2月11日、优先权日为2002年8月8日和2003年2月21日、发明名称为“磁体用急冷合金的制造方法”的03122188.2号发明专利申请，申请人为株式会社新王磁材。

国家知识产权局专利局实质审查部门针对本申请的原始申请文件进行了实质审查，于2004年9月10日发出了第一次审查意见通知书，指出权利要求1、3、4、7、13~15、18、20、29~32不具备专利法第二十二条第二款规定的新颖性；权利要求2、5、6、9~12、16、17、19、21、24~28、33不具备专利法第二十二条第三款规定的创造性。

申请人于2005年1月21日提交了针对第一次审查意见通知书的意见陈述书，并提交了权利要求第2页及说明书第6页的替换页，其中仅对权利要求8进行了形式上的修改，并对说明书进行了适应性修改。

针对申请人于申请日提交的权利要求第1、第3~5页，说明书第1~5、7~24页，附图第1~4页以及说明书摘要及摘要附图，2005年1月21日提交的权利要求第2页，说明书第6页，国家知识产权局专利局实质审查部门于2005年3月11日驳回了本申请，驳回的理由为权利要求1不符合专利法第二十二条第二款规定。在驳回决定中指出：权利要求1只是在对比文件1的基础上用常用的导流工具管状孔替换了对比文件1中的斜槽，管状孔和斜槽都是常用的导流工具，因此权利要求1实际上已经被对比文件1公开，没有新颖性。驳回决定所针对的独立权利要求1如下：

“1. 一种纳米复合磁体用急冷合金的制造方法，其特征在于：包括：准备以组成式（Fe1 - mTm）100 - x - y - zQxRyMz（T是选自Co和Ni中的一种或一种以上的元素，Q是选自B和C中的、至少含有B的一种或一种以上的元素，R是一种以上的稀土类元素，M是选自Al、Si、Ti、V、Cr、Mn、Cu、Zn、Ga、Zr、Nb、Mo、Ag、Hf、Ta、W、Pt、Au和Pb中的至少一种金属元素）表示的、组成比率x、y、z和m分别满足

$10 \leq x \leq 35$ 原子%、

$2 \leq y \leq 10$ 原子%、

$0 \leq z \leq 10$ 原子%、和

$0 \leq m \leq 0.5$

的合金熔液的工序；以及

使所述熔液接触于旋转的冷却辊的表面、由此制作急冷合金的冷却工序；

所述冷却工序包括：向导向面相对水平方向倾斜的导向机构上供给所述熔液、通过管状孔将流过上述导向面上的熔液供给至与所述冷却辊接触的接触区域的工序。”

申请人（下称复审请求人）对上述驳回决定不服，于2005年6月27日向专利复审委员会提出复审请求，同时提交了权利要求第1~3页及说明书第6页的替换页：（1）将原权利要求1中的“使所述溶液接触于旋转的冷却辊的表面、由此制作急冷合金的冷却工序”改为“使所述溶液接触于旋转的冷却辊的表面、由此制作含有晶粒直径为200nm以下的硬磁性相和晶粒直接为50nm以下的软磁性相的急冷合金的冷却工序”；（2）删除原权利要求16~33；（3）增加新的权利要求16。

修改后的独立权利要求1如下：

“1. 一种纳米复合磁体用急冷合金的制造方法，其特征在于：包括：准备以组成式（Fe1 - mTm）100 - x - y - zQxRyMz（T是选自Co和Ni中的一种或一种以上的元素，Q是选自B和C中的、至少含有B的一种或一种以上的元素，R是一种以上的稀土类元素，M是选自Al、Si、Ti、V、Cr、Mn、Cu、Zn、Ga、Zr、Nb、Mo、Ag、Hf、Ta、W、Pt、Au和Pb中的至少一种金属元素）表示的、组成比率x、y、z和m分别满足

$10 \leq x \leq 35$ 原子%、

$2 \leq y \leq 10$ 原子%、

$0 \leq z \leq 10$ 原子%、和

$0 \leq m \leq 0.5$

的合金熔液的工序；以及

使所述溶液接触于旋转的冷却辊的表面、由此制作含有晶粒直径为200nm以下的硬磁性相和晶粒直接为50nm以下的软磁性相的急冷合金的冷却工序；所述冷却工序包括：向导向面相对水平方向倾斜的导向机构上供给所述熔液、通过管状孔将流过上述导向面上的熔液供给至与所述冷却辊接触的接触区域的工序。”

经形式审查合格后，专利复审委员会受理了该复审请求，于2005年9月6日向复审请求人发出了复审请求受理通知书，并由原审查部门对本案进行了前置审查。原审查部门在前置审查意见中认为权利要求1增加的上述技术特征也被对比文件1公开，权利要求1仍不具备新颖性，因此维持原驳回决定。

专利复审委员会依法成立合议组对本案进行审查。

经审查，合议组认为本案事实清楚，可以作出审查决定。

二、决定的理由

1. 关于文本

复审请求人在提出复审请求时对申请文件所做的修改符合专利法第三十三条和专利法实施细则第六十条的规定，因此合议组将以2005年6月27日提交的权利要求第1~16项、说明书第6页；申请日提交的说明书第1~5、第7~24页，附图第1~4页，说明书摘要及摘要附图作为复审决定所依据的文本。

2. 关于新颖性

新颖性，是指在申请日以前没有同样的发明或者实用新型在国内外出版物上公开发表过、在国内公开使用过或者以其他方式为公众所知，也没有同样的发明或者实用新型由他人向国务院专利行政部门提出过申请并且记载在申请日以后公布的专利申请文件中。

对比文件1公开了一种纳米复合磁体的制造方法（说明书第8页第26行至第9页第10行和说明书第15页第13行至第30页第18行和图1、4），具体包括以下步骤：首先准备 $(Fe1-mTm)_{100-x-y-z-n}$（B1-pCp）xRyTizMn 表示的原料合金熔液，其中T是Co和Ni中的一种以上元素，R是选自Y和稀土元素的一种以上元素，M是选自Al、Si、V、Cr、Mn、Ni、Cu、Zn、Ga、Zr、Nb、Mo、Ag、Hf、Ta、W、Pt、Au、Pb中的一种以上元素，原子组成比x、y、z、m、n、p分别满足 $10<x\leq25$ 原子%，$7\leq y<10$ 原子%，$0.5\leq z\leq12$ 原子%，$0\leq m\leq0.5$，$0\leq n\leq10$ 原子%，$0\leq p\leq0.25$；然后将熔液3导向相对水平方向倾斜的出液槽4（相当于导向机构），再通过斜槽5中的与水平成α角的引导面将熔液供给到冷却辊7上，从而使熔液急冷。对急冷合金进行热处理后，硬磁性相Nd2Fe14B的晶粒直径优选100nm以下，软磁性相的晶粒直径优选30nm以下。

将权利要求1与对比文件1进行比较可知，其区别在于权利要求1的技术方案使用管状孔代替了对比文件1中的斜槽。

驳回决定据此认为，由于管状孔和斜槽都是常用的导流工具，因此上述替换属于惯用手段的直接替换。

合议组认为：判断技术手段A和技术手段B属于惯用手段的直接替换应当满足以下几个基本条件：（1）所述技术手段A和B应当是为了解决相同的技术问题，能够达到相同的技术效果；（2）所述技术手段A和B在所属技术领域中的应用应当是公知的。

在详细审查权利要求1的技术方案和对比文件1之后，合议组认为：（1）权利要求1的技术方案实际是在对比文件1技术方案基础上的改进发明，权利要求1技术方案中采用管状孔导流的目的正是为了解决在采用对比文件1中所用斜槽进行导流时出现的“保持从导向机构供给冷却辊的合金熔液的运动量小，因此如果使冷却辊快速旋转，冷却辊的表面和熔液之间的贴合性就变低，不能稳定地在冷却辊的表面上形成熔液的液坑，也存在不能制作具有均匀厚度的急冷合金薄带”这样的技术问题，达到“提高辊表面和熔液之间的贴合性，减少能够在辊表面和熔液间的气体的卷入，因此更均匀地进行冷却。另外，因为熔液的运动量不易发生变动，所以急冷合金薄带的厚度均匀化，得到均质的急冷合金组织。因此，也提高最终得到的磁体的特性”的技术效果，因此该管状孔与对比文件1中的斜槽在急冷合金制造中所解决的技术问题和技术效果完全不同；（2）虽然使用管状孔和斜槽进行液体导流属于常用的导流手段，但是实质审查部门并不能据此简单地判定在急冷合金制造中使用管状孔进行导流属于本领域公知的常用技术手段，即实质审查部门应当举证证明将管状孔应用于急冷合金制造中的导流属于该领域中的惯用技术手段。

综合以上理由，合议组认为原实质审查部门认定权利要求1与对比文件1的区别仅在于惯用手段的直接替换是不恰当的，权利要求1相对于对比文件1具备新颖性。

在独立权利要求1具备新颖性的情况下，直接或间接引用权利要求1的权利要求2~16具备新颖性。

基于上述理由，权利要求1~16相对于对比文件1符合专利法第二十二条第二款的规定，复审请求人的复审请求成立。

三、决定

撤销国家知识产权局专利局实质审查部门于2005年3月11日作出的驳回03122188.2号申请的决定，由原实质审查部门以复审请求人于2005年6月27日提交的权利要求1~16项，说明书第6页，申请日提交的说明书第1~5、第7~24页，附图第1~4页，说明书摘要及摘要附图为基础继续审批程序。

124

非水电解质蓄电池案

复审请求审查决定（第7537号）

决　定　号　第7537号
决　定　日　2005年12月2日
发明创造名称　非水电解质蓄电池
国 际 分 类 号　H01M 10/40　H01M 4/48　H01M 4/58
复 审 请 求 人　三洋电机株式会社
申　请　号　03127549.4
申　请　日　2003年8月6日
公　开　日　2004年3月24日
合 议 组 组 长　张美菊
主　审　员　孙克良
参　审　员　詹靖康

法 律 依 据　专利法第二十二条第三款
决 定 要 点

在一项权利要求的创造性判断过程中，需要确定现有技术整体上是否存在技术启示，即现有技术中是否给出将区别技术特征应用到最接近现有技术以解决其存在的技术问题的启示，如果现有技术中不存在技术启示，则该权利要求具备创造性。

一、案由

本复审请求涉及申请人三洋电机株式会社于2003年8月6日提交的、申请号为03127549.4、优先权日为2002年8月21日和2002年10月10日、发明名称为“非水电解质蓄电池”的发明专利申请。

国家知识产权局专利局实质审查部门对本申请进行了实质审查，于2005年1月28日发出了第一次审查意见通知书。通知书引用了一篇对比文件：

对比文件1：CN1296305A，公开日为2001年5月23日。

第一次审查意见通知书指出，权利要求1记载的正极活性物质等材料已经被对比文件1公开，权利要求1与对比文件1的区别在于：权利要求1中所述具有碳碳双键的不饱和环状碳酸酯的含量是对于每1mAh的正极容量，在$1.0\times10^{-8}\sim2.4\times10^{-4}$g的范围。对比文件1（参见说明书第18页第23行至第22页第3行）公开了亚乙烯基碳酸脂的添加量在非水电解质中的含量。本领域技术人员在此基础上，结合本领域常用的锂电池中正极容量与电解质的质量比，从而得到具有碳碳双键的不饱和环状碳酸脂的含量相对于每1mAh的正极含量值是容易的。因此，本领域技术人员在对比文件1的基础上得到权利要求1请求保护技术方案是显而易见的。因此，权利要求1不具有突出的实质性特点和显著的进步，不符合专利法第二十二条第三款规定的创造性。从属权利要求2~5的附加技术特征被对比文件公开或属于公知常识，所以权利要求2~5也不具备创造性。

原始申请文件的独立权利要求1的内容如下：

“1. 一种非水电解质蓄电池，是具备可吸留·放出锂的正极、可吸留·放出锂的负极以及非水电解液的非水电解质蓄电池，其特征在于在构成所述正极的正极活性物质中使用选自以 $LiNi_aM1_{1-a}O_2$ 表示的锂镍复合氧化物和以 $LiCo_bM2_{1-b}O_2$ 表示的锂钴复合氧化物中的至少1种和锂锰复合氧化物的混合物，式 $LiNi_aM1_{1-a}O_2$ 中，M1表示选自B、Mg、Al、Ti、Mn、V、Fe、Co、Cu、Zn、Ga、Y、Zr、Nb、Mo、In中的至少一种元素，且满足 $0<a\leqslant 1$ 的条件，式 $LiCo_bM2_{1-b}O_2$ 中，M2表示选自B、Mg、Al、Ti、Mn、V、Fe、Ni、Cu、Zn、Ga、Y、Zr、Nb、Mo、In中的至少一种元素，满足 $0<b\leqslant 1$ 的条件；同时使上述非水电解液至少含有饱和环状碳酸酯和具有碳碳双键的不饱和环状碳酸酯，且所述具有碳碳双键的不饱和环状碳酸酯的含量是对于每1mAh的正极容量，在 $1.0\times10^{-8}\sim2.4\times10^{-4}$g的范围。”

申请人于2005年3月25日针对第一次审查意见通知书提交了意见陈述书。主要指出：（1）权利要求1的正极活性物质与对比文件1的正极活性物质是完全不同的；（2）只有满足本发明特有的正极活性物质与规定量的亚乙基碳酸酯两个要件时，才能够得到对于正极的保存特性改善效果而达到本发明的目的。因此本申请相对于对比文件1具备创造性。

针对请求人于申请日提交的原始申请文件，国家知识产权局专利局实质审查部门于2005年4月29日驳回了本申请，驳回的理由为权利要求1~5项不符合专利法第二十二条第三款的规定。驳回决定中对权利要求第1~5项的评述与第一次审查意见通知书基本相同。

申请人（下称复审请求人）对上述驳回决定不服，于2005年7月25日向专利复审委员会提出复审请求，并提交了权利要求第1~5项的替换页。修改后的权利要求1如下：

“1. 一种非水电解质蓄电池，是具备可吸留·放出锂的正极、可吸留·放出锂的负极以及非水电解液的非水电解质蓄电池，其特征在于在构成所述正极的正极活性物质中使用选自以组成式 $LiNi_cMn_dCo_{1-c-d}O_2$（$0<c<0.5$、$0.1<d<0.6$）表示的锂镍钴锰复合氧化物和锂锰复合氧化物的混合物，且使上述非水电解液至少含有饱和环状碳酸酯和具有碳碳双键的不饱和环状碳酸酯，且所述具有碳碳双键的不饱和环状碳酸酯的含量是对于每1mAh的正极容量，在 $1.0\times10^{-8}\sim2.4\times10^{-4}$g的范围。”

请求复审的主要理由是：（1）权利要求1修改后的正极活性物质与对比文件1的正极活性物质是完全不同的；（2）只有满足本发明特有的正极活性物质与规定量的亚乙基碳酸酯两个要件时，才能够得到对于正极的保存特性改善效果而达到本发明的目的，因此权利要求1及其从属权利要求与对比文件1相比是具备创造性的。

经形式审查合格后，专利复审委员会受理了该复审请求，于2005年9月6日向复审请求人发出了复审请求受理通知书和前置审查通知书。

原审查部门对本案进行了前置审查，原审查部门对修改后的权利要求重新检索，增加了新的对比文件2：CN1345101A，公开日为2002年4月17日。在对比文件2结合对比文件1的基础上坚持驳回决定，对权利要求1的评述意见如下：

权利要求1请求保护一种非水电解质蓄电池，对比文件2（参见权利要求1，说明书第4页第11~30行、第5页第1~13行、第5页第11~13行）公开了一种非水电解质蓄电池，具体特征如下：具备可吸留·碳酸亚乙脂和碳酸二甲脂放出锂的正极、可吸留·放出锂的负极以及非水电解质，构成正极的正极活性物质为 $LiNi_{(1-x-y)}CoxMnyO_2$（$0.5<x+y<1.0$，$0.1<y<0.6$）表示的锂·镍·钴·锰复合氧化物和组成式 $Li_{(1+z)}Mn_2O_4$（$0\leqslant z\leqslant 0.2$）表示的锂·锰复合氧化物混合物。由此可见，对

比文件 2 公开了权利要求 1 的大部分技术特征。权利要求 1 与对比文件 2 的区别在于：权利要求 1 中所述的电解液为具有碳碳双键的饱和环状碳酸酯和具有碳碳双键的不饱和环状碳酸酯并且具有碳碳双键的不饱和环状碳酸脂的含量相对于每 1mAh 的正极含量，在 $1.0\times10^{-8}\sim2.4\times10^{-4}$g 的范围。对比文件 1（参见说明书第 18 页第 23 行至第 22 页第 3 行）公开了非水电解质蓄电池的非水电解质中亚乙烯基碳酸脂的添加量。本领域技术人员在此基础上，结合本领域常用的锂电池中正极容量与电解质的质量比，从而得到具有碳碳双键的不饱和环状碳酸脂的含量相对于每 1mAh 的正极含量值是容易的。因此，本领域技术人员在对比文件 2 的基础上结合对比文件 1 得到权利要求 1 请求保护技术方案是显而易见的。因此，权利要求 1 不具有突出的实质性特点和显著的进步，不符合专利法第二十二条第三款规定的创造性。

专利复审委员会依法成立合议组对本案进行审查。

经审查，合议组认为本案事实清楚，可以作出审查决定。

二、决定的理由

1. 关于文本

复审请求人在提出复审请求时对申请文件进行的修改符合专利法第三十三条和专利法实施细则第六十条的规定，因此合议组将申请日提交的说明书第 1 ~ 10 页、说明书附图第 1 ~ 2 页、说明书摘要及摘要附图，2005 年 7 月 25 日提交的权利要求第 1 ~ 5 项，作为复审决定所依据的文本。

2. 关于权利要求 1 的创造性

专利法第二十二条第三款规定，创造性是指同申请日以前已有的技术相比，该发明有突出的实质性特点和显著的进步。

在一项权利要求的创造性判断过程中，需要确定现有技术整体上是否存在技术启示，即现有技术中是否给出将区别技术特征应用到该最接近现有技术以解决其存在的技术问题的启示，如果现有技术中不存在技术启示，则该权利要求具备创造性。

权利要求 1 请求保护一种非水电解质蓄电池，对比文件 2（参见权利要求 1，说明书第 4 页第 11 ~ 30 行、第 5 页第 1 ~ 13 行、第 5 页第 11 ~ 13 行）公开了一种非水电解质蓄电池，具体特征如下：具备可吸留 · 碳酸亚乙脂和碳酸二甲脂放出锂的正极、可吸留 · 放出锂的负极以及非水电解质，构成正极的正极活性物质为 $LiNi_{(1-x-y)}CoxMnyO_2$（$0.5<x+y<1.0$，$0.1<y<0.6$）表示的锂 · 镍 · 钴 · 锰复合氧化物和组成式 $Li_{(1+z)}Mn_2O_4$（$0\leqslant z\leqslant0.2$）表示的锂 · 锰复合氧化物混合物。权利要求 1 与对比文件 2 的区别在于：权利要求 1 中所述的电解液至少含有饱和环状碳酸酯和具有碳碳双键的不饱和环状碳酸酯，并且具有碳碳双键的不饱和环状碳酸脂的含量是相对于每 1mAh 的正极容量，在 $1.0\times10^{-8}\sim2.4\times10^{-4}$g 的范围。对比文件 1（参见说明书第 18 页第 23 行至第 22 页第 3 行）公开了非水电解质蓄电池的非水电解质中亚乙烯基碳酸脂的添加量。而对比文件 1 和 2 都没有公开“具有碳碳双键的不饱和环状碳酸脂的含量是相对于每 1mAh 的正极容量，在 $1.0\times10^{-8}\sim2.4\times10^{-4}$g 的范围”。而上述对比文件 1 和 2 中未公开的区别技术特征在本申请中的作用以及所解决的技术问题是：“如果含量小于所述范围，则不能够像上述那样充分抑制正极活性物质和非水电解液之间的反应或者是从正极析出的锰和负极之间的反应。但如果含量过多，则具有碳碳双键的不饱和环状碳酸酯大量残留在非水电解质溶液中，而使非水电解液的离子传导性下降，深放电特性变差，高电流下的放电容量降低”（见说明书第 3 页第 2 ~ 5 行）。对比文件 1 中的非水电解液虽然也至少含有饱和环状碳酸酯或碳碳双键的不饱和环状碳酸酯，但其中不涉及含量，因而也无法解决上述技术问题。因此在对比文件 1 和对比文件 2 中不具有解决上述技术问题的技术启示。所以权利要求 1 相对于对比文件 1、2 及其结合具有突出的实质性特点和显著的进步，因而具备创造性。

在权利要求1相对于对比文件1和2具备创造性的情况下，因此直接或间接引用它的从属权利要求2~5也相对于对比文件1和2也具备创造性。

基于上述理由，合议组作出下述决定。

三、决定

撤销国家知识产权局专利局实质审查部门于2005年4月29日作出的驳回03127549.4号申请的决定，由原实质审查部门以申请日提交的说明书第1~10页、说明书附图第1~2页、说明书摘要及说明书摘要附图，2005年7月25日提交的权利要求1~5项为基础继续审批程序。

125

具有小型显示面板的笔记本计算机案

复审请求审查决定（第7552号）

决　定　号　第7552号
决　定　日　2005年12月14日
发明创造名称　具有小型显示面板的笔记本计算机
国 际 分 类 号　G06F 15/02
复 审 请 求 人　大众电脑股份有限公司
申　请　号　01228301.0
申　请　日　2001年7月13日
合 议 组 组 长　黄毅斐
主　审　员　熊　婷
参　审　员　翁晓君

法 律 依 据　专利法第二十六条第三款
决 定 要 点

专利法第二十六条第三款规定的对说明书清楚、完整的要求，首先是以所属领域技术人员能够实现为标准的，并不要求说明书对技术方案的每一细节都给出面面俱到的描述；其次，清楚、完整的要求是针对所要解决的技术问题而提出的技术方案的。

一、案由

本复审请求涉及申请日为2001年7月13日、申请号为01228301.0，名称为“具有小型显示面板的笔记本计算机”的实用新型专利申请（下称本申请），申请人为大众电脑股份有限公司。

在本申请审查过程中，初步审查部门于2002年1月18日发出了第一次审查意见通知书，其中指出说明书不符合专利法第二十六条第三款的规定。

针对第一次审查意见通知书，申请人于2002年4月1日提交了意见陈述书，其主要陈述了“本案的内部电路结构均为公知技术，即使不公开于说明书中，本领域技术人员也可以实现本实用新型小型显示面板的显示功能”。

原审查部门以说明书不符合专利法第二十六条第三款的规定为由，于2003年6月6日作出了驳回本申请的决定。驳回理由主要是：本申请涉及一种具有小型显示面板的笔记本计算机，其目的是显示计算机的一些状态，本申请只提出了一种设想，没有具体的实施方案，本领域技术人员不能实现该技术方案。计算机技术的确在标准化模块化方面发展迅速，有标准的显示屏和显示驱动电路等，但是，与其耦接的笔记本计算机主板并没有专门连接扩展接口，耦合方式不是确定的。在本申请说明书所公开的技术方案中没有公开具体的连接方式（例如通过标准总线插槽还是其他方式），作为说明书的具体实施方式部分也没有相应内容。

申请人（下称复审请求人）对上述驳回决定不服，于2003年9月15日向专利复审委员会提出复审请求。其复审理由如下：

（1）本案的发明点主要在于在一笔记本计算机上增设一小型显示面板，其与计算机的主机板耦接，以起到一显示作用；因此，本实用新型保护的是一种笔记本计算机机械的结构形式，而并非保护其内部的具体电路结构。

（2）上述具体电路结构是否公开于说明书中，并不影响本领域技术人员的实施。其显示面板及显示驱动电路等均为市场标准化模块，其连接方式也属公知技术，如：现有的双屏移动电话中的双屏显示电路与主板电连接的电路，或者现有的计算机主板接口与显示面板电连接的电路等。这些现有技术对于扩展到在笔记本计算机增设一小型显示面板应是较容易实现的，所以一旦本领域技术人员在得知本实用新型所公开的内容后，便可结合上述公知技术轻易地将可以购到的小型显示面板及显示驱动电路等部件组装于笔记本计算机中，从而实现本实用新型可通过该小型显示面板显示出该笔记本计算机一些状态的目的。

在前置审查程序中，原审查部门认为只有笔记本计算机机械的结构形式不能实现显示即时信息的目的，它与笔记本计算机上增加一个类似减震垫的机械构造不同，只有清楚描述电路连接关系，该技术方案的“形状、构造”特征才是清楚完整的，本领域的技术人员才能实现该申请所描述的技术效果，因此仍坚持原驳回决定。

专利复审委员会依法成立合议组对本案进行复审。合议组认为本案事实清楚，可以依法作出本复审请求审查决定。

二、决定的理由

本复审决定所依据的文本是复审请求人于申请日提交的申请文本。

专利法第二十六条第三款规定：“说明书应当对发明或者实用新型作出清楚、完整的说明，以所属技术领域的技术人员能够实现为准。”

首先，对说明书清楚、完整的要求是以所属领域技术人员能够实现为标准的，并不要求说明书对技术方案的每一细节都给出面面俱到的描述；其次，清楚、完整的要求是针对为解决所要解决的技术问题而提出的技术方案的。

依据本申请说明书的记载，本申请的目的在于提供一种具有小型显示面板的笔记本计算机，其在笔记本计算机平台处设有小型显示面板，可显示目前笔记本计算机的一些状态，不但使使用者在操作时一目了然，还可达到快速掌握即时信息的目的。在本申请的具体实施方式中，此小型显示面板可显示充电电池的电量、无线传输时天线的收讯状态、CPU的速度和耗电情况等。

本领域普通技术人员知晓，在现有的计算机中，显示器通过标准接口与主板相连，接口是显示器与主机之间的信息通路；CPU将需要显示的信息置入显示缓存器中，而后再从显示缓存器中提取显示信息从而在显示器上显示。也就是说，CPU通过更新显示缓存器的内容从而控制显示器的显示内容；现有的计算机主机通常都可提供多个显示器标准接口，连接到各显示器接口的显示器可用于显示不同内容。

同样，对于笔记本计算机来说，在本申请公开了在其上增设一小型显示面板的基础上，本领域普通技术人员完全可以结合上述公知常识，在主板上提供两个显示器标准接口，分别与固有的液晶屏幕以及此小型显示面板相连接，CPU通过控制与上述两个显示器相对应的显示缓存器的内容从而向上述两个显示器提供不同的显示信号，最终实现通过该小型显示面板显示出该笔记本计算机一些状态的目的。

综上所述，将说明书的整体描述结合本领域的公知常识，本领域普通技术人员可以实现本申请所要求保护的一种具有小型显示面板的笔记本计算机。因此，本申请说明书给出了解决其所述技术问题的完整的技术方案，所属领域的技术人员根据说明书的记载能够实现本申请，因此，本申请说明书符合专利法第二十六条第三款的规定。

基于上述理由，复审请求人的复审理由成立。

三、决定

撤销国家知识产权局专利局实质审查部门于 2003 年 6 月 6 日对申请号为 01228301.0 的实用新型专利申请所作出的驳回决定，以复审请求人于申请日提交的申请文件为基础，由原实质审查部门继续进行审批程序。

126

模块式可佩戴的计算机案

复审请求审查决定（第7602号）

决　定　号 第7602号
决　定　日 2005年12月18日
发明创造名称 模块式可佩戴的计算机
国际分类号 G06F 1/00　G06F 3/00
复审请求人 齐伯瑙特有限公司
申　请　号 99108959.6
申　请　日 1999年7月5日
公　开　日 2000年10月25日
合议组组长 黄毅斐
主　审　员 龙　安
参　审　员 朱芳芳

法律依据 专利法第二十二条第三款
决定要点

现有技术中并没有公开本申请中的“可放置常规计算机的至少一个部件的、具有排热排气功能的模块组件”，也未对采用所述组件给出任何技术启示，而所述组件的使用使现有计算机更加轻便，更利于计算机的散热。因此，本申请相对于现有技术而言，具备创造性。

一、案由

本复审请求涉及申请日为1999年7月5日、优先权日为1999年4月19日、申请号为99108959.6、名称为“模块式可佩戴的计算机”的发明专利申请，其申请人为齐伯瑙特有限公司。

国家知识产权局专利局实质审查部门经实质审查后，针对申请人于2003年8月12日提交的权利要求第1～24项；2000年3月20日提交的说明书第4页、第4a页；1999年7月5日提交的说明书第1～3、第5～9页、附图第1页、说明书摘要及摘要附图各1页，于2005年1月7日以该申请不符合专利法第二十二条第三款的规定为由，驳回该申请。其主要理由为：对比文件1（CN1149157A，公开日为1997年5月7日）公开了一种不需要用手的便携式计算机系统，其中的移动计算机部分包括若干个常规计算机部件及启动装置，所述对比文件1与权利要求1的技术方案区别在于，本申请没有记载散热装置，而对比文件2（CN1180857A，公开日为1998年5月6日）公开了一种将PCMCIA卡的热量传出去的方法与装置，其中的散热装置将位于计算机内的PCMCIA卡中的热量传给计算机壳体的周围环境。因此权利要求1的全部技术特征分别被对比文件1、2公开，并且权利要求1请求保护的技术方案只是上述两个部分技术特征的简单叠加，叠加后的各个部分仍然完成其各自的功能，其总的技术效果只是各部分效果之总和。这种简单叠加对于所属技术领域的技术人员来说是显而易见的，没有产生预料不到的效果，因此权利要求1不具备创造性。基于同样原因，权利要求12、14也不具备创造性。权利要求2～11、13、15～24分别是权利要求1、12、14的从属权利要求，上述权利要求进一步限定的特征是本领域技术人员不需要付出创造性劳动即可实现的，这些特征的加入并没有为本申请带来意想不到的技术效果，因此各项从属权利要求也缺乏创造性。

上述驳回决定针对的独立权利要求1、12、14分别为：

"1. 一种无须用手的可佩戴的计算机，包括用于将所述计算机与使用者相连的装置以及多个具有排热排气功能的模块组件，每一个模块具有壁或侧部，所述每一个模块壳体中可放置常规计算机的至少一个部件，所述计算机部件可包括选自下列一组的装置：一个存储装置、一个处理器、一个输入——输出装置、一个启动装置、外部连接装置及其组合装置，所述启动装置可包括选自下列一组的装置：一个利用声音启动的装置、用笔启动的装置、通过眼睛目视进行启动的装置、脑电流扫描启动装置、利用头部和手臂进行启动的装置及其组合装置。"

"12. 一种无须用手的可佩戴的计算机，它由多个具有排热排气功能的模块组件构成，每一个模块具有侧部或周围部分，所述侧部或周围部分限定了一个基本封闭的隔室，可将一个计算机部件安装在所述隔室中并且可在所述隔室中操作所述部件，所述每一个模块壳体中可放置常规计算机的至少一个部件，所述计算机部件可包括选自下列一组的装置：一个存储装置、一个处理器、一个输入——输出装置、一个启动装置、外部连接装置及其组合装置，所述启动装置可包括选自下列一组的装置：利用声音启动的装置、用笔启动的装置、通过眼睛目视进行启动的装置、脑电流扫描启动装置、利用头部和手臂进行启动的装置及其组合装置。"

"14. 一种无须用手的便携式计算机，它由多个具有排热排气功能的模块组件构成，每一个模块具有侧部或周围部分，所述侧部或周围部分限定了一个基本封闭的隔室，可将一个计算机部件安装在所述隔室中并且可在所述隔室中操作所述部件，所述每一个模块壳体中可放置常规计算机的至少一个部件，所述计算机部件可包括选自下列一组的装置：一个存储装置、一个处理器、一个输入——输出装置、一个启动装置、外部连接装置、通信装置及其组合装置，所述启动装置可包括选自下列一组的装置：利用声音启动的装置、用笔启动的装置、人工启动装置、通过眼睛目视进行启动的装置、脑电流扫描启动装置、鼠标或接触启动装置、利用头部和手臂进行启动的装置及其组合装置。"

申请人（下称复审请求人）对上述驳回决定不服，于2005年4月21日向专利复审委员会提出复审请求。其复审理由主要为：

对比文件1的便携式计算机包括将所述计算机的多个部件收藏在其中的一个单独的系统，其未记载散热装置。而本发明涉及的计算机包括排热排气的模块组件，每个所述模块包含常规计算机的至少一个部件，多个模块被相互连接以形成所需计算机。

对比文件2亦未公开本发明申请中的多个模块、具有常规计算机至少一个部件的多个排热排气模块组件。

常规使用的可佩戴计算机，其结构固定且由多个预定的部件组装而成，其中一些部件对于某些应用而言可能不是必需的。人们需要一种仅由必需的部件构成或组装成的可佩戴在身体上且无须手操作的计算机，其不会因具有固定结构的不必要部件而增加重量。

因此，各项独立权利要求及其从属权利要求相对于对比文件1、2而言，符合专利法第二十二条第三款有关创造性的规定。

前置审查程序中，国家知识产权局专利局原实质审查部门坚持原驳回决定。

专利复审委员会依法成立合议组，对此案进行审理，在对其进行合议审查的基础上，认为本案事实清楚，可以作出复审决定。

二、决定理由

由于复审请求人在提出复审请求时未提交修改文本，因此本决定所依据的文本为驳回决定针对的文本。

合议组评判本申请创造性时引用的对比文件与实质审查程序中使用的对比文件相同，即，对比文件1：CN1149157A；对比文件2：CN1180857A。

1. 关于权利要求1的创造性

对比文件1涉及一种不需要用手的便携式计算机系统，其具体公开了如下技术特征（说明书第13~19页、图1、3）：

用于将计算机与使用者相连的装置，所述计算机部件包括：一个存储器（相应于该权利要求“一个存储装置”）、一个处理器（相应于“一个处理器”）、一个输入/输出连接器与设备（相应于“一个输入/输出装置”和“外部连接装置”）、控制/驱动系统（相应于该权利要求“一个启动装置”），所述控制/驱动系统包括：声音识别模块（相应于“一个利用声音启动的装置”）、眼睛跟踪识别模块（相应于“通过眼睛目视进行启动的装置”）、EEG装置（相应于该权利要求“脑电流扫描启动装置”）、头/臂跟踪识别模块（相应于“利用头部和手臂进行启动的装置”）。

对比文件2（说明书摘要）公开了一种将PCMCIA卡的热量传出去的方法与装置，其中的散热装置将位于计算机内的PCMCIA卡中的热量传给计算机壳体的周围环境。

权利要求1与对比文件1、2相比，存在如下区别技术特征：

（1）多个具有排热排气功能的模块组件，每一个模块具有壁或侧部，所述每一个模块壳体中可放置常规计算机的至少一个部件；

（2）启动装置可包括用笔启动的装置。对比文件1提供一种紧致自含的、至少一部分是完全由用户带着的供用户不需要用手的检索及显示信息便携式计算装置，其并没有如权利要求1中的“可放置常规计算机的至少一个部件的、具有排热排气功能的模块组件”，也未对采用“多个具有排热排气功能的模块组件，每一个模块具有壁或侧部，所述每一个模块壳体中可放置常规计算机的至少一个部件”这一技术手段给出任何技术启示，而所述区别技术特征（1）的引入使现有计算机更加轻便，更利于其散热。对比文件2同样没有提供上述技术启示。因此，权利要求1相对于对比文件1和2的结合而言，具备创造性。

2. 关于权利要求2~11的创造性

权利要求2~11是权利要求1的从属权利要求，在其引用的独立权利要求1具备创造性的基础上，从属权利要求2~11同样具备创造性。

3. 关于权利要求12的创造性

对比文件1、2公开的内容参见对权利要求1评述的相关部分。

权利要求12与对比文件1、2相比，存在如下区别技术特征：（1）多个具有排热排气功能的模块组件，每一个模块具有侧部或周围部分，所述侧部或周围部分限定了一个基本封闭的隔室，可将一个计算机部件安装在所述隔室中并且可在所述隔室中操作所述部件，所述每一个模块壳体中可放置常规计算机的至少一个部件；（2）启动装置可包括用笔启动的装置。

对比文件1提供的便携式计算装置并没有如权利要求12中的“多个具有排热排气功能的模块组件”，也未对采用“多个具有排热排气功能的模块组件构成，每一个模块具有侧部或周围部分，所述侧部或周围部分限定了一个基本封闭的隔室，可将一个计算机部件安装在所述隔室中并且可在所述隔室中操作所述部件，所述每一个模块壳体中可放置常规计算机的至少一个部件”这一技术手段给出任何技术启示，而所述区别技术特征（1）的引入使现有计算机更加轻便，更利于其散热。对比文件

2 同样没有提供上述技术启示。因此，权利要求 12 相对于对比文件 1 和 2 的结合来讲，具备创造性。

4. 关于权利要求 13 的创造性

权利要求 13 是权利要求 12 的从属权利要求，在其引用的独立权利要求 12 具备创造性的前提下，权利要求 13 亦具备创造性。

5. 关于权利要求 14 的创造性

对比文件 1（说明书第 13 ~ 19 页、图 2、3）公开了如下技术特征：

用于将计算机与使用者相连的装置，所述计算机部件包括：一个存储器（相应于该权利要求"一个存储装置"）、一个处理器（相应于"一个处理器"）、一个输入/输出连接器与设备（相应于"一个输入/输出装置"和"外部连接装置"）、通信系统（相应于该权利要求"通信装置"）、控制/驱动系统（相应于该权利要求"一个启动装置"，包括：声音识别模块（相应于"利用声音启动的装置"）、眼睛跟踪识别模块（相应于"通过眼睛目视进行启动的装置"）、EEG 装置（相应于该权利要求"脑电流扫描启动装置"）、头/臂跟踪识别模块（相应于"利用头部和手臂进行启动的装置"）。

对比文件 2（说明书摘要）公开了一种将 PCMCIA 卡的热量传出去的方法与装置，其中的散热装置将位于计算机内的 PCMCIA 卡中的热量传给计算机壳体的周围环境。

权利要求 14 与对比文件 1、2 相比，存在如下区别技术特征：（1）多个具有排热排气功能的模块组件，每一个模块具有侧部或周围部分，所述侧部或周围部分限定了一个基本封闭的隔室，可将一个计算机部件安装在所述隔室中并且可在所述隔室中操作所述部件，所述每一个模块壳体中可放置常规计算机的至少一个部件；（2）启动装置可包括用笔启动的装置、人工启动装置、鼠标或接触启动装置。对比文件 1 提供的便携式计算装置并没有如权利要求 14 中的"多个具有排热排气功能的模块组件"，也未对采用"多个具有排热排气功能的模块组件构成，每一个模块具有侧部或周围部分，所述侧部或周围部分限定了一个基本封闭的隔室，可将一个计算机部件安装在所述隔室中并且可在所述隔室中操作所述部件，所述每一个模块壳体中可放置常规计算机的至少一个部件"这一技术手段给出任何技术启示，而所述区别技术特征（1）的引入使现有计算机更加轻便，更利于其散热。对比文件 2 同样没有提供上述技术启示。因此，权利要求 14 相对于对比文件 1 和 2 的结合而言，具备创造性。

6. 关于权利要求 15 ~ 24 的创造性

权利要求 15 ~ 24 是权利要求 14 的从属权利要求，在其引用的独立权利要求 14 具备创造性的基础上，所述权利要求 15 ~ 24 同样具备创造性。

基于上述理由，合议组认为，权利要求 1 ~ 24 相对于对比文件 1、2 的结合而言，具有突出的实质性特点和显著的进步，符合专利法第二十二条第三款有关创造性的规定。

三、决定

撤销国家知识产权局专利局实质审查部门对本发明专利申请作出的驳回决定，由原实质审查部门以驳回决定依据的文本为基础，继续审批程序。

127

信息处理系统输出、处理装置和方法，记录介质及程序案

复审请求审查决定（第7627号）

决 定 号 第7627号
决 定 日 2005年12月19日
发明创造名称 信息处理系统输出、处理装置和方法，记录介质及程序
国际分类号 G06F 17/00
复审请求人 索尼公司
申 请 号 02144049.2
申 请 日 2002年9月30日
公 开 日 2003年4月16日
合议组组长 崔哲勇
主 审 员 熊 婷
参 审 员 李韵美

法律依据 专利法第二十六条第四款
决定要点

权利要求中的每一项权利要求所要求保护的技术方案应当是所属技术领域的技术人员能够从说明书中公开的内容直接得到或者概括得出的技术方案。

一、案由

本复审请求涉及申请日为2002年9月30日、申请号为02144049.2、申请人为索尼公司、发明名称为“信息处理系统输出、处理装置和方法，记录介质及程序”的发明专利申请（下称本申请）。

在实质审查过程中，国家知识产权局专利局实质审查部门于2003年12月19日发出了第一次审查意见通知书，指出权利要求14、15、22、23属于专利法第二十五条规定的不授予专利权的范围，权利要求1~13、16~21不符合专利法第二十六条第四款的规定。

针对第一次审查意见通知书，申请人于2004年4月27日提交了意见陈述书以及权利要求书的修改文本，其中删除了原权利要求14、15、22、23。

国家知识产权局专利局实质审查部门以新修改的权利要求1~19不符合专利法第二十六条第四款的规定为由，于2005年1月7日作出了驳回该专利申请的决定，驳回理由主要是：权利要求1请求保护一种信息处理系统，该系统包括信息输出装置和信息处理装置，但在说明书任一具体实施方式中都未包含该独立权利要求的必要技术特征，因此，权利要求1未以说明书为依据，不符合专利法第二十六条第四款的规定；类似地，其他权利要求也得不到说明书的支持；独立权利要求1、3、14所要

保护的装置的各个部件之间的连接关系或者信号流向也存在不清楚的问题。

驳回决定所针对的权利要求书如下：

“1. 一种信息处理系统，包括用于输出推荐的项目的信息输出装置，和用于管理被输出到所述信息输出装置的推荐的项目的信息处理装置，其中

所述信息输出装置包括：

接收装置，用于接收用户指定的项目；

获取装置，用于获取用户对于由所述接收装置接收的项目的偏爱值；

第一传输装置，用于通过网络向所述信息处理装置传输用于识别其指定由所述接收装置接收的项目的识别信息和由所述获取装置获取的相应于所述项目的偏爱值；

第二传输装置，用于在由所述接收装置接收的指定的项目是预定项目的情况下，通过网络向所述信息处理装置传输所述项目的预定信息和所述项目的相应的识别信息；

制备装置，用于对于其偏爱值未被所述获取装置获取的项目，根据由所述信息处理装置传输的预测的偏爱值，制备要提供给用户的推荐的项目；以及

呈现装置，用于把由制备装置制备的推荐的项目呈现给用户，并且

所述信息处理装置包括：

第一存储装置，用于对于每个用户存储由所述信息输出装置传输的项目的识别信息和相应的偏爱值；

第二存储装置，用于对于每个用户存储由所述信息输出装置传输的项目的预定信息和所述项目的相应的识别信息；

计算装置，用于根据在第一存储装置中存储的两个或多个用户的偏爱值和在第二存储装置中存储的两个或多个用户的预定信息，对于每个用户，计算其偏爱值未被存储在第一存储装置中的项目的预测的偏爱值；以及

第三传输装置，用于把由所述计算装置计算的预测的偏爱值传输给相应的用户。”

2. 如权利要求 1 所述的信息处理系统，其中所述项目是信息，商品，服务，内容和广播节目之一。

3. 一种信息输出装置，包括：

第一接收装置，用于接收用户指定的项目；

第一获取装置，用于获取用户对于由所述第一接收装置接收的项目的偏爱值；

第一传输装置，用于通过网络向一个信息处理装置传输用于识别其指定由所述接收装置接收的项目的识别信息和由所述获取装置获取的相应于所述项目的偏爱值；

第二传输装置，用于在由所述接收装置接收的指定的项目是预定项目的情况下，通过网络向所述信息处理装置传输所述项目的预定信息和所述项目的相应的识别信息；

制备装置，用于对于其偏爱值未被所述第一获取装置获取的项目，根据由所述信息处理装置传输的预测的偏爱值，制备要提供给用户的推荐的项目；以及

呈现装置，用于把由所述制备装置制备的推荐的项目呈现给用户。

4. 如权利要求 3 所述的信息输出装置，还包括：接收装置，用于从所述信息处理装置接收一个项目表；以及显示装置，用于显示由所述接收装置接收的项目表，其中所述第一接收装置，接收用户在所述显示装置显示的所述项目表中指定的项目。

5. 如权利要求 3 所述的信息输出装置，其中所述项目是信息，商品，服务和内容之一。

6. 如权利要求 3 所述的信息输出装置，其中所述项目是广播节目。

7. 如权利要求 6 所述的信息输出装置，还包括：

观看装置，用于观看广播节目；

记录装置，用于记录广播节目；以及

再现装置，用于再现广播节目。

8. 如权利要求 7 所述的信息输出装置，还包括：第二获取装置，用于获得关于广播节目的广播时间的信息；

第一计算装置，用于计算由所述观看装置观看的广播节目的累计观看时间；

第二计算装置，用于计算由所述记录装置记录的广播节目的记录时间；

第三计算装置，用于计算由所述再现装置再现的广播节目的再现时间；

第四计算装置，用于通过利用由所述第二获取装置获取的广播时间除由第一计算装置计算的累计的观看时间来计算所述偏爱值，以及

第五计算装置，用于通过利用所述第二计算装置计算的记录时间除由所述第三计算装置计算的再现时间计算所述偏爱值。

9. 如权利要求 8 所述的信息输出装置，还包括：第二接收装置，用于接收由用户输入的偏爱值；以及判断装置，用于判断所述输入的偏爱值是否被所述第二接收装置收到，其中在所述判断装置判断已经收到输入的偏爱值的情况下，第一获取装置获得由所述第二接收装置接收到的偏爱值，在所述判断装置判断未收到输入的偏爱值的情况下，所述第一获取装置获取由所述第四计算装置或由所述第五计算装置计算的偏爱值。

10. 如权利要求 3 所述的信息输出装置，其中所述指定预订可以包括购买信息、服务或内容的预定、广播节目的观看预订或者广播节目的记录预订。

11. 如权利要求 3 所述的信息输出装置，其中所述第一传输装置和偏爱值一道传输关于用户的信息。

12. 如权利要求 11 所述的信息输出装置，其中所述关于用户的信息包括关于年龄、性别、住址、使用的语言和爱好等多个信息中的至少一个信息。

13. 一种信息输出方法，包括以下步骤：

接收步骤，用于接收由用户指定的项目；

获取步骤，用于获取用户对通过所述接收步骤的处理而接收的项目的偏爱值；

第一传输步骤，用于通过网络向一个信息处理装置传输用于识别由所述接收步骤的处理而接收的项目的识别信息和相应于通过所述获取步骤的处理而获得的项目的偏爱值；

第二传输步骤，在通过接收步骤的处理而接收的指定的项目是指定预定所述项目的情况下，用于通过网络向所述信息处理装置传输所述项目的预订信息和所述项目的相应的识别信息；

制备步骤，对于通过获取步骤的处理没有获得其偏爱值的项目，用于根据由所述信息处理装置传输的预测的偏爱值，制备要提供给用户的推荐项目；以及

呈现步骤，用于向用户呈现通过所述制备步骤的处理而制备的推荐项目。

14. 一种信息处理装置，包括：

第一存储装置，用于对于每个用户存储由所述信息输出装置传输的项目的识别信息和相应的偏爱值；

第二存储装置，用于对于每个用户存储由所述信息输出装置传输的项目的预定信息和所述项目的相应的识别信息；

计算装置，用于根据在第一存储装置中存储的两个或多个用户的偏爱值和在第二存储装置中存储

的两个或多个用户的预定信息，对于每个用户，计算其偏爱值未被存储在第一存储装置中的项目的预测的偏爱值；以及

第一传输装置，用于把由所述计算装置计算的预测的偏爱值传输给相应的用户。

15. 如权利要求14所述的信息处理装置，其中所述计算装置根据多个用户对一个或几个项的偏爱值获得一个用户和其他的多个用户之间的相关性，按照在一个用户和其他用户之间的相关的程度，对基于一个用户之外的其他用户对于一个项目的预定的存在的数字化的值加权，一个用户之外的多个用户的加权之后的值相加，计算所述一个用户对于未在第一存储装置中存储其偏爱值的项目的预测的偏爱值。

16. 如权利要求14所述的信息处理装置，还包括：

第三存储装置，用于存储要由信息输出装置显示的项目表；以及

第二传输装置，用于向所述信息输出装置传输由所述第三存储装置存储的所述项目表。

17. 如权利要求14所述的信息处理装置，其中所述项目是广播节目。

18. 如权利要求14所述的信息处理装置，其中所述项目是信息，商品，服务和内容之一。

19. 一种信息处理方法，包括以下步骤：

第一存储步骤，用于对于每个用户存储由一个信息输出装置传输的项目的识别信息和相应的偏爱值；

第二存储步骤，用于对于每个用户存储由所述信息输出装置传输的项目的预定信息和所述项目的相应的识别信息；

计算步骤，用于根据通过第一存储步骤的处理而存储的两个或多个用户的偏爱值，和通过第二存储步骤的处理而存储的两个或多个用户的预定信息，对于每个用户，计算通过所述第一存储步骤的处理其偏爱值未被存储的项目的预测的偏爱值；以及

传输步骤，用于向相应的用户传输通过计算步骤的处理而计算的预测的偏爱值。”

申请人（下称复审请求人）对上述驳回决定不服，于2005年4月8日向专利复审委员会提出复审请求，复审请求人同时提交了修改的权利要求书，修改了独立权利要求1、3、14。复审请求人在复审请求中详细陈述了说明书中用来支持权利要求之处。

修改后的权利要求1、3、14如下：

“1. 一种信息处理系统，包括用于输出推荐的项目的信息输出装置，和用于管理被输出到所述信息输出装置的推荐的项目的信息处理装置，其中

所述信息输出装置包括：

接收装置，用于接收用户指定的项目；

获取装置，用于获取用户对于由所述接收装置接收的项目的偏爱值；

第一传输装置，用于通过网络向所述信息处理装置传输用于识别其指定由所述接收装置接收的项目的识别信息和由所述获取装置获取的相应于所述项目的偏爱值；以及在由所述接收装置接收的指定的项目是预定项目的情况下，通过网络向所述信息处理装置传输所述项目的预定信息和所述项目的相应的识别信息；

制备装置，用于对于其偏爱值未被所述获取装置获取的项目，根据由所述信息处理装置传输的预测的偏爱值，制备要提供给用户的推荐的项目；以及

呈现装置，用于把由制备装置制备的推荐的项目呈现给用户，并且

所述信息处理装置包括：

存储装置，用于对于每个用户存储由所述信息输出装置传输的项目的识别信息和相应的偏爱值；

以及对于每个用户存储由所述信息输出装置传输的项目的预定信息和所述项目的相应的识别信息；

计算装置，用于根据在第一存储装置中存储的两个或多个用户的偏爱值和在第二存储装置中存储的两个或多个用户的预定信息，对于每个用户，计算其偏爱值未被存储在第一存储装置中的项目的预测的偏爱值；以及

第二传输装置，用于把由所述计算装置计算的预测的偏爱值传输给相应的用户。”

“3. 一种信息输出装置，包括：

第一接收装置，用于接收用户指定的项目；

第一获取装置，用于获取用户对于由所述第一接收装置接收的项目的偏爱值；

第一传输装置，用于通过网络向一个信息处理装置传输用于识别其指定由所述接收装置接收的项目的识别信息和由所述获取装置获取的相应于所述项目的偏爱值；以及在由所述接收装置接收的指定的项目是预定项目的情况下，通过网络向所述信息处理装置传输所述项目的预定信息和所述项目的相应的识别信息；

制备装置，用于对于其偏爱值未被所述第一获取装置获取的项目，根据由所述信息处理装置传输的预测的偏爱值，制备要提供给用户的推荐的项目；以及

呈现装置，用于把由所述制备装置制备的推荐的项目呈现给用户。”

“14. 一种信息处理装置，包括：

存储装置，用于对于每个用户存储由所述信息输出装置传输的项目的识别信息和相应的偏爱值；以及对于每个用户存储由所述信息输出装置传输的项目的预定信息和所述项目的相应的识别信息；

计算装置，用于根据在第一存储装置中存储的两个或多个用户的偏爱值和在第二存储装置中存储的两个或多个用户的预定信息，对于每个用户，计算其偏爱值未被存储在第一存储装置中的项目的预测的偏爱值；以及

第一传输装置，用于把由所述计算装置计算的预测的偏爱值传输给相应的用户。”

在前置审查程序中，专利局实质审查部门仍坚持原驳回决定。

专利复审委员会依法成立合议组对本案进行复审。

至此，合议组认为本案事实清楚，可以作出本复审请求审查决定。

二、决定的理由

（一）复审决定所依据的文本

复审请求人在提出复审请求时提交了修改的权利要求书，上述修改符合专利法第三十三条和专利法实施细则第六十条第一款的规定，因此，本复审决定所依据的文本是复审请求人于申请日提交的说明书第1～24页、附图第1～11页、说明书摘要及摘要附图，2005年4月8日提交的权利要求第1～19项。

（二）关于专利法第二十六条第四款

专利法第二十六条第四款规定：权利要求书应当以说明书为依据，说明要求专利保护的范围。

权利要求中的每一项权利要求所要求保护的技术方案应当是所属技术领域的技术人员能够从说明书中公开的内容直接得到或者概括得出的技术方案。

1. 关于独立权利要求1是否得到说明书的支持

独立权利要求1要求保护一种信息处理系统，包括如下技术特征：

A. 一种信息处理系统，包括用于输出推荐的项目的信息输出装置，和用于管理被输出到所述信息输出装置的推荐的项目的信息处理装置，其中

B. 所述信息输出装置包括：

B1. 接收装置，用于接收用户指定的项目；

B2. 获取装置，用于获取用户对于由所述接收装置接收的项目的偏爱值；

B3. 第一传输装置，用于通过网络向所述信息处理装置传输用于识别其指定由所述接收装置接收的项目的识别信息和由所述获取装置获取的相应于所述项目的偏爱值；以及在由所述接收装置接收的指定的项目是预定项目的情况下，通过网络向所述信息处理装置传输所述项目的预定信息和所述项目的相应的识别信息；

B4. 制备装置，用于对于其偏爱值未被所述获取装置获取的项目，根据由所述信息处理装置传输的预测的偏爱值，制备要提供给用户的推荐的项目；以及

B5. 呈现装置，用于把由制备装置制备的推荐的项目呈现给用户，并且

C. 所述信息处理装置包括：

C1. 存储装置，用于对于每个用户存储由所述信息输出装置传输的项目的识别信息和相应的偏爱值；以及对于每个用户存储由所述信息输出装置传输的项目的预定信息和所述项目的相应的识别信息；

C2. 计算装置，用于根据在第一存储装置中存储的两个或多个用户的偏爱值和在第二存储装置中存储的两个或多个用户的预定信息，对于每个用户，计算其偏爱值未被存储在第一存储装置中的项目的预测的偏爱值；以及

C3. 第二传输装置，用于把由所述计算装置计算的预测的偏爱值传输给相应的用户。

关于技术特征 A，本申请说明书附图 1 是一种信息处理系统的结构的例子，说明书第 8 页第 4 ~ 17 行也描述了本申请的信息处理系统的一个实施例，该系统包括服务器 1 和用户终端 3 - 1 到 3 - n。“用户终端 3 - 1 到 3 - n 根据由服务器 1 提供的偏爱程度预测值制备推荐给用户观看或记录的节目表，并将其提供给用户”，因此，将说明书中的“用户终端”以功能性限定的方式概括为权利要求 1 中的“用于输出推荐的项目的信息输出装置”是适当的；“根据记录的偏爱程度数据，服务器 1 计算每个用户对于要安排广播的节目的偏爱程度预测值，并将其传输给相应的用户终端 3 - i（i = 1，2……n）”，因此，将说明书中的“服务器”以功能性限定的方式概括为权利要求 1 中的“用于管理被输出到所述信息输出装置的推荐的项目的信息处理装置”是适当的。也就是说，从本申请的说明书中可以概括得出权利要求 1 的技术特征 A。

关于技术特征 B、B1 ~ B5，本申请说明书附图 3 是用户终端 3 的一种结构，说明书第 9 页第 5 行至第 10 页第 20 行也描述了用户终端结构的一个例子（参见说明书第 9 页第 15 ~ 19 行）。“操作输入部分 63……用于接收各个操作的输入，例如节目的记录指令，再现指令，节目的预定指令，节目的观看指令，或者由用户输入的节目的偏爱程度”，因此，将说明书中的“操作输入部分 63”以功能性限定的方式概括为权利要求 1 中的“接收装置，用于接收用户指定的项目”是适当的（参见说明书第 10 页第 1 ~ 7 行）；“节目偏爱程度提取部分 66……计算偏爱程度”，因此，将说明书中的“节目偏爱程度提取部分 66”以功能性限定的方式概括为权利要求 1 中的“获取装置，用于获取用户对于由所述接收装置接收的项目的偏爱值”是适当的（参见说明书第 10 页第 15 ~ 17 行）；“用户概况数据库 67 把用这种方式记录的节目识别信息和相应的偏爱程度，或者预定节目的节目识别信息通过系统控制器 61 传递给服务器 1”，因此，将说明书中的“用户概况数据库 67”以功能性限定的方式概括为权利要求 1 中的“第一传输装置，用于通过网络向所述信息处理装置传输用于识别其指定由所述接收装置接收的项目的识别信息和由所述获取装置获取的相应于所述项目的偏爱值；以及在由所述接收装置接收的指定的项目是预定项目的情况下，通过网络向所述信息处理装置传输所述项目的预定信息和所述项目的相应的识别信息”是适当的（参见说明书第 10 页第 18 ~ 20 行）；“推荐的节目处理

部分 68 接收由服务器 1 输入的电子节目指南和相应于广播调度节目的偏爱程度预测值，据此进行操作，列出向用户推荐的节目的节目表，并通过系统控制器 61 将其提供给电视接收机 42”，因此，将说明书中的“推荐的节目处理部分 68”和“电视接收机 42”以功能性限定的方式分别概括为权利要求 1 中的“制备装置，用于对于其偏爱值未被所述获取装置获取的项目，根据由所述信息处理装置传输的预测的偏爱值，制备要提供给用户的推荐的项目”和“呈现装置，用于把由制备装置制备的推荐的项目呈现给用户”是适当的。也就是说，从本申请的说明书中可以概括得出权利要求 1 的技术特征 B、B1 ~ B5。

关于技术特征 C、C1 ~ C3，本申请说明书附图 2 是服务器 1 的一种结构，说明书第 8 页第 21 行至第 9 页第 4 行也描述了服务器结构的一个例子（参见说明书第 8 页第 30 ~ 32 行）。“用户偏爱数据库 23 从用户终端 3 接收的节目的偏爱程度数据，以及预订节目的节目识别信息”，因此，将说明书中的“用户偏爱数据库 23”以功能性限定的方式概括为权利要求 1 中的“存储装置，用于对于每个用户存储由所述信息输出装置传输的项目的识别信息和相应的偏爱值；以及对于每个用户存储由所述信息输出装置传输的项目的预定信息和所述项目的相应的识别信息”是适当的（参见说明书第 9 页第 2 ~ 4 行）；“当由用户偏爱数据库 23 提供数据时，根据所述数据，协同筛选部分 24 计算各个用户对于以后要安排广播的节目的偏爱程度预测值，并把所述预测值提供给系统控制器 21”，因此，将说明书中的“协同筛选部分 24”以功能性限定的方式概括为权利要求 1 中的“计算装置，用于根据在第一存储装置中存储的两个或多个用户的偏爱值和在第二存储装置中存储的两个或多个用户的预定信息，对于每个用户，计算其偏爱值未被存储在第一存储装置中的项目的预测的偏爱值”是适当的（参见说明书第 8 页第 8 ~ 10 行）；“服务器 1 计算……偏爱程度预测值……并将其传输给用户终端”。因此，将说明书中完成上述操作的装置以功能性限定的方式概括为权利要求 1 中的“第二传输装置，用于把由所述计算装置计算的预测的偏爱值传输给相应的用户”是适当的。也就是说，从本申请的说明书中可以概括得出权利要求 1 的技术特征 C、C1 ~ C3。

综上所述，权利要求 1 在清楚限定了各组成部件的情况下使用了功能特征，本领域普通技术人员能够从说明书中公开的内容直接得到或者概括得出权利要求 1 所要求保护的技术方案，因此权利要求 1 能够得到说明书的支持，符合专利法第二十六条第四款的规定。

2. 关于权利要求 2 ~ 19 是否得到说明书的支持

独立权利要求 3、14 分别要求保护一种“信息输出装置”和“信息处理装置”，二者分别对应于权利要求 1 所要求保护的“信息处理系统”中的两个组成部分；参照上述对权利要求 1 的评述，权利要求 3. 14 也能够得到说明书的支持，符合专利法第二十六条第四款的规定。

独立权利要求 13 要求保护一种信息输出方法，此方法对应于权利要求 3 所要求保护的装置；本申请说明书附图 5 的流程图是表示用户终端 3 的处理，说明书第 11 页第 11 行至第 12 页第 14 行也描述了用户终端处理的一个例子；因此，权利要求 13 能够得到说明书的支持，符合专利法第二十六条第四款的规定。

独立权利要求 19 要求保护一种信息处理方法，此方法对应于权利要求 14 所要求保护的装置；本申请说明书附图 6 的流程图是表示服务器 1 的处理，说明书第 11 页第 11 行至第 12 页第 14 行也描述了服务器处理的一个例子。权利要求 3、19 能够得到说明书的支持，符合专利法第二十六条第四款的规定。

关于从属权利要求 2、4 ~ 12、14 ~ 18，驳回决定中认为它们不符合专利法第二十六条第四款规定的理由是权利要求 2、4 ~ 12、14 ~ 18 同样不能克服其所引用的权利要求得不到说明书支持的缺陷；合议组认为，在独立权利要求 1、3、14 能得到说明书支持的情况下，其从属权利要求 2、4 ~ 12、

14～18进一步限定的技术特征在说明书的实施例中也有相应的记载，因此权利要求2、4～12、14～18能够得到说明书的支持，符合专利法第二十六条第四款的规定。

（三）关于独立权利要求1、3、14是否清楚

复审请求人在答复第一次审查意见通知书时未修改独立权利要求1、3、14，原实质审查部门在驳回决定中指出“独立权利要求1、3、14所要保护的装置的各个部件之间的连接关系或者信号流向也存在不清楚的问题”；合议组认为，独立权利要求1、3、14通过描述各部件的功能以及相互之间信号的输入输出关系从而清楚地限定了权利要求的保护范围，因此权利要求1、3、14清楚。

三、决定

撤销国家知识产权局专利局实质审查部门于2005年1月7日对申请号为02144049.2的发明专利申请所作出的驳回决定，以复审请求人于申请日提交的说明书第1～24页、附图第1～11页、说明书摘要及摘要附图，2005年4月8日提交的权利要求第1～19项为基础，由原实质审查部门继续进行审批程序。

128

用于半导体元件键合连接的金线案

复审请求审查决定（第7632号）

决　　定　　号　第7632号
决　　定　　日　2005年11月29日
发明创造名称　用于半导体元件键合连接的金线
国 际 分 类 号　H01L 23/48　H01L 21/60　H01B 1/02
复 审 请 求 人　田中电子工业株式会社
申　　请　　号　01108920.2
申　　请　　日　2001年2月28日
公　　开　　日　2002年1月9日
合 议 组 组 长　张美菊
主　　审　　员　樊晓东
参　　审　　员　骆素芳

法 律 依 据　专利法第二十二条第二款
决 定 要 点
如果一项权利要求的全部技术特征未被一篇对比文件所公开，则该权利要求具备新颖性。

一、案由

本复审请求涉及国家知识产权局专利局实质审查部门于2004年10月15日驳回的、名称为“用于半导体元件键合连接的金线”的发明专利申请（下称本申请），其申请号为01108920.2，申请日为2001年2月28日，优先权日为2000年6月19日，申请人为田中电子工业株式会社。

国家知识产权局专利局实质审查部门对本申请进行实质审查后，于2004年10月15日以本申请不符合专利法第二十二条第二款有关新颖性的规定为由驳回了本申请。驳回的理由是对比文件1公开了权利要求1的全部技术特征，权利要求1不具备新颖性，所引用的对比文件是：

EP 0743679A2 公开日为1996年11月20日（下称对比文件1）。

驳回决定所针对的权利要求1的内容如下：

“1. 一种用于半导体元件键合连接的金线，其中包含：11~20重量ppm的Ag、1~9重量ppm的Pt、1~15重量ppm的Y、1~15重量ppm的La、1~15重量ppm的Eu以及1~20重量ppm的Ca和1~10重量ppm的Be这两者中的一者或两者，剩余的元素为Au和不可避免的杂质。”

申请人田中电子工业株式会社（下称复审请求人）不服该驳回决定，于2005年1月31日向专利复审委员会提出复审请求，并同时提交权利要求书、说明书摘要和说明书第1~2页的替换页。其具体理由为：驳回决定在比较对比文件1和本发明的合金时，只引用对比文件1公开的合金的一部分组分，而不是把两种合金作为一个整体来比较；在对比文件1中Mg是不可缺少的，因此对比文件1仅仅公开了必须包含Mg作为主要成分的金线，没有公开不含Mg的金线，而本发明的金线仅包含Ag、

Pt、Y、La、Ed、Ca 和/或 Be，其他是 Au 和不可避免的杂质，本发明的金线不包含 Mg，也不能包含 Mg（不可避免的杂质除外）；本发明的金线虽然包含对比文件 1 的第二组元素（Be、Ca、Ge）中的 Ca、Ge，第三组元素（La、Y、Pb、Er、Gd、Ce、Pr、Nd、Sm）中的 Y、La，但从第一组元素中去除了 Mg，原驳回决定中推断权利要求 1 无法唯一、肯定地推断出该金线不包含且不能包含 Mg 元素的结论也是不成立的。

复审请求人还提交了技术手册《金报告》第 58～67 页的复印件，并且认为该手册中的表 2～4 示出了以不同的熔炼方法得到的高纯金块的杂质含量，用以证明即使 Mg 是不可避免的杂质，其含量也不会超过 1ppm，远低于对比文件 1 中要求的 Mg 含量 5～50ppm。

新修改的权利要求书内容如下：

"1. 一种用于半导体元件键合连接的金线，其中包含：11～20 重量 ppm 的 Ag、1～9 重量 ppm 的 Pt、1～15 重量 ppm 的 Y、1～15 重量 ppm 的 La、1～15 重量 ppm 的 Eu 以及 1～20 重量 ppm 的 Ca 和 1～10 重量 ppm 的 Be 这两者中的一者或两者，且上述元素的总重量不大于 100ppm，剩余的元素为 Au 和不可避免的杂质。"

形式审查合格后，专利复审委员会受理了该复审请求，并于 2005 年 3 月 22 日向复审请求人发出复审请求受理通知书和前置审查通知书，同时将本案送至原实质审查部门进行前置审查。

原审查部门在前置审查意见书中认为：申请人陈述的意见仍然不成立，因而坚持原驳回决定。

针对该复审请求，专利复审委员会依法成立合议组，对本案进行审理。

至此，合议组认为本案事实已经清楚，可以作出复审决定。

二、决定的理由

1. 关于审查文本

复审请求人于 2005 年 1 月 31 日提交了新修改的权利要求书、说明书摘要、说明书第 1、2 页的替换页，上述修改没有超出原说明书和权利要求书记载的范围，因此符合专利法第三十三条的规定并且此次修改也符合专利法实施细则第六十条第一款的规定。合议组在复审请求人于 2005 年 1 月 31 日提交的权利要求 1，说明书摘要、说明书第 1 页、第 2 页；2001 年 2 月 28 日提交的说明书第 3～10 页、附图第 1 页、摘要附图的基础上对本复审请求进行审查。

2. 关于新颖性

根据专利法第二十二条第二款规定，新颖性是指在申请日以前没有同样的发明或者实用新型在国内外出版物上公开发表过、在国内公开使用过或者以其他方式为公众所知，也没有同样的发明或者实用新型由他人向国务院专利行政部门提出过申请并且记载在申请日以后公布的专利申请文件中。

权利要求 1 要求保护一种用于半导体元件键合连接的金线，包含：11～20 重量 ppm 的 Ag、1～9 重量 ppm 的 Pt、1～15 重量 ppm 的 Y、1～15 重量 ppm 的 La、1～15 重量 ppm 的 Eu 以及 1～20 重量 ppm 的 Ca 和 1～10 重量 ppm 的 Be 这两者中的一者或两者，且上述元素的总重量不大于 100ppm，剩余的元素为 Au 和不可避免的杂质。对比文件 1 公开了一种用于芯片键合的金线（参见其说明书第 3 页第 15 行至第 4 页第 50 行），该金线除 Au 之外必须包括第一组元素 Pt、Ag、Mg 和 Eu，其中 Pt 的含量为 0.0001wt%～0.005wt%（即，相当于 1～50 重量 ppm），Ag 的含量为 0.0001wt%～0.05wt%（即，相当于 1～500 重量 ppm），Mg 的含量为 0.0005wt%～0.005wt%（即，相当于 5～50 重量 ppm），Eu 的含量为 0.00005wt%～0.005wt%（即，相当于 0.5～50 重量 ppm），在表 1－15 中还公开了 Eu 为 10 重量 ppm、50 重量 ppm、1 重量 ppm、0.5 重量 ppm 的实例，或第二组元素（Be、Ca 和 Ge）中的至少一种，或第三组元素（La、Y、P、Er、Gd、Ce、Pr、Nd 和 Sm）中的至少一种，其中第二组元素中的 Be 的含量为 0.00002wt%～0.001wt%（即，相当于 0.2～10 重量 ppm），Ga 的含量为0.00005～0.004wt%（即，相当于0.5～40重量ppm），第三组元素中的La或Y的含量为0.0001wt%～0.02wt%（即，相当于1～200重量ppm）。并且可以肯定对比文件1的金线也必然会包含不可避免的杂质。由此可见，对比文件1的金线包括1～500ppm的Ag，而权利要求1请求保护的金线包括11～20ppm的Ag，对比文件1中Ag的数值范围大于权利要求1中的Ag的数值范围，且对比文件1中也没有公开Ag的数值范围在11～20ppm范围内的技术方案，因此权利要求1的金线中的Ag的数值范围与对比文件1的金线中的Ag的数值范围是不一样的；另外，对比文件1中明确记载了其金线必须包括第一组元素，而第一组元素中包括Mg，但权利要求1的技术方案是一个“封闭式”的技术方案，其所包含的元素中没有Mg，同时也不能证明其所包含的“不可避免的杂质”中必然含有Mg，因此权利要求1请求保护的金线的成分与对比文件1的金线的成分并不一样，故权利要求1所要求保护技术方案与对比文件1的技术方案相比不属于相同的发明创造，权利要求1具备新颖性。

据此，本合议组作出如下决定。

三、决定

撤销国家知识产权局专利局实质审查部门于2004年10月15日对01108920.2号发明专利申请作出的驳回决定，由原实质审查部门以及复审请求人于2005年1月31日提交的权利要求1项、说明书摘要、说明书第1、第2页，2001年2月28日提交的说明书第3～10页、附图第1页、摘要附图为基础继续进行后续审批程序。

129

改善抛光不均匀度的方法和制作嵌入式铜金属层的方法案

复审请求审查决定（第7633号）

决　定　号　第7633号
决　定　日　2005年12月1日
发明创造名称　改善抛光不均匀度的方法和制作嵌入式铜金属层的方法
国际分类号　H01L 21/302、21/3213　C09K 3/14　C23F 1/00　H01L 21/768
复审请求人　联华电子股份有限公司
申　请　号　02107908.0
申　请　日　2002年3月21日
公　开　日　2003年10月8日
合议组组长　熊　婷
主　审　员　樊晓东
参　审　员　孙克良

法律依据　专利法第二十六条第四款
决定要点

在判断权利要求是否得到说明书支持时，应当考虑说明书的全部内容，而不是仅限于具体实施方式部分的内容；如果说明书的其他部分也记载了有关具体实施方式或实施例的内容，从说明书整体内容来看，能说明权利要求的概括是适当的，则应当认为权利要求得到了说明书的支持。

一、案由

本复审请求涉及申请日为2002年3月21日、公开日为2003年10月8日、发明名称为“改善抛光不均匀度的方法和制作嵌入式铜金属层的方法”的发明专利申请（下称本申请），其申请号是02107908.0，申请人为联华电子股份有限公司。

国家知识产权局专利局实质审查部门于2004年8月6日以权利要求1得不到说明书支持，不符合专利法第二十六条第四款的规定为由驳回了本申请。驳回的具体理由为：本申请权利要求1中记载的“在半导体晶片上设置有一导电层”与说明书中记载的“在半导体晶片上介质层内形成的通孔内淀积导电层，除去多余的导电层形成具有平坦表面的栓塞”不一致；另外，权利要求1中的上位概念“在半导体晶片上有一导电层”、“清洗”以及“去除”不能由说明书直接得出或概括得出，因此权利要求1得不到说明书的支持。

驳回决定所针对的权利要求1的内容如下：

“1. 一种改善半导体晶片的抛光不均匀度的方法，该半导体晶片上设置有一导电层，该方法包括下列步骤：利用一第一化学溶液来清洗该导电层表面；以及利用一第二化学溶液去除部分该导电层，并使剩余的该导电层具有一大致平坦的表面。”

申请人（下称复审请求人）不服该驳回决定，于2004年11月8日向专利复审委员会提出复审请求，其具体理由为：

专利法第二十六条第四款规定权利要求应当以说明书为依据，其并非要求权利要求必须与说明书内容完全一致，而是允许对说明书公开的内容进行适当的概括。本申请权利要求1公开导电层设置在半导体晶片上，而说明书虽进一步公开导电层设置在半导体晶片的一嵌入结构中，但导电层仍设置在半导体晶片上，权利要求与说明书之间并无冲突，因此其能够得到说明书的支持。另外，权利要求1中的“去除”以及“清洗该导电层”等叙述也同样可从说明书中找到相对应的技术说明，只是文字用语不同。权利要求1并未超出说明书记载的范围，其概括是恰当的，因此能得到说明书支持。同时，复审请求人根据原权利要求书和说明书记载的内容修改了权利要求1。

修改后的权利要求1的内容如下：

“1. 一种改善半导体晶片的抛光不均匀度的方法，该半导体晶片上设置有一导电层，该方法包括下列步骤：利用一第一化学溶液来清洗该导电层表面；以及利用一第二化学溶液去除部分该导电层，并使剩余的该导电层具有一平坦的表面。”

形式审查合格后，专利复审委员会受理了该复审请求，并于2004年12月1日向复审请求人发出复审请求受理通知书，同时将本案送至原实质审查部门进行前置审查。

原实质审查部门在前置审查意见书中认为：申请人未对权利要求1进行修改，仍然不符合专利法第二十六条第四款的规定，因而坚持原驳回决定。

针对该复审请求，专利复审委员会组成合议组，对本案进行审理。

经审查，合议组于2005年8月24日向复审请求人发出了复审通知书，提出如下复审意见：权利要求1得不到说明书支持，不符合专利法第二十六条第四款的规定。权利要求1中的“利用一第一化学溶液来清洗该导电层表面”与说明书的描述不一致，在说明书中第一化学溶液是能溶解氧化铜的化学溶液，其目的借助第一化学溶液与氧化层反应，均匀地去除导电层表面的氧化层（参见说明书第7页第10~14行），而在权利要求1中将其概括为“利用一第一化学溶液来清洗该导电层表面”，这是得不到说明书支持的。

2005年10月8日，复审请求人提交了意见陈述书和权利要求书替换页，其中修改了权利要求1、4。复审请求人认为修改后的权利要求满足专利法第二十六条第四款的规定。

修改后的权利要求1、4的内容如下：

“1. 一种改善半导体晶片的抛光不均匀度的方法，该半导体晶片上设置有一导电层，该方法包括下列步骤：利用一第一化学溶液来清洗该导电层表面的氧化层；以及利用一第二化学溶液去除部分该导电层，并使剩余的该导电层具有一大致平坦的表面。”

“4. 如权利要求3所述的方法，其中该氧化层为一铜氧化层。”

至此，合议组认为本案事实已经清楚，可以作出复审决定。

二、决定的理由

合议组注意到复审请求人的上述修改文本仅仅涉及将原权利要求1的“利用一第一化学溶液来清洗该导电层表面”修改为“利用一第一化学溶液来清洗该导电层表面的氧化层”，将原权利要求4的“第一氧化层是用来除去该导电层的”修改为“氧化层为”，而无其他的修改，因此未超出原说明书和权利要求书记载的范围，符合专利法第三十三条的规定。本复审决定所依据的审查文本为2005年10月8日提交的权利要求第1~14项，以及2004年5月24日提交的说明书第1页、说明书摘要、申请日提交的说明书第2~5页、附图第1~3页以及摘要附图。

专利法第二十六条第四款规定："权利要求书应当以说明书为依据，说明要求专利保护的范围。权利要求书应当以说明书为依据是指权利要求应当得到说明书的支持。"其中权利要求应当得到说明书的支持包括两层含义，一是权利要求要从形式上得到说明书的支持，即权利要求的内容应当以书面描述的形式记载于说明书中，二是权利要求要在实质上得到说明书的支持，即权利要求要求保护的发明应当在说明书中充分公开。

本申请的权利要求1要求保护一种改善半导体晶片的抛光不均匀度的方法。在说明书的第7页第10～14行记载了"本发明接着利用一第一化学溶液来进行一清洗工艺，借助第一化学溶液与氧化层22产生化学反应，以均匀地去除导电层20表面的氧化层22"，以及在说明书的第7页第16～18行记载了"利用一第二化学溶液，例如铜研磨液，去除部分导电层20，并使该化学机械抛光工艺停止在阻挡层18表面上，以使残留于嵌入式结构16内的导电层20具有一大致平坦的表面"，可见权利要求1中记载的技术特征"利用一第一化学溶液来清洗该导电层表面的氧化层；以及利用一第二化学溶液去除部分该导电层，并使剩余的该导电层具有一大致平坦的表面"能从上述描述概括得出；至于权利要求1中记载的技术特征"该半导体晶片上设置有一导电层"，说明书虽然公开了导电层设置在半导体晶片的一嵌入结构中，但是导电层仍然设置在半导体晶片上，权利要求与说明书并无冲突；另外，"去除"、"清洗"等措词是本领域的技术人员通常采用的技术用语，且从说明书的上述部分中也同样可以找到相同的记载。因此，合议组认为，权利要求1所要求保护的技术方案是本领域技术人员能够从说明书中公开的内容直接得到或者概括得出的，得到了说明书的支持，符合专利法第二十六条第四款的规定。

基于上述理由，合议组作出下述决定。

三、决定

撤销国家知识产权局专利局实质审查部门于2004年8月6日对02107908.0号发明专利申请作出的驳回决定，由原实质审查部门以及复审请求人于2005年10月8日提交的权利要求第1～14项，以及2004年5月24日提交的说明书第1页、说明书摘要、申请日提交的说明书第2～5页、附图第1～3页以及摘要附图为基础，继续进行后续审批程序。

130

有机场致发光装置案

复审请求审查决定（第7634号）

决　定　号　第7634号
决　定　日　2005年12月13日
发明创造名称　有机场致发光装置
国际分类号　H05B 33/12、33/14　G09F 9/46
复审请求人　精工爱普生株式会社
申　请　号　01800886.0
申　请　日　2001年4月6日
公　开　日　2002年8月28日
合议组组长　黄毅斐
主　审　员　樊晓东
参　审　员　骆素芳

法律依据　专利法第二十二条第三款
决定要点

在评价创造性时不仅要考虑发明技术方案本身，还要考虑发明要解决的问题和所产生的技术效果，从而进行整体判断。如果一项权利要求的技术方案与对比文件相比存在区别技术特征，且该权利要求的技术方案相对于对比文件具有预料不到的技术效果时，那么该权利要求的技术方案具有突出的实质性特点和显著的进步，具备创造性。

一、案由

本复审请求涉及申请日为2001年4月6日、优先权日为2000年4月10日、公开日为2002年8月28日、发明名称为“有机场致发光装置”的发明专利申请（下称本申请），其申请号是01800886.0，申请人为精工爱普生株式会社，进入中国国家阶段的日期为2001年12月10日。

国家知识产权局专利局实质审查部门于2004年4月30日发出第一次审查意见通知书，通知书中引用了两篇对比文件：

对比文件1：JP7－57873A，公开日为1995年3月3日；

对比文件2：CN1212114A，公开日为1999年3月24日。

通知书中指出：权利要求1、2、5－7相对于对比文件1不具备专利法第二十二条第二款规定的新颖性，权利要求3、4相对于对比文件1不具备专利法第二十二条第三款规定的创造性。

申请人于2004年9月8日针对第一次审查意见通知书提交了意见陈述书，并提交了修改后的权利要求书、说明书和说明书摘要替换页。其中，申请人根据原说明书和权利要求书的记载，在权利要求1中加入了有关形成在基板一个面上的有机场致发光元件的阳极与形成在另一面上的有机场致发光元件的阳极图形不同的特征。申请人在意见陈述书中陈述了修改后的权利要求1具备创造性的理由为

“对比文件1只记载了在基板的两面形成相同图形的元件。完全不存在形成不同结构的技术思想。与此相反，本发明通过用不同的图形分别形成两个面，就能进行不同的显示”。

2004年11月5日，国家知识产权局专利局实质审查部门以本申请修改后的权利要求1~4不符合专利法第二十二条第三款的规定为由驳回了本申请。

驳回决定所针对的权利要求1~4的内容如下：

“1. 一种有机场致发光装置，在具有透光性及导光性的基板上形成了由阳极、至少一层具有发光功能的有机层及阴极构成的有机场致发光元件，其特征在于，在上述基板的第1面上形成了上述阳极及上述阴极具有透明性的第1有机场致发光元件，在上述基板的与第1面对置的第2面上形成了上述阳极及上述阴极具有透明性的第2有机场致发光元件，上述第1和上述第2有机场致发光元件在上述第1面和第2面上作好图形，上述第1面的有机场致发光元件的阳极图形与上述第2有机场致发光元件的阳极图形不同。

2. 根据权利要求1所述的有机场致发光装置，其特征在于，上述第1及第2场致发光元件分别显示不同的发光色。

3. 根据权利要求1或2所述的有机场致发光装置，其特征在于，上述阳极由ITO、IZO、Pt、Ir、Ni或Pd的某一种形成。

4. 根据权利要求1或2所述的有机场致发光装置，其特征在于，上述阴极由ITO、IZO、Pt、Ir、Ni或Pd的某一种形成。”

申请人精工爱普生株式会社（下称复审请求人）不服该驳回决定，于2005年2月6日向专利复审委员会提出复审请求并同时提交权利要求书。其复审理由为：

（1）对比文件1具有在各个基板上形成发光单元，通过将这些基板的重合，合成各发光单元的光，得到所要求的发光色的效果，而本申请的发明具有由在透明基板101的第1面102上形成由阳极104、有机层106Y、阴极107组成的发光元件，在透明基板101的第2面103上形成由阳极104、有机层106B、阴极107组成的发光元件的有机场致发光元件和有机场致发光装置。

（2）本申请的发明在具有2个面的基板上的各个面上形成2个发光元件，在各基板上形成各个发光单元，再将这些基板叠合起来。这样本申请的发明与对比文件2相比较其元件的结构不同。在对比文件1中，来自第1发光单元的光通过透明基板1取出，来自第2发光单元的光通过透明基板1及透明绝缘板6被取出。另一方面，在本发明中，在从A侧观察光的情况下，在透明基板101的第1面102上形成的发光元件的光不通过基板被取出，透明基板101的第1面103上形成的发光元件的光通过透明基板101被取出。从而，根据本申请的发明，在发光的情况下，透过的基板（包括透明基板及透明绝缘板）数量可减少，不会因基板而影响发光元件的发光效率，因此本申请的发明具备创造性。

形式审查合格后，专利复审委员会受理了该复审请求，并于2005年3月16日向复审请求人发出复审请求受理通知书，同时将本案送至原实质审查部门进行前置审查。

原实质审查部门在前置审查中仍坚持原驳回决定。

针对该复审请求，专利复审委员会依法组成合议组，对本案进行审理。

在上述工作的基础上，合议组认为本案事实已经清楚，可以作出复审决定。

二、决定的理由

1. 关于审查文本

复审请求人在请求复审时提交了权利要求书，但该权利要求书与驳回决定所针对的权利要求书相同。因此，本复审决定所依据的文本是2004年9月8日提交的说明书第1~6页、说明书摘要、进入中国国家阶段时提交的附图第1~6页、摘要附图，2005年2月6日提交的权利要求第1~4项。

2. 关于创造性

专利法第二十二条第三款规定："创造性，是指同申请日以前已有的技术相比，该发明有突出的实质性特点和显著的进步，该实用新型具有实质性特点和进步。"

合议组评判本申请的权利要求时所采用的对比文件与驳回决定中所引用的对比文件相同（即对比文件1：JP7－57873A）。

权利要求1要求保护一种有机场致发光装置，包括以下技术特征：

（1）在具有透光性及导光性的基板上形成了由阳极、至少一层具有发光功能的有机层及阴极构成的有机场致发光元件；

（2）在上述基板的第1面上形成了上述阳极及上述阴极具有透明性的第1有机场致发光元件，在上述基板的与第1面对置的第2面上形成了上述阳极及上述阴极具有透明性的第2有机场致发光元件；

（3）上述第1和上述第2有机场致发光元件在上述第1面和第2面上作好图形；

（4）上述第1面的有机场致发光元件的阳极图形与上述第2有机场致发光元件的阳极图形不同。

对比文件1公开了一种有机发光装置和图像显示装置，并具体公开了以下技术内容（参见其说明书第2栏第30行至第4栏第29行，附图1~3）：由透明基板1、第1透明电极2、第1正孔输送层3、第1电子输送层4、第2透明电极5组成的第1发光单元；和由透明绝缘板6、第3透明电极7、第2正孔输送层8、第2电子输送层9、第4透明电极10组成的第2发光单元；透明绝缘板6设置在第1发光单元和第2发光单元之间，第4透明电极10是不透明的，为了用作发射膜，适合使用具有大反射系数的金属材料。从上述内容和图1~3可知，对比文件1具有在各个基板上形成的发光单元，通过将这些基板重合，合成各发光单元的光，从而得到所要求的发光色的效果。

由此可见，对比文件1只公开了权利要求1的技术特征（1），权利要求1与对比文件1的区别在于：权利要求1中的上述技术特征（2）、（3）和（4），即权利要求1中是在同一基板的两面分别形成第1有机场致发光元件和第2有机场致发光元件，而对比文件1中是将分别在透明基板1和透明绝缘板6上形成的第1发光单元和第2发光单元重叠；权利要求1中明确记载了第1和第2有机场致发光元件在基板的第1面和第2面上作好图形，而对比文件1对此没有描述。另外，权利要求1中第1面上的有机场致发光元件的阳极图形与第2有机场致发光元件的阳极图形不同，而对比文件1的阳极是在不同的基板上形成的，并未描述阳极图形是否相同。

上述区别技术特征（2）的作用在于，当从基板的任意一侧观察时，仅有一个发光元件的光通过基板，而在对比文件1中，来自第1发光单元的光通过透明基板1取出，来自第2发光单元的光通过透明基板1及透明绝缘板6取出，即只能从基板的一侧观察第1发光单元和/或第2发光单元发出的光。因此，根据权利要求1技术方案，在出光的情况下可以减少透过的基板数量，从而可以增加元件的发光效率；上述区别技术特征（2）和（3）的作用在于：第1发光元件和第2发光元件在同一基板上形成，可以减少制造成本；另外，第1和第2发光元件的阳极图形不同，因此权利要求1的有机EL装置可从透明基板的两面显示不同的信息或能够多色化显示。

综上所述，权利要求1所要求保护的技术方案与对比文件1的技术方案不同，且具有预料不到的技术效果，因此权利要求1相对于对比文件1具有突出的实质性特点和显著的进步，故权利要求1所要保护的技术方案具备创造性，符合专利法第二十二条第三款的规定。

在独立权利要求1相对于对比文件1具备创造性的基础上，其直接或间接从属权利要求2~4也具备创造性，符合专利法第二十二条第三款的规定。

故此，合议组作出如下决定。

三、决定

撤销国家知识产权局专利局实质审查部门于2004年11月5日对01800886.0号发明专利申请作出的驳回决定，由原实质原审查部门以及复审请求人于2004年9月8日提交的说明书第1～6页、说明书摘要，进入中国国家阶段时提交的附图第1～6页、摘要附图，2005年2月6日提交的权利要求第1～4项为基础继续进行后续审批程序。

131

利用阶状粘接结构回收印刷电路板的方法案

复审请求审查决定（第7635号）

决　定　号　第7635号
决　定　日　2005年12月20日
发明创造名称　利用阶状粘接结构回收印刷电路板的方法
国际分类号　H05K 3/00
复审请求人　旭贸股份有限公司
申　请　号　01136547.1
申　请　日　2001年10月16日
公　开　日　2003年4月23日
合议组组长　崔哲勇
主　审　员　樊晓东
参　审　员　朱芳芳

法律依据　专利法第二十二条第三款
决定要点

评价一项专利权利要求的创造性时，首先应当找出现有技术中与其最接近的技术方案，再将权利要求的技术方案与现有技术中最接近的技术方案进行比较，找出其区别技术特征，然后考察这些区别技术特征的引入对本领域技术人员来说是否显而易见，如果不是显而易见的，则该权利要求具备创造性。

一、案由

本复审请求涉及申请日为2001年10月16日、公开日为2003年4月23日、发明名称为“利用阶状粘接结构回收印刷电路板的方法”的发明专利申请（下称本申请），其申请号是01136547.1，申请人为旭贸股份有限公司。

应申请人于2002年4月17日提出的实质审查请求，国家知识产权局专利局实质审查部门对本申请进行了实质审查，并于2004年2月27日发出了第一次审查意见通知书。通知书中引用了四篇对比文件：

对比文件1：中国台湾专利公报TW 428423 A，公开日为2001年4月1日；

对比文件2：日本专利公报JP特开平10-4248 A，公开日为1998年1月6日；

对比文件3：美国专利公报US 5313364 A，公开日为1994年5月17日；

对比文件4：中国台湾专利公报TW 443081 A，公开日为2001年6月23日。

通知书中指出，在对比文件1的基础上结合对比文件2以及本领域常识可以容易地得到权利要求1和4的技术方案，或者也可以在对比文件1的基础上结合对比文件3以及本领域常识容易地得到权利要求1和4的技术方案，因而权利要求1和4不具备创造性。从属权利要求2和5的技术方案可以在对比文件1的基础上结合对比文件2和4以及本领域常识容易地得到，或者也可以在对比文件1的基础上结合对比文件3和4以及本领域常识容易地得到；从属权利要求3和6可以在对比文件1的基础上结合对比文件2以及本领域常识容易地得到，或者也可以在对比文件1的基础上结合对比文件3以及本领域常识容易地得到，因而从属权利要求2、3、4、5、6不具备创造性。因此，本申请不符合专利法第二十二条第三款的规定。

申请人于2004年8月3日针对第一次审查意见通知书提交了意见陈述书，未对申请文本作出修改，仅陈述了本发明专利申请具备创造性的理由。

国家知识产权局专利局实质审查部门于2004年10月29日以本申请权利要求1～6不符合专利法第二十三条第三款为由驳回了本申请。

驳回决定所针对的权利要求1～6的内容如下：

“1. 一种利用阶状粘接结构回收印刷电路板的方法，该些印刷电路板，分别具有一第一平面、一第二平面、一边接板、多个良品子电路板、多个不良品子电路板以及多个连接片，其中，该些子电路板是由该些连接片相互连接，并固定连接于该边接板上，其特征是：该利用阶状粘接结构回收印刷电路板的方法包括：

步骤一，利用模具模组夹持并固定该第一印刷电路板的该第一平面；

步骤二，由NC加工机，以程序控制铣除该第一印刷电路板的该些不良品子电路板，分别在该些连接片上铣成适当阶梯状；

步骤三，再次利用模具模组夹持并固定该第二印刷电路板的该第二平面，由NC加工机，以程序控制自动铣出该些良品子电路板，并于该些连接片上铣成适当阶梯状；

步骤四，于该第一印刷电路板的各个该阶梯状涂抹一层粘着剂，将步骤三所取出的该些良品子电路板，贴合于该第一印刷电路板，以取代移除的该不良品子电路板，形成一新的印刷电路板；

步骤五，分别通过该阶梯状的该些连接片相互粘接，再利用该模具模组将该新的印刷电路板压合成型而精密定位后，使该新的印刷电路板呈一整齐平面；

步骤六，再将步骤五的该新的印刷电路板放入一烤箱中，使该层粘着剂受热凝固，而接合固定该新的印刷电路板。

2. 根据权利要求1所述的利用阶状粘接结构回收印刷电路板的方法，其特征是：该加工机包括CNC自动加工中心机。

3. 根据权利要求1所述的利用阶状粘接结构回收印刷电路板的方法，其特征是：当铣切各个该阶梯状的该些连接片时，即预留有一适当裕度，该适当裕度包括用以涂敷该层粘着剂后的裕度，以致模具模组压合成型，使贴合的该良品子电路板能整齐平置于原已弃用不良品子电路板的位置处。

4. 一种利用阶状粘接结构回收印刷电路板的方法，该些印刷电路板，分别具有一第一平面、一第二平面、一边接板、多个良品子电路板、多个不良品子电路板以及多个连接片，其中，该些子电路板是由该些连接片相互连接，并固定连接于该边接板上，其特征是：该利用阶状粘接结构回收印刷电路板的方法包括：

步骤一，利用模具模组夹持并固定该第一印刷电路板的该第一平面，以及该第二印刷电路板的该第二平面；

步骤二，由NC加工机，以程序控制铣除该第一印刷电路板的该些不良品子电路板，以及铣除该第二印刷电路板的该些良品子电路板与该些不良品子电路板之间的该些连接片，并分别在该些连接片上铣成一适当阶梯状；

步骤三，于该第一印刷电路板上去除该些不良品子电路板，并形成一空位，于该第二印刷电路板中取出该些良品子电路板；

步骤四，于该第一印刷电路板的各个该适当阶梯状涂抹一层粘着剂，将步骤三中所取出的该些良品子电路板，贴合于该空位上，取代已移除的该不良品子电路板，形成一新的印刷电路板；

步骤五，分别通过该阶梯状的该些连接片相互粘接，再利用该模具模组将该新的印刷电路板压合成型而精密定位后，使该新的印刷电路板呈一整齐平面；

步骤六，再将步骤五的该新的印刷电路板放入一烤箱中，使该层粘着剂受热凝固，而接合固定该新的印刷电路板。

5. 根据权利要求4所述的利用阶状粘接结构回收印刷电路板的方法，其特征是：该加工机包括CNC自动加工中心机。

6. 根据权利要求4所述的利用阶状粘接结构回收印刷电路板的方法，其特征是：当铣切各个该阶梯状的该些连接片时，即预留有一适当裕度，该适当裕度包括用以涂敷该层粘着剂后的裕度，以致模具模组压合成型，使贴合的该良品子电路板能整齐平置于原弃用不良品子电路板的位置处。”

申请人旭贸股份有限公司（下称复审请求人）不服该驳回决定，于2005年1月21日向专利复审委员会提出复审请求，其具体理由为：（1）虽回收方法及步骤近似，但实际步骤仍有其不同之处，尤其本案设有一模具配合使用，也具体引用在权利要求中，以步骤而言，可视为不同，而具备创造性；（2）本案的中国台湾发明已获准（公告号TW511413），且审查员提出的四篇对比文件中中国台湾专利公告号TW428423A及TW443081A，两案在本案专利说明书中已揭示并说明。

形式审查合格后，专利复审委员会受理了该复审请求，并于2005年2月23日向复审请求人发出复审请求受理通知书，同时将本案送至原实质审查部门进行前置审查。

在前置审查中原实质审查部门仍坚持原驳回决定。

针对该复审请求，专利复审委员会依法成立合议组，对本案进行审理。

在上述工作的基础上，合议组认为本案事实已经清楚，可以作出复审决定。

二、决定的理由

1. 关于审查文本

复审请求人在请求复审时没有提交修改文本，因此本复审决定所依据的文本是驳回决定所依据的文本，即申请日提交的说明书第1~9页、权利要求第1~6项、附图第1~10页、说明书摘要、摘要附图。

2. 关于创造性

本决定引用的对比文件与在前的实审程序中引用的对比文件相同，即：

对比文件1：中国台湾专利公报TW428423 A，公开日为2001年4月1日；

对比文件2：日本专利公报JP特开平10-4248 A，公开日为1998年1月6日；

对比文件3：美国专利公报US 5313364 A，公开日为1994年5月17日；

对比文件4：中国台湾专利公报TW 443081 A，公开日为2001年6月23日。

上述对比文件的公开日均早于本申请的申请日，因此可以作为评判本申请的创造性的现有技术文件。

权利要求1请求保护的技术方案涉及一种利用阶状粘接结构回收印刷电路板的方法，该印刷电路板分别具有一第一平面、一第二平面、一边接板、多个良品子电路板、多个不良品子电路板以及多个连接片，其中，该些子电路板是由该些连接片相互连接，并固定连接于该边接板上，该方法包括：

步骤一，利用模具模组夹持并固定该第一印刷电路板的该第一平面；

步骤二，由NC加工机，以程序控制铣除该第一印刷电路板的该些不良品子电路板，分别在该些连接片上铣成适当阶梯状；

步骤三，再次利用模具模组夹持并固定该第二印刷电路板的该第二平面，由 NC 加工机，以程序控制自动铣出该些良品子电路板，并于该些连接片上铣成适当阶梯状；

步骤四，于该第一印刷电路板的各个该阶梯状涂抹一层粘着剂，将步骤三所取出的该些良品子电路板，贴合于该第一印刷电路板，以取代移除的该不良品子电路板，形成一新的印刷电路板；

步骤五，分别通过该阶梯状的该些连接片相互粘接，再利用该模具模组将该新的印刷电路板压合成型而精密定位后，使该新的印刷电路板呈一整齐平面；

步骤六，再将步骤五的该新的印刷电路板放入一烤箱中，使该层粘着剂受热凝固，而接合固定该新的印刷电路板。

对比文件 1 公开了一种不良印刷电路板之回收再增建方法，具体公开了以下内容（参见其权利要求 1 ~6，附图 1 ~5）：首先去除第一块印刷电路基板的不良子电路板，形成缺口而剩下良品印刷电路板；将第二块印刷电路基板的良品子电路板从该第二印刷电路基板取出，将良品印刷电路板补回该第一印刷电路基板的缺口；在不良印刷电路板及良品印刷电路板的周围设有多个连接处，在连接处涂敷固定剂，从而使该良品印刷电路板固定于该第一印刷电路基板。从对比文件 1 的附图 1 ~5 还可以明显看出：所述电刷电路基板具有第一平面、第二平面、边接板、多个良品子电路板、多个不良品子电路板以及多个连接片，其中，该些子电路板通过连接片相互连接，并固定连接于该边接板上。

由此可见，权利要求 1 与对比文件 1 的区别在于：步骤 1 ~ 步骤 3、步骤 5，即对比文件 1 中没有采用模具模组夹持固定印刷电路板，也没有利用 NC 加工机铣出子电路板和在连接片上铣成适当阶梯状以及利用模具模组将新的印刷电路板压合成型而精密定位的技术方案。

对比文件 2 公开一种基板连接结构，从图 6 可以看出，待连接的电路板在连接部分 19 -3 的凹口 23 -3 的两侧形成突出 25，与另一电路板形成互补，涂上粘结剂后结合在一起。由此可见，对比文件 2 公开了利用阶梯形状进行连接的基板连接结构，但是并没有公开用 NC 加工机将基板铣成的阶梯状技术方案。

对比文件 3 公开了一种 IC 卡及其制造方法，其目的是提供一种将连接器牢固地和容易地固定在框架上的 IC 卡。从图 8 可以看出，凸出 2a 位于连接器 2 的两个侧边部分的上部，凸出 2a 安装在框架 1 的接收部分 14 中，并通过粘结剂固定，连接器 2 的两个侧边与接收部分 14 形成互补的阶梯状。由此可见，对比文件 3 公开了利用阶梯形状进行连接的 IC 卡，但是并没有公开用 NC 加工机将基板铣成的阶梯状技术方案。

对比文件 4 公开了一种电路板的制造方法（参见对比文件 4 的权利要求 1，附图 1 ~3），其中指出电路板可以通过 CNC 加工，加工范围包括电路板的外形轮廓和子电路板之间的连接片。

由此可见，即使将对比文件 1 和 2 相结合、将对比文件 1 和 3 相结合、将对比文件 1、2 和 3 相结合或将对比文件 1、3 和 4 相结合后，仍然没有完全覆盖权利要求 1 的全部技术方案，即没有公开采用模具模组夹持固定印刷电路板的第一和第二平面和利用 NC 加工机在连接片上铣成适当阶梯状的技术方案。尽管对比文件 2、3 分别公开了利用阶梯形状进行连接的基板连接结构、利用阶梯形状进行连接的 IC 卡，但是并未公开上述阶梯形状由 NC 加工机自动铣成，且对比文件 2、3 的阶状连接结构的设立位置和设立目的与权利要求 1 的阶梯状结构的设立位置和设立目的不同。权利要求 1 的技术方案是利用一印刷电路基板，同时除去不良子电路板后再回补良品子电路板，其“阶状连接片结构”是设于良品的子电路板与印刷电路基板之间，而对比文件 2、3 的阶状连接结构分别设于两个基板之间、IC 卡与框架 1 之间。本领域的技术人员根据对比文件 2、3 所采用的阶状连接，在不付出创造性劳动的基础上，并不能想到采用模具模组夹持固定印刷电路板的第一和第二平面和利用 NC 加工机在连接片上铣成适当阶状从而用于电路板回收的技术方案，且上述技术方案能够带来回收速度快、粘着效果好、便于后续程序进行的优点，具有现有技术预料不到的技术效果。因此权利要求1相对于对比文件1和2的结合、对比文件1和3的结合、对比文件1、2和3的结合或对比文件1、3和4的结合，具有突出的实质性特点和显著的进步，具备专利法第二十二条第三款所规定的创造性。

在独立权利要求1具备创造性的基础上，其从属权利要求2、3也具备创造性。

权利要求4请求保护一种利用阶状粘接结构回收印刷电路板的方法，权利要求4与权利要求1相比，其不同之处在于：利用模具模组同时夹持并固定第一印刷电路板和第二印刷电路板。由上可知，对比文件1~4均没有公开采用模具模组夹持并固定第一印刷电路板和第二印刷电路板的技术方案，因此，即使将对比文件1和2相结合、将对比文件1和3相结合、将对比文件1、2和3相结合或将对比文件1、3和4相结合后，仍然没有完全覆盖权利要求1的全部技术方案，即没有公开采用模具模组夹持并固定第一印刷电路板和第二印刷电路板以及利用NC加工机在连接片上铣成适当阶梯状的技术方案。基于上述理由，权利要求4权利要求1相对于对比文件1和2的结合、对比文件1和3的结合、对比文件1、2和3的结合或对比文件1、3和4的结合具有突出的实质性特点和显著的进步，具备专利法第二十二条第三款所规定的创造性。

在独立权利要求4具备创造性的基础上，其从属权利要求5、6也具备创造性。

基于上述理由，本合议组作出如下决定。

三、决定

撤销国家知识产权局专利局实质审查部门于2004年10月29日对01136547.1号发明专利申请作出的驳回决定，由原实质审查部门在驳回文本的基础上继续进行审批程序。

132

抑制高速电路电磁干扰的抵消电路案

复审请求审查决定（第7643号）

决　定　号　第7643号
决　定　日　2005年12月19日
发明创造名称　抑制高速电路电磁干扰的抵消电路
国际分类号　H05K 3/00、9/00　H04B 1/12
复审请求人　神达电脑股份有限公司
申　请　号　00134839.6
申　请　日　2000年11月30日
公　开　日　2002年6月26日
合议组组长　熊　婷
主　审　员　杜　宇
参　审　员　周雷鸣

法律依据　专利法第二十六条第三款

决定要点

如果本领域普通技术人员按照说明书记载的内容，结合公知常识不需要付出创造性劳动能实现本申请的技术方案，解决所述技术问题，并产生预期的技术效果时，就应当认为本申请的技术方案已被充分公开。

一、案由

本复审请求涉及申请日为2000年11月30日、发明名称为“抑制高速电路电磁干扰的抵消电路”的00134839.6号发明专利申请（下称本申请），申请人为神达电脑股份有限公司。

在实质审查过程中，国家知识产权局专利局实质审查部门以申请日提交的原始申请文件为基础进行审查，2003年9月5日发出了第一次审查意见通知书，其中指出，本申请中描述依据“右手安培定律”可达到磁场抵消以及电场耦合的目的，仅给出了任务和设想，而没有给出任何使所属技术领域的技术人员能够实现的技术手段，以实现本申请的技术方案解决其技术问题并产生预期的效果。说明书未对本发明作出清楚、完整的说明，致使所属领域的技术人员不能实现本申请，因此不符合专利法第二十六条第三款的规定。

针对上述第一次审查意见通知书，申请人于2004年1月20日提交了意见陈述书，其中主要指出：（1）本申请的权利要求1和11给出了本申请的抵消电路的构成，即实现本申请的技术方案，该技术方案的具体实施方式在说明书中均有描述，其中记载的使用移相器、高速信号电路、差动信号电路等器件组成的电路采用了技术手段；（2）本申请的技术方案的具体实施方式在说明书中已有清楚和完整的描述，并认为实质审查部门在审查意见通知书中并未提及解决本申请的技术问题而采用的技术方案的具体实施方式，不评价解决本申请的技术问题而采用的技术方案的具体实施方式是否清楚和完整就给出本申请不符合专利法第二十六条第三款的规定，是不符合审查指南的有关规定的。

国家知识产权局专利局实质审查部门继续审查后，认为本申请仍然不符合专利法第二十六条第三款的规定，于2004年12月10日作出了驳回本申请的决定。驳回决定的主要理由是：本申请要求保护一种抑制高速电路电磁干扰的抵消电路，通过提供一个移相器产生差动信号，使两走线之间紧贴以产生相位差，差动信号在不损害信号质量的前提下，依据“右手安培定律”可达到磁场抵消以及电场耦合的目的。本申请移相后的走线通过的差动信号在抵消电磁干扰信号的同时，也可抵消走线中通过的正常信号，但本申请并没有清楚描述采用的具体的技术手段，以保证在抵消电磁干扰信号的同时，还使正常信号不受损害的措施，因此在说明书中虽给出了解决手段，但对所述技术领域的技术人员来说，该手段是含糊不清的，根据说明书记载的内容无法具体实施，因此致使本领域普通技术人员不能实现本发明，因此说明书公开不充分，不符合专利法第二十六条第三款的规定。

申请人（下称复审请求人）对上述驳回决定不服，于2005年3月25日向专利复审委员会提出了复审请求，其复审理由主要是：（1）实质审查部门在第一次审查意见通知书和驳回决定中均未结合说明书对本申请的所谓不符合专利法第二十六条第三款的规定具体内容作出任何具体的分析，这种只有结论而没有具体论据的做法是不符合审查指南规定的；（2）虽然在第一次审查意见通知书和驳回决定中均认定本申请说明书不符合专利法第二十六条第三款的规定，但两者使用的理由是不同的（第一次审查意见通知书认为本申请没有记载任何技术手段；驳回决定认为本申请记载的技术手段是含糊不清的），对于驳回决定中出现的新的理由，实质审查部门没有给复审请求人陈述的机会。

经形式审查合格，专利复审委员会予以受理，于2005年5月8日发出复审请求受理通知书和前置审查通知书。

国家知识产权局专利局实质审查部门对该复审请求进行了前置审查，仍然坚持原驳回决定。

在以上审查工作的基础上，合议组认为本案事实已经清楚，可以作出本复审请求审查决定。

二、决定的理由

1. 本决定所依据的文本

本复审决定是以驳回决定所依据的文本作出的，具体为：申请日提交的权利要求1~20项、说明书第1~3页、附图1~3页、说明书摘要及摘要附图。

2. 关于听证原则

虽然原审查部门在第一次审查意见通知书和驳回决定中均指出本申请说明书不符合专利法第二十六条第三款的规定，但两者所依据的事实不同。具体来说，第一次审查意见通知书中原审查部门认为本申请没有记载任何技术手段；驳回决定中原审查部门认为本申请虽然记载了技术手段，但该技术手段不清楚不能具体实施。复审请求人在答复第一次审查意见通知书后，原审查部门没有给复审请求人对本申请说明书所记载的技术方案是否清楚以及能否具体实施陈述意见的机会，而直接作出驳回决定，因此原审查部门的上述做法没有给复审请求人针对驳回决定所采用的事实陈述意见的机会，违反法定程序，不符合听证原则。

3. 关于专利法第二十六条第三款

本申请涉及一种抑制高速电路电磁干扰的抵消电路。本申请要解决的技术问题是，在保证高速电路信号品质的情况下，抵消高速电路电磁干扰，且给出的解决所述技术问题的技术方案是：抑制高速电路电磁干扰的抵消电路，其中包括：一个移相器，用于将信号移相；一个高速信号电路，所述电路是单端信号；及一个差动信号电路，所述电路是经由上述移相器移相后的假信号电路，且该差动信号电路近邻所述高速信号电路，用于产生磁场抵消与电场耦合。

说明书第2、第3页记载了本申请的具体实施方式：在原来用于传输高速信号的走线的旁边，另外再安排一条经过移相器移相的走线，经移相的走线是假信号电路，连接到一个假负载使其接地，移相器可在90°~180°的范围内移相。由于紧贴的上述两条走线的电流在方向上存在相差，根据安培右手定律可知，上述两条走线产生的电磁场的方向是反向的，从而彼此相互抵消，减小了高速电路产生的电磁场，因此起到了减少高速电路电磁干扰的效果。并且移相器在90°~180°的范围内是可调的，本领域普通技术人员可以根据实际情况，通过常规实验的手段来调整移相器，以调节上述两条走线的电流方向的相位差，使经移相的走线产生的电磁场的强度正好抵消用于传输高速信号的走线所产生的电磁场，而不至于使经移相的走线产生的电磁场的强度过大或过小影响正常信号的传输，以保证正常信号的质量，而且上述调整过程对于本领域普通技术员来说不需要付出创造性的劳动。因此说明书中的具体实施方式清楚、充分地公开了解决技术问题的具体技术手段，并实现了本申请所要实现的目的，即提供一种在保证高速电路信号品质的情况下，抵消高速电路电磁干扰的抵消电路。

综上所述，本领域普通技术人员根据说明书记载和公知常识，不需要创造性劳动就能够再现本申请的技术方案，解决其技术问题，产生预期的技术效果，因此本申请符合专利法第二十六条第三款的规定。

三、决定

撤销国家知识产权局专利局实质审查部门于2004年12月10日对申请号为00134839.6的发明专利申请作出的驳回决定，由原实质审查部门以驳回决定所针对的文本，即申请日提交的权利要求第1~20项、说明书第1~3页、附图1~3页为基础继续进行审批程序。

133

一种节能方法及设备案

复审请求审查决定（第7645号）

决　定　号　第7645号
决　定　日　2005年12月13日
发明创造名称　一种节能方法及设备
国际分类号　H02J 15/00
复审请求人　任文林
申　请　号　02278585. X
申　请　日　2002年7月31日
合议组组长　马　昊
主　审　员　周雷鸣
参　审　员　孙治国

法律依据　专利法第二十六条第三款
决定要点

说明书应当对发明作出清楚、完整的说明，使所属技术领域的技术人员能够实现为准。也就是说，说明书应当对发明的技术方案详细描述，使所属技术领域的技术人员按照说明书记载的内容，不需要创造性劳动，就能够再现该发明。

一、案由

本复审请求涉及申请号为02278585. X、名称为“一种节能方法及设备”的实用新型专利申请（下称本申请），其申请日为2002年7月31日，申请人为任文林。

国家知识产权局专利局实质审查部门于2004年10月29日以本申请不符合专利法第二十六条第三款的规定为由驳回了本申请，其驳回理由是：说明书中没有清楚描述采用什么样的蓄电池和充电装置，适合什么电压等级的电力网，以及蓄电池、充电装置和电力网之间的如何连接、如何工作，如何控制蓄电池与电力网之间相互自动供电等技术问题；驳回决定依据的文本为2004年9月7日提交的权利要求第1~2项、2002年8月26日提交的说明书第1~3页、2002年7月31日提交的说明书附图、说明书摘要及摘要附图。

申请人（下称复审请求人）对驳回决定不服，于2005年1月13日向专利复审委员会提交了复审请求书及权利要求第1、2项的修改替换页。复审请求人的复审理由是：（1）蓄电池、电力网、充电等词，词典、辞海上均有明确的解释；（2）适合什么样的电压等级、如何充电、如何连接、如何工作等均是100多年的、成熟的公知技术；（3）本行业技术人员可轻易再现本发明；其中权利要求1、2的内容为：

“1. 一种电力网节能装置，包括蓄电池，其特征是专为电力网节能的蓄电池与电力网导线连接，蓄电池与电力网之间还连接有充电装置。

2. 如权利要求1所述的节能装置，其特征在于所述的蓄电池是蓄电池组。”

专利复审委员会于2005年5月12日发出了复审请求受理通知书和前置审查通知书。

在前置审查程序中，国家知识产权局专利局实质审查部门坚持2004年10月29日作出的驳回理由。

在此基础上，专利复审委员会依法成立合议组对本案进行复审，并于2005年9月27日发出了复审通知书，指出说明书中没有清楚、完整地写明使用什么样的装置判断电力网的电量供求关系，如何判断电力网的电量供求关系，并根据如何根据判断出的电量供求关系实现整流并向蓄电池充电，如何实现蓄电池中电压逆变放电和并网运行，以及在电网与蓄电池之间进行充、放电过程中如何避免电网谐波污染和低功率因数等问题。本领域的技术人员按照说明书记载的内容，不需要创造性劳动，就无法再现本申请，本申请不符合专利法第二十六条第三款的规定。

复审请求人针对复审通知书于2005年11月6日提交了新的权利要求第1、2项并陈述了自己的意见，其主要观点是：（1）缩小保护范围，消除了缺陷；（2）市售网电的蓄电池充电是十分常见的公知技术；（3）增加技术特征是为了消除缺陷；其中权利要求1、2的内容为：

“1. 一种电力网节能装置，包括电力网、蓄电池，电力网指市售的工业或民用网电，蓄电池指专门用来为电力网节能的蓄电池，所述蓄电池用来向家用电器、工业电器供电，其特征在于蓄电池有导线与电力网连接，蓄电池与电力网之间还连接有充电装置。

2. 如权利要求1所述的节能装置，其特征是所述的蓄电池是蓄电池组，或所述的蓄电池安装在使用现场。”

至此，本案事实已经清楚，合议组经过合议，作出如下决定。

二、决定的理由

1. 依据的文本

本复审决定依据的文本是复审请求人于2005年11月6日提交的权利要求第1~2项、2002年8月26日提交的说明书第1~3页、2002年7月31日提交的说明书附图、说明书摘要及摘要附图。

2. 关于本申请不符合专利法第二十六条第三款的问题

根据专利法第二十六条第三款的规定，说明书应当对发明作出清楚、完整的说明，使所属技术领域的技术人员能够实现为准。

本申请的说明书公开一种节能方法及设备，其中公开的电力网节能装置仅仅包括与电力网连接的蓄电池、连接在蓄电池和电力网之间的充电装置，而说明书中没有清楚、完整的写明使用什么样的装置判断电力网的电量供求关系，如何判断电力网的电量供求关系，以及如何根据判断出的电量供求关系实现整流并向蓄电池充电，如何实现蓄电池中电压逆变放电、并网运行，以及在电网与蓄电池之间进行充、放电过程中如何避免电网谐波污染和低功率因数等问题。上述问题都是实现电力网与蓄电池之间电能相互转换必须要解决的，而说明书中正是缺少对解决上述问题的技术手段的详细描述，所属技术领域技术人员按照说明书记载的内容，不需要创造性劳动，就不能够再现本申请的技术方案。

针对复审请求人提出的复审意见，合议组认为，增加权利要求中的技术特征和修改权利要求的保护范围并没有克服所属技术领域的技术人员无法再现本申请的缺陷；本申请说明书公开的节能装置中缺少判断电力网的电量供求关系的装置、向蓄电池充电的整流装置、实现蓄电池中电压逆变放电以及放电过程中的电源并网运行的装置等，所属领域的技术人员依据说明书及附图的描述不能实现判断电力网的电量供求关系、依据判断出的电量供求关系向蓄电池充电和蓄电池逆变放电、放电过程中的电源的并网运行等，无法解决对电力网多余电能进行储存和转换的技术问题，也无法产生预期的技术效果。

综上所述，合议组认为本申请不符合专利法第二十六条第三款的规定，复审请求人的复审请求理由不能成立。

三、决定

维持国家知识产权局专利局实质审查部门于2004年10月29日对02278585. X号实用新型专利申请作出的驳回决定。

复审请求人如对本决定不服，可根据专利法第四十一条第二款在收到本通知之日起三个月内向北京市第一中级人民法院起诉。

134

外围设备安装支架和包括此支架的便携式计算机案

复审请求审查决定（第7649号）

决　定　号　第7649号
决　定　日　2005年12月17日
发明创造名称　外围设备安装支架和包括此支架的便携式计算机
国际分类号　G06F 1/16
复审请求人　LG电子株式会社
申　请　号　02143375.5
申　请　日　2002年9月26日
公　开　日　2003年5月21日
合议组组长　张美菊
主　审　员　熊　婷
参　审　员　朱芳芳

法律依据　专利法第二十二条第二款、第三款
决定要点

对比文件与本申请的发明目的不同，对比文件均未公开本申请权利要求的某些技术特征，也不存在将上述区别技术特征应用到现有技术中从而实现本申请的发明目的的技术启示，因此，本领域普通技术人员在对比文件的基础上需要付出创造性劳动才能得到权利要求所要求保护的技术方案。

一、案由

本复审请求涉及申请日为2002年9月26日、申请号为02143375.5、发明名称为“外围设备安装支架和包括此支架的便携式计算机”的发明专利申请（下称本申请），申请人为LG电子株式会社。

在实质审查过程中，国家知识产权局专利局实质审查部门于2004年3月12日发出了第一次审查意见通知书，并引用了两篇对比文件：

对比文件1：CN2364497Y，公开日为2000年2月16日；

对比文件2：CN2309581Y，公开日为1999年3月3日。

此通知书中指出权利要求1、3、13～15相对于对比文件1和2的结合不符合专利法第二十二条第三款有关创造性的规定，权利要求23相对于对比文件1不符合专利法第二十二条第二款有关新颖性的规定，权利要求24相对于对比文件1不符合专利法第二十二条第三款有关创造性的规定，权利要求17不符合专利法第二十六条第四款的规定，权利要求10、11、21、26、27不符合专利法实施细则第二十条第一款的规定，说明书不符合专利法实施细则第十九条第三款的规定。其中关于新颖性和创造性的具体评述主要内容如下：

（1）对比文件1公开了一种便携式计算机硬盘插拔装置（相当于本申请的存储设备），其通过主机板上的插接件与主机连接（相当于第一插接件），主机板的一侧设有插槽，插槽的一侧带滑轨，供

此硬盘插拔装置插接之用（相当于支架）（参见说明书第2页第2段，附图1）。该权利要求与对比文件1的区别在于“主电路板包括连接扩展卡的第二插件，以及固定地连接在主电路板上的支架，将扩展卡的接口部分对齐第二插接件”。对比文件2公开了一种PC插件，尤其是指微电脑的一种PC卡，其目的是避免卡受外力变形，以及其在卡槽内插入或抽出困难（说明书第1页第1段，第2页最后一段）。由此可见，权利要求1与对比文件1、2的区别仅在于“主电路板包括连接扩展卡的第二插件，将扩展卡的接口部分对齐第二插接件”，这区别仅仅是所属技术领域主机与外围设备连接的公知常识，因此在对比文件1的基础上结合对比文件2并结合公知常识，得出该权利要求的技术方案是显而易见的，因此，权利要求1不具备创造性。

（2）权利要求3的附加技术特征已在对比文件1中公开（参见说明书第2页第2段，附图1），权利要求13~15的附加技术特征是公知常识，因此当其引用的权利要求不具备创造性时，权利要求3、13~15也不具备创造性。

（3）对比文件1公开了一种便携式计算机设有插槽，其位于光盘驱动器位置（相当于本申请中的卡插孔），主机板连接一插接件，用于连接硬盘（相当于第一插件），插接件与插槽相对应，插槽的一侧带滑轨，供插拔式光驱插拔之用（相当于第二侧面支架）（参见对比文件1说明书第2页第2、第6段，附图1）。因此，权利要求23的全部技术特征已被对比文件1公开，权利要求23不具备新颖性。

（4）权利要求24的部分附加技术特征已在对比文件1中公开（参见说明书第2页第2段，附图1），而其他特征是本领域的公知常识，因此当其引用的权利要求不具备新颖性时，权利要求24不具备创造性。

针对第一次审查意见通知书，申请人于2004年7月27日提交了意见陈述书以及权利要求书和说明书全文替换页。申请人在意见陈述书中论述了新修改的权利要求书和说明书符合专利法和专利法实施细则相关规定的理由，其中重点指出：

（1）对比文件1只记载了插槽11位于计算机板12的一侧，而并未有任何的记载表明插槽是主机板的一部分或者与主机板相连接或固定。根据对比文件1的附图1可以看到，插槽11的方位是处于主机板的上侧，但并不表示插槽与主机板之间有任何的相对固定的关系。换言之，插槽11具有的滑轨110自然也不是主机板的一部分或者与主机板相固定。对比文件1所解决的问题是在便携式计算机的光驱接口上使用外接硬盘，与本申请所要解决的技术问题完全无关。并且，对比文件1所利用的光驱接口是现有技术中公知的光驱接口，不可能有作出如本申请这样的结构设计的动机。

（2）对比文件2所公开的是一种计算机用的PC卡，与上述连接结构的设计完全无关。

原实质审查部门认为新修改的权利要求并未对原权利要求1、3、13~15、23、24作出实质性修改，因此以权利要求1、3、13~15相对于对比文件1和2的结合不符合专利法第二十二条第三款有关创造性的规定，权利要求23相对于对比文件1不符合专利法第二十二条第二款有关新颖性的规定，权利要求24相对于对比文件1不符合专利法第二十二条第三款有关创造性的规定为由，于2004年10月1日作出了驳回本申请的驳回决定。

在驳回决定中，针对申请人的意见陈述书，实质审查部门进一步指出：从对比文件1说明书第2页第7行所述的“主机板12的一侧设有主机板连接器120”可知，主机板连接器是固定在主机板上的，这种固定关系是本领域普通技术人员所熟知的，同理，从对比文件1第6行提到的“便携式计算机10设有插槽11，该插槽11位于计算机主机板12的一侧，插槽11的一侧带滑轨”可知，滑轨是位于主机板的一侧的，另外，从对比文件说明书附图1也可以清楚地看出，滑轨是位于主机板的一侧的，且二者之间的位置关系和连接器与主机板之间的位置关系是相同的，既然连接器是固定在主机板上的，那么可以唯一的导出滑轨是固定在主机板上的，其固定方法是本领域普通技术人员所熟知的，例如：螺丝固定。

驳回决定所针对的权利要求书如下：

“1. 一种便携式计算机，包括：

连接多个部件的主电路板，主电路板包括连接存储设备的第一插接件和连接扩展卡的第二插接件；以及

固定地连接在主电路板上的支架，其中，支架将第一存储设备的接口部分对齐第一插接件，将扩展卡的接口部分对齐第二插接件。

2. 如权利要求1所述的便携式计算机，其特征在于，支架包括：

第一对平行的臂，用于在其之间容纳第一存储设备；以及

第二对臂，用于在其之间容纳扩展卡，第二对臂从公共连接部分垂直地伸出，其中第二对臂中的一个在第一对臂之间伸出，与平行臂之间是平行关系。

3. 如权利要求1所述的便携式计算机，其特征在于，支架的第一侧面在一对臂中的每一个上具有导向部分，为存储设备的分离/接合提供导向，并且其中支架在连接所述臂的基座部分上具有安装部分，其中安装部分固定在主电路板上。

4. 如权利要求3所述的便携式计算机，其特征在于，支架的第二侧面具有导向扩展卡的固定部分。

5. 如权利要求4所述的便携式计算机，其特征在于，固定部分包括从第一侧面延伸的、用于对齐扩展卡的固定板，并且基座部分的一个侧面对准在其之间的扩展卡。

6. 如权利要求5所述的便携式计算机，其特征在于，第二插接件装在主电路板的上表面。

7. 如权利要求5所述的便携式计算机，其特征在于，由金属材料制成并包括紧固件的固定孔模压在固定板中。

8. 如权利要求3所述的便携式计算机，其特征在于，第一插接件电气连接在主电路板的底面，并且将第一插接件固定在主电路板上的固定托架装在主板上。

9. 如权利要求8所述的便携式计算机，其特征在于，穿过紧固件的第一通孔形成在主电路板上，并与安装部分的第二通孔和固定第一插接件的固定托架的第三通孔对齐。

10. 如权利要求9所述的便携式计算机，其特征在于，紧固件是利用第一到第三通孔对齐并固定支架与第一插接件的一个螺栓。

11. 如权利要求8所述的便携式计算机，其特征在于，电气连接存储设备的第一插接件部分具有顶面，对齐主电路板的上表面。

12. 如权利要求3所述的便携式计算机，其特征在于，与支架第一侧面相反的第二侧面包括对齐扩展卡的固定部分，其中第一插接件位于主电路板上和下侧面中的一个之上，并且第二插接件位于主电路板所述上和下侧面中的另一个之上。

13. 如权利要求1所述的便携式计算机，其特征在于，第一存储设备是硬盘驱动器、软盘驱动器、电池和CD驱动器中的一种。

14. 如权利要求1所述的便携式计算机，其特征在于，扩展卡是通讯卡。

15. 如权利要求14所述的便携式计算机，其特征在于，通讯卡是调制解调器、LAN、无线LAN和蓝牙模块中的一种。

16. 一种便携式计算机，包括：主体；显示单元，用于输出各种信息，其中显示单元可转动地装在主体上，从而在打开和关闭位置之间运动；

主板，装在主体内用于安装各种电路部件，处理信息并将电信号输出到显示单元；输入单元，根据用户的指令将控制信号输入到主板；

支架，安装在主板上，其中支架包括：

位于支架一侧的第一夹持表面，和

位于支架相反一侧的第二夹持表面；

第一外围设备，包括夹持在所述第一夹持表面上的存储设备；以及

第二外围设备，包括固定在所述第二夹持表面上的扩展卡。

17. 如权利要求16所述的便携式计算机，其特征在于，第一外围设备电气连接在装于主板下表面上的第一插接件，并且其特征还在于，第二外围设备电气连接在装于主板上表面上的第二插接件。

18. 如权利要求17所述的便携式计算机，其特征在于，支架的第一侧面在一对臂中的每一个上具有导向部分，为存储设备的分离/接合提供导向，并且其特征在于支架在连接所述臂的基座部分上具有安装部分，安装部分固定在主电路板上。

19. 如权利要求18所述的便携式计算机，其特征在于，固定部分包括从第一侧面延伸的、用于对齐扩展卡的固定板，并且基座部分的一个侧面对准在其之间的扩展卡。

20. 如权利要求19所述的便携式计算机，其特征在于，用于穿过紧固件的第一通孔形成在主电路板上，并且与安装部分的第二通孔和第一插接件的第三通孔对齐。

21. 如权利要求20所述的便携式计算机，其特征在于，电气连接在存储设备上的第一插接件部分具有顶面，位于主电路板上表面确定的平面中。

22. 如权利要求21所述的便携式计算机，其特征在于，第一存储设备是硬盘驱动器、软盘驱动器、电池和CD驱动器中的一种，其特征在于，扩展卡是通讯卡，并且其特征在于通讯卡是调制解调器、LAN、无线LAN和蓝牙模块中的一种。

23. 一种电子设备，包括：

设备主体，主体具有卡插孔形成在其中的壁部分；

连接多个部件的主电路板，主电路板包括装在主电路板第一侧面的第一插接件；以及装在主电路板第二侧面的支架，支架具有与设备主体的卡插孔相反的开口部分，并形成卡储存部分用于储存从卡插孔插入的像卡之类的电子部件，其中，第一插接件用于连接装入卡储存部分的像卡之类的电子部件，并且其特征在于主电路板的第二侧面与第一侧面相反。

24. 如权利要求23所述的电子设备，其特征在于，支架的第一侧面在一对臂中的每一个上具有导向部分，为像卡之类的电子部件的分离/接合提供导向，并且其特征在于支架在连接所述臂的基座部分上具有安装部分，其中安装部分固定在主电路板上。

25. 如权利要求24所述的电子设备，其特征在于，第一插接件电气连接在主电路板的底面。

26. 如权利要求25所述的电子设备，其特征在于，电气连接在像卡之类的电子部件上的第一插接件部分具有顶面，位于主电路板上表面确定的平面中。

27. 如权利要求23所述的电子设备，其特征在于，电子设备是便携式计算机，包括以可转动方式支撑盖的主体，盖中包括显示器，其中主体包括壁部分。”

申请人（下称复审请求人）对上述驳回决定不服，于2005年1月4日向专利复审委员会提出复审请求，复审请求人未提交修改文本，其复审理由如下：

仅根据说明书的记载“主机板12的一侧设有主机板连接器120”无法得知连接器是否固定在主机板上，在某物的一侧设有另一物，无法推断出二者是否固定在一起，只有在参考附图1之后才能得出肯定的结论，因为从图中可以看出连接器120与主机板12是连在一起的，所以推断出连接器与主

机板固定在一起是合理的。但推及滑轨则不符合事实，说明书的记载是“插槽11位于计算机主机板12的一侧，插槽11的一侧带滑轨”，“插槽位于主机板一侧”并不说明插槽就是与主机板连接在一起的，从附图1来看，插槽11实际上是固定在计算机10的外壳上，其上的滑轨110与主机板还隔开了一定距离，因此滑轨不可能固定在主机板上。因此驳回理由不能成立。

在前置审查程序中，实质审查部门仍坚持原驳回决定。

专利复审委员会依法成立合议组对本案进行复审。

至此，合议组认为本案事实清楚，可以作出本复审请求审查决定。

二、决定的理由

1. 复审决定所依据的文本

复审请求人在提出复审请求时未提交修改文本，因此，本复审决定所依据的文本是复审请求人于申请日提交的说明书附图第1~7页、说明书摘要及摘要附图，2004年7月27日提交的权利要求第1~27项、说明书第1~11页。

2. 关于权利要求1、3、13~15

创造性，是指同申请日以前已有的技术相比，该发明有突出的实质性特点和显著的进步，该实用新型具有实质性特点和进步。

合议组评判权利要求1、3、13~15时所采用的对比文件与实质审查过程中所引用的对比文件相同，即，对比文件1（CN2364497Y）和对比文件2（CN2309581Y）。

本申请权利要求1要求保护一种便携式计算机，包括如下技术特征：

A. 连接多个部件的主电路板；

B. 主电路板包括连接存储设备的第一插接件和连接扩展卡的第二插接件；

C. 固定地连接在主电路板上的支架；

D. 支架将第一存储设备的接口部分对齐第一插接件；

E. 将扩展卡的接口部分对齐第二插接件。

对比文件1公开了一种便携式计算机硬盘插拔装置（参见说明书第1页第3段），其目的就是要提供一种可带两个硬盘的便携式计算机硬盘插拔装置，使读取第二硬盘的资料更加容易（参见说明书第2页第6~11行，附图1）。便携式计算机设有插槽11，该插槽11位于计算机主机板12的一侧，主机板12的一侧设有主机板连接器120，与插槽11相对应，插槽11的一侧带滑轨110，供插拔式光驱插接之用。对比文件1就是利用便携式计算机的上述光驱驱动器位置，将硬盘插在插槽11内。

由上可知，对比文件1的主机板12相当于权利要求1的主电路板，即对比文件1公开了权利要求1的特征A；从对比文件1的附图1可看出，其主机板连接器120与硬盘插拔装置连接，因此对比文件1中的硬盘插拔装置和主机板连接器分别相当于权利要求1中的存储设备和第一插接件，即对比文件1公开了权利要求1的特征B中的“主电路板包括连接存储设备的第一插接件”而未公开特征B中的“主电路板包括连接扩展卡的第二插接件”；对比文件1说明书中公开了主机板连接器与插槽均位于主机板的同一侧以及滑轨与插槽的位置关系，但并未明确滑轨是否固定在主机板上，而且从附图中也不能直接导出，因此，对比文件1未公开权利要求1的特征C、D和E。

对比文件2公开了一种PC插卡，其目的是提供一种坚固可靠实用、组装拆卸方便的PC插卡。对比文件2是对PC插卡本身结构的改进，不涉及任何与PC插卡连接的部件。因此，对比文件1也未公开上述区别技术特征。

而在权利要求1所要求保护的技术方案中，上述区别技术特征的作用是提供便携式计算机的外围设备安装支架，将支架与主电路板的插接件准确定位，也可将外围设备安装支架与扩展卡连接在一起，这也实现了本申请的发明目的。

综上所述，对比文件1和2与本申请的发明目的不同，对比文件1和2均未公开特征B中的“主电路板包括连接扩展卡的第二插接件”、特征C、D和E，也不存在将上述区别技术特征应用到现有技术中从而实现本申请的发明目的的技术启示，因此，本领域普通技术人员在结合对比文件1和2的基础上需要付出创造性劳动才能得到权利要求1的技术方案，权利要求1所要求保护的技术方案相对于对比文件1和2的结合具有突出的实质性特点和显著的进步，符合专利法第二十二条第三款有关创造性的规定。

在独立权利要求1相对于对比文件1和2的结合具备创造性的情况下，直接或间接引用权利要求1的从属权利要求3、13～15相对于对比文件1和2的结合也具备创造性，符合专利法第二十二条第三款的规定。

3. 关于权利要求23、权利要求24

新颖性，是指在申请日以前没有同样的发明或者实用新型在国内外出版物上公开发表过、在国内公开使用过或者以其他方式为公众所知，也没有同样的发明或者实用新型由他人向国务院专利行政部门提出过申请并且记载在申请日以后公布的专利申请文件中。

创造性，是指同申请日以前已有的技术相比，该发明有突出的实质性特点和显著的进步，该实用新型具有实质性特点和进步。

合议组评判权利要求23、24时所采用的对比文件与实质审查过程中所引用的对比文件相同，即对比文件1（CN2364497Y）。

权利要求23要求保护一种电子设备，其中包括如下技术特征：

a. 设备主体，主体具有卡插孔形成在其中的壁部分；

b. 连接多个部件的主电路板，主电路板包括装在主电路板第一侧面的第一插接件；

c. 装在主电路板第二侧面的支架，支架具有与设备主体的卡插孔相反的开口部分，并形成卡储存部分用于储存从卡插孔插入的像卡之类的电子部件，其中第一插接件用于连接装入卡储存部分的像卡之类的电子部件；

d. 主电路板的第二侧面与第一侧面相反。

对比文件1公开了一种便携式计算机硬盘插拔装置（参见说明书第1页第3段），其目的就是要提供一种可带两个硬盘的便携式计算机硬盘插拔装置，使读取第二硬盘的资料更加容易（参见说明书第2页第6～11行，附图1）。便携式计算机设有插槽11，该插槽11位于计算机主机板12的一侧，主机板12的一侧设有主机板连接器120，与插槽11相对应，插槽11的一侧带滑轨110，供插拔式光驱插接之用。对比文件1就是利用便携式计算机的上述光驱驱动器位置，将硬盘插在插槽11内。

由上可知，对比文件1的便携式计算机设有插槽11，即对比文件1公开了权利要求23的特征a；对比文件1的主机板12、主机板连接器120分别相当于权利要求1的主电路板、第一插接件，即对比文件1公开了权利要求23的特征b；对比文件1说明书中公开了主机板连接器、插槽和滑轨均位于主机板的同一侧以及滑轨与插槽的位置关系，但并未明确滑轨是否固定在主机板上，而且从附图中也不能直接导出，因此，对比文件1未公开权利要求23的特征c和d。

综上所述，对比文件1与本申请的发明目的不同，未公开权利要求23的技术特征c和d，上述区别技术特征不属于惯用手段的直接置换，而且也不能直接从对比文件1中导出。因此，权利要求23相对于对比文件1符合专利法第二十二条第二款有关新颖性的规定。

同时，在权利要求23所要求保护的技术方案中，上述区别技术特征的作用是提供便携式计算机的外围设备安装支架，将支架与主电路板的插接件对齐，这也实现了本申请的发明目的。因此，本领域普通技术人员在对比文件1的基础上需要付出创造性劳动才能得到权利要求23的技术方案，权利要求23所要求保护的技术方案相对于对比文件1具有突出的实质性特点和显著的进步，符合专利法第二十二条第三款有关创造性的规定。

在独立权利要求23相对于对比文件1具备创造性的情况下，其从属权利要求24相对于1相对于对比文件1也具备创造性，符合专利法第二十二条第三款的规定。

三、决定

撤销国家知识产权局专利局实质审查部门于2004年10月1日对申请号为02143375.5的发明专利申请所作出的驳回决定，以复审请求人于申请日提交的说明书附图第1~7页、说明书摘要及摘要附图，2004年7月27日提交的权利要求1~27项、说明书第1~11页为基础，由原实质审查部门继续进行审批程序。

135

远程全功能控管装置案

复审请求审查决定（第7694号）

决 定 号 第7694号
决 定 日 2005年12月22日
发明创造名称 远程全功能控管装置
国 际 分 类 号 G06F 11/30
复 审 请 求 人 威达电股份有限公司
申 请 号 02102824.9
申 请 日 2002年1月24日
公 开 日 2003年8月6日
合 议 组 组 长 张美菊
主 审 员 熊 婷
参 审 员 骆素芳

法 律 依 据 专利法第二十二条第三款
决 定 要 点

对比文件与本申请的发明目的不同，对比文件未公开本申请权利要求的某些技术特征，也不存在将上述区别技术特征应用到现有技术中从而实现本申请的发明目的的技术启示，因此，本领域普通技术人员在对比文件的基础上需要付出创造性劳动才能得到权利要求所要求保护的技术方案。

一、案由

本复审请求涉及申请日为2002年1月24日、申请号为02102824.9、申请人为威达电股份有限公司、发明名称为“远程全功能控管装置”的发明专利申请（下称本申请）。

本申请公开时的权利要求书如下：

“1. 一种远程全功能控管装置，包括：

一键盘、鼠标、监视器输出入接口，用以输入键盘或鼠标的输入信号及将显示信号输出；

一音频输出入接口，用以输入及输出语音信号；

一广域网连接接口，用以联机一广域网以接收一远程监视器传送的信号；及

一局域网连接接口，用以联机一连接多个本地计算机的局域网；

一电源控制信号产生器，用以产生一电源叫醒信号并传送至该局域网连接接口，由局域网联机控管指定的上述多个本地计算机。

2. 根据权利要求1的远程全功能控管装置，其特征在于：进一步包括一影像输入装置，用以辅助上述远程监视器取得上述多个本地计算机状态的实时信息。

3. 根据权利要求1的远程全功能控管装置，其特征在于：上述远程监视器包括一键盘、一鼠标及一监视器。

4. 根据权利要求1的远程全功能控管装置，其特征在于：上述局域网是一以太网络。

5. 根据权利要求1的远程全功能控管装置，其特征在于：上述局域网是一令牌环（Token-Ring）。

6. 根据权利要求1的远程全功能控管装置，其特征在于：上述广域网是一以太网络协议配置。

7. 根据权利要求1的远程全功能控管装置，其特征在于：上述广域网是一传输控制/网络通信协议配置。

8. 一种远程全功能控管装置，包括：

一键盘、鼠标、监视器输出入接口，用以输入键盘或鼠标的输入信号及将显示信号输出；

一音频输出入接口，用以输入及输出语音信号；

一网络连接接口，用以联机一连接多个本地计算机的局域网及一广域网；

一电源控制信号产生器，用以产生一电源叫醒信号并传送至该网络连接接口，藉由网络联机控管指定的上述多个本地计算机。

9. 根据权利要求8的远程全功能控管装置，其特征在于：进一步包括一影像输入装置，用以辅助一远程监视器取得上述多个本地计算机的实时状态信息。

10. 根据权利要求8的远程全功能控管装置，其特征在于：进一步包括一路由器以耦接上述局域网及广域网。

11. 根据权利要求8的远程全功能控管装置，其特征在于：上述远程监视器包括一键盘、一鼠标及一监视器。

12. 根据权利要求11的远程全功能控管装置，其特征在于：上述局域网是一以太网络。

13. 根据权利要求11的远程全功能控管装置，其特征在于：上述局域网是一令牌环（Token-Ring）。"

在实质审查过程中，国家知识产权局专利局实质审查部门于2003年2月19日发出了第一次审查意见通知书，指出权利要求1~13相对于对比文件1（CN1245931A，公开日为2000年3月1日）不符合专利法第二十二条第三款有关创造性的规定。

针对第一次审查意见通知书，申请人于2004年4月12日提交了意见陈述书以及权利要求书的修改文本，其中修改了权利要求1、5、8和13，申请人在中认为修改后的权利要求具备创造性。

新修改的权利要求1、5、8、13如下：

"1. 一种远程全功能控管装置，包括：

一广域网络连接接口，连接至广域网络，以接收、发送一远程监视器传送的信号；

一局域网络连接接口，连接至多个本地计算机的局域网，以接收、发送上述多个本地计算机的信号；

一键盘、鼠标、监视器输出入接口，分别耦接于上述广域网络连接接口及上述多个本地计算机，用以传送、接收键盘或鼠标的信号；

一音频输出入接口，耦接于上述广域网络连接接口及上述多个本地计算机，用以接收、发送上述多个本地计算机与上述远程监视器之间的语音信号；以及

一电源控制信号产生器，分别耦接于上述广域网络连接接口及上述局域网络连接接口，用以产生一电源叫醒信号并传送至该局域网连接接口，以联机控管指定的上述多个本地计算机。

5. 根据权利要求1的远程全功能控管装置，其特征在于：上述局域网是一令牌环。

8. 一种远程全功能控管装置，包括：

一网络连接接口，分别连接于多个本地计算机的一局域网络与一广域网络，以接收、发送一远程监视器传送的信号；

一键盘、鼠标、监视器输出入接口，分别耦接于上述网络连接接口及上述多个本地计算机，用以传送、接收键盘或鼠标的信号；

一音频输出入接口，分别耦接于上述网络连接接口及上述多个本地计算机，用以接收、发送上述多个本地计算机与上述远程监视器之间的语音信号；以及

一电源控制信号产生器，耦接于上述网络连接接口，用以产生一电源叫醒信号并传送至上述多个本地计算机，以联机控管指定的上述多个本地计算机。

13. 根据权利要求 11 的远程全功能控管装置，其特征在于：上述局域网是一令牌环。”

实质审查部门以新修改的权利要求 1 ~ 13 不符合专利法第二十二条第三款有关创造性的规定为由，于 2004 年 12 月 10 日作出了驳回该专利申请的决定，驳回理由主要是：

1. 权利要求 1 ~ 7 不符合专利法第二十二条第三款有关创造性的规定

权利要求 1 请求保护一种远程全功能控管装置。对比文件 1 公开了一种使用局域网唤醒信号控制计算机系统供电的方法和装置并具体公开了权利要求 1 的如下技术特征：计算机由局域网相连，包括广域网接口、局域网接口用以联结及传递数据信号（可由对比文件 1 中毫无疑义的推出）；还包括键盘、鼠标、监视器等的接口，能够输入/出信号（可由对比文件 1 中毫无疑义的推出）；还包括一系统供电装置开关（相应于电源控制信号产生器）能够产生电源叫醒信号并传送给网络接口，通过局域网联结控制本地计算机的电源（说明书 1 页第 2 ~ 4 段、第 2 页第 2 段；图 1、2）。权利要求 1 与对比文件 1 的区别在于没有公开音频输入接口，但是，这一技术特征是本领域普通技术人员的公知常识。因此，权利要求 1 不符合专利法第二十二条第三款有关创造性的规定。

权利要求 2、3 的附加技术特征为本领域普通技术人员公知计算机的外围设备，权利要求 4 ~ 7 的附加技术特征为本领域普通技术人员公知的网络结构，皆为公知常识，因此，当其引用的权利要求不具备创造性时，权利要求 2 ~ 7 也不符合专利法第二十二条第三款有关创造性的规定。

2. 权利要求 8 ~ 13 不符合专利法不符合专利法第二十二条第三款有关创造性的规定

权利要求 8 请求保护一种远程全功能控管装置。对比文件 1 公开了一种使用局域网唤醒信号控制计算机系统供电的方法和装置并举提供开了权利要求 8 的如下技术特征：计算机由局域网相连，包括网络连接接口用以联结及传递数据信号（可由对比文件 1 中毫无疑义的推出）；还包括键盘、鼠标、监视器等的接口，能够输入/出信号（可由对比文件 1 中毫无疑义的推出）；还包括一系统供电装置开关（相应于电源控制信号产生器）能够产生电源叫醒信号并传送给网络接口，通过局域网联结控制本地计算机的电源（说明书 1 页第 2 ~ 4 段、第 2 页第 2 段；图 1、2）。权利要求 8 与对比文件 1 的区别在于没有公开音频输入接口，但是，这一技术特征是本领域普通技术人员的公知常识。因此，权利要求 8 不符合专利法第二十二条第三款有关创造性的规定。

权利要求 9、11 的附加技术特征为本领域普通技术人员公知计算机的外围设备，权利要求 10、12 ~ 13 的附加技术特征为本领域普通技术人员公知的网络结构，皆为公知常识，因此，当其引用的权利要求不具备创造性时，权利要求 9 ~ 13 也不符合专利法第二十二条第三款有关创造性的规定。

申请人（下称复审请求人）对上述驳回决定不服，于 2005 年 3 月 9 日向专利复审委员会提出复审请求，复审请求人同时提交了调整文本格式后的驳回决定所依据的权利要求书作为附件。其主要复审理由如下：

本申请的权利要求与对比文件的技术事实无论在技术特征、技术功能和效果方面均存在差别。对比文件的计算机远程开机技术与本申请不同，本申请是利用计算机系统外部的广域网络发送控管信号，而对比文件使用一计算机内部的网络配接卡发出 LAN 唤醒信号；对比文件并未提及在局域网络或是广域网络中使用电源控制信号产生器来激活本地计算机的电源；对比文件并未揭露远程监控者与

局域网络之间的通信方式；对比文件只提及局域网络开机的方法，但未揭露任何远程控制管理的方法及装置。因此，本申请的独立权利要求与对比文件相比，实质上是不同的，技术上的进步也是显著的，也不是由对比文件即可容易地推出的，其中需要创造性劳动。

在前置审查程序中，国家知识产权局专利局实质审查部门仍坚持原驳回决定。

专利复审委员会依法成立合议组对本案进行复审。

至此，合议组认为本案事实清楚，可以作出本复审请求审查决定。

二、决定的理由

（一）复审决定所依据的文本

复审请求人在提出复审请求时提交了调整文本格式后的驳回决定所依据的权利要求书作为附件，因此，本复审决定所依据的文本是复审请求人于申请日提交的说明书第1～4页、说明书附图第1～3页、说明书摘要及摘要附图，2005年3月9日提交的权利要求第1～13项。

（二）关于创造性

创造性，是指同申请日以前已有的技术相比，该发明有突出的实质性特点和显著的进步，该实用新型具有实质性特点和进步。

合议组评判权利要求1～13时所采用的对比文件与实质审查过程中所引用的对比文件相同，即，对比文件1（CN1245931A）。

1. 关于权利要求1

本申请权利要求1要求保护一种远程全功能控管装置，包括如下技术特征：

A. 一广域网络连接接口，连接至广域网络，以接收、发送一远程监视器传送的信号；

B. 一局域网络连接接口，连接至多个本地计算机的局域网，以接收、发送上述多个本地计算机的信号；

C. 一键盘、鼠标、监视器输出入接口，分别耦接于上述广域网络连接接口及上述多个本地计算机，用以传送、接收键盘或鼠标的信号；

D. 一音频输出入接口，耦接于上述广域网络连接接口及上述多个本地计算机，用以接收、发送上述多个本地计算机与上述远程监视器之间的语音信号；

E. 一电源控制信号产生器，分别耦接于上述广域网络连接接口及上述局域网络连接接口，用以产生一电源叫醒信号并传送至该局域网连接接口，以联机控管指定的上述多个本地计算机。

对比文件1公开了一种目的在于使用局域网（LAN）唤醒信号控制计算机系统供电的方法和装置，（参照说明书第1页第2～4段，附图1、2）系统供电开关装置……具有AC到DC转换器210、DC到DC转换器212、CPU230、存储器232、系统BIOS234、硬盘驱动器（HDD）236及高速缓冲存储器238的计算机系统还包括芯片组220、开关224及网络适配卡222，这些用于根据LAN唤醒信号自动接通电源。

将权利要求1所要求保护的技术方案与对比文件1进行具体对比如下：

（1）对比文件1只涉及局域网唤醒，未涉及广域网唤醒，因此对比文件1所公开的装置不包括广域网接口以及远程监视器；也就是说，对比文件1未公开权利要求1的特征A；

（2）对比文件1的网络适配卡222相当于权利要求1的局域网络连接接口；也就是说，对比文件1公开了权利要求1的特征B；

（3）对比文件1只涉及局域网唤醒，未涉及广域网唤醒，也未涉及远程监控器与本地计算机之间的通信方式，因此本领域普通技术人员不能毫无疑义地推出对比文件1所公开的装置包括键盘、鼠标、监视器输出入接口和音频输出入接口，对比文件1更未公开上述接口与广域网络连接接口及本地计算机耦接；也就是说，对比文件 1 未公开权利要求 1 的特征 C、D；

(4) 对比文件 1 的系统供电开关装置是在局域网中，根据来自网络适配卡的 LAN 唤醒信号自动接通电源；权利要求 1 中的电源控制信号产生器耦接于广域网络连接接口及局域网网络接口，用于产生一电源叫醒信号并传送至局域网接口；因此，对比文件未公开权利要求 1 的特征 E。

由上可知，对比文件 1 与本申请权利要求 1 所要求保护的技术方案的原理和结构是不同的，对比文件 1 未公开权利要求 1 的特征 A、C、D 和 E。而在权利要求 1 所要求保护的技术方案中，上述区别技术特征的作用是通过广域网使用一远程监视器来控管本地各计算机状态，具有激活本地计算机电源的能力，这也实现了本申请的发明目的；而对比文件 1 的目的在于使用 LAN 唤醒信号控制系统供电。

综上所述，对比文件 1 与本申请的发明目的不同，对比文件 1 与权利要求 1 在原理和结构上是不同的，并且对比文件 1 未公开技术特征 A、C、D 和 E，也不存在将上述区别技术特征应用到现有技术中从而实现本申请的发明目的的技术启示，因此，本领域普通技术人员在对比文件 1 的基础上需要付出创造性劳动才能得到权利要求 1 的技术方案，权利要求 1 所要求保护的技术方案相对于对比文件 1 具有突出的实质性特点和显著的进步，符合专利法第二十二条第三款有关创造性的规定。

2. 关于权利要求 2 ~ 7

在独立权利要求 1 相对于对比文件 1 具备创造性的情况下，引用权利要求 1 的从属权利要求 2 ~ 7 相对于对比文件 1 也具备创造性，符合专利法第二十二条第三款的规定。

3. 关于权利要求 8 ~ 13

权利要求 8 要求保护一种远程全功能控管装置，其与权利要求 1 的区别在于在局域网络和广域网络之间增加一网络连接接口，权利要求 1 中直接与广域网络连接接口耦接的各部件在权利要求 8 中是通过此网络连接接口连接到广域网中。

参照上述对权利要求 1 的分析可知，对比文件 1 与权利要求 8 所要求保护的技术方案的原理和结构是不同的，其未公开权利要求 8 的所有技术特征，也不存在将上述技术特征应用到现有技术中从而实现本申请的发明目的的技术启示，因此，本领域普通技术人员在对比文件 1 的基础上需要付出创造性劳动才能得到权利要求 8 的技术方案，权利要求 8 所要求保护的技术方案相对于对比文件 1 具有突出的实质性特点和显著的进步，符合专利法第二十二条第三款有关创造性的规定。

独立权利要求 8 相对于对比文件 1 具备创造性的情况下，直接或间接引用权利要求 8 的从属权利要求 9 ~ 13 相对于对比文件 1 也具备创造性，符合专利法第二十二条第三款的规定。

三、决定

撤销国家知识产权局专利局实质审查部门于 2004 年 12 月 10 日对申请号为 02102824.9 的发明专利申请所作出的驳回决定，以复审请求人于申请日提交的说明书第 1 ~ 4 页、说明书附图第 1 ~ 3 页、说明书摘要及摘要附图，2005 年 3 月 9 日提交的权利要求 1 ~ 13 项为基础，由原实质审查部门继续进行审批程序。

无效宣告请求审查决定

001

螺旋钻机案

无效宣告请求审查决定（第5685号）

决 定 号 第5685号
决 定 日 2003年12月16日
发明创造名称 螺旋钻机
国际分类号 E21B 3/00
无效请求人 中国建筑技术开发总公司 中国建筑科学研究院
专利权人 何庆林
专 利 号 96212544. X
申 请 日 1996年6月17日
授权公告日 1998年1月21日
合议组组长 陈海平
主 审 员 于 萍
参 审 员 吴亚琼

法律依据 专利法第九条、第二十二条第二款、第三款 专利法实施细则第十三条
决定要点

评价一项专利之独立权利要求新颖性时，如果被评述的权利要求中没有被对比文件明确公开技术特征，但可以根据本领域公知常识推知是该对比文件所公开的技术方案中必然要包含的，或其中的区别仅仅是惯用手段的直接置换，则可以认定对比文件实质上已公开了与该权利要求同样的技术解决方案。

一、案由

本无效宣告请求涉及国家知识产权局于1998年1月21日授权公告的名称为“螺旋钻机”的96212544. X号实用新型专利权，其申请日是1996年6月17日，专利权人是何庆林。

授权公告的权利要求书如下：

“1. 一种螺旋钻机，包括升降系统、液压动力和操纵系统、底盘及行走机构和由动力头、螺旋钻具、导向装置组成的回转导向系统，所述动力头由电动机、变速箱组成，所述螺旋钻具包括钻杆和位于其头部的钻板，钻杆的上部与变速箱驱动齿轮相啮合，其特征在于所述钻杆为空心杆，其上端通过刚性过渡管与供料管可相对转动地连接在一起，下端与钻板之间设有控制空心杆内孔出料口启闭的阀门装置，所述阀门装置包括阀板和锁定装置，所述阀板的一侧与钻板铰接在一起，另一侧与空心杆管壁相接合。

2. 按照权利要求1所述的螺旋钻机，其特征在于所述阀板与钻板之间的夹角为45°。

3. 按照权利要求1或2所述的螺旋钻机，其特征在于所述锁定装置由固定在钻板上的壳体、装在所述壳体内部从前端露出所述壳体外的碰珠、支承所述碰珠的弹簧和调节弹簧力的位于壳体尾端的

调节螺钉及固定在所述空心杆管壁内侧的与碰珠相配合的碰珠座组成。

4. 按照权利要求1或2所述的螺旋钻机，其特征在于所述供料管由刚性管和软管组成，所述刚性管与钻机挺杆固定在一起，其上、下端分别与上、下混凝土供料软管相连，所述上混凝土供料软管的另一端与过渡刚性管相连并随所述钻杆的上、下移动绕软管导向滑轮弯折，所述上混凝土供料软管位于所述刚性管和软管定向滑轮之间的部分由固定在所述挺杆上部的软管挡板阻挡。

5. 按照权利要求3所述的螺旋钻机，其特征在于所述供料管由刚性管和软管组成，所述刚性管与钻机挺杆固定在一起，其上、下端分别与上、下混凝土供料软管相连，所述上混凝土供料软管的另一端与过渡刚性管相连并随所述钻杆的上、下移动绕软管导向滑轮弯折，所述上混凝土供料软管位于所述刚性管和软管导向滑轮之间的部分由固定在所述挺杆上部的软管挡板阻挡。”

针对上述实用新型专利权（下称本专利），中国建筑技术开发总公司、中国建筑科学研究院（以下合称为请求人）于2002年4月28日向专利复审委员会提出无效宣告请求，其理由是：本专利不符合专利法第二十二条第二款及专利法第九条的规定。与此同时，请求人提交了如下附件作为证据：

附件1：公告号为CN2260820Y的中国实用新型专利说明书，其公告日为1997年8月27日，其专利申请日为1996年4月22日；

附件2：《桩基础设计与计算》一书的封面、封底及第20、21页复印件。

请求人认为：本专利权利要求1所要求保护的技术方案已记载在申请日前的公开出版物上；已由他人向专利局提出过申请，并且记载在申请日以后公布的专利申请文件中。故本专利不符合专利法第二十二条第二款及专利法第九条的规定。

经形式审查合格后，专利复审委员会于2002年4月29日受理了上述无效宣告请求，并将无效请求书及所附的附件副本转送给了专利权人（下称被请求人）。

请求人于2002年5月24日向专利复审委员会提交了意见陈述书及附件3、4。请求人认为：附件3中图1、5、6清楚证明“刚性过渡管与供料管可以相对转动地连接在一起”、“供料管由刚性管和软管组成”早在1989年就已在公开出版物上记载；附件4表明本专利所要求保护的内容在其申请日前已在国内公开使用。故本专利不具备新颖性、创造性。补充提交的附件3、4如下：

附件3：1989年出版的《PILING AND DEEP FOUNDATIONS》封面、封底、版权页及第33、38、39页复印件，共6页；

附件4：国电华北电力设计院工程有限公司于2002年4月6日写给中国建筑科学研究院的信函复印件。

请求人于2002年5月29日再次向专利复审委员会提交的如下补充证据：

附件5：93108958号发明专利说明书；

附件6：93101250.3发明专利公开说明书。

针对请求人提出无效宣告请求及其附件1、2，被请求人于2002年6月17日向专利复审委员会提交了意见陈述书。被请求人的主要观点如下：（1）附件1没有公开本专利中“液压动力和操作系统”、“行走机构”和“其上端通过刚性过渡管与供料管可相对转动第连接在一起”这三个必要技术特征。附件1中附图1表示的钻杆与供料管的连接示意图可以导出多种具体连接方式，其中包括临时连接的可能，根据该附件不能唯一导出的结果，不能认为其已经公开了本专利的技术方案；（2）对附件2的真实性表示怀疑。即使其为真实的，也没有公开本专利权利要求1的全部技术特征。该附件只公开了本专利权利要求1前序部分中升降系统、动力头、螺旋钻具和特征部分中的钻杆为空心杆这些特征。从该附件示意图中可以明显地看出其中的螺旋钻具中的钻杆是里外管结构，与本专利有本质区别。

复审委员会本案合议组于2002年6月21日将被请求人的上述意见转给了请求人、将请求人于2002年5月24日及5月29日提交的意见陈述书及附件3～6转给了被请求人，同时还发出了无效宣告请求审查通知书。其中指出：请求人于2002年5月29日提交的证据5、6不符合专利法实施细则第六十六条的规定，不予接受。鉴于请求人于2002年5月24日提交的附件3为外文证据，而请求人仅就其中的标题及附图注示作了翻译，故合议组在该日向请求人发了“外文证据处理通知书”，要求其在收到该通知书之日起一个月内提交证据3使用部分的中文译文。在同一日合议组还向双方当事人发出口头审理通知，定于2002年9月10日在国家知识产权局进行口头审理。

请求人于2002年7月19日向专利复审委员会提交了证据3的中文译文。

2002年7月21日请求人向专利复审委员会提交了意见陈述书，再次陈述了其认为本专利不具备新颖性、创造性的观点：（1）本专利权利要求1的保护主题与附件1所公开的技术内容相同，仅仅是简单的文字变换。其特征部分的“其上端通过刚性过渡管与供料管可相对转动地连接在一起”这一特征是所属技术领域的技术人员熟知的，是螺旋钻机的空心钻杆与供料管的必然连接，可以从一般技术人员熟知的常识中和从附件1的图1中直接导出的唯一内容。由附件3的图5、6可知，供料管与空心钻杆可以由旋转接头和刚性鹅颈弯头相对转动地连接在一起，早在1989年已在世界公开，本领域的一般技术人员不可能还采用临时连接这种低级的连接方式；（2）权利要求2规定的阀板与钻板的角度可以直接从附件1中直接导出，没有新颖性；（3）权利要求4、5要求保护的内容，是所属领域的技术人员可以从熟知的常识中直接导出，故没有新颖性、创造性；（4）放弃对权利要求3的无效请求。

合议组于2002年8月6日将请求人提交的证据3的译文转给了被请求人。

口头审理于2002年9月10日在国家知识产权局如期举行。请求人及被请求人参加了口头审理。合议组当庭将请求人于2002年7月21日提交的意见陈述书转给了被请求人。口头审理中请求人出具了附件2、3、4的原件，被请求人对附件1、2的真实性无异议；对于附件3的真实性表示怀疑，并提出该附件3是域外形成的证据，需提供公证认证材料证明其真实性。但是被请求人对附件3的中文译文与原文的一致性无异议。双方就附件1是否构成本专利的抵触申请，以及附件2、3、4对本专利新颖性、创造性的影响陈述了各自的观点。请求人认为：本专利与附件1相比，仅仅是简单的文字变换，两者实质上相同，附件1中中空的螺旋钻杆由于在工作时要旋转，而供料管是不转的，故钻杆上端与供料管之间必然是可转动的刚性过渡连接，而液压马达可视为电动机的等同变换。被请求人认为：附件1中中空的螺旋钻杆其上端与供料管之间的连接可以不是可转动的刚性过渡连接，例如，供料管在下钻时可以先不与钻杆连接，而是在下钻完成后再连接。另外，附件1中的钻机也不必然要有行走机构，钻机的移动可以采用多种形式，如可以用吊车或轨道及卷扬机。故被请求人认为附件1不能破坏本专利权利要求1的新颖性。

口头审理结束后，请求人于2002年9月18日、2002年9月23日分别向专利复审委员会提交的补充意见。陈述了其认为本专利权利要求1、2相对于附件1不具备新颖性的观点，其观点与口头审理时的基本相同。其主要观点如下：“液压动力和操作系统、底盘及行走机构等”相对于整机来说是必然的，没有上述机构钻机就不能实现桩孔之间的移动。而且上述机构相对于改进点（桩管及出料口、供料管）来说是不是紧密相关的，是非必要的。请求宣告权利要求1、2无效。

合议组于2003年9月15日向双方当事人发出了无效宣告请求审查通知书，其中指出：根据审查指南第四部分第三章的规定，合议组依职权引入《长螺旋钻孔机技术条件》GB8514－87（下称附件7），并随通知书转寄了该国标的复印件。

被请求人于2003年9月28日提交了意见陈述书，其主要观点如下：（1）不清楚合议组依职权引入该附件7的目的是什么？（2）合议组依职权引入该附件7有失公平。

请求人于2003年10月30日提交了意见陈述书，其主要观点如下：

附件7表明本专利与附件1相比，附件1中未提到的内容是可以直接导出的唯一内容，本专利权利要求1不符合专利法第二十二条第二款、专利法实施细则第十三条的规定，请求宣告权利要求1、2无效。

合议组于2003年12月5日将请求人的上述意见陈述书转交了被请求人，同时将请求人于2002年9月18日、2002年9月23日提交的意见陈述也一同转给了被请求人。

被请求人于2003年12月8日提出了针对上述转文的意见陈述，认为请求人的意见不能成立，请求专利复审委员会驳回请求人的无效请求。

在上述事实的基础上，合议组经合议作出审查决定。

二、决定的理由

1. 关于证据

请求人共计提交了六份附件，即附件1~6。其中附件5、6的提交日期为2002年5月29日，距离其提出无效宣告请求之日（2002年4月28日）已超过了一个月。根据专利法实施细则第六十六条的规定，对该附件5、6在本决定中不予考虑。附件1~4的提交时间符合专利法实施细则第六十六条的规定。

附件1是一篇由他人在本专利申请日之前向国家知识产权局专利局提出而在申请日以后公布的专利申请文件，根据专利法第二十二条的规定该附件1可以用来评价本专利的新颖性，但不能用来评价本专利的创造性。

附件2是本专利申请日前公开的出版物，且口头审理中请求人出具了该附件的原件，被请求人对其真实性也无异议，故该附件可以作为评价本专利新颖性、创造性的对比文件。

附件3是本专利申请日前公开的出版物。在口头审理中，请求人出具了该附件的原件，但被请求人对其真实性提出异议。

附件4为国电华北电力设计院工程有限公司于2002年4月6日给中国建筑科学研究院的回函。该附件中提到对成桩机械的改进及其使用情况，由于该附件属于言辞证据，主观性较强，而出具该回函的单位未派人参加口头审理接受质证，无法确认其真实性，故对该附件4合议组不予采信。

附件7是合议组依职权引入的公知常识性证据，该附件为本专利申请日公开并实施的国家标准，构成了本专利的已有技术证据。

2. 关于新颖性

根据专利法第二十二条的规定，授予专利权的发明和实用新型，应当具备新颖性、创造性和实用性。新颖性，是指在申请日以前没有同样的发明或者实用新型在国内外出版物上公开发表过、在国内公开使用过或者以其他方式为公众所知，也没有同样的发明或者实用新型由他人向国务院专利行政部门提出过申请并且记载在申请日以后公布的专利申请文件中。同样的发明或者实用新型，是指技术领域、所要解决的技术问题和技术方案实质上相同、预期效果相同的发明或者实用新型。

如上所述，附件1~3可以用来评价本专利的新颖性。

附件1公开了一种用于泵灌混凝土灌注桩的成桩钻机，与本专利的技术领域相同。该成桩钻机具有钻杆驱动机构（12）、螺旋钻杆（1）、导向机构（11）；其中螺旋钻杆（1）是中空的螺旋钻杆，螺旋钻杆（1）端头接有钻头，钻头包括钻杆头（14）和钻尖（2）；钻杆头（14）中空的底端顶部被切去两块形成出料口（8），钻尖（2）焊接在未被切去的钻杆头（14）壁上，钻尖（2）的两侧装有能封闭出料口（8）的出料活门（3），拉紧器（5）将出料活门3拉紧固定在出料口（8）上。

将附件1公开的上述内容与本专利权利要求1进行对比，附件1中的“钻杆驱动机构（12）、螺旋钻杆（1）、导向机构（11）”与本专利中构成“回转导向系统”的动力头、螺旋钻具、导向装置相对应；附件1中的构成钻头的钻杆头（14）和钻尖（2）与本专利中构成螺旋钻具的钻杆和位于其头部的钻板相对应；附件1中装在钻尖（2）两侧的能封闭出料口（8）的出料活门（3）、将出料活门3拉紧固定在出料口（8）上的拉紧器（5）构成了本专利中所述的阀板和锁定装置。

被请求人认为本专利权利要求1中的下述特征没有被附件1公开：（1）液压动力和操纵系统；（2）行走机构；（3）钻杆上端通过刚性过渡管与供料管可相对转动地连接在一起，因而附件1不能破坏本专利的新颖性。

关于上述特征（1）——液压动力和操纵系统，首先本专利权利要求及说明书均没有对液压动力和操纵系统进行具体说明，对于其权利要求1中所述的“液压动力和操纵系统”只能理解为为螺旋钻机提供动力的动力系统。虽然附件1中没有具体描述其中的动力系统的形式。但是对于附件1中的螺旋钻机来说必然包含有动力系统，这是不言而喻的。该动力系统的具体形式可以是电力驱动系统也可以是液压驱动系统，这两种动力系统均是所属技术领域的惯用技术手段，两者之间的置换则属于惯用手段的直接置换。所以“液压动力和操纵系统”这一特征实质上也已被附件1公开。

关于特征（2），合议组认为：虽然附件1中没有明确描述其中的螺旋钻机具有行走机构，但是该附件说明书第3页对钻机的工作过程描述中提到“将本实用新型所述钻机移置并定位到所需注桩钻孔的位置”，另外根据附件7国家标准可知，钻机应当具有使钻具方便就位的能力，这是钻机应当具有的基本条件。很显然本领域普通技术人员可以理解到该附件1中描述的螺旋钻机应当具有方便就位的能力。另外，本专利并没有对其中的行走机构做具体限定，故可以广义地理解为使钻具移动、方便就位的机构。螺旋钻机不管是履带式、轨道式还是步履式，其中使钻机位移的机构都可以理解为广义的行走机构。故合议组认为本专利中的“行走机构”这一特征实质上已被附件1公开。

关于上述的特征（3），请求人认为：对于附件1中的钻机来说，由于在下钻过程中空心钻杆要旋转地向下行进，而供料管是不旋转的，所以两者之间的连接必然是一种可相对转动的连接，又由于钻杆要上下运动，所以供料管必须是柔性的、过渡管必须是刚性的，即钻杆上端必然要通过刚性过渡管与供料管可相对转动地连接在一起。对此被请求人提出的反驳意见，认为附件1中的钻机其钻杆上端不通过刚性过渡管与供料管可相对转动的连接同样可以工作，即，钻杆在下钻过程中先不接供料管，待桩孔打到预定深度、准备泵送混凝土时，再将供料管连接到钻杆顶端。合议组认为：被请求人的上述解释虽然理论上能够说得通，但显然不合情理。首先，钻机在工地中需要连续作业，即钻完一个井后要移置下一个工位钻下一个井。而钻杆的高度达十几米甚至二十多米。按照被请求人的上述解释，则需要经常从近二十米高的钻杆上拆卸供料管，这显然不切实际的。另外，在混凝土灌注成桩过程中钻杆要不断向上提，在提钻的过程中有时也会出现钻杆旋转的情况。此外，从附件1的图1示意图可以看到，钻机上端通过一过渡管与供料管相连，由于管中输送的是比重较大的混凝土，因此从图中该过渡管所保持的上弯结构形状可以推定该过渡管是刚性的。所以，合议组认为从附件1公开的技术内容，结合该钻机工作的工况来看，可以唯一推定其中的“钻杆上端通过刚性过渡管与供料管可相对转动地连接在一起”，即上述特征（3）实质上已被附件1公开。

综上所述，附件1所公开的技术内容与本专利权利要求1所要求保护的技术方案相比较，两者的技术领域相同，所要解决的技术问题、技术解决方案及技术效果实质上相同，因而本专利权利要求1不具备专利法第二十二条第二款规定的新颖性。

权利要求2是对权利要求1的进一步限定，其附加技术特征为“所述阀板与钻板之间的夹角为45°”。这一特征没有被附件1公开，也不能从中唯一导出，故附件1不能破坏该权利要求2的新颖性。

由于请求人在2002年9月18日及2003年10月30日提交的意见陈述书中明确提出仅请求宣告权利要求1、2无效，根据请求原则，对于本专利权利要求3~5的新颖性不作评述。

附件2涉及“部分挤土灌注桩”，其中介绍了“钻孔压注桩”的设备及“钻注合一成桩”的主要工艺流程。从该附件的图1~12可知，其中的钻机钻杆具有外套管6、空腔内滑动沉管7，外套管6头部具有分布在圆周上的多个刀刃9，而内滑动沉管7的头部具有衬管头10，该钻机的钻杆具有内外双层，不同于本专利权利要求1中的空心杆钻杆，也不具有本专利权利要求1中所述的位于钻杆头部的钻板，以及设置在钻杆头部与钻板之间的阀门装置，也没有公开钻杆的上端通过刚性过渡管与供料管可相对转动地连接在一起这一特征。所以附件2不能破坏本专利权利要求1及其从属权利要求的新颖性。

附件3是一篇发表在1989年桩基与深基础国际会议论文集上的英国研究人员的论文，论文题目是“长螺旋打桩的最新发展”。请求人提交该附件的目的在于在于说明螺旋钻机的钻杆上端必然要通过刚性过渡管与供料管可相对转动地连接在一起，这一技术早已在1989年于公开出版物上公开。被请求人对该附件3的真实性提出了异议。合议组认为：即使该附件3是真实的，但是由于该附件没有公开本专利权利要求1中所述的位于钻杆头部的钻板，以及设置在钻杆头部与钻板之间的阀门装置。所以附件3不能破坏本专利权利要求1以及从属权利要求的新颖性。

附件7为国家标准，该附件中至少没有公开本专利权利要求1中的“设置在钻杆头部与钻板之间的阀门装置”等特征，所以附件7不能破坏本专利权利要求1及其从属权利要求2的新颖性。

4. 关于创造性

创造性是指同申请日以前已有的技术相比，该发明有突出的实质性特点和显著的进步，该实用新型有实质性特点和进步。请求人在2002年9月18日及2003年10月30日的意见陈述书中明确提出仅请求宣告权利要求1、2无效，根据请求原则，故本决定该部分仅对权利要求1、2的创造性进行评述。

如上所述请求人提供的证据中只有附件2、3及7构成了本专利申请日前公开的已有技术，可以作为评价本专利创造性的对比文件。然而如上所述，附件2、3、7均没有公开本专利权利要求1中所述的位于钻杆头部的钻板，以及设置在钻杆头部与钻板之间的阀门装置，同时也没有给出相应的启示，故本专利权利要求1相对于故附件2、3、7具有实质性特点。同时该权利要求所限定的技术方案由阀门装置控制钻杆出料口的启闭，其结构简单、操作方便、不易堵塞，提高了工作效率，故具有技术进步。故根据附件2、3、7尚不足以认定权利要求1不具备创造性，进而也不能否定其从属权利要求2的创造性。

3. 关于专利法第九条及专利法实施细则第十三条

鉴于上面已经评述了本专利权利要求1相对于附件1不具备新颖性，故对该权利要求是否符合专利法第九条及专利法实施细则第十三条规定不再评述。另外，如上所述，附件1及其他附件均没有公开与本专利权利要求2同样的发明创造，故对请求人提出的本专利权利要求2不符合专利法第九条及专利法实施细则第十三条规定的无效理由不予支持。

三、决定

宣告96212544.X号实用新型专利权利要求1无效，在从属权利要求2~5的基础上维持有效。

当事人对本决定不服的，可以根据专利法第四十六条第二款的规定，自收到本决定之日起三个月内向北京市第一中级人民法院起诉。根据该款的规定，一方当事人起诉后，另一方当事人应当作为第三人参加诉讼。

北京市第一中级人民法院
行政判决书

（2005）一中行初字第537号

原告正泰集团股份有限公司，住所地浙江省乐清市柳市镇工业区正泰大楼。

法定代表人南存辉，董事长。

委托代理人徐关寿，浙江杭州金通专利事务所有限公司专利代理人。

委托代理人王先锋，男，汉族，1965年7月26日出生，正泰集团股份有限公司职员，住江西省南昌市东湖区右营街85号。

被告国家知识产权局专利复审委员会，住所地北京市海淀区北四环西路9号银谷大厦10～12层。

法定代表人廖涛，副主任。

委托代理人黄毅斐，国家知识产权局专利复审委员会电学申诉处审查员。

委托代理人高雪，国家知识产权局专利复审委员会行政诉讼处审查员。

第三人施内德电气工业公司，住所地法国吕埃—马迈松市富兰克林·罗斯福大街89号。

法定代表人雅克·里森塔尔（Jacques Ritzenthaler），工业产权部主任。

委托代理人付建军，男，汉族，1971年4月5日出生，住北京市西城区复兴门外大街一号。

委托代理人李德山，男，汉族，1968年1月8日出生，住北京市西城区复兴门外大街一号。

原告正泰集团股份有限公司（简称正泰公司）不服被告国家知识产权局专利复审委员会（简称专利复审委员会）于2005年2月3日作出的第5685号无效宣告请求审查决定（简称第5685号决定），于法定期限内向本院提起行政诉讼。本院于2005年5月23日受理后，依法组成合议庭，并通知施内德电气工业公司（简称施内德公司）作为第三人参加本案诉讼，于2005年10月14日公开开庭进行了审理。原告正泰公司的委托代理人徐关寿、王先锋，被告专利复审委员会的委托代理人黄毅斐、高雪，第三人施内德公司的委托代理人付建军到庭参加了诉讼。本案现已审理终结。

第5685号决定系专利复审委员会针对正泰集团公司就施内德公司所拥有的名称为“电路断路器的辅助跳闸单元”的发明专利（下称本专利）所提出的无效宣告请求而作出的。专利复审委员会在该决定中认定：

一、现有技术的认定

正泰集团公司提交的对比文件2（DE 3114717）、对比文件3（DE 1286187）和对比文件4（US 4609895）都是在本专利申请日以前公开发表的与本专利相同或相近技术领域的专利文献，因此这些文献均可用作对比文件评价本专利的创造性。其中对比文件2是本专利说明书中引用的背景技术文献。

二、关于本专利权利要求1的创造性

对比文件2是本专利最相关的背景技术。本专利权利要求1的技术方案中具有三个心轴，分别是位于外壳上且用于枢轴安装板24的第一固定心轴26、位于外壳上且用于枢轴安装复归杠杆44的第二固定心轴46和位于板24上用于枢轴安装跳闸杠杆30的第三铰链心轴28。但是对比文件2和3的技术方案中都仅有两个心轴，因此其技术方案中相当于本专利权利要求1中板24、复归杠杆44和跳闸杠杆30的各部件之间的安装连接关系都是在仅具有两个心轴的基础上设计完成，由此导致对比文件2和3的技术方案与本专利权利要求1的技术方案中限定的机械结构完全不同。在此情况下，如果将对比文件2和3的技术方案结合以得到如本专利权利要求1中所述的基于三个心轴的技术方案，必然需要改变心轴数目和位置，进而相应的改变对比文件2和3的技术方案中相当于本专利权利要求1中板24、复归杠杆44和跳闸杠杆30的各部件之间的安装连接关系，其实质是提供了实现跳闸动作的另一种截然不同的设计构思，本领域技术人员在不经过创造性劳动的情况下是不可能根据对比文件2和3所公开的技术内容完成这种设计变化的。因此对比文件2和3完全没有给出任何有关实现本专利权利要求1的技术方案的教导，权利要求1的技术方案相对于对比文件2和3的技术方案是非显而易见的，而且由于权利要求1的技术方案提供了一种相对于对比文件2和3中公开的技术方案来说完全不同的构思，因此具有显著的进步。在此基础上，专利复审委员会认为本专利权利要求1相对于对比文件2和3的结合具有突出的实质性特点和显著的进步，符合专利法第二十二条第三款有关创造性的规定，正泰集团公司关于本专利权利要求1不具有创造性的理由不能成立。

从属权利要求2~7是对权利要求1技术方案中某些具体结构的进一步限定，由于权利要求1具有创造性，基于同样的理由，相对于对比文件2~4的现有技术，权利要求2~7也具有创造性。

基于上述理由，专利复审委员会作出第5685号决定，维持本专利权有效。

原告正泰公司不服第5685号决定，向本院提起行政诉讼，其诉称：

一、第5685号决定认为本专利与对比文件相比属于完全不同的设计构思的理由不成立。具体理由如下：

1. 心轴的作用只是支承或连接功能部件，机械结构中起起功能作用的是功能部件而非心轴，特别是本专利权利要求1中两个心轴设置于外壳上，实际上这两个外壳心轴只是一个支承点而已。2. 对比文件2和3同样也具有本专利权利要求1的三个功能部件，即板、复归杠杆和跳闸杠杆，在具有相同功能部件的前提下，机械产品的技术方案所引起的效果通常相同或等同。3. 对比文件2和3中的两个心轴安装了与本专利权利要求1相同的三个功能部件，这种方案省却了重合的心轴，或使另一个心轴成为虚拟轴。4. 本专利权利要求1的三个心轴与对比文件2的两个心轴，或与对比文件3上的两个心轴，或与对比文件2和3结合形成的两个或三个心轴，均是为连接三个功能部件而设，仍属于同一设计构思。第5685号决定回避三者的功能部件相同这一实质问题，以心轴数目差一个为由，得出了完全不同的机械结构和完全不同的设计构思的结论缺乏科学依据，不能成立。另外，在通常情况下，辅助跳闸单元操动三个心轴的机械传动时间比操动两个机械心轴传动的时间长。因此，本专利权利要求1采用三个心轴和对比文件2和3采用两个心轴布置连接板、复归杠杆和跳闸杠杆，属于等同的机械结构和相同的技术构思。

二、第5685号决定关于本专利权利要求1的技术方案相对于对比文件2和3属于完全不同的构思，因此具有显著的进步的认定不能成立。不同的构思与显著的进步之间没有因果关系，即使认为三个功能件由三个心轴布置与由两个心轴布置是不同的构思，也并不导致三个心轴的布置会比两个心轴的布置具有显著进步。被告在第5685号决定中缺少对三个心轴比两个心轴具有显著进步的评析，其结论缺乏依据，不符合《审查指南》对发明专利创造性评价的要求。此外，本专利的技术方案比对比文件2和3的技术方案更加复杂，跳闸时间更长，因此是一个变劣的技术方案，不具有创造性。综上，原告认为第5685号决定认定事实错误，适用法律不当，请求人民法院予以撤销，并判决宣告本专利权利要求1~7无效。

被告专利复审委员会在其答辩状中坚持第5685号决定的意见，并针对原告的起诉理由进一步辩称：

根据《审查指南》第二部分第四章第3.2.2节关于显著的进步的规定，由于权利要求1的技术方案相对于对比文件2和3中公开的技术方案来说属于完全不同的构思，而且其技术效果肯定能够达到现有技术的水平，因此具有显著的进步。在此基础上，本专利权利要求1相对于对比文件2和3的结合具有突出的实质性特点和显著的进步，符合专利法第二十二条第三款有关创造性的规定。综上所述，第5685号决定认定事实清楚，适用法律正确，审理程序合法，原告的诉讼理由不能成立，请求人民法院驳回原告的诉讼请求，维持第5685号决定。

第三人未向本院提交书面的意见陈述，其在庭审中表示同意被告的意见，请求人民法院维持第5685号决定。

本院经审理查明：

第5685号决定涉及1989年3月3日申请的名称为“电路断路器的辅助跳闸单元”的发明专利(即本专利)，其申请号为89101031.9，优先权日为1988年3月4日，授权公告日为1993年6月9日，专利权人是梅兰日兰公司，后于1999年12月24日由国家知识产权局专利局准予变更为施内德公司。

本专利授权公告的权利要求书包括9项权利要求，其中权利要求1为独立权利要求，权利要求2~9直接或间接从属于权利要求1。权利要求1的内容如下：

“1. 一个带模制绝缘外壳（12）的辅助跳闸单元（10)，它能在侧面与一个多极断路器连接和耦合；多极断路器至少包括一对可分离的触头和一个与热磁主跳闸装置相联系的切换机构；辅助单元（10）的外壳（12）容纳一个操作机构（14)，它包括：

一个由具有工作线圈和跳闸帽（50）的跳闸继电器（18）控制的跳闸杠杆（30)；

一个借助继电器（18）的帽（50）将跳闸命令传到断路器单元的切换机构的机械跳闸连杆(19)，以与上述继电器（18）线圈配合，使断路器跳闸；

一个安装在一个把手（16）和一个板（24）之间的挂钩（32)，该板（24）枢轴地安装在承载位置和卸载位置之间的第一固定心轴（26）上；

一个储能弹簧（60)，当跳闸杠杆（30）使挂钩（32）分离时，它将板（24）推到卸载位置；

以及一个继电器（18）的中间自动复归杠杆（44)，由于板（24）的动作它移动到卸载位置，该杠杆（44）铰接到外壳（12）的第二固定心轴（46）上；

其特征为：板（24）支承着机械跳闸连杆（19）的短柱（20）和跳闸杠杆（30）的第三铰链心轴（28)；跳闸杠杆（30）包括一个与挂钩（32）相配合的第一臂和一个靠安装在第二心轴（46）上自由转动的复归杠杆（44）使之与继电器（18）的跳闸帽（50）分离的第二臂。”

本专利说明书中载明：在继电器18的激励情况下，跳闸帽50按箭头F方向被驱动，并作用到围绕心轴46反时针转动的复归杠杆44上，复归杠杆44的运动，驱动跳闸杠杆30从闭锁位置到卸载位置，以使挂钩32脱开，并使把手16和板24之间的运动联系断开。受到储能弹簧60的释放作用力，则板24围绕着它的心轴26反时针方向旋转到图3所示位置，实现了两个截然不同的功能，即，使并列的断路器单元跳闸的第一功能和使继电器18复归的第二功能。

1999年11月26日，正泰集团公司向专利复审委员会提出了宣告本专利权利要求全部无效的请求，理由是本专利不符合专利法第二十二条第二款和第三款的规定。正泰集团公司共向专利复审委员会提交五篇对比文件，即CN 85103171（对比文件1)，DE 3114717（对比文件2)，DE 1286187（对比文件3)，US 4609895（对比文件4)，DE 19047 31（对比文件5)。其中：

对比文件2的公开日是1982年10月28日，它涉及一种用于线路保护开关的欠压释放器，其中在如图2、3所示的技术方案中，通过压力弹簧13推动活动铁芯8从图2的静止位置向中间杠杆21的挡块21a移动，中间杠杆带动离合杆20并利用离合杆20的杠杆臂20a使得钩子17与棘爪式杠杆18

的连接脱离，摆脱图2中操作旋钮5和钩子17之间的死点。在弹簧22的作用下，棘爪式杠杆18逆时针摆动，控制棱18a在棘爪式杠杆18摆动中与中间杠杆的栓21b相接触，从而将中间杠杆18回摆到图3的位置，中间杠杆18利用挡块21a使活动铁心8回到原位。中间杠杆21和离合杆20围绕轴19枢转，离合杆20上设置有一个支柱20c，而且从图2、3所示的结构可以看出，棘爪式杠杆18必然是在弹簧22的作用下进行枢转，因此必然存在实现棘爪式杠杆18枢转的心轴。

对比文件3的公开日为1969年1月2日，它涉及一种自动开关的释放器的连接机构，连接机构安装在外壳1内，双臂的夹紧—冲击杠杆3可以围绕着固定在外壳1侧壁的轴4摆动。双臂手柄杠杆8通过点7枢轴安装在夹紧—冲击杠杆3上，为使双臂手柄杠杆8保持在一个位置，用一个拉力弹簧12抓住点11，弹簧的另一侧固定在外壳伸出部分13上。枢轴衔铁16通过枢轴4安装在杠杆3上，它在衔铁1 7的作用下顺时针转动从而将手柄凸肩9和gegenklinkel0的连接脱开，手柄杠杆8和杠杆3在弹簧力的作用下顺时针旋转从而使冲击臂6撞击在杠杆24上。对比文件3的图2中有一个磁力释放器对，其由一个曲线端31组成，它在弹簧的作用下，将枢轴衔铁16保持在被吸引的位置上。当用杠杆34将曲线端31向下扳时，枢轴衔铁16将被重新释放，并且磁力释放器对保持在按照图1所示的位置上，在这位置上可以重新实现连接。

2001年12月27日，专利复审委员会作出第4083号无效宣告请求审查决定（简称第4083号决定），维持本专利权有效。第4083号决定中多处将本专利这一发明专利表述为实用新型专利。

正泰集团公司不服第4083号决定，向本院提起诉讼。2002年12月20日，本院作出（2002）一中行初字第205号判决，维持专利复审委员会作出的第4083号决定。正泰集团公司不服，向北京市高级人民法院提起上诉。2003年12月17日，北京市高级人民法院作出（2003）高行终字第102号行政裁定，撤销本院作出的（2002）一中行初字第205号判决并将案件发回本院重审。2004年6月18日，本院作出（2004）一中行初字第146号判决，撤销第4083号决定并判令专利复审委员会重新作出审查决定。

专利复审委员会依据本院作出的（2004）一中行初字第146号判决，重新组成合议组对正泰集团公司提出的无效宣告请求进行审查。

2005年1月10日，专利复审委员会进行了口头审理，正泰集团公司声明放弃以新颖性作为请求宣告本专利权无效的理由，并且明确以下三点：①无效范围仅涉及本专利权利要求1~7；②无效理由是专利法第二十二条第三款规定的创造性；③证据是对比文件2至4，放弃以对比文件1和5作为证据。

2005年2月3日，专利复审委员会作出第5685号决定，维持本专利权有效。

2005年3月31日，正泰集团公司经浙江省工商行政管理局核准改制变更为正泰公司。

在本案开庭审理过程中，原告对第5685号决定认定的本专利与对比文件2和3的心轴的数量没有异议，但其认为对比文件2的心轴2及对比文件3的心轴7对应于本专利的心轴26和28，对比文件2中的心轴11及对比文件3的心轴4对应于本专利的心轴46，对比文件2中图1的心轴11与图2中的心轴19相同。同时，原告认为对比文件3的双臂夹紧—冲击杠杆3相当于本专利的板24，对比文件3中的8相当于本专利的跳闸杠杆30，对比文件3中的16相当于复归杠杆44。被告对本专利的板和跳闸杠杆与对比文件3的相应部件的对应关系没有异议，但认为对比文件3中的16是衔铁，不是复归杠杆，其只能断开，不能复位。同时，被告认为本专利与对比文件在缩短跳闸时间上没有实质性的显著差距。

以上事实有本专利授权公告说明书、第4083号决定、（2004）一中行初字第146号判决、第5685号决定、对比文件2、对比文件3和对比文件4及其中文译文、企业登记注册资料查询摘录和当事人陈述等证据在案佐证。

本院认为：

一、关于被告在本案诉讼过程中主张的对比文件3中的16不是复归杠杆的问题。

首先，被告对原告关于对比文件3的双臂夹紧—冲击杠杆3相当于本专利的板24，对比文件3中的8相当于本专利的跳闸杠杆30的主张没有异议。其次，根据第5685号决定关于“对比文件2和3的技术方案中相当于本专利权利要求1中板24、复归杠杆44和跳闸杠杆30的各部件之间的安装连接关系都是在仅具有两个心轴的基础上设计完成”以及“如果将对比文件2和3的技术方案结合以得到如本专利权利要求1中所述的基于三个心轴的技术方案，必然需要改变心轴数目和位置，进而相应的改变对比文件2和3的技术方案中相当于本专利权利要求1中板24、复归杠杆44和跳闸杠杆30的各部件之间的安装连接关系”的认定，可见被告在第5685号决定中认定了对比文件2和3中相当于本专利权利要求1的板24、复归杠杆44和跳闸杠杆30的各部件是安装在两个心轴上的。结合对比文件3公开的枢轴4和7以及被告前述认可的内容，可以认定对比文件3中的16相当于本专利的复归杠杆44。因此，被告关于对比文件3中的16并非复归杠杆的主张没有事实依据，本院不予支持。

二、本专利权利要求1是否具备创造性。

根据专利法第二十二条第三款的规定，发明专利的创造性是指同申请日以前已有的技术相比，该发明有突出的实质性特点和显著的进步。就本案而言，由于被告在第5685号决定中仅提到了本专利有三个心轴，对比文件2和3都仅有两个心轴这一区别技术特征，本院围绕该区别技术特征是否足以使本专利权利要求1的技术方案具有创造性进行审理。根据本院查明的事实，本专利权利要求1的技术方案中具有三个心轴，分别是位于外壳上且用于枢轴安装板24的第一固定心轴26、位于外壳上且用于枢轴安装复归杠杆44的第二固定心轴46和位于板上用于枢轴安装跳闸杠杆30的第三铰链心轴28。对比文件2和3的技术方案中都仅有两个心轴，对比文件2图2和图3中用于中间杠杆21和离合杆20枢转的轴19和实现棘爪式杠杆18枢转的心轴。对比文件3中位于外壳上且用于夹紧—冲击杠杆3和枢轴衔铁16枢转的轴4和安装在夹紧—冲击杠杆3上用于双臂手柄杠杆8枢转的轴7。就本专利权利要求1中的三个心轴所连接的三个功能部件的工作方式与对比文件3的两个心轴所连接的三个功能部件的工作方式而言，本专利在继电器18的激励情况下，跳闸帽50按箭头F方向被驱动，并作用到围绕心轴46反时针转动的复归杠杆44上，复归杠杆44的运动，驱动跳闸杠杆30从闭锁位置到卸载位置，以使挂钩32脱开，并使把手16和板24之间的运动联系断开，在储能弹簧60的释放作用力下，板24围绕着它的心轴26反时针方向旋转。对比文件3中的枢轴衔铁16在衔铁17的作用下顺时针转动从而将手柄凸肩9和gegenklinkel 0的连接脱开，双臂手柄杠杆8和夹紧—冲击杠杆3在弹簧力的作用下顺时针旋转从而使冲击臂6撞击在杠杆24上。可见，上述功能部件的工作方式是相同的。而且，对比文件3的心轴7与本专利权利要求1的心轴28均承载着跳闸杠杆，二者并无不同。虽然对比文件3的心轴4同时承载着相当于本专利的板和复归杠杆的夹紧—冲击杠杆3和衔铁16，而本专利权利要求1的板和复归杠杆是由心轴26和46分别承载的，但由于对比文件3通过心轴4承载的功能部件与本专利权利要求1的心轴26及46承载的功能部件是相同的，而且所述的功能部件的工作方式也相同，对于本领域的技术人员而言，在对比文件3两个心轴的基础上增加一个心轴，从而将心轴4承载的两个功能部件分别由不同的心轴承载并不需要花费创造性的劳动。此外，第5685号决定并未阐明本专利权利要求1相对于对比文件2和3增加了一个心轴可以带来意想不到的效果，且被告在本案庭审过程中亦认为本专利权利要求1的技术方案与对比文件3的技术方案相比在缩短跳闸时间上并没有实质显著的差距。因此，被告在第5685号决定中仅根据本专利与对比文件2和3在心轴数量上的差别认定本专利权利要求1的技术方案相对于对比文件2和3的技术方案具备创造性，理由不充分，本院对此不予支持。虽然被告在第5685号决定中认为本专利权利要求1的技术方案所限定的机械结构与对比文件2和3的机械结构完全不同，但其并未具体指出二者在机械结构方面存在的区别技术特征，故本院对此不予评述。

综上所述，被告作出的第5685号决定认定事实不清，适用法律错误，依法应当予以撤销。被告应当对本专利权利要求1~7的创造性重新进行审查并作出无效宣告请求审查决定。依照《中华人民共和国行政诉讼法》第五十四条第（二）项第1、2目之规定，本院判决如下：

一、撤销被告国家知识产权局专利复审委员会作出的第5685号无效宣告请求审查决定。

二、被告国家知识产权局专利复审委员会重新就第89101031.9号。“电路断路器的辅助跳闸单元”的发明专利权作出无效宣告请求审查决定。

案件受理费1000元，由被告国家知识产权局专利复审委员会负担（于本判决生效之日起七日内交纳）。

如不服本判决，原告正泰集团股份有限公司、被告国家知识产权局专利复审委员会可在本判决书送达之日起十五日内，第三人施内德电气工业公司可在本判决书送达之日起三十日内向本院提交上诉状并交纳上诉案件受理费1000元（开户行：中国工商银行北京市分行黄楼支行，户名：北京市第一中级人民法院，账号：1445 37—48），上诉于北京市高级人民法院。

审　判　长　姜　颖
代理审判员　江建中
代理审判员　侯占恒
书　记　员　陈　勇

北京市高级人民法院行政判决书

（2006）高行终字第181号

上诉人（原审第三人）施内德电气工业公司，住所地法国吕埃—马迈松市富兰克林·罗斯福大街89号。

法定代表人雅克·里森塔尔（Jacques Ritzenthaler），工业产权部主任。

委托代理人付建军，男，汉族，1971年4月5日出生，中国国际贸易促进委员会专利商标事务所专利代理人，住北京市西城区复兴门外大街一号。

委托代理人李德山，男，汉族，1968年1月8日出生，中国国际贸易促进委员会专利商标事务所专利代理人，住北京市西城区复兴门外大街一号。

上诉人（原审被告）国家知识产权局专利复审委员会，住所地北京市海淀区北四环西路9号银谷大厦10~12层。

法定代表人廖涛，副主任。

委托代理人张度，国家知识产权局专利局复审委员会审查员。

委托代理人王丽颖，国家知识产权局专利局复审委员会审查员。

被上诉人（原审原告）正泰集团股份有限公司，住所地浙江省乐清市柳市镇工业区正泰大楼。

法定代表人南存辉，董事长。

委托代理人徐关寿，浙江杭州金通专利事务所有限公司专利代理人。

委托代理人王先锋，男，汉族，1965年7月26日出生，正泰集团股份有限公司职员，住江西省南昌市东湖区右营街85号。

上诉人施内德电气工业公司（简称施内德公司）、中华人民共和国国家知识产权局专利复审委员会（简称专利复审委员会）因专利无效行政纠纷一案，不服北京市第一中级人民法院作出的（2005）一中行初字第537号行政判决，向本院提起上诉。本院2006年3月27日受理后，依法组成合议庭，于2006年11月29日公开开庭进行了审理。上诉人施内德公司的委托代理人付建军、李德山，上诉人专利复审委员会的委托代理人张度、王丽颖，被上诉人正泰集团股份有限公司（简称正泰公司）的委托代理人徐关寿、王先锋到庭参加了诉讼。本案现已审理终结。

第5685号决定涉及1989年3月3日申请的名称为“电路断路器的辅助跳闸单元”的发明专利（简称本专利），其申请号为89101031.9，优先权日为1988年3月4日，授权公告日为1993年6月9日，专利权人是梅兰日兰公司，后于1999年12月24日由国家知识产权局专利局准予变更为施内德公司。针对本专利，正泰集团公司于1999年11月26日向专利复审委员会提出了宣告本专利权利要求全部无效的请求，理由是本专利不符合专利法第二十二条第二款和第三款的规定。2001年12月27日，专利复审委员会作出第4083号无效宣告请求审查决定（简称第4083号决定），维持本专利权有效。第4083号决定中多处将本专利这一发明专利表述为实用新型专利。

正泰集团公司不服第4083号决定，向北京市第一中级人民法院提起诉讼。2002年12月20日，该院作出（2002）一中行初字第205号判决（简称第205号判决），维持专利复审委员会作出的第4083号决定。正泰集团公司不服，向本院提起上诉。2003年12月17日，本院作出（2003）高行终字第102号行政裁定（简称第1 02号行政裁定），撤销第205号判决并将案件发回该院重审。2004年6月18日，北京市第一中级人民法院作出（2004）一中行初字第146号判决（简称第146号判决），撤销第4083号决定并判令专利复审委员会重新作出审查决定。

专利复审委员会重新组成合议组对正泰集团公司提出的无效宣告请求进行审查。

2005年2月3日，专利复审委员会作出第5685号无效宣告请求审查决定（简称第5685号决定），维持本专利权有效。正泰集团公司不服第5685号决定，向北京市第一中级人民法院提起诉讼。

北京市第一中级人民法院认为，专利复审委员会在第5685号决定中认定了对比文件2和3中相当于本专利权利要求1的板24、复归杠杆44和跳闸杠杆30的各部件是安装在两个心轴上的，结合对比文件3公开的枢轴4和7，可以认定对比文件3中的16相当于本专利的复归杠杆44。因此，专利复审委员会关于对比文件3中的16并非复归杠杆的主张没有事实依据，法院不予支持。

本专利权利要求1的技术方案中具有三个心轴，分别是位于外壳上且用于枢轴安装板24的第一固定心轴26、位于外壳上且用于枢轴安装复归杠杆44的第二固定心轴46和位于板上用于枢轴安装跳闸杠杆30的第三铰链心轴28。对比文件2和3的技术方案中都仅有两个心轴，对比文件2图2和图3中用于中间杠杆21和离合杆20枢转的轴19和实现棘爪式杠杆18枢转的心轴。对比文件3中位于外壳上且用于夹紧—冲击杠杆3和枢轴衔铁16枢转的轴4和安装在夹紧—冲击杠杆3上用于双臂手柄杠杆8枢转的轴7。就本专利权利要求1中的三个心轴所连接的三个功能部件的工作方式与对比文件3的两个心轴所连接的三个功能部件的工作方式而言，本专利在继电器18的激励情况下，跳闸帽50按箭头F方向被驱动，并作用到围绕心轴46反时针转动的复归杠杆44上，复归杠杆44的运动，驱动跳闸杠杆30从闭锁位置到卸载位置，以使挂钩32脱开，并使把手16和板24之间的运动联系断开，在储能弹簧60的释放作用力下，板24围绕着它的心轴26反时针方向旋转。对比文件3中的枢轴衔铁16在衔铁17的作用下顺时针转动从而将手柄凸肩9和gegenklinkel0的连接脱开，双臂手柄杠杆8和夹紧—冲击杠杆3在弹簧力的作用下顺时针旋转从而使冲击臂6撞击在杠杆24上。可见，上述功能部件的工作方式是相同的。而且，对比文件3的心轴7与本专利权利要求1的心轴28均承载着跳闸杠杆，二者并无不同。虽然对比文件3的心轴4同时承载着相当于本专利的板和复归杠杆的夹紧—冲击杠杆3和衔铁16，而本专利权利要求1的板和复归杠杆是由心轴26和46分别承载的，但由于对比文件3通过心轴4承载的功能部件与本专利权利要求1的心轴26及46承载的功能部件是相同的，而且所述的功能部件的工作方式也相同。对于本领域的技术人员而言，在对比文件3两个心轴的基础上增加一个心轴，从而将心轴4承载的两个功能部件分别由不同的心轴承载并不需要花费创造性的劳动。此外，第5685号决定并未阐明本专利权利要求1相对于对比文件2和3增加了一个心轴可以带来意料不到的效果，且专利复审委员会在本案庭审过程中亦认为本专利权利要求1的技术方案与对比文件3的技术方案相比在缩短跳闸时间上并没有实质显著的差距。

因此，专利复审委员会在第5685号决定中仅根据本专利与对比文件2和3在心轴数量上的差别认定本专利权利要求1的技术方案相对于对比文件2和3的技术方案具有创造性，理由不充分，本院对此不予支持。虽然专利复审委员会在第5685号决定中认为本专利权利要求1的技术方案所限定的机械结构与对比文件2和3的机械结构完全不同，但其并未具体指出二者在机械结构方面存在的区别技术特征，故法院对此不予评述。

综上所述，专利复审委员会作出的第5685号决定认定事实不清，适用法律错误，依法应当予以撤销。专利复审委员会应当对本专利权利要求1~7的创造性重新进行审查并作出无效宣告请求审查决定。依照《中华人民共和国行政诉讼法》第五十四条第（二）项第1、2目之规定，北京市第一中级人民法院判决：一、撤销国家知识产权局专利复审委员会作出的第5685号无效宣告请求审查决定；二、国家知识产权局专利复审委员会重新就第89101031.9号“电路断路器的辅助跳闸单元”的发明专利权作出无效宣告请求审查决定。

施内德公司、专利复审委员会均不服原审判决向本院提起上诉，请求撤销原审判决，维持第5685号决定。

施内德公司的上诉理由为：

1. 原审判决认定事实错误。第一，原审判决从第5685号决定的某些陈述得出“对比文件3中的16相当于本专利的复归杠杆44”的结论是错误的。第5685号决定实际上是认为即使对比文件3的16确实从技术上相当于本专利的复归杠杆44，但由于本专利实质上是提供了另一种截然不同的设计构思，因而具有创造性。原审判决先让将第5685号决定中的假设前提当成了事实。另外，显然对比文件3中的16不能起到复归的作用。第二，原审判决认定第5685号决定未具体指出本专利权利要求1的技术方案与对比文件2、3在机械结构方面存在的区别技术特征错误。第5685号决定认定了本专利权利要求1的方案有三个心轴，而对比文件仅有两个心轴，这就已经认定了结构上的差别。2. 原审判决适用法律错误。原审判决已经认定权利要求1所限定的技术方案与对比文件完全不同，根据审查指南的规定，如果技术方案在技术构思上不同，其技术效果只要能基本上达到现有技术的水平就可以使一个技术方案具有创造性。

专利复审委员会的上诉人理由为：

1. 原审判决认定事实不清。原审判决仅根据第5685号决定中的某些语句认定对比文件3中的衔铁16相当于本专利中的自动复归杠杆术语是错误的，两者是不同的。2. 本专利权利要求1具有创造性。对比文件2中的中间杠杆21虽然具有自动复归功能，但是对比文件2具有跳闸延时的缺陷，本专利正是在其基础上的改进，缩短了跳闸时间，具有创造性。对比文件3中衔铁16不具有自动复位功能，故对比文件3公开的连接机构的工作方式与本专利完全不同，其单独不能破坏本专利的创造性。本专利权利要求1给出了不同于对比文件的另一种截然不同的技术方案，具有创造性。

正泰集团公司服从原审判决。

本院经审理查明，第5685号决定涉及1989年3月3日申请的名称为“电路断路器的辅助跳闸单元”的发明专利（即本专利），其申请号为89101031.9，优先权日为1988年3月4日，授权公告日为1993年6月9日，专利权人是梅兰日兰公司，后于1999年12月24日由国家知识产权局专利局准予变更为施内德公司。

本专利授权公告的权利要求书包括9项权利要求，其中权利要求1为独立权利要求，权利要求2~9直接或间接从属于权利要求1。权利要求1的内容如下：

“1. 一个带模制绝缘外壳（12）的辅助跳闸单元（10），它能在侧面与一个多极断路器连接和耦合；多极断路器至少包括一对可分离的触头和一个与热磁主跳闸装置相联系的切换机构；辅助单元（10）的外壳（12）容纳一个操作机构（14），它包括：

一个由具有工作线圈和跳闸帽（50）的跳闸继电器（18）控制的跳闸杠杆（30）；

一个借助继电器（18）的帽（50）将跳闸命令传到断路器单元的切换机构的机械跳闸连杆（19），以与上述继电器（18）线圈配合，使断路器跳闸；

一个安装在一个把手（16）和一个板（24）之间的挂钩（32），该板（24）枢轴地安装在承载位置和卸载位置之间 的第一固定心轴（26）上；

一个储能弹簧（60），当跳闸杠杆（30）使挂钩（32）分离时，它将板（24）推到卸载位置；

以及一个继电器（18）的中间自动复归杠杆（44），由于板（24）的动作它移动到卸载位置，该杠杆（44）铰接到外壳（12）的第二固定心轴（46）上；

其特征为：板（24）支承着机械跳闸连杆（19）的短柱（20）和跳闸杠杆（30）的第三铰链心轴（28）；跳闸杠杆（30）包括一个与挂钩（32）相配合的第一臂和一个靠安装在第二心轴（46）上自由转动的复归杠杆（44）使之与继电器（18）的跳闸帽（50）分离的第二臂。”

本专利说明书中载明：在继电器18的激励情况下，跳闸帽50按箭头F方向被驱动，并作用到围绕心轴46反时针转动的复归杠杆44上，复归杠杆44的运动，驱动跳闸杠杆30从闭锁位置到卸载位置，以使挂钩32脱开，并使把手16和板24之间的运动联系断开。受到储能弹簧60的释放作用力，则板24围绕着它的心轴26反时针方向旋转到图3所示位置，实现了两个截然不同的功能，即使并列的断路器单元跳闸的第一功能和使继电器18复归的第二功能。

1999年11月26日，正泰集团公司向专利复审委员会提出了宣告本专利权利要求全部无效的请求，理由是本专利不符合专利法第二十二条第二款和第三款的规定。正泰集团公司共向专利复审委员会提交五篇对比文件，即CN 85103171（对比文件1），DE 3114717（对比文件2），DE 1286187（对比文件3），US 4609895（对比文件4），DE 1904731（对比文件5）。其中：

对比文件2的公开日是1982年10月28日，它涉及一种用于线路保护开关的欠压释放器，其中在如图2、3所示的技术方案中，通过压力弹簧13推动活动铁芯8从图2的静止位置向中间杠杆21的挡块21a移动，中间杠杆带动离合杆20并利用离合杆20的杠杆臂20a使得钩子17与棘爪式杠杆18的连接脱离，摆脱图2中操作旋钮5和钩子17之间的死点。在弹簧22的作用下，棘爪式杠杆18逆时针摆动，控制棱18a在棘爪式杠杆18摆动中与中间杠杆的栓21b相接触，从而将中间杠杆18回摆到图3的位置，中间杠杆18利用挡块21a使活动铁心8回到原位。中间杠杆21和离合杆20围绕轴19枢转，离合杆20上设置有一个支柱20c，而且从图2、3所示的结构可以看出，棘爪式杠杆18必然是在弹簧22的作用下进行枢转，因此必然存在实现棘爪式杠杆18枢转的心轴。

对比文件3的公开日为1969年1月2日，它涉及一种自动开关的释放器的连接机构，连接机构安装在外壳1内，双臂的夹紧—冲击杠杆3可以围绕着固定在外壳1侧壁的轴4摆动。双臂手柄杠杆

8 通过点 7 枢轴安装在夹紧—冲击杠杆 3 上，为使双臂手柄杠杆 8 保持在一个位置，用一个拉力弹簧 12 抓住点 11，弹簧的另一侧固定在外壳伸出部分 13 上。枢轴衔铁 16 通过枢轴 4 安装在杠杆 3 上，它在衔铁 17 的作用下顺时针转动从而将手柄凸肩 9 和 gegenklinkel0 的连接脱开，手柄杠杆 8 和杠杆 3 在弹簧力的作用下顺时针旋转从而使冲击臂 6 撞击在杠杆 24 上。对比文件 3 的图 2 中有一个磁力释放器对，其由一个曲线端 31 组成，它在弹簧的作用下，将枢轴衔铁 16 保持在被吸引的位置上。当用杠杆 34 将曲线端 31 向下扳时，枢轴衔铁 16 将被重新释放，并且磁力释放器对保持在按照图 1 所示的位置上，在这位置上可以重新实现连接。

2001 年 12 月 27 日，专利复审委员会作出第 4083 号无效宣告请求审查决定（简称第 4083 号决定），维持本专利权有效。第 4083 号决定中多处将本专利这一发明专利表述为实用新型专利。

正泰集团公司不服第 4083 号决定，向北京市第一中级人民法院提起诉讼。2002 年 12 月 20 日，该院作出第 205 号判决，维持第 4083 号决定。正泰集团公司不服，向本院提起上诉。2003 年 12 月 17 日，本院作出第 102 号行政裁定，撤销第 205 号判决并将案件发回该院重审。2004 年 6 月 18 日，北京市第一中级人民法院作出第 146 号判决，撤销第 4083 号决定并判令专利复审委员会重新作出审查决定。

专利复审委员会依据北京市第一中级人民法院作出的第 146 号判决，重新组成合议组对正泰集团公司提出的无效宣告请求进行审查。

2005 年 1 月 10 日，专利复审委员会进行了口头审理，正泰集团公司声明放弃以新颖性作为请求宣告本专利权无效的理由，并且明确以下三点：①无效范围仅涉及本专利权利要求 1 ~ 7；②无效理由是专利法第二十二条第三款规定的创造性；③证据是对比文件 2 至 4，放弃以对比文件 1 和 5 作为证据。

2005 年 2 月 3 日，专利复审委员会作出第 5685 号决定，专利复审委员会在该决定中认定：

一、现有技术的认定

正泰集团公司提交的对比文件 2（DE 3114717）、对比文件 3（DE 1286187）和对比文件 4（US 4609895）都是在本专利申请日以前公开发表的与本专利相同或相近技术领域的专利文献，因此这些文献均可用作对比文件评价本专利的创造性。其中对比文件 2 是本专利说明书中引用的背景技术文献。

二、关于本专利权利要求 1 的创造性

对比文件 2 是本专利最相关的背景技术。本专利权利要求 1 的技术方案中具有三个心轴，分别是位于外壳上且用于枢轴安装板 24 的第一固定心轴 26、位于外壳上且用于枢轴安装复归杠杆 44 的第二固定心轴 46 和位于板 24 上用于枢轴安装跳闸杠杆 30 的第三铰链心轴 28。但是对比文件 2 和 3 的技术方案中都仅有两个心轴，因此其技术方案中相当于本专利权利要求 1 中板 24、复归杠杆 44 和跳闸杠杆 30 的各部件之间的安装连接关系都是在仅具有两个心轴的基础上设计完成，由此导致对比文件 2 和 3 的技术方案与本专利权利要求 1 的技术方案中限定的机械结构完全不同。在此情况下，如果将对比文件 2 和 3 的技术方案结合以得到如本专利权利要求 1 中所述的基于三个心轴的技术方案，必然需要改变心轴数目和位置，进而相应的改变对比文件 2 和 3 的技术方案中相当于本专利权利要求 1 中板 24、复归杠杆 44 和跳闸杠杆 30 的各部件之间的安装连接关系，其实质是提供了实现跳闸动作的另一种截然不同的设计构思，本领域技术人员在不经过创造性劳动的情况下是不可能根据对比文件 2 和 3 所公开的技术内容完成这种设计变化的。因此对比文件 2 和 3 完全没有给出任何有关实现本专利权利要求 1 的技术方案的教导，权利要求 1 的技术方案相对于对比文件 2 和 3 的技术方案是非显而易见的，而且由于权利要求 1 的技术方案提供了一种相对于对比文件 2 和 3 中公开的技术方案来说完全不同的构思，因此具有显著的进步。在此基础上，专利复审委员会认为本专利权利要求1相对于对比文件2和3的结合具有突出的实质性特点和显著的进步，符合专利法第二十二条第三款有关创造性的规定，正泰集团公司关于本专利权利要求1不具有创造性的理由不能成立。

从属权利要求2~7是对权利要求1技术方案中某些具体结构的进一步限定，由于权利要求1具有创造性，基于同样的理由，相对于对比文件2~4的现有技术，权利要求2~7也具有创造性。

基于上述理由，专利复审委员会作出第5685号决定，维持本专利权有效。

2005年3月31日，正泰集团公司经浙江省工商行政管理局核准改制变更为正泰公司。

在本案原审法院开庭审理过程中，正泰集团公司对第5685号决定认定的本专利与对比文件2和3的心轴的数量没有异议，但其认为对比文件2的心轴2及对比文件3的心轴7对应于本专利的心轴26和28，对比文件2中的心轴11及对比文件3的心轴4对应于本专利的心轴46，对比文件2中图1的心轴11与图2中的心轴19相同。同时，正泰集团公司认为对比文件3的双臂夹紧—冲击杠杆3相当于本专利的板24，对比文件3中的8相当于本专利的跳闸杠杆30，对比文件3中的16相当于复归杠杆44。专利复审委员会对本专利的板和跳闸杠杆与对比文件3的相应部件的对应关系没有异议，但认为对比文件3中的16是衔铁，不是复归杠杆，其只能断开，不能复位。

以上事实有本专利授权公告说明书、第4083号决定、第146号判决、第5685号决定、对比文件2、对比文件3和对比文件4及其中文译文、企业登记注册资料查询摘录和当事人陈述等证据在案佐证。

本院认为：

一、关于对比文件3中的衔铁16是否是复归杠杆。

根据本专利说明书的记载，本专利实现的功能包括使并列的断路器单元跳闸和使继电器18复归。为此，复归杠杆44首先要传递跳闸帽50的跳闸力和跳闸后使得跳闸帽复归。因此，除了在跳闸功能中发挥作用外，复归杠杆还具有使跳闸帽复归的功能。而对比文件3不具有复归的功能。因此，对比文件3中的衔铁16与本专利的复归杠杆44结构不同。功能不同。原审判决的认定错误，本院予以纠正。上诉人施内德公司、专利复审委员会关于对比文件3中的衔铁16不是本专利的复归杠杆44的上诉主张有事实依据，应予支持。

二、本专利权利要求1是否具备创造性。

根据专利法第二十二条第三款的规定，发明专利的创造性是指同申请日以前已有的技术相比，该发明有突出的实质性特点和显著的进步。就本案而言，本专利权利要求1的技术方案中具有三个心轴，分别是位于外壳上且用于枢轴安装板24的第一固定心轴26、位于外壳上且用于枢轴安装复归杠杆44的第二固定心轴46和位于板上用于枢轴安装跳闸杠杆30的第三铰链心轴28。对比文件2和3的技术方案中都仅有两个心轴，对比文件2图2和图3中用于中间杠杆21和离合杆20枢转的轴19和实现棘爪式杠杆18枢转的心轴。对比文件3中位于外壳上且用于夹紧—冲击杠杆3和枢轴衔铁16枢转的轴4和安装在夹紧—冲击杠杆3上用于双臂手柄杠杆8枢转的轴7。由于本专利权利要求1中的三个心轴与对比文件两个心轴存在区别，导致其结构必要存在一些差异。但是从工作方式而言，上述功能部件的工作方式是相同的。专利复审委员会应当就本专利权利要求1中技术方案与现有技术存在的区别技术特征及其实际解决的技术问题进行对比，确定本专利权利要求1中技术方案是否具备创造性。仅根据本专利与对比文件2和3在心轴数量上的差别认定本专利权利要求1的技术方案相对于对比文件2和3的技术方案具有创造性，理由不充分。上诉人施内德公司、专利复审委员会关于本专利权利要求1具有创造性的上诉主张于法无据，本院不予支持。

综上所述，原审判决认定事实基本清楚，适用法律正确，应予维持。上诉人施内德公司、专利复审委员会关于本专利权利要求1具备创造性的上诉主张没有事实和法律依据，本院不予支持。依照《中华人民共和国行政诉讼法》第六十一条第（一）项之规定，本院判决如下：

驳回上诉，维持原判。

一审案件受理费1000元，由国家知识产权局专利复审委员会负担（于本判决生效之日起七日内交纳）；二审案件受理费1000元，由施内德电气工业公司负担500元（已交纳），国家知识产权局专利复审委员会负担500元（已交纳）。

本判决为终审判决。

审 判 长 刘继祥
代理审判员 钟 鸣
代理审判员 焦 彦
二〇〇六年十二月二十日
书 记 员 刘 悠

002

生产笔杆软质覆体的专用模具案

无效宣告请求审查决定（第6856号）

决 定 号 第6856号
决 定 日 2005年1月21日
发明创造名称 生产笔杆软质覆体的专用模具
国际分类号 B43K 3/00
无效请求人 东莞市广利达服饰实业有限公司
专利权人 谢明仁
专 利 号 00217474. X
申 请 日 2000年4月26日
授权公告日 2001年2月28日
合议组组长 马 昊
主 审 员 刘剑波
参 审 员 张美菊

法律依据 专利法第二十二条第二款、第三款、第四款
决定要点

如果实用新型保护的产品在产业上能够制造，并能解决技术问题，则该实用新型符合专利法第二十二条第四款有关实用性的规定。

判断新颖性时，应当将发明或者实用新型专利的各项权利要求分别与每一项现有技术或申请在先公布在后的发明或实用新型申请文件中相关的技术内容单独地进行比较，不得将其与几项现有技术或者申请在先公布在后的发明或者实用新型内容的组合、或者与一份对比文件中的多项技术方案的组合进行对比。即判断发明或者实用新型专利的新颖性适用单独对比的原则。

如果结合一份对比文件中的两个技术方案能够得到一项权利要求的全部技术特征，则该项权利要求相对于该对比文件不符合专利法第二十二条第三款有关创造性的规定。

一、案由

本无效宣告请求涉及国家知识产权局专利局于2001年2月28日授权公告的、名称为“生产笔杆软质覆体的专用模具”的实用新型专利（下称本专利），其申请日为2000年4月26日、申请号为00217474. X、专利权人为谢明仁。

该专利授权公告的权利要求书如下：

“1. 一种生产笔杆软质覆体的专用模具，其包括有模具基体，其特征在于：

（1）模具基体内开有成型出软质覆体（20）的模穴（31），并且在模穴内壁面依立体异色浮饰图样的形状设有同等形状的凹穴（32）；

（2）模具基体分成上下模具基体；

（3）模具基体模穴内插置内心杆（60）；

（4）上下模具基体之间设有互相锁定结构。

2. 如权利要求 1 所述的生产笔杆软质覆体的专用模具，其特征在于所述互相锁定结构为上下模具基体开有螺栓孔，用螺栓、螺母连接固定。

3. 如权利要求 1 所述的生产笔杆软质覆体的专用模具，其特征在于所述互相锁定结构为上下模具基体之间接触端面之间开有相互匹配插孔和插脚，模具基体外面套有固定它们夹具。”

针对上述专利权，东莞市广利达服饰实业有限公司（下称请求人）于 2003 年 11 月 11 日向专利复审委员会提交无效宣告请求书，理由是本专利的权利要求 1 ~3 不符合专利法第二十二条第一款、第二款、第三款、第四款的规定，不具备新颖性、创造性和实用性，并提交以下附件作为证据：

附件 1：无效宣告请求意见陈述书；

附件 2：声称为《塑料模具设计》第 35 页的复印件，其出版时间为 1998 年 11 月（下称对比文件 1）；

附件 3：受理通知书送达请求。

请求人认为，对比文件 1 公开了权利要求 1 的全部技术特征，权利要求 2 的附加技术特征与对比文件 1 所公开技术特征的区别是所属技术领域的惯用手段的直接置换，权利要求 3 的附加技术特征被对比文件 1 所披露，因此权利要求 1 ~3 相对于对比文件 1 不具备专利法第二十二条第二款、第三款规定的新颖性和创造性。同时本专利保护的专用模具未在模穴（31）的端部设有封口，将使得灌注的另色软质体从其一端进入之后紧接着从其另一端流出，而无法留在模穴（31）内形成软质覆体（20），因此本专利不具备实用性，不符合专利法第二十二条第四款的有关规定。

经形式审查合格，专利复审委员会受理了上述请求，并于 2003 年 12 月 17 日向双方当事人发出无效宣告请求受理通知书，并同时将上述请求书及其附件的副本转给了专利权人（下称被请求人）。

针对请求人的无效宣告请求，被请求人于 2004 年 2 月 15 日提交了意见陈述书，认为对比文件 1 公开的两种拼合塑模，包括拼合型腔塑模和拼合斜块塑模，均未公开本专利的全部技术特征。同时这两种拼合塑模同本专利相比较使用方法不同、功能不同，不能用以生产本专利产品。被请求人认为请求人将两种拼合模具同本专利部分相似的地方组合在一起，仿佛产生了一种同本专利技术相接近的技术，但这种组合本身已经是一种创造性的劳动，即本身已经构成一项新的发明创造。同时，被请求人认为当模具（30）直立时，当然不可能悬空，必然其下端有一个支撑平面同模具基体及内心杆所形成的平面接触，从而将接触的一端封闭，当另色软质体（50）灌注时就不可能流出，即使会有小量的损耗和毛边，但并不影响本专利的实用性。

请求人于 2004 年 2 月 27 日向专利复审委员会提交意见陈述书、专利代理委托书以及对比文件 1 及其封面、版权页和目录页的公证书。

合议组于 2004 年 5 月 12 日向双方当事人发出口头审理通知书，定于 2004 年 7 月 6 日举行口头审理，同时将被请求人于 2003 年 2 月 15 日提交的意见陈述书转给请求人，将请求人于 2004 年 2 月 27 日提交的对比文件 1 的公证书副本转给被请求人。

口头审理如期举行，双方当事人均出席口头审理并各自陈述了意见。请求人当庭明确了请求宣告本专利权无效的理由为：本专利的权利要求 1 ~3 相对于对比文件 1 不符合专利法第二十二条第二款规定的新颖性、不符合专利法第二十二条第三款规定的创造性，本专利的全部权利要求不符合专利法第二十二条第四款规定的实用性。被请求人对请求人提交的对比文件 1 的真实性无异议。

在上述工作的基础上，合议组认为双方当事人已充分发表了意见，本案事实已清楚，作出本决定。

二、决定的理由

1. 关于证据

对比文件1是一份公开出版物，其出版日早于本专利的申请日，并且被请求人对其真实性未提出异议，因此对比文件1构成了本专利的现有技术。

2. 关于专利法第二十二条第四款

依据专利法第二十二条第四款规定，实用性是指该发明或者实用新型能够制造或者使用，并且能够产生积极效果。

对于仅保护产品的实用新型专利，如果其产品在产业中能够制造，并且能够解决技术问题，则具备实用性。

在口头审理中，请求人明确指出，在本专利中，专用模具未在模穴（31）的端部设有封口，并且所用材料是液态的，因此使得灌注的另色软质体从其一端进入之后紧接着从其另一端流出，而无法留在模穴（31）内形成软质覆体（20），因此本专利不符合专利法第二十二条第四款规定的实用性。

合议组认为，虽然本专利的技术方案中的专用模具没有在模穴（31）的端部设有封口，但是本领域技术人员可以了解，为了防止灌注在模穴内的液态材料从其端口流出，必然会在模穴的端口处设置相应的装置，以阻止液态材料从模穴内流出，从而实现在模穴内将液态材料形成软质覆体，这是本领域技术人员常用的技术手段。因此尽管本专利的技术方案中没有涉及在模穴的端部设有封口这一技术特征，但这并不影响本领域技术人员在产业中制造该专利产品，通过本专利产品利用液态材料产生出软质覆体。即本专利产品在产业中能够制造，并能解决技术问题，因此本专利符合专利法第二十二条第四款有关实用性的规定。

3. 关于专利法第二十二条第二款

依据专利法第二十二条第二款的规定，新颖性是指在申请日以前没有同样的发明或者实用新型在国内外出版物上公开发表过、在国内公开使用过或者以其他方式为公众所知，也没有同样的发明或者实用新型由他人向国务院专利行政部门提出过申请并且记载在申请日以后公布的专利申请文件中。

在口头审理中，请求人明确指出权利要求1~3相对于对比文件1中的图1-22所示的技术方案不具备新颖性，因此合议组采用对比文件1来评述权利要求1是否具备新颖性。

对比文件1公开了两种拼合塑模，即拼合型腔塑模（下称对比技术方案1，附图1-22所示）和拼合斜块塑模（下称对比技术方案2，附图1-23所示），其中对比技术方案1具体公开了以下技术特征（参见其正文第35页第3段，附图1-22）：对侧面有凹凸部分而不能垂直往上取出的塑件，使用拼合型腔塑模是很方便的；在拼合型腔塑模中，拼合型腔1与2以装配成组件的形式从塑模中取出，然后分开以取出塑件；腔内设有型芯4。本领域技术人员可以了解，拼合型腔等同于权利要求1中的模穴31，拼合型腔1与2等同于权利要求1中的上下模具基体，型芯4等同于权利要求1中的内心杆60。同时本领域技术人员可以了解，塑件的侧面有凹凸部分表明在拼合型腔的内侧壁上有相应的凹凸穴，这相当于权利要求1中的凹穴32。

权利要求1同对比技术方案1相比，其区别在于：（1）在权利要求1中，模穴内壁面的凹穴32的形状对应于立体异色浮饰图样的形状；而在对比技术方案1中对此并未涉及；（2）在权利要求1中，上下模具基体之间设有互相锁定结构；而在对比技术方案1中，拼合型腔的外形形成一定锥度，带锥度的拼合型腔靠成型压力将两部分牢固地楔紧。本领域技术人员可以了解，上述区别技术特征（1）和（2）均不是本领域的惯用手段的直接置换。

请求人在提交复审请求书时认为上述区别技术特征（2）被对比文件1的附图1-23所公开，因此可以利用对比文件1来评述权利要求1的新颖性。合议组认为，附图1-23公开的是拼合斜块塑模，是与对比技术方案 1 并不相同的技术方案，结合两个不同的技术方案来针对一项权利要求进行新颖性的评述，这不符合新颖性审查中的单独对比原则。因此权利要求 1 相对于对比文件 1 符合专利法第二十二条第二款有关新颖性的规定。

由于权利要求 1 相对于对比文件 1 具备新颖性，因此对权利要求 1 作进一步限定的权利要求 2 和 3 相对于对比文件 1 也符合专利法第二十二条第二款有关新颖性的规定。

4. 关于专利法第二十二条第三款

依据专利法第二十二条第三款的规定，创造性是指同申请日以前已有的技术相比，该发明有突出的实质性特点和显著的进步，该实用新型有实质性特点和进步。

在口头审理中，请求人明确指出权利要求 1 ~ 3 相对于对比文件 1 不具备创造性，因此合议组针对对比文件 1 来评述权利要求 1 是否具备创造性。

合议组注意到，在对比文件 1 中，对比技术方案 1 比对比技术方案 2 公开的涉及本专利权利要求的技术特征多，因此合议组确定对比文件 1 中的对比技术方案 1 为最接近的现有技术。

通过上述对权利要求 1 相对于对比文件 1 中的对比技术方案 1 具备新颖性的评述可以了解，权利要求 1 与对比文件 1 中对比技术方案 1 具有上述区别技术特征（1）和（2）。

首先合议组认为，在区别技术特征（1）中，即权利要求 1 的技术特征“在模穴内壁面依立体异色浮饰图样的形状设有同等形状的凹穴（32）”中，“异色”仅表明权利要求 1 所保护的专用模具能够生产出的软质覆体的颜色可以与其表面的立体浮饰图样的颜色不同，而并未对所保护的产品（即生产笔杆软质覆体的专用模具）的形状、构造或者其结合产生变化。审查指南第四部分第六章第 2. 1 节的规定“在实用新型创造性审查中，技术方案中的那些不导致产品的形状、构造、或者其结合产生变化的技术特征视为不存在”，因此合议组对权利要求 1 中的上述技术特征（1）不予考虑。

因此权利要求 1 所保护的技术方案与对比文件 1 中对比技术方案 1 的区别实质上仅在于上下模具基体之间设有互相锁定结构。该区别技术特征被对比文件 1 中的对比技术方案 2 所公开（参见其正文第 35 页第 4 段，附图 1 - 23）：利用定位销作为互相锁定结构将拼合斜块拼合在一起。对比技术方案 1 和 2 为同一对比文件 1 两个实施例，将其结合以得到权利要求 1 所保护的技术方案，对本领域技术人员来说是容易的，因此权利要求 1 相对于对比文件 1 不具有实质性特点和进步，不符合专利法第二十二条第三款有关创造性的规定。

权利要求 2 对权利要求 1 作进一步限定，其附加技术特征为“所述互相锁定结构为上下模具基体开有螺栓孔，用螺栓、螺母连接固定。”本领域技术人员可以了解，利用螺栓、螺母连接固定是本领域技术人员常用的技术手段，因此当权利要求 1 相对于对比文件 1 不具备创造性时，对其作进一步限定的权利要求 2 相对于对比文件 1 不具有实质性特点和进步，不符合专利法第二十二条第三款的规定。

权利要求 3 对权利要求 1 作进一步限定，其附加技术特征为“所述互相锁定结构为上下模具基体之间接触端面之间开有相互匹配插孔和插脚，模具基体外面套有固定它们夹具”。对比文件 1 中的对比技术方案 1 公开了以下技术特征（参见其正文第 35 页第 3 段，附图 1 - 22）：带锥度的拼合型腔紧密地嵌合在模套 3 中，使拼合型腔的两部分牢固的楔紧。本领域技术人员可以了解，模套 3 等同于权利要求 3 中的夹具。权利要求 3 的附加技术特征与对比文件 1 的上述技术特征相比，其区别在于，在权利要求 3 的附加技术特征中，上下模具基体之间接触端面之间开有相互匹配插孔和插脚。本领域技术人员可以了解，为了模具基体之间的相互锁定，利用相互匹配的插孔和插脚是本领域技术人员常用的技术手段。因此当权利要求 1 相对于对比文件 1 不具备创造性时，对其作进一步限定的权利要求 3 相对于对比文件 1 不具有实质性特点和进步，不符合专利法第二十二条第三款的规定。

被请求人认为，对比文件1涉及的拼合型腔塑模由于体积大、质量重、要求的成型压力高，必须固定在射出或压出机具上用以生产本体凹凸明显粗糙的、要求工艺简单的塑件，并且只能生产单色产品；而本专利可以提供一种使软质上设有具有相当厚度而显立体感的各种文字或图案，并且其色彩与软质覆体不同的生产笔杆软质覆体的专用模具。

合议组认为，对权利要求进行新颖性和创造性的评述是针对权利要求所限定的技术方案进行评述的，本领域技术人员从本专利的权利要求1所保护的技术方案中并不能得出所保护的模具在体积、重量、压力、工艺等方面与对比文件1存在不同，因此被请求人的上述意见合议组不予支持。

三、决定

宣告00217474. X号实用新型专利权全部无效。

当事人对本决定不服的，可以根据专利法第四十六条第二款的规定，自收到本决定之日起三个月内向北京市第一中级人民法院起诉。根据该款的规定，一方当事人起诉后，另一方当事人应当作为第三人参加诉讼。

003

具有组合结构的散热片案

无效宣告请求审查决定（第6859号）

决　定　号　第6859号
决　定　日　2005年2月18日
发明创造名称　具有组合结构的散热片
国际分类号　G06F 1/20
无效请求人　鸿富锦精密工业（深圳）有限公司
专 利 权 人　建准电机工业股份有限公司
专　利　号　02243077.6
申　请　日　2002年7月31日
授权公告日　2003年8月13日
合议组组长　黄毅斐
主　审　员　聂春艳
参　审　员　樊晓东

法律依据　专利法第二十二条第二款
决定要点

如果对比文件未能公开某项权利要求的所有技术特征，且该对比文件所公开的技术方案与该项权利要求所述技术方案的技术效果也不相同，则该对比文件不能破坏该项权利要求的新颖性。

一、案由

本无效宣告请求涉及国家知识产权局专利局于2003年8月13日授权公告的、专利号为02243077.6、名称为“具有组合结构的散热片”的实用新型专利（下称本专利），其申请日为2002年7月31日，专利权人为建准电机工业股份有限公司。其授权公告的权利要求书如下：

“1. 一种具有组合结构的散热片，设有相互拼接的散热元件本体，其特征在于：该散热元件由导热性佳材料制成，且该数散热元件各由本体的二对称边各延伸设有与散热元件本体成适当夹角的第一折边，及由第一折边再延伸设有第二折边，该第二折边与第一折边也成一适当的夹角，且与散热元件本体成平行，该第二折边与散热元件本体各设数相对应的结合部；二相邻的散热元件可藉由其中的一散热元件本体的结合部与另一散热元件第二折边的结合部相互结合，以使数散热元件结合成一体。

2. 根据权利要求1所述的具有组合结构的散热片，其特征在于：散热元件的第一折边与散热元件及第二折边互成垂直。

3. 根据权利要求1所述的具有组合结构的散热片，其特征在于：散热元件本体所设的结合部为孔，第二折边所设的结合部为柱管。

4. 根据权利要求3所述的具有组合结构的散热片，其特征在于：二结合部以铆合方式固定。

5. 根据权利要求1或3所述的具有组合结构的散热片，其特征在于：二结合部以冲压方式固定。

6. 根据权利要求1所述的具有组合结构的散热片，其特征在于：散热元件本体以冲压方式形成一凸出的结合部，而第二折边相对应位置的结合部为孔，本体凸出的结合部伸入在另一相邻散热元件第二折边所设结合部的孔。

7. 根据权利要求1所述的具有组合结构的散热片，其特征在于：散热元件本体的结合部为孔，该第二折边终端设有凸出的结合部，该凸出的结合部可以卡在散热元件本体的孔状结合部。

8. 根据权利要求1所述的具有组合结构的散热片，其特征在于：散热元件设组配孔供导热元件贯接。

9. 根据权利要求8所述的具有组合结构的散热片，其特征在于：组配孔周侧具有环墙。

10. 根据权利要求1所述的具有组合结构的散热片，其特征在于：散热元件的两个第一折边之间的第三边设延伸边，该延伸边可以贴接于一散热基板上。

11. 根据权利要求1所述的具有组合结构的散热片，其特征在于：散热元件上设有孔。”

针对上述专利权，鸿富锦精密工业（深圳）有限公司（下称请求人）于2004年6月18日向专利复审委员会提出了无效宣告请求，其理由是本专利权利要求1、2、3、4、5、7、10不符合专利法第二十二条第二款的规定，不具备新颖性；权利要求6、8、9、11不符合专利法第二十二条第三款的规定，不具备创造性，并提交了以下对比文件：

对比文件1：01268019.2号实用新型专利说明书，其申请日为2001年10月31日，授权公告日为2002年10月2日；

对比文件2：08911641.3号中国台湾发明专利公报，其授权公告日为2002年3月21日；

对比文件3：00209935.7号实用新型专利说明书，其授权公告日为2001年1月17日；

对比文件4：00254564.0号实用新型专利说明书，其授权公告日为2001年9月12日。

经形式审查合格，专利复审委员会受理了上述请求，并于2004年7月5日向双方当事人发出无效宣告请求受理通知书，并将无效宣告请求书及其附件副本转送给专利权人（下称被请求人），要求被请求人于收到通知一个月内就请求人提出的无效宣告请求陈述意见。

2004年8月5日，被请求人提交意见陈述书，同时对权利要求书进行了修改，修改后的权利要求书如下：

“1. 一种具有组合结构的散热片，设有相互拼接的散热元件本体，其特征在于：该散热元件由导热性佳材料制成，且该数散热元件各由本体的二对称边各延伸设有与散热元件本体成适当夹角的第一折边，及由第一折边再延伸设有第二折边，该第二折边与第一折边也成一适当的夹角，且与散热元件本体成平行，该第二折边与散热元件本体各设数相对应的结合部；二相邻的散热元件可藉由其中的一散热元件本体的结合部与另一散热元件第二折边的结合部相互结合，以使数散热元件结合成一体；散热元件本体所设的结合部为孔，第二折边所设的结合部为柱管。

2. 根据权利要求1所述的具有组合结构的散热片，其特征在于：散热元件的第一折边与散热元件及第二折边互成垂直。

3. 根据权利要求1所述的具有组合结构的散热片，其特征在于：二结合部以铆合方式固定。

4. 根据权利要求1所述的具有组合结构的散热片，其特征在于：二结合部以冲压方式固定。

5. 根据权利要求1所述的具有组合结构的散热片，其特征在于：散热元件本体以冲压方式形成一凸出的结合部，而第二折边相对应位置的结合部为孔，本体凸出的结合部深入在另一相邻散热元件第二折边所设结合部的孔。

6. 根据权利要求1所述的具有组合结构的散热片，其特征在于：散热元件本体所设的结合部为孔，该第二折边终端设有凸出的结合部，该凸出的结合部可以卡在散热元件本体的孔状结合部。

7. 根据权利要求1所述的具有组合结构的散热片，其特征在于：散热元件设组配孔供导热元件贯接。

8. 根据权利要求7所述的具有组合结构的散热片，其特征在于：组配孔周侧具有环墙。

9. 根据权利要求1所述的具有组合结构的散热片，其特征在于：散热元件的两个第一折边之间的第三边设延伸边，该延伸边可以贴接于一散热基板上。

10. 根据权利要求1所述的具有组合结构的散热片，其特征在于：散热元件上设有孔。"

被请求人认为：经过修改，本专利相对于请求人提交的对比文件已具备了新颖性和创造性。

2004年12月27日，合议组向双方当事人发出口头审理通知书，同时将被请求人于2004年8月5日提交的意见陈述书一并转给请求人。

2005年1月31日，口头审理如期举行，双方均出席口头审理并对合议组成员的变更没有异议。请求人对于权利要求书的修改没有异议，并明确表示放弃对比文件2、3、4，确定其无效理由为修改后的权利要求1~6、9、10相对于对比文件1不具备新颖性。被请求人对于对比文件1的真实性没有异议。请求人还当庭提交了一份代理词，合议组当庭将其转给被请求人。双方在口审中就修改后的权利要求1~6、9、10相对于对比文件1是否具备新颖性充分发表了意见。

至此，合议组认为本案事实已经清楚，可以作出审查决定。

二、决定的理由

1. 关于证据

由于被请求人对于对比文件1的真实性并无异议，因此合议组对于对比文件1的真实性予以认可。又由于对比文件1是专利文献，且其专利权人为王东茂，申请日为2001年10月31日，授权公告日为2002年10月2日，而本专利的专利权人为建准电机工业股份有限公司，申请日为2002年7月31日。对比文件1是由他人在本专利申请日以前申请、并且在本专利申请日之后公布的专利文献，因此对比文件1仅有可能构成本专利的抵触申请，仅可用于评价本专利的新颖性。

2. 关于权利要求书的修改

合议组经审查后认为，被请求人对权利要求书的修改符合审查指南的规定，因此对该修改文本予以接受，并在该文本的基础上进行本无效案件的审查。

3. 关于新颖性

请求人和被请求人关于对比文件1是否能够破坏本专利权利要求1的新颖性的争论焦点在于对比文件1是否公开了权利要求1所述的"第一折边"、"第二折边"、"孔"、"柱管"以及与"第一折边"和"第二折边"相关联的技术特征。合议组在认真听取了双方的辩论和仔细研究了本专利和对比文件之后认为，对比文件1没有公开上述技术特征。

首先，请求人认为对比文件1中的"透空部"即为本专利中的"孔"，本专利中的"柱管"则是对比文件1中"凸部"的具体化。合议组认为，"透空部"和"凸部"分别为"孔"和"柱管"的上位概念，因此"透空部"和"凸部"的公开不能使得用"孔"和"柱管"限定的权利要求1丧失新颖性。

其次，请求人认为对比文件1中的"连接部15"和请求人自设标号为"A"的部位对应于本专利中的"第一折边"，"翼片12"对应于本专利中的"第二折边"，合议组不认可这一主张。因为本专利中的"第一折边"是由散热本体的两对称边延伸开来的，"第二折边"则是从"第一折边"延伸开来的。从权利要求1的表述和说明书公开的内容来看，该"第一折边"和"第二折边"应是整体的，而对比文件1中的"连接部15"虽然较为接近"第一折边"，但由于该"连接部15"仅位于鳍片11的一侧，"A"部则不能构成一个整体的"边"，因此"连接部15"和"A"部不能对应于本专利中从散热元件本体两对称边延伸开来的“第一折边”；又因为“翼片12”是从“连接部15”或“A”部延伸开来并设置于鳍片11的对称四角的，因此“翼片12”也不能对应于本专利中从“第一折边”延伸开来的“第二折边”。相应的，对比文件1也没有公开权利要求1中与“第一折边”和“第二折边”相关联的技术特征。

再次，由于对比文件1和本专利所采用的上述技术手段的不同，使得本专利所披露的具有组合结构的散热片相对于对比文件1所披露的散热片客观上结合更为牢固。更重要的是，由于本专利中散热片具有更大的散热面积，因此本专利权利要求1所述的具有组合结构的散热片具有更好的散热效果。

综上，对比文件1未能公开权利要求1的所有技术特征，且对比文件1所公开的技术方案与本专利权利要求1所述技术方案的技术效果也不相同，因此对比文件1不能构成本专利的抵触申请，不能破坏权利要求1的新颖性。

在权利要求1具备新颖性的前提下，其从属权利要求2～6、9、10相对于对比文件1也具备新颖性。

三、决定

在被请求人2004年8月5日提交的权利要求书的基础上维持第02243077.6号实用新型专利权有效。维持有效的权利要求书如下：

“1. 一种具有组合结构的散热片，设有相互拼接的散热元件本体，其特征在于：该散热元件由导热性佳材料制成，且该数散热元件各由本体的二对称边各延伸设有与散热元件本体成适当夹角的第一折边，及由第一折边再延伸设有第二折边，该第二折边与第一折边也成一适当的夹角，且与散热元件本体成平行，该第二折边与散热元件本体各设数相对应的结合部；二相邻的散热元件可藉由其中的一散热元件本体的结合部与另一散热元件第二折边的结合部相互结合，以使数散热元件结合成一体；散热元件本体所设的结合部为孔，第二折边所设的结合部为柱管。

2. 根据权利要求1所述的具有组合结构的散热片，其特征在于：散热元件的第一折边与散热元件及第二折边互成垂直。

3. 根据权利要求1所述的具有组合结构的散热片，其特征在于：二结合部以铆合方式固定。

4. 根据权利要求1所述的具有组合结构的散热片，其特征在于：二结合部以冲压方式固定。

5. 根据权利要求1所述的具有组合结构的散热片，其特征在于：散热元件本体以冲压方式形成一凸出的结合部，而第二折边相对应位置的结合部为孔，本体凸出的结合部深入在另一相邻散热元件第二折边所设结合部的孔。

6. 根据权利要求1所述的具有组合结构的散热片，其特征在于：散热元件本体所设的结合部为孔，该第二折边终端设有凸出的结合部，该凸出的结合部可以卡在散热元件本体的孔状结合部。

7. 根据权利要求1所述的具有组合结构的散热片，其特征在于：散热元件设组配孔供导热元件贯接。

8. 根据权利要求7所述的具有组合结构的散热片，其特征在于：组配孔周侧具有环墙。

9. 根据权利要求1所述的具有组合结构的散热片，其特征在于：散热元件的两个第一折边之间的第三边设延伸边，该延伸边可以贴接于一散热基板上。

10. 根据权利要求1所述的具有组合结构的散热片，其特征在于：散热元件上设有孔。”

当事人如对本决定不服，可以根据专利法第四十六条第二款的规定，自收到本决定之日起三个月内向北京市第一中级人民法院起诉。根据该款的规定，一方当事人起诉后，另一方当事人应当作为第三人参加诉讼。

004

辅助跳闸单元与多极断路器单元相结合的组合式断路器案

无效宣告请求审查决定（第6886号）

决　定　号　第6886号
决　定　日　2005年2月23日
发明创造名称　辅助跳闸单元与多极断路器单元相结合的组合式断路器
国际分类号　H01H 83/02　H01H 9/26　H01H 71/24
无效请求人　正泰集团公司
专 利 权 人　施内德电气工业公司
专　利　号　88102711.1
申　请　日　1988年5月11日
授权公告日　1992年12月23日
合议组组长　蒋　彤
主　审　员　黄毅斐
参　审　员　马志远

法律依据　专利法第二十二条第三款
决定要点

如果要实现把两个单元结合在一起的运动控制转化为第一和第二机构的操作和复归手柄的自动调节运动，本领域技术人员不可能从请求人提交的两篇对比文件得到实现本专利权利要求1技术方案的相关启示，也不可能想到将上述两篇对比文件组合起来实现本专利的技术方案。由此可见，与请求人提交的对比文件所揭示的现有技术相比，本专利权利要求1具有突出的实质性特点，并且能够产生有益的技术效果，亦即具有显著的进步。因此本专利权利要求1具备创造性。

一、案由

本无效宣告请求涉及中国专利局于1988年5月11日受理的名称为“辅助跳闸单元与多极断路器单元相结合的组合式断路器”的发明专利的专利权（下称本专利），其申请号为88102711.1，优先权日为1987年5月11日，专利权人是梅兰日兰公司。该公司后于1999年12月24日由国家知识产权局专利局准予变更为施内德电气工业公司。

专利局于1992年12月23日审定公告的权利要求书由8项权利要求组成，其中仅权利要求1是独立权利要求。公告的权利要求1的内容如下：

“1. 一个带有辅助跳闸单元（12）的组合式断路器，该跳闸单元，特别是一个接地故障或并联跳闸装置，可以与一个多极断路器单元（10）邻近和连接，该断路器单元具有多个并列极，上述断路器单元（10）的每个极包括可分离的触头（18、20）和上述触头的第一驱动机构（22），在过载或短路的情况下，由带有两个常开和常闭位置的断路器操作手柄（24）手动控制，或由一个主跳闸装置和脱扣杆（26）配合自动控制，上述辅助跳闸单元（12）含有一个与第二操作机构（46）相关联的电磁继电器（45），该第二操作机构包括跳闸单元（12）的一个机械复归连锁手柄（54）和一个第二机械脱扣连锁（48），它可以通过第二机构（46）的一个销（52）与位于相邻极（16）的绝缘外壳（40）上的一个孔（42）相接合，将跳闸命令从继电器（45）传送到脱扣杆（26），其特征在于，设置一个控制装置用来把两个单元（10、12）结合在一起的运动转化为第一和第二机构（22、46）的操作和复归手柄（24、54）的自动调节运动，从而防止上述手柄之间位置不一致，特别是当一个释放跳闸单元（12）与一个闭合的断路器单元（10）相连时。”

针对上述发明专利权，正泰集团公司（下称请求人）于1999年11月26日向专利复审委员会提出了宣告本专利权利要求全部无效的请求，其理由是本专利不符合专利法第二十二条的规定。在无效宣告请求书中，请求人认为：与引证的优先权日为1986年7月7日、公告日为1990年1月3日的中国87104627号发明专利申请审定说明书（下称对比文件1）揭示的现有技术及公知常识相比，本专利权利要求1所涉及的技术方案在申请日前公开的专利文献中已记载，没有新颖性，自然也就没有创造性；权利要求2所涉及的技术方案与申请日前的技术相比，本领域普通技术人员不经过创造性劳动就能直接推导出来，因此权利要求2不具备创造性；权利要求3~8是常规技术之间的组合，本领域普通技术人员不难从引证专利文献的技术中推导出类似的方案，也没有突出的实质性特点和显著的进步。

请求人于1999年12月30日又补充提交了如下三份证据材料作为对比文件（对比文件号按其无效宣告请求书对比文件号顺序编号）：

对比文件2：US3464045，公开日1969年8月26日；

对比文件3：US3789334，公开日1974年1月29日；

对比文件4：FR2437692，公开日1980年4月25日。

专利权人（下称被请求人）针对上述宣告专利权无效请求书于1999年12月28日提交了意见陈述书。

专利复审委员会在对本案进行审理后，于2001年12月27日作出第4082号无效宣告请求审查决定，决定维持88102711.1号发明专利权有效。专利复审委员会在决定中认为：“本实用新型权利要求1具有明显的区别技术特征，并且由此带来了优于现有技术的积极效果。因此，请求人关于本专利权利要求1不具备创造性的理由不能成立。”

请求人对上述无效宣告请求审查决定不服，向北京市第一中级人民法院提出起诉，北京市第一中级人民法院在（2002）一中行初字第204号行政判决书中判决维持专利复审委员会第4082号无效宣告请求审查决定。在该判决中，北京市第一中级人民法院认为：“第4082号决定中出现的个别‘本实用新型’用语仅是明显的文字笔误，而非认定事实错误。”

专利复审委员会于2003年2月28日向双方当事人发出更正处分通知书，其中将第4082号无效宣告请求审查决定中出现的“实用新型”一词变更为“发明”。

请求人对上述行政判决不服，向北京市高级人民法院提起上诉，北京市高级人民法院针对该上诉作出（2003）高行终字第103号行政裁定书，其中裁定：“一、撤销北京市第一中级人民法院（2002）一中行初字第204号行政判决；二、发回北京市第一中级人民法院重审。”

北京市第一中级人民法院根据上述裁定意见作出（2004）一中行初字第145号行政判决，其中认为“第4082号决定在评判本专利时采用的评判标准有误”，并判决如下：“一、撤销被告中华人民共和国国家知识产权局专利复审委员会作出的第4082号无效宣告请求审查决定。二、被告中华人民共和国国家知识产权局专利复审委员会对该无效宣告请求重新作出审查决定。”

专利复审委员会根据上述（2004）一中行初字第145号行政判决，重新组成合议组对本案进行审理。合议组于2004年12月13日进行了本次审理的口头审理，双方当事人均参加了此次口头审理，请求人仍然坚持其无效理由为本专利权利要求1～7相对于对比文件4和2的结合不具备创造性，其中对比文件4是与本专利最接近的现有技术，放弃使用对比文件1和3，在此基础上双方当事人进行了充分辩论。另外，双方当事人均认为本专利权利要求1前序部分的技术特征已由对比文件4公开。

合议组在上述程序的基础上对本案作出如下审查决定。

二、决定的理由

1. 现有技术的认定

在请求人提交的四份对比文件中，对于请求人声明放弃使用的对比文件1和3，合议组在本案中将不再予以考虑。至于请求人坚持采用的两篇专利文献，即对比文件2（US3464045）和对比文件4（FR2437692），都是在本专利申请日前公开发表的相同或相近技术领域的专利文献，因此这些文献均可用作评价本专利创造性的现有技术对比文件。其中的对比文件4是本专利说明书中引用的技术背景文献。

2. 关于权利要求1的创造性

本专利在对比文件4的接地故障断路器的基础上，为了防止手柄位置不一致可能导致误连接的错误，提出了一种改进的组合式断路器，能够获得断路器单元和辅助跳闸单元的可靠组合。

对比文件4已经公开了本专利权利要求1前序部分的技术特征，这是双方当事人不争的事实。实际上，本专利说明书中已经将对比文件4作为最相关的背景技术内容进行了说明。也就是说，本专利正是基于对比文件4存在的缺陷所做的改进，对比文件4并未公开权利要求1的特征部分中跳闸单元的具体结构特征，而且没有涉及权利要求1的特征部分中控制装置的技术特征。

对比文件2公开的断路器机构是通过一个互连脱扣机构将几个单极断路器26A、26B、26C、26D和26E互相连接，使得当某些断路器脱扣时能引起其他断路器脱扣的机构。在对比文件2图1－6所示的实施例中，设置一个为所有单极断路器共用的断路杆68，它插在相邻断路器的控制凸轮上的孔和/或槽内，这种结构要求在安装脱扣杆时，必须使所有手柄处在相同位置，如果在安装断路杆68期间一个断路器仍然处在闭合位置，相应的孔或槽将无法与脱扣杆对准。而在对比文件2图10～12所示的另一个实施例中，一个互连脱扣机构直接作用在断路器的手柄上，并未作用在断路器的主脱扣装置上。因此，当对比文件2的各断路器单元组装在一起时，无需设置一个本专利权利要求1的特定的控制装置来调节各断路器手柄的位置。经过比较分析，合议组认为，对比文件2所公开的技术方案主要应用于在断路器工作过程中进行断路器的断开控制，使得在几个断路器相互连接时，某些断路器的脱扣能够引起其他断路器的脱扣。而本专利的权利要求1中所要求保护的技术方案的控制装置是在将断路器单元与辅助跳闸单元安装在一起的过程中对各断路器的机构位置进行自动调节。也就是说，本专利和对比文件2解决的是不同的技术问题，而且所属领域的技术人员从对比文件2的技术方案中得不到关于权利要求1的特征部分技术特征——控制装置的相关启示。

请求人则认为，对比文件4和本专利都是跳闸单元和断路器单元的组装装置，虽然对比文件2没有披露本专利权利要求1的特征部分的技术内容，然而权利要求1的特征部分属于功能性内容，对比文件2所公开的断路杆（68）和联合机构（64，78，84，88，90）等的作用在于使其主控级断开，也必须使被控级断开，从而符合本专利那种阻止跳闸单元和断路器单元控制手柄位置不一致的上位表达。合议组认为事实并非如此，正如在对比文件2的图6～8及说明书的相关描述中所公开的那样，请求人所说的“主控级”和“被控级”在对比文件2中实际上对应于具有主控——被控关系的各联合机构的组成部件（64，78，84，88，90），通过构成联合机构的相邻部件的任意组合，实现可选的断路控制，从而使得主控部件的断开将引起与之有主从关系的被控部件的断开。由此可见，对比文件2没有给出本专利的权利要求1在各断路器单元拼装期间能够自动调节不同断路器的机构位置的控制装置的教导或暗示。

综上所述，如果要实现把两个单元结合在一起的运动控制转化为第一和第二机构的操作和复归手柄的自动调节运动，本领域技术人员不可能从请求人提交的两篇对比文件得到实现本专利权利要求1技术方案的启示，也不可能想到将对比文件4和对比文件2组合起来实现本专利的技术方案。由此可见，本专利权利要求1相对于对比文件4和2的结合具有突出的实质性特点，并且能够产生有益的技术效果，亦即具有显著的进步，从而具备专利法第二十二条第三款规定的创造性。

3. 关于从属权利要求2～7的创造性

从属权利要求2～7是对权利要求1技术方案中某些具体结构的进一步限定，由于权利要求1具备创造性，基于同样的理由，相对于对比文件4和对比文件2的现有技术，权利要求2～7也具备创造性。

三、决定

维持88102711.1号发明专利继续有效。

当事人如果对此决定不服，可以根据专利法第四十六条第二款的规定，于收到本决定之日起三个月内向北京市第一中级人民法院起诉。根据该款的规定，一方当事人起诉后，另一方当事人应当作为第三人参加诉讼。

北京市第一中级人民法院
行政判决书

（2005）一中行初字第536号

原告正泰集团股份有限公司，住所地浙江省乐清市柳市镇工业区正泰大楼。

法定代表人南存辉，董事长。

委托代理人徐关寿，浙江杭州金通专利事务所有限公司专利代理人。

委托代理人王先锋，男，汉族，1965年7月26日出生，正泰集团股份有限公司职员，住江西省南昌市东湖区右营街85号。

被告国家知识产权局专利复审委员会，住所地北京市海淀区北四环西路9号银谷大厦10～12层。

法定代表人廖涛，副主任。

委托代理人黄毅斐，国家知识产权局专利复审委员会电学申诉处审查员。

委托代理人高雪，国家知识产权局专利复审委员会行政诉讼处审查员。

第三人施内德电气工业公司，住所地法国吕埃—马迈松市富兰克林·罗斯福大街89号。

法定代表人雅克·里森塔尔（Jacques Ritzenthaler），工业产权部主任。

委托代理人付建军，男，汉族，1971年4月5日出生，住北京市西城区复兴门外大街一号。

委托代理人李德山，男，汉族，1968年1月8日出生，住北京市西城区复兴门外大街一号。

原告正泰集团股份有限公司（简称正泰公司）不服被告国家知识产权局专利复审委员会（下称专利复审委员会）于2005年2月23日作出的第6886号无效宣告请求审查决定（下称第6886号决

定），于法定期限内向本院提起行政诉讼。本院于2005年5月23日受理后，依法组成合议庭，并通知施内德电气工业公司（下称施内德公司）作为第三人参加本案诉讼，于2005年10月14日公开开庭进行了审理。原告正泰公司的委托代理人徐关寿、王先锋，被告专利复审委员会的委托代理人黄毅斐、高雪，第三人施内德公司的委托代理人付建军、李德山到庭参加了诉讼。本案现已审理终结。

第6886号决定系专利复审委员会针对正泰集团公司就施内德公司所拥有的第88102711.1号、名称为“辅助跳闸单元与多极断路器单元相结合的组合式断路器”的发明专利（下称本专利）所提出的无效宣告请求而作出的。专利复审委员会在该决定中认定：

一、关于现有技术

对比文件2（US3464045）和对比文件4（FR2437692）都可用作评价本专利创造性的对比文件。其中的对比文件4是本专利说明书中引用的背景技术文献。

二、关于本专利权利要求1的创造性

本专利在对比文件4的接地故障断路器的基础上，为了防止手柄位置不一致可能导致误连接的错误，提出了一种改进的组合式断路器，能够获得断路器单元和辅助跳闸单元的可靠组合。

对比文件4已经公开了本专利权利要求1前序部分的技术特征，但未公开权利要求1的特征部分中跳闸单元的具体结构特征，而且没有涉及权利要求1的特征部分中控制装置的技术特征。

对比文件2的各断路器单元组装在一起时，无需设置一个本专利权利要求1的特定的控制装置来调节各断路器手柄的位置。对比文件2所公开的技术方案主要应用于在断路器工作过程中进行断路器的断开控制，使得在几个断路器相互连接时，某些断路器的脱扣能够引起其他断路器的脱扣。而本专利的权利要求1中所要求保护的技术方案的控制装置是在将断路器单元与辅助跳闸单元安装在一起的过程中对各断路器的机构位置进行自动调节。也就是说，本专利和对比文件2解决的是不同的技术问题，而且所属领域的技术人员从对比文件2的技术方案中得不到关于权利要求1的特征部分的技术特征－控制装置的相关启示。

正泰集团公司认为，对比文件4和本专利都是跳闸单元和断路器单元的组装装置，虽然对比文件2没有披露本专利权利要求1的特征部分的技术内容，然而权利要求1的特征部分属于功能性内容，对比文件2所公开的断路杆（68）和联合机构（64，78，84，88，90）等的作用在于使其主控级断开，也必须使被控级断开，从而符合本专利那种阻止跳闸单元和断路器单元控制手柄位置不一致的上位表达。然而事实并非如此，正如在对比文件2的图6～8及说明书的相关描述中所公开的那样，正泰集团公司在意见陈述中所说的“主控级”和“被控级”在对比文件2中实际上对应于具有主控—被控关系的各联合机构的组成部件（64，78，84，88，90），通过构成联合机构的相邻部件的任意组合，实现可选的断路控制，从而使得主控部件的断开将引起与之有主从关系的被控部件的断开。由此可见，对比文件2没有给出本专利的权利要求1在各断路器单元拼装期间能够自动调节不同断路器的机构位置的控制装置的教导或暗示。

综上所述，如果要实现把两个单元结合在一起的运动控制转化为第一和第二机构的操作和复归手柄的自动调节运动，本领域技术人员不可能从正泰集团公司提交的两篇对比文件得到实现本专利权利要求1技术方案的启示，也不可能想到将对比文件4和对比文件2组合起来实现本专利权利要求1的技术方案。由此可见，本专利权利要求1相对于对比文件4和对比文件2的结合具有突出的实质性特点，并且能够产生有益的技术效果，亦即具有显著的进步，从而具备专利法第二十二条第三款规定的创造性。

从属权利要求2～7是对权利要求1技术方案中某些具体结构的进一步限定，由于权利要求1具备创造性，基于同样的理由，相对于对比文件4和对比文件2的现有技术，权利要求2～7也具备创造性。

基于上述理由，专利复审委员会作出第6886号决定，维持本专利权有效。

原告正泰公司不服第6886号决定，向本院提起行政诉讼，其诉称：一、第6886号决定与被告针对本无效宣告请求曾经作出的第4082号无效宣告请求审查决定（简称第4082号决定）相比，除了将实用新型改为发明专利外，其事实、理由和结论完全相同。被告作出第6886号决定的行为违反了行政诉讼法第五十五条的规定。同时，被告在作出第6886号决定时，虽然重新组成了合议组，但合议组成员中有原审查员参加。根据专利法实施细则第三十八条第一款第（四）项的规定和作出决定时少数服从多数的原则，由原合议组成员参加重审合议组，并担任合议组长不符合法律的规定。二、本专利权利要求1并不是“自动调节不同断路器的机构位置的控制装置”，而是调节断路器单元与辅助跳闸单元在拼装时两者手柄不一致的装置。根据常规，断路器产品出厂时，断路器单元与辅助单元是整合的，本专利产品在实际使用时，两者是主动与被动的互动关系，而这一结构特征和使用效果与对比文件2公开的“主控－被控”结构的上位表达是一致的。综上，原告认为被告作出的第6886号决定认定事实有误、适用法律不当，请求人民法院予以撤销。

被告专利复审委员会辩称：一、第6886号决定与第4082号决定相比，虽然前者只是从文字上把后者的“实用新型专利”改成了“发明专利”，但已足以说明两决定在创造性判断标准上有实质性不同，因此第6886号决定依据的理由与第4082号决定的理由并不相同，第6886号决定没有违反行政诉讼法第五十五条的规定。二、专利法实施细则第三十八第一款第（四）项规定，曾参与原申请的审查的专利复审委员会成员应当自行回避，上述规定指的是参与“原申请”的审查人员，而非原无效宣告请求的审查人员，并且《审查指南》第6.1节规定了“作出原审查决定的主审员不再参加该重新审查工作”。因此被告作出的第6886号决定符合专利法实施细则第三十八条第一款第（四）项的规定。三、坚持第6886号决定中对本专利创造性的认定。综上所述，被告认为，原告的诉讼理由不能成立，第6886号决定认定事实清楚，适用法律正确，审查程序合法，请求人民法院予以维持。

第三人没有向本院提交书面的意见陈述，其在庭审中表示同意被告的意见，请求人民法院维持第6886号决定。

本院经审理查明：

第6886号决定涉及1988年5月11日申请的名称为“辅助跳闸单元与多极断路器单元相结合的组合式断路器”的发明专利（即本专利），该专利的申请号为88102711.1，优先权日为1987年5月11日，审定公告日为1992年12月23日，专利权人是梅兰日兰公司。该公司后于1999年12月24日由国家知识产权局专利局准予变更为施内德公司。

本专利审定公告时的权利要求书包括8项权利要求，其中权利要求1为独立权利要求，权利要求2～8直接或间接从属于权利要求1。

权利要求1的内容如下：

“1. 一个带有辅助跳闸单元（12）的组合式断路器，该跳闸单元，特别是一个接地故障或并联跳闸装置，可以与一个多极断路器单元（10）邻近和连接，该断路器单元具有多个并列极，上述断路器单元（10）的每个极包括可分离的触头（18、20）和上述触头的第一驱动机构（22），在过载或短路的情况下，由带有两个常开和常闭位置的断路器操作手柄（24）手动控制，或由一个主跳闸装置和脱扣杆（26）配合自动控制，上述辅助跳闸单元（12）含有一个与第二操作机构（46）相关联的电磁继电器（45），该第二操作机构包括跳闸单元（12）的一个机械复归连锁手柄（54）和一个第二机械脱扣连锁（48），它可以通过第二机构（46）的一个销（52）与位于相邻极（16）的绝缘外壳（40）上的一个孔（42）相接合，将跳闸命令从继电器（45）传送到脱扣杆（26），其特征在于，设置一个控制装置用来把两个单元（10、12）结合在一起的运动转化为第一和第二机构（22、46）的操作和复归手柄（24、54）的自动调节运动，从而防止上述手柄之间位置不一致，特别是当一个释放跳闸单元（12）与一个闭合的断路器单元（10）相连时。”

本专利说明书载明：现有技术中提到的接地故障断路器已由法国专利2437692描述，其中接地故障单元和断路器单元的连接是由安装者进行的，该安装者必须保证跳闸单元的脱扣销正确地与邻接极的第一机构相啮合，并保证手柄互相连接使跳闸单元由驱动第一机构进行复归。如果这些要求不能满足，接地故障跳闸单元就无法工作。在手柄位置不一致的情况下，特别是当安装者试图将一个已释放的跳闸单元与一已定位的闭合的断路器单元相连时，可能有误连接的危险。本发明的目的是获得一个组合式断路器的断路器单元和辅助跳闸单元的完美结合。无论这些单元是否在置位或脱扣的状态。

1999年11月26日，正泰集团公司以本专利不符合专利法第二十二条的规定为由向专利复审委员会提出了宣告本专利权无效的请求。同时，正泰集团公司先后提交了四篇对比文件，即CN87104627（对比文件1），US3464045（对比文件2），US 3789334（对比文件3），FR2437692（对比文件4）。

对比文件2的公开日为1969年8月26日，它公开一种电路保护器可选断路机械装置，它能实现只要断开了一个主控保护器就可以断开所有的电路保护器，并且一些被控保护器的断开不能使其他保护器断路，或者一些被控保护器的断开能引起其他选定的被控保护器断开，以达到安全和方便的目的。其断路器机构是通过一个互连脱扣机构将几个单极断路器互相连接。在对比文件2图1—6所示的实施例中，设置一个为所有单极断路器共用的脱扣杆68，它插在相邻断路器的控制凸轮上的孔和/或槽内，这种结构要求在安装脱扣杆时，必须使所有手柄处在相同位置，如果手柄在安装脱扣杆68期间有的处在闭合位置有的处在断开位置，相应的孔或槽将无法与脱扣杆对准。而在对比文件2图10～12所示的另一个实施例中，一个互连脱扣机构直接作用在断路器的手柄上，并未作用在断路器的主脱扣装置上。

2001年12月27日，专利复审委员会作出第4082号决定，维持本专利权有效，第4082号决定的合议组成员为组长张茂于、主审员赵国虹、参审员蒋彤。

正泰集团公司不服第4082号决定，向本院提起诉讼，本院作出（2002）一中行初字第204号行政判决，维持第4082号决定。

正泰集团公司不服上述行政判决，向北京市高级人民法院提起上诉，北京市高级人民法院作出（2003）高行终字第103号行政裁定，撤销了本院（2002）一中行初字第204号行政判决并发回本院重审。

2004年6月18日，本院重审后作出（2004）一中行初字第145号行政判决，认定第4082号决定用实用新型创造性标准评价本专利的创造性，采用的评判标准有误。据此判决撤销第4082号决定并判令专利复审委员会对该无效宣告请求重新作出审查决定。

专利复审委员会根据（2004）一中行初字第145号行政判决，重新组成合议组对本无效宣告请求进行审理，合议组的成员为组长蒋彤、主审员黄毅斐、参审员马志远。2004年12月13日，专利复审委员会进行了口头审理。在口头审理中，正泰集团公司坚持其无效理由为本专利权利要求1～7相对于对比文件4和2的结合不具备创造性，其中对比文件4是与本专利最接近的现有技术，放弃使用对比文件1和3，正泰集团公司及施内德公司均认为本专利权利要求1前序部分的技术特征已被对比文件4公开。

2005年2月23日，专利复审委员会作出第6886号决定，维持本专利权有效。

2005年3月31日，正泰集团公司经浙江省工商行政管理局核准改制变更为正泰公司。

在本案开庭审理过程中，原告对第6886号决定的下述内容没有异议：1. 对比文件4没有涉及本专利权利要求1的特征部分中控制装置的技术特征。2. 对比文件2所公开的技术方案主要应用于在断路器工作过程中断路器的断开控制。3. 对比文件2公开的内容。同时，原告认为，从本专利权利要求1中载明的"在过载或短路的情况下"以及本专利说明书第一页载明的"可能有误连接的危险"可见，被告在第6886号决定中认定本专利权利要求1的控制装置在拼装期间能够自动调节不同断路器的机构位置有误。此外，原告认为，从第6886号决定的内容来看，对比文件2和本专利的断路器手柄位置不同均应进行调节，本专利权利要求1与对比文件2都实现了调节的功能，故二者相同。

以上事实有本专利审定说明书、第6886号决定、第4082号决定、(2004)一中行初字第145号行政判决书、对比文件2及中文译文、对比文件4及中文译文、企业登记注册资料查询摘录及当事人陈述等证据在案佐证。

本院认为：

一、被告作出的第6886号决定是否违反了行政诉讼法第五十五条的规定。

行政诉讼法第五十五条规定："人民法院判决被告重新作出具体行政行为的，被告不得以同一的事实和理由作出与原具体行政行为基本相同的具体行政行为。"2000年3月8日法释［2000］8号《最高人民法院关于执行〈中华人民共和国行政诉讼法〉若干问题的解释》（下称法释［2000］8号司法解释）第五十四条第一款规定："人民法院判决被告重新作出具体行政行为，被告重新作出的具体行政行为与原具体行政行为的结果相同，但主要事实或者主要理由有改变的，不属于行政诉讼法第五十五条规定的情形。"

就本案而言，由于第4082号决定与第6886号决定的结论相同，根据上述法释［2000］8号司法解释第五十四条第一款的规定，第6886号决定是否违反了行政诉讼法第五十五条规定的关键在于该决定的主要事实或者主要理由是否有改变。根据专利法第二十二条第三款的规定，创造性是指同申请日以前已有的技术相比，该发明有突出的实质性特点和显著的进步，该实用新型有实质性特点和进步。由此可见，该规定包含了发明及实用新型创造性的评判标准，这两种专利的评判标准是不相同的。本专利是发明专利，根据(2004)一中行初字第145号行政判决的认定，被告作出的第4082号决定错误地适用了实用新型专利的创造性标准评价本专利的创造性。而根据第6886号决定的记载，被告认定本专利权利要求1相对于对比文件4和2的结合具有突出的实质性特点和显著的进步，并在此基础上认定本专利从属权利要求2~7也具备创造性。由此可见，被告在第6886号决定中对本专利创造性的评判适用的是发明专利创造性的评判标准，与本专利为发明专利的性质相符合。第6886号决定与第4082号决定在创造性判断标准上有实质性不同，而发明专利的创造性评判标准是被告作出第6886号决定的主要理由，因此被告作出第6886号决定依据的理由与第4082号决定的理由并不相同，故第6886号决定没有违反行政诉讼法第五十五条的规定。原告关于第4082号决定与第6886号决定的事实、理由和结论完全相同，第6886号决定违反了行政诉讼法第五十五条规定的主张没有事实及法律依据，本院不予支持。

二、第6886号决定的合议组的组成是否违反了专利法实施细则第三十八条第一款第（四）项的规定。

根据专利法实施细则第三十八条第一款第（四）项的规定，在无效宣告程序中，曾参与原申请的审查的专利复审委员会成员应当自行回避。由于专利申请的审查、授权程序与无效宣告请求程序是两个相对独立的程序，上述规定的目的是为了防止同一审查员针对相同的专利参加到专利申请及无效宣告审查两个程序中，从程序上更好地保护当事人的权益。该规定中"原申请"指的是专利申请，而非无效宣告请求，故该规定并不适用于本案。《审查指南》第四部分第一章第6.1节规定了"作出原审查决定的主审员不再参加该重新审查工作”，该规定系被告依法行政的依据，其与专利法实施细则的规定并不冲突，人民法院可以参照适用。根据本院查明的事实，第4082号决定的主审员没有参加第6886号决定的合议组。因此，第6886号决定的合议组的组成未违反专利法实施细则第三十八条第一款第（四）项和《审查指南》的规定。原告的主张没有法律依据，本院不予支持。

三、关于本专利是否具备创造性

根据专利法第二十二条第三款的规定，发明专利的创造性是指同申请日以前已有的技术相比，该发明有突出的实质性特点和显著的进步。

1. 关于本专利权利要求1是否为“自动调节不同断路器的机构位置的控制装置”。从本专利权利要求1及说明书记载的内容来看，本专利的多极断路器单元具有多个并列极，每个极带有一个断路器的操作手柄，因此，这些多极断路器单元具有多个操作手柄。本专利的控制装置系用于跳闸单元与断路器单元拼装期间调节跳闸单元与断路器单元手柄不一致，尤其是调节已释放的跳闸单元与已定位的闭合的断路器单元的手柄不一致的装置，由于手柄属于断路器单元的机构之一，故本专利权利要求1实质上是“自动调节不同断路器的机构位置的控制装置”。原告主张本专利权利要求1并不是“自动调节不同断路器的机构位置的控制装置”没有事实依据，本院不予支持。

2，关于本专利权利要求1是否具备创造性。原告及第三人均认为权利要求1的前序部分的技术特征已经被对比文件4所公开。本案的关键在于本专利权利要求1特征部分的内容是否被对比文件2及对比文件4公开或者给出相应的技术启示。根据本院查明的事实，首先，本专利权利要求1中载明的“在过载或短路的情况下”辅助跳闸单元工作方式的内容属于前序部分的内容，已经被对比文件4公开，其属于现有技术的内容，并非本专利要解决的问题。原告以此为由主张被告认定本专利权利要求1的控制装置在拼装期间能够自动调节不同断路器的机构位置有误缺乏事实依据，本院不予支持。从本专利说明书引用的作为背景技术的对比文件4存在的技术问题以及本专利所要达到的发明目的来看，本专利是在对比文件4的接地故障断路器的基础上为了防止手柄位置不一致可能导致误连接的危险而提出的一种改进的组合式断路器，因此，本专利系针对对比文件4跳闸单元与断路器单元连接安装时存在的缺陷所作出的改进。对比文件4并没有涉及本专利权利要求1特征部分中控制装置的技术特征，也不可能给出本专利权利要求1中的控制装置的技术启示。

其次，对比文件2的断路器机构是通过一个互连脱扣机构将几个单极断路器互相连接，以实现在工作期间只要断开了主控保护器就可以断开被控保护器，而一些被控保护器的断开不能使其他保护器断开。而本专利权利要求1技术方案中的控制装置系针对安装过程中辅助跳闸单元与断路器单元两者手柄位置不一致可能存在的误连接危险而对各断路器的机构位置进行调节，以达到手柄位置一致。因此，本专利与对比文件2解决的技术问题不同，采用的技术手段不同，达到的技术效果也不同。原告关于本专利权利要求1的结构特征和使用效果与对比文件2公开的“主控－被控”结构的上位表达一致的主张没有事实依据，本院不予支持。对比文件2的结构要求在安装脱扣杆时，必须使所有断路器的手柄处在相同位置，否则无法安装，因此，当对比文件2的各断路器单元组装在一起时，无须设置一个本专利权利要求1的特定的控制装置来调节各断路器手柄的位置，对比文件2没有公开本专利权利要求1的控制装置的技术特征，也没有给出将本专利权利要求1的控制装置应用到对比文件4以解决其存在的技术问题的启示。而且，对比文件2与对比文件4的结合也没有给出本专利权利要求1中的控制装置的启示。因此，与对比文件2和4相比，本专利权利要求1具有突出的实质性特点和显著的进步，因而具备创造性。

3. 关于本专利权利要求2~7是否具备创造性。本专利从属权利要求2~7是对权利要求1技术方案的某些具体结构的进一步限定，由于权利要求1具备创造性，权利要求2~7也具备创造性。

综上所述，被告作出的第6886号决定认定事实清楚，适用法律正确，审理程序合法，应当予以维持。原告的诉讼理由没有事实和法律依据，其诉讼请求本院不予支持。依照《中华人民共和国行政诉讼法》第五十四条第（一）项之规定，本院判决如下：

维持被告国家知识产权局专利复审委员会作出的第6886号无效宣告请求审查决定。

案件受理费1000元，由原告正泰集团股份有限公司负担（已交纳）。

如不服本判决，原告正泰集团股份有限公司、被告中华人民共和国国家知识产权局专利复审委员会可在本判决书送达之日起十五日内，第三人施内德电气工业公司可在本判决书送达之日起三十日内，向本院提交上诉状并交纳上诉案件受理费1000元（开户行：中国工商银行北京市分行黄楼支行，户名：北京市第一中级人民法院，账号：144537—48），上诉于中华人民共和国北京市高级人民法院。

审 判 长 姜 颖
代理审判员 江建中
代理审判员 侯占恒
书 记 员 陈 勇

北京市高级人民法院行政判决书

（2006）高行终字第217号

上诉人（原审原告）正泰集团股份有限公司，住所地中华人民共和国浙江省乐清市柳市镇工业区正泰大楼。

法定代表人南存辉，董事长。

委托代理人徐关寿，浙江杭州金通专利事务所有限公司专利代理人。

委托代理人王先锋，男，汉族，1965年7月26日出生，正泰集团股份有限公司职员，住江西省南昌市东湖区右营街85号。

被上诉人（原审被告）国家知识产权局专利复审委员会，住所地北京市海淀区北四环西路9号银谷大厦10～12层。

法定代表人廖涛，副主任。

委托代理人张度，国家知识产权局专利复审委员会审查员。

委托代理人王丽颖，国家知识产权局专利复审委员会审查员。

原审第三人施内德电气工业公司，住所地法国吕埃－马迈松市富兰克林罗斯福大街89号。

法定代表人雅克·里森塔尔（Jacques Ritzenthaler），工业产权部主任。

委托代理人付建军，男，汉族，1971年4月5日出生，中国国际贸易促进委员会专利商标事务所专利代理人，住北京市西城区复兴门外大街一号。

委托代理人李德山，男，汉族，1968年1月8日出生，中国国际贸易促进委员会专利商标事务所专利代理人，住北京市西城区复兴门外大街一号。

上诉人正泰集团股份有限公司（简称正泰公司）因专利无效行政纠纷一案，不服北京市第一中级人民法院（2005）一中行初字第536号行政判决，向本院提起上诉。本院2006年4月5日受理后，依法组成合议庭，于2006年11月29日公开开庭进行了审理。上诉人正泰公司的委托代理人徐关寿、王先锋，被上诉人国家知识产权局专利复审委员会（下称专利复审委员会）的委托代理人张度、王丽颖，被上诉人施内德电气工业公司（下称施内德公司）的委托代理人付建军、李德山到庭参加了诉讼。本案现已审理终结。

第6886号决定涉及1988年5月11日申请的名称为“辅助跳闸单元与多极断路器单元相结合的组合式断路器”的发明专利（下称本专利），该专利的申请号为88102711.1，优先权日为1987年5月11日，审定公告日为1992年12月23日，专利权人是梅兰日兰公司。该公司后于1999年12月24日由国家知识产权局专利局（下称国家知识产权局专利局）准予变更为施内德公司。1999年11月26日，正泰公司以本专利不符合专利法第二十二条的规定为由向专利复审委员会提出了宣告本专利权无效的请求。

2001年12月27日，专利复审委员会作出第4082号无效宣告请求审查决定（下称第4082号决定），维持本专利权有效。正泰公司不服第4082号决定，向北京市第一中级人民法院提起诉讼，该院作出（2002）一中行初字第204号行政判决（下称第204号行政判决），维持第4082号决定。

正泰公司不服上述行政判决，向本院提起上诉，本院作出（2003）高行终字第103号行政裁定（下称第103号行政裁定），撤销了第204号行政判决并发回该院重审。

2004年6月18日，该院重审后作出（2004）一中行初字第145号行政判决（下称第145号行政判决），认定第4082号决定用实用新型创造性标准评价本专利的创造性，采用的评判标准有误。据此判决撤销第4082号决定并判令专利复审委员会对该无效宣告请求重新作出审查决定。

专利复审委员会重新组成合议组对本无效宣告请求进行审理。2005年2月23日，专利复审委员会作出第6886号无效宣告请求审查决定（下称第6886号决定），维持本专利权有效。正泰公司不服第6886号决定，向北京市第一中级人民法院提起诉讼。

北京市第一中级人民法院认为：

一、关于程序问题。

由于第4082号决定与第6886号决定的结论相同，根据2000年3月8日法释［2000］8号《最高人民法院关于执行〈中华人民共和国行政诉讼法〉若干问题的解释》（下称法释［2000］8号司法解释）第五十四条第一款的规定，第6886号决定是否违反了行政诉讼法第五十五条规定的关键在于该决定的主要事实或者主要理由是否有改变。本专利是发明专利，根据第145号行政判决的认定，专利复审委员会作出的第4082号决定错误地适用了实用新型专利的创造性标准评价本专利的创造性。而根据第6886号决定的记载，专利复审委员会认定本专利权利要求1相对于对比文件4和2的结合具有突出的实质性特点和显著的进步，并在此基础上认定本专利从属权利要求2～7也具备创造性。由此可见，专利复审委员会在第6886号决定中对本专利创造性的评判适用的是发明专利创造性的评判标准，与本专利为发明专利的性质相符合。第6886号决定与第4082号决定在创造性判断标准上有实质性不同，而发明专利的创造性评判标准是专利复审委员会作出第6886号决定的主要理由，因此专利复审委员会作出第6886号决定依据的理由与第4082号决定的理由并不相同，第6886号决定没有违反行政诉讼法第五十五条的规定。

根据专利法实施细则第三十八条第一款第（四）项的规定，在无效宣告程序中，曾参与原申请的审查的专利复审委员会成员应当自行回避。该规定中“原申请”指的是专利申请，而非无效宣告请求。根据本院查明的事实，第4082号决定的主审员没有参加第6886号决定的合议组。因此，第6886号决定的合议组的组成未违反专利法实施细则第三十八条第一款第（四）项和《审查指南》的规定。

二、关于本专利是否具备创造性。

1. 关于本专利权利要求1是否为“自动调节不同断路器的机构位置的控制装置”。从本专利权利要求 1 及说明书记载的内容来看，本专利的多极断路器单元具有多个并列极，每个极带有一个断路器的操作手柄。因此，这些多极断路器单元具有多个操作手柄。本专利的控制装置系用于跳闸单元与断路器单元拼装期间调节跳闸单元与断路器单元手柄不一致，尤其是调节已释放的跳闸单元与已定位的闭合的断路器单元的手柄不一致的装置，由于手柄属于断路器单元的机构之一，故本专利权利要求 1 实质上是“自动调节不同断路器的机构位置的控制装置”。

2. 关于本专利权利要求 1 是否具备创造性。本案的关键在于本专利权利要求 1 特征部分的内容是否被对比文件 2 及对比文件 4 公开或者给出相应的技术启示。根据本院查明的事实，首先，本专利权利要求 1 中载明的“在过载或短路的情况下”辅助跳闸单元工作方式的内容属于前序部分的内容，已经被对比文件 4 公开，其属于现有技术的内容，并非本专利要解决的问题。从本专利说明书引用的作为背景技术的对比文件 4 存在的技术问题以及本专利所要达到的发明目的来看，本专利是在对比文件 4 的接地故障断路器的基础上为了防止手柄位置不一致可能导致误连接的危险而提出的一种改进的组合式断路器。因此，本专利系针对对比文件 4 跳闸单元与断路器单元连接安装时存在的缺陷所作出的改进。对比文件 4 并没有涉及本专利权利要求 1 特征部分中控制装置的技术特征，也不可能给出本专利权利要求 1 中的控制装置的技术启示。其次，对比文件 2 的断路器机构是通过一个互连脱扣机构将几个单极断路器互相连接，以实现在工作期间只要断开了主控保护器就可以断开被控保护器，而一些被控保护器的断开不能使其他保护器断开。而本专利权利要求 1 技术方案中的控制装置系针对安装过程中辅助跳闸单元与断路器单元二者手柄位置不一致可能存在的误连接危险而对各断路器的机构位置进行调节，以达到手柄位置一致。因此，本专利与对比文件 2 解决的技术问题不同，采用的技术手段不同，达到的技术效果也不同。正泰公司关于本专利权利要求 1 的结构特征和使用效果与对比文件 2 公开的“主控—被控”结构的上位表达一致的主张没有事实依据，本院不予支持。对比文件 2 的结构要求在安装脱扣杆时，必须使所有断路器的手柄处在相同位置，否则无法安装，因此，当对比文件 2 的各断路器单元组装在一起时，无须设置一个本专利权利要求 1 的特定的控制装置来调节各断路器手柄的位置，因此，对比文件 2 没有公开本专利权利要求 1 的控制装置的技术特征，也没有给出将本专利权利要求 1 的控制装置应用到对比文件 4 以解决其存在的技术问题的启示。而且，对比文件 2 与对比文件 4 的结合也没有给出本专利权利要求 1 中的控制装置的启示。因此，与对比文件 2 和 4 相比，本专利权利要求 1 具有突出的实质性特点和显著的进步，因而具备创造性。

3. 关于本专利权利要求 2 ~7 是否具备创造性。本专利从属权利要求 2 ~7 是对权利要求 1 技术方案的某些具体结构的进一步限定，由于权利要求 1 具备创造性，权利要求 2 ~7 也具备创造性。

综上，依照《中华人民共和国行政诉讼法》第五十四条第（一）项之规定，北京市第一中级人民法院判决：维持国家知识产权局专利复审委员会作出的第 6886 号无效宣告请求审查决定。

正泰公司不服原审判决，向本院提起上诉，请求撤销原审判决，撤销第 6886 号决定。其理由为：1. 专利复审委员会作出第 6886 号决定的行为违反了行政诉讼法第五十五条的规定。同时，专利复审委员会在作出第 6886 号决定时，虽然重新组成了合议组，但合议组成员中有原审查员参加，不符合法律的规定。2. 原审认定权利要求 1 具备创造性，缺乏事实依据。本专利权利要求 1 并不是“自动调节不同断路器的机构位置的控制装置”，而是调节断路器单元与辅助跳闸单元在拼装时两者手柄不一致的装置，这对对比文件 2 公开的在断路器相互连接时，一个断路器脱扣能够引起其他断路器自动脱扣达到与其一致的功能，两者属于相同的功能。因此，相对于对比文件 4 和 2，权利要求 1 不具备创造性。

专利复审委员会、施内德公司服从原审判决。

本院经审理查明：

第6886号决定涉及1988年5月11日申请的名称为“辅助跳闸单元与多极断路器单元相结合的组合式断路器”的发明专利（即本专利），该专利的申请号为88102711.1，优先权日为1987年5月11日，审定公告日为1992年12月23日，专利权人是梅兰日兰公司。该公司后于1999年12月24日由国家知识产权局专利局准予变更为施内德公司。

本专利审定公告时的权利要求书包括8项权利要求，其中权利要求1为独立权利要求，权利要求2～8直接或间接从属于权利要求1。权利要求1的内容如下：

“1. 一个带有辅助跳闸单元（12）的组合式断路器，该跳闸单元，特别是一个接地故障或并联跳闸装置，可以与一个多极断路器单元（10）邻近和连接，该断路器单元具有多个并列极，上述断路器单元（10）的每个极包括可分离的触头（18、20）和上述触头的第一驱动机构（22），在过载或短路的情况下，由带有两个常开和常闭位置的断路器操作手柄（24）手动控制，或由一个主跳闸装置和脱扣杆（26）配合自动控制，上述辅助跳闸单元（12）含有一个与第二操作机构（46）相关联的电磁继电器（45），该第二操作机构包括跳闸单元（12）的一个机械复归连锁手柄（54）和一个第二机械脱扣连锁（48），它可以通过第二机构（46）的一个销（52）与位于相邻极（16）的绝缘外壳（40）上的一个孔（42）相接合，将跳闸命令从继电器（45）传送到脱扣杆（26），其特征在于，设置一个控制装置用来把两个单元（10、12）结合在一起的运动转化为第一和第二机构（22、46）的操作和复归手柄（24、54）的自动调节运动，从而防止上述手柄之间位置不一致，特别是当一个释放跳闸单元（12）与一个闭合的断路器单元（10）相连时。”

本专利说明书载明：现有技术中提到的接地故障断路器已由法国专利2437692描述，其中接地故障单元和断路器单元的连接是由安装者进行的，该安装者必须保证跳闸单元的脱扣销正确地与邻接极的第一机构相啮合，并保证手柄互相连接使跳闸单元由驱动第一机构进行复归。如果这些要求不能满足，接地故障跳闸单元就无法工作。在手柄位置不一致的情况下，特别是当安装者试图将一个已释放的跳闸单元与一已定位的闭合的断路器单元相连时，可能有误连接的危险。本发明的目的是获得一个组合式断路器的断路器单元和辅助跳闸单元的完美结合。无论这些单元是否在置位或脱扣的状态。

1999年11月26日，正泰公司以本专利不符合专利法第二十二条的规定为由向专利复审委员会提出了宣告本专利权无效的请求。同时，正泰公司先后提交了四篇对比文件，即CN 87104627（对比文件1），US 3464045（对比文件2），US 3789334（对比文件3），FR 2437692（对比文件4）。

对比文件2的公开日为1969年8月26日，它公开一种电路保护器可选断路机械装置，它能实现只要断开了一个主控保护器就可以断开所有的电路保护器，并且一些被控保护器的断开不能使其他保护器断路，或者一些被控保护器的断开能引起其他选定的被控保护器断开，以达到安全和方便的目的。其断路器机构是通过一个互连脱扣机构将几个单极断路器互相连接。在对比文件2图1～6所示的实施例中，设置一个为所有单极断路器共用的脱扣杆68，它插在相邻断路器的控制凸轮上的孔和/或槽内，这种结构要求在安装脱扣杆时，必须使所有手柄处在相同位置，如果手柄在安装脱扣杆68期间有的处在闭合位置有的处在断开位置，相应的孔或槽将无法与脱扣杆对准。而在对比文件2图10～12。所示的另一个实施例中，一个互连脱扣机构直接作用在断路器的手柄上，并未作用在断路器的主脱扣装置上。

2001年12月27日，专利复审委员会作出第4082号决定，维持本专利权有效，第4082号决定的合议组成员为组长张茂于、主审员赵国虹、参审员蒋彤。

正泰公司不服第4082号决定，向北京市第一中级人民法院提起诉讼，该院作出第204号行政判决，维持第4082号决定。

正泰公司不服上述行政判决，向我院提起上诉，我院作出第103号行政裁定，撤销了第204号行政判决并发回北京市第一中级人民法院重审。

2004年6月18日，北京市第一中级人民法院重审后作出第145号行政判决，认定第4082号决定用实用新型创造性标准评 价本专利的创造性，采用的评判标准有误。据此判决撤销第408号决定并判令专利复审委员会对该无效宣告请求重新作出审查决定。

专利复审委员会根据（2004）一中行初字第145号行政判决重新组成合议组对本无效宣告请求进行审理，合议组的成员为组长蒋彤、主审员黄毅斐、参审员马志远。2004年12月13日，专利复审委员会进行了口头审理，在口头审理中，正泰公司坚持其无效理由为本专利权利要求1~7相对于对比文件4和2的结合不具备创造性，其中对比文件4是与本专利最接近的现有技术，放弃使用对比文件1和3，正泰公司及施内德公司均认为本专利权利要求1前序部分的技术特征已被对比文件4公开。

2005年2月23日，专利复审委员会作出第6886号决定，维持本专利权有效。专利复审委员会在该决定中认定：

一、关于现有技术。对比文件2（US3464045）和对比文件4（PR 2437692）都可用作评价本专利创造性的对比文件。其中的对比文件4是本专利说明书中引用的背景技术文献。

二、关于本专利权利要求1的创造性。本专利在对比文件4的接地故障断路器的基础上，为了防止手柄位置不一致可能导致误连接的错误，提出了一种改进的组合式断路器，能够获得断路器单元和辅助跳闸单元的可靠组合。

对比文件4已经公开了本专利权利要求1前序部分的技术特征，但未公开权利要求1的特征部分中跳闸单元的具体结构特征，而且没有涉及权利要求1的特征部分中控制装置的技术特征。

对比文件2的各断路器单元组装在一起时，无需设置一个本专利权利要求1的特定的控制装置来调节各断路器手柄的位置。对比文件2所公开的技术方案主要应用于在断路器工作过程中进行断路器的断开控制，使得在几个断路器扭互连接时，某些断路器的脱扣能够引起其他断路器的脱扣。而本专利的权利要求1中所要求保护的技术方案的控制装置是在将断路器单元与辅助跳闸单元安装在一起的过程中对各断路器的机构位置进行自动调节。也就是说，本专利和对比文件2解决的是不同的技术问题，而且所属领域的技术人员从对比文件2的技术方案中得不到关于权利要求1的特征部分的技术特征——控制装置的相关启示。

正泰公司认为，对比文件4和本专利都是跳闸单元和断路器单元的组装装置，虽然对比文件2没有披露本专利权利要求1的特征部分的技术内容，然而权利要求1的特征部分属于功能性内容，对比文件2所公开的断路杆（68）和联合机构（64，78，84，88，90）等的作用在于使其主控级断开，也必须使被控级断开，从而符合本专利那种阻止跳闸单元和断路器单元控制乏手柄位置不一致的上位表达。然而，事实并非如此，正如在对比文件2的图6~8及说明书的相关描述中所公开的那样，正泰公司在意见陈述中所说的“主控级”和“被控级”在对比文件2中实际上对应于具有主控——被控关系的各联合机构的组成部件（64，78，84，88，90），通过构成联合机构的相邻部件的任意组合，实现可选的断路控制，从而使得主控部件的断开将引起与之有主从关系的被控部件的断开。由此可见，对比文件2没有给出本专利的权利要求1在各断路器单元拼装期间能够自动调节不同断路器的机构位置的控制装置的教导或暗示。

综上所述，如果要实现把两个单元结合在一起的运动控制转化为第一和第二机构的操作和复归手柄的自动调节运动，本领域技术人员不可能从正泰公司提交的两篇对比文件得到实现本专利权利要求1技术方案的启示，也不可能想到将对比文件4和对比文件2组合起来实现本专利权利要求1的技术方案。由此可见，本专利权利要求1相对于对比文件4和对比文件2的结合具有突出的实质性特点，并且能够产生有益的技术效果，亦即具有显著的进步，从而具备专利法第二十二条第三款规定的创造性。

从属权利要求2~7是对权利要求1技术方案中某些具体结构的进一步限定，由于权利要求1具备创造性。基于同样的理由，相对于对比文件4和对比文件2的现有技术，权利要求2~7也具备创造性。

基于上述理由，专利复审委员会作出第6886号决定，维持本专利权有效。

在本案原审开庭审理过程中，正泰公司对第6886号决定的下述内容没有异议：1. 对比文件4没有涉及本专利权利要求1的特征部分中控制装置的技术特征。2. 对比文件2所公开的技术方案主要应用于在断路器工作过程中断路器的断开控制。3. 对比文件2公开的内容。同时，正泰公司认为，从本专利权利要求1中载明的"在过载或短路的情况下"以及本专利说明书第一页载明的"可能有误连接的危险"可见，专利复审委员会在第6886号决定中认定本专利权利要求1的控制装置在拼装期间能够自动调节不同断路器的机构位置有误。此外，正泰公司认为，从第6886号决定的内容来看，对比文件2和本专利的断路器手柄位置不同均应进行调节，本专利权利要求1与对比文件2都实现了调节的功能，故二者相同。

以上事实有本专利审定说明书、第6886号决定、第4082号决定、第145号行政判决、对比文件2及中文译文、对比文件4及中文译文、企业登记注册资料查询摘录及当事人陈述等证据在案佐证。

本院认为：

一、专利复审委员会作出的第6886号决定是否违反了行政诉讼法第五十五条的规定。

由于第4082号决定与第6886号决定的结论相同，根据最高人民法院法释［2000］8号司法解释第五十四条第一款的规定，第6886号决定是否违反了行政诉讼法第五十五条规定的关键在于该决定的主要事实或者主要理由是否有改变。本专利是发明专利，根据第145号行政判决的认定，专利复审委员会作出的第4082号决定错误地适用了实用新型专利的创造性标准评价本专利的创造性。而根据第6886号决定的记载，专利复审委员会认定本专利权利要求1相对于对比文件4和2的结合具有突出的实质性特点和显著的进步，并在此基础上认定本专利从属权利要求2~7也具备创造性。由此可见，专利复审委员会在第6886号决定中对本专利创造性的评判适用的是发明专利创造性的评判标准。因此专利复审委员会作出第6886号决定依据的理由与第4082号决定的理由并不相同，第6886号决定没有违反行政诉讼法第五十五条的规定。上诉人正泰公司关于第6886号决定违反了行政诉讼法第五十五条规定的主张没有事实及法律依据，本院不予支持。

二、第6886号决定的合议组的组成是否违反了专利法实施细则第三十八条第一款第（四）项的规定。

根据专利法实施细则第三十八条第一款第（四）项的规定，在无效宣告程序中，曾参与原申请的审查的专利复审委员会成员应当自行回避。该规定中"原申请"指的是专利申请，而非无效宣告请求，故该规定并不适用于本案。《审查指南》第四部分第一章第6.1节规定了"作出原审查决定的主审员不再参加该重新审查工作"，该规定系专利复审委员会依法行政的依据，其与专利法实施细则的规定并不冲突，人民法院可以参照适用。根据本院查明的事实，第4082号决定的主审员没有参加第6886号决定的合议组。因此，第6886号决定的合议组的组成未违反专利法实施细则第三十八条第一款第（四）项和《审查指南》的规定。正泰公司关于第6886号决定违反专利法实施细则策三十八条的上诉主张没有法律依据，本院不予支持。

三、关于本专利是否具备创造性。

根据专利法第二十二条第三款的规定，发明专利的创造性是指同申请日以前已有的技术相比，该发明有突出的实质性特点和显著的进步。

本案的关键在于本专利权利要求1特征部分的内容是否被对比文件2及对比文件4公开或者给出相应的技术启示。根据本院查明的事实，从本专利说明书引用的作为背景技术的对比文件4存在的技术问题以及本专利所要达到的发明目的来看，本专利是在对比文件4的接地故障断路器的基础上为了防止手柄位置不一致可能导致误连接的危险而提出的一种改进的组合式断路器，因此，本专利系针对对比文件4跳闸单元与断路器单元连接安装时存在的缺陷所作出的改进。对比文件4并没有涉及本专利权利要求1特征部分中控制装置的技术特征，也不可能给出本专利权利要求1中的控制装置的技术启示。

对比文件2的断路器机构是通过一个互连脱扣机构将几个单极断路器互相连接，以实现在工作期间只要断开了主控保护器就可以断开被控保护器，而一些被控保护器的断开不能使其他保护器断开。而本专利权利要求1技术方案中的控制装置系针对安装过程中辅助跳闸单元与断路器单元二者手柄位置不一致可能存在的误连接危险而对各断路器的机构位置进行调节，以达到手柄位置一致。因此，本专利与对比文件2解决的技术问题不同，采用的技术手段不同，达到的技术效果也不同。此外，对比文件2的结构要求在安装脱扣杆时，必须使所有断路器的手柄处在相同位置，否则无法安装。因此，当对比文件2的各断路器单元组装在一起时，无须设置一个本专利权利要求1的特定的控制装置来调节各断路器手柄的位置。对比文件2没有公开本专利权利要求1的控制装置的技术特征，也没有给出将本专利权利要求1的控制装置应用到对比文件4以解决其存在的技术问题的启示。

因此，与对比文件2和4相比，本专利权利要求1具有突出的实质性特点和显著的进步，因而具备创造性。本专利从属权利要求2～7是对权利要求1技术方案的某些具体结构的进一步限定，由于权利要求1具备创造性，权利要求2～7也具备创造性。上诉人正泰公司关于本专利权利要求1不具备创造性的上诉主张没有事实和法律依据，本院不予支持。

综上，原审判决认定事实清楚，适用法律正确，应予维持。正泰公司的上诉主张于法无据，本院不予支持。依照《中华人民共和国行政诉讼法》第六十一条第（一）项之规定，本院判决如下：

驳回上诉，维持原判。

一审案件受理费1000元，由正泰集团股份有限公司负担（已交纳），二审案件受理费1000元，由正泰集团股份有限公司负担（已交纳）。

本判决为终审判决。

审 判 长 刘继祥
代理审判员 钟 鸣
代理审判员 焦 彦
二〇〇六年十二月二十日
书 记 员 刘 悠

005

直插式灯的插脚结构案

无效宣告请求审查决定（第6892号）

决　定　号　第6892号
决　定　日　2005年2月6日
发明创造名称　直插式灯的插脚结构
国际分类号　H01J 5/50
无效请求人　深圳可见优光学电器有限公司
专利权人　杨范文　叶　峰
专　利　号　02252691.9
申　请　日　2002年9月5日
授权公告日　2003年9月3日
合议组组长　钱　芸
主　审　员　翁晓君
参　审　员　张美菊

法律依据　专利法第二十二条第二款、第三款　专利法实施细则第二条第二款
决定要点

抵触申请可以用作评价本案所涉及的实用新型的新颖性的对比文件，但是不能用作评价创造性的现有技术文件；并且当使用抵触申请来评价实用新型的新颖性时，此抵触申请应该是由他人向国家知识产权局专利局提出过申请并且记载在申请日以后公布的专利申请文件中的同样的发明或者实用新型。

一、案由

本无效宣告请求涉及国家知识产权局于专利局2003年9月3日授权公告的，名称为“直插式灯的插脚结构”的实用新型专利（下称本专利），其申请号是02252691.9，申请日是2002年9月5日，专利权人是杨范文、叶峰。

本实用新型专利授权时的权利要求书内容如下：

“1. 一种直插式灯的插脚结构，包括灯脚、钼片和玻璃夹板，其特征在于：在玻璃夹板外面固定一灯头，灯头用高强度耐高温绝缘材料制成，灯头下部与灯脚固定，灯脚形状为圆杆状、片状或波状，灯脚与保险丝连接，保险丝通过引出杆与钼片连接。

2. 如权利要求1所述的插脚结构，其特征是灯脚与灯头通过焊片焊接固定。

3. 如权利要求2所述的插脚结构，其特征是保险丝夹于灯脚与焊片之间并点焊连接。

4. 如权利要求1所述的插脚结构，其特征是灯脚插入灯头的插入部分端部弯折成弯头，卡在灯头相应的缺口处固定。

5. 如权利要求1所述的插脚结构，其特征是灯脚插入灯头的插入部分端部冲制成一倒钩，卡在

灯头相应的凹槽内固定。

6. 如权利要求1所述的插脚结构，其特征是灯头和灯脚插入部分在相应位置设有穿孔，孔内填塞棒状材料或可塑材料固化物固定。

7. 如权利要求6所述的插脚结构，其特征是棒状材料可以是铁或铝或塑胶棒。

8. 如权利要求1所述的插脚结构，其特征是灯头和灯脚之间的间隙内注有固定用的粘结剂层。”

针对上述专利权，深圳可见优光学电器有限公司（下称请求人）于2004年3月8日向专利复审委员会提出无效宣告请求，其理由是本专利的权利要求1、4和5不符合专利法第二十二条第二款的规定；权利要求6不符合专利法第二十二条第三款的规定；权利要求2、3、7和8不符合专利法实施细则第二条第二款的规定。与此同时，请求人提交了如下附件作为证据：

附件1（下称对比文件1）：ZL02226720.4号实用新型专利说明书，其名称为“含外接熔断器的单端卤钨灯”，其申请日为2002年4月4日，授权公告日为2003年3月12日，申请人为深圳可见优光学电器有限公司；

附件2：ZL02252691.9号实用新型专利说明书（即本专利）。

请求人指出：(1) 对比文件1的授权公告日为2003年3月12日，而本专利的申请日为2002年9月5日，所以对比文件1可以作为现有技术来评定本专利的新颖性。二者比较，对比文件1公开了本专利权利要求1特征部分除灯脚形状特征以外的所有技术特征，但是灯脚形状为圆杆状、片状或波状这一特征不是解决本专利技术问题的技术特征，属于冗余技术特征。至于灯头4用什么材料制成，则不属于实用新型专利的保护范围，所以本专利的权利要求1不具备专利法第二十二条第二款有关新颖性的规定；(2) 本专利权利要求2描述的技术特征为“灯脚3和灯头4通过焊片焊接固定”，而本技术领域的普通技术人员不需要花费创造性的劳动就能得知这一特征，而且焊接是一种固定方法，不属于产品形状、构造的范围，因而不是实用新型的保护范畴，权利要求2不符合专利法实施细则第二条第二款的规定；(3) 与上述第二点的理由相同，本专利权利要求3的技术特征中的点焊也是一种固定方法，不属于产品形状、构造的范围，因而也不是实用新型的保护范围，权利要求3也不符合专利法实施细则第二条第二款的规定；(4) 本专利权利要求4引用权利要求1，它进一步限定的附加技术特征与对比文件1的权利要求和说明书中公开的内容实质上等同，所以权利要求4不具备专利法第二十二条第二款的规定；(5) 本专利权利要求5引用权利要求1，它进一步限定的附加技术特征与对比文件1的权利要求和说明书中公开的内容实质上等同，所以权利要求5不具备专利法第二十二条第二款的规定；(6) 本专利权利要求6引用权利要求1，在本专利的说明书中没有说明权利要求6附加技术特征的采用能带来什么技术效果，不具备专利法第二十二条第三款规定的创造性；(7) 本专利权利要求7的技术特征中的材料不属于产品形状、构造的范围，因而不是实用新型的保护范畴，所以权利要求7不符合专利法实施细则第二条第二款的规定；(8) 权利要求8引用权利要求1，用粘接剂来固定连接两个物体，在现有技术中司空见惯，并且这种特征在本专利中并没有起到任何意想不到的效果，因而不具备新颖性和创造性。并且与上述第二点的理由相同，用粘结剂来固定连接两个物体是一种常见的固定连接方法，不属于产品形式、构造的范围，因而不是实用新型的保护范畴，所以权利要求8不符合专利法实施细则第二条第二款的规定。

经形式审查合格后，专利复审委员会受理了该无效宣告请求，于2004年3月30日向双方当事人发出了无效宣告请求受理通知书，并将专利权无效宣告请求书及所附证据副本转给了专利权人（下称被请求人），要求其在指定的期限内答复。

被请求人于2004年5月13日提交了针对上述无效宣告请求的答复意见和权利要求书修改文本，其中修改后的权利要求内容如下：

“1. 一种直插式灯的插脚结构，包括灯脚、钼片和玻璃夹板，在玻璃夹板外面固定一灯头，灯头用高强度耐高温绝缘材料制成，灯头下部与灯脚固定，灯脚与保险丝连接，保险丝通过引出杆与钼片连接，其特征在于：灯脚形状为片状或波状。

2. 如权利要求1所述的插脚结构，其特征是灯脚与灯头通过焊片焊接固定，保险丝夹于灯脚与焊片之间并点焊连接。”

被请求人在意见陈述书中指出：（1）上述修改后的权利要求1中，除了有一部分特征在对比文件1中有类似的表述外，“灯脚形状为片状或波状”这一特征不仅是在本专利申请日之前没有公开过的或申请过专利的新结构，而且与现有技术相比，具有“灯脚可用普通金属材料直接冲压制成，工艺简单，外观美观，成本低”的显著优点，因此权利要求1符合专利法第二十二条所规定的新颖性和创造性要求；（2）将原权利要求2和3合并为权利要求2，此权利要求所表述的是灯头与灯脚之间以及保险丝与灯脚之间的相互位置关系、连接关系和固定方式，完全是对产品的构造而言，因此完全符合专利法实施细则第二条第二款的规定；（3）在修改后的权利要求2中，记载的是一种灯脚与灯头的固定结构和保险丝与灯脚连接结构的巧妙组合，具有一定的技术效果，因此具备创造性。被请求人基于上述理由，认为请求人宣告无效的理由不能成立。

合议组于2004年11月3日将被请求人于2004年5月13日提交的意见陈述书及权利要求书修改文本转送至无效宣告请求人，并于同一日向双方当事人发出了口头审理通知书，定于2004年12月16日进行口头审理。

专利复审委员会于2004年11月30日收到请求人的口头审理通知书回执，表示如期参加口头审理，但是没有收到被请求人的口头审理通知书回执。

口头审理如期举行，被请求人没有出席口头审理。由于合议组认为被请求人于2004年5月13日提交的新的权利要求书不符合审查指南的相关规定，不能接受，所以本案合议组告知请求人本次口头审理以授权公告的权利要求书作为审查的基础。请求人对合议组成员无回避请求。在审理中，请求人明确无效的理由和范围是：权利要求1、4和5不具备新颖性，权利要求7、8不具备新颖性和创造性，权利要求2、3不符合专利法实施细则第二条第二款的规定，权利要求6不具备创造性；请求人还明确指出权利要求1与对比文件1的区别技术特征为：灯脚形状为圆杆状、片状或波状，该特征在对比文件1中没有公开，但认为此特征不是解决本专利技术问题的技术特征，属于冗余技术特征，并且指出权利要求6、7和8的技术特征属于公知常识，因此不具备创造性。

至此，合议组认为本案事实已经清楚，依法作出审查决定。

二、决定的理由

1. 审查的基础

根据审查指南第四部分第三章第5.4节的规定，在无效宣告程序中，修改权利要求的具体方式仅限于权利要求的删除、合并和技术方案的删除，而权利要求的合并是指两项或者两项以上相互无从属关系但在授权公告文本中从属于同一独立权利要求的权利要求的合并。而根据本案被请求人于2004年5月13日提交的意见陈述书中的陈述“关于权利要求2和权利要求3。被请求人拟将其合并为权利要求2”可知，新的权利要求书的修改方式是将从属于独立权利要求1的原权利要求2与从属于权利要求2的原权利要求3合并为新的权利要求2，而这样的修改不符合审查指南的规定，是不能接受的。因此，对本无效宣告请求案的审理，仍以原授权的权利要求书为基础。

2. 关于证据

请求人请求宣告本实用新型专利权无效时所提交的证据是对比文件1，该证据是中国专利公告复印件，经合议组核实，确认该复印件所示内容与原件一致。对比文件1是深圳可见优光学电器有限公司在本专利申请日之前向国家知识产权局专利局提出申请，并且在本专利申请日之后公开的专利文献，因此其可以用来判断本专利权利要求的新颖性。但是，不能作为现有技术用来判断本专利权利要求的创造性。

3. 关于专利法实施细则第二条第二款

专利法实施细则第二条第二款规定：“专利法所称实用新型，是指对产品的形状、构造或者其结合所提出的适于实用的新的技术方案。”只要实用新型专利的权利要求针对其要解决的技术问题对产品的形状、构造或者其结合进行了改进，并提出了新的技术方案，这样的权利要求就符合专利法实施细则第二条第二款的规定。

相对于现有技术来说，权利要求1是对灯脚形状进行改进的新的技术方案，其包含有产品的结构特征，完全属于专利法实施细则第二条第二款所规定的实用新型的保护客体，而权利要求2是权利要求1的从属权利要求，权利要求3是权利要求2的从属权利要求，因而权利要求2和3也属于实用新型的保护范围。并且，权利要求2和3的附加技术特征虽然是一种焊接的固定方法，但同样也描述了插脚结构的内部元件的连接关系，也是一种产品的构造，所以权利要求2和3符合专利法实施细则第二条第二款的规定。

4. 关于新颖性

专利法第二十二条第二款规定：“新颖性，是指在申请日以前没有同样的发明或者实用新型在国内外出版物上公开发表过、在国内公开使用过或者以其他方式为公众所知，也没有同样的发明或者实用新型由他人向国务院专利行政部门提出过申请并且记载在申请日以后公布的专利申请文件中。”权利要求的保护范围是由其中所有的技术特征限定的，不存在“冗余技术特征”的说法，评价权利要求的新颖性，要评价权利要求中记载的所有技术特征。

权利要求1要求保护一种直插式灯的插脚结构，其中包括以下几部分特征：

（a）包括灯脚、钼片和玻璃夹板；

（b）在玻璃夹板外面固定一灯头，灯头用高强度耐高温绝缘材料制成；

（c）灯头下部与灯脚固定，灯脚形状为圆杆状、片状或波状；

（d）灯脚与保险丝连接，保险丝通过引出杆与钼片连接。

对比文件1公开了一种含外接熔断器的单端卤钨灯，主要公开了以下相关特征：从说明书的附图1中可以很明显地推出，存在钼片和玻璃夹板；在玻璃夹板外面固定有灯头2（参见对比文件1的说明书第4页第8行及附图1）；灯头2尾端固定有电极4（相当于本专利中的灯脚）（参见对比文件1的说明书第4页第8行~第9行）；熔断器3一端与电极4连接，另一端通过引出线12与钼片连接（参见对比文件1的说明书第4页第8行~第9行及附图1）；所述灯头2为瓷制品（参见对比文件1的说明书第4页第15行），并且根据常识可知陶瓷是耐高温、硬质绝缘材料。

将对比文件1与本专利权利要求1相比较可知，前者所公开的电极4和引出线12分别相当于本专利权利要求1中的灯脚3和引出杆6，所以对比文件1公开了本专利权利要求1中的特征（a）、（b）和（d），并且公开了特征（c）中的“灯头下部与灯脚固定”。对比文件1没有公开本专利权利要求1中记载的特征（c）中的“灯脚形状为圆杆状、片状或波状”，而且上述特征也不能从对比文件1中直接唯一推导出来，因此二者所记载的技术方案不同，根据新颖性的判断原则，本专利权利要求1所要保护的技术方案具备新颖性。

由于权利要求4、5和8直接从属于权利要求1，权利要求7间接从属于权利要求1，所以当权利要求1具备新颖性时，权利要求4、5、7和8也同样具备新颖性。

5. 关于创造性

专利法第二十二条第三款规定：“创造性，是指同申请日以前已有的技术相比，该发明具有突出的实质性特点和显著的进步，该实用新型有实质性特点和进步，”并且专利法实施细则第三十条规定：“已有技术，是指申请日以前在国内外出版物上公开发表、在国内公开使用或者以其他方式为公众所知的技术，即现有技术。”

由于本专利的申请日是2002年9月5日，而对比文件1的公开日为2003年3月12日，所以对比文件1不属于专利法实施细则第三十条规定的现有技术，即对比文件1不能作为判断创造性的对比文件，请求人所主张的权利要求6、7、8不具备创造性的无效理由不能成立。本专利权利要求6、7和8具备创造性。

综上所述，本专利权利要求1、4、5、7和8具备新颖性，权利要求6、7和8具备创造性，并且权利要求2和3符合专利法实施细则第二条第二款的规定。

因此，合议组作出如下决定。

三、决定

维持02252691.9号实用新型专利权有效。

当事人对本决定不服的，可以根据专利法第四十六条第二款的规定，自收到本决定之日起三个月内向北京市第一中级人民法院起诉。根据该款规定，一方当事人起诉后，另一方当事人应当作为第三人参加诉讼。

006

开启式电流互感器案

无效宣告请求审查决定（第6924号）

决　定　号　第6924号
决　定　日　2005年3月11日
发明创造名称　开启式电流互感器
国际分类号　H01F 38/28
无效请求人　北京恒源利通电力技术有限公司
专利权人　上海市嘉定互感器厂
专　利　号　01238879.3
申　请　日　2001年4月16日
授权公告日　2002年1月16日
合议组组长　张　度
主　审　员　马志远
参　审　员　高海燕

法律依据　专利法第二十二条第二款、第三款
决定要点

如果以在先公开销售作为破坏专利产品新颖性的理由，应当提供与销售事实有关的证据材料，并同时提供能够说明所销售产品技术内容的证据材料。否则，既无法认定销售事实成立，也无法判断所销售产品与专利产品是否相同。

一、案由

本无效宣告请求涉及国家知识产权局专利局于2001年4月16日受理、申请号为01238879.3、名称为“开启式电流互感器”的实用新型专利，专利权人为上海市嘉定互感器厂。

2002年1月6日授权公告的权利要求书为：

“1. 一种开启式电流互感器，两个半圆环形铁芯（2）由环氧树脂混合胶（3）填封在两个半圆环形塑料壳（1）内，环形铁芯（2）上缠有绕组，该绕组设有引线和地线（4），其特征在于所述的两个半圆形塑料壳（1）用一包紧带（7）捆束起来，使两半圆环形铁芯（2）对合构成环形磁路。

2. 根据权利要求1所述的开启式电流互感器，其特征在于所说的环形塑料壳（1）外侧设有一系列定位块凸起（11、12、13、14、15、16、17、18、19），另由搭扣（9）、钢丝夹（10）通过铆钉与一收紧带（8）的一端连接形成所说的包紧带（7），收紧带（8）的另一端设有带钩（81），收紧带（8）的中间分别与环形塑料壳（1）的定位块凸起（11、12、13、14、15、16、17、18、19）相对应设有定位孔（82、83、84、85、86、87、88）。

3. 根据权利要求1或2所述的开启式电流互感器，其特征在于所说的环形塑料壳（1）的内侧圆周对称地分布有三个钳式插槽（5），在该插槽（5）内插设一Ω型橡胶圈（6）。”

针对本实用新型专利权（下称本专利），北京恒源利通电力技术有限公司（下称请求人）于2004年3月11日向专利复审委员会提出无效宣告请求，理由是本专利不符合专利法第二十二条第二款和第三款的规定，同时请求人提交了以下附件作为证据材料：

证据1：实用新型专利检索报告复印件；

证据2：施耐德电气公司的产品介绍资料复印件；

证据3：请求人作为卖方的销售合同复印件；

证据4：ZL92245459.0实用新型专利说明书，1993年11月24日公告；

证据5：特开2001－35736号公开特许公报，2001年2月9日公开。

请求人所提出主要观点如下：第一，证据2已经证明施耐德电气公司在2000年已经在本专利申请日之前销售了与本专利相同的产品、证据3证明请求人自己也已经在本专利申请日之前销售了同样的产品，上述产品的使用公开破坏了本专利新颖性；第二，证据1的检索报告中所记载的X类文件，即证据4、5两篇专利说明书，破坏了本专利的新颖性、创造性。

专利复审委员会于2004年3月17日向本案双方当事人发出受理通知书，将请求人所提交的无效宣告请求书及有关证据转送给被请求人，同时成立合议组对本案进行审理。

请求人于2004年4月20日提交了意见陈述和证据5中日本专利说明书的完整中文译文。

被请求人于2004年5月8日提交了答辩意见和新修改的权利要求书。新修改的权利要求文本内容如下：

“1. 一种开启式电流互感器，两个半圆环形铁芯（2）由环氧树脂混合胶（3）填封在两个半圆环形塑料壳（1）内，环形铁芯（2）上缠有绕组，该绕组设有引线和地线（4），其特征在于所述的两个半圆形塑料壳（1）用一包紧带（7）捆束起来，使两半圆环形铁芯（2）对合构成环形磁路；该环形塑料壳（1）外侧设有一系列定位块凸起（11、12、13、14、15、16、17、18、19），另由搭扣（9）、钢丝夹（10）通过铆钉与一收紧带（8）的一端连接形成所说的包紧带（7），收紧带（8）的另一端设有带钩（81），收紧带（8）的中间分别与环形塑料壳（1）的定位块凸起（11、12、13、14、15、16、17、18、19）相对应设有定位孔（82、83、84、85、86、87、88）。

2. 根据权利要求1所述的开启式电流互感器，其特征在于所述的环形塑料壳（1）的内侧圆周对称地分布有三个钳式插槽（5），在该插槽（5）内插设一Ω型橡胶圈（6）。”

合议组于2004年12月6日发出转文通知书，将请求人于2004年4月20日提交的意见陈述和证据5中文译文转文给被请求人，并将被请求人于2004年5月8日答辩意见和修改的权利要求书转给请求人。

合议组于2005年1月12日向双方当事人发出口头审理通知书，定于2005年2月23日举行口头审理。

请求人于2005年1月6日再次提交了意见陈述和证据材料，所包括证据为：

证据6：施耐德电气公司《2000产品目录》原件和复印件；

证据7：对证据6中第23页内容的标注说明。

合议组于2005年1月25日将请求人于2005年1月6日的意见陈述以及证据6、7的复印件转文给被请求人。

口头审理如期举行，请求人一方出席了口头审理，被请求人一方未出席。

本案合议组认为双方均已行使了陈述意见的权利，充分表达了各自的主张并提出相应的证据，至此本案事实已经清楚，可以作出审查决定。

二、决定的理由

1. 关于证据的确认

在口头审理中，请求人提交了证据2的原件，经过合议组核实发现，请求人作为证据2提供的三页产品说明书中，其中一页为请求人所述证据2“施耐德电气公司2000年产品介绍资料”（封页记载的资料名称为“中压电网管理MERLIN GERIN TALUS系列中压变电站控制单元TALUS200”）中的内容，而另外两页为请求人所述证据6《2000产品目录》中的内容。由此可见，证据6的两页部分内容已经在请求人提出请求时提交，证据7为证据6中一页的标注，合议组认定证据6、7属于对证据2内容的补充完善，不属于新的证据材料，不受证据提交期限的限制。

在口头审理中，请求人未能提交证据3合同的原件，对于该证据的真实性无法确认，合议组决定不采信该证据材料。

2. 关于使用公开

请求人以证据2、证据6、证据7证明施耐德电气公司在本专利申请日之前公开销售了与本专利相同的产品。但是，请求人认为证据2、6、7中的分裂式CT就是开启式电流互感器，请求人在口头审理中明确表示没有上述分裂式CT销售的直接证据。合议组认为，证据2、6、7仅仅为施耐德电气公司的产品介绍资料，这些证据材料并不能证明其中所记载的产品在国内公开销售。请求人所主张施耐德电气公司在申请日之前公开销售与本专利相同产品缺少证据支持，该主张不能成立。

请求人以证据3的合同证明在本专利申请日之前，请求人已经在国内公开销售了与本专利相同的产品。合议组经过审查认为，请求人未能提供证据3中合同的原件，该合同的真实性无法确认，该证据材料无法采用。因此，请求人所主张在申请日之前自己销售过与本专利相同产品缺少证据支持，该主张不能成立。

3. 关于被请求人对权利要求书的修改

被请求人于2004年5月8日提交了修改的权利要求书，请求人在口头审理中明确表示对于被请求人对权利要求书的修改不提出异议。合议组经过审查，确认被请求人对于权利要求书的修改仅仅为删除了原授权文本权利要求书中的权利要求1，即以原权利要求2所记载的技术方案作为修改后的权利要求1，同时原从属权利要求3也相应修改为当前的从属权利要求2。被请求人对权利要求书的上述修改符合审查指南的规定，可以作为审查的基础。

4. 关于证据4、5是否破坏本专利新颖性、创造性

合议组在口头审理中明确表示，以被请求人修改的权利要求1、2作为审查的基础。请求人在口头审理中明确了以证据4评价权利要求1的新颖性、以证据5评价权利要求1的新颖性，权利要求1也不具备创造性。

证据4为ZL92245459.0实用新型专利说明书，公告日为1993年11月24日，早于本专利申请日，属于专利法第二十二条所规定的现有技术范畴，可以用于评价权利要求1的新颖性。合议组经过审查认为，证据4中在两个半圆形铁芯绝缘外壁的外圆周上设置有凹槽，在凹槽内安装圈箍。由此可见，证据4技术方案并没有披露权利要求1中环形塑料壳外侧设置的一系列定位块凸起、也没有披露收紧带上与定位块凸起相对应的多个定位孔。这样，证据4未能公开权利要求1技术方案中的全部技术特征，也就不能破坏权利要求1的新颖性。

由于证据4技术方案的圈箍位于铁芯绝缘外壁外圆周上的凹槽内，仅仅实现将圈箍与铁芯在铁芯轴向相对定位的技术效果，而不能保证圈箍在圆周方向与铁芯之间相对定位。而权利要求1技术方案所采用的环形塑料壳外侧定位块凸起与收紧带上定位孔配合的结构，不仅可以将收紧带与环形塑料壳在轴向相互定位，并且也可以在环形塑料壳圆周方向相互定位。因此，权利要求1技术方案与证据4

技术方案之间的区别性特征，产生了证据4技术方案所无法实现的技术效果，导致权利要求1符合专利法第二十二条第三款所规定的创造性要求。

证据5为2001－35736号日本专利公报，公开日为2001年2月9日。早于本专利申请日，可以作为现有技术资料使用。合议组经过审查认为，证据5技术方案中既没有对应权利要求1中定位块凸起和定位孔的技术特征，也没有使用其他的结构技术特征实现与定位块凸起和定位孔相同的技术效果，因而证据5也无法破坏权利要求1技术方案的新颖性、创造性。

请求人在口头审理中明确表示，权利要求2的技术特征在证据4、5中均没有披露。这样，在权利要求1相对于证据4、5具备新颖性、创造性基础上，从属权利要求2也具备新颖性、创造性。

三、决定

维持01238879.3号实用新型专利权。

当事人对本决定不服的，可以根据专利法第四十六条第二款的规定，自收到本决定之日起三个月内向北京市第一中级人民法院起诉。根据该条款的规定，一方当事人起诉后，另一方当事人应当作为第三人参加诉讼。

007

具有改进面屏的彩色显像管案

无效宣告请求审查决定（第6926号）

决　定　号　第6926号
决　定　日　2005年3月2日
发明创造名称　具有改进面屏的彩色显像管
国 际 分 类 号　H01J 29/86、29/87、31/20
无 效 请 求 人　段　海
专 利 权 人　汤姆森消费电子有限公司
专　利　号　96103231.6
申　请　日　1996年2月14日
授 权 公 告 日　2001年5月9日
合 议 组 组 长　张　度
主　审　员　石　清
参　审　员　樊晓东

法 律 依 据　专利法第二十二条第二款、第三款
决 定 要 点

如果一项权利要求与对比文件的区别技术特征是本领域技术人员在对比文件的基础上容易推知的，则该项权利要求不具备创造性。

在说明书中进行了说明但在权利要求中没有相关记载的技术内容，不能作为支持权利要求具备创造性的理由。

一、案由

本无效宣告请求涉及国家知识产权局专利局于2001年5月9日授权公告、申请号为96103231.6、名称为“具有改进面屏的彩色显像管”的发明专利（下称本专利），其申请日是1996年2月14日，优先权日是1995年2月15日，专利权人是汤姆森消费电子有限公司（下称被请求人）。其授权公告的权利要求书内容如下：

“1. 一种彩色显像管（10），包括由面屏（12）、玻锥（15）和管颈（14）组成的外壳（11），所述面屏包括透明矩形屏面（18），所述屏面（18）具有在其内表面上的阴极电子激发光屏（22）和周边侧壁（20），所述面屏具有两条长边（L）、两条短边（S）和四个拐角，并且所述面屏的短轴（Y）通过所述面屏的中央并与所述两条短边平行；其特征在于所述面屏（12）具有围绕所述面屏的周边变化的从所述面屏（18）到所述侧壁（20）的内倒圆半径（RI），其中在所述面屏的每个拐角处的内倒圆半径是最短的内倒圆半径，在每个短轴端部的内倒圆半径是最长的内倒圆半径，并且在每个长轴（X）端部的内倒圆半径的长度在最长的和最短的内倒圆半径长度之间。

2. 如权利要求1中的显像管（10），其特征在于最长的内倒圆半径（RI）的长度至少是最短的

内倒圆半径（RI）的两倍。

3. 如权利要求 1 或 2 中的彩色显像管（10），其特征在于所述面屏（12）具有从所述屏面（18）至所述侧壁、也围绕所述面屏的周边变化外倒圆半径（R_0）。”

针对上述专利权，段海（下称请求人）于 2003 年 8 月 22 日向专利复审委员会提出无效宣告请求。其无效理由为本专利权利要求 1～3 不具备新颖性或创造性，违反了专利法第二十二条第二款、第三款的规定。请求人提交了如下附件作为证据：

附件 1：日本专利公报 JP 平 1－248440 号（A），其公开日是 1989 年 10 月 4 日；

附件 2：日本专利公报 JP 特开平 6－302284 号（A），其公开日是 1994 年 10 月 28 日；

附件 3：日本专利公报 JP 昭 59－75539 号（A），其公开日是 1984 年 4 月 28 日；

附件 4：日本专利公报 JP 昭 63－250044（A），其公开日为 1988 年 10 月 17 日；

附件 5：美国专利公报 US4537321，其公开日是 1985 年 8 月 27 日。

专利复审委员会于 2003 年 9 月 17 日发出无效宣告请求受理通知书，将请求人于 2003 年 8 月 22 日提交的无效宣告请求书及其附件的副本转寄给被请求人，并向请求人发出外文证据处理通知书，要求提交外文证据中所使用部分的中文译文。

请求人于 2003 年 9 月 22 日提交意见陈述书，同时提交了附件 1、5 的全文中文译文以及附件 2～4 的部分中文译文，并补充提交了附件 6，在此基础上进一步陈述了意见。

附件 6：日本电子机械工业会技术部发表的相关内容及数据列表译文共 28 页。

针对上述无效宣告请求，被请求人于 2003 年 11 月 3 日提交了意见陈述书，认为本专利具备新颖性和创造性，请求人的无效宣告请求理由不成立。

本案合议组于 2004 年 4 月 19 日向双方当事人发出口头审理通知书，定于 2004 年 6 月 2 日对本案进行口头审理，随口头审理通知书将被请求人于 2003 年 11 月 3 日提交的意见陈述书转寄给请求人，将请求人于 2003 年 9 月 22 日提交的意见陈述书及其附件转给被请求人。

口头审理于 2004 年 6 月 2 日如期举行。双方当事人都出席了口头审理。在口头审理中，请求人明确无效理由是本专利权利要求 1、2 不符合专利法第二十二条第二款、第三款的规定，权利要求 3 不符合专利法第二十二条第三款规定。请求人放弃使用附件 2～6，仅使用附件 1（下称对比文件 1）评述本专利。被请求人对附件 1 的真实性及译文的准确性无异议。在此基础上，双方当事人进行了辩论。

请求人认为，本专利权利要求 1 与对比文件 1 的发明目的、技术方案、技术特征、技术效果均相同，因此不具备新颖性。另外，关于对比文件 1 所披露的曲率半径，首先，从对比文件 1 记载的“应力高的理由是弯曲在起作用……显然就同样壁厚而言构成角部的曲率半径大则有利”内容可以看出，曲率半径越大抵抗的应力就越大是一个指导性的抗应力方针，而且对比文件 1 是在“同样壁厚”的条件下讨论内倒圆半径大小的问题的；第二，对比文件 1 中壁厚是用中位面表示的，中位面减 1/2 壁厚就是面屏和侧壁的内表面，加 1/2 壁厚就是面屏和侧壁的外表面；第三，对比文件 1 在“减去壁厚的一半的部分的值”的条件下讨论的角度半径就是内倒圆半径，中位面仅仅是作为一种图示而已；第四，从本专利说明书第 3、4 页关于倒圆半径、内倒圆半径、外倒圆半径的相关记载可以看出发明人也自觉地利用了“中位面”的概念，把内倒圆半径和外倒圆半径统一称之为“倒圆半径”，看来在研究显像管面屏和侧壁的角度问题时，利用“中位面”的概念进行表示是个常规操作。

基于上述四点理由，可以认定对比文件 1 所说的曲率半径就是“内倒圆半径”。权利要求 2 的技术特征已经被对比文件 1 披露，不具备新颖性和创造性；权利要求 3 的技术特征仅仅是对比文件 1 中技术结论的具体实施，是通常的现有技术，也是可以按照现有技术的提示，不用付出创造性劳动就可以想到的，不具备创造性。

被请求人的主要观点是，本专利说明书用“屏面和侧壁的连接通常较厚和坚固，这一连接的边缘被弄圆，通常被称为‘倒圆’”对“倒圆半径”赋予了的特定含义，而对比文件1中的“曲率半径”是一个数学上的术语，二者所指代的是不同技术特征，而且本专利权利要求1着眼于“内倒圆半径”，而对比文件1所涉及的曲率半径一直都是指屏面角部中位面的曲率半径，中位面的曲率半径不能等同于内表面或外表面的曲率半径。本发明认识到通过减少拐角处的内倒圆半径可以减少面屏的内表面的峰值拉伸应力，并可以使处于内表面上的可视荧光屏的拐角变长，从而增大可视面积。基于这种特定认识本发明采用了内倒圆半径，并非简单的限定，因此权利要求1与对比文件1有实质性区别，具备新颖性。

与对比文件1相比，本发明所要解决的技术问题是在减少面屏应力的同时增大可视荧光屏的可视面积。对比文件1中采用中位面的曲率半径是基于“同样壁厚”的前提，而这也正是本发明与对比文件1的区别所在，本发明并不要求壁厚相同。因此在权利要求1中才仅对内倒圆半径进行限定。基于上述理由，本专利权利要求1与对比文件1基于的认识不同，具有实质性区别特征，并且所要解决的技术问题也不同，故具备创造性；在此基础上，权利要求2也同样具备创造性；权利要求3是基于对外表面上应力分布的认识对外倒圆半径进行的限定。使拐角处的内倒圆半径最小造成面屏与侧壁的连接处有单薄部分，减弱了面屏的机械整体性。发明人认识到为重建面屏的机械整体性，可加大外倒圆半径来提供更大的表面积，从而调和面屏中更大的局部应力。说明书中明确记载了“在特定的面屏位置增加外倒圆半径和减少内倒圆半径都会在面屏的一侧壁连接处产生较薄的部分。这种变薄允许面屏弯曲的改变，这至少将部分释放显像管加工过程中和加工过程以后出现的应力。”而且从说明书的第一到第五实施例可以看出内倒圆半径和外倒圆半径的变化并无关系。因此权利要求3也具备创造性。

口头审理之后，被请求人于2004年6月19日将己方的陈述意见与答辩理由进行整理，提交了意见陈述书。

专利复审委员会于2004年12月10日向双方当事人发出合议组成员告知通知书。在规定的答复期限内，双方当事人未提出回避请求和再次进行口头审理的要求。

在上述工作的基础上，合议组认为本案事实已经清楚，可以作出审查决定。

二、决定的理由

1. 关于现有技术

对比文件1的公开日在本专利的优先权日之前，因此可以作为评价本专利新颖性和创造性的现有技术。

鉴于请求人已经放弃使用附件2~6评述本专利，因此在本案中对附件2~6不予考虑。

2. 关于权利要求1、2的新颖性

本专利涉及一种彩色显像管，其权利要求1包括如下技术特征：

（1）一种彩色显像管（10），包括由面屏（12）、玻锥（15）和管颈（14）组成的外壳（11）；

（2）所述面屏包括透明矩形屏面（18），所述屏面（18）具有在其内表面上的阴极电子激发光屏（22）和周边侧壁（20），所述面屏具有两条长边（L）、两条短边（S）和四个拐角，并且所述面屏的短轴（Y）通过所述面屏的中央并与所述两条短边平行；

（3）所述面屏（12）具有围绕所述面屏的周边变化的从所述面屏（18）到所述侧壁（20）的内倒圆半径（RI），其中在所述面屏的每个拐角处的内倒圆半径是最短的内倒圆半径，在每个短轴端部的内倒圆半径是最长的内倒圆半径，并且在每个长轴（X）端部的内倒圆半径的长度在最长的和最短的内倒圆半径长度之间。

对比文件 1 公开了一种显像管，该显像管 1 包括由具有屏盘屏部 2A 和侧面部 2B 的屏盘 2，与其相连的漏斗状锥体部 4 和颈部 5 构成的真空玻璃容器，在屏盘屏部 2A 的内面设置有大致为矩形的荧光屏 3（参见对比文件 1 的图 4（a）及说明书译文第 1 页“现有技术”部分），屏盘 2 具有两条长边、两条短边和四个拐角，还具有通过其中央并与其两条短边平行的 Y 轴（参见对比文件 1 的图 4（a）和图 4（b））；虽然屏盘具有壁厚，但用线表示出了背面/表面的中位面；rD、rL、rS 分别是在对角轴、长轴、短轴方向上在屏盘屏部 2A 和侧壁部 2B 的分界的角部 2C 处的曲率半径，相对于以往的 rD = rL = rS，在本发明中形成为例如 rD < rL≤rS，例如 rD = 8.0、rL = 32.0，rS = 36.0（参见对比文件 1 说明书译文第 3 页“解决问题的手段”和“实施例”部分）。

比较权利要求 1 与对比文件 1 可见，权利要求 1 的特征（1）、（2）均已被对比文件 1 公开。

在本案中双方当事人争论的焦点在于从对比文件 1 能否得到权利要求 1 的特征（3）。对此，合议组认为，虽然本专利中使用的“倒圆半径”一词与对比文件 1 中所使用的“曲率半径”名称不同，但从本专利说明书所作的在屏面和侧壁连接边缘被“弄圆，通常被称为倒圆”的说明可以看出，所谓倒圆就是将两个部分的连接处作成圆弧形，因此倒圆半径就是被作成圆弧部位的曲率半径。这与对比文件 1 中角部 2C 的“曲率半径”没有本质区别；但另一方面，通读对比文件 1 说明书译文，找不到任何有关内倒圆半径的明确记载，相反，根据说明书译文第 3、第 4 页实施例部分先后记载的“虽然屏盘具有壁厚，但用线表示出了背面/表面的中位面”和“图 7 与在图 3 中说明的同样地表示了屏盘壁厚的中位面，与对应于图 6 中的 D. A.、S. A.、L. A.（沿含有管轴的对角轴、X 轴、Y 轴的剖面的 CRT 管壁的线）的外形相当的（尽管毫无疑问是减去壁厚的一半的部分的值）”，以及说明书对于附图和附图标记的说明，可以认定中位面即外形“减去壁厚的一半的部分的值”的位置所构成的面，对比文件 1 所涉及的各个位置的曲率半径实际上是中位面角部不同位置处的曲率半径。因此，虽然对比文件 1 所揭示的对角轴、长轴、短轴方向的角部曲率半径 rD、rL、rS 之间关系与权利要求 1 的特征（3）所限定的相应位置的内倒圆半径之间关系相同，但由于对比文件 1 的中位面和本专利权利要求 1 的“内倒圆半径”中的“内”所代表的内表面在含义上的不同，使得对比文件 1 所公开的内容与权利要求 1 存在差异，因此权利要求 1 与对比文件 1 相比具备新颖性。

在权利要求 1 具备新颖性的情况下，其从属权利要求 2 也具备新颖性。

3. 关于权利要求 1 ~3 的创造性

对比文件 1 中除了记载上述内容外，还在发明所要解决的技术问题部分记载了本发明“目的在于获得可降低 CRT 作成真空时有关应力……的显像管”；在对其所采取的例如 rD < rL≤rS 的结构的作用的说明部分记载了“本发明通过上述结构，可以减轻以往由于无论哪个屏盘部的角部分都按一定的曲率半径形成而带来的有关屏盘短边和长边中央的角部的大应力”。本领域技术人员结合对比文件 1 上述各部分公开的内容可以看出，对比文件 1 与本发明同样都解决了面屏中的应力的问题，并且所采取的技术手段都是对于屏盘面屏和侧部之间过渡部位的曲率半径进行适当选择，并由此达到了降低应力的效果，只不过对比文件 1 是在忽略壳体内、外表面形状差异或者说忽略壳体壁厚变化的情况下，以内、外表面之间的中位面来表征显像管屏盘部外形的总体变化趋势。但中位面只是一个客观上并不存在的虚拟表面，因此得出中位面的各角部曲率半径之间关系的意义显然并不在于指导如何形成屏盘的中位面，将其作为形成决定屏盘外形的内、外表面的考虑因素才是顺理成章的事，在屏盘壁厚相同的情况下则可以将对于中位面所得到的结论直接用于内、外表面。因此，尽管对比文件 1 仅公开了屏盘壁厚的中位面的各部位曲率半径之间的关系，但对于本领域技术人员来说，由此直接推导出权利要求 1 所限定的各部位内倒圆半径之间关系（即特征（3））无需任何创造性劳动。

合议组注意到被请求人关于本专利在减少应力的同时增大可视荧光屏的可视面积的观点，增大可视面积是减小对角轴方向内倒圆半径所必然带来的效果，而且在对比文件1中减小的对角轴方向曲率半径也可以获得同样的效果，这一效果也体现在对比文件1说明书译文第5页第1段关于“与D.A.方向相比，在S.A.及L.A.方向上在角部近边无用的空间多”的记载中。另外，权利要求1没有载明面屏壁厚是否相同，因此被请求人所提出的本专利与对比文件1的区别所在是壁厚是否相同的理由也不成立。

基于上述理由，权利要求1与对比文件1相比不具有突出的实质性特点和显著的进步，不符合专利法第二十二条第三款有关创造性的规定。

权利要求2限定了最长的内倒圆半径的长度至少是最短的内倒圆半径的两倍。但对比文件1披露了中位面的rD=8.0、rL=32.0和rS=36.0，其中最长和最短的曲率半径rS和rD满足权利要求2所限定的关系。本领域技术人员在对比文件1所披露的中位面各部位曲率半径之间关系的基础上得到同样的相应部位内倒圆半径之间关系是显而易见的，由此可得到权利要求2所限定的技术特征。因此在权利要求1不具备创造性的情况下，其从属权利要求2同样也不具备创造性。

权利要求3进一步限定了外倒圆半径围绕面屏周边变化的技术特征。基于权利要求1、2不具备创造性的同样理由，本领域技术人员将对比文件1所披露的中位面各部位曲率半径关系适用于外表面从而得到权利要求3的技术特征是容易的。另外，权利要求3仅仅限定了外倒圆半径围绕面屏周边变化，但没有进一步限定其变化方式，更没有限定相应部位的内、外倒圆半径之间的变化关系，因此虽然在本专利说明书中记载了“在特定的面屏位置增加外倒圆半径和减少内倒圆半径都会在面屏的一侧壁连接处产生较薄的部分。这种变薄允许面屏弯曲的改变，这至少将部分释放显像管加工过程中和加工过程以后出现的应力”的内容，但不能以此作为支持权利要求3具备创造性的理由。因此，在权利要求1、2不具备创造性的情况下，其从属权利要求3同样也不具备创造性。

综上所述，请求人关于本专利权利要求1~3不具备创造性的无效理由成立。

三、决定

宣告96103231.6号发明专利权全部无效。

当事人对本决定不服的，可以根据专利法第四十六条第二款的规定，自收到本决定之日起三个月内向北京市第一中级人民法院起诉。根据该款的规定，一方当事人起诉后，另一方当事人应当作为第三人参加诉讼。

北京市第一中级人民法院行政判决书

（2005）一中行初字第865号

原告汤姆森消费电子有限公司（Thomson Licensing INC），住所地美国特拉华州（Corporation Trust Center，1209 Orange Street，in the City of Wilmington，County of New Castle）。

法定代表人帕特丽夏·韦兰奇瑞（Patricia Verlangieri），高级专利顾问。

委托代理人吴玉和，中国专利代理（香港）有限公司专利代理人。

委托代理人梁永，中国专利代理（香港）有限公司专利代理人。

被告中华人民共和国国家知识产权局专利复审委员会，住所地北京市海淀区北四环西路9号银谷大厦10~12层。

法定代表人廖涛，副主任。

委托代理人高雪，中华人民共和国国家知识产权局专利复审委员会审查员。

委托代理人石清，中华人民共和国国家知识产权局专利复审委员会审查员。

第三人段海，男，汉族，1955年9月24日出生，自由职业者，住北京市丰台区丰台北路30号2楼2门501号。

委托代理人张金海，男，汉族，1940年11月21日出生，北京金信立方知识产权代理有限公司职员，住北京市朝阳区北四环东路116楼东1402号。

委托代理人张彬，女，汉族，1970年8月1日出生，北京金信立方知识产权代理有限公司职员，住北京市崇文区刚毅胡同3号。

原告汤姆森消费电子有限公司（下称汤姆森电子公司）不服被告中华人民共和国国家知识产权局专利复审委员会（下称专利复审委员会）于2005年3月2日作出的第6926号无效宣告请求审查决定（下称第6926号决定），于法定期限内向本院提起行政诉讼。本院于2005年8月22日受理后，依法组成合议庭，并通知段海作为第三人参加本案诉讼，于2005年11月10日公开开庭进行了审理。原告汤姆森电子公司的法定代表人帕特丽夏·韦兰奇瑞及其委托代理人吴玉和、梁永，被告专利复审委员会的委托代理人高雪、石清，第三人段海的委托代理人张金海、张彬到庭参加了诉讼。本案现已审理终结。

第6926号决定系专利复审委员会针对段海就汤姆森电子公司所拥有的名称为“具有改进面屏的彩色显像管”的发明专利（下称本专利）所提出的无效宣告请求而作出的。专利复审委员会在该决定中认定：

一、关于权利要求1和2的新颖性

汤姆森电子公司和段海争议的焦点在于从对比文件1能否得到权利要求1的技术特征“所述面屏（12）具有围绕所述面屏的周边变化的从所述面屏（18）到所述侧壁（20）的内倒圆半径（RI），其中在所述面屏的每个拐角处的内倒圆半径是最短的内倒圆半径，在每个短轴端部的内倒圆半径是最长的内倒圆半径，并且在每个长轴（X）端部的内倒圆半径的长度在最长的和最短的内倒圆半径长度之间。”专利复审委员会认为，虽然本专利中使用的“倒圆半径”一词与对比文件1中所使用的“曲率半径”名称不同，但从本专利说明书所作的在屏面和侧壁连接边缘被“弄圆，通常被称为倒圆”的说明可以看出，所谓倒圆就是将两个部分的连接处作成圆弧形，因此倒圆半径就是被作成圆弧部位的曲率半径。这与对比文件1中角部2C的“曲率半径”没有本质区别；但另一方面，通读对比文件1说明书译文，找不到任何有关内倒圆半径的明确记载。相反，根据说明书译文第3、第4页实施例部分先后记载的“虽然屏盘具有壁厚，但用线表示出了背面/表面的中位面”和“图7与在图3中说明的内容同样地表示了屏盘壁厚的中位面，与对应于图6中的D. A. 、S. A. 、L. A. （沿含有管轴的对角轴、X轴、Y轴的剖面的CRT管壁的线）的外形相当的（尽管毫无疑问是减去壁厚的一半的部分的值）”，以及说明书对于附图和附图标记的说明，可以明了中位面即外形“减去壁厚的一半的部分的值”的位置所构成的面。对比文件1所涉及的各个位置的曲率半径实际上是中位面角部不同位置处的曲率半径。因此，虽然对比文件1所揭示的对角轴、长轴、短轴方向的角部曲率半径rD、rL、rS之间关系与上述权利要求1的特征所限定的相应位置的内倒圆半径之间关系相同，但由于对比文件1的中位面和本专利权利要求1的“内倒圆半径”中的“内”所代表的内表面在含义上的不同，使得对比文件1所公开的内容与权利要求1存在差异。因此，权利要求1与对比文件1相比具备新颖性。在权利要求1具备新颖性的情况下，其从属权利要求2也具备新颖性。

二、关于权利要求1~3的创造性

对比文件1中除了记载上述内容外，还在发明所要解决的技术问题部分记载了本发明“目的在于获得可降低 CRT 作成真空时有关应力……的显像管”；在对其所采取的例如 rD < rL ≤ rS 结构作用的说明部分记载了“本发明通过上述结构，可以减轻以往由于无论哪个屏盘部的角部分都按一定的曲率半径形成而带来的有关屏盘短边和长边中央的角部的大应力”。本领域技术人员结合对比文件 1 上述各部分公开的内容可以看出，对比文件 1 与本发明同样都解决了面屏中的应力的问题，所采取的技术手段，都是对于屏盘面屏和侧部之间过渡部位的曲率半径进行适当选择，并由此达到了降低应力的效果，只不过对比文件 1 是在忽略壳体内、外表面形状差异或者说忽略壳体壁厚变化的情况下，以内、外表面之间的中位面来表征显像管屏盘部外形的总体变化趋势，但中位面只是一个客观上并不存在的虚拟表面。因此，得出中位面的各角部曲率半径之间关系的意义显然并不在于指导如何形成屏盘的中位面，将其作为形成决定屏盘外形的内、外表面的考虑因素才是合理的。在屏盘壁厚相同的情况下则可以将对于中位面所得到的结论直接用于内、外表面。

因此，尽管对比文件 1 仅公开了屏盘壁厚的中位面的各部位曲率半径之间的关系，但对于本领域技术人员来说，由此直接推导出权利要求 1 所限定的各部位内倒圆半径之间关系无需任何创造性劳动。关于汤姆森电子公司提出的本专利在减少应力的同时增大可视荧光屏的可视面积的观点，专利复审委员会认为，增大可视面积是减小对角轴方向内倒圆半径所必然带来的效果，而且在对比文件 1 中减小的对角轴方向曲率半径也可以获得同样的效果，这一效果也体现在对比文件 1 说明书译文第 5 页第 1 段关于“与 D. A. 方向相比，在 S. A. 及 L. A. 方向上在角部近边无用的空间多”的记载中。另外，权利要求 1 没有载明面屏壁厚是否相同，因此，汤姆森电子公司主张本专利与对比文件 1 的区别还在于壁厚是否相同也不能成立。基于上述理由，权利要求 1 与对比文件 1 相比不具有突出的实质性特点和显著的进步，不符合专利法第二十二条第三款有关创造性的规定。

权利要求 2 限定了最长的内倒圆半径的长度至少是最短的内倒圆半径的两倍。但对比文件 1 披露了中位面的 rD = 8. 0、rL = 32. 0 和 rS = 36. 0，其中最长和最短的曲率半径 rS 和 rD 满足权利要求 2 所限定的关系，本领域技术人员在对比文件 1 所披露的中位面各部位曲率半径之间关系的基础上得到同样的相应部位内倒圆半径之间关系是显而易见的，由此可得到权利要求 2 所限定的技术特征。因此，在权利要求 1 不具备创造性的情况下，其从属权利要求 2 也不具备创造性。

权利要求 3 进一步限定了外倒圆半径围绕面屏周边变化的技术特征。基于权利要求 1、2 不具备创造性的同样理由，本领域技术人员将对比文件 1 所披露的中位面各部位曲率半径关系适用于外表面从而得到权利要求 3 的技术特征是容易的。另外，权利要求 3 仅仅限定了外倒圆半径围绕面屏周边变化，但没有进一步限定其变化方式，更没有限定相应部位的内、外倒圆半径之间的变化关系。因此虽然在本专利说明书中记载了“在特定的面屏位置增加外倒圆半径和减少内倒圆半径都会在面屏的一侧壁连接处产生较薄的部分，这种变薄允许面屏弯曲的改变，这至少将部分释放显像管加工过程中和加工过程以后出现的应力”的内容，但不能以此作为支持权利要求 3 具有创造性的理由。因此，在权利要求 1、2 不具备创造性的情况下，其从属权利要求 3 也不具备创造性。

综上，专利复审委员会作出第 6926 号决定，宣告本专利权全部无效。

原告汤姆森电子公司不服第 6926 号决定，向本院提起行政诉讼，其诉称：一、本专利具备新颖性。相对于对比文件 1 而言，本专利权利要求 1 除了具有专利复审委员会所指出的区别特征外，还具有如下的具体限定，即“面屏的每一个拐角处的内倒圆半径是最短的，面屏的每一个短轴的末端的内倒圆半径是最长的，面屏的每一个长轴的末端的内倒圆半径在最长和最短的倒圆半径之间”。二、本专利具备创造性。第一，对比文件 1 中所涉及的在角部 2C 处的“曲率半径”并不具备本专利中的“倒圆半径”的特定含义，两者所指代的是不同技术特征；如权利要求 1 中清楚指出的，本专利着眼于在面屏周边变化的从屏面到侧壁的“内倒圆半径”，而对比文件 1 所涉及的曲率半径一直都是指屏面角部中位面的曲率半径。对比文件 1 中的中位面的曲率半径不等同于内表面的曲率半径，也不等同于外表面的曲率半径。第二，本专利相对于对比文件 1 所要解决的技术问题是在减少面屏应力的同时增大可视荧光屏的可视面积。在说明书中有相应描述“通过减少拐角处的内倒圆半径减少面屏的内表面上的峰值拉伸应力”，以及“形状 44 优于 42 的另一点是可视荧光屏的拐角可以伸长”。第三，在对比文件 1 中屏面角部沿周边的壁厚都是相同的，而本专利并不要求壁厚相同，因此在权利要求 1 中才仅对内倒圆半径进行限定。事实上，在本专利说明书中描述到“在特定的面屏位置增加外倒圆半径和减少内倒圆半径都会在面屏的一侧壁连接处产生较薄的部分。这种变薄允许面屏弯曲的改变，这至少将部分释放显像管加工过程中和加工过程以后出现的应力。”对比文件 1 基本上针对的是静态下的图像显像管。因此，对比文件 1 并没有认识到在彩色图像显像管的面屏中，使得面屏具有减小的应力，以防止显像管在动态下（比如在图像显像管生产期间和生产之后）的内向爆裂所引出的技术问题。具体来说，本领域技术人员从对比文件 1 中得不到关于本发明“相对于外倒圆半径，去改变内倒圆半径，以减少任何能波对于面板应力的正增加，因此任何内部爆裂发生时伴随的压力都更加小”的技术启示。基于上述理由，权利要求 1 的技术方案相对于对比文件 1 具有实质性区别特征，并且所要解决的技术问题也是不同的，这些区别特征对于本领域技术人员而言是非显而易见的。因此，权利要求 1 相对于对比文件 1 具备创造性。第四，权利要求 2 是对权利要求 1 中特征的进一步限定，在权利要求 1 具备创造性前提下，其自然也具备创造性。第五，权利要求 3 是对围绕面屏的周边的从屏面到侧壁的外倒圆半径的限定。在说明书中明确记载“在特定的面屏位置增加外倒圆半径和减少内倒圆半径都会在面屏的一侧壁连接处产生较薄的部分。这种变薄允许面屏弯曲的改变，这至少将部分释放显像管加工过程中和加工过程以后出现的应力。”从本专利的五个实施例中可以看出内倒圆半径的变化与外倒圆半径的变化并无关系（如对此进行太具体的限定将会不合理地限制本专利的保护范围），本领域技术人员根据说明书的描述，能够选择适合于解决本专利上述技术问题的内外倒圆半径。

综上，本专利权利要求 1～3 的技术方案相对于对比文件 1 具备新颖性与创造性。专利复审委员会在第 6926 号决定中认定事实不清，适用法律不当，恳请人民法院撤销第 6926 号决定，并判令专利复审委员会重新作出无效宣告请求审查决定书。

被告专利复审委员会在书面答辩状中坚持其在第 6926 号决定中的意见，认为其认定事实清楚，适用法律正确，审查程序合法，审查结论正确，汤姆森电子公司的诉讼请求不能成立，请求人民法院维持第 6926 号决定。

第三人段海述称：一、本专利与对比文件 1 的发明目的是相同的。本专利发明目的通过减少面屏中的应力以便提高机构强度。对比文件 1 的发明目的为了解决现有技术的显像管存在“内爆”、“重量增加”和“可靠性”问题，获得可降低 CRT 作成真空时有关应力。二、本专利权利要求 1 不具备创造性。对比文件 1 是通过显像管的玻璃外壳厚度的中位面作为理论指导指出的，屏面与侧壁的连接角度越大，抗应力越大，屏面与侧壁的曲率半径应该是：rS > rL > rD，等壁厚和中位面是研究问题的方法，在此基础上才能清楚角度与应力的关系，而在实际操作中则可以不拘泥于此形式。对比文件 1 中载明“需将阴罩 6 多次从屏盘 2 上装卸，因此屏盘 2 和锥体 4 作成可分离的，二者由作为玻璃焊料的熔结玻璃封接”。即使是同样的壁厚，在熔结玻璃封接的操作下，势必使管壁内外的曲率半径及壁厚发生变化，在实际操作条件下内外倒圆变化是灵活的，对比文件 1 指出“此外，屏 2A 和侧面部 2B 的接点最好顺滑地连接上”，而上述顺滑地连接方法，就是本专利所提出的“倒圆”。虽然本专利列举了多种实施例，这些实施例遵循的规律必然又回到对比文件 1 的理论基础上，本专利的权利要求 1 的内容已经被对比文件 1 的 rS > rL > rD 的内容所覆盖。三、从属权利要求 2 和 3 也不具备创造性。对比文件1已经公开了权利要求2的附加技术特征。权利要求3的附加技术特征仅仅是对比文件1中技术结论的具体实施方式的一部分，在对比文件1的教导下，实现权利要求3不需要付出创造性的劳动。总之，专利复审委员会认定事实清楚，适用法律正确，审查程序合法，审查结论正确，请求人民法院维持第6926号决定。

本院经审理查明：

本案涉及的是中华人民共和国国家知识产权局于2001年5月9日授权公告的名称为“具有改进面屏的彩色显像管”的发明专利，专利号为96103231.6，申请日为1996年2月14日，专利权人是汤姆森电子公司。该专利授权公告的权利要求书如下：

“1. 一种彩色显像管（10），包括由面屏（12）、玻锥（15）和管颈（14）组成的外壳（11），所述面屏包括透明矩形屏面（18），所述屏面（18）具有在其内表面上的阴极电子激发光屏（22）和周边侧壁（20），所述面屏具有两条长边（L）、两条短边（S）和四个拐角，并且所述面屏的短轴（Y）通过所述面屏的中央并与所述两条短边平行；其特征在于所述面屏（12）具有围绕所述面屏的周边变化的从所述面屏（18）到所述侧壁（20）的内倒圆半径（RI），其中在所述面屏的每个拐角处的内倒圆半径是最短的内倒圆半径，在每个短轴端部的内倒圆半径是最长的内倒圆半径，并且在每个长轴（X）端部的内倒圆半径的长度在最长的和最短的内倒圆半径长度之间。

2. 如权利要求1中的显像管（10），其特征在于最长的内倒圆半径（RI）的长度至少是最短的内倒圆半径（RI）的两倍。

3. 如权利要求1或2中的彩色显像管（10），其特征在于所述面屏（12）具有从所述屏面（18）至所述侧壁、也围绕所述面屏的周边变化外倒圆半径（R_0）。”

本专利说明书载明：本发明涉及彩色显像管，具体地说，改变面屏设计，通过减小面屏中的应力以便提高机构强度。本发明改进之处包括面屏具有从屏面到侧壁的内或外倒圆半径，倒圆半径围绕面屏的周边变化，使得面屏预定区域中应力减小。具体地说，需要减小面屏中出现的最大拉伸应力。已经发现在短轴端部和长轴端部显像管面屏的外表面上这些应力最大。在本发明的一个实施例中，通过增加短轴和长轴端部的外倒圆半径减小面屏的外表面上的峰值拉伸应力。在本发明的另一实施例中，通过减小拐角处的内倒圆半径减小面屏的内表面上的峰值拉伸应力。在特定的面屏位置增加外倒圆半径和减小内倒圆半径都会在面屏一侧壁连接处产生较薄的部分。这种变薄允许面屏弯曲的改变，这至少将部分释放显像管加工过程中和加工过程以后出现的应力。此外，面屏一侧壁连接处面屏玻璃的变薄还使得在向面屏施加热的不同加工步骤期间面屏中热分布更稳定。图6和图7表示采用本发明的不同方面的两种面屏。在图6中，面屏40对角线端部的内倒圆半径从用42表示的形状减小到改进的用44表示的形状。形状44优于形状42的另一点是可视荧光屏的拐角可以被伸长，如分别由最大偏转电子束46和48所表示的那样。在图7中，面屏50的外倒圆半径增加了，以便使周边从原来的形状52变到改进的形状54。倒圆半径的改变也可以结合面屏设计中其他方面的改变，以便进一步降低面屏中的应力和增大屏面的可视屏幕部分的尺寸。

另外，本专利说明书中第2最佳实施例中公开了面屏各部分内、外倒圆半径的变化趋势相同的技术方案。

针对上述专利权，段海于2003年8月22日向专利复审委员会提出无效宣告请求，其无效理由为本专利权利要求1~3不具备新颖性或创造性，不符合专利法第二十二条第二款、第三款的规定。段海提交了6份附件作为证据，其中：

附件1为日本专利公报JP平1-248440号（A）（简称对比文件1），其公开日是1989年10月4日。对比文件1公开了一种显像管，目的在于防止“内爆”的可能性，从而获得可降低CRT作成真空时有关应力，可达到可靠性提高和轻量化的显像管。该显像管1包括由具有屏盘屏部2A和侧面部2B的屏盘2，与其相连的漏斗状锥体部4和颈部5构成的真空玻璃容器，在屏盘屏部2A的内面设置有大致为矩形的荧光屏3，屏盘2具有两条长边、两条短边和四个拐角，还具有通过其中央并与其两条短边平行的Y轴；虽然屏盘具有壁厚，但用线表示出了背面/表面的中位面；rD、rL、rS分别是在对角轴、长轴、短轴方向上在屏盘屏部2A和侧壁部2B的分界的角部2C处的曲率半径，相对于以往的 $rD = rL = rS$，在本发明中形成为例如 $rD < rL \leq rS$，例如 $rD \leq 8.0$、$rL \leq 32.0$，$rS \leq 36.0$。与对应于在图6中的D. A.、S. A.、L. A. 的外形相当的（尽管毫无疑问是减去壁厚的一半的部分值）分别是BDA、BLA、BSA，如果试图分析图6所示的应力高的部位，则应力高的理由是弯曲在起作用。这就是所谓的在局部地考虑该部分（角部）时，显然就同样壁厚而言构成角部的曲率半径r大则有利。如已经描述的那样，与D. A. 方向相比，在S. A. 及L. A. 方向上在角部近边无用的空间多。此外，屏2A侧和侧面部2B的接点最好顺滑地连接上。如上所述，根据本发明的显像管，形成屏盘部的角部附近的管壁做垂直方向的剖面的曲率半径，使之与对角轴的曲率半径相比较大，所以可以降低在矩形屏的CRT的S. A. 及L. A. 方向的应力高的程度。

2004年6月2日，专利复审委员会进行了口头审理，段海明确无效理由是本专利权利要求1和2不符合专利法第二十二条第二款、第三款的规定，权利要求3不符合专利法第二十二条第三款规定。段海放弃使用附件2~6，仅使用附件1评价本专利的新颖性和创造性。汤姆森电子公司对附件1的真实性及译文的准确性无异议。2005年3月2日，专利复审委员会作出第6926号决定。

在本案庭审过程中，汤姆森电子公司主张，本专利的内、外倒圆半径是曲率半径的下位概念。

上述事实有本专利授权公告说明书，第6926号决定，对比文件1，口头审理记录表及当事人陈述等证据在案佐证。

本院认为：

一、关于对倒圆半径和曲率半径的理解

本专利说明书中记载了在屏面和侧壁连接边缘被弄圆，通常被称为倒圆，由此看出，所谓倒圆就是将两个部分的连接处做成圆弧形，倒圆半径就是屏面和侧壁连接边缘的圆弧部位的曲率半径，即本专利的倒圆半径与对比文件1中的曲率半径无实质上的不同。而且，汤姆森电子公司也认可内、外倒圆半径是曲率半径的下位概念。因此，将本专利的内、外倒圆半径理解为内、外表面的曲率半径并无不妥。在此基础上，专利复审委员会认定对比文件1的中位面和本专利权利要求1的“内倒圆半径”中的“内”所代表的内表面在含义上不同，阐明了权利要求1中记载的内容“面屏的每一个拐角处的内倒圆半径是最短的，面屏的每一个短轴的末端的内倒圆半径是最长的，面屏的每一个长轴的末端的内倒圆半径在最长和最短的倒圆半径之间”与对比文件1的技术特征有差异，专利复审委员会上述认定是适当的，本院不持异议。

二、关于本专利权利要求1的创造性问题

首先，权利要求1仅仅对面屏各个部分内倒圆半径的变化方式进行了限定，而未涉及外倒圆半径相应部分的变化方式，即权利要求1没有明确面屏壁厚是否相同，故权利要求1的技术方案既包括面屏壁厚相同的情况，也包括面屏壁厚不同的情况，在解决相关技术问题时对这两种情况未予区分。本专利说明书文字部分确实记载了“面屏和侧壁连接处产生较薄的部分”的内容，在实施例中也涉及了面屏壁厚不同的情况，且在各实施例中给出了面屏相应部分内、外倒圆半径之间的变化关系。但是，依照专利法的有关规定，说明书及附图可以用于解释权利要求1中“内倒圆半径”这一技术特征，但不能将权利要求1中未记载的“外倒圆半径”这一技术特征引入权利要求1，并据此对权利要求1进行进一步的限定。因此，汤姆森电子公司关于本专利权利要求1并不要求壁厚相同并据此主张本专利具备创造性没有事实与法律依据，本院不予支持。

其次，对比文件1与本专利同样都解决了面屏中的应力的问题，所采取的技术手段，都是对于屏盘面屏和侧部之间过渡部位的曲率半径进行适当选择，并由此达到了降低应力的效果。故汤姆森电子公司关于本专利与对比文件1所解决的技术问题不同的主张缺乏事实依据，本院不予支持。对比文件1以内、外表面之间的中位面来表征显像管屏盘部外形的总体变化趋势，在屏盘壁厚相同的情况下则可以将对于中位面所得到的结论直接用于本专利所述的内、外表面。此外，由于对比文件1公开了屏盘壁厚的中位面的各部位曲率半径之间的关系，故对于本领域技术人员来说，由此直接推导出权利要求1所限定的各部位内倒圆半径之间关系无须任何创造性劳动。

第三，汤姆森电子公司主张本专利在减少应力的同时增大可视荧光屏的可视面积，但增大可视面积是减小对角轴方向内倒圆半径必然带来的效果，并非意想不到。而且，基于对比文件1说明书的记载，减小对角轴方向曲率半径也可以获得同样的效果。此外，汤姆森电子公司还主张本专利具有防止显像管在动态下内爆的技术效果，但是，对比文件1发明目的之一是防止显像管发生“内爆”，在屏盘相应部位的内倒圆半径按照屏盘中位面各部分曲率半径之间的关系变化时，其同样可以减少能波对于面板应力的正增加。因此，本专利权利要求1的技术方案能够获得增大可视荧光屏的可视面积以及减少显像管内爆的技术效果均在对比文件1中被披露，并非意想不到，不能作为认定本专利具备创造性的理由。汤姆森电子公司的上述两项主张均缺乏事实和法律依据，本院不予支持。

综合以上理由，权利要求1与对比文件1相比不具有突出的实质性特点和显著的进步，不符合专利法第二十二条第三款有关创造性的规定。

三、关于本专利权利要求2的创造性

权利要求2限定了最长的内倒圆半径的长度至少是最短的内倒圆半径的两倍。但对比文件1披露了中位面的 rD = 8.0、rL = 32.0 和 rS = 36.0，其中最长和最短的曲率半径 rS 和 rD 满足权利要求2所限定的关系，本领域技术人员在对比文件1所披露的中位面各部位曲率半径之间关系的基础上得到本专利权利要求2中所述的相应部位内倒圆半径之间关系是显而易见的。因此，在权利要求1不具备创造性的情况下，其从属权利要求2也不具备创造性。

四、关于本专利权利要求3的创造性

权利要求3进一步限定了外倒圆半径围绕面屏周边变化的技术特征。其仅仅限定了外倒圆半径围绕面屏周边变化，但没有进一步限定其具体变化方式，更没有限定相应部位的内、外倒圆半径之间的变化关系，在权利要求3所述的技术方案中仍然包括面屏壁厚相同的情况。基于权利要求1、2不具备创造性的理由，本领域技术人员将对比文件1所披露的中位面各部位曲率半径关系适用于外表面从而得到权利要求3的技术特征是容易的。虽然在本专利说明书中记载了“在特定的面屏位置增加外倒圆半径和减少内倒圆半径都会在面屏的一侧壁连接处产生较薄的部分。这种变薄允许面屏弯曲的改变，这至少将部分释放显像管加工过程中和加工过程以后出现的应力”的内容，但鉴于前述已经阐明的理由，外倒圆半径的具体变化方式没有记载在权利要求3中，因此，说明书中的内容不能限定权利要求的技术方案，并以此作为支持权利要求3具备创造性的依据。在权利要求1、2不具备创造性的情况下，其从属权利要求3也不具备创造性。

综上，汤姆森电子公司对第6926号决定提出的异议均不能成立。专利复审委员会作出的第6926号决定认定事实清楚，适用法律正确，程序合法，应予维持。依照《中华人民共和国行政诉讼法》第五十四条第（一）项之规定，本院判决如下：

维持被告中华人民共和国国家知识产权局专利复审委员会作出的第6926号无效宣告请求审查决定。

案件受理费1000元，由原告汤姆森消费电子有限公司负担（已交纳）。

如不服本判决，原告汤姆森消费电子有限公司可于本判决送达之日起三十日内，被告中华人民共和国国家知识产权局专利复审委员会，第三人段海可于本判决送达之日起十五日内，向本院提交上诉状及其副本，并交纳上诉案件受理费1000元（开户行：中国工商银行北京分行黄楼支行，户名：北京市第一中级人民法院，账号：144537—48），上诉于中华人民共和国北京市高级人民法院。

审 判 长 仪 军
代理审判员 江建中
人民陪审员 陈 源
二〇〇五年十二月三十日
书 记 员 乔 平

北京市高级人民法院行政判决书

（2006）高行终字第183号

上诉人（原审原告）汤姆森消费电子有限公司

（Thomson Licensing INC），住所地美国特拉华州（Corporation Trust Center，1209 Orange Street，in the City of Wilmington，County of New Castle）。

法定代表人帕特丽夏·韦兰奇瑞（Patricia Verlangieri），高级专利顾问。

委托代理人吴玉和，中国专利代理（香港）有限公司专利代理人。

委托代理人梁永，中国专利代理（香港）有限公司专利代理人。

被上诉人（原审被告）中华人民共和国国家知识产权局专利复审委员会，住所地中华人民共和国北京市海淀区北四环西路9号银谷大厦10~12层。

法定代表人廖涛，副主任。

委托代理人石清，国家知识产权局专利复审委员会审查员。

委托代理人耿博，国家知识产权局专利复审委员会审查员。

原审第三人段海，男，汉族，1955年9月24日出生，自由职业者，住中华人民共和国北京市丰台区丰台北路30号2楼2门501号。

委托代理人张金海，男，汉族，1940年11月21日出生，北京金信立方知识产权代理有限公司职员，住中华人民共和国北京市朝阳区北四环东路116楼东1402号。

委托代理人黄威，女，汉族，1977年12月13日出生，北京金信立方知识产权代理有限公司职员，住中华人民共和国北京市石景山区聚兴园1楼1门303号。

上诉人汤姆森消费电子有限公司（下称汤姆森电子公司）因专利无效行政纠纷一案，不服中华人民共和国北京市第一中级人民法院（2005）一中行初字第865号行政判决，向本院提起上诉。本院2006年3月27日受理后，依法组成合议庭，于2006年12月7日公开开庭进行了审理。上诉人汤姆森电子公司的委托代理人吴玉和、梁永，被上诉人中华人民共和国国家知识产权局专利复审委员会（下称专利复审委员会）的委托代理人耿博，原审第三人段海的委托代理人黄威到庭参加了诉讼。本案现已审理终结。

本案涉及的是中华人民共和国国家知识产权局（下称国家知识产权局）于2001年5月9日授权

公告的名称为“具有改进面屏的彩色显像管”的发明专利（下称本专利），专利号为96103231.6，申请日为1996年2月14日，专利权人是汤姆森电子公司。针对本专利，段海于2003年8月22日向专利复审委员会提出无效宣告请求，其无效理由为本专利权利要求1~3不具备新颖性或创造性，不符合中华人民共和国专利法（下称专利法）第二十二条第二款、第三款的规定。2005年3月2日，专利复审委员会作出第6926号无效宣告请求审查决定（下称第6926号决定），宣告本专利权全部无效。汤姆森电子公司不服第6926号决定，向北京市第一中级人民法院提起诉讼。

北京市第一中级法院认为，本专利说明书中记载了在屏面和侧壁连接边缘被弄圆，通常被称为倒圆。由此看出，所谓倒圆就是将两个部分的连接处做成圆弧形，倒圆半径就是屏面和侧壁连接边缘的圆弧部位的曲率半径，即本专利的倒圆半径与对比文件1中的曲率半径无实质上的不同。而且，汤姆森电子公司也认可内、外倒圆半径是曲率半径的下位概念。因此，将本专利的内、外倒圆半径理解为内、外表面的曲率半径并无不妥。

关于本专利权利要求1的创造性，权利要求1没有明确面屏壁厚是否相同，故权利要求1的技术方案既包括面屏壁厚相同的情况，也包括面屏壁厚不同的情况。本专利说明书文字部分确实记载了“面屏和侧壁连接处产生较薄的部分”的内容，在实施例中也涉及了面屏壁厚不同的情况，且在各实施例中给出了面屏相应部分内、外倒圆半径之间的变化关系。但是，不能将权利要求1中未记载的“外倒圆半径”这一技术特征引入权利要求1，并据此对权利要求1进行进一步的限定。因此，汤姆森电子公司关于本专利权利要求1并不要求壁厚相同并据此主张本专利具备创造性没有事实与法律依据，不予支持。

对比文件1与本专利同样都解决了面屏中的应力的问题，所采取的技术手段，都是对于屏盘面屏和侧部之间过渡部位的曲率半径进行适当选择，并由此达到了降低应力的效果。故汤姆森电子公司关于本专利与对比文件1所解决的技术问题不同的主张缺乏事实依据，不予支持。对比文件1以内、外表面之间的中位面来表征显像管屏盘部外形的总体变化趋势，在屏盘壁厚相同的情况下则可以将对于中位面所得到的结论直接用于本专利所述的内、外表面。此外，由于对比文件1公开了屏盘壁厚的中位面的各部位曲率半径之间的关系，故对于本领域技术人员来说，由此直接推导出权利要求1所限定的各部位内倒圆半径之间关系无须任何创造性劳动。

汤姆森电子公司主张本专利在减少应力的同时增大可视荧光屏的可视面积，但增大可视面积是减小对角轴方向内倒圆半径必然带来的效果，并非意想不到。而且，基于对比文件1说明书的记载，减小对角轴方向曲率半径也可以获得同样的效果。此外，汤姆森电子公司还主张本专利具有防止显像管在动态下内爆的技术效果，但是，对比文件1发明目的之一是防止显像管发生“内爆”，在屏盘相应部位的内倒圆半径按照屏盘中位面各部分曲率半径之间的关系变化时，其同样可以减少能波对于面板应力的正增加。因此，本专利权利要求1的技术方案能够获得增大可视荧光屏的可视面积以及减少显像管内爆的技术效果均在对比文件1中被披露，并非意想不到，不能作为认定本专利具备创造性的理由。汤姆森电子公司的上述两项主张均缺乏事实和法律依据，不予支持。

综合以上理由，权利要求1与对比文件1相比不具有突出的实质性特点和显著的进步，不符合专利法第二十二条第三款有关创造性的规定。

权利要求2限定了最长的内倒圆半径的长度至少是最短的内倒圆半径的两倍。但对比文件1披露了中位面的rD=8.0、rL=32.0和rS=36.0，其中最长和最短的曲率半径rS和rD满足权利要求2所限定的关系，本领域技术人员在对比文件1所披露的中位面各部位曲率半径之间关系的基础上得到本专利权利要求2中所述的相应部位内倒圆半径之间关系是显而易见的。因此，在权利要求1不具备创造性的情况下，其从属权利要求2也不具备创造性。

权利要求3进一步限定了外倒圆半径围绕面屏周边变化的技术特征。其仅仅限定了外倒圆半径围绕面屏周边变化，但没有进一步限定其具体变化方式，更没有限定相应部位的内、外倒圆半径之间的变化关系，在权利要求3所述的技术方案中仍然包括面屏壁厚相同的情况。基于权利要求1、2不具备创造性的理由，本领域技术人员将对比文件1所披露的中位面各部位曲率半径关系适用于外表面从而得到权利要求3的技术特征是容易的。在权利要求1、2不具备创造性的情况下，其从属权利要求3也不具备创造性。

综上，依照《中华人民共和国行政诉讼法》第五十四条第（一）项之规定，北京市第一中级人民法院判决：维持中华人民共和国国家知识产权局专利复审委员会作出的第6926号无效宣告请求审查决定。

汤姆森电子公司不服原审判决，向本院提起上诉，请求撤销原审判决，撤销第6926号决定，维持本专利有效。其理由为本专利具备创造性：第一，本专利的目的是降低显示屏面板的玻璃的应力，实现这个目的的技术特征是改变内倒圆半径、改变外倒圆半径或者内倒圆半径和外倒圆半径都被改变。对比文件1将中位面作为与屏盘的表面、背面明显不同的特征，试图通过参考想象的中位面来处理实际的显像管玻璃表面。具体说，对比文件1中教导了从中位面加上或减去一个距离△可以获得实际的表面。根据对比文件1的教导，如果中位面的曲率半径增大，则实际的外表面和内表面都将具有更大的曲率半径。因此，对比文件1的教导与本专利是不同的，本领域普通技术人员根据对比文件1不能获得本专利的技术方案。第二，原审判决对对比文件1具有增大荧光屏的可视面积的效果的认定是错误的。根据对比文件1的教导，不管如何改变曲率半径，都只能使非发光部的弯曲形状或弯曲程度进行变化，完全没有涉及显示屏的发光部，因此不可能使荧光屏的显示面积有任何的变化。而且对比文件1不能改变显示器侧壁的厚度，也就是不能使显示屏的可视面积增大。第三，原审判决关于对比文件1具有均匀壁厚的事实认定缺乏证据支持。对比文件1只描述了从外表面减去壁厚的一半可以获得中位面，但没有描述沿显像管面屏各处的壁厚是均匀的。第四，权利要求2是对权利要求1中特征的进一步限定，在权利要求1具备创造性的前提下，其自然也具备创造性。第五，权利要求3是对围绕面屏的周边的从屏面到侧壁的外倒圆半径的限定。在说明书中明确记载“在特定的面屏位置增加外倒圆半径和减少内倒圆半径都会在面屏的一侧壁连接处产生较薄的部分。这种变薄允许面屏弯曲的改变，这至少将部分释放显像管加工过程中和加工过程以后出现的应力。此外，面屏一侧壁连接处面屏玻璃的变薄还使得在向面屏施加热的不同加工步骤期间面屏中热分布更稳定。”因此，本领域技术人员在实施本发明的方案时，应当不会选择使内倒圆半径和外倒圆半径同样的地变化，从而使面屏各处的壁厚相同。因此，根据本发明的方案，从屏面到侧壁的连接处的壁厚必然是不同的。故权利要求3相对于对比文件1具备创造性。综上，本专利权利要求1～3的技术方案相对于对比文件1具备新颖性与创造性。专利复审委员会和段海服从原审判决。

本院经审理查明：

本案涉及的是国家知识产权局于2001年5月9日授权公告的名称为“具有改进面屏的彩色显像管”的发明专利，专利号为96103231.6，申请日为1996年2月14日，专利权人是汤姆森电子公司。该专利授权公告的权利要求书如下：

“1. 一种彩色显像管（10），包括由面屏（12）、玻锥（15）和管颈（14）组成的外壳（11），所述面屏包括透明矩形屏面（18），所述屏面（18）具有在其内表面上的阴极电子激发光屏（22）和周边侧壁（20），所述面屏具有两条长边（L）、两条短边（S）和四个拐角，并且所述面屏的短轴（Y）通过所述面屏的中央并与所述两条短边平行；其特征在于所述面屏（12）具有围绕所述面屏的周边变化的从所述面屏（18）到所述侧壁（20）的内倒圆半径（RI），其中在所述面屏的每个拐角处的内倒圆半径是最短的内倒圆半径，在每个短轴端部的内倒圆半径是最长的内倒圆半径，并且在每个长轴（X）端部的内倒圆半径的长度在最长的和最短的内倒圆半径长度之间。

2. 如权利要求1中的显像管（10），其特征在于最长的内倒圆半径（RI）的长度至少是最短的内倒圆半径（RI）的两倍。

3. 如权利要求1或2中的彩色显像管（10），其特征在于所述面屏（12）具有从所述屏面（18）至所述侧壁、也围绕所述面屏的周边变化外倒圆半径（R_0）。"

本专利说明书载明：本发明涉及彩色显像管，具体地说，改变面屏设计，通过减小面屏中的应力以便提高机构强度。本发明改进之处包括面屏具有从屏面到侧壁的内或外倒圆半径，倒圆半径围绕面屏的周边变化，使得面屏预定区域中应力减小。具体地说，需要减小面屏中出现的最大拉伸应力。已经发现在短轴端部和长轴端部显像管面屏的外表面上这些应力最大。在本发明的一个实施例中，通过增加短轴和长轴端部的外倒圆半径减小面屏的外表面上的峰值拉伸应力。在本发明的另一实施例中，通过减小拐角处的内倒圆半径减小面屏的内表面上的峰值拉伸应力。在特定的面屏位置增加外倒圆半径和减小内倒圆半径都会在面屏一侧壁连接处产生较薄的部分。这种变薄允许面屏弯曲的改变，这至少将部分释放显像管加工过程中和加工过程以后出现的应力。此外，面屏一侧壁连接处面屏玻璃的变薄还使得在向面屏施加热的不同加工步骤期间面屏中热分布更稳定。图6和图7表示采用本发明的不同方面的两种面屏。在图6中，面屏40对角线端部的内倒圆半径从用42表示的形状减小到改进的用44表示的形状。形状44优于形状42的另一点是可视荧光屏的拐角可以被伸长，如分别由最大偏转电子束46和48所表示的那样。在图7中，面屏50的外倒圆半径增加了，以便使周边从原来的形状52变到改进的形状54。倒圆半径的改变也可以结合面屏设计中其他方面的改变，以便进一步降低面屏中的应力和增大屏面的可视屏幕部分的尺寸。

另外，本专利说明书中第2最佳实施例中公开了面屏各部分内、外倒圆半径的变化趋势相同的技术方案。

针对上述专利权，段海于2003年8月22日向专利复审委员会提出无效宣告请求，其无效理由为本专利权利要求1~3不具备新颖性或创造性，不符合专利法第二十二条第二款、第三款的规定。段海提交了6份附件作为证据，其中，附件1为日本专利公报JP平1-248440号（A）（下称对比文件1），其公开日是1989年10月4日。对比文件1公开了一种显像管，目的在于防止"内爆"的可能性，从而获得可降低CRT作成真空时有关应力，可达到可靠性提高和轻量化的显像管。该显像管1包括由具有屏盘屏部2A和侧面部2B的屏盘2，与其相连的漏斗状锥体部4和颈部5构成的真空玻璃容器，在屏盘屏部2A的内面设置有大致为矩形的荧光屏3，屏盘2具有两条长边、两条短边和四个拐角，还具有通过其中央并与其两条短边平行的Y轴；虽然屏盘具有壁厚，但用线表示出了背面/表面的中位面；rD、rL、rS分别是在对角轴、长轴、短轴方向上在屏盘屏部2A和侧壁部2B的分界的角部2C处的曲率半径，相对于以往的rD=rl=rS，在本发明中形成为例如rD<rL≤rS，例如rD=8.0、rL=32.0，rS=36.0。与对应于在图6中的D.A.、S.A.、L.A.的外形相当的（尽管毫无疑问是减去壁厚的一半的部分值）分别是BDA、BLA、BSA，如果试图分析图6所示的应力高的部位，则应力高的理由是弯曲在起作用。这就是所谓的在局部地考虑该部分（角部）时，显然就同样壁厚而言构成角部的曲率半径r大则有利。如已经描述的那样，与D.A.方向相比，在S.A.及L.A.方向上在角部近边无用的空间多。此外，屏2A侧和侧面部2B的接点最好顺滑地连接上。如上所述，根据本发明的显像管，形成屏盘部的角部附近的管壁做垂直方向的剖面的曲率半径，使之与对角轴的曲率半径相比较大，所以可以降低在矩形屏的CRT的S.A.及L.A.方向的应力高的程度。

2004年6月2日，专利复审委员会进行了口头审理，段海明确无效理由是本专利权利要求1和2

不符合专利法第二十二条第二款、第三款的规定，权利要求3不符合专利法第二十二条第三款规定。段海放弃使用附件2~6，仅使用附件1评价本专利的新颖性和创造性。汤姆森电子公司对附件1的真实性及译文的准确性无异议。2005年3月2日，专利复审委员会作出第6926号决定。专利复审委员会在该决定中认定：

一、关于权利要求1和2的新颖性

汤姆森电子公司和段海争议的焦点在于从对比文件1能否得到权利要求1的技术特征"所述面屏(12)具有围绕所述面屏的周边变化的从所述面屏（18）到所述侧壁（20）的内倒圆半径（RI），其中在所述面屏的每个拐角处的内倒圆半径是最短的内倒圆半径，在每个短轴端部的内倒圆半径是最长的内倒圆半径，并且在每个长轴（X）端部的内倒圆半径的长度在最长的和最短的内倒圆半径长度之间。"专利复审委员会认为，虽然本专利中使用的"倒圆半径"一词与对比文件1中所使用的"曲率半径"名称不同，但从本专利说明书所作的在屏面和侧壁连接边缘被"弄圆，通常被称为倒圆"的说明可以看出，所谓倒圆就是将两个部分的连接处作成圆弧形，因此倒圆半径就是被作成圆弧部位的曲率半径，这与对比文件1中角部2C的"曲率半径"没有本质区别；但另一方面，通读对比文件1说明书译文，找不到任何有关内倒圆半径的明确记载。相反，根据说明书译文第3、第4页实施例部分先后记载的"虽然屏盘具有壁厚，但用线表示出了背面/表面的中位面"和"图7与在图3中说明的内容同样地表示了屏盘壁厚的中位面，与对应于图6中的D. A.、S. A.、L. A.（沿含有管轴的对角轴、X轴、Y轴的剖面的CRT管壁的线）的外形相当的（尽管毫无疑问是减去壁厚的一半的部分的值)"，以及说明书对于附图和附图标记的说明，可以明了中位面即外形"减去壁厚的一半的部分的值"的位置所构成的面。对比文件1所涉及的各个位置的曲率半径实际上是中位面角部不同位置处的曲率半径。因此，虽然对比文件1所揭示的对角轴、长轴、短轴方向的角部曲率半径rD、rL、rS之间关系与上述权利要求1的特征所限定的相应位置的内倒圆半径之间关系相同，但由于对比文件1的中位面和本专利权利要求1的"内倒圆半径"中的"内"所代表的内表面在含义上的不同，使得对比文件1所公开的内容与权利要求1存在差异，因此权利要求1与对比文件1相比具有新颖性。在权利要求1具备新颖性的情况下，其从属权利要求2也具备新颖性。

二、关于权利要求1~3的创造性

对比文件1中除了记载上述内容外，还在发明所要解决的技术问题部分记载了本发明"目的在于获得可降低CRT作成真空时有关应力……的显像管"；在对其所采取的例如 $rD < rL \leqslant rS$ 结构作用的说明部分记载了"本发明通过上述结构，可以减轻以往由于无论哪个屏盘部的角部分都按一定的曲率半径形成而带来的有关屏盘短边和长边中央的角部的大应力"。本领域技术人员结合对比文件1上述各部分公开的内容可以看出，对比文件1与本发明同样都解决了面屏中的应力的问题，所采取的技术手段，都是对于屏盘面屏和侧部之间过渡部位的曲率半径进行适当选择，并由此达到了降低应力的效果，只不过对比文件1是在忽略壳体内、外表面形状差异或者说忽略壳体壁厚变化的情况下，以内、外表面之间的中位面来表征显像管屏盘部外形的总体变化趋势，但中位面只是一个客观上并不存在的虚拟表面，因此得出中位面的各角部曲率半径之间关系的意义显然并不在于指导如何形成屏盘的中位面，将其作为形成决定屏盘外形的内、外表面的考虑因素才是合理的，在屏盘壁厚相同的情况下则可以将对于中位面所得到的结论直接用于内、外表面。因此，尽管对比文件1仅公开了屏盘壁厚的中位面的各部位曲率半径之间的关系，但对于本领域技术人员来说，由此直接推导出权利要求1所限定的各部位内倒圆半径之间关系无须任何创造性劳动。关于汤姆森电子公司提出的本专利在减少应力的同时增大可视荧光屏的可视面积的观点，专利复审委员会认为，增大可视面积是减小对角轴方向内倒圆半径所必然带来的效果，而且在对比文件1中减小的对角轴方向曲率半径也可以获得同样的效

果，这一效果也体现在对比文件1说明书译文第5页第1段关于“与D.A.方向相比，在S.A.及L.A.方向上在角部近边无用的空间多”的记载中。另外，权利要求1没有载明面屏壁厚是否相同，因此，汤姆森电子公司主张本专利与对比文件1的区别还在于壁厚是否相同也不能成立。基于上述理由，权利要求1与对比文件1相比不具有突出的实质性特点和显著的进步，不符合专利法第二十二条第三款有关创造性的规定。

权利要求2限定了最长的内倒圆半径的长度至少是最短的内倒圆半径的两倍。但对比文件1披露了中位面的rD＝8.0、rL＝32.0和rS＝36.0，其中最长和最短的曲率半径rS和rD满足权利要求2所限定的关系，本领域技术人员在对比文件1所披露的中位面各部位曲率半径之间关系的基础上得到同样的相应部位内倒圆半径之间关系是显而易见的，由此可得到权利要求2所限定的技术特征。因此，在权利要求1不具备创造性的情况下，其从属权利要求2也不具备创造性。

权利要求3进一步限定了外倒圆半径围绕面屏周边变化的技术特征。基于权利要求1、2不具备创造性的同样理由，本领域技术人员将对比文件1所披露的中位面各部位曲率半径关系适用于外表面从而得到权利要求3的技术特征是容易的。另外，权利要求3仅仅限定了外倒圆半径围绕面屏周边变化，但没有进一步限定其变化方式，更没有限定相应部位的内、外倒圆半径之间的变化关系，因此虽然在本专利说明书中记载了“在特定的面屏位置增加外倒圆半径和减少内倒圆半径都会在面屏的一侧壁连接处产生较薄的部分。这种变薄允许面屏弯曲的改变，这至少将部分释放显像管加工过程中和加工过程以后出现的应力”的内容，但不能以此作为支持权利要求3具备创造性的理由。因此，在权利要求1、2不具备创造性的情况下，其从属权利要求3也不具备创造性。

综上，专利复审委员会作出第6926号决定，宣告本专利权全部无效。

上述事实有本专利授权公告说明书，第6926号决定，对比文件1，口头审理记录表及当事人陈述等证据在案佐证。

本院认为，根据专利法第二十二条的规定，授予专利权的发明应当具备新颖性、创造性和实用性。创造性，是指同申请日以前已有的技术相比，该发明有突出的实质性特点和显著的进步。本案的核心问题在于相对于对比文件1，本专利权利要求1～3是否具备创造性。

一、关于本专利权利要求1的创造性

首先，权利要求1仅仅对面屏各个部分内倒圆半径的变化方式进行了限定，而未涉及外倒圆半径相应部分的变化方式，即权利要求1没有明确面屏壁厚是否相同，故权利要求1的技术方案既包括面屏壁厚相同的情况，也包括面屏壁厚不同的情况，在解决相关技术问题时对这两种情况未予区分。本专利说明书文字部分确实记载了“面屏和侧壁连接处产生较薄的部分”的内容，在实施例中也涉及了面屏壁厚不同的情况，且在各实施例中给出了面屏相应部分内、外倒圆半径之间的变化关系。但是，依照专利法的有关规定，说明书及附图可以用于解释权利要求1中“内倒圆半径”这一技术特征，但不能将权利要求1中未记载的“外倒圆半径”这一技术特征引入权利要求1，并据此对权利要求1进行进一步的限定。因此，汤姆森电子公司关于本专利权利要求1并不要求壁厚相同并据此主张本专利具备创造性的上诉主张没有事实与法律依据，本院不予支持。

其次，对比文件1与本专利同样都解决了面屏中的应力的问题，所采取的技术手段，都是对于屏盘面屏和侧部之间过渡部位的曲率半径进行适当选择，并由此达到了降低应力的效果。对比文件1以内、外表面之间的中位面来表征显像管屏盘部外形的总体变化趋势，在屏盘壁厚相同的情况下则可以将对于中位面所得到的结论直接用于本专利所述的内、外表面。此外，由于对比文件1公开了屏盘壁厚的中位面的各部位曲率半径之间的关系，故对于本领域技术人员来说，由此直接推导出权利要求1所限定的各部位内倒圆半径之间关系无须任何创造性劳动。

最后，汤姆森电子公司主张本专利在减少应力的同时增大可视荧光屏的可视面积，但增大可视面积是减小对角轴方向内倒圆半径必然带来的效果，并非意想不到。而且，基于对比文件1说明书的记载，减小对角轴方向曲率半径也可以获得同样的效果。此外，汤姆森电子公司还主张本专利具有防止显像管在动态下内爆的技术效果，但是，对比文件1发明目的之一是防止显像管发生“内爆”，在屏盘相应部位的内倒圆半径按照屏盘中位面各部分曲率半径之间的关系变化时，其同样可以减少能波对于面板应力的正增加。因此，本专利权利要求1的技术方案能够获得增大可视荧光屏的可视面积以及减少显像管内爆的技术效果均在对比文件1中被披露，并非意想不到，不能作为认定本专利具备创造性的理由。汤姆森电子公司关于权利要求1具备创造性的上诉主张没有事实和法律依据，本院不予支持。

二、关于本专利权利要求2的创造性

权利要求2限定了最长的内倒圆半径的长度至少是最短的内倒圆半径的两倍。但对比文件1披露了中位面的rD = 8.0、rL = 32.0和rS = 36.0，其中最长和最短的曲率半径rS和rD满足权利要求2所限定的关系，本领域技术人员在对比文件1所披露的中位面各部位曲率半径之间关系的基础上得到本专利权利要求2中所述的相应部位内倒圆半径之间关系是显而易见的。因此，在权利要求1不具备创造性的情况下，其从属权利要求2也不具备创造性。

三、关于本专利权利要求3的创造性

权利要求3进一步限定了外倒圆半径围绕面屏周边变化的技术特征。其仅仅限定了外倒圆半径围绕面屏周边变化，但没有进一步限定其具体变化方式，更没有限定相应部位的内、外倒圆半径之间的变化关系，在权利要求3所述的技术方案中仍然包括面屏壁厚相同的情况。基于权利要求1、2不具备创造性的理由，本领域技术人员将对比文件1所披露的中位面各部位曲率半径关系适用于外表面从而得到权利要求3的技术特征是容易的。虽然在本专利说明书中记载了“在特定的面屏位置增加外倒圆半径和减少内倒圆半径都会在面屏的一侧壁连接处产生较薄的部分。这种变薄允许面屏弯曲的改变，这至少将部分释放显像管加工过程中和加工过程以后出现的应力”的内容，但外倒圆半径的具体变化方式没有记载在权利要求3中，因此，说明书中的内容不能限定权利要求的技术方案，并以此作为支持权利要求3具备创造性的依据。在权利要求1、2不具备创造性的情况下，其从属权利要求3也不具备创造性。

综上，原审判决认定事实清楚，适用法律正确，应予维持。上诉人汤姆森电子公司的上诉理由没有事实和法律依据，本院不予支持。依照《中华人民共和国行政诉讼法》第六十一条第（一）项之规定，本院判决如下：

驳回上诉，维持原判。

一审案件受理费1000元，由汤姆森消费电子有限公司负担（已交纳）；二审案件受理费1000元，由汤姆森消费电子有限公司负担（已交纳）。

本判决为终审判决。

审 判 长 刘继祥
代理审判员 李燕蓉
代理审判员 焦 彦
二〇〇六年十二月二十日
书 记 员 刘 悠

008

平行集束导线案

无效宣告请求审查决定（第6933号）

决 定 号 第6933号
决 定 日 2005年2月4日
发明创造名称 平行集束导线
国际分类号 H01B 7/00
无效请求人 刘希治
专利权人 刘忠亚
专 利 号 02211587.0
申 请 日 2002年5月8日
授权公告日 2003年5月28日
合议组组长 张 度
主 审 员 左 一
参 审 员 张宗任

法律依据 专利法第二十二条第二款
决定要点

对比文件在本专利的申请日前申请，在本专利的申请日后公开，但与本专利的权利要求所要求保护的技术方案不完全相同，则该对比文件不构成本专利的抵触申请，更不能用来评价本专利的创造性，因此本专利具备新颖性和创造性。

一、案由

本无效宣告请求涉及国家知识产权局专利局于2003年5月28日授权公告的名称为“平行集束导线”的实用新型专利权（下称本专利），其专利号为02211587.0，申请日为2002年5月8日，专利权人为刘忠亚。授权公告的权利要求书内容如下：

“1. 一种平行集束导线，其特征在于：含有配有绝缘材料层（5）的导体A（1）、配有绝缘材料层（5）的导体B（2）、配有绝缘材料层（5）的导体C（3）、配有绝缘材料层（5）的导体D（4）；所述导体A（1）与导体B（2）之间通过绝缘带E（6）相连；所述导体A（1）与导体C（3），导体B（2）与导体D（4）分别通过绝缘带F（7）相连。

2. 根据权利要求1所述的平行集束导线，其特征在于：所述绝缘带E（6）的宽度L大于或等于导体A（1）与导体B（2）的半径之和；绝缘带E（6）与绝缘带F（7）的厚度M为：0.1～2mm；所述绝缘带F（7）的长度为：2～8mm。”

针对上述实用新型专利权，刘希治（下称请求人）于2004年2月9日向专利复审委员会提出了无效宣告请求。理由是本专利权利要求不符合专利法第二十二条第二款、第三款的规定，不具备新颖性和创造性，并提交了以下证据：

证据 1：01250580.3 号实用新型专利说明书，申请日为 2001 年 9 月 6 日，授权公告日为 2002 年 7 月 24 日（下称对比文件 1）。

具体理由如下：

（1）对比文件 1 与本专利相比，其权利要求所要求保护的范围及结合附图说明书给出的进一步描述可看出，本专利与对比文件 1 的技术方案完全相同，属重复授权。

（2）关于本专利的从属权利要求中描述的绝缘带的具体尺寸，是本领域技术人员所应知应会的连接尺寸，而且本专利技术效果与该尺寸毫无关系，其目的的实现及所达到的有益效果不是靠尺寸限定才能达到的。

综上所述，本专利与对比文件 1 相比，结构相同，不具备专利法第二十二条第二款所规定新颖性要求；更不符合专利法第二十二条第三款创造性的规定，其尺寸的给出也是显而易见的，故不具备创造性。

经形式审查合格，专利复审委员会于 2004 年 3 月 3 日向双方当事人发出无效宣告请求受理通知书，并将无效宣告请求书及其附件的副本转给了专利权人（下称被请求人）。

被请求人针对请求人的无效请求于 2004 年 4 月 2 日进行了意见陈述，同时提交了权利要求书的修改文本。主要的修改是将原权利要求 2 合并到原权利要求 1 中被请求人认为修改后的权利要求 1 已经符合专利法第二十二条第二款、第三款有关新颖性和创造性的规定。

修改后的权利要求书如下：

"1. 一种平行集束导线，其特征在于：含有配有绝缘材料层（5）的导体 A（1）、配有绝缘材料层（5）的导体 B（2）、配有绝缘材料层（5）的导体 C（3）、配有绝缘材料层（5）的导体 D（4）；所述导体 A（1）与导体 B（2）之间通过绝缘带 E（6）相连；所述导体 A（1）与导体 C（3），导体 B（2）与导体 D（4）分别通过绝缘带 F（7）相连；所述绝缘带 E（6）的宽度 L 大于或等于导体 A（1）与导体 B（2）的半径之和；绝缘带 E（6）与绝缘带 F（7）的厚度 M 为：0.1 ~ 2mm，所述绝缘带 F（7）的长度为：2 ~ 8mm。"

专利复审委员会于 2004 年 10 月 19 日向双方当事人发出口头审理通知书，定于 2004 年 12 月 2 日举行口头审理，并将被请求人于 2004 年 4 月 2 日提交的意见陈述书以及修改权利要求书的副本随该通知书转送请求人。

请求人针对 2004 年 4 月 2 日被请求人提交的修改权利要求书于 2004 年 11 月 22 日提交了意见陈述书，其认为在原权利要求 1 和 2 不具备新颖性、更不具备创造性的情况下，该权利要求 1 和 2 的合并修改后的权利要求仍然不具备新颖性和创造性。

双方当事人均提交了口审通知书回执表示参加口头审理。

口头审理于 2004 年 12 月 2 日如期举行，请求人及其代理人、被请求人及其代理人出席了口头审理。专利复审委员会当庭将请求人于 2004 年 11 月 22 日提交的意见陈述书转送请求人。请求人明确其无效理由是本专利不符合专利法第二十二条第二款、第三款的规定，双方当事人各自陈述了意见。

至此，本案合议组认为事实已清楚，且双方当事人已经充分发表意见，可以在此基础上作出审查决定。

二、决定的理由

被请求人 2004 年 4 月 2 日对权利要求书进行的修改符合审查指南的有关规定，故予以接受，且合议组审查以该修改文本为基础。

专利法第二十二条规定："新颖性，是指在申请日以前没有同样的发明或者实用新型在国内外出版物上公开发表过或者以其他方式为公众所知，也没有同样的发明或者实用新型由他人向国务院专利行政部门提出过申请并且记载在申请日以后公布的专利申请文件中。创造性，是指同申请日以前已有的技术相比，该发明具有突出的实质性特点和显著的进步，该实用新型有实质性特点和进步。”

对比文件1为专利文献，在本专利的申请日前申请，在本专利的申请日后公开。被请求人对其真实性未提出异议，因此可通过对比本专利与对比文件1是否为同样的实用新型，进而判断本专利是否具备新颖性。

对比文件1公开了一种平行集束型架空绝缘电缆，是由金属导体、绝缘层和绝缘带筋组成，四根绝缘导线对称分布截面呈正方形（参见对比文件1的说明书摘要，附图3）。由图3可见，这四根绝缘导线是通过三条绝缘带两两串联连接的。

修改后的权利要求1的技术方案与对比文件1相比，存在以下区别技术特征：①“所述绝缘带E（6）的宽度L大于或等于导体A（1）与导体B（2）的半径之和”；②“绝缘带E（6）与绝缘带F（7）的厚度M为：0.1~2mm，所述绝缘带F（7）的长度为：2~8mm。”

请求人认为上述特征是公知技术，但没有提供能够支持其理由的证据。按照专利法第二十二条的规定，影响新颖性的对比文件应该是申请日之前公开的同样的发明或实用新型。由于对比文件1没有公开本专利权利所要求的技术特征“所述绝缘带E（6）的宽度L大于或等于导体A（1）与导体B（2）的半径之和；绝缘带E（6）与绝缘带F（7）的厚度M为：0.1~2mm，所述绝缘带F（7）的长度为：2~8mm”，且这些区别技术特征不能从对比文件1直接推导出来，因此对比文件1与本专利不属于同样的实用新型专利申请，对比文件1不能构成本专利的抵触申请。由于请求人提供的证据不能覆盖修改后的权利要求1的所有技术特征，修改后的权利要求1作为一个完整的技术方案能够实现明显减少线路电压损耗等目的，符合专利法第二十二条第二款对实用新型新颖性的要求。

请求人提供的对比文件1在本专利的申请日后公开，不属于专利法实施细则第三十条所规定的现有技术，因此对比文件1不能用作评价本专利是否具备专利法第二十二条第三款所规定的创造性。

综上所述，修改后的权利要求1相对于对比文件1符合专利法第二十二条第二款、第三款对实用新型新颖性、创造性的要求。请求人的无效宣告请求理由不成立。

三、决定

在以下权利要求的基础上维持02211587.0号实用新型专利权有效：

“1. 一种平行集束导线，其特征在于：含有配有绝缘材料层（5）的导体A（1）、配有绝缘材料层（5）的导体B（2）、配有绝缘材料层（5）的导体C（3）、配有绝缘材料层（5）的导体D（4）；所述导体A（1）与导体B（2）之间通过绝缘带E（6）相连；所述导体A（1）与导体C（3）、导体D（4）分别通过绝缘带F（7）相连；所述绝缘带E（6）的宽度L大于或等于导体A（1）与导体B（2）的半径之和；绝缘带E（6）与绝缘带F（7）的厚度M为：0.1~2mm，所述绝缘带F（7）的长度为：2~8mm。”

当事人对本决定不服的，可以根据专利法第四十六条第二款的规定，自收到本决定之日起三个月内向北京市第一中级人民法院起诉。根据该款的规定，一方当事人起诉后，另一方当事人应当作为第三人参加诉讼。

009

电解电容器自动组立机构案

无效宣告请求审查决定（第6946号）

决　定　号　第6946号
决　定　日　2005年2月25日
发明创造名称　电解电容器自动组立机构
国际分类号　H01G 9/00、13/00
无效请求人　无锡和光精密机械有限公司
专利权人　立富精机股份有限公司
申　请　号　99205095.2
申　请　日　1999年3月9日
授权公告日　2000年4月12日
合议组组长　石　竞
主　审　员　马红梅
参　审　员　马志远

法律依据　专利法第二十二条第二款、第三款
决定要点

欲以使用公开来否定一项权利要求的新颖性、创造性时，如果提供的证据不能组成一个完整的证据链以证明权利要求所保护的产品在申请日前已在国内公开生产、使用和销售，以至于任何人都可以得知该产品，则请求人的主张不能成立。

评价一项权利要求的创造性时，首先应当将该权利要求的技术方案与最相关的对比文件比较，找出区别特征，进而考察这些区别特征的引入对本领域普通技术人员来说是否是非显而易见的，是否给权利要求中的技术方案带来了进步，如果结论是肯定的，则该权利要求中的技术方案具备创造性。

一、案由

本无效宣告请求涉及国家知识产权局专利局于2000年4月12日授权公告的99205095.2号实用新型专利权，名称为“电解电容器自动组立机构”，申请日为1999年3月9日，专利权人为立富精机股份有限公司（下称被请求人）。

授权公告的权利要求书如下：

“1. 一种电解电容器自动组立机构，其包含有一前组立杆、一后组立杆、一机械手臂、一组立夹、一封口夹具、一封口模具、一束腰模具及一输送装置，其特征在于：前组立杆，其主要由一压针、一顶座、一底座、一铜套、四个内六角螺丝、二弹簧、一支撑杆及一接连杆所组成，其顶座呈上大下小的圆阶状体，内部设一上小下大的阶状孔，大直径台阶的外缘设有两对称的螺孔，底座为空心圆柱体且外缘设有两对称的螺孔，铜套为空心圆柱体，支撑杆的前段设有一通孔，后段设有一锁结孔，接连杆前段设有一锁结孔，后段设有一通孔，其压针顶部固结于顶座的小直径台阶孔上，底座焊

设于支撑杆前端通孔下方，铜套下段固结于支撑杆的通孔与底座的中心孔内，上段则轴设于顶座的大直径台阶孔内，且与顶座小直径台阶孔固结的压针穿套过铜套的中心孔，并往下伸出一适当长度，在顶座的两螺孔与底座的两螺孔上分别锁结一内六角螺丝，再在顶座与底座同侧的内六角螺丝间分别挂设有一弹簧，利用螺丝穿过支撑杆的锁结孔与接连杆的锁结孔将其锁结，又利用螺丝穿过接连杆后段的通孔将接连杆锁结于轴杆；

后组立杆，其主要由一压针、一顶座、一底座、一铜套、两内六角螺丝，一弹簧，一从动杆、一原动杆及一支杆所组成，顶座内部设有一上小下大的阶状孔，外缘设有螺孔，底座为空心圆柱体且外缘设有螺孔，铜套为空心圆柱体，从动杆前段设有一通孔，中段上方设有一竖杆，后段设有两锁结孔，原动杆前段设有两锁结孔，中段及后段各设有一通孔，其支杆前段设有一通孔，后段设有两锁结孔，其压针上段固结于顶座的小直径台阶孔上，底座锁结于从动杆的通孔上方，铜套下段固结于底座的中心孔与从动杆的通孔内，上段则轴设于顶座的大直径台阶孔内，且让顶座小直径台阶孔固结的压针穿套过铜套的中心孔，并向下伸出一适当长度，在顶座的螺孔与底座的螺孔上分别锁结有一内六角螺丝，在两内六角螺丝间挂设有一弹簧，利用螺丝穿过从动杆的两锁结孔与原动杆的两螺结孔锁结，支杆后段则通过螺丝锁结于机台上，前段的通孔则穿套在支撑轴杆上段适当位置处，原动杆中段的通孔则锁结在原动轴杆上方，后段的通孔锁结于支撑轴杆上方。”

针对上述专利权（下称本专利），无锡和光精密机械有限公司（下称请求人）于 2003 年 8 月 28 日向专利复审委员会提出无效宣告请求。其主要事实和理由是：和平机械电子集团公司与广州运德机械设备有限公司于 1998 年 5 月起联合开发研制电解电容器自动组立机构，1998 年 8 月已将高速自动组立机构投放市场，而立富精机股份有限公司迟至 1999 年 3 月 9 日才提出类似于该自动组立机构的专利申请。另外，日本 CKD 公司、中国台湾世宏机械股份有限公司、北京无线电工具设备厂均在 20 世纪 80 或 90 年代初就已将相同或相似的自动组立机构投放市场，而且，在 1996 年 5 月 24 日朱兴永已就该电容器自动组装机的结构提出了专利号为 96211874.5 的实用新型专利申请，其专利公告日为 1997 年 12 月 17 日。而本专利的电解电容器自动组立机构的结构与其相同或相似，因此，本专利不具备新颖性和创造性。请求人同时提交了下列证据：

附件 1：称广州运德机械设备有限公司图纸复印件 16 张；

附件 2：称弘德机械工业股份有限公司图纸复印件 6 张；

附件 3：称吴正昌、秦保荣、赵建平、王利年的情况说明复印件 4 页；

附件 4：广州运德机械设备有限公司、弘德机械工业股份有限公司（台湾）与和平机械电子集团公司（无锡）的联合开发协议复印件 1 页；

附件 5：广州运德机械设备有限公司与广州维德精密零件有限公司的协议复印件 1 页；

附件 6：海关出口货物报关单复印件 2 页；

附件 7：卖方为广州维德精密零件有限公司、买方为富恒电子零件公司的合同号分别为维 980730B、维 980731B 的售货合同复印件 2 页；

附件 8：称附件 1－3 之实物图片复印件 1 页；

附件 9：称中国台湾世宏、北京无线电工具设备厂、日本 CKD 公司实物图复印件 2 页；

附件 10：1997 年 12 月 17 日授权公告的公告号为 CN2271020Y、名称为“电容器自动组装机的结构”的实用新型专利说明书，专利权人为朱永兴。

经形式审查合格，专利复审委员会受理了上述请求，并于 2003 年 8 月 28 日将宣告专利权无效请求书及其附件转送给了被请求人立富精机股份有限公司，要求其在指定的期限内答复。

被请求人未在指定期限内答复。

2004年9月6日，专利复审委员会向双方当事人发出了口头审理通知书，定于2004年10月28日上午9时进行口头审理。

2004年9月28日，被请求人提交了口头审理回执，表示届时参加口头审理。

口头审理如期举行，在口审过程中，请求人当庭提交了附件3、4、5、8、9的原件，提交了附件1、2的盖有设计单位红章的图纸复印件以及附件6的盖有发货单位红章的海关出口货物报关单的复印件，附件7的盖有卖方单位红章的售货合同复印件；被请求人对附件1~9的真实性有异议；请求人明确其无效理由为本专利权利要求1不具备新颖性、创造性，具体事实如下：（1）附件1~7证明和平机械电子集团公司（无锡）与广州运德机械设备有限公司、弘德机械工业股份有限公司于1998年5月起联合开发研制并销售电解电容器自动组立机构；（2）附件8、9证明日本CKD公司、中国台湾世宏机械股份有限公司、北京无线电工具设备厂均在20世纪80年代或90年代初就已将该相同或相似的自动组立机构投放市场；（3）附件10证明本专利权利要求1不具备新颖性、创造性。

2004年11月4日，被请求人提交了意见陈述书，其中指出：（1）请求人提交的附件1~2为图纸，反映的并不是一个完整的设备结构，因此无法揭示本专利的技术特征。另外，这些图纸的绘图日期可以随意更改，也无法证实是在本专利申请日以前绘出的图纸。最为关键的是，请求人提供的这种图纸并不是公开出版物，不能满足任何人可以通过合法途径公开获取的要求，所以附件1~2不能作为证明本专利没有新颖性和创造性的证据；（2）请求人提交的附件3~7均为证人证言，从其内容上看，同本专利的技术没有任何联系，更谈不上反映本专利的技术特征，同时被请求人认为，证明人和请求人之间存在着明显的合作和经济利益关系，因此这些证据不能予以采信；（3）请求人提交的附件8~9是一些实物照片复印件，这些照片既没有标示日期，也没有标示设备的名称、用途，更无法看清它的结构，因此这些证据不能作为请求宣告涉案专利无效的证据；（4）请求人提交的附件10是一篇专利文件，该文件同本专利相比，无论在工作原理上、工作步骤上都没有相同或相似之处，另外还有其他许多结构特点不同之处。因此，两者的技术方案是完全不同的。

2004年12月10日，专利复审委员会向无效宣告请求人发出了转送文件通知书，将被请求人于2004年11月4日提交的意见陈述书转送给请求人，要求其在指定期限内答复。

2005年1月15日，无效宣告请求人提交了意见陈述书。请求人认为：（1）将附件1、2的图纸中的零部件装配即是完整的“电容器自动组立机构”，图纸上零部件名称与本专利所涉及的零件名称、结构、形体尺寸基本相同，因而也揭示了与本专利的一致性；该图纸的形成日期均在1998年6月1日至10日完成，它与“销售合同”、“海关出口货物报关”单能相互印证，即：在1999年3月9日本专利的申请日之前完成；（2）附件3进一步证实研发人员开发“自动高速组立机”——即“电解电容器自动组立机构”的时间在1998年6月至11月，早于1999年3月9日本涉案专利的申请日，且属于自主研发的产品，而且根本不存在被请求人所述的“证明人与请求人之间存在着明显的合作和经济利益关系”；（3）附件4说明在1999年3月9日本专利申请日以前的1998年6月起就已由和平机械电子集团公司（无锡）、广州运德机械设备有限公司、弘德机械工业股份有限公司三家单位共同联合研究开发“自动高速组立机”；（4）附件5、6、7说明按“协议”，广州维德精密零件有限公司对外开始销售“自动高速组立机”的时间在1998年7月1日，即在1999年3月9日本专利申请日以前，而且与“售货合同”及“海关出口货物报关”的日期能相互印证；（5）附件8所示广州运德机械设备有限公司实物图片上可以很清楚地反映出它与本专利在技术特征上的一致性，充分说明了当时不仅有零部件的图纸，而且还早就制成了“自动高速组立机”的成品设备；附件9的实物照片反映了该相同或相似的“电容器自动组立机构”均早在20世纪80年代或90年代初就已被投放市场；（6）通过与附件10的ZL96211874.5专利对比，可以明显地看出，本专利是包含在附件10的专利之中，附件10的专利的权利要求包含了本专利的全部权利要求，两者之间只是文字表述不同而已，故本专利并无新颖性和创造性。具体比较如下：①二者名称相似；②二组机构的结构基本相同；③二者的工作原理相同；④二者的工作步骤相同；⑤二者的零部件组成、形状尺寸、名称、功用基本相同。

在上述工作的基础上，合议组认为，本案事实已经调查清楚，可以依法作出审查决定。

二、决定的理由

1. 关于新颖性、创造性

（1）关于附件1~9

当欲以使用公开来否定一项权利要求的新颖性、创造性时，如果提供的证据不能组成一个完整的证据链以证明权利要求所保护的产品在申请日前已在国内公开生产、使用和销售，以至于任何人都可以得知该产品技术方案，则请求人的主张不能成立。

就本案而言，请求人提交的附件1、2分别为广州运德机械设备有限公司及弘德机械工业股份有限公司的设计图纸，这些图纸均只描绘了部分零部件的结构，此外并未给出由这些零部件构成的整机产品的名称、整机产品的整体结构视图及装配图。合议组经核查认为：首先，上述图纸并未完全披露本专利权利要求1的产品的所有结构特征，例如权利要求1中的前组立杆、后组立杆、机械手臂、组立夹、封口夹具、封口模具、输送装置、顶座、底座、铜套、内六角螺丝、弹簧等诸多结构特征均未被附件1、2之图纸公开；其次，仅从附件1、2的图纸并不能得出其所描绘的各零部件之间的组装、位置关系，而且也不能得知由这些零部件组成的整机产品的类型及整体构型。因此，即使附件1、2是真实的，其也并未公开本专利权利要求1所记载的电容器组立机构技术方案。请求人提交的附件3为说明人吴正昌、秦保荣、赵建平、王利年提供的情况说明，附件4为甲方广州运德机械设备有限公司、弘德机械工业股份有限公司与乙方和平机械电子集团公司的联合开发协议，附件5为广州运德机械设备有限公司与广州维德精密零件有限公司之间的协议。附件6为两份海关出口货物（自动组立机、自动套管机）报关单，附件7为广州维德精密零件有限公司（卖方）与富恒电子零件公司（买方）签订的两份有关自动组立机、自动套管机的售货合同。上述附件3~7均未提及任何产品结构特征，因此，即使附件3~7是真实的，其也仅能说明某个或某些公司曾经开发、生产、销售、出口过某产品，而并不能说明本专利权利要求1所述产品在申请日之前已公开使用。综上所述，附件1~7不能构成一个能证明本专利权利要求1所保护的产品在申请日前已在国内公开生产、使用和销售的完整的证据链。

请求人提交的附件8为三张照片、附件9为7张照片，从这些照片中只能看到机器的大体结构，但不能具体详细地反映出如本专利权利要求1所限定的具体产品结构。因此，即使附件8、9为真实的，其也因未能清楚地公开本专利权利要求1所保护的产品而不能证明本专利产品在其申请日前已公开使用。

（2）关于附件10

附件10为本专利申请日之前公开的中国专利，其可以作为现有技术来评价本专利权利要求的新颖性和创造性。

附件10公开了一种电容器自动组装机的结构，其与本专利权利要求1相同的技术特征仅为：夹持器203（相当于权利要求1中的机械手臂）、座体32（相当于权利要求1中的封口夹具）、封口机构9（相当于权利要求1中的封口模具）、磨板6（相当于权利要求1中的束腰模具）、铝壳输送装置（相当于权利要求1中的输送装置）、插杆2（相当于权利要求1中的前组立杆所包含的压针），此外本专利权利要求1的其他技术特征均未被附件10披露，由于权利要求1与附件10的区别技术特征对于本领域普通技术人员来说并非显而易见，且该区别技术特征也带来了有益效果。因此，本专利权利要求 1 相对于附件 10 具备新颖性和创造性。

2. 综上所述，合议组认为：本专利相对于附件 1 ~ 10 符合专利法第二十二条关于新颖性和创造性的规定，请求人提出的宣告本实用新型专利权无效的理由不能成立。

三、决定

维持 99205095.2 号实用新型专利权有效。

当事人对本决定不服的，可以根据专利法第四十六条第二款的规定，自收到本决定之日起三个月内向北京市第一中级人民法院起诉。根据该款的规定，一方当事人起诉后，另一方当事人应当作为第三人参加诉讼。

010

电池外壳的制造方法案

无效宣告请求审查决定（第6990号）

决　定　号　第6990号
决　定　日　2005年3月16日
发明创造名称　电池外壳的制造方法
国际分类号　H01M 2/02
无效请求人　深圳市比克电池有限公司
专利权人　深圳华粤宝电池有限公司
专　利　号　00114037.X
申　请　日　2000年1月22日
授权公告日　2003年9月17日
合议组组长　蒋　彤
主　审　员　崔哲勇
参　审　员　石　清
参　审　员　吴亚琼
参　审　员　杨克菲

法律依据　专利法第二十二条第二款、第三款　专利法实施细则第二十条第一款
决定要点

如果在无效宣告请求程序中双方当事人对权利要求中采用功能性方式限定的一个部件的理解产生歧义，但从专利说明书公开的全部内容中仅能得到该部件唯一的一种具体结构实施方式，则根据专利法第五十六条第一款的规定应当将权利要求中该部件解释为具有该具体结构的部件。

如果一项权利要求的技术方案采用了具有特定的结构的部件，而该具有特定结构的部件并未被对比文件中任何一个技术方案完全公开，且该特定结构不能从对比文件中毫无疑义地导出，同时也不是惯用手段的直接置换，则该权利要求所限定的技术方案具备新颖性。如果该特定结构的部件与现有技术相比是非显而易见的，且产生了有益的技术效果，则具有该部件的整体技术方案具备创造性。

一、案由

本无效宣告请求涉及国家知识产权局专利局于2003年9月17日授权公告、申请号为00114037.X、名称为“电池外壳的制造方法”的发明专利（下称本专利），其申请日为2000年1月22日、专利权人为深圳华粤宝电池有限公司（下称被请求人）。

本专利授权公告的权利要求书如下：

“1. 一种电池外壳的制造方法，其特征在于，包括以下步骤：制备预定长度的管通；用模具把所述管通向两边拉伸成所要求形状的筒体；在筒体的两端部通过焊接、粘接或机械变形方法加上两底板形成一筒形密封电池外壳，所述模具包括斜楔形上模和下模，所述下模主要由斜楔形滑块和限位装置

组成。

2. 根据权利要求1所述的制造方法，其特征在于，所述制备预定长度的管通包括以下步骤：把作为原材料的圆管切割成所需的高度H；把高度为H的圆管预压成椭圆通的扁状管通。

3. 根据权利要求1所述的制造方法，其特征在于，还包括在筒体的正、背面打一横印或其他形状的加强筋的步骤。

4. 根据权利要求2所述的制造方法，其特征在于，焊接方法是激光焊、亚弧焊及等离子束方法。

5. 根据权利要求1~4中任何一项所述的制造方法，其特征在于，所述底板采用不锈钢、钢、铁或铝及铝合金。

6. 根据权利要求5所述的制造方法，其特征在于，还包括对加工件进行清洗的步骤。

7. 根据权利要求1~3中任何一项所述的制造方法，其特征在于，所述管通是圆形管。

8. 根据权利要求1~3中任何一项所述的制造方法，其特征在于，所述筒体是椭圆通。

9. 根据权利要求3所述的制造方法，其特征在于，所述加强筋是方形印、椭圆印、网状条纹印。"

针对上述专利权，深圳市比克电池有限公司（下称请求人）于2003年12月3日向专利复审委员会提出了无效宣告请求，理由是本专利权利要求1、2、4、5、6不符合专利法第二十二条第二款，并提交了以下附件：

附件A1：98801723.7号发明专利申请公开说明书复印件，申请日为1998年11月6日、优先权日为1997年11月7日/1998年2月26日、公开日为2000年2月2日。

请求人的无效请求理由为：在申请日前已经有厂家公开使用本专利所披露的生产方法进行相关生产，权利要求1、2、4、5、6不符合专利法第二十二条第二款的规定，不具备新颖性。

经形式审查合格，专利复审委员会受理了上述无效宣告请求，并于2003年12月3日将该无效宣告请求书及其附件的副本转送被请求人。

专利复审委员会依法成立合议组对本案进行审理。

专利复审委员会于2004年2月6日收到被请求人于2003年12月30日提交的针对上述无效请求的意见陈述，其具体理由为：请求人提交的附件A1并未公开本专利权利要求1技术方案中的全部技术特征，不能影响权利要求1的新颖性。

专利复审委员会于2004年1月9日收到请求人提交的意见陈述书，请求人在意见陈述书中增加专利法第二十二条第三款和专利法第二十六条第四款作为无效理由，并提交以下附件：

附件A2：摘自《航空精密制造技术》1994年第30卷第2期第24~25页的一篇文章《一种薄壁矩形零件成形方法》的复印件；

附件A3：机械工业出版社于1998年8月出版的《管材塑性加工技术》的封面、版权页及第100~101页复印件；

附件A4：产品公开使用证人证言1复印件1页，证明人王宝；

附件A5：产品公开使用证人证言2复印件1页，证明人杨军；

在该意见陈述书中，请求人认为附件A3和A4证明在1999年底即在本专利申请日前，该电池外壳的生产方法已经公知，故权利要求1不具备新颖性；附件A2和A3结合可以否定本专利权利要求1的创造性；本专利从属权利要求5、6、8中的附加技术特征不能得到说明书支持，不符合专利法第二十六条第四款的规定。

2004年3月4日深圳市比克电池有限公司再次就本专利提出无效宣告请求，并提交以下附件：

附件B1：00114037.X号发明专利（本专利）说明书复印件；

附件 B2：特开平 6－333541A 号日本公开特许公报复印件共 6 页，公开日为 1994 年 12 月 2 日；

附件 B3：附件 B2 的中文译文共 8 页；

附件 B4：98801433.5 号发明专利申请公开说明书复印件共 15 页，公开日为 2000 年 1 月 12 日；

附件 B5：97102523.1 号发明专利申请公开说明书复印件共 14 页，公开日为 1997 年 10 月 22 日；

附件 B6：92236626.8 号实用新型专利说明书复印件共 6 页，授权公告日为 1993 年 6 月 23 日；

附件 B7：摘自《航空精密制造技术》1994 年第 30 卷第 2 期第 24～25 页的一篇文章《一种薄壁矩形零件成形方法》的复印件。

其无效理由是：本专利说明书不符合专利法第二十六条第三款的规定；权利要求 1～9 不符合专利法第二十六条第四款和专利法实施细则第二十条第一款的规定；权利要求 1～9 相对于附件 B2～B7 不符合专利法第二十二条第二款、第三款的规定。

经形式审查合格，专利复审委员会受理了上述无效宣告请求，并于 2004 年 3 月 5 日将该无效宣告请求书及其附件的副本转送被请求人。

专利复审委员会于 2004 年 4 月 21 日收到被请求人于 2004 年 4 月 6 日提交的对该无效宣告请求的意见陈述书，其中认为：（1）本专利权利要求 1 中限定了“所述下模主要由斜楔形滑块和限位装置组成”，根据本专利说明书以及附图可以清楚表明“该限位装置以其简捷的 U 形的结构和一次性的定位尺寸，与斜楔形上、下模配合，仅以控制斜楔形上模的压力即可使矩形电池外壳一次成型”，附件 B2 中“滑动凸轮 25”所起的是整平器的作用而并非限位装置；（2）附件 B4～B7 均未能覆盖本专利权利要求 1 的技术方案；（3）“加强筋”的处理方法、上下端面的各种焊接方法以及所谓各种焊接方法之间的关系，都是显而易见的公知技术；（4）本专利符合专利法第二十二条第二款、第三款，第二十六条第三款、第四款以及专利法实施细则第二十条第一款的规定。

专利复审委员会根据合案审查原则决定将两案合并审理，于 2004 年 5 月 19 日向双方当事人发出口头审理通知书，定于 2004 年 6 月 30 日对本案进行口头审理，并随口头审理通知书分别向请求人转送了被请求人于 2003 年 12 月 30 日和 2004 年 4 月 6 日提交的意见陈述书，向被请求人转送了 2004 年 1 月 9 日收到的请求人提交的补充理由和证据。

口头审理于 2004 年 6 月 30 日如期举行，请求人在口审中明确放弃涉及 2003 年 12 月 3 日提出的第一次无效请求的全部证据；请求人明确无效理由是专利法第二十二条第二款、第三款，专利法第二十六条第三款、第四款，专利法实施细则第二十条第一款；被请求人明确有关“加强筋”和“焊接方法”的技术内容应用于电池制造是公知的现有技术，在此前提下，请求人放弃有关专利法第二十六条第三款、第四款的无效理由；请求人明确附件 B2 是和本专利最接近的对比文件，明确附件 B4、B5、B6、B7 结合附件 B2 来评价从属权利要求的创造性；请求人认为权利要求 1、2 不具备新颖性，权利要求 1～9 不具备创造性，权利要求 1～9 都不符合专利法实施细则第二十条第一款的规定；被请求人对请求人提出的第二次无效请求时所提交的附件 B2～B7 的真实性和译文准确性没有异议；双方当事人对合议组成员无回避请求。

专利复审委员会在本次口审之后根据案情需要决定扩大合议组，并于 2004 年 8 月 9 日再次发出无效宣告请求口头审理通知书，定于 2004 年 9 月 20 日进行第二次口头审理。

第二次口头审理如期举行，双方当事人对合议组成员没有回避请求，对合议组变更也没有异议；请求人明确其无效理由为专利法第二十二条第二款、第三款，专利法实施细则第二十条第一款；请求人使用的证据为附件 B2～B7，放弃使用第一次提出无效宣告请求时所使用的证据；请求人认为权利要求 1 和 2 相对于附件 B2 不具备新颖性和创造性；权利要求 3 和 9 相对于附件 B2 结合公知常识或附件 B5 不具备创造性，权利要求 4 相对于附件 B2 结合公知常识或附件 B4 不具备创造性，权利要求

5～8相对于附件B2不具备创造性；被请求人认为限位装置是限定下模滑块的极限位置的装置；请求人认为限位装置是限定电池外壳的尺寸的装置。

基于上述的工作，合议组认为双方当事人已经充分发表意见，本案事实已经清楚，可以作出本决定。

二、决定的理由

1. 证据认定

请求人在两次口审中都明确放弃提出第一次无效宣告请求时所提交的证据，而仅使用提出第二次无效宣告请求时所提交的附件B2～B7作为证据，在被请求人对请求人提交的附件B2～B7的真实性和译文准确性均没有异议的情况下，由于附件B2、B4～B6均为在先公开的专利文献，附件B7为在先公开的公开出版物，因此附件B2、B4～B7可以作为评判本专利新颖性、创造性的现有技术。

2. 关于专利法实施细则第二十条第一款

请求人认为权利要求1不符合专利法实施细则第二十条第一款规定的主要理由是：（1）权利要求1中同时包括方法和装置特征；（2）权利要求1中所述的焊接、粘接或机械变形方法之间的关系不清楚；（3）权利要求中出现的“主要”一词使权利要求1保护范围不清楚，从属权利要求2～9不符合专利法实施细则第二十条第一款的规定的理由同权利要求1。

合议组认为：（1）审查指南第二部分第二章第3.2.2节规定“方法权利要求可以用工艺过程、操作条件、步骤或者流程等技术特征来描述”，权利要求1请求保护一种电池外壳的制造方法，正是采用步骤进行限定的方法权利要求，由于权利要求1中各步骤的实施需要利用具有特定结构的模具来实现。因此在该方法权利要求中除使用方法特征以外还使用装置特征对该方法实施所采用的特定模具进行限定是可以允许的，也是必要的，不会造成权利要求1保护范围不清楚；（2）鉴于请求人和被请求人在口审中均认同在电池制造中采用焊接、粘接或机械变形等方法属于本领域的公知常识，因此如何在电池制造中根据需要选择使用这三种方法对本领域普通技术人员而言是清楚的；（3）由于专利法实施细则第二十条第一款中规定对权利要求的限定应当清楚、简明，但并不排除所限定技术方案还可以包括其他非必要技术特征的可能性，因此权利要求中出现的“主要”并不影响对权利要求技术方案的理解。基于以上理由，合议组认为权利要求1符合专利法实施细则第二十条第一款的规定。

鉴于请求人认定从属权利要求2～9不符合专利法实施细则第二十条第一款规定的无效理由同于上述理由，因此在权利要求1不符合专利法实施细则第二十条第一款的无效理由不能成立的前提下，也不能认为权利要求2～9不符合专利法实施细则第二十条第一款的规定。

3. 关于新颖性

本专利权利要求1请求保护一种电池外壳的制造方法，其特征在于，包括以下步骤：

（1）制备预定长度的管通；

（2）用模具把所述管通向两边拉伸成所要求形状的筒体；

（3）在筒体的两端部通过焊接、粘接或机械变形方法加上两底板形成一筒形密封电池外壳；

（4）所述模具包括斜楔形上模和下模；

（5）所述下模主要由斜楔形滑块和限位装置组成。

对于权利要求1中“限位装置”的含义，双方当事人有不同的理解。被请求人认为，这里的限位装置应当理解为用于限定下滑块极限位置的装置；而请求人认为，这里的限位装置应当理解为用于限定电池外壳尺寸的装置。

根据专利法第五十六条规定，发明或者实用新型专利权的保护范围以其权利要求书的内容为准，说明书及附图可以用于解释权利要求书。

在权利要求中某术语产生歧义的情形下，应当从权利要求所公开的整体技术方案出发并结合说明书及其附图对其进行解释。

在权利要求中，"限位装置"被限定为下模的一个组成部分。而在下模中，运动部件为下滑块。因此，可以直接理解到的内容是：第一，"限位装置"是下模中的一个固定部分；第二，其用于直接限定下模中的运动部件——下滑块的运动极限位置。

从说明书中有关发明目的描述中可以看出，其目的之一即在于"通过模具精度来保证电池外壳的精度"。从已有技术所揭示的问题中已知，仅靠下模中的滑块是不能保证电池外壳的精度的，特别是对于矩形电池外壳的短边的精度需要通过从外部施加压力来实现，如整平机构。而本专利是通过模具本身来保证产品精度的。因此，对权利要求中所述的限位装置的合理解释应当是一个用于限定下滑块向两侧运动的极限位置的模具的固定部件。由于滑块运动的对称性，该固定部件也应当设计成对称的结构，例如一个U形块。由于该部件在限制滑块向两侧运动的同时也从外部对成型电池外壳施加压力，在限位的同时也起到了保证电池外壳精度的作用。对于上述理解，从说明书中所给出的唯一的实施例及其附图中也可以得到进一步的支持。因此合议组认为本专利权利要求1中所述的"限位装置"应当解释为"具有U形结构的固定结构，该U形结构的两臂的内壁可以限制斜楔形滑块的运动极限位置"。因此合议组将在参考说明书附图对"限位装置"作出上述解释的基础上，评价本专利权利要求的新颖性和创造性。

附件B2公开一种矩形电池外壳和其制造方法及矩形电池外壳用矩形筒的成形装置，并具体公开以下技术内容（参见权利要求2~4，说明书第2页第14行至第5页第14行）：该矩形电池外壳的制造方法包括在与筒轴垂直方向上施加拉力从而成形矩形筒的工序；切断上述矩形筒，使得该成形体与期望的矩形电池外壳的高度相等的工序；将底板嵌入到上述矩形筒的底部的工序；压延上述底板，使其嵌合在上述矩形筒的底部的工序；焊接上述矩形筒和上述压延后的底板的工序。该矩形电池外壳用矩形筒的成形装置包括一对找心架和自由滑动插入到该找心架间的楔形工具，上述一对找心架外形形状构成期望的矩形筒的内侧尺寸，通过使上述楔形工具滑动，使上述一对找心架在对筒体的筒轴垂直的方向上移动，成形期望的矩形筒。设置滑动凸轮，通过将上述楔形工具插入到上述一对找心架之间，在与该一对找心架打开的方向相反的方向上作用力，在筒体的成形结束的时候，用上述找心架和上述滑动凸轮，夹成形后的矩形电池外壳的短边侧侧面的两面。

将权利要求1的技术方案与附件B2公开的技术内容进行对比可知，附件B2中公开的矩形电池外壳的制造方法中同样包括成形矩形筒的工序、切断矩形筒从而形成预定高度矩形筒的工序以及嵌入、焊接底板的工序，因此除了焊接底板的数目不同以外，附件B2已经公开了权利要求1中的方法特征（1）至（3）；附件B2中公开的矩形电池外壳用矩形筒的成形装置包括找心架和楔形工具，它们分别对应权利要求1中的斜楔形滑块和斜楔形上模，因此附件B2已经公开了权利要求1中的特征（4）。

本案争论的焦点在于附件B2中的滑动凸轮是否相当于权利要求1中的"限位装置"。根据上面的说明，本专利权利要求1中的"限位装置"仅是指具有U形结构的固定结构，该U形结构的两臂的内壁可以限制斜楔形滑块的运动极限位置。合议组在认真审阅附件B2全文之后认为：根据附件B2中对滑动凸轮的说明，滑动凸轮并非是具有"U"形结构的固定件，而是作为与楔形工具联动的运动部件，其结构形式与权利要求1中的"限位装置"完全不同。因此，附件B2没有公开权利要求1中的特征（5），本领域技术人员也不能从附件B2中唯一导出具有上述结构的限位装置，因此附件B2并未覆盖权利要求1的全部技术特征，权利要求1相对于附件B2具备新颖性。

附件B4涉及一种方形电池的制造方法，附件B5涉及一种电池，附件B6涉及一种电池套筒，它们公开的内容都未涉及电池外壳矩形筒的成形工艺和模具，因此都完全没有公开权利要求 1 中有关模具的结构技术特征，因此权利要求 1 相对于附件 B4 ~ B6 中的任何一个都具备新颖性。

附件 B7 公开一种薄壁矩形零件成形方法，其中涉及利用一次胀形成形工艺方法，但附件 B7 并未具体公开权利要求 1 中的特征（1）至（3）和（5），因此权利要求 1 相对于附件 B7 具备新颖性。

在独立权利要求 1 相对于附件 B2、B4 ~ B7 具备新颖性的情况下，其从属权利要求 2 ~ 9 也具备新颖性。

4. 关于创造性

根据上述关于新颖性的评述，附件 B2 已经公开权利要求 1 的特征（1） ~ （4）。本案争论的焦点在于权利要求 1 中的“限位装置”相对于附件 B2 中的滑动凸轮是否是非显而易见的。合议组在认真审阅附件 B2 全文之后认为：根据附件 B2 中对滑动凸轮的说明，滑动凸轮并非是具有“U”形结构的固定件，而是作为与楔形工具联动的运动部件，附件 B2 中的说明并未清楚地说明滑动凸轮在该技术方案中所起的作用，从说明书披露的内容来看仅能得出该凸轮是在矩形筒成形之后再对该矩形筒两边进行挤压作用的“整平器”，本领域技术人员需要在附件 B2 公开内容的基础上付出创造性劳动设定合适的工作方式，才有可能将该滑动凸轮设置为能够限制找心架运动极限位置的 U 形固定限位装置结构。由于该滑动凸轮与权利要求 1 中“限位装置”的结构不同，同时本领域技术人员在附件 B2 公开内容的基础上也不能得到与实现权利要求 1 中的 U 形固定限位装置有关的技术启示，因此权利要求 1 相对于附件 B2 具有突出的实质性特点；由于本专利权利要求 1 的技术方案中所采用的“限位装置”具有结构简单的优点，使得相对于附件 B2 中的凸轮、找心架联动配合结构的复杂操作具有显著的技术进步，因此权利要求 1 相对于附件 B2 具有突出的实质性特点和显著的进步，符合专利法第二十二条第三款关于创造性的规定。

附件 B4 涉及一种方形电池的制造方法，附件 B5 涉及一种电池，附件 B6 涉及一种电池套筒，它们全部没有涉及电池外壳的制造工艺和模具，同样也没有给出权利要求 1 中关于模具的任何技术启示。

附件 B7 公开一种薄壁矩形零件成形方法，其中涉及利用一次胀形成形工艺方法，但附件 B7 并未具体公开权利要求 1 中的特征（1） ~ （3）和（5），也未给出关于权利要求 1 中上述技术特征的任何启示。

综上所述，由于附件 B2、B4 ~ B7 以及它们的结合都未公开权利要求 1 中具有特定结构的模具，本领域技术人员根据公开的内容也不能容易地得到关于实现该特定模具结构的技术启示，且由于该特定模具结构具有优于现有技术的技术进步，因此权利要求 1 相对于附件 B2、B4 ~ B7 及其结合具有突出的实质性特点和显著的进步，符合专利法第二十二条第三款关于创造性的规定。

在此基础上，权利要求 2 ~ 9 也同样具备创造性。

因此，请求人对于本专利不符合专利法第二十二条第二款、第三款规定的主张举证不充分，请求人提出的本专利不符合专利法实施细则第二十条第一款规定的理由也不能成立，即请求人对本专利的无效宣告理由不能成立。

三、决定

维持 00114037. X 号发明专利权有效。

当事人对本决定不服的，可以根据专利法第四十六条第二款的规定，自收到本决定之日起三个月内向北京市第一中级人民法院起诉。根据该款的规定，一方当事人起诉后，另一方当事人应当作为第三人参加诉讼。

北京市第一中级人民法院
行政判决书

（2005）一中行初字第607号

原告深圳市比克电池有限公司，住所地广东省深圳市龙岗区葵涌镇振达工业区第十栋。

法定代表人李向前，董事长。

委托代理人谢冠斌，北京市立方律师事务所律师。

委托代理人蒋洪义，北京市立方律师事务所律师。

被告国家知识产权局专利复审委员会，住所地北京市海淀区北四环西路9号银谷大厦10~12层。

法定代表人廖涛，副主任。

委托代理人崔哲勇，国家知识产权局专利复审委员会电学申诉处审查员。

委托代理人王颖；国家知识产权局专利复审委员会行政诉讼处审查员。

第三人深圳华粤宝电池有限公司，住所地广东省深圳市龙岗区平湖镇富民工业区13~15号楼。

法定代表人江强，董事长。

委托代理人崔军，广东星辰律师事务所律师。

委托代理人董江雄，中国专利代理（香港）有限公司专利代理人。

原告深圳市比克电池有限公司（下称比克公司）不服被告国家知识产权局专利复审委员会（下称专利复审委员会）于2005年3月16日作出的第6990号无效宣告请求审查决定（下称第6990号决定），于法定期限内向本院提起行政诉讼。本院于2005年6月21日受理本案后，依法组成合议庭，并通知第6990号决定的相对方深圳华粤宝电池有限公司（下称华粤宝公司）作为第三人参加本案诉讼，于2005年11月18日公开开庭进行了审理。原告比克公司的委托代理人谢冠斌、蒋洪义，被告专利复审委员会的委托代理人崔哲勇、王颖，第三人华粤宝公司的委托代理人崔军、董江雄到庭参加了诉讼。本案现已审理终结。

第6990号决定系专利复审委员会就比克公司针对华粤宝公司享有的专利号为00114037. X、名称为“电池外壳的制造方法”的发明专利（下称本专利）所提出的无效宣告请求作出的。专利复审委员会在该决定中认定：一、关于本专利是否符合专利法实施细则第二十条第一款的规定。比克公司关于本专利权利要求1~9不符合专利法实施细则第二十条第一款的无效理由不能成立。二、关于本专利是否具备新颖性。本专利权利要求1请求保护一种电池外壳的制造方法，其特征在于包括以下步骤：1. 制备预定长度的管通；2. 用模具把所述管通向两边拉伸成所要求形状的筒体；3. 在筒体的两端部通过焊接、粘接或机械变形方法加上两底板形成一筒形密封电池外壳；4. 所述模具包括斜楔形上模和下模；5. 所述下模主要由斜楔形滑块和限位装置组成。对于权利要求1中“限位装置”的含义，双方当事人有不同的理解。华粤宝公司认为，限位装置应当理解为用于限定下滑块极限位置的装置；而比克公司认为，限位装置应当理解为用于限定电池外壳尺寸的装置。在权利要求中某术语产生歧义的情形下，应当从权利要求所公开的整体技术方案出发并结合说明书及其附图对其进行解释。从权利要求中可以直接理解到的内容是，第一、“限位装置”是下模中的一个固定部分；第二、其用于直接限定下模中的运动部件——下滑块的运动极限位置。从说明书中有关发明目的描述中可以看出，其目的之一即在于“通过模具精度来保证电池外壳的精度”。因此，对权利要求中所述的限位装置的合理解释应当是一个用于限定下滑块向两侧运动的极限位置的模具的固定部件。由于滑块运动的对称性，该固定部件也应当设计成对称的结构，例如一个U形块。由于该部件在限制滑块向两侧运动的同时也从外部对成型电池外壳施加压力，在限位的同时也起到了保证电池外壳精度的作用。对于上述理解，从说明书中所给出的唯一的实施例及其附图中可以得到进一步的支持。因此，本专利权利要求1中所述的限位装置应当解释为“具有U形结构的固定结构，该U形结构的两臂的内壁可以限制斜楔形滑块的运动极限位置”。将权利要求1的技术方案与附件B2公开的技术内容进行对比可知，附件B2已经公开了权利要求1中的方法特征1至4。本案争论的焦点在于附件B2中的滑动凸轮是否相当于权利要求1中的限位装置。根据附件B2中对滑动凸轮的说明，滑动凸轮并非是具有U形结构的固定件，而是作为与楔形工具联动的运动部件，其结构形式与权利要求1中的限位装置完全不同，因此，附件B2没有公开权利要求1中的特征5，本领域技术人员也不能从附件B2中唯一导出具有上述结构的限位装置。因此附件B2并未覆盖权利要求1的全部技术特征，权利要求1相对于附件B2具备新颖性。附件B4、B5及B6均未公开权利要求1中有关模具的结构技术特征，附件B7未具体公开权利要求1中的特征1~3和5，因此权利要求1相对于附件B4~B7中均具备新颖性。在独立权利要求1相对于附件B2、B4~B7具备新颖性的情况下，其从属权利要求2~9也具备新颖性。三、关于本专利是否具备创造性。根据附件B2中对滑动凸轮的说明，滑功凸轮并非是具有“U”形结构的固定件，而是作为与楔形工具联动的运动部件，附件B2中的说明书并未清楚地说明滑动凸轮在该技术方案中所起的作用，从说明书披露的内容来看仅能得出该凸轮是在矩形筒成形之后再对该矩形筒两边进行挤压作用的“整平器”，本领域技术人员需要在附件B2公开内容的基础上付出创造性劳动设定合适的工作方式，才有可能将该滑动凸轮设置为能够限制找心架运动极限位置的U形固定限位装置结构，因此由于该滑动凸轮与权利要求1中限位装置的结构不同，同时本领域技术人员在附件B2公开内容的基础上也不能得到与实现权利要求1中的U形固定限位装置有关的技术启示，因此权利要求1相对于附件B2具有突出的实质性特点。由于本专利权利要求1的技术方案中所采用的限位装置具有结构简单的优点，因此相对于附件B2中的凸轮、找心架联动配合结构的复杂操作具有显著的技术进步，因此权利要求1相对于附件B2具有突出的实质性特点和显著的进步，符合专利法第二十二条第三款关于创造性的规定。附件B4、B5和B6均未涉及电池外壳的制造工艺和模具，同样也没有给出权利要求1中关于模具的任何技术启示。附件B7未具体公开权利要求1中的特征1~3和5，也未给出关于权利要求1中上述技术特征的任何启示。综上所述，权利要求1相对于附件B2、B4~B7及其结合具有突出的实质性特点和显著的进步，符合专利法第二十二条第三款关于创造性的规定。权利要求2~9也具备创造性。专利复审委员会据此作出第6990号决定，维持本专利权有效。

原告比克公司不服该决定，向本院起诉称：一、被告在第6990号决定中把本专利权利要求1中的限位装置解释为“具有U形结构的固定结构，该U形结构的两臂的内壁可以限制斜楔形滑块的运动极限位置”，既违反了专利法和《审查指南》的相关规定，也不符合本专利的实际情况。1. 本专利权利要求1中的限位装置是一个功能性特征，根据《审查指南》的规定，该限位装置应当解释为包括了任何能够实现该功能的结构形式。而被告将该功能性限定特征解释为该功能装置的某一个具体的实现方式，违反了《审查指南》关于功能性特征解释的规定。2. 被告将本专利说明书中唯一实施例中的附图所公开的内容引入权利要求中，把限位装置这一功能性限定特征解释为U形结构的固定结构，增加了权利要求的限定特征，实际上已不属于对权利要求的解释，而构成了对权利要求的修改，违反了专利法及《审查指南》的规定。3. 根据说明书附图可知，权利要求1中的限位装置并不仅仅局限于“具有U形结构的固定结构”，还应当包括可以制造其他形状电池外壳的其他结构形式的限位装置。因此，被告把权利要求1中的限位装置解释为“U形结构的固定结构”，与本专利的实际情况不符。4. 第三人在同一申请日申请的专利号为00227148.2号的实用新型专利说明书及附图内容可以明显看出，其中的限位装置并不局限于“U形结构的固定结构”这种唯一特定的结构形式。二、被告认为附件B2没有公开限位装置这一技术特征，进而认定本专利权利要求1具有新颖性，属于认定事实错误。从附件B2公开的技术内容可以看出，滑动凸轮不但能够达到使“矩形筒12的中央部的短边侧侧面11a大致平坦”的技术效果，起到整平器的作用，同时也具有“能够得到尺寸精度更好的电池外壳”的技术效果，起到限位装置的作用。因此，滑动凸轮同时也是一个限位装置，附件B2已经公开了本专利权利要求1的限位装置，因而权利要求1不具备专利法第二十二条第二款所规定的新颖性。三、即使按照被告对限位装置的解释，权利要求1也不具备创造性。

综上所述，被告作出的第6990号决定认定事实错误，适用法律不当，请求人民法院依法撤销该决定，并责令被告重新作出宣告本专利全部无效的审查决定。

被告专利复审委员会坚持其在第6990号决定中的认定，并针对原告起诉的理由进一步辩称：1. 原告认为被告将本专利权利要求1中的限位装置解释为“U形结构的固定结构”与本专利的实际情况不符是不正确的，由于上述解释并未对U形结构两臂的内壁形状进行限定，因此上述解释并未仅局限于本专利附图3所示的结构形式。2. 关于新颖性。在对权利要求1作出上述解释的情况下，由于附件B2中的滑动凸轮并非是具有“U”形结构的固定件，其结构形式与权利要求1中的限位装置完全不同，因此，附件B2没有公开权利要求1中的特征“所述下模主要由斜楔形滑块和限位装置组成”，本领域技术人员也不能从附件B2中唯一导出具有上述结构的限位装置，因此附件B2并未覆盖权利要求1的全部技术特征，权利要求1相对于附件B2具备新颖性。

综上所述，被告在其作出的第6990号决定中认定事实清楚，适用法律正确，审理程序合法，原告的诉讼理由不能成立，请求人民法院驳回原告的诉讼请求，维持第6990号决定。

第三人华粤宝公司述称：本专利权利要求1限定的限位装置要解决的技术问题和实现的技术效果是，限定电池外壳的外形尺寸，保证电池外壳有较高的尺寸精度；对电池外壳进行整形，保证电池外壳壳体有良好的平坦度；限位装置属下模结构，模具简单，加工方便。附件B2中的滑动凸轮用于在矩形筒成形后与找心架一起夹矩形筒的短边侧侧面，使得矩形筒的中央部的短边侧侧面大致平坦。由于滑动凸轮是在矩形筒成形结束后才起作用，因此它不是用来限定电池外壳的外形尺寸，而仅仅是为了整平外形。滑动凸轮要解决的技术问题仅仅是保证电池外壳短边进行整形，使电池壳体的短边侧面更加平坦。附件B2中电池外壳的外形尺寸是通过控制楔形工具的运动行程来确定的，并且由于在筒体成形结束后，滑动凸轮从外部对其施加压力，因此必须考虑该外部压力与楔型工具向下压力的配合，否则有可能影响电池外壳的外形尺寸。因此，附件B2的滑动凸轮不是限位装置。故本专利相对于该对比文件具备新颖性。并且由于本专利的限位装置与原告所引用的滑动凸轮是基于完全不同的两种概念产生的完全不同的机械结构，二者所解决的技术问题和实现的技术效果完全不同，故本专利具备创造性。

综上，第三人请求人民法院驳回原告的诉讼请求，维持第6990号决定。

本院经审理查明：

名称为“电池外壳的制造方法”的发明专利由华粤宝公司于2000年1月22日向国家知识产权局提出申请，于2003年9月17日被授权公告，专利号为00114037.X。本专利授权公告的权利要求书记载了9项权利要求，其中权利要求1为独立权利要求，权利要求2~9直接或间接从属于权利要求1。

权利要求1的内容为；

“1. 一种电池外壳的制造方法，其特征在于，包括以下步骤：制备预定长度的管通；用模具把所述管通向两边拉伸成所要求形状的简体；在筒体的两端部通过焊接、粘接或机械变形方法加上两底板形成一筒形密封电池外壳，所述模具包括斜楔型上模和下模，所述下模主要由斜楔形滑块和限位装置组成。”

本专利说明书还载明：“所述下模主要由两块或一块滑块和限位装置组成”。

2003年12月3日，比克公司以本专利权利要求1、2、4、5、6不符合专利法第二十二条第二款为由，向专利复审委员会提出无效宣告请求，并提供了附件A1作为证据。

2004年1月9日，比克公司提出本专利不符合专利法第二十二条第三款、第二十六条第四款的无效理由，并补充提交了附件A2~A5。

2004年3月4日，比克公司再次就本专利提出无效宣告请求，并提交了附件B1~B7，其中：

附件B2为特开平6-333541A号日本公开特许公报复印件，其公开日为1994年12月2日。该对比文件公开了一种矩形电池外壳和其制造方法及矩形电池外壳用矩形筒的成型装置，并具体公开以下技术内容（参见权利要求2~4，说明书第2页第14行至第5页第14行）：该矩形电池外壳的制造方法包括在与筒轴垂直方向上施加拉力从而成形矩形筒的工序；切断上述矩形筒，使得该成形体与期望的矩形电池外壳的高度相等的工序；将底板嵌入到上述矩形筒的底部的工序；压延上述底板，使其嵌合在上述矩形筒的底部的工序；焊接上述矩形筒和上述压延后的底板的工序。该矩形电池外壳用矩形筒的成形装置包括一对找心架和自由滑动插入到该找心架间的楔形工具，上述一对找心架外形形状构成期望的矩形筒的内侧尺寸，通过使上述楔形工具滑动，使上述一对找心架在对筒体的筒轴垂直的方向上移动，成型期望的矩形筒。设置滑动凸轮，通过将上述楔形工具插入到上述一对找心架之间，在与该一对找心架打开的方向相反的方向上作用力，在筒体的成型结束的时候，用上述找心架和上述滑动凸轮，夹成形后的矩形电池外壳的短边侧侧面的两面。

同时，该对比文件还公开了以下技术内容“在箭头A方向上插入楔形工具15，凸轮26就与楔形工具15联动，在箭头A方向上移动，利用凸轮26，滑动凸轮25在箭头B方向上作用力，在筒管坯料17成型结束的时候，用找心架14和滑动凸轮25夹成型后的矩形电池外壳的短边侧侧面的两面。”

在2004年6月30日举行的口头审理中，比克公司放弃了附件A1~A5，明确其无效理由是权利要求1、2不具备新颖性，权利要求1~9不具备创造性，权利要求1~9不符合专利法实施细则第二十条第一款的规定。

在该口头审理结束之后，专利复审委员会根据案情需要决定扩大合议组，并于2004年9月20日进行了第二次口头审理。比克公司明确其无效理由为本专利不符合专利法第二十二条第二款、第三款，专利法实施细则第二十条第一款，使用的证据为附件B2~B7，放弃使用第一次提出无效宣告请求时所使用的证据；权利要求1和2相对于附件B2不具备新颖性和创造性；权利要求3和9相对于附件B2结合公知常识或附件B5不具备创造性，权利要求4相对于附件B2结合公知常识或附件B4不具备创造性，权利要求5~8相对于附件B2不具备创造性。华粤宝公司认为限位装置是限定下模滑块的极限位置的装置；比克公司认为限位装置是限定电池外壳的尺寸的装置。

2005年3月16日，专利复审委员会作出第6990号决定。

上述事实有本专利说明书、第6990号决定、附件B2以及当事人陈述等证据在案佐证。

本院认为：

一、关于本专利权利要求1的保护范围的确定

根据被告作出的第6990号决定的理由以及当事人的诉辩主张，本案处理的关键在于如何理解本专利权利要求1中限定的“限位装置”这一特征的含义。

《专利法》第五十六条第一款规定：“发明或者实用新型专利权的保护范围以其权利要求的内容

为准，说明书及附图可以用于解释权利要求。”根据该规定，对于本专利权利要求1的保护范围的确定，应当以权利要求所用文字的含义来理解，说明书和附图可以用于帮助理解权利要求，但不得用于限定权利要求。权利要求1中限定的“限位装置”，从文字上看，属功能性限定，结合说明书及附图公开的内容，其主要功能为限定下滑块的运动极限位置。

《审查指南》明确规定：“对于权利要求中的功能性特征，应当理解为覆盖了所有能够实现所述功能的实施方式。”根据该规定，对于“限位装置”应当理解为所有能够实现限定下滑块的运动极限位置的装置。对于本领域普通技术人员而言，限定下滑块的运动极限位置的方式多种多样，既可以通过固定部件也可以通过移动部件来实现限位功能，其具体结构形式亦存在多种可能性。因此，被告将该“限位装置”解释为下模中的一个“固定部分”，并以本专利说明书附图反映的内容将其进一步解释为“U形结构的固定结构”，已经超出了以说明书和附图解释权利要求的范围，而属于以说明书及其附图限定权利要求，违反了专利法及《审查指南》的相关规定。

此外，由于权利要求1并未限制下滑块的数量，根据说明书的记载，其下滑块可以为一块，故对于一块下滑块的限位装置并不需要设计成对称结构的U形结构，被告将权利要求1中的限位装置限定为U形固定结构亦不符合本专利的实际情况。

基于上述理由，被告将权利要求1的“限位装置”解释为U形固定结构没有事实和法律依据，本院不予支持。

二、关于本专利权利要求1是否具备新颖性

根据《专利法》第二十二条第二款的规定，具备新颖性的发明应当不同于现有技术，而且也不同于申请日以前由他人提出过申请并且记载在申请日以后公布的专利申请文件中的发明或者实用新型的新的技术方案。

由于当事人对于附件B2公开了本专利权利要求1中除限位装置以外的其他特征均未提出异议，故权利要求1是否具备新颖性的关键在于附件B2是否公开了限位装置。

被告基于附件B2中的滑动凸轮并非是具有U形结构的固定件，而认定附件B2没有公开权利要求1中的限位装置，但其认定的“U形结构的固定件”仅记载在本专利说明书附图中，而未反映在权利要求书中，不能用于评价本专利的新颖性。因此，被告的该认定没有事实和法律依据，本院不予支持。

由附件B2公开的内容可知，凸轮26带动滑动凸轮25向B′方向运动，楔形工具15带动找心架14向B方向运动，由于凸轮26与楔形工具15联动，二者的关系是同时工作，在楔形工具15停止运动时，凸轮26亦停止运动，故不存在在筒管坯料17成形结束的时候，亦即楔形工具15停止运动时，滑动凸轮25继续运动以夹成形后的矩形电池外壳的情形。根据上述内容，本领域普通技术人员所得到的技术方案是，因凸轮26与楔形工具15联动，找心架14与滑动凸轮25相向运动，在相互作用力时，既限定了相互的移动位置，也起到了保持电池外壳精度的作用。因此，该滑动凸轮25能够实现限制找心架运动极限位置的功能，并且与找心架共同作用，构成下模的一部分，该滑动凸轮25亦属于一种具体结构的限位装置。因此，附件B2公开了本专利权利要求1所限定的限位装置。

由于附件B2公开了本专利权利要求1的全部技术特征，因此，权利要求1不具备新颖性。被告认定权利要求1具备新颖性没有事实和法律依据，其认定权利要求1~9具备创造性系在权利要求1具备新颖性的基础上作出的，在该基础错误的情况下，本院对其权利要求1~9的创造性认定亦不予支持。

综上，被告作出的第6990号决定认定事实和适用法律均存在错误，原告请求撤销该决定的理由成立，本院予以支持。被告应当在权利要求1不具备新颖性的基础上，针对比克公司的无效理由，就本专利权利要求2~9的新颖性和创造性作出认定，并重新作出无效宣告请求审查决定。依照《中华人民共和国行政诉讼法》第五十四条第（二）项第1目、第2目之规定，本院判决如下：

一、撤销被告国家知识产权局专利复审委员会作出的第6990号无效宣告请求审查决定；

二、被告国家知识产权局专利复审委员会重新就第00114037.X号“电池外壳的制造方法”的发明专利权作出无效宣告请求审查决定。

案件受理费1000元，由被告国家知识产权局专利复审委员会负担（于本判决生效之日起七日内交纳）。

如不服本判决，各方当事人可于本判决送达之日起十五日内，向本院提交上诉状及其副本，并交纳上诉案件受理费1000元（开户行：中国工商银行北京分行黄楼支行；户名：北京市第一中级人民法院；账号：144537-48），上诉于北京市高级人民法院。

审 判 长 姜 颖
代理审判员 江建中
代理审判员 周云川
二〇〇五年十二月三十日
书 记 员 乔 平

北京市高级人民法院行政裁定书

（2006）高行终字第179号

上诉人（原审被告）国家知识产权局专利复审委员会，住所地北京市海淀区北四环西路9号银谷大厦10~12层。

法定代表人廖涛，副主任。

委托代理人崔哲勇，国家知识产权局专利复审委员会审查员。

委托代理人杨存吉，国家知识产权局专利复审委员会审查员。

上诉人（原审第三人）深圳华粤宝电池有限公司，住所地广东省深圳市龙岗区平湖镇富民工业区13~15号楼。

法定代表人江强，董事长。

委托代理人崔军，广东星辰律师事务所律师。

委托代理人董江雄，男，汉族，1951年11月18日出生，中国专利代理（香港）有限公司专利代理人，住北京市朝阳区劲松130楼3门302号。

被上诉人（原审原告）深圳市比克电池有限公司，住所地广东省深圳市龙岗区葵涌镇振达工业区第十栋。

法定代表人李向前，董事长。

委托代理人蒋洪义，北京市金信立方律师事务所律师。

委托代理人马春生，北京市金信立方律师事务所律师。

上诉人国家知识产权局专利复审委员会（下称专利复审委员会）、深圳华粤宝电池有限公司（下称华粤宝电池公司）因专利权无效行政纠纷一案，不服北京市第一中级人民法院（2005）一中行初字第607号行政判决，向本院提起上诉。本院2006年3月27日受理后，依法组成合议庭，于2006

年12月6日公开开庭进行了审理。上诉人专利复审委员会的委托代理人崔哲勇、杨存吉，上诉人华粤宝电池公司的委托代理人崔军、董江雄，被上诉人深圳市比克电池有限公司（下称比克电池公司）的委托代理人蒋洪义、马春生到庭参加了诉讼。

本院认为，发明专利权的保护范围以其权利要求的内容为准，说明书及附图可以用于解释权利要求。对于权利要求中功能性限定特征的解释应当受专利说明书中记载的实现该功能的具体方式的限制，不应当解释为覆盖了能够实现该功能的任何方式。

本案中，“电池外壳的制造方法”发明专利（下称本专利）权利要求1为：“一种电池外壳的制造方法，其特征在于，包括以下步骤：制备预定长度的管通；用模具把所述管通向两边拉伸成所要求形状的筒体，在筒体的两端部通过焊接、粘接或机械变形方法加上两底板形成一筒形密封电池外壳，所述模具包括斜楔形上模和下模，所述下模主要由斜楔形滑块和限位装置组成。”

一审法院将本专利权利要求1中记载的“限位装置”认定为功能性限定，其主要功能是限定下滑块的运动极限位置，各方当事人均未提出异议，本院对此予以认可。本专利说明书载明本专利说明书附图中记载了在将椭圆通制成方通时所用的模具和成型情况。本专利说明书附图中记载的“限位装置”的形状就是“U形结构的固定结构”。深圳市比克电池有限公司（下称比克电池公司）提交的附件B2，即特开平6－333541A号日本公开特许公报，公开了在筒管坯料的成型结束的时候，用找心架和“滑动凸轮”夹成型后的矩形电池外壳的短边侧面的两面，其中公开的“滑动凸轮”不是“U形结构的固定结构”。因此，一审法院认定附件B2公开了本专利权利要求1的全部技术特征、本专利权利要求1不具备新颖性的认定是错误的。

国家知识产权局专利复审委员会是以本专利具备新颖性、创造性为由作出第6990号无效宣告请求审查决定，比克电池公司也是以本专利不具备新颖性、创造性为由，向一审法院提起诉讼，现一审法院未对本专利是否具备创造性作出评价，故一审法院应在本专利具备新颖性的前提下，对本专利是否具备创造性作出评价。

依据《中华人民共和国行政诉讼法》第六十一条第（三）项的规定，判决如下：

一、撤销北京市第一中级人民法院（2005）一中行初字第607号行政判决；

二、发回北京市第一中级人民法院重审。

审 判 长 刘 辉
代理审判员 岑宏宇
代理审判员 张冬梅
二〇〇六年十二月二十日
书 记 员 陈 明

011

防爆单端卤钨灯案

无效宣告请求审查决定（第7066号）

决　定　号　第7066号
决　定　日　2005年3月25日
发明创造名称　防爆单端卤钨灯
国际分类号　H01K 1/66
无效请求人　佛山电器照明股份有限公司
专利权人　深圳可见优光学电器有限公司
专　利　号　01256278.5
申　请　日　2001年10月15日
授权公告日　2002年7月17日
合议组组长　张　度
主　审　员　张美菊
参　审　员　李韵美

法律依据　专利法第二十二条第二款
决定要点

对于一件他人在实用新型的申请日之前申请、在申请日之后公开的专利申请，与实用新型的相关内容相比，如果其技术领域、所要解决的技术问题和技术方案实质上相同、预期效果相同，则该实用新型的相关内容不具备新颖性，但如果其中没有清楚、完整地公开在后申请的发明或实用新型的技术方案，则该在先申请的发明或实用新型不能构成在后申请的发明或实用新型的抵触申请而破坏其新颖性。

一、案由

本无效宣告请求涉及国家知识产权局专利局于2002年7月17日授权公告的、名称为“防爆单端卤钨灯”的实用新型专利（下称本专利），其申请日为2001年10月15日，申请号为01256278.5，专利权人为深圳可见优光学电器有限公司。

该专利授权公告的权利要求书内容如下：

“1. 一种防爆单端卤钨灯，包括玻壳（10）、玻珠（30）、灯丝（40）、电极（50）、引出脚（60）以及所述电极（50）与引出脚（60）之间的钼箔（80），其特征在于：所述灯丝（40）在连接至引出脚（60）之前，至少串联有一根保险丝（70）。

2. 如权利要求1所述的防爆单端卤钨灯，其特征在于：所述保险丝（70）在玻珠（30）的下方，该保险丝（70）的一端（71）缠绕于电极（50）上，另一端（72）固定连接于钼箔（80）上。

3. 如权利要求1所述的防爆单端卤钨灯，其特征在于：所述保险丝（70）的一端（72）点焊于钼箔（80）上。

4. 如权利要求1所述的防爆单端卤钨灯，其特征在于：所述保险丝（70）在玻壳（10）内的有效长度为50mm以下，直径在0.25mm以下。

5. 如权利要求1所述的防爆单端卤钨灯，其特征在于：所述保险丝（70）在玻珠下方20mm以内。

6. 如权利要求1所述的防爆单端卤钨灯，其特征在于：所述保险丝（70）由钨、钼耐高温金属或合金制成。

7. 如权利要求1所述的防爆单端卤钨灯，其特征在于：所述电极（50）为钼丝。

8. 如权利要求1所述的防爆单端卤钨灯，其特征在于：所述玻壳（10）和玻珠（30）均由石英玻璃做成。”

针对上述专利权，佛山电器照明股份有限公司（下称请求人）于2003年12月25日向专利复审委员会提出了无效宣告请求。其理由是：本专利权利要求1~3、6、7的技术方案已由他人向国务院专利行政部门提出过申请并且记载在申请日以后公布的专利申请文件即附件2中，因此不符合专利法第二十二条第二款和专利法实施细则第十三条第一款的规定，权利要求3~8的技术方案是本领域的常规技术，因此分别相对于附件3~6不符合专利法第二十二条第三款的规定，权利要求5的技术方案是本领域技术人员在现有技术的基础上通过逻辑分析、推理即可得到。

请求人向专利复审委员会提交以下附件：

附件1：第01256278.5号专利（本专利）授权公告文本复印件；

附件2：第01255852.4号专利授权公告文本复印件，其申请日是2001年9月21日，公开日是2002年7月10日，申请人是佛山电器照明股份有限公司；

附件3：《光源与照明》第4版的封面、版权页及第155页的复印件；

附件4：《光源与照明》的封面、版权页以及第103、第133以及出版页的复印件；

附件5：重庆川仪一厂企业标准Q/YY61-2002《保险电阻合金丝》的复印件；

附件6：《电光源工艺》下册的封面、前言页以及第145页的复印件。

经形式审查合格，专利复审委员会受理了上述无效宣告请求，于2003年12月25日向双方当事人发出无效宣告请求受理通知书，并同时将无效宣告请求书及其附件的副本转给了专利权人（下称被请求人）。

在无效宣告请求受理通知书所指定的期限内，被请求人没有提交意见陈述书。

合议组于2004年10月19日向请求人和被请求人发出口头审理通知书，定于2004年11月22日在广东省知识产权局举行口头审理。

口头审理于2004年11月22日如期举行，双方当事人均出席口头审理并各自发表了自己的观点。

请求人当庭放弃附件5作为评价本专利权利要求的证据，并将附件2、3、4、6分别作为评价本案权利要求1~8的对比文件1~4。被请求人对对比文件1~4的真实性无异议。

请求人明确其无效理由及权利要求的评述方式为：权利要求1~4、6、7相对于对比文件1不具备新颖性；权利要求3相对于对比文件2不具备创造性，并且不符合专利法实施细则第二条第二款的规定；权利要求4不符合专利法实施细则第二十六条第四款的规定；权利要求5不符合专利法第二十二条第三款、第二十六条第四款以及实施细则第二十条第一款的规定；权利要求6不符合专利法实施细则第二条第二款的规定；权利要求7相对于对比文件3不具备创造性并且不符合专利法实施细则第二条第二款的规定；权利要求8相对于对比文件2不具备创造性并且不符合专利法实施细则第二条第二款的规定。

在上述工作的基础上，合议组认为本案事实已清楚，依法作出本决定。

二、决定的理由

1. 关于证据

由于在口头审理中，被请求人对对比文件1～4的真实性无异议。对比文件1的申请人是佛山电器照明股份有限公司，申请日是2001年9月21日，公开日是2002年7月10日，因此对比文件1是他人在本专利申请日前向国家知识产权局专利局提出申请、在本专利申请日之后公开的专利文件，对比文件1仅能够用于评述本专利的新颖性。对比文件2、3的版权页所显示出版日期均早于本专利的申请日，所以对比文件2、3可以作为评价本专利权利要求的现有技术。由于请求人没有提交对比文件4的版权页，只提交了前言页，其上所记载的日期不能认为是对比文件4的出版日期，所以在请求人所提交的对比文件4中不能确定其出版公开日期，对比文件4不能作为评价本专利权利要求的现有技术；

2. 关于新颖性

依据专利法第二十二条第一款规定，新颖性是指在申请日以前没有同样的发明或者实用新型在国内外出版物上公开发表过、在国内公开使用过或者以其他方式为公众所知，也没有同样的发明或者实用新型由他人向国务院专利行政部门提出过申请并且记载在申请日以后公布的专利申请文件中。

对于一件他人在实用新型的申请日之前申请、在申请日之后公开的专利申请，与该实用新型的相关内容相比，如果它们技术领域、所要解决的技术问题和技术方案实质上相同、预期效果相同，则该实用新型的相关内容不具备新颖性，但如果其中没有清楚、完整地公开在后申请的实用新型的技术方案，则该在先申请不能构成在后申请的实用新型的抵触申请而破坏其新颖性。

本专利的目的是为了避免钼丝电极引出端发生弧光放电，烧毁灯泡中的金属元件，并产生高压，引发爆炸，伤害，从而提出的一种防止玻壳爆炸的防爆单端卤钨灯。

权利要求1要求保护“一种防爆单端卤钨灯，包括玻壳（10）、玻珠（30）、灯丝（40）、电极（50）、引出脚（60）以及所述电极（50）与引出脚（60）之间的钼箔（80），其特征在于：所述灯丝（40）在连接至引出脚（60）之前，至少串联有一根保险丝（70）。”

对比文件1为了克服现有技术中单端卤钨灯的电极间产生弧光放电，以至于造成灯泡泡壳爆裂的缺点，提出了一种带有保护装置的单端卤钨灯，其卤钨灯包括（参见对比文件1权利要求1和说明书第2、第3页和附图1、5）：泡壳（1）、玻珠（3）、灯丝（2）、电极钼丝（4）、灯脚（7）、电极钼丝（4）和灯脚（7）之间的钼箔（6），灯丝（2）连接电极钼丝（4），对比文件1实施例5中，电极钼丝（4）和钼箔（6）之间串联了一个在熔断体（5），熔断体的熔断电流小于电极放电使泡壳爆炸的电流，可有效防止电极间弧光放电所继续增大的电流造成泡壳爆裂现象。对比文件1中，电极钼丝（4）相当于本专利的电极（50），灯脚（7）相当于本专利的引出脚（60），熔断体（5）相当于本专利的保险丝（70）。从对比文件1的图5中可看出灯丝连接电极钼丝，电极钼丝连接熔断体，熔断体连接钼箔，钼箔连接灯脚，因此在对比文件1中，灯丝在连接灯脚之前连接了熔断体。

由此可见，对比文件1公开了权利要求1的全部技术特征，并且对比文件1与本专利都涉及单端卤钨灯，属于相同的技术领域，解决相同的技术问题，采用相同的技术方案，并能达到相同的技术效果，因此对比文件1构成本专利权利要求1的抵触申请，权利要求1的技术方案相对与对比文件1不具备新颖性。

权利要求2的附加技术特征是“所述保险丝（70）在玻珠（30）的下方，该保险丝（70）的一端（71）缠绕于电极（50）上，另一端（72）固定连接于钼箔（80）上”，对比文件1第3页第4段和附图5公开了：熔断体（5）位于玻珠（3）的下方，熔断体（5）的一端连接于电极钼丝（4），另一端固定于钼箔（6）。因此权利要求2的附加技术特征已经在对比文件1中公开了，在其引用的权利要求1相对于对比文件1不具备新颖性的情况下，权利要求2的技术方案相对于对比文件1也不具备新颖性。

权利要求3对权利要求1做进一步限定，其附加特征是“所述保险丝（70）的一端（72）点焊于钼箔（80）上”，对比文件1第3页第4段公开了熔断体的另一段与钼箔相固，由此可见对比文件1所公开的内容与权利要求3所要求保护的方案相比，其不同之处仅在于在本专利中保险丝与钼箔通过“点焊”进行连接，而对比文件1中的保险丝和钼箔相固，这种区别仅仅是本领域的惯用手段的直接置换，在其引用的权利要求1相对于对比文件1不具备新颖性的情况下，权利要求3的技术方案相对于对比文件1也不具备新颖性。

权利要求6的附加特征是“所述保险丝（70）由钨、钼耐高温金属或合金制成”，对比文件1第1页倒数第1行已经公开了“所述的熔断器的材质可以是钨、钼或其他难熔金属等”，因此对比文件1已经公开了权利要求6的附加技术特征中的“钨、钼耐高温金属”，在其引用的权利要求1相对于对比文件1不具备新颖性的情况下，权利要求6的技术方案相对于对比文件1也不具备新颖性。

权利要求7的附加技术特征是“所述电极（50）为钼丝”，对比文件1具有电极钼丝（4），由此可见权利要求7的附加技术特征已经在对比文件1中公开，在其引用的权利要求1相对于对比文件1不具备新颖性的情况下，权利要求7的技术方案相对于对比文件1也不具备新颖性。

权利要求4的附加技术特征是“所述保险丝（70）在玻壳（10）内的有效长度为50mm以下，直径在0.25mm以下”，在对比文件1中并没有描述保险丝在玻壳内的长度，因此权利要求4的附加技术特征中的“所述保险丝（70）在玻壳（10）内的有效长度为50mm以下”并没有在对比文件1中公开，而对于技术特征“直径在0.25mm以下”，对比文件1中仅公开了熔断体的横截面积大于灯丝横截面积的1.1倍，并小于电极钼丝的横截面积的0.7倍，在对比文件1中并没有涉及灯丝和电极钼丝直径（或半径）的内容。对于这点，请求人认为灯丝的直径是公知常识，其可以参见对比文件2和对比文件3，但是合议组在对比文件2和对比文件3中并没有发现涉及灯丝直径尺寸的内容，并且也没有关于电极钼丝的相关数据的内容。请求人的理由没有客观依据，合议组不予采信。因此，根据对比文件1的上述关系无法推导出保险丝直径的数值范围，权利要求4的技术方案相对于对比文件1具备新颖性。

3. 关于专利法实施细则第二十条第一款

专利法实施细则第二十条第一款的规定：“权利要求书应当说明发明或者实用新型的技术特征，清楚、简要地表述请求保护的范围。”

权利要求5的附加技术特征是“所述保险丝（70）在玻珠下方20mm以内”，由于保险丝是有一定长度的，该附加技术特征没有清楚地表明是保险丝与电极相连的那一端点在玻珠下方20mm以内，还是保险丝的整个长度在玻珠下方20mm以内；同时“所述保险丝（70）在玻珠下方20mm以内”的含义为保险丝在玻珠下方0~20mm的范围内，其包括了0mm的数值，如果将上述技术特征理解为保险丝的整个长度在玻珠下方20mm以内，针对20mm以内这个范围中的0mm来说，保险丝的长度也就为0mm，即没有保险丝，这与本专利说明书公开的技术方案是矛盾的。但如果将上述技术特征理解为保险丝与电极相连的那一端点在玻珠下方20mm以内，针对20mm以内这个范围中的0mm来说，保险丝与电极相连的那一端点与玻珠之间没有距离，也就不存在电极，而本专利中是具有电极的，这也与本专利说明书公开的技术方案相矛盾。由于以上原因，权利要求5的技术方案不清楚，不符合专利法实施细则第二十条第一款的规定。

4. 关于专利法第二十六条第四款

专利法第二十六条第四款规定：“权利要求书应当以说明书为依据，说明要求专利保护的范围。”

审查指南第二部分第二章第3.2.1节规定：“权利要求书中的每一项权利要求所要求保护的技术方案应当是所属技术领域的技术人员能够从说明书中公开的内容直接得到或者概括得出的技术方案，并且权利要求的范围不得超出说明书记载的内容。”

权利要求4的附加技术特征是“所述保险丝（70）在玻壳（10）内的有效长度为50mm以下，直径在0.25mm以下”，在本专利说明书第2页第3段明确记载了“所述保险丝70的一端72点焊于钼箔80上，其在玻壳10内的有效长度为50mm以下，直径在0.25mm以下”，可见权利要求4的附加技术特征是可以从说明书中直接得到的。因此权利要求4得到说明书的支持，符合专利法第二十六条第四款的规定。

请求人认为：权利要求4的附加技术特征是一个长度是0~50mm、直径是0~0.25mm的范围，说明书中应当给出上述数值范围的两端值附近的实施例和中间值实施例，而说明书的文字描述与权利要求4的内容一模一样，从而说明书的内容不足以支持权利要求4。

合议组认为：审查指南对说明书具体实施方式的要求中确实记载了“当权利要求涉及较宽的数值范围时，应给出两端值附近的实施例和至少一个中间值的实施例”，但是这句话有一个前提就是“当权利要求涉及较宽的数值范围时”，其含义是权利要求所记载的数值与说明书的记载不一样，是一个较宽的数值范围的情况下，说明书中要给出两端值附近的实施例和至少一个中间值的实施例。而对于当说明书明确记载了一个数值范围而权利要求又要求该数值范围时，说明书的实施例中就无须再记载该数值范围两端值和中间值的实施例。

5. 关于专利法实施细则第二条第二款

专利实施细则第二条第二款规定：“专利法所称实用新型，是指对产品的形状、构造或者其结合所提出的适于实用的新的技术方案。如果实用新型一项独立权利要求是关于产品的形状、构造或者其结合的技术方案，那么此独立权利要求的从属权利要求的技术方案也是技术方案。”

在本专利中，独立权利要求1记载了一种防爆单端卤钨灯的结构，其是一个为了防止传统的单端卤钨灯爆炸而对单端卤钨灯的构造提出改进的技术方案，权利要求8从属于独立权利要求1，那么从属权利要求8所要求保护的方案也是一个技术方案，符合专利法实施细则第二条第二款的规定。

6. 关于专利法第二十二条第三款

专利法第二十二条第三款规定：“创造性是指同申请日以前已有的技术相比，该发明有突出的实质性特点和显著的进步，该实用新型有实质性特点和进步。”

权利要求8从属于权利要求1，因此其技术方案中包括权利要求1的全部技术特征和权利要求8的附加技术特征：“一种防爆单端卤钨灯，包括玻壳（10）、玻珠（30）、灯丝（40）、电极（50）、引出脚（60）以及所述电极（50）与引出脚（60）之间的钼箔（80），其特征在于：所述灯丝（40）在连接至引出脚（60）之前，至少串联有一根保险丝（70）”和“所述玻壳（10）和玻珠（30）均由石英玻璃做成”。

对比文件2是《光源与照明》（第4版）的封面、版权页及第155页的复印件，在第155页介绍了灯丝及其支撑结构的制作要求和所用材料，泡壳的制作材料，钼片的技术要求和形状，引入丝和连接引脚的材料及制作要求。但是在对比文件2中并没有公开权利要求8中的“所述玻壳（10）和玻珠（30）均由石英玻璃做成”和“所述灯丝（40）在连接至引出脚（60）之前，至少串联有一根保险丝（70）”，而该保险丝是本专利为了解决电极引出端的弧光放电而引发爆炸的问题所采取的特定技术手段，采用该技术手段的卤钨灯能达到防止灯丝烧毁时产生的电弧的持续和扩张从而防止爆炸发生的技术效果，因此权利要求8的技术方案与对比文件2公开的内容相比具有实质性特点和进步，符合专利法第二十二条第三款的规定。

综上所述，本专利权利要求1～3、6、7不具备新颖性，权利要求5不符合专利实施细则第二十条第一款的规定，权利要求4符合专利法第二十二条第二款和专利法第二十六条第四款的规定，权利要求8符合专利法实施细则第二条第二款和专利法第二十二条第三款的规定。由于权利要求1～3、5～7因不符合上述规定应当被宣告无效，合议组对权利要求1～3、5～7的其他无效宣告理由不再评议。

三、决定

宣告第01256278.5号实用新型专利权部分无效，维持有效的权利要求书内容如下：

“1. 一种防爆单端卤钨灯，包括玻壳（10）、玻珠（30）、灯丝（40）、电极（50）、引出脚（60）、所述电极（50）与引出脚（60）之间的钼箔（80），其特征在于：所述灯丝（40）在连接至引出脚（60）之前，至少串联有一根保险丝（70），所述保险丝（70）在玻壳（10）内的有效长度为50mm以下，直径在0.25mm以下。

2. 一种防爆单端卤钨灯，包括玻壳（10）、玻珠（30）、灯丝（40）、电极（50）、引出脚（60）、所述电极（50）与引出脚（60）之间的钼箔（80），其特征在于：所述灯丝（40）在连接至引出脚（60）之前，至少串联有一根保险丝（70），所述玻壳（10）和玻珠（30）均由石英玻璃做成。”

当事人对本决定不服的，可以根据专利法第四十六条第二款的规定，自收到本决定之日起三个月内向北京市第一中级人民法院起诉。根据该款的规定，一方当事人起诉后，另一方当事人应当作为第三人参加诉讼。

北京市第一中级人民法院
行政判决书

（2005）一中行初字第815号

原告佛山电器照明股份有限公司，住所地广东省佛山市汾江北路15号。

法定代表人钟信才，董事长。

委托代理人刘小敏，广州知友专利商标代理有限公司专利代理人。

委托代理人李金伟，男，佛山电器照明股份有限公司技术部副部长。

被告中华人民共和国国家知识产权局专利复审委员会，住所地北京市海淀区北四环西路9号银谷大厦。

法定代表人廖涛，副主任。

委托代理人张美菊，女，国家知识产权局专利复审委员会电学申诉处审查员。

委托代理人崔国振，男，国家知识产权局专利复审委员会行政诉讼处审查员。

第三人深圳可见优光学电器有限公司，住所地广东省深圳市莲塘第一工业区116栋。

原告佛山电器照明股份有限公司不服被告中华人民共和国国家知识产权局专利复审委员会作出的专利行政裁决，于2005年8月3日向本院提起行政诉讼。本院受理后，依法组成合议庭，并依据《中华人民共和国行政诉讼法》第二十七条的规定通知深圳可见优光学电器有限公司作为本案第三人参加诉讼，于2005年10月26日公开开庭审理了本案。原告的委托代理人刘小敏、李金伟，被告的委托代理人张美菊、崔国振到庭参加了诉讼。第三人深圳可见优光学电器有限公司经本院合法传唤，未到庭参加诉讼。本案现已审理终结。

2005年4月21日，被告作出第7066号无效宣告请求审查决定（下称7066号无效决定），宣告01256278.5号实用新型专利权（下称本专利）权利要求1~3、5~7无效，在权利要求4、8的基础上维持本专利有效。在法定期限内，被告向本院提交了以下证据：1. 原告于2003年12月25日提交的《专利权无效宣告请求书》复印件，共2页；2. 口头审理记录表及其附页复印件，共2页；3. 原告于2004年11月26日提交的口头审理意见陈述书复印件，共10页；4. 7066号无效决定书复印件，共8页；5. 第01256278.5号专利（本专利）授权公告文本复印件，共5页；6. 第01255852.4号专利（对比文件1）授权公告文本复印件，共13页；7.《光源与照明》第四版的封面，版权页及第155页的复印件，共15页；8.《光源与照明》的封面、版权页以及第103、第133、第134页的复印件，共5页；9.《电光源工艺》下册的封面、前言页以及第145页的复印件，共3页。以上证据证明被诉决定程序合法，适用法律正确。

原告诉称：在原告拥有专利权的对比文件1的产品研制后期，接触到对比文件1专利技术的原告的技术人员被本案的第三人挖走，接着在原告的对比文件1申请专利后不到一个月的时间里，本案第三人也申请了相同主题的专利（即本专利）。同时，被诉决定维持部分有效的本专利权利要求仅在原不具备新颖性的权利要求1的基础上增加了本领域的公知常识，实质上与原告的相同主题的对比文件1完全相同，不符合《中华人民共和国专利法实施细则》（下称《实施细则》）第十三条第一款关于“同样的发明创造只能授予一项专利”的规定，也不符合《中华人民共和国专利法》（下称《专利法》）第九条关于“两个以上的申请人分别就同样的发明创造申请专利的，专利权授予最先申请的人”的规定，故请求法院依法撤销7066号无效决定。在法定期限内，原告向本院提交了以下证据：1. 7066号无效决定书；2. 本专利公告文件复印件；3. 对比文件1专利公告文献复印件；4.《光源与照明》第4版的封面，封二及第155页复印件，即对比文件2；5.《光源与照明》的封面、封二及第103、第133、第134页复印件，即对比文件3；6.《电光源工艺》非正式出版下册封面及第145页复印件，即对比文件4；7.《电光源工艺》正式出版下册封面及第145页复印件，第114~122页是证据7的补充页；8.《电光源》封面、封二及第65、第66页复印件，即对比文件5；9.《中华人民共和国国家标准卤钨灯GB/T14094-93》，证明本专利权利要求8不具备创造性；10.《电光源原理引论》第78、第79页。以上证据证明本专利权利要求4和权利要求8不符合《实施细则》第十三条第一款的规定，也不符合《专利法》第九条的规定。

被告辩称：原告的诉讼请求无法律和事实依据。虽然原告在向被告提出无效宣告请求时提出的无效理由包括《实施细则》第十三条第一款，但其并没有具体陈述本专利不符合《实施细则》第十三条第一款规定的具体理由。相反，在无效宣告口头审理中，本案原告所明确的无效理由中也没有包括本专利原权利要求4、8与对比文件1属于相同的发明创造，不符合《实施细则》第十三条第一款的规定的内容。此外，在口头审理之后本案原告所提交的口头审理意见陈述书中，也没有记载其无效宣告理由包括本专利原权利要求4、8不符合《实施细则》第十三条第一款。依据请求原则，被告在第7066号无效决定书中未对本专利是否符合《实施细则》第十三条第一款的规定作出评价符合并无不妥。退一步讲，即使《实施细则》第十三条第一款可以成为本案的无效宣告理由，被告也认为第7066号无效宣告请求审查决定中所维持的权利要求与对比文件1也不是相同的发明创造，其理由是：在对比文件1权利要求书的任何权利要求均未要求保护本专利中的保险丝长度、直径规格，并且也不涉及玻壳和玻珠的材料，虽然玻壳和玻珠由石英玻璃做成是本领域的公知常识，但是并不代表所有卤钨灯的玻壳和玻珠都是由石英玻璃制成，其也可以由含硅量较高的玻璃制成，例如拜可玻璃（参见附件8第133页）。上述技术特征不能从对比文件1权利要求的技术方案中唯一地推导出，因此7066

号无效决定所维持的权利要求与对比文件1的各项权利要求的内容均不相同，符合《实施细则》第十三条第一款的规定。

综上，7066号无效决定认定事实清楚，适用法律正确，审查程序合法，原告的诉讼请求无法律和事实依据，请法院驳回原告的诉讼请求，维持7066号无效决定。

第三人未出庭应诉，也未向本院提交书面意见和证据材料。

经庭审质证及合议庭评议，本院认为被告提交的证据与本案具有关联性，且符合合法性、真实性的要求，本院予以确认。原告提交的证据1～6、8系在被告行政程序中提交的证据，证据7、9、10系公知常识性证据，本院亦予确认。上述证据以及各方当事人无争议的相关陈述可以作为认定本案事实的根据。

本院经审理查明，本案涉及中华人民共和国国家知识产权局于2002年7月17日授权公告的、名称为“防爆单端卤钨灯”的实用新型专利（即本专利），其申请日为2001年10月15日，申请号为01256278.5，专利权人为本案第三人。本专利授权公告的权利要求书为：

“1. 一种防爆单端卤钨灯，包括玻壳（10）、玻珠（30）、灯丝（40）、电极（50）、引出脚（60）以及所述电极（50）与引出脚（60）之间的钼箔（80），其特征在于：所述灯丝（40）在连接至引出脚（60）之前，至少串联有一根保险丝（70）。

2. 如权利要求1所述的防爆单端卤钨灯，其特征在于：所述保险丝（70）在玻珠（30）的下方，该保险丝（70）的一端（71）缠绕于电极（50）上，另一端（72）固定连接于钼箔（80）上。

3. 如权利要求1所述的防爆单端卤钨灯，其特征在于：所述保险丝（70）的一端（72）点焊于钼箔（80）上。

4. 如权利要求1所述的防爆单端卤钨灯，其特征在于：所述保险丝（70）在玻壳（10）内的有效长度为50mm以下，直径在0.25mm以下。

5. 如权利要求1所述的防爆单端卤钨灯，其特征在于：所述保险丝（70）在玻珠下方20mm以内。

6. 如权利要求1所述的防爆单端卤钨灯，其特征在于：所述保险丝（70）由钨、钼耐高温金属或合金制成。

7. 如权利要求1所述的防爆单端卤钨灯，其特征在于：所述电极（50）为钼丝。

8. 如权利要求1所述的防爆单端卤钨灯，其特征在于：所述玻壳（10）和玻珠（30）均由石英玻璃做成。”

针对上述专利权，原告于2003年12月25日向被告提出了无效宣告请求，理由是本专利权利要求1～3、6、7的技术方案已由他人向国务院专利行政部门提出过申请并且记载在申请日以后公布的专利申请文件即附件2中，因此不符合《专利法》第二十二条第二款和《实施细则》第十三条第一款的规定；权利要求3～8的技术方案是本领域的常规技术，因此分别相对于附件3～6不符合《专利法》第二十二条第三款的规定；权利要求5的技术方案是本领域技术人员在现有技术的基础上通过逻辑分析、推理即可得到。原告提交以下附件：

附件1：第01256278.5号专利（本专利）授权公告文本复印件；

附件2：第01255852.4号专利授权公告文本复印件；

附件3：《光源与照明》第4版的封面、版权页及第155页的复印件；

附件4：《光源与照明》的封面、版权页以及第103、第133、版权页的复印件；

附件5：重庆川仪一厂企业标准Q/YY61－2002《保险电阻合金丝》的复印件；

附件6：《电光源工艺》下册的封面、前言页以及第145页的复印件。

经形式审查合格，被告受理了上述无效宣告请求，于2003年12月25日向双方当事人发出无效宣告请求受理通知书，并同时将无效宣告请求书及其附件的副本转给了第三人。

在无效宣告请求受理通知书所指定的期限内，第三人没有提交意见陈述书。

被告于2004年10月19日向原告和第三人发出口头审理通知书，定于2004年11月22日在广东省知识产权局举行口头审理。

口头审理于2004年11月22日如期举行，双方当事人均出席口头审理并各自发表了自己的观点。审理过程中，原告放弃附件5作为评价本专利权利要求的证据，并将附件2、3、4、6分别作为评价本案权利要求1～8的对比文件1～4。第三人对对比文件1～4的真实性无异议。

原告明确其无效理由及权利要求的评述方式为：权利要求1～4、6、7相对于对比文件1不具备新颖性；权利要求3相对于对比文件2不具备创造性，并且不符合《实施细则》第二条第二款的规定；权利要求4不符合《实施细则》第二十六条第四款的规定；权利要求5不符合《专利法》第二十二条第三款、第二十六条第四款以及《实施细则》第二十条第一款的规定；权利要求6不符合《实施细则》第二条第二款的规定；权利要求7相对于对比文件3不具备创造性并且不符合《实施细则》第二条第二款的规定；权利要求8相对于对比文件2不具备创造性并且不符合《实施细则》第二条第二款的规定。

经审查，被告认为：

1. 关于证据

由于在口头审理中，第三人对对比文件1～4的真实性无异议。对比文件1的申请人是佛山电器照明股份有限公司，申请日是2001年9月21日，公开日是2002年7月10日，因此对比文件1是他人在本专利申请日前向专利局提出申请、在本专利申请日之后公开的专利文件，对比文件1仅能够用于评述本专利的新颖性。对比文件2、3的版权页所显示出版日期均早已本专利的申请日，所以对比文件2、3可以作为评价本专利权利要求的现有技术。由于原告没有提交对比文件4的版权页，只提交了前言页，其上所记载的日期不能认为是对比文件4的出版日期，所以在原告所提交的对比文件4中不能确定其出版公开日期，对比文件4不能作为评价本专利权利要求的现有技术；

2. 关于新颖性

新颖性，是指“在申请日以前没有同样的发明或者实用新型在国内外出版物上公开发表过、在国内公开使用过或者以其他方式为公众所知，也没有同样的发明或者实用新型由他人向国务院专利行政部门提出过申请并且记载在申请日以后公布的专利申请文件中”。

对于一件他人在实用新型的申请日之前申请、在申请日之后公开的专利申请，与该实用新型的相关内容相比，如果它们技术领域、所要解决的技术问题和技术方案实质上相同、预期效果相同，则该实用新型的相关内容不具备新颖性，但如果其中没有清楚、完整地公开在后申请的实用新型的技术方案，则该在先申请不能构成在后申请的实用新型的抵触申请而破坏其新颖性。

本专利的目的是为了避免钼丝电极引出端发生弧光放电，烧毁灯泡中的金属元件，并产生高压，引发爆炸，伤害，从而提出的一种防止玻壳爆炸的防爆单端卤钨灯。

权利要求1要求保护“一种防爆单端卤钨灯，包括玻壳（10）、玻珠（30）、灯丝（40）、电极（50）、引出脚（60）以及所述电极（50）与引出脚（60）之间的钼箔（80），其特征在于：所述灯丝（40）在连接至引出脚（60）之前，至少串联有一根保险丝（70）。”

对比文件1为了克服现有技术中单端卤钨灯的电极间产生弧光放电，以至于造成灯泡泡壳爆裂的缺点，提出了一种带有保护装置的单端卤钨灯，其卤钨灯包括（参见对比文件1权利要求1和说明书第2、第3页和附图1、5）：泡壳（1）、玻珠（3）、灯丝（2）、电极钼丝（4）、灯脚（7）、电极钼丝（4）和灯脚（7）之间的钼箔（6），灯丝（2）连接电极钼丝（4），对比文件1实施例五中，电极钼丝（4）和钼箔（6）之间串联了一个在熔断体（5），熔断体的熔断电流小于电极放电使泡壳爆炸的电流，可有效防止电极间弧光放电所继续增大的电流造成泡壳爆裂现象。对比文件1中，电极钼丝（4）相当于本专利的电极（50），灯脚（7）相当于本专利的引出脚（60），熔断体（5）相当于本专利的保险丝（70）。从对比文件1的图5中可看出灯丝连接电极钼丝，电极钼丝连接熔断体，熔断体连接钼箔，钼箔连接灯脚，因此在对比文件1中，灯丝在连接灯脚之前连接了熔断体。

由此可见，对比文件1公开了权利要求1的全部技术特征，并且对比文件1与本专利都涉及单端卤钨灯，属于相同的技术领域，解决相同的技术问题，采用相同的技术方案，并能达到相同的技术效果，因此对比文件1构成本专利权利要求1的抵触申请，权利要求1的技术方案相对与对比文件1不具备新颖性。

权利要求2的附加技术特征是“所述保险丝（70）在玻珠（30）的下方，该保险丝（70）的一端（71）缠绕于电极（50）上，另一端（72）固定连接于钼箔（80）上”，对比文件1第3页第4段和附图5公开了：熔断体（5）位于玻珠（3）的下方，熔断体（5）的一端连接于电极钼丝（4），另一端固定于钼箔（6）。因此权利要求2的附加技术特征已经在对比文件1中公开了，在其引用的权利要求1相对于对比文件1不具备新颖性的情况下，权利要求2的技术方案相对于对比文件1也不具备新颖性。

权利要求3对权利要求1做进一步限定，其附加特征是“所述保险丝（70）的一端（72）点焊于钼箔（80）上”，对比文件1第3页第4段公开了熔断体的另一段与钼箔相固，由此可见对比文件1所公开的内容与权利要求3所要求保护的方案相比，其不同之处仅在于在本专利中保险丝与钼箔通过“点焊”进行连接，而对比文件1中的保险丝和钼箔相固，这种区别仅仅是本领域的惯用手段的直接置换，在其引用的权利要求1相对于对比文件1不具备新颖性的情况下，权利要求3的技术方案相对于对比文件1也不具备新颖性。

权利要求6的附加特征是“所述保险丝（70）由钨、钼耐高温金属或合金制成”，对比文件1第1页倒数第1行已经公开了“所述的熔断器的材质可以是钨、钼或其他难熔金属等”，因此对比文件1已经公开了权利要求6的附加技术特征中的“钨、钼耐高温金属”，在其引用的权利要求1相对于对比文件1不具备新颖性的情况下，权利要求6的技术方案相对于对比文件1也不具备新颖性。

权利要求7的附加技术特征是“所述电极（50）为钼丝”，对比文件1具有电极钼丝（4），由此可见权利要求7的附加技术特征已经在对比文件1中公开了，在其引用的权利要求1相对于对比文件1不具备新颖性的情况下，权利要求7的技术方案相对于对比文件1也不具备新颖性。

权利要求4的附加技术特征是“所述保险丝（70）在玻壳（10）内的有效长度为50mm以下，直径在0.25mm以下”，在对比文件1中并没有描述保险丝在玻壳内的长度，因此权利要求4的附加技术特征中的“所述保险丝（70）在玻壳（10）内的有效长度为50mm以下”并没有在对比文件1中公开，而对于技术特征“直径在0.25mm以下”，对比文件1中仅公开了熔断体的横截面积大于灯丝横截面积的1.1倍，并小于电极钼丝的横截面积的0.7倍，在对比文件1中并没有涉及灯丝和电极钼丝直径（或半径）的内容。对于这点，原告认为灯丝的直径是公知常识，其可以参见对比文件2和对比文件3，但是被告在对比文件2和对比文件3中并没有发现涉及灯丝直径尺寸的内容，并且也没有关于电极钼丝的相关数据的内容。原告的理由没有客观依据，被告不予采信。因此，根据对比文件1的上述关系无法推导出保险丝直径的数值范围，权利要求4的技术方案相对于对比文件1具备新颖性。

3. 关于《实施细则》第二十条第一款

《实施细则》第二十条第一款规定："权利要求书应当说明发明或者实用新型的技术特征，清楚、简要地表述请求保护的范围。"

权利要求5的附加技术特征是"所述保险丝（70）在玻珠下方20mm以内"，由于保险丝是有一定长度的，该附加技术特征没有清楚地表明是保险丝与电极相连的那一端点在玻珠下方20mm以内，还是保险丝的整个长度在玻珠下方20mm以内；同时"所述保险丝（70）在玻珠下方20mm以内"的含义为保险丝在玻珠下方0～20mm的范围内，其包括了0mm的数值，如果将上述技术特征理解为保险丝的整个长度在玻珠下方20mm以内，针对20mm以内这个范围中的0mm来说，保险丝的长度也就为0mm，即没有保险丝，这与本专利说明书公开的技术方案是矛盾的，但如果将上述技术特征理解为保险丝与电极相连的那一端点在玻珠下方20mm以内，针对20mm以内这个范围中的0mm来说，保险丝与电极相连的那一端点与玻珠之间没有距离，也就不存在电极，而本专利中是具有电极的，这也与本专利说明书公开的技术方案相矛盾。由于以上原因，权利要求5的技术方案不清楚，不符合《实施细则》第二十条第一款的规定。

4. 关于《专利法》第二十六条第四款

《专利法》第二十六条第四款规定："权利要求书应当以说明书为依据，说明要求专利保护的范围。"同时，《审查指南》第二部分第二章第3.2.1节规定："权利要求书中的每一项权利要求所要求保护的技术方案应当是所属技术领域的技术人员能够从说明书中公开的内容直接得到或者概括得出的技术方案，并且权利要求的范围不得超出说明书记载的内容。"

权利要求4的附加技术特征是"所述保险丝（70）在玻壳（10）内的有效长度为50mm以下，直径在0.25mm以下"，在本专利说明书第2页第3段明确记载了"所述保险丝70的一端72点焊于钼箔80上，其在玻壳10内的有效长度为50mm以下，直径在0.25mm以下"，可见权利要求4的附加技术特征是可以从说明书中直接得到的。因此权利要求4得到说明书的支持，符合《专利法》第二十六条第四款的规定。

原告认为，权利要求4的附加技术特征是一个长度是0～50mm、直径是0～0.25mm的范围，说明书中应当给出上述数值范围的两端值附近的实施例和中间值实施例，而说明书的文字描述与权利要求4的内容一模一样，从而说明书的内容不足以支持权利要求4。

被告认为，《审查指南》对说明书具体实施方式的要求中确实记载了"当权利要求涉及较宽的数值范围时，应给出两端值附近的实施例和至少一个中间值的实施例"，但是这句话有一个前提就是"当权利要求涉及较宽的数值范围时"，其含义是权利要求所记载的数值与说明书的记载不一样，是一个较宽的数值范围的情况下，说明书中要给出两端值附近的实施例和至少一个中间值的实施例。而对于当说明书明确记载了一个数值范围而权利要求又要求该数值范围时，说明书的实施例中就无须再记载该数值范围两端值和中间值的实施例。

5. 关于《实施细则》第二条第二款

《实施细则》第二条第二款规定："《专利法》所称实用新型，是指对产品的形状、构造或者其结合所提出的适于实用的新的技术方案。"如果实用新型一项独立权利要求是关于产品的形状、构造或者其结合的技术方案，那么此独立权利要求的从属权利要求的技术方案也是技术方案。

在本专利中，独立权利要求1记载了一种防爆单端卤钨灯的结构，其是一个为了防止传统的单端卤钨灯爆炸而对单端卤钨灯的构造提出改进的技术方案，权利要求8从属于独立权利要求1，那么从属权利要求8所要求保护的方案也是一个技术方案，符合《实施细则》第二条第二款的规定。

6. 关于《专利法》第二十二条第三款

《专利法》第二十二条第三款规定："创造性，是指同申请日以前已有的技术相比，该发明有突出的实质性特点和显著的进步，该实用新型有实质性特点和进步。"

权利要求8从属于权利要求1，因此其技术方案中包括权利要求1的全部技术特征和权利要求8的附加技术特征："一种防爆单端卤钨灯，包括玻壳（10）、玻珠（30）、灯丝（40）、电极（50）、引出脚（60）以及所述电极（50）与引出脚（60）之间的钼箔（80），其特征在于：所述灯丝（40）在连接至引出脚（60）之前，至少串联有一根保险丝（70）"和"所述玻壳（10）和玻珠（30）均由石英玻璃做成"。

对比文件2是《光源与照明》（第4版）的封面、版权页及第155页的复印件，在第155页介绍了灯丝及其支撑结构的制作要求和所用材料，泡壳的制作材料，钼片的技术要求和形状，引入丝和连接引脚的材料及制作要求。但是在对比文件2中并没有公开权利要求8中的"所述玻壳（10）和玻珠（30）均由石英玻璃做成"和"所述灯丝（40）在连接至引出脚（60）之前，至少串联有一根保险丝（70）"，而该保险丝是本专利为了解决电极引出端的弧光放电而引发爆炸的问题所采取的特定技术手段，采用该技术手段的卤钨灯能达到防止灯丝烧毁时产生的电弧的持续和扩张从而防止爆炸发生的技术效果，因此权利要求8的技术方案与对比文件2公开的内容相比具有实质性特点和进步，符合《专利法》第二十二条第三款的规定。

综上，被告认为本专利权利要求1~3、6、7不具备新颖性，权利要求5不符合《实施细则》第二十条第一款的规定，权利要求4符合《专利法》第二十二条第二款和《专利法》第二十六条第四款的规定，权利要求8符合《实施细则》第二条第二款和《专利法》第二十二条第三款的规定。由于权利要求1~3、5~7因不符合上述规定应当被宣告无效，被告对权利要求1~3、5~7的其他无效宣告理由不再评议。

据此，被告作出7066号无效决定。原告不服，诉至本院。

本院认为，经审查，被告关于本专利权利要求1~3、5~7不符合《专利法》及《实施细则》的相关规定，宣告本专利相应权利要求无效的决定是正确的，各方当事人对此均无异议，本院予以支持。

在原告向被告提出的无效理由中，并未包括本专利权利要求4、8不符合《专利法》第九条、《实施细则》第十三条第一款的理由。依据请求原则，被告在第7066号无效决定书中未对本专利权利要求4、8是否符合《专利法》第九条、《实施细则》第十三条第一款的规定作出评价并无不妥。因此，原告关于本专利权利要求4、8不符合《专利法》第九条及《实施细则》第十三条第一款规定的诉讼主张不属本案的审理范畴，本院不予评述。

据此，本案的审查焦点主要在于本专利权利要求4是否符合《专利法》第二十二条第二款和《专利法》第二十六条第四款的规定，以及本专利权利要求8相对于对比文件2及原告在诉讼中补充的公知常识性证据是否符合《实施细则》第二条第二款和《专利法》第二十二条第三款的规定。

关于本专利权利要求4相对于对比文件1是否符合《专利法》第二十二条第二款规定的问题，经本院审查，本专利权利要求4的附加技术特征是"所述保险丝（70）在玻壳（10）内的有效长度为50mm以下，直径在0.25mm以下"。首先，对比文件1中并没有描述保险丝在玻壳内的长度，其次，对于技术特征"直径在0.25mm以下"，对比文件1中仅公开了熔断体的横截面积大于灯丝横截面积的1.1倍，并小于电极钼丝的横截面积的0.7倍，但并未涉及灯丝和电极钼丝直径（或半径）的内容，无法推导出保险丝直径的数值范围，因此对比文件1并未公开本专利权利要求4的上述技术特征，被告关于本专利权利要求4相对于对比文件1符合《专利法》第二十二条第二款规定的认定是正确的，本院予以支持。由于专利新颖性的审查原则适用单独对比的原则，因此原告关于灯丝的直径是公知常识，结合对比文件 1 可得出保险丝直径数值范围的诉讼主张缺乏法律依据，本院不予支持。

关于本专利权利要求 4 是否符合《专利法》第二十六条第四款中“权利要求书应当以说明书为依据，说明要求专利保护的范围”规定的问题，由于本专利说明书已明确记载了本专利权利要求 4 所要求保护的数值范围，因此被告认定本专利权利要求 4 符合《专利法》第二十六条第四款的规定并无不妥，本院予以支持。原告关于保险丝的长度和直径可能为 0 的诉讼主张与本专利权利要求的内容相矛盾，本院不予支持。由于本专利权利要求 4 所要求保护的数值范围与本专利说明书记载的数值范围一致，不存在与本专利说明书相比较，本专利权利要求“涉及较宽的数值范围”的情况，所以原告关于本专利说明书中应当给出上述数值范围的两端值附近的实施例和中间值实施例的诉讼主张缺乏事实和法律依据，本院不予支持。

关于本专利权利要求 8 是否符合《实施细则》第二条第二款规定的问题，本院认为，本专利的独立权利要求 1 记载了一种防爆单端卤钨灯结构的技术方案，本专利权利要求 8 从属于权利要求 1，因而从属权利要求 8 所要求保护的方案也是一个技术方案，被告关于本专利权利要求符合《实施细则》第二条第二款规定的认定正确，本院予以支持。

关于本专利权利要求 8 相对于对比文件 2 及原告在诉讼中补充的公知常识性证据是否符合《专利法》第二十二条第三款规定的问题，本院认为，在对比文件 2 中及原告在诉讼中补充的公知常识性证据中，并没有公开权利要求 8 中的“所述玻壳（10）和玻珠（30）均由石英玻璃做成”和“所述灯丝（40）在连接至引出脚（60）之前，至少串联有一根保险丝（70）”的内容，而该保险丝是本专利为了解决电极引出端的弧光放电而引发爆炸的问题所采取的特定技术手段，权利要求 8 的技术方案与对比文件 2 公开的内容相比具有实质性特点和进步，被告认为本专利权利要求 8 符合《专利法》第二十二条第三款规定的认定正确，本院予以支持。

综上，7066 号无效决定认定事实清楚、适用法律正确、程序合法，本院应予维持。原告要求撤销 7066 号无效决定的诉讼请求缺乏事实和法律依据，本院不予支持。据此，依照《中华人民共和国行政诉讼法》第五十四条第（一）项，判决如下：

维持被告中华人民共和国国家知识产权局专利复审委员会于二〇〇五年四月二十一日作出的第 7066 号无效宣告请求审查决定。

案件受理费 1000 元，由原告佛山电器照明股份有限公司负担（已交纳）。

如不服本判决，各方当事人可在本判决书送达之日起十五日内，向本院递交上诉状，并按对方当事人的人数提出副本，上诉于北京市高级人民法院。上诉人在接到人民法院预交诉讼费用通知后七日内未预交又不提出缓交申请的，按自动撤回上诉处理。

审 判 长　强刚华
代理审判员　梁　菲
代理审判员　贾志刚
二〇〇六年二月二十一日
书 记 员　张　莹

012

启动电机案

无效宣告请求审查决定（第7067号）

决　定　号　第7067号
决　定　日　2005年3月29日
发明创造名称　启动电机
国际分类号　H02K 5/00　F16C 3/00　H02K 13/00
无效请求人　颜宏亮
专利权人　何　鹏
申　请　号　02295351.5
申　请　日　2002年12月31日
授权公告日　2003年12月10日
合议组组长　张　度
主　审　员　张宗任
参　审　员　崔哲勇

法律依据　专利法第二十二条第二款
决定要点

若由他人向国家知识产权局专利局提出且申请日早于本专利的申请日而公告日晚于本专利的申请日的一份专利文献证据公开了本专利各权利要求的全部技术特征，且两者属于同一技术领域，所要解决的技术问题及所带来的技术效果均相同，则该证据已构成了本专利的抵触申请，因而使本专利的各权利要求不具备新颖性。

一、案由

本无效宣告请求涉及国家知识产权局于2003年12月10日授权公告的02295351.5号实用新型专利权（下称本专利），名称为“启动电机”，申请日为2002年12月31日，专利权人为何鹏。

授权公告的权利要求书内容如下：

“1. 一种起动电机，包括定子、转子、电刷（11）和转轴（6）等，其特征在于：转轴（6）为空心轴。

2. 根据权利要求1所述的起动电机，其特征在于：空心转轴（6）为前端设为锥形孔的并设有键槽的空心转轴。

3. 根据权利要求1或2所述的起动电机，其特征在于：在空心转轴（6）的另一端上还设有与内燃机转轴（1）固定连接的手拉起动装置。

4. 根据权利要求3所述的起动电机，其特征在于设有双组碳刷（11）。

5. 根据权利要求1或2所述的起动电机，其特征在于：设有双组碳刷（11）。”

针对上述专利权，颜宏亮（下称请求人）于2004年7月26日向专利复审委员会提出无效宣告请求，其理由是权利要求1~5相对于附件1不符合专利法第二十二条第一款、第二款的规定。请求人同时提交的作为对比文件的附件如下：

附件1：名称为“小型通用汽油机用启动马达”的ZL02290044.6号实用新型专利（2002年12月2日申请，2003年10月29日授权公告，申请人为冯政杰）说明书复印件（下称对比文件1）。

请求人主要指出：（1）对比文件1与本专利属于同一技术领域，并公开了本专利权利要求1中的全部技术特征，其申请日在本专利申请日之前，公开日在本专利申请日之后，属于本专利的抵触申请，因此权利要求1缺乏新颖性；（2）在众多的轴上零件固定方式中，用键固定是最常用的一种周向固定方式，圆锥面方式是常用于轴端零件轴向固定的方式，“键加圆锥面”的组合方式则一般更多的使用在有同心度要求的情况下，该实用新型专利与对比文件1都采用了这种固定方式，在对比文件1的附图里能清楚看到这一点，因而权利要求2不具备新颖性；（3）权利要求3的技术方案同时具备自动起动与手拉起动两种方式，这种组合方式在对比文件1中也已经公开，其中仅“手拉起动方式”的文字表达略有差别，两者的技术方案实质相同，能够实现相同的目的并能产生相同的技术效果，因而权利要求3不具备新颖性；（4）对比文件1中采用的就是双组碳刷的方式，因此权利要求4、5不具备新颖性。

经形式审查合格，专利复审委员会受理了上述请求，并于2004年8月16日向双方当事人发出无效宣告请求受理通知书，同时将无效宣告请求书及其附件清单中所列附件副本转送给专利权人（下称被请求人），要求其在指定的期限内答复。

专利复审委员会于2004年9月6日收到被请求人提交的意见陈述书，被请求人指出，对比文件1与本专利记载的不是同样的发明或实用新型，因所要解决的技术问题和效果都不同，所以本专利具备新颖性。就对比文件而言，本专利属要素变更的实用新型，因此本专利不仅具备新颖性，而且具备创造性。

2004年10月20日，专利复审委员会向双方当事人发出口头审理通知书，定于2004年12月1日进行口头审理。

口头审理如期举行，双方当事人的代理人参加了口头审理。口头审理中，双方当事人对合议组成员无回避请求，对对方出庭人员的身份没有异议；被请求人对对比文件1的真实性没有异议。请求人在口头审理中明确其无效理由仍是本专利权利要求1~5相对于对比文件1不具备新颖性，不符合专利法第二十二条第二款的规定。

至此，合议组认为本案事实已经清楚，在此基础上作出如下决定。

二、决定的理由

专利法第二十二条第二款规定：“新颖性，是指在申请日以前没有同样的发明或者实用新型在国内外出版物上公开发表过、在国内公开使用过或者以其他方式为公众所知，也没有同样的发明或者实用新型由他人向国务院专利行政部门提出过申请并且记载在申请日以后公布的专利申请文件中”。

审查指南第二部分第三章第3.1节指出：“被审查的发明或者实用新型专利申请与现有技术或者申请日前由他人向专利局提出申请、并在申请日后（含申请日）公布的发明或者实用新型的相关内容相比，如果其技术领域、所要解决的技术问题和技术方案实质上相同、预期效果相同，则认为两者为同样的发明或者实用新型。”

1. 关于证据

对比文件1为他人在本专利申请日前向专利局提出申请，并且在本专利申请日后公布的实用新型专利文献，根据专利法第二十二条的规定，该对比文件1可以用来评价本专利的新颖性。

2. 关于新颖性

本专利涉及一种起动电机，所要解决的技术问题是：现有的起动电机转轴都是实心的，必须用离合器等连接构件才能与内燃机的转轴相连接，必须利用轴承等构件才能支撑。现有的起动电机存在结构复杂，成本高，能量利用率低，耗燃料，对环境的污染大等问题。采用本专利的技术方案的电机能获得结构简单，成本低，能量利用率高等有益效果。

（1）权利要求1要求保护一种起动电机，包括定子、转子、电刷（11）和转轴（6）等，其特征在于：转轴（6）为空心轴。

对比文件1公开了一种通用汽油机用起动马达，与本专利所涉及的技术领域相同，同时对比文件1也指出现有电机结构复杂，投资大和成本高。对比文件1主要公开了以下相关技术方案：一种小型通用汽油机用起动马达，包括壳体（3）、定子（1）、转子（2）、碳刷支架（4），转子轴（5）直接套装在汽油机的曲轴上，转子换向器（6）朝向曲轴，装在原发动机手拉启动离合器的空腔内，并伸出壳体（3）（下称技术方案A，参见对比文件1权利要求1及图1、2）。可见对比文件1公开的技术方案A中电机同样包括定子、转子，其中对比文件1的技术方案A中的转子轴相当于本专利中的转轴，从对比文件1中记载的碳刷支架结合其附图1、2可以明确得出对比文件1的电机也必然包括碳刷，碳刷就是一种电刷，同时对比文件1说明书中对上述技术方案A的具体描述中指出“本实用新型的转子轴为空心轴”（见对比文件1第4页第2行），所以对比文件1中记载的技术方案与本专利权利要求1的技术方案实质上是相同的。

综上可知，对比文件1公开的技术方案与本专利权利要求1所要保护的技术方案实质相同，同时必然具有相同的技术效果，对比文件1构成了本专利权利要求1的抵触申请，因此权利要求1不具备新颖性。

（2）权利要求2的附加技术特征是：空心转轴（6）为前端设为锥形孔的并设有键槽的空心转轴。

对比文件1的附图1和附图2为技术方案A的结构示意图，本领域普通技术人员从对比文件1附图1和附图2可以明确得出，转子轴5的前端部分为一种圆锥形孔，转子轴5上开设有键槽。结合前面对本专利权利要求1的评述可知，对比文件1公开的技术方案与本专利权利要求2所要保护的技术方案实质相同，同时必然具有相同的技术效果，对比文件1构成了本专利权利要求2的抵触申请，因此权利要求2不具备新颖性。

（3）权利要求3进一步限定权利要求1的技术方案的附加技术特征：在空心转轴（6）的另一端上还设有与内燃机转轴（1）固定连接的手拉起动装置。

对比文件1对技术方案A还公开了以下技术特征：本实用新型的转子轴为空心轴，用双头螺栓固定在曲轴上，双头螺栓另一头可安装原有的手拉启动离合器（参见对比文件1第4页第2~3行）。本领域普通技术人员熟知手拉启动离合器就是一种手拉启动装置，结合前面对本专利权利要求1的评述，可知对比文件1公开的技术方案与本专利权利要求3所要保护的技术方案实质相同，同时必然具有相同的技术效果，对比文件1构成了本专利权利要求3的抵触申请，因此权利要求3不具备新颖性。

（4）权利要求4和5进一步限定在前权利要求的技术方案的附加技术特征是设有双组碳刷（11）。

本领域普通技术人员从对比文件1附图1中可以明确得出对比文件1结构中采用的就是两组碳刷，因此结合前面对在前各权利要求的评述，可知对比文件1公开的技术方案与本专利权利要求4和5所要保护的技术方案实质相同，同时必然具有相同的技术效果，对比文件1构成了本专利权利要求

4 和 5 的抵触申请，因此权利要求 4 和 5 不具备新颖性。

综上所述，相对于请求人提交的对比文件 1，本专利的权利要求 1 ~5 不具备新颖性，不符合专利法第二十二条第二款的规定。

三、决定

宣告 02295351.5 号实用新型专利权全部无效。

当事人对本决定不服的，可以根据专利法第四十六条第二款的规定，自收到本决定之日起三个月内向北京市第一中级人民法院起诉。根据该款的规定，一方当事人起诉后，另一方当事人应当作为第三人参加诉讼。

013

电池组合件案

无效宣告请求审查决定（第7069号）

决　定　号　第7069号
决　定　日　2005年3月23日
发明创造名称　电池组合件
国际分类号　H01M 2/10
无效请求人　博罗园洲华基塑胶制品有限公司　深圳市宝安区观澜柏力电子二厂
专利权人　索尼公司
专　利　号　93103584.8
申　请　日　1993年3月6日
授权公告日　2001年9月26日
合议组组长　张　度
主　审　员　崔哲勇
参　审　员　詹靖康

法律依据　专利法第二十二条第三款
决定要点

发明专利的一项权利要求所限定的技术方案与现有技术相比如不具有突出的实质性特点和显著的进步，则该权利要求不具备创造性。

无效宣告请求人关于本发明专利的部分无效宣告理由成立，应当部分无效该专利。

一、案由

本无效宣告请求涉及国家知识产权局专利局于2001年9月26日授权公告、申请号为93103584.8、名称为“电池组合件”的发明专利（下称本专利），其申请日为1993年3月6日、专利权人为索尼公司（下称被请求人）。

本专利授权公告的权利要求书内容如下：

“1. 一种用以向外部装置提供电能的电池组合件，包括：一种用以容纳至少一个可再充电的二次电池的电池盒，所述电池盒具有前侧部分、背面部分以及与变曲部分相连接的平直部分，从而在所述电池盒内在由所述前侧部分、背面部分、平直部分、弯曲部分以及所述至少一个可再充电的电池的各面所限定的空间内分别形成第一空隙和第二空隙，其特征在于：

与所述至少一个可再充电的电池的阳极相耦接的第一端子，所述第一端子位于所述第一空隙，所述第一端子的中心轴与所述至少一个可再充电电池纵向平行地配置；以及

与所述至少一个可再充电的电池的阴极相耦接的第二端子，所述第二端子位于所述第二空隙，所述第二端子的中心轴与所述至少一个可再充电电池纵向平行地配置，

所述第一端子和所述第二端子呈管状。

2. 根据权利要求 1 的电池组合件，其特征在于，所述至少一个可再充电的电池包括两个串联电耦接的圆柱形可再充电电池，所述两个圆柱形可再充电电池彼此平行地实际配置在所述电池盒内。

3. 根据权利要求 2 的电池组合件，其特征在于，所述电池盒具有形成在所述平直部分的导槽，该导槽在所述电池盒内在所述两个圆柱形可再充电电池之间形成凹部。

4. 根据权利要求 3 的电池组合件，其特征在于，所述电池组合件利用所述导槽固定到所述外部装置上。

5. 根据权利要求 3 的电池组合件，其特征在于，所述导槽延伸在所述前侧部分和所述背面部分之间的所述平直部分的整个长度。

6. 根据权利要求 3 的电池组合件，其特征在于，所述电池盒具有在所述弯曲部分形成的防倒插槽，所书防倒插槽在所述电池盒内在所述两个圆柱形可再充电电池之间形成凹部。

7. 根据权利要求 6 的电池组合件，其特征在于所述防倒插槽从所述前侧部分延伸到所述弯曲部分的中部。

8. 根据权利要求 1 的电池组合件，其特征在于，所述第一管状端子固定配置在所述电池盒的所述第一空隙的第一管状凹部，所述第二管状端子固定配置在所述电池盒的所述第二空隙的第二管状凹部。

9. 根据权利要求 8 的电池组合件，其特征在于，所述外部装置包括使其自己与所述电池组合件电耦接的第一连接销和第二连接销，所述第一连接销和所述第二连接销分别插入所述第一管状端子和所述第二管状端子。

10. 根据权利要求 9 的电池组合件，其特征在于，所述第一管状凹部和所述第二管状凹部中各自形成有穿过所述电池盒的所述平直部分的灰尘清除孔。

11. 根据权利要求 1 的电池组合件，其特征在于，所述外部装置是摄像机。

12. 一种摄像机装置，包括：

一个具有安装部分的摄像机；以及

一个连接到所述安装部分的电池组合件，所述电池组合件包括：

一个用以容纳至少一个二次电池的电池盒，所述电池盒具有前侧部分、背面部分、放置成与所述摄像机的所述安装部分相接触的底部分以及表面形状基本上对应于所述二次电池的形状的顶部分，从而在所述电池盒内在由所述前侧部分、背面部分、底部分、顶部分，以及所述至少一个二次电池的各面所限定的空间内分别形成第一空隙和第二空隙，其特征在于：

与所述至少一个二次电池的阳极相耦接的第一端子，所述第一端子位于所述第一空隙，所述第一端子的中心轴沿着与所述至少一个二次电池纵向基本上平行的方向配置；以及

与所述至少一个二次电池的阴极相耦接的第二端子，所述第二端子位于所述第二空隙，所述第二端子的中心轴沿着与所述至少一个二次电池纵向基本上平行配置。

13. 根据权利要求 12 的摄像机装置，其特征在于，所述至少一个二次电池包括两个串联电耦接的圆柱形可再充电电池，所述两个圆柱形可再充电电池彼此平行地实际配置在所述电池盒内。

14. 根据权利要求 13 的摄像机装置，其特征在于，所述电池盒具有形成在所述底部分的导槽，该导槽在所述电池盒内在所述两个圆柱形可再充电电池之间形成凹部。

15. 根据权利要求 14 的摄像机装置，其特征在于，所述电池组合件利用所述导槽固定到所述摄像机的所述安装部分上。

16. 根据权利要求 15 的摄像机装置，其特征在于，所述电池盒具有在所述顶部分形成的倒插槽，所述顶部分在所述电池盒内在所述两个圆柱形可再充电电池之间形成凹部。

17. 根据权利要求12的摄像机装置，其特征在于，所述第一端子和所述第二端子呈管状；其中所述第一管状端子固定配置在所述电池盒的所述第一空隙的第一管状凹部，所述第二管状端子固定配置在所述电池盒的所述第二空隙的第二管状凹部。

18. 根据权利要求17的摄像机装置，其特征在于，所述摄像机包括使其自己与所述电池组合件电耦接的第一连接销和第二连接销，所述第一连接销和所述第二连接销分别插入所述第一管状端子和所述第二管状端子。

19. 根据权利要求17的摄像机装置，其特征在于，所述第一管状凹部和所述第二管状凹部中各自形成有穿过所述电池盒的所述底部分的灰尘清除孔。”

针对上述专利权，博罗园洲华基塑胶制品有限公司（下称第一请求人）于2004年9月24日向专利复审委员会提出了无效宣告请求，理由是本专利权利要求1不符合专利法第二十二条第一款、第二款，并提交了以下附件：

附件A1：台湾地区ELECHORN公司生产的电池广告复印件1页；

附件A2：台湾地区ASPINE电子有限公司生产的电池广告复印件1页；

附件A3：广州市世界通集团有限公司生产的电池广告复印件2页；

附件A4：深圳市科特力电讯有限公司生产的电池广告复印件2页；

附件A5：香港劲电时制造有限公司生产的电池广告复印件2页。

请求人的无效请求理由为：在申请日前已经有厂家生产同样的电池，因此权利要求1不符合专利法第二十二条的规定。

经形式审查合格，专利复审委员会受理了上述无效宣告请求，将其编号为4W00943，并于2004年9月24日将该无效宣告请求书及其附件的副本转送被请求人。

专利复审委员会依法成立合议组对本案进行审理。

专利复审委员会于2004年11月9日收到被请求人提交的针对上述无效请求的意见陈述书，其具体理由为：（1）第一请求人提交的附件A1和A2的外文证据材料没有相应的中文译文，应当视为未提出；（2）附件A1～A5的证据既没有提供各自的出版日，也没有提供这些证据中所示产品在中国的相应生产日期或销售日期；（3）第一请求人的无效理由不能成立。

2004年11月22日深圳市宝安区观澜柏力电子二厂（下称第二请求人）就本专利提出无效宣告请求，并提交下附件：

附件B1：CN87215276U号中国实用新型专利申请说明书复印件，公告日1988年8月31日（下称对比文件1）；

附件B2：日本昭59－98451号公开特许公报复印件，公开日1984年6月6日（下称对比文件2）。

第二请求人提出的无效理由是：本专利权利要求1～9不符合专利法第二十二条的规定，并在请求书正文中详细论述了本专利权利要求1～5相对于对比文件1和2的结合不具备创造性的理由。

经形式审查合格，专利复审委员会受理了上述无效宣告请求，将其编号为4W00974，并于2004年11月22日将该无效宣告请求书及其附件的副本转送被请求人。

第二请求人于2004年12月27日向专利复审委员会提交了意见陈述书，并同时提交了日本昭59－98451号公开特许公报的全文中文译文。

鉴于上述编号为4W00943和4W00974的无效宣告请求涉及同一专利，因此专利复审委员会决定将两案合案审理，于2005年1月5日向三方当事人发出口头审理通知书，定于2005年2月28日对本案进行口头审理，并随口头审理通知书向被请求人转送了第二请求人于2004年12月27日提交的意见陈述书和附件。

专利复审委员会于2005年1月7日收到被请求人提交的意见陈述书，其主要意见为：对比文件1和对比文件2均没有公开本专利独立权利要求1中的特征“第一端子位于第一空隙，第二端子位于第二空隙”的技术特征，对比文件2也没有公开本专利特征“一种可再充电的二次电池”的技术特征，因此本专利相对于对比文件1和对比文件2具有突出的实质性特点和显著的进步，具备创造性。

专利复审委员会于2005年2月1日将被请求人的上述意见陈述书转送给第二请求人。

口头审理于2005年2月28日如期举行，口审中第一请求人明确其无效理由为本专利权利要求1不具备新颖性和创造性，第二请求人明确其无效理由为本专利权利要求1和2相对于对比文件1和2的结合不具备创造性，权利要求3~6和8的附加技术特征已经在对比文件2中被公开，因此也不具备创造性；第一请求人当庭提交了《Telecomn 通讯专刊 2001.12》和《International Wireless 1999.1》原件，证明附件A1~A5分别出自这两篇刊物；被请求人对第二请求人提交的对比文件2的中文译文的准确性没有异议；三方当事人对合议组成员无回避请求。第一请求人在口审中提出希望当庭提交两篇专利文献作为新证据，由于口审之日已经超出了无效宣告程序中提交新证据的时限，因此合议组当庭告知第一请求人，合议组对这些证据不予采信。三方当事人在口审时已经充分表达了各自的意见，且根据专利法实施细则第六十六条的规定，合议组在口审后不再接受任何新理由和新证据。

专利复审委员会于2005年3月10日收到第一请求人提交的意见陈述书，其中认为：（1）权利要求1的技术方案已经被附件A1~A5公开，不具备新颖性；（2）第一请求人认为US4981490和US4576880已经公开“一壳体及两个端子分列”的技术特征。

专利复审委员会于2005年3月14日收到第二请求人提交的意见陈述书，其中认为：（1）权利要求1相对于对比文件2不具备创造性；（2）权利要求1相对于对比文件1和对比文件2的结合不具备创造性；（3）权利要求2~6、8的附加技术特征已经在对比文件2中公开，也不具备创造性。

专利复审委员会于2005年3月18日收到被请求人提交的两份意见陈述书，其中认为：（1）附件A1、A2和A5是来自我国台湾和香港地区的证据，在没有经过认证的情况下，不能作为证据材料予以采用；（2）附件A1和A2的外文证据材料没有相应的中文译文；（3）附件A1~A5公开日期均晚于本申请的申请日，不能作为评价本专利的现有技术；（4）附件B1和B2没有公开权利要求1中关于第一电极端子和第二电极端子位置以及形状的特征，也未给出相关技术启示，权利要求2~5、8的附加技术特征并未在附件B1和B2中公开，权利要求6中的防倒插槽与附件B2中的纵向槽31a、31b结构不同。

基于上述的工作，合议组认为三方当事人已经充分发表意见，本案事实已经清楚，可以作出本决定。

二、决定的理由

1. 证据认定

第一请求人在口审中当庭提交了《Telecomn 通讯专刊 2001.12》和《International Wireless 1999.1》原件，证明附件A1~A5分别出自这两篇刊物，由于这两份文件上标明的出版日分别为2001年12月和1999年1月，均在本专利申请日1993年3月6日之后，因此不能作为评价本专利权利要求新颖性、创造性的现有技术。

第一请求人在口审中和于2005年3月10日提交的意见陈述书中都提出将美国专利US4981490和US4576880作为证据，但由于第一请求人提交这两份证据不符合专利法实施细则第六十六条的规定，因此合议组对这两份证据不予接受。

第二请求人提交的对比文件1和2均为在先公开的专利文献，因此可以作为评判本专利新颖性、创造性的现有技术。

2. 关于新颖性

由于第一请求人提交的证据均不能作为评价本专利的现有技术，因此对于第一请求人提出的新颖性无效理由，本案合议组不予考虑。

3. 关于创造性

第二请求人在口审中明确其无效理由仅限于权利要求1～6和8相对于对比文件1和2的结合不具备创造性，而且口审中合议组已经明确表示口审后将不再接受任何新理由和新证据。因此对于第二请求人在2005年3月14日提交的意见陈述书中论述的权利要求1相对于对比文件2不具备创造性的新的无效理由，合议组不予考虑。

权利要求1请求保护一种用以向外部装置提供电能的电池组合件，包括以下特征：

a. 一种用以容纳至少一个可再充电的二次电池的电池盒，所述电池盒具有前侧部分、背面部分以及与变曲部分相连接的平直部分，从而在所述电池盒内在由所述前侧部分、背面部分、平直部分、弯曲部分以及所述至少一个可再充电的电池的各面所限定的空间内分别形成第一空隙和第二空隙；

b. 与所述至少一个可再充电的电池的阳极相耦接的第一端子，所述第一端子位于所述第一空隙，所述第一端子的中心轴与所述至少一个可再充电电池纵向平行地配置；以及

c. 与所述至少一个可再充电的电池的阴极相耦接的第二端子，所述第二端子位于所述第二空隙，所述第二端子的中心轴与所述至少一个可再充电电池纵向平行地配置；

d. 所述第一端子和所述第二端子呈管状。

对比文件2公开一种用于闪光灯的电源收纳装置，其中（参见说明书第8页、附图11和附图12）电源收纳装置30的主体构成包括两个半盒体31A、31B叠合在一起形成中空柱状的盒体31、收纳在该盒体31内的12节电源电池22，这些电池相互连接组成三个直流电源E11～E13。上述直流电源E11～E13的正极分别连接到设置在左侧半盒体31A的上端侧壁的凹陷处的正极输出端子t11、t13、t15上。直流电源E11～E13的负极分别连接到设置在右侧的半盒体31B的上端侧壁的凹陷处的负极输出端子t12、t14、t16上。另外，结合对比文件2的图11和上述文字内容可以看出，电源收纳装置30用于容纳电池22组成的电源，其外壳同样具有前侧部分、背面部分、平直部分和弯曲部分，而且这些部分与电池电源之间形成了可以容纳输出端子t11～t16的空间，这些输出端子分别与电池电源的正极和负极连接，并且其中心轴均与电池纵向平行。

合议组认为，由于权利要求1中并未对第一空隙和第二空隙的具体位置进行限定，这些空隙形成于电池各面限定的空间内，而对比文件2中容纳输出端子的空间同样是由电池顶面与电源收纳装置盒体各面所限定，因此该空间属于权利要求1中所限定的空隙的下位概念。因此可以认定对比文件2已经公开了权利要求1中的特征（a）～（c）。权利要求1于对比文件2的区别在于还包括特征（d）。

对比文件1公开一种对称式电池盒，其中（参见说明书第5页、附图1～2），该盒体是四方形的，其中容纳电池串联形成的电源17、18，在电池顶部和盒体外壳之间具有一定的空间，在该空间内形成电极插孔4－8，这些电极插孔中可以插入电极柱4’－8’。

对比文件1和对比文件2的结构很相似，均是在电池电源顶部与电池容纳装置的外壳之间形成一空间，在该空间内形成与电池正负极连接的端子，而且对比文件1中的端子是电极插孔的形式，与本专利权利要求1中的管状端子完全相同。因此对比文件1中已经公开了权利要求1中的特征（d）。虽然对比文件1和2中端子的结构不同，但都属于本领域技术人员常用的技术手段，因此在对比文件1和2的基础上，根据端子电连接方式的不同需要，将对比文件2中的输出端子替换为对比文件1中的管状端子以实现本专利权利要求1的技术方案，对本领域技术人员来说并不需要花费创造性劳动。因此权利要求1相对于对比文件1和2的结合不具有突出的实质性特点和显著的进步，不符合专利法

第二十二条第三款关于创造性的规定。

权利要求2的附加技术特征为：所述至少一个可再充电的电池包括两个串联电耦接的圆柱形可再充电电池，所述两个圆柱形可再充电电池彼此平行地实际配置在所述电池盒内。从对比文件2中的附图11～12可以清楚看出这种电池配置方式，因此在独立权利要求1相对于对比文件1和2不具备创造性时，权利要求2相对于对比文件1和2的结合也不具有突出的实质性特点和显著的进步，不具备创造性。

权利要求3的附加技术特征为：所述电池盒具有形成在所述平直部分的导槽，该导槽在所述电池盒内在所述两个圆柱形可再充电电池之间形成凹部。对比文件2中电源吸纳装置30上也形成了防止误插入用的凹槽31a、31b，且如图11中所示，这些凹槽31a、31b是在圆柱形电池之间形成，该凹槽同样可以起到引导插入的作用。因此对比文件2已经公开了权利要求3的附加技术特征，在其引用的权利要求2相对于对比文件1和2不具备创造性时，权利要求3相对于对比文件1和2的结合也不具备突出的实质性特点和显著的进步，不具备创造性。

权利要求4的附加技术特征为：所述电池组合件利用所述导槽固定到所述外部装置上。对比文件2中图3示出利用凹槽将电池收纳装置固定到闪光灯上的状态。因此对比文件2公开了权利要求4的附加技术特征，在其引用的权利要求3相对于对比文件1和2不具备创造性时，权利要求4相对于对比文件1和2的结合也不具有突出的实质性特点和显著的进步，因而不具备创造性。

权利要求5的附加技术特征为：所述导槽延伸在所述前侧部分和所述背面部分之间的所述平直部分的整个长度。如对比文件2中图11所示，该凹槽31a、31b同样在平直部分的整个长度延伸。因此对比文件2已经公开了权利要求5的附加技术特征，在其引用的权利要求3相对于对比文件1和2不具备创造性时，权利要求5相对于对比文件1和2的结合也不具有突出的实质性特点和显著的进步，因而不具备创造性。

权利要求6的附加技术特征为：所述电池盒具有在所述弯曲部分形成的防倒插槽，所述防倒插槽在所述电池盒内在所述两个圆柱形可再充电电池之间形成凹部。对比文件2中公开的凹槽31a、31b具有防止误插的导槽作用，但是这种在整个平直表面延伸的凹槽并不具有防止倒插的功能，因此对比文件2中并未公开上述特征，也未给出实现这一目的其他技术手段启示。另外对比文件1中也未涉及这方面的内容。因此权利要求6的技术方案相对于对比文件1和2具有实质性特点，同时具有实现防止倒插的显著效果，因此权利要求6相对于对比文件1和2的结合具备创造性。

权利要求8的附加技术特征为：所述第一管状端子固定配置在所述电池盒的所述第一空隙的第一管状凹部，所述第二管状端子固定配置在所述电池盒的所述第二空隙的第二管状凹部。根据对权利要求1的评述，对比文件1中在电池前端和盒体之间的空间中形成管状电极插孔，由于该空间相当于权利要求8中的第一空隙和第二空隙，因此对比文件1已经公开了上述技术特征。在独立权利要求1相对于对比文件1和2不具备创造性时，权利要求8相对于对比文件1和2的结合也不具有突出的实质性特点和显著的进步，因而不具备创造性。

综上所述，第二请求人关于本专利权利要求1～5、8不符合专利法第二十二条第三款的无效理由成立。

三、决定

宣告第93103584.8号实用新型专利权部分无效，在以下权利要求书的基础上维持本专利有效。

“1. 一种用以向外部装置提供电能的电池组合件，包括：一种用以容纳至少一个可再充电的二次电池的电池盒，所述电池盒具有前侧部分、背面部分以及与变曲部分相连接的平直部分，从而在所述电池盒内在由所述前侧部分、背面部分、平直部分、弯曲部分以及所述至少一个可再充电的电池的各面所限定的空间内分别形成第一空隙和第二空隙，其特征在于：

与所述至少一个可再充电的电池的阳极相耦接的第一端子，所述第一端子位于所述第一空隙，所述第一端子的中心轴与所述至少一个可再充电电池纵向平行地配置；以及

与所述至少一个可再充电的电池的阴极相耦接的第二端子，所述第二端子位于所述第二空隙，所述第二端子的中心轴与所述至少一个可再充电电池纵向平行地配置；

所述第一端子和所述第二端子呈管状，

所述至少一个可再充电的电池包括两个串联电耦接的圆柱形可再充电电池，所述两个圆柱形可再充电电池彼此平行地实际配置在所述电池盒内；

所述电池盒具有形成在所述平直部分的导槽，该导槽在所述电池盒内在所述两个圆柱形可再充电电池之间形成凹部；

所述电池盒具有在所述弯曲部分形成的防倒插槽，所书防倒插槽在所述电池盒内在所述两个圆柱形可再充电电池之间形成凹部。

2. 根据权利要求 1 的电池组合件，其特征在于所述防倒插槽从所述前侧部分延伸到所述弯曲部分的中部。

3. 一种用以向外部装置提供电能的电池组合件，包括：一种用以容纳至少一个可再充电的二次电池的电池盒，所述电池盒具有前侧部分、背面部分以及与变曲部分相连接的平直部分，从而在所述电池盒内在由所述前侧部分、背面部分、平直部分、弯曲部分以及所述至少一个可再充电的电池的各面所限定的空间内分别形成第一空隙和第二空隙，其特征在于：

与所述至少一个可再充电的电池的阳极相耦接的第一端子，所述第一端子位于所述第一空隙，所述第一端子的中心轴与所述至少一个可再充电电池纵向平行地配置；以及

与所述至少一个可再充电的电池的阴极相耦接的第二端子，所述第二端子位于所述第二空隙，所述第二端子的中心轴与所述至少一个可再充电电池纵向平行地配置；

所述第一端子和所述第二端子呈管状；

所述第一管状端子固定配置在所述电池盒的所述第一空隙的第一管状凹部，所述第二管状端子固定配置在所述电池盒的所述第二空隙的第二管状凹部；

所述外部装置包括使其自己与所述电池组合件电耦接的第一连接销和第二连接销，所述第一连接销和所述第二连接销分别插入所述第一管状端子和所述第二管状端子。

4. 根据权利要求 3 的电池组合件，其特征在于，所述第一管状凹部和所述第二管状凹部中各自形成有穿过所述电池盒的所述平直部分的灰尘清除孔。

5. 一种用以向外部装置提供电能的电池组合件，包括

一种用以容纳至少一个可再充电的二次电池的电池盒，所述电池盒具有前侧部分、背面部分以及与变曲部分相连接的平直部分，从而在所述电池盒内在由所述前侧部分、背面部分、平直部分、弯曲部分以及所述至少一个可再充电的电池的各面所限定的空间内分别形成第一空隙和第二空隙，其特征在于：与所述至少一个可再充电的电池的阳极相耦接的第一端子，所述第一端子位于所述第一空隙，所述第一端子的中心轴与所述至少一个可再充电电池纵向平行地配置；以及

与所述至少一个可再充电的电池的阴极相耦接的第二端子，所述第二端子位于所述第二空隙，所述第二端子的中心轴与所述至少一个可再充电电池纵向平行地配置，

所述第一端子和所述第二端子呈管状，

所述外部装置是摄像机。

6. 一种摄像机装置，包括：

一个具有安装部分的摄像机；以及

一个连接到所述安装部分的电池组合件，所述电池组合件包括：

一个用以容纳至少一个二次电池的电池盒，所述电池盒具有前侧部分、背面部分、放置成与所述摄像机的所述安装部分相接触的底部分以及表面形状基本上对应于所述二次电池的形状的顶部分，从而在所述电池盒内在由所述前侧部分、背面部分、底部分、顶部分，以及所述至少一个二次电池的各面所限定的空间内分别形成第一空隙和第二空隙，其特征在于：

与所述至少一个二次电池的阳极相耦接的第一端子，所述第一端子位于所述第一空隙，所述第一端子的中心轴沿着与所述至少一个二次电池纵向基本上平行的方向配置；以及

与所述至少一个二次电池的阴极相耦接的第二端子，所述第二端子位于所述第二空隙，所述第二端子的中心轴沿着与所述至少一个二次电池纵向基本上平行配置。

7. 根据权利要求 6 的摄像机装置，其特征在于，所述至少一个二次电池包括两个串联电耦接的圆柱形可再充电电池，所述两个圆柱形可再充电电池彼此平行地实际配置在所述电池盒内。

8. 根据权利要求 7 的摄像机装置，其特征在于，所述电池盒具有形成在所述底部分的导槽，该导槽在所述电池盒内在所述两个圆柱形可再充电电池之间形成凹部。

9. 根据权利要求 8 的摄像机装置，其特征在于，所述电池组合件利用所述导槽固定到所述摄像机的所述安装部分上。

10. 根据权利要求 9 的摄像机装置，其特征在于，所述电池盒具有在所述顶部分形成的倒插槽，所述顶部分在所述电池盒内在所述两个圆柱形可再充电电池之间形成凹部。

11. 根据权利要求 6 的摄像机装置，其特征在于，所述第一端子和所述第二端子呈管状；其中所述第一管状端子固定配置在所述电池盒的所述第一空隙的第一管状凹部，所述第二管状端子固定配置在所述电池盒的所述第二空隙的第二管状凹部。

12. 根据权利要求 11 的摄像机装置，其特征在于，所述摄像机包括使其自己与所述电池组合件电耦接的第一连接销和第二连接销，所述第一连接销和所述第二连接销分别插入所述第一管状端子和所述第二管状端子。

13. 根据权利要求 11 的摄像机装置，其特征在于，所述第一管状凹部和所述第二管状凹部中各自形成有穿过所述电池盒的所述底部分的灰尘清除孔。”

当事人对本决定不服的，可以根据专利法第四十六条第二款的规定，自收到本决定之日起三个月内向北京市第一中级人民法院起诉。根据该款的规定，一方当事人起诉后，另一方当事人应当作为第三人参加诉讼。

北京市第一中级人民法院
行政判决书

（2005）一中行初字第864号

原告索尼公司，日本国东京都品川区北品川六丁目7番35号。

法定代表人安藤国威，总执行长。

委托代理人刘芳，北京同立钧成知识产权代理有限公司专利代理人。

委托代理人丁琛，北京同立钧成知识产权代理有限公司专利代理人。

被告中华人民共和国国家知识产权局专利复审委员会，住所地中华人民共和国北京市海淀区北四环西路9号银谷大厦。

法定代表人廖涛，副主任。

委托代理人崔哲勇，男，中华人民共和国国家知识产权局专利复审委员会第二申诉处审查员。

委托代理人王颖，女，中华人民共和国国家知识产权局专利复审委员会行政诉讼处审查员。

第三人深圳市宝安区观澜柏力电子二厂，住所地中华人民共和国深圳市宝安区观澜镇黎光村工业区安胜厂对面。

负责人何燕娴。

委托代理人王志明，男，深圳睿智专利事务所副所长。

第三人博罗园洲华基塑胶制品有限公司。

原告不服被告作出的第7069号无效宣告请求审查决定（下称被诉决定），向本院提起行政诉讼。本院受理后，依法组成合议庭，通知无效请求人深圳市宝安区观澜柏力电子二厂（下称柏力电子）、博罗园洲华基塑胶制品有限公司（下称华基公司）作为本案第三人参加诉讼，并于2005年11月4日公开开庭审理了本案。原告的委托代理人刘芳、丁琛，被告的委托代理人崔哲勇、王颖，第三人柏力电子的委托代理人王志明到庭参加了诉讼。第三人华基公司经本院合法传唤未到庭。本案现已审理终结。

2005年3月23日，被告针对第三人柏力电子和华基公司提出的宣告93103584.8号名称为“电池组合件”的发明专利权（下称本专利）无效的请求，依据《中华人民共和国专利法》（下称《专利法》）第二十二条第三款的规定作出被诉决定，宣告本专利权利要求1~5、8无效，在权利要求6、7、9~19的基础上维持本专利有效，并确定了维持有效的权利要求。具体理由如下：

本专利权利要求1请求保护一种用以向外部装置提供电能的电池组合件，包括以下特征：

a. 一种用以容纳至少一个可再充电的二次电池的电池盒，所述电池盒具有前侧部分、背面部分以及与变曲部分相连接的平直部分，从而在所述电池盒内在由所述前侧部分、背面部分、平直部分、弯曲部分以及所述至少一个可再充电的电池的各面所限定的空间内分别形成第一空隙和第二空隙，

b. 与所述至少一个可再充电的电池的阳极相耦接的第一端子，所述第一端子位于所述第一空隙，所述第一端子的中心轴与所述至少一个可再充电电池纵向平行地配置；以及

c. 与所述至少一个可再充电的电池的阴极相耦接的第二端子，所述第二端子位于所述第二空隙，所述第二端子的中心轴与所述至少一个可再充电电池纵向平行地配置，

d. 所述第一端子和所述第二端子呈管状。

由于权利要求1中并未对第一空隙和第二空隙的具体位置进行限定，这些空隙形成于电池各面限

定的空间内，而对比文件2（日本昭59－98451号公开特许公报复印件，公开日1984年6月6日）中容纳输出端子的空间同样是由电池顶面与电源收纳装置盒体各面所限定，因此该空间属于权利要求1中所限定的空隙的下位概念。因此，可以认定权利要求1与对比文件2的区别特征是“d”。对比文件1（CN87215276U号中国实用新型专利申请说明书复印件，公告日1988年8月31日）中的端子是电极插孔的形式，与本专利权利要求1中的管状端子完全相同。因此对比文件1中已经公开了上述区别特征。虽然对比文件1、2中端子的结构不同，但都属于本领域技术人员常用的技术手段，因此在对比文件1和2的基础上，根据端子电连接方式的不同需要，将对比文件2中的输出端子替换为对比文件1中的管状端子以实现本专利权利要求1的技术方案，对本领域技术人员来说并不需要花费创造性劳动。因此权利要求1相对于对比文件1和2的结合不具备创造性。由于权利要求2～5的附加技术特征被对比文件2公开，权利要求8的附加技术特征被对比文件1公开，所以该部分权利要求亦不具备创造性。

原告不服，诉称：

一、本专利权利要求1的“第一空隙”和“第二空隙”位置限定是具体的，是在由电池盒、电池的各个表面之间形成的“空间”中“分别”形成的，是互相分隔开的空隙，从本专利说明书及附图中可以明确看出两个“空隙”分别设置在电池盒内部的盒壁与电池本体所形成的两个角落。被告认为权利要求1未对第一空隙和第二空隙的具体位置进行限定，是对权利要求1和《专利法》第五十六条的错误理解和解释。

二、权利要求1中的技术特征与对比文件2有着实质的不同：权利要求1的“第一空隙”和“第二空隙”分别仅位于电池盒前端部两侧的左右角，对比文件2容纳输出端子的空间设置在半盒体上端侧壁的凹陷处，空间为一整体，没有分开的空隙；权利要求1的两个端子分别位于两个空隙，且两个端子的中心轴与电池纵向平行地配置，对比文件2的端子放置在专门设置的盒体顶部的空间中，端子与电池的布局位置为前后设置；由于本专利的两个空隙分开设置在电池盒的角落部分，在空隙中设置端子，才实现了本专利特殊的技术目的：既节省空间，又实现在电气连接的同时也起到结构固定的作用。

三、对比文件1中电极插孔中可以插入电极柱的特征，是对比文件1电池盒本身内部的连接关系，并不是电池盒与外部的连接特征，权利要求1的管状端子与对比文件1中的电极插孔特征的位置关系、技术作用均不相同，被告认定对比文件1公开了权利要求1的特征d没有事实依据。

四、本专利权利要求1符合创造性要求，其从属权利要求2～5、8也具备创造性。

五、被告在适用创造性审查基准时，忽略了各技术方案所针对解决的技术问题和产生的技术效果等方面的重要比对内容，且错误的将对比文件1、2相结合，属于适用法律错误。

综上，被诉决定宣告本专利权利要求1～5、8无效部分认定事实错误，适用法律不当，结论明显错误，请求法院予以撤销。

被告辩称：

一、根据《专利法》第五十六条的规定，发明或者实用新型专利权的保护范围应当以其权利要求的内容为准，说明书和附图可以用于解释权利要求。但是应当注意应用该条款时不能将说明书和附图的内容引入权利要求中。原告在起诉状中的论述，实质上是在权利要求的特征属于上位概念的情况下，为规避现有技术而将说明书中的实施例引入到权利要求中作为进一步限定，是不能允许的。

二、权利要求1中的特征并未具体限定该第一空隙和第二空隙处于电池侧面与电池盒各面所限定的空间，其所限定的空间属于对比文件2中由电池顶面和电池盒各面所限定空间的上位概念，因此权利要求1中的特征（a）～（c）已经被对比文件2所公开。

三、对比文件1中电极插孔中可以插入电极柱的特征确实是其电池和本身内部的连接关系，但对比文件1仍然揭示了电极插孔可以为管状的事实。

四、创造性审查中确实应当考虑技术方案所解决的技术问题和技术效果，但这里所说的技术问题和技术效果应当是权利要求所限定的技术方案所客观解决的技术问题和达到的技术效果。由于本专利权利要求1限定的技术方案过于上位，不能达到其说明书中所论述的技术效果，此时由于权利要求1所限定的结构相对于对比文件1和2的结合是显而易见的，因此本领域技术人员根据对比文件1和2得到的技术方案必然可以实现目前权利要求1限定的技术方案所能实现的技术效果。

综上所述，被诉决定认定事实清楚、适用法律正确、审理程序合法，原告的诉讼理由不能成立，请求法院驳回原告诉讼请求，维持被诉决定。

第三人柏力电子陈述意见认为：

一、权利要求1根本就没有限定第一空隙和第二空隙的具体位置。二、本专利和对比文件2的电池盒都是有六个面的块状体，从对比文件2的附图5中可见，在电池盒前壁厚度空间内设置安装电连接端子的空隙，并没有为端子安排单独的空间。三、本专利与对比文件2的端子的轴线和电池的轴线都是互相平行的，即端子中心轴与电池纵向平行配置。四、所有的充电电池装置都需要一个可容纳电池组的壳体，而电池盒为了能稳定且定向与用电装置接触，多数都设计成至少有一侧为曲面的块状，出于降低成本和降低电池盒体积这一工业化生产最基本的要求，本领域的技术人员别无选择、一定会利用电池盒的厚度来设置电连接端子的空隙。五、虽然对比文件1、2的说明书中强调要解决的技术问题及获得的技术效果与本专利不一样，但本专利所要解决的技术问题及获得的技术效果通过附图已被直观地图示出来，本领域的技术人员完全能够非常容易得出权利要求1所要解决的技术问题并且获得相同的技术效果。因此，被诉决定正确，请求法院予以维持。

第三人华基公司未提交意见陈述。

法定期限内，被告为证明被诉决定合法向本院提供了本专利、对比文件1、对比文件2及其中文译文。庭审质证中，各方当事人对上述证据均不持异议。经审查，本院对上述证据均予以采信。

根据上述证据及当事人在庭审中无争议的陈述，本院认定事实如下：

本专利的申请日为1993年3月6日、授权公告日为2001年9月26日，专利权人为原告。本专利授权公告的权利要求共有19项（具体内容略）。

2004年9月24日、11月22日，华基公司、柏力电子先后分别向被告提出无效宣告请求。华基公司的无效宣告理由是本专利权利要求1不符合《专利法》第二十二条第一款、第二款，并提交了5份附件作为证据。柏力电子的无效宣告理由是本专利权利要求1~9不具有创造性，并提交了对比文件1、2作为证据。其中对比文件1公开一种对称式电池盒，其中该盒体是四方形的，其中容纳电池串联形成的电源17、18，在电池顶部和盒体外壳之间具有一定的空间，在该空间内形成电极插孔5~8，这些电极插孔中可以插入电极柱5′~8′。对比文件2公开一种用于闪光灯的电源收纳装置，其中电源收纳装置30的主体构成有：包括两个半盒体31A、31B叠合在一起形成中空柱状的盒体31、收纳在该盒体31内的12节电源电池22，这些电池相互连接组成三个直流电源E11－E13。上述直流电源E11－E13的正极分别连接到设置在左侧半盒体31A的上端侧壁的凹陷处的正极输出端子t11、t13、t15上。直流电源E11－E13的负极分别连接到设置在右侧的半盒体31B的上端侧壁的凹陷处的负极输出端子t12、t14、t16上。另外，结合对比文件2的图11和上述文字内容可以看出，电源收纳装置30用于容纳电池22组成的电源，其外壳同样具有前侧部分、背面部分、平直部分和弯曲部分，而且这些部分与电池电源之间形成了可以容纳输出端子t11－t16的空间，这些输出端子分别与电池电源的正极和负极连接，并且其中心轴均与电池纵向平行。

被告将两次无效宣告请求分别进行了文件转送，并决定合案审理。各方亦提交了意见陈述。2005年2月28日，被告进行口头审理。口头审理中，华基公司明确其无效理由是权利要求1不具有新颖性，柏力电子明确其无效理由是权利要求1～6、8相对于对比文件1、2不具备创造性。华基公司当庭提交了《Telecomn通讯专刊2001.12》和《International Wireless 1999.1》原件，证明其提交的5份附件分别出自这两篇刊物，并提出希望当庭提交两篇专利文献作为新证据，被告告知因已经超出了无效宣告程序中提交新证据的时限，故不予接受。原告对对比文件2的中文译文的准确性没有异议；三方当事人在口审时已经充分表达了各自的意见。口审中，被告明确告知各方当事人口审后将不再接受任何新理由和新证据。口审后，各方当事人又分别提交了意见陈述书。

被告经审查认为，刊载有华基公司的5份附件的刊物出版日在本专利申请日之后，因此不能作为评价本专利权利要求新颖性、创造性的现有技术。对比文件1和2均为在先公开的专利文献，因此可以作为评判本专利新颖性、创造性的现有技术。在对比文件1、2公开的内容的基础上，被告于2005年3月23日作出被诉决定，同年4月21日向当事人邮寄送达。

在庭审中，原告及第三人柏力电子对被告的审查程序不持异议，柏力电子对被诉决定认定权利要求6具备创造性不持异议。

本院认为：基于原告和第三人对无效审查程序等内容不持异议，本院经书面审查后，确认被告的审查程序合法，并对被诉决定关于权利要求6具备创造性的认定予以确认。

根据《专利法》第五十六条的规定，发明或者实用新型专利权的保护范围以其权利要求的内容为准，说明书和附图可以用于解释权利要求。本专利权利要求1对于特征a的描述是：“在所述电池盒内在由所述前侧部分、背面部分、平直部分、弯曲部分、以及所述至少一个可再充电的电池的各面所限定的空间内分别形成第一空隙和第二空隙”，由此可以推出“第一空隙”和“第二空隙”位于电池盒和电池的各面所形成的空间内。结合说明书，从附图上可以看出电池盒的右、左上角有标号为10、11的右上空隙和左上空隙，但在权利要求1中并未限定“第一空隙”和“第二空隙”只能在左、右上角。被告认为其所限定的空间属于对比文件2中由电池顶面和电池盒各面所限定空间的上位概念正确。对比文件2附图中显示了端子位于电池电源之间形成的空间，分别与电池电源的正极和负极连接，其中心轴均与电池纵向平行，被告据此认定权利要求1中的特征a～c已经被对比文件2所公开事实清楚。据此，本专利与对比文件2的区别特征仅为“第一、第二端子呈管状”，被告根据对比文件1的端子为电极插孔形式，亦为管状，认定该区别特征被对比文件1公开亦是正确的。在此基础上，被告认为本领域技术人员根据端子电连接方式的不同需要，将对比文件2中的输出端子替换为对比文件1中的管状端子以实现本专利权利要求1的技术方案，不需要花费创造性劳动并无不当。被诉决定认定权利要求1相对于对比文件1、2的结合不具备创造性结果正确。由于本领域技术人员不需经过创造性劳动即可得到权利要求1的技术方案，亦能解决相应的技术问题和产生相应的技术效果，虽然被诉决定未对“解决的技术问题”、“产生的技术效果”作出评述，但并不影响被诉决定的结论。

由于权利要求2～5的附加技术特征被对比文件2公开，权利要求8的附加技术特征被对比文件1公开，被诉决定认定该部分权利要求亦不具备创造性事实清楚。

综上，被诉决定认定事实清楚，程序合法，适用法律正确，本院应予维持。原告的诉讼理由缺乏事实及法律依据，其诉讼请求本院不予支持。依照《中华人民共和国行政诉讼法》第五十四条第（一）项，判决如下：

维持中华人民共和国国家知识产权局专利复审委员会于二〇〇五年三月二十三日作出的第7069号无效宣告请求审查决定。

案件受理费 1000 元，由原告索尼公司负担（已交纳）。

如不服本判决，原告索尼公司可在判决书送达之日起三十日内，被告中华人民共和国国家知识产权局专利复审委员会、第三人深圳市宝安区观澜柏力电子二厂、第三人博罗园洲华基塑胶制品有限公司可在判决书送达之日起十五日内，向本院递交上诉状，并按对方当事人的人数提出副本，上诉于中华人民共和国北京市高级人民法院。

审 判 长 饶亚东
代理审判员 张靛卿
代理审判员 司品华
二〇〇五年十二月二十三日
书 记 员 李轶萌

北京市高级人民法院
行政判决书

（2006）高行终字第 451 号

上诉人（一审原告）索尼公司，住所地日本国东京都品川区北品川六丁目 7 番 35 号。

法定代表人中钵良治，总裁。

委托代理人刘芳，北京同立钧成知识产权代理有限公司专利代理人。

委托代理人丁琛，北京同立钧成知识产权代理有限公司专利代理人。

被上诉人（一审被告）中华人民共和国国家知识产权局专利复审委员会，住所地中华人民共和国北京市海淀区北四环西路 9 号银谷大厦。

法定代表人廖涛，副主任。

委托代理人崔哲勇，男，中华人民共和国国家知识产权局专利复审委员会审查员。

委托代理人张华，男，中华人民共和国国家知识产权局专利复审委员会审查员。

被上诉人（一审第三人）深圳市宝安区观澜柏力电子二厂，住所地中华人民共和国深圳市宝安区观澜镇黎光村工业区安胜厂对面。

负责人何燕娴。

委托代理人王志明，男，深圳睿智专利事务所所长。

被上诉人（一审第三人）博罗园洲华基塑胶制品有限公司，住所地中华人民共和国广东省惠州市博罗县园洲镇阵村工业区。

法定代表人朱满新，经理。

上诉人索尼公司因专利无效决定，不服中华人民共和国北京市第一中级人民法院（2005）一中行初字第 864 号行政判决，向本院提起上诉。本院受理后依法组成合议庭，公开开庭审理了本案。索尼公司的委托代理人丁琛，中华人民共和国国家知识产权局专利复审委员会（下简专利复审委）的委托代理人崔哲勇、张华，被上诉人深圳市宝安区观澜柏力电子二厂（下称柏力电子）的委托代理人王志明到庭参加了诉讼，被上诉人博罗园洲华基塑胶制品有限公司（下称华基公司）经本院合法传唤，未到庭参加诉讼。本案现已审理终结。

2005年3月23日，专利复审委依据《中华人民共和国专利法》（以下简称《专利法》）第二十二条第三款的规定，作出第7069号无效宣告请求审查决定（以下简称第7069号决定），宣告第93103584.8号“电池组合件”的发明专利权（以下简称本专利）的权利要求1~5、8无效，在权利要求6、7、9~19的基础上维持本专利有效。索尼公司不服该决定，向中华人民共和国北京市第一中级人民法院提起行政诉讼。

中华人民共和国北京市第一中级人民法院经审查认为，基于索尼公司和柏力电子对无效审查程序等内容不持异议，经书面审查后，确认专利复审委的审查程序合法，并对第7069号决定关于权利要求6具备创造性的认定予以确认。

本专利权利要求1对于特征a的描述是：“在所述电池盒内在由所述前侧部分、背面部分、平直部分、弯曲部分以及所述至少一个可再充电的电池的各面所限定的空间内分别形成第一空隙和第二空隙”，由此可以推出“第一空隙”和“第二空隙”位于电池盒和电池的各面所形成的空间内。结合说明书，从附图上可以看出电池盒的右、左上角有标号为10、11的右上空隙和左上空隙，但在权利要求1中并未限定“第一空隙”和“第二空隙”只能在左、右上角。专利复审委认为其所限定的空间属于对比文件2中由电池顶面和电池盒各面所限定空间的上位概念正确。对比文件2附图显示了端子位于电池电源之间形成的空间，分别与电池电源的正极和负极连接，其中心轴均与电池纵向平行，专利复审委据此认定权利要求1中的特征a~c已经被对比文件2所公开事实清楚。据此，本专利与对比文件2的区别特征仅为“第一、第二端子呈管状”，专利复审委根据对比文件1的端子为电极插孔形式，亦为管状，认定该区别特征被对比文件1公开亦是正确的。在此基础上，专利复审委认为本领域技术人员根据端子电连接方式的不同需要，将对比文件2中的输出端子替换为对比文件1中的管状端子以实现本专利权利要求1的技术方案，不需要花费创造性劳动并无不当。被诉决定认定权利要求1相对于对比文件1、2的结合不具备创造性结果正确。由于本领域技术人员不需经过创造性劳动即可得到权利要求1的技术方案，亦能解决相应的技术问题和产生相应的技术效果，虽然第7069号决定未对“解决的技术问题”、“产生的技术效果”作出评述，但并不影响该决定的结论。

由于权利要求2~5的附加技术特征被对比文件2公开，权利要求8的附加技术特征被对比文件1公开，第7069号决定认定该部分权利要求亦不具备创造性事实清楚。

综上，该院认为第7069号决定认定事实清楚，程序合法，适用法律正确，应予维持。索尼公司的诉讼理由缺乏事实及法律依据，对其诉讼请求不予支持。依照《中华人民共和国行政诉讼法》第五十四条第（一）项，判决维持了第7069号决定。

索尼公司不服一审判决提起上诉。该公司认为，一审法院及专利复审委关于对比文件2已经公开了本专利权利要求1中的特征（a）~（c）的认定没有事实依据。本专利权利要求1对于“第一空隙”和“第二空隙”位置限定是具体的，是在由电池盒、电池的各个表面之间形成的“空间”中“分别”形成的，是互相分隔开的空隙，且从本专利说明书及附图中可以明确看出两个“空隙”分别设置在电池盒内部的盒壁与电池本体所形成的两个角落。专利复审委认为权利要求1未对第一空隙和第二空隙的具体位置进行限定，是对权利要求1和《专利法》第五十六条的错误理解和解释。

本专利权利要求1中的技术特征a~c与对比文件2有着实质的不同：本专利权利要求1技术特征a限定了一个特定的空间，在该空间的基础上，分别形成了“第一空隙”和“第二空隙”，且该空隙分别位于电池盒前端部两侧的左右角。对比文件2容纳输出端子的空间是设置在“半盒体上端侧壁的凹陷处”，该凹陷处与“所述电池盒内在由所述前侧部分、背面部分等至少一个可再充电的电池的各面所限定的空间内分别形成第一空隙第二空隙”；本专利权利要求1的两个端子分别位于两个空隙，且两个端子的中心轴与电池纵向平行地配置，而对比文件2的端子则放置在专门设置的盒体顶部的空间中，端子与电池的布局位置为前后设置；由于本专利的两个空隙分开设置在电池盒的角落部分，在空隙中设置端子，才实现了本专利特殊的技术目的：即节省空间和结构固定。

综上，该公司认为本专利权利要求1符合创造性要求，其从属权利要求2~5、8也具备创造性。专利复审委无视本发明所要解决的技术问题和技术效果，更没有以说明书和附图为解释依据，致使审查结论错误。请求撤销一审判决和第7069号决定。

专利复审委答辩称，根据《专利法》第五十六条的规定，说明书和附图可以用于解释权利要求，但是不能将说明书和附图的内容引入权利要求中。索尼公司在上诉状中对权利要求的解释，实质上属于为规避现有技术而将必要技术特征引入到权利要求中的一种限定，是不能允许的。

权利要求1中的特征并未具体限定该第一空隙和第二空隙处于电池侧面与电池盒各面所限定的空间，其所限定的空间实际是处于电池盒体内表面与电池表面之间形成的整个空间中的任意两个用于容纳连接端子的空隙空间，属于对比文件2中位于由电池顶面和电池盒各面所限定空间中容纳输出端子的小空间的上位概念，因此权利要求1中的特征（a）~（c）已经被对比文件2所公开。

对比文件1中电极插孔中可以插入电极柱的特征，是对比文件电池和本身内部的连接关系，并不是电池盒与外部的连接特征，因此与本专利的管状端子的位置关系、技术作用不同，但该对比文件仍然揭示了电极插孔可以为管状的事实。

创造性审查中确实应当考虑技术方案所解决的技术问题和技术效果，但这里所说的技术问题和技术效果应当是权利要求所限定的技术方案所客观解决的技术问题和达到的技术效果。由于本专利权利要求1限定的技术方案过于上位，实际上已不能达到其说明书中所论述的技术效果，此时由于权利要求1所限定的结构相对于对比文件1和2的结合是显而易见的，因此本领域技术人员根据对比文件1和2得到的技术方案必然可以实现目前权利要求1限定的技术方案所能实现的技术效果。

综上所述，认为第7069号决定认定事实清楚、适用法律正确、审理程序合法，索尼公司的上诉理由不能成立，请求二审法院驳回索尼公司的上诉请求，维持第7069号决定和一审判决。

柏力电子答辩称，索尼公司的所谓技术特征对比分析不仅违反了《专利法》第五十六条的规定，而且歪曲了对比文件2的技术特征，其技术特征对比分析是完全错误的。在进行创造性审查时，应当考虑技术方案所要解决的技术问题和产生的技术效果。索尼公司在专利侵权诉讼程序与专利无效程序这两个不同的法律程序中，对同一技术特征的评判采用了双重标准，违反了诚实信用原则。综上所述，认为一审法院判决认定事实清楚，审理程序合法，适用法律正确，请求二审法院驳回索尼公司的上诉请求，维持一审判决。

华基公司未提交书面答辩意见。

经审理查明，本专利为索尼公司于1993年3月6日向中华人民共和国国家知识产权局提出申请、2001年9月26日被授权公告的“电池组合件”的发明专利，专利号为93103584.8。

2004年9月24日、11月22日，华基公司、柏力电子先后分别向专利复审委提出无效宣告请求。华基公司申请无效宣告的理由是本专利权利要求1不符合《专利法》第二十二条第一款、第二款，并提交了5份附件作为证据。柏力电子申请宣告无效的理由是本专利权利要求1~9不具备创造性，并提交了对比文件1（CN87215276U号“对称式电池盒”）实用新型专利文件、对比文件2日本昭59-98451号“用于闪光灯的电池收纳装置”发明专利的专利文件。

专利复审委将两次无效宣告请求分别进行了文件转送，并决定合案审理。各方当事人均提交了意见陈述。2005年2月28日，专利复审委进行口头审理。口头审理中，华基公司明确其无效理由是权利要求1不具备新颖性，柏力电子明确其无效理由是权利要求1~6、8相对于对比文件1、2不具备创造性。华基公司当庭提交了《Telecomn 通讯专刊 2001.12》和《International Wireless 1999.1》原件，对其要求当庭提交的两篇专利文献，专利复审委以超过提交证据的时限为由未予接受。索尼公司对对比文件2的中文译文的准确性没有异议；口头审理后，各方当事人分别提交了意见陈述书。

专利复审委经审查认为，刊载有华基公司的5份附件的刊物出版日在本专利申请日之后，因此不能作为评价本专利权利要求新颖性、创造性的现有技术。对比文件1和2均为在先公开的专利文献，因此可以作为评判本专利新颖性、创造性的现有技术。

本专利权利要求1请求保护的是一种用以向外部装置提供电能的电池组合件，包括以下特征：

a. 一种用以容纳至少一个可再充电的二次电池的电池盒，所述电池盒具有前侧部分、背面部分以及与变曲部分相连接的平直部分，从而在所述电池盒内在由所述前侧部分、背面部分、平直部分、弯曲部分以及所述至少一个可再充电的电池的各面所限定的空间内分别形成第一空隙和第二空隙，

b. 与所述至少一个可再充电的电池的阳极相耦接的第一端子，所述第一端子位于所述第一空隙，所述第一端子的中心轴与所述至少一个可再充电电池纵向平行地配置；以及

c. 与所述至少一个可再充电的电池的阴极相耦接的第二端子，所述第二端子位于所述第二空隙，所述第二端子的中心轴与所述至少一个可再充电电池纵向平行地配置，

d. 所述第一端子和所述第二端子呈管状。

专利复审委认为，由于权利要求1中并未对第一空隙和第二空隙的具体位置进行限定，这些空隙形成于电池各面限定的空间内。对比文件2公开了一种用于闪光灯的电源收纳装置，其中容纳输出端子的空间同样是由电池顶面与电源收纳装置盒体各面所限定，该空间属于权利要求1中所限定的空隙的下位概念。因此，可以认定对比文件2公开了本专利权利要求1的技术特征a～c。对比文件1中的端子是电极插孔的形式，与本专利权利要求1中的管状端子完全相同。因此对比文件1已经公开了上述区别特征d。虽然对比文件1、2中端子的结构不同，但都属于本领域技术人员常用的技术手段，因此在对比文件1和2的基础上，根据端子电连接方式的不同需要，将对比文件2中的输出端子替换为对比文件1中的管状端子以实现本专利权利要求1的技术方案，对本领域技术人员来说并不需要花费创造性劳动。因此权利要求1相对于对比文件1和2的结合不具备创造性。由于权利要求2～5的附加技术特征被对比文件2公开，权利要求8的附加技术特征被对比文件1公开，所以该部分权利要求亦不具备创造性。

综上，专利复审委于2005年3月23日作出第7069号无效决定，同年4月21日向当事人邮寄送达。

在庭审中，索尼公司对专利复审委在第7069号决定中对权利要求1技术特征a～d的总结未提出异议，双方当事人就本专利权利要求1对“第一空隙”和“第二空隙”的表述仅为“与所述至少一个可以再充电的电池的阴极相耦接的第一端子，所述第一端子位于所述第一空隙……所述第二端子位于所述第二空隙”的记载及说明书第4页“这些插孔分别地设置在右上空隙及左上空隙并且是与第一、第二个二次电池是平行的”的记载未提出异议。

一审法院审理期间，专利复审委提交了本专利及对比文件1、2的专利文件及其中文译文。上述证据材料已随案移送本院。经审查，上述文件来源及提交合法，内容真实，能够证明第7069号决定确认的相关事实并反映双方当事人争议的焦点问题，一审法院予以采信正确。其他当事人没有向法庭提交证据。

本院认为，纵观本案当事人提交的书面及庭审意见，其争议内容为：一、在本专利权利要求1仅提出“第一空隙”、“第二空隙”的概念而未指出其具体位置的情况下，说明书关于“第一空隙”和“第二空隙”的定位，是否可以用于解释权利要求1；二、对比文件1、2是否公开了本专利权利要求1～5和8。就上述争议问题，本院有如下意见：

《专利法》第五十六条规定了权利要求书和说明书各自的作用，即前者用于确定保护范围，后者用于解释权利要求。2001版《审查指南》第二部分第二章第2节规定，说明书及其附图还用于支持权利要求，并在确定发明或者实用新型专利权的保护范围时，可以用于解释权利要求。该章第3.2.1节规定，权利要求通常由公开的一个或多个实施方式或实施例概括而成，权利要求的概括应当适当，使其保护范围正好适应说明书所公开的内容。2006版《审查指南》第二部分第二章第3.2.1节也规定，权利要求的概括应当不超出说明书公开的范围。上述规定界定了说明书和权利要求书的关系是二者记载的内容要相互对应，说明书对权利要求的解释不能超出权利要求记载的保护范围，权利要求记载的内容应当得到说明书的支持。

根据本专利在其权利要求1中“所述电池盒具有前侧部分、背面部分以及与变曲部分连接的平直部分，从而在所述电池盒内在由所述前侧部分、背面部分、平直部分、弯曲部分以及所述至少一个可再充电池的各面所限定的空间内分别形成第一空隙和第二空隙”的表述，专利复审委作出“本专利权利要求1并未对第一空隙和第二空隙的具体位置进行限定，这些空隙形成于电池各面限定的空间内”的确认，符合权利要求1该段文字的语言逻辑关系，是客观的。

虽然，本专利在说明书中将“第一空隙”和“第二空隙”确定在“这些插孔分别地设置在右上空隙及左上空隙并且是与第一、第二个二次电池是平行的”位置上，但由于该限定与权利要求记载的内容不符，不能用于解释权利要求1关于“第一空隙”和“第二空隙”的界定。索尼公司坚持以说明书的该记载解释权利要求1的主张违反了《专利法》和《审查指南》的规定，本院不予支持。

由于本专利权利要求l就第一空隙和第二空隙的位置未予界定的事实清楚，故基于第7069号决定和一审判决就对比文件1、2是否公开了本专利权利要求1~5、8的事实已有确认，且其确认事实依据充分，本院予以认可，不再赘述。

综上，第7069号决定关于对比文件2公开了本专利权利要求1特征a~c，对比文件1公开了权利要求1的特征b，权利要求1相对于对比文件1和2的结合不具有突出的实质性特点和显著进步，权利要求2、3、4被对比文件2公开、权利要求8被对比文件公开的确认事实依据充分，适用法律正确，审查程序合法；一审法院判决维持符合《中华人民共和国行政诉讼法》第五十四条第（一）项的规定；索尼公司的上诉理由不能成立，本院不予支持。故，依据《中华人民共和国行政诉讼法》第六十一条第（一）项的规定，判决如下：

驳回上诉，维持一审判决。

二审案件受理费人民币1 000元由上诉人索尼公司负担（已交纳）。

本判决为终审判决。

审　判　长　郭　宜
审　判　员　张学磊
审　判　员　王　燕
二○○六年十二月十九日
书　记　员　程钰玮

014

一体式电动合闸漏电断路器案

无效宣告请求审查决定（第7077号）

决　定　号　第7077号
决　定　日　2005年3月21日
发明创造名称　一体式电动合闸漏电断路器
国际分类号　H01H7 1/02　H01H7 1/10
无效请求人　郭行干
专利权人　李乾良
专　利　号　00237691.1
申　请　日　2000年6月29日
授权公告日　2001年6月20日
合议组组长　李　隽
主　审　员　高海燕
参　审　员　高　栋

法律依据　专利法第二十二条第二款
决定要点

如果一篇最接近的对比文件仅公开了一项权利要求中的部分技术特征，则该权利要求具备新颖性，符合专利法第二十二条第二款的规定。

一、案由

本无效宣告请求涉及国家知识产权局专利局于2001年6月20日授权公告的00237691.1号实用新型专利（下称本专利），其名称为“一体式电动合闸漏电断路器”，申请日为2000年6月29日，专利权人为李乾良（下称被请求人）。

授权公告的权利要求书内容如下：

“1. 一种一体式电动合闸漏电断路器，由空气开关、零序互感器、脱扣机构、漏电保护电路和盒体（1）组成，盒体（1）上盖覆有控制面板（2）及相应的按钮孔、指示灯孔等，两端有接线柱（8），其特征是盒体（1）内有内盖（7），将盒体内室分隔成上室与下室，室内的空气开关的手柄（5）的游离端与电动合闸装置（6）的操纵件（3）相连，电动合闸装置与合闸控制电路相连。

2. 如权利要求1所述的断路器，其特征是所述的电动合闸装置（6）是丝杆（4）滑块（3）装置，丝杆（4）一端装在电机伸出轴上，作为操纵件的滑块（3）与手柄（5）相连，丝杆（4）的外螺纹与滑块（3）的内螺纹相配合。”

针对上述专利权，郭行干（下称请求人）于2004年1月17日向专利复审委员会提出无效宣告请求。其理由是本实用新型专利权利要求1和2不具备新颖性，不符合专利法第二十二条第二款的规定。请求人同时提交了下列证据：

证据1：国家标准GB.T 2900.18－92《电工术语 低压电器》部分内容的摘要；

证据2：ZL90107403.9号中国发明专利说明书，授权公告日为1993年11月17日；

证据3：ZL95243357.5号中国实用新型专利说明书，授权公告日为1996年11月6日；

证据4：ZL95119010.5号中国发明专利说明书，授权公告日为2000年6月21日；

证据5：ZL95121749.6号中国发明专利说明书，申请日为1995年12月27日，授权公告日为2001年2月7日，专利权人为通用电气公司；

证据6：ZL00208566.6号中国实用新型专利说明书，申请日为2000年4月20日，授权公告日为2001年1月31日，专利权人为杭州临安乾龙电器有限公司；

证据7：《低压电器设计手册》封面版权页，第833、第834、第851页的复印件，机械工业出版社出版1992年10月第1版。

请求人在无效宣告请求书中指出，证据2中权利要求1、说明书及附图1公开的特征与本专利权利要求1的特征相同；证据3中说明书及附图公开的特征与本专利权利要求1的特征相同；证据4中附图公开的特征与本专利权利要求1的特征相同；证据5中附图公开的特征与本专利权利要求1的特征相同；证据7中公开了“一体式电动合闸漏电断路器”早已是公知技术；因此，本专利权利要求1不具备新颖性。证据6的权利要求1公开了本专利权利要求2的附加技术特征，本专利申请在后，因而不具备新颖性。

经形式审查合格，专利复审委员会于2004年2月25日受理了上述无效宣告请求，同日将专利权无效宣告请求书及其附件清单中所列附件副本转送给了被请求人，要求其在指定的期限内答复。

针对上述无效宣告请求，被请求人于2004年7月19日递交了意见陈述书。在该意见陈述书中，被请求人认为：

（1）请求人提供的所有附件中，没有一份对比文件的技术特征覆盖本专利权利要求1的全部技术特征，请求人也没有提供出抵触申请的对比文件，因此，本专利权利要求1符合专利法第二十二条有关新颖性的规定。（2）本专利权利要求2与证据6要求保护的产品不同，前者是“一体式电动合闸漏电断路器”，后者是“断路器电动合闸装置”，不属于同样的发明或者实用新型，不能作为判断新颖性的对比文件。从两专利的申请日与公告日看，后者申请日在本专利申请日之前，公告日在本专利申请日之后，不能作为判断创造性的已知技术。（3）本专利公开的是“一体式电动合闸漏电断路器”，其电动操作装置是丝杆滑块式的，证据2和3未公开本专利的上述区别技术特征。证据4和5仅有说明书摘要和附图，无法与本专利权利要求的特征进行对比。证据7无具体设计方案和技术特征，也无任何有关区别技术特征的技术启示。因此，本专利具备创造性，符合专利法第二十二条第三款的规定。

2005年1月4日，合议组向双方当事人发出口头审理通知书，定于2005年2月24日举行口头审理，并将被请求人于2004年7月19日提交的意见陈述书转交请求人。

2005年2月24日口头审理如期举行。请求人参加了口头审理，而被请求人没有参加口头审理。在口头审理中，请求人对合议组成员没有回避请求；请求人当庭未提交证据1和7的原件；请求人明确其无效理由为本专利权利要求1和2分别相对于证据1～7不具备新颖性；请求人明确本专利权利要求2中的附加技术特征在证据1～5、7中没有公开；请求人明确证据1～7未公开“盒体内有内盖，将盒体内室分隔成上室与下室”等技术特征，但是请求人认为这些特征均是公知技术；请求人提供的证据4、5仅包括扉页和说明书附图1。

至此，合议组认为本案事实已经清楚，现依法作出审查决定。

二、决定的理由

1. 关于证据

由于请求人当庭未提交证据1和7的原件，且请求人没有提供其他证明证据1和7真实性的证据。因此，合议组对证据1和7不予采信。

证据2、3和4的授权公告日均在本专利申请日之前，因此证据2、3和4均可作为本专利的现有技术。

证据5和6的申请日在本专利申请日之前，授权公告日在本专利申请日之后，且是由他人向国家知识产权局专利局提出的申请。根据专利法第二十二条第二款的规定，可以用来评价本专利的新颖性。

2. 关于新颖性

专利法第二十二条第二款规定的新颖性是指，在申请日以前没有同样的发明或者实用新型在国内外出版物上公开发表过、在国内公开使用过或者以其他方式为公众所知，也没有同样的发明或者实用新型由他人向国务院专利行政部门提出过申请并且记载在申请日以后公布的专利申请文件中。

证据2公开了一种“中小型自动开关的电动操作装置”（见说明书第4页第14行至第6页第11行，附图1~3），其实例1的操作装置包括如下技术特征：外壳1；电机2；装在电机2伸出轴上的拨叉3；拨叉3的叉口卡在开关手柄上，电动操作装置的外壳1装在自动开关外壳5的外面；在开关5两侧设有输电线的出入端A；合闸按钮6；分闸按钮7；自动开关的辅助接点8。其实例2的操作装置包括如下技术特征：电机2装在自动开关外壳5内；电机伸出轴上装有拐臂9；拐臂的另一端与连杆10的一端连接；连杆的另一端与固定开关手柄的支架11连接。

将权利要求1与证据2公开的电动操作机构进行对比，可以看出，证据2没有公开权利要求1的“零序互感器、脱扣机构、漏电保护电路、盒体（1）内有内盖（7），将盒体内室分隔成上室与下室、电动合闸装置与合闸控制电路相连”等技术特征。因此，相对于证据2，本专利权利要求1具备新颖性。

证据3公开了一种“塑壳断路器的电动操作机构”（见其说明书第2页第3行至第3页第3行，附图1），该操作机构包括如下技术特征：外壳1；上线圈2；滑道3；滑杆4；长条孔5；上手柄连杆6；手柄套7；连接柱8；下手柄连杆9；下线圈10；断路器操作手柄11；固定片12；锥端紧固螺钉13；断路器14；安装支持件15。

将权利要求1与证据3公开的电动操作机构进行对比，可以看出，证据3没有公开权利要求1的“零序互感器、脱扣机构、漏电保护电路、盒体（1）内有内盖（7），将盒体内室分隔成上室与下室、电动合闸装置与合闸控制电路相连”等技术特征。因此，相对于证据3，本专利权利要求1具备新颖性。

证据4公开了一种断路器及断路器远距离闭合控制器，仅有说明书摘要及附图1，且无附图1中各附图标记的相应说明。其说明书摘要中指出：安装在断路器外壳内的一种远距离闭合控制器，允许远距离控制断路器的操作机构打开及闭合断路器触头；一对电磁线圈用来控制触头闭合弹簧的状态；使第一电磁线圈受激励，首先松开触头闭合弹簧，且使第二电磁线圈受激励，切断流向第一电磁线圈的电流。

将权利要求1与证据4公开的断路器进行对比可以看出，证据4没有公开权利要求1的“零序互感器、脱扣机构、漏电保护电路、盒体（1）内有内盖（7），将盒体内室分隔成上室与下室”等技术特征。因此，相对于证据4，本专利权利要求1具备新颖性。

证据5公开了一种大电流电路的断开用电路断路器，仅有说明书摘要及附图1，且无附图1中各附图标记的相应说明。其说明书摘要中指出：一种遥控闭合操作器置于一电路断路器壳体中，使电路断路器操作机构遥控操作，闭合所述电路断路器的触点，闭合螺线管和相关的逻辑电路控制触点闭合弹簧的状态，螺线管被激励，释放触点闭合弹簧，在触点闭合后，防止释放触点闭合弹簧的操作。

将权利要求1与证据5公开的断路器进行对比可以看出，证据5没有公开权利要求1的“零序互感器、脱扣机构、漏电保护电路、盒体（1）内有内盖（7），将盒体内室分隔成上室与下室”等技术特征。因此，相对于证据5，本专利权利要求1具备新颖性。

证据6公开了一种断路器电动合闸装置（见其说明书第2页第2行至第3页第13行，附图1），该装置包括电气控制电路和机械操纵机构，电气控制电路与机械操纵机构相连。其中，机械操纵机构包括：电机2；丝杆6；丝杆6端部有轴承；丝杆上套有滑块5；丝杆6的外螺纹与滑块5的内螺纹配合；滑块5与闸刀的手柄相连；电机2和丝杆6固定在支架1上；上、下限位开关3和4固定在滑块5或闸刀形成两端的触碰处。

将权利要求1与证据6的电动操作机构进行对比可以看出，证据6没有公开权利要求1的“零序互感器、脱扣机构、漏电保护电路、盒体（1）内有内盖（7），将盒体内室分隔成上室与下室”等技术特征。因此，相对于证据6，本专利权利要求1具备新颖性。

由于本专利权利要求1具备新颖性，对其进一步限定的从属权利要求2也具备新颖性，因此权利要求1和2均具备专利法第二十二条第二款规定的新颖性。

三、决定

维持00237691.1号实用新型专利权有效。

当事人对本决定不服的，可以根据专利法第四十六条第二款的规定，自收到本决定之日起三个月内向北京市第一中级人民法院起诉。根据该款的规定，一方当事人起诉后，另一方当事人应当作为第三人参加诉讼。

015

多重散热片结构案

无效宣告请求审查决定（第7079号）

决　定　号　第7079号
决　定　日　2005年3月9日
发明创造名称　多重散热片结构
国际分类号　G06F 1/20
无效请求人　鸿富锦精密工业（深圳）有限公司
专利权人　鼎沛股份有限公司
专　利　号　00209935.7
申　请　日　2000年4月26日
授权公告日　2001年1月17日
合议组组长　于　萍
主　审　员　詹靖康
参　审　员　张美菊

法律依据　专利法二十二条第三款
决定要点

由于对比文件1、2中公开的散热片的组装结构及方式是与相应的散热片形状相适应的，而对比文件1、2中的散热片形状不同，故对比文件2中公开的散热片插接结构并不能直接用于对比文件1中的不同形状散热片的组装。在对比文件1和对比文件2的基础上要获得本专利权利要求1所述的技术方案尚需付出创造性劳动。

一、案由

本无效宣告请求涉及国家知识产权局专利局于2001年1月17日授权公告的、名称为“多重散热片结构”的实用新型专利（下称本专利），其申请日为2000年4月26日，申请号为00209935.7，专利权人为鼎沛股份有限公司。其授权公告的权利要求为：

“1. 一种多重散热片结构，其特征在于，该散热片由多个金属片组成，该金属片具有一本体，该本体两端形成有折边，该两折边上设有扣接机构，该金属片是利用扣接机构连续扣接堆叠形成一定体积的散热片结构。

2. 如权利要求1所述的多重散热片结构，其特征在于，该金属片是以导热性良好的材料制成。

3. 如权利要求1所述的多重散热片结构，其特征在于，该金属片呈‘ ┌┐ ’形。

4. 如权利要求1所述的多重散热片结构，其特征在于，该金属片的两折边呈平行状态。

5. 如权利要求1所述的多重散热片结构，其特征在于，该扣接机构包括扣接缺口及扣接点，该扣接缺口形成于该金属片两折边处，该扣接点形成于折边前缘，利用扣接缺口及扣接点相互扣接，使该金属片连续扣接堆叠形成散热片结构。

6. 如权利要求5所述的多重散热片结构，其特征在于，该扣接机构为正扣型，扣接点由折边金属片直接冲压凸出成型。

7. 如权利要求5所述的多重散热片结构，其特征在于，该扣接机构为反扣型，扣接点由折边金属片冲压反折成型。

8. 如权利要求5所述的多重散热片结构，其特征在于，该扣接机构的扣接点的形状为方形、圆形、三角形或多边形。

9. 如权利要求5所述的多重散热片结构，其特征在于，该扣接机构的扣接点数目可视散热片大小适度增减。

10. 如权利要求1所述的多重散热片结构，其特征在于，该散热片堆叠扣接形成有多重流道。

11. 如权利要求10所述的多重散热片结构，其特征在于，该流道是完全封闭的。

12. 如权利要求10所述的多重散热片结构，其特征在于，该金属片适度破孔，让流道相通。"

针对上述专利权，鸿富锦精密工业（深圳）有限公司（下称请求人）于2004年3月26日向专利复审委员会提出了无效宣告请求，其理由是本专利不符合专利法第二十二条第三款的规定。

请求人所提交的证据如下：

附件3：美国专利US5558155的说明书（下称对比文件1），公开日为1996年9月24日；

附件4：美国专利US2434676的说明书（下称对比文件2），公开日为1948年1月20日；

附件5：中国实用新型专利ZL99235641.5的说明书（下称对比文件3），授权公告日为2000年3月22日；

附件6：附件3、4部分中文译文。

请求人认为，权利要求1~11相对于对比文件1和对比文件2的结合不具备创造性，权利要求12相对于对比文件1~3的结合不具备创造性。

经形式审查合格，专利复审委员会受理了上述请求，并于2004年4月19日向双方当事人发出无效宣告请求受理通知书，并将无效宣告请求书及其附件的副本转送专利权人（下称被请求人）。

被请求人于2004年6月1日提交了修改后的权利要求书替换页及意见陈述书，其中认为修改后的权利要求相对于对比文件1~3具备创造性，并针对修改后的权利要求具体陈述了本专利具备创造性的理由。被请求人将原权利要求1与原权利要求5合并以形成修改后的独立权利要求1，并相应调整了其从属权利要求的引用关系。

请求人于2004年7月9日提交了意见陈述书，认为本专利授权公告的权利要求不符合专利法二十二条的规定。具体理由是，权利要求1~5、10、11相对于对比文件1不具备新颖性，权利要求6~9相对于对比文件1、2的结合不具备创造性，权利要求12相对于对比文件1、2、3的结合不具备创造性。

本案合议组于2004年12月3日向双方当事人发出口头审理通知书，定于2005年2月24日上午举行口头审理，同时将被请求人于2004年6月1日提交的意见陈述书和修改后的权利要求书替换页转送给请求人，将请求人于2004年7月9日提交的意见陈述书转送给被请求人。

针对请求人的第二次意见陈述，被请求人于2005年2月4日提交了修改后的权利要求书替换页及意见陈述书，将授权公告的权利要求1、3、4、5、7合并，删除权利要求6。被请求人认为修改后的权利要求1相对于对比文件1和2都具备新颖性。对比文件1和2与本专利权利要求1技术方案构思明显不同，导致它们实施的效果也有明显不同；本专利权利要求1的技术内容解决了对比文件1和2存在的缺陷，具备创造性。从属权利要求2~7也都具备新颖性和创造性。

修改后的权利要求是：

“1. 一种多重散热片结构，其特征在于，该散热片由多个金属片组成，该金属片具有一本体，该本体两端形成有呈平行状态的折边，使该金属片形成‘ ┌┐ ’形，该金属片两折边上设有扣接机构；该扣接机构包括扣接缺口及扣接点，该扣接缺口形成于该金属片两端折边处，该扣接点形成于折边前缘，该扣接点由折边金属片冲压反折成型，形成反扣型，利用扣接缺口及扣接点相互扣接，使该金属片连续扣接堆叠形成一定体积的散热片结构。

2. 如权利要求 1 所述的多重散热片结构，其特征在于，该金属片是以导热性良好的材料制成。

3. 如权利要求 1 所述的多重散热片结构，其特征在于，该扣接机构的扣接点的形状为方形、圆形、三角形或多边形。

4. 如权利要求 1 所述的多重散热片结构，其特征在于，该扣接机构的扣接点数目可视散热片大小适度增减。

5. 如权利要求 1 所述的多重散热片结构，其特征在于，该散热片堆叠扣接形成有多重流道。

6. 如权利要求 5 所述的多重散热片结构，其特征在于，该流道是完全封闭的。

7. 如权利要求 5 所述的多重散热片结构，其特征在于，该金属片适度破孔，让流道相通。”

请求人于 2005 年 2 月 23 日面取了被请求人于 2005 年 2 月 4 日提交的意见陈述书及权利要求书替换页。

口头审理如期举行，双方当事人均出席口头审理并各自陈述了意见，合议组收到请求人当庭提交的针对被请求人第二次修改后权利要求书的意见陈述书，并当庭将其转给被请求人。合议组明确本次口审以被请求人最后修改的权利要求作为审查文本，请求人确认放弃新颖性的无效理由，明确以本次提交的意见陈述作为最终的无效理由，口审后不再提交书面意见。

请求人认为本专利权利要求 1 ~ 6 相对于对比文件 1、2，权利要求 7 相对于对比文件 1 ~ 3 不具备专利法二十二条第三款规定的创造性。

被请求人对请求人提交的译文没有异议。

请求人在其当庭提交的意见陈述中认为，与对比文件 1 和对比文件 2 的组合相比，权利要求 1 不具备创造性。对比文件 1 的另一实施例公开了权利要求 1 的大部分特征，它与权利要求 1 之差距仅在于前者是利用凸扣与凹口使相邻散热片插接起来，而后者是利用扣接点与扣接缺口使相邻散热片扣接起来。对比文件 2 公开了利用扣接点和扣接缺口使相邻散热片扣接起来的特征，对比文件 2 的图 3 就是一个实例，其扣接点由折边金属片冲压反折成型，为反扣型；只需将这种扣接机构用到对比文件 1 的上述实施例中，以其中的扣接点和扣接孔代替该实施例中的插接凸扣 13f 和插接凹口 13d，就构成了一个与权利要求 1 完全相同的技术方案，对所属领域的技术人员来说是毫不困难的。权利要求2 ~ 6 的附加技术特征都被对比文件 1 或 2 所公开或者属于公知常识，都不具备创造性。权利要求 7 引用了权利要求 5，对比文件 3 公开了其附加技术特征，因本专利权利要求 7 相对于对比文件 1 ~ 3 不具备创造性。

针对请求人的无效理由，被请求人认为对比文件 2 中的反折与本专利中的反折不同，权利要求 1 对于对比文件 1、2 的结合来说具备创造性，其从属权利要求 2 ~ 7 也都具备创造性。

在上述工作的基础上，合议组认为双方当事人已经充分发表意见，本案事实清楚，可以作出本决定。

二、决定的理由

被请求人于 2005 年 2 月 4 日提交的修改后的权利要求书是在授权公告的权利要求的基础上将原权利要求 1、3、4、5、7 合并，删除权利要求 6 得到的；其修改符合审查指南第四部分第三章第 5. 4

节对权利要求书的修改的规定以及专利法实施细则第六十八条的规定，本无效宣告请求审查决定以被请求人于2005年2月4日提交的修改后的权利要求书为审查文本。

审查指南第四部分第三章第3.4节“当事人处置原则”中规定：“在无效宣告程序中，专利人针对请求人提出的无效宣告请求，主动缩小专利权保护范围的，则视为专利权人承认大于该保护范围的权利要求自始不符合专利法及其实施细则的有关规定，并且承认请求人对该权利要求的无效宣告请求，从而免去请求人对宣告该权利要求无效这一主张的举证责任。”

1. 关于证据

对比文件1、2、3均为专利文献，属于公开出版物，且其公开日都在本专利的申请日之前，其中公开的内容构成了本专利的已有技术，能够用于评价本专利的创造性。

2. 关于创造性

根据专利法第二十二条第三款的规定，创造性是指同申请日以前已有的技术相比，该发明有突出的实质性特点和显著的进步，该实用新型有实质性特点和进步。

请求人提出，根据对比文件1公开的“另一个实施例”，结合对比文件2图3所示实施例即可获得本专利权利要求1的技术方案，因而该权利要求1不具备创造性。

对比文件1涉及一种散热装置，结合该对比文件附图1~6及请求人提交的译文可知，该对比文件1公开了如下技术方案，并且请求人认为该方案是与本专利最接近的已有技术：散热片装置包括若干个平行安装在一金属底座上的散热鳍片，每一散热鳍片在指定角度设定有同向的上折边和下折边，在上下折边上沿折边弯折方向设有若干个凹口和凸扣，当散热鳍片平行装设在金属底座上时，一散热鳍片的凹口与另一散热鳍片的凸扣相互咬合。将对比文件1公开的上述方案与本专利权利要求1对比可知，它与权利要求1的差别在于前者是利用凸扣与凹口使相邻散热片插接起来，而后者是利用反扣型的扣接点与扣接缺口使相邻散热片扣接起来。本专利权利要求1与对比文件1公开的上述内容相比具有扣接牢固、组装便捷等效果。请求人认为，要解决这一技术问题，可以从对比文件2中得到启示。但合议组注意到，对比文件2图3所示的实施例公开的散热片每一片为“Z”形，组装时各个散热片之间逐片叠压，即后安装的一片的折边部分的一部分叠压在先前安装的一片的折边上，为了固定前后安装的两篇散热片，后一片位于折边前端的下折扣片26插入到前一片折边上的缺口28内并将扣接销27伸出扣接孔28所在的底边29以下。由于对比文件1中各散热片是并列的，且为“冂”形，其用两侧的扣接结构扣接，因而不能直接采用对比文件2中公开的用于“Z”形逐片叠压的在散热片一端固定的插接结构。可见，对比文件1、2无法结合以得到本专利权利要求1的技术方案，本专利权利要求1相对于对比文件1和对比文件2来说是具备创造性的。

此外，权利要求1中的散热片是利用扣接缺口及扣接点相互扣接，使该金属片连续扣接堆叠形成一定体积的散热片结构。由于“缺口形成于该金属片两端折边处，该扣接点形成于折边前缘”，根据说明书的解释可知本专利两金属片之间的扣接是沿垂直于本体的方向进行的，在扣接的过程中两折边会向外产生弹性变形，扣接到位后两折边恢复原形，两折边上反折的扣接点共同向内扣住本体，从而达到扣接的效果。对比文件2中的扣接部26是以接近平行于金属片本体20的角度插入扣接孔28（忽略组装好的整个散热片的弧度），用扣接销27伸出扣接孔28所在的底边29以下，以达到固定的目的。仅对对比文件2图2、图3中相邻的两片散热片进行分析，很容易想到若没有扣接销27，两散热片就只是插接在一起，它们在平行于主体的方向上是完全松动的。可见对比文件2的技术方案中起固定作用的是扣接销27。从以上差异可以看到，对比文件2中的散热片的扣接部结构、扣接原理都与权利要求1中的不同。可见，对比文件2没有公开权利要求1关于扣接机构的技术特征，即使将对比文件1、2相结合也无法得到权利要求1的技术方案。权利要求1相对于对比文件1、2来说进一步具有扣接牢固、组装便捷的效果，具备专利法二十二条第三款规定的创造性。

因权利要求1具备创造性，故其从属权利要求2~7都具备专利法二十二条第三款规定的创造性。

三、决定

在被请求人于2005年2月4日提交的权利要求书的基础上，维持00209935.7号实用新型专利权有效。

当事人对本决定不服的，可以根据专利法第四十六条第二款的规定，自收到本决定之日起三个月内向北京市第一中级人民法院起诉。根据该款的规定，一方当事人起诉后，另一方当事人应当作为第三人参加诉讼。

016

多功能节电器案

无效宣告请求审查决定（第7081号）

决　定　号　第7081号

决　定　日　2005年3月29日

发明创造名称　多功能节电器

国际分类号　H02M 5/12　H02J 3/18

无效请求人　张瑞棉

专利权人　黄景就

专　利　号　01258690.0

申　请　日　2001年12月17日

授权公告日　2002年12月11日

合议组组长　张　度

主　审　员　李韵美

参　审　员　张美菊

法律依据　专利法第二十二条第二款、第三款

决定要点

专利法所称的新颖性是指，在申请日以前没有同样的发明或者实用新型在国内外出版物上公开发表过、在国内公开使用过或者以其他方式为公众所知，也没有同样的发明或者实用新型由他人向国务院专利行政部门提出过申请并且记载在申请日以后（含申请日）公布的专利申请文件中；实用新型的创造性是指同申请日以前已有的技术相比，本实用新型具有实质性特点和进步。请求人提供的证据，不足以否定本专利的新颖性和创造性。

一、案由

本无效宣告请求涉及国家知识产权局专利局于2002年12月11日授权公告的、申请号为01258690.0、名称为“多功能节电器”的实用新型专利权（下称本专利），其申请日为2001年12月17日、专利权人为黄景就（下称被请求人）。授权公告的权利要求书为：

“1. 一种电力设备，尤其是多功能节电器，包括箱体及其内置于箱体中或安装在箱体外壁上的风扇、自耦变压器、输入（出）端口、时间继电器、电源总掣、电容补偿器等，其特征在于：输入端口依次通过线路连接电源总掣、电流取样显示器，电流取样显示器又分两路，一路经旁路接触器连接输出端口，另一路连接电流保护控制器，电流取样显示器与旁路接触器之间的线路接点连接在节电旁路控制器与自耦变压器的线路接点上，旁路接触器与输出端口的线路接点连接中间继电器，旁路接触器与输出端口的线路接点与中间继电器之间的接点连接节电接触器，节电旁路控制器连接温度控制器，温度控制器连接电流保护控制器，温度控制器内的温度继电器装在自耦变压器内，电流保护控制

器连接时间继电器，时间继电器又分三路分别连接节电接触器、旁路接触器、中间继电器，中间继电器连接电容补偿器，节电接触器连接由温度继电器设定值控制启动或停止的风扇，自耦变压器连接节电接触器。

2. 根据权利要求1所述的多功能节电器，其特征在于：电流取样显示器由置于箱体内部或外壁上的电压表、电流表、三相电流转换开关及箱体内的电流互感器组成。

3. 根据权利要求1所述的多功能节电器，其特征在于：电源总掣中设有过载及漏电保护装置。

4. 根据权利要求1所述的多功能节电器，其特征在于：自耦变压器内设置有温度继电器，分别通过设定参数的感应器件来控制温度控制器和风扇的运行或停止。

5. 根据权利要求1所述的多功能节电器，其特征在于：置于本节电器箱体内的电容补偿器及风扇电路中均安装有熔断器。”

针对上述专利权，张瑞棉（下称请求人）于2004年1月14日向专利复审委员会提出无效宣告请求，其理由是本专利不具备新颖性和创造性。具体理由为：（1）上述专利权相对附件1不具备新颖性和创造性；（2）附件1和5表明，在本案专利申请日之前，就已经公开销售了该产品，上述专利权不具备新颖性。

请求人于提出无效宣告请求的同时提交了附件1～6作为证据。

附件1：实用新型专利节电器ZL00228672.6的专利证书复印件和说明书复印件；

附件2：福光公司股东协议书复印件；

附件3：东莞市福光高科技节能有限公司营业执照复印件；

附件4：福光节电器安装客户一览表复印件以及客户安装节电器部分工程实例；

附件5：东莞市福光高科技节能有限公司合作解散协议复印件；

附件6：实用新型专利多功能节电器ZL01258690.0的专利证书复印件和说明书复印件（本专利）。

经形式审查合格，专利复审委员会受理了上述无效宣告请求，于2004年1月16日向双方当事人发出无效宣告请求受理通知书，并将无效宣告请求书及其附件的副本转给了被请求人。

被请求人于2004年2月16日针对上述无效宣告请求进行了答复，被请求人认为附件1与本案专利的电信号传递形成的连接关系完全不同，二者不具有可比性，附件1不能破坏本案专利的新颖性和创造性。具体理由如下：

1. 附件1与本案专利的共同的部分是都使用了现有技术加工生产的通用电子元器件、部件。并且，本案中没有使用附件1中采用的节能转换器和效率增加器。

2. 附件1与本案专利最大的区别在于连接方式的不同。（1）附件1的独立权利要求强调保护的是装在箱体内的扼流变压器以及装在箱体内底座上的节电器。未在权利要求中提及各元器件通过导线连接的连接关系。而作为引用且进一步限定独立权利要求的从属权利要求2中所提及底座上设有的效率增加器是独立权利要求1中没有提到的元器件。另外，附件1专利的电信号传递过程通过其说明书实施例可知……通过A1、A2、A3线路输入给MY1，经过L1U、L2V、L3W输入给效率增加器MC1，此时延时控制器开始工作，把初级电流通过节电转换器转换启动，电流流入效率增加器，这时效率增加器通电后由此直通负载U、V、W线路……（2）本案的独立权利要求所强调保护的不是装在箱体内的元器件，而是电信号传递所形成的连接关系，其电源分二路，一路经过交流接触器KM1和热继电器K给负载供电（此为旁路状态，当交流接触器KM1吸合时，则KM2断开）；另一路经自籍变压器输出后，经交流接触器KM2、热继电器K给负载供电（此为节电状态，KM2吸合，KM1断开），此时电力电容投入到线路中进行无功补偿。同时，本案专利还设有漏电保护、过流保护、过温保护、风扇自动冷却系统、节电器运行状态显示、电流、电压显示，这些都是附件1不具有的特征。因此，附件1与本案专利是完全不同的两种电路连接方式。

2004年10月19日，合议组向双方当事人发出口头审理通知书，定于2004年11月22日在广东省知识产权局进行口头审理。并将被请求人于2004年2月16日提交的意见陈述书转给了请求人。在口头审理中，请求人明确其无效理由为：本实用新型专利权利要求1、2相对于附件1不具备新颖性和创造性。此后，双方当事人就本专利是否符合新颖性和创造性的规定发表了意见。

2004年11月28日请求人提交了口头审理的书面意见陈述书，同时请求人还提交了10份附件：

1. 请求人陈述意见及各种证据资料清单；
2. 口头审理中针对专利002228672.6专利权人的陈述意见的书面意见；
3. 关于节电器专利侵权、呈诉；
4. 企业产品标准备案登记表复印件；
5. 广东省节电标志产品管理办公室节电证书复印件；
6. 广东省电力试验研究所出具的节电器检测报告复印件；
7. 东莞市产品质量监督检验所出具的测试结果报告复印件；
8. 广东省产品质量监督检验中心出具的检验报告复印件；
9. 广东省质量技术监督局发出的广东省企业产品标准备案通知复印件以及东莞市福兴高科技节能有限公司的多功能节电器的产品标准复印件；
10. 国家知识产权局专利局收费收据复印件。

根据专利法实施细则第六十六条的规定，上述请求人提交的附件1、3~10是无效宣告请求之日起一个月后提交的新证据，合议组不考虑。

在上述工作的基础上，合议组认为双方当事人均已充分发表意见，本案事实已清楚，可以作出本审查决定。

二、决定的理由

（一）关于出席口头审理的被请求人的身份

审查指南第四部分第四章第三节规定“当事人不能在指定日期出席口头审理的由其委托的专利代理人或者其他人代表出庭”。口头审理中，被请求人委托专利代理人持授权委托书出席口头审理是符合法律规定的。

（二）关于证据

附件1是在本案申请日之前公开的与本案技术领域相同的现有技术；附件2~5均没有公开与本专利有关的任何技术方案，不能用于评述本案的新颖性和创造性；附件6是本案专利的公开文本。

由于无效宣告请求的理由是本案专利不符合专利法第二十二条第二款、第三款规定的新颖性和创造性。因此请求人于提出无效宣告请求的同时提交的附件1~5中，仅附件1可以作为用于评价本案专利的新颖性和创造性的现有技术。

（三）关于新颖性

本案专利的权利要求1请求保护一种电力设备，尤其是多功能节电器，包括箱体及其内置于箱体中或安装在箱体外壁上的风扇、自耦变压器、输入（出）端口、时间继电器、电源总掣、电容补偿器等，并且以结构和连接关系的方式详细地说明了其具体的结构，其具体结构如下：输入端口依次通过线路连接电源总掣、电流取样显示器，电流取样显示器又分两路，一路经旁路接触器连接输出端口，另一路连接电流保护控制器，电流取样显示器与旁路接触器之间的线路接点连接在节电旁路控制器与自耦变压器的线路接点上，旁路接触器与输出端口的线路接点连接中间继电器，旁路接触器与输出端口的线路接点与中间继电器之间的接点连接节电接触器，节电旁路控制器连接温度控制器，温度控制器连接电流保护控制器，温度控制器内的温度继电器装在自耦变压器内，电流保护控制器连接时间继电器，时间继电器又分三路分别连接节电接触器、旁路接触器、中间继电器，中间继电器连接电容补偿器，节电接触器连接由温度继电器设定值控制启动或停止的风扇，自耦变压器连接节电接触器。根据说明书中的工作原理，在使用如权利要求1所述的节电器时，电源由输入端口输入到节电器，通过控制器可以控制节电器为节电状态和旁路状态两种状态。旁路状态时，电源经过总擎通过接触器后，经过输出端口与负载电路连接，从而以非节电的方式输出电压；为节电状态的时候，也就是控制器使时间继电器经过设定的延时后，旁路接触器断开，节电接触器闭合，此时电源经过自耦变压器组降压后，经过节电接触器至输出端口提供负载使用，同时由时间继电器控制的中间继电器动作，将电容补偿器投入，使负载得到适当降低了幅值且又进行了无功补偿后的高品质电源。

附件1公开的实用新型涉及一种节电器，该节电器包括：箱体1，风扇2，扼流变压器3，节电转换器4，底座5，延时控制器6，效率增加器7，接线座8，箱盖9，接线口10，负载11。在工作时，接入电源流经扼流变压器L1、L2、L3，经过A1、A2、A3输入到MY1，之后经过L1U、L2V、L3W输入到效率增加器mc1，效率增加器以不工作的方式导通负载U、V、W，待TL1延时一定的时间后，从MY1切换到MY2，从而接通效率增加器和扼流变压器次级B1、B2、B3以便提高效率。

经审查，合议组认为尽管附件1与本案专利的目的相同，都是为了节电，运行时都是使节电器处于两路状态，但是其采用的技术手段，也就是实施的技术方案存在如下差别：（1）本案专利的权利要求1所述的设备包括电源总擎、电容补偿器、电流取样显示器，附件1没有包括这些技术特征，并且权利要求1和附件1的技术方案中各个部件的连接方式也不同；（2）本案专利的权利要求1所述的是电流取样显示器又分两路，一路经旁路接触器连接输出端口，另一路连接电流保护控制器，在第一路经旁路接触器连接输出端口的回路中没有流经该装置的节电组成部分；而附件1的节电器是电源电流经过扼流变压器L1、L2、L3后形成回路，通过A1、A2、A3输入到MY1，再通过L1U、L2V、L3W输入到效率增加器mc1，效率增加器以不工作的方式导通负载U、V、W。由此可见，（1）附件1中电源没有通过一个总擎；（2）附件1中的电源没有通过旁路连接到负载，而是流经了效率增加器，只不过此时效率增加器处于非工作状态。

根据上述差别，合议组认为权利要求1相对附件1在结构和工作方式上不同，具备新颖性。由于本案权利要求1已经符合了专利法第二十二条第二款的规定，引用了权利要求1的权利要求2也符合专利法第二十二条第二款的规定。

（四）关于创造性

根据上述对权利要求1的新颖性的评述可知，权利要求1的技术方案与附件1的技术方案在结构和工作方式上均不同。本案专利的权利要求1的节电装置的工作原理是（参见说明书中的描述）：节电方式是置为节电状态后，由时间继电器经过设定的延时后，自动断开旁路接触器9，闭合节电接触器14，之后进行节电工作，而附件1在非节电方式下的延时装置也处于计时状态，是根据该延时装置的计时结果切换到节电状态的（参见说明书）。因而本领域的技术人员在附件1的基础上得到权利要求1的技术方案需要付出创造性的劳动，并且权利要求1的技术方案能够获得节电、降耗、改善供电品质、抑制线路中的高次谐波及瞬流等干扰的技术效果，因此权利要求1的技术方案具备创造性。由于本案权利要求1已经符合了专利法第二十二条第三款的规定，引用了权利要求1的权利要求2也符合专利法第二十二条第三款的规定。

三、决定

驳回无效宣告请求，维持第01258690.0号实用新型专利权有效。

一方当事人对本决定不服的，可以根据专利法第四十六条第二款的规定，在收到本决定之日起三个月内向北京市第一中级人民法院起诉。根据该款的规定，另一方当事人应作为第三人向北京市第一中级人民法院申请参加诉讼。

017

凹槽式反射条纹表面声波触摸屏案

无效宣告请求审查决定（第7108号）

决　定　号　第7108号
决　定　日　2005年4月27日
发明创造名称　凹槽式反射条纹表面声波触摸屏
国际分类号　G06F 3/147
无效请求人　广州益图电子设备有限公司
专利权人　成都吉锐触摸电脑有限公司
专　利　号　02222864.0
申　请　日　2002年6月7日
授权公告日　2003年4月23日
合议组组长　马志远
主　审　员　石　清
参　审　员　李韵美

法律依据　专利法第二十二条第二款、第三款
决定要点

如果对比文件公开了一项权利要求的全部技术特征，而且能够解决同样的技术问题并达到同样的技术效果，则该项权利要求不具备新颖性。

一、案由

本无效宣告请求涉及国家知识产权局专利局于2003年4月23日授权公告、申请号为02222864.0、名称为“凹槽式反射条纹表面声波触摸屏”的实用新型专利（下称本专利），其申请日是2002年6月7日，专利权人是成都吉锐触摸电脑有限公司（下称被请求人）。本专利授权公告的权利要求书如下：

“1. 一种由触摸屏、换能器、反射条纹构成的凹槽式反射条纹表面声波触摸屏，其特征在于：在表面声波触摸屏屏体1上有凹槽式反射条纹（2），凹槽式反射条纹（2）疏端与接收换能器（3）和发射换能器成90度角，密端无换能器。

2. 根据权利要求1所述的凹槽式反射条纹表面声波触摸屏，其特征在于：所述的凹槽式反射条纹（2）的断面形状分别为矩形、梯形和弧形。”

针对上述专利权，广州益图电子设备有限公司（下称请求人）于2004年11月8日向专利复审委员会提出无效宣告请求，并同时提交了如下附件：

附件1：CN86102275A，其公开日为1986年12月3日（下称对比文件）。

请求人的无效理由为：本专利权利要求技术方案与对比文件的发明专利所公开的技术方案完全相同，本专利不符合专利法第二十二条有关新颖性和创造性的规定。

经形式审查合格，专利复审委员会受理了上述无效宣告请求，并于2004年11月8日向双方当事人发出无效宣告请求受理通知书，将请求人的无效宣告请求书及其附件副本转送给被请求人。

针对上述无效宣告请求，被请求人于2004年12月16日提交了意见陈述书，其中指出请求人没有具体给出影响本专利新颖性和创造性的理由及分析。对比文件所公开的技术内容中没有给出“在表面声波触摸屏屏体上有凹槽式反射条纹，凹槽式反射条纹疏端与接收换能器和发射换能器成90度角，密端无换能器”这样的技术内容和技术特征，类似相同的技术启示也没有给出；本专利目的是“公开了一种能够保障反射条纹不被擦伤而影响使用质量的凹槽式反射条纹表面声波触摸屏”。为此目的本专利所采用的技术方案是明确的，这与对比文件的发明目的和技术方案完全不同。因此，本专利与对比文件相比具备创造性。

本案合议组于2005年3月10日向双方当事人发出口头审理通知书，定于2005年4月22日进行口头审理，并随口头审理通知书将被请求人的上述意见陈述书转给请求人。

口头审理于2005年4月22日如期举行。请求人单方出席了口头审理。在口头审理中，请求人明确无效理由为本专利权利要求1不符合专利法第二十二条第二款关于新颖性的规定；权利要求2不符合专利法第二十二条第三款有关创造性的规定。

在上述工作的基础上，合议组认为本案事实已经清楚，可以作出审查决定。

二、决定的理由

1. 关于现有技术

请求人提交的对比文件是公开日在本专利的申请日之前的专利文献，可以用作评价本专利新颖性和创造性的现有技术。

2. 关于专利法第二十二条第二款

本专利涉及一种凹槽式反射条纹表面声波触摸屏，其权利要求1包括如下技术特征：

（1）由触摸屏、换能器、反射条纹构成的凹槽式反射条纹表面声波触摸屏；

（2）在表面声波触摸屏屏体1上有凹槽式反射条纹（2）；

（3）凹槽式反射条纹（2）疏端与接收换能器（3）和发射换能器成90度角，密端无换能器。

对比文件公开了一种接触板系统（参见对比文件的权利要求1、2、10、11、13，说明书附图2及相关说明），该接触板系统包括具有接触面的基底，以及对于在所述接触面上的接触有响应的装置，该装置包括用于发射和接收在所述表面上的声表面波并对所述表面上的接触产生响应的声表面波换能器，接触面上具有反射装置，其包括半波长间距的开槽阵列；随着逐渐远离所述的输入换能器装置，反射装置的反射率增加，以便至少部分地补偿波幅度随着波路径长度的增加而引起的衰减，在逐渐远离所述的输入换能器装置的方向上，以逐渐减小的比例取消某些选出的阵列单元，以实现所述的增加反射率，另外，从说明书附图2可以看到反射装置的开槽阵列的延伸方向与换能器成90度角，且换能器位于反射装置开槽阵列的疏端，密端无换能器。

比较权利要求1与对比文件可知，对比文件包括接触面基底、换能器、具有开槽阵列的反射装置的接触板系统与权利要求1包括触摸屏、换能器和反射条纹的凹槽式反射条纹表面声波接触屏对应，其明确公开了权利要求1的特征（1）和特征（2）；而对比文件说明书附图2公开了权利要求1的特征（3），同时根据对比文件关于在远离换能器装置的方向上以逐渐减小的比例取消某些阵列单元的文字记载，也可以得到越是远离换能器则被取消的槽越少因而槽密度越大，即权利要求1特征（3）中记载的换能器位于开槽阵列的疏端的特征。

如上所述，对比文件公开了权利要求1的全部技术特征。尽管对比文件并未述及本专利说明书所记载的采用反射条纹凹槽低于触摸区可克服凸起的反射条纹容易损伤的缺点以及反射条纹凹槽加工容易的内容，但在同样采用开槽结构的情况下对比文件的反射装置显然同样能取得不易损伤的效果，而且从对比文件说明书第 34 页最后一行关于用网印式腐蚀方法开槽的描述也可以看到，对比文件的反射装置同样是容易制造的，即对比文件同样解决了本专利所针对的问题并实现了相同的技术效果。

因此，本专利权利要求 1 与对比文件相比不具备新颖性，不符合专利法第二十二条第二款的规定。

3. 关于专利法第二十二条第三款

权利要求 2 将凹槽式反射条纹的断面形状具体限定为矩形、梯形和弧形。

然而，从本专利说明书中记载的内容，看不出由于对凹槽式反射条纹的断面形状的选择所带来的技术效果，另一方面，矩形、梯形和弧形是常见的凹槽断面形状，本领域技术人员也不难想到将其作为开槽断面形状。因此，在权利要求 1 不具备新颖性的情况下，权利要求 2 不具备创造性，不符合专利法第二十二条第三款的规定。

4. 综上所述，请求人关于本专利不符合专利法第二十二条第二款、第三款的无效宣告请求理由成立。

三、决定

宣告 02222864.0 号实用新型专利权全部无效。

当事人对本决定不服的，可以根据专利法第四十六条第二款的规定，自收到本决定之日起三个月内向北京市第一中级人民法院起诉。根据该款的规定，一方当事人起诉后，另一方当事人应当作为第三人参加诉讼。

018

印刷电路板成型机上下料机构案

无效宣告请求审查决定（第7111号）

决　定　号　第7111号
决　定　日　2005年4月5日
发明创造名称　印刷电路板成型机上下料机构
国 际 分 类 号　H05K 3/00
无 效 请 求 人　恩德科技股份有限公司
专　利　权　人　大量工业股份有限公司
专　利　号　98208465. X
申　请　日　1998年4月1日
授 权 公 告 日　1999年8月25日
合 议 组 组 长　于　萍
主　审　员　詹靖康
参　审　员　熊　婷

法 律 依 据　专利法二十二条第三款
决 定 要 点

根据专利法第二十二条第三款的规定，实用新型的创造性是指，同申请日前的已有技术相比，该实用新型有实质性特点和进步。其中所要求的“进步”并不意味着实用新型专利在任何方面与已有技术相比都有所进步。如果专利所要求保护的技术方案与对比文件所公开的技术方案存在区别，且这些区别给这两个技术方案分别带来不同的技术效果和特点，则本专利技术方案相对于作为已有技术的对比文件的技术方案来说存在着实质性特点和技术效果上的进步，因而具备创造性。

一、案由

本无效宣告请求涉及国家知识产权局专利局于1999年8月25日授权公告的、名称为“印刷电路板成型机上下料机构”的98208465. X号实用新型专利（下称本专利），其申请日为1998年4月1日，专利权人为大量工业股份有限公司。其授权公告的权利要求为：

“1. 一种印刷电路板成型机上下料机构，其特征在于，主要包括有：床台，其上固设有真空吸盘及压缸；真空吸盘，设有压缸顶出槽及模板定位孔，其上设置活动模板；活动模板，下端与真空吸盘模板定位孔之相对位置上设有模板定位梢，端面上设有与下料机之顶出梢位置相对应之顶出梢孔，上端依欲加工印刷电路板之定位孔位置相对位置设置印刷电路板定位梢，其上则设置脱料板；脱料板，依欲加工印刷电路板之定位孔位置相对位置设印刷电路板定位孔，且该印刷电路板定位孔之孔径较欲加工印刷电路板之定位孔孔径稍大；下料机，包括有设于机架下方之顶出压缸及导柱，上端则设有顶出梢，其两侧设有下料机定位孔，该下料机定位孔设置位置相对于活动模板下端之模板定位梢，以设置活动模板，其上方另设有压制压缸，该压制压缸前端并连接一橡皮质压块；由前述诸元件之构成，将欲加工之印刷电路板压入活动模板上，再放入成型机上床台加工位置，开动真空吸盘将活动模板固定并加工，待印刷电路板加工完毕，真空吸盘释放活动模板，压缸顶出使活动模板连同其上之已加工完毕印刷电路板与真空吸盘分离，再置入下料机上，使活动模板固定于下料机构架上，压制压缸动作，使压块压住活动模板，顶出压缸作动上顶，将顶出梢上顶，将脱料板与活动模板分离，将加工完成之印刷电路板分离下料完成。

2. 根据权利要求1所述的一种印刷电路板成型机上下料机构，其特征在于，其中待加工之印刷电路板与脱料板间可置入隔离纸板，该隔离纸板上具欲加工印刷电路板之定位孔位置相对位置钻设印刷电路板定位孔，且该印刷电路板定位孔之孔径较欲加工印刷电路板之定位孔孔径稍大。”

针对上述专利权，恩德科技股份有限公司（下称请求人）于2004年3月17日向专利复审委员会提出了无效宣告请求，其理由是本专利的权利要求1和权利要求2都不符合专利法第二十二条第三款的规定。请求人认为，对比文件1与权利要求1实质上的结构型式相同，操作方法相同，本专利是将对比文件1所描述的大装置拆分成两个小装置，不但没有进步，反而有所倒退；权利要求2的附加技术特征是非必要部件，在加工领域如本专利的隔离板是极为普通和常见的。请求人所提交的证据如下：

附件1：本专利授权公告的说明书复印件；

附件2：日本专利公开号特开平10－51152的公开文本首页、第2页、第9页（下称对比文件1），公开日为1998年2月20日；

附件3：附件2的部分中文译文。

经形式审查合格，专利复审委员会受理了上述请求，并于2004年4月15日向双方当事人发出无效宣告请求受理通知书，并将无效宣告请求书及其附件的副本转送专利权人（下称被请求人）。

被请求人于2004年5月21日向专利复审委员会提交了意见陈述书，认为权利要求1和权利要求2相对于对比文件1具备创造性。被请求人认为，请求人把本专利权利要求1的技术特征简化成10个部件不符合事实；该请求书将对比文件“相同功能部件”作出概括，并据此得出两者事实上结构形式相同的结论是不符合事实的；本专利权利要求和对比文件1对比起来，两者的结构、用途和产生的技术效果不同；对比文件1未公开本专利权利要求2的附加技术特征。被请求人还指出，本专利权利要求书存在四处笔误，权利要求1第7行右端和第8行左部的“印刷电路板定位孔”应为“脱料板滑动孔”；权利要求2倒数第2行右端和中右部的“印刷电路板定位孔”应为“隔离纸板滑动孔”。

本案合议组于2004年12月21日向双方当事人发出口头审理通知书，定于2005年3月1日上午举行口头审理，同时将被请求人于2004年5月21日提交的意见陈述书转送给请求人。

合议组于2005年2月3日收到请求人当天提交的意见陈述书及附件。请求人认为，本专利权利要求1和权利要求2均不具备创造性；本专利与对比文件1的分类均属于印刷电路板制造领域；从对比文件1这些部件的特征、用途及产生的功能来看，无一不是对应本专利的结构特征及其使用目的，都是在做一种印刷电路板的堆栈加工用途，对比文件1的部件与本专利的相对部件的名称或有不同，但就其组合形态、用途及功能都是相同的；对比文件1［0036］项中提到一个隔离板303，其功能是作为一印刷电路板薄片302堆栈群组和另一堆栈群组间的隔离板，由此可见本专利权利要求2所请求的隔离纸板8也早已公开于对比文件1中。附件如下（编号续前）：

附件4：日本专利公开号特开平10－51152的公开文本第3~8页，公开日为1998年2月20日；

附件5：日本专利公开号特开平10－51152的公开文本第8页的部分中文译文；

附件6：日本专利公开号特开平10－51152的公开文本第6~7页的部分中文译文。

本案合议组因故更改本案口审日期，于2005年2月25日向双方当事人再次发出了口头审理通知书，定于2005年3月17日上午举行口头审理。被请求人于2005年2月25日面取了口头审理通知书以及请求人于2005年2月3日提交的意见陈述书及其附件的副本。

口头审理如期举行，双方当事人均出席口头审理并各自陈述了意见。合议组向双方当事人解释了专利法实施细则六十八条有关无效宣告程序中专利文件的修改的规定，明确告知双方当事人在无效宣告请求审理程序中，对权利要求书中的明显笔误的修改是不允许的，因此本次口审以授权文本作为审查文本。双方当事人对合议组成员没有回避请求。双方当事人对对方出庭人员的身份没有异议。请求人明确其无效理由是权利要求1、2相对于对比文件1（JP特开平10－51152）不具备创造性。对比文件1的译文以2004年3月30日和2005年2月3日提交的两部分译文为准。被请求人对对比文件1的真实性和中文译文的准确性没有异议。被请求人认为本专利权利要求1的下述特征在对比文件1中没有公开：压缸6、模板定位梢31、压制压缸55、橡皮质压块56；请求人对此没有异议。被请求人认为上料机构和下料机构分开设置可以使不同工位的加工同时进行，提高机器利用率。请求人认为在自动化程度高的生产线中，本专利的设置反而降低了效率。

在上述工作的基础上，合议组认为双方当事人已经充分发表意见，本案事实清楚，可以作出本决定。

二、决定的理由

1. 关于证据

对比文件1为专利文献，属于公开出版物，且其公开日在本专利的申请日之前，并且被请求人对对比文件1的真实性和中文译文的准确性无异议，因此对比文件1公开的内容构成了本专利的已有技术，能够用于评价本专利的创造性。

2. 关于授权文本中存在的笔误

被请求人指出本专利的权利要求书中存在四处笔误：权利要求1第7行右端和第8行左部的“印刷电路板定位孔”应为“脱料板滑动孔”；权利要求2倒数第2行右端和中右部的“印刷电路板定位孔”应为“隔离纸板滑动孔”。权利要求1此处的原文为“脱料板，依欲加工印刷电路板之定位孔位置相对位置设印刷电路板定位孔，且该印刷电路板定位孔之孔径较欲加工印刷电路板之定位孔孔径稍大”，以上描述明显不符合逻辑。鉴于权利要求1该部分是对“脱料板”的限定，同时结合说明书及附图的描述，可显然得出上述两处的“印刷电路板定位孔”应为脱料板上的“脱料板滑动孔”。说明书第3页第1行~第3行有相关说明：“该脱料板上依欲加工印刷电路板7之印刷电路板定位孔70位置相对位置设脱料板滑动孔40，且脱料板滑动孔40之孔径较欲加工印刷电路板7之印刷电路板定位孔70孔径稍大”；从附图5中也可以看到相关特征。权利要求2此处的原文为“该隔离纸板上具欲加工印刷电路板之定位孔位置相对位置钻设印刷电路板定位孔，且该印刷电路板定位孔之孔径较欲加工印刷电路板之定位孔孔径稍大”，以上描述同样明显不符合逻辑。鉴于权利要求2该部分是对“隔离纸板”的进一步限定，同时结合说明书及附图的描述，可显然得出上述两处的“印刷电路板定位孔”应为“隔离纸板滑动孔”。说明书第3页第4行~第7行有相关说明：“该隔离纸板8上亦具欲加工印刷电路板7之印刷电路板定位孔70位置相对位置钻设隔离纸板滑动孔80，且隔离纸板滑动孔80之孔径较欲加工印刷电路板之定位孔70孔径稍大”；从附图5中也可以看到相关特征。

从以上分析可以看出，授权文本的权利要求中四处笔误是明显客观存在的，笔误之处是本领域技术人员根据说明书和附图可以得出清楚的解释的，并不影响对权利要求的理解，请求人对此表示了认可。本次口审仍以授权文本作为审查文本。

3. 关于创造性

根据专利法第二十二条第三款的规定，创造性是指同申请日以前已有的技术相比，该发明有突出的实质性特点和显著的进步，该实用新型有实质性特点和进步。

请求人提出，本专利与对比文件1所公开的将可挠性薄片堆栈于定位梢上的方法及装置相比，实质结构是相同的，只是将对比文件1所描述的大装置拆成两个小装置。所属技术领域的普通技术人员在对比文件1的基础上无需任何创造性的劳动即可想到本专利，因而该权利要求1不具备创造性。

对比文件1涉及一种将可挠性薄片堆栈于定位梢上的方法及装置，根据附件3的描述，它具有一堆栈固定器120，系具有一定位梢122，以及一可沿该定位梢移动之堆栈板124；一构造体114、140、148，系可将堆栈板124定位于定位梢之自由端附近；一离合器112，系可将前述堆栈板124以摩擦式之方式加以支持；一头体130，系可将自我整合于定位梢上之薄片于定位梢122上加以加压，而将堆栈板124沿着定位梢122对抗着堆栈板之摩擦支持力以再定位者。将对比文件1公开的上述方案与本专利权利要求1对比可知，其区别在于对比文件1没有公开权利要求1中的压缸6、模板定位梢31、压制压缸55、橡皮质压块56。依据上述区别可知，对比文件1公开的是一个整体装置，而权利要求1的技术方案中的机构则分成两个分离的装置：床台和下料机。对比文件1中没有将一体的装置拆分为两部分的启示。

本专利的这种拆分的设置可以使不同工位的加工同时进行，床台和下料机同时使用；对比文件1中的装置则是上料步骤执行后要等待加工和下料步骤都完成，才能对下一批材料进行加工，可见，本专利的这种结构设置提高了机器利用率。

请求人认为，将对比文件1所描述的大装置拆成两个小装置，不但没有任何进步反而有所退步，在自动化程度高的生产线中，本专利的此种设置降低了效率。

合议组认为，虽然权利要求1的技术方案在自动化率和效率方面可能低于对比文件1的技术方案，但是在机器利用率上明显高于对比文件1的技术方案。专利法二十二条第三款创造性所要求的"有进步"并不意味着实用新型专利在任何方面与已有的技术相比都有所进步，对于发明创造来说，在一个方面取得进步，有时不得不在另外一些方面作出牺牲，这是十分常见的事情，不能仅因为本专利所要求保护的技术方案在某一方面不如现有技术优越而否定其创造性。故权利要求1相对于对比文件1具有实质性特点和进步，具备专利法二十二条第三款规定的创造性。

从属权利要求2是对权利要求1的进一步限定，在权利要求1具备创造性的前提下，从属权利要求2也具备专利法第二十二条第三款规定的创造性。

三、决定

维持98208465. X号实用新型专利权全部有效。

当事人对本决定不服的，可以根据专利法第四十六条第二款的规定，自收到本决定之日起三个月内向北京市第一中级人民法院起诉。根据该款的规定，一方当事人起诉后，另一方当事人应当作为第三人参加诉讼。

019

一种计算器附属结构案

无效宣告请求审查决定（第7150号）

决　　定　　号　第7150号
决　　定　　日　2005年4月17日
发明创造名称　一种计算器附属结构
国际分类号　G06F 1/16
无效请求人　徐华文
专利权人　李国威
专　　利　　号　02207944.0
申　　请　　日　2002年3月21日
授权公告日　2002年12月18日
合议组组长　石　清
主　　审　　员　孙治国
参　　审　　员　樊晓东

法　律　依　据　专利法第二十二条第三款
决　定　要　点

在将计算器和中空壳体连接在一起的附属结构中，计算器与中空壳体连接后，仍旧以各自常规的方式工作，二者仅仅是进行了简单的叠加，并没有取得新的技术效果，也就不能认为二者的结合在功能上存在相互作用关系，不属于专利法意义上的组合发明。

一、案由

本无效宣告请求案涉及国家知识产权局专利局2002年12月18日授权公告的02207944.0号实用新型专利（下称为本专利），其名称为“一种计算器附属结构”，申请日为2002年3月21日，专利权人为李国威（下称被请求人）。

本专利授权公告的权利要求书内容如下：

“1. 一种计算器附属结构，其特征在于，在计算器或者同类产品基座上，设有一框口或者立柱，一中空壳体嵌在框口内或者卡在立柱上。

2. 如权利要求1所述的计算器附属结构，其特征在于，所述框口向下凹入基座。

3. 如权利要求1所述的计算器附属结构，其特征在于，所述立柱上设计有卡槽。

4. 如权利要求1或4所述的计算器附属结构，其特征在于，所述中空壳体内装有液体漂浮物。

5. 如权利要求1或2所述的计算器附属结构，其特征在于，所述的框口的深度可为上下贯通于计算器的基座面或者只有半潜入计算器的基座面。

6. 如权利要求1所述的计算器附属结构，其特征在于，所述的中空壳体，其外观壳体整体配合计算器外观轮廓曲线上的形状，其底部与框口的大小尺寸与形状匹配，嵌入于框口中。

7. 如权利要求 1 所述的计算器附属结构，其特征在于，所述同类产品包括计时器、电话机等。”

针对上述实用新型专利权，徐华文（下称请求人）于 2004 年 7 月 23 日向专利复审委员会提出无效宣告请求，其无效理由为本专利不符合专利法第二十二条第三款有关创造性的规定，所提交的证据材料为：

附件 1：ZL00238710.7 号中国实用新型专利公告文本，授权公告日为 2001 年 5 月 9 日；

附件 2：ZL93211729.5 号中国实用新型专利公告文本，授权公告日为 1994 年 1 月 19 日；

附件 3：ZL02207944.0 号中国实用新型专利公告文本（即本专利）。

经形式审查合格后，专利复审委员会受理了上述无效宣告请求，于 2004 年 8 月 16 日向双方当事人发出了无效宣告请求受理通知书，并将请求人的无效宣告请求书及其附件清单中所列附件副本转寄被请求人。

请求人于 2004 年 8 月 9 日提交了意见陈述书及以下补充证据材料：

附件 4：美国专利 US4472606 公开文本，公开日为 1984 年 9 月 18 日；

附件 5：附件 4 的部分中文译文。

本案合议组于 2005 年 1 月 18 日向双方当事人发出口头审理通知书，定于 2005 年 2 月 25 日进行口头审理，并且随口头审理通知书将请求人于 2004 年 8 月 9 日提交的意见陈述书及所附补充证据材料转送被请求人。

双方当事人的代理人参加了于 2005 年 2 月 25 日举行的口头审理。双方当事人对合议组成员无回避请求，对对方出庭人员的身份没有异议。被请求人对附件 1、2、4 的真实性没有异议，对附件 5 作为附件 4 的中文译文的准确性没有异议。被请求人当庭提交修改后的权利要求书，合议组将其当庭转给请求人，请求人对修改后的权利要求书没有异议，经审查后合议组认为所述修改后的权利要求1 ~6 符合专利法、专利法实施细则和审查指南的有关规定，口头审理以修改后的权利要求 1 ~6 以及授权公告文本中的说明书和说明书附图、说明书摘要、摘要附图为基础。

被请求人修改后的权利要求书内容如下：

“1. 一种计算器附属结构，其特征在于，在计算器基座上，设有一框口或者立柱，一中空壳体嵌在框口内或者卡在立柱上。

2. 如权利要求 1 所述的计算器附属结构，其特征在于，所述框口向下凹入基座。

3. 如权利要求 1 所述的计算器附属结构，其特征在于，所述立柱上设计有卡槽。

4. 如权利要求 1 所述的计算器附属结构，其特征在于，所述中空壳体内装有液体漂浮物。

5. 如权利要求 1 或 2 所述的计算器附属结构，其特征在于，所述的框口的深度可为上下贯通于计算器的基座面或者只有半潜入计算器的基座面。

6. 如权利要求 1 所述的计算器附属结构，其特征在于，所述的中空壳体，其外观壳体整体配合计算器外观轮廓曲线上的形状，其底部与框口的大小尺寸与形状匹配，嵌入于框口中。”

在口头审理中，请求人明确其所提出的无效理由为修改后的权利要求 1 ~6 不符合专利法第二十二条第三款的规定，并且以附件 2 作为最接近的对比文件，结合公知常识评述修改后的权利要求 1 ~6 的创造性；以附件 1、4 作为佐证。在口头审理中双方当事人还就本案的焦点问题进行了辩论。请求人明确以其口审时的意见为准。请求人认为附件 2 附图 3 公开了中空壳体嵌在框口内这一技术特征，本专利权利要求 1 与附件 2 的区别只是中空壳体卡在立柱上这一技术特征。但请求人认为，中空壳体卡在立柱上这一技术特征属于惯用的技术手段。被请求人认为，计算器的附属结构不是脱离计算器而存在的，而附件 2 只公开了钟表的壳体，与计算器无关。请求人则认为本专利是在现有技术的基础上所进行的简单拼凑，不具备创造性。被请求人认为本专利是组合发明，该组合不能够从现有技术中得到启发；根据组合发明判断标准，本专利产生新的技术效果，即增加美感、使计算器具有改变外形的“换壳”功能、减少产品库存、降低了废品率、提高了生产效率；附件2并未公开在计算器基座上的框口或者立柱，也未公开在该框口或立柱上的中空壳体。在请求人所提交的所有证据中，都不存在关于“在计算器基座上，设有一框口或者立柱”这一技术特征的技术启发或技术教导。该技术特征对本领域技术人员来说非显而易见，因此本专利权利要求1及其从属权利要求均具备创造性。

口头审理结束后，被请求人于2005年3月4日提交了意见陈述书，作为被请求人当庭口头陈述意见的总结以及补充意见，其中除重申了独立权利要求1具备创造性的理由外，特别强调了权利要求4在计算器设计中引入了“液体”要素，克服了这一领域的某些技术偏见。

在上述审查工作的基础上，合议组经研究后认为本案事实已经清楚，可以作出审查决定。

二、决定的理由

1. 文本认定

由于被请求人在口审当日（2005年2月25日）对其权利要求书作出修改，其中涉及删除权利要求1中由“或者同类产品”限定的并列可选择的技术方案，删除原权利要求7，删除权利要求4中限定并列选择方案且明显错误的“或4”。经审查后合议组认为这种修改符合专利法、专利法实施细则和审查指南的有关规定，合议组以被请求人于2005年2月25日提交的权利要求1~6以及授权公告文本中的说明书和说明书附图、说明书摘要、摘要附图作为本无效宣告请求审查决定所针对的文本。

2. 关于请求人提交的证据材料

在请求人所提交的除本专利之外的证据材料中，附件1、2、4为本专利申请日（2002年3月21日）之前公开的专利文献，属于本专利的已有技术范围，可以用来评述本专利的创造性。

为了便于评述，下面将请求人指定的与本专利最接近的已有技术附件2称为对比文件1。

3. 关于创造性

专利法第二十二条第三款规定的实用新型的创造性是指，同申请日以前已有的技术相比，实用新型有实质性特点和进步。

本专利的目的是提供一种计算器附属结构，能令计算器除了具有其原有的计算器功能外，尚能令其基座也能转变成一种液体摆饰器，而增加摆饰上的美感性，以提高其产品的附加价值。

本专利权利要求1包括两个并列选择的技术方案，分别是：（1）一种计算器附属结构，其特征在于，在计算器基座上，设有一框口，一中空壳体嵌在框口内。（2）一种计算器附属结构，其特征在于，在计算器基座上，设有一立柱，一中空壳体卡在立柱上。

对比文件1涉及动态液体钟，由其说明书第2页第7~12行和附图2、3中可以看出，在座钟3的上表面与其中置入了液体摆饰组2的透明罩壳1的下空间相衔接处有一框口，透明罩壳1为一组透明且不限造型的容器构体，以一片薄片状透明层板11将其内部区隔成互不相通的上空间12与下空间13，而可于上空间12中置入液体摆饰组2、下空间12中置入座钟3。该框口对应于本专利权利要求1中技术方案（1）的框口，该透明罩壳1对应于本专利权利要求1中技术方案（1）的中空壳体。

由此可见，本专利权利要求1的技术方案（1）与对比文件1的区别仅在于，将所述框口用于计算器基座而不是用于座钟。而能否从对比文件1所公开的框口与座钟的连接显而易见地得到本专利权利要求1技术方案（1）中所记载的框口与计算器的连接也正是双方当事人在口审时争议的焦点。

被请求人认为本专利是组合发明，根据组合发明判断标准，本专利产生新的技术效果，具备创造性。合议组认为，根据审查指南第二部分第四章第4.2节的规定，组合发明是指将某些技术方案进行组合，构成一项新的技术解决方案，以解决现有技术客观存在的技术问题。如果发明仅是某些公知产品或者方法联结在一起，各自仍以常规的方式工作，而且总的技术效果是各组合部分效果之总和，各组合的技术特征无功能上相互作用关系，仅仅是一种简单的叠加，或称为“拼凑”，这种拼凑的发明不具备创造性。具体到本案，本专利权利要求1提供了一个将计算器和中空壳体连接在一起的附属结构，计算器与中空壳体连接后，仍旧以各自常规的方式工作，二者仅仅是进行了简单的叠加，并没有取得新的技术效果，也就不能认为二者的结合在功能上存在相互作用关系，被请求人的上述理由不能成立。由于本专利权利要求1的技术方案（1）所记载的计算器与中空壳体之间所采用的框口连接方式已经被对比文件1公开，而所结合的两产品，即计算器与中空壳体，又仅仅属于一种简单的叠加，没有带来任何新的技术效果，因此本专利权利要求1的技术方案（1）不具备创造性。

本专利权利要求1的技术方案（2）与对比文件1的区别除“将框口用于计算器基座而不是用于座钟”之外，还有本专利权利要求1的技术方案（2）采用的是“立柱”而不是“框口”的连接结构，但采用立柱方式而进行构件间的连接是一种常见的机械连接方式，因此这一区别不足以使本专利权利要求1的技术方案（2）具备创造性。

综上所述，本专利权利要求1的技术方案（1）、（2）相对于对比文件1均不具有实质性特点和进步，不符合专利法第二十二条第三款有关创造性的规定。被请求人辩称本专利增加了计算器的美感，使产品在生产组装作业上较不会有库存问题发生。但是被请求人的上述理由并没有说明本专利所采用的技术手段解决了技术问题，取得了技术效果，不能说明本专利相对于现有技术具备创造性。因此，合议组认为被请求人的上述理由不能成立。

本专利权利要求2的附加技术特征“所述框口向下凹入基座”已经在对比文件1说明书附图2、3中公开：在座钟3的上表面与透明罩壳1的下空间相衔接处有一框口，该框口对应于为本专利权利要求1中的框口。因此在独立权利要求1不具备创造性的情况下，从属权利要求2也不具备创造性。

本专利权利要求3的附加技术特征“所述立柱上设计有卡槽”是将两个构件彼此固定的惯用技术手段，而且由此产生的技术效果也是可以预期的，因此从属权利要求3在其所引用的权利要求1不具备创造性的情况下，从属权利要求3也不具备创造性。

本专利权利要求4的附加技术特征是“所述中空壳体内装有液体漂浮物”，对比文件1中公开了如下技术特征（见对比文件1说明书第2页第7～12行、说明书附图3），本实用新型提供了一种动态液体钟，其包括透明罩壳1、液体摆饰组2及座钟3等，其中，透明罩壳1为一组透明且不限造型的容器构体，以一片薄片状透明层板11将其内部区隔成互不相通的上空间12与下空间13，而可于上空间12中置入液体摆饰组2、下空间12中置入座钟3；液体摆饰组2由液体21、浮游物22及带磁物23等所构成。其中，透明罩壳1对应于本专利权利要求4中的中空壳体，液体摆饰组2对应于本专利权利要求4中的液体漂浮物。可见，对比文件1已经公开了本专利权利要求4的附加技术特征。被请求人声称权利要求4中将“液体”引入计算器克服了这一领域的某些技术偏见，然而这一论点无任何证据支持，合议组不予采信。因此从属权利要求4在其所引用的权利要求1不具备创造性的情况下，从属权利要求4也不具备创造性。

本专利权利要求5的附加技术特征是“所述的框口的深度可为上下贯通于计算器的基座面或者只有半潜入计算器的基座面”，从对比文件1附图3可以看出框口是半潜入基座的，而对比文件1虽然并没有公开“上下贯通于计算器的基座面”，但是合议组认为该技术特征是机械构件连接中惯用的技术手段，而且由此产生的技术效果也是可以预期的。因此，在权利要求5所引用的权利要求1或2不具备创造性的情况下，从属权利要求5也不具备创造性。

本专利权利要求6的附加技术特征“所述的中空壳体，其外观壳体整体配合计算器外观轮廓曲线上的形状，其底部与框口的大小尺寸与形状匹配，嵌入于框口中。”限定的是将两构件进行机械结合的惯用技术手段，只有底部与框口的大小尺寸与形状相匹配，才能实现二者的牢固连接，因此由该技术特征所产生的技术效果是可以预期的。至于中空壳体与计算器外观轮廓曲线的配合，看不出其产生了任何技术上的效果，况且就产品的外观而言，各部分之间应相互匹配也是公知的常识。因此从属权利要求6在其所引用的权利要求1不具备创造性的情况下，从属权利要求6也不具备创造性。

综上所述，本专利权利要求1~6不具备专利法第二十二条第三款所规定的创造性，请求人无效宣告请求的理由成立。

三、决定

宣告02207944.0号实用新型专利权全部无效。

当事人对本决定不服的，可以根据专利法第四十六条第二款的规定，自收到本决定之日起三个月内向北京市第一中级人民法院起诉。根据该款的规定，一方当事人起诉后，另一方当事人应当作为第三人参加诉讼。

北京市第一中级人民法院
行政判决书

（2005）一中行初字第986号

原告李国威，男，1955年9月17日出生，无业，住中华人民共和国台湾省台北市。

委托代理人肖善强，北京东方亿思知识产权代理有限责任公司职员。

委托代理人柳春雷，北京东方亿思知识产权代理有限责任公司职员。

被告中华人民共和国国家知识产权局专利复审委员会，住所地中华人民共和国北京市海淀区北四环西路9号银谷大厦。

法定代表人廖涛，副主任。

委托代理人孙治国，男，国家知识产权局专利复审委员会审查员。

委托代理人耿博，男，国家知识产权局专利复审委员会审查员。

第三人徐华文，男，1951年5月1日出生，住中华人民共和国台湾省台北市松山区八德路三段12巷53弄5号4楼。

委托代理人陈庆彬，北京科龙寰宇知识产权代理有限公司职员。

原告李国威不服被告中华人民共和国国家知识产权局专利复审委员会第7150号无效宣告请求审查决定（下称无效决定），向本院提起行政诉讼。本院于2005年9月22日受理后，依法组成合议庭，依照《中华人民共和国行政诉讼法》第二十七条、《中华人民共和国专利法》（下称《专利法》）第四十六条第二款的规定，通知徐华文作为本案第三人参加诉讼，并于2005年11月7日公开开庭审理了本案。原告的委托代理人肖善强，被告的委托代理人耿博、孙治国，第三人的委托代理人陈庆彬到庭参加了诉讼。本案现已审理终结。

被告于2005年4月17日针对第三人提出的无效宣告请求作出无效决定：

本无效宣告请求案涉及中华人民共和国国家知识产权局（下称国知局）2002年12月18日授权公告的02207944.0号实用新型专利（下称本专利），其名称为“一种计算器附属结构”，申请日为2002年3月21日，专利权人为原告。

本专利授权公告的权利要求书如下：

“1. 一种计算器附属结构，其特征在于，在计算器或者同类产品基座上，设有一框口或者立柱，一中空壳体嵌在框口内或者卡在立柱上。

2. 如权利要求 1 所述的计算器附属结构，其特征在于，所述框口向下凹入基座。

3. 如权利要求 1 所述的计算器附属结构，其特征在于，所述立柱上设计有卡槽。

4. 如权利要求 1 或 4 所述的计算器附属结构，其特征在于，所述中空壳体内装有液体漂浮物。

5. 如权利要求 1 或 2 所述的计算器附属结构，其特征在于，所述的框口的深度可为上下贯通于计算器的基座面或者只有半潜入计算器的基座面。

6. 如权利要求 1 所述的计算器附属结构，其特征在于，所述的中空壳体，其外观壳体整体配合计算器外观轮廓曲线上的形状，其底部与框口的大小尺寸与形状匹配，嵌入于框口中。

7. 如权利要求 1 所述的计算器附属结构，其特征在于，所述同类产品包括计时器、电话机等。”

针对本专利，第三人于 2004 年 7 月 23 日向被告提出无效宣告请求，其无效理由为本专利不符合《专利法》第二十二条第三款有关创造性的规定，所提交的证据材料为：

附件 1：ZL00238710.7 号中国实用新型专利公告文本，授权公告日为 2001 年 5 月 9 日；

附件 2：ZL93211729.5 号中国实用新型专利公告文本，授权公告日为 1994 年 1 月 19 日；

附件 3：ZL02207944.0 号中国实用新型专利公告文本（即本专利）。

经形式审查合格后，被告受理了上述无效宣告请求，于 2004 年 8 月 16 日向双方当事人发出了无效宣告请求受理通知书，并将第三人的无效宣告请求书及其附件清单中所列附件副本转寄原告。

第三人于 2004 年 8 月 9 日提交了意见陈述书及以下补充证据材料：

附件 4：美国专利 US4472606 公开文本，公开日为 1984 年 9 月 18 日；

附件 5：附件 4 的部分中文译文。

被告于 2005 年 1 月 18 日向双方当事人发出口头审理通知书，定于 2005 年 2 月 25 日进行口头审理，并且随口头审理通知书将第三人于 2004 年 8 月 9 日提交的意见陈述书及所附补充证据材料转送原告。

双方当事人的代理人参加了于 2005 年 2 月 25 日举行的口头审理。双方当事人对合议组成员无回避请求，对对方出庭人员的身份没有异议。原告对附件 1、2、4 的真实性没有异议，对附件 5 作为附件 4 的中文译文的准确性没有异议。原告当庭提交修改后的权利要求书，被告将其当庭转给第三人，第三人对修改后的权利要求书没有异议，经审查后被告认为所述修改后的权利要求 1 ~ 6 符合《专利法》、《中华人民共和国专利法实施细则》（下称《实施细则》）和《审查指南》的有关规定，口头审理以修改后的权利要求 1 ~ 6 以及授权公告文本中的说明书和说明书附图、说明书摘要、摘要附图为基础。

原告修改后的权利要求书如下：

“1. 一种计算器附属结构，其特征在于，在计算器基座上，设有一框口或者立柱，一中空壳体嵌在框口内或者卡在立柱上。

2. 如权利要求 1 所述的计算器附属结构，其特征在于，所述框口向下凹入基座。

3. 如权利要求 1 所述的计算器附属结构，其特征在于，所述立柱上设计有卡槽。

4. 如权利要求 1 所述的计算器附属结构，其特征在于，所述中空壳体内装有液体漂浮物。

5. 如权利要求 1 或 2 所述的计算器附属结构，其特征在于，所述的框口的深度可为上下贯通于计算器的基座面或者只有半潜入计算器的基座面。

6. 如权利要求 1 所述的计算器附属结构，其特征在于，所述的中空壳体，其外观壳体整体配合计算器外观轮廓曲线上的形状，其底部与框口的大小尺寸与形状匹配，嵌入于框口中。”

在口头审理中，第三人明确其所提出的无效理由为修改后的权利要求 1 ~ 6 不符合《专利法》第二十二条第三款的规定，并且以附件 2 作为最接近的对比文件，结合公知常识评述修改后的权利要求

1～6 的创造性；以附件 1、4 作为佐证。在口头审理中双方当事人还就本案的焦点问题进行了辩论。第三人明确以其口审时的意见为准。第三人认为附件 2 附图 3 公开了中空壳体嵌在框口内这一技术特征，本专利权利要求 1 与附件 2 的区别只是中空壳体卡在立柱上这一技术特征。但第三人认为，中空壳体卡在立柱上这一技术特征属于惯用的技术手段。原告认为，计算器的附属结构不是脱离计算器而存在的，而附件 2 只公开了钟表的壳体，与计算器无关。第三人则认为本专利是在现有技术的基础上所进行的简单拼凑，不具备创造性。原告认为本专利是组合发明，该组合不能够从现有技术中得到启发；根据组合发明判断标准，本专利产生新的技术效果，即增加美感、使计算器具有改变外形的“换壳”功能、减少产品库存、降低了废品率、提高了生产效率；附件 2 并未公开在计算器基座上的框口或者立柱，也未公开在该框口或立柱上的中空壳体。在第三人所提交的所有证据中，都不存在关于“在计算器基座上，设有一框口或者立柱”这一技术特征的技术启发或技术教导。该技术特征对本领域技术人员来说非显而易见，因此本专利权利要求 1 及其从属权利要求均具备创造性。

口头审理结束后，原告于 2005 年 3 月 4 日提交了意见陈述书，作为原告当庭口头陈述意见的总结以及补充意见，其中除重申了独立权利要求 1 具备创造性的理由外，特别强调了权利要求 4 在计算器设计中引入了“液体”要素，克服了这一领域的某些技术偏见。

在上述审查工作的基础上，被告经研究后认为本案事实已经清楚，可以作出审查决定。

决定的理由是：

1. 文本认定

由于原告在口审当日（2005 年 2 月 25 日）对其权利要求书作出修改，其中涉及删除权利要求 1 中由“或者同类产品”限定的并列可选择的技术方案，删除原权利要求 7，删除权利要求 4 中限定并列选择方案且明显错误的“或 4”。经审查后被告认为这种修改符合《专利法》、《实施细则》和《审查指南》的有关规定，被告以原告于 2005 年 2 月 25 日提交的权利要求 1～6 以及授权公告文本中的说明书和说明书附图、说明书摘要、摘要附图作为本无效宣告请求审查决定所针对的文本。

2. 关于第三人提交的证据材料

在第三人所提交的除本专利之外的证据材料中，附件 1、2、4 为本专利申请日（2002 年 3 月 21 日）之前公开的专利文献，属于本专利的已有技术范围，可以用来评述本专利的创造性。

为了便于评述，下面将第三人指定的与本专利最接近的已有技术附件 2 称为对比文件 1。

3. 关于创造性

《专利法》第二十二条第三款规定的实用新型的创造性是指，同申请日以前已有的技术相比，实用新型有实质性特点和进步。

本专利的目的是提供一种计算器附属结构，能令计算器除了具有其原有的计算器功能外，尚能令其基座也能转变成一种液体摆饰器，而增加摆饰上的美感性，以提高其产品的附加价值。

本专利权利要求 1 包括两个并列选择的技术方案，分别是：（1）一种计算器附属结构，其特征在于，在计算器基座上，设有一框口，一中空壳体嵌在框口内。（2）一种计算器附属结构，其特征在于，在计算器基座上，设有一立柱，一中空壳体卡在立柱上。

对比文件 1 涉及动态液体钟，由其说明书第 2 页第 7～12 行和附图 2、3 中可以看出，在座钟 3 的上表面与其中置入了液体摆饰组 2 的透明罩壳 1 的下空间相衔接处有一框口，透明罩壳 1 为一组透明且不限造型的容器构体，以一片薄片状透明层板 11 将其内部区隔成互不相通的上空间 12 与下空间 13，而可于上空间 12 中置入液体摆饰组 2、下空间 12 中置入座钟 3。该框口对应于本专利权利要求 1 中技术方案（1）的框口，该透明罩壳 1 对应于本专利权利要求 1 中技术方案（1）的中空壳体。

由此可见，本专利权利要求 1 的技术方案（1）与对比文件 1 的区别仅在于，将所述框口用于计算器基座而不是用于座钟。而能否从对比文件1所公开的框口与座钟的连接显而易见地得到本专利权利要求1技术方案（1）中所记载的框口与计算器的连接也正是双方当事人在口审时争议的焦点。

原告认为本专利是组合发明，根据组合发明判断标准，本专利产生新的技术效果，具备创造性。被告认为，根据《审查指南》第二部分第四章第4.2节的规定，组合发明是指将某些技术方案进行组合，构成一项新的技术解决方案，以解决现有技术客观存在的技术问题。如果发明仅是某些公知产品或者方法联结在一起，各自仍以常规的方式工作，而且总的技术效果是各组合部分效果之总和，各组合的技术特征无功能上相互作用关系，仅仅是一种简单的叠加，或称为“拼凑”，这种拼凑的发明不具备创造性。具体到本案，本专利权利要求1提供了一个将计算器和中空壳体连接在一起的附属结构，计算器与中空壳体联结后，仍旧以各自常规的方式工作，二者仅仅是进行了简单的叠加，并没有取得新的技术效果，也就不能认为二者的结合在功能上存在相互作用关系，原告的上述理由不能成立。由于本专利权利要求1的技术方案（1）所记载的计算器与中空壳体之间所采用的框口联结方式已经被对比文件1公开，而所结合的两产品，即计算器与中空壳体，又仅仅属于一种简单的叠加，没有带来任何新的技术效果，因此本专利权利要求1的技术方案（1）不具备创造性。

本专利权利要求1的技术方案（2）与对比文件1的区别除“将框口用于计算器基座而不是用于座钟”之外，还有本专利权利要求1的技术方案（2）采用的是“立柱”而不是“框口”的连接结构，但采用立柱方式而进行构件间的连接是一种常见的机械连接方式，因此这一区别不足以使本专利权利要求1的技术方案（2）具备创造性。

综上所述，本专利权利要求1的技术方案（1）、（2）相对于对比文件1均不具有实质性特点和进步，不符合《专利法》第二十二条第三款有关创造性的规定。原告辩称本专利增加了计算器的美感，使产品在生产组装作业上较不会有库存问题发生。但是原告的上述理由并没有说明本专利所采用的技术手段解决了技术问题，取得了技术效果，不能说明本专利相对于现有技术具备创造性。因此，被告认为原告的上述理由不能成立。

本专利权利要求2的附加技术特征“所述框口向下凹入基座”已经在对比文件1说明书附图2、3中公开：在座钟3的上表面与透明罩壳1的下空间相衔接处有一框口，该框口对应于为本专利权利要求1中的框口。因此在独立权利要求1不具备创造性的情况下，从属权利要求2也不具备创造性。

本专利权利要求3的附加技术特征“所述立柱上设计有卡槽”是将两个构件彼此固定的惯用技术手段，而且由此产生的技术效果也是可以预期的，因此从属权利要求3在其所引用的权利要求1不具备创造性的情况下，从属权利要求3也不具备创造性。

本专利权利要求4的附加技术特征是“所述中空壳体内装有液体漂浮物”，对比文件1中公开了如下技术特征（见对比文件1说明书第2页第7～12行、说明书附图3）：本实用新型提供了一种动态液体钟，其包括透明罩壳1、液体摆饰组2及座钟3等，其中，透明罩壳1为一组透明且不限造型的容器构体，以一片薄片状透明层板11将其内部区隔成互不相通的上空间12与下空间13，而可于上空间12中置入液体摆饰组2、下空间12中置入座钟3；液体摆饰组2由液体21、浮游物22及带磁物23等所构成。其中，透明罩壳1对应于本专利权利要求4中的中空壳体，液体摆饰组2对应于本专利权利要求4中的液体漂浮物。可见，对比文件1已经公开了本专利权利要求4的附加技术特征。原告声称权利要求4中将“液体”引入计算器克服了这一领域的某些技术偏见，然而这一论点无任何证据支持，被告不予采信。因此从属权利要求4在其所引用的权利要求1不具备创造性的情况下，从属权利要求4也不具备创造性。

本专利权利要求5的附加技术特征是“所述的框口的深度可为上下贯通于计算器的基座面或者只有半潜入计算器的基座面”，从对比文件1附图3可以看出框口是半潜入基座的，而对比文件1虽然并没有公开“上下贯通于计算器的基座面”，但是被告认为该技术特征是机械构件连接中惯用的技术手段，而且由此产生的技术效果也是可以预期的。因此，在权利要求5所引用的权利要求1或2不具备创造性的情况下，从属权利要求5也不具备创造性。

本专利权利要求6的附加技术特征“所述的中空壳体，其外观壳体整体配合计算器外观轮廓曲线上的形状，其底部与框口的大小尺寸与形状匹配，嵌入于框口中。”限定的是将两构件进行机械结合的惯用技术手段，只有底部与框口的大小尺寸与形状相匹配，才能实现二者的牢固连接，因此由该技术特征所产生的技术效果是可以预期的。至于中空壳体与计算器外观轮廓曲线的配合，看不出其产生了任何技术上的效果，况且就产品的外观而言，各部分之间应相互匹配也是公知的常识。因此从属权利要求6在其所引用的权利要求1不具备创造性的情况下，从属权利要求6也不具备创造性。

综上所述，本专利权利要求1~6不具备《专利法》第二十二条第三款所规定的创造性，第三人无效宣告请求的理由成立。决定宣告本专利权全部无效。

被告在法定举证期限内向本院提交了以下证据：1. 原告于2005年2月25日提交的复审、无效程序中的意见陈述书；2. 专利号为ZL02207944.0的实用新型专利说明书（即本专利）；3. 专利号为ZL93211729.5的实用新型专利说明书（即对比文件1）；4. 无效决定。上述证据用以证明无效决定认定事实清楚、适用法律正确，审查程序合法。原告对被告提交的证据的真实性没有异议，但是认为上述证据不能支持被告的主张。第三人对被告提交的证据没有异议。

原告诉称，1. 无效决定没有明确提到从对比文件1的技术方案能否显而易见地得到本专利权利要求1的技术方案，属于重要事实认定不清；2. 被告不应直接应用关于组合发明的标准来判断本专利权利要求1的创造性。如果本领域技术人员想不到拿计算器与中空壳体相结合，那么本身就意味着本专利权利要求1的技术方案具备创造性。即使假设计算器和中空壳体的结合是容易想到的，按照组合发明的创造性判断标准，权利要求1的技术方案也产生了新的技术效果，也是具备创造性的，被告认定本专利“仅仅属于一种简单的叠加，没有带来任何新的技术效果”是适用法律不当；3. 第三人在无效程序中提交的任何现有技术文件都没有关于从“座钟”到“计算器”的技术启发或技术教导，本专利权利要求1相对于对比文件1具有实质性特点，且权利要求1相对于现有技术有很多技术进步，故本专利权利要求1具备创造性。综上，无效决定认定事实不清、适用法律错误，原告请求法院撤销该无效决定。

原告在诉讼期间向本院提交了以下证据：1. 无效决定，用以证明被告的无效决定认定事实不清、适用法律错误；2. 原告于2005年2月25日提交的复审、无效程序中的意见陈述书；3. 专利号为ZL02207944.0的实用新型专利说明书（即本专利）；4. 专利号为ZL93211729.5的实用新型专利说明书（即对比文件1），证据2~4用以证明本专利具备创造性。原告当庭提交了按照本专利生产的计算器实物1个，供法庭在判断本专利的创造性时参考。被告及第三人对原告提交的证据1~4的真实性没有异议，但是认为上述证据不能支持原告的主张，对原告提交的证据5认为因在无效程序中仅作为参考，在诉讼程序中也只能作为参考，不能作为证据。

被告辩称：

本专利与对比文件1的区别仅在于将所述框口用于计算机基座而不是用于座钟。由于本专利权利要求1的技术方案（1）所记载的计算器与中空壳体之间所采用的框口联结方式已经被对比文件1公开，而且本专利中将计算器与中空壳体联结后，仍旧以各自常规的方式工作，仅为简单的叠加，并没有取得新的技术效果，因此本专利权利要求1的技术方案（1）不具备创造性。本专利权利要求1的技术方案（2）采用的是“立柱”而不是“框口”的联结方式，但采用立柱方式进行构件间的连接是一种常见的机械连接方式，因此这一区别不足以使本专利权利要求1的技术方案（2）具备创造性。综上，本专利权利要求1的技术方案（1）、（2）相对于对比文件1均不具有实质性特点和进步，不符合《专利法》第二十二条第三款关于创造性的规定。原告所述的取得的效果都不是《专利法》意义上的技术效果，在创造性的审查中不予考虑。在权利要求1不具备创造性的基础上，其从属权利要求2~6也不具备创造性。综上，无效决定认定事实清楚、适用法律正确、审理程序合法，被告请求法院维持无效决定。

第三人述称，无效决定认定事实清楚、适用法律正确、审查程序合法，请求法院维持无效决定。第三人未在诉讼期间向本院提交证据。

经庭审质证及合议庭评议，本院对当事人提交的证据认证如下：被告及原告提交的证据符合关联性、合法性、真实性的要求，能够证明本专利、对比文件及被告作出无效决定的相关情况，本院予以确认。

经审理查明，原告于2002年12月18日向国知局申请名称为“一种计算器附属结构”的实用新型专利权（即本专利），申请号为02207944.0，专利权人为原告，2002年3月21日授权公告。第三人于2004年7月23日向被告提出无效宣告请求，并向被告提交了相关证据。被告受理后，经转文和听取了原告的陈述意见，于2005年2月25日进行了口头审理。被告经审查后，于2005年4月17日作出无效决定。原告不服该无效决定，向本院提起行政诉讼。

本院认为，根据《专利法》第四十六条第一款的规定，被告对宣告专利权无效的请求，具有审查和作出决定的法定职责。经各方当事人确认，本院认为本案争议焦点是本专利权利要求1的创造性。

《专利法》第二十二条第三款规定：“创造性是指同申请日以前已有的技术相比，该发明有突出的实质性特点和显著的进步，该实用新型有实质性特点和进步。”

《审查指南》第二部分第四章第4.2节规定：“组合发明是指将某些技术方案进行组合，构成一项新的技术解决方案，以解决现有技术客观存在的技术问题……如果发明仅是某些公知产品或者方法联结在一起，各自仍以常规的方式工作，而且总的技术效果是各组合部分效果之总和，各组合的技术特征无功能上相互作用关系，仅仅是一种简单的叠加，或称为‘拼凑’，这种拼凑的发明不具备创造性。”

本案中，本专利与对比文件1的区别仅在于将所述框口用于计算机基座而不是用于座钟。由于本专利权利要求1的技术方案（1）所记载的计算器与中空壳体之间所采用的框口连接方式已经被对比文件1公开，而且本专利中将计算器与中空壳体联结后，各自仍以常规的方式工作，各组合的技术特征无功能上相互作用关系，仅仅是一种简单的叠加，并没有取得新的技术效果，因此本专利权利要求1的技术方案（1）不具备创造性。本专利权利要求1的技术方案（2）采用的是“立柱”而不是“框口”的联结方式，但采用立柱方式进行构件间的连接是一种常见的机械连接方式，因此这一区别不足以使本专利权利要求1的技术方案（2）具备创造性。原告认为本专利增加计算器的美感、提高产品附加价值、减少库存等效果均不是《专利法》意义上的技术效果，在创造性的审查中不予考虑。综上，本专利权利要求1的技术方案（1）、（2）相对于对比文件1均不具有实质性特点和进步。无效决定认定本专利权利要求1不具备创造性正确，本院予以支持。

鉴于本院认为无效决定关于本专利权利要求1无创造性的认定正确，各方当事人当庭明确表示本专利权利要求1不具备创造性则其从属权利要求2~6也不具备创造性，因此，本院认定无效决定关于本专利权利要求2~6无创造性的认定正确，本院予以支持。

综上所述，无效决定认定事实清楚，适用法律正确，程序合法，本院应予支持。原告的诉讼请求缺乏事实及法律依据，本院不予支持。据此，依据《中华人民共和国行政诉讼法》第五十四条第

（一）项之规定，判决如下：

维持被告中华人民共和国国家知识产权局专利复审委员会于二〇〇五年四月十七日作出的第7150号无效宣告请求审查决定。

案件受理费1000元，由原告李国威负担（已交纳）。

如不服本判决，原告李国威、第三人徐华文可在判决书送达之日起三十日内，被告中华人民共和国国家知识产权局专利复审委员会可在判决书送达之日起十五日内向本院递交上诉状，并按对方当事人人数提交副本，上诉于中华人民共和国北京市高级人民法院。上诉人在接到人民法院预交诉讼费用通知后七日内未预交又不提出缓交申请的，按自动撤回上诉处理。

审 判 长 张 杰

代理审判员 齐 莹

代理审判员 乔 军

二〇〇五年十一月二十五日

书 记 员 龙 非

020

一种计算器案

无效宣告请求审查决定（第7151号）

决　定　号　第7151号
决　定　日　2005年3月10日
发明创造名称　一种计算器
国 际 分 类 号　G06F 15/02　A63H 23/00
无 效 请 求 人　徐华文
专 利 权 人　李国威
专　利　号　02282416.2
申　请　日　2002年10月25日
授 权 公 告 日　2003年12月31日
合 议 组 组 长　石　清
主　审　员　孙治国
参　审　员　翁晓君

法 律 依 据　专利法第二十二条第三款
决 定 要 点

用现有的方法将计算器和摆饰器连接在一起，而它们仍旧以各自常规的方式工作，总的技术效果是各组合部分效果之总和，二者的结合并没有取得新的技术效果，各组合的技术特征无功能上相互作用关系，仅仅是一种简单的叠加，或称为“拼凑”，这种拼凑的发明不具备创造性。

一、案由

本无效宣告请求案涉及国家知识产权局专利局2003年12月31日授权公告的02282416.2号实用新型专利（下称为本专利），其名称为“一种计算器”，申请日为2002年10月25日，专利权人为李国威（下称被请求人）。

本专利授权公告的权利要求书内容如下：

“1. 一种计算器，包括基座、输入装置和输出装置，其特征在于，在所述计算器基座的至少一个表面上设有至少一个固定装置，所述的固定装置与至少一个液体摆饰装置相连接，所述液体摆饰装置包括一个中空壳体和至少一种注入在所述中空壳体内的流体，所述的中空壳体的至少一部分是透明或半透明的。

2. 如权利要求1所述的计算器，其特征在于，所述固定装置为部分凹入所述计算器基座的框口。

3. 如权利要求1所述的计算器，其特征在于，所述固定装置为贯穿所述计算器基座的框口。

4. 如权利要求2或3所述的计算器，其特征在于，所述框口和所述中空壳体的连接方式为粘结。

5. 如权利要求2或3所述的计算器，其特征在于，所述框口和所述中空壳体的连接方式为可卸弹性插接。

6. 如权利要求1所述的计算器，其特征在于，所述固定装置为至少一个凸出所述计算器基座的立柱，所述的立柱上设有固定所述中空壳体的卡口。

7. 如权利要求1所述的计算器，其特征在于，所述固定装置为凸出所述计算器基座的凸台，所述中空壳体的底部具有与所述凸台形状和大小相配合的凹口。

8. 如权利要求7所述的计算器，其特征在于，所述凸台和所述凹口的连接方式为粘结。

9. 如权利要求7所述的计算器，其特征在于，所述凸台和所述凹口的连接方式为可卸弹性插接。

10. 权利要求1、2、3、6或7所述的计算器，其特征在于，所述的固定装置为所述中空壳体的一部分。"

针对上述实用新型专利权，徐华文（下称请求人）于2004年7月23日向专利复审委员会提出无效宣告请求，其无效理由为本专利不符合专利法第二十二条第三款有关创造性的规定，所提交的证据材料为：

附件1：ZL00238710.7号中国实用新型专利说明书，授权公告日为2001年5月9日；

附件2：ZL93211729.5号中国实用新型专利说明书，授权公告日为1994年1月19日；

附件3：ZL02282416.2号中国实用新型专利说明书（即本专利），授权公告日为2003年12月31日。

经形式审查合格后，专利复审委员会受理了上述无效宣告请求，于2004年8月16日向双方当事人发出了无效宣告请求受理通知书，并将请求人的无效宣告请求书及其附件的副本转寄被请求人。

请求人于2004年8月9日提交了以下补充证据材料，并认为本专利与补充证据材料相比，不具备创造性：

附件4：GB2341459A，公开日为2000年3月15日；

附件5：附件4的中文译文。

被请求人于2004年9月29日对上述无效宣告请求作出答复，主要意见为：

尽管如无效请求人所述，附件1和附件2公开了本专利独立权利要求1的许多技术特征，但是它们都没有公开独立权利要求1中最重要的技术特征，计算器基座的至少一个表面上设有至少一个固定装置，所述固定装置与至少一个液体摆饰装置相连接。即附件1和附件2都没有公开计算器与液体摆饰器相结合。

无论以附件1还是附件2作为本专利的最接近现有技术，独立权利要求1都具有与它们不同的区别技术特征："计算器与液体摆饰器相结合"。而对于本领域技术人员来说，这个区别技术特征不是显而易见的，因为在请求人所提交的对比文件中以及现有技术中，没有任何关于这个区别技术特征的技术启发。没有创造力的普通技术人员不可能凭空从时钟（附件2）或挤牙膏器（附件1）联想到计算器（本专利）。

本专利属于一种组合发明，其将液体摆饰器与计算器相结合，这种组合不仅赋予计算器以装饰功能、动态功能，赋予液体摆饰器以实用功能，而且进一步解决了计算器由于"中空化"造成的壳体强度降低等技术难题。这是"比每个技术特征效果的总和更优越"的技术效果，因此本专利完全符合专利法对组合发明的创造性要求，具备创造性。至于单独的计算器或液体摆饰器是否公知，不影响本专利的创造性。

此外，本实用新型专利产品一经面市即受到消费者的热烈欢迎，市场反映极好，本专利产品的商业成功证明了本专利具备创造性。

本案合议组于2005年1月18日向双方当事人发出口头审理通知书，定于2005年2月25日进行口头审理，并且随口头审理通知书将请求人于2004年8月9日提交的意见陈述书及所附补充证据材料转送被请求人，将被请求人于2004年9月29日提交的意见陈述书转送请求人。

双方当事人的代理人参加了于2005年2月25日举行的口头审理。双方当事人对合议组成员变更没有异议，对合议组成员无回避请求。在口头审理中，请求人明确其所提出的无效理由为本专利权利要求1～10不符合专利法第二十二条第三款的规定，并且认为附件2结合公知常识破坏本专利权利要求1～10的创造性；以附件1、4、5作为佐证。被请求人对附件1、2、4的真实性和附件4中文译文（附件5）的准确性没有异议。在口头审理中双方当事人还就意见陈述书中所针对的焦点进行了辩论，请求人认为附件2附图3的透明罩壳1与基座镶嵌固定在一起，液体摆饰器和基座连接在一起，液体摆饰钟完全是透明的，本专利与附件2的区别只是计算器和钟的差别。液体摆饰器与计算器、钟相组合的各种技术方案很多，被请求人只是在自己的权利要求当中设置了一种连接关系而已，但这种连接方式是本领域技术人员能够实现的。液体摆饰器与计算器都是公知技术，而本专利仅仅是液体摆饰器与计算器技术的叠加，是一种简单拼凑，因而不具备创造性。同时，请求人明确以其口审时的意见为准。被请求人则认为本专利是组合发明，该组合不能够从现有技术中得到启发。计算器与摆饰器相结合需要花费创造性的劳动。在本专利中计算器的电气功能未发生大的变化，结构有所改动。本专利利用计算器其他剩余空间，增加了液体摆饰装置，增加了液体，可以当镇纸使用。

在上述审查工作的基础上，合议组经研究后认为本案事实已经清楚，可以作出审查决定。

二、决定的理由

1. 文本认定

由于被请求人在本专利授权后未对其权利要求作出任何修改，因此根据专利法实施细则和审查指南的规定，合议组以2003年12月31日授权公告的文本作为本次无效宣告请求的审查文本。

2. 关于请求人提交的证据材料

在请求人所提交的除本专利之外的证据材料中，附件1、2、4为本专利申请日（2002年10月25日）之前公开的专利文献，属于本专利的已有技术范围。

为了便于评述，下面将与本专利最接近的已有技术附件2称为对比文件1。

3. 关于创造性

专利法第二十二条第三款规定的实用新型的创造性是指，同申请日以前已有的技术相比，实用新型有实质性特点和进步。

本专利的目的是提供一种带有液体摆饰装置的计算器，在不改变原有计算器功能的基础上，改变计算器基座的结构，将计算器与液体摆饰装置通过一个固定装置相结合，既克服了计算器单独作为镇纸使用时重量太小的问题，又在一定程度上克服了计算器基座结构“中空化”而导致的技术问题，还降低了液体摆饰装置在作为镇纸使用时对其外形和重量的要求。

本专利权利要求1所限定的计算器包括以下技术特征：

（1）一种计算器，包括基座、输入装置和输出装置；

（2）在所述计算器基座的至少一个表面上设有至少一个固定装置；

（3）所述的固定装置与至少一个液体摆饰装置相连接；

（4）所述液体摆饰装置包括一个中空壳体和至少一种注入在所述中空壳体内的流体；

（5）所述的中空壳体的至少一部分是透明或半透明的。

合议组认为，正如双方当事人都认可的那样，本专利权利要求1中的技术特征（1）是计算器领域的公知常识。

对比文件1涉及动态液体钟，由其说明书附图2、3中可以看出，在座钟3的上表面与其中置入了液体摆饰组2的透明罩壳1的下空间相衔接处有一框口，该框口对应于本专利权利要求1中的固定装置。

可见，上述部分已经公开了本专利权利要求1中的特征（2）除计算器以外的所有技术特征以及特征（3）的全部技术特征。

对比文件1中还公开了如下技术特征（见对比文件1说明书第2页第7~12行、说明书附图3）：本实用新型提供了一种动态液体钟，其包括透明罩壳1、液体摆饰组2及座钟3等，其中，透明罩壳1为一组透明且不限造型的容器构体，以一片薄片状透明层板11将其内部区隔成互不相通的上空间12与下空间13，而可于上空间12中置入液体摆饰组2、下空间12中置入座钟3；液体摆饰组2由液体21、浮游物22及带磁物23等所构成。

其中，透明罩壳1对应于本专利权利要求1中的中空壳体，液体21对应于本专利权利要求1中的所述中空壳体内的流体。可见，上述部分已经公开了本专利权利要求1中的技术特征（4）、（5）中的全部技术特征。

由此可见，本专利权利要求1与对比文件1的区别仅在于：将所述摆饰装置与计算器相组合而不是与座钟相组合。而能否从对比文件1所公开的摆饰装置与座钟的组合方式显而易见地得到本专利所记载的计算器与摆饰器的组合也正是双方当事人在口审时争议的焦点。

根据审查指南第二部分第四章第4.2节的规定，组合发明是指将某些技术方案进行组合，构成一项新的技术解决方案，以解决现有技术客观存在的技术问题。如果发明仅是某些公知产品或者方法联结在一起，各自仍以常规的方式工作，而且总的技术效果是各组合部分效果之总和，各组合的技术特征无功能上相互作用关系，仅仅是一种简单的叠加，或称为“拼凑”，这种拼凑的发明不具备创造性。具体到本案，合议组认为本专利权利要求1中，计算器和摆饰器联结在一起，它们仍旧以各自常规的方式工作。尽管被请求人答辩时称二者结合可以更好地实现镇纸的功能，而且又在一定程度上克服了计算器基座结构“中空化”而导致的技术问题，但是单独的计算器和摆饰器同样也是可以放在一起共同实现镇纸功能的，而本专利为了在计算器上结合摆饰器，加大了计算器的基座结构，实际上，如果不结合摆饰器，计算器的基座结构完全可以微型化，也就不存在所谓的“中空化”而导致的技术问题。由此可见，二者的结合并没有取得新的技术效果，也就不能认为二者的结合在功能上存在相互作用关系。此外，被请求人认为本专利在商业上取得了成功，但无法举出证据加以证明，合议组对此不予认可。因此，合议组认为本实用新型不能构成前述的组合发明，而仅仅是计算器和摆饰器的简单拼凑，这种拼凑不具备创造性，不符合专利法第二十二条第三款的规定。

本专利权利要求2的附加技术特征“所述固定装置为部分凹入所述计算器基座的框口”已经在对比文件1说明书附图2、3中公开：在座钟3的上表面与透明罩壳1的下空间相衔接处有一框口，该框口对应于为本专利权利要求1中的固定装置。因此在独立权利要求1不具备创造性的情况下，从属权利要求2也不具备创造性。

本专利权利要求3的附加技术特征“所述固定装置为贯穿所述计算器基座的框口”是惯用的技术手段，而且权利要求3中所述的“贯穿”可以看做是“凹入”的进一步延续，并且从对比文件1的附图2中可以看出，时钟凹入到了基座的内部，即对比文件1已经给出了该技术启示，而且由此产生的技术效果也是可以预期的，因此在独立权利要求1不具备创造性的情况下，从属权利要求3也不具备创造性。

本专利权利要求4、5的附加技术特征分别是“所述框口和所述中空壳体的连接方式为粘结”、“所述框口和所述中空壳体的连接方式为可卸弹性插接”，而粘结和弹性插接均为将两个构件彼此固定的惯用技术手段，而且由此产生的技术效果也是可以预期的，因此从属权利要求4、5在其所引用的权利要求2、3不具备创造性的情况下，同样也不具备创造性。

本专利权利要求6、7的附加技术特征分别是“所述固定装置为至少一个凸出所述计算器基座的立柱，所述的立柱上设有固定所述中空壳体的卡口”、“所述固定装置为凸出所述计算器基座的凸台，所述中空壳体的底部具有与所述凸台形状和大小相配合的凹口”，双方当事人都认为上述附加技术特征惯用的技术手段，但是被请求人辩称，上述附加技术特征结合权利要求1的技术特征后，使得整体技术方案具有了增加固定装置强度的作用。合议组认为上述的立柱——卡口组合、凸台——凹口组合本身就是用来连接固定装置与中空壳体的接插件，其目的就是要增强固定装置与中空壳体的连接强度，即由此产生的技术效果也是可以预期的。因此被请求人的上述答辩理由并不能作为支持权利要求6、7具备创造性的理由。在权利要求6、7所引用的权利要求1不具备创造性的情况下，从属权利要求6、7也不具备创造性。

本专利权利要求8、9的附加技术特征分别是“所述凸台和所述凹口的连接方式为粘接”、“所述凸台和所述凹口的连接方式为可卸弹性插接”均是惯用的技术手段，而且由此产生的技术效果也是可以预期的，因此从属权利要求8、9在其所引用的权利要求7不具备创造性的情况下，从属权利要求8、9也不具备创造性。

本专利权利要求10的附加技术特征是“所述的固定装置为所述中空壳体的一部分”，使固定装置构成被固定构件的一部分是常见的固定方式，而且由此产生的技术效果也是可以预期的，因此在其所引用的权利要求不具备创造性的情况下，从属权利要求10也不具备创造性。

综上所述，本专利权利要求1~10不具备专利法第二十二条第三款所规定的创造性，请求人无效宣告请求的理由成立。

三、决定

宣告02282416.2号实用新型专利权全部无效。

当事人对本决定不服的，可以根据专利法第四十六条第二款的规定，自收到本决定之日起三个月内向北京市第一中级人民法院起诉。根据该款的规定，一方当事人起诉后，另一方当事人应当作为第三人参加诉讼。

021

灯笼形节能荧光灯管案

无效宣告请求审查决定（第7156号）

决 定 号 第7156号
决 定 日 2005年5月11日
发明创造名称 灯笼形节能荧光灯管
国际分类号 H01J 61/30
无效请求人 上海海龙光电科技有限公司
专利权人 钱金龙 高剑萍
专 利 号 02216587.8
申 请 日 2002年4月4日
授权公告日 2003年3月12日
合议组组长 张 度
主 审 员 李 卉
参 审 员 张汉国

法律依据 专利法第二十二条第二款、第三款
决定要点

抵触申请只在确定发明或者实用新型的新颖性时才予考虑；在确定发明或者实用新型的创造性时，不予考虑，亦即抵触申请不能作为评价创造性的依据。

一、案由

本无效宣告请求涉及国家知识产权局专利局于2003年3月12日授权公告的名称为“灯笼形节能荧光灯管”的实用新型专利权，其专利号为02216587.8，专利权人为钱金龙、高剑萍，专利申请日为2002年4月4日。

授权公告的权利要求书内容如下：

“1. 一种节能荧光灯管，由2~5个U形管经桥接组成，其特征在于每个U型管的两分支管弯曲成弧度形状，上端口处留有一段为直管，相邻两个U型管在上端口附近有接桥，整体成灯笼形状。

2. 根据权利要求1所述的节能荧光灯管，其特征在于各U形分支管的弧度形状为圆弧形、近似圆弧形、椭圆形、近似椭圆形之一种。

3. 根据权利要求1或2所述的节能荧光灯管，其特征在于每支弧状U形管的长度为70~150mm，管径为9~18mm。”

针对上述实用新型专利权（下称本专利），上海海龙光电科技有限公司（下称请求人）于2003年12月1日向专利复审委员会提出了无效宣告请求，理由是本专利不具备专利法第二十二条规定的新颖性、创造性。并提交了作为证据的如下附件：

附件1：本专利的公告文本；

附件2：ZL 01253432.3号实用新型专利说明书，授权公告日为2002年8月14日（下称对比文件）。

请求人认为，对比文件是一篇中国实用新型专利（ZL 01253432.3），其公开日是2002年8月14日，其申请日是2001年9月3日，早于本专利的申请日2002年4月4日，并且权利要求1的五点特征：2~5个U型管、桥接、U型管的两分支管弯曲成弧度形状、U型管上端有一段直管、整体成灯笼形状，在对比文件中分别找到了相对应的特征；权利要求2的附加技术特征“各U型分支管的弧度形状为圆弧形、近似圆弧形、椭圆形、近似椭圆形之一种”，已被对比文件公开（具体可见对比文件中“灯管单元弧度为圆球面或椭球面的曲率半径”部分），因此权利要求1、2不具备新颖性，对比文件构成本专利的抵触申请文件。同时权利要求3请求保护的是每支弧度U型管的长度和管径，参数值的选择对于本领域技术人员来说是公知常识，因而权利要求3不具备创造性。

经形式审查合格后，专利复审委员会受理了该无效请求，并将无效请求书的副本及附件转给了专利权人（下称被请求人），要求被请求人在一个月内陈述意见。

2004年2月3日，被请求人修改了权利要求书，并针对上述无效宣告请求作出答复，认为从对比文件的图来看其单个的灯管是V形的，而不是其所说的U形，两者具有结构、功能等上的差别；并且本专利是灯笼形，对比文件是球形或椭圆形等，因而对比文件不影响修改后权利要求的新颖性和创造性，本专利应维持有效。

修改后的权利要求为：

“1. 一种节能荧光灯管，由2~5个U型管经桥接组成，其特征在于每个U型管的两分支管弯曲成弧度形状，上端口处留有一段为直管，相邻两个U型管在上端口附近有接桥，整体成灯笼形状，所述弧形为椭圆形或近似椭圆形之一。

2. 根据权利要求1所述的节能荧光灯管，其特征在于每支弧状U型管的长度为70~150mm，管径为9~18mm。”

专利复审委员会本案合议组于2005年1月12日向双方发出口头审理通知，定于2005年3月1日在专利复审委第一口审庭举行口头审理，并随口审通知书向请求人转送被请求人的意见陈述书和修改后的权利要求书。

口头审理如期举行，双方均出席了口头审理。口头审理中，双方当事人就上述证据所涉及的事实进行了辩论，并充分发表了各自的意见。

在上述工作的基础上，本案合议组作出如下决定。

二、决定的理由

1. 关于新的权利要求书

被请求人在答复期限内对本专利权利要求书进行了修改，把权利要求2并入权利要求1中，将权利要求3作为权利要求2。此种修改属于对权利要求的删除和技术方案的删除，符合审查指南的规定，因此新的权利要求书是可接受的。下面以新的权利要求书和授权公告的说明书及附图为基础进行评述。

2. 关于抵触申请

根据专利法第二十二条第二款的规定，在一件专利申请的新颖性判断中，由他人在该申请的申请日以前向国家知识产权局提出并且在申请日以后（含申请日）公布的同样的发明或者实用新型专利申请，损害该申请日提出的专利申请的新颖性。

对比文件是葛葆珪于2001年9月3日向国家知识产权局专利局提出的申请，于2002年8月14日授权公告的实用新型专利，其公开了一种球形荧光灯，包括灯管和灯头，其所属的技术领域与本专利相同。

本专利的权利要求1请求保护的节能荧光灯管含有六个技术特征：（1）2~5个U型管；（2）U型管经桥接组成，相邻两个U型管上端口附近有接桥；（3）每个U型管的两分支管弯曲成弧度形状；（4）U型管上端口留有一段为直管；（5）整体成灯笼形状；（6）两分支管弧度形状为椭圆形或近似椭圆形之一。

对比文件公开的一种球形荧光灯与本专利属于相同技术领域，其主要包括：（1）"灯管由若干单个灯管单元组成"，且附图2中可以看出灯管是由4个灯管单元组成的，它们的形状大致也为U型；（2）"采用桥接的方法将它们互相连通……"，"灯管单元1之间以接桥2顺序相连"，从附图2中可以看出接桥2位于灯管单元的上端口附近；（3）"灯管单元1是以一定曲率半径的弧度并按球面展开，这里的曲面可以是球面或椭球面"；（4）附图1中可以看出，灯管单元1的一段留有一段直管；（5）"采用桥接的方法将它们互相连通成一个球形荧光灯"；（6）"灯管单元的弧度为圆球面或椭球面的曲率半径"（详见其说明书第2页第12行~17行）。可见对比文件公开了权利要求1的技术方案。

综上所述，对比文件构成本专利的抵触申请，可以破坏本专利权利要求1的新颖性。

需要说明的是，第一、对于被请求人认为的从对比文件的图来看其单个的灯管是V形的观点，对比文件的说明书中并没有明确说明其是V形管的灯管单元，从对比文件的附图1和附图2中可以看出其端部也是有一定弧度的，将其看做是V形管比较牵强；况且，从图中可以很明显地看出，无论是本专利还是对比文件的灯管单元，都不是严格的平面U型，它们都是基本的U型管单元经过处理而成的一种横投影面为U形的立体形状，从这个角度来说两者的结构是相同的。因此，可以认为对比文件中的灯管单元也是U形；第二、本专利请求保护的灯笼的形状在节能灯管领域并没有明确的定义，从常识来看其大致可以是球、椭球或类似球或椭球的形状，因而在对比文件中公开的"曲面可以是球面或椭球面"就可以无歧义地看做为已经公开了本专利的"灯笼形状"或与灯笼形状相对应的内容。

本专利的权利要求2的附加技术特征有两个：（1）U型管的长度为70~150mm；（2）管径为9~18mm。对比文件的权利要求2公开了球形荧光灯管单元的管径范围，而在对比文件中没有有关U形管长度的限定，因而，对比文件不能够破坏本专利权利要求2的新颖性。

由于抵触申请不属于专利法实施细则第三十条规定的现有技术，所以抵触申请只在确定发明或者实用新型的新颖性时才予考虑，在确定发明或者实用新型的创造性时，不予考虑，亦即抵触申请不能作为评价创造性的依据。

具体来说，本专利权利要求2是从属于权利要求1的，由于对比文件不能够破坏本专利权利要求2的新颖性，因而对比文件就不能再作为评价创造性的依据继续使用，从而，权利要求2具备专利法二十二条规定的新颖性和创造性。

综上所述，权利要求1不具备专利法第二十二条第二款规定的新颖性，权利要求2具备专利法第二十二条第二款规定的新颖性。

三、决定

宣告02216587.8号实用新型专利权部分无效，在被请求人于2004年2月3日提交的权利要求的基础上维持专利权，维持有效的权利要求书内容如下：

"1. 一种节能荧光灯管，由2~5个U型管经桥接组成，其特征在于每个U型管的两分支管弯曲成弧度形状，上端口处留有一段为直管，相邻两个U型管在上端口附近有接桥，整体成灯笼形状，所述弧形为椭圆形或近似椭圆形之一，每支弧状U型管的长度为70~150mm，管径为9~18mm。"

当事人对本决定不服的，可以根据专利法第四十六条第二款的规定，自收到本决定之日起三个月内向北京市第一中级人民法院起诉。根据该款的规定，一方当事人起诉后，另一方当事人应当作为第三人参加诉讼。

北京市第一中级人民法院
行政判决书

（2005）一中行初字第872号

原告上海海龙光电科技有限公司，住所地上海市桂平路漕河泾开发区A2小区10号厂房4楼。

法定代表人王汉民，董事长。

委托代理人陈亮，男，上海专利商标事务所有限公司专利代理人。

委托代理人王惠香，上海市一平律师事务所律师。

被告中华人民共和国国家知识产权局专利复审委员会，住所地北京市海淀区北四环西路9号银谷大厦。

法定代表人廖涛，副主任。

委托代理人李卉，女，国家知识产权局专利复审委员会第三申诉处审查员。

委托代理人柴爱军，国家知识产权局专利复审委员会行政诉讼处审查员。

第三人钱金龙。

第三人高剑萍。

原告上海海龙光电科技有限公司不服被告中华人民共和国国家知识产权局专利复审委员会作出的第7156号无效宣告请求审查决定，于2005年8月22日向本院提起行政诉讼。本院受理后，依法组成合议庭，向被告送达了起诉状副本及应诉通知书，并依照《中华人民共和国行政诉讼法》第二十七条之规定，以公告通知钱金龙、高剑萍作为本案第三人参加诉讼。本院于2006年1月25日公开开庭审理了本案。原告的委托代理人陈亮、王惠香，被告的委托代理人李卉、柴爱军到庭参加了诉讼，第三人钱金龙、高剑萍经本院公告传唤，未到庭参加诉讼，亦未提交书面诉讼意见。本案现已审理终结。

2005年5月11日，被告作出第7156号无效宣告请求审查决定（下称第7156号决定），依照《中华人民共和国专利法》（下称《专利法》）第二十二条第二款的规定，宣告原告名称为“灯笼形节能荧光灯管”，专利号为02216587.8的实用新型专利权（下称本专利）部分无效，在原告于2004年2月3日提交的权利要求的基础上维持专利权，维持有效的权利要求书内容如下：

“1. 一种节能荧光灯管，由2～5个U形管经桥接组成，其特征在于，每个U型管的两分支管弯曲成弧度形状，上端口处留有一段为直管，相邻两个U型管在上端口附近有接桥，整体成灯笼形状，所述弧形为椭圆形或近似椭圆形之一，每支弧状U型管的长度为70～150mm，管径为9～18mm。”

原告诉称，在被诉决定的理由中已确定，本专利的权利要求中，下述的技术特征，即“由2～5个U型管经桥接组成；每个U型管的两分支管弯曲弧度形状，上端口处留有一段为直管；相邻两个U型管在上端口附近有接桥；整体成灯笼形；所述弧形为椭圆形或近似椭圆形之一”已被授权公告日为2002年8月14日的ZL01253432.3号实用新型专利说明书（下称对比文件）所公开。也就是说，这些技术特征属于现有技术。根据《中华人民共和国专利法实施细则》（下称《专利法实施细则》）第二十二条的规定，这些技术特征应被置于“其特征在于”用语之前，以表明这些技术特征属于现有技术。然而，在决定书被保留的权利要求1中，这些特征仍位于“其特征在于”用语之后，不符合《专利法实施细则》第二十二条的规定，会使公众认为上述技术特征都为区别于现有技术的特征。为第三人误导公众创造了条件，给原告带来了相当不利的影响。被诉决定称本专利中未被对比文件公开的“每支弧状U型管的长度为70～150mm；管径为9～18mm”两技术特征，实际已被对比文件公开。对比文件的说明书中已描述：“所使用的灯管单元1的管径为12～20mm，组合形成的球形荧光灯的直径范围为80～180mm”。这里的“灯管单元”即为本专利中所述的“弧状U型管”，灯管单元的管径为12～20mm与争议专利所限定的“9～18mm”在“12～18mm”这一范围上是重叠的，因此，这一技术特征已被对比文件所揭示。本专利所述灯笼形荧光灯是由2～5支弧状U型管组成的，从图中可以看出，灯笼形荧光灯的直径与每支弧状U型管的长度是相等的，因此本领域技术人员可以了解，对比文件所揭示的球形荧光灯的直径完全等效于U型管的长度，两者的含义完全一致。对比文件所公开的直径范围80～180mm与争议专利所限定的“70～150mm”在“80～150mm”这一范围上是重叠的，因此，这一技术特征已被对比文件所揭示。由于本专利权利要求中的所有技术特征均已被对比文件所公开，因此不具备新颖性，不符合《专利法》第二十二条第二款的规定，应被宣告全部无效。综上，被诉第7156号决定是错误的。故请求予以撤销。

被告辩称，无论被告对维持第三人有效的权利要求是否进行划界，或如何划界，对该权利要求的保护范围都没有影响，实质上不会对原告或公众的利益造成任何损害。根据《最高人民法院关于执行<中华人民共和国行政诉讼法>若干问题的解释》第十二条的规定，原告不可以根据该理由提起行政诉讼。此外，被告并没有主动对该权利要求进行划界，而是为了确定专利权的保护范围，将第三人2004年2月3日提交的修改文本的权利要求2合并入权利要求1中。合并前权利要求2和权利要求1的特征部分的技术特征是密不可分的，若按照原告所述的意见划界，仅将长度部分的特征记载在特征部分，将会造成新的权利要求的难以理解。因此，被诉决定中关于维持有效的权利要求书的表述是符合《专利法实施细则》第二十二条的有关规定的。

本专利维持有效的权利要求与对比文件的区别在于：本专利权利要求中保护的是“每支弧状U型管的长度”范围；对比文件所公开的是“球形荧光灯的直径”范围。“直径”特指对圆或球体尺寸的一种限定，对比文件中的“球形荧光灯的直径”很显然指的是该球形的直径，根据对比文件和本专利附图都可以看出，球形或球体并不是该荧光灯管的全部，在球形或灯管单元弧度形状的上端口处还包括有一段直管，对比文件中所述的直径显然不能包括该段直管，而本专利维持有效的权利要求所限定的“弧状U型管的长度”明显指的是整个灯管的长度。因而，这两者的保护范围不是相同的，并不是原告所说的“含义完全一致”，由此，对比文件并没有全部公开构成本专利维持有效的权利要求的全部技术特征。因而，对比文件不能破坏本专利维持有效的权利要求的新颖性。综上，被诉第7156号决定认定事实清楚、适用法律正确，原告的诉讼理由不能成立。故请求维持第7156号决定，驳回原告的诉讼请求。

被告在法定期限内向本院提交并经当庭质证的证据有：1. 本专利公告文本；2. 对比文件公告文本。

以上证据与被诉的第7156号决定的合法性审查有关且合法，各方当事人对其真实性亦无异议，本院予以采纳。根据以上证据及各方当事人在庭审中无争议的陈述，本院对本案事实作出如下认定：

中华人民共和国国家知识产权局（下称国知局）于2003年3月12日授权公告了名称为“灯笼形节能荧光灯管”的实用新型专利权（即本专利），其专利号为02216587.8，专利权人为本案第三人钱金龙、高剑萍，专利申请日为2002年4月4日。授权公告的权利要求书如下：

“1. 一种节能荧光灯管，由2~5个U型管经桥接组成，其特征在于每个U型管的两分支管弯曲成弧度形状，上端口处留有一段为直管，相邻两个U型管在上端口附近有接桥，整体成灯笼形状。

2. 根据权利要求1所述的节能荧光灯管，其特征在于各U型分支管的弧度形状为圆弧形、近似圆弧形、椭圆形、近似椭圆形之一种。

3. 根据权利要求1或2所述的节能荧光灯管，其特征在于，每支弧状U形管的长度为70~150mm，管径为9~18mm。”

针对本专利，原告向被告提出了无效宣告请求，理由是本专利不具备《专利法》第二十二条规定的新颖性、创造性，并提交了本专利的公告文本和对比文件作为证据。

被告受理该无效请求后，向第三人进行了转文。第三人对本专利权利要求书进行了修改并作出答复。其修改后的权利要求为：

“1. 一种节能荧光灯管，由2~5个U型管经桥接组成，其特征在于每个U型管的两分支管弯曲成弧度形状，上端口处留有一段为直管，相邻两个U型管在上端口附近有接桥，整体成灯笼形状，所述弧形为椭圆形或近似椭圆形之一。

2. 根据权利要求1所述的节能荧光灯管，其特征在于每支弧状U型管的长度为70~150mm，管径为9~18mm。”

被告向双方发出口头审理通知，并将第三人的意见陈述书和修改后的权利要求书转送原告。

原告及第三人均出席了口头审理。在口头审理中，双方就相关事实进行了辩论，并充分发表了各自的意见。

被告经审查认为，第三人在答复期限内对本专利权利要求书进行了修改，把权利要求2并入权利要求1中，将权利要求3作为权利要求2，属于对权利要求的删除和技术方案的删除，符合《审查指南》的规定，因此新的权利要求书是可接受的。

根据《专利法》第二十二条第二款的规定，在一件专利申请的新颖性判断中，由他人在该申请的申请日以前向国知局提出并且在申请日以后（含申请日）公布的同样的发明或者实用新型专利申请，损害该申请日提出的专利申请的新颖性。

本专利的权利要求1请求保护的节能荧光灯管含有六个技术特征：（1）2~5个U型管；（2）U型管经桥接组成，相邻两个U型管上端口附近有接桥；（3）每个U型管的两分支管弯曲成弧度形状；（4）U型管上端口留有一段为直管；（5）整体成灯笼形状；（6）两分支管弧度形状为椭圆形或近似椭圆形之一。

对比文件是葛葆珪于2001年9月3日向国知局提出的申请，于2002年8月14日授权公告的实用新型专利，其公开了一种球形荧光灯，包括灯管和灯头，与本专利属于相同技术领域。其主要包括有：（1）“灯管由若干单个灯管单元组成”，且附图2中可以看出灯管是由4个灯管单元组成的，它们的形状大致也为U型；（2）“采用桥接的方法将它们互相连通……”，“灯管单元1之间以接桥2顺序相连”，从附图2中可以看出接桥2位于灯管单元的上端口附近；（3）“灯管单元1是以一定曲率半径的弧度并按球面展开，这里的曲面可以是球面或椭球面”；（4）附图1中可以看出，灯管单元1的一段留有一段直管；（5）“采用桥接的方法将它们互相连通成一个球形荧光灯”；（6）“灯管单元的弧度为圆球面或椭球面的曲率半径”。

可见对比文件公开了权利要求1的技术方案，构成本专利的抵触申请，可以破坏本专利权利要求1的新颖性。

第三人认为对比文件中单个的灯管是V形的，而对比文件的说明书中并没有明确说其是V形管的灯管单元，从对比文件的附图1和附图2中可以看出其端部也是有一定弧度的，将其看做是V形管比较牵强；况且，从图中可以很明显地看出，无论是本专利还是对比文件的灯管单元，都不是严格的平面U型，它们都是基本的U型管单元经过处理而成的一种横投影面为U型的立体形状，从这个角度来说两者的结构是相同的。因此，可以认为对比文件中的灯管单元也是U型；本专利请求保护的灯笼的形状在节能灯管领域并没有明确的定义，从常识来看其大致可以是球、椭球或类似球或椭球的形状，因而在对比文件中公开的“曲面可以是球面或椭球面”就可以无歧义地看做为已经公开了本专利的“灯笼形状”或与灯笼形状相对应的内容。

本专利的权利要求2的附加技术特征有两个：（1）U型管的长度为70～150mm；（2）管径为9～18mm。对比文件的权利要求2公开了球形荧光灯管单元的管径范围，而在对比文件中没有有关U型管长度的限定，因而对比文件不能够破坏本专利权利要求2的新颖性。

由于抵触申请不属于《专利法实施细则》第三十条规定的现有技术，所以抵触申请只在确定发明或者实用新型的新颖性时才予考虑，在确定发明或者实用新型的创造性时，不予考虑，亦即抵触申请不能作为评价创造性的依据。

本专利中，权利要求2是从属于权利要求1的，由于对比文件不能够破坏本专利权利要求2的新颖性，因而对比文件就不能再作为评价创造性的依据继续使用，从而权利要求2具备《专利法》第二十二条规定的新颖性和创造性。

综上，权利要求1不具备《专利法》第二十二条第二款规定的新颖性，权利要求2具备《专利法》第二十二条第二款规定的新颖性。故作出第7156号决定。

本院认为，授予专利权的发明和实用新型，应当具备新颖性。本案中，原、被告争议的第一个焦点问题是对比文件是否公开了构成本专利维持有效的权利要求的全部技术特征。应当指出，本专利权利要求2中，揭示了灯笼形荧光灯的每支弧状U型管（含上端口处的一段直管）的长度为70～150mm；对比文件中公开了球形荧光灯的直径范围为80～180mm。而对比文件中，球形荧光灯的直径应指由弧形灯管单元经桥接组成的球形荧光灯中球形部分的直径（“直径”只能是对圆或球体尺寸的表述）。由于在组成该球形的弧形灯管单元的上端口处还包括一段直管，该段直管的长度与该荧光灯中球形部分的直径相加才是该荧光灯中每只弧形灯管的长度。所以，对比文件中的“球形荧光灯的直径”与本专利的权利要求2中所限定的“弧状U型管的长度”并非同一含义，两者的保护范围不相同。原告称该“两者的含义完全一致”，缺乏根据。因此，对比文件不能破坏本专利权利要求2的新颖性。原、被告争议的第二个焦点问题是第7156号决定对维持第三人有效的权利要求的表述，是否符合《专利法实施细则》）第二十二条的规定。第7156号决定对维持第三人有效的权利要求的表述，正确划定了对该权利要求的保护范围，没有导致本专利权利要求保护范围的改变，不会对原告或公众的利益造成损害。若按原告的主张，仅将本专利中每只弧状U型管的长度以及管径特征记载在特征部分，就会造成维持有效的权利要求与本专利的说明书脱节，使该权利要求书难以理解。因此，不应认为第7156号决定中关于维持有效的权利要求书的表述，违反《专利法实施细则》第二十二条的有关规定。此外，本院亦认同第7156号决定对其他相关问题的论述。原告的诉讼主张，缺乏事实及法律根据，其请求本院不予支持。第7156号决定认定事实清楚，适用法律正确，程序合法，本院应予维持。据此，依照《中华人民共和国行政诉讼法》第五十四条第（一）项，判决如下：

维持被告中华人民共和国国家知识产权局专利复审委员会于二〇〇五年五月二十三日作出的第7156号无效宣告请求审查决定。

本案案件受理费1000元，由原告上海海龙光电科技有限公司负担（已交纳）。

如不服本判决，可在本判决书送达之日起十五日内，向本院递交上诉状，并按对方当事人的人数提交副本，预交上诉案件受理费1000元，上诉于北京市高级人民法院。上诉人自递交上诉状之日起七日内未预交上诉费，又不提出缓交申请的，按自动撤回上诉处理。

审　判　长　吴　月

代理审判员　张靛卿

代理审判员　何君慧

二〇〇六年六月二十一日

书　记　员　王　丽

022

开启式架空电话电缆接续护套案

无效宣告请求审查决定（第7159号）

决　定　号　第7159号
决　定　日　2005年4月22日
发明创造名称　开启式架空电话电缆接续护套
国际分类号　H02G 15/188、15/18
无效请求人　夏　亮
专利权人　解崇发
专　利　号　98240941.9
申　请　日　1998年9月25日
授权公告日　1999年11月17日
合议组组长　张　度
主　审　员　崔哲勇
参　审　员　黄毅斐

法律依据　专利法第二十二条第二款
决定要点

请求人不能证明附件1～11、14和15的真实性，因此，对于附件1～11、14和15合议组不予采信；附件12和附件13上均未标明日期，不能作为评判本专利的现有技术。因此，请求人提出的证据不能用于评价本专利的权利要求的新颖性，请求人的无效宣告请求不能成立。

一、案由

本无效宣告请求案涉及中国专利局于1998年9月25日受理、申请号为98240941.9、名称为“开启式架空电话电缆接续护套”的实用新型专利权（下称本专利），专利权人为解崇发（下称被请求人）。

1999年11月17日授权公告的权利要求书如下：

“一种开启式架空电话电缆接续护套，其特征在于由两个半圆形的前套壳和后套壳扣合成中空圆管形，前后套壳的一侧通过塑料膜相连，其开口侧带有用于扣合和开启的弹簧扣，圆管的两端均带有可开挖不同孔径的橡塑堵头并带有用于套接加长管或分线管的接头，管壁上开有气孔并带有气孔网罩，所述前套壳的内侧沿轴向安装有金属屏蔽条并接有屏蔽线和鳄鱼夹，其外侧带有用于吊挂的吊线夹。”

针对本实用新型专利权，夏亮（下称请求人）于2003年6月27日向专利复审委员会提出无效宣告请求，理由是本专利不符合专利法第二十二条第二款有关新颖性的规定。同时，请求人提交了以下附件：

附件1：余姚市电讯设备厂出具的证明复印件；

附件2：浙江省余姚市鸿发通讯设备厂宣传资料复印件；

附件3：余姚市鸿发通讯设备厂产品说明书复印件；

附件4：1994年3月29日邮电部工业产品质量监督检验中心对余姚市电讯设备厂送检的ZPBT型装配式透气套管进行检验的“邮电质字（94）第y009号”检验报告复印件；

附件5：1994年5月21日邮电部科技司、宁波市科学技术委员会对余姚市电讯设备厂ZPBT型装配式透气套管作的“邮电部生产定型鉴定（033）号”新产品鉴定验收证书复印件；

附件6：宁波市经济委员会为余姚市电讯设备厂“装配式透气套管”产品被评为1994年度优秀产品三等奖向余姚市电讯设备厂颁发的奖状照片、实物照片复印件；

附件7：浙江省余姚市鸿发通讯设备厂生产图纸复印件；

附件8：1997年1月12日和1997年8月7日余姚市鸿发通讯设备厂销售发票存根复印件；

附件9：天津市电话局出具的KTG560型开启式架空电缆接续套管的使用情况报告复印件；

附件10：天津市电话器材公司出具的DX型系列装配式电缆透气套管的用户使用意见复印件；

附件11：1998年4月2日向卢龙县邮电局劳动服务公司销售透气套管的第01683958号增值税专用发票记账联复印件；

附件12：天津燊马科技开发有限公司生产的KJG560型开启式架空电缆接续套管实物照片原件；

附件13：余姚市鸿发通讯设备厂生产的XD8－04型装配式透气套管实物照片原件。

另外，在请求人提交的附件中有一份“XD8－04型装配式透气套管技术说明”复印件和一份泗洪县电信局向余姚市鸿发通讯设备厂出具的使用意见复印件，但请求人在无效宣告请求书中以及提供的证据目录中均未提到这两份证据，以下将这两份证据分别称为附件14和附件15。

请求人认为，早在被请求人申请该项专利之前，浙江省余姚市鸿发通讯设备厂就长期生产并销售该产品，因此，被请求人的专利不具备专利法第二十二条所规定的新颖性。

经形式审查合格，专利复审委员会受理了该无效宣告请求，并将无效宣告请求书及有关文件的副本转送给被请求人，要求被请求人在指定期限内陈述意见。

2003年9月5日专利复审委员会收到请求人提交的请求调取证据申请书，请求专利复审委员会调取附件4和5的原件以及向余姚市鸿发通信设备厂厂长调查本案所涉专利技术在前公开销售的事实。

2003年10月10日专利复审委员会收到被请求人提交的意见陈述书，认为请求人提交的证据与专利复审委员会此前就本专利作出的第4922号无效宣告请求审查决定中涉及的证据基本相同，故不再就此作出答辩。

2005年1月10日专利复审委员会再次收到请求人的致函，请求专利复审委员会依法调取本案证据。

专利复审委员会于2005年2月22日向双方当事人发出口头审理通知书，定于2005年4月11日对本案进行口头审理。本次口头审理如期举行，双方当事人的委托代理人均参加了口头审理。在口头审理中，请求人明确证据清单中附件3的名称应当为“余姚市电讯设备一厂产品说明书”；请求人当庭提交了加盖有“余姚市鸿发通讯设备厂”红章和厂长签字的附件2、7、8、10、14、15的复印件；请求人在本次无效请求所提交的所有证据中除附件12、13以外均没有提供原件。被请求人对所有证据的真实性都有异议，并当庭提交了附件9的原件，证明附件9是天津电话局出具给被请求人的使用情况报告。

至此，双方当事人已充分发表了意见，合议组认为本案事实已经清楚，可以作出本审查决定。

二、决定的理由

请求人共提交了15份证据，其中仅附件12和13提交了证据的原件，其余证据请求人均未提供证据的原件，仅在口头审理中提供了加盖“余姚市鸿发通讯设备厂”红章和厂长签名的附件2、7、8、10、14、15的复印件。由于请求人提交附件1~11、14和15是为了证明本案所涉专利技术在申请日前已经公开销售，为此请求人应当首先证明附件1~11、14和15的真实性，根据审查指南第四部分第一章第11.2节的规定，证据必须查证属实才能使用。审查指南第四部分第一章第11.3节规定，当事人对其主张负有举证责任，需要提供证据的，应当提供能充分支持其主张的证据，该条同时规定，负有举证责任的当事人，如果不能提供充分的证据，应承担起主张不能成立或者对方当事人的主张成立的法律后果。

鉴于请求人未能提交附件1~11、14和15的原件，且其在口审中提交的加盖“余姚市鸿发通讯设备厂”红章和厂长签名的附件2、7、8、10、14、15的复印件也并非原件，因此合议组仍然不能对附件1~11、14和15的真实性进行核实，在请求人没有充足的理由证明其已经穷尽举证方式和举证能力，且被请求人对上述附件的真实性提出质疑并提供了附件9的原件以证明请求人所提供证据不真实的情况下，请求人应当承担其举证不充分的责任，因此合议组对附件1~11、14和15不予采信。附件12为天津燊马科技开发有限公司生产的KJG560型开启式架空电缆接续套管实物照片原件，附件13为余姚市鸿发通讯设备厂生产的XD8-04型装配式透气套管实物照片原件，对于这两份证据，合议组认为，这两份证据均没有日期，不能证明这两份证据的公开日期，因此不能作为评价本专利的现有技术，对于这两份证据合议组不予采信。

综上所述，请求人提出的所有证据均不能用于评价本专利权利要求的新颖性。因此，请求人提出的关于宣告本专利权无效的请求不能成立。

三、决定

维持98240941.9号实用新型专利权有效。

当事人对本决定不服的，可以根据专利法第四十六条第二款的规定，自收到本决定之日起三个月内向北京市第一中级人民法院起诉。根据该款的规定，一方当事人起诉后，另一方当事人应当作为第三人参加诉讼。

023

印刷电路板成型机上下料机构案

无效宣告请求审查决定（第7160号）

决　定　号　第7160号
决　定　日　2005年4月19日
发明创造名称　印刷电路板成型机上下料机构
国际分类号　H05K 3/00
无效请求人　恩德科技股份有限公司
专　利　权　人　大量工业股份有限公司
专　利　号　98250638.4
申　请　日　1998年12月25日
授权公告日　2000年3月15日
合议组组长　马志远
主　审　员　崔哲勇
参　审　员　李韵美

法律依据　专利法第二十二条第三款
决定要点

对比文件公开的内容作为整体技术方案所要解决的技术问题、采用的技术手段以及最终实现的技术效果与本专利所请求保护的印刷电路板成型机的上下料机构相距甚远，并不能给出任何关于本专利技术方案的技术启示，在本专利技术方案具有优于对比文件的技术效果的情况下，本专利相对于对比文件具有实质性特点和进步，符合专利法第二十二条第三款有关创造性的规定。

一、案由

本无效宣告请求涉及国家知识产权局专利局于2000年3月15日授权公告、申请号为98250638.4、名称为“印刷电路板成型上下料机构”的实用新型专利权（下称本专利），其申请日为1998年12月25日、专利权人为大量工业股份有限公司（下称被请求人）。

本专利授权公告的权利要求书如下：

“1. 一种印刷电路板成型机上下料机构的改进，主要包括有固定板（1）、固定模板（2）、脱料板（3）和下料机构（4），其特征在于：

固定板（1），其上钻设有与下料机构（4）的顶出梢（42）位置相对应的顶出梢孔（11），并固设有固定模板（2）；

固定模板（2），设有与下料机构（4）的顶出梢（42）位置相对应的顶出梢孔（20），上端于欲加工印刷电路板（5）的印刷电路板定位孔（50）相对位置设印刷电路板定位梢（22），其上设有脱料板（3）；

脱料板（3），于欲加工印刷电路板的定位孔（50）相对位置钻设脱料板滑动孔（30），且该脱料板滑动孔（30）的孔径较欲加工电路板的定位孔（50）孔径稍大；

下料机构（4），包括有设于固定板（1）下方床台（10）上的顶出机构（40），该顶出机构（40）连接一令其上升或下降的浮动板（41），该浮动板（41）上端设有适当数量的顶出梢。

2. 根据权利要求1所述的印刷电路板成型机上下料机构的改进，其特征在于：待加工的印刷电路板（5）与脱料板（3）间可放置隔离纸板（6），该隔离纸板（6）上于欲加工印刷电路板的定位孔（50）相对位置钻设隔离纸板滑动孔（60），该隔离纸板滑动孔（60）的孔径较欲加工印刷电路板的定位孔（50）孔径稍大。”

针对上述专利权，恩德科技股份有限公司（下称请求人）于2004年5月1日向专利复审委员会提出了无效宣告请求，理由是本专利不符合专利法第二十二条第三款的规定，并提交了以下附件：

附件1：ZL98250638.4号实用新型专利说明书复印件，申请日为1998年12月25日、授权公告日为2000年3月15日（即本专利）；

附件2：日本特开平10－51152号公开特许公报复印件，公开日为1998年2月20日；

附件3：附件2的部分译文；

附件4：美国专利US5768772号复印件，公开日为1998年6月23日。

经形式审查合格，专利复审委员会受理了上述无效宣告请求，并于2004年6月8日将该无效宣告请求书及其附件1～4的副本转送被请求人。

专利复审委员会于2004年7月20日收到被请求人提交的针对上述无效请求的意见陈述书，其具体理由为：（1）根据附件3中的译文，其名称为“将可挠性薄片堆栈于定位梢的方法及装置”，而本专利的名称为“印刷电路板成型机上下料机构”，二者不属于同一领域；（2）附件2～4并未公开本专利权利要求1、2的全部技术特征，权利要求1和2具有实质性特点和进步。

专利复审委员会依法成立合议组对本案进行审理，并于2005年2月23日向双方当事人发出口头审理通知书，定于2005年4月13日对本案进行口头审理，并随口头审理通知书向请求人转送了2004年7月20日收到的被请求人提交的意见陈述书。

口头审理于2004年4月13日如期举行，请求人明确表示附件2和附件4为同族专利，其无效理由是本专利权利要求1和2相对于附件2不具备创造性；被请求人对附件2和4的真实性、附件2译文的准确性均没有异议。

基于上述的工作，合议组认为双方当事人已经充分发表意见，本案事实已经清楚，可以作出本决定。

二、决定的理由

1. 证据认定

由于请求人提交的附件2、4为在先公开的专利文献，且被请求人对其真实性并无异议，因此附件2、4可以作为评判本专利创造性的现有技术，附件3为附件2的部分中文译文。

2. 关于创造性

本专利权利要求1请求保护一种印刷电路板成型机上下料机构的改进，主要包括：

固定板（1）、固定模板（2）、脱料板（3）和下料机构（4），其特征在于：

固定板（1），其上钻设有与下料机构（4）的顶出梢（42）位置相对应的顶出梢孔（11），并固设有固定模板（2）；

固定模板（2），设有与下料机构（4）的顶出梢（42）位置相对应的顶出梢孔（20），上端于欲加工印刷电路板（5）的印刷电路板定位孔（50）相对位置设印刷电路板定位梢（22），其上设有脱料板（3）；

脱料板（3），于欲加工印刷电路板的定位孔（50）相对位置钻设脱料板滑动孔（30），且该脱料板滑动孔（30）的孔径较欲加工电路板的定位孔（50）孔径稍大；

下料机构（4），包括有设于固定板（1）下方床台（10）上的顶出机构（40），该顶出机构（40）连接一令其上升或下降的浮动板（41），该浮动板（41）上端设有适当数量的顶出梢。

权利要求 1 所限定的技术方案的下料过程为：首先将欲加工的印刷电路板 5 压入位于成型机固定板 1 加工位置的固定模板 2 上，开始加工；待印刷电路板 5 加工完毕，顶出机构 40 工作，使浮动板 41 上升，顶出梢 42 随之上顶，使顶出梢 42 将脱料板 3 与固定模板 2 分离。

附件 2 公开了一种将可挠性薄片堆栈于定位梢上的装置（参见附件 3），包括堆栈固定器 120，它具有一定位梢 122 和一可沿该定位梢移动的堆栈板 124；构造体 114、140、148，可将堆栈板 124 定位于定位梢的自由端附近；一离合器 112，可将前述堆栈板 124 以摩擦方式加以支持；一头体 130，可将自我整合于定位梢上的薄片在定位梢 122 上加以加压，而将堆栈板 124 沿着定位梢 122 对抗着堆栈板 124 的摩擦支持力予以再定位。附件 2 公开的将可挠性薄片堆栈于定位梢上的方法包括以下步骤：将堆栈板定位于上述定位梢的自由端附近，将堆栈板作摩擦方式支持，将可挠性薄片自我整合于上述定位梢的肩部上，将加压组件对位于上述定位梢的肩部上，将上述可挠性薄片在定位梢上对抗着上述堆栈板的摩擦支持力实行加压。

根据上述技术内容可知，附件 2 公开的将可挠性薄片堆栈于定位梢上的方法和装置在执行可挠性薄片堆栈的过程中，其堆栈板 124 的起始位置位于定位梢的自由端附近，并且该堆栈板 124 受到离合器 112 的摩擦力支持，在将可挠性薄片整合在定位梢肩部上之后，利用加压组件 130 施加压力，使该堆栈板 124 对抗着上述支持摩擦力而下降一定距离，然后重复上述整合可挠性薄片、利用加压组件 130 施加压力使堆栈板下降的步骤，直到将多个可挠性薄片堆栈于定位梢上为止。

合议组认为，附件 2 中公开的定位梢 122、堆栈板 124、构造体 114、140、148 的结构虽然类似于本专利权利要求 1 中的顶出梢、脱料板和下料机构，但是由于附件 2 中公开的技术内容作为整体技术方案还利用了离合器 112、头体 130 等机构，其公开的将可挠性薄片堆栈于定位梢上的装置的工作过程和原理与权利要求 1 的技术方案完全不同，附件 2 的整体技术方案完全不涉及印刷电路板成型机的上下料机构，尤其是不涉及印刷电路板成型机的下料机构。因此附件 2 的整体技术方案所要解决的技术问题、采用的技术手段以及最终实现的技术效果与本专利权利要求 1 所请求保护的印刷电路板成型机的上下料机构相距甚远，本领域普通技术人员在附件 2 的基础上不可能得到任何关于本专利权利要求 1 的技术方案的技术启示，因此权利要求 1 相对于附件 2 具有实质性特点，同时由于本专利权利要求 1 的技术方案能够实现印刷电路板成型机的上下料，因此也具有技术进步。综上所述，权利要求 1 的技术方案相对于附件 2 具备专利法第二十二条第三款规定的创造性。

由于附件 4 与附件 2 为同族专利，其公开的技术内容完全一致，因此权利要求 1 相对于附件 4 也具备创造性。

综上所述，请求人认为本专利不符合专利法第二十二条第三款有关创造性规定的主张不能成立。

三、决定

维持第 98250638.4 号实用新型专利权有效。

当事人对本决定不服的，可以根据专利法第四十六条第二款的规定，自收到本决定之日起三个月内向北京市第一中级人民法院起诉。根据该款的规定，一方当事人起诉后，另一方当事人应当作为第三人参加诉讼。

024

永磁恒压防爆发电机案

无效宣告请求审查决定（第7163号）

决　定　号　第7163号
决　定　日　2005年5月16日
发明创造名称　永磁恒压防爆发电机
国际分类号　H02K 5/136
无效请求人　王喜安
专利权人　吴来蔚
专　利　号　03218428. X
申　请　日　2003年1月15日
授权公告日　2003年12月24日
合议组组长　李　隽
主　审　员　高海燕
参　审　员　张美菊

法律依据　专利法第二十二条第二款、第三款
决定要点

如果现有技术公开了一项权利要求中的全部技术特征，且该现有技术与该权利要求的技术领域相同，所采用的技术方案实质相同，达到的技术效果相同，则该权利要求不具备新颖性，不符合专利法第二十二条第二款的规定。

一、案由

本无效宣告请求涉及国家知识产权局专利局于2003年12月24日授权公告的03218428. X号实用新型专利（下称本专利），其名称为“永磁恒压防爆发电机”，申请日为2003年1月15日，专利权人为吴来蔚（下称被请求人）。

授权公告的权利要求书如下：

“1. 永磁恒压防爆发电机，由转子、定子、隔爆腔、整流稳压电路等组成，其特征在于，采用外磁钢转子结构，机座整体为中间带隔层的空心鼓状结构，隔层左腔安装定子和转子，右腔安装整流稳压器件和引线；机座隔层左面中心有凸台，凸台外周安装定子铁芯与线圈，凸台内孔安装转子的转轴；转子为左端面带皮带轮的右开口空心鼓状，鼓面内侧镶有与定子对应间隔的磁钢，鼓面外侧与机座空心鼓状的左腔内面配合形成隔爆面；机座右腔右端面装有隔爆端盖。

2. 如权利要求1所述的永磁恒压防爆发电机，其特征在于，转子鼓面内侧的磁钢为与鼓面内侧形状吻合的瓦片状，用环氧树脂粘贴在鼓面内。

3. 如权利要求1所述的永磁恒压防爆发电机，其特征在于，隔爆端盖内面中间有一个将机座右腔隔开的隔断筋板，筋板上装有引线柱，筋板上腔安装整流稳压器件，下腔的端盖上开有引线孔。”

针对上述专利权，王喜安（下称请求人）于2004年4月13日向专利复审委员会提出无效宣告请求，其理由是本专利权利要求1、2和3的产品已在本专利申请日之前公开销售和公开使用，因而不具备新颖性和创造性，不符合专利法第二十二条规定的新颖性和创造性要求。

请求人同时提交了下列附件作为证据：

附件1：河北煤炭科学研究所1993年设计的FW12FB无刷防爆发电机图纸复印件，制图日期为1993年8月；

附件2：新乡市华盛冲压机械厂1997年11月设计的200YF永磁防爆发电机总装图复印件，制图日期为1997年11月，该图盖有煤炭工业部上海电气防爆检验站图纸防爆审查合格章；

附件3：由煤炭工业上海电气防爆检验站发给河南省煤炭科学研究所的200YF永磁防爆发电机防爆检验合格证复印件，防爆合格证号是2982177，有效起止日期为自2000年4月至2003年11月；

附件4：2000年4月新乡市华盛冲压机械厂和河南省煤炭科学研究所发给煤炭工业部上海电气防爆检验站的200YF永磁防爆发电机防爆检验合格证转发函复印件，其上记载有“经安标办建议，厂、所双方协商同意，将该产品防爆检验合格证转发给河南省煤炭科学研究所”的内容，并盖有新乡市华盛冲压机械厂和河南省煤炭科学研究所的印章；

附件5：2000年4月13日发给河南省煤炭科学研究所200YF永磁防爆发电机防爆安全标志准用证复印件，其上记载的有效期为“2000年4月13日至2003年11月30日止”，证号为“煤技监证字第2000053号”，并盖有煤炭工业安全标志准用章；

附件6：河南省煤炭工业厅对TYFB－950防爆三轮运输车的科技成果鉴定证书复印件，鉴定日期为1999年12月；

附件7：吉林长城机械制造有限公司出具的200YF永磁防爆发电机与长城系列防爆车配套参加“2002山西首届煤炭工业展览会”证明复印件；

附件8：专利号为03218428. X的专利文件复印件即本专利；

附件9：临猗县强力矿用设备制造有限公司出具的该公司于2002年7月至2002年12月购买200YF永磁防爆发电机的证明复印件；

附件10：河南省煤炭科学研究所摩托车电器中心向临猗县强力矿用设备制造有限公司销售200YF防爆发电机的两份增值税发票复印件，开票日期分别为2002年7月31日和2002年8月19日，发票编号分别为01444427和01444433；

附件11：2004年4月中华人民共和国临猗县公证处出具的公证书复印件；

附件12：煤炭工业上海电气防爆检验站出具的证明复印件；

附件13：国家煤矿安全监察局信息与技术装备保障司印制的2001年安全标志获证产品手册（第53页）复印件：

请求人在无效宣告请求书中指出，（1）请求人提供的附件证明与本专利技术方案相同的产品已于本专利申请日之前在国内公开销售，请求人提供的附件2为新乡市华盛冲压机厂1997年11月设计的200YF永磁防爆发电机总装图，该图纸经煤炭工业部上海电气防爆检验站审查合格并盖有图纸防爆审查合格章，1997年11月该防爆发电机由新乡市华盛冲压机械厂在河北煤炭科学研究所设计图纸（见附件1）的基础上，以新乡市华盛冲压机械厂的名义用“200YF永磁防爆发电机”的名称申办防爆检验合格证，并于1998年11月通过了煤炭工业部上海电器防爆检验站进行的防爆性能检验，取得了防爆检验合格证（见附件3，证明见附件12），并开始小批量生产。2000年4月煤炭工业安全标志办公室（安标办）对河南省煤炭科学研究所和新乡市华盛冲压机械厂进行现场考察，经安标办建议，将该产品的“防爆检验合格证”转发给河南省煤炭科学研究所（见附件4），并于2000年4月给河南省煤炭科学研究所颁发了200YF永磁防爆发电机安全标志准用证（见附件5），开始批量生产，从2002年7月至2002年12月共向临猗县强力矿用设备制造有限公司销售200YF发电机四百多台（证明见附件9，销售发票见附件10），200YF永磁防爆发电机的结构见附件11中的八张永磁防爆发电机照片图1至图8，经与本专利进行对比，2002年7月销售给临猗县强力矿用设备制造有限公司的200YF永磁防爆发电机包括了本专利权利要求中的所有技术特征，即权利要求1、2和3的方案已经在附件11中全部公开，因此本专利不具备专利法第二十二条规定的新颖性。(2) 请求人提供以下附件证明与上述专利技术方案相同的产品已于本专利申请日之前在国内公开使用，200YF永磁防爆发电机于1999年12月随TYFB－950防爆三轮运输车通过了河南省煤炭工业厅主持的专家鉴定（鉴定证书见附件6），200YF永磁防爆发电机于2002年5月在“2002山西首届煤炭工业展览会”上配套吉林长城机械制造有限公司的长城系列防爆车展出（证明见附件7），从而导致使用公开，200YF永磁防爆发电机及FW12FB无刷防爆发电机刊登在2001年安全标志获证产品手册上第53页（见附件13），该手册为公开出版物。(3) 请求人提供以下附件证明与本专利技术方案相同的设计已于本专利申请日前在国内公开，附件1中图纸的绘制时间是1993年8月，附件2中图纸的绘制时间是1997年11月，早于本专利的申请日2003年1月15日，构成本专利的现有技术，可用于对比判断本专利的新颖性和创造性。经对比，附件2中包括了本专利权利要求中的所有技术特征，即权利要求1、2和3的方案已经在附件2中全部公开，因此本专利不具备专利法第二十二条规定的新颖性。

综上，本专利不符合专利法第二十二条的规定。

经形式审查合格，专利复审委员会于2004年4月13日受理了上述无效宣告请求，同日将专利权无效宣告请求书及其附件清单中所列附件副本转送给了被请求人，要求其在指定的期限内答复。

针对上述无效宣告请求，被请求人于2004年5月17日递交了意见陈述书。在该意见陈述书中，被请求人认为本专利的独创性在于核心部位装有本发明人的另一项专利产品，请求人提供的资料中并无此装置。所以，本专利与王喜安的资料有着本质区别。

2005年1月28日，合议组向双方当事人发出口头审理通知书，定于2005年3月21日举行口头审理，并将被请求人于2004年5月17日提交的意见陈述书转交请求人。

2005年3月21日口头审理如期举行。请求人参加了口头审理，而被请求人没有参加口头审理。在口头审理中，请求人对合议组成员没有回避请求；请求人当庭出示附件1～7、9～13的原件，请求人当庭出示附件11中八张带有临猗县公证处钢印的照片，合议组经过核实，原件与复印件相同。

至此，合议组认为本案事实已经清楚，现依法作出审查决定。

二、决定的理由

1. 关于证据

请求人当庭出示附件1～7、9～13的原件，以及附件11中八张带有临猗县公证处钢印的照片。合议组经过核实，原件与复印件相同，被请求人未出席口头审理，且未对上述证据提出异议。因此，合议组对附件1～7、9～13的真实性予以认可。

2. 关于新颖性

专利法第二十二条第二款规定的新颖性是指，在申请日以前没有同样的发明或者实用新型在国内外出版物上公开发表过、在国内公开使用过或者以其他方式为公众所知，也没有同样的发明或者实用新型由他人向国务院专利行政部门提出过申请并且记载在申请日以后公布的专利申请文件中。

请求人提交的附件12为煤炭工业上海电气防爆检验站出具的证明复印件，其上盖有煤炭工业上海电气防爆检验站业务专用章。其证明了下述事实：煤矿用电气产品必须通过防爆及性能检验取得《防爆检验合格证》和《安全标志准用证》后才能严格按照核准的产品名称和图纸生产以及销售；

200YF 永磁防爆发电机的《防爆检验合格证》（防爆合格证编号：2982177）原由煤炭工业上海电气防爆检验站发给新乡市华盛冲压机械厂，后经安标办建议转发给河南省煤炭科学研究所，由该站核准的产品名称和图纸未作任何更改；自 2000 年 4 月至 2003 年 11 月止，在检验合格证有效期内，河南省煤炭科学研究所必须严格按照该站核准的产品名称（200YF 永磁防爆发电机）、技术条件和图纸（新乡市华盛机械厂送审图纸）生产才能销售。

附件 2 为新乡市华盛冲压机械厂 1997 年 11 月设计的 200YF 永磁防爆发电机总装图复印件，制图日期为 1997 年 11 月，该图盖有煤炭工业部上海电气防爆检验站图纸防爆审查合格章。因此，该 200YF 永磁防爆发电机总装图就是新乡市华盛冲压机械厂向煤炭工业部上海电气防爆检验站送审合格的图纸。

附件 3 为由煤炭工业上海电气防爆检验站发给河南省煤炭科学研究所的 200YF 永磁防爆发电机防爆检验合格证复印件，防爆合格证号是 2982177，有效起止日期为自 2000 年 4 月至 2003 年 11 月。

附件 4 为 2000 年 4 月新乡市华盛冲压机械厂和河南省煤炭科学研究所发给煤炭工业部上海电气防爆检验站的 200YF 永磁防爆发电机防爆检验合格证转发函复印件，其上记载有“经安标办建议，厂、所双方协商同意，将该产品防爆检验合格证转发给河南省煤炭科学研究所”的内容，并盖有新乡市华盛冲压机械厂和河南省煤炭科学研究所的章。

附件 5 为 2000 年 4 月 13 日发给河南省煤炭科学研究所 200YF 永磁防爆发电机防爆安全标志准用证复印件，其上记载的有效期为“2000 年 4 月 13 日至 2003 年 11 月 30 日止”，证号为“煤技监证字第 2000053 号”，并盖有煤炭工业安全标志准用章。

附件 9 为临猗县强力矿用设备制造有限公司购买河南省煤炭科学研究所生产的 200YF 永磁防爆发电机的证明复印件。

附件 10 为河南省煤炭科学研究所摩托车电气中心向临猗县强力矿用设备制造有限公司销售 200YF 永磁防爆发电机的两份增值税发票复印件，开票日期分别为 2002 年 7 月 31 日和 2002 年 8 月 19 日。

附件 11 为 2004 年 4 月中华人民共和国临猗县公证处出具的公证书复印件，其证明了下述事实：临猗县强力矿用设备制造有限公司现有的 200YF 永磁防爆发电机与河南省煤炭科学研究所传真文书《永磁防爆发电机》和《安全标志准用证》上载明的各详细资料均相符；该产品的品牌标识为：200YF 永磁防爆发电机；防爆合格证编号 2982177；安全标志编号 2000053；河南省煤炭科学研究所；出厂日期分别为 2002 年 7 月等；《安全标志准用证》上第 3000053 号亦与产品上号码相符。

上述附件的结合证明了下述事实：200YF 永磁防爆发电机取得了《防爆检验合格证》和《安全标志准用证》，在 2000 年 4 月至 2003 年 11 月的有效期内，河南省煤炭科学研究所被准予生产和销售按核准的 200YF 永磁防爆发电机总装图纸（附件 2 的新乡市华盛机械厂送审图纸）生产的 200YF 永磁防爆发电机；2002 年 7、8 月份，河南省煤炭科学研究所摩托车电气中心向临猗县强力矿用设备制造有限公司销售过 200YF 永磁防爆发电机；临猗县强力矿用设备制造有限公司现有的 200YF 永磁防爆发电机包括 2002 年 7 月出厂的 200YF 永磁防爆发电机，该发电机的总装图纸为附件 2 的图纸；因此，按附件 2 图纸生产的 200YF 永磁防爆发电机已在早于本专利申请日 2003 年 1 月之前的 2002 年 7 月公开销售，从而按附件 2 图纸生产的 200YF 永磁防爆发电机属于本专利申请日之前的现有技术。

附件 2 的 200YF 永磁防爆发电机包括：转子 4；定子绕组 10；隔爆腔；线路板 12；瓦形磁钢 17 固定在转子空心鼓的内壁上，为外磁钢转子结构；机座整体为中间带隔层的空心鼓状结构；隔层 18 右腔安装定子绕组 10 和转子 4，左腔安装线路板 12 和引线孔 19；机座隔层 18 右面中心有凸台 20，凸台 20 外周安装定子绕组 10（其必然包括铁芯和线圈），凸台内孔安装转子的轴 9；转子为右端面带皮带轮7的右开口空心鼓状，鼓面内侧镶有与定子对应间隔的磁钢17，鼓面外侧与机座空心鼓状的左腔内面配合形成隔爆面21；机座右腔右端面装有后盖2（即隔爆端盖）；隔爆端盖2内面中间有一个将机座左腔隔开的隔断筋板22，筋板上装有接线柱23，筋板上腔安装线路板12，下腔的端盖上开有引线孔19。本领域技术人员可知，由于永磁发电机定子转子发出的电流不稳定，发出电流后必然要将电流进行稳压和整流，因此该发电机的线路板12上必然具有整流稳压电路，而左右不同为图纸的视图角度不同。

由此可见，附件2的200YF永磁防爆发电机公开了权利要求1的所有技术特征，并且其与本专利技术领域相同，所采用的技术方案实质相同，达到的技术效果相同。因此，与权利要求1技术方案相同的产品在本专利申请日之前已经公开销售，权利要求1不具备新颖性，不符合专利法第二十二条第二款的规定。权利要求3的附加技术特征为“隔爆端盖内面中间有一个将机座右腔隔开的隔断筋板，筋板上装有引线柱，筋板上腔安装整流稳压器件，下腔的端盖上开有引线孔”，也已经被附件2公开了，在其引用的权利要求1不具备新颖性时，该权利要求3不具备新颖性，不符合专利法第二十二条第二款的规定。

3. 关于创造性

权利要求2的附加技术特征为，转子鼓面内侧的磁钢为与鼓面内侧形状吻合的瓦片状，用环氧树脂粘贴在鼓面内。

附件2公开的瓦形磁钢17固定在转子鼓面的内壁上，而用环氧树脂粘贴为本领域公知常识，本领域技术人员在附件2的基础上结合上述公知常识而得出该权利要求2的技术方案是显而易见的，当其引用的权利要求1不具备新颖性时，该权利要求2不具备创造性，不符合专利法第二十二条第三款的规定。

三、决定

宣告03218428.X号实用新型专利权全部无效。

当事人对本决定不服的，可以根据专利法第四十六条第二款的规定，自收到本决定之日起三个月内向北京市第一中级人民法院起诉。根据该款的规定，一方当事人起诉后，另一方当事人应当作为第三人参加诉讼。

025

多工矽碟卡结构案

无效宣告请求审查决定（第7278号）

决　定　号　第7278号
决　定　日　2005年6月13日
发明创造名称　多工矽碟卡结构
国际分类号　G06F 1/16
无效请求人　严圣舜
专 利 权 人　万国电脑股份有限公司
专　利　号　02233729.6
申　请　日　2002年5月16日
授权公告日　2003年4月23日
合议组组长　石　清
主　审　员　樊晓东
参　审　员　张美菊

法律依据　专利法第二十二条第二款、第二十六条第四款
决定要点

用他人在先申请在后公开的专利评价一项专利的权利要求新颖性时，如果该申请文件没有公开该权利要求的全部技术特征，则认为该权利要求具备新颖性；判断权利要求是否得到说明书支持，应当整体考虑说明书的内容，不应仅仅依据说明书中的具体技术用语去判断。

一、案由

本无效宣告请求涉及国家知识产权局专利局于2003年4月23日授权公告、申请号为02233729.6、名称为“多工矽碟卡结构”的实用新型专利（下称本专利），其申请日是2002年5月16日，专利权人是万国电脑股份有限公司（下称被请求人）。其授权公告的权利要求书如下：

“1. 一种多工矽碟卡结构，包含：一匣体及一电路板，该电路板上至少设置一或以上的可擦写式存储器及一控制器，该控制器用以支持、控制资料藉由插入的一系统端插入槽可与该些可擦写式存储器进行资料的传输或交换功能；

其特征在于：为一匣体，分别以一上、下盖板及该电路板结合而成，该匣体的前端部分系呈渐缩的一矩形板，在该矩形板的上缘位置更设置有复数个界面接脚。

2. 根据权利要求1所述的多工矽碟卡结构，其特征在于：该匣体的一侧边上更设置有一防写装置，该防写装置卡合于该上、下盖板之间，藉由该防写装置适当的调整其位移，即可防止或不防止资料的传输或交换。

3. 根据权利要求2所述的多工矽碟卡结构，其特征在于：该防写装置更可设置于该下盖板的某

适当位置处，藉由该防写装置调整其位移，即可防止或不防止资料的传输或交换。

4. 根据权利要求1所述的多工矽碟卡结构，其特征在于：该匣体的渐缩部分，亦即该矩形板与尾端部分之间的两侧连接处，分别设置有不对称的一直角与一斜面的设计，用以使该多工矽碟卡结构具备防止反插作用。

5. 根据权利要求1所述的多工矽碟卡结构，其特征在于：该矩形板的下缘位置则具有两定位孔，用以分别与该系统端插入槽的对应两凸点扣合，使其具有某程度的定位功用。

6. 根据权利要求1所述的多工矽碟卡结构，其特征在于：该矩形板的轮廓尺寸包含恰可插入符合USB标准尺寸的插入槽内。换言之，本实用新型可藉由该矩形板直接插入该系统端插入槽，透过USB标准界面进行资料的传输、存取与交换动作。”

针对上述专利权，严圣舜（下称请求人）于2004年2月12日向专利复审委员会提出无效宣告请求。其无效理由为，本专利权利要求1、2、3、6不具备新颖性，不符合专利法第二十二条第二款的规定；权利要求5没有获得说明书支持，不符合专利法第二十六条第四款的规定。请求人还提交了如下附件：

附件1：本专利公告文本；

附件2：申请号为02103174.6的发明专利申请公开文本，其申请人是劲永国际股份有限公司，申请日是2002年2月5日，公开日是2003年8月20日（下称对比文件1）。

请求人在意见陈述书中强调，对比文件1申请在先，公开在后，可以作为对比文件来评述本专利的新颖性。

专利复审委员会于2004年3月3日受理了上述无效宣告请求，同时将请求人的无效宣告请求书及其附件的副本转寄被请求人。

请求人于2004年3月8日又提交了意见陈述书，对上述无效宣告请求书中的部分语句做了调整。

被请求人针对请求人于2004年2月12日提出的无效宣告请求，于2004年3月26日提交了意见陈述书，同时提交权利要求书全文替换页，修改后的权利要求1的内容为：

“1. 一种多工矽碟卡结构，包含：一匣体及一电路板，该电路板上至少设置一或以上的可擦写式存储器及一控制器，该控制器用以支持、控制资料藉由插入的一系统端插入槽可与该些可擦写式存储器进行资料的传输或交换功能；其特征在于：为一匣体，分别以一上、下盖板及该电路板结合而成，该匣体的前端部分系呈渐缩的一矩形板，该矩形板与尾端部分之间的两侧连接处，分别设置有不对称的一直角与一斜面的设计，在该矩形板的上缘位置更设置有复数个界面接脚。”

被请求人在意见陈述书中明确提到，对本专利的权利要求1作如下修改，即“将原权利要求1与4合并组成新的权利要求1”。因此，被请求人认为本专利技术方案和技术特征同对比文件1公开的技术方案和技术特征有着明显不同。具体而言，被请求人认为本专利的权利要求1的控制器不同于对比文件1的图9所示的双界面的控制器506；对比文件1的存储器阵列并未明确表明其是否是可擦写式的存储器，而本专利是可擦写式存储器；本专利的电路板并没有如对比文件1图11所示的延伸有金属导体111；本专利的矩形板分别设有不对称的一直角与一斜面的设计；本专利是在匣体所具有的矩形板上缘设置复数个界面接脚，而不是直接由印刷电路板及其上的金属导体形成；本专利无须公知的界面连接器。因此本专利的权利要求1同对比文件1所公开的技术内容相比较，并没有被其全部揭示和公开，因而具备新颖性。另外，对比文件1没有公开本专利权利要求2、3中的“防写装置”的位置结构特征。权利要求6的技术方案是在矩形板方面对权利要求1做了进一步限定，因此权利要求6具备新颖性。被请求人还论述了本专利的权利要求5所描述的技术方案得到说明书支持的理由，被请求人认为本专利权利要求5中的“凸点”在说明书中没有字面上的显示，但是结合本专利的说明书第6页第12～14行内容及说明书附图可以明显看出，所谓“凸点”就是指定位弹片32，单纯文字上的不对应，不足以影响到对本案技术方案实质性的理解和判断，因此该技术特征得到了说明书支持。

本案合议组于2005年3月14日向双方当事人发出口头审理通知书，定于2005年5月10日举行口头审理，并随口头审理通知书，将请求人于2004年3月8日提交的意见陈述书转给被请求人；将被请求人于2004年3月26日提交的意见陈述书及其附件转给请求人。

口头审理于2005年5月10日举行，双方当事人都出席了口头审理。在口头审理中，合议组当庭告知被请求人随其意见陈述书提交的权利要求书替换页中权利要求1的修改存在缺陷，因此不予接受。被请求人当庭承认存在缺陷，并表示将重新提交权利要求书替换页，其中权利要求1按意见陈述书所表明的权利要求1与权利要求4合并作为新的权利要求1的方式修改，其余权利要求与随意见陈述书提交的权利要求书替换页相同，即原权利要求2、3仍作为新的权利要求2、3，原权利要求4删除，原权利要求5、6依次作为新的权利要求4、5。请求人当庭明确对此修改没有异议。合议组要求被请求人在口审之后七天内提交按上述方式修改的权利要求书替换页，此替换页合议组不再转给请求人，请求人对此没有异议。鉴于此，本次口审以按上述方式修改的权利要求书为基础进行审理。请求人明确其无效理由为，本专利的权利要求4不符合专利法第二十六条第四款的规定，而权利要求1、2、3、5相对于对比文件1不具备新颖性。

口头审理中，本案合议组就请求人提出的无效理由和事实进行了调查，听取了双方当事人的意见。

被请求人于2005年5月11日提交了按口头审理所述方式修改的权利要求书替换页，上述修改符合专利法实施细则第六十八条的规定，合议组予以接受，修改的权利要求书内容如下：

“1. 一种多工矽碟卡结构，包含：一匣体及一电路板，该电路板上至少设置一或以上的可擦写式存储器及一控制器，该控制器用以支持、控制资料藉由插入的一系统端插入槽可与该些可擦写式存储器进行资料的传输或交换功能；

其特征在于：为一匣体，分别以一上、下盖板及该电路板结合而成，该匣体的前端部分系呈渐缩的一矩形板，在该矩形板的上缘位置更设置有复数个界面接脚，该匣体的渐缩部分，亦即该矩形板与尾端部分之间的两侧连接处，分别设置有不对称的一直角与一斜面的设计，用以使该多工矽碟卡结构具备防止反插作用。

2. 根据权利要求1所述的多工矽碟卡结构，其特征在于：该匣体的一侧边上更设置有一防写装置，该防写装置卡合于该上、下盖板之间，藉由该防写装置适当的调整其位移，即可防止或不防止资料的传输或交换。

3. 根据权利要求2所述的多工矽碟卡结构，其特征在于：该防写装置更可设置于该下盖板的某适当位置处，藉由该防写装置调整其位移，即可防止或不防止资料的传输或交换。

4. 根据权利要求1所述的多工矽碟卡结构，其特征在于：该矩形板的下缘位置则具有两定位孔，用以分别与该系统端插入槽的对应两凸点扣合，使其具有某程度的定位功用。

5. 根据权利要求1所述的多工矽碟卡结构，其特征在于：该矩形板的轮廓尺寸包含恰可插入符合USB标准尺寸的插入槽内。换言之，本实用新型可藉由该矩形板直接插入该系统端插入槽，透过USB标准界面进行资料的传输、存取与交换动作。”

在上述工作的基础上，合议组认为本案事实已经清楚，可以作出审查决定。

二、决定的理由

1. 关于无效程序中新修改的权利要求书

在无效程序中专利权人采用合并原权利要求的方式重新修改了权利要求，新权利要求书没有超出原说明书和权利要求书记载的范围，并且符合审查指南所规定的无效宣告程序中专利文件修改的方式，因此，上述修改符合专利法实施细则第六十八条的规定，合议组予以接受。

2. 关于专利法第二十六条第四款

判断权利要求是否得到说明书支持，应当整体考虑说明书的内容，不应仅仅依据说明书中的具体技术用语去判断。

本专利权利要求4的特征部分的内容为“该矩形板的下缘位置则具有两定位孔，用以分别与该系统端插入槽的对应两凸点扣合，使其具有某程度的定位功用”。结合本专利的说明书第6页第12～14行内容以及说明书附图3可以明显看出，所谓“凸点”就是指定位弹片，本领域的技术人员通过阅读说明书及其附图完全可以理解“凸点”及“凸点”与定位孔202扣合的技术含义。因此单纯的文字的不对应，不足以说明该权利要求得不到说明书支持的理由。

3. 关于新颖性

新颖性是指在申请日以前没有同样的发明或实用新型在国内外出版物上公开发表过，在国内公开使用过或者以其他方式为公众所知，也没有同样的发明或者实用新型由他人向国家知识产权局专利局提出过申请并且记载在申请日以后公布的专利申请文件中。

对比文件1为他人在先申请，在后公开的专利文献，可以作为对比文件来评述涉案专利的新颖性。

在无效宣告请求程序中，当请求人以一份他人申请的申请日在本专利申请日之前、公开日在本专利申请日之后的一项专利作为对比文件来评价一项实用新型专利的新颖性时，如果两者在形状结构上存在明显差异时，那么不能认为该本专利不符合专利法第二十二条第二款规定的新颖性。

本专利的权利要求1要求保护的多工矽碟卡结构包括以下几个技术特征：

（1）一匣体及一电路板，该电路板上至少设置一或以上的可擦写式存储器及一控制器，该控制器用以支持、控制资料藉由插入的一系统端插入槽可与该些可擦写式存储器进行资料的传输或交换功能；

（2）一匣体，分别以一上、下盖板及该电路板结合而成；

（3）该匣体的前端部分系呈渐缩的一矩形板，在该矩形板的上缘位置更设置有复数个界面接脚；

（4）该匣体的渐缩部分，亦即该矩形板与尾端部分之间的两侧连接处，分别设置有不对称的一直角与一斜面的设计，用以使该多工矽碟卡结构具备防止反插作用。

对比文件1公开一种双界面存储卡，具体公开了以下技术特征（参见说明书第10页，附图9～12）：该存储卡包括外壳114、113A（相当于本专利的上下盖）；印刷电路板202；存储器阵列507，控制器506（图9），外壳114，113A和印刷电路板202结合成一匣体，匣体的前端部分成一矩形板，矩形板的上面设有多个金属导体。由此可见，对比文件1公开了权利要求1的技术特征（1）、（2），还公开了技术特征（3）中的“矩形板的上缘位置设有复数个界面接脚”，但是，对比文件1没有公开“该匣体的前端部分是呈渐缩的，以及匣体的渐缩部分；亦即该矩形板与尾端部分之间的两侧连接处，分别设置有不对称的一直角与一斜面的设计”这些技术特征。请求人认为尽管在对比文件中没有直接描述“矩形板与尾端部分之间的两侧连接处，分别设置有不对称的一直角与一斜面的设计”，但是该结构可以从对比文件1的图11中看出。对此，合议组认为，从对比文件1的图11中的附图不能看出矩形板设有一直角和一斜面，并且对比文件也没有记载或暗示其技术方案中具有防止存储卡反插的“一直角和一斜面”的形状或结构。因此，对比文件1并未公开权利要求1的全部技术特征，根据专利法第二十二条第二款的规定，对比文件1不影响本专利权利要求1的新颖性。鉴于此，引用权利要求1的从属权利要求2~5也具备新颖性。

基于以上事实和理由，本案合议组作出如下审查决定。

三、决定

在被请求人于2005年5月11日提交的经修改的权利要求书的基础上，维持02233729.6号实用新型专利权有效。

当事人对本决定不服的，可以根据专利法第四十六条第二款的规定，自收到本决定之日起三个月内向北京市第一中级人民法院起诉。根据该款的规定，一方当事人起诉后，另一方当事人应当作为第三人参加诉讼。

026

汽车记录仪的数据输入输出装置案

无效宣告请求审查决定（第7288号）

决　定　号　第7288号
决　定　日　2005年6月9日
发明创造名称　汽车记录仪的数据输入输出装置
国际分类号　G06F 3/00
无效请求人　北京伟航新技术开发有限公司
专利权人　刘　晖
专　利　号　02232733.9
申　请　日　2002年4月18日
授权公告日　2003年7月2日
合议组组长　马　昊
主　审　员　张　度
参　审　员　崔哲勇

法律依据　专利法第二十二条第三款
决定要点

权利要求1相对于对比文件的结合所具有的唯一区别在于设备的外机壳和置于壳内的电路板，而外机壳和电路板都是电子产品组装过程中必备的结构部件，属于公知常识的范畴，不能构成体现创造性的区别特征。

一、案由

本无效宣告请求涉及国家知识产权局专利局2003年7月2日授权公告的、名称为“汽车记录仪的数据输入输出装置”的实用新型专利，其专利号为02232733.9，申请日为2002年4月18日，专利权人是刘晖。

授权公告的权利要求书如下：

“1. 一种汽车记录仪的数据输入输出装置，包括一个外机壳，一个置于壳内的电路板，电路板中含有微处理器部分、接口电路部分及含有传感检测、时钟标准的GPS接收系统部分，其特征在于，电路板中还设置一个通用串行总线USB设备，机壳的侧面设有USB接线端口。

2. 根据权利要求1所述的输入输出装置，其特征在于，该设备既可作为USB装置体系接入USB网络，又可作为控制主机接入其他USB设备。”

针对本实用新型专利权（下称本专利），北京伟航新技术开发有限公司（下称请求人）于2004年7月14日向专利复审委员会提出了宣告专利权无效请求。请求宣告专利权无效的理由是本专利权利要求1，2不具备创造性，不符合专利法第二十二条第三款的规定；权利要求2不符合专利法实施细则第二条第二款的规定。

请求人提交的作为证据的附件有：

附件1：中国专利ZL00262428.1，公开日为2001年10月10日；

附件2：中国专利ZL97200839.X，公开日为1998年12月2日；

附件3：日本公开特许公报2002－90444，公开日为2002年3月27日；

附件4：《USB总线接口开发指南》国防工业出版社2002年1月第2次印刷版（复印件）共3页；

附件5：《微机接口技术》中国水利水电出版社2004年1月第4次印刷版（复印件）共12页；

附件6：SL811HS Embedded USB Host/Slave Controller的2002年3月14日修订版本复印件4页及译文1页；

随后于2004年8月6日补交了附件3的译文2页。

经形式审查合格，专利复审委员会于2004年9月24日向请求人和专利权人发出无效宣告请求受理通知书，并将无效宣告请求书及其附件的副本转送给专利权人（下称被请求人）。

被请求人于2004年11月5日提交了意见陈述书，对请求人的无效理由和证据提出反驳意见。

本案合议组于2005年1月27日向双方当事人发出无效宣告请求口头审理通知书，定于2005年3月24日举行口头审理，同时将双方的意见陈述书和补充证据副本转送给对方，口头审理于2005年3月24日如期举行，请求人及其代理人和被请求人及其代理人出席口头审理。

双方当事人在口头审理中认定的事实如下：

被请求人对附件1～6的真实性和附件3、6译文的准确性没有异议，同意"含有传感检测、时钟标准的GPS接收系统"属于公知技术。请求人确认其请求宣告无效的理由是权利要求1、2相对于附件1结合公知常识不具备创造性，相对于附件2、3结合公知常识不具备创造性，权利要求2不符合专利法实施细则第二条第二款的规定，并以附件4、5、6作为公知常识的证据使用。

至此，本案合议组认为事实清楚，且双方当事人已经充分发表意见，可以在此基础上作出审查决定。

二、决定的理由

1. 关于证据

经合议组核实，请求人提交的附件1、2、3为本专利申请日之前公开的专利文献，证据4是本专利申请日前的公开出版物，均适用于依照专利法第二十二条评价本专利权利要求的创造性。附件5公开日在本专利申请日之后，不能作为公知常识证据使用。附件6的出版日在本专利申请日之前，且被请求人对附件6复印件的真实性没有异议，合议组予以采信。

2. 关于专利法实施细则第二条第二款

请求人主张权利要求2的附加技术特征是用途特征，不符合专利法实施细则第二条第二款的规定。对此，合议组认为，权利要求2是对权利要求1的进一步限定，在权利要求1的主题符合专利法实施细则第二条第二款的条件下，权利要求2不存在违反专利法实施细则第二条第二款的缺陷，请求人主张的理由不成立。

3. 创造性

本专利所要解决的技术问题是克服已有汽车行驶记录仪的数据输入输出设备工作效率低，读取时间长，易损坏和造价高等缺陷，其权利要求1可以归纳成由以下四个特征组成：

（a）汽车记录仪的数据输入输出装置包括一个外机壳，一个置于壳内的电路板；

（b）电路板中含有微处理器部分、接口电路部分及含有传感检测、时钟标准的GPS接收系统部分；

（c）电路板中还设置一个通用串行总线 USB 设备；

（d）机壳的侧面设有 USB 接线端口。

附件 1 技术方案的主要目的是提供一种汽车信息资源集成装置，有效集成诸如卫星定位系统、车载移动电话系统、防盗系统、信息系统等现有汽车设备，为汽车提高多元化的信息安全服务。由此可见附件 1 与本专利实质上属于相同技术领域，其说明书中具体公开了一种汽车信息资源集成装置，其中第 2～3 页公开的系统组成部分包括：接收卫星定位系统 GPS 信号的卫星定位单元 10；移动电话单元 20，监控/防盗单元 30，信息单元 40，通报/输入单元 50，显示单元 61，存储单元 62，外围接口控制电路 63，以及通过外围接口控制电路与各单元联机的微处理器 60。附件 1 的图 2 是该系统的电路图，如图 2 所示，电路板上包括该系统的上述各个组成部分。如附件 1 说明书第 3 页倒数第 4 行所述，接口电路 43 可为 RS－232、USB 或其他 I/O 接口。附件 1 中的微处理器 60 对应权利要求 1 中的微处理器部分，外围接口控制电路 63 对应接口电路部分，而接收卫星定位系统 GPS 信号的卫星定位单元 10 对应着含有传感检测、时钟标准的 GPS 接收系统部分，其中的“传感检测和时钟标准”是任何 GPS 接收机必备的要素，被请求人在口头审理中对此也予以认可，由此可见附件 1 完全公开了权利要求 1 的特征（b）。

作为一种通用串行总线标准，USB 设备和外接的 USB 接线端口都属于串行通信领域的公知常识，例如可参见附件 4 图 1－1，各个设备内部具有 USB 设备，外部具有 USB 接线端口。由此可见附件 4 已经公开了权利要求 1 中的特征（c）和（d）。

根据上述对比，权利要求 1 相对于附件 1 和附件 4 的结合所具有的唯一区别在于特征（a）。对此，合议组认为，设备的外机壳和置于壳内的电路板都是各种电子产品组装过程中必备的结构部件，属于公知常识的范畴，不能构成体现创造性的区别特征。综合以上对比结果，在附件 1 的基础上结合附件 4 和公知常识就能得到权利要求 1 的技术解决方案，并能实现与权利要求 1 所保护的技术方案相同的技术效果，因此，权利要求 1 不具有实质性特点和进步，不符合专利法第二十二条第三款规定的创造性。

从属权利要求 2 所限定的进一步特征“该设备既可作为 USB 装置体系接入 USB 网络，又可作为控制主机接入其他 USB 设备。”是作为公知常识的 USB 接口标准本身所具备的功能，同样可以见诸于附件 4 的图 1－1，在权利要求 1 不具备创造性的条件下，权利要求 2 的进一步限定不能构成体现创造性的区别特征，仍然不符合专利法第二十二条第三款的规定。

综上所述，合议组认为本专利的权利要求 1、2 不具备创造性，不符合专利法第二十二条第三款的规定，请求人的无效宣告请求理由成立，本专利应该被宣告无效。

三、决定

宣告 02232733.9 号实用新型专利权全部无效。

当事人对本决定不服的，可以根据专利法第四十六条第二款的规定，自收到本决定之日起三个月内向北京市第一中级人民法院起诉。根据该款的规定，一方当事人起诉后，另一方当事人应当作为第三人参加诉讼。

北京市第一中级人民法院
行政判决书

（2005）一中行初字第1002号

原告刘晖，男，50岁，汉族，佛山市顺德区必达电子科技有限公司总经理，住广东省珠海市莲花山东1-701。

委托代理人李勤媛，女，北京永信知识产权代理有限责任公司兼职专利代理人。

被告国家知识产权局专利复审委员会，住所地北京市海淀区北四环西路9号银谷大厦。

法定代表人廖涛，副主任。

委托代理人张度，男，国家知识产权局专利复审委员会电学申诉处审查员。

委托代理人王丽颖，女，国家知识产权局专利复审委员会行政诉讼处审查员。

第三人北京伟航新技术开发有限公司，住所地北京市朝阳区安翔路2号光环电信楼8层。

法定代表人龙涛，董事长。

委托代理人张杰，男，北京市三聚阳光知识产权代理有限公司专利代理人。

委托代理人陆惠民，男，北京伟航新技术开发有限公司董事。

原告刘晖不服被告国家知识产权局专利复审委员会作出的第7288号无效宣告请求审查决定（下称被诉决定）向本院提起行政诉讼。本院受理后，依法组成合议庭，将两案合并审理，并于2005年11月14日公开开庭审理了本案。原告刘晖及其委托代理人李勤媛，被告的委托代理人张度、王丽颖，第三人的委托代理人张杰、陆惠民到庭参加了诉讼。现本案已审理终结。

2005年6月9日，被告作出被诉决定：宣告02232733.9号实用新型专利（下称本专利）的权利要求无效。理由如下：本专利的权利要求1、2不具备创造性，不符合《中华人民共和国专利法》（下称《专利法》）第二十二条第三款的规定，第三人的无效宣告请求理由成立，本专利应该被宣告无效。

原告诉称：被诉决定违反《专利法》和《审查指南》的有关规定，导致决定错误，请求法院撤销被诉决定。理由如下：

第一、被告认定技术领域的事实错误。本专利的技术领域是汽车检测设备领域，而附件1（中国专利ZL00262428.1，公开日为2001年10月10日）所述的设备并非汽车设备，而是应用在汽车上的通用电子设备，不能将两者认定为相同的技术领域。附件4（《USB总线接口开发指南》国防工业出版社2002年1月第2次印刷版）的应用技术领域与本专利所述的技术领域完全不同。

第二、被告依据的法律错误。

1. 被告用一般（上位）概念否定具体（下位）概念的做法，违反了《审查指南》第二部分第二章第2.2.2节有关技术领域的规定。所以，被告不能用附件1、4的一般上位概念否定本专利的具体下位概念的技术特征。

2. 被告还存在扩大对比的错误。被告仅凭附件1中写有USB和附件4的入门介绍，就否定本专利在具体产品结构上具备的创造性，完全不符合《专利法》第二十六条第三款以及《审查指南》第二章第2.1.3节的内容。

3. 被诉决定抹杀了本专利的创造性。被告在审查本专利的创造性中，违背了《审查指南》的相关内容。自本专利公布后，以往全行业各厂家研制的所有数据读写设备一律报废，统一使用USB技术。而且被写入国家标准中。所以，本专利的实施使中国汽车记录仪的数据传输量从K级扩大到M级未遇到任何技术障碍。现在全国各省在产品招标中，都将是否有USB接口、对可移动磁盘兼容性作为首要条件。以上技术效果有显著性的进步，技术方案是非显而易见的，具有突出的实质性特点，具备创造性。

4. 本专利被宣告无效将导致一定危害。

被告辩称：被诉决定认定事实清楚、适用法律正确、审查程序合法，根据《专利法》第二十二条第三款作出的决定是正确的，原告的诉讼理由不能成立，提请法院驳回原告的诉讼请求，维持被诉决定。理由如下：

第一、关于技术领域。首先看分类号，本专利的IPC分类号是G06F 3/00（电数字数据处理的输入/输出装置），而附件1的主分类号是B60R 16/02（车辆电气配置），可见附件1才是专用于车辆的电子设备。附件1明确记载的技术领域是“汽车信息资源集成装置”，而原告将其曲解成通用电子设备。关于附件4，USB作为一种通用串行总线标准适用于任何采用计算机技术的数据处理设备，包括采用单片机的数据处理设备，完全适用于评价本专利权利要求的创造性。

第二、关于创造性。附件1公开了采用RS-232、USB或其他I/O接口的技术解决方案，有关各种接口标准的具体技术内容都是惯用技术手段。同样是串行通信总线接口技术，用USB替代传统的RS-232是顺理成章的技术发展趋势，这种简单替换本身就不具备创造性，况且对比文件已经公开了采用USB的技术方案。

第三人的陈述意见为：被告认定事实清楚，适用法律正确，请求法院维持被诉决定，驳回原告的诉讼请求。具体理由如下：

第一、关于技术领域认定问题。原告在没有给出“汽车专用设备”及“数据记录器”定义的前提下，无端地认为本专利与附件1不能认定为相同技术领域的观点是无法接受的。事实上，本专利与附件1在应用范围上、所起作用以及结构上都没有实质上的区别。首先，两者都是用于汽车上，用来监测汽车的运行状态；在结构上，附件1所公开的现有技术与权利要求1相比，车辆信息资源集成装置属于相同的技术领域。附件4是用来说明在现有技术中公知常识所给出的USB总线接口的提示，使得附件2、3结合显而易见。

第二、关于法律依据问题。被告对第三人提出的无效宣告请求没有进行扩大对比，而是针对本专利的权利要求的特征与对比文件进行的对比，完全符合法律、法规和规章的规定。

第三、关于创造性的问题。在技术领域中，使用哪种接口往往是从成本、技术的成熟程度等方面考虑和选择的。而USB接口发明出来以后，优于以前的各种接口。将USB接口用在各种数据传输设备上，包括汽车记录仪上，已经是一种趋势，不仅仅是所属技术领域的普通技术人员，而且一般公众都可以感受到将应用USB接口写入国家标准中，是这种趋势所导致的结果，与原告的专利文件公开无关。另外，没有人认为使用USB接口存在哪些技术上的困难和障碍。使用哪种数据传输接口及相关的数据读写装备，记录仪厂家不需要任何研发和生产，产品都可以在市场上采购到。而如何使用以及应用到哪一类的设备上，则可以由附件4一类的教科书得到清楚的启示和教导。原告的专利限定的技术方案对所属技术领域的技术人员来说，没有任何事先无法预测或者推理出来的质的或者量的变化，因此没有取得任何预料不到的技术效果。

在法定期限内，被告提交了以下证据，用以证明被诉决定合法：

1. 附件1；

2. 附件4；

3. 口头审理记录表附页。

原告在开庭前提交了以下证据，用以支持其诉讼主张：

1. 被诉决定；

2. 附件1；

3. 附件4；

4. 汽车记录仪行业产品在本专利公布前后的技术状态比较。

第三人没有向本院提供证据。

在开庭质证中，当事人的质证意见如下：原告对被告提交的证据没有争议，但不同意被告的举证观点；被告对原告的证据1～3没有异议，但认为证据4在无效程序中没有合法的提交手续，不能作为本案的证据；第三人对被告的证据以及原告的证据1～3没有异议，认为原告的证据4与本案没有任何关联。

经审查，本院认为被告的证据和原告的证据1～3均是在行政程序中经确认有效的证据，能够作为认定事实的证据，本院予以确认；原告的证据4缺乏其他证据佐证，不能作为审查被诉决定的证据，本院不予确认。

根据有效证据和当事人无争议的陈述，本院确认事实如下：

本专利的授权公告日是2003年7月2日，名称为“汽车记录仪的数据输入输出装置”，其专利号为02232733.9，申请日为2002年4月18日，专利权人是原告。

授权公告的权利要求书如下：

“1. 一种汽车记录仪的数据输入输出装置，包括一个外机壳，一个置于壳内的电路板，电路板中含有微处理器部分、接口电路部分及含有传感检测、时钟标准的GPS接收系统部分，其特征在于，电路板中还设置一个通用串行总线USB设备，机壳的侧面设有USB接线端口。

2. 根据权利要求1所述的输入输出装置，其特征在于，该设备既可作为USB装置体系接入USB网络，又可作为控制主机接入其他USB设备。”

2004年7月14日，第三人申请被告宣告本专利无效，其理由是本专利权利要求1、2不具备创造性，不符合《专利法》第二十二条第三款的规定，权利要求2不符合《中华人民共和国专利法实施细则》（下称《实施细则》）第二条第二款的规定。同时，第三人提交附件1～6，并于同年8月6日又补交了附件3的译文。

经形式审查合格，被告于同年9月24日受理，并向原告转文。原告于同年11月5日提交了意见陈述书。被告收到后，将双方的意见陈述书和补充证据副本转送给对方。

2005年3月24日，被告进行口头审理。在口头审理中，原告和第三人认定的事实如下：

1. 原告对附件1～6的真实性和附件3、6译文的准确性没有异议，同意“含有传感检测、时钟标准的GPS接收系统”属于公知技术。

2. 第三人确认其请求宣告无效的理由是权利要求1、2相对于附件1结合公知常识不具备创造性，相对于附件2、3结合公知常识不具备创造性，权利要求2不符合《实施细则》第二条第二款的规定，并以附件4、5、6作为公知常识的证据使用。

在此基础上，被告于2005年6月9日作出审查决定，并于同年6月20日向原告和第三人邮寄送达。原告不服，在法定期限内向本院提起行政诉讼。

在开庭审理中，原告和第三人对以下内容没有争议：

第一、行政程序；

第二、被诉决定在“案由”部分记载的内容；

第三、被诉决定认定本专利权利要求 2 不违反《实施细则》第二条第二款的内容；

第四、被告将本专利权利要求 1 归纳的四个特征，即：（a）汽车记录仪的数据输入输出装置包括一个外机壳，一个置于壳内的电路板；（b）电路板中含有微处理器部分、接口电路部分及含有传感检测、时钟标准的 GPS 接收系统部分；（c）电路板中还设置一个通用串行总线 USB 设备；（d）机壳的侧面设有 USB 接线端口。

本院认为，因原告和第三人对行政程序、被诉决定的“案由”部分没有争议，第三人也表示对被诉决定中认定本专利权利要求 2 不违反《实施细则》第二条第二款的内容没有异议，本院经书面审查，对上述内容予以确认。在此基础上，本院将围绕本专利相对于附件 1 和附件 4 以及公知常识是否符合《专利法》第二十二条第三款的规定进行合法性审查。

根据《专利法》第二十二条的规定，具备创造性的实用新型同现有技术相比，应当具有实质性特点和进步。

首先，附件 1 和附件 4 均是本专利申请日之前公开的文件，其中附件 1 是专利文献，该专利的名称、所要解决的技术方案以及应用的技术领域方面均与本专利相同，能够作为本案的对比文件；附件 4 公开了 USB 总线接口的技术方案，能够作为本专利的对比文件使用。被告将附件 1、4 作为本案的对比文件与本专利对比，没有违反《审查指南》第二部分第二章第 2. 2. 2 节的规定。

其次，关于本专利权利要求 1、2 不具备创造性的认定是否合法问题。将附件 1 与本专利相比，本专利具有的区别技术特征是：在附件 1 的说明书中记载有“本实用新型主要目的在于提供一种汽车信息资源集成装置，有效集成诸如卫星定位系统，车载移动电话系统，防盗系统，信息系统等现有汽车设备，为汽车提高多元化的信息安全服务”，且公开了一种汽车信息资源集成装置，在说明书的第 2 ~ 3 页公开有该专利的系统结构由上述系统构造组成。而且，在系统组成部分，附件 1 的图 2 公开了系统电路图，电路板上包括该系统的上述各个组成部分。在说明书的第 3 页倒数第 4 行还公开了“接口电路 43 可为 RS – 232、USB 或其他 I/O 接口”的内容。

所以，被告将附件 1 和本专利权利要求 1 对比后得出的以下结论正确：1. 附件 1 的微处理器 60 对应权利要求 1 中的微处理器部分；2. 附件 1 的外围接口控制电路 63 对应本专利的接口电路部分；3. 附件 1 的接收卫星定位系统 GPS 信号的卫星定位单元 10 对应本专利的传感检测、时钟标准的 GPS 接收系统部分。同时，被告还认定本专利中的“传感检测和时钟标准”是任何 GPS 接收机必备的要素。据此，被告认定附件 1 完全公开了权利要求 1 的特征（b）的事实清楚。

对于 USB 设备和外接的 USB 接线端口的技术特征，附件 4 的图 1 – 1 公开有 USB 设备网络配置，被告根据附件 4 公开的内容，以及在 USB 设备和外接的 USB 接线端口都属于串行通信领域的公知常识的情况下，认为附件 4 已经公开了权利要求 1 中的特征（c）和（d）的事实清楚。

据此，相对于附件 1、4 的结合，被告认为本专利权利要求 1 与对比文件的区别技术特征在于（a）的结论是正确的。

由于上述区别技术特征，被告认定特征（a）“汽车记录仪的数据输入输出装置包括一个外机壳，一个置于壳内的电路板”中的设备外机壳以及置于壳内的电路板是各种电子产品组装过程中必备的结构部件，属于公知常识的范畴。而上述区别技术特征是否产生了预料不到的技术效果，原告没有提供有效证据，所以原告主张本专利具有实质性特点和进步的理由不充分。因此，被告认定的上述区别技术特征相对于附件 1、4 及公知常识，本专利权利要求 1 不符合《专利法》第二十二条第三款关于创造性的结论符合《审查指南》第二部分第四章关于评价创造性的规定。

根据从属权利要求 2 所限定的技术特征“该设备既可作为 USB 装置体系接入 USB 网络，又可作为控制主机接入其他 USB 设备”，被告认为该技术特征已经被附件 4 公开。所以，在权利要求 1 不具备创造性的情况下，被告根据附件4认定权利要求2的进一步限定的技术特征也不具备创造性的结论正确。

综上，被诉决定认定事实清楚，程序合法，适用法律正确，本院应予维持。原告的诉讼主张缺乏事实根据，本院不予支持。依照《中华人民共和国专利法》第二十二条第三款、《中华人民共和国行政诉讼法》第五十四条第（一）项，判决如下：

维持国家知识产权局专利复审委员会于二〇〇五年六月九日作出的第7288号无效宣告请求审查决定。

案件受理费1000元，由原告刘晖负担（已交纳）。

如不服本判决，当事人可在判决书送达之日起十五日内，向本院递交上诉状，并按对方当事人的人数提出副本及预交上诉费，上诉于北京市高级人民法院。

审　判　长　饶亚东
代理审判员　张靛卿
代理审判员　司品华
二〇〇五年十二月二十二日
书　记　员　李轶萌

027

智能串联式电池充电器案

无效宣告请求审查决定（第 7295 号）

决　定　号　第 7295 号
决　定　日　2005 年 6 月 6 日
发明创造名称　智能串联式电池充电器
国际分类号　H02J 7/00
无效请求人　志顺电业有限公司
专 利 权 人　金柏电子国际有限公司
专　利　号　02207970. X
申　请　日　2002 年 3 月 25 日
授权公告日　2003 年 11 月 12 日
合议组组长　李　隽
主　审　员　高海燕
参　审　员　孙治国

法 律 依 据　专利法第三十三条，第二十六条第三款、第四款，第二十二条第二款、第三款
专利法实施细则第二十条第一款、第二十一条第二款

决 定 要 点

如果修改后的文本没有增加原说明书和权利要求书中未记载且又不能直接推出的内容，则修改后的文本符合专利法第三十三条的规定；应当结合现有技术来判断说明书是否符合专利法第二十六条第三款的规定，以及权利要求是否符合专利法第二十六条第四款的规定。

一、案由

本无效宣告请求涉及国家知识产权局专利局于 2003 年 11 月 12 日授权公告的 02207970. X 号实用新型专利（下称本专利），其名称为“智能串联式电池充电器”，申请日为 2002 年 3 月 25 日，专利权人为金柏电子国际有限公司。

原始提交的说明书第 9 页第 18 行至第 10 页第 6 行的内容如下：

“对于单向电子装置来说，MOSFET 曾被认为是合适的候选者。在将 MOSFET 用做所述单向装置的试验中，将所述微控制器编程以使相反效果的栅压发送到这些 MOSFET（一个用做单向装置，另一个用做旁路开关）。这样安排下，当一个 MOSFET 导通时，另一个将会关闭，反之亦然。因此，单向装置闭路导通时将为充电电流提供一低阻抗路径。当旁路 MOSFET 闭路导通开时，单向装置将会开路关闭，由此形成高阻抗串联电阻器将电池与所述电路的其余部分隔离开。不过，测试效果说明 MOSFET 或其他场效应晶体管（‘FET’）并不适合用作本实用新型实施例的单向电子装置或隔流装置。将 MOSFET 根据本实用新型图 1 所示实施例中应用作单向电子装置或隔流装置的试验都由于它们很快被烧坏了而失败。进一步测试显示，浮动电压的 MOSFET 的栅极往往在充电器电源开关时发生

烧坏现象。采用其他较复杂的电路排列以提供较佳解决方法的努力都未能带来满意的解决方案。另外，采用二极管作为单向装置或隔流装置亦似乎是可行的，但是在应用时发觉，当电源打开时或当充电区段的端子电压超过所述电池的端子电压的情况下，二极管都似乎不能够提供一高阻抗线路块。”

原始提交的权利要求 2 和权利要求 3 分别为：

“2. 如权利要求 1 所述的智能串联式电池充电器，其特征是：进一步包括一用来监测所述正在充电电池的至少一个参数的微控制器，并在一个或更多上述测得的电池参数满足一预定的条件时形成一跨接于所述第一并联分路的低阻抗分路来打开所述旁路开关。

3. 如权利要求 1 所述的智能串联式电池充电器，其特征是：所述单向电子装置是一个二极管。”

应国家知识产权局专利局原审查部门于 2003 年 3 月 14 日发出的补正通知书的要求，申请人于 2003 年 5 月 22 日提交意见陈述书以及修改后的权利要求书和说明书。

授权公告的文本中，说明书第 8 页第 23 行至第 9 页第 3 行的内容如下：

“对于单向电子装置来说，MOSFET 是合适的候选者。在将 MOSFET 用作所述单向装置的试验中，将所述微控制器编程以使相反效果的栅压发送到这些 MOSFET（一个用做单向装置，另一个用做旁路开关）。这样安排下，当一个 MOSFET 导通时，另一个将会关闭，反之亦然。因此，单向装置闭路导通时将为充电电流提供一低阻抗路径。当旁路 MOSFET 闭路导通开时，单向装置将会开路关闭，由此形成高阻抗串联电阻器将电池与所述电路的其余部分隔离开。”

权利要求书如下：

“1. 一种智能串联式电池充电器，其特征是：包括一充电区段，该充电区段至少包括第一和第二并联分路，所述第一并联分路包括一电子可控旁路开关，所述第二并联分路包括一充电电池的充电端子和一串联的单向电子装置，该旁路开关在接通时有一低阻抗且在关闭时有一高阻抗，该单向电子装置在电流从所述充电区段流入所述电池端子时有一低阻抗且在所述旁路开关接通时有一高阻抗。

2. 如权利要求 1 所述的智能串联式电池充电器，其特征是：进一步包括一用来监测所述正在充电电池的至少一个参数的微控制器，并在监测上述电池参数时通过形成一跨接于所述第一并联分路的低阻抗分路来接通所述旁路开关。

3. 如权利要求 1 所述的智能串联式电池充电器，其特征是：所述单向电子装置包括一个二极管。

4. 如权利要求 1 所述的智能串联式电池充电器，其特征是：所述旁路开关是一个场效应晶体管，包括 MOSFET。

5. 如权利要求 4 所述的智能串联式电池充电器，其特征是：所述场效应晶体管的栅极连接到上述微控制器以接通或关闭所述旁路开关。

6. 如权利要求 2 所述的智能串联式电池充电器，其特征是：所述电池参数包括以下参数中的一项或多项：断路电压，闭路内电压和该电池的温度。

7. 如权利要求 6 所述的智能串联式电池充电器，其特征是：所述电池参数进一步包括对所述电池的类型和存在的检测。

8. 如权利要求 1 的电池充电器，其特征在于：充电器包括多个如权利要求 1 所述的充电区段串联相接及微控制器，微控制器可选择性地接通各充电区段的旁路开关。

9. 如权利要求 8 所述的智能串联式电池充电器的充电线路块，其特征是：微控制器进一步用来监测所述正在充电电池的至少一个参数，并在一个或更多上述测得的电池参数满足一预定的条件监测上述电池参数时通过形成一跨接于所述第一并联分路的低阻抗分路来打开接通所述旁路开关。”

针对上述专利权，志顺电业有限公司（下称请求人）于 2004 年 1 月 7 日向专利复审委员会提出无效宣告请求。其理由是：本专利的修改不符合专利法第三十三条的规定；本专利的说明书不符合专利法第二十六条第三款的规定；权利要求 1 不符合专利法第二十六第四款、专利法实施细则第二十条第一款、专利法实施细则第二十一条第二款、专利法第二十二条第二款、第三款的规定；权利要求 2 不符合专利法第二十六条第四款、第二十二条第三款的规定；权利要求 3 和 4 不符合专利法第二十二条第二款、第三款的规定；权利要求 5 不符合专利法实施细则第二十条第一款的规定；权利要求 6 和 7 不符合专利法第二十六条第四款的规定；权利要求 8 和 9 不符合专利法实施细则第二十条第一款的规定。

请求人同时提交了下列附件作为证据：

附件 1：JP7－163060（下称对比文件 1），公开日为 1995 年 6 月 23 日；

附件 2：对比文件 1 的全文译文；

附件 3：DE19705192（下称对比文件 2），公开日为 1997 年 10 月 30 日；

附件 4：对比文件 2 相关部分的译文。

请求人另于 2004 年 1 月 21 日提交意见陈述书，并在意见陈述书中提出如下补充理由：本专利的修改不符合专利法第三十三条的规定；本专利的说明书不符合专利法第二十六条第三款的规定；权利要求 1～9 不符合专利法第二十六第四款、专利法实施细则第二十条第一款的规定；权利要求 1 不符合专利法实施细则第二十一条第二款的规定；权利要求 1～9 不符合专利法第二十二条第二款、第三款的规定。

请求人同时提交了下列附件作为证据：

附件 5：对比文件 3，US5270635，公开日为 1993 年 12 月 14 日；

附件 6：对比文件 3 相关部分的译文；

附件 7：对比文件 4，US6265846，公开日为 2001 年 7 月 24 日；

附件 8：对比文件 4 相关部分的译文。

请求人还提供了对比文件 2 即 DE19705192 的全文译文作为新的附件 4，以替换已提交的附件 4，以下提及的附件 4 为对比文件 2 的全文译文。

请求人在 2004 年 1 月 7 日的无效宣告请求书和 2004 年 1 月 21 日的意见陈述书中认为：

（1）本专利的修改超出了原始申请说明书和权利要求书记载的范围，不符合专利法第三十三条的规定，具体为，申请人删除了原始提交的说明书第 9 页第 18 行“曾被认为”，第 24 行至第 10 页第 6 行“不过，测试效果说明……二极管都似乎不能够提供一高阻抗线路块”这些内容，使得 MOSFET 或其他场效应晶体管成为本实用新型单向电子装置的可行的实施手段，这与原始申请文本中申请人明确放弃将 MOSFET 或其他 FET 作为单向电子装置或隔流装置的记载不符，扩大了原始说明书和权利要求书记载的范围；申请人将原权利要求 2 中“一个或更多上述测得的电池参数满足一预定条件时”修改为“监测电池参数时”，这一修改将原始文本中“不满足预定条件就不形成旁路”的情况纳入到修改文本中，扩大了原始申请的范围；申请人将原权利要求 3 中“所述单向电子装置是一个二极管”修改为“所述单向电子装置包括一个二极管”，然而原说明书和权利要求书中，二极管是实施单向电子装置唯一的技术手段，因此超出了原始文本的范围。

（2）说明书不符合专利法第二十六条第三款的规定，具体为，说明书中没有说明所述旁路开关接通/断开与充电电池状态之间的关系，也没有记载如何判断电池的充电状态，说明书中没有将所测量的参数与充电电池的控制联系起来从而使各并联分路工作在适当的阻抗状态下的描述，不能提供一个“智能”充电器；说明书中没有记载如何利用所涉及的充电器检测电池温度、电池的类型和存在；说明书没有记载微控制器读取的端电压满足何种预定条件从而接通旁路开关形成旁路。

（3）权利要求 1～9 不符合专利法第二十条第一款的规定，具体为，权利要求 1 中特征“高阻抗”、“低阻抗”含义不确定，所以权利要求1不清楚，其从属权利要求2~9也不清楚；此外，权利要求5中特征“微控制器”在其引用的权利要求中没有出现，从而权利要求5不清楚；权利要求8的特征“充电区段”和“微控制器”在其引用的权利要求1中没有出现，因此，权利要求8不清楚。

(4) 权利要求1~9不符合专利法第二十六条第四款的规定，具体为，权利要求1中特征“该充电区段至少包括第一和第二并联分路”和“单向电子装置”得不到说明书支持；权利要求2的修改超出了原说明书和权利要求书记载的范围，其特征“并在监测上述电池参数时通过形成一跨接于所述第一并联分路的低阻抗分路来接通所述旁路开关”得不到说明书的支持；权利要求3的修改超出了原说明书和权利要求书记载的范围，因此得不到说明书支持；权利要求4的特征“所述旁路开关是一个场效应管，包括MOSFET”得不到说明书支持；权利要求5不清楚，因此得不到说明书支持；权利要求6和7的特征所述电池参数包括“电池温度”、“电池的类型和存在”得不到说明书支持；权利要求8不清楚，因此得不到说明书支持；权利要求9的特征“监测所述正在充电电池的至少一个参数，并在一个或更多上述测得的电池参数满足一预定的条件监测上述电池参数时通过形成一跨接于所述第一并联分路的低阻抗分路来打开接通所述旁路开关”得不到说明书支持。

(5) 权利要求1不符合实施细则第二十一条第二款的规定，具体为，由于权利要求1不清楚，且得不到说明书支持，因此权利要求1不完整，且权利要求1中没有记载“可提供充电电流的电流源”这一必要技术特征，因此权利要求1不符合专利法实施细则第二十一条第二款的规定。

(6) 权利要求1~9不符合专利法第二十二条第二款的规定，具体为，权利要求1~9的全部技术特征已经被对比文件1公开了，因此不具备新颖性。

(7) 权利要求1~9不符合专利法第二十二条第三款的规定，具体为，权利要求1与对比文件1或2相比，不具备创造性；权利要求2~9与对比文件1，或者对比文件1和2的结合相比，不具备创造性；权利要求1~9与对比文件1和3的结合、对比文件1和4的结合、对比文件2和3的结合相比，不具备创造性。

经形式审查合格，专利复审委员会于2004年2月16日受理了上述无效宣告请求，同日将专利权无效宣告请求书及其附件清单中所列附件副本转送给了被请求人，要求其在指定的期限内答复。

针对上述无效宣告请求，被请求人于2004年4月2日递交了意见陈述书。在该意见陈述书中，被请求人认为，本专利具备新颖性和创造性；本专利的公开是充分的；本专利的修改没有超出原始公开的范围。具体为：

(1) 原说明书第9页第18行的“曾被认为”一词纯为表达主观意见，并不改变所属技术领域的技术人员对本发明的理解，被删除的一段内容只是发明者提醒读者使用MOSFET作为单向电子装置时必须留意“浮动电压的MOSFET栅极往往在充电器电源开关时发生烧坏现象”，所属技术领域的技术人员会明白解决浮动电压的MOSFET栅极就不会有烧坏现象；根据所属技术领域的技术人员对说明书的了解，权利要求2和3的修改都没有超出原始文本记载的范围。

(2) 说明书第9页第8至10行提供了可控电子开关接通/断开的时机，即“当在某一充电区段的电池已充满，有缺陷或过热时，提供跨接于充电区段的低阻抗分路”，如何判断电池的充电状态为所属技术领域的技术人员的已知技术；使用微控制器检测电池参数为所属技术领域的技术人员的现有技术和知识。

(3) 权利要求1的特征“高阻抗”和“低阻抗”是清楚的，所属技术领域的技术人员在参阅说明书之后对于阻抗“高”与“低”的含义并无任何理解的困难；权利要求5所提及的微控制器是指权利要求2所述的“微控制器”，并将权利要求5修改为“如权利要求2所述的智能串联式充电器，其特征是：所述场效应晶体管的栅极连接到上述微控制器以接通或关闭所述旁路开关”；权利要求8

的特征“充电区段”已在权利要求1中清楚说明，特征“微控制器”是权利要求8额外的特征。

(4) 权利要求1的特征“至少包括第一和第二并联分路”已为说明书充分支持，说明书第7页第18行清楚说明该充电器至少需要第一和第二并联分路，并且对所属技术领域的技术人员来说，在第一和第二并联分路加上极高阻抗第三分路并无任何难度，此外，单向电子装置的具体要求已在说明书内清楚说明，除二极管外，其他电子装置如三极管也是所属技术领域的技术人员所熟知的单向电子装置；权利要求2的特征在说明书第7页第24至26行已有充分支持；如何检测电池温度以及电池的类型是已知技术，因此权利要求6和7能够得到说明书的支持；其他权利要求在说明书第7、第8页已有实质支持。

(5) 对所属技术领域的技术人员来说，充电器当然包括电流源，权利要求1符合专利法第二十一条第二款的规定。

(6) 对比文件1并没有公开权利要求1的特征“该单向电子装置在电流从所述充电区段流入所述电池端子时有一低阻抗且在所述旁路开关接通时有一高阻抗”，故权利要求1~9具备新颖性和创造性。

(7) 请求人提供的对比文件可分为两组，第一组包括对比文件1和3，第二组包括对比文件2和4，对比文件1和对比文件2的结合并非显而易见；对比文件3的旁通开关点受制于电池端子的电压，故非电子可控；对比文件4不合乎“IC”充电器效益的要求；故不应将两组对比文件结合。

请求人另于2004年9月3日提交意见陈述书，并提交国际申请PCT/IB02/03572的国际初步审查报告给合议组参考。请求人同时提交了下列附件：

附件9：PCT国际申请PCT/IB02/03572的国际初步审查报告；

附件10：PCT/IB02/03572的国际公开文本。

2005年3月1日，合议组向双方当事人发出口头审理通知书，定于2005年4月12日举行口头审理，并将被请求人于2004年4月2日提交的意见陈述书及其附件转交请求人，将请求人于2004年9月3日提交的意见陈述书及其附件转交被请求人。

2005年4月12日口头审理如期举行，双方当事人参加了口头审理。在口头审理中，双方当事人对对方出庭人员的身份和资格无异议；对合议组成员没有回避请求；被请求人对对比文件1（JP7-163060）、对比文件2（DE19705192）、对比文件3（US5270635）、对比文件4（US6265846）的真实性和译文的准确性无异议；被请求人当庭放弃于2004年4月2日提交的意见陈述书中对权利要求5的修改，合议组要求被请求人于口头审理结束后七日内向合议组提交被请求人对上述放弃权利要求5的修改的确认书，并签字盖章；本次口头审理以授权公告的文本为口头审理的基础，并且双方当事人当庭就被请求人于2004年4月2日提交的修改后的权利要求5的所有无效理由充分发表意见；被请求人当庭确认对比文件1公开了权利要求1中“一种智能串联式电池充电器……该旁路开关在接通时有一低阻抗且在关闭时有一高阻抗”的技术特征，以及权利要求3、4、5的附加技术特征，但未公开权利要求1中的特征“该单向电子装置在电流从所述充电区段流入所述电池端子时有一低阻抗且在所述旁路开关接通时有一高阻抗”；请求人对权利要求5修改前后的无效理由相同。

被请求人于2005年4月30日提交意见陈述书以及附件1的经签字盖章的确认书，在确认书中，本专利的专利权人声明放弃对本专利权利要求书中的权利要求5所做的修改，仍要求以授权文本的权利要求书做为无效审查依据。

至此，合议组认为本案事实已经清楚，现依法作出审查决定。

二、决定的理由

1. 关于无效审理的文本

由于被请求人于2005年4月30日提交的确认书中明确放弃对权利要求5的修改，并声明以授权文本的权利要求书作为无效审查依据，并且口头审理是以本专利授权公告的文本为基础，双方当事人针对该授权公告文本已充分陈述意见。因此，本决定以授权公告的文本为审查基础。

2. 关于证据

请求人提交的证据包括对比文件1及其全文译文、对比文件2及其全文译文、对比文件3及其相关部分的译文以及对比文件4及其相关部分的译文，对比文件1、2、3和4的公开日均在本专利的申请日之前，且被请求人对对比文件1、2、3和4的真实性和译文的准确性无异议，因此对比文件1、2、3和4以及它们的译文可作为本案的现有技术证据使用。由于请求人另于2004年9月3日提交的附件9和10超出专利法实施细则第六十六条规定的一个月期限，因此合议组不予考虑。

3. 关于专利法第三十三条

专利法第三十三条规定："对实用新型专利申请文件的修改不得超出原说明书和权利要求书记载的范围。即不得以增添、删节、或者替换等修改方式，导致修改后的申请文件中增加了原说明书和权利要求书没有记载并且又不能从其中直接推导的内容。"

请求人认为，本专利的修改超出了原始申请说明书和权利要求书记载的范围，具体为：申请人删除了原说明书第9页第18行"曾被认为"，第24行至第10页第6行"不过，测试效果说明……二极管都似乎不能够提供一高阻抗线路块"，使得MOSFET或其他场效应晶体管成为本实用新型单向电子装置的可行的实施手段，这与原文本中申请人明确放弃将MOSFET或其他FET作为单向电子装置或隔流装置的记载不符，扩大了原始说明书和权利要求书记载的范围；申请人将原权利要求2中"一个或更多上述测得的电池参数满足一预定条件时"修改为"监测电池参数时"，这一修改将原始文本中"不满足预定条件就不形成旁路"的情况纳入到修改文本中，扩大了原始申请的范围；申请人将原权利要求3中"所述单向电子装置是一个二极管"修改为"所述单向电子装置包括一个二极管"，然而原说明书和权利要求书中，二极管是实施单向电子装置唯一的技术手段，因此超出了原始文本的范围。

合议组认为，原说明书第9页第18行至第10页第6行的内容分为两部分，第一部分为第9页第18行~第24行的内容"对于单向电子装置来说……由此形成高阻抗串联电阻器将电池与所述电路的其余部分隔离开。"其说明了MOSFET可以用作以及如何用作单向电子装置；第二部分为第24行至第10页第6行的内容"不过……二极管都不能够提供一高阻抗线路块。"其说明了由于MOSFET的栅极往往在电源开关时烧坏，所以使用MOSFET的效果并不好，上述两部分内容合起来仅说明了MOSFET可用作单向电子装置，只是使用其的效果不好，而并没有明确放弃将MOSFET作为单向电子装置。由此可见，删除第9页第18行"曾被认为"以及上述第二部分的内容，仅意味着删除了使用MOSFET的效果并不好这一测试结果，对于MOSFET可以用作以及如何用作单向电子装置的内容则没有带来任何变化，因此这样的修改并没有增加原说明书和权利要求书没有记载的内容；另外，所属技术领域的技术人员可知，对充电器来说，"监测电池参数时"意味着在监测的过程中，需判断电池参数是否满足一预定条件。因此，申请人将原权利要求2中"一个或更多上述测得的电池参数满足一预定条件时"修改为"监测电池参数时"，并未增加原说明书和权利要求书没有记载且又不能从其中直接推导的内容；而且，如前所述，由于原说明书中记载了MOSFET也可作为单向电子装置（尽管其效果不好），即二极管不是实施单向电子装置唯一的技术手段，因此，将原权利要求3中"所述单向电子装置是一个二极管"修改为"所述单向电子装置包括一个二极管"，并未超出原始文本的范围。

因此，上述修改未超出原说明书和权利要求书记载的范围，符合专利法第三十三条的规定。

4. 关于专利法第二十六条第三款

专利法第二十六条第三款规定："说明书应当对实用新型作出清楚、完整的说明，以所属技术领域的技术人员能够实现为准。"所属技术领域的技术人员能够实现是指所属技术领域的技术人员在阅读说明书之后，不需付出创造性劳动，就能够再现该实用新型的技术方案，实现其目的，达到其效果，而是否需要付出创造性劳动，需结合现有技术来判断。"

请求人认为，说明书不符合专利法第二十六条第三款的规定，具体为，说明书中没有说明所述旁路开关接通/断开与充电电池状态之间的关系，也没有记载如何判断电池的充电状态，因此没有将所测量的参数与充电电池的控制联系起来从而使各并联分路工作在适当的阻抗状态下，不能提供一个"智能"充电器；说明书中没有记载如何利用所涉及的充电器检测电池温度、电池的类型和存在；说明书没有记载微控制器读取的端电压满足何种预定条件从而接通旁路开关形成旁路。

合议组认为，说明书第 9 页第 2 段记载了"当在某一充电区段的电池已充满、有缺陷或过热时，提供跨接于充电区段的低阻抗分路"，所属技术领域的技术人员可知，旁路开关接通/断开即决定了旁路是否形成低阻抗分路。由此可见，说明书记载的上述内容已表明了旁路开关接通/断开与充电电池状态之间的关系。此外，如何判断电池的充电状态为所属技术领域的技术人员的公知技术，因此，所属技术领域的技术人员在上述公知技术的基础上结合上述说明书记载的内容，不需花费创造性劳动即可将所测量的电池参数与对电池充电的控制联系起来；另外，所属技术领域的技术人员可知，对电池温度、类型和存在的检测是已有技术；如上所述，说明书已经记载了旁路开关接通/断开与充电电池状态之间的关系，说明书还记载了由微控制器来控制旁路开关的接通/断开（见说明书第 8 页第 1 行~第 15 行），而充电电池的状态可由微控制器读取的端电压来判断。因此，所属技术领域的技术人员可通过微控制器读取的端电压来判断充电电池的状态，从而可根据旁路开关接通/断开与充电电池状态之间的关系来确定何时接通旁路开关形成旁路。

综上所述，说明书是清楚、完整的，符合专利法第二十六条第三款的规定。

5. 关于专利法实施细则第二十条第一款

专利法实施细则第二十条第一款规定："权利要求书应当说明实用新型的技术特征，清楚、简要地表述请求保护的范围。"

请求人认为，权利要求 1~9 不符合专利法第二十条第一款的规定，具体为，权利要求 1 中特征"高阻抗"、"低阻抗"含义不确定，所以权利要求 1 不清楚，其从属权利要求 2~9 也不清楚；此外，权利要求 5 中特征"微控制器"在其引用的权利要求中没有出现，从而权利要求 5 不清楚；权利要求 8 的特征"充电区段"和"微控制器"在其引用的权利要求 1 中没有出现，因此，权利要求 8 不清楚。

合议组在合议后认为，权利要求 1 中特征"高阻抗"和"低阻抗"的含义是清楚的，所属技术领域的技术人员可清楚的理解到高阻抗的含义在于阻抗高至能使分路断开，而低阻抗的含义在于阻抗低至能使分路接通，因此权利要求 1 是清楚的，其从属权利要求 2~4、6~9 也是清楚的；权利要求 5 附加技术特征中出现特征"上述微控制器"，而特征"微控制器"在其引用的权利要求 1 中没有出现，导致权利要求 5 不清楚；权利要求 8 附加技术特征中的特征"充电区段"在其引用的权利要求 1 中已经存在，其附加技术特征中的特征"微控制器"是首次出现的，不需要在权利要求 1 中已经出现，因此权利要求 8 是清楚的。

因此，权利要求 1~4，6~9 是清楚的，符合专利法实施细则第二十条第一款的规定，而权利要求5是不清楚的，不符合专利法实施细则第二十条第一款的规定。

6. 关于专利法第二十六条第四款

专利法第二十六条第四款规定："权利要求书应当以说明书为依据，说明要求专利保护的范围。"即权利要求所要求保护的技术方案在说明书中应当有清楚充分的记载，并且权利要求对说明书的概括应当适当，而权利要求书概括是否适当，应当根据实用新型的具体情况并结合所属技术领域的现有技术来判定。

请求人认为，权利要求1~9不符合专利法第二十六条第四款的规定，具体为，权利要求1中特征"该充电区段至少包括第一和第二并联分路"和"单向电子装置"得不到说明书支持；权利要求2的修改超出了原说明书和权利要求书记载的范围，其特征"并在监测上述电池参数时通过形成一跨接于所述第一并联分路的低阻抗分路来接通所述旁路开关"得不到说明书的支持；权利要求3的修改超出了原说明书和权利要求书记载的范围，因此得不到说明书支持；权利要求4的特征"所述旁路开关是一个场效应管，包括MOSFET"得不到说明书支持；权利要求5不清楚，因此得不到说明书支持；权利要求6和7的特征所述电池参数包括"电池温度"、"电池的类型和存在"得不到说明书支持；权利要求8的特征"充电区段"和"微控制器"在其引用的权利要求1中没有出现，导致权利要求8不清楚，因此权利要求8不清楚，也得不到说明书支持；权利要求9的特征"监测所述正在充电电池的至少一个参数，并在一个或更多上述测得的电池参数满足一预定的条件监测上述电池参数时通过形成一跨接于所述第一并联分路的低阻抗分路来打开接通所述旁路开关"得不到说明书支持。

合议组认为，权利要求1中特征"该充电区段至少包括第一和第二并联分路"在说明书中有明确记载，所属技术领域的技术人员运用现有技术在充电区段上加上第三分路亦不困难，特征"单向电子装置"在说明书中也有明确记载，并且说明书中也记载有MOSFET和二极管均可作为单向电子装置，因此上述特征可以得到说明书支持，从而权利要求1能够得到说明书的支持；如前所述，权利要求2的修改并未超出原说明书和权利要求书记载的范围，特征"并在监测上述电池参数时通过形成一跨接于所述第一并联分路的低阻抗分路来接通所述旁路开关"在说明书中有明确记载，在其引用的权利要求1中，当旁路开关接通时，第一并联分路转变成低阻抗分路，该低阻抗分路可以认为是跨接在该第一并联分路上，其以第一并联分路为载体，体现了第一并联分路的一种工作状态，因此权利要求2可以得到说明书支持；如前所述，权利要求3的修改没有超出原说明书和权利要求书记载的范围，也可以得到说明书支持；权利要求4的特征"所述旁路开关是一个场效应管，包括MOSFET"在说明书中有明确记载，并且场效应管作为可控开关是所属技术领域的公知常识，所属技术领域的技术人员也很容易找到其他的场效应管来作为旁路开关，因此，权利要求4可以得到说明书的支持；如前所述，权利要求5不清楚，不符合专利法实施细则第二十条第一款的规定，但其在说明书中有明确记载，可以得到说明书的支持；权利要求6和7的特征所述电池参数包括"电池温度"、"电池的类型和存在"在说明书中有明确记载，并且所属技术领域的技术人员运用现有技术容易测得上述电池参数，因此权利要求6和7可以得到说明书支持；如上所述，权利要求8是清楚的，也可以得到说明书的支持；权利要求9的特征"监测所述正在充电电池的至少一个参数，并在一个或更多上述测得的电池参数满足一预定的条件监测上述电池参数时通过形成一跨接于所述第一并联分路的低阻抗分路来打开接通所述旁路开关"在说明书中有明确记载，所属技术领域的技术人员在现有技术的基础上，结合本专利的说明书可以得出权利要求9的技术方案，因此权利要求9可以得到说明书的支持。

综上所述，权利要求1~9符合专利法第二十六条第四款的规定。

7. 关于专利法实施细则第二十一条第二款

专利法实施细则第二十一条第二款规定："独立权利要求应当从整体上反映实用新型的技术方

案，记载解决技术问题的必要技术特征。”

请求人认为，权利要求1不符合专利法实施细则第二十一条第二款的规定，具体为，由于权利要求1不清楚，且得不到说明书支持，因此权利要求1不完整，且权利要求1中没有记载“可提供充电电流的电流源”这一必要技术特征，因此权利要求1不符合专利法实施细则第二十一条第二款的规定。

合议组合议后认为，权利要求1是清楚的，且可以得到说明书的支持，本专利解决的是现有串联式充电器的有关问题和缺陷，权利要求1的技术方案中只要包括其解决现有串联式充电器有关问题和缺陷的必不可少的特征即可，而不必写入电流源这一所有充电器都必须具有的公知的特征，因此，权利要求1符合专利法实施细则第二十一条第二款的规定。

8. 关于专利法第二十二条第二款规定的新颖性

专利法第二十二条第二款规定的新颖性是指，在申请日以前没有同样的实用新型在国内外出版物上公开发表过、在国内公开使用过或以其他方式为公众所知，也没有同样的实用新型由他人向国务院专利行政部门提出过申请并且记载在申请日以后公布的专利申请文件中。如果一项权利要求的技术方案与现有技术公开的技术方案实质相同，且属于相同的技术领域，所产生的技术效果相同，则该权利要求不具备新颖性。

请求人认为，权利要求1~9不符合专利法第二十二条第二款的规定，具体为，权利要求1~9的全部技术特征已经被对比文件1公开了，因此不具备新颖性。

被请求人认为，对比文件1虽然公开了权利要求1中“一种智能串联式电池充电器……该旁路开关在接通时有一低阻抗且在关闭时有一高阻抗”的特征，但对比文件1并没有公开权利要求1的特征“该单向电子装置在电流从所述充电区段流入所述电池端子时有一低阻抗且在所述旁路开关接通时有一高阻抗”，故权利要求1~9具备新颖性。此外，对比文件1还公开了权利要求3、4、5的附加技术特征。

合议组认为，对比文件1公开了串联电池的过充电防止电路以及充放电控制电路（特别参见对比文件1说明书第5栏第44行至第6栏第37行，说明书第8栏第7~11行，附图3），其中晶体管Q2即为电子可控旁路开关，二极管D2即为单向电子装置，该对比文件1公开了权利要求1中的特征“一充电区段，该充电区段至少包括第一和第二并联分路，所述第一并联分路包括一电子可控旁路开关，所述第二并联分路包括一充电电池的充电端子和一串联的单向电子装置，该旁路开关在接通时有一低阻抗且在关闭时有一高阻抗”。此外，在对比文件1中，当电池B1的端子电压在电压检测器5的设定电压以下时，充电电流流入电池B1时，二极管D2为正向低阻抗，而当电池B1基本充满电时，电池B1的端子电压在电压检测器5的设定电压以上，电压检测器5的输出反转，晶体管Q2接通，不向电池B1流过充电电流，此时二极管D2为正向高阻抗。因此，特征“该单向电子装置在电流从所述充电区段流入所述电池端子时有一低阻抗且在所述旁路开关接通时有一高阻抗”也已经被对比文件1公开了。由此可见，对比文件1公开了权利要求1的所有技术特征，并且对比文件1与本专利属相同的技术领域，其采用的技术方案与权利要求1的技术方案实质相同，所达到的发明目的和产生的技术效果相同，因此，权利要求1不具备新颖性；如上所述，对比文件1中的电压检测器5既实现对电池B1参数的测试，又实现对晶体管Q2接通/断开的控制，也即电压检测器实质上即为权利要求2中的微控制器，因此，权利要求2的附加技术特征也已经被对比文件1公开了。此外，对比文件1还公开了权利要求3、4、5的附加技术特征，因此，当权利要求2、3、4各自引用的权利要求不具备新颖性时，权利要求2、3、4也不具备新颖性；前面已经论述权利要求5不清楚，不符合专利法实施细则第二十条第一款的规定，即使如被请求人所争辩权利要求5是清楚的，由于权利要求5所引用的权利要求不具备新颖性，权利要求 5 也将由于缺乏新颖性而不能成立；对比文件 1 的电压检测器 5 能够检测电池的闭路内电压，因此权利要求 6 的附加技术特征也已经被对比文件 1 公开了，当它引用的权利要求不具备新颖性时，该权利要求 6 也不具备新颖性。

综上所述，权利要求 1 ~4，6 不具备新颖性，不符合专利法第二十二条第二款的规定。

权利要求 7 的附加技术特征为：所述电池参数进一步包括对所述电池类型和存在的检测。对比文件 1 中的电压检测器 5 能够检测电池的存在，但是对比文件 1 中没有记载该电压检测器 5 能够检测电池的类型，因此，权利要求 7 相对于对比文件 1 具备新颖性；权利要求 8 的附加技术特征为：充电器包括多个如权利要求 1 所述的充电区段串联相接及微控制器，微控制器可选择性地接通各充电区段的旁路开关。对比文件 1 公开的电路包括三个串联相接的充电区段（参见对比文件 1 图 3），但是其没有公开可选择性接通各充电区段旁路开关的微控制器，因此，权利要求 8 相对于对比文件 1 具备新颖性；权利要求 9 引用权利要求 8，在权利要求 8 具备新颖性的情况下，权利要求 9 也具备新颖性。

综上所述，权利要求 7 ~9 具备新颖性，符合专利法第二十二条第二款的规定。

9. 关于专利法第二十二条第三款规定的创造性

专利法第二十二条第三款规定的创造性是指：同申请日以前已有的技术相比，该实用新型有实质性特点和进步。

请求人认为，权利要求 1 ~9 不符合专利法第二十二条第三款的规定，具体为，权利要求 1 与对比文件 1 或 2 相比，不具备创造性；权利要求 2 ~9 与对比文件 1，或者对比文件 1 和 2 的结合相比，不具备创造性；权利要求 1 ~9 与对比文件 1 和 3 的结合、对比文件 1 和 4 的结合、对比文件 2 和 3 的结合相比，不具备创造性。

被请求人认为，各对比文件可分为两组，第一组包括对比文件 1 和 3，第二组包括对比文件 2 和 4，对比文件 1 和对比文件 2 的结合并非显而易见；对比文件 3 的旁通开关点受制于电池端子的电压，故非电子可控；对比文件 4 不合乎"IC"充电器效益的要求；故不应将两组对比文件结合。

合议组认为，如上所述，权利要求 1 ~4，6 不具备新颖性，因此也不具备创造性，不符合专利法第二十二条第三款的规定；权利要求 7 附加技术特征中的特征"电池类型的检测"为本领域惯用技术手段，本领域技术人员在对比文件 1 的基础上结合该惯用技术手段而得出该权利要求的技术方案是显而易见的，在其引用的权利要求不具备新颖性的前提下，该权利要求 7 不具备创造性；对比文件 2 公开了一种电池组监控系统（参见说明书全文，尤其参见说明书第 1 栏第 12 行至第 2 栏第 10 行，说明书第 2 栏第 53 行至第 5 栏第 40 行，附图 1 ~4），其目的是要提高在对特别是由多个电池组成的电池组充电或/和放电过程中的安全性，该电池组监控系统包括多个串联相接的充电区段和控制电路 6，每一充电区段可以包括充电电池（如电池 2）和与其并联的旁路开关（如旁路晶体管 42），控制电路 6 测量每个电池的电压，如果一个电池的电压超过预定值，则控制电路 6 接通与其相应的旁路晶体管，因此，控制电路 6 即为微控制器，其选择性地接通各充电区段的旁路开关。由此可见，权利要求 8 的附加技术特征已经被对比文件 2 公开了，并且它们在对比文件 2 中的作用与其在本发明中的作用相同，由于对比文件 1 与对比文件 2 属相同的技术领域，所属技术领域的技术人员在对比文件 1 的基础上结合对比文件 2 而得出权利要求 8 的技术方案是显而易见的，即该权利要求不具备实质性特点和进步，在其引用的权利要求 1 不具备新颖性的情况下，该权利要求 8 不具备创造性；权利要求 9 的附加技术特征也已经被对比文件 2 公开了（参见对比文件 2 说明书全文，尤其参见说明书第 1 栏第 12 行至第 2 栏第 10 行，说明书第 2 栏第 53 行至第 5 栏第 40 行，附图 1 ~4），并且它们在对比文件 2 中的作用与其在本发明中的作用相同，由于对比文件 1 与对比文件 2 属相同的技术领域，所属技术领域的技术人员在对比文件 1 的基础上结合对比文件 2 而得出该权利要求 9 的技术方案是显而易见的，即该权利要求不具备实质性特点和进步，在其引用的权利要求8不具备创造性的情况下，该权利要求9不具备创造性。

综上所述，权利要求7~9不具备创造性，不符合专利法第二十二条第三款的规定。

因此，权利要求5不清楚，不符合专利法实施细则第二十条第一款的规定。权利要求1~4，6不具备新颖性，不符合专利法第二十二条第二款的规定。权利要求7~9不具备创造性，不符合专利法第二十二条第三款的规定。

三、决定

宣告02207970.X号实用新型专利权全部无效。

当事人对本决定不服的，可以根据专利法第四十六条第二款的规定，自收到本决定之日起三个月内向北京市第一中级人民法院起诉。根据该款的规定，一方当事人起诉后，另一方当事人应当作为第三人参加诉讼。

028

小功率印刷线路板焊接安装式电源变压器案

无效宣告请求审查决定（第7297号）

决　定　号　第7297号
决　定　日　2005年5月20日
发明创造名称　小功率印刷线路板焊接安装式电源变压器
国际分类号　H01F 27/02
无效请求人　北京耀华德昌工业自动控制设备有限公司
专利权人　李元兵
专　利　号　95202424.1
申　请　日　1995年2月11日
授权公告日　1995年10月11日
合议组组长　黄毅斐
主　审　员　孙治国
参　审　员　张美菊

法律依据　专利法第二十二条第三款　专利法实施细则第二十条第一款
决定要点

没有引起产品形状、构造或者其结合变化的材料特征，在对实用新型的创造性评述中不予考虑。在从属权利要求中，对同一技术特征的重复限定造成了该权利要求不清楚，不符合专利法实施细则第二十条第一款的规定。

一、案由

本无效宣告请求涉及中国专利局1995年10月11日授权公告的95202424.1号实用新型专利（下称本专利），其名称为“小功率印刷线路板焊接安装式电源变压器”，申请日为1995年2月11日，专利权人为李元兵（下称被请求人）。

本专利授权公告的权利要求书如下：

“1. 小功率印刷线路板焊接安装式电源变压器，其以硅钢片为铁芯，其特征在于所述变压器具有分别绕制于一骨架中部隔板的两侧、相互隔离的初级绕组和次级绕组，并且所述变压器是以阻燃型工程塑料为外壳，用阻燃型环氧树脂灌封料灌封而成的全封闭器件，所述的变压器还具有往印刷线路板上焊接和安装的引出脚插针和安装孔，安装孔可以是自攻螺丝孔或金属嵌件孔。

2. 根据权利要求1的电源变压器，其特征在于变压器的引出脚插针间距按骨架上插针的间距排列，可以是2.54mm的倍数。”

针对上述实用新型专利权，北京耀华德昌工业自动控制设备有限公司（下称请求人）于2004年3月24日向专利复审委员会提出无效宣告请求，其无效理由为本专利不符合专利法第二十二条第三款有关创造性的规定，权利要求1不符合专利法实施细则第二条第二款的规定。所提交的证据材料为：

证据1：DE3321721A1号德国专利公开文件，公开日为1984年12月20日；

证据2：US4156222号美国专利公开文件，授权公告日为1979年5月22日；

证据3：US3665358号美国专利公开文件，授权公告日为1972年5月23日；

证据4：90200486.7号中国实用新型专利申请说明书，公告日为1990年10月3日；

证据5：91111511.0号中国发明专利申请公开说明书，公开日为1992年7月1日；

证据6：《窗口软件（TANGO）简明手册》的复印件（4页），机械工业出版社出版，1997年11月第1版第1次印刷；

证据7：本实用新型专利说明书。

经形式审查合格后，专利复审委员会受理了上述无效宣告请求，于2004年3月25日向双方当事人发出了无效宣告请求受理通知书，并将请求人的无效宣告请求书及其附件清单中所列附件副本转寄被请求人。

由于被请求人的地址不详，无效宣告请求受理通知书未能被邮寄送达被请求人，被请求人于2004年4月16日取走了无效宣告请求受理通知书及其附件清单中所列附件的副本。

请求人于2004年3月25日提交了意见陈述书及以下补充证据材料：

证据8：《多层自动布线印制板的设计与实现》的封面、出版页及第118~121页的复印件，学苑出版社出版，1993年9月第1版，1996年6月第5次印刷；

证据9：《英汉纺织工业词汇》的封面、出版页以及附录三的复印件，纺织工业出版社出版，1980年10月第1版第1次印刷。

专利复审委员会于2004年4月6日收到请求人再次提交的意见陈述书及以下补充证据材料：

证据10：《PROTEL印制版设计（TANGO升级版）软件使用手册》的封面、出版页以及第1~2页的复印件，南京大学出版社出版，1994年12月第1版第1次印刷。

专利复审委员会还于2004年4月19日收到请求人提交的意见陈述书及证据2和证据3的中文译文。

专利复审委员会于2004年5月12日收到被请求人提交的意见陈述书以及由国家知识产权局专利检索咨询中心出具的"检索报告"复印件一份，在意见陈述书中被请求人认为本专利不同于现有技术，具有明显的技术进步性。

本案合议组于2004年12月8日向双方当事人发出口头审理通知书，定于2005年1月25日进行口头审理，并且随口头审理通知书将请求人2004年3月25日、2004年4月9日和2004年4月19日的意见陈述书及所附补充证据材料转送被请求人，将被请求人2004年5月12日的意见陈述书转给请求人。

口头审理于2005年1月25日如期举行。双方当事人对合议组成员无回避请求，对对方出庭人员的身份没有异议。请求人当庭放弃使用证据1、2、6、8~10，明确证据2仅供合议组参考。被请求人对证据3的真实性有异议，对证据3的中文译文的准确性有异议。合议组告知被请求人应在口审之日起一个月内提交证据3全文的中文译文以及证明证据3不具有真实性的证据材料，逾期不提交视为对证据3的真实性和中文译文的准确性没有异议。

请求人当庭明确其无效理由是：（1）本专利说明书没有对铁芯、骨架、初级绕组、次级绕组之间的连接关系作出清楚的说明，因而本专利说明书不符合专利法第二十六条第三款的规定；基于同样的事实导致权利要求1不符合专利法实施细则第二十条第一款、第二十一条第二款的规定；（2）权利要求1中"阻燃型工程塑料"、"用阻燃型环氧树脂灌封料"属于材料特征，因而权利要求1不符合专利法实施细则第二条第二款的规定；（3）证据3是与本专利最接近的现有技术，权利要求1相对于证据3和证据5的结合不具备创造性；权利要求2相对于证据3和证据4的结合不具备创造性，且权利要求2不符合专利法实施细则第二十条第一款的规定。

合议组当庭将请求人当庭提交的意见陈述书转给被请求人，并告知被请求人可以在口审之日起一个月内提交对于请求人在口审时提出的新的无效理由的书面答辩意见。

口头审理结束后，被请求人未在规定的期限内提交书面答辩意见、证据3全文的中文译文以及证明证据3不具有真实性的证据材料。

在上述审查工作的基础上，合议组经研究后认为本案事实已经清楚，可以作出审查决定。

二、决定的理由

1. 关于请求人提交的证据材料

鉴于请求人已当庭放弃使用证据1、2、6、8~10，因此合议组对这些证据不再予以评价。

"中华人民共和国领域外形成的证据"是指发生在国外、产生于国外的证据。国内可以获得并且可以由国家机关、公共图书馆等收藏单位证实的国外专利文献、其他公开出版物，不视为在中华人民共和国领域外形成的证据。经合议组核实，证据3是在国内可以获得并且可以由国家知识产权局证实的国外专利文献，因此其不属于中华人民共和国领域外形成的证据，可以确认其真实性。另外，由于证据3~5均为本专利申请日（1995年2月11日）之前公开的专利文献，因此可以作为现有技术用来评述本专利的创造性。

被请求人在口审后未提交证据3的中文译文，因此在下面的评述中，合议组采用于2004年4月19日收到的请求人提交的证据3的中文译文。

2. 关于专利法第二十六条第三款

本专利权利要求1请求保护的是一种小功率印刷线路板焊接安装式电源变压器，包括如下六个技术特征：

（1）以硅钢片为铁芯；

（2）所述变压器具有分别绕制于一骨架中部隔板的两侧、相互隔离的初级绕组和次级绕组；

（3）并且所述变压器是以阻燃型工程塑料为外壳；

（4）用阻燃型环氧树脂灌封料灌封而成的全封闭器件；

（5）所述的变压器还具有往印刷线路板上焊接和安装的引出脚插针和安装孔；

（6）安装孔可以是自攻螺丝孔或金属嵌件孔。

合议组认为，本专利是对现有技术中变压器结构的改进，而铁芯、骨架、初级绕组、次级绕组之间的连接关系以及如何将铁芯植入属于现有技术，虽然在说明书中没有对此进行说明，但是本领域普通技术人员按照说明书的记载，结合本领域的普通知识，不需要创造性的劳动就能再现本专利的电源变压器。本专利已经清楚地说明了骨架和隔板的关系，如权利要求1中"所述变压器具有分别绕制于一骨架中部隔板的两侧、相互隔离的初级绕组和次级绕组"，而初级绕组和次级绕组是怎样绕制在骨架上的技术问题属于现有技术，无须在说明书中说明。因此，合议组认为本专利符合专利法第二十六条第三款的规定。

3. 关于专利法实施细则第二条第二款

专利法实施细则第二条第二款规定："专利法所称实用新型，是指对产品的形状、构造或者其结合所提出的适于实用的新的技术方案。"

合议组认为，本专利权利要求1请求保护的是"小功率印刷线路板焊接安装式电源变压器"，其中限定了本专利变压器的组成结构，如铁芯、骨架、初级绕组、次级绕组等，尽管权利要求1中还包含有"以阻燃型工程塑料为外壳"、"用阻燃型环氧树脂灌封料灌封而成的全封闭器件"的材料特征的限定，但是本专利权利要求1的整体技术方案仍然是符合专利法实施细则第二条第二款的定义。

4. 关于专利法实施细则第二十条第一款和专利法实施细则第二十一条第二款

合议组认为，从本专利权利要求1的描述中可知，只要满足将变压器"灌封"为一个全封闭器件即可，因此本专利权利要求1的"灌封"的含义是清楚的，本专利权利要求1能够清楚地表达请求保护的范围，符合专利法实施细则第二十条第一款的规定。

另外，由于如上所论述的，本专利符合专利法第二十六条第三款的规定，因此请求人基于本专利不符合专利法第二十六条第三款的规定而认定本专利权利要求1不符合专利法实施细则第二十一条第二款的规定的无效理由不能成立。

本专利权利要求2的附加技术特征是"变压器的引出脚插针间距按骨架上插针的间距排列，可以是2.54mm的倍数"。

在权利要求2所引用的权利要求中未出现"骨架上插针"，而从权利要求2字面来看，"引出脚插针"与"骨架上插针"是两种不同的插针，但是，根据说明书第2页倒数第1段可以看出"引出脚插针"就是"骨架上插针"，因此权利要求2用特征自身对该特征进行限定，使得其不能清楚地说明"引出脚插针"究竟如何排列，这造成了权利要求2不清楚。因此，合议组认为本专利权利要求2不清楚，不符合专利法实施细则第二十条第一款的规定。

5. 关于创造性

专利法第二十二条第三款规定的实用新型的创造性是指，同申请日以前已有的技术相比，实用新型有实质性特点和进步。

本专利权利要求1请求保护一种小功率印刷线路板焊接安装式电源变压器，其中包括如下六个技术特征：

(1) 其以硅钢片为铁芯；

(2) 所述变压器具有分别绕制于一骨架中部隔板的两侧、相互隔离的初级绕组和次级绕组；

(3) 并且所述变压器是以阻燃型工程塑料为外壳；

(4) 用阻燃型环氧树脂灌封料灌封而成的全封闭器件；

(5) 所述的变压器还具有往印刷线路板上焊接和安装的引出脚插针和安装孔；

(6) 安装孔可以是自攻螺丝孔或金属嵌件孔。

证据3涉及一种电感线圈骨架，其中公开了如下技术特征：

磁芯以E形叠片52的形式插入线圈50中（参见证据3译文说明书第2页第19行）。

防护容器，内装所述电感；气密密封材料，封灌于所述容器61内，并牢固的密封所述电感；该电感已被放入容器61内，该容器61已被封灌材料63所填满（参见证据3译文第5页权利要求6）；其中，前述的"容器61"对应于本专利权利要求1技术特征（3）中的"外壳"，"该容器61已被封灌材料63所填满"对应于本专利权利要求1技术特征（4）中的"用灌封料灌封而成的全封闭器件"。

在支架14和18的每一端都设有支柱（或称安装柱），其中一个的标号为36（参见证据3译文说明书第2页第8行）；从封灌材料63上突出的是接线柱54和各种支柱，包括支柱36（证据3译文说明书第3段、说明书附图2、3)。其中，前述的“支柱36”对应于本专利权利要求1技术特征(5)中的“安装孔”,“接线柱54”对应于本专利权利要求1技术特征(5)中的“引出脚插针”。因此，证据3公开了本专利权利要求1技术特征(5)。

并且每个支柱均具有自攻螺纹(证据3译文说明书第3段);其中，前述的“自攻螺纹”对应于本专利权利要求1技术特征(6)中的“自攻螺丝孔”。

本专利权利要求1与证据3的区别在于：本专利权利要求1要求保护的是电源变压器，而证据3涉及电感器；证据3未公开本专利权利要求1中的技术特征(2);本专利权利要求1中以硅钢片为铁芯，而证据3仅仅指出其具有E形叠片52的磁芯；本专利权利要求1中以工程塑料为外壳，而证据3中仅仅指出具有容器61，未明确该容器61是由工程塑料形成；本专利权利要求1中以阻燃型环氧树脂作为灌封料，而证据3中未明确使用何种材料作为灌封料；证据3未公开本专利权利要求1中的安装孔可以是金属嵌件孔。

证据5涉及小型变压器及其制造方法，其中公开了下述技术特征：“在铁芯2插入前，把初级绕组3和次级绕组4绕在线圈骨架5上。这些绕组3、4由挡壁17和19保持在线圈骨架5上并利用隔离壁18相互隔开。”(参见证据5说明书第7页第3段)。因此，证据5公开了本专利权利要求1中的特征(2)。

合议组认为，

首先，变压器与电感器都利用相同的物理原理，二者属于同一分类号H01F 27/02下的技术领域，而且从本专利和证据3的附图中也可以看出，二者的结构基本相同，对于本领域的普通技术人员来说很容易将电感器的结构应用到变压器的结构上。

其次，虽然证据3和证据5均未公开其磁芯或铁芯是以硅钢片为材料的，但是本专利采用以硅钢片为磁芯或铁芯的区别特征并没有引起本专利变压器的形状、构造或者其结合的变化。根据审查指南的规定，没有引起产品形状、构造或者其结合变化的材料特征，在对实用新型的创造性评述中不予考虑。此外，对于本专利权利要求1中“以阻燃性工程塑料为外壳”和“以阻燃型环氧树脂灌封料灌封而成的全封闭器件”的技术特征，由于该“阻燃性工程塑料”和“阻燃型环氧树脂”的使用也没有引起本专利变压器形状、构造或者其结合的变化。所以，基于同样的理由，在对本专利的创造性评述中不考虑“阻燃性工程塑料”和“阻燃型环氧树脂灌封料”的区别技术特征。

最后，将金属嵌件孔用作安装孔是本领域的普通常识。

本专利与证据3、证据5属于相同的技术领域，证据5的发明目的是提供一种可以高效率地制成、适合于大规模批量生产的小型变压器，本领域的普通技术人员为了解决本专利的技术问题，在证据3的基础上结合证据5中公开的变压器的线圈绕组结构以得到本专利权利要求1所要求保护的技术方案是无须花费创造性的劳动的。因此，本专利权利要求1相对于证据3和证据5的结合不具备创造性，不符合专利法第二十二条第三款的规定。

被请求人在其意见陈述书中认为，本专利的“引出脚插针”既具有电气连接功能，又具有“安装”定位功能；本专利的“安装孔”的设置使得小功率印刷线路板焊接安装式电源变压器在印刷线路板上的连接更牢固；“引出脚插针”与“安装孔”的结合构成了本专利的突出的具备实质性特点的技术特征。对此，合议组认为：证据3中的“接线柱54”在客观上也能够既具有电气连接功能，又具有“安装”定位功能，而“支柱36”也可以起到紧固连接的作用，而且在现有的技术中用引出脚插针进行电气连接以及安装定位器件也是常用的技术手段，因此被请求人的上述理由不能成立。

综上所述，本专利权利要求1不具备专利法第二十二条第三款所规定的创造性，本专利权利要求

2 不符合专利法实施细则第二十条第一款的规定，请求人无效宣告请求的理由成立。

三、决定

宣告 95202424.1 号实用新型专利权全部无效。

当事人对本决定不服的，可以根据专利法第四十六条第二款的规定，自收到本决定之日起三个月内向北京市第一中级人民法院起诉。根据该款的规定，一方当事人起诉后，另一方当事人应当作为第三人参加诉讼。

029

一种改进的灯具电容器案

无效宣告请求审查决定（第7298号）

决　定　号　第7298号
决　定　日　2005年5月31日
发明创造名称　一种改进的灯具电容器
国际分类号　H01G 4/40
无效请求人　顺德市容桂区松柏电器有限公司
专利权人　陈　真
专　利　号　98224059.7
申　请　日　1998年5月20日
授权公告日　1999年9月8日
合议组组长　马志远
主　审　员　苏　青
参　审　员　张汉国

法律依据　专利法实施细则第二条第二款　专利法第二十六条第三款、第二十二条第二款、第二十二条第三款

决定要点

虽然从属权利要求的附加技术特征为材料特征，但权利要求保护的整个技术方案仍然是对产品的形状、构造或者其结合进行的限定，因此符合专利法实施细则第二条第二款的规定。

所属技术领域的技术人员按照说明书记载的内容，采用所属领域常规技术，就能够再现该技术方案，解决其技术问题，并且产生预期的技术效果，因此说明书已经满足充分公开的要求，符合专利法第二十六条第三款的规定。

两篇对比文件分别单独对比，都不能破坏本专利的新颖性、创造性。

一、案由

本无效宣告请求涉及国家知识产权局专利局于1999年9月8日授权公告的98224059.7号实用新型专利（下称本专利）的专利权，发明名称为“一种改进的灯具电容器”，申请日为1998年5月20日，专利权人为陈真（下称被请求人）。

授权公告的权利要求书为：

“1. 一种改进的灯具电容器，主要包括有外壳5，芯管3和伸出于外壳的一对电极，芯管3的外部为有机介质薄膜绕制体，其特征是在电容器外壳5内中心轴线位置上，即芯管3中间设置有一热熔管2，热熔管2的一端直接与芯管3的底部端面4相连接，另一端与电极引出铜片1相连接。

2. 如权利要求1所述的一种改进的灯具电容器，其特征是电容器外壳5为塑料质外壳。

3. 如权利要求1或2所述的一种改进的灯具电容器，其特征是热熔管2与芯管3的管壁紧密

接触。”

针对上述实用新型专利权，顺德市容桂区松柏电器有限公司（下称请求人）于2004年5月24日向专利复审委员会提出了无效宣告请求，其理由是本实用新型专利不符合专利法第二十二条、专利法第二十六条第三款、专利法实施细则第二条第二款的规定。

请求人同时提交了下列附件作为证据：

附件1：中国专利第95227538.4号实用新型专利说明书，公告日为1997年10月29日（下称对比文件1）；

附件2：中国专利第89205451.4号实用新型专利说明书，公告日为1991年2月13日（下称对比文件2）。

请求人在无效宣告请求书中指出：(1) 对比文件1、对比文件2公开了权利要求1的所有内容，权利要求1不具备新颖性和创造性；从属权利要求2的附加技术特征是公知技术，从属权利要求3的附加技术特征在对比文件1、对比文件2中公开，因此权利要求2、权利要求3同样不具备新颖性和创造性；(2) 从属权利要求2的附加技术特征为电容器外壳材质，不符合专利法实施细则第二条第二款的规定；(3) 权利要求3的附加技术特征是“热熔管2与芯管3的管壁紧密接触”，但是说明书中没有公开热熔管与芯管如何紧密接触，说明书公开不充分，不符合专利法第二十六条第三款的规定。

经形式审查合格，专利复审委员会于2004年5月25日受理了上述无效宣告请求，同日将专利权无效宣告请求书及其附件清单中所列附件副本转送给被请求人，要求其在指定期限内答复。由于被请求人的地址、邮编、联系人姓名、联系人地址、联系人邮编、专利代理机构、专利代理人等著录项目变更，被请求人没有收到专利复审委员会2004年5月25日发文的无效宣告请求受理通知书，以及转送的专利权无效宣告请求书及其附件清单中所列附件副本。被请求人变更上述著录项目后，合议组于2004年11月8日发出转送文件通知书，同时将无效宣告请求受理通知书和专利权无效宣告请求书及其附件清单中所列附件副本转送给被请求人。针对上述无效宣告请求，被请求人于2004年11月23日寄交了关于（案件编号：5W0587）无效宣告请求的意见陈述书，关于“一种改进的灯具电容器”专利的新颖性、创造性、实用性的细述，关于（请求号：04-064）检索报告的意见陈述书并附上样本资料。

在意见陈述书中，被请求人主要陈述意见为：(1) 请求在本专利权利要求书第一项中“其特征是在电容器外壳5内中心轴线位置上即芯管3中间设置有一热熔管2”之后加入“从而实现具有阻燃防爆功能的灯具电容器”，同时删除权利要求2和权利要求3；(2) 在本专利公布之前，没有其他人或单位公布或实施过在灯具电容器中设置热熔管或类似热保护器，更没有在灯具电容器中设置我们改进过的适用于灯具电容器的热熔管；(3) 本专利权利要求1~3保护一种改进的灯具电容器，而对比文件1、对比文件2公开的是电力电容器类，这两项实用新型虽然同属自愈式电容器技术领域，但对于实用新型专利来说，它们往往是运用的同一范畴、领域中的技术原理和模式，在不同“类”“种”上的改进和创新。被请求人认为同一技术领域中的不同类产品所涉及（应用）的领域不同，它们的改进创新首先是要根据所涉及领域的发展要求和具体情况，改进自身的特性和质量来实现的，同时如果这项改进是实用的，符合了所涉及领域的发展要求，就必然给这一领域和它自身带来进步，这项实用新型当然是成立的。但被请求人没有提交修改后的权利要求书。

合议组于2005年1月27日向双方当事人分别发出了无效宣告请求口头审理通知书，定于2005年3月15日举行口头审理，并随口审通知书向请求人转送被请求人于2004年11月23日寄交的关于（案件编号：5W0587）无效宣告请求的意见陈述书，关于“一种改进的灯具电容器”专利的新颖性、创造性、实用性的细述，关于（请求号：04~064）检索报告的意见陈述书。

被请求人于2005年2月2日再次寄交了关于（案件编号：5W0587）无效宣告请求的意见陈述书、关于“专利检索意见陈述答复”的意见陈述、并提交了样品。

口头审理如期举行，双方当事人均出席口头审理。在口头审理中，合议组当庭将被请求人于2005年2月2日寄交的关于（案件编号：5W0587）无效宣告请求的意见陈述书、关于“专利检索意见陈述答复”的意见陈述的副本转送给请求人。

在口头审理中，请求人明确其无效理由为，权利要求1分别相对于对比文件1、对比文件2不具备新颖性、创造性；权利要求2、权利要求3分别相对于对比文件1、对比文件2不具备创造性；权利要求3的附加技术特征“热熔管2与芯管3的管壁紧密接触”在说明书中没有公开具体的实现方式，因此说明书不符合专利法第二十六条第三款的规定。在权利要求1不具备新颖性、创造性的基础上，权利要求2不符合专利法实施细则第二条第二款的规定。此外，请求人认为如果热熔管2确实是全新的、以前未出现过，那么关于热熔管2本身的结构说明书公开也不充分。请求人认为电力电容器、灯具电容器在电容器元件和单元层次上结构一样。

被请求人对对比文件1、对比文件2的真实性没有异议。

被请求人当庭针对上述无效理由进行答辩，被请求人明确不修改权利要求书。被请求人强调本专利的热熔管2与对比文件1中的热保护器、对比文件2中的过温隔离器名称不同、外形不同、技术原理及结构均不相同，被请求人承认本专利说明书及权利要求书中均未公开热熔管2的具体结构技术方案，现有技术中也没有公开过本专利的热熔管2。被请求人认可热熔管2本身的内部结构、热熔管2与芯管3的紧密接触的具体实现方式确实没有在本专利说明书中充分公开。被请求人认为电力电容器、灯具电容器的体积的大小、尺寸、薄膜的宽度、厚度、芯轴长度及材料、电性能指标均不相同。被请求人还认为，内部连接方式和内部结构不同，并当庭提交了关于5W05897专利案件的补充提纲。

至此，合议组认为本案事实已经清楚，现依法作出审查决定。

二、决定的理由

1. 关于现有技术

请求人提交的对比文件1、对比文件2均是专利文献，它们的公开日期均在本专利申请日之前，因此，其上记载的内容构成现有技术。

2. 关于专利法实施细则第二条第二款

专利法实施细则第二条第二款规定：“专利法所称实用新型，是指对产品的形状、构造或者其结合所提出的适于实用的新的技术方案。”

从属权利要求2的附加技术特征“电容器外壳5为塑料质外壳”是材料特征，权利要求2作为权利要求1的从属权利要求，其技术方案包含权利要求1的全部技术特征，因此虽然上述附加技术特征是形状、构造技术特征以外的材料特征，但是从属权利要求2保护的整个技术方案仍然对产品的形状、构造或者其结合进行了限定，因此权利要求2符合专利法实施细则第二条第二款的规定。

3. 关于专利法第二十六条第三款

专利法第二十六条第三款规定：说明书应当对发明或者实用新型作出清楚、完整的说明，以所属技术领域的技术人员能够实现为准；必要的时候，应当有附图。摘要应当简要说明发明或者实用新型的技术要点。

权利要求3的附加技术特征“热熔管2与芯管3的管壁紧密接触”在说明书第2页最后一行至第3页第一行已经清楚记载，虽然说明书中没有具体公开热熔管与芯管的管壁是如何紧密接触的，但所属技术领域的技术人员按照说明书记载的内容，采用本领域常规技术，就能够再现该技术方案，解决其技术问题，并且产生预期的技术效果，因而本专利说明书满足充分公开的要求，符合专利法第二十六条第三款的规定。

4. 关于新颖性

专利法第二十二条第二款规定：新颖性，是指在申请日以前没有同样的发明或者实用新型在国内外出版物上公开发表过、在国内公开使用过或者以其他方式为公众所知，也没有同样的发明或者实用新型由他人向国务院专利行政部门提出过申请并且记载在申请日以后公布的专利申请文件中。

请求人用对比文件1或对比文件2单独评价本专利权利要求1的新颖性。

本专利涉及一种改进的灯具电容器，所要克服的现有技术中的缺陷是：现有的塑壳式电容器由于塑料本身的机械特性以及外壳密封的工艺技术上的限制，很难具有良好的阻燃防爆安全性能，因此在要求较高的灯具产品领域中无法大量使用塑壳式电容器。

本专利权利要求1的技术方案是一种改进的灯具电容器，主要包括有外壳5，芯管3和伸出于外壳的一对电极，芯管3的外部为有机介质薄膜绕制体。其特征是，在电容器外壳5内中心轴线位置上，即芯管3中间设置有一热熔管2，热熔管2的一端直接与芯管3的底部端面4相连接，另一端与电极引出铜片1相连接。权利要求1的技术方案的技术要点是在芯管中放入一支热熔管，并使其与管壁紧密接触，热熔管的一端与芯管端面相连接，另一端与电极引出铜片相连接。这样当芯管变质发热，芯管内温度超出上限工作温度时，热熔管就自动断路，切断管芯中的电流，也就是切断了热源，从而阻止芯管的继续发热以至燃烧爆裂，起到了阻燃防爆的安全作用。

对比文件1公开了一种具有热保护器的自愈式电容器，具体公开了以下技术内容：自愈式电容器C主要由芯轴1（相当于权利要求1中的芯管3）和卷绕在芯轴1上的金属化膜层2、电容元件C两端头的喷涂金属层3、4、引出电极5、6、外壳7构成，上述金属化膜层2是作为电极板及介质的金属氧化锌（铝）蒸镀的聚丙烯薄膜（金属化膜），在电容元件C的一个引出电极5与外接的一相电源A之间串接有一个热保护器ZP，热保护器ZP置于芯轴1的内部或芯轴1与金属化膜层2之间或内外双层芯轴11之间，热保护器ZP可以是热熔断器或者限温器，热保护器直接对电容元件进行保护，当某一电容元件电击穿，达到设置的保护温度时，热保护器就动作使该元件断电停止工作，进行局部保护（参见对比文件1的说明书第1页第6~7行、第2页第5~11行、第4页第4~19行、说明书摘要以及附图3）。

由上文可知，权利要求1保护的灯具电容器采用热熔管，热熔管连接在芯管的底部端面与电极引出铜片之间；对比文件1公开的自愈式电容器采用热保护器，热保护器连接在引出电极与外接的一相电源之间，权利要求1与对比文件1的技术方案不同。因此，权利要求1相对于对比文件1具备专利法第二十二条第二款规定的新颖性。

对比文件2公开了一种自愈式电容器，具体公开了以下技术内容：自愈式电容器包括端头喷涂金属层1、金属化膜2、硬性空心芯轴3、过温隔离器4、过温隔离器4的引出线5（接引出电极），引出线6（接引出电极），在自愈式电容器元件的硬性空心芯轴3内装有过温隔离器4，过温隔离器4安装在元件内部正处于最热位置，也就是芯轴3的中间，过温隔离器4的一端接引出线5，一端与芯轴3的底部端面连接，当电容器内部温度升高到足以使过温隔离器动作时，电容器停止工作。（参见对比文件2的权利要求书、说明书第1页第19~22行、第2页第5行至第3页第1行以及附图2）。

由上文可知，权利要求1保护的灯具电容器采用热熔管，热熔管连接在芯管的底部端面与电极引出铜片之间；对比文件2公开的自愈式电容器采用过温隔离器，过温隔离器连接在引出线（接引出电极）与芯轴的底部端面之间，可见，权利要求1与对比文件2的技术方案不同。因此权利要求1相对于对比文件2具备专利法第二十二条第二款规定的新颖性。

因此，权利要求1相对于对比文件1或者对比文件2均符合专利法第二十二条第二款的规定。

5. 关于创造性

专利法第二十二条第三款规定："创造性，是指同申请日以前已有的技术相比，该发明有突出的实质性特点和显著的进步，该实用新型有实质性特点和进步。"

尽管请求人在无效宣告请求书中指出过相对于对比文件1与对比文件2的结合，本专利的所有权利要求均不符合专利法及细则有关规定，但是没有具体指出如何使用对比文件1与对比文件2的结合来评价权利要求1~3的创造性。口头审理时请求人明确只单独用对比文件1或者单独用对比文件2评价权利要求1~3的创造性，没有将对比文件1与对比文件2结合来评价权利要求1~3的创造性，根据请求原则，本决定中分别用对比文件1或者对比文件2来评价权利要求1~3的创造性。

如前所述有关新颖性中所述，权利要求1与对比文件1相比，二者的区别技术特征在于权利要求1保护的灯具电容器采用热熔管，热熔管连接在芯管的底部端面与电极引出铜片之间，而对比文件1公开的自愈式电容器采用热保护器，热保护器连接在引出电极与外接的一相电源之间。上述区别技术特征既不是所属技术领域的公知常识，也没有在对比文件1的其他部分披露，因此权利要求1要求保护的技术方案相对于对比文件1具有实质性特点和进步，从而具备创造性，符合专利法第二十二条第三款的规定。

如新颖性中所述，权利要求1与对比文件2相比，二者的区别技术特征在于：权利要求1保护的灯具电容器采用热熔管，热熔管连接在芯管的底部端面与电极引出铜片之间；对比文件2公开的自愈式电容器采用过温隔离器，过温隔离器连接在引出线（接引出电极）与芯轴的底部端面之间。上述区别技术特征既不是所属技术领域的公知常识，也没有在对比文件2的其他部分披露，因此权利要求1要求保护的技术方案相对于对比文件2具有实质性特点和进步，从而具备创造性，符合专利法第二十二条第三款的规定。

因此，权利要求1相对于对比文件1或者对比文件2均符合专利法第二十二条第三款的规定。在权利要求1符合专利法第二十二条第三款的规定的前提下，从属权利要求2、3符合专利法第二十二条第三款的规定。

综上所述，本专利符合专利法实施细则第二条第二款、专利法第二十六条第三款、专利法第二十二条第二款、第三款的规定。

三、决定

维持98224059.7号实用新型专利权有效。

当事人对本决定不服的，可以根据专利法第四十六条第二款的规定，自收到本决定之日起三个月内向北京市第一中级人民法院起诉。根据该款的规定，一方当事人起诉后，另一方当事人应当作为第三人参加诉讼。

030

计算机硬盘数据快速保护与恢复方法案

无效宣告请求审查决定（第7301号）

决　定　号　第7301号
决　定　日　2005年6月17日
发明创造名称　计算机硬盘数据快速保护与恢复方法
国 际 分 类 号　G06F 12/16
无 效 请 求 人　吴昱德
专 利 权 人　李增胜
专　利　号　99115703.6
申　请　日　1999年1月12日
授 权 公 告 日　2003年5月28日
合 议 组 组 长　马志远
主　审　员　张美菊
参　审　员　李　卉

法 律 依 据　专利法第二十二条第二款
决 定 要 点

对于他人在一件发明或实用新型的申请日之前申请、在申请日之后公开的专利申请，如果其中没有清楚、完整地公开在后申请的发明或实用新型的技术方案，则该在先申请的发明或实用新型不能构成在后申请的发明或实用新型的抵触申请而破坏其新颖性。

一、案由

本无效宣告请求涉及国家知识产权局专利局于2003年5月28日授权公告的、名称为“计算机硬盘数据快速保护与恢复方法”的发明专利（下称本专利），其申请日1999年1月12日，申请号为99115703.6，专利权人为李增胜。

该专利授权公告的权利要求书内容如下：

“1. 一种计算机硬盘数据快速保护与恢复方法，该方法包括以下步骤：

（1）遍历硬盘分区表；

（2）遍历每一个FAT16和FAT32分区的FAT表，生成标志位数据集；

（3）根据标志位将整个硬盘虚拟为‘原有数据区’，即所有Oldinfo的集合和‘自由空间区’，即所有Free的集合两大部分；

（4）截获原有的BIOS中断向量INT13h，挂接新的INT13h中断，对所有经过INT13h的读写盘操作进行新的‘映射’处理，然后交给原来的BIOS中断向量INT13h进行数据读写，以避免‘原有数据区’被破坏；

（5）如果要恢复原有数据，只需重新初始化标志集；

（6）如果要保存当前数据，只需根据标志位的改变将被搬移的即经‘映射’处理过的扇区中的数据拷贝回原处即可；

在步骤（1）中，找出当前硬盘上的所有分区，逐一将各分区的起始柱面数、磁头、扇区及总扇区数登记在数据结构 PartitionDisk 中；

在步骤（2）中，如果 FAT 表项为‘0’，在标志集中用 Free 标记；否则，用 Oldinfo 标记。

针对上述专利权，吴昱德（下称请求人）于2004年4月23日向专利复审委员会提出了无效宣告请求，其理由是，本专利不符合专利法第二十二条第二款的规定，不具备新颖性。请求人提交以下附件作为证据：

附件1：申请号为98125620.1的发明专利申请公开说明书，其申请日是1998年12月18日，公开日是2000年6月28日，申请人是吴昱德（下称对比文件）；

附件2：申请号为99115703.6的发明专利（本专利）说明书。

请求人认为本专利不具备新颖性的具体理由是：（1）对比文件的申请日早于本专利的申请日，其可以评价本专利的新颖性；（2）本专利与对比文件的发明目的相同，都是针对以往硬盘的备份方式造成硬盘空间缺失的问题；（3）本专利的各个步骤都已记载于对比文件中了，①对比文件中所公开的将记录媒体2整理并制作出各个存储档与本专利的步骤（1）的遍历硬盘分区表的内容实质上相同；②对比文件中公开了产生包括磁区映射表和索引表的读写记录档，该磁区映射表和索引表实质上和步骤（2）中的标志位数据集相同；③对比文件中公开的记录媒体分为两部分，一部分为原始数据区、模拟读写档、读写记录档的集合，另一部分是剩余空间内的系统暂存档、各模拟开机档以及各模拟数据档，因此步骤（3）的内容在对比文件中公开；④对比文件公开了建立一预留的分割区参数表，当作使用者欲强制写入记录媒体分割区参数表时，其用于转向到此档案进行模拟读写工作，以防止破坏真正的记录媒体，对于电脑硬件设计的技术者来说进行读写动作势必通过主机板上的 BIOS 的13h 中断来执行，并且步骤（4）中的“一对 X”的映射关系已被对比文件所公开，因此对比文件在硬盘上的读写模式与步骤（4）的核心技术是相同的；⑤对比文件的还原原有数据的方式与步骤（5）相同；⑥步骤（6）的内容也记载于对比文件中；⑦本领域的技术人员根据对比文件第4页和第7页的内容很容易推知步骤（6）后所界定的技术内容。

经形式审查合格，专利复审委员会受理了上述无效宣告请求，于2004年7月2日发出无效宣告请求受理通知书，并将无效宣告请求书及其附件的副本转给了专利权人（下称被请求人）。

被请求人于2004年8月11日提交了意见陈述书。被请求人认为本专利与对比文件所采用的技术方案是不同的：对于步骤（1），本专利与对比文件采用了不同的硬盘分区处理措施，不能得出“遍历硬盘分区表与对比文件所揭示的实施内容实质上相同”的结论；对于步骤（2），对比文件的权利要求和说明书中没有提到过 FAT 表，并且对比文件中磁区映射表与每个扇区一一对应，无须分析 FAT 表；对于步骤（3），对比文件将硬盘整理制作虚构为7部分，本专利将硬盘虚拟为2部分；对于步骤（4），本专利的影射关系是“一对 X”的关系，X 要经过本专利的方法计算得出，在操作系统访问某一扇区时并不一定直接读写该扇区，而是经过计算后，访问另一扇区，而对比文件中没有明确的计算方法；对于步骤（5），对比文件在恢复数据时要清除读写记录档和系统暂存档两个档，如果系统做过极其复杂的操作，系统暂存档会相当庞大，清空它需要很长的时间，而本专利只需清空标志位，瞬时复原；对于步骤（6），对比文件仅仅记载了“直到使用者需要时，才将要保留的数据写入原始数据区21内”，并没有说明如何把需要保留的数据写入原始数据区21，没有提到类似步骤（6）的说法；对于步骤（6）后的内容，柱面数、磁块、扇区、扇区数记录是参数信息不是原始数据，本专利不需要改变硬盘上的原始数据。因此，对比文件没有公开本专利权利要求的内容，本专利具备新颖性，本专利满足专利法第二十二条的新颖性条件。

合议组于2005年2月16日向请求人和被请求人发出口头审理通知书，定于2005年3月29日举行口头审理，同时随口头审理通知书将被请求人于2004年8月11日提交的意见陈述书转给了请求人。

口头审理于2005年3月29日如期举行。在口头审理中，双方当事人对合议组成员没有回避请求，对对方出庭人员的身份没有异议，被请求人对对比文件的真实性没有异议。请求人当庭明确其无效理由为，本专利权利要求1相对于对比文件不具备新颖性。

在口头审理中，请求人明确表示对比文件中的磁区映射表和索引表相当于本专利中的标志位数据集；被请求人认为标志位数据集是以簇为单位标志的，而对比文件是以扇区为单位标志的，本专利只使用一个数据集，而对比文件要使用两个表，由于对比文件以扇区为单位记录，因此磁区映射表所占用空间远远大于本专利标志位数据集，并且本专利是对簇为单位进行的处理效率高于对比文件以扇区为单位的处理效率。被请求人认为FAT16、FAT32分区表、INT13h子程序是特定应用于DOS和Windows操作系统，而对比文件没有明确所应用的操作系统。被请求人认为步骤（5）中的初始化标志位数据集与对比文件中的清除读写记录档和系统暂存档的处理对象和处理方法不同，请求人认为本专利和对比文件中的上述内容实质上相同。请求人认为被请求人的发明核心是操作系统或应用程序试图访问一扇区时，并不一定直接让它读写该扇区，而是经过计算后可能让其访问另一扇区，而这样的核心已在请求人的权利要求第1页第12~14行明确表示。请求人当庭提交的本专利与对比文件步骤方法的对比列表和结构对比图仅供合议组参考，而被请求人对此图的画法有异议。

在上述工作的基础上，合议组认为本案事实已清楚，依法作出本决定。

二、决定的理由

1. 关于证据

对比文件是请求人吴昱德在本专利申请日前向国家知识产权局专利局提出申请、在本专利申请日之后公开的专利申请文件，因此能够用于评述本专利的新颖性。

2. 关于新颖性

本专利权利要求1要求保护一种“计算机硬盘数据快速保护与恢复方法”，该方法包括以下步骤：

（1）遍历硬盘分区表；

（2）遍历每一个FAT16和FAT32分区的FAT表，生成标志位数据集；

（3）根据标志位将整个硬盘虚拟为“原有数据区”，即所有Oldinfo的集合和“自由空间区”，即所有Free的集合两大部分；

（4）截获原有的BIOS中断向量INT13h，挂接新的INT13h中断，对所有经过INT13h的读写盘操作进行新的“映射”处理，然后交给原来的BIOS中断向量INT13h进行数据读写，以避免“原有数据区”被破坏；

（5）如果要恢复原有数据，只需重新初始化标志集；

（6）如果要保存当前数据，只需根据标志位的改变将被搬移的即经“映射”处理过的扇区中的数据拷贝回原处即可；

在步骤（1）中，找出当前硬盘上的所有分区，逐一将各分区的起始柱面数、磁头、扇区及总扇区数登记在数据结构PartitionDisk中；

在步骤（2）中，如果FAT表项为“0”，在标志集中用Free标记；否则，用Oldinfo标记。

对比文件公开了一种“电脑记录媒体数据的复原方法”，该方法包括步骤（参见对比文件说明书第4页第8段至第9页第6行以及附图1~5）：整理记录媒体2的数据，将原先零散的原始数据往记录媒体2的最前端形成原始数据区21，将其余连续空间制作出模拟读写档22、读写记录档23、系统暂存档24、多个模拟开机档25、多个模拟数据档26以及剩余空间27，读写记录档23包含一个磁区映射表231和一个索引表233，磁区映射表231的每一个单位代表一个磁区是否被修改过，索引表的每一单位索引4K byte的数据，如果在受保护的情况下，读取各个档22~26的数据时，如果检查到更改了原始数据区21，则读取系统暂存档，在写入各个档22~26的数据时，则将地址写入读写记录档23，将数据写入系统暂存档24，如果写入各个档22~26以外的区域时，将数据写入模拟读写档22，如果处于不受保护的情况，则直接读写原始数据区；上述的读写都是自动进行的，只要将读写记录档23归零及系统暂存档24清除，就可以立刻把所有数据恢复原状；在读写数据都是在各个档中进行的情况下，只有在使用者有需要的时候，才将要保留的数据写入原始数据区21。

对于本专利步骤（2），在对比文件中并没有公开其方案应用于什么操作系统，而不同的操作系统会使用不同格式的文件系统，本专利中的FAT16和FAT32文件系统就是允许MS-DOS、Windows 3.x、Windows 9x、Windows NT和OS/2等操作系统使用的文件系统，而这些操作系统中还可能使用其他的文件系统，例如OS/2操作系统可使用HPFS文件系统，Windows NT、2000可使用NTFS文件系统，LINUX可以支持其他多种文件系统，如NTFS、Minix、ext、ext2、xiafs、HPFS、VFAT等，因此从对比文件中并不能推导出“遍历每一个FAT16和FAT32分区的FAT表，生成标志位数据集”的步骤；同时，对于本专利步骤（5），在对比文件中恢复数据的方法是将读写记录档23归零及系统暂存档24清除，是清除了两个表，而在本专利中只需要初始化一个标志集即可，这也是和本专利不同的；此外，本专利中的步骤（1）的过程是找出当前硬盘上的所有分区，逐一将各分区的起始柱面数、磁头、扇区及总扇区数登记在数据结构PartitionDisk中，这是记录并了解硬盘容量、分区情况的一个过程，而在对比文件中是要整理记录媒体的内容，将原先零散的原始数据往记录媒体2的最前端的过程，其并没有公开要记录记录媒体的容量、分区情况的内容。

对于他人在一件发明或实用新型的申请日之前申请、在申请日之后公开的专利申请，如果其中没有清楚、完整地公开在后申请的发明或实用新型的技术方案，则该在先申请的发明或实用新型不能构成在后申请的发明或实用新型的抵触申请而破坏其新颖性。由上述的分析可知，本专利的步骤（1）、（2）和（5）与对比文件中所公开的内容都不相同，并且上述步骤也不能从对比文件中唯一地推导出来，因此，对比文件没有公开本专利权利要求1的全部技术特征，不构成本专利的抵触申请，不能破坏本专利的新颖性。

三、决定

维持第99115703.6号发明专利权有效。

当事人对本决定不服的，可以根据专利法第四十六条第二款的规定，自收到本决定之日起三个月内向北京市第一中级人民法院起诉。根据该款的规定，一方当事人起诉后，另一方当事人应当作为第三人参加诉讼。

031

一种非接触式 IC 卡案

无效宣告请求审查决定（第 7302 号）

决　定　号　第 7302 号
决　定　日　2005 年 6 月 17 日
发明创造名称　一种非接触式 IC 卡
国际分类号　G06K 19/07
无效请求人　济南博大智能仪表有限公司
专利权人　费战波
专　利　号　00232597.7
申　请　日　2000 年 12 月 13 日
授权公告日　2001 年 10 月 17 日
合议组组长　马志远
主　审　员　张美菊
参　审　员　孙治国

法律依据　专利法第二十二条第二款
决定要点

本专利与对比文件 1 的技术领域相同、所解决的技术问题和技术方案实质上相同，预期的效果也相同，因此本专利权利要求 1 相对于对比文件 1 不具备新颖性。

一、案由

本无效宣告请求涉及国家知识产权局专利局于 2001 年 10 月 17 日授权公告的、名称为“一种非接触式 IC 卡”的实用新型专利（下称本专利），其申请日 2000 年 12 月 13 日，申请号为 00232597.7，专利权人为费战波。

本专利授权公告的权利要求书内容如下：

“1. 一种非接触式 IC 卡，它包括 IC 卡本体（1），其特征在于：在所述 IC 卡本体（1）内腔中设置有一永久磁片（2）。”

针对上述专利权，济南博大智能仪表有限公司（下称请求人）于 2004 年 12 月 27 日向专利复审委员会提出了无效宣告请求，理由是：本专利不符合专利法第二十二条第二款的规定，不具备新颖性，如果能够确定本专利的申请日在 2000 年 12 月 21 日，那么本专利也不具备创造性，同时本专利的说明书中没有公开所述 IC 卡是什么卡，没有说明 IC 卡本体的组成，也没有说明如何实现所述的 IC 卡是非接触式的，因而不符合专利法第二十六条第三款的规定。请求人同时提交以下附件作为证据：

附件 2：授权公告号为 CN2411517Y 的实用新型专利说明书，其申请人是王鹏，申请日是 2000 年 2 月 2 日，授权公告日是 2000 年 12 月 20 日（下称对比文件 1）；

附件 3：授权公告号为 CN2454830Y 的实用新型专利（即本专利）说明书。

经形式审查合格，专利复审委员会受理了上述无效宣告请求，于 2004 年 12 月 28 日发出无效宣告请求受理通知书，并将专利权无效宣告请求书及其附件的副本转给了专利权人（下称被请求人）。

专利复审委员会于 2005 年 2 月 6 日收到被请求人提交的意见陈述书。被请求人认为：（1）对比文件 1 中的"封闭式 IC 卡"没有天线，并且需要依靠由多个分离元件组成的电路进行光传输数据，卡上需要有透光材料，操作时必须重叠，内由电源供电，因此不符合非接触式 IC 卡的定义，其与本专利是两种不同的产品，不具备相关性和对比性，本专利具备新颖性和创造性；（2）非接触式 IC 卡是人所共知的一种产品，本专利中的非接触式 IC 卡本体的结构、组成和工作原理是一种常识和标准，不必再专门论述，因此请求人关于专利法第二十六条第三款的无效宣告理由不能成立；（3）本专利和对比文件 1 要解决的技术问题、实现的办法都不同，两个专利中的永久磁片（磁钢）的作用也不同，因此本专利具备新颖性和创造性；（4）对比文件 1 中没有说明永久磁钢是否在卡内部，同时在图中也没有标识为 CS1、CS2 的永久磁钢；（5）对比文件 1 中无法推导出"通过磁钢对相对应的干簧管开关通过磁力使之接通 IC 卡及卡座内的电路，从而使系统运行"，因此不能成为否认本专利的事实和理由。

同时，被请求人提交了一份引用资料及说明，共 24 页，其中涉及下列期刊和相关内容：王爱英主编的《智能卡技术》、《中国信用卡》1996 年第 3 期谢有生的《非接触型 IC 卡》、《警察技术》1997 年第 4 期邱学信的《非接触式 IC 卡的国际标准》、《电子技术》1998 年第 4 期马海峰、唐涛的《非接触式 IC 卡及其发展和应用》、《深圳大学学报（理工版）》1998 年第 Z1 期熊力扉的《非接触式 IC 卡技术》、《煤矿自动化》1999 年第 2 期陈启平的《非接触式 IC 卡》、国际标准 ISO7816－4（接触式 IC 卡）封面、国际标准 ISO10536－3（非接触式 IC 卡）封面、射频卡撕开后照片、国家标准 GB/T4728. 2－1998。

合议组于 2005 年 4 月 8 日向请求人和被请求人发出口头审理通知书，定于 2005 年 5 月 24 日举行口头审理，同时随口头审理通知书将专利复审委员会于 2005 年 2 月 6 日收到的被请求人提交的意见陈述书及其附件转给了请求人。

口头审理于 2005 年 5 月 24 日如期举行，在口头审理中，双方当事人对合议组成员没有回避请求，对对方出庭人员的身份没有异议，被请求人对对比文件 1 的真实性没有异议，被请求人当庭出示了《智能卡技术》、《警察技术》、《电子技术》、《煤矿自动化》证据材料真实性的补强证据，请求人核实后对上述证据材料的真实性没有异议。请求人当庭明确放弃本专利权利要求 1 不具备创造性的无效宣告理由。双方当事人在口头审理中均充分发表了各自的意见。

口头审理后，被请求人和请求人分别于 2005 年 5 月 31 日和 2005 年 6 月 3 日提交了口头审理意见陈述的书面意见。

在上述工作的基础上，合议组认为本案事实已清楚，依法作出本决定。

二、决定的理由

1. 关于证据

对比文件 1 是他人在本专利申请日前向国家知识产权局专利局提出申请、在本专利申请日之后公开的专利申请文件，因此仅能够用于评述本专利的新颖性。被请求人在口头审理中出示了《智能卡技术》、《警察技术》、《电子技术》、《煤矿自动化》证据材料真实性的补强证据，并且请求人核实后对上述证据材料的真实性没有异议，因此上述证据可以作为现有技术的相关资料，供合议组参考。

被请求人并没有在口头审理中提供《中国信用卡》1996 年第 3 期谢有生的《非接触型 IC 卡》、

《深圳大学学报（理工版）》1998 年第 Z1 期熊力扉的《非接触式 IC 卡技术》、国际标准 ISO7816－4（接触式 IC 卡）封面、国际标准 ISO10536－3（非接触式 IC 卡）封面、国家标准 GB/T4728.2－1998 的原件，所以这些资料不能作为现有技术的相关资料。

2. 关于专利法第二十六条第三款

请求人认为本专利的说明书中没有公开所述 IC 卡是什么卡，没有说明 IC 卡本体的组成，也没有说明如何实现所述的 IC 卡是非接触式的，因而不符合专利法第二十六条第三款的规定。

合议组认为，本专利的说明书中公开了本专利是一种非接触式 IC 卡，而在本专利的申请日之前非接触式 IC 卡就已经是一种非常普遍的技术了，并且已经形成了比较成熟的国际标准和国内标准，本专利中所使用的非接触式 IC 卡本体的结构、组成和工作原理是都是 IC 卡技术中的公知常识，因此请求人关于专利法第二十六条第三款的无效宣告理由不能成立。

3. 关于新颖性

本专利所针对的技术问题是用手按动读卡按钮而造成不方便的问题，本专利权利要求 1 要求保护的技术方案是“一种非接触式 IC 卡，它包括 IC 卡本体（1），其特征在于：在所述 IC 卡本体（1）内腔中设置有一永久磁片（2）”。

对比文件 1 公开了一种非接触式的封闭式 IC 卡（参见对比文件 1 说明书全文及附图 1、2），其是针对由于接触式 IC 卡的引脚和卡座电极这种开关连通方式的不足而提出的一种非接触式封闭式 IC 卡，说明书以及附图 1 中公开了 IC 卡及其内部电路，附图 1 中公开了该 IC 卡本体虚线框内包含有一个与干簧管开关对应的标有 N、S 极的 CG1，而说明书中记载了永久磁钢 CS1 与干簧管开关位置对应，因此附图中的 CG1 就是说明书实施例中的永久磁钢 CS1。从附图中可以得出永久磁钢位于 IC 卡本体内。对于本领域的技术人员来说，在对比文件 1 中永久磁钢必然要容纳在 IC 卡内的一个空间内，因此可以唯一地推导出对比文件 1 中也公开了本专利中的“内腔”，并且在对比文件 1 中，当永久磁钢与卡座内的干簧管开关重叠时，在磁力的作用下打开干簧管开关连通电路。对比文件 1 与本专利都属于非接触式 IC 卡的技术领域，并且对比文件 1 实质上所解决的是 IC 卡和卡座的连通（开关）的问题，对比文件 1 的非接触式封闭式 IC 卡也可以达到本专利的无须按动读卡按钮就可认读 IC 卡的效果，其与本专利所达到的技术效果也是相同的。

由此可见，本专利与对比文件 1 的技术领域相同、所解决的技术问题和技术方案实质上相同，预期的效果也相同，因此本专利权利要求 1 相对于对比文件 1 不具备新颖性。

针对被请求人的陈述意见（1）对比文件 1 和本专利是两种不同的产品不具有相关性和对比性，合议组认为，对比文件 1 涉及一种非接触式封闭式 IC 卡，其卡内具有集成电路 U3（EEPROM）、U3 的电源以及其外围触发电路，根据本领域的常识，非接触 IC 卡是一种将微电子技术和计算机技术结合在一起的非接触集成电路卡，根据供电方式分为有源和无源非接触 IC 卡，对比文件 1 公开的是一种有源非接触式 IC 卡，其使用内部电源 B1 供电，因此就不需要无源非接触式 IC 卡中的天线，在本专利的权利要求中仅仅表明是一种非接触式 IC 卡，对比文件 1 公开的有源非接触式 IC 卡是上位概念非接触式 IC 卡的一个下位种类，因此对比文件 1 和本专利都是同类的产品非接触式 IC 卡，具有相关性和对比性。

对于被请求人的陈述意见（3），合议组认为，对比文件 1 是针对接触式 IC 卡的引脚和卡座电极的不足而提出的，实际上所针对的就是传统 IC 卡的开关方式的不足而提出来的，而本专利也是针对 IC 卡的开关方式的不足而提出的，其所解决的技术问题实质上是一致的，并且其解决方式都是在卡内装入一个带有磁性的物体，在卡与卡座接近时利用磁性连通电路，在对比文件 1 和本专利中磁性的作用都是使电路开关导通。因此，对比文件1与本专利中磁片（磁钢）的作用以及实现的办法实质上都是相同的。

对于被请求人的陈述意见（5），对比文件1中公开了IC卡和卡座重叠时，干簧管开关S1、S2必须和永久磁钢位置对应，发光二极管和光敏三极管位置对应，于是S1使卡内电路连通电源，S2的导通使微处理器获知卡已插入，合议组认为，电源连通、电路导通就意味着干簧管闭合，对于本领域的普通技术人员来说，可以唯一推导出是由于永久磁钢的磁力使干簧管开关导通，并且在本专利权利要求1的技术方案中也没有记载卡座内的开关结构以及本专利中的IC卡如何打通电路的内容，此内容也不涉及本专利权利要求的新颖性评述的范围。

因此，合议组不能接受被请求人的陈述意见。

三、决定

宣告第00232597.7号实用新型专利权无效。

当事人对本决定不服的，可以根据专利法第四十六条第二款的规定，自收到本决定之日起三个月内向北京市第一中级人民法院起诉。根据该款的规定，一方当事人起诉后，另一方当事人应当作为第三人参加诉讼。

北京市第一中级人民法院行政判决书

（2005）一中行初字第990号

原告费战波，男，1966年10月6日出生，汉族，河南新天科技有限公司董事长，住河南省郑州市高新技术开发区国槐街19号新天科技园。

委托代理人耿小强，男，北京北新智诚知识产权代理有限公司专利代理人。

被告国家知识产权局专利复审委员会，住所地北京市海淀区北四环西路9号银谷大厦。

法定代表人廖涛，副主任。

委托代理人张美菊，女，国家知识产权局专利复审委员会第二申诉处审查员。

委托代理人高雪，女，国家知识产权局专利复审委员会行政诉讼处审查员。

第三人济南博大智能仪表有限公司，住所地山东省济南市平阴县东阿镇经济开发区。

法定代表人赵章余，总经理。

委托代理人杨庆云，男，北京市中咨律师事务所专利代理人。

原告费战波不服被告国家知识产权局专利复审委员会作出第7302号无效宣告请求审查决定（下称被诉决定），向本院提起行政诉讼。本院受理后，依法组成合议庭，通知无效请求人济南博大智能仪表有限公司作为本案第三人参加诉讼，并于2005年11月7日公开开庭审理了本案。原告的委托代理人耿小强，被告的委托代理人张美菊、高雪，第三人的法定代表人赵章余及其委托代理人杨庆云到庭参加了诉讼。本案现已审理终结。

2005年6月17日，被告针对第三人提出的宣告00232597.7号、名称为“一种非接触式IC卡”的实用新型专利权（下称本专利）无效的请求，作出被诉决定，依据《中华人民共和国专利法》（下称《专利法》）第二十二条第二款的规定作出被诉决定，宣告本专利无效。具体理由如下：

对比文件1（授权公告号为CN2411517Y、名称为“封闭式IC卡及卡座”的实用新型专利说明书，申请日是2000年2月2日，授权公告日是2000年12月20日）仅能够用于评述本专利的新颖性，原告的《智能卡技术》、《警察技术》、《电子技术》、《煤矿自动化》证据可以作为现有技术的相关资料。因原告未提供《中国信用卡》1996年第3期谢有生的《非接触型IC卡》（下称《中国信用卡》）、《深圳大学学报（理工版）》1998年第Z1期熊力扉的《非接触式IC卡技术》（下称《深圳大学学报》）、国际标准ISO7816-4（接触式IC卡）封面、国际标准ISO10536-3（非接触式IC卡）封面、国家标准GB/T4728.2-1998的原件，所以这些资料不能作为现有技术的相关资料。

对比文件1公开了一种非接触式的封闭式IC卡，其是针对由于接触式IC卡的引脚和卡座电极这种开关连通方式的不足而提出的一种非接触式封闭式IC卡，说明书以及附图1中公开了IC卡及其内部电路，附图1中公开了该IC卡本体虚线框内包含有一个与干簧管开关对应的标有N、S极的CG1，而说明书中记载了永久磁钢CS1与干簧管开关位置对应，因此附图中的CG1就是说明书实施例中的永久磁钢CS1。从附图中可以得出永久磁钢位于IC卡本体内。对于本领域技术人员来说，在对比文件1中永久磁钢必然要容纳在IC卡内的一个空间内，因此可以唯一地推导出对比文件1中也公开了本专利中的“内腔”，并且在对比文件1中，当永久磁钢与卡座内的干簧管开关重叠时，在磁力的作用下打开干簧管开关连通电路。对比文件1与本专利都属于非接触式IC卡的技术领域，并且对比文件1实质上所解决的是IC卡和卡座的连通（开关）的问题，二者解决方式都是在卡内装入一个带有磁性的物体，在卡与卡座接近时利用磁性连通电路，而本专利权利要求1的技术方案中也没有记载卡座内的开关结构以及本专利中的IC卡如何打通电路的内容。对比文件1的非接触式封闭式IC卡也可以达到本专利的无须按动读卡按钮就可认读IC卡的效果，其与本专利所达到的技术效果也是相同的。因此，本专利权利要求1相对于对比文件1不具备新颖性。

原告诉称：一、第三人在口头审理中对原告提交的《中国信用卡》、《深圳大学学报》、国家标准GB/T4728.2-1998等证据没有争议，应当作为认定事实的依据。二、本专利公开的非接触式IC卡是标准的、公知的非接触式IC卡，对比文件1公开的产品不是标准的、公知的非接触式IC卡，二者是不同的两个产品，不具有可比性。三、二者所要解决的技术问题不同。对比文件1要解决的技术问题是“这种直接接触非封闭式的IC卡及卡座极容易受到人为的各种破坏而导致系统瘫痪”、“外部人为对引脚进行短路和高压攻击”，本专利解决的技术问题是：“结构复杂且操作不方便的按钮式到位开关”。四、二者采用的技术方案不同。对比文件1公开的构造是由分离元件组成的自定义的封闭式卡，磁钢的位置没有确定，可以位于腔内，也可以嵌在卡本体表面，且在使用时卡与卡座需要重叠。本专利是标准的非接触式IC卡（天线和一片IC）与一个位于腔内的磁片构成，使用时无须重叠和对应，此外，二者代替的部件也是不相同的。五、二者所要达到的技术效果不同。对比文件1所达到的技术效果是取消了卡及卡座上的引脚、成本低、使用方便等，本专利所要达到的效果是“不须按动读卡按钮即可认读”。综上，被诉决定认定事实不清，请求法院予以撤销。

被告辩称：一、在口头审理中第三人仅仅表示对出示了原件的证据材料的真实性没有疑义，而原告在口头审理中并没有出示《中国信用卡》、《深圳大学学报》等证据的原件，因此不能作为认定事实的依据。二、本专利和对比文件1在国际专利分类表中均属于G06K大类下的19/00类下的07小类，二者所属的技术领域是相同的。对比文件1是一个有源的非接触式IC卡。本专利没有限定为“无源非接触式IC卡”，其范围就包括了所有的非接触式IC卡，也涵盖了对比文件中的有源非接触式IC卡，不仅仅特指具有原告所述的结构的非接触式IC卡。三、对比文件1中虽然针对的是接触式IC卡中卡和卡座的不足而导致的问题，但这些不足直接影响卡和卡座的连通，对比文件1实质解决的是IC卡和卡座之间电路导通的问题。本专利是针对现有非接触式IC卡读卡开关操作不便的问题，但是其针对的也是IC卡与读写座的连通的问题，二者所解决的技术问题实质上是相同的。四、二者都是利用了永久磁片和磁敏开关导通电路的方式，技术方案实质上是相同的。五、对比文件1的电路中也不具有读卡按钮，实际上也达到了“不须按动读卡按钮即可认读的目的，方便了使用者”的技术效果，与本专利的预期效果是相同的。综上，被诉决定认定事实清楚，原告的诉讼请求无法律和事实依据，请求法院依法驳回原告的诉讼请求、维持被诉决定。

第三人陈述意见认为：其在口头审理中，只认可《智能卡技术》、《警察技术》、《电子技术》、《煤矿自动化》的真实性。本专利与对比文件1公开的都是非接触式IC卡，属于同一技术领域的同类产品，二者具有可比性，原告将本专利解释为公知的、标准的非接触式IC卡超出原始说明书的记载。对比文件1所说的IC卡引脚和卡座的关系也就是日常所见的插头和插座的关系，引脚是否插入卡座决定电路是接通还是断开，实质上就是解决“开关”问题，与本专利的发明目的实质相同。本专利与对比文件的磁片、磁钢同为磁性材料，而磁敏开关和干簧管是上、下位的关系，二者解决方案实质相同。二者都能实现IC卡与读卡器（卡座）之间的电路通断，在接通的状态下实现数据交换，预期技术效果是相同的。综上，被诉决定正确，请求法院予以维持。

在法定期限内，被告为证明被诉决定的合法性，向本院提交了以下证据：本专利授权公告文本、对比文件1授权公告文本、王爱英主编的《智能卡技术》1996年1月第1版的第1页、《警察技术》1997年4月期第38~40页、《电子技术》1998年第4期第5~8页、《煤矿自动化》1999年第2期第34页、《国际专利分类表G分册》（第七版）第180~184页、《口头审理记录表》附页。原告和第三人均未向本院提交证据。庭审质证中，原告及第三人对上述证据均不持异议。经审查，本院对上述证据的关联性、真实性、合法性予以确认。

根据上述证据及当事人在庭审中无争议的陈述，本院认定事实如下：

本专利的申请日为2000年12月13日，授权公告日为2001年10月17日，专利权人为原告，国际分类号是G06K 19/07。授权公告的权利要求书是：

“1. 一种非接触式IC卡，它包括IC卡本体（1），其特征在于：在所述IC卡本体（1）内腔中设置有一永久磁片（2）。”

本专利说明书中记载的部分内容如下：“公知常用的非接触式IC卡所采用的是按钮式到位开关……结构复杂且操作起来不方便”、“所述IC卡送入读卡器后，在所述磁片的磁力作用下，将设置在IC卡读卡器内的磁敏开关打开，从而实现非接触式IC卡不须按动读卡按钮即可认读时的目的，方便了使用者”。

2004年12月27日，第三人向被告提出了无效宣告请求，理由是：本专利不符合《专利法》第二十六条第三款、第二十二条第二款的规定，如果能确定本专利申请日是2000年12月21日，本专利也不具备创造性，同时提交了对比文件1和本专利的说明书作为证据。对比文件1的名称为“封闭式IC卡及卡座”，国际分类号是G06K 19/07。说明书的部分内容如下“目前，在使用IC卡的预付费电子装置中，IC卡引脚及卡座电极多是在直接接触、非封闭状态下进行工作，这种IC卡及卡座存在以下不足，可人为使卡座短路……总之，这种直接接触非封闭式的IC卡及卡座极容易受到人为的各种破坏而导致系统瘫痪”、“本实用新型的目的是提供一种非接触式的封闭式IC卡及卡座”、“封闭式IC卡插入卡座相重叠后，干簧管开关S1、S2必须和永久磁钢CS2、CS1位置对应……于是S1使卡内电路接通电源”、“卡体与卡座体为密闭的塑料件”，附图1中公开了IC卡及其内部电路，附图2中公开了IC卡座及其内部电路，附图1中的IC卡本体虚线框内包含有一个与附图2中干簧管开关S2对应的标有N、S极的CG1，附图1中的干簧管开关S1与附图2中标有N、S极的CG2相对应。

被告受理后，进行了文件转送。2005年2月6日，被告收到原告的意见陈述书及一份引用资料及说明，包括《智能卡技术》、《中国信用卡》在内的期刊和相关内容。2005年5月24日，被告举行口头审理，在口头审理中，原告当庭出示了《智能卡技术》、《警察技术》、《电子技术》、《煤矿自动化》证据材料真实性的补强证据，第三人对上述证据材料的真实性没有异议。第三人当庭放弃本专利不具有创造性的无效宣告理由。原告及第三人在口头审理中均充分发表了各自的意见。口头审理后，原告及第三人分别提交了口头审理意见陈述的书面意见。

被告经审查，认为第三人关于本专利不符合《专利法》第二十六条第三款的无效宣告理由不能成立，本专利相对于对比文件1不具备新颖性，于2005年6月17日作出被诉决定，6月24日向当事人邮寄送达。

原告不服，在法定期限内向本院提起行政诉讼。在开庭审理中，原告及第三人对被告的审查程序不持异议。原告认可对比文件1与本专利属于相同技术领域，可以作为现有技术评价本专利的新颖性。被告同时认可对比文件1中的卡座与本专利的读卡器作用相同，以及永久磁钢和磁片的物理学原理是相同的。第三人对被诉决定中关于本专利不符合《专利法》第二十六条第三款的无效宣告理由不能成立的认定不持异议。

本院认为：因原告及第三人对被告的审查程序等不持异议，经书面审理，本院对被告审查程序的合法性，以及被诉决定中关于本专利不符合《专利法》第二十六条第三款的无效宣告理由不能成立的审查意见予以确认。

由于原告在无效程序中未提交《中国信用卡》、《深圳大学学报》、国家标准GB/T4728.2－1998等证据的原件，且第三人对该部分证据的真实性未予认可，被告认为该部分证据不能作为现有技术的相关资料正确。

本案的争议焦点是本专利与对比文件1是否为同样的实用新型。根据《审查指南》的相关规定，“同样的发明或者实用新型”是指技术领域、所要解决的技术问题和技术方案实质上相同，预期效果相同的发明或者实用新型。由于对比文件1在说明书中指出发明目的是提供一种非接触式的封闭式IC卡及卡座，与本专利的非接触式IC卡的技术领域相同，且两者的国际分类号完全相同，被告认为二者技术领域相同，并将对比文件1作为现有技术评述本专利的新颖性是正确的。

在对比文件1的说明书中公开了永久磁钢CS2、CS1，并明确其位置与干簧管开关S1、S2相对应，附图1、2中与干簧管开关S1、S2相对应的仅有标有N、S极的CG2、CG1，被告将附图1中的CG1认定为说明书实施例中的永久磁钢CS1的是正确的。而且，从对比文件1的附图中可以看出永久磁钢位于IC卡本体内，说明书中也明确了IC卡体为密闭的塑料件，被告认为可以唯一地推导出永久磁钢在IC卡本体“内腔”的事实清楚。在对比文件1说明书中记载了“目前IC卡引脚及卡座电极多是在直接接触……IC卡及卡座存在不足”等内容，原告认可永久磁钢与磁片的物理学原理相同，被告据此认为对比文件1实际上针对的就是传统IC卡的开关方式的不足而提出来的，与本专利所解决的技术问题和技术方案实质上相同，且能达到本专利无须按动读卡按钮即可认读的目的，从而认定本专利权利要求1相对于对比文件1不具备新颖性的结论正确。

综上，被诉决定认定事实清楚，程序合法，适用法律正确，本院应予维持。原告的诉讼理由缺乏事实及法律依据，其诉讼请求本院不予支持。依照《中华人民共和国专利法》第二十二条第二款、《中华人民共和国行政诉讼法》第五十四条第（一）项，判决如下：

维持国家知识产权局专利复审委员会于二〇〇五年六月十七日作出的第7302号无效宣告请求审查决定。

案件受理费人民币1000元，由原告费战波负担（已交纳）。

如不服本判决，可在判决书送达之日起十五日内向本院递交上诉状，并按对方当事人的人数提出副本，上诉于北京市高级人民法院。

审 判 长 饶亚东
代理审判员 张靛卿
代理审判员 司品华
二〇〇五年十二月二十二日
书 记 员 王 丽

032

可收纳接收器的无线输入装置案

无效宣告请求审查决定（第7303号）

决　定　号　第7303号
决　定　日　2005年6月5日
发明创造名称　可收纳接收器的无线输入装置
国际分类号　G06F 3/00
第一无效请求人　K·G马克有限公司
第二无效请求人　廖　素
专　利　权　人　派登科技股份有限公司
专　利　号　02230327.8
申　请　日　2002年4月1日
授权公告日　2003年2月19日
合议组组长　黄毅斐
主　审　员　张美菊
参　审　员　孙治国

法律依据　专利法第二十六条第四款
决定要点

专利法第二十六条第四款规定："权利要求书应当以说明书为依据，说明要求专利保护的范围。"

如果权利要求中的某个技术特征是上位概念，并且其在表述形式上得到了说明书的支持，但是根据说明书所公开的该上位概念的一种具体实施方式，本领域的普通技术人员不能直接得出该上位概念所涵盖的其他所有结构在该专利中均实现其发明目的，那么该权利要求得不到说明书的支持。

一、案由

本无效宣告请求涉及国家知识产权局专利局于2003年2月19日授权公告、申请号为02230327.8、名称为"可收纳接收器的无线输入装置"的实用新型专利（下称本专利），其申请日是2002年4月1日，专利权人是派登科技股份有限公司。其授权公告的权利要求书如下：

"1. 一种可收纳接收器的无线输入装置，包括有一输入装置及接收器，而输入装置于一上盖及底盖所组成的外壳体内容置有电路板、感测组及电池所构成，其特征在于：该输入装置具有一容置空间，该容置空间内收纳一接收器，且利用一定位机构定位。

2. 根据权利要求1所述的可收纳接收器的无线输入装置，其特征在于：该电路板具有一电源开关。

3. 根据权利要求1所述的可收纳接收器的无线输入装置，其特征在于：该底盖于定位机构的一侧定位有一推抵装置，且推抵装置利用一弹性元件抵持一推板。

4. 根据权利要求1所述的可收纳接收器的无线输入装置，其特征在于：该定位机构具有一透槽，为容置接收器的插接部。

5. 根据权利要求1所述的可收纳接收器的无线输入装置，其特征在于：该定位机构于一侧延伸出有卡掣臂，而卡掣臂末端的卡掣部卡掣于接收器表面凹设的卡掣槽内。

6. 根据权利要求1所述的可收纳接收器的无线输入装置，其特征在于：该定位机构于一侧表面剖设有一卡沟，而卡沟则插入定位一推抵装置的推板。

7. 根据权利要求1所述的可收纳接收器的无线输入装置，其特征在于：该定位机构于其中一侧表面设有一导槽。

8. 根据权利要求1所述的可收纳接收器的无线输入装置，其特征在于：该输入装置为滑鼠、键盘或摇杆。"

针对上述专利权，K·G马克有限公司（下称第一请求人）于2003年6月2日向专利复审委员会提出无效宣告请求，其无效理由为，本专利权利要求1、2不符合专利法第二十二条第三款的规定，不具备创造性。第一请求人提交了如下对比文件作为证据：

对比文件1-1：公开号为特开平5-100788的日本专利申请说明书及其部分中文译文共6页，公开日是1993年4月23日；

对比文件1-2：日本实用新型登录第3072204号的说明书及其部分中文译文共13页，发行日是2000年10月6日；

对比文件1-3：公开号为特开平10-124250的日本专利申请说明书及其部分中文译文共4页，公开日是1998年5月15日；

对比文件1-4：日本实用新型登录第3078665号的说明书及其部分中文译文共26页，发行日是2001年7月10日；

对比文件1-5：日本实用新型登录第3082807号的说明书及其部分中文译文共10页，发行日是2002年1月11日。

经形式审查合格，专利复审委员会于2003年7月1日向双方当事人发出无效宣告请求受理通知书，同时将无效宣告请求书及其附件的副本转送专利权人（下称被请求人），并同时通知被请求人如果对第一请求人提交的外文证据译文的具体内容有异议，应当在收到本通知书之日起一个月内对有异议的部分提交中文译文。

2003年7月2日第一请求人提交了对比文件1-1至1-5的全文译文，并向专利复审委员会提交了补充意见陈述书、对比文件1-7至1-9和一份列有十九个专利文献号清单的证据1~6，并在意见陈述书中认为对比文件1-7结合对比文件1-2破坏了本专利权利要求1、2的创造性，并且对比文件1-8、1-9也是分别破坏了本专利权利要求1、2创造性的对比文件，其中对比文件1-7至1-9分别为：

对比文件1-7：美国专利5845621及其部分中文译文共15页，公开日是1998年12月29日；

对比文件1-8：美国专利6067076及其部分中文译文共16页，公开日是2000年5月23日；

对比文件1-9：美国专利6225981B1及其部分中文译文共10页，公开日是2001年5月1日。

针对专利复审委员会在2003年7月1日发出的无效宣告请求受理通知书，被请求人于2003年8月11日提交了权利要求书的修改替换页和意见陈述书，其中对权利要求的修改为将原权利要求1和2合并为新的权利要求1。被请求人在意见陈述书中陈述了修改后的权利要求1由于电路板上的电源开关置于滑鼠内部，仅仅借助接收器的插入和弹出即可同步完成电源开关的关和开，而具有无须再对电源开关进行专门的开关操作、不会妨碍滑鼠操作的优点，因此权利要求1相对于已有技术具备新颖性和创造性，其从属权利要求也具备新颖性和创造性。修改后的权利要求书为：

“1. 一种可收纳接收器的无线输入装置，包括有一输入装置及接收器，而输入装置于一上盖及底盖所组成的外壳体内容置有电路板、感测组及电池所构成，其特征在于：该输入装置具有一容置空间，该容置空间内收纳有一接收器，且利用一定位机构定位；该电路板具有一电源开关。

2. 根据权利要求1所述的可收纳接收器的无线输入装置，其特征在于：该底盖于定位机构的一侧定位有一推抵装置，且推抵装置利用一弹性元件抵持一推板。

3. 根据权利要求1所述的可收纳接收器的无线输入装置，其特征在于：该定位机构具有一透槽，为容置接收器的插接部。

4. 根据权利要求1所述的可收纳接收器的无线输入装置，其特征在于：该定位机构于一侧延伸出有卡掣臂，而卡掣臂末端的卡掣部卡掣于接收器表面凹设的卡掣槽内。

5. 根据权利要求1所述的可收纳接收器的无线输入装置，其特征在于：该定位机构于一侧表面剖设有一卡沟，而卡沟则插入定位一推抵装置的推板。

6. 根据权利要求1所述的可收纳接收器的无线输入装置，其特征在于：该定位机构于其中一侧表面设有一导槽。

7. 根据权利要求1所述的可收纳接收器的无线输入装置，其特征在于：该输入装置为滑鼠、键盘或摇杆。”

针对原始授权的专利权，廖素（下称第二请求人）于2004年4月30日向专利复审委员会提出无效宣告请求，其无效理由为，本专利不具备新颖性、创造性并且不符合专利法实施细则第十三条第一款的规定。第二请求人提交了如下附件作为证据：

附件2-1：公开号为特开2000-75972的日本专利申请说明书的日文、英文文本及其摘要的中文译文共12页，公开日是2000年3月14日（下称对比文件2-1）；

附件2-2：公开号为特开2000-35855的日本专利申请说明书的日文、英文文本及其摘要的中文译文共11页，公开日是2000年2月2日（下称对比文件2-2）；

附件2-3：美国专利6225981B1及其摘要的中文译文共10页，公开日是2001年5月1日（下称对比文件2-3）；

附件2-4：公开号为特开2000-267806的日本专利申请的日文说明书、英文文本摘要及其摘要的中文译文共11页，公开日是2000年9月29日（下称对比文件2-4）；

附件2-5：中国实用新型专利ZL02241174.7共14页，授权公告日是2003年7月9日（下称对比文件2-5）。

经形式审查合格，专利复审委员会于2004年5月24日向被请求人和第二请求人发出无效宣告请求受理通知书，并将无效宣告请求书及其附件的副本转送被请求人。

第二请求人于2004年5月28日提交了对比文件2-1至2-4全文的中文译文。

针对上述无效宣告请求，被请求人于2004年6月28日进行了意见陈述，其中陈述了对原权利要求书进行了与答复前一无效宣告请求案时相同的修改，并认为在修改后的权利要求书的基础上，对比文件2-1与本专利技术在技术构思、技术设计上都是完全不同的技术方案，具备新颖性；对比文件2-2和对比文件2-4没有揭示本专利权利要求1的整个技术方案，也没有给出与本涉案专利技术相同的技术启示，因此即使相对于对比文件2-2和2-4的结合，本专利权利要求1也具备创造性；对比文件2-2和对比文件2-3也没公开权利要求1的整个技术方案，也没有给出任何技术启示，即使相对于对比文件2-2和2-3的结合，本专利权利要求1也具备创造性；本专利与对比文件2-5不是同一专利技术，两者技术方案并不相同。另外，被请求人虽然在意见陈述书中表示了修改权利要求，但是并没有提交权利要求书的修改文本。

本案合议组于2004年10月14日向各方当事人发出了口头审理通知书，定于2004年11月30日对上述两个无效宣告请求进行合案审理，同时随口头审理通知书将被请求人于2003年8月11日提交的针对前一无效宣告请求的意见陈述书转给第一请求人，将第一请求人于2003年7月2日提交的对比文件1-1至1-5全文的中文译文以及同日提交的意见陈述书及对比文件1-7至1-9、附件6的副本转给被请求人，将被请求人于2004年6月28日提交的针对后一无效宣告请求的意见陈述书转给第二请求人，将第二请求人于2004年5月28日提交的对比文件2-1至2-4全文的中文译文转给被请求人。

口头审理如期举行，各方当事人均参加了口头审理。在口头审理中，被请求人对第一请求人提交的对比文件1-1至1-5、对比文件1-7至1-9的真实性没有异议，对其译文的准确性没有异议，对第二请求人提交的对比文件2-1至2-4的真实性没有异议，对其译文的准确性没有异议；第一、第二请求人对权利要求书的修改没有异议；合议组当庭将被请求人在口头审理时提交的按照2004年6月28日的意见陈述书修改的权利要求书的修改文本转交给第二请求人；第一请求人明确其无效宣告理由是修改后的权利要求1不具备创造性，其具体评价方式为（1）以对比文件1-1作为最接近的现有技术结合对比文件1-2和公知常识；（2）以对比文件1-1作为最接近的现有技术结合对比文件1-2和对比文件1-3；（3）以对比文件1-3作为最接近的现有技术结合对比文件1-2；（4）分别用对比文件1-4、1-5、1-7、1-8、1-9中的一篇替换评价方式（1）、（2）中的对比文件1-1评价修改后的权利要求1的创造性；第二请求人放弃新颖性、专利法实施细则第十三条第一款的无效宣告理由以及对比文件2-5，明确其无效宣告理由为修改后的权利要求1~7不符合专利法第二十六条第四款、专利法实施细则第二十条第一款的规定，修改后的权利要求1不符合专利法实施细则第二十一条第二款的规定，修改后的权利要求1不具备创造性，其创造性的评价方式为（1）对比文件2-1结合公知技术；（2）以对比文件2-3为最接近的现有技术结合对比文件2-2和公知常识；被请求人承认第一请求人提交的对比文件1-1、1-3至1-5、1-7至1-9、第二请求人提交的对比文件2-1、2-3均公开了修改后的权利要求1的前序部分的技术特征；由于第一请求人未提交附件1~6所列的文献号的专利文献全文，合议组当庭告知第一请求人附件1~6视为未提交；合议组要求第二请求人在口审之日起七日内提交新增加的无效宣告理由的书面意见供合议组参考，被请求人可在口审之日起七日内提交口审的书面意见，供合议组参考。

第二请求人于2004年12月6日提交了口头审理中新增加的无效宣告理由的书面意见。

被请求人于2004年12月10日提交了口头审理中意见陈述的书面意见。

在上述工作的基础上，合议组认为本案事实已经清楚，可以作出审查决定。

二、决定的理由

1. 关于本决定所针对的权利要求书的文本

在答复第一请求人和第二请求人的无效宣告请求时，被请求人对权利要求书修改的方式为将授权公告时的权利要求1和2合并，上述修改符合专利法实施细则第六十八条和审查指南的有关规定，因此本决定所针对的权利要求书为被请求人于2003年8月11日提交的修改后的权利要求书。

2. 关于专利法第二十六条第四款

专利法第二十六条第四款规定："权利要求书应当以说明书为依据，说明要求专利保护的范围。"

审查指南第二部分第二章第3.2.1节规定："权利要求书应当以说明书为依据，是指权利要求应当得到说明书的支持。权利要求书不仅应当在表述形式上得到说明书的支持，而且应当在实质上得到说明书的支持。"就是说，权利要求书中的每一项权利要求所要求保护的技术方案应当是所属技术领域的技术人员能够从说明书中公开的内容直接得到或者概括得出的技术方案，并且权利要求的范围不得超出说明书记载的内容。

(1) 对于权利要求1

修改后的权利要求1是：

"一种可收纳接收器的无线输入装置，包括有一输入装置及接收器，而输入装置于一上盖及底盖所组成的外壳体内容置有电路板、感测组及电池所构成，其特征在于：该输入装置具有一容置空间，该容置空间内收纳有一接收器，且利用一定位机构定位；该电路板具有一电源开关。"

被请求人认为，权利要求1中新增的技术特征"该电路板具有一电源开关"的技术效果是：由于电路板上的电源开关置于滑鼠内部，仅仅借助接收器的插入和弹出即可同步完成电源开关的关和开，从而具有无须再对电源开关进行专门的开关操作、不会妨碍滑鼠操作的优点。

合议组认为，在本专利的权利要求1的技术方案中包括了一个"定位机构"，并且根据说明书和被请求人的陈述，该定位机构的作用是使接收器收纳于容置空间后形成一定位状态，并且在插入和弹出接收器的同时打开和关断电路板上的电源，但是在权利要求1的技术方案中并没有记载针对本专利的"定位机构"的具体结构，根据其字面意思，该"定位机构"涵盖了所有的能够实现定位作用的结构，即包括了利用卡掣、弹性、压力、磁力、粘贴等等方式对物体实现定位功能的定位机构，因此权利要求1所要求保护的技术方案是一个包括所有结构的定位机构的输入装置；虽然在本专利说明书中记载和公开了"定位机构"，但是这只是对权利要求1定位机构的表述形式上的支持，在本专利的说明书第7页第2段至第8页第1段以及附图4~9中仅仅清楚、明确、详细地描述了定位机构26的一种实施结构，并且为了使接收器插入容置空间后处于定位状态、在插入和弹出接收器的同时实现对电路板电源的开与关，该定位机构具有卡掣臂、卡沟、导槽、导斜面等等一系列结构以及其连接关系，除了说明书附图4至9所示一种定位机构外，说明书中并没有记载如被请求人所强调的能够在本专利中对接收器实现定位功能和控制电路板电源开关的其他结构的定位机构，在本专利说明书所公开的定位机构的基础上，本领域的普通技术人员不能直接得到或者概括得出其他所有结构的定位机构都能在本专利的无线输入装置中实现对接收器的定位以及对电路板电源的开和关。因此，权利要求1所要求保护的技术方案得不到说明书的支持，不符合专利法第二十六条第四款的规定。

对于被请求人所认为的权利要求的保护范围是明确确定的，其技术方案的实现以及功能完全可以从说明书得到解释，并且可以得到说明书的支持的争辩，合议组认为，说明书只限于解释权利要求的保护范围，例如对某一特定含义的词汇进行解释，而不能在权利要求中的上位概念的范围超出了说明书支持的情况下，用说明书记载的具体实施例来限定权利要求中的上位概念的结构，使权利要求的保护范围被限定到说明书所公开的实施例；在本专利的说明书中仅仅记载了实现定位功能的一种结构的定位机构，并且在本领域技术人员不能从说明书公开的内容直接得到或概括得出本专利权利要求1的包括各种结构的定位机构的技术方案时，权利要求1的技术方案中应当将定位机构限定到本专利说明书中的定位机构的结构，而不能由于说明书中已经记载了该定位机构的结构，在权利要求1中就不用记载这个特有装置的结构，而在解释权利要求的范围时又用说明书中公开的具体机构限定权利要求中的上位装置。因此被请求人对于权利要求1得到说明书支持的理由合议组不能接受。

（2）对于权利要求2~7

权利要求3~6分别对权利要求1中的定位机构做了进一步的限定，其附加技术特征分别是："该定位机构具有一透槽，为容置接收器的插接部"、"该定位机构于一侧延伸出有卡掣臂，而卡掣臂末端的卡掣部卡掣于接收器表面凹设的卡掣槽内"、"该定位机构于一侧表面剖设有一卡沟，而卡沟则插入定位一推抵装置的推板"、"该定位机构于其中一侧表面设有一导槽"。

虽然这些附加技术特征都分别对权利要求1中的"定位机构"进行了进一步的限定，但是都仅仅是对权利要求1的定位机构的某一部分部件进行了限定，这些从属权利要求都没有对权利要求1的定位机构的结构有一个完整的描述，也没有使其定位机构与说明书中记载的定位机构相一致。本领域的普通技术人员根据说明书的记载不能直接得到或者概括得出分别包括权利要求3~6的附加技术特征的所有定位机构都能够在本专利中实现对接收器的定位以及对电路板电源的开与关，因此本领域的普通技术人员根据说明书的记载不能直接得到或概括得出权利要求3~6的技术方案，权利要求3~6得不到说明书的支持，不符合专利法第二十六条第四款的规定。

从属权利要求2和7分别对权利要求1作了进一步的限定，其附加技术特征分别是"该底盖于定位机构的一侧定位有一推抵装置，且推抵装置利用一弹性元件抵持一推板"、"该输入装置为滑鼠、键盘或摇杆"，这些附加技术特征并不涉及权利要求1的定位机构的结构，在其所引用的权利要求1由于"定位机构"而得不到说明书的支持的基础上，从属权利要求2、7的附加技术特征也没有使其技术方案克服权利要求1得不到说明书支持的缺陷，因此权利要求2、7也不符合专利法第二十六条第四款的规定。

综上所述，权利要求1~7不符合专利法第二十六条第四款的规定，第二请求人有关本专利不符合专利法第二十六条第四款的规定的无效宣告理由成立。鉴于上述无效宣告理由成立，合议组对于第一请求人和第二请求人提出的其他无效宣告理由和证据将不再进行评述。

三、决定

宣告02230327.8号实用新型专利权全部无效。

当事人对本决定不服的，可以根据专利法第四十六条第二款的规定，自收到本决定之日起三个月内向北京市第一中级人民法院起诉。根据该款的规定，一方当事人起诉后，另一方当事人应当作为第三人参加诉讼。

033

一种带有电流互感器、电压互感器及保护熔断器的计量手车案

无效宣告请求审查决定（第7309号）

决　定　号　第7309号

决　定　日　2005年6月6日

发明创造名称　一种带有电流互感器、电压互感器及保护熔断器的计量手车

国际分类号　H02BX 11/12

无效请求人　广州市越秀区增强绝缘电器厂

专　利　权　人　广东省四会市互感器厂

专　利　号　01243090.0

申　请　日　2001年8月13日

授权公告日　2002年7月17日

合议组组长　马志远

主　审　员　苏　青

参　审　员　张汉国

法律依据　专利法实施细则第二十一条第二款　专利法第二十六条第三款、第四款、第二十二条第二款

决定要点

所属技术领域的技术人员按照说明书记载的内容，采用所属领域常规技术，就能够再现该技术方案，解决其技术问题，并且产生预期的技术效果，则说明书已经满足充分公开的要求。

独立权利要求1保护的技术方案中，只包含触臂熔断器支架、二只电流互感器及二只电压互感器，没有包含保护熔断器以及对保护熔断器的绝缘保护结构，也就不能实现本专利满足绝缘要求并安全可靠的发明目的，因此权利要求1缺少解决技术问题的必要技术特征。

证据2、证据3不能形成一个完整的证明体系以证明在申请日前公开销售型号为JLC－101210的计量小车，该型号计量小车的技术方案不属于现有技术，不能用于评价本专利的新颖性。

一、案由

本无效宣告请求涉及国家知识产权局专利局于2002年7月17日授权公告的01243090.0号实用新型专利（下称本专利），该实用新型名称为“一种带有电流互感器、电压互感器及保护熔断器的计量手车”，申请日为2001年8月13日，专利权人为广东省四会市互感器厂（下称被请求人）。授权公告的权利要求书为：

“1. 一种带有电流互感器、电压互感器及保护熔断器的计量手车，具有手车盘架4，其特征是具

有触臂熔断器支架1、二只电流互感器2及二只电压互感器3，其中，二只电流互感器2装在手车盘架4上部两侧，作不完全星形连接，手车盘架4上部的中间、即二只电流互感器2之间的位置为触臂熔断器支架1，两只电压互感器3安装在手车盘架4下部，作V形连接。

2. 根据权利要求1所述的一种带有电流互感器、电压互感器及保护熔断器的计量手车，其特征是触臂熔断器支架1具有一次回路静触臂固定螺丝1A、电压互感器引接端子1B及保护熔断器1C，触臂熔断器支架1的外形与两侧的电流互感器2相同。

3. 根据权利要求1或2所述的一种带有电流互感器、电压互感器及保护熔断器的计量手车，其特征是二只电压互感器3为保护熔断器内藏式电压互感器，外形上做成左右对称，每只电压互感器3都具有置于其顶部的绝缘圆筒3A、置于绝缘圆筒3A内的保护熔断器3B、两个高压接线端子3C及绝缘圆筒3A上的绝缘端盖3D，绝缘圆筒3A和电压互感器3用绝缘材料封装成整体，保护熔断器3B平装在绝缘圆筒3A内，绝缘端盖3D设在绝缘圆筒3A的筒口，两个高压接线端子3C的周围均有圆柱状裙带环绕。

4. 根据权利要求1所述的一种带有电流互感器、电压互感器及保护熔断器的计量手车，其特征是二只电流互感器2结构相同，分别都具有一次回路静触臂固定螺丝2A及电压互感器引接端子2B。"

针对上述实用新型专利权，广州市越秀区增强绝缘电器厂（下称请求人）于2003年12月10日向专利复审委员会提出了无效宣告请求，其理由是本实用新型专利不符合专利法第二十六条第三款、第四款，第二十二条第二款，专利法实施细则第二十一条第二款的规定。请求人同时提交了下列附件作为证据：

附件1：中国专利第01243090.0号实用新型专利说明书，公告日为2002年7月17日（下称证据1）；

附件2：湖南省长沙市公证处于2003年6月30日出具的（2003）长证内字第10585号公证书（下称证据2）；

附件3：湖南省长沙市公证处于2003年6月30日出具的（2003）长证内字第10586号公证书（下称证据3）。

请求人在无效宣告请求书中指出：（1）本专利说明书中没有对如何实现电流回路、电压回路作出清楚、完整的说明，本领域技术人员按照说明书的记载，不付出创造性劳动，就不能够再现本专利的技术方案，解决其技术问题，并且产生预期的技术效果，因此本专利说明书不符合专利法第二十六条第三款的规定。（2）权利要求2~4的技术方案在说明书的发明内容所公开的技术方案中没有任何记载，因而没有得到说明书的支持，不符合专利法第二十六条第四款的规定。（3）计量手车的必要技术特征包括：计量手车可移动、计量手车具有电流回路、计量手车具有电压回路，本专利权利要求1中没有电流回路、电压回路的技术特征，因此权利要求1是一个不完整的技术方案，缺少完成其技术方案的必要技术特征，不符合专利法实施细则第二十一条第一款的规定。（4）证据2、证据3形成完整的证据链，说明与本专利相同的产品在本专利申请日之前已经在国内公开销售，本专利中的技术方案在申请日前已为公众所知，因此本专利的权利要求1~4不符合专利法第二十二条第二款的规定。

经形式审查合格，专利复审委员会于2003年12月29日受理了上述无效宣告请求，同日将专利权无效宣告请求书及其附件清单中所列附件副本转送给了被请求人，要求其在指定期限内答复。

针对上述无效宣告请求，被请求人于2004年1月31日寄交了意见陈述书。在意见陈述书中，被请求人认为：（1）计量手车、触臂和动触头及静触头是适用于手车式配电开关柜上的彼此独立的产品（或称部件），本专利是计量手车的一种新型结构，而不是手车式配电开关柜，也就是本专利只包括计量手车，不包括触臂和动触头，因此本专利说明书作了清楚、完整的说明，本技术领域的技术人员能够实现，符合专利法第二十六条第三款的规定。（2）权利要求2~4所要求保护的技术内容，已清楚、完整地在说明书中的具体实施方式及附图1~4作了记载，得到说明书的支持，符合专利法第二十六条第四款的规定。（3）本专利是一种带有电流互感器、电压互感器及保护熔断器的计量手车，而不是包括计量手车、触臂和动触头、静触头在内的手车式配电开关柜，实现开关柜的电流回路、电压回路不是本专利的必要技术特征，因此权利要求1记载了解决技术问题的全部必要技术特征，符合专利法实施细则第二十一条第二款的规定。（4）请求人的证据1、证据2、证据3所指不明，在专利权无效宣告请求书的附件清单与正文中的证据1、证据2没有一一对应，请求人未提出否认本专利新颖性的公开出版物及抵触申请，只是提供了企图说明本专利不具备新颖性的两份公证，上述两份公证不能说明请求人在申请日之前生产了与本专利相同的产品，因此不能破坏本专利的新颖性，符合专利法第二十二条第二款的规定。

合议组于2005年1月31日向双方当事人分别发出了无效宣告请求口头审理通知书，定于2005年3月17日举行口头审理，并随口审通知书向请求人转送被请求人于2004年1月31日寄交的意见陈述书。

专利复审委员会于2005年3月4日收到被请求人提交的意见陈述书，该意见陈述书中包括附件1、附件2以及修改后的权利要求书修改文本，其中附件1是电力工业电气设备质量检验测试中心检测报告（2005）互字第027号，附件2是产品的外形对比照片。

口头审理如期举行，双方当事人均出席口头审理。在口头审理中，被请求人当庭明确放弃专利复审委员会于2005年3月4日收文的意见陈述书和修改的权利要求书。请求人当庭提交（2003）长证内字第10585号公证书、（2003）长证内字第10586号公证书的原件，并且明确证据2是（2003）长证内字第10585号公证书，证据3是（2003）长证内字第10586号公证书，被请求人确认两份公证书的原件与所收到的复印件内容一致。

请求人明确其无效理由为：（1）本专利说明书不符合专利法第二十六条第三款的规定，具体为，说明书中没有描述计量手车的电流回路、电压回路、绝缘功能，对V形连接没作出说明；（2）权利要求2~4不符合专利法第二十六条第四款的规定，具体为，权利要求2中没有电流互感器外形的限定，熔断器数量不够，权利要求3、4中熔断器数量不够，权利要求3对电流互感器的外形应对称没有限定，权利要求4对电压互感器的外形应对称未限定；（3）权利要求1不符合专利法实施细则第二十一条第二款的规定，具体为，缺少电流回路、电压回路描述，缺少对绝缘措施的描述，熔断器只有一个，缺少两个用于电压互感器的熔断器，缺少对电流互感器，电压互感器外形形状的描述；（4）证据2、证据3证明与本专利相同的产品在申请日之前已经公开使用，权利要求1~4不具备新颖性，请求人认为证据2中的照片8、10所示产品为与本专利相同的产品，但请求人承认证据2、3中并没有公开权利要求3的附加技术特征；（5）证据2证明由广州市越秀区增强绝缘电器厂生产的型号为JLC－101210的计量小车已经在用户处使用，证据3证明该型号小车在本专利申请日之前已经销售，请求人认为证据3中《广州市越秀区增强绝缘电器厂订货合同》所记载的“计量车JC－10Q”就是证据2中型号为JLC－101210的计量小车，证据2、3中计量小车的型号应该为JLC－10/210，而并非JLC－101210，证据2、3中出现此问题是笔误，对此被请求人认为不是笔误，二者是不同型号。

被请求人认为：（1）证据2、3不能形成完整的证据链，无法证明与本专利相同的产品在申请日之前已经使用公开，并且证据2中图片所示公开的产品与本专利产品并不相同；（2）本专利保护的是一种计量手车，并非开关柜，本专利要求保护的是计量手车的结构，并非内部的连接线路，内部的连接线路以及计量手车如何绝缘是本领域的常识，无须记载；（3）证据3中的证人证言仅能说明证人说过这样的话，但无法确认这些话是否与客观事实相符，特别是本案中证人没有到庭接受质证。

至此，合议组认为本案事实已经清楚，现依法作出审查决定。

二、决定的理由

1. 关于审查文本

由于被请求人当庭明确放弃专利复审委员会于2005年3月4日收文的意见陈述书和修改的权利要求书，因此本无效决定所依据的文本是：授权公告日公告的权利要求第1~4项、说明书第1~2页、说明书附图第1~4页、说明书摘要、摘要附图。

2. 关于专利法第二十六条第三款

专利法第二十六条第三款规定："说明书应当对发明或者实用新型作出清楚、完整的说明，以所属技术领域的技术人员能够实现为准；必要的时候，应当有附图。摘要应当简要说明发明或者实用新型的技术要点。"

本专利涉及一种带有电流互感器、电压互感器及保护熔断器的计量手车，适合在手车式配电开关柜上使用。对所属技术领域的技术人员来说，计量手车的电流回路、电压回路是所属技术领域的公知技术；本专利将计量用的电流互感器、电压互感器及保护熔断器全部装在计量手车盘架上，其中手车盘架4上部的中间、即二只电流互感器2之间的位置为触臂熔断器支架1，二只电压互感器3安装在手车盘架4下部，二只电压互感器3为保护熔断器内藏式电压互感器，上述结构满足了绝缘要求；计量手车的具体结构中，手车盘架4上部为二只电流互感器2，二只电流互感器2之间为触臂熔断器支架1，手车盘架4下部为二只电压互感器3（参见说明书第1页第14~22行，第2页第6~22行，附图1~2），所属技术领域的技术人员根据说明书公开的上述内容很容易推断出二只电流互感器、触臂熔断器支架、二只电压互感器呈V字形排列。由此可见，所属技术领域的技术人员按照说明书记载的内容，采用所属领域常规技术，就能够再现该技术方案，解决其技术问题，并且产生预期的技术效果，因此说明书满足充分公开的要求，符合专利法第二十六条第三款的规定。

3. 关于专利法第二十六条第四款

专利法第二十六条第四款规定："权利要求书应当以说明书为依据，说明要求专利保护的范围。"

权利要求2~4保护的技术方案虽然没有在说明书发明内容段落中记载，但是已经在说明书的具体实施方式部分作了详细描述（参见说明书第2页第6~22行，附图1~4），所属技术领域的技术人员能够从说明书公开的内容直接得到或者概括得出权利要求2~4所要求保护的技术方案，因此权利要求2~4符合专利法第二十六条第四款的规定。

4. 关于专利法实施细则第二十一条第二款

专利法实施细则第二十一条第二款规定："独立权利要求应当从整体上反映发明或者实用新型的技术方案，记载解决技术问题的必要技术特征。"

独立权利要求1保护的技术方案是：一种带有电流互感器、电压互感器及保护熔断器的计量手车，具有手车盘架4，其特征是具有触臂熔断器支架1、二只电流互感器2及二只电压互感器3。其中，二只电流互感器2装在手车盘架4上部两侧，做不完全星形连接，手车盘架4上部的中间，即二只电流互感器2之间的位置为触臂熔断器支架1，两只电压互感器3安装在手车盘架4下部，作V形连接。

本专利的发明目的是提供一种带有电流互感器、电压互感器及保护熔断器的计量手车，克服现有技术中在保证电气绝缘距离的前提下，现有计量小车无法达到安全可靠性好、通用性强和标准化程度高的要求，本专利将计量用的电流互感器、电压互感器和保护熔断器全部装在计量手车盘架上，以满足绝缘要求，在权利要求1保护的技术方案中，只包含触臂熔断器支架1、二只电流互感器2、二只电压互感器3及手车盘架4，没有包含保护熔断器，以及对保护熔断器的绝缘保护结构，也就不能实现本专利满足绝缘要求并安全可靠的发明目的。因此，权利要求1缺少解决技术问题的必要技术特征，不符合专利法实施细则第二十一条第二款的规定。

5. 关于专利法第二十二条第二款的新颖性

专利法第二十二条第二款规定："新颖性，是指在申请日以前没有同样的发明或者实用新型在国内外出版物上公开发表过、在国内公开使用过或者以其他方式为公众所知，也没有同样的发明或者实用新型由他人向国务院专利行政部门提出过申请并且记载在申请日以后公布的专利申请文件中。"

请求人用证据2和证据3形成的证据链证明型号为JLC－101210的计量小车在2000年7月13日已经公开销售，该销售日在本专利的申请日2001年8月13日之前。

证据2证明公证日2003年6月30日湖南省长沙市新开铺路88号湖南省电力线路器材厂配电间有一台型号为G251－12－064G的"交流金属封闭开关设备"，从该设备中取出标有由广州市越秀区增强绝缘电器厂生产的计量小车一台，标签上标注的出厂日期是2000年7月11日，编号为2000－19－630，型号为JLC－101210。从该公证书的附件的照片2中可以清楚地看到"交流金属封闭开关设备"的型号是G251－12－064G，出厂日期是2002年9月。

证据3证明该公证书所附的《调查记录》复印件共3页与原件内容相符，所附的《广州市越秀区增强绝缘电器厂订货合同》复印件共1页、《送货清单》复印件共1页、《广东增值税专用发票》复印件共1页、《增值税专用发票销货清单》复印件共1页、《省电力线路器材厂中心配电工程（城网）10KV高压开关柜经济合同》复印件共4页、《湖南省长沙县裁剪发票记账联》复印件共1页、《湖南省长沙市销货清单记账附件联》复印件共1页均与原件内容相符。其中《广州市越秀区增强绝缘电器厂订货合同》中，供方为广州市增强绝缘电器厂，需方为长沙电力设备有限公司，签订时间为2000年5月30日，商品中包括规格型号为JC－10Q的计量车，数量为1台，单价为16000元；《送货清单》中，日期为2000年7月13日，主体名称为"长沙电力"，商品为计量小车，数量为1台，单价为16000元；《广东增值税专用发票》的购货单位是长沙电力设备有限公司，销货单位是广州市越秀区增强绝缘电器厂，开票时间是2000年9月18日，货物为"电器产品一批（附清单一份）"；在《增值税专用发票销货清单》中，主体名称是长沙电力设备有限公司，销货单位是广州市越秀区增强绝缘电器厂，商品中没有规格型号为JC－10Q的计量小车，只有"小车"，数量为2台，单价为13675.21元；《省电力线路器材厂中心配电工程（城网）10KV高压开关柜经济合同》的合同日期为2002年7月26日，甲方为长沙电力建设公司物资分公司，乙方为长沙电力设备有限公司，在合同中的第四条产品价格中没有规格型号为JC－10Q的计量小车，只有型号规格为KYN28A－12的计量柜，数量为1台，单价为69000元；《湖南省长沙县裁剪发票记账联》的日期为2002年10月25日，品名为"开关设备一批详见清单"；《湖南省长沙市销货清单记账附件联》的日期为2002年10月25日，购货单位为长沙电力建设公司，商品中没有规格型号为JC－10Q的计量小车，只有型号规格为KYN28A－12的计量柜，数量为1台，单价为69000元。

由此可见，证据3中没有型号为JLC－101210的计量小车，只有规格型号为JC－10Q的计量车，二者型号不同。虽然在证据3附件的《调查记录》中关系人何鹏飞指出《订货合同》中的JC－10Q是JLC－101210的简写，但是该关系人何鹏飞没有出庭作证，请求人也没有提供任何其他证据证明JC－10Q是JLC－101210的简写，合议组无法核实，因此合议组认为型号为JLC－101210的计量小车与型号为 JC－10Q 的计量小车是不同型号的计量小车；《广州市越秀区增强绝缘电器厂订货合同》、《送货清单》、《广东增值税专用发票》、《增值税专用发票销货清单》、《省电力线路器材厂中心配电工程（城网）10KV 高压开关柜经济合同》、《湖南省长沙县裁剪发票记账联》、《湖南省长沙市销货清单记账附件联》中都没有型号为 JLC－101210 的计量小车，因此证据 3 无法证明在本专利申请日 2001 年 8 月 13 日之前已经公开销售了证据 2 中型号为 JLC－101210 的计量小车。

证据 2、证据 3 不足以构成一个完整的证据链，来证明在本专利申请日 2001 年 8 月 13 日之前已经公开销售、使用证据 2 中型号为 JLC－101210 的计量小车的事实，合议组对请求人所称的这种公开销售的事实不予认定，因此证据 2、证据 3 不能形成一个完整的证明体系以证明在本专利申请日之前已经公开销售型号为 JLC－101210 的计量小车，该型号计量小车的技术方案不属于现有技术，不能用于评价本专利的新颖性。

综上所述，本专利说明书符合专利法第二十六条第三款的规定，权利要求 2～4 符合专利法第二十六条第四款的规定，权利要求 1 不符合专利法实施细则第二十一条第二款的规定，权利要求 2～4 符合专利法第二十二条第二款的规定。

三、决定

宣告 01243090.0 号实用新型专利权部分无效，其中宣告权利要求 1 无效，在权利要求 2～4 的基础上维持该专利权有效。

当事人对本决定不服的，可以根据专利法第四十六条第二款的规定，自收到本决定之日起三个月内向北京市第一中级人民法院起诉。根据该款的规定，一方当事人起诉后，另一方当事人应当作为第三人参加诉讼。

034

扣合连接型散热片案

无效宣告请求审查决定（第7312号）

决　定　号　第7312号
决　定　日　2005年6月22日
发明创造名称　扣合连接型散热片
国际分类号　G06F 1/20
无效请求人　鸿富锦精密工业(深圳)有限公司
专利权人　唐济海
专　利　号　02248251.2
申　请　日　2002年9月26日
授权公告日　2003年10月8日
合议组组长　马志远
主　审　员　高　栋
参　审　员　崔哲勇

法律依据　专利法第二十二条第二款
决定要点

鉴于对比文件1公开了本专利的全部技术方案，且其实现的技术效果与本专利也完全相同，因此本专利不具备新颖性。

一、案由

本无效宣告请求涉及国家知识产权局专利局于2003年10月8日授权公告的、名称为“扣合连接型散热片”的实用新型专利（下称本专利），其申请日为2002年9月26日，申请号为02248251.2，专利权人为唐济海。该专利授权公告的权利要求书为：

“1. 一种扣合连接型散热片，其特征在于：所述的散热片包括若干个平行排列的散热鳍片；散热鳍片扣合连接成一体，其一个端部均在平面上并与元器件贴合。

2. 根据权利要求1所述的扣合连接型散热片，其特征是所述的散热鳍片通过设置在其各端部或中部的扣合结构连接成一体。

3. 根据权利要求1所述的扣合连接型散热片，其特征是所述的散热鳍片的横截面成L形，其一个端面扣合连接成一个平面形成散热面与元器件贴合。

4. 根据权利要求3所述的扣合连接型散热片，其特征是所述的散热鳍片扣合连接成一个平面的扣合连接端面的宽度相同。

5. 根据权利要求3所述的扣合连接型散热片，其特征是所述的散热鳍片的扣合连接端面上设有至少一个扣合槽，平行端面的内端部设有向本散热鳍片的扣合槽延伸并插入相邻一个散热鳍片的扣合槽中的扣合片。

6. 根据权利要求5所述的扣合连接型散热片，其特征是所述的扣合槽为两个并设在扣合连接端面的两端。

7. 根据权利要求5所述的扣合连接型散热片，其特征是所述的扣合槽成成外小内大的‘凸’字形，扣合片为尺寸形状对应于扣合槽较小空腔的片体。

8. 根据权利要求3所述的扣合连接型散热片，其特征是所述的散热鳍片的平行端面的外端部上设有至少一个与扣合连接端面平行的扣合块，扣合块上设有一个扣合槽，平行端面的外端部设有向本散热片的扣合槽延伸并插入相邻一个散热鳍片的扣合槽中的扣合片。

9. 根据权利要求8所述的扣合连接型散热片，其特征是所述的扣合槽为两个并设在扣合连接端面的两端。

10. 根据权利要求8所述的扣合连接型散热片，其特征是所述的扣合槽成外小内大的‘凸’字形，扣合片为尺寸形状对应于扣合槽较小腔体的片体。”

针对上述专利权，鸿富锦精密工业（深圳）有限公司（下称请求人）于2004年6月18日向专利复审委员会提出了无效宣告请求，其理由是本专利不符合专利法第二十二条第二款的规定。请求人提交的作为证据使用的附件如下：

附件3：中国实用新型专利说明书CN2561002Y的复印件，其申请日为2002年8月20日，授权公告日为2003年7月16日（下称对比文件1）。

请求人认为，权利要求1~10相对于对比文件1不具备新颖性，不符合专利法第二十二条第二款的规定。

经形式审查合格，专利复审委员会受理了上述请求，并于2004年7月5日发出无效宣告请求受理通知书，并将请求书及其附件的副本转送专利权人（下称被请求人）。

被请求人于2004年8月20日提交了意见陈述书和修改后的权利要求书，并认为，对比文件1中至少没有公开以下技术特征：“其一个端部均在平面上并与元器件贴合；所述的散热鳍片的横截面成L形，其一个端面扣合连接成一个平面形成散热面与元器件贴合”，上述特征使得多个散热鳍片扣合连接成一体形成一个散热片后，除与元器件贴合的扣合连接端面外，其余三个方向均形成为通风的间隙，从而获得较佳的散热效果。尽管对比文件1中提到“一个折边为局部折边结构”，但未公开局部折边结构的具体位置及结构；另外，多个散热鳍片的扣合连接端面连接成一个平面的散热面，保证散热片与元器件之间的良好贴合和导热，从而获得较佳的散热效果。因此本专利与对比文件1相比，二者技术方案和预期效果均不相同，从而具备新颖性。

其中修改后的权利要求书如下：

“1. 一种扣合连接型散热片，其特征在于：所述的散热片包括若干个平行排列的散热鳍片；散热鳍片扣合连接成一体，其一个端部均在平面上并与元器件贴合；所述的散热鳍片的横截面成L形，其一个端面扣合连接成一个平面形成散热面与元器件贴合。

2. 根据权利要求1所述的扣合连接型散热片，其特征是所述的散热鳍片通过设置在其各端部或中部的扣合结构连接成一体。

3. 根据权利要求1所述的扣合连接型散热片，其特征是所述的散热鳍片扣合连接成一个平面的扣合连接端面的宽度相同。

4. 根据权利要求1所述的扣合连接型散热片，其特征是所述的散热鳍片的扣合连接端面上设有至少一个扣合槽，平行端面的内端部设有向本散热鳍片的扣合槽延伸并插入相邻一个散热鳍片的扣合槽中的扣合片。

5. 根据权利要求4所述的扣合连接型散热片，其特征是所述的扣合槽为两个并设在扣合连接端面的两端。

6. 根据权利要求4所述的扣合连接型散热片，其特征是所述的扣合槽成外小内大的‘凸’字形，扣合片为尺寸形状对应于扣合槽较小空腔的片体。

7. 根据权利要求1所述的扣合连接型散热片，其特征是所述的散热鳍片的平行端面的外端部上设有至少一个与扣合连接端面平行的扣合块，扣合块上设有一个扣合槽，平行端面的外端部设有向本散热片的扣合槽延伸并插入相邻一个散热鳍片的扣合槽中的扣合片。

8. 根据权利要求7所述的扣合连接型散热片，其特征是所述的扣合槽为两个并设在扣合连接端面的两端。

9. 根据权利要求7所述的扣合连接型散热片，其特征是所述的扣合槽成外小内大的‘凸’字形，扣合片为尺寸形状对应于扣合槽较小腔体的片体。"

本案合议组于2004年10月21日向双方当事人发出口头审理通知书，定于2004年11月23日举行口头审理，同时将被请求人提交的意见陈述书及其附件的副本转送给请求人。

口头审理如期举行，双方当事人均出席口头审理并各自陈述了意见。双方当事人对合议组成员无回避请求；对对方当事人出庭人员身份无异议；被请求人对请求人提交证据的真实性无异议；合议组当庭宣布口审依据的是被请求人于2004年8月20日提交的权利要求书。口头审理中双方当事人对权利要求2中的“中部”理解不同，请求人认为该中部指的是端部的中部，而被请求人认为是指散热片最大面积的中部。

在上述工作的基础上，合议组认为双方当事人已经充分发表意见，本案事实清楚，可以依法作出决定。

二、决定的理由

1. 关于审查文本

由于被请求人在于2004年8月20日提交的权利要求书中，将原权利要求1和3合并为新的权利要求1，并对其他权利要求的引用关系作了相应的调整，此种修改符合专利法第三十三条和专利法实施细则第六十八条的规定，因此可以作为本无效宣告请求审查的基础。

2. 关于证据

请求人提交的对比文件1为中国实用新型专利说明书，由于其申请日为2002年8月20日，早于本专利的申请日2002年9月26日，其授权公告日为2003年7月16日，以及对比文件1的申请人为昆山迪生电子有限公司与本专利的申请人不同，并且被请求人对该对比文件的真实性没有异议，因此可以作为评价本专利新颖性的现有技术。

3. 关于新颖性

本专利的独立权利要求1的特征如下：

一种扣合型连接散热片：

a. 所述的散热片包括若干个平行排列的散热鳍片；

b. 散热鳍片扣合连接成一体，其一个端部均在平面上并与元器件贴合；

c. 所述的散热鳍片的横截面成L形，其一个端面扣合连接成一个平面形成散热面与元器件贴合。

对比文件1涉及一种散热片卡扣结构，因此与本专利属于相同的技术领域，并具体公开了如下内容：附图2中公开了一种散热片卡接结构，其包括若干平行排列的散热片单元，多个散热单元扣合连接成一体，其整条折边（即对应于本专利的端部）均在一个平面上，且说明书第2页第14~16行中记载了该整条折边与热源接触即与元器件贴合；并明确指出关于折边结构通常做法的其中一种是，散热鳍片相对侧边上的折边中一条为整条结构，另一条为局部折边结构，其作用只是提供卡接结构，上述做法对应于说明书的实施例三，因此散热鳍片除了该局部折边外的其他部分即无折边部位的横截面必为L形，并且由整条折边扣合连接成一个平面与元器件贴合。合议组认为对比文件1已经公开了权利要求1的技术方案，且实现的技术效果也完全相同，从而权利要求1不具备新颖性。虽然被请求人认为多个散热鳍片扣合连接成一体形成一个散热片后，除与元器件贴合的扣合连接端面外，其余三个方向均形成为通风的间隙，从而获得较佳的散热效果，尽管对比文件1中提到“一个折边为局部折边结构”，但未公开局部折边结构的具体位置及结构。但是合议组认为：对比文件1公开了在散热片卡接结构中一条为整段折边的结构，另一条为分开的两段折边结构，整条折边与热源接触，局部折边的作用只是提供卡接结构，这已经明确说明除了与热源接触的整条折边外，其余三个方向必形成通风的间隙，以及折边结构的位置，从而可以获得与本专利相同的较佳的散热效果。同时被请求人还认为：多个散热鳍片的扣合连接端面连接成一个平面的散热面，保证散热片与元器件之间的良好贴合和导热。合议组认为：由于散热片单元是重复出现且结构相同的基本散热片结构（参见对比文件1说明书第2页第3行、第3页第15~16行），各单元彼此前后卡接成排状散热器，因此散热片单元的扣合连接端面必连接成一个平面的散热面，从而与本专利的技术方案一样可以保证散热片与元器件之间的良好贴合和导热。因此被请求人的理由是不能被合议组所接受的。

从属权利要求2的附加技术特征是：“所述的散热鳍片通过设置在其各端部或中部的扣合结构连接成一体”。

合议组认为，对比文件1的说明书第2页第8~10行以及附图1~4公开了，该散热片单元的卡接结构可以相隔对称设置，也可以采用左中右布置的方案。因此对比文件1实质上公开了散热鳍片的卡接结构的位置。虽然被请求人声称权利要求2中的“中部”指的是散热片最大面积的中部，但是合议组经阅读本专利说明书后认为，本专利说明书实施例中并未公开有关扣合结构位于散热片最大面积中部的技术方案，根据说明书实施例第4页第2~3段以及附图2~3所记载的内容可以唯一得到的解释是，所述中部是相对于散热鳍片端部的中部。因此权利要求2的技术方案也被对比文件1所公开，从而不具备新颖性。

从属权利要求3的附加技术特征是：“所述的散热鳍片扣合连接成一个平面的扣合连接端面的宽度相同”。合议组认为，对比文件1（说明书第2页第3行）中公开了各单元散热鳍片的结构相同，即各整条折边连接端面的宽度相同。因此在权利要求1不具备新颖性的条件下，该权利要求也不具备新颖性。

从属权利要求4的附加技术特征是：“所述的散热鳍片的扣合连接端面上设有至少一个扣合槽，平行端面的内端部设有向本散热鳍片的扣合槽延伸并插入相邻一个散热鳍片的扣合槽中的扣合片”。合议组认为，从对比文件1的附图1到4并结合实施例三可以明显看出，散热鳍片的折边上即连接端面上设有至少一个扣合块，扣合块上设有扣位槽，对应该扣位槽在基片即平行端面的端部设有向本散热鳍片的扣位槽延伸并插入相邻一个散热鳍片的扣位槽中的扣位片。因此在其引用的权利要求1不具备新颖性的条件下，该权利要求也不具备新颖性。

从属权利要求5对权利要求4进一步限定的特征是：“所述的扣合槽为两个并设在扣合连接端面的两端”。合议组认为，从对比文件1的附图1~2结合实施例三可以明显得出，上述扣位槽是两个，并且设在整条折边连接端面的两端。因此在其引用权利要求不具备新颖性的条件下，该权利要求也不具备新颖性。

从属权利要求6对权利要求4进一步限定的特征是："所述的扣合槽成外小内大的'凸'字形，扣合片为尺寸形状对应于扣合槽较小空腔的片体"。合议组认为，从对比文件1的说明书第3页第13~14行结合图1到4可以明显得到，上述扣位槽呈外小内大的"凸"字形，扣位片的尺寸形状对应于扣位槽的较小空腔。因此在其引用权利要求不具备新颖性的条件下，该权利要求也不具备新颖性。

从属权利要求7对权利要求1进一步限定的特征是："所述的散热鳍片的平行端面的外端部上设有至少一个与扣合连接端面平行的扣合块，扣合块上设有一个扣合槽，平行端面的外端部设有向本散热片的扣合槽延伸并插入相邻一个散热鳍片的扣合槽中的扣合片"。合议组认为，对比文件1的实施例三中已经公开了，每个散热鳍片的两个相对侧边上一条为整段折边结构，另一条为分开的两段折边结构，其中整段折边上相隔设有两对扣位槽和扣位片，分开的两段折边上分别设有一对扣位槽和扣位片，并且在附图3到4中明显公开了本专利的所述扣合块的具体结构（参见对权利要求4的评述）。因此在权利要求1不具备新颖性的条件下，该权利要求也不具备新颖性。

从属权利要求8和9对权利要求7进一步限定的特征分别是："所述的扣合槽为两个并设在扣合连接端面的两端"；以及"所述的扣合槽成外小内大的'凸'字形，扣合片为尺寸形状对应于扣合槽较小腔体的片体"，因此附加技术特征分别与权利要求5、6的附加技术特征相同。基于对权利要求5~6的评述和理由，在其引用权利要求7不具备新颖性的条件下，该权利要求也不具备新颖性。

综上所述，合议组经审查认为对比文件1已经公开权利要求1~9的全部技术方案，因此所述权利要求相对于对比文件1不具备新颖性，即对比文件1构成了本专利的抵触申请文件，不符合专利法第二十二条第二款的有关规定。

三、决定

宣告02248251.2号专利权全部无效。

当事人对本决定不服的，可以根据专利法第四十六条第二款的规定，自收到本决定之日起三个月内向北京市第一中级人民法院起诉。根据该款的规定，一方当事人起诉后，另一方当事人应当作为第三人参加诉讼。

035

高压硅橡胶干式电缆终端案

无效宣告请求审查决定（第7326号）

决　定　号　第7326号

决　定　日　2005年6月20日

发明创造名称　高压硅橡胶干式电缆终端

国际分类号　H02G 15/02

无效请求人　长沙电缆附件有限公司

专利权人　广东长园电缆附件有限公司

专　利　号　02250274.2

申　请　日　2002年12月13日

授权公告日　2003年12月31日

合议组组长　钱　芸

主　审　员　张宗任

参　审　员　张美菊

法律依据　专利法第二十二条第三款

决定要点

如果对比文件没有完全公开本专利权利要求要求保护的技术方案的全部技术特征，而所存在的区别技术特征又不能从对比文件获得技术启示，同时也没有证据表明所述区别技术特征为本领域公知常识，并且所述区别技术特征给权利要求的技术方案带来了有益的技术效果，那么该权利要求具有实质性特点和进步，具备创造性。

一、案由

本无效宣告请求涉及国家知识产权局专利局于2003年12月31日授权公告的02250274.2号实用新型专利权（下称本专利），名称为“高压硅橡胶干式电缆终端”，申请日为2002年12月13日，专利权人为广东长园电缆附件有限公司。授权公告的权利要求书如下：

“1. 高压硅橡胶干式电缆终端，其特征在于：后部设有面接触套在电缆（1）上的用半导电材料制成的应力锥（2），应力锥内壁前端口呈内径向前扩大的喇叭形锥面（2a），喇叭形锥面埋入套在电缆外的硅橡胶绝缘套管（3）的环形侧壁内，绝缘套管前端口装有绝缘材料制成的密封防水帽（4），导电端子（5）后部轴向伸入密封防水帽（4），导电端子后部设置的线芯腔（5a）与绝缘套管（3）内腔轴向连通，绝缘套管外壁轴向分布有若干环绕套管中心轴线的向侧部凸出的伞裙（3a）。

2. 根据权利要求1所述的高压硅橡胶干式电缆终端，其特征在于：所述的伞裙（3a）与绝缘套管（3）是一体化结构，且伞裙（3a）轴向一大一小交错排列。”

针对上述专利权，长沙电缆附件有限公司（下称请求人）于2004年6月15日向专利复审委员会提出无效宣告请求，其理由是本专利权利要求1和2不符合专利法第二十二条第二款、第三款的规定。请求人同时提交了如下证据：

证据1：00225444.1号中国实用新型专利说明书全文，公开日为2001年9月19日（下称对比文件1）。

请求人主要指出，对比文件1与本专利属于相同的技术领域，解决了同样的技术问题，采用的技术方案完全相同，预期效果也相同，所以本专利权利要求1和2不具备新颖性和创造性。

经形式审查合格，专利复审委员会受理了上述请求，于2004年7月2日发出无效宣告请求受理通知书，并将无效宣告请求书及其附件清单中所列附件副本转送给了专利权人（下称被请求人），要求其在指定的期限内答复。

被请求人于2004年8月12日提交了意见陈述书，主要指出：（1）本专利的电缆终端套在电缆外的硅橡胶绝缘套管与伞群是整体结构，与对比文件1不同，本专利的密封防水帽与对比文件1的半导电屏蔽罩是不同的部件；本专利权利要求2的附加技术特征也没有被对比文件1公开，所以本专利权利要求1和2具备新颖性；（2）本专利的电缆终端套在电缆外的硅橡胶绝缘套管与伞群是整体结构，密封性好；对比文件1中半导电屏蔽罩起的是高压屏蔽作用，本专利的密封防水帽起到加强电缆末端密封防水及绝缘的作用，更加可靠安全；因此本专利权利要求1的技术方案具有实质性特点和进步，具备创造性；权利要求2限定的附加技术特征可使大伞保护小伞，使终端的抗污秽性能提高，其外绝缘性能优于等直径伞群。

2005年4月14日，专利复审委员会向双方当事人发出了口头审理通知书，定于2005年5月31日进行口头审理，随口头审理通知书，将被请求人于2004年8月12日提交的意见陈述书副本转给了请求人。

口头审理如期举行，当事人双方的代理人参加了口审。口审中，请求人明确本专利权利要求1和2相对于对比文件1不符合专利法第二十二条第三款的规定，并放弃本专利权利要求1和2相对于对比文件1不符合专利法第二十二条第二款规定的无效理由；被请求人认为本专利权利要求1与对比文件1的区别在于本专利权利要求1中记载有以下三点内容：①绝缘套管与雨裙是一体的；②密封防水罩；③导电端子后部轴向伸入密封防水帽。请求人认为其中第①点已经被对比文件1公开，第②点与对比文件1中的半导体屏蔽罩在功能上是相同的，第③点相比对比文件1中的连接方式是一种技术上的倒退。

至此，合议组认为本案事实已经清楚，依法作出如下决定。

二、决定的理由

1. 关于现有技术

请求人请求宣告本实用新型专利权无效的理由是本实用新型权利要求1和2不符合专利法第二十二条第三款的规定。其提交的证据为专利文献，即00225444.1号中国实用新型专利说明书，公开日为2001年9月19日，早于本专利申请日，可以作为本专利的现有技术使用。

2. 关于创造性

专利法第二十二条第三款规定："创造性，是指同申请日以前已有的技术相比，该发明有突出的实质性特点和显著的进步，该实用新型有实质性特点和进步。"

权利要求1要求保护一种高压硅橡胶干式电缆终端，包含以下技术特征：后部设有面接触套在电缆（1）上的用半导电材料制成的应力锥（2），应力锥内壁前端口呈内径向前扩大的喇叭形锥面

(2a)，喇叭形锥面埋入套在电缆外的硅橡胶绝缘套管（3）的环形侧壁内，绝缘套管前端口装有绝缘材料制成的密封防水帽（4），导电端子（5）后部轴向伸入密封防水帽（4），导电端子后部设置的线芯腔（5a）与绝缘套管（3）内腔轴向连通，绝缘套管外壁轴向分布有若干环绕套管中心轴线的向侧部凸出的伞裙（3a）。

对比文件1公开了一种全预制式高压电力电缆终端，具体公开了以下相关技术特征：见附图2，本实用新型包括出线金具21、半导电屏蔽罩22、绝缘雨裙23、橡胶应力组合套24和应力锥25，所述应力锥25根据需要而由半导电高分子材料成型，应力锥25预埋在橡胶形成的应力锥组合套24中下部内，伞状的绝缘雨裙23由硅橡胶或三元乙丙橡胶经特制模具注射成型，既可以是整体结构，也可以由数个组合而成，将绝缘雨裙23套在应力锥组合套24上，且在每个接口处涂上特种密封橡胶使之紧密配合形成整体，在其上再依次套接半导电屏蔽罩22和出线金具21即可（见对比文件1说明书第2页倒数第3段及附图2）。

从上述可见，对比文件1公开的也是一种高压硅橡胶干式电缆终端，二者所涉及的技术领域相同；对比文件1中应力锥25也是用半导电材料制成，结合对比文件1附图2可以看出应力锥25也是面接触的套在电缆上，应力锥内壁前端口呈内径向前扩大的喇叭形锥面；对比文件1中公开的应力锥组合套24相当于本专利中的绝缘套管3，两者均是采用绝缘材料构成；结合对比文件1附图可见喇叭形锥面埋入套在电缆外的橡胶形成的应力锥组合套24的环形侧壁内；对比文件1中公开的出线金具21就是一种导电端子，结合对比文件1附图2可看出，出线金具21后部设置的线芯腔与应力锥组合套24的内腔轴向连通。经过对比可见对比文件1没有公开权利要求1中记载的以下三个技术特征：(a) 绝缘套管前端口装有绝缘材料制成的密封防水帽，(b) 导电端子后部轴向伸入密封防水帽，(c) 绝缘套管外壁轴向分布有若干环绕套管中心轴线的向侧部凸出的伞裙。根据本专利说明书的记载，上述区别技术特征为权利要求1的技术方案带来了能可靠密封、绝缘密封性能好、结构简单和安装方便的有益技术效果。

本专利权利要求1的技术方案与对比文件1公开的方案存在区别技术特征，并且对比文件1没有给出采用上述区别技术特征的技术启示，本领域普通技术人员在对比文件1的基础上得出权利要求1的技术方案需要付出创造性劳动。因此，权利要求1的技术方案具有实质性特点。但是区别技术特征能够为权利要求1的技术方案带来有益的技术效果，导致权利要求1的技术方案具有进步性。可见本专利权利要求1所要保护的技术方案具备创造性，符合专利法第二十二条第三款的规定。

由于权利要求2从属于权利要求1，所以权利要求2所要保护的技术方案同样具备创造性，符合专利法第二十二条第三款的规定。

请求人认为权利要求1与对比文件1的上述区别技术特征（a）中的密封防水帽与对比文件中的半导体屏蔽罩在功能上是相同的，区别技术特征（b）所采用的连接方式相比对比文件1中的连接方式是一种技术上的倒退，区别技术特征（c）已经被对比文件公开。针对请求人对上述三点区别技术特征的意见，合议组认为，对于区别技术特征（a），对比文件1公开了在绝缘雨裙上套接了一种半导电的屏蔽罩，从对比文件1只能得出该屏蔽罩起到一种电磁屏蔽功能，不能明确得出，也没有证据证明这种屏蔽罩能够起到密封防水的功能，而本专利说明书中明确指出密封防水帽具有密封防水的作用，因此屏蔽罩与密封防水帽在功能上是不同的，另外区别技术特征（a）在本专利的技术方案中具有有益的技术效果。

对于区别技术特征（b），本专利的导电端子后部伸入密封防水帽，而对比文件1的出线金具套在半导电屏蔽罩外面，所以二者的结构连接关系不同；对比文件1中出线金具套在半导电屏蔽罩外面，对比文件1中并没有任何记载表明这种结构能够提供可靠的密封功能，所以不能明确得出为了密封防水，本专利的导电端子后部伸入密封防水帽是一种技术上的倒退。

对于区别技术特征（c），该技术特征表明绝缘套管与伞群是一体的，对比文件1公开的“伞状的绝缘雨裙23由硅橡胶或三元乙丙橡胶经特制模具注射成型，既可以是整体结构，也可以由数个组合而成”，表明的是绝缘雨裙可以做成一个整体，也可以做成单个的多个雨裙再组合成绝缘雨裙23，而绝缘雨裙是套在应力锥组合套24上的，即绝缘雨裙与应力锥组合套是分体的，所以对比文件1中没有公开绝缘雨裙与应力锥组合套24可以做成一体，而本专利中采用所述绝缘套管具有绝缘密封性能好、结构简单和安装方便的优点。

综上所述，相对于请求人提交的对比文件1，本专利的权利要求1和2具备创造性，符合专利法第二十二条第三款的规定。请求人的无效请求理由不成立。

三、决定

维持02250274.2号实用新型专利权全部有效。

当事人对本决定不服的，可以根据专利法第四十六条第二款的规定，自收到本决定之日起三个月内向北京市第一中级人民法院起诉。根据该款的规定，一方当事人起诉后，另一方当事人应当作为第三人参加诉讼。

036

发光开关案

无效宣告请求审查决定（第7328号）

决 定 号 第7328号
决 定 日 2005年5月23日
发明创造名称 发光开关
国 际 分 类 号 H01H 9/18
无 效 请 求 人 浙江松洋电工实业有限公司
专 利 权 人 广东朗能电器有限公司
专 利 号 02250724.8
申 请 日 2002年12月27日
授权公告日 2003年12月3日
合议组组长 石 清
主 审 员 张宗任
参 审 员 张美菊

法 律 依 据 专利法第二十二条第二款、第三款
决 定 要 点

如果对比文件公开的内容与权利要求所要保护的技术方案的区别仅在于惯用手段的直接置换，该权利要求就不具备新颖性。如果对比文件公开的内容能够使本领域普通技术人员得到采用本领域公知技术手段的技术启示，实现权利要求的技术方案不需要本领域普通技术人员付出创造性劳动，那么权利要求的技术方案不具有实质性特点和进步，该权利要求不具备创造性。

一、案由

本无效宣告请求涉及国家知识产权局专利局于2003年12月3日授权公告的02250724.8号实用新型专利权（下称本专利），名称为“发光开关”，申请日为2002年12月27日，本专利授权公告时专利权人为中山市朗能电器实业公司，后变更为广东朗能电器有限公司。

本专利授权公告的权利要求书内容如下：

“1. 一种发光开关，包括开关面板（1）、开关键（2）和发光件（3），其特征是开关键（2）上设有安装槽（21），发光件（3）与安装槽（21）配合，设于开关键（2）上。

2. 根据权利要求1所述的发光开关，其特征是发光件（3）由盖板（31）和荧光块（32）构成，盖板（31）设有卡位与荧光块（32）配合连接。”

针对上述专利权，浙江松洋电工实业有限公司（下称请求人）于2004年3月26日向专利复审委员会提出无效宣告请求，其理由是本专利权利要求1～2不符合专利法第二十二条第一款、第二款的

规定。请求人同时提交的作为证据的附件如下：

附件1：02209026.6号中国实用新型专利说明书，申请人为蒋权，申请日为2002年3月22日，公开日为2003年2月19日；

附件2：97217358.7号中国实用新型专利说明书，公开日为1999年4月7日；

附件3：00231294.8号中国实用新型专利说明书，公开日为2000年12月20日；

附件4：99236239.3号中国实用新型专利说明书，公开日为2000年5月24日；

附件5：99225891.X号中国实用新型专利说明书，公开日为2000年3月29日；

附件6：01263856.0号中国实用新型专利说明书，公开日为2002年7月3日；

附件7：01235604.2号中国实用新型专利说明书，公开日为2002年1月23日。

请求人主要指出，附件1的权利要求1和2公开的内容虽表述与本专利有别但实质保护内容相同；附件2的权利要求1和2中记载的内容覆盖了本专利全部权利要求的全部特征；附件3~7的名称均有“发光开关”的字样，这些附件的权利要求的独立权利要求中都提出了面板、开关键和发光件，覆盖了本专利的独立权利要求1；附件5和6的权利要求的机械结构中都强调了发光件、安装槽孔，及其配合、连接的关系，从而覆盖了本专利的从属权利要求2。

经形式审查合格，专利复审委员会受理了上述请求，并于2004年3月30日将无效宣告请求书及其附件清单中所列附件副本转送给专利权人（下称被请求人），要求其在指定的期限内答复。

请求人于2004年4月26日提交了意见陈述书和新的证据，并指出，新提交的附件1~3均具有本专利独立权利要求的所有技术特征，属于相同的技术领域，发明目的与构成及效果完全一样。因此，本专利独立权利要求不具备新颖性和创造性；新附件2给出了本专利从属权利要求中的荧光块的技术特征，新附件1和3给出了发光件是由盖板和荧光层组成的技术启示，将两者结合不难得出发光件可以是盖板与荧光块任何形式上的卡位配合连接这样的技术特征，本专利从属权利要求也不具备新颖性和创造性。同时提交了如下作为证据使用的新附件：

新附件1：88216854.1号中国实用新型专利说明书，公开日为1989年4月12日；

新附件2：97250317.X号中国实用新型专利说明书，公开日为1999年4月21日；

新附件3：94246100.2号中国实用新型专利说明书，公开日为1996年5月1日。

2004年5月14日被请求人提交了意见陈述书，其中陈述了本专利的设计要点，并指出：附件1中光敏头与本专利的发光件为不同的构件，所以本专利相对于附件1具备新颖性；本专利与附件2公开的构件之间有截然不同的位置结构和安装结构，导致了发明目的和效果均不同，所以本专利相对于附件2具备新颖性和创造性；附件3、4的发光体均为涂层结构或直接用发光颜料加工面板和开关，其结构上与本专利采用发光件嵌于开关键的安装槽中的结构完全不相同，本专利说明书中也说明了采用涂层发光材料的发光开关的缺点，本专利发明的目的之一就是克服此类发光开关的缺点，本专利相对于附件3、4具有突出的实质性特点和显著的进步，本专利具备新颖性和创造性；本专利与附件5、7在结构上完全不同，具备新颖性，附件5、7均采用片状的发光件，并将发光件置于结构透明的开关面板或开关键的背面，这与本专利采用发光件嵌于开关键的安装槽中的结构完全不相同，本专利结构上的新颖性显而易见。本专利提供了一种可以将发光件简易拆卸更换的结构，克服了附件5、7的技术缺点，本专利相对于附件5、7具备创造性；附件6的发光指示装置是设于开关的面板上，而本专利的发光件是嵌于开关键上，所以相对于附件6本专利在结构上具备新颖性。本专利的结构设置更方便和安全，并且无电功耗，寿命长，成本低、结构简单、便于更换，因此相对于附件6本专利具备创造性。

2004年10月9日专利复审委员会向双方当事人发出了口头审理通知书，定于2004年11月17日进行口头审理，同时将请求人于2004年4月26日提交的意见陈述书及新附件1~3转送被请求人；将被请求人于2004年5月14日提交的意见陈述书转送请求人。

被请求人于2004年11月12日提交了意见陈述书，其中指出新附件1结构上与本专利最大的区别在于夜光罩与凹槽之间采用密封连接，而本专利的发光件与安装槽之间是采用配合的连接方式，是具有不同结构、不同发明目的和不同技术效果的一个全新的技术方案，具备新颖性和创造性；新附件2公开的技术方案中荧光块是采用贴合的方式与凹槽连接，说明书中也记载了采用粘结剂来贴合，即不可拆卸。再者，关于本专利从属权利要求进一步提供了盖板的结构，起到保护荧光块的功能。新附件2不具有这种效果，所以相对于新附件2本专利符合专利法关于新颖性和创造性的要求；新附件3同样提到采用粘结剂将发光件固定在嵌装孔中，可见其发明目的不在于提供一种可以简易拆装和更换发光件的开关，且本专利权利要求2的盖板与荧光块配合的结构也无法在新附件3中体现，所以相对于新附件3本专利具备新颖性和创造性。

口头审理于2004年11月17日如期举行，当事人双方的代理人参加了口审。合议组当庭将被请求人于2004年11月12日提交的意见陈述书副本转交请求人的代理人。口审中，双方当事人对对方出庭人员的身份没有异议，对合议组成员没有回避请求，请求人声明放弃提交无效请求时一并提交的附件1~3和附件5~7，将新附件1~3以及附件4依次编号为对比文件1~4，并将对比文件1作为最接近的现有技术文件。请求人指出，本专利权利要求1相对于对比文件1~4分别不具备新颖性和创造性，权利要求2相对于对比文件1不具备新颖性和创造性，对比文件1和对比文件2~4分别结合都破坏权利要求2的创造性。

2004年11月27日被请求人提交意见陈述书，针对参加口头审理所发表意见进行了总结：（1）对比文件1中提及的“夜光材料”、“夜光片”为非标准科技用语，不能等同于本专利中的“发光件”。另外，对比文件1中夜光片是“放入”凹槽内的结构，与本专利中发光件与凹槽采用“配合”的结构有较大的区别，因为“配合”的结构形式才能实现本专利中记载的可拆卸的目的；（2）对比文件2中提及的凹槽开设在钮体的“外面板”上，本专利安装槽是直接设于开关键上，因此结构上不相同。对比文件2中荧光块贴合于凹槽内，所以是不可拆卸的结构，与本专利发光件与凹槽的连接方式有根本上的不同；（3）对比文件3也采用非标准的科技用语“夜光材料”，无法确定其确切含义；（4）本专利说明书附图3标记32的指向属于笔误，填充区应为盖板，非填充区应为荧光块。

2004年11月30日请求人提交了口审代理词，指出针对被请求人宣称的权利要求2具备创造性的理由陈述两点理由供参考：（1）对比文件1~4都公开了发光件由盖板与荧光块构成，关于盖板设有卡位与荧光块配合连接可以从对比文件1~4中直接导出，这种配合也是该技术领域普通的配合方式，即采用了常规技术手段；（2）无效中不应对权利要求的限定特征随意更改说明。

至此，合议组认为本案事实已经清楚，在此基础上作出如下决定。

二、决定的理由

1. 关于现有技术

口头审理过程中请求人声明放弃提交无效请求时一并提交的附件1~3和附件5~7，由于对比文件1~4均为中国实用新型专利说明书，在本专利申请日前公开，可以作为评价本专利新颖性和创造性的现有技术。

2. 关于新颖性

专利法第二十二条第二款规定：“新颖性，是指在申请日以前没有同样的发明或者实用新型在国内外出版物上公开发表过、在国内公开使用过或者以其他方式为公众所知、也没有同样的发明或者实用新型由他人向国务院专利行政部门提出过申请并且记载在申请日以后公布的专利申请文件中。”

（1）权利要求1

权利要求1要求保护一种发光开关，包含以下技术特征：发光开关包括开关面板（1）、开关键（2）和发光件（3），开关键（2）上设有安装槽（21），发光件（3）与安装槽（21）配合，设于开关键（2）上。

对比文件1公开了一种长效夜光电器开关，主要公开了以下相关技术特征：在搬钮开关的搬钮上加工一凹槽，用透明材料与涂有长效夜光材料的透明材料粘合或热合在一起，制成夜光片4将夜光片4放入凹槽内，再用夜光罩5将凹槽封闭起来（见对比文件1第4页最后一段及附图3、4）。将本专利权利要求1与对比文件1相比可以看出，对比文件1中公开的搬钮、凹槽、夜光片分别相当于本专利中的开关键、安装槽、发光件；对比文件1中记载的搬钮上加工有凹槽与本专利权利要求1中记载的开关键上设有安装槽的结构关系也对应，本专利权利要求1中记载的配合没有具体记载采用什么配合方式，而夜光片4放入凹槽内必然要配合，因此同样是一种配合关系。另外，本领域普通技术人员根据对比文件1公开的搬钮开关，能够明确得出所述搬钮开关应安装在开关面板上，实际上对比文件1中也提及了电器开关板，即对比文件1隐含公开了本专利权利要求1中发光开关所包括的开关面板，对比文件1与本专利权利要求1的区别仅是搬钮与开关键的不同，而搬钮、开关键均为开关领域常用的操作部件，二者的区别属于本领域惯用手段的直接置换。所以，与对比文件1公开的技术方案相比，本专利权利要求1不具备新颖性。

（2）权利要求2

权利要求2是对权利要求1的进一步限定，其附加技术特征为：发光件（3）由盖板（31）和荧光块（32）构成，盖板（31）设有卡位与荧光块（32）配合连接。

对比文件1主要公开了以下相关技术特征：将夜光片4放入凹槽内，再用夜光罩5将凹槽封闭起来（见对比文件1第4页第10～13行及附图）。将上述附加技术特征与对比文件1相比，对比文件1中公开的夜光片相当于权利要求2的荧光块，夜光罩相当于权利要求2中的盖板，夜光片和夜光罩的组合相当于权利要求2中的发光件，在夜光片放入凹槽后，夜光罩将凹槽封闭起来，可见夜光罩与夜光片是配合连接的（见对比文件1附图4）。但对比文件1没有公开夜光罩上还设有卡位，而且还通过卡位与夜光片配合连接，本领域普通技术人员在对比文件1上也不能直接唯一推导出来上述卡位配合连接关系，因此本专利权利要求2的技术方案相对于对比文件1具备新颖性。

3. 关于创造性

专利法第二十二条第三款规定：“创造性，是指同申请日以前已有的技术相比，该发明有突出的实质性特点和显著的进步，该实用新型有实质性特点和进步。”

权利要求2是对权利要求1的进一步限定，其附加技术特征为：发光件（3）由盖板（31）和荧光块（32）构成，盖板（31）设有卡位与荧光块（32）配合连接。

从前面对比文件1与权利要求2的对比分析可以看出：对比文件1没有公开权利要求2中记载的盖板设有卡位与荧光块配合连接。基于所述区别技术特征，可以确定本专利所要解决的技术问题是可以简易的将发光件从开关上取下，进行维修或更换。本领域普通技术人员在对比文件1的技术方案中采用夜光罩的基础上，容易想到罩这种部件是一种可拆卸的部件，如果要便于装卸荧光块，可以把荧光块与盖板固定在一起，所以夜光罩与夜光片固定在一起时必然采用一种便于拆卸的安装方式，而采用卡位配合方式又是本领域常用的一种便于拆卸的安装配合方式。对比文件1给出了采用卡位配合连接盖板与荧光块的技术启示，因此在对比文件1的基础上结合本领域公知常识，本领域普通技术人员能够容易地得到权利要求2的技术方案。权利要求2所要保护的技术方案不具有实质性特点和进步，所以本专利权利要求2相对于对比文件1不具备创造性。

综上所述，相对于请求人提交的对比文件1，本专利的权利要求1不具备新颖性，不符合专利法第二十二条第二款的规定，权利要求2不具备创造性，不符合专利法第二十二条第三款的规定。

三、决定

宣告02250724.8号实用新型专利权全部无效。

当事人对本决定不服的，可以根据专利法第四十六条第二款的规定，自收到本决定之日起三个月内向北京市第一中级人民法院起诉。根据该款的规定，一方当事人起诉后，另一方当事人应当作为第三人参加诉讼。

北京市第一中级人民法院行政判决书

（2005）一中行初字第837号

原告广东朗能电器有限公司，住所地广东省中山市小榄镇小榄工业园区122号。

法定代表人邓超华，董事长。

委托代理人陈卫，男，广州粤高专利代理有限公司专利代理人。

委托代理人郑永泉，男，广州粤高专利代理有限公司专利代理人助理。

被告国家知识产权局专利复审委员会，住所地北京市海淀区北四环西路9号银谷大厦10~12层。

法定代表人廖涛，副主任。

委托代理人张宗任，男，国家知识产权局专利复审委员会审查员。

委托代理人郭健国，男，国家知识产权局专利复审委员会行政诉讼处审查员。

第三人浙江松洋电工实业有限公司，住所地温州市龙湾区海城工业区。

法定代表人张式荣，董事长。

委托代理人吴继道，男，温州瓯越专利代理有限公司专利代理人。

委托代理人王小莉，女，温州瓯越专利代理有限公司职员。

原告广东朗能电器有限公司不服被告国家知识产权局专利复审委员会作出的第7328号无效宣告请求审查决定（下称无效决定），向本院提起行政诉讼。本院于2005年8月16日受理后，依法组成合议庭，依照《中华人民共和国专利法》（下称《专利法》）第四十六条第二款、《中华人民共和国行政诉讼法》第二十七条的规定，通知利害关系人浙江松洋电工实业有限公司作为本案第三人参加诉讼，并于2005年10月20日公开开庭审理了本案。原告的委托代理人陈卫、郑永泉，被告的委托代理人张宗任、郭健国，第三人的委托代理人吴继道到庭参加了诉讼。本案现已审理终结。

被告于2005年5月23日针对原告提出的无效宣告请求，作出无效决定：

本无效宣告请求涉及国家知识产权局于2003年12月3日授权公告的02250724.8号实用新型专利权（下称本专利），名称为“发光开关”，申请日为2002年12月27日，本专利授权公告时专利权人为中山市朗能电器实业公司，后变更为原告。本专利授权公告的权利要求书内容如下：

“1. 一种发光开关，包括开关面板（1）、开关键（2）和发光件（3），其特征是开关键（2）上设有安装槽（21），发光件（3）与安装槽（21）配合，设于开关键（2）上。

2. 根据权利要求1所述的发光开关，其特征是发光件（3）由盖板（31）和荧光块（32）构成，盖板（31）设有卡位与荧光块（32）配合连接。”

针对上述专利权，第三人于2004年3月26日向被告提出无效宣告请求，其理由是本专利权利要求1~2不符合《专利法》第二十二条第一款、第二款的规定，同时提交以下附件作为证据：

附件1：02209026.6号中国实用新型专利说明书，申请人为蒋权，申请日为2002年3月22日，公开日为2003年2月19日；

附件2：97217358.7号中国实用新型专利说明书，公开日为1999年4月7日；

附件3：00231294.8号中国实用新型专利说明书，公开日为2000年12月20日；

附件4：99236239.3号中国实用新型专利说明书，公开日为2000年5月24日；

附件5：99225891.X号中国实用新型专利说明书，公开日为2000年3月29日；

附件6：01263856.0号中国实用新型专利说明书，公开日为2002年7月3日；

附件7：01235604.2号中国实用新型专利说明书，公开日为2002年1月23日。

第三人主要指出：附件1的权利要求1和2公开的内容虽表述与本专利有别但实质保护内容相同；附件2的权利要求1和2中记载的内容覆盖了本专利全部权利要求的全部特征；附件3~7的名称均有“发光开关”的字样，这些附件的权利要求的独立权利要求中都提出了面板、开关键和发光件，覆盖了本专利的独立权利要求1；附件5和6的权利要求的机械结构中都强调了发光件、安装槽孔，及其配合、连接的关系，从而覆盖了本专利的从属权利要求2。

经形式审查合格，被告受理了上述请求，并于2004年3月30日将无效宣告请求书及其附件清单中所列附件副本转送给原告，要求其在指定的期限内答复。

第三人于2004年4月26日提交了意见陈述书和新的证据，指出：新提交的附件1~3均具有本专利独立权利要求的所有技术特征，属于相同的技术领域，发明目的与构成及效果完全一样，因此本专利独立权利要求不具备新颖性和创造性；新附件2给出了本专利从属权利要求中的荧光块的技术特征，新附件1和3给出了发光件是由盖板和荧光层组成的技术提示。将两者结合不难得出，发光件可以是盖板与荧光块任何形式上的卡位配合连接这样的技术特征，因此本专利从属权利要求也不具备新颖性和创造性。同时提交的作为证据使用的新附件如下：

新附件1：88216854.1号中国实用新型专利说明书，公开日为1989年4月12日；

新附件2：97250317. X号中国实用新型专利说明书，公开日为1999年4月21日；

新附件3：94246100. 2号中国实用新型专利说明书，公开日为1996年5月1日。

原告于2004年5月14日提交了意见陈述书，其中陈述了本专利的设计要点，并指出：附件1中光敏头与本专利的发光件为不同的构件，所以本专利相对于附件1具备新颖性；本专利与附件2公开的构件之间有截然不同的位置结构和安装结构，导致了发明目的和效果均不同，所以本专利相对于附件2具备颖性和创造性；附件3、4的发光体均为涂层结构或直接用发光颜料加工面板和开关，其结构上与本专利采用发光件嵌于开关键的安装槽中的结构完全不相同，本专利说明书中也说明了采用涂层发光材料的发光开关的缺点，本专利发明的目的之一就是克服此类发光开关的缺点，本专利相对于附件3、4具有突出的实质性特点和显著的进步，本专利具备新颖性和创造性；本专利与附件5、7在结构上完全不同，具备新颖性，附件5、7均采用片状的发光件，并将发光件置于结构透明的开关面板或开关键的背面，这与本专利采用发光件嵌于开关键的安装槽中的结构完全不相同，本专利结构上的新颖性显而易见。本专利提供了一种可以将发光件简易拆卸更换的结构，克服了附件5、7的技术缺点，本专利相对于附件5、7具备创造性；附件6的发光指示装置是设于开关的面板上，而本专利的发光件是嵌于开关键上，所以相对于附件6本专利在结构上具备新颖性。本专利的结构设置更方便和安全，并且无电功耗，寿命长，成本低、结构简单、便于更换，因此相对于附件6本专利具备创造性。

2004年10月9日被告向双方当事人发出了口头审理通知书，定于2004年11月17日进行口头审理，同时将第三人于2004年4月26日提交的意见陈述书及新附件1~3转送原告；将原告于2004年5月14日提交的意见陈述书转送第三人。

原告于2004年11月12日提交了意见陈述书，其中指出，新附件1结构上与本专利最大的区别在于夜光罩与凹槽之间采用密封连接，而本专利的发光件与安装槽之间是采用配合的连接方式，是具有不同结构、不同发明目的和不同技术效果的一个全新的技术方案，具备新颖性和创造性；新附件2公开的技术方案中荧光块是采用贴合的方式与凹槽连接，说明书中也记载了采用粘结剂来贴合，即不可拆卸。再者，本专利从属权利要求进一步提供了盖板的结构，起到保护荧光块的功能。新附件2不具有这种效果，所以相对于新附件2本专利符合专利法关于新颖性和创造性的要求；新附件3同样提到采用粘结剂将发光件固定在嵌装孔中，可见其发明目的不在于提供一种可以简易拆装和更换发光件的开关，且本专利权利要求2的盖板与荧光块配合的结构也无法在新附件3中体现，所以相对于新附件3本专利具备新颖性和创造性。

口头审理于2004年11月17日如期举行，当事人双方的代理人参加了口审，被告当庭将原告于2004年11月12日提交的意见陈述书副本转交第三人的代理人。口审中，双方当事人对对方出庭人员的身份没有异议，对被告合议组成员没有回避请求，第三人声明放弃提交无效请求时一并提交的附件1~3和附件5~7，将新附件1~3以及附件4依次编号为对比文件1~4，并将对比文件1作为最接近的现有技术文件。第三人指出本专利权利要求1相对于对比文件1~4分别不具备新颖性和创造性，权利要求2相对于对比文件1不具备新颖性和创造性，对比文件1和对比文件2~4分别结合都破坏权利要求2的创造性。

2004年11月27日原告提交意见陈述书，针对参加口头审理所发表意见进行了总结：（1）对比文件1中提及的“夜光材料”、“夜光片”为非标准科技用语，不能等同于本专利中的“发光件”。另外，对比文件1中夜光片是“放入”凹槽内的结构，与本专利中发光件与凹槽采用“配合”的结构有较大的区别，因为“配合”的结构形式才能实现本专利中记载的可拆卸的目的；（2）对比文件2中提及的凹槽开设在钮体的“外面板”上，本专利安装槽是直接设于开关键上，因此结构上不相同。对比文件2中荧光块贴合于凹槽内，所以是不可拆卸的结构，与本专利发光件与凹槽的连接方式有根本上的不同；（3）对比文件3也采用非标准的科技用语“夜光材料”，无法确定其确切含义；（4）本专利说明书附图3标记32的指向属于笔误，填充区应为盖板，非填充区应为荧光块。

2004年11月30日第三人提交了口审代理词，指出针对原告宣称的权利要求2具备创造性的理由陈述两点理由供参考：（1）对比文件1~4都公开了发光件由盖板与荧光块构成，关手盖板设有卡位与荧光块配合连接可以从对比文件1~4中直接导出。这种配合也是该技术领域普通的配合方式，即采用了常规技术手段；（2）无效中不应对权利要求的限定特征随意更改说明。据此被告认为本案事实已经清楚，作出无效决定。

该决定理由如下：

1. 关于现有技术

口头审理过程中第三人声明放弃提交无效请求时一并提交的附件1~3和附件5~7，由于对比文件1~4均为中国实用新型专利说明书，在本专利申请日前公开，可以作为评价本专利新颖性和创造性的现有技术。

2. 关于新颖性

《专利法》第二十二条第二款规定："新颖性，是指在申请日以前没有同样的发明或者实用新型在国内外出版物上公开发表过、在国内公开使用过或者以其他方式为公众所知，也没有同样的发明或者实用新型由他人向国务院专利行政部门提出过申请并且记载在申请日以后公布的专利申请文件中。"

（1）权利要求1

权利要求1要求保护一种发光开关，包含以下技术特征：发光开关包括开关面板（1）、开关键（2）和发光件（3），开关键（2）上设有安装槽（21），发光件（3）与安装槽（21）配合，设于开关键（2）上。

对比文件1公开了一种长效夜光电器开关，主要公开了以下相关技术特征：在搬钮开关的搬钮上加工一凹槽，用透明材料与涂有长效夜光材料的透明材料粘合或热合在一起，制成夜光片4将夜光片4放入凹槽内，再用夜光罩5将凹槽封闭起来（见对比文件1第4页最后一段及附图3、4）。将本专利权利要求1与对比文件1相比可以看出，对比文件1中公开的搬钮、凹槽、夜光片分别相当于本专利中的开关键、安装槽、发光件；对比文件1中记载的搬钮上加工有凹槽，与本专利权利要求1中记载的开关键上设有安装槽的结构关系也对应，本专利权利要求1中记载的配合没有具体记载采用什么配合方式，而夜光片4放入凹槽内必然要配合，因此同样是一种配合关系。另外，本领域普通技术人员根据对比文件1公开的搬钮开关，能够明确得出所述搬钮开关应安装在开关面板上，实际上对比文件1中也提及了电器开关板，即对比文件1隐含公开了本专利权利要求1中发光开关所包括的开关面板，对比文件1与本专利权利要求1的区别仅是搬钮与开关键的不同，而搬钮、开关键均为开关领域常用的操作部件，二者的区别属于本领域惯用手段的直接置换，所以，与对比文件1公开的技术方案相比，本专利权利要求1不具备新颖性。

（2）权利要求2

权利要求2是对权利要求1的进一步限定，其附加技术特征为："发光件（3）由盖板（31）和荧光块（32）构成，盖板（31）设有卡位与荧光块（32）配合连接。"

对比文件1主要公开了以下相关技术特征：将夜光片4放入凹槽内，再用夜光罩5将凹槽封闭起来（见对比文件1第4页第10~13行及附图）。将上述附加技术特征与对比文件1相比，对比文件1中公开的夜光片相当于权利要求2的荧光块，夜光罩相当于权利要求2中的盖板，夜光片和夜光罩的组合相当于权利要求2中的发光件，在夜光片放入凹槽后，夜光罩将凹槽封闭起来，可见夜光罩与夜光片是配合连接的（见对比文件1附图4）。但对比文件1没有公开夜光罩上还设有卡位，而且还通过卡位与夜光片配合连接，本领域普通技术人员在对比文件1上也不能直接唯一推导出来上述卡位配合连接关系，因此本专利权利要求2的技术方案相对于对比文件1具备新颖性。

3. 关于创造性

《专利法》第二十二条第三款规定："创造性，是指同申请日以前已有的技术相比，该发明有突出的实质性特点和显著的进步，该实用新型有实质性特点和进步。"

权利要求2是对权利要求1的进一步限定，其附加技术特征为：发光件（3）由盖板（31）和荧光块（32）构成，盖板（31）设有卡位与荧光块（32）配合连接。

从前面对比文件1与权利要求2的对比分析可以看出：对比文件1没有公开权利要求2中记载的

盖板设有卡位与荧光块配合连接。基于所述区别技术特征，可以确定本专利所要解决的技术问题是可以简易的将发光件从开关上取下，进行维修或更换。本领域普通技术人员在对比文件1的技术方案中采用夜光罩的基础上，容易想到罩这种部件是一种可拆卸的部件，如果要便于装卸荧光块，可以把荧光块与盖板固定在一起，所以夜光罩与夜光片固定在一起时必然采用一种便于拆卸的安装方式，而采用卡位配合方式又是本领域常用的一种便于拆卸的安装配合方式。对比文件1给出了采用卡位配合连接盖板与荧光块的技术启示，因此在对比文件1的基础上结合本领域公知常，本领域普通技术人员能够容易地得到权利要求2的技术方案。权利要求2所要保护的技术方案不具有实质性特点和进步，所以本专利权利要求2相对于对比文件1不具备创造性。

综上所述，相对于第三人提交的对比文件1，本专利的权利要求1不具备新颖性，不符合《专利法》第二十二条第二款的规定，权利要求2不具备创造性，不符合《专利法》第二十二条第三款的规定。据此，被告作出无效决定，宣告本专利全部无效。

被告在法定期限内向本院提交了无效决定的复印件及以下证据：1. 本专利；2. 第88216854. 1号中国实用新型专利说明书，（下称对比文件1）。上述证据用以证明无效决定认定事实清楚，适用法律正确。

原告诉称，被告无效决定认定本专利权利要求2不具备创造性错误。理由如下：1. 本领域的技术人员在对比文件1的技术方案中采用夜光罩的基础上，无法得到罩这种部件的结论。2. 如果要便于装卸荧光块，把荧光块与盖板固定在一起并不是一种必然的结构。对比文件1中没有涉及上述两个设计要点的描述，由此可见上述结构是原告经过创造性劳动的成果。因此，本专利权利要求2与对比文件1相比具备创造性。综上，原告请求法院撤销被告作出的无效决定。

原告向本院提交了无效决定的复印件。

被告辩称，对比文件1中记载的粘合或者热合是制作夜光片的工序，并不是把夜光罩和夜光片用粘合或热合。固定罩这和部件通常是一种可方便拆卸的部件，这是本领域常识也是生活常识。所以为了便于拆卸发光件，实际上是便于拆卸荧光块。在对比文件1中指出“制成夜光片4将夜光片4放入凹槽内，再用夜光罩5将凹槽封闭起来”的基础上，直接将夜光片放入夜光罩上，去放夜光罩时就容易将夜光片取出，或者将夜光片放入开关的凹槽后凸出于开关，便于拆卸夜光片，这都是本领域普通技术人员所容易想到。而将夜光片放入夜光罩采用卡位配合这种方式也是本领域常用的。由于本专利权利要求2与对比文件1所存在的区别技术特征属于本领域的公知常识，因此该权利要求不具备创造性。被告请求法院驳回原告的诉讼请求，维持被诉决定。

第三人发表意见，被告作出的无效决定正确，请求人民法院在查明事实的基础上，依法驳回原告的诉讼请求、维持无效决定。第三人未提交证据。

经庭审质证，原告对被告提交的证据的关联性、合法性、真实性无异议，但认为不能支持被告的主张。第三人同意被告的举证。原告、第三人未向本院提交证据。

经庭审质证及合议庭评议，本院认证如下：被告提交的证据真实、合法，能够证明本案的相关事实，本院予以确认。

经审理查明，原告于2002年12月27日向国家知识产权局专利局提出本专利申请，本专利于2003年12月3日授权公告。第三人于2004年3月26日就本专利向被告提出无效宣告请求并提交了相关证据。被告受理后，依照法定程序进行转文，并于2004年11月17日进行了口头审理，在听取双方当事人的陈述意见后，于2003年5月23日作出无效决定，宣告本专利全部无效。原告不服，向本院提起行政诉讼。

本院认为，根据《专利法》第二十二条第三款的规定，创造性，是指同申请日以前已有的技术相比，该实用新型有实质性特点和进步。第三人在无效程序中提交的对比文件1为公开出版物，其公开日期早于本专利的申请日，且与本专利属相同的技术领域，可以作为评价本专利创造性的对比文件，本院对上述证据予以确认。本案的争议焦点：本专利权利要求2与对比文件1相比是否具备创造性。

对比文件1公开了一种长效夜光电器开关，主要公开了以下相关技术特征：在搬钮开关的搬钮上加工一凹槽，用透明材料与涂有长效夜光材料的透明材料粘合或热合在一起，制成夜光片4将夜光片4放入凹槽内，再用夜光罩5将凹槽封闭起来。

本专利权利要求2是对权利要求1的进一步限定，其附加技术特征为“发光件由盖板和荧光块构成，盖板设有卡位与灭光块配合连接”。

对比文件1与权利要求2的对比可以看出，对比文件1没有公开权利要求2中记载的盖板设有卡位与荧光块配合连接。基于所述区别技术特征，可以确定本专利所要解决的技术问题是可以简易的将发光件从开关上取下，进行维修或更换。本领域普通技术人员在对比文件1的技术方案中采用夜光罩的基础上，容易想到罩这种部件是一种可拆卸的部件，如果要便于装卸荧光块，可以把荧光块与盖板固定在一起，所以夜光罩与夜光片固定在一起时必然采用一种便于拆卸的安装方式，而采用卡位配合方式又是本领域常用的一种便于拆卸的安装配合方式。对比文件1给出了采用卡位配合连接盖板与荧光块的技术启示，因此，本领域普通技术人员在对比文件1的基础上结合本领域公知常识，能够得到权利要求2的技术方案，故权利要求2所要保护的技术方案不具备实质性特点和进步，本专利权利要求2相对于对比文件1不具备创造性。原告关于本专利权利要求2与对比文件1相比具备创造性的主张缺乏事实及法律依据，对其主张本院不予支持。

综上，被告作出的无效决定认定事实清楚，适用法律正确，本院应予维持。原告的诉讼理由不能成立，其请求本院不予支持。据此，依照《中华人民共和国行政诉讼法》第五十四条第（一）项之规定，判决如下：

维持被告国家知识产权局专利复审委员会于二〇〇五年五月二十三日作出的第7328号无效宣告请求审查决定。

案件受理费1000元，由原告广东朗能电器有限公司负担（已交纳）。

如不服本判决，可在本判决书送达之日起十五日内，向本院提交上诉状，并按对方当事人人数提出副本，上诉于北京市高级人民法院。上诉人在接到人民法院预交诉讼费用通知后七日内未预交又不提出缓交申请的，按自动撤回上诉处理。

审 判 长 张 杰
代理审判员 乔 军
代理审判员 齐 莹
北京市第一中级人民法院
二〇〇五年十二月二十日
书 记 员 龙 非

037

电池座案

无效宣告请求审查决定（第7329号）

决 定 号 第7329号
决 定 日 2005年5月19日
发明创造名称 电池座
国际分类号 G06F 1/16
无效请求人 王丽凤
专 利 权 人 得意精密电子工业有限公司
专 利 号 99240657.9
申 请 日 1999年11月1日
授权公告日 2000年9月13日
合议组组长 蒋 彤
主 审 员 石 清
参 审 员 崔哲勇

法律依据 专利法第二十二条第三款
决定要点

如果在一项权利要求所限定的技术方案中实现某一功能所采用的结构与现有技术中用于实现相同功能的结构不同，在现有技术中也不存在获得权利要求所限定的结构的启示，则该项权利要求具备创造性。

一、案由

本无效宣告请求涉及国家知识产权局专利局于2000年9月13日授权公告、申请号为99240657.9、名称为“电池座”的实用新型专利（下称本专利），其申请日是1999年11月1日，专利权人是得意精密电子工业有限公司。其授权公告的权利要求书内容如下：

“1. 电池座，包括负极弹片面板（2），电池座（3），其特征是在电池座（3）内壁有使电池正确朝向装入的导向斜面，在正极弹片面板（1）的下方有电池装入深度的限位凸台，在电池座（3）内正极弹片面板（1）上有一防止电池滑脱出电池座的锁紧装置。

2. 根据权利要求1所述的电池座，其特征是电池座（3）内壁的导向斜面是在电池座（3）两侧内壁近前方处均有一导向用的斜面。

3. 根据权利要求1所述的电池座，其特征是限位凸台是在正极弹片面板（1）的下方有两个与面板垂直中线等距的凸台。

4. 根据权利要求1所述的电池座，其特征是锁紧装置是正极弹片面板（1）一侧向上伸出的弹性钩。”

针对上述专利权，王丽凤（下称请求人）于2002年6月14日向专利复审委员会提出无效宣告请求，其无效理由为本专利权利要求不符合专利法第二十二条第三款的规定。请求人提交了如下附件：

附件1：本专利说明书；

附件2：无效宣告请求书；

附件3：中国台湾专利公报TW356291号，其公开日为1999年4月11日（下称对比文件1）；

附件4：美国专利说明书US5586907号，其公开日为1996年12月24日（下称对比文件2）；

附件5：中国台湾专利公报TW256953号，其公开日为1995年9月11日（下称对比文件3）；

附件6：本专利与对比文件1、对比文件3的图式比对。

专利复审委员会于2002年8月5日受理了上述无效宣告请求，将无效宣告请求书及其附件副本转给专利权人，同时向请求人发出了外文证据处理通知书，要求请求人提交外文证据的所使用部分的中文译文。

请求人于2002年8月15日对外文证据处理通知书陈述意见，认为无需补送对比文件2的中文译文，请复审委员会依照对比文件2的图式进行审查。

针对上述无效宣告请求，番禺得意精密电子工业有限公司于2002年9月19日提交意见陈述书，认为本专利具备创造性，同时认为对比文件1~3不符合证据的形式要求。

本案合议组于2003年7月2日向双方当事人发出口头审理通知书，并将番禺得意精密电子工业有限公司于2002年9月19日提交的意见陈述书转给请求人，将请求人于2002年8月15日提交的意见陈述书转给专利权人。

口头审理于2003年8月12日如期举行。请求人的代理人、番禺得意精密电子工业有限公司的代理人和代表出席了口头审理。在口头审理中，请求人明确无效理由是专利法第二十二条第三款，并认为对比文件1是与本专利最接近的对比文件。由于本专利授权公告时的专利权人为“得意精密电子工业有限公司”，而在无效程序中进行意见陈述的是“番禺得意精密电子工业有限公司”，因此合议组要求番禺得意精密电子工业有限公司提交关于其与“得意精密电子工业有限公司”名称一致性的证据，同时还可以提交与证明附件3~5真实性有关的材料。

在口头审理中，双方当事人还就本专利是否符合专利法第二十二条第三款规定充分发表了意见。

请求人认为，对比文件1公开了权利要求1中除限位凸台以外的全部技术特征。然而电池座一般以电路板或座体底部挡止电池，防止其从座体底部滑脱（参照对比文件1和2）。就防止电池滑脱的效果而言，本专利并不优于对比文件1和2的电池座；就结构而言，本专利只是把限位结构移至正极弹片面板，况且其限位凸台的结构已被对比文件3所揭示。因此，权利要求1不具备创造性；对比文件1公开了权利要求2的技术特征；权利要求3的附加技术特征不能为本专利带来实质性特定和进步；权利要求4的附加技术特征是在对比文件1所公开的结构上易于思及的结构。因此权利要求2~4也不具备创造性。

番禺得意精密电子工业有限公司认为，请求人对于对比文件1中凸肋，无论从结构和作用来看与本专利的导向斜面相同的论断只是请求人的猜测，在对比文件1中没有支持。本专利锁紧装置和限位凸台将电池完全地限制，而对比文见1的挡片只是在一个方向对钮扣电池的限制，不属于锁紧装置的范畴，限位凸台更是在对比文件1、2、3中都没有公开的技术特征，而且对比文件2、3与本专利不是同一领域。本专利具有导向斜面、锁紧装置、限位凸台的电池座与现有技术相比具有实质性特点和进步，具备创造性；其各项从属权利要求也具备创造性。

在口头审理之后，番禺得意精密电子工业有限公司的代理人于 2003 年 9 月 17 日提交了代理意见。

专利复审委员会于 2003 年 9 月 19 日收到专利权人提交的著录项目变更申报书及相关附件。经审查，国家知识产权局专利局分别于 2004 年 4 月 23 日和 2004 年 9 月 10 日发出办理著录项目变更手续补正通知书和视为未提出通知书，其中指出由于当事人未在国家知识产权局专利局于 2004 年 4 月 23 日办理手续补正通知书的期限内答复，专利权人于 2003 年 9 月 19 日提交的著录项目变更请求书视为未提出。

专利复审委员会于 2004 年 7 月 8 日向请求人和专利权人发出合议组成员变更通知书。双方当事人在指定期限内未提出回避请求及再次进行口头审理的请求。

专利权人于 2004 年 12 月 29 日再次提交著录项目变更申报书及相关附件。经审查，国家知识产权局专利局于 2005 年 3 月 11 日向专利权人发出视为未提出通知书，指出由于专利申请已委托专利代理机构，应当由专利代理机构签章，以及当事人提交的解除委托声明中被解除专利代理公司名称与本案不一致，专利权人于 2004 年 12 月 29 日提交的著录项目变更请求书视为未提出。

专利复审委员会于 2005 年 2 月 4 日向专利权人发出无效宣告请求审查通知书，其中指出：专利号为 99240657.9、名称为"电池座"的实用新型专利授权公告时的专利权人（下称被请求人）为"得意精密电子工业有限公司"。而在本专利的无效宣告程序中进行意见陈述的是"番禺得意精密电子工业有限公司"，与被请求人的名称不一致，如果被请求人不能在收到本审查意见通知书之日起一个月内提供二者名称一致的证据，则将视为被请求人在无效宣告程序中未陈述任何意见。

番禺得意精密电子有限公司于 2005 年 3 月 10 日提交了意见陈述书，说明其于 2004 年 11 月向国家知识产权局专利局提交了著录项目变更申报书，请求将原专利权人"得意精密电子工业有限公司"变更为"番禺得意精密电子工业有限公司"。

在上述工作的基础上，合议组认为本案事实已经清楚，可以作出审查决定。

二、决定的理由

1. 关于现有技术

对比文件 1、2、3 均为公开日在本专利申请日之前的专利文献，可以用于评价本专利的现有技术。

2. 关于番禺得意精密电子工业有限公司的主体资格

虽然专利权人在本案无效宣告程序中先后两次向国家知识产权局专利局提交著录项目变更申报书，请求将专利权人由"得意精密电子工业有限公司"变更为"番禺得意精密电子工业有限公司"，但经国家知识产权局专利局审查两次申报书均被视为未提出。因此，番禺得意精密电子工业有限公司不具备本案的主体资格，因而在本决定中对番禺得意精密电子工业有限公司所进行的意见陈述不予考虑。

3. 关于创造性

本专利权利要求 1 涉及一种电池座，具有以下技术特征：

A. 包括负极弹片面板（2），电池座（3）；

B. 在电池座（3）内壁有使电池正确朝向装入的导向斜面；

C. 在正极弹片面板（1）的下方有电池装入深度的限位凸台；

D. 在电池座（3）内正极弹片面板（1）上有一防止电池滑脱出电池座的锁紧装置。

对比文件1公开了一种电池座，该电池座包括一座体、正极导片和负极导片，其内开设有一电池槽室，靠近电池槽室内开设的负极导片插槽的两侧边壁上分别成型具有一凸肋，正极导片的片体上在导接片之一侧具有较高的扳动片，扳动片的上段弯折90度，形成一挡片（参见对比文件1的权利要求1、7，图1、2、5、7）。

对于本领域技术人员来说，虽然对比文件1没有明确记载，但结合图2、5可看出形成于负极导片插槽两侧边壁的凸肋表面可称为斜面，其具有确定插入电池朝向的作用，即导向作用，与本专利权利要求1特征B的导向斜面对应；结合在正极导片的片体上扳动片上段的挡片可以防止电池滑脱出电池座，与本专利特征D中的锁紧装置对应。因此，比较本专利权利要求1与对比文件1所公开的上述内容可以看出，对比文件1公开了权利要求1的特征A、B、D，权利要求1区别于对比文件1的特征在于特征C。

对比文件2同样公开了电池连接器，参照对比文件2的附图4~7，从其中可以明显看出电池40的下部抵靠于电池座底部70。

对比文件2所揭示的上述内容具有与权利要求1的特征C相同的功能，但是在结构上存在差异。因此，虽然对比文件1和2都涉及电池座，但将对比文件1和2结合所得到的只是设置电池座底部作为限制电池下部位置的技术方案，而不存在进一步获得权利要求1特征C所限定的在电池正极弹片上设置限位凸台这一具体结构的动因；另外，正如请求人所称，对比文件3图示的是一种卡扣结构，合议组认为，该卡扣结构中即便存在一个凸台，其作用也完全不同于本专利权利要求1中特征C所限定的电池装入深度的限位凸台。因此，与对比文件1、2、3的结合相比，本专利权利要求1所限定的技术方案不是容易想到的，具有实质性特点。同时该技术方案能够达到防止因运输、震动而导致电池滑脱的技术效果，因此取得了技术上的进步。

基于上述分析，本专利权利要求1与请求人提交的对比文件1~3及其结合相比具备创造性。在此基础上，其从属权利要求2~4也具备创造性。请求人无效宣告请求的理由不能成立。

三、决定

维持99240657.9号实用新型专利权有效。

当事人对本决定不服的，可以根据专利法第四十六条第二款的规定，自收到本决定之日起三个月内向北京市第一中级人民法院起诉。根据该款的规定，一方当事人起诉后，另一方当事人应当作为第三人参加诉讼。

038

小型密闭式常闭接触器案

无效宣告请求审查决定（第7354号）

决　定　号　第7354号
决　定　日　2005年6月22日
发明创造名称　小型密闭式常闭接触器
国际分类号　H01H 51/00　H01H 83/00
第一无效请求人　上海良信电器有限公司
第二无效请求人　深圳天庆电器实业有限公司
专　利　权　人　贵州天义电器有限责任公司
专　利　号　97222946.9
申　请　日　1997年5月22日
授权公告日　1999年1月20日
合议组组长　张　度
主　审　员　高　雪
参　审　员　马志远

法律依据　专利法第二十二条第三款
决定要点

若一项权利要求的全部技术特征或在对比文件中被披露，或者是本领域普通技术人员常用的技术手段，是不需要付出创造性劳动就能获得的，则该权利要求不具备创造性。

一、案由

本无效宣告请求案涉及中国专利局于1997年5月22日受理、申请号为97222946.9、名称为“小型密闭式常闭接触器”的实用新型专利权（下称本专利），该专利申请于1999年1月20日授权公告，专利权人为贵州天义电器有限责任公司（下称被请求人）。

授权公告的权利要求书如下：

“1. 一种小型密闭式常闭接触器，由心杆4、弹簧3、壳体6构成，心杆置于壳体及绕组的中央，其特征在于单线圈结构是自心杆4的下端始依次连接开口销、特形螺帽、调节垫片、弹簧3、铁芯7、调节垫片、调节垫片、弹簧3、磁极组件、法兰盘、安装板、座板组件、弹簧3、绝缘衬套、动触点组件、绝缘垫片、调节垫片、特形螺帽、开口销，在绝缘衬套上有动触点组件，两端加有帽罩。

2. 根据权利要求1中所述的小型密闭式常闭接触器，其特征在于双线圈结构是自心杆11的下端始依次连接开口销、特形螺帽、调节垫片、弹簧3、戴帽沿的铁芯7和由动触点15组件、静触点10组件、控制块、辅助座板组成的辅助座板组件，其余均与单线圈结构相同。”

针对本实用新型专利权，上海良信电器有限公司（下称第一请求人）于2003年12月8日向专利复审委员会提出无效宣告请求，理由是本专利不符合专利法第二十二条第二款、第三款有关新颖性和创造性的规定。第一请求人同时提交了以下附件：

附件1-1：《低压电器选用维修手册》复印件；

附件1-2：《低压电器产品样本（上册）》复印件。

第一请求人认为：本专利权利要求1、2所称的常闭接触器在低压电器中已是成熟常用的形式，属于现有技术，权利要求中所称的其特征有单、双线圈结构，单、双线圈结构也是接触器成熟的常有结构，属于现有技术。因此，本专利不具备新颖性和创造性，应予无效。

专利复审委员会经形式审查，于2003年12月8日发出受理通知书，受理了该无效宣告请求，并将无效宣告请求书及有关文件的副本转送给被请求人，要求被请求人在指定期限内陈述意见。

被请求人于2003年12月29日提交了意见陈述书。被请求人认为，本专利与国内已有的常闭接触器的结构是截然不同的，本专利权利要求述描述的结构体现了“小型”和“密闭”，在国内并没有类似结构，是具备新颖的，符合实用新型专利的条件。被请求人还提交了下列证据：

证据1：第97222946.9号实用新型专利接触器内部结构和外形图；

证据2：CZ0型接触器内部结构（摘自《低压电器选用维修手册》第205页2.2.1（2））；

证据3：CZ0型接触器外形（摘自《低压电器产品样本》（上册）第364页）。

国家知识产权局专利局于2004年1月5日收到第一请求人补充提交的下列附件以及相关的意见陈述：

附件1-3：《航空电器设计》复印件；

附件1-4：国家知识产权局专利检索报告复印件。

第一请求人认为：本专利已为申请日前的公知技术所覆盖，不具备新颖性和创造性。

针对本实用新型专利权，深圳天庆电器实业有限公司（下称第二请求人）于2003年12月5日向专利复审委员会提出无效宣告请求，理由是本专利不符合专利法第二十二条第一款、第二款、第三款、第四款的有关规定。第二请求人同时提交了以下附件：

附件2-1：第91209944.5号实用新型专利公告文本；

附件2-2：《低压电器设计手册》复印件；

附件2-3：附图一（ZL91209944.5的结构图）；

附件2-4：附图二（ZL91209944.5披露的常开式接触器的立体图）。

第二请求人认为：本专利权利要求1、2相对于其提交的附件不具备新颖性和创造性，并且权利要求1、2中描写的连接关系并不能实施，应予无效。

专利复审委员会经形式审查，于2003年12月8日发出受理通知书，受理了该无效宣告请求，并将无效宣告请求书及有关文件的副本转送给被请求人，要求被请求人在指定期限内陈述意见。

被请求人于2003年12月29日提交了意见陈述书。被请求人认为：本专利的结构与第91209944.5号专利中描述的结构完全不同，本专利描述的接触器是首创，构思新颖、独特，具备新颖性、创造性。被请求人还提交了下列证据：

证据4：第97222946.9号实用新型专利接触器内部结构和外形图；

证据5：第91209944.5号专利和第97222946.9号专利对比示意图；

证据6：国家级新产品证书。

国家知识产权局专利局于2004年1月5日收到第二请求人补充提交的下列附件以及相关的意见

陈述：

附件 2 - 5：国家知识产权局检索咨询中心检索报告复印件；

附件 2 - 6：《航空电器设计》复印件。

第二请求人认为：本专利相对于现有技术不具备新颖性和创造性，并且本专利也不具备实用性。

专利复审委员会决定将上述案件合案审理，于 2004 年 11 月 24 日向双方当事人发出口头审理通知书，定于 2005 年 1 月 12 日对本案进行口头审理，并随同口头审理通知书，将被请求人提交的针对第一请求人的意见陈述及相关证据转交第一请求人，将第一请求人新提交的意见陈述及相关证据转交被请求人，将被请求人提交的针对第二请求人的意见陈述及相关证据转交第二请求人，将第二请求人新提交的意见陈述及相关证据转交被请求人。

本次口头审理于 2005 年 1 月 12 日如期举行。双方当事人的委托代理人参加了口头审理。在口头审理中，第一请求人放弃《低压电器选用维修手册》和《低压电器产品样本（上册）》作为证据使用。第一请求人同时还明确，请求无效的理由是本专利权利要求 1 和 2 不符合专利法第二十二条第二款和第三款的有关规定。第二请求人表示，除《国家知识产权局检索咨询中心检索报告》和《航空电器设计》外的其余证据均放弃。第二请求人同时还明确，请求无效的理由为本专利不符合专利法第二十二条第一款、第二款、第三款、第四款关于新颖性、创造性、实用性的有关规定。被请求人对《国家知识产权局检索咨询中心检索报告》和《航空电器设计》这两份证据的真实性没有异议。

至此，三方当事人已充分发表了意见，合议组认为本案事实已经清楚，可以作出本审查决定。

二、决定的理由

1. 关于证据的认定

第一请求人和第二请求人均提交了《航空电器设计》作为证据，被请求人对这份证据的真实性没有异议，因此合议组对《航空电器设计》（下称对比文件 1）这份证据的真实性予以认可。对比文件 1 是 1966 年 3 月由国防工业出版社出版的公开出版物，属于在本专利申请日以前公开的现有技术，可以作为评价本专利是否具备新颖性和创造性的对比文件。

被请求人在无效宣告请求审查过程中曾向合议组提交了六份证据，分别为：

证据 1：第 97222946.9 号实用新型专利接触器内部结构和外形图；

证据 2：CZ0 型接触器内部结构（摘自《低压电器选用维修手册》第 205 页 2.2.1（2））；

证据 3：CZ0 型接触器外形（摘自《低压电器产品样本》（上册）第 364 页）。

证据 4：第 97222946.9 号实用新型专利接触器内部结构和外形图；

证据 5：第 91209944.5 号专利和第 97222946.9 号专利对比示意图；

证据 6：国家级新产品证书。

其中证据 1 和证据 4 相同，为本专利说明书附图中的两份附图，证据 2 和证据 3 分别摘自第一请求人提交的附件 1 - 2。证据 5 为第 91209944.5 号专利和第 97222946.9 号专利对比示意图，用来说明本专利相对于第二请求人提交的附件 2 - 1 具备新颖性和创造性。由于第二请求人已放弃了附件 2 - 1，因此合议组对被请求人提交的证据 5 也不再予以评述。证据 6 为国家级新产品证书，对此合议组认为：获得国家新产品的称号与本专利是否符合专利法的有关规定之间没有必然的联系，因此对于这份证据合议组不予考虑。

2. 关于新颖性和创造性

专利法第二十二条规定：“授予专利权的发明和实用新型，应当具备新颖性、创造性和实用性。

新颖性，是指在申请日以前没有同样的发明或者实用新型在国内外出版物上公开发表过、在国内公开使用过或者以其他方式为公众所知，也没有同样的发明或者实用新型由他人向国务院专利行政部门提出过申请并且记载在申请日以后公布的专利申请文件中。

创造性，是指同申请日以前已有的技术相比，该发明有突出的实质性特点和显著的进步，该实用新型有实质性特点和进步。”

本专利权利要求1对常闭接触器的部分组成部分及其相互间的位置关系进行了限定，包括如下技术特征：a. 一种小型密闭式常闭接触器，由心杆4、弹簧3、壳体6构成，心杆置于壳体及绕组的中央；b. 单线圈结构是自心杆4的下端始依次连接开口销、特形螺帽、调节垫片；c. 弹簧3、铁芯7；d. 调节垫片、调节垫片；e. 弹簧3、磁极组件；f. 法兰盘、安装板；g. 座板组件、弹簧3、绝缘衬套；h. 动触点组件；i. 绝缘垫片；j. 调节垫片、特形螺帽、开口销；k. 在绝缘衬套上有动触点组件，两端加有帽罩。

相对于权利要求1所限定的技术方案，对比文件1公开了一种接触器（参见第158页图4.31以及第157页图4.30，并参考第144～160页相关部分），其中包括：1. 心杆（图中未标号）、弹簧（标号4、6、7）、壳体（标号10），心杆置于壳体和绕组的中央；2. 双线圈结构，自心杆上端开始依次有螺帽、弹簧垫圈、调节垫片（参见附图4.31中弹簧7上方各元件）；3. 弹簧（标号4、6、7）、铁芯（标号3）；4. 调节垫片、调节垫片；5. 弹簧（标号4、6、7）、静铁芯（标号5，即磁极组件）；6. 座板组件、弹簧（标号4、6、7）、绝缘衬套；7. 常闭静触头、常闭动触头（动触点组件）、常开动触头、常开静触头；8. 绝缘垫片；9. 调节垫片、螺帽；10. 在绝缘衬套上连有动触点组件，两端加有帽罩。

由此可以看出，对比文件1明确公开了本专利权利要求1中的特征a、c、d、e、g、h、i、k。对于其他特征，合议组认为：特征b和j中的开口销、特形螺帽、调节垫片与调节垫片、特形螺帽、开口销，是在各自位置起到固定和调节间隙作用的装置，在对比文件1中与之相对应的位置上采用的是螺帽、弹簧垫圈、调节垫片的结构，同样也能起到固定和调节间隙的作用，并且这两种结构都是本领域普通技术人员常用的技术手段；特征f中的法兰盘和安装板虽然在对比文件1中没有明确的记载，但作为安装部件，法兰盘和安装板这样的结构是本领域普通技术人员常用的技术手段；本专利权利要求1中采用的是单线圈结构，对比文件1中采用的是双线圈结构，无论是单线圈还是双线圈都是本领域普通技术人员经常选用的形式，二者的构造基本相同，本领域普通技术人员可以根据需要选择单线圈或者是双线圈而不需要付出创造性的劳动。在本专利说明书中也有“本实用新型的技术解决方案是采用单线圈或双线圈”，因此，本领域普通技术人员根据对比文件1结合本领域的常识，得到本专利权利要求1请求保护的技术方案是不需要付出创造性劳动的，故权利要求1相对于对比文件1不符合专利法第二十二条第三款关于创造性的规定。

在无效程序中，被请求人曾强调，本专利与对比文件1的铁芯运动方向不同，铁芯的位置不同，动、静触点的相对位置不同，动铁芯在线圈中的部分不同等多处本专利与对比文件1的区别。对此，合议组认为，专利请求保护的范围以权利要求书为准，本专利与对比文件1的上述区别仅在本专利说明书附图中有所体现，在权利要求1中并没有记载上述区别的技术特征。在评价本专利权利要求1的创造性时不能因说明书附图中所体现的具体的实施例中存在区别特征而随之缩小权利要求请求保护的范围，因此，被请求人所主张的上述区别在评价本专利权利要求1的创造性时不应当予以考虑。

对于本专利与对比文件1所能达到的不同的效果，合议组认为：虽然本专利说明书中记载了现有技术中存在的问题是现有常开接触器线圈必须长期通电、消耗电能、线圈发热、加速材料老化，本专利采用的解决方案是采用单线圈或双线圈，正常工作时线圈不通电，当电源系统停电或发生故障时线圈通电，电磁铁产生吸力，使触点断开。本专利比现有技术具有的优点是，电源系统在正常工作状态时线圈不通电、不耗电、不发热、体积小、结构简单，但上述的效果必须通过一定的结构、连接关系等技术方案来实现，例如虽然说明书中曾提到本专利正常工作时线圈不通电。但在权利要求1中没有对这种电路方面的连接、状态作出任何的描述和限定，对于结构性特征，权利要求1中也仅仅是罗列了该接触器具有的各种部件，对各部件之间的连接关系、运动方向等问题也没有具体的描述。那么，在对权利要求1能够带来什么样的技术效果的认定中，被请求人在说明书中所述的由上述具体技术特征所带来的技术效果，由于权利要求1对此没有作出相关的具体的描述和限定而不能被合议组所认可。

权利要求2是采用的是双线圈结构，其附加技术特征为双线圈结构是自心杆11的下端始依次连接开口销、特形螺帽、调节垫片、弹簧3、戴帽沿的铁芯7和由动触点15组件、静触点10组件、控制块、辅助座板组成的辅助座板组件。对上述附加技术特征，三方当事人均认可除触点与对比文件1中记载的不同外，其余附加技术特征均已被公开。由于对比文件1采用的即为双线圈的结构，因此对于三方当事人的共识合议组予以认可，对于被请求人认为的权利要求2中的触点——即动触点组件和静触点组件——与对比文件1中的不同，合议组认为，对比文件1图4.30中的触头Д和E，即相当于本专利权利要求2中的动触点组件和静触点组件。由此可以看出，权利要求2的附件技术特征在对比文件1中都已经被公开了。因此，在独立权利要求1不具备创造性的情况下，本领域普通技术人员根据对比文件1结合本领域的常识，得到本专利权利要求2请求保护的技术方案是不需要付出创造性劳动的，故权利要求2相对于对比文件1不符合专利法第二十二条第三款关于创造性的规定。

综上所述，本专利权利要求1、2相对于对比文件1不具备专利法第二十二条第三款规定的创造性。因此，请求人提出的请求宣告本专利权无效的理由能够成立。

鉴于本专利全部权利要求均不符合专利法第二十二条第三款的有关规定，对于两位请求人提出的其他的理由和证据合议组不再予以评述。

三、决定

宣告第97222946.9号实用新型专利权全部无效。

当事人对本决定不服的，可以根据专利法第四十六条第二款的规定，自收到本决定之日起三个月内向北京市第一中级人民法院起诉。根据该款的规定，一方当事人起诉后，另一方当事人应当作为第三人参加诉讼。

北京市第一中级人民法院行政判决书

（2006）一中行初字第109号

原告贵州天义电器有限责任公司，住所地贵州省遵义市隋阳路33号。

法定代表人洪波，董事长。

委托代理人刘冬云，北京市双利律师事务所律师。

委托代理人刘俊堂，男，贵州天义电器有限责任公司设计所所长。

被告国家知识产权局专利复审委员会，住所地北京市海淀区北四环西路9号银谷大厦。

法定代表人廖涛，副主任。

委托代理人王丽颖，女，国家知识产权局专利复审委员会审查员。

委托代理人崔国振，男，国家知识产权局专利复审委员会审查员。

第三人上海良信电器有限公司，住所地上海市浦东新区高行镇衡安路668号第4、5幢。

法定代表人任思龙，总经理。

委托代理人申健，男，北京中博世达专利商标代理有限公司专利代理人。

委托代理人丁发晖，男，上海良信电器有限公司职员。

第三人深圳天庆电器实业有限公司，住所地深圳市南山区西丽南岗第二工业园八栋四楼。

法定代表人朱安城，董事长。

委托代理人张岱，男，北京中博世达专利商标代理有限公司专利代理人。

委托代理人蒋步胜，男，深圳天庆电器实业有限公司经理。

原告贵州天义电器有限责任公司不服被告国家知识产权局专利复审委员会作出的第7354号无效宣告请求审查决定（下称被诉决定），向本院提起行政诉讼。本院受理后，依法组成合议庭，并通知无效请求人上海良信电器有限公司（下称良信公司）、深圳天庆电器实业有限公司（下称天庆公司）作为本案第三人参加诉讼，于2006年2月23日公开开庭审理了本案。原告的委托代理人刘冬云、刘俊堂，被告的委托代理人王丽颖，第三人良信公司的委托代理人申健、丁发晖，第三人天庆公司的委托代理人张岱、蒋步胜到庭参加了诉讼。现本案已审理终结。

2005年6月22日，被告针对第三人良信公司、天庆公司分别提出的宣告申请号为97222946.9、名称为“小型密闭式常闭接触器”的实用新型专利权（下称本专利）无效的请求，依据《中华人民共和国专利法》（下称《专利法》）第二十二条第三款的规定作出被诉决定，宣告本专利全部无效。主要理由如下：

一、本专利权利要求1中的技术特征开口销、特形螺帽、调节垫片与调节垫片、特形螺帽、开口销，是在各自位置起到固定和调节间隙作用的装置，在对比文件1（1966年3月由国防工业出版社出版的《航空电器设计》）中与之相对应的位置上采用的是螺帽、弹簧垫圈、调节垫片的结构，同样也能起到固定和调节间隙的作用，并且这两种结构都是本领域普通技术人员常用的技术手段；权利要求1中的技术特征法兰盘和安装板虽然在对比文件1中没有明确的记载，但作为安装部件，法兰盘和安装板这样的结构是本领域普通技术人员常用的技术手段；本专利权利要求1中采用的是单线圈结构，对比文件1中采用的是双线圈结构，无论是单线圈还是双线圈都是本领域普通技术人员经常选用的形式，二者的构造基本相同，本领域普通技术人员可以根据需要选择单线圈或者是双线圈而不需要付出创造性的劳动，在本专利说明书中也有“本实用新型的技术解决方案是采用单线圈或双线圈”。权利要求1中的动触点组件等其余技术特征均被对比文件1公开。因此，本领域普通技术人员根据对比文件1，结合本领域的常识，得到本专利权利要求1请求保护的技术方案是不需要付出创造性劳动的，权利要求1不符合《专利法》第二十二条第三款关于创造性的规定。

二、关于原告在无效程序中强调的本专利与对比文件1的铁芯运动方向、铁芯的位置以及动、静触点的相对位置等多处存在区别，被告认为，这些区别在权利要求1中没有记载，在评价本专利权利要求1的创造性时，不能因说明书附图中所体现的具体实施例中存在区别特征而随之缩小权利要求请求保护的范围，因此，原告主张的上述区别在评价本专利权利要求1的创造性时不应当予以考虑。

对于本专利与对比文件1所能达到的不同的效果，被告认为：虽然本专利说明书中记载了现有技术中存在的问题是现有常开接触器线圈必须长期通电，消耗电能、线圈发热、加速材料老化，本专利采用的解决方案是采用单线圈或双线圈，正常工作时线圈不通电，当电源系统停电或发生故障时线圈通电，电磁铁产生吸力，使触点断开。本专利比现有技术具有的优点是，电源系统在正常工作状态时线圈不通电、不耗电、不发热、体积小、结构简单。但上述的效果必须通过一定的结构、连接关系等技术方案来实现，而在权利要求1中没有对这种电路方面的连接、状态作出任何的描述和限定，对于结构性特征权利要求1中也仅仅是罗列了该接触器具有的各种部件，对各部件之间的连接关系、运动方向等问题也没有具体的描述。那么，在对权利要求1能够带来什么样的技术效果的认定中，原告在说明书中所述的由上述具体技术特征所带来的技术效果，由于权利要求1对此没有作出相关的具体的描述和限定而不能被被告所认可。

三、本专利权利要求2采用的是双线圈结构，三方当事人均认可除触点与对比文件1中记载的不同外，其余附加技术特征均已被公开。由于对比文件1采用的即为双线圈结构，因此对于三方当事人的共识被告予以认可。对于原告认为权利要求2中的动触点组件和静触点组件与对比文件1中的不同，被告认为对比文件1图4.30中的触头Д和E，即相当于本专利权利要求2中的动触点组件和静触点组件，故权利要求2的附加技术特征在对比文件1中均已被公开。在独立权利要求1不具备创造性的情况下，本领域普通技术人员根据对比文件1结合本领域的常识，得到本专利权利要求2请求保护的技术方案是不需要付出创造性劳动的，因此权利要求2不符合《专利法》第二十二条第三款关于创造性的规定。

四、鉴于本专利全部权利要求均不符合《专利法》第二十二条第三款的有关规定，对于两第三人提出的其余理由和证据不再予以评述。

原告不服，诉称：

一、被诉决定对本专利与对比文件1的技术特征的实质区别和特点——常闭接触器没有认定。评定专利的创造性是要评定专利所述的技术方案。本专利权利要求1的前序部分“一种小型密闭式常闭接触器”对电路方面的连接状态已经非常明确地作出了表述，常闭接触器触点正常工作时线圈不通电，当电源系统停电或线圈发生故障时线圈通电，电磁铁产生吸力，使触点断开。本专利只有两对常闭主触头，对比文件1是转换型接触器，具有四对主触头，两对常开两对常闭，本专利与对比文件中的常闭主触头在各自产品中所起的作用存在本质的不同，使本专利与对比文件在技术目的、应用领域不同，并取得小型、节能的实用性目的。被诉决定对上述区别技术特征及其在整个技术方案中起到的作用、具备的有益技术效果、带来技术上的进步均未予评述和考虑，属于遗漏事实。

二、被诉决定并未对权利要求限定的整体技术方案进行评价，违背了《审查指南》中关于创造性的审查原则，导致对本专利权利要求1的创造性问题判断有误。决定并未结合前序部分对本专利的整体技术方案进行评价，只是逐一评价各个技术特征是否具备创造性。判断一项发明或者实用新型是否具备创造性，除了要看所采用的技术特征是否被现有技术公开之外，还要看现有技术是否给出了某一产品中“采用该技术方案来解决某一技术问题”的相应教导。即使本专利的权利要求的所有技术特征都在同一篇对比文件中公开，如果不存在由这些公开的技术特征组合得到本专利的权利要求的技术指导和启示，那么对于所属技术领域的技术人员来讲，得到本专利就是非显而易见的，因此本专利就是具备创造性的。

三、被诉决定违背了《审查指南》关于判断一项发明创造是否具备创造性应当综合考虑发明解决的技术问题、技术方案和产生的技术效果的整体审查原则。对比文件1是一种转换型接触器，应用于航空电器设计领域，只涉及对电路转换问题，达到的技术效果是“由一个电路转换至另一个电路”。本专利针对现有技术中的缺陷，克服长期以来存在的程控电源采用转换型接触器或者常开接触器的技术偏见，将现有技术中的常开接触器变更为常闭型接触器，解决的技术问题是原程控交换机和不间断电源中使用的常开接触器线圈长期通电导致的发热、消耗电能、加速材料老化、影响周围电子元件的正常工作和辅助触点簧片易产生永久变形和断裂，以及程控交换机和不间断电源原转换型接触器体积大、价格高等问题，达到小型化、经济实用、结构简单、节能、避免干扰周围电子元件正常工作以及抗老化的由对比文件预料不到的技术效果，并且在商业上获得成功。二者所属技术领域以及发明目的均不同，对比文件1不存在技术启示，故本专利相对于对比文件具备创造性。

综上，被诉决定认定事实不清，适用法律错误，请求人民法院撤销被诉决定。

被告辩称：

被告按照审查指南的规定，找出本专利权利要求1与对比文件1之间的区别技术特征，并进一步对各个区别技术特征进行评价，在此基础上认定本专利权利要求1和2不具备创造性是正确的，并坚持被诉决定中的审查意见。被诉决定认定事实清楚，适用法律正确，审理程序合法，原告的诉讼请求无法律和事实依据，请求人民法院在查明事实的基础上，判决驳回原告的诉讼请求、维持被诉决定。

第三人良信公司及天庆公司陈述意见为：

本专利是在对比文件1公开的“转换接触器”基础上，经删减“常开触头”这一技术特征后得出的，删减技术特征后由该技术特征带来的功能也相应消失，依据《审查指南》的规定，该专利不具备创造性。本专利权利要求仅对接触器的各组成部件进行了简单的罗列，没有对各部件的连接关系、位置关系等作任何描述，所限定的技术方案不能达到“在正常工作状态时线圈不通电、不耗电、不发热……”的发明目的和效果。被诉决定事实清楚，适用法律正确，审理程序合法，请求人民法院予以维持。

在法定期限内，被告为证明被诉决定合法，向本院提供了本专利说明书、对比文件1、口审记录表附页。原告向本院提供了国家级新产品证书，用以证明原告的产品和对比文件相比，具有有益的技术效果并在市场上取得了成功。第三人未向本院提供证据。在庭审质证中，原告、第三人对被告的证据不持异议，被告、第三人认为原告的证据与本案不具有关联性。经审查，本院认为被告的证据与本案有关联且真实合法，本院予以确认；原告的证据与本案不具有关联性，本院不予采信。

根据上述有效证据及当事人无争议的陈述，本院认定事实如下：本专利申请日为1997年5月22日，授权公告日为1999年1月20日，专利权人为原告。授权公告的权利要求书内容如下：

“1. 一种小型密闭式常闭接触器，由心杆4、弹簧3、壳体6构成，心杆置于壳体及绕组的中央，其特征在于单线圈结构是自心杆4的下端始依次连接开口销、特形螺帽、调节垫片、弹簧3、铁芯7、调节垫片、调节垫片、弹簧3、磁极组件、法兰盘、安装板、座板组件、弹簧3、绝缘衬套、动触点组件、绝缘垫片、调节垫片、特形螺帽、开口销，在绝缘衬套上有动触点组件，两端加有帽罩。

2. 根据权利要求1中所述的小型密闭式常闭接触器，其特征在于双线圈结构是自心杆11的下端始依次连接开口销、特形螺帽、调节垫片、弹簧3、带帽沿的铁芯7和由动触点15组件、静触点10组件、控制块、辅助座板组成的辅助座板组件，其余均与单线圈结构相同。”

本专利说明书中记载了现有技术中存在的问题是现有常开接触器线圈必须长期通电，消耗电能、线圈发热、加速材料老化，本专利采用的解决方案是采用单线圈或双线圈，正常工作时线圈不通电，当电源系统停电或发生故障时线圈通电，电磁铁产生吸力，使触点断开。本专利比现有技术具有的优点是，电源系统在正常工作状态时线圈不通电、不耗电、不发热、体积小、结构简单。

针对本专利，天庆公司、良信公司于2003年12月5日、12月8日先后向被告提出无效宣告请求，理由是本专利不符合《专利法》第二十二条第二款、第三款有关新颖性和创造性的规定，此外，天庆公司还认为权利要求1、2中描写的连接关系并不能实施，不符合《专利法》第二十二条第一款、第四款的规定。同时两第三人各自提交了证据。2004 年 1 月 5 日，两第三人又各自补充提交了对比文件 1、检索报告等证据以及相关的意见陈述。对比文件 1 公开了一种由一个电路换接至另一个电路的转换接触器，其中包括两对常闭触头和两对常开触头。

被告分别受理了上述无效宣告请求，并向原告进行了文件转送，要求原告在指定期限内陈述意见。

2003 年 12 月 29 日，原告针对两第三人提出的无效宣告请求分别提交了意见陈述书。其认为本专利是首创，其结构与国内已有的接触器完全不同，体现了“小型”和“密闭”，构思新颖独特，具备新颖性和创造性，并提交本专利内部结构和外形图、国家级新产品证书等证据。

被告对两无效宣告请求案件合案审理，将各方当事人提交的证据及意见陈述分别进行了转送，并于 2005 年 1 月 12 日进行了口头审理。两第三人对各自在提出无效宣告请求时提交的证据均表示放弃。原告对国家知识产权局检索咨询中心检索报告和对比文件 1 的真实性没有异议。另外，原告及两第三人均认可除触点与对比文件 1 中记载的不同外，本专利权利要求 2 的其余附加技术特征均已被公开。

同年 6 月 22 日，被告作出被诉决定，同年 6 月 25 日向当事人邮寄送达。原告不服，在法定期限内向本院提起行政诉讼。

在开庭审理中，原告及第三人对被告的审查程序以及被诉决定中关于本专利权利要求 1 的部分技术特征已被对比文件 1 公开、与对比文件 1 的区别技术特征、部分区别特征的作用与对比文件 1 中的相应结构的作用相同、区别技术特征的结构是本领域普通技术人员常用的技术手段或经常选用的形式、权利要求 2 的附加技术特征都被对比文件 1 公开的认定不持异议。此外，原告认为“常闭接触器”的结构和电路连接是公知常识，被告及第三人对此不予认可。

本院认为，因原告及两第三人对被告的审查程序、被诉决定关于本专利与对比文件 1 的区别技术特征及其结构是本领域普通技术人员常用的技术手段等相关认定不持异议。经书面审理，本院对被告审查程序的合法性及被诉决定的相关认定予以确认。

根据《专利法》第二十二条规定，授予专利权的发明和实用新型，应当具备新颖性、创造性和实用性。创造性是指同申请日以前已有的技术相比，该发明有突出的实质性特点和显著的进步，该实用新型有实质性特点和进步。《审查指南》第二部分第四章第 3.2 节给出了有关发明专利突出的实质性特点和显著的进步的审查基准。其中规定，突出的实质性特点是指将要求保护的发明与现有技术对比，其技术方案相对于现有技术是非显而易见的，则具有突出的实质性特点。

在判断是否显而易见时，首先确定最接近的现有技术；其次确定要求保护的发明与最接近的现有技术有哪些区别特征，根据该区别特征所能达到的技术效果确定发明实际解决的技术问题；最后确定要求保护的发明对于本领域技术人员来说是否显而易见，在该判断过程中，要确定现有技术整体上是否存在某种技术启示，即现有技术中是否给出将上述区别特征应用到该最接近现有技术以解决其存在的技术问题（即发明实际解决的技术问题）的启示。根据《审查指南》第四部分第六章第 2.2 节的规定，实用新型的创造性的标准低于发明的创造性的标准，在判断现有技术中是否存在“技术启示”时，二者的区别体现在现有技术领域的考虑和现有技术的数量两方面。由此可以看出，对实用新型的实质性特点的审查，依然要按照《审查指南》第二部分第四章第 3.2.1 节中的相应步骤判断该实用新型相对于现有技术是否显而易见。

本案中，被告首先确定对比文件 1 为本专利最接近的现有技术，并将本专利的技术方案与对比文件 1 对比，认定本专利的权利要求 1 的动触点组件等部分技术特征已被对比文件 1 公开，权利要求 1

与对比文件1的区别技术特征为开口销、特形螺帽、调节垫片、法兰盘、安装板、单线圈结构等准确。经对这些区别特征在本专利中的作用进行分析，认定其作用是固定、调节间隙以及作为安装板等，而这些结构属于本领域普通技术人员常用的技术手段或经常选用的形式正确。被告据此作出本领域普通技术人员根据对比文件1并结合本领域的常识，得到本专利权利要求1请求保护的技术方案是不需要付出创造性劳动的、权利要求1不具备创造性的认定，符合《专利法》及《审查指南》的相关规定。

在此基础上，被告根据权利要求2的技术特征已被对比文件1公开的事实，认定权利要求2亦不具备创造性正确。

根据《专利法》第五十六条的规定，发明或者实用新型专利权的保护范围以其权利要求书的内容为准，说明书和附图可以用于解释权利要求。由于本专利说明书中记载的本专利的电源系统在正常工作状态时线圈不通电、不耗电等技术效果应通过一定的结构、连接关系等具体技术方案予以实现，但权利要求1并未对各部件之间的连接关系和运动方向、电路方面的连接和状态等进行描述和限定。被诉决定认为在评价本专利权利要求1的创造性时不予考虑，相应的技术效果不被认可亦是正确的。因原告未能提供证据证明，且被告及第三人亦不认可“常闭接触器”的结构和电路连接是公知常识，原告关于权利要求1的前序部分“常闭接触器”这一概念即已对电路方面的连接、状态作出了非常明确的表述的诉讼主张不能成立。

对比文件1是用于由一个电路换接至另一个电路的转换接触器，其设置了四对触头，两对常开触头和两对常闭触头，被诉决定在描述对比文件1公开的内容中已作认定。本专利限定的是常闭接触器，其常闭触头这一技术特征已被对比文件1中的常闭触头公开。虽然原告主张本专利缺少对比文件1中的常开触头，但由于其也相应缺少了对比文件1中由该特征带来的由一个电路换接至另一个电路的功能，故被诉决定未对本专利是否缺少常开触头这一技术特征进行评述并无不当，原告认为属于遗漏事实等诉讼理由不能成立。

综上，被诉决定认定事实清楚，程序合法，适用法律正确，本院应予维持。原告的诉讼理由缺乏事实及法律依据，其诉讼请求本院不予支持。依照《中华人民共和国行政诉讼法》第五十四条第（一）项，判决如下：

维持国家知识产权局专利复审委员会于二〇〇五年六月二十二日作出的第7354号无效宣告请求审查决定。

案件受理费1000元，由原告贵州天义电器有限责任公司负担（已交纳）。

如不服本判决，可在判决书送达之日起十五日内，向本院递交上诉状，并按对方当事人的人数提出副本，上诉于北京市高级人民法院。

审　判　长　饶亚东

代理审判员　张靛卿

代理审判员　司品华

二〇〇六年五月三十日

书　记　员　李铁萌

北京市高级人民法院行政判决书

（2006）高行终字第503号

上诉人（一审原告）贵州天义电器有限责任公司，住所地贵州省遵义市隋阳路33号。

法定代表人洪波，董事长。

委托代理人刘冬云，北京市双利律师事务所律师。

被上诉人（一审被告）国家知识产权局专利复审委员会，住所地北京市海淀区北四环西路9号银谷大厦。

法定代表人廖涛，副主任。

委托代理人张鹏，男，国家知识产权局专利复审委员会审查员。

被上诉人（一审第三人）上海良信电器有限公司，住所地上海市浦东新区高行镇衡安路668号第4、5幢。

法定代表人任思龙，总经理。

委托代理人申健，男，北京中博世达专利商标代理有限公司专利代理人。

委托代理人张岱，男，北京中博世达专利商标代理有限公司专利代理人。

被上诉人（一审第三人）深圳天庆电器实业有限公司，住所地深圳市南山区西丽南岗第二工业园八栋四楼。

法定代表人杨林，董事长。

委托代理人申健，男，北京中博世达专利商标代理有限公司专利代理人。

委托代理人张岱，男，北京中博世达专利商标代理有限公司专利代理人。

上诉人贵州天义电器有限责任公司（下称天义公司）因专利无效决定一案，不服北京市第一中级人民法院（2006）一中行初字第109号行政判决书，向本院提起上诉。本院受理后，依法组成合议庭，于2006年11月29日公开开庭进行了审理。上诉人天义公司的委托代理人刘冬云，被上诉人国家知识产权局专利复审委员会（下称专利复审委）的委托代理人张鹏，被上诉人上海良信电器有限公司（下称良信公司）及深圳天庆电器实业有限公司（下称天庆公司）的委托代理人申健、张岱到庭参加了诉讼。本案现已审理终结。

北京市第一中级人民法院（2006）一中行初字第109号行政判决认定，本案中，专利复审委首先确定对比文件1为本专利最接近的现有技术，并将本专利的技术方案与对比文件1对比，认定本专利的权利要求1的动触点组件等部分技术特征已被对比文件1公开，权利要求1与对比文件1的区别技术特征为开口销、特形螺帽、调节垫片、法兰盘、安装板、单线圈结构等准确。经对这些区别特征在本专利中的作用进行分析，认定其作用是固定、调节间隙以及作为安装板等，而这些结构属于本领域普通技术人员常用的技术手段或经常选用的形式正确。专利复审委据此作出本领域普通技术人员根据对比文件1并结合本领域的常识，得到本专利权利要求1请求保护的技术方案是不需要付出创造性劳动的、权利要求1不具备创造性的认定，符合《专利法》及《审查指南》的相关规定。

在此基础上，专利复审委根据权利要求2的技术特征已被对比文件1公开的事实，认定权利要求2亦不具备创造性正确。

根据《专利法》第五十六条的规定，发明或者实用新型专利权的保护范围以其权利要求书的内容为准，说明书和附图可以用于解释权利要求。由于本专利说明书中记载的本专利的电源系统在正常工作状态时线圈不通电、不耗电等技术效果应通过一定的结构、连接关系等具体技术方案予以实现，但权利要求1并未对各部件之间的连接关系和运动方向、电路方面的连接和状态等进行描述和限定，被诉决定认为在评价本专利权利要求1的创造性时不予考虑，相应的技术效果不被认可亦是正确的。因上诉人未能提供证据证明，且专利复审委及一审第三人亦不认可"常闭接触器"的结构和电路连接是公知常识，上诉人关于权利要求1的前序部分"常闭接触器"这一概念即已对电路方面的连接、状态作出了非常明确的表述的诉讼主张不能成立。

对比文件1是用于由一个电路换接至另一个电路的转换接触器，其设置了四对触头，两对常开触头和两对常闭触头，被诉决定在描述对比文件1公开的内容中已作认定。本专利限定的是常闭接触器，其常闭触头这一技术特征已被对比文件1中的常闭触头公开。虽然上诉人主张本专利缺少对比文件1中的常开触头，但由于其也相应缺少了对比文件1中由该特征带来的由一个电路换接至另一个电路的功能，故被诉决定未对本专利是否缺少常开触头这一技术特征进行评述并无不当，上诉人认为属于遗漏事实等诉讼理由不能成立。依照《中华人民共和国行政诉讼法》第五十四条第（一）项，判决维持专利复审委作出的第7354号无效宣告请求审查决定。

天义公司对上述判决不服，于2006年6月20日，向本院提起上诉。

天义公司上诉称，本专利与对比文件1在结构上存在"触头的设置方式不同、数量不同以及在各自的产品中所起的作用和所达到的技术目的和技术效果不同"的实质性区别，专利复审委在审查中忽略了上述区别，更未对此进行任何评价。因此，专利复审委关于本专利创造性的评价有失全面，是错误的。一审判决对专利复审委在无效程序中回避、遗漏的区别技术特征"触头的不同"等进行了评价，并径行作出了判决，程序不当，实体结论错误。请求二审法院撤销一审判决，撤销专利复审委的无效决定。

专利复审委辩称，我国法律规定，专利请求保护的范围，以权利要求书为准，本专利与对比文件1的上述区别特征仅在本专利说明书附图中有所体现，在权利要求1中并没有记载，在评价本专利权利要求1的创造性时不能因说明书附图所体现的具体实施例中存在区别技术特征而随之缩小权利要求保护的范围。因此，天义公司所主张的上述区别特征在评价本专利的创造性时不应当予以考虑。虽然本专利说明书中曾提到本专利正常工作状态时线圈不通电，但权利要求1中没有对这种电路方面的连接、状态作出任何描述和限定，对于结构性特征权利要求1中也仅仅是罗列了该接触器具有的各种部件，对各部件之间的连接关系、运动方向等问题也没有具体描述。因此，天义公司认为本专利与对比文件1所能达到的不同效果的主张不能被认可。关于本专利的创造性，仍坚持无效决定中的意见。请求二审法院驳回天义公司的上诉请求，维持一审判决。

良信公司和天庆公司认为，本专利说明书及附图公开的技术是在对比文件公开"转换接触器"基础上，经删减技术特征后得出的，删减技术特征后其技术特征带来的功能也相应的消失，依据《审查指南》的规定，本专利不具备创造性。本专利权利要求所限定的技术方案不能达到正常工作状态时线圈不通电，不耗电，不发热……的发明目的和效果，不能产生积极的效果；一审法院认定事实清楚，适用法律正确，请求二审法院维持一审判决，驳回天义公司的上诉。

经审理查明，天义公司于1997年5月22日，向国家知识产权局提出名称为"小型密闭式常闭接触器"的实用新型专利申请，国家知识产权局于1999年1月20日授权公告。授权公告的权利要求书如下：

“1. 一种小型密闭式常闭接触器，由心杆4、弹簧3、壳体6构成，心杆置于壳体及绕组的中央，其特征在于单线圈结构是自心杆4的下端始依次连接开口销、特形螺帽、调节垫片、弹簧3、铁芯7、调节垫片、调节垫片、弹簧3、磁极组件、法兰盘、安装板、座板组件、弹簧3、绝缘衬套、动触点组件、绝缘垫片、调节垫片、特形螺帽、开口销，在绝缘衬套上有动触点组件，两端加有帽罩。

2. 根据权利要求1中所述的小型密闭式常闭接触器，其特征在于双线圈结构是自心杆11的下端始依次连接开口销、特形螺帽、调节垫片、弹簧3、戴帽沿的铁芯7和由动触点15组件、静触点10组件、控制块、辅助座板组成的辅助座板组件，其余均与单线圈结构相同。”

本专利说明书中记载了现有技术中存在的问题是现有常开接触器线圈必须长期通电、消耗电能、线圈发热、加速材料老化，本专利采用的解决方案是采用单线圈或双线圈，正常工作时线圈不通电，当电源系统停电或发生故障时线圈通电，电磁铁产生吸力，使触点断开。本专利比现有技术具有的优点是，电源系统在正常工作状态时线圈不通电、不耗电、不发热、体积小、结构简单。

针对本专利，天庆公司、良信公司于2003年12月5日、12月8日分别向专利复审委提出无效宣告请求，理由是本专利不符合《专利法》第二十二条第二款、第三款有关新颖性和创造性的规定。此外，天庆公司还认为权利要求1、2中描写的连接关系并不能实施，不符合《专利法》第二十二条第一款、第四款的规定。同时，天庆公司、良信公司各自提交了证据。2004年1月5日，天庆公司、良信公司又各自补充提交了对比文件1、检索报告等证据以及相关的意见陈述。对比文件1公开了一种由一个电路换接至另一个电路的转换接触器，其中包括两对常闭触头和两对常开触头。

专利复审委分别受理了上述无效宣告请求，并向天义公司进行了文件转送，要求天义公司在指定期限内陈述意见。

2003年12月29日，天义公司针对天庆公司、良信公司提出的无效宣告请求分别提交了意见陈述书。认为本专利是首创，其结构与国内已有的接触器完全不同，体现了“小型”和“密闭”，构思新颖独特，具备新颖性和创造性，并提交本专利内部结构和外形图、国家级新产品证书等证据。

专利复审委将两无效宣告请求案件合案审理，将各方当事人提交的证据及意见陈述分别进行了转送，并于2005年1月12日进行了口头审理。天庆公司、良信公司对各自在提出无效宣告请求时提交的证据均表示放弃。天义公司对国家知识产权局检索咨询中心检索报告和对比文件1的真实性没有异议。另外，天义公司及天庆公司、良信公司均认可除触点与对比文件1中记载的不同外，本专利权利要求2的其余附加技术特征均已被公开。

专利复审委经审查以本专利权利要求1、2相对于对比文件1不具备《专利法》第二十二条第三款规定为由，于2005年6月22日，宣告本专利全部无效。天义公司不服，向一审法院提起行政诉讼。

另查明，专利复审委对本专利于对比文件1在结构上存在的“触点的设置方式、数量的不同以及在各自产品中所起的作用和达到的技术目的和效果的实质性区别”未进行全面的评述。

一审期间，专利复审委提交了以下证据：1. 本专利说明书；2. 对比文件1；3. 口审记录表附页。天义公司提交了国家级新产品证书。

上述证据均随案移送本院，经庭审质证和合议庭评议认为，专利复审委提交的证据内容真实，来源合法，能够证明案件的事实，本院予以确认；天义公司提交的证据与本案不具有关联性，本院不予采纳。

本院认为，对比文件1是1966年由国防工业出版社出版的公开出版物，属于本专利申请日前公开的现有技术，专利复审委将其作为对比文件与本专利进行比对符合法律规定。

专利复审委将本专利与对比文件1进行比对后，认定本专利的权利要求1的动触点组件等部分技术特征已被对比文件1公开，并将本专利权利要求1与对比文件1的区别技术特征在本专利中的作用进行分析后，认定其作用是固定、调节间隙以及作为安装板等，而这些结构属于本领域普通技术人员常用的技术手段或经常选用的形式的结论，据此得出本领域普通技术人员根据对比文件1并结合本领域的常识，得到本专利权利要求1请求保护的技术方案是不需要付出创造性劳动，权利要求1不具备创造性的认定，符合《专利法》及《审查指南》的相关规定。

本院庭审中，各方当事人均认可本专利权利要求2的技术特征已被对比文件1公开的事实。因此，专利复审委认定本专利权利要求2不具备创造性的结论正确。

虽然专利复审委在决定中对本专利是否缺少常开触头这一技术特征的评述不全面，但并未影响其对本专利权利要求1不具备创造性评价的结论。天义公司的上诉理由不能成立。综上，一审法院认定事实清楚，证据充分，适用法律正确，审判程序合法，所作判决应予维持。依照《行政诉讼法》第六十一条第（一）项之规定，判决如下：

驳回上诉，维持一审判决。

二审案件受理费1000元，由上诉人贵州天义电器有限责任公司负担（已交纳）。

本判决为终审判决。

审 判 长 郭 宜
审 判 员 张学磊
代理审判员 朱海宏
二〇〇六年十二月七日
书 记 员 程钰玮

039

一种琴键式开关案

无效宣告请求审查决定（第7365号）

决　定　号　第7365号

决　定　日　2005年6月27日

发明创造名称　一种琴键式开关

国际分类号　H01H 13/00　H01R 4/48

无效请求人　罗志坚

专利权人　中山市天朗电器有限公司

专　利　号　99235178.2

申　请　日　1999年1月15日

授权公告日　2000年3月8日

合议组组长　张　度

主　审　员　李　卉

参　审　员　詹靖康

法律依据　专利法第二十六条第三款、第二十二条第三款

决定要点

所属技术领域的技术人员在对比文件2的基础上结合对比文件4的启示得到权利要求1所限定的技术方案不需要创造性的劳动，这种简单组合属于常规设计范围，不具备创造性。

权利要求2和3是权利要求1的从属权利要求，它们相对于三篇对比文件2、4和5的结合是具有实质性特点和进步的，本领域的普通技术人员难以结合三篇对比文件得出本专利权利要求2和3的技术方案。

一、案由

本无效宣告请求案涉及国家知识产权局专利局于2000年3月8日授权公告的99235178.2号实用新型专利（下称为本专利）、其名称为“一种琴键式开关”，申请日为1999年1月15日，专利权人为中山市天朗电器有限公司。

本专利授权公告的权利要求书内容如下：

“1. 一种琴键式开关，包括底座（1）、盖板（2）、按键（3）、动触片（4）、静触片（5）及‘L形’卡线簧片（6），卡线簧片（6）安装在底座（1）上的插线孔（7）里面，其特征在于在插线孔（7）相对应的位置、在盖板（2）上设有限位柱（8），限位柱（8）的顶端压在‘L形’卡线簧片（6）的弯角处，限位柱（8）的顶端与‘L形’卡线簧片（6）构成限位角。

2. 根据权利要求1所述的一种琴键式开关，其特征在于底座（1）的后壁的顶部设有一个凸台

(9)，在凸台（9）的中部设有一拉板（10），拉板（10）与盖板（2）上挂钩（11）相配合。

3. 根据权利要求1所述的一种琴键式开关，其特征在于底座（1）的侧壁中上部开有装配孔（12），装配孔（12）与盖板（2）上的侧面挂钩（13）相配合。

4. 根据权利要求1所述的一种琴键式开关，其特征在于底座（1）的底面的左侧设有定位孔（14）和定位柱（15）。

5. 根据权利要求1所述的一种琴键式开关，其特征在于限位柱（8）的横截面形状可以是圆柱形，也可以是多边形。"

针对上述实用新型专利权，罗志坚（下称请求人）于2004年7月29日向专利复审委员会提出无效宣告请求，其无效理由为本专利不符合第二十六条第三款的规定，权利要求1~5不符合专利法第二十二条第三款、第四款的规定，所提交的证据材料有：

附件2：《电风扇·洗衣机原理与检修技术》第64、65页复印件，电子工业出版社1994年3月出版（下称对比文件1）；

附件3：中国专利ZL96237513.6，公告日为1998年9月9日（下称对比文件2）；

附件4：中国专利CN87214630U，公告日为1988年8月10日（下称对比文件3）；

附件5：中国专利ZL97208453.3，公告日为1998年8月26日（下称对比文件4）；

附件6：中国专利ZL95104036.7，公告日为1998年6月10日（下称对比文件5）。

经形式审查合格，专利复审委员会于2004年7月29日受理了上述无效宣告请求，并将无效宣告请求书及上述附件的副本转寄给专利权人（下称被请求人）。

针对上述无效宣告请求，被请求人于2004年9月7日提交了意见陈述书，其中认为本专利具备实用性、新颖性和创造性，并附件提交了北京第一中级人民法院（2003）一中行初字第745号行政判决书的复印件、北京高院（2004）高行终字第175号行政判决书的复印件、2001版审查指南有关内容的复印件，以及中山市专利办公室的受理通知书一份。

本案合议组于2005年3月18日向双方当事人发出口头审理通知书，并将被请求人于2004年9月7日提交的意见陈述书和相关证据的复印件转送给请求人，同时在通知书中还要求请求人应当在口审日之前向专利复审委员会提交附件2《电风扇·洗衣机原理与检修技术》的原件，否则合议组将对该证据不予采信。

口头审理于2005年4月27日如期举行。请求人的代表出席了口头审理，被请求人缺席。在口头审理中，请求人放弃将专利法第二十二条第四款作为无效理由，并确认无效理由是本专利说明书不符合专利法第二十六条第三款的规定；权利要求1~5不符合专利法二十二条第三款的规定，权利要求1和5相对于附件2+附件4、附件2+附件5、附件3+附件4、附件3+附件5不具备创造性，在权利要求1不具备创造性的基础上，再结合附件6或将本专利背景技术相应特征进行简单替换的公知常识，可使得权利要求2和3不具备创造性，权利要求4的附加技术特征属于公知常识，因而也不具备创造性。并且，请求人还当庭出示了附件2《电风扇·洗衣机原理与检修技术》的原件，经合议组核实无误，内容一致，合议组予以采信。

至此，合议组认为本案事实已经清楚，可以作出审查决定。

二、决定的理由

1. 关于专利法第二十六条第三款

专利法第二十六条第三款规定："说明书应当对发明或者实用新型作出清楚、完整的说明，以所属技术领域的技术人员能够实现为准；必要时，应当有附图。"

请求人认为本专利之说明书不符合专利法第二十六条第三款的规定的理由是：本案专利说明书只描述了实现本琴键开关的技术方案，而这样的技术方案不能实现琴键开关其他应有的功能，如没有记载开关包括按键的弹簧和按键的固定装置卡槽等，因而按键不能复位或固定等，使得开关不能够正常的工作，从而按照说明书实现不了具有开关功能的产品，因而不符合专利法第二十六条第三款规定。

被请求人认为，本领域的技术人员完全可以在本专利说明书所公开的内容基础上，实现用于电子琴的琴键式开关。

合议组认为，一项专利是否符合专利法第二十六条第三款的规定，以及其说明书是否对实用新型作出了清楚、完整的说明，其判断主体应是所属技术领域的技术人员，判断原则是所属领域技术人员能否实现。本专利说明书虽未对传送带的复位装置和固定装置等作出具体的说明和限定，而对于开关领域的技术人员来说这些都属于现有技术，根据说明书的描述，也完全可以理解复位和固定装置等相对于开关整体的位置关系，能够进行实现，不存在无法实施的问题；同时，对于请求人所述的这些技术特征与发明目的无关，也不需要在说明书中有所记载。因此，对请求人关于本专利的说明书不符合专利法第二十六条第三款规定的无效理由不予支持。

2. 关于请求人提交的证据材料

请求人所提交的对比文件1为《电风扇·洗衣机原理与检修技术》第64、第65页复印件，其出版日期为1994年3月；对比文件2为中国专利ZL96237513.6，公告日为1998年9月9日；对比文件3为中国专利CN87214630U，公告日为1988年8月10日；对比文件4为中国专利ZL97208453.3，公告日为1998年8月26日；对比文件5为中国专利ZL95104036.7，公告日为1998年6月10日。对比文件1~5的公开时间均在本专利申请日1999年1月15日之前，且对比文件1~5经过合议组核实无误，可用作现有技术来评价本专利的创造性。

3. 关于本专利是否符合专利法第二十二条第三款的规定

专利法第二十二条规定："授予专利权的发明和实用新型，应当具备新颖性、创造性和实用性。

创造性，是指同申请日以前已有的技术相比，该发明有突出的实质性特点和显著的进步，该实用新型有实质性特点和进步。"

本专利权利要求1包括以下技术特征：(a) 底座 (1)；(b) 盖板 (2)；(c) 按键 (3)；(d) 动触片 (4)；(e) 静触片 (5)；(f) 安装在底座 (1) 上的插线孔 (7) 里面的"L"形卡线簧片 (6)；(g) 在插线孔 (7) 相对应的位置、在盖板 (2) 上设有限位柱 (8)，限位柱 (8) 的顶端压在"L形"卡线簧片 (6) 的弯角处，限位柱 (8) 的顶端与"L形"卡线簧片 (6) 构成限位角。

对比文件2也公开了一种组合按键开关，其中披露了以下技术内容：

(Ⅰ) 壳体 (7)；

(Ⅱ) 壳体盖 (11)；

(Ⅲ) 按键 (1)；

(Ⅳ) 静触片 (9)；

(Ⅴ) 动触片 (10)。

比较权利要求1和对比文件2的上述特征：特征 (a)、(b)、(c)、(d)、(e) 分别对应于特征 (Ⅰ)、(Ⅱ)、(Ⅲ)、(Ⅳ)、(Ⅴ)，它们之间仅仅是部件名称不同，其技术内容没有实质差别；两篇文件的区别在于权利要求1还包括有特征 (f) 和 (g)，即对比文件2中没有公开的安装在底座 (1) 上的插线孔 (7) 里面的"L"形卡线簧片 (6) 及其与限位柱的位置关系。

对比文件4公开了一种导电线路连接器，参照该对比文件4的说明书第2页第1~13行并结合附

图1、2可以清楚地得出该连接器包括以下特征：（Ⅵ）在壳体上开有接线孔1；自紧簧片7被弯制成雁尾型设置在壳体芯腔内；（Ⅶ）6为弹簧定位柱，定位柱的顶端压在自紧弹簧的弯角处，限位柱的顶端与自紧弹簧构成限位角。比较权利要求1和对比文件4的上述特征：特征（f）、（g）分别对应于特征（Ⅵ）、（Ⅶ），它们之间也仅仅是部件名称不同，其在导电线路连接方面的技术内容没有实质差别。

对此，合议组认为，按照上述对比，对比文件2公开了权利要求1中有关按键的技术特征，对比文件4公开了权利要求1中有关接线装置的技术特征。对于本领域的技术人员来说，容易想到对比文件4的导电线路连接器装置与电器的电源线相连接的内容，所以可以容易地在对比文件2的琴键开关的基础上通过简单的组合方式与对比文件4接线装置的特征相结合，这种简单的功能的组合是显而易见的。也就是说，所属技术领域的技术人员在对比文件2的基础上结合对比文件4的启示得到权利要求1所限定的技术方案不需要创造性的劳动，这种简单组合属于常规设计范围，不具备创造性，权利要求1不符合专利法第二十二条第三款的规定。

本专利的权利要求2、3是权利要求1的从属权利要求，其附加技术特征分别是在琴键式开关的后壁顶部和底座的侧壁构成的盖板和底座的配合关系，在对比文件5中公开了“下壳体部件13有一个中央直立的与其成一体的突出物9，该突出物插入相应的槽8……形成一个侧钩形突出物至连接槽8的上端的边缘8A的外侧”。对于权利要求2，对比文件5中没有公开“后壁的顶部设有一个凸台，凸台的中部有一拉板”的技术特征，权利要求2是设在底座上的拉板与挂钩相配合，与对比文件5中的将槽套入突起物的方案有着明显区别；对于权利要求3，对比文件5中没有公开在“侧壁的中上部开有装配孔”的技术特征，权利要求3中的挂钩是插入侧壁上的装配孔，区别于对比文件5中的插入顶部的槽。鉴于此，权利要求2和3的技术特征与对比文件2、4、5的组合相比还具有一定的区别，因而这样的结合不属于对现有技术的简单“拼凑”，不可以使用两篇以上的现有技术评价其创造性（参见审查指南第四部分第六章2.2节）。因而，作为权利要求1的从属权利要求的权利要求2和3相对于三篇对比文件2、4和5的结合是具有实质性特点和进步的，本领域的普通技术人员难以结合三篇对比文件得出本专利权利要求2和3的发明。

此外，对比文件1和2所公开的都是一种电风扇琴键开关的结构特征，对比文件3和4公开的都是一种电器附件插入式接线结构，对比文件5所公开的内容是有关盒盖壳体组装的结构。如上段所述，对比文件5与权利要求2和3的附加技术特征具有一定的区别，因而无论是三篇对比文件1、3、5；或三篇对比文件1、4、5；或是三篇对比文件2、3、5相互结合，都不属于现有技术的简单“拼凑”，都不可以用于评价权利要求2和3的创造性。因而，权利要求2和3相对于三篇对比文件1、3和5；或1、4和5；或2、3和5的结合是具有实质性特点和进步的。

另外，请求人还主张，权利要求2和3的附加技术特征是本专利申请日之前的现有技术的简单替换，属于公知常识，但是没有提供能够支持其理由的依据。对此，合议组不予认可。

由此，权利要求2、3所要求保护的技术方案具备实质性特点和进步，具备专利法第二十二条第三款所规定的创造性。

本专利的权利要求4、5作为权利要求1的从属权利要求，其附加技术特征分别仅是对权利要求1中安装部分和限位柱的形状进行了进一步的限定，具体为：还设置有定位孔和定位柱；限位柱的形状是圆柱形或多边形。这些技术特征对本领域人员来说属于公知常识，在权利要求1不具备创造性的前提下，权利要求4、5所要求保护的技术方案也不具有实质性特点和进步，不具备专利法第二十二条第三款所规定的创造性。

综上所述，权利要求1、4、5不具备专利法第二十二条第三款规定的创造性，权利要求2、3具备专利法第二十二条第三款规定的创造性。

三、决定

宣告99235178.2号实用新型专利权部分无效，在授权公告的权利要求的基础上宣告权利要求1、4、5无效，维持权利要求2、3有效。维持有效的权利要求书如下：

“1. 一种琴键式开关，包括底座（1）、盖板（2）、按键（3）、动触片（4）、静触片（5）及‘L形’卡线簧片（6），卡线簧片（6）安装在底座（1）上的插线孔（7）里面，其特征在于在插线孔（7）相对应的位置、在盖板（2）上设有限位柱（8），限位柱（8）的顶端压在‘L形’卡线簧片（6）的弯角处，限位柱（8）的顶端与‘L形’卡线簧片（6）构成限位角，底座（1）的后壁的顶部设有一个凸台（9），在凸台（9）的中部设有一拉板（10），拉板（10）与盖板（2）上挂钩（11）相配合。

2. 一种琴键式开关，包括底座（1）、盖板（2）、按键（3）、动触片（4）、静触片（5）及‘L形’卡线簧片（6），卡线簧片（6）安装在底座（1）上的插线孔（7）里面，其特征在于在插线孔（7）相对应的位置、在盖板（2）上设有限位柱（8），限位柱（8）的顶端压在‘L形’卡线簧片（6）的弯角处，限位柱（8）的顶端与‘L形’卡线簧片（6）构成限位角，底座（1）的侧壁中上部开有装配孔（12），装配孔（12）与盖板（2）上的侧面挂钩（13）相配合。”

当事人对本决定不服的，可以根据专利法第四十六条第二款的规定，自收到本决定之日起三个月内向北京市第一中级人民法院起诉。根据该款的规定，一方当事人起诉后，另一方当事人应当作为第三人参加诉讼。

北京市第一中级人民法院行政判决书

（2005）一中行初字第1093号

原告中山市天朗电器有限公司，住所地广东省中山市小榄镇民安南路中。

法定代表人胡文章，总经理。

委托代理人尹振启，北京中创阳光知识产权代理有限责任公司专利代理人。

被告国家知识产权局专利复审委员会，住所地北京市海淀区北四环西路9号银谷大厦10～12层。

法定代表人廖涛，副主任。

委托代理人李卉，国家知识产权局专利复审委员会审查员。

委托代理人郭健国，国家知识产权局专利复审委员会审查员。

第三人罗志坚，男，汉族，1960年5月3日出生，住广东省中山市小榄镇逢春街37号。

委托代理人王向东，广东中亿律师事务所律师。

原告中山市天朗电器有限公司（下称天朗公司）不服被告国家知识产权局专利复审委员会（下称专利复审委员会）于2005年6月27日作出的第7365号无效宣告请求审查决定（下称第7365号决定），于法定期限内向本院提起行政诉讼。本院于2005年10月26日受理后，依法组成合议庭，并通知罗志坚作为第三人参加本案诉讼，于2006年2月28日公开开庭进行了审理。原告天朗公司的委托代理人尹振启，被告专利复审委员会的委托代理人李卉、郭健国，第三人罗志坚的委托代理人王向东到庭参加了诉讼。本案现已审理终结。

第7365号决定系专利复审委员会针对罗志坚就天朗公司所拥有的99235178.2号实用新型专利(下称本专利)所提出的无效宣告请求而作出的。专利复审委员会在第7365号决定中认定:

1. 本专利符合专利法第二十六条第三款的规定。2. 对比文件2中没有公开安装在底座(1)上的插线孔(7)里面的“L”形卡线簧片(6)及其与限位柱的位置关系。对比文件4公开了一种导电线路连接器,其公开了以下特征:在壳体上开有接线孔1;自紧簧片7被弯制成燕尾形设置在壳体芯腔内;6为弹簧定位柱,定位柱的顶端压在自紧弹簧的弯角处,限位柱的顶端与自紧弹簧构成限位角。上述特征与本专利在导电线路连接方面的技术内容没有实质差别。因此,对比文件2公开了权利要求1中有关按键的技术特征,对比文件4公开了权利要求1中有关接线装置的技术特征。对于本领域的技术人员来说,容易想到对比文件4的导电线路连接器装置与电器的电源线相连接的内容,所以可以容易地在对比文件2的琴键开关的基础上通过简单的组合方式与对比文件4接线装置的特征相结合,这种简单的功能的组合是显而易见的。也就是说,所属技术领域的技术人员在对比文件2的基础上结合对比文件4的启示得到权利要求1所限定的技术方案不需要创造性的劳动,这种简单组合属于常规设计范围,不具备创造性,权利要求1不符合专利法第二十二条第三款的规定。3. 权利要求2、3具备专利法第二十二条第三款所规定的创造性。4. 本专利的权利要求4、5作为权利要求1的从属权利要求,其附加技术特征分别仅是对权利要求1中安装部分和限位柱的形状进行了进一步的限定,具体为:还设置有定位孔和定位柱;限位柱的形状是圆柱形或多边形。这些技术特征对本领域人员来说属于公知常识,在权利要求1不具备创造性的前提下,权利要求4、5也不具备创造性。基于上述理由,专利复审委员会作出第7365号决定,宣告本专利权利要求1、4、5无效,在权利要求2、3的基础上维持本专利有效。

原告天朗公司不服,向本院提起行政诉讼,其诉称:对比文件4所记载的自紧接线卡与本专利权利要求1中所包含的“接线装置”部分属于两种不同的接线结构,“接线装置”包括的技术特征有:(1)设置在底座上的插线孔;(2)插线孔中安装有“L形”卡线簧片;(3)设置在盖板上与插线孔相对应位置处的限位柱,限位柱的顶端压在“L形”卡线簧片的弯角处,限位柱的顶端与“L形”卡线簧片构成限位角。由于本专利是对说明书中所述现有技术所作的改进,并且限位柱设置在盖板上,因此还应包括包含在现有技术中的如下技术特征:(4)插线孔开口较大,开口的外侧边沿靠近琴键式开关底座的外立面;(5)限位柱固定在盖板上,并从上方插入插线孔。对比文件4自紧接线卡未公开“接线装置”中的第(3)、(4)和(5)技术特征。尤其是自紧接线卡中的簧片定位柱与“接线装置”中限位柱的作用、设置方式、具体结构以及技术效果均不相同,本专利的限位柱与“L形”卡线簧片相匹配,能使“L形”卡线簧片始终处于最佳的工作状态。本专利权利要求1中所包含的“接线装置”与对比文件4所记载的自紧接线卡属于《审查指南》第二部分第四章第2.4节中规定的:“为解决某一技术问题提供了一种不同构思的技术方案”,其中的簧片定位柱与限位柱更是具有本质区别,本领域技术人员面对本专利所需解决的问题时,不可能从对比文件4得到启示,以得出本专利权利要求1所限定的技术方案;同时对比文件4也未给出如何将其中的簧片定位柱应用到本专利中的“接线装置”上的任何技术启示;即便将对比文件2与对比文件4相结合,仍然不能得出本专利权利要求1所限定的技术方案。因此,本专利权利要求1具备创造性。在权利要求1具备创造性的情况下,权利要求4、5同样具备创造性。综上,被告认定事实错误,并据此作出了错误的决定,请求法院依法撤销第7365号决定并判令维持本专利全部有效。

被告专利复审委员会辩称：

首先，对于原告所描述的接线装置的区别技术特征第（4）和第（5）说，由于这两项技术特征并不包含在本专利的权利要求1中，因而它们并不能影响权利要求1的创造性。其次，对于原告所述的接线装置的区别技术特征第（3）来说，从对比文件4的说明书第2页第1~13行并结合附图1、2可以清楚地得出该连接器包括以下特征：在壳体上开有接线孔1；自紧簧片7被弯制成燕尾形设置在壳体芯腔内；6为弹簧定位柱，定位柱的顶端压在自紧弹簧的弯角处，顶端与自紧弹簧构成限位角。比较权利要求1和对比文件4的上述特征：它们之间也仅仅是部件名称不同，其在导电线路连接方面的技术内容没有实质差别。对于起诉状中所强调的区别“‘L形’卡线弹簧不论是其全长还是局部均被限位柱顶端限定在其弹性变形范围内”，原告并没有在本专利的权利要求1中进行限定。仅可以从附图6中看出，权利要求1所描述的内容实质上已经在对比文件4中公开了，同时，从对比文件4的附图1、2可以很明显地看出，定位柱不仅可以起到固定簧片的作用，其同样可以毫无歧义地达到控制自紧簧片变形量的目的。因而，本专利权利要求1不符合专利法第二十二条第三款的规定。另外，退一步说，使用限位装置不论是将卡线弹簧的全长还是局部进行弹性变形的限定，对电连接领域的普通技术人员来说，都可以根据簧片的弹性需要对限位柱的形状、大小等进行设定，其在设计理念、技术效果方面实质上也都是相同的，也不能因为该限位柱的形状不同而判断出本专利具备创造性的结论。被告作出的第7365号决定认定事实清楚、适用法律正确、审查程序合法，原告的诉讼请求不能成立，请求人民法院维持第7365号决定。

第三人罗志坚述称，对比文件4结合对比文件2，本领域的技术人员可以不经创造性劳动得到本专利权利要求1的全部技术方案，故权利要求1不具备创造性。原告所述技术特征（4）、（5）未写进权利要求，不应当予以考虑。第7365号决定正确，原告起诉理由不能成立，请求人民法院驳回原告的诉讼请求，维持第7365号决定。

本院经审理查明：

本案涉及国家知识产权局于2000年3月8日授权公告的名称为“一种琴键式开关”的实用新型专利，其申请日为1999年1月15日、专利号为99235178.2、专利权人为天朗公司。本专利授权公告的权利要求书为：

“1. 一种琴键式开关，包括底座（1）、盖板（2）、按键（3）、动触征（4）、静触片（5）及‘L形’卡线簧片（6），卡线簧片（6）安装在底座（1）上的插线孔（7）里面，其特征在于在插线孔（7）相对应的位置、在盖板（2）上设有限位柱（8），限位柱（8）的顶端在压‘L形’卡线簧片（6）的弯角处，限位柱（8）的顶端与‘L形’卡线簧征（6）构成限位角。

2. 根据权利要求1所述的一种琴键式开关，其特征在于底座（1）的后壁的顶部设有一个凸台（9），在凸台（9）的中部设有一拉板（10），拉板（10）与盖板（2）上挂钩（11）相配合。

3. 根据权利要求1所述的一种琴键式开关，其特征在于底座（1）的侧壁中上部开有装配孔（12），装配孔（12）与盖板1（2）上的侧面挂钩（13）相配合。

4. 根据权利要求1所述的一种琴键式开关，其特征在于底座（1）的底面的左侧设有定位孔（14）和定位柱（15）。

5. 根据权利要求1所述的一种琴键式开关，其特征在于限位柱（8）的横截面形状可以是圆柱形，也可以是多边形。”

本专利说明书记载：“本实用新型与现有技术相比具有如下优点：（1）在插线孔的卡线簧片增加限位块，以避免卡线簧片工作时偏转角度过大或使用多次后不能恢复到原来的位置，避免做成接线不紧或松线等接触不良的现象……”，“在底座的底面的左侧设有定位孔和定位柱，其作用是用于安装其他的电器元件。”

针对本专利，罗志坚于2004年7月29日以其不符合专利法第二十六条第三款、第二十二条第三款、第四款的规定为由，向专利复审委员会提出无效宣告请求，并提交五份证据，其中：

对比文件2：中国专利ZL96237513.6，公告日为1998年9月9日。其公开了一种组合按键开关，具体包括壳体、壳体盖、按键、静触片和动触片。

对比文件4：中国专利ZL97208453.3，公告日为1998年8月26日。对比文件4公开了一种用于电气导线连接的自紧接线卡，结合其说明书该自紧接线卡包括以下特征：在壳体上开有接线孔1；自紧簧片7被弯制成燕尾形设置在壳体芯腔内；6为弹簧定位柱。从附图1、2可以看出，弹簧定位柱的顶端压在自紧簧片的弯角处，顶端与自紧簧片形成一限位角。

2005年4月27日，专利复审委员会主持进行了口头审理。在口头审理中，罗志坚放弃专利法第二十二条第四款的无效理由。

2005年6月27日，专利复审委员会作出第7365号决定。

在开庭审理过程中，天朗公司对第7365号决定认定对比文件2公开了本专利权利要求1中的按键部分的技术特征没有异议，并承认如果权利要求1不具备创造性，则权利要求5也不具备创造性，同时表示本专利权利要求1中的限位柱能有效控制“L形”卡线簧片的变形幅度，而对比文件4中的定位柱仅能起到定位的作用。

上述事实有本专利授权公告说明书、第7365号决定、对比文件2、对比文件4及当事人陈述等证据在案佐证。

本院认为：

根据专利法第二十二条第三款的规定，实用新型的创造性是指同申请日以前已有的技术相比，该实用新型具有实质性特点和进步。

根据专利法第五十六条规定，发明或者实用新型专利权的保护范围以其权利要求的内容为准，说明书及附图仅可以用于解释权利要求。原告所主张的技术特征（4）“插线孔开口较大，开口的外侧边沿靠近琴键式开关底座的外立面”和（5）“限位柱固定在盖板上，并从上方插入插线孔”未记载在本专利权利要求书中，不应当引入权利要求中用于评价本专利的创造性。

将本专利权利要求1与对比文件2相比，对比文件2未公开权利要求1中接线装置部分的技术特征，即卡线簧片安装在底座上的插线孔里面，在插线孔相对应的位置、在盖板上设有限位柱，限位柱的顶端压在“L形”卡线簧片的弯角处，限位柱的顶端与“L形”卡线簧片构成限位角。根据查明的事实，对比文件4公开了一种自紧接线卡，其在壳体上开有接线孔；自紧簧片被弯制成燕尾形设置在壳体芯腔内；弹簧定位柱的顶端压在自紧簧片的弯角处，顶端与自紧簧片形成一限位角。对比文件4中的簧片定位柱虽然主要是为了定位簧片，但对于本领域普通技术人员来说，在阅读对比文件4及其附图的基础上，容易想到簧片定位柱客观上其具有限制簧片变形量的作用，且其设置位置、结构及客观上达到控制簧片变形的效果与本专利基本相同。因此对比文件4披露了本专利接线装置部分的技术手段，且该技术手段在对比文件4中所起的作用与其在本专利中所起的作用相同。对于本领域技术人员来说，将对比文件2的按键部分的技术手段与对比文件4的技术手段相结合得到本专利权利要求1的技术方案是容易想到的，因此本专利权利要求1相对于对比文件2、4不具备创造性。原告所主张的本专利限位柱顶端斜面长度与“L形”卡线簧片变形段长度相匹配等技术特征并未记载在权利要求书中，不应在创造性评价中予以考虑。原告关于对比文件4中的簧片定位柱与本专利限位柱的具体结构、技术效果不同，二者属于为解决某一技术问题提供了一种不同构思的技术方案的主张没有事实和法律依据。

权利要求4从属于权利要求1，其附加的技术特征为“底座的底面的左侧设有定位孔和定位柱”，目的在于安装其他的电器元件。对于本领域的技术人员来说，为了便于安装其他的电器元件，在底座的底面设置定位孔和定位柱是公知、常用的技术手段，在权利要求1不具备创造性的情况下，权利要求4也不具备创造性。

权利要求5从属于权利要求1，其附加的技术特征为“限位柱的横截面形状可以是圆柱形，也可以是多边形”，该技术特征是公知常识，正如原告认可的，在权利要求1不具备创造性的情况下，权利要求5也不具备创造性。

综上，被告作出的第7365号决定审查程序合法，认定事实清楚，适用法律正确，本院予以维持。原告请求撤销该决定的理由不能成立，本院不予支持。依照《中华人民共和国行政诉讼法》第五十四条第（一）项之规定，本院判决如下：

维持被告国家知识产权局专利复审委员会作出的第7365号无效宣告请求审查决定。

案件受理费1000元，由原告中山市天朗电器有限公司负担（已交纳）。

如不服本判决，各方当事人可于本判决送达之日起十五日内，向本院提交上诉状及其副本，并交纳上诉案件受理费1000元（开户行：中国工商银行北京分行黄楼支行，户名：北京市第一中级人民法院，账号：144537－48），上诉于北京市高级人民法院。

审 判 长　刘海旗
代理审判员　周云川
人民陪审员　李　渤
北京市第一中级人民法院
二〇〇六年四月三十日
书 记 员　周丽婷

北京市高级人民法院行政判决书

（2006）高行终字第285号

上诉人（原审原告）中山市天朗电器有限公司，住所地广东省中山市小榄镇民安南路中。

法定代表人胡文章，总经理。

委托代理人尹振启，北京中创阳光知识产权代理有限责任公司专利代理人。

被上诉人（原审被告）国家知识产权局专利复审委员会，住所地北京市海淀区北四环西路9号银谷大厦10～12层。

法定代表人廖涛，副主任。

委托代理人李卉，国家知识产权局专利复审委员会审查员。

委托代理人郭健国，国家知识产权局专利复审委员会审查员。

原审第三人罗志坚，男，汉族，1960年5月3日出生，住广东省中山市小榄镇逢春街37号。

委托代理人王向东，广东中亿律师事务所律师。

上诉人中山市天朗电器有限公司（下称天朗公司）因专利权无效行政纠纷一案，不服北京市第一中级人民法院（2005）一中行初字第1093号行政判决，向本院提起上诉。本院2006年6月14日受理后，依法组成合议庭进行了审理。2006年7月24日，上诉人天朗公司的委托代理人尹振启，被上诉人国家知识产权局专利复审委员会（下称专利复审委员会）的委托代理人郭健国，以及原审第三人罗志坚的委托代理人王向东到本院接受了询问。本案现已审理终结。

本案涉及专利系名称为"一种琴键式开关"的第99235178.2号实用新型专利（下称本专利），申请日为1999年1月15日，授权公告日为2000年3月8日，专利权人为天朗公司。2004年7月29日，罗志坚针对本专利向专利复审委员会提出无效宣告请求，认为本专利不符合专利法第二十六条第三款的规定以及权利要求1~5不符合专利法第二十二条第三款、第四款的规定。专利复审委员会于2005年6月27日作出第7365号无效宣告请求审查决定（下称第7365号决定），宣告本专利权利要求1、4、5无效，在权利要求2、3的基础上维持本专利有效。天朗公司不服第7365号决定，于法定期限内向北京市第一中级人民法院提起诉讼。

北京市第一中级人民法院判决认为，将本专利权利要求1与对比文件2相比，对比文件2未公开权利要求1中接线装置部分的技术特征。但根据查明的事实，对比文件4中的簧片定位柱虽然主要是为了定位簧片，但对于本领域普通技术人员来说，在阅读对比文件4及其附图的基础上，容易想到簧片定位柱客观上具有限制簧片变形量的作用，且其设置位置、结构及客观上达到控制簧片变形的效果与本专利基本相同。因此，对比文件4披露了本专利接线装置部分的技术手段，且该技术手段在对比文件4中所起的作用与其在本专利中所起的作用相同。对于本领域普通技术人员来说，将对比文件2的按键部分的技术手段与对比文件4的技术手段相结合得到本专利权利要求1的技术方案是容易想到的。因此，本专利权利要求1相对于对比文件2、4不具备创造性。

本专利权利要求4从属于权利要求1，其附加的技术特征是公知、常用的技术手段，在权利要求1不具备创造性的情况下，权利要求4也不具备创造性。

本专利权利要求5从属于权利要求1，其附加的技术特征也是公知常识，正如原告认可的，在权利要求1不具备创造性的情况下，权利要求5也不具备创造性。

据此，北京市第一中级人民法院依照《中华人民共和国行政诉讼法》第五十四条第（一）项之规定，判决：维持专利复审委员会作出的第7365号决定。

天朗公司不服原审判决，向本院提起上诉，请求撤销原审判决，确认本专利全部有效。其理由为：

本专利与对比文件4比较，根据对比文件4的说明书第2页并结合附图1和2可知，自紧簧片7安装在壳体2的芯腔中，并没有安装在对比文件4的接线孔中。对比文件4的簧片定位柱是"固定在盖板上"的，并没有从字面上公开"限位柱从上方插入插线孔"，而本专利的限位柱必然是从上方的盖板上一直延伸插入底座上的插线孔中的，一直延伸的限位柱决定了其能够使得"L形"卡线簧片始终处于最佳工作状态。在阅读对比文件4之后，面对本专利要解决的"避免卡线弹簧工作时偏转角度过大或使用多次后不能恢复到原来位置，造成接线不紧或松线等接触不良的现象"这一技术问题，本领域技术人员是不可能想到"在盖板上设有限位柱，限位柱的顶端压在'L形'卡线簧片的弯角处，从而防止'L形'卡线簧片过度弯折"这样的技术方案的。在对比文件4公开的自紧接线卡装置上设置本专利这样的"接线装置"也是无法实现的。所以本专利提供了一种与对比文件4构思完全不同的技术方案，对比文件2和对比文件4不存在相互结合得出本专利权利要求1的技术方案的启示，本专利权利要求 1 相对于对比文件 2 和 4 具备创造性。在权利要求 1 具备创造性的前提下，权利要求 4、5 同样具备创造性。专利复审委员会和罗志坚服从原审判决。

本院经审理查明：

本案涉及国家知识产权局于2000 年 3 月 8 日授权公告的名称为“一种琴键式开关”的实用新型专利，申请日为1999 年 1 月 15 日、专利号为99235178.2、专利权人为天朗公司。

本专利授权公告的权利要求书为：

“1. 一种琴键式开关，包括底座（1）、盖板（2）、按键（3）、动触片（4）、静触片（5）及‘L形’卡线簧片（6），卡线簧片（6）安装在底座（1）上的插线孔（7）里面，其特征在于在插线孔（7）相对应的位置、在盖板（2）上设有限位柱（8），限位柱（8）的顶端压在‘L形’卡线簧片（6）的弯角处，限位柱（8）的顶端与‘L形’卡线簧片（6）构成限位角。

2. 根据权利要求 1 所述的一种琴键式开关，其特征在于底座（1）的后壁的顶部设有一个凸台（9），在凸台（9）的中部设有一拉板（10），拉板（10）与盖板（2）上挂钩（11）相配合。

3. 根据权利要求 1 所述的一种琴键式开关，其特征在于底座（1）的侧壁中上部开有装配孔（12），装配孔（12）与盖板（2）上的侧面挂钩（13）相配合。

4. 根据权利要求 1 所述的一种琴键式开关，其特征在于底座（1）的底面的左侧设有定位孔（14）和定位柱（15）。

5. 根据权利要求 1 所述的一种琴键式开关，其特征在于限位柱（8）的横截面形状可以是圆柱形，也可以是多边形。”

本专利说明书记载：“本实用新型与现有技术相比具有如下优点：（1）在插线孔的卡线簧片增加限位块，以避免卡线簧片工作时偏转角度过大或使用多次后不能恢复到原来的位置，避免做成接线不紧或松线等接触不良的现象……”，“在底座的底面的左侧设有定位孔和定位柱，其作用是用于安装其他的电器元件。”

针对本专利，罗志坚于2004 年 7 月 29 日以其不符合专利法第二十六条第三款以及第二十二条第三款、第四款的规定为由，向专利复审委员会提出无效宣告请求，并提交五份证据，其中：

对比文件 2：中国专利 ZL96237513.6，公告日为 1998 年 9 月 9 日。其公开了一种组合按键开关，具体包括壳体、壳体盖、按键、静触片和动触片。

对比文件 4：中国专利 ZL97208453.3，公告日为 1998 年 8 月 26 日。其公开了一种用于电气导线连接的自紧接线卡，结合说明书可知，该自紧接线卡包括以下特征：在壳体上开有接线孔 1；自紧簧片 7 被弯制成燕尾形设置在壳体芯腔内；6 为弹簧定位柱。从附图 1、2 可以看出，弹簧定位柱的顶端压在自紧簧片的弯角处，顶端与自紧簧片形成一限位角。

2005 年 4 月 27 日，专利复审委员会进行了口头审理。在口头审理中，罗志坚放弃了本专利不符合专利法第二十二条第四款的无效理由。2005 年 6 月 27 日，专利复审委员会作出第 7365 号决定，其中认定：

1. 本专利符合专利法第二十六条第三款的规定。2. 对比文件 2 中没有公开安装在底座（1）上的插线孔（7）里面的“L形”卡线簧片（6）及其与限位柱的位置关系。对比文件 4 公开了一种导电线路连接器，其公开了以下特征：在壳体上开有接线孔 1；自紧簧片 7 被弯制成燕尾形设置在壳体芯腔内；6 为弹簧定位柱，定位柱的顶端压在自紧弹簧的弯角处，限位柱的顶端与自紧弹簧构成限位角。上述特征与本专利在导电线路连接方面的技术内容没有实质差别。因此，对比文件 2 公开了本专利权利要求 1 中有关按键的技术特征，对比文件 4 公开了本专利权利要求 1 中有关接线装置的技术特征。对于本领域普通技术人员来说，容易想到对比文件 4 的导电线路连接器装置与电器的电源线相连接的内容，所以可以容易地在对比文件 2 的琴键开关的基础上通过简单的组合方式与对比文件 4 的接线装置的特征相结合，这种简单的功能组合是显而易见的。也就是说，所属技术领域的技术人员在对比文件 2 的基础上结合对比文件 4 的启示得到本专利权利要求 1 所限定的技术方案不需要花费创造性的劳动，这种简单的组合属于常规设计范围，不具备创造性，本专利权利要求 1 不符合专利法第二十二条第三款的规定。3. 本专利权利要求 2、3 具备专利法第二十二条第三款所规定的创造性。4. 本专利的权利要求 4、5 作为权利要求 1 的从属权利要求，其附加技术特征仅分别是对权利要求 1 中安装部分和限位柱的形状进行了进一步的限定，具体为：还设置有定位孔和定位柱；限位柱的形状是圆柱形或多边形。这些技术特征对本领域人员来说属于公知常识，在本专利权利要求 1 不具有创造性的前提下，权利要求 4、5 也不具有创造性。基于上述理由，专利复审委员会宣告本专利权利要求 1、4、5 无效，在权利要求 2、3 的基础上维持本专利权有效。

上述事实有本专利授权公告说明书、第 7365 号决定、对比文件 2、对比文件 4 及当事人陈述等证据在案佐证。

本院认为，根据专利法第二十二条第三款的规定，实用新型的创造性是指同申请日以前已有的技术相比，该实用新型具有实质性特点和进步。在与对比文件中相应技术特征进行对比时，其名称不同并不必然得出其技术特征不相同或不等同的结论，而应当考虑相应技术特征的结构、所解决的技术问题及所取得的技术效果进行综合的判断。本案的关键问题是对于本专利权利要求 1，对比文件 2 未公开的区别技术特征在对比文件 4 中是否有明确的技术教导。

将本专利权利要求 1 与对比文件 2 相比，对比文件 2 未公开权利要求 1 中接线装置部分的技术特征，即卡线簧片安装在底座上的插线孔里面，在插线孔相对应的位置、在盖板上设有限位柱，限位柱的顶端压在“L 形”卡线簧片的弯角处，限位柱的顶端与“L 形”卡线簧片构成限位角。根据查明的事实，对比文件 4 公开了一种自紧接线卡，在其壳体上开有接线孔；自紧簧片被弯制成燕尾形设置在壳体芯腔内；弹簧定位柱的顶端压在自紧簧片的弯角处，顶端与自紧簧片形成一限位角。对比文件 4 中的簧片定位柱虽然主要是为了定位簧片，且说明书中也未说明定位柱是否具有限制簧片变形的作用，但本领域普通技术人员在阅读对比文件 4 及其附图的基础上，容易想到簧片定位柱客观上具有限制簧片变形量的作用，且其设置位置、结构及客观上达到的控制簧片变形的效果与本专利基本相同。因此，对比文件 4 披露了本专利接线装置部分的技术手段，且该技术手段在对比文件 4 中所起的作用与其在本专利中所起的作用相同。至于对比文件 4 中的自紧簧片是安装在壳体芯腔中还是安装在接线孔中对该技术特征的作用、效果并未产生明显的差别。天朗公司关于对比文件 4 中的簧片定位柱与本专利限位柱的具体结构、技术效果不同，对比文件 4 没有给出技术启示的上诉主张没有事实和法律依据，本院不予支持。

本专利权利要求 4 从属于权利要求 1，其附加技术特征为“底座的底面的左侧设有定位孔和定位柱”，目的在于安装其他的电器元件。对于本领域的技术人员来说，为了便于安装其他的电器元件，在底座的底面设置定位孔和定位柱是公知、常用的技术手段，在权利要求 1 不具备创造性的情况下，权利要求 4 也不具备创造性。

本专利权利要求 5 从属于权利要求 1，其附加的技术特征为“限位柱的横截面形状可以是圆柱形，也可以是多边形”，该技术特征是公知常识，在权利要求 1 不具备创造性的情况下，权利要求 5 也不具备创造性。

综上所述，原审判决认定事实清楚，适用法律正确，应予维持。天朗公司的上诉主张没有事实和法律依据，本院不予支持。依照《中华人民共和国行政诉讼法》第六十一条第（一）项之规定，本院判决如下：

驳回上诉，维持原判。

一、二审案件受理费各1000元，均由中山市天朗电器有限公司负担（已交纳）。

本判决为终审判决。

审 判 长 刘继祥
审 判 员 孙苏理
代理审判员 焦 彦
二〇〇六年八月十日
书 记 员 毕 怡

040

以银—氧化镉为基础的电接触材料及其生产工艺案

无效宣告请求审查决定（第7370号）

决　定　号　第7370号

决　定　日　2005年6月17日

发明创造名称　以银—氧化镉为基础的电接触材料及其生产工艺

国际分类号　H01H 1/02　H01R 13/03

无效请求人　桂林电器科学研究所

专利权人　江阴市宏发合金材料厂

专　利　号　95111070.5

申　请　日　1995年6月10日

授权公告日　1998年3月4日

合议组组长　于　萍

主　审　员　詹靖康

参　审　员　樊晓东

法律依据　专利法二十二条第二款、第三款、第四款

决定要点

权利要求所限定的范围中有一部分是可以实现的，要求保护的产品在产业中能够制造，并且能够解决技术问题；要求保护的方法符合自然规律，具有技术特征，可以实施，并且可以产生积极效果，那么该权利要求就具备专利法二十二条第四款规定的实用性。

当专利的一项权利要求中存在以数值进行限定的技术特征，且其余特征均已被一项已有技术公开，这时如果该权利要求限定的数值范围为一连续数值范围，而上述已有技术公开的相应特征的一个数值落入了该范围，则该专利的该项权利要求不具备新颖性。

将一项发明权利要求所要求保护的技术方案与现有技术相对比，如果该技术方案相对于现有技术是显而易见的，并且该技术方案所产生的效果是本领域技术人员可以预见的，则该权利要求不具有突出的实质性特点和显著的进步。

一、案由

本专利复审请求涉及专利号为95111070.5、名称为“以银—氧化镉为基础的电接触材料及其生产工艺”的发明专利（下称本专利），其申请日为1995年6月10日，申请人为江阴市宏发合金材料厂。

其授权公告的权利要求内容书如下：

“1. 一种以银—氧化镉为基础的电接触材料，它在一种银基体中含有氧化镉，其特征在于该材料

中含有：Ag80% ~88%，CdO12% ~20%，Ni0.1% ~0.2%，各组分的总和为100%。

2. 根据权利要求1所述的一种以银—氧化镉为基础的电接触材料，其特征在于该材料中含有占总量0.01% ~0.15%的铝及锑。

3. 根据权利要求1或2所述的一种以银—氧化镉为基础的电接触材料，其特征在于组分中氧化镉的份额为13~19重量百分比（相对于材料的总重量）。

4. 根据权利要求1或2所述的一种以银—氧化镉为基础的电接触材料，其特征在于组分中氧化镉的份额为14~18重量百分比（相对于材料的总重量）。

5. 根据权利要求1或2所述的一种以银—氧化镉为基础的电接触材料，其特征在于组分中氧化镉的份额为15~18重量百分比（相对于材料的总重量）。

6. 根据权利要求1或2所述的一种以银—氧化镉为基础的电接触材料，其特征在于组分中氧化镉的份额为16.2~17.8重量百分比（相对于材料的总重量）。

7. 根据权利要求1或2所述的一种以银—氧化镉为基础的电接触材料，其特征在于组分中氧化镉的份额为16.5~17.5重量百分比（相对于材料的总重量）。

8. 一种以银—氧化镉为基础的电接触材料的生产工艺，其特征在于，其工艺方法是：将银锭、镉锭和镍锭置于熔炼炉练成铸锭，加工成碎屑，经高温高压氧化得到一种银氧化镉材料，再在钢模中成型，然后在高温中挤压成一定规格的条材，再经过拉拔便得到线材产品。

9. 根据权利要求8所述的一种以银—氧化镉为基础的电接触材料的生产工艺，其特征在于：高温高压氧化的温度为760℃ ~820℃，并注入4~6kg/cm^{2}的氧气，保持10~15小时，挤压成条材的加热温度为840℃ ~900℃。

10. 根据权利要求8所述的一种以银—氧化镉为基础的电接触材料的生产工艺，其特征在于高温高压氧化的温度为800℃ ~820℃，并注入5~6kg/cm^{2}的氧气，保持8~12小时，挤压成条材的加热温度为860℃ ~880℃。”

针对上述专利权，桂林电器科学研究所、浙江福达合金材料股份有限公司、乐清市电工合金有限公司、苏州合金材料厂有限责任公司、河北省安平电工合金厂于2004年2月6日向专利复审委员会提出了无效宣告请求。请求人所提交的证据如下：

附件1：英国专利GB960592号中文译文及专利原文复印件，公开日为1964年6月10日（下称对比文件1）；

附件2：中华人民共和国国家标准GB13397－92“合金内氧化法银金属氧化物电触头技术条件”复印件，发布日为1992年3月15日（下称对比文件2）；

附件3：《电工合金通讯》1976年第4期目录页及第1~11页题为“国外银系触头材料的发展概况”的文章复印件，1976年12月出版，有“内部刊物，注意保存”字样（下称对比文件3）；

附件4：《电工合金通讯》1977年第4期目录页及第1~8页题为“国外复合电触头材料的基本情况和发展动向”的文章复印件，1977年出版，有“内部刊物，注意保存”字样（下称对比文件4）；

附件5：《电工合金文集》1987年第4期目录及第28~33页题为“添加元素对Ag－CdO性能的影响”的文章复印件，无日期标志（下称对比文件5）；

附件6：《电接触材料手册》封面、封底，第85~89页，第132~149页复印件，机械工业出版社1987年1月出版（下称对比文件6）；

附件7：美国专利3799771号中文译文及专利原文复印件，公开日为1974年3月26日（下称对比文件7）；

附件8：美国专利3694197号中文译文及专利原文复印件，公开日为1972年9月26日（下称对比文件8）；

附件9：美国专利3317991号中文译文及专利原文复印件，公开日为1967年5月9日（下称对比文件9）；

附件10：《电工合金》1992年第3期封底复印件；

附件11："电工合金文集"征订通知复印件。

2004年3月1日，桂林电器科学研究所、浙江福达合金材料股份有限公司、乐清市电工合金有限公司、苏州合金材料厂有限责任公司、河北省安平电工合金厂提交了意见陈述书，将无效宣告请求人由五个单位改为一个单位：桂林电器科学研究所（下称请求人）。

无效宣告理由为：

（1）权利要求1~7不具备实用性，当其中某组分取上限值、其他组分取下限值时，各组分总和大于100%而无法实现，不符合专利法二十二条第四款的规定。

（2）对比文件1英国专利GB960592的权利要求2公开了以下特征：（1）含有5%~15%的镉（相当于含氧化镉5.71%~17.14%），（2）含有0.1%~0.2%镍，（3）余量为银，（4）氧化镉在银基中分布均匀。权利要求1以及权利要求3~7中引用权利要求1的部分相对于对比文件1不具备专利法第二十二条第二款规定的新颖性。

（3）权利要求1~7相对于对比文件2~8不具备专利法第二十二条第三款规定的创造性。

（4）权利要求8~10不具备实用性，说明书中未说明加工成的碎屑的厚度宽度等尺度范围、钢模中成型的温度和压力范围以及坯块密度、如何通过"拨"和"拔"将条材制成线材，也未说明"拉拨机"是何种机械设备。所述领域技术人员无法依据说明书的内容实现上述工艺步骤，因此权利要求8~10不符合专利法第二十二条第四款的规定。

（5）与权利要求8相比，对比文件6和对比文件9均是将银镉合金破碎后，氧化，再挤压成型，最后冷加工为线材，为相近技术，而在本专利说明书中并未提出质量改善、产量提高等任何明显积极的技术效果。因此权利要求8不具有明显的进步，不符合专利法第二十二条第三款规定的创造性；与上述权利要求8同理，权利要求9、10不具有显著的进步，也不具备创造性。

经形式审查合格，专利复审委员会受理了上述请求，于2004年3月30日向双方当事人发出无效宣告请求受理通知书，并将无效宣告请求书及其附件的副本转送专利权人（下称被请求人）。

被请求人于2004年4月13日提交了意见陈述书，所陈述的意见是："上述专利第八年年费未缴已终止"。

本案合议组于2005年3月30日向双方当事人发出口头审理通知书，定于2005年5月13日上午举行口头审理，同时将被请求人于2004年4月13日提交的意见陈述书转送给请求人。

口头审理如期举行。被请求人未出席口头审理。请求人对合议组成员没有回避请求。请求人当庭出示附件2（中华人民共和国国家标准GB13397-92）、附件3（《电工合金通讯》1976年第四期）、附件4（《电工合金通讯》1977年第四期）、附件5（《电工合金文集》1987年第四期）、附件6（《电接触材料手册》1987年1月第一版）、附件10（《电工合金文集》1992年第三期封底）、附件11（《电工合金文集》1987年第四期封底）的原件。请求人明确附件3、4、5《电工合金通讯》杂志作为公开出版物使用。请求人当庭明确表示放弃使用附件9。请求人明确其无效理由为：本专利权利要求1~10不具备实用性。权利要求1，权利要求3~7引用权利要求1的方案不具备新颖性，权利要求

1～7不具备创造性，放弃本专利权利要求8～10无创造性的理由。请求人明确以附件1（英国专利960592）作为最接近现有技术评述本专利权利要求1～7的创造性。权利要求2的附加技术特征被附件5、6公开。权利要求2及权利要求3～7引用权利要求2的方案相对于附件1、5、6不具备创造性。

在上述工作的基础上，合议组认为本案事实清楚，可以作出本决定。

二、决定的理由

1. 关于证据

对比文件1为专利文献，属于公开出版物，其公开日在本专利的申请日之前，并且被请求人对对比文件1的真实性和中文译文的准确性无异议。因此，对比文件1公开的内容构成了本专利的已有技术，能够用于评价本专利的新颖性和创造性。

对比文件5是《电工合金文集》1987年第4期目录及第28～33页，口头审理中请求人出具了该文集的原件，请求人提出将该对比文件5作为公开出版物使用。关于其目录页印有的“内部资料，注意保存”字样，请求人陈述这是“文革”期间邮局不办理技术刊物的发行，单位自办发行所致。审查指南第二部分第三章第2.1.3.1节出版物公开部分规定，对于印有“内部发行”等字样的出版物，确系特定范围内要求保密的，不属于专利法意义上的出版物。合议组注意到，《电工合金文集》1987年第四期中文章的投稿人工作单位分别为桂林电器科学研究所、大连工学院、湖南电工合金厂，不限于其出版单位桂林电器科学研究所；原件第62页的“电工合金文集”征订通知中写明“单位和个人均可订阅《电工合金文集》”。合议组认为，《电工合金文集》1987年第四期没有在特定范围内要求保密，因而应当属于专利法意义上的公开出版物，能够用于评价本专利的创造性。

对比文件6是机械工业出版社1987年1月出版的《电接触材料手册》第85～89页，第132～149页，口头审理中请求人出具了该证据原件，因此对比文件6公开的内容构成了本专利的已有技术，能够用于评价本专利的新颖性和创造性。

2. 关于实用性

根据专利法第二十二条第四款的规定，实用性，是指发明或者实用新型申请的主题必须能够在产业上制造或者使用，并且能够产生积极效果。在产业上能够制造或者使用的技术方案，是指符合自然法则、具有技术特征的任何可实施的技术方案。能够产生积极效果，是指发明或者实用新型专利申请在提出申请之日，其产生的经济、技术和社会的效果是所属技术领域的技术人员可以预料到的。

授予专利权的发明或者实用新型，必须是能够解决技术问题，并且能够应用的发明或者实用新型。换句话说，如果申请的是一种产品（包括发明和实用新型），那么该产品必须在产业中能够制造，并且能够解决技术问题；如果申请的是一种方法（仅限发明），那么这种方法必须在产业中能够使用，并且能够解决技术问题。实用性的审查原则是：（1）以申请日提交的说明书（包括附图）和权利要求书所公开的整体技术内容为依据，而不仅仅局限于权利要求所记载的内容；（2）能否实施是以所属技术领域的技术人员能否实现为标准；（3）实用性与所申请的发明或者实用新型是怎样创造出来的或者是否已经实施无关。

本专利权利要求1～7请求保护一种以银—氧化镉为基础的电接触材料。虽然根据权利要求的限定，当其中某组分取上限值、其他组分取下限值时，各组分总和大于100%，但是根据审查指南的规定，在判断实用性时不应局限于权利要求所记载的内容。就本专利权利要求1～7而言，各组分的上限之和都大于100%，下限之和都小于100%，可见权利要求所限定的范围中有一部分是可以实现的。本领域技术人员能够在权利要求所限定的数值范围内作出恰当的选择而实施本发明。这种产品在产业中能够制造，并且能够解决技术问题。

权利要求 8～10 请求保护一种以银—氧化镉为基础的电接触材料的生产工艺。这种生产工艺符合自然规律，具有技术特征，可以实施，并且可以产生积极效果。虽然权利要求 8～10 没有限定碎屑的尺度范围、钢模成型时的温度和压力、坯块的密度，也没有说明“拉拨机”是何种机械设备，但是本领域技术人员能够根据权利要求 8～10 的加工工艺步骤结合自己的理解以及常识实施该工艺方法并产生积极效果。

因此，本专利权利要求 1～10 符合专利法第二十二条第四款有关实用性的规定。

3. 新颖性

根据专利法第二十二条第二款的规定，新颖性是指在申请日以前没有同样的发明在国内外出版物上公开发表过、在国内公开使用过或者以其他方式为公众所知，也没有同样的发明由他人向国务院专利行政部分提出过申请并且记载在申请日以后公布的专利申请文件中。

如果被审查的专利与一项已有技术相比，两者的技术领域、所要解决的技术问题和技术方案实际上相同、预期效果相同，则该专利不具备新颖性。如果专利的一项权利要求中存在以数值进行限定的技术特征，且其余特征均已被一项已有技术公开，这时如果该权利要求限定的数值范围为一连续数值范围，而上述已有技术公开的相应特征的一个数值落入了该范围，则该专利的该项权利要求不具备新颖性。

对比文件 1 涉及电触头，其权利要求 1 公开了以下技术特征：一种内氧化合金，含有5%～15%的镉，为氧化镉（相当于5.71%～17.14%的氧化镉）；含有0.05%～5.0%的镍；余量为银。对比文件 1 的权利要求 2 引用了其权利要求 1，进一步限定了镍的含量为0.1%～0.2%，此时，银的含量为约82.66%～94.19%。可见，本专利权利要求 1 的全部技术特征都已被对比文件 1 所公开，权利要求 1 不具备专利法第二十二条第二款规定的新颖性。

同样，对从属权利要求 3～7 中引用权利要求 1 的部分附加技术特征分别为氧化镉的份额为 13%～19%、14%～18%、15%～18%、16.2%～17.8%、16.5%～17.5%。对比文件 1 所公开的氧化镉的含量数值5.71%～17.14%公开了以上特征。在权利要求 3～7 引用权利要求 1 的情况下，权利要求 3～7 也不具备专利法第二十二条第二款规定的新颖性。

4. 关于创造性

在权利要求 1 不具备新颖性的情况下，其创造性不予评价。

从属权利要求 2 的附加技术特征是“该材料中还含有占重量 0.01%～0.15% 的铝及锑”。对比文件 5 第 28 页表 1 公开了在 Ag－CdO 触头材料中添加小于0.05%的铝细化晶粒、提高硬度；添加小于0.01%的锑元素以提高硬度。本专利说明书中并未明确添加镍 0.1%～0.2% 或添加镍0.1%～0.2%和铝锑 0.01%～0.15% 前后的材料性能、工艺性能改进的对比，没有明确所获得的技术效果。本领域技术人员对此的理解只能是添加镍 0.1%～0.2% 或添加镍 0.1%～0.2% 和铝锑0.01%～0.15% 只是公知技术中添加单一成分的作用的简单组合。而添加上述元素的作用已在对比文件 5 中公开，因此，在对比文件 1 的基础上结合对比文件5，本领域技术人员很容易就能得到权利要求 2 请求保护的技术方案，权利要求 2 相对于对比文件 1、5 的结合不具备专利法第二十二条第三款规定的创造性。

对从属权利要求 3～7 中引用权利要求 2 的部分的附加技术特征分别为氧化镉的份额为 13%～19%；14%～18%；15%～18%；16.2%～17.8%；16.5%～17.5%。以上特征都已被对比文件 1 所公开（具体参见对新颖性的评述）。可见，在权利要求 2 不具备创造性的情况下其从属权利要求 3～7 中引用权利要求 2 的技术方案也不具备专利法第二十二条第三款规定的创造性。

三、决定

宣告95111070.5号发明专利权的权利要求1~7无效，维持权利要求8~10有效。

当事人对本决定不服的，可以根据专利法第四十六条第二款的规定，自收到本决定之日起三个月内向北京市第一中级人民法院起诉。根据该款的规定，一方当事人起诉后，另一方当事人应当作为第三人参加诉讼。

041

结构纹理防伪标识物案

无效宣告请求审查决定（第7416号）

决　定　号　第7416号

决　定　日　2005年6月24日

发明创造名称　结构纹理防伪标识物

国际分类号　G09F 17/60

无效请求人　柴京凯

专利权人　东方国际防伪中心

专　利　号　98219607.5

申　请　日　1998年8月8日

授权公告日　2000年2月23日

合议组组长　徐媛媛

主　审　员　杜微科

参　审　员　熊　婷

法律依据　专利法第二十二条第二款、第三款

决定要点

“先申请、后公开”的对比文件只能用于评价权利要求的新颖性，而不能与其他现有技术或者公知常识相结合评价权利要求的创造性。

一、案由

本无效宣告请求涉及国家知识产权局专利局于2000年2月23日授权公告的、名称为“结构纹理防伪标识物”的98219607.5号实用新型专利（下称本专利），其申请日为1998年8月8日，专利权人为东方国际防伪中心（下称被请求人）。

授权公告的权利要求书如下：

“1. 一种可通过传真机、上网电脑或电话向计算机识别系统数据库拨入编码、调取有关防伪信息来验证产品真伪的防伪标识物，由载体（3）和编码（1）构成，编码（1）印设在载体（3）上，编码（1）还作为防伪信息存储在计算机识别系统数据库中，其特征在于：用作载体（3）的材料具有一些清晰的作为防伪信息的随机结构纹理（2），随机结构纹理（2）是载体（3）材料的一种结构特征，随机结构纹理（2）和载体（3）的材料构成一个不可分离的结构整体。

2. 按照权利要求1所述的防伪标识物，其特征在于：所述随机结构纹理（2）是载体（3）材料的内部结构纹理。

3. 按照权利要求2所述的防伪标识物，其特征在于：所述内部结构纹理（2）是一种三维空间内

部结构纹理。

4. 按照权利要求1所述的防伪标识物，其特征在于：所述载体（3）是一种其剖面上具有一些清晰的、天然的随机结构纹理（2）的天然物体。

5. 按照权利要求1所述的防伪标识物，其特征在于：所述载体（3）的材料是一种纸张、塑膜或复合材料，其内有一些随机添加的、用以形成清晰的随机结构纹理（2）的有色纤维或碎屑。

6. 按照权利要求1所述的防伪标识物，其特征在于：所述载体（3）选用的材料是一种塑料、玻璃、陶瓷或复合材料，其内有一些随机添加的、用以形成清晰的内部随机结构纹理（2）的颜料、不规则形状颗粒或气泡。

7. 按照权利要求1~6中任一权利要求所述的防伪标识物，其特征在于：所述载体（3）上设置有查询电话号码、计算机网址、参照物（6）或位置代码（5）的印刷层。

8. 按照权利要求1~6中任一权利要求所述的防伪标识物，其特征在于：所述载体（3）或标记参照物（6）的某些尺寸等于某种纸币的长或宽的八分之一或六分之一的整数倍。

9. 按照权利要求1、2、3、4或6中任一权利要求所述的防伪标识物，其特征在于：所述载体（3）是一种具有多个平面或曲面的立体形状物体。

10. 按照权利要求1~6中任一权利要求所述的防伪标识物，其特征在于：载体（3）是一种结构纹理（2）具有立体感的透明、半透明材料。

11. 按照权利要求4所述的防伪标识物，其特征在于：所述天然物体是一种木块或石块。”

针对上述专利权，柴京凯（下称请求人）于2005年1月18日向专利复审委员会提出无效宣告请求，理由是本实用新型专利的权利要求1~11不具备新颖性和创造性。请求人同时提交了如下三份附件作为证据：

附件1（下称对比文件1）：申请号为97126167.9的中国发明专利申请公开说明书，申请日为1997年12月31日，公开日为1999年7月7日；

附件2（下称对比文件2）：申请号为96192892.1的中国发明专利申请公开说明书，公开日为1998年4月22日；

附件3（下称对比文件3）：申请号为92109558.9的中国发明专利申请公开说明书，公开日为1994年3月2日。

请求人在无效宣告请求书中认为，权利要求1~4、11的全部技术特征已经被附件1公开，因此上述权利要求不具备新颖性；权利要求5的附加技术特征是公知常识，因此权利要求5不具备新颖性和创造性；权利要求6的附加技术特征是公知常识同时已被附件3公开，因此权利要求6不具备创造性；权利要求7的附加技术特征是公知常识同时已被附件2公开，因此权利要求7不具备创造性；权利要求8的附加技术特征已经被附件2公开，因此权利要求8不具备创造性；权利要求9的附加技术特征是公知常识同时已经被附件1公开，因此引用权利要求1~4的权利要求9不具备新颖性，引用权利要求6的权利要求9不具备创造性；权利要求10的附加技术特征是公知常识，因此权利要求10不具备新颖性和创造性。

经形式审查合格，专利复审委员会于2005年1月19日受理了上述无效宣告请求，同日将宣告专利权无效请求书及有关附件副本转送给了被请求人，要求其在指定期限内答复。对此，被请求人在指定期限内未作任何意见陈述。

2005年4月28日，合议组向双方当事人发出口头审理通知书，定于2005年6月6日举行口头审理。

口头审理如期举行，请求人委托的代理人出席了口头审理。被请求人口审前未向合议组提交口头审理回执，也未出席口头审理，合议组根据专利法实施细则第六十九条第三款的规定进行了缺席审理。

口头审理中请求人对合议组成员未提出回避请求，并明确放弃将附件2作为本案的证据使用，请求人明确其无效理由是本专利的权利要求1～11不符合专利法第二十二条第二款、第三款，具体如下：

(1) 权利要求1～4、11相对于附件1不具备新颖性；

(2) 权利要求5限定部分的附加技术特征为公知常识，因此在其引用的权利要求不具备新颖性的情况下，权利要求5不具备创造性；

(3) 权利要求6的附加技术特征"所述载体（3）选用的材料是一种塑料、玻璃、陶瓷或复合材料"为公知常识，"其内有一些随机添加的、用以形成清晰的内部随机结构纹理（2）的颜料、不规则形状颗粒或气泡"被附件3（中国专利92109558.9）公开，因此权利要求6在其引用的权利要求不具备新颖性的情况下，不具备创造性；

(4) 权利要求7、8、10的附加技术特征为公知常识，在其引用的权利要求不具备新颖性和创造性的情况下，不具备创造性；

(5) 权利要求9引用权利要求1～4的技术方案不具备新颖性，引用权利要求6的技术方案不具备创造性。

合议组当庭告知请求人仅以请求人口审中所提上述理由和证据对比方式评述本专利的新颖性和创造性，口头审理结束后合议组不再接受请求人提交的任何理由、证据和书面意见陈述。

在上述工作的基础上，合议组认为本案事实已经清楚，可依法作出审查决定。

二、决定的理由

（一）证据

1. 由于请求人在口审中放弃了附件2，因此合议组不再对该证据进行审查和评价。

2. 附件1是专利文献，属公开出版物，合议组对其真实性予以了核实。同时附件1的申请日为1997年12月31日，公开日为1999年7月7日，申请人为张海英。本专利的申请日为1998年8月8日，申请人为东方国际防伪中心。根据专利法第二十二条第二款以及审查指南第二部分第三章第2.2节的规定，附件1只能用于评价本专利的新颖性。

附件3中国发明专利92109558.9的发明专利申请公开说明书是公开出版物，合议组对其真实性予以了核实。同时，附件3的公开日为1994年3月2日，早于本专利的申请日，故附件3构成本专利的现有技术，可用于评价本专利的新颖性和创造性。

（二）新颖性

专利法第二十二条第二款规定："新颖性，是指在申请日以前没有同样的发明或者实用新型在国内外出版物上公开发表过、在国内公开使用过或者以其他方式为公众所知，也没有同样的发明或者实用新型由他人向国务院专利行政部门提出过申请并且记载在申请日以后公布的专利申请文件中。"

1. 权利要求1

附件1公开了一种自然防伪法，该方法利用天然物质的天然图像作为特征采集对象，所述天然物质被做成特征块（对应于本专利权利要求1之载体），特征块桑打有随机编码（特征块及其上的编码对应于本专利权利要求1的防伪标识物），同时对编码进行记录。其中所述天然物质选择具有可以大量获得、纹理清晰而密致、极易被辨认的物质，诸如木头和石头等。特征块与被保护的商品或包装一体化连接。检测时，由计算机进行扫描，识别特征块上的编码，无误后，再识别特征块上的纹理和图案，进而进行真伪判断（参见附件1权利要求书）。通过上述描述可以看出，本专利权利要求1所要求保护的技术方案与附件1所披露上述技术内容的区别在于：本专利中，编码印设在载体上；而在附件1中，编码是打在特征块上的。对此合议组认为，就编码与相应之载体的附着方式而言，“印设”与“打在”均是本领域所惯常使用的技术手段，属于惯用手段的直接置换。

另外需要指出的是，权利要求1的主题名称为“一种可通过传真机、上网电脑或电话向计算机识别系统数据库拨入编码、调取有关防伪信息来验证产品真伪的标识防伪物”。首先，该主题名称的限定部分“一种……验证产品真伪的”实质上是对“防伪标识物”使用方法的限定，而未能对“防伪标识物”本身的结构或形状特征进行限定，“防伪标识物”使用方法的不同也没有给“防伪标识物”的结构特征带来任何变化；其次，权利要求1的“防伪标识物”与附件1记载的“带有编号的天然物质特征块”解决的技术问题相同，均是为了提供一种用于辨别物品真伪的标识物，两者属于相同的技术领域，获得的技术效果也是相同的。基于上述原因，可以认为权利要求1的主题名称与附件1记载的“带有编号的天然物质特征块”实质上相同。

综上所述，合议组认为附件1中记载了权利要求1的全部技术特征，附件1中“带有编号的天然物质特征块”与本专利权利要求1请求保护的“防伪标识物”技术领域相同，解决了相同的技术问题，技术方案实质上相同，获得的技术效果也相同。故本专利权利要求1相较于附件1不具备新颖性。

2. 权利要求2、3、4

权利要求2是权利要求1的从属权利要求，其附加技术特征为“所述随机结构纹理（2）是载体（3）材料的内部结构纹理”；权利要求3是权利要求2的从属权利要求，其附加技术特征为“所述内部结构纹理（2）是一种三维空间内部结构纹理”；权利要求4是权利要求1的从属权利要求，其附加技术特征为“所述载体（3）是一种其剖面上具有一些清晰的、天然的随机结构纹理（2）的天然物体”。

附件1权利要求的特征1、2记载：“选择具有可以大量获得、纹理清晰而密致、极易被普通人辨认的天然物质，一般是木头和石头……将这些天然物质做成一定面积大小的薄块（特征块）”。根据一般常识，用做特征块的木头和石头等天然物质一般都具有分布于表面和剖面上的内部结构纹理，并且这种纹理在三维空间内随机分布，因此附件1记载了与权利要求2、3、4的附加技术特征实质上相同的技术措施，在权利要求1不具备新颖性时，直接或间接从属于其的权利要求2~4同样也不具备新颖性。

3. 权利要求9、11

权利要求9是权利要求1、2、3、4、6的从属权利要求，附加的技术特征为“所述载体（3）是一种具有多个平面或曲面的立体形状物体”，附件1权利要求的特征（2）记载了与之实质上相同的技术措施“特征块可以是方形、圆形和其他规则或不规则的形状”。因此在权利要求1~4不具备新颖性时，权利要求9中引用权利要求1~4的技术方案同样不具备新颖性。

权利要求11是权利要求4的从属权利要求，其附加的技术特征为“所述天然物体是一种木块或石块”，该特征已经被附件1权利要求的特征（1）“选择……的天然物质，一般是木头和石头”所披露。因此在权利要求4不具备新颖性时，权利要求11也不具备新颖性。

（三）关于创造性

专利法第二十二条第三款规定：“创造性，是指同申请日以前已有的技术相比，该发明有突出的实质性特点和显著的进步，该实用新型有实质性特点和进步。”

根据上文“证据”部分的论述，可知在请求人提供的证据中，只有附件3可用于评价本专利的创造性。

1. 权利要求5、6

针对权利要求5、6，请求人认为：权利要求5限定部分的附加技术特征是公知常识，因此在权利要求1不具备新颖性时权利要求5不具备创造性；权利要求6的附加技术特征“所述载体（3）选用的材料是一种塑料、玻璃、陶瓷或复合材料”为公知常识，“其内有一些随机添加的、用以形成清晰的内部随机结构纹理（2）的颜料、不规则形状颗粒或气泡”被附件3（中国专利92109558.9）公开，因此权利要求6在其引用的权利要求不具备新颖性的情况下，不具备创造性。合议组注意到，请求人提出上述主张，实质上是认为附件1公开了权利要求1的全部技术特征，因此附件1和公知常识或附件3相结合可以破坏权利要求5、6的创造性。

合议组认为：所谓创造性，是指权利要求相对于申请日之前公开的现有技术相比不具有突出的实质性特点和显著的进步，即必须将权利要求与申请日之前公开的现有技术比较才能正确地判断一项权利要求是否具备创造性。在本案中，权利要求5、6作为权利要求1的从属权利要求，其技术方案不仅包括权利要求5或6本身的附加技术特征，也包括权利要求1的全部技术特征。虽然附件1确实记载了权利要求1的全部技术特征，使得权利要求1相对于附件1不具备新颖性，但是附件1只能单独使用来评价本专利权利要求的新颖性，而不能和其他对比文件或公知常识相结合来评价创造性。

附件3与本专利相比较，未公开权利要求1“防伪标识物，由载体（3）和编码（1）构成，编码（1）印设在载体（3）上”，“用作载体（3）的材料具有一些清晰的作为防伪信息的随机结构纹理（2），随机结构纹理（2）是载体（3）材料的一种结构特征，随机结构纹理（2）和载体（3）的材料构成一个不可分离的结构特征”等技术特征，同时也未给出相应的技术启示，而上述区别技术特征如说明书所述又具有一定的有益效果。由于权利要求5、6作为权利要求1的从属权利要求也具有上述区别技术特征，因此权利要求5、6与附件3相比具有突出的实质性特点和显著的进步，具备创造性。

故合议组对请求人认为权利要求5、6不具备创造性的上述主张不予支持。

2. 权利要求7、8、10

权利要求7、8、10都是引用权利要求1~6的从属权利要求，因此包括了权利要求1的全部技术特征。权利要求7的附加技术特征为“所述载体（3）上设置有查询电话号码、计算机网址、参照物（6）或位置代码（5）的印刷层”；权利要求8的附加技术特征为“所述载体（3）或标记参照物（6）的某些尺寸等于某种纸币的长或宽的八分之一或六分之一的整数倍”；权利要求10的附加技术特征为“载体（3）是一种结构纹理（2）具有立体感的透明、半透明材料。”

首先，就权利要求7、8、10引用权利要求1的技术方案而言，如上文对权利要求5、6创造性的评述，附件3未能公开权利要求1的部分技术特征，同时也未给出相应的技术启示，而上述区别技术特征如说明书所述又具有一定的有益效果，因此权利要求7、8、10引用权利要求1的技术方案与附件3相比，具有突出的实质性特点和显著的进步，具备创造性。

鉴于权利要求2~6均直接或间接从属于权利要求1，故基于相同的原因，权利要求7、8、10引用权利要求2~6的技术方案与附件3相比具有突出的实质性特点和显著的进步，具备创造性。

3. 权利要求9引用权利要求6的技术方案

由于权利要求6是权利要求1的从属权利要求，因此权利要求9引用权利要求6的技术方案包括了权利要求1的全部技术特征。权利要求9附加的技术特征是“所述载体（3）是一种具有多个平面或曲面的立体形状物体”，请求人主张权利要求9引用权利要求6的技术方案不具备创造性。

由于附件3未能公开权利要求1的部分技术特征，权利要求6相对于附件3具备创造性，因此权利要求9引用权利要求6的技术方案相对于附件3也具有突出的实质性特点和显著的进步，具备创造性。

三、决定

宣告98219607.5号实用新型专利权权利要求1~4、11以及权利要求9中引用权利要求1~4的技术方案不具备新颖性。

维持权利要求5、6、7、8、10以及引用权利要求6的权利要求9有效。

当事人对本决定不服的，可以根据专利法第四十六条第二款的规定，自收到本决定之日起三个月内向北京市第一中级人民法院起诉。根据该款的规定，一方当事人起诉后，另一方当事人应当作为第三人参加诉讼。

042

分流铜线卡案

无效宣告请求审查决定（第7439号）

决　定　号　第7439号
决　定　日　2005年8月4日
发明创造名称　分流铜线卡
国际分类号　H02G 3/08　H02G 3/16　H01R 11/00　H01R 4/38
无效请求人　重庆锐利电力发展有限公司
专利权人　黄可楼
专　利　号　01238868.8
申　请　日　2001年4月12日
授权公告日　2002年3月13日
合议组组长　张　度
主　审　员　高海燕
参　审　员　周雷鸣

法律依据　专利法第九条、第二十二条第二款、第三款
决定要点

如果一项权利要求的技术方案与现有技术的一个技术方案相比存在区别技术特征，导致二者的技术方案实质不同，则该权利要求具备新颖性；如果现有技术对上述区别技术特征也没有给出任何技术启示，本领域技术人员在现有技术的基础上得出该权利要求的技术方案需要付出创造性劳动，则该权利要求具备创造性。

一、案由

本无效宣告请求涉及国家知识产权局专利局于2002年3月13日授权公告的01238868.8号实用新型专利（下称本专利），其名称为“分流铜线卡”，申请日为2001年4月12日，专利权人为黄可楼（下称被请求人）。

授权公告的权利要求书如下：

“1. 一种分流铜线卡，包括基座、上盖及母线压板组件，其特征在于：所述基座（1）上设有两条或两条以上互相隔离的母线定位槽（2），基座（1）上还固定设有相同数目的导电基体（3），每条导电基体（3）与一条母线定位槽（2）对应，一端与对应的母线定位槽（2）相接，导电基体（3）的另一端从与其相交的其他母线定位槽（2）下方引至基座（1）边缘，端部并设有分流线夹紧机构，导电基体（3）与相交的其他母线定位槽（2）相互绝缘，导电基体（3）上与对应的母线定位槽（2）相接的一端设有凹槽（4）构成母线位槽（2）中的一部分，凹槽（4）上设有母线压板

机构。

2. 根据权利要求1所述的分流铜线卡，其特征在于：所述导电基体（3）对应与其他母线定位槽（2）相交的位置厚度较薄，表面设有绝缘层（17）及与其相交的其他母线定位槽（2）中的一部分。

3. 根据权利要求1或2所述的分流铜线卡，其特征在于：所述分流线夹紧机构由设于端面上的分流线定位孔（6）、压紧螺丝（7）、卡板（8）、卡板复位弹簧（9）及螺钉（10）构成，卡板（8）设在分流线定位孔（6）内及压紧螺丝（7）的下方，分流线定位孔（6）上方设有与分流线定位孔（6）联通的垂直通孔（11）及螺孔（18），压紧螺丝（7）通过螺孔（18）压紧分流线，螺钉（10）上套设卡板复位弹簧（9）后前端穿过通孔（11）与卡板（8）连接；所述的母线压板机构由螺柱（12）、母线压板（5）螺帽（13）及垫片（14）构成，在导电基体（3）上邻近凹槽（4）处设有垂直通孔（15），基座（1）对应通孔（15）处垂直固定设有螺柱（12），螺柱（12）穿过通孔（15），螺柱（12）上动配合设有母线压板（5），并可由垫片（14）和螺帽（13）压紧。

4. 根据权利要求1或2所述的分流铜线卡，其特征在于：所述母线定位槽（2）相互平行，导电基体（3）也相互平行且与母线定位槽（2）垂直，分流线夹紧机构设于基座（1）的同一侧。

5. 根据权利要求3所述的分流铜线卡，其特征在于：所述母线定位槽（2）相互平行，导电基体（3）也相互平行且与母线定位槽（2）垂直，分流线夹紧机构设于基座（1）的同一侧。”

针对上述专利权，重庆锐利电力发展有限公司（下称请求人）于2004年8月20日向专利复审委员会提出无效宣告请求，其理由是本专利权利要求1～5不具备新颖性和创造性，分别不符合专利法第二十二条第二款和第三款的规定。请求人同时提交了下列附件：

附件1：中国实用新型专利CN2478270Y，申请日为2001年3月28日，授权公告日为2002年2月20日，专利权人为何龙真；

附件2：中国实用新型专利CN2500009Y，申请日为2001年7月26日，授权公告日为2002年7月10日；

附件3：中国实用新型专利CN2278277Y，授权公告日为1998年4月8日；

附件4：上海市电力工业局文件（沪电力生字（1994）第495号）及其附录复印件；

附件5：江西省经济贸易委员会文件（赣经贸能发【2000】75号）复印件；

附件6：应诉通知书。

请求人另于2004年9月20日补充提交意见陈述书以及附件7和8，附件7和8分别为：

附件7：中国实用新型专利CN2369368Y，授权公告日为2000年3月15日；

附件8：中国实用新型专利CN2125888Y，公告日为1992年12月23日。

请求人在2004年8月20日提交的无效宣告请求书和2004年9月20日提交的意见陈述书中认为：（1）权利要求1～5不具备新颖性，不符合专利法第二十二条第二款的规定，具体理由为：附件1公开了一种照明线路分路连接装置，其公开的技术方案与权利要求1的技术方案完全相同，因此，权利要求1不具备新颖性；权利要求2和3的附加技术特征分别是附件1公开的技术特征的等同变换，权利要求4和5的附加技术特征已被附件1公开，在权利要求1不具备新颖性的情况下，权利要求2～5不具备新颖性；（2）本专利构成抵触申请，不符合专利法第九条的规定，具体为：附件1的申请日早于本专利，公开日晚于本专利，且为他人向国家知识产权局专利局提出的申请，并已经授予专利权，由于对比文件1公开的技术方案与权利要求1的技术方案相同，依照专利法第九条的规定，本专利不应授予专利权；（3）权利要求1～5不具备创造性，不符合专利法第二十二第三款的规定，具体理由为：权利要求1的技术方案与附件1、3和4公开的技术方案实质相同，其部分技术特征分别被附件3、4、5和7公开，因此权利要求1不具备创造性；权利要求2的附加技术特征是附件1和3公开的技术特征的等同变换，权利要求3的附加技术特征是附件1、3、4、5、7所公开的技术特征的等同变换，权利要求4的附加技术特征已被附件1、2、3、7公开，权利要求5的附加技术特征被附件1、3和7公开。因此，在权利要求1不具备创造性的情况下，权利要求2~5不具备创造性。

经形式审查合格，专利复审委员会于2004年10月8日受理了上述无效宣告请求，同日将请求人提交的专利权无效宣告请求书及其附件清单中所列附件副本以及2004年9月20日补充提交的意见陈述书及其附件副本转交被请求人，要求其在指定的期限内答复。

针对上述无效宣告请求，被请求人于2004年11月22日提交了意见陈述书。在该意见陈述书中，被请求人认为，附件1未公开权利要求1中的“母线定位槽”和“母线压板机构”等特征，因此权利要求1相对于附件1具备新颖性；附件3没有公开权利要求1中的特征“每条导电基体与一条母线定位槽对应”、“一端与对应的母线定位槽相接”、“另一端从与其相交的其他母线定位槽下方引至基座边缘，端部并设有分流线加紧机构”，因此，权利要求1具备创造性，权利要求2~5也具备创造性；权利要求3的母线压板机构和分流线加紧机构的结构与附件3的不同；同样，权利要求1~5相对于附件4、5、7和8具备创造性。

2005年5月26日，合议组向双方当事人发出口头审理通知书，定于2005年7月5日举行口头审理，并将被请求人于2004年11月22日提交的意见陈述书转交请求人。

口头审理如期举行。双方当事人均参加了口头审理。在口头审理中，双方当事人对对方出庭人员的身份没有异议；对合议组成员没有回避请求；请求人当庭明确表示放弃使用附件2（CN2500009Y）、附件8（CN2125888Y）；请求人当庭未能出示附件4（上海市电力工业局文件（沪电力生字（1994）第495号）及其附录复印件）、附件5（江西省经济贸易委员会文件（赣经贸能发【2000】75号）复印件）的原件；请求人当庭明确其无效理由为：以附件1（CN2478270Y）评述本专利权利要求1~5不符合专利法第九条、第二十二条第二款的规定；以附件7作为最接近的对比文件，以及附件3评述本专利权利要求1~5不符合专利法第二十二条第三款的规定；具体理由以书面意见为准。

至此，合议组认为本案事实已经清楚，现依法作出审查决定。

二、决定的理由

1. 关于证据

请求人当庭未能出示附件4和附件5的原件，因此，合议组对附件4和附件5的真实性不予认可，请求人当庭明确表示放弃使用附件2和附件8，附件6为应诉通知书。因此附件2、4、5、6和8不作为现有技术的证据使用。附件1的申请日早于本专利，公开日晚于本专利，且为他人向国家知识产权局专利局提出的申请，因此仅能用于评价本专利的新颖性；附件3和7的授权公告日均早于本专利，因此，可作为现有技术的证据使用。

2. 关于权利要求1~5相对于附件1是否具备新颖性

专利法第二十二条第二款规定的新颖性是指，在申请日以前没有同样的发明或者实用新型在国内外出版物上公开发表过、在国内公开使用过或者以其他方式为公众所知，也没有同样的发明或者实用新型由他人向国务院专利行政部门提出过申请并且记载在申请日以后公布的专利申请文件中。

权利要求1请求保护一种分流铜线卡，其包括基座、上盖及母线压板组件，其特征在于：所述基座（1）上设有两条或两条以上互相隔离的母线定位槽（2），基座（1）上还固定设有相同数目的导电基体（3），每条导电基体（3）与一条母线定位槽（2）对应，一端与对应的母线定位槽（2）相接，导电基体（3）的另一端从与其相交的其他母线定位槽（2）下方引至基座（1）边缘，端部并设有分流线夹紧机构，导电基体（3）与相交的其他母线定位槽（2）相互绝缘，导电基体（3）上与对应的母线定位槽（2）相接的一端设有凹槽（4）构成母线位槽（2）中的一部分，凹槽（4）上设有母线压板机构。

附件1公开了一种照明线路分路连接装置（见说明书第1、第2页，附图1），其由盒体和导电桥构成，导电桥由火线桥臂和零线桥臂构成，两桥臂由至少三个以上支臂构成，支臂端部上装有相同的接线桩和固定接线螺钉，导电桥固定装于盒体内，两桥臂至少有一支臂在盒体内空间立体交叉。由此可见，附件1没有公开权利要求1中的“母线定位槽”、“母线压板机构”和“导电基体”等特征，造成附件1的技术方案与权利要求1的技术方案实质不同，因此权利要求1相对于附件1具备新颖性，符合专利法第二十二条第二款的规定。

由于权利要求1相对于附件1具备新颖性，因此，引用权利要求1的权利要求2～5也具备新颖性，符合专利法第二十二条第二款的规定。

3. 关于权利要求1是否符合专利法第九条的规定

专利法第九条规定：“两个以上的申请人分别就同样的发明创造申请专利的，专利权授予最先申请的人。”

如上所述，权利要求1相对于附件1具备新颖性，因此，权利要求1与附件1的权利要求1和2不属于同样的发明创造，从而权利要求1符合专利法第九条的规定。

4. 关于权利要求1～5相对于附件3和7是否具备创造性

专利法第二十二条第三款规定的创造性是指，同申请日以前已有的技术相比，该发明具有突出的实质性特点和显著的进步，该实用新型有实质性特点和进步。

附件3公开了一种导线分流器（见说明书第1、第2页，附图1），该导线分流器由底座1和置于底座1内的紧配压件组成，底座1内设有导电层6，紧配压件由插块2和导体压块5组成，插块上纵向分设三个螺孔7，在插块2下方，每个螺孔7处设有一个导体压块5，其通过螺钉与插块2连接，底座1的中央设一输出通道10，通道内也设有导电层，该导电层与底座内的导电层6相通，输出通道10与底座呈丁字形，使用时，将源导线3嵌入底座2内，再插入紧配压件于底座2内，将分导线4插入输出通道10内，拧紧螺钉以固定导线。由此可见，权利要求1与附件3的区别在于，基座内设有两条或两条以上互相隔离的母线定位槽，基座上还固定设有相同数目的导电基体（即两条或两条以上的导电基体），每条导电基体与一条母线定位槽对应，一端与对应的母线定位槽相接，导电基体的另一端从与其相交的其他母线定位槽下方引至基座边缘，端部并设有分流线夹紧机构，导电基体与相交的其他母线定位槽相互绝缘。同时，附件3对上述区别技术特征也没有给出任何技术启示，本领域技术人员在附件3的基础上得出权利要求1的技术方案需要付出创造性劳动，同时权利要求1的技术方案也具有通过将多条母线与各自对应的分流线分别由母线压板机构和分流线夹紧机构压接在导电基体上，从而实现母线与分流线接触可靠等的技术效果。因此，权利要求1相对于附件3具备创造性，符合专利法第二十二条第三款的规定。

附件7公开了一种导线分接座（见说明书第1、第2页，附图1～6），该分接座由底座7、盖体8、金属压板5、金属底板6、组合螺钉2构成，底座7上固定有金属底板6，其上有用于安放主线4的贯通凹槽，在底座7及金属底板6上有与贯通凹槽垂直的用于安放支线1的凹槽，金属压板5上有与两凹槽对应的压线沟槽3，且金属压板5通过组合螺钉2被固定在底座7上，从而压紧主线4与支线1，盖体8上有与底座7上相配合的连接件，从而将盖体8固定在底座7上。由此可见，权利要求

1与附件7的区别在于，基座内设有两条或两条以上互相隔离的母线定位槽，基座上还固定设有相同数目的导电基体（即两条或两条以上的导电基体），导电基体的另一端从与其相交的其他母线定位槽下方引至基座边缘，导电基体与相交的其他母线定位槽相互绝缘。同时，附件7对上述区别技术特征也没有给出任何技术启示，本领域技术人员在附件7的基础上得出权利要求1的技术方案需要付出创造性劳动，同时权利要求1的技术方案也具有通过将多条母线与各自对应的分流线分别由母线压板机构和分流线夹紧机构压接在导电基体上，从而实现母线与分流线接触可靠等的技术效果，因此，权利要求1相对于附件7具备创造性，符合专利法第二十二条第三款的规定。

此外，由于附件3和7均是一条母线分出一条支线的导线分流结构，而本专利是两条或两条以上母线同时实现分流的结构，因此，本领域技术人员在附件7的基础上结合附件3得出权利要求1的技术方案也需要付出创造性劳动，即权利要求1相对于附件3和7的结合也具备创造性。

由于权利要求1相对于附件3和7具备创造性，因此引用权利要求1的权利要求2~5也具备创造性，符合专利法第二十二条第三款的规定。

三、决定

维持01238868.8号实用新型专利权有效。

当事人对本决定不服的，可以根据专利法第四十六条第二款的规定，自收到本决定之日起三个月内向北京市第一中级人民法院起诉。根据该款的规定，一方当事人起诉后，另一方当事人应当作为第三人参加诉讼。

043

CPU散热器的固定装置案

无效宣告请求审查决定（第7452号）

决　定　号　第7452号
决　定　日　2005年3月10日
发明创造名称　CPU散热器的固定装置
国际分类号　G06F 1/20　H01L 23/36
无效请求人　番禺得意精密电子工业有限公司
专利权人　施泽英
专　利　号　01268202.0
申　请　日　2001年10月16日
授权公告日　2002年9月11日
合议组组长　蒋　彤
主　审　员　何怀燕
参　审　员　孙治国

法律依据　专利法第二十二条第三款
决定要点

如果与本专利属于相同领域的两份对比文件结合，不需要花费创造性劳动就可得出本专利权利要求所保护的技术方案，则本专利不具备创造性。

一、案由

本无效宣告请求涉及国家知识产权局专利局于2002年9月11日授权公告、申请号为01268202.0、名称为“CPU散热器的固定装置”的实用新型专利权（下称本专利），申请日为2001年10月16日，专利权人为施泽英（下称被请求人）。

授权公告的权利要求书内容如下：

“1. 一种CPU散热器的固定装置，在主机板上装设CPU的固定座外套装有一供装设散热器的四脚座，其特征在于：该主机板下方相对于该四脚座装设有一底板；以螺丝分别穿过该四脚座的四个角上的穿孔，并穿过该主机板螺入该底板的螺孔内而使该底板与该四脚座相结合。

2. 如权利要求1所述的CPU散热器的固定装置，其特征在于：该底板是在一金属片的四个角上固定有角柱，该角柱顶面具有上述螺孔。”

针对本专利，番禺得意精密电子工业有限公司（下称请求人）于2003年7月4日向专利复审委员会提出无效宣告请求。其理由是本专利不具备新颖性和创造性，不符合专利法第二十二条第一款、第二款、第三款的规定。请求人同时提交了下列附件，其中附件3~5是用于本案的证据：

附件1：无效宣告请求书正文；

附件2：中国专利 ZL01268202.0 号专利全文；

附件3：美国 US6198630B1 号专利全文及其部分翻译文件，公开日期是2001 年3 月6 日；

附件4：美国 US6282093B1 号专利全文及其部分翻译文件，公开日期是2001 年8 月28 日；

附件5：美国 US6223815B1 号专利全文及其部分翻译文件，公开日期是2001 年5 月1 日。

经形式审查合格，专利复审委员会受理了上述请求，并于2003 年8 月18 日向双方当事人发出无效宣告请求受理通知书，并将专利权无效宣告请求书及其附件清单中所列附件副本转送给了被请求人，要求其在指定的期限内答复。

被请求人于2003 年9 月22 日向专利复审委员会递交了意见陈述书，其中指出，（1）附件3 图1A、1B 揭示了一种散热器固定装置，与本专利权利要求1 比较，本专利所述四脚座4 明显具有四个上凸的脚，而散热器是装设在四脚座4 之内的，附件3 所述电磁干涉座110 是一板块状结构，无明显的凸起的四脚，因而与本专利权利要求1 存在区别。另外，本专利权利要求2 所述底板的四个角的螺孔设置在角柱51、该角柱51 向内或向上凸起、螺孔位于角柱顶部的技术特征在附件3 中没有披露。因此，本专利相对于附件3 具备新颖性和创造性；（2）附件4 的图2A、2B 没有揭示本专利的结构，因其译文与实际附图出入较大无法一一对应，图2A、2B 中也没有揭示其他零部件之间具体位置关系，因此附件4 不能否定本专利的新颖性和创造性；（3）附件5 图2、图3 公开的内容没有揭示本专利权利要求1 中所述的在主机板上装设有 CPU 的固定座，固定座外套装有一设有散热器的四脚座、底板为一薄片金属状、四个角上固定有角柱这几个技术特征，因此附件5 不能否定本专利权利要求1 的新颖性和创造性；（4）由于附件3 没有揭示本专利权利要求1 中的角座及本专利权利要求2 关于底板角柱薄片状结构特征，附件5 没有揭示本专利权利要求1 的固定座、固定座外套装一装有散热器的四脚座主机板上装有 CPU 以及底板为一薄片状结构的特征，所以附件3 和附件5 结合起来没有揭示本专利权利要求1 的全部技术特征，因此本专利相对于附件3 和5 而言具备专利性。

专利复审委员会依法成立本案合议组，并于2004 年8 月26 日向双方当事人发出了无效宣告请求口头审理通知书，定于2004 年10 月18 日进行口头审理，并将被请求人于2003 年9 月22 日递交的意见陈述书随口头审理通知书一并转送给了请求人。

被请求人于2004 年9 月6 日向专利复审委员会提交了无效宣告请求口头审理通知书回执，表示参加2004 年10 月18 日的口头审理，请求人未递交无效宣告请求口头审理通知书回执。

口头审理于2004 年10 月18 日举行，请求人、被请求人都参加了口头审理，双方当事人对合议组成员的变更无异议；被请求人对附件3、4、5 的真实性和译文的准确性没有异议；请求人明确了无效的理由涉及新颖性和创造性，附件5 是与本专利最接近的对比文件，权利要求1 相对于附件5、附件3、附件4 的每一篇不具备新颖性，权利要求2 相对于附件5 不具备新颖性，权利要求1 相对于附件5、附件3、附件4 的每一篇以及附件5 和3 的结合不具备创造性，权利要求2 相对于附件5 以及附件5 和3 的结合不具备创造性。

在上述工作的基础上，合议组认为本案事实已经清楚，在此基础上依法作出本审查决定。

二、决定的理由

1. 文本认定

由于本专利授权之后，被请求人未对权利要求做任何修改，因此，根据专利法实施细则和审查指南的规定，合议组无效宣告请求的审查以2002 年9 月11 日授权公告的文本作为审查的文本基础。

2. 关于现有技术

请求人提交的附件3、4、5三份证据均为美国专利文献，三份证据的公开日期都在本专利的申请日之前，因此，附件3、4、5可以作为评价本专利的新颖性、创造性的现有技术（下称对比文件1、2、3）。

3. 新颖性

专利法第二十二条第二款规定："新颖性，是指在申请日以前没有同样的发明或者实用新型在国内外出版物上公开发表过、在国内公开使用过或者以其他方式为公众所知，也没有同样的发明或者实用新型由他人向国务院专利行政部门提出过申请并且记载在申请日以后公布的专利申请文件中。"

权利要求1所限定的技术方案包括以下技术特征：

（1）一种CPU散热器的固定装置；

（2）在主机板上装设CPU的固定座外套装有一供装设散热器的四脚座；

（3）该主机板下方相对于该四脚座装设有一底板；

（4）以螺丝分别穿过该四脚座的四个角上的穿孔，并穿过该主机板螺入该底板的螺孔内而使该底板与该四脚座相结合。

对比文件3公开了一种便携式计算机的散热器的固定装置，具体披露如下技术特征（见对比文件3第5栏第63行至第6栏第8行，第6栏第36行至第7栏第60行，附图1、2、3）：

散热器组合25的固定装置，散热器组合25促进由IC芯片17和导线基板16组成的半导体块15的热辐射，相应于上述特征（1）；

电路板13上装设IC芯片17的导线基板16，IC芯片17通过焊球18连接导线基板16的第一个表面16a，导线基板16的焊球19接触电路板13上的焊垫，使得IC芯片17固定在电路板13上，相应于上述特征（2）所述的"在主机板上装设CPU的固定座"，散热器组合25包括第一散热器26和第二散热器27，第一散热器26放置在半导体块15上，第二散热器27是覆盖在第一散热器26上，且尺寸大于第一散热器26的平板，第二散热器27具有四个延伸距离超过第一散热器26表面的角，这四个角的四条腿32一体成型于第二散热器27并向下延伸（见附图3）；

电路板13下方相对于第二散热器27是镁合金的本体4的底面4a，相应于上述特征（3）；

螺丝34穿过第二散热器27的四个角上的通孔33，并穿过电路板13的四个通孔20，螺入底面4a与通孔20一一对应的螺孔21内，以使地面4a与第二散热器27相结合，相应于上述特征（4）。

权利要求1与对比文件3进行比较可知：根据本专利说明书记载以及附图所示内容，权利要求1所述的"四脚座"是专门用于装设散热器的四脚支架，而对比文件3装设散热器的组成部分也是一个散热器。由此可见，对比文件3没有披露上述特征（2）所述的"固定座外套装有一供装设散热器的四脚座"，即对比文件3与权利要求1在技术特征上存在区别，二者不是完全相同的技术方案，因此，权利要求1相对于对比文件3具备专利法第二十二条第二款规定的新颖性。由于权利要求2引用权利要求1，因此，权利要求2相对于对比文件3也具备专利法第二十二条第二款规定的新颖性。

对比文件1公开了超大规模集成电路VLSI抑制电磁干扰以及进行散热管理的组件结构，具体披露如下技术特征（见对比文件1第3栏第41行至第5栏最后一行，图1A、1B、2A）：

包括一种VLSI模块102上的散热器120的固定结构，相应于上述特征（1）；

电路板108和VLSI模块102上的平面栅格阵列101与插座106采用插入技术，固定VLSI模块102在电路板108上以提供可靠的电性连接，相应于上述特征（2）中所述"在主机板上装设CPU的固定座"，VLSI模块102的平面栅格阵列101的楔形角103（见附图2A）卡在电磁干扰座110的楔形角 111 内，匹配上方的散热器 120 的基垫 121 的形状，使得电磁干扰座 110 环固在 VLSI 模块 102 外；

电路板 108 下方相对于电磁干扰座 110 装设有一垫板 104，相应于上述特征（3）；

螺丝 114 分别穿过电磁干扰座 110 的四个角的穿孔，穿过电路板 108 并穿入垫板 104 的穿孔 112 中，使垫板 104 与电磁干扰座 110 相结合，相应于上述特征（4）。

权利要求 1 与对比文件 1 进行比较可知：权利要求 1 的"四脚座"与对比文件 1 的"电磁干扰座"不相同，根据本专利说明书记载以及附图所示内容，权利要求 1 的"四脚座"具有四个凸出的"脚"，是用于装设散热器的四脚支架，而对比文件 1 的散热器 120 只是放置在"电磁干扰座"上方，"电磁干扰座"不具有凸出的四脚，不是装设散热器 120 的四脚支架。由此可见，对比文件 1 没有披露上述特征（2）的"固定座外套装有一供装设散热器的四脚座"，即对比文件 1 与权利要求 1 在技术特征上存在区别，二者不是完全相同的技术方案，因此，权利要求 1 相对于对比文件 1 具备专利法第二十二条第二款规定的新颖性。由于权利要求 2 引用权利要求 1，因此，权利要求 2 相对于对比文件 1 也具备专利法第二十二条第二款规定的新颖性。

对比文件 2 公开了一种固定装置，具体披露如下技术特征（见对比文件 2 第 3 栏第 21 行～第 61 行，附图 1A、1B、2A、2B）：

该固定装置 10 包括一弹性组件 25、一散热器 30、一底板 50 以及若干螺丝 60，弹性组件 25 压入散热器 30 内部，通过螺丝 60 将散热器固定在集成电路 90 上方，相应于上述特征（1）；

电路板 70 上通过插座 40 装设集成电路 90，弹性组件 25 压入散热器 30 内部，其四个角各有一个孔，螺丝 60 顶部伸入弹性组件 25 的四个角的孔内；

电路板 70 下方对应着弹性组件 25 有一底板 50（见附图 1A、1B），相应于上述特征（3）；

弹性组件 25 压入散热器 30，螺丝 60 从底板 50 延伸出，穿过电路板 70 并穿过散热器 30，固定到弹性组件 25 的四个角的孔内，使底板 50 与弹性组件 25 相结合，相应于上述特征（4）。

权利要求 1 与对比文件 2 进行比较可知：权利要求 1 的"四脚座"与对比文件 2 的"弹性组件"不同，根据本专利说明书记载以及附图所示内容，权利要求 1 所述的"四脚座"是具有四个凸出的"脚"的支架，用于装设散热器，而对比文件 2 的弹性组件 25 压入散热器 30 内，不具有四个凸出的"脚"，不是装设散热器 30 的四脚支架；并且，权利要求 1 的"四脚座"套装在"固定座"外，而对比文件 2 的"弹性组件"没有此套装固定集成电路的"插座"的结构。由此可见，对比文件 2 没有披露上述特征（2），即对比文件 2 与权利要求 1 在技术特征上存在区别，二者不是完全相同的技术方案，因此，权利要求 1 相对于对比文件 2 具备专利法第二十二条第二款规定的新颖性。由于权利要求 2 引用权利要求 1，因此，权利要求 2 相对于对比文件 2 也具备专利法第二十二条第二款规定的新颖性。

4. 创造性

专利法第二十二条第三款规定："创造性，是指同申请日以前已有的技术相比，该发明有突出的实质性特点和显著的进步，该实用新型有实质性特点和进步。"

本专利的目的是提供一种通过在主机板下方增加底板，螺钉穿过主机板连接四脚座和底板，从而使得散热器的固定装置的结构紧凑、连接可靠以便提高散热效果。其权利要求 1 所限定的技术方案中包括上述技术特征（1）～（4）。

对比文件 3 公开了一种便携式计算机的散热器的固定装置，由上述评述可知，权利要求 1 与对比文件 3 的区别在于：权利要求 1 所述的"四脚座"是专门用于装设散热器的四脚支架，而对比文件 3 装设散热器的组成部分也是一个散热器。但是，根据对比文件 3 的附图 3 所示散热器 27 的结构，该散热器 27 是一个平板结构，其从四个角向下凸出了四个“脚”，套装在固定 IC 芯片 17 的导线基板 16 外，即散热器 27 客观上起到了与权利要求 1 所述的“四脚座”相似的作用，也能够定位和散热；并且，“四脚座”本身作用是所属技术领域常见的一种具有四个同方向的凸脚的支架也是无可争议的，因此尽管对比文件 3 附图标记 27 所示的是一个散热器，但其同时也是一个具有四个同方向的凸脚的支架，即散热器 27 不仅有散热功能，还起到了与“四脚座”相同的支架作用。由此可见，在对比文件 3 的基础上，将具有散热器功能的四脚支架替换成普通的仅具有支撑固定内部组件功能的四脚支架，从而得到权利要求 1 的技术方案，这对所属领域技术人员来说是显而易见的，不需要花费创造性劳动的。因此，本专利权利要求 1 相对于对比文件 3 不具有实质性特点和进步，不具备专利法第二十二条第三款规定的创造性。

权利要求 2 引用权利要求 1，附加技术特征为：“该底板是在一金属片的四个角上固定有角柱，该角柱顶面具有上述螺孔”。对比文件 3（见对比文件 3 第 5 栏第 63 行至第 6 栏第 8 行，第 6 栏第 36 行至第 7 栏第 60 行，附图 1、2、3）中披露了如下技术特征：镁合金的本体 4 的底面 4a 上有角座 14（即角柱），角座 14 上是与电路板 13 上的通孔 20 相对应的螺孔 21。对比文件 1（见对比文件 1 第 3 栏第 41 行至第 5 栏最后一行，图 1A、1B、2A）中披露了如下技术特征：垫板 104 在四个角上具有螺孔 112。由于对比文件 3 和 1 属于同一技术领域，在对比文件 3 的基础上，结合对比文件 1 所公开的技术手段，将底面所在镁合金本体替换成更薄的四角垫板，从而得到权利要求 2 的技术方案，这对于所属领域技术人员来说是无需花费创造性劳动的。因此，当权利要求 1 相对于对比文件 3 不具备创造性时，引用它的权利要求 2 相对于对比文件 3 和 1 的结合也不具有实质性特点和进步，不具备专利法第二十二条第三款规定的创造性。

由于本专利权利要求 1 相对于对比文件 3 不具备创造性，权利要求 2 相对于对比文件 3 和 1 的结合不具备创造性，请求人的无效理由成立。因此，不再针对权利要求 1 和 2 相对于对比文件 1、2 是否具备创造性进行评述。

被请求人意见陈述中指出，对比文件 3 没有披露权利要求 1 的主机板上装设有 CPU 的固定座、固定座外套装了装有散热器的四脚座、底板为薄片金属状、四个角上固定有角柱几个特征。合议组认为，判断一个实用新型产品是否具备新颖性、创造性是与最接近的现有技术相比较而言，现有技术即对比文件 3 公开了镁合金本体的底面 4a，具有角柱，角柱上有螺孔。因此，将底面所在本体替换成同领域的对比文件 1 的四个角具有螺孔的垫板 104 结构，对于所属领域技术人员来说是无需花费创造性劳动的；而板状与片状，其厚薄程度相对于小型电子组件来说，差别并不明显，有时候仅是文字上的区别而非实际上厚薄有所差异；另外，固定座也只是一个功能性的名称，对比文件 3 中的导线基板 16 就具有固定芯片的作用，同时，对比文件 3 的散热器 27 也是套装在导线基板 16 周围，装设即支撑固定里面的散热器 26，因而该固定座实际上也被对比文件 3 所公开。因此，被请求人陈述的理由不能被接受。

三、决定

宣告第 01268202.0 号实用新型专利的全部权利要求无效。

当事人对本决定不服的，可以根据专利法第四十六条第二款的规定，自收到本决定之日起三个月内向北京市第一中级人民法院起诉。根据该款的规定，一方当事人起诉后，另一方当事人应当作为第三人参加诉讼。

044

有线滑鼠的缆线构造案

无效宣告请求审查决定（第7543号）

决　定　号　第7543号
决　定　日　2005年9月5日
发明创造名称　有线滑鼠的缆线构造
国 际 分 类 号　G06F 1/00
无 效 请 求 人　廖　素
专　利　权　人　上美电业有限公司
专　利　号　00236349.6
申　请　日　2000年5月19日
授 权 公 告 日　2001年3月14日
合 议 组 组 长　钱　芸
主　审　员　翁晓君
参　审　员　高　雪

法 律 依 据　专利法第二十二条第三款
决 定 要 点

本专利说明书的背景技术部分的技术内容，因没有具体的出处和公开日期，并且被请求人也没有认可该部分内容为本专利申请日之前的技术，故不能作为评价本专利创造性的现有技术。

一、案由

本无效宣告请求涉及国家知识产权局专利局于2001年3月14日授权公告的、名称为“有线滑鼠的缆线构造”的实用新型专利（下称本专利），其申请号是00236349.6，申请日是2000年5月19日，专利权人是上美电业有限公司。

本专利授权时的权利要求书如下：

“1. 一种有线滑鼠的缆线构造，包括复数条与滑鼠相接的缆线，其特征在于该缆线的表面分别缠绕有漆包线，该多条缠绕漆包线的缆线被一体射出成型的包覆体包覆在一起。”

针对上述专利权，廖素（下称请求人）于2004年2月27日向专利复审委员会提出无效宣告请求，其理由是本专利的权利要求1不符合专利法第二十二条第三款的规定。与此同时，请求人提交了如下证据：

证据1：ZL00236349.6号实用新型专利说明书的背景技术部分（即本专利）；

证据2：日本公开特许公报－特开平5－328567日文文本及其中文译文，其中文译文的名称为“电缆线之绕性护管”，其公开日为1993年12月10日。

请求人指出，证据1是专利权人在本专利的背景技术部分引用的现有技术，证据2是在1993年12月10日公开的一篇日本专利文献，因此证据1和证据2都属于专利法意义上的现有技术。并且，结合证据1和证据2得出本专利权利要求1的技术方案对于本领域技术人员来说是显而易见的，本专利权利要求1不具备专利法第二十二条第三款规定的创造性。

经形式审查合格后，专利复审委员会受理了该无效宣告请求，于2004年3月23日向双方当事人发出了无效宣告请求受理通知书，并将专利权无效宣告请求书及所附证据材料副本转给了专利权人（下称被请求人），要求其在指定的期限内答复。

被请求人逾期未作出答复。

合议组于2005年2月23日向双方当事人发出了口头审理通知书，定于2005年4月5日进行口头审理。

专利复审委员会于2005年3月16日收到请求人的口头审理通知书回执，表示如期参加口头审理，但是没有收到被请求人的口头审理通知书回执。

口头审理如期举行，被请求人没有出席口头审理。请求人明确其无效理由是权利要求1不符合专利法第二十二条第三款的规定。并表示所使用的证据与无效宣告请求书所提交的证据相同。

合议组于2005年4月13日向被请求人发出了无效宣告请求审查通知书，合议组希望被请求人对以下问题进行意见陈述：（1）请求人所提交的证据1的有效性、关联性和合法性以及是否是本专利申请日之前的现有技术（证据1是本专利背景技术部分，涉及专利权人自认的一项现有技术）；（2）请求人所提交的证据2的真实性、有效性、关联性和合法性及其译文的准确性（证据2是日本公开特许公报－特开平5－328567）。并告知，期满未答复的，视为已得知通知书中所涉及的事实，并未提出反对意见。

被请求人在上述无效宣告请求审查通知书中所规定的答复期限内未作出答复。

至此，合议组认为本案事实已经清楚，依法作出本审查决定。

二、决定的理由

1. 审查的基础

对本无效宣告请求案的审理，以原授权的专利文本为基础。

2. 关于证据

请求人请求宣告本专利权无效时所提交的证据是证据1～2，其中证据2是公开于本专利的申请日之前的专利文献，作为公开出版物，所公开的内容可以作为评价本专利创造性的现有技术，由于被请求人对合议组发出的审查通知书未作出答复，因此视为被请求人对证据2中文译文的准确性无异议，证据2所公开的内容以其译文为准。

证据1是本专利说明书的背景技术部分。在所述背景技术部分中有如下描述：“常用的有机滑鼠的缆线构造如图1所示，其以各种功能的缆线100用塑胶一体成型的套管110包覆后，再用塑胶包覆体120披覆在多条套管110外面组合成一体”。合议组认为：根据专利法实施细则第三十条规定，已有技术是指申请日前在国内外出版物上公开发表、在国内公开使用或者以其他方式为公众所知的技术，即现有技术。由于在本专利说明书的背景技术部分中所公开技术内容的具体出处及公开日期不能确定，并且在无效审查中，请求人也未提供该背景技术部分中所公开技术内容的具体出处及公开日期，同时被请求人也没有认可该部分内容为本专利申请日之前的技术，因此该背景技术部分中所描述的技术内容不属于专利法意义上的“已有技术”。尽管被请求人将其写入“背景技术”中，但是已有技术是一个法律概念，其认定需要符合严格的法律规定及客观的事实依据，而不能仅以某人的主观归类而确定。因此合议组认为，本专利说明书的背景技术部分的技术内容，因没有具体的出处和公开日期，故不能作为评价本专利创造性的现有技术。

3. 关于创造性

专利法第二十二条第三款规定：“创造性，是指同申请日以前已有的技术相比，该发明有突出的实质性特点和显著的进步，该实用新型有实质性特点和进步。”

证据2公开了一种电缆线之绕性护管，并具体公开了技术特征：用具有绝缘包覆层6的金属线2来螺旋缠绕缆线2（参见证据2的附图1以及证据2的“发明的详细说明”部分）。因此，将证据2与本专利权利要求1相比可知，在证据2中没有公开本专利权利要求1所具有的特征“该多条缠绕漆包线的缆线被一体射出成型的包覆体包覆在一起”，并且证据2对上述区别特征也没有给出任何启示，所以相对于证据2而言，本专利权利要求1所要求保护的技术方案，对于本领域技术人员来说，是需要付出创造性劳动才能获得的，并且权利要求1的技术方案具有防止各缆线互相交杂、组合紧密及拉移柔软顺畅的有益效果，因此本专利权利要求1具有实质性特点和进步，具备专利法第二十二条所规定的创造性。

因此，合议组作出如下决定。

三、决定

维持00236349.6号实用新型专利权有效。

当事人对本决定不服的，可以根据专利法第四十六条第二款的规定，自收到本决定之日起三个月内向北京市第一中级人民法院起诉。根据该款规定，一方当事人起诉后，另一方当事人应当作为第三人参加诉讼。

045

用高含钛磁铁矿生产重介质的方法案

无效宣告请求审查决定（第7547号）

决　定　号　第7547号
决　定　日　2005年9月9日
发明创造名称　用高含钛磁铁矿生产重介质的方法
国际分类号　B09B 3/00　B03B 5/46
无效请求人　云南涌宝工贸有限公司
专利权人　昆明冶研新材料股份有限公司
专　利　号　99117460.7
申　请　日　1999年12月17日
授权公告日　2003年5月28日
合议组组长　马　昊
主　审　员　高海燕
参　审　员　樊晓东

法律依据　专利法第二十二条第三款
决定要点

如果一项权利要求的技术方案与现有技术的相比存在区别技术特征，且现有技术对上述区别技术特征也没有给出任何技术启示，本领域普通技术人员在现有技术的基础上得出该权利要求的技术方案需要付出创造性劳动，则该权利要求具备创造性。

一、案由

本无效宣告请求涉及国家知识产权局专利局于2003年5月28日授权公告的99117460.7号发明专利（下称本专利）、其名称为“用高含钛磁铁矿生产重介质的方法”，申请日为1999年12月17日，专利权人为昆明冶研新材料股份有限公司（下称被请求人）。

其授权公告的权利要求书内容如下：

“1. 一种用高含钛磁铁矿生产重介质的方法，包括磨细、磁选，其特征在于它以选钛工艺中的副产物——高含钛磁铁矿为原料，经过下列工艺步骤：

A. 在磁场强度为40～200KA/m的磁场内，对粒径小于0.1mm的高含钛磁铁矿粉进行磁选，得到重介质；

B. 磁选后的非磁性尾矿用重选的方法精选出钛精矿，或者

C. 磁选后的弱磁性尾矿用强磁选方法选出钛精矿，其磁场强度为600～1500KA/m。

2. 一种用高含钛磁铁矿生产重介质的方法，包括磨细，其特征在于它以选钛工艺中的副产

物——高含钛磁铁矿为原料，经过下列工艺步骤：将粒径小于0.1mm的高含钛磁铁矿矿浆送入浮选机，用浓硫酸及高浓度捕收剂进行浮选，且硫酸用量为0~1000g/t矿，捕收剂用量为100~10000g/t矿，浮选出钛精矿，留在底部的即为重介质。

3. 根据权利要求2所述的方法，其特征在于浮选工艺的流程结构采用一次粗选，一次扫选，三次精选。

4. 根据权利要求2所述的方法，其特征在于所述捕收剂为脂肪酸，或者氧肟酸类，或者膦酸脂类。

5. 根据权利要求1所述的方法，其特征在于所述重选方法采用摇床进行精选。”

针对上述专利权，云南涌宝工贸有限公司（下称请求人）于2004年8月27日向专利复审委员会提出无效宣告请求。其理由是本专利权利要求1~5不具备创造性，不符合专利法第二十二条第三款的规定。请求人同时提交了下列附件：

附件1：冶金工业出版社出版的《钒钛磁铁矿选矿》部分内容的复印件13页，1996年7月第1版；

附件2：冶金工业出版社出版的《选矿知识问答》第2版部分内容的复印件13页，1993年12月第2版；

附件3：冶金工业出版社出版的《矿石可选性研究》修订版部分内容的复印件5页，1989年5月第2版；

附件4：冶金工业出版社出版的《选矿手册》第8卷第4分册部分内容的复印件5页，1990年12月第1版。

请求人在无效宣告请求书中认为：（1）磨细是已有技术，对比文件1、2、3已教导对钛磁铁矿进行磁选，对比文件1已教导对选钛工艺中的副产物—尾矿进行磁选，对比文件2公开的磁场强度范围为7.2~136KA/m，对比文件1中明示了磨矿粒度为0.2~0.037mm为宜，以及钛磁铁矿经磁选后获得以钛磁铁矿为主的铁精矿（重介质）。对比文件1、2、3、4均指出重选是一种常用选矿方法，对比文件1指出经磁选回收钛磁铁矿（铁精矿）后非磁性尾矿的不同粒级与有用组分（钛钴镍）含量分布曲线，由此可导出这类物料适于用重力和按粒级进行分选富集，对比文件2明示磁选后的弱磁性尾矿用强磁方法选矿，磁场强度为480~1600KA/m，因此，权利要求1不具备创造性；（2）权利要求2中无任何特殊的工艺路线和工艺特征，均在对比文件1、2、3、4中完全披露；（3）权利要求5的附加技术特征为公知常识。综上，本专利不符合专利法第二十二条第三款规定的创造性。

经形式审查合格，专利复审委员会于2004年9月8日受理了上述无效宣告请求，同日将请求人提交的专利权无效宣告请求书及其附件清单中所列附件副本转送给被请求人。

请求人于2004年9月28日补充提交意见陈述书及下列附件：

附件5：1995年第3期《国外化学矿山》中的《加拿大钛矿物的提炼》一文的复印件6页；

附件6：1997年第1期《四川有色金属》中的《攀枝花钛资源的赋存状态与在采选过程中的走向规律》一文的复印件6页；

附件7：1996年第2期《矿产综合利用》中的《含磷钒钛磁铁矿选铁试验》一文的复印件4页。

请求人在此次补充提交的意见陈述书中认为：附件5说明了钛矿物的提炼方法，其原料、选矿工艺与所得产物与权利要求1相同；附件6详细地说明了对钛磁铁矿利用磁选的方法回收磁铁矿和钛矿的工艺过程，存在对矿物进行磨细、弱磁选、重选的与本专利完全相同的工艺路线；附件7披露了本专利的矿石主要成分和权利要求1中的主要工艺路线，覆盖了权利要求1的技术方案。

针对上述无效宣告请求，被请求人于2004年10月16日提交了意见陈述书以及下列附件：

附件1：民事诉讼状；

附件2：应用技术成果评定证书；

附件3：奖状（2000年云南省优秀发明创造选拔赛二等奖）；

附件4：奖状（云南冶金集团总公司颁发给予冯成建同志的奖状）；

附件5：证书；

附件6：科技项目验收证书；

附件7：立项证书（科技型中小企业技术创新基金）；

附件8：证书（国家重点新产品）；

附件9：证书（云南省科学技术奖励）。

被请求人在意见陈述书中认为：（1）本专利与对比文件1的原料不同，本专利原料为高含钛磁铁矿，二氧化钛含量为28%~31%，而对比文件1中二氧化钛的含量低得多，虽然对比文件1记载了重选-浮选-电选及强磁-浮选法，但由于原料的差别，其记载的工艺方法与本专利的工艺方法无可比性；（2）对比文件2、3、4中没有描述与本专利技术方案相同的工艺路线和工艺特征，仅是概括性描述。

2005年5月26日，合议组向双方当事人发出无效宣告请求口头审理通知书，定于2005年7月4日举行口头审理，并将请求人于2004年9月28日补充提交的意见陈述书及其附件转交被请求人，将被请求人于2004年10月16日提交的意见陈述书转交请求人。

2005年7月4日口头审理如期举行，双方当事人均参加了口头审理。在口头审理中，双方当事人对对方出庭人员的身份没有异议；对合议组成员没有回避请求；合议组当庭核实被请求人于2004年10月16日提交的附件1~9复印件与原件一致，请求人对此无异议；被请求人对附件1~7的真实性无异议；请求人明确其无效理由为权利要求1、5相对于附件1、2、5、7的结合不具备创造性；权利要求2、3相对于附件1、2的结合不具备创造性；请求人当庭明确表示附件3、4、6仅供合议组参考。

至此，合议组认为本案事实已经清楚，现依法作出审查决定。

二、决定的理由

1. 关于证据

请求人提交的附件1、2、5、7的公开日均早于本专利的申请日，请求人也已经明确表示其提交的附件3、4、6仅供合议组参考，并且被请求人对请求人提交的附件1~7的真实性无异议，因此，请求人提交的附件1、2、5、7可以作为现有技术的证据使用。

2. 关于权利要求1、5相对于附件1、2、5、7的结合是否具备创造性

专利法第二十二条第三款规定的创造性是指，同申请日以前已有的技术相比，该发明具有突出的实质性特点和显著的进步。

权利要求1请求保护一种用高含钛磁铁矿生产重介质的方法，其“包括磨细、磁选，其特征在于它以选钛工艺中的副产物——高含钛磁铁矿为原料，经过下列工艺步骤：

A. 在磁场强度为40~200KA/m的磁场内，对粒径小于0.1mm的高含钛磁铁矿粉进行磁选，得到重介质；

B. 磁选后的非磁性尾矿用重选的方法精选出钛精矿，或者

C. 磁选后的弱磁性尾矿用强磁选方法选出钛精矿，其磁场强度为600~1500KA/m。”

由此可见，权利要求1包括两个技术方案，技术方案1包含步骤A和B，工艺步骤可概括为弱磁选和重选，技术方案2包含步骤A和C，工艺步骤可概括为弱磁选和强磁选。

附件1为冶金工业出版社出版的《钒钛磁铁矿选矿》，其公开的内容包括：钛磁铁矿含钛9.39%（TiO2）（见第103页表3~74）；选矿工艺流程包括磨矿、磁选等过程（见第122页第3~4行）；磨矿粒度到0.2mm时，铁精矿含铁量为55%左右，再磨细到0.037mm时，也提高不多（见123页第2~3行）；分选强磁性矿石时，磁场强度变化在0.05~0.2T之间（见第123页第13行）；不同品级钒钛磁铁矿石经磁选后，获得以钛磁铁矿为主的铁精矿（见第125页第2~3行）；

附件2为冶金工业出版社出版的《选矿知识问答》，其公开的内容包括：重选是一种主要选矿方法之一（见第69页第2行）；强磁性矿物在磁场强度范围为7.2~136KA/m的弱磁选机中可以选出，这类矿物包括钛磁铁矿（见第129页第8~11行）；弱磁性矿物在磁场强度为480~1600KA/m的强磁选机中可以选出（见第129页第18~19行）。

附件5为1995年第3期《国外化学矿山》中的《加拿大钛矿物的提炼》，其公开的内容包括：矿石含16.6%的TiO2（见第13页摘要第2~3行）；钛磁铁矿矿石粒度需磨到44μm以下，经弱磁选分选后获得铁精矿（见第14页第1~5行）；

附件7为1996年第2期《矿产综合利用》中的《含磷钒钛磁铁矿选铁试验》，其公开的内容包括：矿物组成为含磷钒钛磁铁矿，其含8.12%的TiO2（见第22页第1.1节）；选矿流程包括先磨矿再磁选等过程（见第22页第2节）。

上述附件1、2、5、7中，仅附件2既涉及重选，又涉及弱磁选和强磁选，因此，以附件2作为最接近的对比文件。

（1）权利要求1的技术方案1相对于附件1、2、5、7的结合是否具备创造性

将权利要求1的技术方案1与附件2对比，可以看出，技术方案1与附件2的区别在于：技术方案1的方法包括磨细，其以选钛工艺中的副产物——高含钛磁铁矿为原料，且步骤A中进行磁选的高含钛磁铁矿粉的粒径小于0.1mm，并得到重介质，以及步骤B。

由上可知，附件1、5和7的矿石原料均不涉及高含钛磁铁矿，且附件1、5和7均是选矿知识的一般性概述，其既未完全公开上述区别技术特征，也未给出将上述区别技术特征应用到附件2以得出该技术方案1的启示，本领域技术人员在附件2的基础上结合附件1、5和7得出该技术方案1需要付出创造性劳动，因此，该权利要求1的技术方案1具备创造性。

（2）权利要求1的技术方案2相对于附件1、2、5、7的结合是否具备创造性

将权利要求1的技术方案2与附件2对比，可以看出，技术方案2与附件2的区别在于：技术方案2的方法包括磨细，其以选钛工艺中的副产物——高含钛磁铁矿为原料，且步骤A中进行磁选的高含钛磁铁矿粉的粒径小于0.1mm，并得到重介质，以及步骤C。

如上所述，附件1、5和7的矿石原料均不涉及高含钛磁铁矿，且附件1、5和7均是选矿知识的一般性概述，其既未完全公开上述区别技术特征，也未给出将上述区别技术特征应用到附件2以得出该技术方案2的启示，本领域技术人员在附件2的基础上结合附件1、5和7得出该技术方案2需要付出创造性劳动。因此，该权利要求1的技术方案2具备创造性。

综上所述，权利要求1相对于附件1、2、5和7的结合具备创造性。

（3）由于权利要求1相对于附件1、2、5和7具备创造性，因此，引用权利要求1的权利要求5相对于附件1、2、5和7也具备创造性

3. 关于权利要求 2、3 相对于附件 1、2 的结合是否具备创造性

权利要求 2 请求保护“一种用高含钛磁铁矿生产重介质的方法，包括磨细，其特征在于它以选钛工艺中的副产物——高含钛磁铁矿为原料，经过下列工艺步骤：将粒径小于 0.1mm 的高含钛磁铁矿矿浆送入浮选机，用浓硫酸及高浓度捕收剂进行浮选，且硫酸用量为 0～1000g/t 矿，捕收剂用量为 100～10000g/t 矿，浮选出钛精矿，留在底部的即为重介质。”

附件 1 仅概括提及强磁－浮选法（见第 213 页第 4 行），附件 2 未涉及浮选法，将权利要求 2 与附件 1 对比可以看出，附件 1 的矿石原料不涉及高含钛磁铁矿，其也未公开权利要求 2 的“将粒径小于 0.1mm 的高含钛磁铁矿矿浆送入浮选机，用浓硫酸及高浓度捕收剂进行浮选，且硫酸用量为 0～1000g/t 矿，捕收剂用量为 100～10000g/t 矿，浮选出钛精矿，留在底部的即为重介质”等特征。附件 2 没有公开上述特征，也没有给出将上述特征应用到附件 1 以得出权利要求 2 技术方案的启示，本领域技术人员在附件 1 的基础上结合附件 2 得出该权利要求 2 需要付出创造性劳动。因此，权利要求 2 相对于附件 1 和 2 的结合具备创造性。

由于权利要求 2 相对于附件 1 和 2 具备创造性，因此，引用权利要求 2 的权利要求 3 相对于附件 1 和 2 也具备创造性。

三、决定

维持 99117460.7 号发明专利权有效。

当事人对本决定不服的，可以根据专利法第四十六条第二款的规定，自收到本决定之日起三个月内向北京市第一中级人民法院起诉。根据该款的规定，一方当事人起诉后，另一方当事人应当作为第三人参加诉讼。

046

电子元件端子结构案

无效宣告请求审查决定（第7718号）

决 定 号 第7718号
决 定 日 2005年11月8日
发明创造名称 电子元件端子结构
国际分类号 H01L 23/48
无效请求人 周小玲
专利权人 蔡汉仪
专 利 号 02285865.2
申 请 日 2002年11月19日
授权公告日 2003年12月10日
合议组组长 石 清
主 审 员 朱芳芳
参 审 员 张 度

法律依据 专利法第二十二条第三款
决定要点

一项权利要求所限定的技术方案与现有技术相比具有区别技术特征，并且现有技术中没有给出采用这一区别技术特征的技术启示，同时该区别技术特征能带来有益的技术效果，则该权利要求具备创造性。

一、案由

本无效宣告请求涉及国家知识产权局专利局于2003年12月10日授权公告的申请号为02285865.2的实用新型专利（下称本专利）、名称为“电子元件端子结构”，申请日为2002年11月19日，专利权人是蔡汉仪（下称被请求人）。

本专利授权公告的权利要求书如下：

“1. 一种电子元件端子结构，包括一端子杆，该端子杆一端形成有弯折状的组装端，另一端形成一筒状的接合杯体，该接合杯体上形成与端子杆平行的缺槽，其特征在于所述缺槽两侧的接合杯体端缘朝杯体内侧方向形成有数个相互交错设置的刺爪。

2. 根据权利要求1所述电子元件端子结构，其特征在于所述杯体内壁设置有数个插片。”

针对上述实用新型专利权，周小玲（下称请求人）于2005年3月14日向专利复审委员会提出了宣告本专利权无效的请求，其理由是本专利不符合专利法第二十二条第三款的有关创造性的规定。所提供的证据如下：

附件1（下称对比文件1）：美国专利6077103的复印件，授权公告日为2000年6月20日；

附件2：对比文件1的中文翻译文本；

附件3（下称对比文件2）：中国专利97244009.7说明书，授权公告日为1999年5月12日；

附件4：本专利说明书，授权公告日为2003年12月10日；

附件5：国家知识产权局专利检索咨询中心就本专利出具的检索报告（编号：G041721）的复印件。

请求人认为：（1）对比文件1中公开的夹紧端子与本专利的权利要求1的技术方案相比，区别仅在于权利要求1的接合杯体呈筒状以及接合杯体端缘的刺爪是呈交错设置的，但结合对比文件2中公开的内容开看，对比文件1中的“连接部分22”可以做成筒状对本领域普通技术人员来说是显而易见的一种选择方案。而当“连接部分22”改为筒状时，其上的“侧面夹紧片29”也必然相应的改为交错状设置，因为唯有这样才能使连接部分合拢而将导线完全包夹于其中，因此权利要求1相对于对比文件1和对比文件2不具备创造性；（2）对比文件1中公开了“连接部分22的沟槽25的内壁设置有U形槽夹紧片28”，将对比文件1中的“U形槽夹紧片28”替换为权利要求2中所述的插片，对于本领域的普通技术人员来说也是显而易见的，因此权利要求2相对于对比文件1和对比文件2不具备创造性；（3）此外，附件5中也指出本专利的权利要求1和2与对比文件1和对比文件2相比不具备创造性。

经形式审查合格，专利复审委员会受理了上述请求，并将请求书及其相关文件的副本转寄给被请求人，并要求其在指定的期限内答复。

本案合议组于2005年7月8日向双方当事人发出口头审理通知书，定于2005年8月31日对本案进行口头审理。

请求人于2005年7月23日寄交了口头审理通知书回执，表示参加口头审理；被请求人于2005年7月23日寄交了口头审理通知书回执，表示参加口头审理。

专利复审委员会于2005年8月8日收到被请求人于2005年6月29日提交的意见陈述书。被请求人指出了本专利的电子元件端子结构与对比文件1中的“夹紧端子20”的不同，强调了在本专利的呈筒状的接合杯体上形成的与端子杆平行的缺槽的两侧的接合杯体端缘朝杯体内侧方向形成有数个相互交错设置的刺爪；上述特征的作用是：刺破导线的披覆膜（绝缘层），而对比文件1中的“侧面夹紧片29”不是形成在缺槽两侧，而是整体形成在侧壁27上，其作用不是刺破绝缘体；对比文件2虽然公开了包覆导线的杯状端子，但其作用仅是保护导线，并不像本专利这样，刺破导线后，固定夹持导体；因此，认为权利要求1和2具备创造性。

本案合议组于2005年8月11日向请求人发出转送文件通知书，将被请求人于2005年6月29日提交的意见陈述书第1~3页转送给请求人，并要求其在指定期限内答复。

口头审理于2005年8月31日如期举行，双方当事人均出席口头审理。双方当事人对对方出庭人员的身份没有异议，双方当事人对合议组成员没有回避请求；被请求人对对比文件1、对比文件2的真实性没有异议，对对比文件1的中文译文（即为证据1~2）的准确性没有异议。

请求人当庭明确其无效理由为：以对比文件1作为最接近的现有技术，结合对比文件2评述本专利权的权利要求1、2不具备创造性。

被请求人当庭就本专利具备新颖性和创造性的理由陈述了意见。

至此，合议组认为本案的事实已清楚，作出如下决定。

二、决定的理由

1. 关于现有技术

对比文件 1 和对比文件 2 的公开日期早于本专利的申请日，且被请求人对其真实性无异议，对对比文件 1 中文译文的准确性无异议，所以其上记载的内容构成本专利的现有技术。

2. 关于创造性

对比文件 1 中（参见对比文件 1 的中文译文中的“较佳实施案例的详细说明”部分中的第 2 自然段至第 4 自然段以及附图 2～5 和附图 9）公开了一种夹紧端子 20，该夹紧端子 20 具有一平直部 24（与权利要求 1 中所述的端子杆等同）；平直部分 24 的一端形成有弯折状的连接部 21（与权利要求 1 中所述的组装端等同）；另一端形成有一包括沟槽 25 的连接部分 22；沟槽 25 的侧壁 27 上形成有位置相对的侧面夹片 29。

将本专利的权利要求 1 的电子元件端子结构与请求人认定的最接近的现有技术——对比文件 1 中公开的夹紧端子相比较。对比文件 1 中没有公开如下特征：（1）接合杯体呈筒状；（2）在平行于端子杆的缺槽两侧的接合杯体端缘朝杯体内侧方向形成有数个相互交错设置的刺爪，即，本专利的刺爪设置在接合杯体端缘并且相互交错，但对比文件 1 中的侧面夹紧片 29 是与沟槽 25 一体形成并设置在沟槽 25 的侧壁上且为相互对称设置而非相互交错设置。

对比文件 2 中公开了呈筒状的端子结构，但是该端子与导线的连接方式不同于本专利的连接方式，对比文件 2 中的呈筒状的端子结构直接与导线的裸线 21 连接，而本专利中的端子是通过刺破导线的绝缘膜来达到电连接的目的。此外，对比文件 2 中没有公开特征（2）“在平行于端子杆的缺槽两侧的接合杯体端缘朝杯体内侧方向形成有数个相互交错设置的刺爪”；并且，在对比文件 1 和对比文件 2 中均未给出这样一种技术启示：当将对比文件 1 中的连接部分 22 作成筒状时，其上的侧面夹片 29 相应的改为在筒状杯体端缘交错状设置。因此，对于本领域普通技术人员来说，即使在对比文件 1 的基础上结合对比文件 2 从而将对比文件 1 中的连接部分 22 制作成筒状，仍然无法得出本专利的权利要求 1 所要求保护的技术方案；且本专利的权利要求 1 所要求保护的技术方案通过设置在杯体端缘上相互交错的刺爪刺破包覆导线的绝缘层来直接与导线内部的导电体连接，即本专利的端子结构可以通过一个步骤来完成刺破导线绝缘层以及导电连接，且这种结构可以使导线的接合效果更加良好，不会引起由于绝缘体造成的电流传输阻抗问题。由此可见，本专利的权利要求 1 所要求保护的技术方案与对比文件 1 和对比文件 2 的结合相比具备实质性特点和进步，因此，权利要求 1 具备专利法第二十二条第三款规定的创造性。

权利要求 2 直接从属于权利要求 1，在权利要求 1 具备创造性的基础上，权利要求 2 也具备创造性。

三、决定

维持 02285865.2 号实用新型专利权有效。

当事人对本决定不服的，可以根据专利法第四十六条第二款的规定，自收到本决定之日起三个月内向北京市第一中级人民法院起诉。根据该款的规定，一方当事人起诉后，另一方当事人应当作为第三人参加诉讼。

北京市第一中级人民法院
行政判决书

（2006）一中行初字第376号

原告周小玲，女，1979年11月11日出生，汉族，户籍所在地中华人民共和国湖南省湘潭县响塘乡柴山村木林组267号。

委托代理人李卫平，男，广东省东莞市创益专利事务所专利代理人。

委托代理人叶秀进，男，北京劲松联合知识产权代理有限公司职员，户籍所在地中华人民共和国广东省深圳市罗湖区宝安北路人才市场大厦。

被告国家知识产权局专利复审委员会，住所地北京市海淀区北四环西路9号。

法定代表人廖涛，副主任。

委托代理人张度，男，国家知识产权局专利复审委员会审查员。

委托代理人高雪，女，国家知识产权局专利复审委员会审查员。

第三人蔡汉仪。

原告周小玲不服被告国家知识产权局专利复审委员会专利无效宣告审查决定，于2006年3月2日向本院提起诉讼。本院受理后，依法组成合议庭并以公告形式通知被诉具体行政行为的利害关系人蔡汉仪作为第三人参加诉讼。本院于2007年2月15日公开开庭审理了本案。原告的委托代理人李卫平，被告的委托代理人张度、高雪到庭参加了诉讼。第三人蔡汉仪经合法传唤未到庭。本案现已审理终结。

2005年11月8日，被告作出第7718号无效宣告审查决定（下称7718号决定），依据《中华人民共和国专利法》（下称《专利法》）第二十二条第三款，决定维持名称为"电子元件端子结构"的02285865.2号实用新型专利权（下称本专利）有效。被告在法定的举证期限内向本院提交并经庭审质证的证据有：1. 02285865.2号实用新型专利公开文本（即本专利）；2. 美国专利6077103，授权公告日为2000年6月20日（下称对比文件1）；3. 中国专利97244009.7说明书，授权公告日为1999年5月12日（下称对比文件2）。以上证据用以证明被诉决定认定事实清楚，适用法律正确、审查程序合法。

原告诉称：

一、在审查决定中认为"对比文件1中没有公开如下特征：（1）接合杯体呈筒状；（2）在平行于端子杆的缺槽两侧的接合杯体端缘朝杯体内侧方向形成有数个相互交错设置的刺爪……"，"对比文件2中公开了呈筒状的端子结构，但是该端子与导线的连接方式不同于本专利的连接方式……"从而得出"在对比文件1和对比文件2中均未给出这样一种技术启示：当将对比文件1中的连接部分22做成筒状时，其上的侧面夹片29相应的改为在筒状杯体端缘交错状设置……仍无法得出本专利的权利要求1所要求保护的技术方案"的结论。而从对比文件1中公开了一种夹紧端子，与本专利的权利要求1基本相同，不同之处仅在于权利要求1的接合杯体呈筒状以及接合杯体端缘的刺爪呈交错状设置的。但结合对比文件2公开的内容来看，连接部分22做成筒状对于本领域的普通技术人员来说是显而易见的一种选择方案，而当连接部分22改为筒状时，其上的侧面夹紧片29也必然相应的改为交错状设置，因为唯有这样才能使连接部分合拢而将导线完全包夹于其中。从以上分析可以看出，在对比文件1的基础上，结合对比文件2而得出权利要求1所提出的技术方案，对于本技术领域的普通技术人员来说是非常容易的，而并不需要付出创造性劳动，因而权利要求1缺乏实质性特点。

二、而在审查决定中提出"在对比文件1和对比文件2中均未给出这样一种技术启示：当将对比文件1中的连接部分22做成筒状时，其上的侧面夹片29相应的改为在筒状杯体端缘交错状设置……仍无法得出本专利的权利要求1所要求保护的技术方案"的结论，已是超出了《专利法》第二十二条第三款规定的创造性要求，而是属于《专利法》第二十二条第一款规定的新颖性要求。

三、在审查决定中认为"本专利的端子结构可以通过一个步骤来完成刺破导线绝缘层以及导电连接，且这种结构可以使导线的接合效果更加良好，不会引起由于绝缘体造成的电流传输阻抗问题……"而对比文件1中提出的"使用时……软线15必须通过夹具端子的侧面或上面开口处（或插入端）部分插入或充分推入连沟槽25。这样软线才能被充分按进缝隙33和41，其绝缘层16被缝隙入口的削片剥离，而线芯18也会与33和41充分接触。由于端子带有插片28和29，软线15和夹具端子20起码有三处以上的连接点"。从以上文字描述中可以看出，对比文件1中的夹具端子同样也具有"可以通过一个步骤来完成刺破导线绝缘层以及电连接"的功效。由此可见，权利要求1所要求保护的技术方案与对比文件1和对比文件2的结合相比根本不具备实质性特点和进步，因此，权利要求1不具备《专利法》第二十二条第三款规定的创造性。

四、该实用新型专利从属权利要求2的权利要求的内容为："其特征在于所述杯体内壁设置有数个插片"，而对比文件1中公开了连接部分22的沟槽的内壁设置有U形槽夹紧片28，将对比文件1中的U形槽夹紧片28替换为权利要求2所述的插片，对于本技术领域的普通技术人员来说也是显而易见的，因此权利要求2同样缺乏《专利法》第二十二条第三款规定的创造性。

综上所述，专利号为02285865.2的实用新型专利的权利要求1、2皆不具备创造性。另外，从国家知识产权局专利检索咨询中心就该专利出具的检索报告得出的结论也可以清楚地看到这一点。为此，请求撤销第7718号决定，责令被告重新作出无效宣告请求审查决定。原告共向本院提交了四份证据，除与被告证据相同的三份证据之外，其证据4为国家知识产权局专利检索咨询中心检索报告（编号：G041721）。

被告辩称，在第7718号决定中对本专利具备创造性的事实和理由已经进行了详细的分析，坚持其中的意见，在此不再赘述。第7718号决定认定事实清楚，适用法律正确，审理程序合法，原告的诉讼请求无法律和事实依据，请求人民法院在查明事实的基础上，依法驳回原告的诉讼请求、维持第7718号决定。

第三人蔡汉仪未出庭，亦未向本院提供书面意见及相关证据。

经庭审质证，被告及原告提交的证据与被诉第7718号决定有关、且合法，各方当事人对其真实性均无异议，能够证明本案的事实，本院予以采纳。原告提交的证据4，仅可证明其在行政程序中提交过，但不具有证明本专利是否具有专利性的证据效力。

根据上述有效证据及各方当事人在庭审中无争议的陈述，本院确认如下事实：

本案涉及申请日为2002年11月19日，授权公告日为2003年12月10日，申请号为02285865.2，专利权人为第三人蔡汉仪。

本专利授权公告的权利要求书如下：

"1. 一种电子元件端子结构，包括一端子杆，该端子杆一端形成有弯折状的组装端，另一端形成一筒状的接合杯体，该接合杯体上形成与端子秆平行的缺槽，其特征在于所述缺槽两侧的接合杯体端缘朝杯体内侧方向形成有数个相互交错设置的刺爪。

2. 根据权利要求 1 所述电子元件端子结构，其特征在于所述杯体内壁设置有数个插片。”

针对本专利权，原告周小玲于 2005 年 3 月 14 日向被告提出无效宣告请求，其理由是本专利不具备《专利法》第二十二条第三款规定的创造性。并提交了如下附件作为证据：附件 1 即对比文件 1；附件 2：对比文件 1 的中文翻译文本；附件 3 即对比文件 2；附件 4：本专利说明书；附件 5：国家知识产权局专利检索咨询中心就本专利出具的检索报告（编号：G041721）的复印件。

周小玲认为，(1) 对比文件 1 中公开的夹紧端子与本专利的权利要求 1 的技术方案相比，区别仅在于权利要求 1 的接合杯体呈筒状以及接合杯体端缘的刺爪是呈交错设置的，但结合对比文件 2 中公开的内容来看，对比文件 1 中的“连接部分 22”可以做成筒状对本领域普通技术人员来说是显而易见的一种选择方案，而当“连接部分 22”改为筒状时，其上的“侧面夹紧片 29”也必然相应的改为交错状设置，因为唯有这样才能使连接部分合拢而将导线完全包夹于其中，因此权利要求 1 相对于对比文件 1 和对比文件 2 不具备创造性；(2) 对比文件 1 中公开了“连接部分 22 的沟槽 25 的内壁设置有 U 形槽夹紧片 28”，将对比文件 1 中的“U 形槽夹紧片 28”替换为权利要求 2 中所述的插片，对于本领域的普通技术人员来说也是显而易见的，因此权利要求 2 相对于对比文件 1 和对比文件 2 不具备创造性；(3) 此外，附件 5 中也指出本专利的权利要求 1 和 2 与对比文件 1 和对比文件 2 相比不具备创造性。

被告受理该无效宣告请求后，向第三人进行转文。要求第三人在指定期限内陈述意见。

被告于 2005 年 7 月 8 日向双方当事人发出口头审理通知书，定于 2005 年 8 月 31 日对本案进行口头审理。

被告于 2005 年 8 月 8 日收到第三人于 2005 年 6 月 29 日提交的意见陈述书。第三人指出了本专利的电子元件端子结构与对比文件 1 中的“夹紧端子 20”的不同，强调了在本专利的呈筒状的接合杯体上形成的与端子杆平行的缺槽的两侧的接合杯体端缘朝杯体内侧方向形成有数个相互交错设置的刺爪；上述特征的作用是：刺破导线的披覆膜（绝缘层），而对比文件 1 中的“侧面夹紧片 29”不是形成在缺槽两侧，而是整体形成在侧壁 27 上，其作用不是刺破绝缘体；对比文件 2 虽然公开了包覆导线的杯状端子，但其作用仅是保护导线，并不像本专利这样，刺破导线后，固定夹持导体；因此，认为权利要求 1 和 2 具备创造性。

被告于 2005 年 8 月 11 日向原告发出转送文件通知书，将第三人于 2005 年 6 月 29 日提交的意见陈述书第 1 ~ 3 页转送给原告，并要求其在指定期限内答复。

原告及第三人均亲自或委托代理人参加了口头审理。双方当事人对对方出庭人员的身份没有异议，双方当事人对合议组成员没有回避请求；第三人对对比文件 1、对比文件 2 的真实性没有异议，对对比文件 1 的中文译文（即为证据 1 ~ 2）的准确性没有异议。原告当庭明确其无效理由为：以对比文件 1 作为最接近的现有技术，结合对比文件 2 评述本专利权的权利要求 1、2 不具备创造性。第三人当庭就本专利具备新颖性和创造性的理由陈述了意见。

关于现有技术，被告认为，对比文件 1 和对比文件 2 的公开日期早于本专利的申请日，且被请求人对其真实性无异议，对对比文件 1 中文译文的准确性无异议，所以其上记载的内容构成本专利的现有技术。

关于创造性，被告认为，对比文件 1 中（参见对比文件 1 的中文译文中的“较佳实施案例的详细说明”部分中的第 2 自然段至第 4 自然段以及附图 2 ~ 5 和附图 9）公开了一种夹紧端子 20，该夹紧端子 20 具有一平直部 24（与权利要求 1 中所述的端子杆等同）；平直部分 24 的一端形成有弯折状的连接部21（与权利要求1中所述的组装端等同）；另一端形成有一包括沟槽25的连接部分22；沟槽25的侧壁27上形成有位置相对的侧面夹片29。将本专利的权利要求1的电子元件端子结构与请求人认定的最接近的现有技术——对比文件1中公开的夹紧端子相比较，对比文件1中没有公开如下特征：（1）接合杯体呈筒状；（2）在平行于端子杆的缺槽两侧的接合杯体端缘朝杯体内侧方向形成有数个相互交错设置的刺爪，即本专利的刺爪设置在接合杯体端缘并且相互交错，但对比文件1中的侧面夹紧片29是与沟槽25一体形成并设置在沟槽25的侧壁上且为相互对称设置而非相互交错设置。

对比文件2中公开了呈筒状的端子结构，但是该端子与导线的连接方式不同于本专利的连接方式，对比文件2中的呈筒状的端子结构直接与导线的裸线21连接，而本专利中的端子是通过刺破导线的绝缘膜来达到导电连接的目的。此外，对比文件2中没有公开特征（2）“在平行于端子杆的缺槽两侧的接合杯体端缘朝杯体内侧方向形成有数个相互交错设置的刺爪”；并且，在对比文件1和对比文件2中均未给出这样一种技术启示：当将对比文件1中的连接部分22做成筒状时，其上的侧面夹片29相应的改为在筒状杯体端缘交错状设置。因此，对于本领域普通技术人员来说，即使在对比文件1的基础上结合对比文件2从而将对比文件1中的连接部分22制作成筒状，仍然无法得出本专利的权利要求1所要求保护的技术方案；且本专利的权利要求1所要求保护的技术方案通过设置在杯体端缘上相互交错的刺爪来刺破包覆导线的绝缘层来直接与导线内部的导电体连接，即本专利的端子结构可以通过一个步骤来完成刺破导线绝缘层以及导电连接，且这种结构可以使导线的接合效果更加良好，不会引起由于绝缘体造成的电流传输阻抗问题，由此可见，本专利的权利要求1所要求保护的技术方案与对比文件1和对比文件2的结合相比具备实质性特点和进步，因此，权利要求1具备《专利法》第二十二条第三款规定的创造性。权利要求2直接从属于权利要求1，在权利要求1具备创造性的基础上，权利要求2也具备创造性。

被告据此作出第7718号决定。

本院认为，《专利法》第二十二条第三款规定，授予专利权的实用新型，应当具备创造性。实用新型的创造性是指同申请日以前已有的技术相比，该实用新型有实质性特点和进步。

本案中，本专利的端子结构可以通过一个步骤来完成刺破导线绝缘层以及电连接，且这种结构可以使与导线的接合效果更加良好，不会引起由于绝缘体造成的电流传输阻抗问题。由此可见，本专利的权利要求1所要求保护的技术方案与对比文件1和对比文件2的结合相比具备实质性特点和进步，本专利的权利要求所限定的技术方案相对于对比文件1、2，具有区别技术特征，且现有技术没有给出相应的技术启示，而该区别技术特征能带来有益的技术效果。故被告以“一项权利要求所限定的技术方案与现有技术相比具有区别技术特征，并且在现有技术中没有给出采取这一区别技术特征的技术启示，同时该区别技术特征能带来有益的技术效果，则该权利要求具备创造性”为决定要点，作出的第7718号决定，认定事实清楚，对证据的判断适当，适用法律正确，符合法定程序，本院应予维持。

原告提出对比文件1中公开的技术特征，与本专利的权利要求1基本相同，虽然存在不同之处，但结合对比文件2公开的内容来看，对于本领域的普通技术人员来说是显而易见的一种选择方案。在对比文件1的基础上，结合对比文件2而得出权利要求1所提出的技术方案，对于本技术领域的普通技术人员来说是非常容易的，而并不需要付出创造性劳动，因而权利要求1缺乏实质性特点，而权利要求2同样缺乏《专利法》第二十二条第三款规定的创造性等起诉理由，缺乏事实和法律依据，原告提出本专利权利要求不具备创造性的理由不成立，其诉讼请求本院不予支持。

综上所述，依照《专利法》第二十二条第三款、《中华人民共和国行政诉讼法》第五十四条第

（一）项，判决如下：

维持被告中华人民共和国国家知识产权局专利复审委员会于二〇〇五年十一月八日作出的第7718号无效宣告请求审查决定。

案件受理费1000元，由原告周小玲负担（已交纳）。

如不服本判决，原告周小玲及被告中华人民共和国国家知识产权局专利复审委员会可在判决书送达之日起十五日内，第三人蔡汉仪可在判决书送达之日起三十日内，向本院递交上诉状，并按对方当事人的人数提出副本，预交上诉案件受理费1000元，上诉于中华人民共和国北京市高级人民法院。

审 判 长 吴 月

审 判 员 刘景文

人民陪审员 付勇军

二〇〇七年三月二十日

书 记 员 毛天鹏

047

新型触头盒案

无效宣告请求审查决定（第7739号）

决　定　号　第7739号

决　定　日　2005年11月21日

发明创造名称　新型触头盒

国际分类号　H02B 11/04　H02B 11/24　H02B 1/14

无效请求人　玉环县华通电器有限公司

专利权人　陈守能

专　利　号　02265010.5

申　请　日　2002年6月23日

授权公告日　2003年6月11日

合议组组长　张　度

主　审　员　高　栋

参　审　员　张美菊

法律依据　专利法第二十二条第二款、第三款

决定要点

由于合议组对请求人所提供的附件3～7不予采信或不能认定其公开的内容，因此没有证据表明本专利的结构在申请日之前已经被公开，从而本专利的权利要求1～5具有专利法第二十二条第二款、第三款所规定的新颖性和创造性。

一、案由

本无效宣告请求涉及国家知识产权局专利局于2003年6月11日授权公告的、名称为“新型触头盒”的实用新型专利权（下称本专利），其申请日为2002年6月23日，申请号为02265010.5，专利权人为陈守能。

该专利授权公告的权利要求书内容如下：

“1. 一种新型触头盒，包括盒体（1）和与盒体（1）连为一体的进线筒（3）和出线筒（4），进线筒（3）和出线筒（4）的外侧设有散裙（2），盒体（1）的外侧设有支撑板（5），盒体（1）、进线筒（3）、出线筒（4）和支撑板（5）均采用绝缘材料制成，其特征在于所述的支撑板（5）两侧的边沿具有台阶形的接口（6）。

2. 根据权利要求1所述的新型触头盒，其特征在于所述的支撑板（5）两侧台阶形接口（6）的方向是相反的。

3. 根据权利要求1或2所述的新型触头盒，其特征在于所述的支撑板（5）与盒体（1）的连接处设置加强片（7）。

4. 根据权利要求1或2所述的新型触头盒，其特征在于所述的盒体（1）上设有散裙（2）。

5. 根据权利要求3所述的新型触头盒，其特征在于所述的加强片（7）位于支撑板（5）与盒体（1）连接处的角部。”

针对上述专利权，玉环县华通电器有限公司（下称请求人）于2003年9月25日向专利复审委员会提出了无效宣告请求（案件编号5W05493），其理由是本专利不符合专利法第二十二条第二款的规定。请求人提交的作为证据使用的附件如下：

附件2：增值税专用发票、销货清单、证明、图纸，其中证明为原件，其余均为复印件；

附件3：玉环县吉能互感器有限公司产品样本中的图片复印件2页。

请求人认为其早在2001年就已生产、销售过3AV3即KYN61触头盒，该触头盒是由“厦门ABB开关有限公司”生产、江苏长江电器股份有限公司提供，请求人根据其样品绘制图纸，开设模具，并在该年度与江苏长江股份有限公司发生了数万元的该触头盒的买卖关系（见附件2），其结构与上述专利结构完全相同。显然，上述专利在其申请日之前不仅本公司在国内已公开生产、销售，而且德国在厦门合资的“厦门ABB开关有限公司”也早已生产、销售，这一点在被请求人创办的企业——玉环县吉能互感器有限公司的产品样本上有明确标注（见附件3）。

请求人于2003年10月24日寄交给专利复审委员会的补充附件如下：

附件4：江苏省扬中市公证处的公证书及其附件：1. 中华人民共和国海关进口货物报关单复印件一份；2. 照片11张；3. 江苏长江电器股份有限公司出具的证明复印件。

请求人认为上述专利产品早在2001年8月11日江苏长江电器股份有限公司从德国进口的高压开关柜ZS3.235KV的样机中就有，其结构与上述专利完全相同，该实物的照片经江苏省扬中市公证处公证（附件4）作为补充书证。因此，上述专利技术早已在国内公开使用，属于公知技术，不具备新颖性。

经形式审查合格，专利复审委员会受理了上述请求，并于2003年12月4日发出无效宣告请求受理通知书，并将请求书及其附件的副本转送给专利权人（下称被请求人）。

被请求人于2004年1月15日提交了意见陈述书，其中认为：（a）请求人所提交的附件2、3、4不能证明下列事实：①销售涉案产品的真实性；②销售行为的公开性；③销售产品与专利技术方案的关联性；（b）被请求人对补交公证书的真实性并无异议；但该公证书中所附的证据并不能证明请求人在意见陈述中所说的“显然该技术早已在国内公开使用，属于公知技术”这一事实，理由是：（1）江苏长江电器公司出具证言称，其所进口的高压开关柜“主要用于样品试验机”，既是样品试验机，应该在作为样品试验中对机器多次拆解，因此何以知道该样品试验机中的触头盒就是原装的而不是该公司后装进去的？如果不能排除这个可能，那么开关柜中的触头盒所体现的技术方案就不可能形成对本案专利的公开；（2）一台样品机，并不用于展示，也没有相同的产品被进口以及公开销售，便无法认定公开了其所体现的技术方案。关于请求人提供的产品样本，被请求人认为，样品中附上了专利证书，说明该样本明显编辑并制作于本专利的申请日之后，其无法证明本案专利技术在申请日之前被公开的事实。

本案合议组于2004年7月22日向双方当事人发出口头审理通知书，定于2004年9月8日上午举行口头审理，同时将被请求人提交的意见陈述书及其附件的副本转送给请求人。

口头审理如期举行，双方当事人均出席口头审理并各自陈述了意见。在口头审理中，双方当事人对合议组成员变更无异议；请求人明确表示放弃使用附件2（包括增值税专用发票、销货清单、证明、图纸），请求宣告无效的范围是权利要求1~5不符合专利法第二十二条第二款的规定；被请求人对公证书本身的真实性无异议；被请求人认为报关单记载的型号与公证内容不符，公证内容无法证明该样品机为原装；请求人当庭提交了附件 3 的原件，合议组当庭核实附件 3 的复印件与其原件相符。

针对上述专利权，玉环县华通电器有限公司（下称请求人）于2004 年12 月3 日向专利复审委员会再次提出了无效宣告请求（案件编号 5W06415），其理由是本专利不符合专利法第二十二条第二款、第三款的规定。请求人提交的作为证据使用的附件如下：

附件 1（下称附件 5）：江苏长江电器股份有限公司 KYN_{61} －40.5 金属铠装移开式封闭开关设备产品说明书复印件；

附件 2（下称附件 6）：浙江省玉环县公证处（2004）浙玉证字第 1693 号公证书及其附件。

请求人认为，附件 5 是江苏长江电器股份有限公司 2001 年出版的产品说明书，该说明书第 6 页公开了本专利的产品技术特征；附件 6 的公证书保全证据是江苏长江电器股份有限公司于 2001 年 11 月 8 日将共拾只含有触头盒的高压柜销售给上汽集团仪征汽车有限公司的合同，上汽集团仪征汽车有限公司装备的高压柜及高压柜内的触头盒，公证书对触头盒进行拍照；触头盒照片清晰地显示了本专利触头盒的全部权利要求的内容，因此不符合专利法第二十二条第二款的规定；关于创造性，权利要求 1 的特征是在于支撑板的两侧的边沿具有台阶形的接口，在两触头盒拼接时采用台阶式接口，可以使得接口平整，这为公知常识，因此不具备创造性，其从属权利要求 2 ~ 5 也不具备创造性。请求人同时提交了合案审理请求书，请求合议组将案件编号为 5W05493 和本无效宣告请求合案审理。

经形式审查合格，专利复审委员会受理了上述请求，并于 2005 年 1 月 10 日发出无效宣告请求受理通知书，并将请求书及其附件的副本转送给专利权人（下称被请求人）。

被请求人于 2005 年 2 月 25 日提交了意见陈述书，其中认为，附件 5 不具有成为证据的法律效力；附件 6 所公证的内容无法清晰说明本专利的技术方案在申请日之前就已公开，即不具有任何说服力。

本案合议组于 2005 年 5 月 9 日将被请求人于 2005 年 2 月 25 日提交的意见陈述书转送给请求人。

请求人于 2005 年 5 月 23 日向合议组寄交了意见陈述书，并且认为，被请求人对公证文书无相反证据推翻，按照证据规则可以认定其证据效力；江苏长江电器股份有限公司产品说明书是产品的技术和使用介绍，与本案专利技术方案的新颖性具有直接的关联，也与公证证据相佐证；被请求人不能对说明书的证据内容作出具体答辩，也没有相反的证据证明该说明书的不真实。

本案合议组于 2005 年 5 月 31 日向双方当事人发出口头审理通知书，定于 2005 年 7 月 6 日上午举行口头审理，同时将被请求人提交的意见陈述书及其附件的副本转送给请求人，以及将请求人于 2005 年 5 月 23 日提交的意见陈述书转送给被请求人。

口头审理如期举行，双方当事人均出席口头审理并各自陈述了意见。在口头审理中，双方当事人对对方出庭人员身份没有异议，对合议组成员变更没有异议，对合议组成员无回避请求；请求人当庭出示附件 5 的原件，合议组当庭核实附件 5 的复印件与原件相符；被请求人对附件 5 作为公开出版物有异议，对附件 6 本身的真实性无异议，但对其中所公证的高压开关柜 KYN_{61} －40.5 所装配的触头盒是否是原装的触头盒有异议。

口头审理之后，合议组于 2005 年 8 月 1 日收到请求人根据合议组要求提交的意见陈述书，请求人认为，附件 5 上的“ⓒ2001”的版权登记是江苏长江电器股份有限公司根据著作权法的理解而参考国际上电器企业对样本印刷物通常做法标记的，没有向有关部门登记。作为版权标记，如果没有相反的证明，其出版时间的标记应是真实的，并因此推定附件 5 的公开日期为 2001 年 12 月 31 日。为了说明附件 5 所记载设备的客观事实，提供了江苏长江电器股份有限公司的前身镇江电器设备厂委托的 KYN_{61} －40.5 交流金属铠装移开式开关设备的形式试验的检验报告（下称附件 7），编号为

No. 01571，出具时间是2002年1月29日，以供佐证。

合议组于2005年8月8日将上述意见陈述书及其附件清单中所列附件的副本转送给被请求人。

被请求人于2005年8月25日提交了意见陈述书，并且认为，（1）产品说明书上的标记不具法律效力，合议组在口头审理时要求请求人提供版权登记相关证明文件，目的就是确认其标注的真实性；版权经过登记，可以为著作权纠纷提供初步证据，证明该作品确切的出品时间，这是一个法律程序，不是靠哪一个人的理解或所谓的参考，自行标记即可的；（2）说明书不属于公开出版物，只是该公司自行印制的材料，不应视为已发表或者出版；（3）请求人试用法律错误，其所辩称的"被请求人没有相反的证明"，是把自己应该承担的举证责任强加给对方，这是逃避法定的举证责任；（4）请求人新提供的证据不具有说服力，首先该证据超出了法定的举证期限，应不予采纳，检验报告只能证明镇江电器设备厂曾对委托型号为$KYN_{61}-40.5$的设备做过试验，与本案不具有关联性。

在上述工作的基础上，合议组认为双方当事人已经充分发表意见，本案事实清楚。同时，鉴于请求人在案件编号为5W05493的无效宣告请求审查决定作出之前请求合议组将案件编号为5W06415的无效宣告请求与其合案审理，因此合议组依法作出如下决定。

二、决定的理由

1. 关于证据

（1）附件3是玉环县吉能互感器有限公司产品样本中的图片。请求人认为本专利在其申请日之前在国内已公开生产、销售，其中在玉环县吉能互感器有限公司的产品样本上有明确标注。被请求人认为，样品中附上了专利证书，说明该样本明显编辑并制作于本专利的申请日之后，其无法证明本案专利技术在申请日之前被公开的事实。合议组认为尽管请求人当庭提交了附件3的原件，但是合议组核实原件后注意到，附件3的原件是玉环吉能互感器有限公司的产品样本册，首先没有证据表明其属于正式公布的公开出版物，其上并没有标明出版日期和刊号，请求人也未进一步提供其他证据来佐证附件3原件的真实性，而且，在样品册上还附了本专利的专利号及其证书。合议组推定本样品册的印刷日期应该晚于本专利的授权日，因此附件3不能作为评价本专利是否具备新颖性的现有技术。

（2）附件4是江苏省扬中市公证处的公证书及其附件。请求人认为上述专利产品早在2001年8月11日江苏长江电器股份有限公司从德国进口的高压开关柜ZS3. 235KV的样机中就有，其结构与上述专利完全相同，该实物的照片经江苏省扬中市公证处公证，因此本专利的技术早已在国内公开使用，属于公知技术，不具备新颖性。被请求人对公证书本身的真实性无异议；并且认为报关单记载的型号与公证内容不符，公证内容无法证明该样品机为原装。合议组首先认为，公证书仅仅能够证明公证员于2003年10月23日到江苏长江电器股份有限公司对样品试验机进行审核，并在打开样机后当场拍照的情形，并不能证明在本专利申请日之前该试验机中的触头盒配件的构造。而公证书所附报关单中的商品名称是断路器，而现场勘验记录所针对的是高压开关柜ZS3. 235KV样品试验机，其没有证实该断路器和样品试验机之间的关系。因此，合议组认为，根据上述公证书的内容不能证明公证现场的样品试验机中的触头盒就是从德国进口的高压开关柜中原装的结构；其次，由于该高压开关柜是样品试验机，因此也不能证明触头盒的结构处于公众中任何一个人都可以得知的状态。因此合议组认为公证书的内容也不能证明公证书中的触头盒于本专利申请日之前已经公开使用。

（3）附件5是江苏长江电器股份有限公司$KYN_{61}-40.5$金属铠装移开式封闭开关设备产品说明书。请求人认为附件5上的"ⓒ2001"的版权登记是江苏长江电器股份有限公司根据著作权法的理解而参考国际上电器企业对样本印刷物通常做法标记的，没有向有关部门登记；作为版权标记，如果没有相反的证明，其出版时间的标记应是真实的，并因此推定附件5的公开日期为2001年12月31日。被请求人认为产品说明书不属于公开出版物，只是该公司自行印制的材料，不应视为已发表或者出版版权经过登记；以及版权登记的目的就是为著作权纠纷提供初步证据，证明该作品确切的出品时间，这是一个法律程序，不是靠哪一个人的理解或所谓的参考，自行标记即可的。合议组基于双方当事人的意见陈述认为，首先附件5是江苏长江电器股份有限公司公司自行印刷的产品说明书，不属于正式公布的公开出版物；其次，尽管在说明书的封面标记有“ⓒ2001”这样的版权符号，但是请求人没有提供在有关部门进行版权登记的证明，同时认定这种标记是公司根据理解或参考作出的，这不能说明这就是其实际的公开日期。所以，合议组对附件5也不予采信。

(4) 附件6是浙江省玉环县公证处（2004）浙玉证字第1693号公证书及其附件。请求人指出：该公证书保全的证据是江苏长江电器股份有限公司于2001年11月8日将共拾只含有触头盒的高压柜销售给上汽集团仪征汽车有限公司的合同，上汽集团仪征汽车有限公司装备的高压柜及高压柜内的触头盒，公证书对触头盒进行拍照，触头盒照片清晰地显示了本专利触头盒的全部权利要求的内容。被请求人对附件6本身的真实性无异议，但对其中所公证的高压开关柜$KYN_{61}-40.5$所装配的触头盒是否是原装的触头盒有异议。合议组认为：公证书只能证明2004年11月5日当时在江苏长江电器股份有限公司的高压柜装配车间所拍摄触头盒的结构，但不证明在上汽仪征汽车有限公司的配电房中相同规格型号的高压开关柜中具有在本专利申请日之前与本专利结构相同的触头盒，公证书在上汽仪征汽车有限公司所拍摄的照片是高压开关柜的外部结构、形状，并没有拍摄高压开关柜内部的与本专利结构相同的触头盒。也就是说，从照片中无法得知其内部的结构，也不能根据高压开关柜的规格型号直接肯定地认定其中必然含有本专利的触头盒，并且不能证明江苏长江电器股份有限公司的高压柜装配车间所拍摄触头盒就是编号为03650221的江苏省增值税专用发票中规格型号为KYN61－40.5的高压柜所使用的触头盒。因此合议组认为公证书的内容也不能证明公证书中的触头盒已于本专利申请日之前公开使用。

(5) 附件7是江苏长江电器股份有限公司的前身镇江电器设备厂委托的$KYN_{61}-40.5$交流金属铠装移开式开关设备的形式试验的检验报告，由于该证据是在口审之后提交的并且已经超出受理该无效请求时所规定的一个月的补充证据的期限，以及该证据与本案不存在关联性，因此合议组对此附件也是不予采信的。

基于以上理由，由于合议组对请求人所提供的附件3～7不予采信或不能认定其公开的内容，因此没有证据表明本专利的结构在申请日之前已经被公开，从而本专利的权利要求1～5具有专利法第二十二条第二款、第三款所规定的新颖性和创造性。

三、决定

维持02265010.5号实用新型专利权全部有效。

当事人对本决定不服的，可以根据专利法第四十六条第二款的规定，自收到本决定之日起三个月内向北京市第一中级人民法院起诉。根据该款的规定，一方当事人起诉后，另一方当事人应当作为第三人参加诉讼。

北京市第一中级人民法院行政判决书

（2006）一中行初字第391号

原告玉环县华通电器有限公司，住所地浙江省玉环县楚门镇南兴东路。

法定代表人郑增定，董事长。

委托代理人徐关寿，浙江杭州金通专利事务所有限公司专利代理人。

被告国家知识产权局专利复审委员会，住所地北京市海淀区北四环西路9号银谷大厦10~12层。

法定代表人廖涛，副主任。

委托代理人高栋，男，国家知识产权局专利复审委员会审查员。

委托代理人郭健国，男，国家知识产权局专利复审委员会审查员。

第三人陈守能，男，59岁，汉族，玉环吉能互感器有限公司董事长，住所地浙江省玉环县干江镇湖山头村林中路48号。

委托代理人吕俊清，台州市东南专利事务所专利代理人。

原告玉环县华通电器有限公司（下称华通公司）不服被告国家知识产权局专利复审委员会（下称专利复审委）作出的无效宣告请求审查决定，于2006年3月6日向本院提起行政诉讼，本院受理后，依法组成合议庭，并依法通知与被诉具体行政行为有利害关系的陈守能参加诉讼。本院于2006年4月18日公开开庭审理了本案。原告华通公司的委托代理人徐关寿，被告专利复审委的委托代理人高栋、郭健国，第三人陈守能的委托代理人吕俊清到庭参加了诉讼。本案现已审理终结。

2005年11月21日，被告作出第7739号无效宣告请求审查决定（下称第7739号决定），决定维持02265010.5号实用新型专利权（下称本专利）全部有效。

被告于答辩期内向本院提交了作出被诉具体行政行为的证据材料：1. 本专利说明书；2. 玉环县吉能互感器有限公司产品样本中的图片复印件，即无效决定中的附件3；3. 江苏省扬中市公证处出具的（2003）扬证民内字第455号公证书，即无效决定中的附件4；4. 江苏长江电器股份有限公司KYN61-40.5金属铠装移开式封闭开关设备产品说明书复印件，即无效决定中的附件5；5. 浙江省玉环县公证处（2004）浙玉证字第1693号公证书，即无效决定中的附件6；6. 出具时间为2002年1月29日，编号为No.01571检验报告，即无效决定中的附件7。上述证据用以证明被告作出被诉决定认定事实清楚、适用法律正确、程序合法。

原告华通公司诉称，一、被告对使用公开证据的认定有违证据规则。

1. 被告对附件3的认定有误。原告并非以附件3作为出版物公开来评价本专利的新颖性，而是以样品册中作为样品册制作单位的法定代表人的第三人，自认CH2-40.5的触头盒与ABB等同这一事实来评价本专利的新颖性。样品册中的触头盒编排了三个型号，即CH1-40.5、CH2-40.5和CH3-40.5。可以推定CH2-40.5是介于CH1-40.5之后和CH3-40.5之前，也就是说与ABB等同的CH2-40.5触头盒在专利产品CH3-40.5之前。这不仅说明ABB公司已有该产品，而且第三人的企业也已在生产。CH2-40.5触头盒与ABB等同，说明ABB公司确有此形状的触头盒，该形状的触头盒具有本专利的全部权利要求的技术特征；2. 附件4是一公证书，在公证机关没有相反证据的审核结论的情况下，被告不予认可是不妥的。现场勘验记录记载了从样机中拆除的一个触头盒的出厂编号和出厂日期，并作了保全公证。高压开关柜虽然作为样品试验机进口，但进口行为本身就是一种销售行为，属于公开使用的一种方式。被告把进口商品作样品试验仿制，与本国企业自主开发样机的使用作了混同认定，显然不妥。3. 对于附件5，产品说明书不是正式公布的出版物，但是它具有可公布于公众的出版物属性。而且产品说明书还是产品制造、销售和使用的证明。此外，在知识产权领域，把“ⓒ2001”理解为2001年出版或正式公开，应该说已成为常识。二、被告对创造性请求不作审查，违反了无效宣告审查程序中的请求原则。原告认为其在提出无效宣告请求时，以两触头盒拼接时采用台阶式接口，可以使得接口平整，这为公知常识，也是惯用手段，这不仅在电器领域普遍适用，在日常生活中也是不胜枚举为事实，请求本专利权利要求1~5不具备创造性。但被告的审查决定对原告的这一请求没有作审查和评价，违反了请求原则的审查程序。

综上，被诉决定认定事实错误，程序违法，请求法院撤销第7739号决定。

原告未向法院提交证据。

被告专利复审委辩称，第7739号决定认定事实清楚，适用法律正确，程序合法，请求予以维持。

第三人陈守能述称：1. 对于附件3，从字面的数字顺序上看，CH2-40.5确实是介于CH1-40.5之后和CH3-40.5之前，但是，数字顺序的前后并不必然导致时间上的先后，原告的上述推定只是一种主观臆断，无任何法律依据。而事实与原告的推断恰恰相反，即在型号编排时，将在CH3-40.5申请实用新型专利之后才生产的CH2-40.5型号的数字顺序编排在CH3-40.5之前。2. 关于附件4，报关单记录的进口商品名称是断路器，公证机关现场勘验记录的是高压开关柜ZS3.235KV样品试验机。显然，公证机关现场勘验记录的高压开关柜ZS3.235KV样品试验机根本不是报关单记录的进口的断路器。公证机关将一个从高压开关柜的样品试验机中拆出的触头盒作为从德国进口的断路器的一部分进行勘验记录，以供原告作为否认本专利新颖性的证据，这种证据是虚假的。3. 对于附件5，假如按照原告的理解，在诸如此类的不属于正式公布的公开出版物的封面上标有类似“ⓒ2001”标记的公开出版物应当比比皆是，但是原告却不能举证。因此，原告将一己之见上升为知识产权领域的常识显然是不能接受的。4. 原告指出本专利权利要求1~5不具备创造性，理由是本专利独立权利要求1的特征部分所记载的技术特征是公知常识。但是原告没有举出该技术特征作为公知常识的任何证据。因此原告关于本专利权利要求1~5无创造性的请求只有主张而无证据，不符合《中华人民共和国专利法实施细则》（下称《实施细则》）第六十四条中“无效宣告请求书应当结合提交的所有证据，具体说明无效宣告请求的理由，并指明每项理由所依据的证据。”的规定。

此外，虽然原告于2004年12月3日向被告提出权利要求1~5不具备创造性，但在口头审理后，原告在按照被告要求提交的意见陈述中，未涉及创造性问题。在这种情况下，被告在决定书中认定本专利权利要求1~5具备创造性没有违反请求原则。

综上，被告作出的第7739号决定认定事实清楚，适用法律正确，程序合法，请求法院予以维持，驳回原告的诉讼请求。

第三人未向法院提交证据。

经庭审质证，原告及第三人对被告证据无异议。

经审查，被告提交的证据与本案具有关联性，且合法、真实，能够证明本案事实，本院予以确认。

经审理查明，本无效宣告请求涉及国家知识产权局于2003年6月11日授权公告的、名称为“新型触头盒”的实用新型专利权，其申请日为2002年6月23日，申请号为02265010.5，专利权人为本案第三人。该专利授权公告的权利要求书是：

“1. 一种新型触头盒，包括盒体(1)和与盒体(1)连为一体的进线筒(3)和出线筒(4)，进线筒(3)

和出线筒(4)的外侧设有散裙(2),盒体(1)的外侧设有支撑板(5),盒体(1)、进线筒(3)、出线筒(4)和支撑板(5)均采用绝缘材料制成,其特征在于所述的支撑板(5)两侧的边沿具有台阶形的接口(6)。

2. 根据权利要求1所述的新型触头盒，其特征在于所述的支撑板（5）两侧台阶形接口（6）的方向是相反的。

3. 根据权利要求1或2所述的新型触头盒，其特征在于所述的支撑板（5）与盒体（1）的连接处设置加强片（7）。

4. 根据权利要求1或2所述的新型触头盒，其特征在于所述的盒体（1）上设有散裙（2）。

5. 根据权利要求3所述的新型触头盒，其特征在于所述的加强片（7）位于支撑板（5）与盒体（1）连接处的角部。"

针对上述专利权，本案原告于2003年9月25日向被告提出了无效宣告请求（案件编号5W05493），其理由是本专利不符合《中华人民共和国专利法》（下称《专利法》）第二十二条第二款的规定。原告提交的作为证据使用的附件如下：

附件2：增值税专用发票、销货清单、证明、图纸，其中证明为原件，其余均为复印件；

附件3：玉环县吉能互感器有限公司产品样本中的图片复印件2页。

原告认为其早在2001年就已生产、销售过3AV3即KYN61触头盒，该触头盒是由"厦门ABB开关有限公司"生产、江苏长江电器股份有限公司提供，原告根据其样品绘制图纸，开设模具，并在该年度与江苏长江股份有限公司发生了数万元的该触头盒的买卖关系，其结构与上述专利结构完全相同。显然，上述专利在其申请日之前不仅本公司在国内已公开生产、销售，而且德国在厦门合资的"厦门ABB开关有限公司"也早已生产、销售，这一点在第三人创办的企业——玉环县吉能互感器有限公司的产品样本上有明确标注。

原告于2003年10月24日寄交给被告的补充附件如下：

附件4：江苏省扬中市公证处的公证书及其附件：1. 中华人民共和国海关进口货物报关单复印件一份；2. 照片11张；3. 江苏长江电器股份有限公司出具的证明复印件。

原告认为上述专利产品早在2001年8月11日江苏长江电器股份有限公司从德国进口的高压开关柜ZS3.235KV的样机中就有，其结构与上述专利完全相同，该实物的照片经江苏省扬中市公证处公证（附件4）作为补充书证。因此，上述专利技术早已在国内公开使用，属于公知技术，不具备新颖性。

经形式审查合格，被告受理了上述请求，并于2003年12月4日发出无效宣告请求受理通知书，并将请求书及其附件的副本转送给第三人。第三人于2004年1月15日提交了意见陈述书。

被告于2004年7月22日向双方当事人发出口头审理通知书，定于2004年9月8日上午举行口头审理，同时将第三人提交的意见陈述书及其附件的副本转送给原告。

口头审理如期举行，双方当事人均出席口头审理并各自陈述了意见。在口审中，双方当事人对合议组成员变更无异议；原告明确表示放弃使用附件2（包括增值税专用发票、销货清单、证明、图纸），请求宣告无效的范围是权利要求1~5不符合《专利法》第二十二条第二款的规定；第三人对公证书本身的真实性无异议，认为报关单记载的型号与公证内容不符，公证内容无法证明该样品机为原装；原告当庭提交了附件3的原件，合议组当庭核实附件3的复印件与其原件相符。

针对上述专利权，原告于2004年12月3日向专利复审委员会再次提出了无效宣告请求（案件编号5W06415），其理由是本专利不符合《专利法》第二十二条第二款、第三款的规定。原告提交的作为证据使用的附件如下：

附件1（下称附件5）：江苏长江电器股份有限公司KYN61-40.5金属铠装移开式封闭开关设备

产品说明书复印件；

附件2（下称附件6）：浙江省玉环县公证处（2004）浙玉证字第1693号公证书及其附件。

原告认为，附件5是江苏长江电器股份有限公司2001年出版的产品说明书，该说明书第6页公开了本专利的产品技术特征；附件6的公证书保全证据是江苏长江电器股份有限公司于2001年11月8日将共拾只含有触头盒的高压柜销售给上汽集团仪征汽车有限公司的合同，上汽集团仪征汽车有限公司装备的高压柜及高压柜内的触头盒，公证书对触头盒进行拍照；触头盒照片清晰地显示了本专利触头盒的全部权利要求的内容，因此不符合《专利法》第二十二条第二款的规定；关于创造性，原告认为权利要求1的特征是在于支撑板的两侧的边沿具有台阶形的接口，在两触头盒拼接时采用台阶式接口，可以使得接口平整，这为公知常识。权利要求1为公知常识不具有创造性，其从属权利要求2~5也不具备创造性。原告同时提交了合案审理请求书，请求合议组将案件编号为5W05493和本无效宣告请求合案审理。

经形式审查合格，被告受理了上述请求，并于2005年1月10日发出无效宣告请求受理通知书，并将请求书及其附件的副本转送给第三人。

第三人于2005年2月25日提交了意见陈述书，其认为：附件5不具有成为证据的法律效力；附件6所公证的内容无法清晰说明本专利的技术方案在申请日之前就已公开，即不具有任何说服力。

被告于2005年5月9日将第三人于2005年2月25日提交的意见陈述书转送给原告。

原告于2005年5月23日向被告寄交了意见陈述书，并且认为：第三人无相反证据推翻公证文书，按照证据规则可以认定其证据效力；江苏长江电器股份有限公司产品说明书是产品的技术和使用介绍，与涉案专利技术方案的新颖性具有直接的关联，也与公证证据相佐证；第三人不能对说明书的证据内容作出具体答辩，也没有相反的证据证明该说明书不真实。

被告于2005年5月31日向双方当事人发出口头审理通知书，定于2005年7月6日上午举行口头审理，同时将第三人提交的意见陈述书及其附件的副本转送给原告，以及将原告于2005年5月23日提交的意见陈述书转送给第三人。

口头审理如期举行，双方当事人均出席口头审理并各自陈述了意见。在口头审理中，双方当事人对对方出庭人员身份没有异议，对合议组成员变更没有异议，对合议组成员无回避请求；原告当庭出示附件5的原件，合议组当庭核实附件5的复印件与原件相符；第三人对附件5作为公开出版物有异议，对附件6本身的真实性无异议，但对其中所公证的高压开关柜KYN61-40.5所装配的触头盒是否是原装的触头盒有异议。

口头审理之后，被告于2005年8月1日收到原告根据合议组要求提交的意见陈述书，原告认为：附件5上的"ⓒ2001"的版权登记是江苏长江电器股份有限公司根据著作权法的理解而参考国际上电器企业对样本印刷物通常做法标记的，没有向有关部门登记。作为版权标记，如果没有相反的证明，其出版时间的标记应是真实的，并因此推定附件5的公开日期为2001年12月31日。为了说明附件5所记载设备的客观事实，提供了江苏长江电器股份有限公司的前身镇江电器设备厂委托的KYN61-40.5交流金属铠装移开式开关设备的形式试验的检验报告（下称附件7），编号为No.01571，出具时间是2002年1月29日，以供佐证。

被告于2005年8月8日将上述意见陈述书及其附件清单中所列附件的副本转送给第三人。

第三人于2005年8月25日提交了意见陈述书，并且认为：1. 产品说明书上的标记不具法律效力，被告在口审时要求原告提供版权登记相关证明文件，目的就是确认其标注的真实性；版权经过登记，可以为著作权纠纷提供初步证据，证明该作品确切的出品时间，这是一个法律程序，不是靠哪一个人的理解或所谓的参考，自行标记即可的；2. 说明书不属于公开出版物，只是该公司自行印制的材料，不应视为已发表或者出版；3. 原告适用法律错误，其所辩称的“被请求人没有相反的证明”，是把自己应该承担的举证责任强加给对方，这是逃避法定的举证责任；4. 原告新提供的证据不具有说服力，首先该证据超出了法定的举证期限，应不予采纳，检验报告只能证明镇江电器设备厂曾对委托型号为 KYN61－40.5 的设备做过试验，与本案不具有关联性。

在上述工作的基础上，被告将案件编号为 5W05493 的无效宣告请求与案件编号为 5W06415 的无效宣告请求合案审理。被告经审查认为：

（1）附件 3 是玉环县吉能互感器有限公司产品样本中的图片。原告认为本专利在其申请日之前在国内已公开生产、销售，其中在玉环县吉能互感器有限公司的产品样本上有明确标注。第三人认为，样品中附上了专利证书，说明该样本明显编辑并制作于本专利的申请日之后，其无法证明本案专利技术在申请日之前被公开的事实。被告认为尽管原告当庭提交了附件 3 的原件，但是被告核实原件后注意到，附件 3 的原件是玉环吉能互感器有限公司的产品样本册，首先没有证据表明其属于正式公布的公开出版物，其上并没有标明出版日期和刊号，原告也未进一步提供其他证据来佐证附件 3 原件的真实性。并且，在样品册上还附了本专利的专利号及其证书。被告推定本样品册的印刷日期应该晚于本专利的授权日，因此附件 3 不能作为评价本专利是否具备新颖性的现有技术。

（2）附件 4 是江苏省扬中市公证处的公证书及其附件。原告认为上述专利产品早在 2001 年 8 月 11 日江苏长江电器股份有限公司从德国进口的高压开关柜 ZS3.235KV 的样机中就有，其结构与上述专利完全相同，该实物的照片经江苏省扬中市公证处公证，因此本专利的技术早已在国内公开使用，属于公知技术，不具备新颖性。第三人对公证书本身的真实性无异议；并且认为报关单记载的型号与公证内容不符，公证内容无法证明该样品机为原装。被告首先认为，公证书仅仅能够证明公证员于 2003 年 10 月 23 日到江苏长江电器股份有限公司对样品试验机进行审核，并在打开样机后当场拍照的情形，并不能证明在本专利申请日之前该试验机中的触头盒配件的构造。而公证书所附报关单中的商品名称是断路器，而现场勘验记录所针对的是高压开关柜 ZS3.235KV 样品试验机，其没有证实该断路器和样品试验机之间的关系。因此，被告认为根据上述公证书的内容不能证明公证现场的样品试验机中的触头盒就是从德国进口的高压开关柜中原装的结构；其次，由于该高压开关柜是样品试验机，因此也不能证明触头盒的结构处于公众中任何一个人都可以得知的状态。因此被告认为公证书的内容也不能证明公证书中的触头盒于本专利申请日之前已经公开使用。

（3）附件 5 是江苏长江电器股份有限公司 KYN61－40.5 金属铠装移开式封闭开关设备产品说明书。原告认为附件 5 上的“ⓒ2001”的版权登记是江苏长江电器股份有限公司根据著作权法的理解而参考国际上电器企业对样本印刷物通常做法标记的，没有向有关部门登记；作为版权标记，如果没有相反的证明，其出版时间的标记应是真实的，并因此推定附件 5 的公开日期为 2001 年 12 月 31 日。第三人认为产品说明书不属于公开出版物，只是该公司自行印制的材料，不应视为已发表或者出版版权经过登记；以及版权登记的目的就是为著作权纠纷提供初步证据，证明该作品确切的出品时间，这是一个法律程序，不是靠哪一个人的理解或所谓的参考，自行标记即可的。被告基于双方当事人的意见陈述认为，首先附件 5 是江苏长江电器股份有限公司自行印刷的产品说明书，不属于正式公布的公开出版物；其次，尽管在说明书的封面标记有“ⓒ2001”这样的版权符号，但是原告没有提供在有关部门进行版权登记的证明，同时认定这种标记是公司根据理解或参考作出的，这不能说明这就是其实际的公开日期。所以，被告对附件 5 也不予采信。

（4）附件 6 是浙江省玉环县公证处（2004）浙玉证字第 1693 号公证书及其附件。原告指出：该公证书保全的证据是江苏长江电器股份有限公司于2001年11月8日将共拾只含有触头盒的高压柜销售给上汽集团仪征汽车有限公司的合同,上汽集团仪征汽车有限公司装备的高压柜及高压柜内的触头盒,公证书对触头盒进行拍照,触头盒照片清晰地显示了本专利触头盒的全部权利要求的内容。第三人对附件6本身的真实性无异议,但对其中所公证的高压开关柜KYN61－40.5所装配的触头盒是否是原装的触头盒有异议。被告认为:公证书只能证明2004年11月5日当时在江苏长江电器股份有限公司的高压柜装配车间所拍摄触头盒的结构,但不证明在上汽仪征汽车有限公司的配电房中相同规格型号的高压开关柜中具有在本专利申请日之前与本专利结构相同的触头盒,公证书在上汽仪征汽车有限公司所拍摄的照片是高压开关柜的外部结构、形状,并没有拍摄高压开关柜内部的与本专利结构相同的触头盒。也就是说,从照片中无法得知其内部的结构,也不能根据高压开关柜的规格型号直接肯定地认定其中必然含有本专利的触头盒,并且不能证明江苏长江电器股份有限公司的高压柜装配车间所拍摄触头盒就是编号为03650221的江苏省增值税专用发票中规格型号为KYN61－40.5的高压柜所使用的触头盒。因此被告认为公证书的内容也不能证明公证书中的触头盒已于本专利申请日之前公开使用。

(5) 附件7是江苏长江电器股份有限公司的前身镇江电器设备厂委托的KYN61－40.5交流金属铠装移开式开关设备的型式试验的检验报告，由于该证据是在口审之后提交的并且已经超出受理该无效请求时所规定的一个月的补充证据的期限，以及该证据与本案不存在关联性，因此被告对此附件也是不予采信的。

基于以上理由，由于被告对原告所提供的附件3～7不予采信或不能认定其公开的内容，因此没有证据表明本专利的结构在申请日之前已经被公开，从而本专利的权利要求1～5具备《专利法》第二十二条第二款、第三款所规定的新颖性和创造性。

综上，被告作出第7739号决定，原告不服，诉至本院。

本院认为，依据《审查指南》第四部分第三章第3.1节规定，在无效宣告程序中，合议组通常仅针对当事人提出的无效宣告请求的范围、理由和提交的证据进行审查。在本案中，原告认为权利要求1没有创造性的理由仅涉及公知常识，被告对原告的上述理由应进行评述，在决定中记载其作出本专利权利要求具有创造性结论的理由。但第7739号决定没有这部分内容，而仅记载了本专利权利要求1～5具备创造性的结论，因此无法认定第7739号决定针对原告的理由进行了审查。故第7739号决定认定本专利具有创造性的主要证据不足，本院应予撤销。依照《中华人民共和国行政诉讼法》第五十四条第（二）项第1目之规定，判决如下：

撤销被告国家知识产权局专利复审委员会于二〇〇五年十一月二十一日作出的第7739号无效宣告请求审查决定。

案件受理费1000元,由被告国家知识产权局专利复审委员会负担(于本判决生效后7日内交纳)。

如不服本判决，可在本判决书送达之日起十五日内，向本院提交上诉状，并按对方当事人人数提出副本，上诉于北京市高级人民法院。上诉人在接到人民法院预交诉讼费用通知后七日内未预交又不提出缓交申请的，按自动撤回上诉处理。

审　判　长　强刚华

代理审判员　何君慧

代理审判员　贾志刚

二〇〇六年六月二十二日

书　记　员　许　纯

048

可同时驱动两交直流转换器的变压器案

无效宣告请求审查决定（第7752号）

决　定　号　第7752号
决　定　日　2005年11月28日
发明创造名称　可同时驱动两交直流转换器的变压器
国 际 分 类 号　H01F 30/06、27/28、27/24
无 效 请 求 人　陈昭安
专 利 权 人　东莞创磁磁性元件有限公司
专　利　号　02227188.0
申　请　日　2002年4月28日
授 权 公 告 日　2003年2月19日
合 议 组 组 长　马　昊
主　审　员　穆丽娟
参　审　员　熊　婷

法 律 依 据　专利法第二十二条第三款
决 定 要 点

一项权利要求所限定的技术方案与现有技术相比具有区别技术特征，并且现有技术中没有给出采用这一区别技术特征的技术启示，同时该区别技术特征能带来有益的技术效果，则该权利要求具备创造性。

一、案由

本无效宣告请求涉及国家知识产权局专利局于2003年2月19日授权公告的申请号为02227188.0的实用新型专利（下称本专利）、其名称为“可同时驱动两交直流转换器的变压器”，申请日为2002年4月28日，专利权人是东莞创磁磁性元件有限公司（下称被请求人）。

本专利授权公告的权利要求书内容如下：

“1. 一种可同时驱动两交直流转换器的变压器，其特征在于：包括一初级绕线架（10），该初级绕线架（10）为一镂空的结构，其上绕有一初级线圈（80）；一对次级绕线架（20，30），其为一镂空的管状结构，其上绕有次级线圈（81，82），该对次级绕线架（20，30）套接于该初级绕线架（10）的两侧；以及一对铁芯（40，60），该铁芯（40，60）穿设于初级绕线架（10）两侧，接合形成一电磁回路。

2. 权利要求1所述的可同时驱动两交直流转换器的变压器，其特征在于：所述的次级绕线架上设有至少三个绕线槽（24，34）。

3. 权利要求1所述的可同时驱动两交直流转换器的变压器，其特征在于：所述的铁芯为E形铁芯或U型号铁芯。”

针对上述实用新型专利权，陈昭安（下称请求人）于2005年5月12日向专利复审委员会提出了宣告本专利权无效的请求，其理由是本专利不符合专利法第二十二条第三款的有关创造性的规定。请求人所提供的证据如下：

证据1：本实用新型专利说明书；

证据2（下称对比文件1）：申请日为1998年4月14日，公开日为1999年10月29日的日本特开平11-207548号专利公开文件；

证据3：对比文件1中文译文；

证据4（下称对比文件2）：专利号为4250479，公开日为1981年2月10日的美国专利文件；

证据5：对比文件2中文译文。

请求人认为，（1）对比文件1与本专利权利要求1进行技术特征对比后，区别仅在于“次级绕线架”和“铁芯”的数量的区别，而这种改变只是量的不同，并不存在质的改变，并且依应用的需要选用可构成回路的一对铁芯是非常普遍的技术手段，本领域普通技术人员完全不花费任何创造性劳动就可以完成这种改进，因此本专利的权利要求1相对于对比文件1不具备创造性。权利要求2的附加技术特征已经在对比文件1中公开，权利要求3的附加技术特征为本领域常用的技术手段，因此权利要求2、3相对于对比文件1也是不具备创造性的；（2）对比文件2与本专利权利要求1进行技术特征对比后，区别仅在于（a）“绕线架”名称不同，而这种名称是依实际的应用而界定，并非不可以相互置换；（b）“铁芯”的数量不同，而依据应用所需选用可构成回路的一对铁芯是本领域技术人员的公知常识，因此本专利的权利要求1相对于对比文件2不具备创造性。权利要求2和权利要求3的附加技术特征为本领域普通技术人员常用的技术手段，因此权利要求2、3相对于对比文件2也是不具备创造性的；（3）此外，当以对比文件1作为最接近的现有技术时，其区别技术特征为“次级绕线架”和“铁芯”的数量的区别，但是两绕线架与一绕线架套接的结构已经被对比文件2公开，而由于绕线架的数量不同直接导致采用铁芯数量的不同，这属于本领域技术人员的公知常识，因此本专利的权利要求1相对于对比文件1和2相结合不具备创造性。权利要求2的附加技术特征已经在对比文件1中公开，权利要求3的附加技术特征为本领域常用的技术手段，因此权利要求2、3相对于对比文件1和2也是不具备创造性的。

经形式审查合格，专利复审委员会受理了上述请求，并于2005年6月7日向双方当事人发出无效宣告请求受理通知书，并将无效宣告请求书及其附件的副本转送被请求人。

专利复审委员会于2005年7月19日收到被请求人于2005年7月13日提交的意见陈述书。被请求人指出：（1）本专利的权利要求1与对比文件1的区别不仅在于次级绕线架以及铁芯数量上的变化，其整体的结构和产生的效果也不同，权利要求1的技术方案产生的效果是可以同时驱动两个电压转换器，而对比文件1的高压变压器却不具备这个能力；（2）对比文件2所公开的变压器依然只具有一个单独的变压器功能，因此与本专利内容和效果完全不同，由对比文件2的内容结合公知常识也不能得出本专利的技术方案；（3）对比文件1和2的发明目的、技术方案以及有益效果几个方面均与本专利不同，即使结合起来也无法得出本专利的权利要求1提出的能同时驱动两个电压转换器的变压器；（4）权利要求2和3由于独立权利要求具备创造性而也具备创造性。

本案合议组于2005年9月26日向双方当事人发出口头审理通知书，同时将被请求人于2005年7月13日提交的意见陈述书转送给请求人，并定于2005年11月4日上午举行口头审理。

请求人于2005年10月17日寄交了口头审理通知书回执，表示参加口头审理。

口头审理于2005年11月4日如期举行，双方当事人均出席口头审理。在口头审理过程中，双方当事人对对方出庭人员的身份没有异议，双方当事人对合议组成员没有回避请求。

请求人当庭增加新的无效理由：专利法第二十六条第三款、第四款、专利法实施细则第二十条第一款、第二十一条第二款。对于该些新理由，合议组当庭告知双方当事人，根据专利法实施细则第六十六条的规定，合议组不予接受。

被请求人对证据2、4的真实性没有异议，对证据2、4的中文译文的准确性没有异议。

此外，请求人明确其无效理由为：分别以证据2、4（对比文件1、2）作为最接近的现有技术，结合公知常识或者另一篇对比文件评述本专利权的权利要求1～3不具备创造性。

请求人当庭明确表示请求修改证据5实施例第4页第2段中的“主要线圈”和“次要线圈”，分别对应修改为“主要绕线架”和“次要绕线架”，被请求人表示对此没有异议。

被请求人当庭就本专利具备创造性的理由陈述了意见。

至此，合议组认为本案的事实已清楚，作出如下决定。

二、决定的理由

1. 关于现有技术

对比文件1和对比文件2的公开日期早于本专利的申请日，被请求人对其真实性及译文准确性均无异议，因此两对比文件记载的内容构成本专利的现有技术。

2. 关于创造性

（1）对比文件1结合公知常识评述本专利权利要求的创造性

对比文件1（参见说明书第1页第1栏第35行至第1页第2栏第21行，以及附图9）中公开了一种用于汽车放电灯的小型高压变压器，包括一初级绕线架，具有镂空管状结构，其上绕有一初级线圈；一次级绕线架，具镂空管状结构，其上绕有一次级线圈；以及一个铁芯，穿设于该初级绕线架中。

将本专利的权利要求1的技术方案与对比文件1公开的内容相比较，对比文件1中没有公开如下特征：（a）一对次级绕线架，套接在初级绕线架两侧；（b）一对铁芯，穿设于次级绕线架两侧，形成一个电磁回路。对比文件1只公开了一个次级绕线架和一个铁芯，其数量以及连接方式均与本专利权利要求1的技术方案不同，请求人认为这只是数量上的改变，本领域普通技术人员可以根据需要实现这种改变而不花费创造性劳动。合议组认为，这种数量以及连接方式上的区别并不只是数量上的改变，请求人主张其为本领域普通技术人员熟知的公知常识是没有依据的，该区别使得对比文件1所公开的变压器只能驱动一个电压转换器，不能同时驱动两个电压转换器，同时对比文件1中也未给出这方面的技术启示；而本专利权利要求1要求保护的变压器可以用于同时驱动两个电压转换器。由此可见，本专利的权利要求1所要求保护的技术方案相对于对比文件1具有实质性特点和进步，因此，权利要求1具备专利法第二十二条第三款规定的创造性。

权利要求2、3分别直接从属于权利要求1，在权利要求1具备创造性的基础上，权利要求2、3也具备创造性。

（2）对比文件2结合公知常识评述本专利权利要求的创造性

对比文件2（参见说明书第1～2页，以及附图1～3）中公开了一种线圈型变压器，包括一次级绕线架，具有镂空管状结构，其上绕有一次级线圈；一对初级绕线架，具镂空管状结构，其上绕有初级线圈；以及一个铁芯，穿设于该初级绕线架两侧；该对初级绕线架套接于次级绕线架两侧。

将本专利的权利要求 1 的技术方案与对比文件 2 公开的内容相比较，对比文件 2 中没有公开如下特征：(a) 一个初级绕线架；(b) 一对次级绕线架，套接在初级绕线架两侧；(c) 一对铁芯，穿设于次级绕线架两侧，形成一个电磁回路。对比文件 2 只公开了一个次级绕线架、一对初级绕线架和一个铁芯，其初级绕线架、次级绕线架、铁芯的数量，以及初级、次级绕线架的套接方式均与本专利权利要求 1 的技术方案不同，请求人认为只是绕线架的名称不同，而在变压器的设计中绕线架的设置是依实际的应用界定的，本领域普通技术人员可以根据需要实现这种设置的改变而不花费创造性劳动。合议组认为这种数量以及套接方式上的区别并不只是绕线架名称上的改变，请求人主张其为本领域普通技术人员熟知的公知常识是没有依据的。这种数量以及套接方式上的区别使得对比文件 2 所公开的变压器只能驱动一个电压转换器，不能同时驱动两个电压转换器，同时对比文件 2 中也未给出这方面的技术启示；而本专利权利要求 1 要求保护的变压器可以用于同时驱动两个电压转换器。由此可见，本专利的权利要求 1 所要求保护的技术方案相对于对比文件 2 具有实质性特点和进步，因此，权利要求 1 具备专利法第二十二条第三款规定的创造性。

权利要求 2、3 分别直接从属于权利要求 1，在权利要求 1 具备创造性的基础上，权利要求 2、3 也具备创造性。

(3) 对比文件 1 作为最接近现有技术，结合对比文件 2 和公知常识评述本专利权利要求的创造性

将本专利的权利要求 1 的技术方案与对比文件 1 公开的内容相比较，对比文件 1 中没有公开如下特征：(a) 一对次级绕线架，套接在初级绕线架两侧；(b) 一对铁芯，穿设于次级绕线架两侧，形成一个电磁回路。请求人认为两个绕线架与一个绕线架套接的结构已经被对比文件 2 公开，另外由于绕线架数量不同而直接导致采用铁芯的数量不同属于本领域普通技术人员的公知常识。但合议组认为这两个区别技术特征并没有在对比文件 2 中公开，同时在对比文件 1 和 2 中也没有给出相应的技术启示，并且请求人主张铁芯数量的区别为公知常识是没有依据的。因此，对于本领域普通技术人员来说，即使在对比文件 1 的基础上结合对比文件 2 和公知常识，仍然无法得出本专利的权利要求 1 所要求保护的技术方案；由此可见，本专利的权利要求 1 所要求保护的技术方案相对于对比文件 1 和 2 的结合具有实质性特点和进步。因此，权利要求 1 具备专利法第二十二条第三款规定的创造性。

权利要求 2、3 分别直接从属于权利要求 1，在权利要求 1 具备创造性的基础上，权利要求 2、3 也具备创造性。

(4) 对比文件 2 作为最接近现有技术，结合对比文件 1 和公知常识评述本专利权利要求创造性

将本专利的权利要求 1 的技术方案与对比文件 2 公开的内容相比较，对比文件 2 中没有公开如下特征：(a) 一个初级绕线架；(b) 一对次级绕线架，套接在初级绕线架两侧；(c) 一对铁芯，穿设于次级绕线架两侧，形成一个电磁回路。请求人认为特征 (a) 已经在对比文件 1 中公开，而对于特征 (b) 和 (c) 的评述同关于创造性评述 (2)，认为对于本领域普通技术人员是公知常识。但合议组认为区别技术特征 (b) 和 (c) 在对比文件 1 和 2 中没有给出相应的技术启示，并且请求人主张其为公知常识也是没有依据的。因此，对于本领域普通技术人员来说，即使在对比文件 2 的基础上结合对比文件 1 和公知常识，仍然无法得出本专利的权利要求 1 所要求保护的技术方案。由此可见，本专利的权利要求 1 所要求保护的技术方案相对于对比文件 1 和 2 的结合具有实质性特点和进步，因此，权利要求 1 具备专利法第二十二条第三款规定的创造性。

权利要求 2、3 分别直接从属于权利要求 1，在权利要求 1 具备创造性的基础上，权利要求 2、3 也具备创造性。

三、决定

维持 02227188.0 号实用新型专利权有效。

当事人对本决定不服的，可以根据专利法第四十六条第二款的规定，自收到本决定之日起三个月内向北京市第一中级人民法院起诉。根据该款的规定，一方当事人起诉后，另一方当事人应当作为第三人参加诉讼。

049

扩充键盘功能键的方法案

无效宣告请求审查决定（第7784号）

决　定　号　第7784号
决　定　日　2005年12月5日
发明创造名称　扩充键盘功能键的方法
国际分类号　G06F 3/023
无效请求人　北京振远兴业贸易有限公司
专利权人　光宝科技股份有限公司
专　利　号　96111779.6
申　请　日　1996年8月28日
授权公告日　2001年11月28日
合议组组长　张荣彦
主　审　员　龙　安
参　审　员　张美菊

法律依据　专利法第二十六条第三款、第二十二条第三款　专利法实施细则第二十条第一款
决定要点

若本领域普通技术人员据说明书及本领域公知常识可理解“特殊按键”、“标准键码”等词的含义，则认为本专利说明书公开充分，权利要求1清楚。

三份对比文件与权利要求1无论是单独还是组合对比，均未公开该权利要求技术方案中的绝大部分技术特征，不能影响其创造性。

一、案由

该无效宣告请求涉及国家知识产权局专利局于2001年11月28日授权公告的96111779.6号发明专利（下称本专利）、其名称为“扩充键盘功能键的方法”，专利权人为光宝科技股份有限公司。

其授权公告时的权利要求书内容如下：

“1. 一种扩充键盘功能键的方法，包括下列步骤：

（a）首先，使键盘上的标准键码配合IBM特殊键的EO码，以形成定义扩充IBM的扩充码；

（b）键盘控制器接收键盘传送的键码，并将其转换成另一种内定码；

（c）键盘驱动器接收来自键盘控制器的内定码，并送入系统信息队列；

（d）系统信息队列将该内定的键码送出；

（e）视窗的应用程序判断该内定的键码是否为扩充码？若是扩充码，则根据键码功能定义，执行相关程序，待执行完毕后，再清除该键盘码；若不是扩充码，则将键码传送至下一个拦截程序或释放该键码。”

针对涉案专利，北京振远兴业贸易有限公司（下称请求人）于2005年1月20日向专利复审委员

会提出宣告该专利权无效的请求。其理由为：（1）专利权利要求1缺乏专利法第二十二条第三款规定的创造性，因为证据1公开了将标准键盘中的CTRL、ALT、SHIFT等键与其他的字母键、数字键、功能键、方向移动键等键进行各种组合，分别赋予新的定义，以执行相关程序，从而大大增加了键盘的输入功能。证据2公开的一种组合键盘包括键阵列、键扫描电路及控制处理器，所述键扫描电路能够实现与权利要求1记载的键盘控制器和驱动器一样的功能。权利要求1与对比文件1、2的区别是权利要求1记载了通过视窗应用程序进行判定，而对比文件是用具体装置进行判定，该区别是本领域常用手段且效果相同；（2）权利要求1中的"标准键码"、"IBM特殊键"、"配合"、"扩充码"含义均不清楚，故权利要求1不符合专利法实施细则第二十条第一款的规定；（3）说明书未对第1页中记载的"特殊按键"、"扩充码"、"IBM标准键盘"、"特殊键"进行定义，因此说明书公开不充分，不符合专利法第二十六条第三款的规定。请求人随附证据如下：

CN1114758A公开日为1996年1月10日（下称证据1）；

CN 1048937A公开日为1991年1月30日（下称证据2）；

《Windows 3.1程序开发指南》的复印件共13页，Jeffrey M. Richter著，席永斌等译，电子工业出版社，1994年11月第1版（下称证据3）。

经形式审查合格，专利复审委员会受理了上述请求，并将所述专利权宣告无效请求书及证据转送给专利权人（下称请求人）。同时成立合议组审理此案。

专利复审委员会于2005年9月21日向双方当事人发出无效宣告请求口头审理通知书，定于2005年11月9日对所述无效宣告请求进行口头审理。

2005年11月7日，被请求人向专利复审委员会提交意见陈述书。其中指出：（1）说明书清楚、完整地公开了所述技术方案；（2）权利要求1清楚完整；（3）权利要求1相对于证据1~3具备创造性。

口头审理如期举行，双方均出席此次审理。合议组当庭将被请求人提交的意见陈述书转给请求人。请求人出示盖有国家图书馆藏书红章（包括骑缝章）的证据3的复印件，被请求人对证据3的真实性没有异议。双方就该专利说明书是否符合专利法第二十六条第三款的规定，权利要求1是否符合专利法实施细则第二十条第一款的规定，权利要求1相对于证据1~3是否符合专利法第二十二条第三款的规定，进行辩论。

2005年11月24日，请求人提交了书面形式的口审代理词，其中认为：证据3中，用户按下或释放一个按键时，这个事件被放入Windows系统队列，应用程序调用GetMessage或PeekMessage函数即可取得这个事件，在Windows返回了这个击键事件之前，调用链中的第一个WH_ KEYBOARD过滤函数（对应步骤b、c、d）；该函数中有一个参数1Param，其包含了击键事件的若干信息，其中第24位是判断是否为扩展键的标志位（对应步骤e）；步骤a限定扩充码的方法属于本领域公知常识，故权利要求1相对于证据3和公知常识而言缺乏创造性。

至此，合议组认为此案事实已清楚，可作出审查决定。

二、决定理由

1. 关于证据

证据1、2均为公开日在该专利申请日前的专利文献，证据3是此专利申请日之前公开出版的书籍，皆可作为评述本专利权利要求创造性的证据。

2. 关于说明书是否公开充分的问题

合议组认为，关于"特殊按键（特殊键）"、"扩充码"在说明书第1页第13~15行均有相关说明，本领域普通技术人员从说明书中可以理解其含义；IBM标准键盘属本领域公知技术。

因此，说明书符合专利法第二十六条第三款的规定。

3. 关于权利要求 1 是否清楚的问题

合议组认为，涉案专利说明书中对“标准键码”、“配合”、“IBM 特殊键”、“扩充码”等概念的含义的限定均是清楚的，因此权利要求 1 中的各技术术语的含义也是清楚的。“标准键码”在说明书第 1 页第 6 行有示例性解释；“配合”是各键“进行组合”之意；“IBM 特殊键”的意思见说明书第 1 页第 13 ~ 15 行；“扩充码”的具体构成参见说明书第 1 页第 24 ~ 26 行。

所以，该权利要求符合专利法实施细则第二十条第一款的规定。

4. 关于权利要求 1 的创造性问题

证据 1 涉及一种键盘上新的组合键输入法，该方法虽然给出了“CTRL、ALT、SHIFT 等键与其他的字母键、数字键、功能键、方向移动键等键进行各种组合，分别赋予新的定义，从而大大增强了键盘的输入功能”的技术启示（说明书第 1 页最后一段）。但是，具体的组合方式（即该权利要求步骤（a）中“键盘上的标准键码配合 IBM 特殊键的 E0 码”）及后续的处理过程（该权利要求步骤（b）~（e））在证据 1 中均未公开。

证据 2 是关于一种字符输入的组合键盘的，其虽然包括键阵列、键扫描电路、控制处理器，但各部件的功能不能与现该权利要求 1 中步骤（b）、（c）记述的功能相对应。另外，所述证据中组合按键的目的（说明书第 1 页第 2 段）与方式（说明书第 4 页第 1 段、图 5）与该权利要求步骤（a）并不相同。此证据也未公开步骤该权利要求（d）、（e）的内容。

证据 3 涉及一种开发 Windows 3.1 操作系统时常用的概念：“钩”及其相关函数，在应用程序检查击键时，会用到 WH_ KEYBOARD 钩函数，具体公开如下技术特征（第 286 ~ 287 页）：用户按下或释放一个按键时，这个事件被放入 Windows 系统队列。在 Windows 返回了这个击键事件之前，调用链中的第一个 WH_ KEYBOARD 过滤函数。该函数中有一个参数 1Param，其包含了击键事件的若干信息。

所述证据 3 虽然指出将用户对按键的操作事件放入系统队列，可其与权利要求 1 步骤（c）仍有差异：放入队列的数据不同，且所述队列也非同一队列。证据 3 没有权利要求 1 步骤（a）关于扩充键盘的内容，并且也没有证据证明步骤（a）为公知常识；所述证据 3 亦无步骤（b）、（d）的处理过程，更未公开步骤（e）中用于判断的应用程序。

合议组认为：证据 1 ~ 3 单独或以各种方式结合，均未公开所述权利要求的技术方案。因此，该权利要求相对于证据 1 ~ 3 而言具备专利法第二十二条第三款规定的创造性。

综上，涉案专利说明书公开充分，权利要求 1 清楚，且相对于证据 1 ~ 3 而言具备创造性。

三、决定

维持 96111779.6 号发明专利权有效。

若当事人对本决定不服，可以根据专利法第四十六条第二款的规定，自收到本决定通知书之日起三个月内向北京市第一中级人民法院起诉。根据该款的规定，一方当事人起诉后，另一方当事人应当作为第三人参加诉讼。

050

电信电缆保护管道的膨胀堵塞案

无效宣告请求审查决定（第7802号）

决　定　号　第7802号
决　定　日　2005年11月10日
发明创造名称　电信电缆保护管道的膨胀堵塞
国际分类号　H02G 9/06
无效请求人　鲁新民
专利权人　王子原
专　利　号　03240636.3
申　请　日　2003年3月14日
授权公告日　2004年3月31日
合议组组长　温丽萍
主　审　员　周雷鸣
参　审　员　张美菊

法律依据　专利法第二十二条第二款
决定要点

如果一项权利要求的技术特征已全部由他人在该专利的申请日以前向国家知识产权局专利局提出并且在该专利申请日以后公布的专利中公开，则该权利要求不具备新颖性。

一、案由

本无效宣告请求涉及国家知识产权局专利局于2004年3月31日授权公告的03240636.3号实用新型专利权（下称本专利），其名称为“电信电缆保护管道的膨胀堵塞”，申请日为2003年3月14日，专利权人（下称被请求人）为王子原。

本专利授权公告的权利要求书内容如下：

“1. 电信电缆保护管道的膨胀堵塞，其特征是包括管孔胀塞（1）和胀环（2），所述胀塞（1）包括止水壁和位于内的电缆固定环（5），胀环（2）放置在止水壁的圆环壁（3）和电缆固定环（4）之间。

2. 根据权利要求1所述的膨胀堵塞，其特征是所述止水壁包括圆环壁（3）和底板（4），两者做成一体，所述底板（4）的外圆柱面上具有缓冲槽（6），其底面具有与电缆固定环（5）的圆筒之间的间隙相对应的凹槽（7）。

3. 根据权利要求1或2所述的膨胀堵塞，其特征是所述电缆固定环（4）是具有1~5个内径根据电缆直径确定的、相互之间有一间隙的圆筒，其圆筒底部与底板（4）的连接位置低于止水壁（3）与底板（4）的连接位置。

4. 根据权利要求1或2所述的膨胀堵塞，其特征是所述胀环（2）包括两个半圆形的、其外表面为圆锥形的环，其中一个半圆形的圆锥环的两端分别具有凹槽，另一个半圆形的圆锥环的两端分别具有凸起，两者相互配合，两个半圆形的锥形环的内表面对称地具有拆卸孔（8）。

5. 根据权利要求3所述的膨胀堵塞，其特征是所述胀环（2）包括两个半圆形的、其外表面为圆锥形的环，其中一个半圆形的圆锥环的两端分别具有凹槽，另一个半圆形的圆锥环的两端分别具有凸起，两者相互配合，两个半圆形的锥形环的内表面对称地具有拆卸孔（8）。

6. 根据权利要求1或2所述的膨胀堵塞，其特征是所述止水壁和位于其内的电缆固定环（5）是制成一体的，其材料是防腐橡胶，所述胀环（2）的材料是塑料。

7. 根据权利要求3所述的膨胀堵塞，其特征是所述止水壁和位于其内的电缆固定环（5）是制成一体的，其材料是防腐橡胶，所述胀环（2）的材料是塑料。

8. 根据权利要求4所述的膨胀堵塞，其特征是所述止水壁和位于其内的电缆固定环（5）是制成一体的，其材料是防腐橡胶，所述胀环（2）的材料是塑料。

9. 根据权利要求5所述的膨胀堵塞，其特征是所述止水壁和位于其内的电缆固定环（5）是制成一体的，其材料是防腐橡胶，所述胀环（2）的材料是塑料。”

2005年5月10日，鲁新民（下称请求人）向专利复审委员会提出了宣告本专利无效无效宣告的请求，其理由是本专利权利要求1~9不符合专利法第二十二条第二款关于新颖性的规定。请求人所提交的附件如下：

附件1：ZL03240636.3号实用新型专利，即本专利；

附件2：ZL02285706.0号实用新型专利说明书（下称对比文件1），其申请人是赵明贤，申请日是2002年11月5日，授权公告日是2003年11月5日；

附件3：意见陈述书附页。

经形式审查合格，专利复审委员会受理了该无效宣告请求，并于2005年6月2日向双方当事人发出无效宣告请求受理通知书，并将无效宣告请求书及其附件清单中所列附件的副本转给被请求人，要求被请求人在指定期限内陈述意见。

在无效宣告请求受理通知书所指定的期限内，被请求人没有陈述意见。

2005年8月9日专利复审委员会向双方当事人发出口头审理通知书，定于2005年9月19日举行口头审理。

2005年9月19日口头审理如期举行。双方当事人均到庭参加。在口头审理中，（1）被请求人对对比文件1的真实性没有异议；（2）请求人明确本专利权利要求1有不清楚的地方，即电缆固定环既用5表示，也用4表示，一个零部件的名称使用了两个标号，属于明显错误。通过说明书理解，本专利中标记4应为底板；（3）请求人明确其无效请求的理由为：本专利权利要求1~9相对于对比文件1不具备新颖性；（4）被请求人当庭明确表示本专利权利要求1所有技术特征均被对比文件1公开，权利要求2中的“凹槽”在对比文件1中没有公开；（5）请求人当庭表示：权利要求2中“凹槽”在对比文件1中没有公开，但“凹槽”对本专利的发明目的不起任何作用，权利要求3中“圆筒底部与底板的连接位置低于止水壁与底板的连接位置”的特征在对比文件1中没有公开，但也是对本专利的发明目的不起任何作用，权利要求4和权利要求5中“拆卸孔”在对比文件1中没有公开，但“拆卸孔”对本专利的发明不起任何作用，本专利权利要求6~9中防腐橡胶和对比文件1中ABS橡胶两者不同。双方当事人就请求人提出的本专利相对对比文件1是否具备新颖性充分发表了意见。

至此，合议组经过合议，认为双方当事人已经充分地陈述了意见，本案事实已经清楚，依法作出如下审查决定。

二、决定的理由

1. 关于证据

对比文件1是由他人在本专利的申请日以前向国家知识产权局专利局提出并且在本专利申请日以后公布的专利，而且被请求人对对比文件1的真实性没有异议，因此对比文件1仅可以用于评价本专利的新颖性。

2. 新颖性

对比文件1公开了一种电信电缆管孔堵漏防渗栓（参见对比文件1说明书全文及附图2、3、6），其中电信电缆管孔堵漏防渗栓是外径与电缆管孔内径相等的圆柱形栓体，圆柱形栓体有一个橡胶浅壁筒形底座，底座筒形外表面有一圈安装凹槽，底座内有至少一圈比筒壁略高的同心环形橡胶离水带，底座筒壁与橡胶离水带之间形成环形膨胀槽，槽内嵌有环形膨胀圈。对比文件1解决的技术问题是现有的电信电缆堵漏防渗用麻丝和粘胶剂或沥青浇灌，但堵漏防渗效果欠佳。对比文件1能够达到迅速、彻底堵漏防渗的效果，杜绝了电信电缆管孔的渗漏问题。本专利的目的同样是提供一种防止管道内进水的电信电缆保护管道的膨胀塞。由此可见，对比文件1和本专利属于相同的技术领域，解决的技术问题也相同。

在口审中，双方当事人均认可，本专利权利要求1的全部技术特征均被对比文件1公开。合议组经对比后，认为对比文件1已经公开本专利权利要求1的全部技术特征，因此本专利权利要求1相对于对比文件1不具备新颖性。

综合双方当事人的意见，合议组将本专利从属权利要求2~9与对比文件1进行了对比。

本专利从属权利要求2与对比文件1的区别是：本专利的底面具有与电缆固定环（5）的圆筒之间的间隙相对应的凹槽（7），而对比文件1的底面上没有与电缆固定环的圆筒之间的间隙相对应的凹槽。虽然请求人认为“凹槽”对本专利的发明目的不起任何作用，但是本专利说明书中明确记载了与电缆固定环的圆筒之间的间隙相对应的凹槽的作用，即“根据电缆的外径确定电缆固定环5圆环的大小，可以采用工具刀从止水壁底板的底面与需要的电缆固定环5相对应的凹槽取7下小于需要的电缆直径的固定环”。可见本专利从属权利要求2与对比文件1的技术方案不相同，预期的效果明显不相同，因此从属权利要求2的技术方案具备新颖性。

本专利从属权利要求3分别引用权利要求1和2，因此，将其分为引用权利要求1和2两个技术方案分别评述。本专利从属权利要求3引用权利要求2的技术方案，由于权利要求2的技术方案具备新颖性，因此从属权利要求3引用权利要求2的技术方案具备新颖性。本专利从属权利要求3引用权利要求1的技术方案，本专利从属权利要求3与对比文件1的区别是：本专利圆筒底部与底板（4）的连接位置低于止水壁（3）与底板（4）的连接位置，而对比文件1圆筒底部与底板的连接位置与止水壁与底板的连接位置等高。虽然请求人认为“圆筒底部与底板的连接位置低于止水壁与底板的连接位置”对本专利的发明目的不起任何作用，但是本专利说明书中明确记载“圆筒底部与底板4的连接位置低于止水壁3与底板4的连接位置，此结构可以增加止水壁的强度”。可见本专利从属权利要求3的技术方案与对比文件1不相同，预期效果不相同，因此本专利从属权利要求3引用权利要求2的技术方案具备新颖性。

综上所述，本专利从属权利要求3具备新颖性。

本专利从属权利要求4分别引用权利要求1和2，因此，将本专利从属权利要求4分为引用权利要求1和2的两个技术方案进行评述。本专利从属权利要求4引用权利要求2的技术方案，由于权利要求2的技术方案具备新颖性，因此从属权利要求4引用权利要求2的技术方案也具备新颖性。本专利从属权利要求4在引用权利要求1的技术方案，本专利从属权利要求4与对比文件1的区别均是：

本专利胀环的内表面对称地具有拆卸孔，而对比文件 1 中与胀环对应的膨胀圈的内表面没有拆卸孔。虽然请求人明确表示“拆卸孔”对本专利的发明目的不起任何作用，但是本专利说明书中明确记载“拆卸孔”的作用，是拆卸时方便取出；由于本专利从属权利要求 4 的技术方案与对比文件 1 不相同，预期效果不相同，因此本专利从属权利要求 4 具备新颖性。

综上所述，本专利从属权利要求 4 具备新颖性。

本专利从属权利要求 5 引用权利要求 3，在权利要求 3 具备新颖性的前提下，从属权利要求 5 也具备新颖性。

本专利从属权利要求 6 分别引用权利要求 1 和 2，将从属权利要求 6 分成分别引用权利要求 1 和 2 的两个技术方案进行评述。本专利从属权利要求 6 引用权利要求 2 的技术方案，由于从属权利要求 2 的技术方案具备新颖性，因此从属权利要求 6 的技术方案也具备新颖性。本专利从属权利要求 6 在引用权利要求 1 时，本专利从属权利要求 6 与对比文件 1 的区别是：本专利中电缆固定环（5）的材料是防腐橡胶；对比文件 1 中与本专利电缆固定环对应的离水带 7、8、9、10、11 则是 ABS 橡胶，并且请求人认可防腐橡胶和 ABS 橡胶是不同的材料。因此，本专利从属权利要求 6 相对于对比文件 1 同样具备新颖性。

综上所述，本专利从属权利要求 6 具备新颖性。

本专利从属权利要求 7、8、9 分别引用权利要求 3、4、5，在权利要求 3、4、5 具备新颖性的前提下，从属权利要求 7、8、9 也具备新颖性。

综上所述，本专利权利要求 1 相对于对比文件 1 不具备专利法第二十二条第二款所规定的新颖性，从属权利要求 2～9 相对于对比文件 1 具备专利法第二十二条第二款所规定的新颖性，请求人提出的无效理由部分成立。

三、决定

宣告 03240636.3 号实用新型专利权中权利要求 1 无效，在权利要求 2～9 的基础上维持该实用新型专利权有效。

当事人对本决定不服的，可以根据专利法第四十六条第二款的规定，自收到本决定之日起三个月内向北京市第一中级人民法院起诉。根据该款的规定，一方当事人起诉后，另一方当事人应当作为第三人参加诉讼。

051

一种“自由写”输入汉字的方法案

无效宣告请求审查决定（第7819号）

决　定　号　第7819号
决　定　日　2005年12月8日
发明创造名称　一种“自由写”输入汉字的方法
国际分类号　G06F 3/023
第一无效请求人　广州东泽电器有限公司
第二无效请求人　特捷通讯公司
专利权人　何尔恭
专　利　号　98122259.5
申　请　日　1998年12月24日
授权公告日　2003年6月18日
合议组组长　黄毅斐
主　审　员　苏　青
参　审　员　崔哲勇

法律依据　专利法第三十三条、第二十六条第三款、第二十六条第四款、第二十二条第二款、第二十二条第三款　专利法实施细则第二十一条第二款

决定要点

如果一项权利要求请求保护的技术方案与现有技术所公开的一个技术方案相比，存在实质性的差别，则该权利要求具备新颖性。

如果一项权利要求所述技术方案与现有技术公开的技术方案之间存在区别技术特征，现有技术也没有给出得出该权利要求所述技术方案的任何技术启示，本领域技术人员需要付出创造性的劳动才能得出该权利要求所述的技术方案，且该技术方案具有有益的效果，则该权利要求具备创造性。

一、案由

本无效宣告请求涉及国家知识产权局专利局于2003年6月18日授权公告的98122259.5号发明专利（下称本专利）的专利权，其名称为“一种‘自由写’输入汉字的方法”，申请日为1998年12月24日，专利权人为何尔恭（下称被请求人）。

授权公告的权利要求书内容如下：

“1. 一种用于手提电话、通讯设备、内置有计算机功能的机电设备及袖珍电脑的小型键盘输入汉字的‘自由写’方法，键盘上有用于通讯或其他用途的数字键和其他键，其中的七个键是输入汉字所必需的，包括五个笔画键，一个模糊键和一个结束键，键盘盘面有进行汉字和专业功能两种状态转换的转换键，五笔画键分别对应五种笔画：撇；横和挑；竖和竖钩；点和捺；折，其特征在于：

①输入过程完全模拟手写汉字，按照标准笔顺的要求逐笔用相应的笔画键，输入完全部笔画后用

结束键，这时，输入汉字采用非等长编码方式，

②输入汉字时，对不明笔画或不明笔顺的笔画采用模糊键代替，从而跳过这些不清的笔画，然后输入后面确定的笔画。

2. 一种将字符串转成汉字的处理方法，其特征在于：

①接收键盘输入的字符串，根据输入的字符串（包括结束键），从汉字笔画信息库中取出一字，所说的汉字笔画信息库包含汉字信息表和部件信息表，所说的汉字信息表包含每个汉字和构成它的按笔顺排列的笔画、构字部件，所说的部件信息表包括每个部件的名称和组成该部件的按笔顺列的全部笔画，

②取出该字的构成部件和笔画信息，用部件信息表把每个构成部件展开为笔画串，

③把部件的笔画串加到字的信息中形成字的全部笔画串，并进行判断，若输入的字符串（包括结束键）与汉字信息表和部件信息表中获得的字的全部笔画串匹配，则确定该字中选。”

针对上述发明专利权，专利复审委员会于2004年4月15日收到广州东泽电器有限公司（下称第一请求人）提交的无效宣告请求，其理由是本专利不符合专利法第三十三条、第二十六条第三款、第二十六条第四款、第二十二条第二款、第二十二条第三款、专利法实施细则第二十一条第二款的规定。第一请求人同时提交了下列附件：

附件1：CN85100837A中国发明专利申请公开说明书，公开日为1986年7月30日；

附件2：CN1037410A中国发明专利申请公开说明书，公开日为1989年11月22日；

附件3：CN1121201A中国发明专利申请公开说明书，公开日为1996年4月24日；

附件4：《华南师范大学学报（自然科学版）》1994年第3期的“自由汉字输入法的系统设计与实现”的复印件，共5页；

附件5：《计算机工程与应用》1995年5月的“基于信息库的汉字键盘输入平台”的复印件，共4页；

附件6：《中文信息学报》1995年第9卷第4期的“自由码及其词组输入处理方法”的复印件，共11页；

附件7：《电子学报》1995年5月第23卷第5期的“汉字输入的新处理技术及‘自由’输入法”的复印件，共5页；

附件8：《南华早报》1998年9月22日第3版的“Chinese T9 version ready soon”的复印件，共1页；

附件9：1998年11月16日公开的“TEGIC RECEIVES CERTIFICATION FROM CHINESE STATE LANGUAGE AND CHARACTER COMMISSION FOR CHINESE VERSION OF T9 TEXT INPUT”的复印件，共3页；

附件10：第一次审查意见通知书表格及正文，检索表格，申请人的意见陈述书的复印件；

附件11：本专利的发明专利请求书及原始申请文本的复印件；

附件12：本专利的授权公告文本。

第一请求人在无效宣告请求书中指出：（1）权利要求1相对于附件2不具备专利法第二十二条第二款规定的新颖性，相对于附件1和附件2~9之一的结合不具备专利法第二十二条第三款规定的创造性，不符合专利法第二十六条第四款的规定，不符合专利法实施细则第二十一条第二款的规定；（2）权利要求2相对于附件3不具备专利法第二十二条第二款规定的新颖性，相对于附件3与附件1、2、4~9之一的结合不具备专利法第二十二条第三款规定的创造性，不符合专利法第二十六条第四款的规定；（3）本专利的修改不符合专利法第三十三条的规定；（4）说明书不符合专利法第二十

六条第三款的规定。

专利复审委员会于2004年4月16日受理了上述无效宣告请求，并将第一请求人提交的专利权无效宣告请求书及其附件清单中所列附件副本转送给了被请求人，要求其在指定期限内答复。

专利复审委员会于2004年5月14日收到第一请求人提交的意见陈述书，进一步阐述了无效理由，指出：(1) 权利要求1相对于附件2不具备专利法第二十二条第二款规定的新颖性，相对于附件1和附件2~7之一的结合不具备专利法第二十二条第三款规定的创造性，不符合专利法第二十六条第四款的规定，不符合专利法实施细则第二十一条第二款的规定；(2) 权利要求2相对于附件3不具备专利法第二十二条第二款规定的新颖性，相对于附件3与附件4~7之一的结合不具备专利法第二十二条第三款规定的创造性，不符合专利法第二十六条第四款的规定；(3) 本专利的修改不符合专利法第三十三条的规定；(4) 说明书不符合专利法第二十六条第三款的规定。

被请求人于2004年5月30日针对第一请求人的无效宣告请求书提交了意见陈述书，被请求人认为：(1) 权利要求1与附件2的技术领域、码元集合、键盘设计、汉字输入规则均不相同，因此权利要求1相对于附件2具备新颖性；(2) 本专利在自由输入法的基础上，把五种笔画模拟写字输入从自由输入法的标准键盘剥离出来，并添加模糊键，具有突出的实质性特点；(3) 本专利对软件实现作出了充分公开，第一请求人所认为的说明书附图与说明书第4页存在不一致，是第一请求人的误判导致的错误结果；(4) 用汉字信息表和部件信息表代替“码表”是受制于当时技术条件而采取的选用性的技术措施，不是必要技术特征，并且用码表实现汉字输入法是一个公知常识；(5) 专利权无效宣告请求书中没有列明有关专利法第三十三条的无效理由，因此无需对无效宣告请求理由的具体意见陈述中关于专利法第三十三条的表达发表陈述意见。

专利复审委员会于2005年3月14日收到第一请求人提交的意见陈述书，明确表示放弃附件8和附件9，并以专利复审委员会于2004年5月14日收到的意见陈述书为准。

合议组于2005年3月25日向双方当事人分别发出了无效宣告请求口头审理通知书，定于2005年5月18日举行口头审理，并向被请求人转送专利复审委员会于2004年5月14日收到的第一请求人提交的意见陈述书，向第一请求人转送被请求人于2004年5月30日提交的意见陈述书。

针对上述发明专利权，专利复审委员会于2004年4月15日收到特捷通讯公司（下称第二请求人）提交的无效宣告请求，其理由及所提交的附件与专利复审委员会于2004年4月15日收到的第一请求人提交的无效宣告请求的理由及附件相同。

专利复审委员会于2004年4月28日受理了上述无效宣告请求，并将第二请求人提交的专利权无效宣告请求书及其附件清单中所列附件副本转送给了被请求人，要求其在指定期限内答复。

专利复审委员会于2004年5月14日收到第二请求人提交的意见陈述书，进一步阐述了无效理由，其具体意见与专利复审委员会于2004年5月14日收到的第一请求人提交的意见陈述书完全相同。

专利复审委员会于2005年3月14日收到第二请求人提交的意见陈述书，明确表示放弃附件8和附件9，并以专利复审委员会于2004年5月14日收到的意见陈述书为准。

合议组于2005年3月25日向双方当事人分别发出了无效宣告请求口头审理通知书，定于2005年5月18日举行口头审理，并向被请求人转送专利复审委员会于2004年5月14日收到的第二请求人提交的意见陈述书。

根据审查指南的相关规定，合议组决定对上述两个无效宣告请求合案审理，并于2005年5月18日如期举行了口头审理，第一请求人、第二请求人（下称请求人）及被请求人均参加了口头审理。

在口头审理中，请求人明确放弃使用附件8和附件9，明确表示附件10只供合议组参考，当庭未能出示附件4~7的原件；被请求人对附件1~12的真实性没有异议。

请求人明确其无效宣告请求的理由是：权利要求1相对于附件2不具备新颖性；权利要求1相对于附件1不具备创造性；以附件1作为最接近的现有技术，分别结合附件2~7评述权利要求1的创造性；以附件3作为最接近的现有技术，分别结合附件4、7评述权利要求2的创造性；由于说明书的流程图最后一个步骤错误，导致说明书不清楚，不符合专利法第二十六条第三款的规定；权利要求2中“根据输入的字符串（包括结束键）”超出原始申请文件的公开范围，不符合专利法第三十三条的规定，也不符合专利法第二十六条第四款的规定；权利要求1缺少“汉字笔画信息库”这一必要技术特征，因而不符合专利法实施细则第二十一条第二款的规定。

各方当事人在结合请求人提交的证据的基础上，就本专利是否符合专利法第三十三条、第二十六条第三款、第二十六条第四款、第二十二条第二款、第二十二条第三款、专利法实施细则第二十一条第二款的规定阐述了各自的观点。

被请求人于2005年9月20日针对第二请求人提交的无效宣告请求提交了意见陈述。

至此，合议组认为本案事实已经清楚，现依法作出审查决定。

二、决定的理由

1. 关于现有技术

由于请求人已经明确放弃使用附件8和附件9，附件10是实质审查中的第一次审查意见通知书表格及正文、检索表格、申请人针对第一次审查意见通知书的意见陈述书；附件11是本专利的发明专利请求书及原始申请文本；附件12是本专利的授权公告文本，因此上述附件均不能构成本专利的现有技术。

附件1~3是专利文献，附件4~7是公开出版物，它们的公开日均在本专利申请日之前，因此，其上记载的内容构成本专利的现有技术。同时，鉴于被请求人对上述附件1~7的真实性无异议，因此附件1~7可作为本案的有效证据使用。

2. 关于专利法第三十三条和第二十六条第四款

专利法第三十三条规定：“申请人可以对其专利申请文件进行修改，但是，对发明和实用新型专利申请文件的修改不得超出原说明书和权利要求书记载的范围，对外观设计专利申请文件的修改不得超出原图片或者照片表示的范围。”

专利法第二十六条第四款规定：“权利要求书应当以说明书为依据，说明要求专利保护的范围。”

请求人认为，被请求人在权利要求2中增加的内容“根据输入的字符串（包括结束键）”超出了原始申请文本的公开范围，不符合专利法第三十三条的规定，因此也得不到说明书的支持，不符合专利法第二十六条第四款的规定。

合议组认为，对于技术特征“根据输入的字符串（包括结束键）”，根据审查指南第二部分第二章的相关规定，括号中的内容不能解释为对权利要求保护范围的限制，也就是权利要求2的保护范围不包括上述括号中的内容。虽然上述增加的内容在原始说明书和权利要求书中均未提及，但是根据输入的字符串来进行选字处理是所属技术领域的技术人员在选字处理时必用的技术手段，能从原始的说明书和权利要求书中直接地、毫无疑义的导出“根据输入的字符串（包括结束键）”来选取汉字，因此上述修改符合专利法第三十三条的规定。

由于请求人认定权利要求2不符合专利法第二十六条第四款的事实与其认定权利要求2的修改不符合专利法第三十三条的事实相同，基于对有关专利法第三十三条的评述，权利要求2的技术方案得到说明书的支持，符合专利法第二十六条第四款的规定。

3. 关于专利法第二十六条第三款

专利法第二十六条第三款规定："说明书应当对发明或者实用新型作出清楚、完整的说明，以所属技术领域的技术人员能够实现为准；必要的时候，应当有附图。摘要应当简要说明发明或者实用新型的技术要点。"

请求人认为，本专利说明书第5页列举的流程图中最后一个步骤错误，导致说明书不清楚，其输入汉字的实际效果与说明书第2页倒数第2段表述的本专利应当实现的效果不符，不能实现本专利的发明目的"使输入汉字简单方便、随意、快捷，易于掌握"。

合议组认为，说明书第5页第5～7行公开了汉字输入处理系统中的处理程序，对流程图的工作原理进行了说明，所属技术领域的技术人员从上述文字记载可以知道，随着用户输入笔画的增多来选择显示的汉字时，应该是输入的笔画越多，显示的汉字越少。框图中M、N进行比较并判断是否匹配的合乎常理的条件应该是M属于N，框图中最后一个步骤表示的N属于M很明显是一个错误，这是所属技术领域的技术人员可以毫无疑义的确认的，由于所属技术领域的技术人员能清楚、正确理解本发明的内容，并根据说明书记载的内容，不需要创造性的劳动就能够再现该发明的技术方案，解决其技术问题，并且产生预期的技术效果，因此本专利说明书符合专利法第二十六条第三款的规定。

4. 关于专利法实施细则第二十一条第二款

专利法实施细则第二十一条第二款规定："独立权利要求应当从整体上反映发明或者实用新型的技术方案，记载解决技术问题的必要技术特征。"

请求人认为，权利要求1缺少"汉字笔画信息库"这一必要技术特征，不符合专利法实施细则第二十一条第二款的规定。

合议组认为，必要技术特征是指一项专利为解决其技术问题所不可缺少的技术特征，其总和足以构成该项专利的技术方案。本专利的发明目的是针对使用小型键盘特别是使用通讯设备的庞大人群提供一种无需特别学习的汉字输入方法，使输入汉字简单方便、随意、快捷，易于掌握。独立权利要求1中记载的汉字输入步骤足以实现上述发明目的，"汉字笔画信息库"是本专利的汉字输入方法在计算机软件支持处理上所需要的，并不是汉字输入方法的必要技术特征，不需要写入权利要求1中。因此权利要求1符合专利法实施细则第二十一条第二款的规定。

5. 关于专利法第二十二条第二款

专利法第二十二条第二款规定："新颖性，是指在申请日以前没有同样的发明或者实用新型在国内外出版物上公开发表过、在国内公开使用过或者以其他方式为公众所知，也没有同样的发明或者实用新型由他人向国务院专利行政部门提出过申请并且记载在申请日以后公布的专利申请文件中。"

请求人认为，权利要求1相对于附件2不具备新颖性。权利要求1的技术方案为：一种用于手提电话、通讯设备、内置有计算机功能的机电设备及袖珍电脑的小型键盘输入汉字的"自由写"方法，键盘上有用于通讯或其他用途的数字键和其他键，其中的七个键是输入汉字所必需的，包括五个笔画键，一个模糊键和一个结束键，键盘盘面有进行汉字和专业功能两种状态转换的转换键，五笔画键分别对应五种笔画：撇；横和挑；竖和竖钩；点和捺；折，其特征在于：①输入过程完全模拟手写汉字，按照标准笔顺的要求逐笔用相应的笔画键，输入完全部笔画后用结束键，这时，输入汉字采用非等长编码方式，②输入汉字时，对不明笔画或不明笔顺的笔画采用模糊键代替，从而跳过这些不清的笔画，然后输入后面确定的笔画。

附件2（参见附件2的权利要求1～3、6、7、10、12，说明书第6页倒数第2行，第7页第6、第7、第9、第17、第20行，第9页第3～10、第16～17行、倒数第1～2行、第10页第1段，附图2、4、6）公开了一种写字式汉字输入法，用于电子计算机、汉字电传机、汉字电脑打字机、汉字通讯系统等，键盘为计算机通用键盘，将三十七个汉字常用笔画安排在计算机通用键盘上，在常用笔画所占位置以外的空余位置（不包括数字键）上安排七十三个组合笔画。输入汉字时，像写字一样按照传统汉字书写笔顺逐键输入笔画，输入一个组合笔画相当于按汉字书写笔顺连续地输入组成它的若干个常用笔画，笔画输入完以后，附打空格键来结束一个汉字的输入。汉字输入是一种不等长输入，设计了同码笔画，即是将容易搞混淆的常用笔画或形状相近的两个或两个以上的常用笔画，在输入时看成是同样的笔画，也就是可以相互通用，该输入法能通过某个指定键来实现中西文输入的转换。

由此可见，权利要求1与附件2的区别技术特征在于：（Ⅰ）权利要求1用于小型键盘；附件2用于计算机通用键盘；（Ⅱ）权利要求1中输入汉字必须七个键，包括五个笔画键、一个模糊键和一个结束键；附件2在计算机通用键盘上安排三十七种汉字常用笔画和七十三个组合笔画，将空格键作为结束键，没有模糊键；（Ⅲ）权利要求1中五笔画键分别对应五种笔画：撇、横和挑、竖和竖钩、点和捺、折；附件2中在三十七个键上安排三十七种汉字常用笔画，其中横和挑、竖和竖钩、点和捺均是两个不同笔画，安排在不同键上；（Ⅳ）权利要求1中对不明笔画或不明笔顺的笔画采用模糊键代替，从而跳过这些不清的笔画，然后输入后面确定的笔画；附件2中包括同码笔画，即是将容易搞混淆的常用笔画或形状相近的两个或两个以上的常用笔画，在输入时可以相互通用。

由此可见，权利要求1与附件2的技术方案不同，因此符合专利法第二十二条第二款有关新颖性的规定。

6. 关于专利法第二十二条第三款

专利法第二十二条第三款规定：“创造性，是指同申请日以前已有的技术相比，该发明有突出的实质性特点和显著的进步，该实用新型有实质性特点和进步。”

请求人认为，权利要求1相对于附件1不具备创造性；权利要求1相对于附件1与附件2~7之一的结合不具备创造性；权利要求2相对于附件3与附件4或附件7之一的结合不具备创造性。

(1) 用附件1评价权利要求1的创造性

附件1（参见附件1的权利要求5、7、17、24，说明书第6页第6~9行、第8页第1~4行、第9页倒数第3~11行，附图1、8）公开了一种优化五笔字型编码法，用在单笔画输入汉字的小键盘上，用于中文信息处理电脑系统、汉字电传机、汉字电脑打字机、汉字终端机及通讯系统中，将标准英文键盘右侧的数字键盘设计成一个五种笔画键盘，用数字键1~5分别代表汉字的五种基本笔画：横（包括挑）、竖（包括竖钩）、撇、捺（包括点）、折，用五笔画键输入汉字时，依书写顺序只输入汉字的第一、二、三、四及最末一个笔画，不足五画者，输入0作为间隔，汉字中难以确定其种类的笔画，一律用数字键6代替。

由此可见，权利要求1与附件1的区别技术特征在于：（Ⅰ）权利要求1中输入汉字使用7个键，包括五个笔画键，一个模糊键和一个结束键；附件1中只使用五个笔画键，没有模糊键和结束键；（Ⅱ）权利要求1键盘盘面有进行汉字和专业功能两种状态转换的转换键，附件1中未公开；（Ⅲ）权利要求1中按照标准笔顺的要求逐笔用相应的笔画键，输入完全部笔画后用结束键；附件1中依书写顺序只输入汉字的第一、二、三、四及最末一个笔画，不足五画者，输入0作为间隔；（Ⅳ）权利要求1中对不明笔画或不明笔顺的笔画采用模糊键代替，从而跳过这些不清的笔画，然后输入后面确定的笔画；附件1中对于汉字中难于确定其种类的笔画，一律用数字键6代替。

权利要求1的技术方案与附件1公开的技术方案之间存在上述区别技术特征，并且附件1也没有给出得出包含上述区别技术特征的权利要求1的技术方案的任何技术启示，本领域技术人员需要付出创造性的劳动才能得出权利要求1所述的技术方案，且该技术方案具有有益的效果，因此权利要求1相对于附件1具备专利法第二十二条第三款规定的创造性。

（2）以附件1作为最接近的现有技术，分别结合附件2~7评述权利要求1的创造性

附件2（参见附件2的权利要求1、2、10、12，说明书第6页倒数第2行、第7页第6、第7、第9、第17、第20行、第9页倒数第1~2行、第10页第1段）公开了一种写字式汉字输入法，将三十七个汉字常用笔画安排在通用键盘上，在常用笔画所占位置以外的空余位置（不包括数字键）上安排七十三个组合笔画，包括同码笔画，即是将容易搞混淆的常用笔画或形状相近的两个或两个以上的常用笔画在输入时可以相互通用，该输入法能通过某个指定键来实现中西文输入的转换。输入汉字时，像写字一样按照传统汉字书写笔顺逐键输入笔画，输入一个组合笔画相当于按汉字书写笔顺连续地输入组成它的若干个常用笔画，笔画输入完以后，附打空格键来结束一个汉字的输入。

附件3（参见附件3的权利要求1、3，说明书第2页第3、第12~13行，第3页第5行，第4页第8行、第18行、倒数第8行，第5页第10~13行，第7页第5~9行，第8页第1行，附图1、2）公开了一种计算机汉字输入方法，将计算机通用键盘分为笔画键区和部件键区，五个英文字母键定义汉字的五种基本笔画，其余二十一个键定义从汉字中选出的部件。输入汉字时，将汉字拆笔画或拆部件，大自由输入法中如选拆笔画，当对象字有一个以上笔画，依照对象字第一笔画按笔画键，再自开始循环该流程，超自由输入法中若输入二码以上不足四码并且已输入的键中全部为笔画键，则按下结束键（问号键）完成输入过程。

附件4（参见该附件4的第43页，第44页第2、第5、第16~17行，第45页第11行，第47页第1~9行，附图1）公开了一种计算机汉字输入方法，根据汉字部件和笔画对汉字进行输入编码，部件编码约一百三十个，笔画编码五个，汉字取码以笔画取码时，按笔画书写顺序进行。

附件5（参见附件5的第39页右栏第3~8行，第40页左栏倒数第4~6行、右栏第4~6、第23行，第41页左栏第20~23行）公开了一种计算机汉字输入方法，使用计算机通用键盘，用二十六个英文字母键作为汉字输入键，其中五个英文字母键作为五笔画键，其余二十一键为部件键，大自由输入法输入规则是可以按笔顺使用五个笔画键输入任何字，并且先按任何顺序输入能辨认的部件，再按笔顺用笔画键输入拆剩的部件，小自由输入法输入规则是先按笔顺输入全部部件，然后再对字的剩余部分，按笔顺用笔画键输入，输入完毕用结束键。

附件6（参见附件6的第52页，第53页倒数第2行，第57页第13~14行）公开了一种计算机汉字输入方法，使用计算机通用键盘，用二十六个英文字母键作为汉字输入键，其中五个英文字母键作为五笔画键，其余二十一键为部件键，方括号键用作结束键，大自由输入法输入规则是可以按笔顺使用五个笔画键输入任何字，超自由输入法输入规则是先按笔顺拆部件，部件拆完后，若拆剩的汉字仍有残留笔画，再按笔顺拆笔画，以四码为限，部件笔画总数少于四个并且该字全是笔画不含任何部件时，拆出全部笔画再按结束键。

附件7（参见附件7的第41页左栏最后一行、右栏最后一行，第42页左栏第1、第9行、左栏倒数第9~12行，第43页右栏第21~25行）公开了一种计算机汉字输入方法，使用计算机通用键盘，用二十六个英文字母键作为汉字输入键，其中五个英文字母键作为五笔画键，其余二十一键为部件键，输入汉字可以按笔顺使用五个笔画键输入，也可以用二十一个部件键，拆部件输入，拆笔画和拆部件可以自由混合，超自由输入法输入时，若输入二码以上不足四码并且已输入的键中全部为笔画键，则按下结束键（问号键）完成输入过程。

结合上面有关创造性的第（1）点的评述可知，附件2没有公开区别技术特征（Ⅰ）（Ⅳ），附件3~7没有公开区别技术特征（Ⅰ）（Ⅱ）（Ⅲ）（Ⅳ），也没有给出得出权利要求1技术方案的任何技术启示，即使将附件1分别结合附件2~7，本领域技术人员也需要付出创造性的劳动才能得出权利要求1所述的技术方案，且该技术方案具有有益的技术效果，因此权利要求1相对于附件1与附件

2～7之一的结合具备专利法第二十二条第三款规定的创造性。

（3）以附件3作为最接近的现有技术，分别结合附件4、7评述权利要求2的创造性

权利要求2的技术方案为：一种将字符串转成汉字的处理方法，其特征在于：①接收键盘输入的字符串，根据输入的字符串（包括结束键），从汉字笔画信息库中取出一字，所说的汉字笔画信息库包含汉字信息表和部件信息表，所说的汉字信息表包含每个汉字和构成它的按笔顺排列的笔画、构字部件，所说的部件信息表包括每个部件的名称和组成该部件的按笔顺列的全部笔画；②取出该字的构成部件和笔画信息，用部件信息表把每个构成部件展开为笔画串；③把部件的笔画串加到字的信息中形成字的全部笔画串，并进行判断，若输入的字符串（包括结束键）与汉字信息表和部件信息表中获得的字的全部笔画串匹配，则确定该字中选。

附件3（参见附件3的权利要求1、2，说明书第2页第3、第5段、倒数第1～2段，第2页倒数第8行至第3页第3行，附图3、4）公开了一种汉字输入处理程序，按键输入，可以按部件组的键和笔画组的键，得到相应的一组笔画和部件输入信息，将输入的汉字属性信息与汉字字形数据库的每一个汉字字形信息相对比，把含有与输入信息相同信息的汉字挑出来，建立缓冲区同码表，并按高频字优先原则在提示行显示，其中汉字字形数据库是二维的取值空间，即部件取值空间和笔画取值空间，汉字分解为部件组和笔画组，部件组可分解为多个部件，每个部件又可分解为多个笔画，笔画组分解为多个笔画。

由此可见，权利要求2与附件3的区别技术特征在于：（a）权利要求2具有部件信息表；（b）权利要求2利用部件信息表把每个构成部件展开为笔画串，把部件的笔画串加到字的信息中形成字的全部笔画串。

附件4（参见附件4的第45～46页，附图1）公开了一种计算机汉字输入系统，包括部件笔画键盘对照表、汉字部件表、部件笔画对照表，根据汉字内码，找出汉字的描述信息，把复合部件拆成基本部件，再把基本部件所对应的键码找出。

附件7（参见附件7的第42页左栏第12～19行、图1，以及第42页右栏至第43页左栏）公开了以下内容：自由法的取值集合有两个，笔画码元集合和部件码元集合，用户在取码时可以在两个集合之间自由选择，神笔字库由汉字结构信息库、部件结构信息库、笔画处理程序库组成，神笔字库连同各种表包含汉字的如下信息：字音、字使用频度、部首、所使用部件名称及位置、部件的音、笔画总数、笔画顺序、所使用笔画名称及位置。

结合上面的评述可知，附件4、7没有公开上述区别技术特征（a）、（b），也没有给出得出权利要求2技术方案的任何技术启示，本领域技术人员需要付出创造性的劳动才能得出权利要求2所述的技术方案，且该技术方案具有有益的技术效果。因此权利要求2相对于附件3与附件4或附件7的结合具备专利法第二十二条第三款规定的创造性。

综上所述，本专利符合专利法第三十三条、第二十六条第三款、第二十六条第四款、第二十二条第二款、第二十二条第三款、专利法实施细则第二十一条第二款的规定。

三、决定

维持98122259.5号发明专利权有效。

当事人对本决定不服的，可以根据专利法第四十六条第二款的规定，自收到本决定之日起三个月内向北京市第一中级人民法院起诉。根据该款的规定，一方当事人起诉后，另一方当事人应当作为第三人参加诉讼。

北京市第一中级人民法院
行政判决书

(2006) 一中行初字第621号

原告特捷通讯公司（TegicCommunications, Inc.），住所地美国弗吉尼亚州20166达利斯AOL大道22000（22000AOLWay, Dulles, VA20166）。

法定代表人凯瑟琳·威丘莉斯（Katherine Wychulis），助理秘书长。

委托代理人矫鸿彬，北京市金杜律师事务所律师。

委托代理人赵林琳，女，汉族，1978年8月13日出生，北京市金杜律师事务所专利代理人，住北京市宣武区右安门内大街28号19门340号。

被告国家知识产权局专利复审委员会，住所地北京市海淀区北四环西路9号银谷大厦10～12层。

法定代表人廖涛，副主任。

委托代理人苏青，国家知识产权局专利复审委员会审查员。

委托代理人张鹏，国家知识产权局专利复审委员会审查员。

第三人何尔恭，男，汉族，1934年6月8日出生，华南师范大学计算机应用研究所退休教师，住广东省广州市天河区中山大道西55号华师大西区3栋202房。

委托代理人董同源，男，汉族，1941年3月3日出生，核工业专利中心退休干部，住北京市西城区西直门内大街74号。

原告特捷通讯公司不服被告国家知识产权局专利复审委员会（下称专利复审委员会）于2005年12月8日作出的第7819号无效宣告请求审查决定（下称第7819号决定），在法定期限内向本院提起行政诉讼。本院于2006年4月27日受理本案后，依法组成合议庭，并通知何尔恭作为本案第三人参加诉讼，于2006年6月26日公开开庭进行了审理。原告特捷通讯公司的委托代理人矫鸿彬、赵林琳，被告专利复审委员会的委托代理人苏青、张鹏，第三人何尔恭及其委托代理人董同源到庭参加了诉讼。本案现已审理终结。

第7819号决定系专利复审委员会就特捷通讯公司针对何尔恭拥有的名称为“一种‘自由写’输入汉字的方法”的发明专利（下称本专利）所提出的无效宣告请求作出的。专利复审委员会在该决定中认定：

一、关于本专利是否符合专利法第三十三条和第二十六条第四款的规定。根据《审查指南》第二部分第二章的相关规定，对本专利技术特征“根据输入的字符串（包括结束键）”括号中的内容不能解释为对权利要求保护范围的限制，即权利要求2的保护范围不应包括该内容。虽然上述增加的内容在原始说明书和权利要求书中均未提及，但是根据输入的字符串来进行选字处理是所属技术领域的技术人员在选字处理时必用的技术手段，能从原始的说明书和权利要求书中直接地、毫无疑义的导出“根据输入的字符串（包括结束键）”来选取汉字。因此被请求人对权利要求2的修改符合专利法第三十三条和第二十六条第四款的规定。

二、关于本专利是否符合专利法第二十六条第三款的规定。本专利说明书第5页列举的流程图中的最后一个步骤明显是一个错误，所属技术领域的技术人员对此可以毫无疑义的确认。由于所属技术领域的技术人员能够清楚、正确地理解本专利的内容，并根据说明书记载的内容，不需要创造性的劳动，就能够再现本专利的技术方案，解决其技术问题，并产生预期的技术效果，因此本专利说明书符合专利法第二十六条第三款的规定。

三、关于本专利是否符合专利法实施细则第二十一条第二款的规定。本专利的发明目的是针对使用小型键盘的人群提供一种无需特别学习的汉字输入方法。独立权利要求1中记载的汉字输入步骤足以实现上述发明目的，“汉字笔画信息库”是本专利的汉字输入方法在计算机软件支持处理上所需要的，并不是汉字输入方法的必要技术特征，不需要写入权利要求1中，因此权利要求1符合专利法实施细则第二十一条第二款的规定。

四、关于本专利的新颖性。权利要求1与附件2的区别技术特征在于：(1)权利要求1用于小型键盘；附件2用于计算机通用键盘；(2)权利要求1中输入汉字必须7个键，包括5个笔画键、1个模糊键和1个结束键；附件2在计算机通用键盘上安排37种汉字常用笔画和73个组合笔画，将空格键作为结束键，没有模糊键；(3)权利要求1中五笔画键分别对应五种笔画：撇、横和挑、竖和竖钩、点和捺、折；附件2中在37个键上安排37种汉字常用笔画，其中横和挑、竖和竖钩、点和捺均是两个不同笔画，安排在不同键上；(4)权利要求1中对不明笔画或不明笔顺的笔画采用模糊键代替，从而跳过这些不清的笔画，然后输入后面确定的笔画；附件2中包括同码笔画，即是将容易搞混淆的常用笔画或形状相近的两个或两个以上的常用笔画，在输入时可以相互通用。因此，权利要求1与附件2的技术方案不同，权利要求1具备新颖性。

五、关于本专利的创造性。权利要求1与附件1的区别技术特征在于：(Ⅰ)权利要求1中输入汉字使用七个键，包括5个笔画键，1个模糊键和1个结束键；附件1中只使用5个笔画键，没有模糊键和结束键；(Ⅱ)权利要求1键盘盘面有进行汉字和专业功能两种状态转换的转换键，附件1中未公开；(Ⅲ)权利要求1中按照标准笔顺的要求逐笔用相应的笔画键，输入完全部笔画后用结束键；附件1中依书写顺序只输入汉字的第一、二、三、四及最末一个笔画，不足五画者，输入0作为间隔；(Ⅳ)权利要求1中对不明笔画或不明笔顺的笔画采用模糊键代替，从而跳过这些不清的笔画，然后输入后面确定的笔画；附件1中对于汉字中难于确定其种类的笔画，一律用数字键6代替。权利要求1的技术方案与附件1公开的技术方案之间存在上述区别技术特征，附件1也没有给出得出包含上述区别技术特征的权利要求1的技术方案的任何技术启示，本领域技术人员需要付出创造性地劳动才能得出权利要求1所述的技术方案，且该技术方案具有有益的效果，因此权利要求1相对于附件1具备创造性。附件2没有公开区别技术特征(Ⅰ)、(Ⅳ)，附件3~7没有公开区别技术特征(Ⅰ)、(Ⅱ)、(Ⅲ)、(Ⅳ)，也没有给出得出权利要求1技术方案的任何技术启示，即使将附件1分别结合附件2~7，本领域技术人员也需要付出创造性地劳动才能得出权利要求1所述的技术方案，且该技术方案具有有益的技术效果，因此权利要求1相对于附件1与附件2~7之一的结合具备创造性。

权利要求2与附件3的区别技术特征在于：(a)权利要求2具有部件信息表；(b)权利要求2利用部件信息表把每个构成部件展开为笔画串，把部件的笔画串加到字的信息中形成字的全部笔画串。附件4、7没有公开上述区别技术特征(a)、(b)，也没有给出得出权利要求2技术方案的任何技术启示，本领域技术人员需要付出创造性的劳动才能得出权利要求2所述的技术方案，且该技术方案具有有益的技术效果，因此权利要求2相对于附件3与附件4或附件7的结合具备创造性。

综上，专利复审委员会作出第7819号决定，维持本专利权有效。

原告特捷通讯公司不服第7819号决定，在法定期限内向本院提起行政诉讼，其诉称：第7819号决定没有以事实为依据适用相关法律和审查规定，对事实认定错误。一、专利复审委员会无视第三人在附件10中做出的关于附件1和附件2的意见陈述，即“结束键是本专利的必要技术特征”，反而接受第三人在无效阶段辩称“模糊键”才是其发明相对于附件1和附件2具备创造性的意见。根据“禁止反悔原则”，专利复审委员会在评价该发明专利的创造性时，不应接受第三人的反悔意见，而应依据附件10中第三人已经承认的事实来得出结论。

二、权利要求2的修改超出原始说明书和权利要求书的记载范围。专利复审委认定，第三人在专利审批过程中对权利要求2增加的技术特征“根据输入的字符串（包括结束键）”的括号中的内容不应包括在权利要求2的保护范围内。这与第三人答复第一次审查意见通知书时的意见陈述相矛盾。结束键作为编码元素的一个并且取码时最后要使用结束键，是该发明的发明点所在，那么括号中的“包括结束键”就不可能不作为权利要求2保护范围的限定。

三、第三人在专利申请审查期间针对同一流程步骤有多次改动。本发明说明书的流程图中最后一个步骤（N属于M）应该是第三人的真实意思表述。根据该流程本领域的技术人员无法实现该发明。因此，该发明的说明书未对所谓的发明做出清楚、完整的说明，不符合专利法第二十六条第三款的规定。相应的，本专利的权利要求2不能得到说明书的支持，不符合专利法第二十六条第四款的规定。

四、专利复审委员会错误地解释并认定了附件1和附件2的公开内容。权利要求1中的“结束键”对应附件1中的“0”；“模糊键”对应附件1中的“6”。两者区别仅在于“转换键”，而利用转换键对汉字和专业功能进行切换是本领域的公知常识。本领域的技术人员在附件1的基础上结合公知常识无需任何创造性劳动就可以得到权利要求1的技术方案。权利要求1相对于附件1不具备创造性。附件2公开了“转换键”和“结束键”。因此，权利要求1相对于附件1和附件2的组合不具备创造性。

五、专利复审委员会错误地解释并认定了附件3和附件4的公开内容。附件3已经公开部件信息表，其与权利要求2的区别仅在于“利用部件信息表把每个构成部件展开为笔画串，把部件的笔画串加到字的信息中形成全部笔画串”。而这一区别技术特征已经在附件4中公开。权利要求2相对于附件3和附件4的组合不具备创造性。

综上，请求人民法院判令：1. 撤销第7819号决定；2. 判决本专利权无效；3. 诉讼费用由被告承担。

为证明其诉讼请求，原告向本院提交以下证据：

证据1是第7819号决定，以证明被告的行政行为。

证据2是中国第85100837A号发明专利申请公开说明书（即无效审查程序中的附件1），公告日为1986年7月30日。原告用以证明在本专利申请日之前，已经公开了一种优化五笔字型编码法及其键盘，即用五笔画键输入汉字时，依书写顺序只输入汉字的第一、二、三、四及最末一个笔画，不足五画者键入“0”作为间隔。以数字键6代替难以确定其种类的笔画。

证据3是中国第1037410A号发明专利申请公开说明书（即无效审查程序中的附件2），其公告日为1989年11月22日。用以证明在本专利申请日之前，已经公开了一种写字式汉字输入法，即将三十七个汉字常用笔画安排在通用键盘上，在常用笔画所占位置以外的空余位置（不包括数字键）上安排七十三个组合笔画，包括同码笔画，即是将容易搞混淆的常用笔画或形状相近的两个或两个以上的常用笔画在输入时可以相互通用，该输入法能通过某个指定键来实现中西文输入的转换，输入汉字时，像写字一样按照传统汉字书写笔顺逐键输入笔画，输入一个组合笔画相当于按汉字书写笔顺连续地输入组成它的若干个常用笔画，笔画输入完以后，附打空格键来结束一个汉字的输入。

证据4是中国第1121201A号发明专利申请公开说明书（即无效审查程序中的附件3），公告日为1996年4月24日。用以证明在本专利申请日以前，已经公开了一种汉字自由输入法，该输入法采用二维取值空间的汉字字形数据库，将键盘画分为笔划键区和部件键区，每一个输入键组相当于提出一串字形信息请求，与数据库的字形信息作比较，输入汉字的拆码可用笔画、部件或两者结合，且不必按特定的顺序，用户获得了“按键的自由”。

证据5是刊载于《华南师范大学学报（自然科学版）》1994年第3期的题为《自由汉字输入法的系统设计与实现》论文（即无效审查程序中的附件4）；用以证明在本专利申请日以前该论文公开了一种计算机汉字输入系统，包括部件笔画键盘对照表、汉字部件表、部件笔画对照表，根据汉字内码，找出汉字的描述信息，把复合部件拆散成基本部件，再把基本部件所对应的键码找出。

证据6是第一次审查意见通知书表格及正文、检索表格、申请人的意见陈述书复印件（即无效审查程序中的附件10），用以证明无效审查程序中的意见陈述情况。

证据7是本专利的发明专利请求书及原始申请文本的复印件（即无效审查程序中的附件11）。

证据8是本专利授权公告文本的复印件（即无效审查程序中的附件12）。

证据9是（2004）穗中法民三知初字第104号民事判决书，原告在无效审查阶段未提交。

被告专利复审委员会坚持其在第7819号决定中的意见，并针对原告的起诉理由辩称：1. 本发明的权利要求与现有技术相比具有的区别技术特征以及权利要求的创造性是由专利复审委员会合议组根据专利法、专利法实施细则和审查指南的规定依职权确定的，并不是由当事人的陈述所决定的。2. 根据《审查指南》第二部分第二章第3. 3节的相关规定，括号中的内容不能解释为对权利要求保护范围的限制。3. 本发明说明书的流程图中最后一个步骤（N属于M）明显是一个错误，这是所属技术领域的技术人员可以毫无疑义的确认，因此说明书符合专利法第二十六条第三款的规定。4. 权利要求1中的“结束键”用于确认全部笔画输入结束，附件1中的“数字键0”仅在输入不足五画的汉字时作为间隔，二者功能不同。权利要求1中的“模糊键”代替不明笔画或不明笔顺的笔画，附件1中的“数字键6”代替难以确定种类的笔画，二者功能不同。因此附件1并未公开“结束键”、“模糊键”。5. 权利要求1中的结束键用于确认全部笔画（只有五种笔画）输入结束，附件2中的空格键用于确认常用笔画和组合笔画输入全部结束，二者功能不同。因此附件2并未公开“结束键”。6. 权利要求1相对于附件1、附件1和附件2的组合均具备创造性。7. 附件3没有公开部件信息表。8. 附件4未公开如何形成字的全部笔画串。9. 权利要求2相对于附件3和附件4的组合具备创造性。

综上，第7819号决定认定事实清楚，适用法律正确，审理程序合法，原告的诉讼理由不能成立，请求人民法院依法驳回原告的诉讼请求，维持第7819号决定。

为支持其诉讼主张，被告除提交与原告相同的8份证据以外，另提交了口头审理记录，以证明口头审理中当事人的陈述内容。

第三人何尔恭的意见为：本专利具备创造性。同意专利复审委员会的意见，请求人民法院维持第7819号决定。其未向本院提交证据。

本院经审理查明：

本案涉及第98122259. 5号名称为“一种‘自由写’输入汉字的方法”发明专利（即本专利），申请日1998年12月24日，授权公告日2003年6月18日，专利权人是第三人何尔恭。

本专利授权公告文本所记载的权利要求书内容为：

“1. 一种用于手提电话、通讯设备、内置有计算机功能的机电设备及袖珍电脑的小型键盘输入汉字的‘自由写’方法，键盘上有用于通讯或其他用途的数字键和其他键，其中的七个键是输入汉字所必需的，包括五个笔画键，一个模糊键和一个结束键，键盘盘面有进行汉字和专业功能两种状态转换的转换键，五笔画键分别对应五种笔画：撇；横和挑；竖和竖钩；点和捺；折，其特征在于：①输入过程完全模拟手写汉字，按照标准笔顺的要求逐笔用相应的笔画键，输入完全部笔画后用结束键，这时，输入汉字采用非等长编码方式，②输入汉字时，对不明笔画或不明笔顺的笔画采用模糊键代替，从而跳过这些不清的笔画，然后输入后面确定的笔画。

2. 一种将字符串转成汉字的处理方法，其特征在于：①接收键盘输入的字符串，根据输入的字符串（包括结束键），从汉字笔画信息库中取出一字，所说的汉字笔画信息库包含汉字信息表和部件信息表，所说的汉字信息表包含每个汉字和构成它的按笔顺排列的笔画、构字部件，所说的部件信息表包括每个部件的名称和组成该部件的按笔顺列的全部笔画；②取出该字的构成部件和笔画信息，用部件信息表把每个构成部件展开为笔画串；③把部件的笔画串加到字的信息中形成字的全部笔画串，并进行判断，若输入的字符串（包括结束键）与汉字信息表和部件信息表中获得的字的全部笔画串匹配，则确定该字中选。"

本专利说明书载明："现有的汉字编码是为计算机标准键盘设计的，其编码规则对使用者是一种负担。例如（具体内容略）。本发明的目的是针对使用小型键盘特别是使用通信设备的庞大人群提供一种无须特别学习的汉字输入方法，既吸收在线手写输入的优点，又抛弃上述方法弊端，使输入汉字简单方便、随意、快捷，易于掌握。"

2004 年 4 月，特捷通讯公司以及广州东泽电器有限公司以本专利不具备新颖性和创造性为由向专利复审委员会提出无效宣告请求，并提交了附件 1、附件 2、附件 3、附件 4、附件 10、附件 11、附件 12。2005 年 5 月 18 日，专利复审委员会主持进行了口头审理。在口头审理过程中特捷通讯公司明确表示附件 10 只供合议组参考。

2005 年 12 月 8 日，专利复审委员会做出第 7819 号决定。

在本案审理过程中，原告对被告提交的口头审理记录不予认可。被告认为原告证据 9 在无效审查程序中未提交，故不应在本案诉讼中采用。

上述事实，有第 7819 号决定、本专利授权公告文本、第 85100837A 号发明专利申请公开说明书、第 1037410A 号发明专利申请公开说明书、第 1121201A 号发明专利申请公开说明书、《华南师范大学学报（自然科学版）》1994 年第 3 期刊登的题为《自由汉字输入法的系统设计与实现》论文、第一次审查意见通知书表格及正文、检索表格、申请人意见陈述书、本专利的发明专利请求书及原始申请文本、当事人在庭审中的陈述及代理意见在案佐证。因口头审理记录是经当事人签字确认可证明当事人在无效审查阶段陈述内容的书证，与本案争议的事实具有关联性，是有效证据应予认定。原告证据 9 与本案不具有关联性，不是有效证据本院不予采信。

本院认为：

一、专利复审委员会在无效审查阶段是否存在漏审。本案原告在口头审查中明确表示证据 6 仅供合议组参考，且未说明该证据的证明内容，被告对该证据不予涉及未违反相关审查程序规定。故原告主张被告在无效审查阶段存在漏审因缺乏事实依据，不能成立。且以"禁止反悔"为由的主张并未在无效审查阶段提出，而在本诉讼中提出，本院不予考虑。

二、本专利权利要求 2 的修改是否超出原始说明书和权利要求书的记载范围。原告主张权利要求 2 增加的技术特征"根据输入的字符串（包括结束键）"括号中的内容应归于权利要求 2 的保护范围，因原始说明书和权利要求书中均未出现括号中的内容，因而上述修改超出了原始说明书和权利要求书的记载范围。由于上述修改的内容虽未在原始说明书和权利要求书中出现，但根据原始说明书中的流程图中的第一个步骤可以推定，在文字处理过程中，结束键被作为一个编码元素其文字处理必然包括结束键。因此，权利要求2的修改并未超出原始说明书和权利要求书的记载范围。

三、本专利权利要求2的技术方案是否在说明书中充分公开。原告主张第三人在专利申请审查期间针对同一流程步骤有多次改动，本发明说明书的流程图中最后一个步骤（N属于M）应该是第三人的真实意思表述。根据该流程，本领域技术人员无法实现该发明，因此本专利的说明书不符合专利法第二十六条第三款的规定。对此，本院认为根据本专利说明书的文字内容，所属技术领域的技术人员能够判断说明书流程图的最后一个步骤“N属于M”是一个笔误。由于所属技术领域的技术人员能正确理解本专利的内容，并根据说明书记载的内容，不需要创造性的劳动，就能够再观该专利的技术方案，解决其技术问题，并且产生预期的技术效果，因此本专利说明书符合专利法第二十六条第三款的规定。

四、本专利是否具备创造性。专利法第二十二条第三款规定，创造性，是指同申请日以前已有的技术相比，该发明有突出的实质性特点和显著的进步。1. 本专利权利要求1是否具备创造性。原告主张附件1已经公开了“结束键”和“模糊键”，因而本专利权利要求1相对于附件1不具备创造性。将本专利权利要求1与附件1的技术特征相比，首先，附件1只有在汉字不足五画的时候才使用“0”键作为间隔，而本专利权利要求1要求输入完全部笔画后用结束键。因此权利要求1中的结束键与附件1中的“0”键有本质不同；其次，附件1的数字键6代替难以确定其种类的笔画，而本专利权利要求1的模糊键用于代替不明笔画或不明笔顺的笔画。笔顺与笔画具有不同含义，权利要求1中的模糊键与附件1中的数字键6并不相同。因此，附件1中并没有公开权利要求1中所述“结束键”和“模糊键”，所属技术领域的技术人员仅根据附件1公开的内容不经过创造性劳动无法得到权利要求1保护的技术方案。本专利权利要求1相对于附件1具有突出的实质性特点和显著的进步，具备创造性。

另外，原告主张附件2已经公开了“转换键”和“结束键”，因而本专利权利要求1相对于附件1和附件2的组合不具备创造性。本专利权利要求1与附件2公开的技术方案相比，首先，附件2的转换键用于实现中西文输入的转换，而本专利权利要求1的作用是进行汉字和专业功能两种状态的转换，两者的转换键作用不同。此外，附件2没有公开权利要求1与附件1的区别技术特征即“模糊键”，因而本专利权利要求1相对于附件1和附件2的组合具备创造性。2. 本专利权利要求2是否具备创造性。原告主张附件3已经公开部件信息表，其与权利要求2的区别仅在于“利用部件信息表把每个构成部件展开为笔画串，把部件的笔画串加到字的信息中形成字的全部笔画串”，而这一区别技术特征已经在附件4中公开。因此，权利要求2相对于附件3和附件4的组合不具备创造性。将本专利权利要求2与附件3的技术特征相比，权利要求2的部件信息表包括每个部件的名称和组成该部件的按笔顺列的全部笔画。附件3的部件组分为多个部件，每个部件又分为多个笔画。可见权利要求2的部件信息表中部件的笔画是按笔顺排列的，而附件3的部件组不具备这一技术特征。因此，附件3并未公开部件信息表。附件4根据汉字内码，找出汉字的描述信息，把复合部件拆散成基本部件，再把基本部件所对应的键码找出。由此可见，“利用部件信息表把每个构成部件展开为笔画串，把部件的笔画串加到字的信息中形成字的全部笔画串”，这一技术特征并未在附件4中公开。因此，所属技术领域的技术人员仅根据附件3和4公开的内容不经过创造性劳动无法得到权利要求2保护的技术方案。权利要求2相对于附件3和附件4的组合具备创造性。

综上，专利复审委员会作出的第7819号决定认定事实清楚，适用法律正确，审理程序合法，应予维持。原告特捷通讯公司的诉讼理由不能成立，其诉讼请求本院不予支持。依照《中华人民共和国行政诉讼法》第五十四条第（一）项之规定，本院判决如下：

维持被告国家知识产权局专利复审委员会作出的第7819号无效宣告请求审查决定。

案件受理费人民币1000元，由原告特捷通讯公司负担（已交纳）。

如不服本判决，原告特捷通讯公司可在本判决书送达之日起三十日内，其他当事人可在本判决书送达之日起十五日内，分别向本院提交上诉状及其副本，并交纳上诉案件受理费人民币1000元，上诉于北京市高级人民法院。

审 判 长 任 进
审 判 员 苏 杭
人民陪审员 李 渤
二〇〇六年九月二十日
书 记 员 张晰昕

052

线材定位片结构案

无效宣告请求审查决定（第7830号）

决　定　号　第7830号
决　定　日　2005年11月22日
发明创造名称　线材定位片结构
国际分类号　G06F 1/16
无效请求人　荣益科技股份有限公司
专利权人　林江俊
专　利　号　03206237.0
申　请　日　2003年7月28日
授权公告日　2004年9月15日
合议组组长　张荣彦
主　审　员　龙　安
参　审　员　黄毅斐

法律依据　专利法第二十二条第二款、第三款
决定要点

对权利要求的解释应参照说明书，若所述权利要求的技术方案相对于请求人提供的证据存在区别技术特征，而且该技术方案相对于现有技术而言具备实质性特点和进步，则应认为该权利要求符合专利法第二十二条第三款创造性的规定。

一、案由

该无效宣告请求涉及国家知识产权局专利局于2004年9月15日授权公告的03206237.0号实用新型专利（下称本专利），名称为“线材定位片结构 ”，专利权人为林江俊。

其授权公告的权利要求书内容为：

“1. 一种线材定位片结构，其特征在于，该定位片略呈‘匚’字状，使其内部呈一凹室，定位片包括有一呈半圆弧状的直立壁面，以配合线材的外形，而于直立壁面的两端垂直延伸有底壁及顶壁，并且该定位片的顶壁中间处向凹室内冲设有一止挡凸部，以令线材被定位在凹室中，并由止挡凸部抵挡住，防止线材往外脱落。

2. 如权利要求1所述的线材定位片结构，其特征在于，该定位片应用在计算机主机板上的线材的整线上。

3. 如权利要求1所述的线材定位片结构，其特征在于，该止挡凸部呈一弯弧状。

4. 如权利要求1所述的线材定位片结构，其特征在于，该定位片的底壁两侧边处分别设有若干个凹槽。

5. 如权利要求1所述的线材定位片结构，其特征在于，该定位片的底壁中间处设有一穿孔。

6. 如权利要求 1 所述的线材定位片结构，其特征在于，定位片的顶壁前端处为一呈向上翘起的导角。”

针对所述实用新型专利，荣益科技股份有限公司（下称请求人）于 2005 年 1 月 17 日向专利复审委员会提出宣告该专利权无效的请求，认为此专利缺乏新颖性、创造性。具体理由为：本专利的目的与对比文件 1 完全吻合；独立权利要求 1 技术方案与对比文件 1 的第二图进行比较可知，权利要求 1 的所有主要部件及权利要求 2、3、6 的技术特征均已见于对比文件 1，故权利要求 1～3、6 缺乏新颖性；权利要求 4、5 可由与对比文件 1、2 或对比文件 1、3 结合而得，因此其不具备创造性。同时请求人提供如下证据：

对比文件 1：ZL02208159.3 号实用新型专利说明书，授权公告日为 2003 年 3 月 5 日（下称证据 1）；

对比文件 2：ZL02231290.0 号实用新型专利说明书，授权公告日为 2003 年 4 月 16 日（下称证据 2）；

对比文件 3：ZL01232235.0 号实用新型专利说明书，授权公告日为 2002 年 7 月 31 日（下称证据 3）。

经形式审查合格，专利复审委员会受理了上述无效宣告请求，将请求人的无效宣告请求书及所附证据转送给专利权人林江俊（下称被请求人）。

2005 年 5 月 12 日，被请求人向专利复审委员会提交意见陈述书，陈述其专利具备新颖性、创造性的理由。具体内容为：证据 1 公开的挡止部 340 是由线材固定装置 300 的吸附段 330 一端弯折成形的，其显然不具有本专利的“该定位片 1 之顶壁 14 中间处向凹室 11 内冲设有一止挡凸部 15”的构造，故证据 1 与本专利的技术内容不同，其并未公开本专利的技术特征，两案当属不同的构造组合与技术运用，因此权利要求 1 具备新颖性。进而，权利要求 2、3 和 6 也具有新颖性；权利要求 4、5 从属于权利要求 1，其包含所引用的权利要求 1 的全部技术内容，所以应该基于权利要求 4 和 5 的整体来评述其创造性。

专利复审委员依法成立合议组，并于 2005 年 8 月 11 日向双方当事人发出口头审理通知书，同时随所述通知书将被请求人的意见陈述书转给请求人。因故取消该次口头审理后，合议组于 2005 年 9 月 29 日再次向双方当事人发出无效宣告请求口头审理通知书，定于 2005 年 11 月 7 日对此案进行口头审理。

口头审理如期举行，双方均参加了此次审理，并就此专利相对于证据 1～3 是否符合专利法第二十二条第二款、第三款的规定，进行了辩论。

请求人将证据 1 图 5 中的各部件与权利要求 1 的技术特征进行比较，认为权利要求 1～3 相对于证据 1 来讲缺乏新颖性；权利要求 1～6 相对于证据 1～3 的结合而言，不具备创造性。

被请求人强调“定位片的顶壁中间处向凹室内冲设有一止挡凸部”这一区别，包括该特征的技术方案与证据 1 的技术方案并不相同，因此，权利要求 1～6 的技术方案相对于证据 1～3 而言具备新颖性、创造性。

请求人于 2005 年 11 月 8 日提交了书面形式的口审代理词，指出：本专利与证据 1 存在三点不同：（1）权利要求 1 中的“中间处”；（2）权利要求 1 中的“冲设”；（3）权利要求 3 中的“弯弧状”。针对（1），请求人认为，“中间处”应理解为以线材直径为准来使凹室与止挡凸部间空间能容纳该直径的线材，因此，“中间处”并不是长度方向的准确“中间”。基于上述理解，证据 1 图 5 中的挡止部 640 也是用于与弹性臂段 620 形成容纳线材的空间，挡止部 640 的位置也自然应该处于吸附段 630 的中间处，证据 1 公开的内容与涉案专利应该是相同的；针对（2），请求人认为“冲设”属于工艺方法，不属于实用新型的保护内容，本案专利的“冲设”和证据1的“弯折”均属于惯用的技术手段，并且冲设的效果使止挡凸部壁厚变薄，强度降低，工艺复杂，因此，其效果只能等于或劣于证据1的弯折；针对（3），请求人指出，“弯弧状”只有一个功能就是避免尖端戳破线材，而证据1图5的挡止部640端部从图示上就可以看到也是“弯弧状”，因此，本专利的“弯弧状”也被公开。因此本专利权利要求1~3没有新颖性，没有新颖性则更没有创造性。权利要求6翘起的导角的目的就是避免定位片水平尖端刺破线材和给线材形成一斜面导滑，而证据1实施例1的吸附段330的水平端弯弧和导滑段341同样实现了这一功能效果，且该技术手段是容易想到且没有产生意想不到的效果，故权利要求6没有创造性。被请求人自己承认证据2已分别公开了权利要求4的若干个凹槽和权利要求5的穿孔，则证据1和证据2的结合自然导致本案专利权利要求4和权利要求5没有创造性。

至此，合议组认为此案事实清楚，可作出审查决定。

二、决定的理由

1. 关于证据

证据1~3为该专利申请日前公开的专利文献，可作为评述其权利要求新颖性、创造性的证据使用。

2. 关于权利要求1是否具备新颖性的问题

证据1涉及一种线材固定装置，其实施例4具体公开了以下技术特征：线材固定装置600包含一安装段610、一弹性臂段620、一吸附段630及一置线空间650。挡止部640也和第一实施例一样位于吸附段630上，而且包括一导滑段641及一挡抵段642，吸附段630具有一靠近该弹性臂段620且大致与该安装段610平行的接承段，挡抵段642由接承段弯折向置线空间650延伸，导滑段641是从该挡抵段向远离安装段610弯折延伸。挡抵段642与导滑段641形成一朝向置线空间650的凸起（说明书第6页倒数第2行~第7页第5行，图5）。

其中，置线空间650对应该权利要求中的“该定位片略呈‘匚’字状，使其内部呈一凹室”；弹性臂段620的两端垂直延伸有安装段610和吸附段630对应该权利要求中的“定位片包括有一呈半圆弧状的直立壁面，及垂直于直立壁面的两端延伸的底壁及顶壁”。

证据1实施例5还包括“挡抵段642由接承段弯折向置线空间650延伸，导滑段641是从该挡抵段向远离安装段610弯折延伸”这样的结构，所述挡抵段642与导滑段641构成向置线空间650凸出的突起以防止线材往外脱落。但权利要求1中起同样“防止线材往外脱落”作用的结构是“定位片的顶壁中间处向凹室内冲设有一止挡凸部”，所述止挡凸部可以“令线材被定位在凹室中”。很明显，证据1实施例4与权利要求1中为“防止线材向外滑落”所采取的技术手段并不相同，导致二者的技术方案不一样。

证据1实施例1的技术方案（说明书第2页倒数第3段~第3页第2段，图2）与权利要求1的技术方案之间，也存在上述区别技术特征。

因此，权利要求1相对于证据1而言，具备专利法第二十二条第二款规定的新颖性。

3. 关于权利要求2~3是否具备新颖性的问题

权利要求2、3是权利要求1的从属权利要求，在其引用的权利要求1具备新颖性的情况下，权利要求2、3同样具备新颖性。

4. 关于权利要求1是否具备创造性的问题

证据1公开的内容参见“2. 关于权利要求1是否具备新颖性的问题”中的相关部分。

权利要求1与证据1实施例4皆可以“防止线材往外脱落”，但所用技术手段并不相同，前者采用在“定位片的顶壁中间处向凹室内冲设有一止挡凸部”来防止线材向外滑落，而后者则使用“挡抵段642由接承段弯折向置线空间650延伸，导滑段641是从挡抵段向远离安装段610弯折延伸”所构成的突起来固定线材。具体而言，首先，两者中起“阻挡线材”作用的止挡部位置不相同，权利要求1的“中间处”是指顶壁中间（据说明书及其附图所示），即下凹止挡凸部的前后、左右皆对称留边，而证据1图5所示的挡止部640是由整个吸附段630直接向下凹陷形成的。即挡止部640延着导滑段641延伸的方向留边，与所述方向垂直的方向并不留边；其次，由于权利要求1的止挡凸部是“冲设”而成，故其止挡凸部下凹成弯弧状，而证据1的挡止部640是由整个吸附段630“向下凹陷”形成，二者下凹的形状并不相同。

可见权利要求1和证据1的实施例4在为实现“阻止线材向外滑落”这一功能时，采取了完全不同的技术手段。此外，就技术效果而言，证据1的技术方案中，在线材卡入置线空间650的过程中，线材固定装置的变形较大。而权利要求1所公开的止挡凸部的形状及设置方式，便于线材卡入线材定位片中，且在线材卡入定位片的过程中，产生了可以减小所述定位片的变形幅度的技术效果。权利要求1与证据1中的实施例1在“防止线材往外脱落”时，所使用的技术手段也是不同的，相应的也产生了一定的技术效果。因此，权利要求1相对于证据1所公开的技术方案而言，具有实质性特点和进步，具备创造性。

5. 关于权利要求2~6是否具备创造性的问题

权利要求2~6是权利要求1的从属权利要求，在其引用的权利要求1具备创造性的情况下，各项权利要求也具备创造性。

综上所述，合议组认为，权利要求1~6符合专利法第二十二条第二款、第三款新颖性、创造性的规定。

三、决定

维持03206237.0号实用新型专利权有效。

当事人如对本决定不服，可以根据专利法第四十六条第二款的规定，自收到本决定之日起三个月内向北京市第一中级人民法院起诉。根据该款的规定，一方当事人起诉后，另一方当事人应当作为第三人参加诉讼。

053

带防护罩的隔离开关案

无效宣告请求审查决定（第7831号）

决　定　号　第7831号

决　定　日　2005年11月8日

发明创造名称　带防护罩的隔离开关

国际分类号　H01H 21/04

无效请求人　天津市泽丰机电有限公司

专利权人　吕希文

专　利　号　01215963.8

申　请　日　2001年1月16日

授权公告日　2002年2月20日

合议组组长　张荣彦

主　审　员　龙　安

参　审　员　张　度

法律依据　专利法第二十二条第二款、第三款

决定要点

判断实用新型的新颖性时，应当将权利要求与每一项现有技术或申请在先公布在后的实用新型申请文件中相关的技术内容单独进行比较，如果现有技术的技术方案与涉案专利的技术方案实质不同，则不能破坏该专利的新颖性。

判断实用新型的创造性，是将权利要求的技术方案与对比文件中最接近的技术方案相比，找出区别特征，判断区别特征的引入是否给实用新型带来实质性特点和进步。

一、案由

本无效宣告请求涉及国家知识产权局专利局于2002年2月20日授权公告的01215963.8号实用新型专利（下称本专利），其名称为“带防护罩的隔离开关”，专利权人为吕希文。

其授权公告时的权利要求书内容为：

“1. 带防护罩的隔离开关，包括隔离开关和防护罩，其特征在于防护罩扣在隔离开关定触点和动触点的外部，防护罩的两端为敞开式。”

针对上述实用新型专利，天津市泽丰机电有限公司（下称请求人）于2005年4月28日向专利复审委员会提出宣告该专利权无效的请求，理由为此专利不具备新颖性、创造性。同时提供如下证据：

附件3：99251108.9号实用新型专利说明书，授权公告日为2000年9月13日（下称证据1）；

附件4：93214946.4号实用新型专利说明书，授权公告日为1994年3月2日（下称证据2）；

附件5：89210146.6号实用新型专利说明书，授权公告日为1989年11月11日（下称证据3）；

附件6：95234031.3号实用新型专利说明书，授权公告日为1997年1月15日（下称证据4）。

经形式审查合格后，专利复审委员会受理了上述无效宣告请求，并将上述专利权无效宣告请求书及证据转送给专利权人吕希文（下称被请求人），同时成立合议组对此案进行审理。

2005年6月6日，被请求人向复审委员会提交意见陈述书，陈述其专利相对于证据1～4而言具备新颖性、创造性的理由。随附被请求人、请求人的产品照片。

专利复审委员会于2005年8月11日向双方当事人发出无效宣告请求口头审理通知书，定于2005年9月21日举行口头审理，随转被请求人的意见陈述书及附件1、2的副本给请求人。

口头审理如期举行，双方当事人均参加此次审理，就此专利相对于证据1～4是否符合专利法第二十二条第二款、第三款关于新颖性、创造性的规定进行了审议庭辩论。请求人认为权利要求1相对于证据1而言缺乏新颖性理由是证据1与所述专利的技术方案领域相同、发明目的及效果均相同，二者隔离开关的结构也相同，请求人进一步认为权利要求1相对于证据1（2）、与3（4）的结合来讲，不具备创造性理由是权利要求1与证据3或证据4的区别在于，前者防护罩两端开启，后两者的护盖是全封闭的，所述权利要求与证据3、4的技术方案属同样领域、目的效果均相同，本领域技术人员通过证据1（2）与3（4）的结合很容易得到权利要求1的技术方案。

被请求人对此持反对意见，其强调证据1中的防护面板与涉案专利中的防护罩结构不相同，不能影响权利要求1的新颖性，本专利与证据3、4中的技术方案不属相同技术领域，所述证据无法结合破坏其创造性。

请求人于2005年9月26日补交了代理人的委托书，同时提交“低压开关设备和控制设备”的国家标准、乐清市华跃开关厂产品样本一份，供合议组参考。

至此，合议组认为此案事实已清楚，可以作出审查决定。

二、决定理由

1. 关于证据

证据1～4是本专利申请日之前公开的专利文献，可作为评述权利要求新颖性、创造性的证据使用。

2. 权利要求1相对于证据1是否具备新颖性的问题

证据1涉及一种防护面板式刀开关，包括刀开关和防护面板。所述面板安装在连接板的一端（说明书第1页第5段，图1）。

权利要求1要求保护一种带防护罩的隔离开关，其包括隔离开关和防护罩，所述防护罩扣在隔离开关定触点和动触点的外部，防护罩的两端为敞开式。

该权利要求1与证据1的区别在于：前者是两端敞开式的、扣在隔离开关定触点和动触点的外部的防护罩，后者是可随开关手柄一起运动的防护面板。

二者技术方案并不相同，因此权利要求1相对于证据1而言，具备专利法第二十二条第二款规定的新颖性。

3. 权利要求1相对于证据1、3、4或证据2、3、4而言是否具备创造性的问题

证据1（2）涉及一种防护面板式刀开关，包括刀开关和防护面板，所述面板安装在连接板的一端（说明书第1页第5段，图1）。其与权利要求1技术方案属相同技术领域，但是权利要求1与该证据的技术方案存在区别，即是在解决“增强隔离开关安全性”的问题上两者采用了不同的技术手段，前者是在整个开关外部扣一个两端敞开的防护罩，后者是在手柄上固定一块平面防护板。

证据3、4均涉及电源开关，所述开关上面罩有全封闭式的护盖。权利要求1中的技术方案与二者的技术方案的区别在于：前者的防护罩两端敞开，后者的防护罩完全覆盖在开关上。

前者要求保护的开关是隔绝导线的隔离开关。后者（证据3、4）的普通闸刀开关属于电源开关，

与权利要求 1 要求保护的仅隔绝导线的隔离开关不属相同技术领域。所述电源开关设有全封闭的保护盖，是为防止操作人员接触开关内部，造成触电事故。其自身特点决定了罩在整个开关外的胶壳必须是全封闭的，其不可能为权利要求 1 的技术方案提供“防护罩两端敞开”的启示。

所以，本领域普通技术人员无法在现有技术，（即“带防护面板的隔离开关”）（对比 1、2）的基础上，结合领域不同、实现手段不同的“闸刀开关”（证据 3、4），不付出创造性劳动地实现带有“两端敞开的防护罩”的隔离开关（权利要求 1）。

因此权利要求 1 相对于证据 1（2）、3 和证据 4 而言，具备专利法第二十二条第三款规定的创造性。

基于上述原因，合议组认为，本专利权利要求 1 符合专利法第二十二条第二款、第三款新颖性和创造性的规定。因此，无效请求人的无效理由不能成立。

三、决定

维持 01215963. 8 号实用新型专利权有效。

当事人对本决定不服的，可以根据专利法第四十六条第二款的规定，自收到本决定之日起三个月内向北京市第一中级人民法院起诉。根据该规定，一方当事人起诉后，另一方当事人应当作为第三人参加诉讼。

054

可收纳接收器的无线装置案

无效宣告请求审查决定（第7911号）

决　定　号　第7911号
决　定　日　2005年12月19日
发明创造名称　可收纳接收器的无线装置
国 际 分 类 号　G06F 3/033
第一无效请求人　廖　素
第二无效请求人　童敏昌
专　利　权　人　派登科技股份有限公司
专　利　号　02241174.7
申　请　日　2002年7月8日
授 权 公 告 日　2003年7月9日
合 议 组 组 长　石　清
主　审　员　翁晓君
参　审　员　聂春艳

法　律　依　据　专利法第二十二条第二款、第三款　专利法实施细则第十三条第一款、第二十条第一款

决　定　要　点

在判断一项实用新型专利权利要求所保护的技术方案是否具备创造性时，首先应当确定与该权利要求所述技术方案最接近的现有技术方案，然后将该权利要求所述的技术方案与最接近的现有技术方案进行技术特征对比分析，找出二者的区别技术特征，如果这些区别技术特征是本领域的技术人员根据现有技术的教导而容易引入的，则该权利要求所保护的技术方案不具备创造性。

一、案由

本无效宣告请求涉及国家知识产权局专利局于2003年7月9日授权公告的，名称为“可收纳接收器的无线装置”的实用新型专利（下称本专利），其申请号是02241174.7，申请日是2003年7月9日，专利权人是派登科技股份有限公司（下称被请求人）。

本专利授权公告的权利要求书内容如下：

“1. 一种可收纳接收器的无线装置，包括有输入装置及接收器所组成，而输入装置于一上壳体及下壳体所组成的外壳体内容置有电路板及感测组，其特征在于：该输入装置于底部具有一容置空间，且供收纳一接收器，于输入装置的容置空间内设有一定位机构。

2. 根据权利要求1所述的可收纳接收器的无线装置，其特征在于：该接收器一侧具有一插接部。

3. 根据权利要求1所述的可收纳接收器的无线装置，其特征在于：该电路板为第一电路板及第二电路板所构成。

4. 根据权利要求 3 所述的可收纳接收器无线装置，其特征在于：该第一电路板对应于感测组具有复数感测元件。

5. 根据权利要求 3 所述的可收纳接收器的无线装置，其特征在于：该第二电路板一侧设有对接部，而第一电路板一侧形成有复数插接端子，且插接端子插接对应的插接部形成一电性连接。

6. 根据权利要求 3 所述的可收纳接收器的无线装置，其特征在于：该第二电路板具有一电源开关。

7. 根据权利要求 1 所述的可收纳接收器的无线装置，其特征在于：该输入装置的容置空间一侧形成可收容电池的容室，且容置空间与容室的间枢设有一电池盖。

8. 根据权利要求 1 所述的可收纳接收器的无线装置，其特征在于：该定位机构具有一基部，此基部一侧形成有一露出于容置空间一侧形成凹槽的按压部。

9. 根据权利要求 8 所述的可收纳接收器的无线装置，其特征在于：该按压部的钩部为钩设有一弹性元件的一端且弹性元件另端则钩设于下壳体对应的钩部内。

10. 根据权利要求 1 所述的可收纳接收器的无线装置，其特征在于：该定位机构于基部两端分别横向延设有一悬臂，并于基部上纵向形成有扣持部，且供扣持接收器定位。

11. 根据权利要求 1 所述的可收纳接收器的无线装置，其特征在于：该下壳体于容置空间的另端定位有控制钮，且控制钮利用一弹性元件抵持一动作件。

12. 根据权利要求 1 所述的可收纳接收器的无线装置，其特征在于：该输入装置为滑鼠、键盘或摇杆的硬体装置。”

针对上述专利权，廖素（下称第一请求人）于 2004 年 4 月 30 日向专利复审委员会提出无效宣告请求（下称无效请求 1），其理由是本专利的权利要求 1 ~ 12 不符合专利法第二十二条第二款和专利法实施细则第十三条第一款的规定、权利要求 1 不符合专利法第二十二条第三款的规定。与此同时，第一请求人提交了如下附件作为证据：

附件 1：日本专利特开 2000 - 75972 原文、英文译本及其摘要的中文译本，其公开日为 2000 年 3 月 14 日；

附件 2：日本专利特开 2000 - 35855 原文、英文译本及其摘要的中文译本，其公开日为 2000 年 2 月 2 日；

附件 3：美国专利 US6225981B1 原文及其摘要的中文译文，其公开日为 2001 年 5 月 1 日；

附件 4：日本专利特开 2000 - 267806 号原文、摘要的英文译本及其摘要的中文译本，其公开日为 2000 年 9 月 29 日；

附件 5：中国实用新型专利说明书 CN2537046Y，其名称为“可收纳接收器的无线输入装置”，申请日为 2002 年 4 月 1 日，授权公告日为 2003 年 2 月 19 日，专利权人为派登科技股份有限公司。

第一请求人指出：（1）权利要求 1 所述的全部技术特征在本专利的申请日之前已经被附件 1 所记载的内容全部公开，使得本专利权利要求 1 不具备专利法第二十二条第二款规定的新颖性；（2）本专利权利要求 1 相对于附件 2 和附件 4 的组合不具备创造性，权利要求 1 相对于附件 3 和附件 4 的组合也不具备创造性；（3）本专利与附件 5 相比，该两项专利的技术领域、所要解决的技术问题和技术方案实质上相同，预期效果相同，因此可以认定该两项专利的权利要求所要求保护的实用新型相同。

第一请求人于 2004 年 5 月 28 日向专利复审委员会补充提交了附件 1 ~ 4 全文的中文译文。

经形式审查合格后，专利复审委员会受理了第一请求人提出的上述无效宣告请求，于 2004 年 6 月 14 日向双方当事人发出了无效宣告请求受理通知书，并将无效宣告请求书及所附证据材料副本转给了被请求人，要求其在指定的期限内答复。

被请求人于2004年7月22日提交了针对上述无效宣告请求的答复意见以及修改后的权利要求书。被请求人在意见陈述书中指出：（1）附件1中的可携式电子设备是在其底部设置一无线模块，但其是利用无线模块的小基板及小基板上的连接器与电子设备主基板上的连接器结合，再经由电子设备上的基板与天线连接，以供电子设备接收外界的无线讯号，在使用过程中不必取出无线模块，并且在使用过程中无线模块需构成电子设备的基本设备构件，而本专利是在输入装置底部设置一接收器，该接收器在使用时需从输入装置中移出，与主机连接器连接，该接收器在位于输入装置的容置空间时利用一定位机构定位，同时可将电池的电源切断，达到省电的功效。与附件1相比，权利要求1所述技术方案所要解决的技术问题、技术方案在实质上不同，且预期达到的效果也不相同，因此附件1不能影响本专利权利要求1的新颖性；（2）从附件2和附件4的结合及附件3和附件4的结合中不能获得启示，并且本专利获得了更好的效果，因此修改后的权利要求1具备创造性；（3）比较附件5与本专利权利要求书可以发现，附件5权利要求1中的特征是输入装置具有一容置空间，而本专利权利要求1中的特征是输入装置于底部设有一容置空间，两者的保护范围不同，并且从两专利的附图中明显看出容置空间所在位置不同，因此本专利与附件5不属于专利法实施细则第十三条第一款所规定的同样的发明创造。

针对上述专利权，童敏昌（下称第二请求人）于2004年9月30日向专利复审委员会提出无效宣告请求（下称无效请求2），其理由是本专利的权利要求1、2不符合专利法第二十二条第三款的规定，权利要求3、5不符合专利法实施细则第二十条第一款的规定。与此同时，第二请求人提交了如下证据：

证据1：日本实用新型登录第3082807号原文，其公开日为2001年10月10日；

证据2：日本专利特开2002－91698原文，其公开日为2002年3月29日；

证据3：美国专利US6225981B1原文，其公开日为2001年5月1日。

第二请求人指出：（1）本专利权利要求1相对于证据1和证据2的组合、证据1和证据3的组合不具备创造性，权利要求2相对于证据1和证据2的组合不具备创造性；（2）本专利权利要求3和5中并无任何技术特征的描述，因此不符合专利法实施细则第二十条第一款的规定。

经形式审查合格后，专利复审委员会受理了第二请求人提出的上述无效宣告请求，于2004年11月29日向双方当事人发出了无效宣告请求受理通知书，并将无效宣告请求书及所附证据材料副本转给了被请求人，要求其在指定的期限内答复。

第二请求人于2004年10月29日向专利复审委员会补充提交了证据2和3的中文译文，并且提出了补充理由和证据。其补充理由是，本专利的权利要求不符合专利法实施细则第十三条第一款的规定、权利要求1、2、6～9、12不符合专利法第二十二条第三款的规定，同时，再次指出权利要求3和5不符合专利法实施细则第二十条第一款的规定。与此同时，第二请求人补充提交了如下证据：

证据4：中国专利CN2537046Y，其名称为“可收纳接收器的无线输入装置”，其公开日为2003年2月19日；

证据5：日本实用新型登录第3082807号原文及其对应的第510544号台湾专利公告文本，其中日本实用新型的公开日为2001年10月10日；

证据6：日本专利特开2002－91698原文及其中文译文，其公开日为2002年3月29日；

证据7：中国台湾专利公报第438008号，其公告日为2001年5月25日；

证据8：美国专利US6225981B1原文及其中文译文，其公告日为2001年5月1日；

证据9：中国台湾新型专利公告第291986号（公告本中无公告日）。

第二请求人指出：（1）本专利与证据4相比，该两项专利的技术领域、所要解决的技术问题和技术方案实质上相同，预期效果相同，因此可以认定该两项专利的权利要求所要求保护的实用新型相同；（2）本专利权利要求1和12相对于证据5和证据6的组合不具备创造性，权利要求1相对于证据7不具备创造性，权利要求1相对于证据5和证据8的组合不具备创造性，权利要求2相对于证据5和证据6的组合不具备创造性，权利要求6相对于证据5、证据6和证据9的组合不具备创造性，权利要求7相对于证据5和证据8的组合不具备创造性，权利要求8相对于证据5和证据6的组合不具备创造性，权利要求9相对于证据5和证据6的组合不具备创造性；（3）本专利权利要求3和5中并无任何技术特征的描述，因此不符合专利法实施细则第二十条第一款的规定。

被请求人于2004年12月31日提交了针对第二请求人于2004年9月30日提出的上述无效宣告请求的答复意见，被请求人认为：（1）本专利权利要求书已对要求保护的技术方案作出了清楚、简要的表述；（2）从证据文件的形式上看，证据1~3没有没有提交中文译文，不符合相关规定，不应予以采纳，并且指出所提供证据的技术内容并未揭示本专利权利要求1的技术方案，因此本专利权要求1及其从属权利要求的技术方案都具备创造性。

在上述事实的基础上，依据审查指南的有关规定，合议组决定将无效请求1和无效请求2两个请求进行合案审理。合议组于2005年4月19日向各方当事人发出了口头审理通知书，定于2005年6月2日对上述两个无效宣告请求进行合案审理，同时随口审通知书将被请求人于2004年7月22日提交的针对无效宣告请求1的意见陈述书及修改后的权利要求书转给第一请求人，将第二请求人于2004年10月29日提交的意见陈述书及证据转给被请求人；同时要求第二请求人应当在收到本通知书之日起一个月内补交证据1的中文译文，期满未补交的，该外文证据视为未提交。

口头审理如期举行，各方当事人均参加了口头审理。在口头审理中，各方当事人对合议组成员无回避请求，对对方出庭人员的身份无异议。第一请求人当庭明确表示放弃在第一请求中使用附件4。第一请求人对权利要求书的修改方式有异议，被请求人放弃该修改，合议组当庭告知各方当事人此次口审以授权公告文本为审查基础。

被请求人对第一请求中的附件1、附件2、附件3、附件5的真实性没有异议，对附件1~3的中文译文的准确性没有异议。被请求人对第二请求中的证据4、证据5、证据6、证据7、证据8的真实性没有异议，对证据5、6、8的中文译文的准确性没有异议。被请求人当庭表示因证据9没有公告日而对其真实性有异议，但如果能够核实证据9的公告日在本专利的申请日之前，则没有异议。第二请求人明确在证据5中使用中国台湾第510544号公告文本作为日本实用新型登录第3082807号的中文译文，被请求人明确表示对此没有异议。第一请求人增加有关本专利权利要求1~12不符合专利法第二十六条第四款、专利法实施细则第二十条第一款、第二十一条第二款的无效理由，合议组依据专利法实施细则第六十六条的规定，当庭告知请求人对新增理由不予考虑，第一请求人对此有异议；第一请求人当庭明确表示放弃权利要求2~12不符合专利法第二十二条第二款的无效理由，放弃权利要求3~11不符合专利法实施细则第十三条第一款的无效理由。

第一请求人明确其无效理由为：本专利权利要求1、2、12分别相对于附件5的权利要求1、4、8不符合专利法实施细则第十三条第一款的规定；本专利权利要求1相对于附件1不具备新颖性、创造性；本专利权利要求1相对于附件2、3的结合不具备创造性。第二请求人增加有关本专利权利要求1~12不符合专利法第二十六条第四款、专利法实施细则第二十一条第二款的无效理由，合议组依据专利法实施细则第六十六条的规定，当庭告知请求人对新增理由不予考虑，第二请求人对此有异议；第二请求人当庭明确表示放弃权利要求3~11不符合专利法实施细则第十三条第一款的无效理由。

第二请求人明确其无效理由为：本专利权利要求3、5不符合专利法实施细则第二十条第一款的规定；本专利权利要求1、2、12分别相对于证据4的权利要求1、4、8不符合专利法实施细则第十三条第一款的规定；本专利权利要求1相对于证据7或相对于证据6和证据5的结合不具备创造性；本专利权利要求2、3、8、9、12相对于证据5、6的结合不具备创造性；本专利权利要求6相对于证据5、6、9的结合不具备创造性；本专利权利要求7相对于证据5、8的结合不具备创造性。

专利复审委员会于2005年6月10日收到第二请求人于2005年5月24日补交的证据1的中文译文。

合议组于2005年7月6日向第二请求人发出了转送文件通知书，将被请求人于2004年12月31日提交的意见陈述书转送给第二请求人。第二请求人在上述转送文件通知书中所规定的答复期限内未作出答复。

至此，合议组认为本案事实已经清楚，依法作出审查决定。

二、决定的理由

1. 审查的基础

鉴于请求人对被请求人于2005年7月22日提交的修改的权利要求书有异议，同时被请求人表示放弃其修改，因此对本无效宣告请求案的审理，以原授权公告的权利要求书为基础。

2. 关于无效宣告请求的审查范围

在口头审理中，第一请求人增加有关本专利权利要求1~12不符合专利法第二十六条第四款、专利法实施细则第二十条第一款、专利法实施细则第二十一条第二款的无效理由。依据专利法实施细则第六十六条的规定："在专利复审委员会受理无效宣告请求后，请求人可以在提出无效宣告请求之日起一个月内增加理由或者补充证据。逾期增加理由或者补充证据的，专利复审委员会可以不予考虑"，由于第一请求人增加上述理由的日期已经超过了规定的期限，合议组对该新增加的理由不予考虑。因此对于第一请求，本案审查的范围是第一请求人在口头审理中明确的无效理由，即：本专利权利要求1、2、12分别相对于附件5的权利要求1、4、8不符合专利法实施细则第十三条第一款的规定；本专利权利要求1相对于附件1不具备新颖性、创造性；本专利权利要求1相对于附件2、3的结合不具备创造性。

在口头审理中，第二请求人增加有关本专利权利要求1~12不符合专利法第二十六条第四款、专利法实施细则第二十一条第二款的无效理由。同样，由于第二请求人增加上述理由的日期已经超过了规定的期限，合议组对该新增加的理由不予考虑。因此对于第二请求，本案审查的范围是第二请求人在口头审理中明确的无效理由，即本专利权利要求3、5不符合专利法实施细则第二十条第一款的规定；本专利权利要求1、2、12分别相对于证据4的权利要求1、4、8不符合专利法实施细则第十三条第一款的规定；本专利权利要求1相对于证据7或相对于证据6和证据5的结合不具备创造性；本专利权利要求2、3、8、9、12相对于证据6、5的结合不具备创造性；本专利权利要求6相对于证据6、5、9的结合不具备创造性；本专利权利要求7相对于证据5、8的结合不具备创造性。

3. 关于无效宣告请求的证据

第一请求人已经明确表示放弃附件4，合议组对该附件不再评述。附件1和附件2为日本专利文献，附件3为美国专利说明书，附件5为中国实用新型专利说明书，被请求人认可这些附件的真实性，并且对附件1~3的中文译文的准确性没有异议，且附件1~3的公告日均早于本专利的申请日，故构成本专利的现有技术，可以用于评价本专利的新颖性和创造性，附件5为被请求人的另一份在本专利申请日之前申请、在本专利申请日之后授权的实用新型专利，可以用于判断本专利是否符合专利法实施细则第十三条第一款的规定。

第二请求人所提交的证据4即第一请求人所提交的附件5，证据5和证据6分别为与证据1、2相同的日本专利文献，证据7为中国台湾专利说明书，证据8与证据3相同，同时也与第一请求人所提交的附件3相同。被请求人认可这些证据的真实性，并且对证据5、6、8的中文译文的准确性没有异议，且这些附件的公开日/公告日均早于本专利的申请日，故构成本专利的现有技术，可以用于评价本专利的新颖性和创造性。证据9为中国台湾专利公告第291986号说明书，在所提交的说明书中没有记载该专利的公告日。经合议组核实，该中国台湾专利的公告日为1996年11月21日，早于本专利的申请日，并且被请求人在口审中已明确表示如果能够核实证据9的公告日在本专利申请日之前则对证据9的真实性无异议，故证据9构成本专利的现有技术，可以用于评价本专利的新颖性和创造性。

4. 关于专利法实施细则第十三条第一款

专利法实施细则第十三条第一款规定："同样的发明创造只能被授予一项专利。"

第一、第二请求人均认为：本专利权利要求1、2、12分别相对于附件5（即证据4）的权利要求1、4、8不符合专利法实施细则第十三条第一款的规定。

合议组认为，本专利权利要求1中包含技术特征："该输入装置于底部具有一容置空间，且供收纳一接收器，于输入装置的容置空间内设有一定位机构"，而附件5中的权利要求1所包含的对应技术特征为："该输入装置具有一容置空间，该容置空间内收纳一接收器，且利用一定位机构定位"。根据上述特征的记载，本专利权利要求1中限定的容置空间位于输入装置的底部，且一定位机构设于该容置空间内，而在附件5的权利要求1中，并没有对容置空间和定位机构的位置进行具体限定，因此本专利权利要求1的技术方案与附件5的权利要求1的技术方案并不相同。由于本专利权利要求2和12是权利要求1的从属权利要求，附件5的权利要求4和8是权利要求1的从属权利要求，而且这些权利要求均未涉及容置空间和定位机构的具体位置，所以当本专利权利要求1的技术方案与附件5的权利要求1的技术方案不相同的情况下，本专利权利要求2的技术方案与附件5的权利要求4的技术方案、本专利权利要求12的技术方案与附件5的权利要求8的技术方案也不相同。因此本专利权利要求1、2、12符合专利法实施细则第十三条第一款的规定。

5. 关于专利法实施细则第二十条第一款

专利法实施细则第二十条第一款规定："权利要求书应当说明发明或者实用新型的技术特征，清楚、简要地表述请求保护的范围。"

第二请求人认为：权利要求3中仅将电路板一分为二，而并没有记载它们之间的连接关系如何；并且权利要求5中仅罗列了无线装置包括哪些部件，而没有说明具体的连接关系。因此，权利要求3和5所要求保护的技术方案不清楚，不符合专利法实施细则第二十条第一款的规定。

合议组认为，权利要求3已经对附加技术特征进行了清楚的限定，即根据所限定的技术特征能够清楚地知道是通过第一电路板和第二电路板来构成电路板的，而且权利要求3的保护范围也仅涉及电路板的构成，而并没有涉及第一电路板和第二电路板的连接关系，所以权利要求3对于电路板的构成的限定是清楚的，符合专利法实施细则第二十条第一款的规定。

合议组认为，在权利要求5中，不仅记载了第一电路板一侧的复数插接端子和第二电路板一侧的对接部，而且也清楚地记载了它们之间的连接关系，即插接端子插接对应的插接部形成一电性连接，因此权利要求5所要求保护的技术方案是清楚的，符合专利法实施细则第二十条第一款的规定。

6. 关于新颖性

专利法第二十二条第二款规定："新颖性，是指在申请日以前没有同样的发明或者实用新型在国内外出版物上公开发表过、在国内公开使用过或者以其他方式为公众所知，也没有同样的发明或者实用新型由他人向国务院专利行政部门提出过申请并且记载在申请日以后公布的专利申请文件中。”

第一请求人认为：本专利权利要求 1 相对于附件 1 不具备新颖性，不符合专利法第二十二条第二款的规定。

权利要求 1 要求保护一种可收纳接收器的无线装置，其中包括以下技术特征：

（a）包括包括有输入装置及接收器所组成；

（b）输入装置于一上壳体及下壳体所组成的外壳体内容置有电路板及感测组；

（c）该输入装置于底部具有一容置空间，且供收纳一接收器；

（d）于输入装置的容置空间内设有一定位机构。

附件 1 公开了一种可携式电子设备，主要公开了以下相关内容（参见附件 1 的说明书中文译文的第 3 页第 1～6 行、第 11～20 行及附图 1、2）：具有键盘的笔记型计算机 1 的本体部 2，进行无线收发讯号的无线模块 5，设于本体底部的增设盖 4，在次模块 9 增设、取下时要卸下增设盖 4；并且从附图 1 的说明书附图 1 中可以看出在笔记本计算机 1 的本体部 2 中存在一个放置具有无线模块 5 的次模块 9 的空间（图 1 中的虚线部分）。

将本专利权利要求 1 与附件 1 相比较可知，附件 1 公开的本体部 2 和无线模块 5 分别相当于本专利权利要求 1 中的输入装置和接收器。并且，根据上述公开的内容以及结合附图 1、2 可知，附件 1 所公开的上述空间位于本体部 2 的底部。可见，附件 1 公开了本专利权利要求 1 中的特征（a）和（c），但是没有公开特征（b）和（d），而且上述特征（b）和（d）也不能从附件 1 中直接唯一地推导出来，因此二者所记载的技术方案不同。根据新颖性的判断原则，本专利权利要求 1 所要保护的技术方案相对于附件 1 具备新颖性。

7. 关于创造性

专利法第二十二条第三款规定：“创造性，是指同申请日以前已有的技术相比，该发明有突出的实质性特点和显著的进步，该实用新型有实质性特点和进步。”

在判断一项实用新型专利权利要求所保护的技术方案是否具备创造性时，首先应当确定与该权利要求所述技术方案最接近的现有技术方案，然后将该权利要求所述的技术方案与最接近的现有技术方案进行技术特征对比分析，找出二者的区别技术特征，如果这些区别技术特征是本领域的技术人员根据现有技术的教导而容易引入的，则该权利要求所保护的技术方案不具备创造性。

（1）第二请求人认为：本专利权利要求 1 相对于证据 5、6 的结合不具备创造性，不符合专利法第二十二条第三款的规定。

合议组认为，证据 6 公开了一种鼠标，主要公开了以下相关特征：鼠标本体 1（参见证据 6 的说明书附图 1）；“缆线类的储存部 3”，存储部 3“具有可收纳缆线 6 的前端的连接部 7 和连接器 8 的广度”（参见证据 6 的说明书中文译文的第 4 页第 13～16 行及说明书附图 1）；“在储存部 3 安装可自由开闭的开闭盖 9”（参见证据 6 的说明书中文译文的第 4 页第 27 行及说明书附图 1）；“开闭盖 9 并不限定在侧面，亦可如第 9 图所示打开底板 4 的一部分，作为可开闭的方式”（参见证据 6 的说明书中文译文的第 4 页第 21～22 行及附图 9）；“在此开闭盖 9，配设作为卡合机构的突起 12，变成与在本体外壳 2 的开口部侧面设置的卡合爪 13 卡合”（参见证据 6 的说明书中文译文的第 30～31 行及附图 2 和 4）。

将本专利权利要求 1 与证据 6 相比较可知，证据 6 所公开的鼠标本体 1 相当于本专利权利要求 1 中的特征（a）中的输入装置，所公开的开闭盖和卡合机构相当于特征（d），所公开的储存部 3 相当于特征（c）中的输入装置底部的容置空间。另外，作为鼠标装置，证据 6 中的鼠标本体 1 的外壳体显然是由上壳体和下壳体组成的，且外壳体内必然存在电路板和感测组，用于感测鼠标的移动并实现信号的传送，即证据6已经公开了特征（b）。所以本专利权利要求1与证据6所公开的技术方案的区别在于，证据6中没有公开特征（a）中的接收器和特征（c）中的容置空间供收纳一接收器，其所公开的存储部用于收纳一带有缆线的连接器。

而证据5公开了一种无线滑鼠接收器结构，主要公开了以下相关内容（参见证据5的中国台湾专利公告文本的说明书第5页第16行及说明书附图2）：无线滑鼠2和无线滑鼠接收器3，即证据5公开了特征（a）中的接收器。由于在证据5中公开了分体的两个部件：无线滑鼠2和无线滑鼠接收器3，而且如上所述，在证据6中已经公开了一种将带有缆线的连接器收纳在储存部3中的技术方案，所以本领域普通技术人员很容易想到在证据5所公开的无线滑鼠接收器中设置如证据6中公开的储存部3那样的容置空间，以便把总是与之共同使用的无线鼠标接收器3收纳其中，以达到在不使用接收器时有效减少占用体积空间的效果。因此在证据6和证据5的基础上得到本专利权利要求1所要求保护技术方案对本领域技术人员来说是显而易见的，且该技术方案也没有产生意想不到的技术效果，因此权利要求1所保护的技术方案相对于证据6和证据5的结合不具备专利法第二十二条第三款所规定的创造性。

（2）第二请求人认为：本专利权利要求2相对于证据6、5的结合不具备创造性，不符合专利法第二十二条第三款的规定。

合议组认为，权利要求2从属于权利要求1，其附加技术特征为："该接收器一侧具有一插接部"。此技术特征已在证据5中公开（参见证据5的中国台湾专利公告文本的说明书第5页第23行及附图5B）：无线滑鼠接收器3的一端具有连接头341。所以当权利要求1相对于证据6、5的结合不具备创造性时，权利要求2相对于证据6、5的结合也同样不具备创造性，不符合专利法第二十二条第三款的规定。

（3）第二请求人认为：本专利权利要求3相对于证据6、5的结合不具备创造性，不符合专利法第二十二条第三款的规定。

合议组认为，权利要求3从属于权利要求1，其附加技术特征为："该电路板为第一电路板及第二电路板所构成"，它是对电路板的进一步限定。虽然在证据5和证据6中都没有公开电路板的具体结构如何，但是由两个电路板来构成总的电路板是本领域所惯用的，所以当权利要求1相对于证据6、5的结合不具备创造性时，权利要求3相对于证据6、5的结合也同样不具备创造性，不符合专利法第二十二条第三款的规定。

（4）第二请求人认为：本专利权利要求6相对于证据6、5、9的结合不具备创造性，不符合专利法第二十二条第三款的规定。

合议组认为，权利要求6从属于权利要求3，其附加技术特征为："该第二电路板具有一电源开关"。证据9公开了一种退卡结构，并公开了以下相关技术内容（参见证据9的说明书第11页第22～24行、第12页第14～17行）：当卡片插入插卡框时，电源切换部45与电路板21的电源接部25相贴合，则呈通电状态；当卡片退出插卡框时，电源切换部45偏离电路板21的电源接部25，则呈断电状态。根据证据9所公开的上述内容及该证据说明书第6页第8行至第7页第8行所述的发明目的可知，在证据9中设置电源切换部的主要目的是为了在插入、退出卡片时自动通、断电；而根据本专利的说明书可知，本专利通过容置空间、接收器、电源开关以及控制钮、弹性元件等相关元件的配合来实现在节省空间的同时省电的目的，同时证据9与本专利的技术领域也相差较远，所以证据9所公开的电源切换部并不能相当于本专利权利要求6中的电源开关，并且证据6和证据5也没有给出任何相关的技术启示。因此，本专利权利要求6相对于证据6、5、9的结合具有实质性特点和进步，具备专利法第二十二条第三款所规定的创造性。

（5）第二请求人认为：本专利权利要求7相对于证据5、8的结合不具备创造性，不符合专利法第二十二条第三款的规定。

合议组认为，证据5公开了一种无线滑鼠接收器结构，主要公开了以下相关内容（参见证据5的中国台湾专利公告文本的说明书第5页~第16行及说明书附图2）：无线滑鼠2和无线滑鼠接收器3。将本专利权利要求7与证据5相比较可知，证据5所公开的无线滑鼠2相当于本专利权利要求7中的输入装置，证据5所公开的无线滑鼠接收器3相当于本专利权利要求7中的接收器。

证据8公开了一种计算机无线鼠标，主要公开了以下相关特征：鼠标主体2（参见证据8的说明书附图2）；设于鼠标底部的容纳电池的电池室212（参见证据8的说明书中文译文的第3页~第17行及附图2）；起定位作用的定位板31（参见证据8的说明书中文译文的第3页~第13~16行及附图2）。将本专利权利要求7与证据8相比较可知，证据8所公开的鼠标主体相当于本专利权利要求7中的输入装置，证据8所公开的电池室相当于本专利权利要求7中的可收容电池的容室。

可见，证据5和8中都没有公开权利要求7中的下述技术特征：位于输入装置底部的供收纳接收器的容置空间、设于容置空间内的定位机构、容置空间与容室之间枢设有一电池盖，以及收纳电池的容室位于容置空间的一侧。并且，证据5和8也没有给出任何相关的技术启示，所以相对于证据5和8的结合而言，本专利权利要求7所要求保护的技术方案对于本领域技术人员来说是需要付出创造性劳动才能获得的，并且权利要求7的技术方案具有可有效减少占用体积空间，且达到握持良好及不易囤积灰尘的有益效果。因此本专利权利要求7相对于证据5、8的结合具有实质性特点和进步，具备专利法第二十二条第三款所规定的创造性。

（6）第二请求人认为：本专利权利要求8、9相对于证据6、5的结合不具备创造性，不符合专利法第二十二条第三款的规定。

合议组认为，权利要求8从属于权利要求1，权利要求9从属于权利要求8，它们的附加技术特征分别为："该定位机构具有一基部，此基部一侧形成有一露出于容置空间一侧形成凹槽的按压部"和"该按压部的钩部为钩设有一弹性元件的一端且弹性元件另端则钩设于下壳体对应的钩部内"，它们是对定位机构具体结构的进一步限定。而证据6中所公开的定位机构由开闭盖9、操作扣14和相互配合的突起12、卡合爪13所构成（参见证据6的说明书中文译文的第4页第30~32行及附图2和4），它与上述附加技术特征中所记载的定位机构并不相同。并且，在证据6和5中也未给出任何使用权利要求8和9所述定位机构的技术启示，所以权利要求8、9相对于证据6、5的结合具备创造性，符合专利法第二十二条第三款的规定。

（7）第二请求人认为：本专利权利要求12相对于证据6、5的结合不具备创造性，不符合专利法第二十二条第三款的规定。

合议组认为，权利要求12从属于权利要求1，其附加技术特征为："该输入装置为滑鼠、键盘或摇杆的硬体装置"，它是对输入装置的进一步限定。如前所述，在证据5和6中都公开了输入装置为一种滑鼠，并且使用键盘或摇杆的硬体装置作为输入装置是本领域所公知的，而且使用键盘或摇杆的硬体装置作为输入装置也没有带来任何意想不到的技术效果，所以当权利要求1相对于证据6、5的结合不具备创造性，权利要求12相对于证据6、5的结合也同样不具备创造性，因此，权利要求12同样不符合专利法第二十二条第三款的规定。

（8）由于本专利权利要求1相对于证据6和证据5的结合不具备创造性，因此对于请求人有关本专利权利要求1不具备创造性的其他证据组合不再进行评述。

基于以上事实和理由，合议组作出如下决定。

三、决定

宣告02241174.7号实用新型专利权利要求1~3、12无效，在权利要求4~11的基础上维持该专利权部分有效。

当事人对本决定不服的，可以根据专利法第四十六条第二款的规定，自收到本决定之日起三个月内向北京市第一中级人民法院起诉。根据该款规定，一方当事人起诉后，另一方当事人应当作为第三人参加诉讼。

055

电脑机箱案

无效宣告请求审查决定（第7941号）

决　定　号　第7941号
决　定　日　2005年12月22日
发明创造名称　电脑机箱
国际分类号　G06F 1/18
无效请求人　莹电电子（深圳）有限公司
专利权人　三镕科技有限公司
专　利　号　200320129905.6
申　请　日　2003年12月23日
授权公告日　2005年1月5日
合议组组长　马　昊
主　审　员　穆丽娟
参　审　员　崔哲勇

法律依据　专利法第二十二条第三款
决定要点

一项权利要求所限定的技术方案与现有技术相比具有区别技术特征，并且现有技术中没有给出采用这一区别技术特征的技术启示，同时该区别技术特征能带来有益的技术效果，则该权利要求具备创造性。

一、案由

本无效宣告请求涉及国家知识产权局专利局于2005年1月5日授权公告的申请号为200320129905.6的实用新型专利（下称本专利）的专利权，名称为“电脑机箱”，申请日为2003年12月23日，专利权人是三镕科技有限公司（下称被请求人）。

本专利授权公告的权利要求书内容如下：

“1. 一种电脑机箱，包括机架（1）、面板组合品（2）、可固定在机架（1）上的左侧盖板（3）、右侧盖板（4）、上盖板（5）、下盖板（6）、前板（7）和后板（8），其特征在于：所述左侧盖板（3）、右侧盖板（4）、上盖板（5）中至少一块盖板上设有贯通的散热孔（9），该盖板上散热孔（9）所占面积为该盖板面积的50%～90%。

2. 根据权利要求1所述的电脑机箱，其特征在于：所述左侧盖板（3）、右侧盖板（4）上分别设有贯通的散热孔（9），各盖板上散热孔（9）所占面积为对应盖板面积的50%～90%。

3. 根据权利要求1所述的电脑机箱，其特征在于：所述左侧盖板（3）、右侧盖板（4）、上盖板（5）上分别设有贯通的散热孔（9），各盖板上散热孔（9）所占面积为对应盖板面积的50%～90%。

4. 根据权利要求1所述的电脑机箱，其特征在于：所述设有散热孔（9）的盖板之内侧安装有滤网（12）。

5. 根据权利要求1~4所述的电脑机箱，其特征在于：所述散热孔（9）的形状可以为圆形、方形、三角形、菱形、星形等形状。

6. 根据权利要求4所述的电脑机箱，其特征在于：所述滤网（12）固定在盖板之内侧覆盖散热孔（9）。

7. 根据权利要求6所述的电脑机箱，其特征在于：所述盖板内板面的两侧设有至少两个倒‘L’形固定架，滤网（12）卡在该固定架中。

8. 根据权利要求6所述的电脑机箱，其特征在于：所述盖板内板面的两侧各设有一行倒‘L’形固定槽，滤网（12）插卡在该固定槽中。

9. 根据权利要求5所述的电脑机箱，其特征在于：所述散热孔（9）的孔径在0.1~1cm之间。

10. 根据权利要求1所述的电脑机箱，其特征在于：所述面板组合品（2）为面板（10）附着一对应该面板非工作部位处均布小孔的饰板（11）的组合。”

针对所公告专利，莹电电子（深圳）有限公司（下称请求人）于2005年5月13日向专利复审委员会提出了无效宣告请求，其理由是本专利不符合专利法第二十二条第二款、第三款的规定。请求人认为，相对于所给出附件权利要求1~10均不具备新颖性和创造性。请求人所提交的证据如下：

证据1：申请日为2002年3月5日，申请号为02106695.7，公开日为2003年9月17日，公开号为CN1442770A的发明专利申请公开说明书；

证据2：申请日为1999年8月24日，申请号为99236934.7，授权公告日为2000年7月5日，授权公告号为CN2386596Y的实用新型专利说明书；

证据3：公开出版物《麦客World》（2004年10月刊总第008期第16~17页）刊登的题为“苹果G5全接触”的文章和附图说明书；

证据4：申请日为2001年12月11日，申请号为01278219.X，授权公告日为2002年12月4日，授权公告号为CN2524473Y的实用新型专利说明书；

证据5：申请日为2002年3月20日，申请号为02216253.4，授权公告日为2003年2月5日，授权公告号为CN2534617Y的实用新型专利说明书。

请求人认为：（1）权利要求1~3的全部技术特征已经被证据1和2分别全部公开，从属权利要求5、9的附加技术特征均可以从证据1和2中无歧义的推定出，从属权利要求4、6~8、10的附加技术特征均为公知常识。因此，权利要求1~10均不具备新颖性，不符合专利法第二十二条第二款的有关规定；（2）权利要求1与对比文件1进行技术特征对比后，区别仅在于本专利权利要求1还公开了一个技术特征为“该盖板上散热孔（9）所占面积为该盖板面积的50%~90%”，而该特征仅是为了更好的散热而将已有技术的散热孔所占面积进行了改变，而这种改变对于本领域普通技术人员来说是不需要花费任何创造性劳动就可以实现的，因此被请求专利的权利要求1不具备创造性，不符合专利法第二十二条第三款的有关规定；权利要求2、3的附加技术特征分别在权利要求1的基础上对哪些盖板设有散热孔进行进一步具体限定，由于在盖板上开设散热孔已经被证据1公开，而具体在哪些盖板上开设散热孔这种实施方式的改变对于本领域普通技术人员来说也是不需要花费任何创造性劳动就可以实现的。因此，在其引用的权利要求1不具备创造性的基础上，权利要求2、3也不具备创造性，不符合专利法第二十二条第三款的有关规定；权利要求4的附加技术特征已经被证据4公开，而证据1和4相结合得到权利要求4的技术方案是不需要花费任何创造性劳动的。因此，权利要求4是不具备创造性的，不符合专利法第二十二条第三款的有关规定；权利要求5的附加技术特征是对散热孔的形状进行了限定，而在证据4的附图1中已经公开了三角形和平行四边形的进风口。因此，权利要求5也是不具备创造性的，不符合专利法第二十二条第三款的有关规定；权利要求6的附加技术特征已经被证据4公开，而证据1和4相结合得到权利要求6的技术方案是不需要花费任何创造性劳动的。因此，权利要求6是不具备创造性的，不符合专利法第二十二条第三款的有关规定；权利要求7~9的附加技术特征对于本领域普通技术人员来说属于公知常识，因此在其引用的权利要求不具备创造性的前提下，权利要求7~9也不具备创造性的，不符合专利法第二十二条第三款的有关规定。

经形式审查合格，专利复审委员会受理了上述请求，并于2005年6月8日向双方当事人发出无效宣告请求受理通知书，并将无效宣告请求书及其附件的副本转送专利权人（下称被请求人）。

被请求人于2005年7月22日向专利复审委员会提交了意见陈述书，其中认为：（1）证据1和2均至少没有揭露本专利权利要求1中“该盖板上散热孔（9）所占面积为该盖板面积的50%～90%”这个特征，因此权利要求1相对于证据1和2具备新颖性；同时，由于所引用的权利要求具备新颖性，从属权利要求2～10相对于证据1和2也具备新颖性；（2）本专利权利要求1与证据1所公开的技术方案的区别技术特征为“该盖板上散热孔（9）所占面积为该盖板面积的50%～90%”，而该技术特征对于本领域的技术人员来说，在保证电磁波不发生外泄的情况下实现是非显而易见的，因此认为本专利权利要求1相对于证据1具有实质性特点，具备专利法第二十二条第三款规定的创造性；同时，由于所引用的权利要求具备创造性，从属权利要求2～9相对于证据1也是具备创造性的。

本案合议组于2005年9月16日向双方当事人发出口头审理通知书，定于2005年11月22日上午举行口头审理，同时将被请求人于2005年7月22日提交的意见陈述书转送给请求人。

口头审理于2005年11月22日如期举行，双方当事人均出席口头审理。在口头审理过程中，双方当事人对对方出庭人员的身份没有异议，双方当事人对合议组成员没有回避请求。

请求人当庭增加新的无效请求理由：权利要求10不符合专利法实施细则第二条。对于该新理由，合议组当庭告知双方当事人，根据专利法实施细则第六十六条的规定，合议组不予接受。

请求人当庭出示了证据3的原件。

被请求人对证据1、2、4、5的真实性没有异议，对证据3的原件与复印件一致没有异议。

此外，请求人当庭明确表示放弃证据2、5，并明确其无效理由为：（1）新颖性理由以提交的书面意见为准，证据1评述本专利新颖性，证据3评述本专利新颖性和创造性；（2）以证据1作为最接近的现有技术，结合公知常识和证据4评述本专利权的权利要求1～9不具备创造性。

被请求人当庭就本专利具备创造性的理由陈述了意见。

至此，合议组认为本案的事实已清楚，作出如下决定。

二、决定的理由

1. 关于现有技术

由于请求人在口审时放弃证据2、5，因此对其不再考虑。证据1、4的公开日期早于本专利的申请日，被请求人对其真实性无异议，因此其记载的内容构成本专利的现有技术。证据3是在本专利申请日之后公开的出版物，但请求人使用证据3中的文章所记录的事实来证明本专利已经事先以除使用公开之外的其他方式公开，因此应当以其记载的内容为证据使用。

2. 关于新颖性

请求人主张证据1、3分别影响本专利的新颖性。

证据1（参见其权利要求1、2，说明书第4～5页以及附图1）中公开了一种电脑机箱散热装置，其中电脑机箱包括前面板、后面板、侧板和底板，在侧板（为较窄面积盖板）临近电源处设有多数密布的通风孔，在邻近主板的侧板和后面板（均为较窄面积盖板）上分别设有多数密布的通风孔，在侧板上设的通风孔及后面板上设的通风孔均为从底部到顶部均匀分布排列。

合议组认为，证据1所公开的技术方案与本专利权利要求1的技术方案相比较，至少没有揭露本专利权利要求1中“该盖板上散热孔（9）所占面积为该盖板面积的50%～90%”这个技术特征，因此权利要求1相对于证据1是具备新颖性的。

从属权利要求2～10分别直接或者间接从属于权利要求1，因此在权利要求1相对于证据1具备新颖性的前提下权利要求2～10也是具备新颖性的。

证据3文章中记录了在2003年6月23日举办的WWDC2003会议上宣布了一件具有新外观的苹果机诞生，文章配备有一个苹果机正面的外观图片，其机箱前盖板具有网孔结构。

请求人认为证据3中所公开的会议时间早于本专利的申请日，因此可以将会议中的该苹果机外观图片用来评述本专利的新颖性，但是合议组认为证据3并不能证明该会议是在国内所举办，即不能证明其是在国内以除使用公开以外的其他方式公开；并且证据3也没有具体记载电脑机箱的结构，其所附图片中的机箱虽然示出了网孔结构，但并不能唯一确定该网孔是作为散热孔使用，因此，证据3公开的内容并不能影响本专利权利要求1技术方案的新颖性。

同理，权利要求2～10相对于证据3也是具备新颖性的。

3. 关于创造性

（1）权利要求1的创造性

将本专利的权利要求1的技术方案与证据1公开的内容相比较，区别技术特征为“该盖板上散热孔（9）所占面积为该盖板面积的50%～90%”。证据1中虽然没有公开所述的具体面积百分比，但是给出了在盖板上开设多数密布通风孔从而避免使用风扇、达到自然散热目的的技术启示，本领域普通技术人员根据这种技术启示可以很容易想到将散热孔面积开设到一定较大面积比例，从而更好的自然散热；根据审查指南第2～52页规定“如果发明是其所属技术领域的技术人员在现有技术的基础上通过逻辑分析、推理或者有限的试验可以得到的，则该发明是显而易见的，也就不具备突出的实质性特点”，本专利中并没有给出“50%～90%”这一特定的范围相比于其他取值范围（例如49%、91%）能产生任何特殊的最好效果，从而权利要求1的技术方案对于本领域普通技术人员来说是在证据1技术方案的基础上很容易得到的，不具有突出的实质性特点。因此，权利要求1不具备专利法第二十二条第三款规定的创造性。

（2）从属权利要求2的创造性

权利要求2从属于权利要求1，其附加技术特征为：进一步限定了是在左侧盖板和右侧盖板上设有散热孔，请求人认为由于在盖板上开设散热孔已经被证据1公开，而具体在哪些盖板上开设散热孔这种实施方式的改变对于本领域普通技术人员来说也是不需要花费任何创造性劳动就可以实现的，而合议组认为证据1虽然同样公开了“侧板”上设有散热孔，但是证据1中的“侧板”是指较窄面积的盖板，而不是本专利中“左侧盖板”“右侧盖板”所指的机箱宽幅面积的盖板。证据1中所公开的内容与本专利实质上并不相同，并没有公开该附加技术特征，同时也没有给出任何技术启示。因此，本专利的权利要求2所要求保护的技术方案相对于证据1具有实质性特点，具备专利法第二十二条第三款规定的创造性。

（3）从属权利要求3的创造性

权利要求3从属于权利要求1，其附加技术特征为：进一步限定了是在左侧盖板、右侧盖板和上盖板上设有散热孔，因此由于与评述权利要求2同样的理由，本专利的权利要求3所要求保护的技术方案相对于证据1具备实质性特点和进步，具备专利法第二十二条第三款规定的创造性。

（4）权利要求4的创造性

证据4（参见说明书第4～5页，附图1以及权利要求1）中公开了一种环保机箱，该电脑主机的机箱金属面板设有进风口，该进风口设有高密度金属材质的滤网，该滤网在盖板内侧固定。

权利要求4从属于权利要求1，其附加技术特征为：所述设有散热孔的盖板内侧安装有滤网。由于证据4中的进风口即相当于所述散热孔，因此，该附加技术特征已经被证据4所公开，证据4与证据1同属相同的技术领域，本领域普通技术人员很容易在不花费创造性劳动的基础上为了防尘环保而将该技术特征与证据1的技术方案相结合从而得到权利要求4的技术方案。因此，相对于证据1和4的结合，权利要求4不具备创造性，不符合专利法第二十二条第三款的有关规定。

（5）权利要求5的创造性

权利要求5从属于权利要求1～4任意一个，分别对应四个不同的技术方案：当其引用权利要求1时，标记为权利要求5（1）；当其引用权利要求2时，标记为权利要求5（2）；当其引用权利要求3时，标记为权利要求5（3）；当其引用权利要求4时，标记为权利要求5（4）。权利要求5的附加技术特征为：所述散热孔的形状可以为圆形、方形、三角形、菱形、星形等形状。对于本领域普通技术人员来说，散热孔为圆形等形状属于公知常识。因此，由于权利要求1、4不具备创造性，权利要求5（1）和5（4）的技术方案的附加技术特征为本领域的公知常识，因此权利要求5（1）和5（4）的技术方案也不具备创造性；同时由于权利要求2、3具备创造性，因此权利要求5（2）和5（3）的技术方案具备创造性。

（6）权利要求6的创造性

权利要求6从属于权利要求4，其附加技术特征为：所述滤网固定在盖板之内侧覆盖散热孔。证据4中的进风口即相当于所述散热孔，该附加技术特征也已经被证据4所公开。因此，相对于证据1和4的结合，权利要求6不具备创造性，不符合专利法第二十二条第三款的有关规定。

（7）权利要求7的创造性

权利要求7从属于权利要求6，其的附加技术特征为：所述盖板内板面的两侧设有至少两个倒“L”形固定架，滤网卡在该固定架中。

请求人认为：该附加技术特征对于本领域普通技术人员来说属于公知常识，因此在其引用的权利要求不具备创造性的前提下，权利要求7也不具备创造性。

而合议组认为将该技术特征视为公知常识是没有依据支持的，对于本领域普通技术人员来说，即使在证据4的基础上结合证据1，仍然无法得出本专利的权利要求7所要求保护的技术方案。由此可见，本专利的权利要求7所要求保护的技术方案相对于证据1和4的结合具有实质性特点和进步，因此，权利要求7具备专利法第二十二条第三款规定的创造性。

（8）权利要求8的创造性

权利要求8从属于权利要求6，其的附加技术特征为：所述盖板内板面的两侧各设有一行倒“L”形固定架，滤网卡在该固定架中。

请求人认为：该附加技术特征对于本领域普通技术人员来说属于公知常识，因此在其引用的权利要求不具备创造性的前提下，权利要求8也不具备创造性。

但合议组认为将该技术特征视为公知常识是没有依据支持的，依据与评述权利要求7同样的理由，本专利的权利要求8所要求保护的技术方案相对于证据1和4的结合具有实质性特点和进步，具备专利法第二十二条第三款规定的创造性。

（9）权利要求9的创造性

权利要求9从属于权利要求5，其技术方案分别为：从属于权利要求5（1）的为权利要求9（5-1）；从属于权利要求5（2）的为权利要求9（5-2）；从属于权利要求5（3）的为权利要求9（5-3）、从属于权利要求5（4）的为权利要求9（5-4）。权利要求9的附加技术特征为：所述散热孔的孔径在0.1～1cm之间。对于本领域普通技术人员来说，散热孔的该孔径大小设置属于惯常设计的范围。由于权利要求5（1）和5（4）的技术方案不具备创造性，权利要求9（5－1）和9（5－4）的附加技术特征为本领域惯常设计的范围，因此权利要求9（5－1）和9（5－4）的技术方案也不具备创造性；同时，由于权利要求5（2）和5（3）具备创造性，因此权利要求9（5－2）和9（5－3）的技术方案具备创造性。

（10）关于权利要求10

由于请求人主张权利要求10不符合专利法实施细则第二条的规定，该理由为请求人口头审理时新增加的，所以该理由的提出超期限，合议组根据专利法实施细则第六十六条的规定不予接受，因此对该权利要求不予评述。

三、决定

宣告200320129905.6号实用新型权利要求1、4、5（1）、5（4）、6、9（5－1）、9（5－4）无效，维持权利要求2、3、5（2）、5（3）、7、8、9（5－2）、9（5－3）、10有效。

当事人对本决定不服的，可以根据专利法第四十六条第二款的规定，自收到本决定之日起三个月内向北京市第一中级人民法院起诉。根据该款的规定，一方当事人起诉后，另一方当事人应当作为第三人参加诉讼。

056

一种12G类荧光灯案

无效宣告请求审查决定（第7949号）

决　定　号　第7949号
决　定　日　2005年12月12日
发明创造名称　一种12G类荧光灯
国际分类号　H01J 5/58
无效请求人　姜永南
专利权人　樊成华
专　利　号　03234178.4
申　请　日　2003年4月29日
授权公告日　2004年12月15日
合议组组长　张　度
主　审　员　樊晓东
参　审　员　孙克良

法律依据　专利法第二十二条第三款
决定要点

一项权利要求的技术方案与最接近的现有技术的技术方案相比存在区别技术特征，但该区别技术特征已被其他对比文件披露，且该特征在对比文件中所起到的作用与在权利要求中所起的作用相同，所要解决的技术问题相同，因此本领域的普通技术人员很容易得出该项权利要求的技术方案，则该项权利要求不具备创造性。

一、案由

本无效宣告请求涉及国家知识产权局专利局于2004年12月15日授权公告的03234178.4号实用新型专利（下称本专利），名称为“一种12G类荧光灯”，申请日为2003年4月29日，专利权人为樊成华（下称被请求人）。

授权公告的权利要求书内容如下：

“1. 一种12G类荧光灯，它包括有12G类荧光灯管、壳体和灯头，其特征在于，12G类荧光灯管粘结在壳体上，在壳体上固定有灯头。

2. 如权利要求1所述的一种12G类荧光灯，其特征在于，12G类荧光灯管可以做成弧形，整灯为球形。

3. 如权利要求1所述的一种12G类荧光灯，其特征在于，可将其荧光灯管制成U型、H型、π型。

4. 如权利要求1所述的一种12G类荧光灯，其特征在于，12G类荧光灯管由两个半圆3U或3H或3π型荧光灯管组成圆形，该半圆3U或3H或3π型荧光灯管是由三个U或H或π型放电管半圆周排放并连接在一起的灯。

5. 如权利要求1所述的一种12G类荧光灯，其特征在于，壳体内装有内启动装置或外启动装置或电子镇流器或电感镇流器。

6. 如权利要求1所述的一种12G类荧光灯，其特征在于，内启动装置设计成将两组3U或3H或3π型荧光灯管通过其回路谐振电感并联后接灯头的两极。

7. 如权利要求1所述的一种12G类荧光灯，其特征在于，两组电子镇流器的输入端并联后接灯头的两极，输出端分别推动两组半圆3U或3H或3π型荧光灯管。”

针对上述专利权，姜永南（下称请求人）于2005年6月23日向专利复审委员会提出无效宣告请求，其无效理由为：本专利权利要求1相对于证据1不具备新颖性和创造性，不符合专利法第二十二条第二款、第三款的规定；权利要求2相对于证据1和2的结合不具备创造性；权利要求3相对于证据1不具备新颖性，不符合专利法第二十二条第二款的规定；权利要求4相对于证据1、3和4的结合不具备创造性，不符合专利法第二十二条第三款的规定；权利要求5相对于证据1不具备新颖性和创造性，不符合专利法第二十二条第二款、第三款的规定；权利要求6相对于证据1不具备创造性，不符合专利法第二十二条第三款的规定；权利要求7相对于证据1不具备创造性，不符合专利法第二十二条第二款的规定。

请求人同时提交了下列证据：

证据1：中国专利ZL98245906.8的授权公告文本，授权公告日2000年11月22日（下称对比文件1）；

证据2：中国专利ZL01253432.3的授权公告文本，授权公告日2002年8月14日（下称对比文件2）；

证据3：中国专利申请97102759.5的公开文本，公开日1998年10月14日（下称对比文件3）；

证据4：授权公告号为CN3171924D的中国外观设计专利公告文件的复印件1页，授权公告日2001年1月3日（下称对比文件4）。

经形式审查合格，专利复审委员会受理了上述无效宣告请求，于2005年7月25日向请求人和被请求人发出无效宣告请求受理通知书，并随受理通知书将宣告专利权无效请求书及其附件清单所列附件副本转送给了被请求人，要求其在指定的期限内答复。与此同时，依法成立合议组，对本案进行审理。

针对上述无效宣告请求，被请求人于2005年8月26日递交了意见陈述书和修改后的权利要求书。在该意见陈述书中，被请求人认为：专利权人根据审查指南第四部分第三章第5.4节的规定，对本专利的权利要求进行了修改，将原来的七个权利要求修改为四个权利要求，修改后的权利要求为：

“1. 一种12G类荧光灯，它包括有12G类荧光灯管、壳体和灯头，其特征在于，12G类荧光灯管粘结在壳体上，在壳体上固定有灯头，荧光灯管制成U型、H型、π型，12G类荧光灯管由两个半圆3U或3H或3π型荧光灯管组成圆形，该半圆3U或3H或3π型荧光灯管是由三个U或H或π型放电管半圆周排放并连接在一起的灯，壳体内装有内启动装置或外启动装置或电子镇流器或电感镇流器。

2. 如权利要求1所述的一种12G类荧光灯，其特征在于，内启动装置设计成将两组3U或3H或3π型荧光灯管通过其回路谐振电感并联后接灯头的两极。

3. 如权利要求1所述的一种12G类荧光灯，其特征在于，两组电子镇流器的输入端并联后接灯头的两极，输出端分别推动两组半圆3U或3H或3π型荧光灯管。

4. 一种12G类荧光灯，它包括有12G类荧光灯管、壳体和灯头，其特征在于，12G类荧光灯管粘结在壳体上，在壳体上固定有灯头，12G类荧光灯管可以做成弧形，整灯为球形，壳体内装有内启动装置或外启动装置或电子镇流器或电感镇流器。”

被请求人认为，经过上述修改后，本专利完全符合专利法第二十二条第二款、第三款规定的新颖性和创造性。

2005年9月28日，合议组向双方当事人发出口头审理通知书，定于2005年11月8日举行口头审理，并随口审通知书将被请求人于2005年8月26日提交的意见陈述书及附件副本转送给请求人。

2005年11月8日口头审理如期举行，双方当事人均出席口头审理。在口头审理中，合议组当庭告知双方当事人，被请求人对权利要求书的修改，符合审查指南的规定，合议组予以接受，本次口头审理以修改后的权利要求书为审理基础；请求人当庭明确表示放弃专利法第二十二条第二款的无效理由，放弃使用对比文件4；被请求人当庭明确表示对对比文件1、对比文件3的真实性有异议；请求人明确其无效理由为：对比文件1作为最接近的现有技术，结合对比文件3评述修改后的权利要求1~3的创造性；对比文件1结合对比文件2评述修改后的权利要求4的创造性。针对请求人的上述无效理由，双方当事人充分发表了意见。

至此，在上述工作的基础上，合议组认为本案事实已经清楚，现依法作出审查决定。

二、决定的理由

1. 关于现有技术

对比文件1~3是在本专利申请日之前公开的中国专利说明书的复印件，被请求人对其提出异议的异议点在于不能确定该复印件的真实性，经合议组核实，对比文件1~3的内容与公开文本的内容是一致的，不存在上述异议点，因此可以作为本专利的现有技术。

2. 关于无效程序中新修改的权利要求书

在无效程序中专利权人采用合并原权利要求的方式重新修改了权利要求，新权利要求书没有超出原说明书和权利要求书记载的范围，并且符合审查指南所规定的无效宣告程序中专利文件修改的方式。因此，上述修改符合专利法实施细则第六十八条的规定，合议组予以接受。

3. 关于创造性

专利法第二十二条第三款规定："创造性，是指同申请日以前已有的技术相比，该发明有突出的实质性特点和显著的进步，该实用新型具有实质性特点和进步。"

本专利权利要求1要求保护的12G类荧光灯，包括以下几个技术特征：

（1）包括有12G类荧光灯管、壳体和灯头；

（2）12G类荧光灯管粘结在壳体上，在壳体上固定有灯头；

（3）荧光灯管制成U型、H型、π型；

（4）12G类荧光灯管由两个半圆3U或3H或π型荧光灯管组成圆形，该半圆3U或3H、3π型荧光灯管是由三个U或H或π型放电管半圆周排放并连接在一起的灯；

（5）壳体内装有内启动装置或外启动装置或电子镇流器或电感镇流器。

合议组认为对比文件1可作为本专利最接近的现有技术，对比文件1公开一种大功率节能荧光灯，具体公开了（参见说明书第1页第11~16行，附图1~4）以下技术特征：大功率节能荧光灯由灯头、灯壳、电子镇流器或电感镇流器组成、灯管组成；单个灯管为U型、H型、π型经桥接并联成4U、4H、4π、6U、6H、6π，经桥接的灯管组合成照明灯，灯管与灯壳顶盖部分可用粘胶粘为一体，采用多管桥接、分组启动。

由此可见，对比文件1已经公开了上述技术特征（1）、（2）、（3）和（5），将本专利权利要求1请求保护的技术方案与对比文件1相比，其区别在于：权利要求1的12G类荧光灯管由两个半圆3U或3H或π型荧光灯管组成圆形，该半圆3U或3H、3π型荧光灯管是由三个U或H或π型放电管半圆周排放并连接在一起的灯（上述技术特征（4））。

对比文件3涉及一种大功率紧凑型节能灯，由图3可以明显看出，八个荧光灯管组成圆形。

由于对比文件1与对比文件3均涉及荧光灯，属于相同的技术领域，因此本领域的技术人员根据对比文件3的上述技术启示，很容易想到将对比文件3中的圆形荧光灯管与对比文件1中采用的多管桥接、分组启动的方案相结合，从而得到将三个U型或H型或π型灯管半圆周排放并连接在一起形成一组半圆形灯管，再将二组灯管连接，形成由两个半圆3U型或3H型或3π型荧光灯管组成的圆形12G荧光灯（上述技术特征（4））。由此，在对比文件1的基础上结合对比文件3得到权利要求1的技术方案是显而易见的。因此权利要求1的技术方案不具有实质性特点和进步，不具有创造性。

权利要求2的附加技术特征是：内启动装置设计成将两组3U型或3H型或3π型荧光灯管通过其回路谐振电感并联后接灯头的两极。对比文件1所公开的大功率节能荧光灯采用多管桥接、分组启动。根据对比文件1的上述技术启示，本领域的技术人员很容易想到将六个U型或H型或π型灯管分为两组，通过回路谐振电感并联后接灯头的两极，从而实现分组启动，因此，权利要求2的技术方案不具有实质性特点和进步，不具备创造性。

权利要求3的附加技术特征是：两组电子镇流器的输入端并联后接灯头的两极，输出端分别推动两组半圆3U型或3H型或3π型荧光灯管。对比文件1所公开的大功率节能荧光灯选用两只以上的电子镇流器或电感镇流器，并采用多管桥接、分组启动的技术方案（参见说明书第1页第11~12行），根据对比文件1的上述技术启示，本领域的技术人员很容易将六个U型或H型或π型灯管分为两组，由两组电子镇流器的输入端并联后接灯头的两极，输出端分别推动两组半圆3U型或3H型或3π型荧光灯管，从而实现分组启动。因此，权利要求3的技术方案不具备实质性特点和进步，不具备创造性。

本专利权利要求4要求保护的12G类荧光灯，包括以下几个技术特征：

（1）包括有12G类荧光灯管、壳体和灯头；

（2）12G类荧光灯管粘结在壳体上，在壳体上固定有灯头；

（3）12G类荧光灯管可以做成弧形，整灯为球形；

（4）壳体内装有内启动装置或外启动装置或电子镇流器或电感镇流器。

合议组认为对比文件1可作为本专利最接近的现有技术，如上所述，对比文件1已经公开了权利要求4的上述技术特征（1）、（2）和（4）。

将本专利权利要求1请求保护的技术方案与对比文件1相比，其区别在于：权利要求1的12G类荧光灯管可以做成弧形，整灯为球形（技术特征（3）），而对比文件1对此没有描述。

对比文件2涉及一种球形荧光灯，具体公开了（参见其说明书第2页第12~16行）：本实用新型的灯管由若干个灯管单元组成，这样的灯管单元1是以一定曲率半径的弧度弯管并按球面展开，用3~6个具有相同曲率半径并按球形展开的灯管单元1，采用桥接方法将它们互相连通成一个球体形荧光灯。由此可见，对比文件2已经公开了上述区别技术特征（3），由于对比文件2所属的领域与对比文件1完全相同，因此，本领域的技术人员很容易将对比文件2的上述技术特征应用到对比文件1中，从而得到权利要求4的技术方案。因此，权利要求4的技术方案不具有实质性特点和进步，不具备创造性。

综上所述，本专利全部权利要求都不具备创造性，不符合专利法第二十二条第三款的规定，请求人的无效宣告请求理由成立。

三、决定

宣告96233118.X号实用新型专利权全部无效。

当事人对本决定不服的，可以根据专利法第四十六条第二款的规定，自收到本决定之日起三个月内向北京市第一中级人民法院起诉。根据该款的规定，一方当事人起诉后，另一方当事人应当作为第三人参加诉讼。

057

一种半圆形4U或4π或4H荧光灯管案

无效宣告请求审查决定（第7950号）

决 定 号 第7950号
决 定 日 2005年12月12日
发明创造名称 一种半圆形4U或4π或4H荧光灯管
国际分类号 H01J 61/30
无效请求人 姜永南
专利权人 樊成华
专 利 号 03233620.9
申 请 日 2003年3月21日
授权公告日 2004年9月15日
合议组组长 张 度
主 审 员 樊晓东
参 审 员 孙克良

法律依据 专利法第二十二条第二款、第三款
决定要点

一项权利要求的技术方案与最接近的现有技术的技术方案相比存在区别技术特征，但该区别技术特征已被其他对比文件披露，且该特征在对比文件中所起到的作用与在权利要求中所起的作用相同，所要解决的技术问题相同，因此本领域的普通技术人员很容易得出该项权利要求的技术方案，则该项权利要求不具备创造性。

一、案由

本无效宣告请求涉及国家知识产权局专利局于2004年9月15日授权公告的03233620.9号实用新型专利（下称本专利），名称为“一种半圆形4U或4π或4H荧光灯管”，申请日为2003年3月21日，专利权人为樊成华（下称被请求人）。

授权公告的权利要求书内容如下：

“1. 一种半圆形4U或4π或4H荧光灯管，它包括有玻璃管、灯丝、芯轴、荧光粉、电子粉、汞，其特征在于将4U或4π或4H形荧光灯管排列成半圆。

2. 如权利要求1所述的一种半圆形4U或4π或4H荧光灯管，其特征在于将2支半圆形4U或4π或4H荧光灯管排列在圆周上形成圆形8U或8π或8H组合荧光灯管。”

针对上述专利权，姜永南（下称请求人）于2005年6月23日向专利复审委员会提出无效宣告请求。其无效理由为：本专利权利要求1相对于证据1不具备新颖性和创造性，不符合专利法第二十二条第二款、第三款的规定；权利要求1、2分别相对于证据1和2的结合不具备创造性，不符合专利

法第二十二条第三款的规定。

请求人同时提交了下列证据：

证据1：中国专利申请97102759.5的公开文本，公开日1998年10月14日（下称对比文件1）；

证据2：中国专利ZL98245906.8的授权公告文本，授权公告日2000年11月22日（下称对比文件2）。

经形式审查合格，专利复审委员会受理了上述无效宣告请求，于2005年8月11日向请求人和被请求人发出无效宣告请求受理通知书，并随受理通知书将宣告专利权无效请求书及其附件清单所列附件副本转送给被请求人，要求其在指定的期限内答复。与此同时，专利复审委员会依法成立合议组，对本案进行审理。

请求人于2005年7月23日，再一次提交意见陈述书并补充如下证据：

证据3：复旦大学出版社2000年出版《光源与照明》（第4版）封面、封底、版权页、目录页及第165~173页复印件共14页（下称对比文件3）。

请求人认为证据3第十章第165页~第173页公开了“荧光灯管1是由玻璃管、灯丝、芯轴、荧光粉、电子粉、汞组成”，这些荧光灯的结构均为公知技术常识。

针对上述无效宣告请求，被请求人于2005年9月6日提交了意见陈述书。在该意见陈述书中，被请求人认为：判断新颖性时，应当将发明或者实用新型专利申请的各项权利要求分别与每一项现有技术或在先申请在后公布的发明或实用新型申请文件中相关的技术内容单独地进行比较，无效请求人没有指明那一个证据作为评价本实用新型新颖性的对比文件，专利权人认为无效请求人所引用的两个证据都不影响本实用新型的新颖性，因此权利要求1和2具备新颖性；将权利要求1与证据1和2的结合相比，其间存在区别特征，权利要求1的技术方案具有好的效果，因此权利要求1具备创造性。由于权利要求1具备创造性，权利要求2也具备创造性。

2005年9月28日，合议组向双方当事人发出口头审理通知书，定于2005年11月8日举行口头审理，并随口头审理通知书将被请求人于2005年9月6日提交的意见陈述书副本转送给请求人；将请求人于2005年7月23自行提交的意见陈述书及附件副本转给被请求人。

2005年11月8日口头审理如期举行，双方当事人均出席口头审理。在口头审理中，请求人当庭出示对比文件3（复旦大学出版社2000年出版的《光源与照明》（第4版）共14页）的原件，被请求人当庭核对对比文件3的原件，并表示此证据与原件一致，对其真实性没有异议；被请求人当庭明确表示对对比文件1、对比文件2的真实性有异议；请求人明确其无效理由为：本专利权利要求1相对于对比文件1不具备新颖性，本专利权利要求1、2相对于对比文件1、2的结合不具备创造性，对比文件3作为佐证，证明“荧光灯管1是由玻璃管、灯丝、芯轴、荧光粉、电子粉、汞组成”为公知技术常识。双方当事人针对请求人提出的无效理由充分发表了意见。

至此，在上述工作的基础上，合议组认为本案事实已经清楚，现依法作出审查决定。

二、决定的理由

1. 关于现有技术

对比文件1~2是在本专利申请日之前公开的中国专利说明书的复印件，经合议组查证，该复印件与原件无误，可以作为本专利的现有技术；对比文件3是非专利文献，其出版日为2000年1月，早于本专利的申请日，且被请求人对其真实性没有异议，因此也可以作为本专利的现有技术。

2. 关于新颖性

专利法第二十二条第二款规定：“新颖性是指在申请日以前没有同样的发明或者实用新型在国内

外出版物上公开发表过、在国内公开使用过或者以其他方式为公众所知，也没有同样的发明或者实用新型由他人向国务院专利行政部门提出过申请并且记载在申请日以后公布的专利申请文件中。”

具体而言，如果一项发明或者实用新型专利申请与现有技术的相关内容相比，其技术领域、所要解决的技术问题和技术方案实质上相同、预期效果相同，则认为两者为同样的发明或实用新型。

请求人指出用对比文件1评述权利要求1的新颖性，对比文件1公开一种大功率紧凑型荧光灯，在其说明书第2页第21~26行揭示了“荧光灯管1是以气密方式密封的放电管，两端各置一个电极，荧光灯管内设有汞齐，灯管内壁涂敷的是F15高显色日光色荧光粉”；其说明书第2页第21~22行以及图3、4揭示了“荧光灯由八个连通的U型管构成”，而从图3可以明显看出“八个弯头的U型灯管呈圆周形排放在一起”。

合议组认为将本专利权利要求1与对比文件1相比较，其区别在于：（1）权利要求1的荧光灯管包括玻璃管、灯丝、芯轴、荧光粉、电子粉、汞，而对比文件1只揭示了荧光灯管是放电管，荧光灯管内设有汞齐，灯管内壁涂敷荧光粉，并没有明确记载其是否包括玻璃管、灯丝、芯轴、电子粉；（2）权利要求1的荧光灯管排列成半圆，而对比文件1的荧光灯呈圆周形排列。

由于本专利权利要求1与对比文件1相比较存在上述区别技术特征，因此本专利权利要求1的技术方案与对比文件1的技术方案相比不属于相同的发明创造，因而权利要求1具备新颖性。

由于独立权利要求1具备新颖性，其从属权利要求2也具备新颖性。

3. 关于创造性

专利法第二十二条第三款规定：“创造性，是指同申请日以前已有的技术相比，该发明有突出的实质性特点和显著的进步，该实用新型具有实质性特点和进步。”

请求人指出用对比文件1和2的结合评价权利要求1和2的创造性，对比文件3作为佐证，证明“荧光灯管1是由玻璃管、灯丝、芯轴、荧光粉、电子粉、汞组成”为公知常识。

经过审查，合议组认为，对比文件1可以作为最接近的现有技术。由上可知，权利要求1与对比文件1比较存在上述区别技术特征（1）和（2），其中，区别技术特征1是本领域的公知常识，即“荧光灯管1由玻璃管、灯丝、芯轴、荧光粉、电子粉、汞组成”这是本领域公知公用的技术方案，是本领域的公知常识。

对比文件2的说明书第1页第12~16行公开了“一种大功率节能荧光灯采用多管桥接、分组启动”和“单个灯管为U型、H型、π型，经桥接并联成4U型、4H型、4π型、6U型、6H型、6π型”，根据上述技术启示，本领域的技术人员很容易想到，将对比文件1的八个荧光灯管分为两组，即可得到排列成半圆的荧光灯管（上述区别技术特征2）。

由于对比文件1~2和本申请均涉及荧光灯，属于相同的技术领域，本领域的技术人员在对比文件1的基础上结合对比文件2和本领域的公知常识得到本专利权利要求1的技术方案是显而易见的，因此权利要求1不具有实质性特点和进步，因而不具备创造性。

本专利权利要求2的附加技术特征是：将2支半圆形4U或4π或4H荧光灯管排列在圆周上形成圆形8U或8π或8H组合荧光灯管。对比文件1已经公开了“八个弯头的U型灯管呈圆周形排放在一起”，根据上述技术启示本领域的技术人员很容易想到将两组半圆形4U或4π或4H荧光灯管排列成圆周，组成圆形的8U或8π或8H组合荧光灯管，从而得到权利要求2请求保护的技术方案。因此在权利要求1不具备创造性的基础上，权利要求2也不具有实质性特点和进步，因而不具备创造性。

综上所述，本专利全部权利要求都不具备创造性，不符合专利法第二十二条第三款的规定，请求人的无效宣告请求理由成立。

三、决定

宣告03233620.9号实用新型专利权全部无效。

当事人对本决定不服的，可以根据专利法第四十六条第二款的规定，自收到本决定之日起三个月内向北京市第一中级人民法院起诉。根据该款的规定，一方当事人起诉后，另一方当事人应当作为第三人参加诉讼。

058

一种 16G 类荧光灯案

无效宣告请求审查决定（第 7951 号）

决　定　号　第 7951 号
决　定　日　2005 年 12 月 12 日
发明创造名称　一种 16G 类荧光灯
国际分类号　H01J 5/58
无效请求人　姜永南
专利权人　樊成华
专　利　号　03234177.6
申　请　日　2003 年 4 月 29 日
授权公告日　2004 年 9 月 15 日
合议组组长　张　度
主　审　员　樊晓东
参　审　员　孙克良

法律依据　专利法第二十二条第三款
决定要点

一项权利要求的技术方案与最接近的现有技术的技术方案相比存在区别技术特征，但该区别技术特征已被另一篇对比文件披露，且该特征在对比文件中所起到的作用与在权利要求中所起的作用相同，所要解决的技术问题相同，因此本领域的普通技术人员很容易得出该项权利要求的技术方案，则该项权利要求不具备创造性。

一、案由

本无效宣告请求涉及国家知识产权局专利局于 2004 年 9 月 15 日授权公告的 03234177.6 号实用新型专利（下称本专利），名称为“一种 16G 类荧光灯”，申请日为 2003 年 4 月 29 日，专利权人为樊成华（下称被请求人）。

授权公告的权利要求书内容如下：

“1. 一种 16G 类荧光灯，它包括有 16G 类荧光灯管、壳体和灯头，其特征在于 16G 类荧光灯管粘结在壳体上，在壳体上固定有灯头。

2. 如权利要求 1 所述的一种 16G 类荧光灯，其特征在于 16G 类荧光灯管可以做成弧形，整灯为球形。

3. 如权利要求 1 所述的一种 16G 类荧光灯，其特征在于可将其荧光灯管制成 U 型、H 型、π 型。

4. 如权利要求 1 所述的一种 16G 类荧光灯，其特征在于 16G 类荧光灯管由两个半圆 4U（H、π）型荧光灯管组成圆形，该半圆 4U（H、π）型荧光灯管是由四个 U（H、π）型放电管半圆周排放并连接在一起的灯。

5. 如权利要求1所述的一种16G类荧光灯，其特征在于壳体内装有内启动装置或外启动装置或电子镇流器或电感镇流器。

6. 如权利要求1所述的一种16G类荧光灯，其特征在于内启动装置设计成将两组4U（H、π）型荧光灯管通过其回路谐振电感并联后接灯头的两极。

7. 如权利要求1所述的一种16G类荧光灯，其特征在于两组电子镇流器的输入端并联后接灯头的两极，输出端分别推动两组半圆4U（H、π）型荧光灯管。"

针对上述专利权，姜永南（下称请求人）于2005年6月23日向专利复审委员会提出无效宣告请求。其无效理由为：本专利权利要求1相对于证据1不具备新颖性，不符合专利法第二十二条第三款的规定，相对于证据1和3的结合不具备创造性，不符合专利法第二十二条第三款的规定；本专利权利要求2、3相对于证据1和2的结合不具备创造性；权利要求4～7相对于证据1和3的结合不具备创造性，不符合专利法第二十二条第三款的规定。

请求人同时提交了下列证据：

证据1：中国专利申请97102759.5的公开文本，公开日1998年10月14日（下称对比文件1）；

证据2：中国专利ZL01253432.3的授权公告文本，授权公告日2002年8月14日（下称对比文件2）；

证据3：中国专利ZL98245906.6的授权公告文本，授权公告日2000年11月22日（下称对比文件3）。

经形式审查合格，专利复审委员会于2005年7月25日受理了上述无效宣告请求，同日将专利权无效宣告请求书及其附件清单所列附件副本转送给了被请求人，要求其在指定的期限内答复。同时，依法成立合议组，对本案进行审理。

针对上述无效宣告请求，被请求人于2005年8月26日提交了意见陈述书和修改后的权利要求书。在该意见陈述书中，被请求人认为：专利权人根据审查指南第四部分第三章第5.4节的规定，对本专利的权利要求进行了修改，将原来的七个权利要求修改为四个权利要求，修改后的权利要求为：

"1. 一种16G类荧光灯，它包括有16G类荧光灯管、壳体和灯头，其特征在于16G类荧光灯管粘结在壳体上，在壳体上固定有灯头，荧光灯管制成U型、H型、π型，16G类荧光灯管由两个半圆4U（H、π）型荧光灯管组成圆形，该半圆4U（H、π）型荧光灯管是由四个U（H、π）型放电管半圆周排放并连接在一起的灯，壳体内装有内启动装置或外启动装置或电子镇流器或电感镇流器。

2. 如权利要求1所述的一种16G类荧光灯，其特征在于内启动装置设计成将两组4U（H、π）型荧光灯管通过其回路谐振电感并联后接灯头的两极。

3. 如权利要求1所述的一种16G类荧光灯，其特征在于两组电子镇流器的输入端并联后接灯头的两极，输出端分别推动两组半圆4U（H、π）型荧光灯管。

4. 一种16G类荧光灯，它包括有16G类荧光灯管、壳体和灯头，其特征在于16G类荧光灯管粘结在壳体上，在壳体上固定有灯头，16G类荧光灯管可以做成弧形，整灯为球形，壳体内装有内启动装置或外启动装置或电子镇流器或电感镇流器。"

被请求人认为，经过上述修改后，本专利完全符合专利法第二十二条第二款、第三款的规定。

2005年9月28日，合议组向双方当事人发出口头审理通知书，定于2005年11月8日举行口头审理，并随口审通知书将被请求人于2005年8月26日提交的意见陈述书及附件副本转送给请求人。

2005年11月8日口头审理如期举行，双方当事人均出席口头审理。在口头审理中，合议组当庭告知双方当事人，被请求人对权利要求书的修改，符合审查指南的规定，合议组予以接受，本次口审以修改后的权利要求书为审理基础；请求人当庭明确表示放弃专利法第二十二条第二款的无效理由；

被请求人当庭明确表示对对比文件1~3的真实性有异议；请求人明确其无效理由为：对比文件1作为最接近的现有技术，结合对比文件3评述修改后的权利要求1~3的创造性；对比文件1结合对比文件2评述修改后的权利要求4的创造性。针对请求人的上述无效理由，双方当事人充分发表了意见。

至此，在上述工作的基础上，合议组认为本案事实已经清楚，现依法作出审查决定。

二、决定的理由

1. 关于现有技术

对比文件1~3是在本专利申请日之前公开的中国专利说明书的复印件，被请求人对其提出异议的异议点在于不能确定该复印件的真实性，经合议组核实，对比文件1~3的内容与原公开文本的内容是一致的，不存在上述异议点，因此可以作为本专利的现有技术。

2. 关于无效程序中新修改的权利要求书

在无效程序中专利权人采用合并原权利要求的方式重新修改了权利要求，新权利要求书没有超出原说明书和权利要求书记载的范围，并且符合审查指南所规定的无效宣告程序中专利文件修改的方式。因此，上述修改符合专利法实施细则第六十八条的规定，合议组予以接受。

3. 关于创造性

专利法第二十二条第三款规定："创造性，是指同申请日以前已有的技术相比，该发明有突出的实质性特点和显著的进步，该实用新型具有实质性特点和进步。"

本专利权利要求1要求保护的16G类荧光灯，包括以下几个技术特征：

（1）包括有16G类荧光灯管、壳体和灯头；

（2）16G类荧光灯管粘结在壳体上，在壳体上固定有灯头；

（3）荧光灯管制成U型、H型、π型；

（4）16G类荧光灯管由两个半圆4U（H、π）型荧光灯管组成圆形，该半圆4U（H、π）型荧光灯管是由4个U（H、π）型放电管半圆周排放并连接在一起的灯；

（5）壳体内装有内启动装置或外启动装置或电子镇流器或电感镇流器。

经过审查，合议组认为对比文件1作为本专利最接近的现有技术，对比文件1公开了一种大功率紧凑型荧光灯，具体公开了以下技术特征：荧光灯由八个连通的U型管1（即，16G型）、壳体2、装在壳体内的电子镇流器3和金属连接件（相当于灯头）组成（参见说明书第2页第17~22行，附图3、4）；荧光灯管都被安装在扁平状壳体的一个平面上，镇流器是设置在壳体2内，金属连接件设在壳体2的另一面（参见其说明书第3页第1行~第3行，附图2）；从附图3可以明显看出，八个荧光灯管1呈圆周排列。

由此可见，将本专利权利要求1请求保护的技术方案与对比文件1相比，其区别在于：权利要求1中公开了灯管粘结在壳体上，而对比文件1对此没有描述；权利要求1的16G类荧光灯管由两个半圆4U（H、π）型荧光灯管组成圆形，该半圆4U（H、π）型荧光灯管是由四个U（H、π）型放电管半圆周排放并连接在一起的灯（上述技术特征（4）），而对比文件1的荧光灯管是整体排列成圆形。

对比文件3涉及一种大功率节能荧光灯，其说明书第1页第12~16行公开了"一种大功率节能荧光灯采用多管桥接、分组启动"和"单个灯管为U型、H型、π型，经桥接并联成4U型、4H型、4π型、6U型、6H型、6π型"的技术特征。

由于对比文件1与对比文件3以及本申请均涉及荧光灯，属于相同的技术领域，本领域的技术人员根据对比文件3的"多管桥接、分组启动"的技术启示，很容易想到将对比文件1的八个荧光灯管分为两组，即可得到排列成半圆的荧光灯管，再将两组半圆形荧光灯管排列成圆周，就组成了圆形的组合荧光灯管（上述技术特征（4））。另外，对于本领域的技术人员来说，荧光灯管与灯壳最普通的连接方式即为粘接方式。因此，对于所属领域的技术人员来说，在对比文件1的基础上结合对比文件3和本领域的公知常识得到权利要求1的技术方案是显而易见的，故权利要求1的技术方案不具有实质性特点和进步，不具备创造性。

权利要求2的附加技术特征是：内启动装置设计成将两组4U（H、π）型荧光灯管通过其回路谐振电感并联后接灯头的两极。对比文件3所公开的大功率节能荧光灯采用多管桥接、分组启动，根据对比文件3的上述技术启示，本领域的技术人员很容易将对比文件1的八个荧光灯管分为两组，通过回路谐振电感并联后接灯头的两极，从而实现分组启动，因此，权利要求2的技术方案不具备实质性特点和进步，不具备创造性。

权利要求3的附加技术特征是：两组电子镇流器的输入端并联后接灯头的两极，输出端分别推动两组半圆4U（H、π）型荧光灯管。对比文件3所公开的大功率节能荧光灯选用两只以上的电子镇流器或电感镇流器，并采用多管桥接、分组启动的技术方案（参见说明书第1页第11～12行），根据对比文件3的上述技术启示，本领域的技术人员很容易将对比文件1的八个荧光灯管分为两组，由两组电子镇流器的输入端并联后接灯头的两极，输出端分别推动两组半圆4U（H或π）型荧光灯管，从而实现分组启动，因此，权利要求3的技术方案不具有实质性特点和进步，不具备创造性。

本专利权利要求4要求保护的16G类荧光灯，包括以下几个技术特征：

（1）包括有16G类荧光灯管、壳体和灯头；

（2）16G类荧光灯管粘结在壳体上，在壳体上固定有灯头；

（3）16G类荧光灯管可以做成弧形，整灯为球形；

（4）壳体内装有内启动装置或外启动装置或电子镇流器或电感镇流器。

合议组认为对比文件1可作为本专利最接近的现有技术，如上所述，对比文件1已经公开了权利要求4的技术特征（1）、（2）、（4）。

由此可见，将本专利权利要求1请求保护的技术方案与对比文件1相比，其区别在于：权利要求4的16G类荧光灯管可以做成弧形，整灯为球形（技术特征（3）），而对比文件1对此没有描述。

对比文件2涉及一种球形荧光灯，具体公开了（参见其说明书第2页第12～16行）：本实用新型的灯管由若干个灯管单元组成，这样的灯管单元1是以一定曲率半径的弧度弯管并按球面展开，用3～6个具有相同曲率半径并按球形展开的灯管单元1，采用桥接方法将它们互相连通成一个球体形荧光灯。由此可见，对比文件2已经公开了上述区别技术特征（3），由于对比文件2所属的领域与对比文件1完全相同，本领域的技术人员很容易将对比文件2的上述技术特征应用到对比文件1中，从而得到权利要求4的技术方案。因此，权利要求4的技术方案不具有实质性特点和进步，因而不具备创造性。

综上所述，本专利全部权利要求都不具备创造性，不符合专利法第二十二条第三款的规定，请求人的无效宣告请求理由成立。

三、决定

宣告03234177.6号实用新型专利权全部无效。

当事人对本决定不服的，可以根据专利法第四十六条第二款的规定，自收到本决定之日起三个月内向北京市第一中级人民法院起诉。根据该款的规定，一方当事人起诉后，另一方当事人应当作为第三人参加诉讼。

059

光电耦合型接线端子排案

无效宣告请求审查决定（第7961号）

决　定　号　第7961号
决　定　日　2005年11月8日
发明创造名称　光电耦合型接线端子排
国际分类号　H03K 17/605
无效请求人　町洋机电（中国）有限公司
专利权人　成都瑞联电器股份有限公司
专　利　号　02221555.7
申　请　日　2002年2月7日
授权公告日　2003年2月5日
合议组组长　马　昊
主　审　员　穆丽娟
参　审　员　张美菊

法律依据　专利法第二十二条第三款
决定要点

一项权利要求所限定的技术方案与现有技术相比具有区别技术特征，并且现有技术中没有给出采用这一区别技术特征的技术启示，同时该区别技术特征能为该权利要求带来有益的技术效果，则该权利要求具备创造性。

一、案由

本无效宣告请求涉及国家知识产权局专利局于2003年2月5日授权公告的申请号为02221555.7的实用新型专利（下称本专利）的专利权，名称为“光电耦合型接线端子排”，申请日为2002年2月7日，专利权人是成都瑞联电器股份有限公司（下称被请求人）。

本专利授权公告的权利要求书内容如下：

“1. 一种光电耦合型接线端子排，由绝缘基体（1）、基体（1）中的印制电路板（2）、电路板（2）上的正、负输入端（3、4），正、负输出端（9、10），光电耦合器（G）等组成，其特征在于：所述光电耦合器（G）输入端正、负极（5、6）间并接有抗干扰电容（C）。

2. 根据权利要求1所述的一种光电耦合型接线端子排，其特征在于：所述光电耦合器（G）输出端负极（8）与电路板（2）负输出端（10）间串接有电阻（R2），光电耦合器（G）输出端基极（11）与负极（8）经另一电阻（R3）相连，电路板（2）正、负输出端（9、10）间并接一三极管（G1）的集电极（c）、发射极（e），该三极管（G1）的基极（b）接光电耦合器（G）输出端的负极（8）。

3. 根据权利要求1所述的一种光电耦合型接线端子排，其特征在于：所述的电路板（2）上的正、负输入端（3、4）间并接有压敏电阻（R1）。

4. 根据权利要求 1 所述的一种光电耦合型接线端子排，其特征在于：所述的电路板（2）上的正、负输入端（3、4）间还串接发光二极管（D）。”

针对上述实用新型专利权，町洋机电（中国）有限公司（下称请求人）于 2005 年 6 月 8 日向专利复审委员会提出了宣告本专利权无效的请求，其理由是本专利不符合专利法第二十二条第二款、第三款有关新颖性和创造性的规定。所提供的证据如下：

证据 1：声称为德国 weidmüller 公司 1997/1998 年产品目录相关页复印件；

证据 2：声称为德国 weidmüller 公司 2000 年产品目录相关页复印件；

证据 3：DKO115 Vac/dc 型光耦合器照片复印件 3 页；

证据 4：DKO230 Vac/dc 型光耦合器照片复印件 3 页；

证据 5：声称为德国 Phoenix Contact 公司 1994 年出版产品目录相关页复印件。

经形式审查合格，专利复审委员会受理了上述请求，并于 2005 年 6 月 9 日向双方当事人发出无效宣告请求受理通知书，并同时将无效宣告请求书及其附件的副本转送给被请求人。

随后，请求人于 2005 年 7 月 8 日提交了证据 6：1996 年 8 月出版的《继电器制造 · 工艺 · 使用》封面、目录页以及第 105 ~ 107 页、版权页和封底复印件。

请求人认为，权利要求 1 的技术方案与证据 6 公开的技术方案相比较，权利要求 1 的特征部分已经在证据 6 中公开，而前序部分的技术特征属于公知技术的范畴。因此，权利要求 1 不具备创造性，不符合专利法第二十二条第三条的有关规定。

本案合议组于 2005 年 9 月 26 日向双方当事人发出口头审理通知书，定于 2005 年 11 月 8 日举行口头审理。

请求人于 2005 年 10 月 17 日寄交了口头审理通知书回执，表示参加口头审理。

口头审理于 2005 年 11 月 8 日如期举行，双方当事人均出席口头审理。在口头审理过程中，双方当事人对对方出庭人员的身份没有异议，双方当事人对合议组成员没有回避请求。

请求人当庭提交证据 1、2、5 的原件，以及加盖图书馆公章的证据 6，还有声称与证据 3、4 照片中对应的实物。

被请求人对证据 1、2、5、6 复印件与原件一致无异议，对证据 1、2、3、4、5 是否能够采信有异议，对证据 6 申请日前公开无异议。

请求人当庭明确其无效理由为：（1）权利要求 1 相对于证据 1 ~ 4 不具备新颖性，不符合专利法第二十二条第二款的有关规定；权利要求 1 相对于证据 6 不具备创造性，不符合专利法第二十二条第三款的有关规定；（2）权利要求 2 相对于证据 1 ~ 4 不具备创造性，不符合专利法第二十二条第三款的有关规定；（3）权利要求 3 相对于证据 5 不具备创造性，不符合专利法第二十二条第三款的有关规定；（4）权利要求 4 相对于证据 1 ~ 4 不具备新颖性，不符合专利法第二十二条第二款的有关规定；权利要求 4 相对于证据 5 不具备创造性，不符合专利法第二十二条第三款的有关规定。

合议组当庭告知双方当事人对证据 1、5 不予采信。

被请求人当庭就本专利具备新颖性和创造性的理由陈述了意见，并提交三份公知常识证据给本案合议组作为参考。

经过对本案的口头审理，合议组认为本案的事实已经清楚并当庭向双方当事人宣布了维持专利权有效的口头审查结论，现依法作出本书面审查决定。

二、决定的理由

1. 关于现有技术

证据1和5为德国weidmüller公司产品目录的英文版，其均为域外证据，但请求人却没有提交证据1和5的相关公证认证材料，也没有出示其他可证实证据1和5真实性的证据，因此合议组当庭告知双方当事人对证据1、5不予采信。

证据2为德国weidmüller公司产品目录的中文版，虽然其第一页上印刷有“2000”字样，但是这并不能表明是印刷时间或者出版发行时间；并且在该目录的其他部分也没有印刷日期、出版发行日期的记载以及单位的标志，因此该产品目录不属于专利法意义上的公开出版物；并且请求人没有提供其他可证明该产品目录公开出版发行以及公开出版发行的日期的证据。因此，证据2不能作为在本专利申请日前已公开的公开出版物，合议组对证据2不予采信。证据3、4的照片和实物上均没有标注生产日期，同时请求人也没有提供相应的购买发票或者可以证明其在本专利申请日之前已经公开在国内销售的其他证据。因此不能确定证据3、4在本专利的申请日之前已经在国内公开使用，该两份证据也不予采信。证据6的公开日期早于本专利的申请日，被请求人对其真实性无异议，因此其记载的内容构成本专利的现有技术。

由于证据1、2、3、4、5均不予采信，因此涉及使用这些证据的无效理由在本无效宣告请求审查决定中不再评述，合议组只评述权利要求1相对于证据6的创造性。

2. 关于创造性

证据6（参见说明书第107页第3~5段以及图7-3）公开了两种交流输入电路，其也可用直流源控制工作，其具有两输入端，并且在光电耦合器的两端并接一个电容。

权利要求1所公开的技术方案与证据6的技术方案相比较，区别在于证据6种没有公开权利要求1前序部分的技术特征：绝缘基体，基体中的印刷电路板，电路板的输入端为正、负，以及两正负输出端。

请求人认为上述区别技术特征对于本领域普通技术人员来说均属于公知常识，将其结合到证据6的技术方案从而得到权利要求1的技术方案是不需要花费创造性劳动的。

合议组认为，权利要求1所要求保护的技术方案的范围应以前序部分和特征部分的整体为准，评述其创造性应针对该权利要求的由全部技术特征组成的技术方案，而不应该只对比特征部分的技术特征。同时，对于上述区别技术特征请求人主张其为本领域普通技术人员熟知的公知常识是没有依据的；由于不具有上述区别技术特征，证据6所公开的交流输入电路仅仅是固体继电器的输入电路，并且证据6中也未给出其输入电路可结合其他部件形成本专利的接线端子排的任何技术启示，因此其不能解决本专利的技术问题，也不能达到本专利的技术效果，而权利要求1公开的技术方案是一种能直接连接直流输入端的进行电信号转换隔离的接线端子排的完整技术方案。由此可见，本专利的权利要求1所要求保护的技术方案相对于证据6具备实质性特点和进步。因此，权利要求1具备专利法第二十二条第三款规定的创造性。

三、决定

维持02221555.7号实用新型专利权有效。

当事人对本决定不服的，可以根据专利法第四十六条第二款的规定，自收到本决定之日起三个月内向北京市第一中级人民法院起诉。根据该款的规定，一方当事人起诉后，另一方当事人应当作为第三人参加诉讼。

060

熔接式金属塑料复合管案

无效宣告请求审查决定（第6945号）

决　定　号　第6945号
决　定　日　2004年11月25日
发明创造名称　熔接式金属塑料复合管
国际分类号　F16L 9/147
无效请求人　上海宝洋塑业有限公司
专利权人　江阴市跨世纪塑料制品有限公司
申　请　号　02238359. X
申　请　日　2002年7月3日
授权公告日　2003年4月30日
合议组组长　石　竞
主　审　员　马红梅
参　审　员　熊　婷

法律依据　专利法第二十二条第二款、第三款　专利法实施细则第二条第二款
决定要点

请求人提交的附件2之著录项目页虽然注明"内部资料"字样，但其指的是该杂志流通的领域主要为房地产开发、建筑、装饰等相关行业，不属于不能为公众获得的情况，因此，附件2是公开出版物。

专利法实施细则第二条第二款规定："实用新型是指对产品的形状和构造及其结合所提出的适于实用的新的技术方案，但并不排除该技术方案在具有形状、构造技术特征之外，还可以包括产品的其他技术特征，如材料等技术特征。"

一、案由

本无效宣告请求涉及国家知识产权局专利局于2003年4月30日授权公告的02238359. X号实用新型专利权，名称为"熔接式金属塑料复合管"，申请日为2002年7月3日，专利权人为江阴市跨世纪塑料制品有限公司（下称被请求人）。

授权公告的权利要求书内容如下：

"1. 一种熔接式金属塑料复合管，管体是内、外双层结构，其特征在于：内层管体是金属套管，外层管体是塑料管，内、外双层管体之间有热熔胶粘层。

2. 根据权利要求1所述的熔接式金属塑料复合管，其特征在于：所述内层金属套管外表面布有拉毛或压制的粗糙痕迹。

3. 根据权利要求2所述的熔接式金属塑料复合管，其特征在于：所述粗糙痕迹是拉制的直线形、螺线形或不规则线痕。

4. 根据权利要求2所述的熔接式金属塑料复合管，其特征在于：所述粗糙痕迹是压制的通透小孔、不通透的小凸或小凹。

5. 根据权利要求1或2所述的熔接式金属塑料复合管，其特征在于：所述外层塑料管体的材料是可热熔或电熔性的聚丙烯（PP－R、PP－B、PP－H）塑料、聚乙烯PE、PERT塑料、聚丁烯PB塑料或尼龙塑料。

6. 根据权利要求1或2所述的熔接式金属塑料复合管，其特征在于：所述内层金属管体是不锈钢管、铝管或铜管。

7. 根据权利要求6所述的熔接式金属塑料复合管，其特征在于：所述内层金属管体是焊管或无缝管。"

针对上述专利权（下称本专利），上海宝洋塑业有限公司（下称请求人）于2003年9月28日向专利复审委员会提出无效宣告请求。其主要事实和理由是：（1）本专利权利要求1被附件1、3公开、权利要求2的附加技术特征被附件2公开，因此，权利要求1、2不具备专利法第二十二条第二款规定的新颖性；（2）本专利权利要求3的附加技术特征为常规技术，因此，权利要求3也不具备专利法第二十二条第二款规定的新颖性；（3）本专利权利要求4的附加技术特征被附件3公开，因此，权利要求4不具备专利法第二十二条第三款规定的创造性；（4）附件4结合附件1、2、3也可以破坏权利要求2、3、4的创造性；（5）本专利权利要求5、6、7不符合专利法实施细则第二条第二款的规定。请求人同时提交了下列附件作为证据：

附件1：《管材 & 泵阀》2002年第2期之封面、目录、第40～41页复印件；

附件2：《建筑工程 & 建材商情》2001年第12期之封面、目录、第43～46页复印件；

附件3：声称《为2001年第二届全国（上海）新型管材管件高新技术成果论坛及推广应用交流洽谈会资料汇编》的封面、首页、第101～102页、第172～177页复印件；

附件4：2001年8月22日授权公告的公告号为CN2444099Y、名称为"衬塑钢管"的实用新型专利说明书。

经形式审查合格，专利复审委员会受理了上述请求，并于2003年10月31日将宣告专利权无效请求书及其他有关文件副本转送给了被请求人江阴市跨世纪塑料制品有限公司，要求其在指定的期限内答复。

2003年12月11日，被请求人递交了意见陈述书。被请求人认为：（1）附件1并非公开出版物；附件2明确标明是内部资料，附件3是请求人内部的研制报告，因此无法认定附件1～3是在本专利的申请日之前公开，也无法认定附件1～3的内容与本专利要求保护的内容相同，因此，请求人提出的本专利权利要求1～3不具备新颖性的理由缺乏证据的支持；（2）在附件1～3并非公开出版物的情况下，单凭附件4无法达到无效目的，因为附件4与本专利不仅结构不同，而且钢管凸起的位置也不同，因此，请求人提出的本专利权利要求2～4不具备创造性的理由缺乏足够的证据的支持；（3）本专利权利要求5、6、7在其引用的在先权利要求1、2的基础上进一步限定所用的材料，包含了产品的形状、构造或者其结合，符合专利法实施细则第二条第二款有关实用新型保护范围的规定。（4）被请求人对本专利权利要求书进行了修改，将原权利要求1和2进行了合并。

修改后的权利要求书内容如下：

"1. 一种熔接式金属塑料复合管，管体是内、外双层结构，其特征在于：内层管体是金属套管，外层管体是塑料管，内、外双层管体之间有热熔胶粘层，所述内层金属套管外表面布有拉毛或压制的粗糙痕迹。

2. 根据权利要求1所述的熔接式金属塑料复合管，其特征在于：所述粗糙痕迹是拉制的直线形、螺线形或不规则线痕。

3. 根据权利要求1所述的熔接式金属塑料复合管，其特征在于：所述粗糙痕迹是压制的通透小孔、不通透的小凸或小凹。

4. 根据权利要求1所述的熔接式金属塑料复合管，其特征在于：所述外层塑料管体的材料是可热熔或电熔性的聚丙烯（PP－R、PP－B、PP－H）塑料、聚乙烯PE、PERT塑料、聚丁烯PB塑料或尼龙塑料。

5. 根据权利要求1所述的熔接式金属塑料复合管，其特征在于：所述内层金属管体是不锈钢管、铝管或铜管。

6. 根据权利要求5所述的熔接式金属塑料复合管，其特征在于：所述内层金属管体是焊管或无缝管。"

2004年6月28日，专利复审委员会向双方当事人发出了口头审理通知书，定于2004年8月25日下午2时进行口头审理，并将被请求人于2003年12月11日递交的意见陈述书及新修改的权利要求书也一并转送给了请求人。

口头审理因故需延期举行，因此专利复审委员会于2004年7月20日再次向双方当事人发出了口头审理通知书，定于2004年9月2日上午9时进行口头审理。

口头审理如期举行，双方均出席了口头审理。在口头审理过程中，请求人当庭提交了附件1~3的原件，被请求人对附件1~4的真实性没有异议，但认为附件1为公开出版物；请求人当庭提交了附件2、3的出版单位出具的证明，被请求人对其真实性没有异议。双方认为修改后的权利要求书符合相关规定，针对该权利要求书，请求人明确其无效理由为：权利要求1、2相对于附件2不符合新颖性的规定；权利要求2相对于附件2不符合创造性的规定；权利要求3分别相对于附件2、3，附件2、4不符合创造性的规定；权利要求4、5、6不符合专利法实施细则第二条第二款的规定；请求人指出附件2中所述"内部资料"为建筑工程、建材领域内流通定期发行的出版物。此外，双方当事人都认为权利要求2、3的附加技术特征的作用为增加连接强度，使管层间结合更紧密。

在上述工作的基础上，合议组认为，本案事实已经调查清楚，可以依法作出审查决定。

二、决定的理由

1. 关于审查文本

由于专利权人于2003年12月11日提交的修改后的权利要求书符合无效程序中权利要求书修改的规定，因此，合议组以该权利要求书为基础进行审查。

2. 关于现有技术

附件1为《管材 & 泵阀》2002年第2期，被请求人对其真实性没有异议，且认为其是公开出版物。该《管材 & 泵阀》编者寄语中说明本刊为双月刊，其封面"第2期"下印有"二00二年四月二十五日"字样，因此，其出版日期为2002年4月25日，早于本专利的申请日，故可以作为本专利的现有技术。

附件2为《建筑工程 & 建材商情》杂志第12期（总第六十四期），被请求人对其真实性没有异议。由该杂志的著录项目页可知：该杂志是由全国建筑工程与建材商情咨询网主办、由北京京吉尼商贸有限公司承办、台湾丽美顺涂料树脂有限公司协办、《建筑工程与建材商情》编辑部出版的。此外，该杂志第118页还登载了《建筑工程与建材商情》杂志的订阅广告，其中指出："该杂志是全国建筑工程与建材商情咨询网的网刊，网络和网刊相辅相成，优势互补，建材信息通过网络和网刊双重媒体进行传媒。本杂志面向房地产开发单位、建筑设计院、施工企业、装饰企业发行"；此外还指出："《建筑工程与建材商情》月刊为大度16开彩色印刷，每月15日出版发行。全年12期，

10元/期（含邮资）”。由此可见，《建筑工程 & 建材商情》之著录项目页虽然注明“内部资料”字样，但其指的是该杂志流通的领域主要为房地产开发、建筑、装饰等相关行业。这些领域的公众，如技术人员等想得知即可得知，而对于一本专业杂志来讲，其主要读者恰恰也正是其相对应领域（行业）中的人员。因此，该杂志不属于专利法意义上的不能为公众获得的情况，是面对上述相关行业人员的定期出版物，所以，附件2是专利法意义上的公开出版物。其封面上注明的“2001年12月”即为该出版物的出版时间，由于该出版时间早于本专利的申请日，所以附件2可以作为本专利的现有技术。

附件3为《2001年第二届全国（上海）新型管材管件高新技术成果论坛及推广应用交流洽谈会资料汇编》，被请求人对该附件的真实性无异议。该附件原件的封面上印有所述“2001年全国（上海）新型管材管件高新技术成果论坛”，会议的召开时间为2001年12月11日13日，召开地点为上海金沙江大酒店。由此可见，该会议是在本专利申请日之前举行的。此外，由该附件第23页所刊登的大会组委会于2001年11月30日撰写的前言可知，出席会议的行业范围为：上层管理部门、国内同行业科研院所、管材企业、管件企业、管材管件产品用的主要原材料生产企业、精细化工产品企业、生产管材管件主要生产机械设备企业、配套测试仪器生产企业等。由此可见，会议的参加者并非专利法意义上的特定人，且尚无证据表明参会者应对会议内容负有保密责任，因此可以推定，该会议的内容处于专利法意义上的公开状态。由于附件3为所述会议的资料汇编且被请求人对其真实性无异议，所以可以认定附件3即为所述会议内容的文字记载，其记载的文字内容可以作为本专利的现有技术。

附件4为中国实用新型专利说明书，其授权公告日期早于本专利的申请日，可以作为本专利的现有技术。

3. 关于新颖性

专利法第二十二条第二款规定：“新颖性是指在申请日以前没有同样的发明或者实用新型在国内外出版物上公开发表过、在国内公开使用过或者以其他方式为公众所知，也没有同样的发明或者实用新型由他人向国务院专利行政部门提出过申请并且记载在申请日以后公布的专利申请文件中。”

本专利权利要求1保护“一种熔接式金属塑料复合管，管体是内、外双层结构，其特征在于：内层管体是金属套管，外层管体是塑料管，内、外双层管体之间有热熔胶粘层，所述内层金属套管外表面布有拉毛或压制的粗糙痕迹”。附件2第43~46页登载了一篇题为“不锈钢内衬PP－R管材研制报告”的文章，其中公开了一种不锈钢内衬PP－R管材，该管材包括PP－R塑料外层管体和不锈钢内层管体，内、外管体之间有热熔胶粘层，所述内层不锈钢管外表面被打毛（参见附件2第44页之图2及第45页之“一步法”成型工艺流程图）。而所属领域普通技术人员均知晓，拉毛与打毛仅仅是表述形式的不同，其所指代的工艺是相同的。由此可见，本专利权利要求1所记载的有关拉毛的技术方案已被附件2公开。此外，由于拉毛和压制粗糙痕迹均属于机械领域所惯用的两种使得物质表面粗糙的技术手段，所以将附件2中采用的外表面打毛方式改换为本专利所采用的外表面压制粗糙痕迹的方式属于所属领域惯用手段的直接置换。综上所述，权利要求1相对于附件2不具备新颖性。

4. 关于创造性

专利法第二十二条第三款规定：“创造性是指同申请日以前已有的技术相比，该发明有突出的实质性特点和显著的进步，该实用新型有实质性特点和进步。”

本专利从属权利要求2引用了权利要求1，其附加技术特征为：“所述粗糙痕迹是拉制的直线形、螺线形或不规则线痕”。请求人指出，这些金属表面拉制粗糙痕迹的技术属于常规技术，且上述拉制的线形也是本领域技术人员所公知的形状。对此，合议组认为，从属权利要求2仅是在权利要求1的基础上对拉制出的粗糙痕迹的形状进行了限定，而且其所限定的几种形状也均是该领域普通技术人员所常见常用的基本形状，因此，在从属权利要求2所引用的权利要求1相对于附件2不具备新颖性的情况下，所属领域普通技术人员根据附件2的教导，同时结合实际需要来选择直线形、螺线形或不规则线痕等常规拉制形状从而得到本专利权利要求2的技术方案是不需要花费创造性劳动的。所以，权利要求2相对于附件2不具备创造性。

本专利从属权利要求3引用了权利要求1，其附加技术特征为："所述粗糙痕迹是压制的通透小孔、不通透的小凸或小凹"。附件4公开了一种衬塑钢管，其外层为钢管，内层为塑料管，二者通过粘接复合或压紧配合；为了增大塑料管与外层金属管间的摩擦阻力和咬合强度，将钢管的内壁粗糙化，使其凹凸不平，可以加工成斑状、刺状的凸起或滚花、挖槽、作筋等（见附件4之说明书第1页倒数第1~10行）。由此可见，虽然附件4由于内层为塑料管，外层为钢管，因而粗糙痕迹位于钢管的内壁，而本专利的粗糙痕迹位于金属管的外表面，但是附件4却给出了可以在金属管之与塑料管的结合面上通过制造凸凹不平的斑状、刺状的凸起或滚花、挖槽、作筋等来增加金属管与塑料管的结合强度的技术启示，而本领域普通技术人员在附件2的基础上结合附件4给出的技术启示，在与塑料管接触的金属管的外表面上制作凸起或挖凹槽等以提高两者的结合强度从而实现权利要求3的技术方案是显而易见的。因此，权利要求3有关"不通透的小凸或小凹"的技术方案相对于附件2、4不具备创造性。

此外，附件3第101~102页公开了一种内外层均是塑料管，中间是孔网钢带的孔网钢带塑料复合管，该附件给出了在钢带表面打制通透小孔以增强钢管与塑料管的结合强度的技术启示，而本领域普通技术人员在该启示下，在与塑料管接触的金属管的外表面上制作通透小孔以提高结合强度是显而易见的。因此，在附件2的基础上结合附件3，本领域普通技术人员可显而易见地得出权利要求3有关"通透小孔"的技术方案。因此，其相对于附件2、3不具备创造性。

5. 关于专利法实施细则第二条第二款

专利法实施细则第二条第二款规定："专利法所称实用新型，是指对产品的形状、构造或者其结合所提出的适于实用的新的技术方案。"

判断一个权利要求是否符合专利法实施细则第二条第二款的规定，应当以权利要求限定的整个技术方案为准，本专利权利要求4、5、6为直接或间接引用权利要求1的从属权利要求，因此其包含有权利要求1的全部技术特征。尽管权利要求4、5、6中出现了有关描述材料特征的附加技术特征，但由于权利要求1具有形状、构造特征，所以从属权利要求4、5、6也同样具有形状、构造特征，符合专利法实施细则第二条第二款的规定。

三、决定

宣告02238359.X号实用新型专利权利要求1~3无效，在权利要求4~6的基础上维持该专利权有效。

当事人对本决定不服的，可以根据专利法第四十六条第二款的规定，自收到本决定之日起三个月内向北京市第一中级人民法院起诉。根据该款的规定，一方当事人起诉后，另一方当事人应当作为第三人参加诉讼。